Diccionario

BÁSICO DE
ESPAÑOL · INGLÉS
INGLÉS · ESPAÑOL

LIBSA

© 2023, Editorial LIBSA
C/ Puerto de Navacerrada, 88
28935 Móstoles (Madrid)
Tel. (34) 91 657 25 80
e-mail: libsa@libsa.es
www.libsa.es

ISBN: 978-84-662-4290-5

DL: M 5887-2023

Parte I

ESPAÑOL-INGLÉS

A

A. prep. To, In, At, For, By, On, Of, y According to (Preposiciones que denotan el complemento de la acción del verbo; la dirección que lleva o el término a que se encamina una cosa; el lugar o el tiempo en que sucede una cosa; la situación de personas o cosas, la distancia o tiempo en que se encuentra o sucede una cosa; el modo de la acción): *Vendrá a mi casa,* He will come to my home. / *Yo lo haré a mi manera,* I will do it in my own way. / *Estábamos jugando a los naipes,* We were playing cards. / *¿A cuánto está el próximo pueblo?,* How far is the next town? / *A veinte kilómetros / Ten miles away. / Iban marchando de dos en dos,* They were marching two by two. / *Fuimos a caballo,* We went on horseback. / *Ese marinero huele a ajos,* That sailor smells of garlic. / *A juicio del doctor,* According to the doctor's view.

Ábaco. m. Abacus.

Abad. m. Abbot.

Abadía. f. Abbey.

Abajo. adv. Down. / Under (Debajo). / Underneath (Por abajo). / Below (Por debajo de). / *Venirse abajo,* To fall down. / *Río abajo,* Down river. / *Ir abajo,* To go down. / *Abajo de la mesa,* Under the table.

Abalanzar. v. To rush forward (Precipitarse hacia). / To weigh (Equilibrar). / To impel (Impeler con violencia).

Abalorio. m. Glass bead (Cuenta de vidrio).

Abanderado, da. m., f. Standard-bearer.

Abandonar. v. To abandon. / To leave (Irse). / To desert (Desertar). / To give away (Abandonar un intento).

Abandono. m. Abandon. / Forlorness (Estado de quedarse solo o abandonado).

Abanico. m. Fan. / (Náut.) Sprit sail (Vela de abanico). / *En abanico,* Fan shaped (Que tiene forma de abanico), Like a fan (Adoptando forma de abanico).

Abarca. f. Sandal. / Coarse leather sandal (Sandalia de cuero bruto).

Abastecer. v. To purvey. / To provide. / To supply.

Abecedario. m. Alphabet. / Spelling book (Libro para aprender a leer).

Abedul. m. Birch tree.

Abeja. f. Bee. / *Abeja reina,* Queen-bee.

Aberración. f. Aberration. / Hallucination. / Divergence of light rays (De los rayos lumínicos).

Abertura. f. Aperture (En un sentido amplio). / Outset, beginning (Inicio, puesta en marcha). / Opening (Algo que se abre). / Cleft (Grieta). / Fissure (Grieta, fisura). / Openness of mind. / Apertura de criterio o espíritu).

Abeto. m. Silver fir. / Yew leaved fir. / (N. cient.) Pinus picea.

Abierto, ta. adj. Open. / Free (Libre, despejado). / Candid (Sin reservas ni secretos). / Generous (Generoso). / Sincere.

Abismal. adj. Abysmal (Del abismo). / Belonging to an abyss (Perteneciente o propio de un abismo).

Abismo. m. Abyss. / Hell (Infierno).

Ablandar. v. To soften (Suavizar). / To mollify (Apaciguar). / To mellow (Dulcificar). / To melt (Derretir). / To temperate (Moderar).

Abnegación. Abnegation. / Self denial (Auto sacrificio).

Abochornar. v. To overheat (Caldear). / To mortify (Mortificar). / To ashame (Avergonzar).

Abofetear. v. To slap one's face (Pegar en la cara a alguien).

Abogado, da. m., f. Advocate. / Lawyer (Forma más usada en Estados Unidos). / Solicitor (Forma más usada en el Reino Unido, para civilistas).

Abolengo. m. Ancestry.

Abolición. f. Abolition. / Abrogation (Derogación). / Extinction (Anulación).

Abollar. v. To dent.

Abominar. v. To abhor. / To execrate (Esta forma tiene un sentido más religioso).

Abonar. v. To manure the land (Abonar la tierra). / To compost (Hacer abono con materia orgánica). / To make a payment in advance (Dar un pago anticipado).

Abordaje. m. (Náut.) Boarding a ship.

Aborto. m. Abortion (De un feto). / Miscarriage (De una cosa fallida). / To create a monster (Crear un monstruo).

Abrasión. f. Burning. / Inflamation. / (Fig.) Excess of passion.

Abrazar. v. To embrace. / To hug (Como a una criatura). / To clasp (Abrazar sujetando). / To lock in (Encerrar). / To surround (Rodear). / To comprise (Comprender, abarcar). / To embrace another one's opinion (Abrazar la opinión de otra persona).

Abrazo. m. Embrace. / Hug (Con ternura).

Abrevar. v. To water.

Abreviar. v. To abridge (Un libro, etc.). / To cut short (Abreviar una situación, un trámite, etc.).

Abridor. m. Opener. / Can opener (Abrelatas). / Bottle opener (De botellas). / Engraver (Abridor de láminas, grabador).

Abrigar. v. To shelter (Amparar). / To warm (Abrigar del frío). / To harbor (Sentimientos, sospechas, etc.). / To cherish (Abrigar ilusiones, anhelos, etc.). / To wrap (Envolver, arropar).

Abrillantar. v. To polish (Lustrar, pulir). / To give luster (Dar lustre). / To make glitter and sparkle (Hacer resplandecer y centellear, dejar resplandeciente).

Abrir. v. To open (Con todas las acepciones de la palabra castellana). / To unlock (Una cerradura). / To unfasten (Soltar algo que está apretado: un nudo, un cinturón, etc.). / To spread out (Extender, separar). / To begin (Abrir o iniciar una sesión o actividad). / To set up (Abrir o instalar una actividad, local comercial, etc.). / To dig (Abrir o excavar un hoyo).

Abroncar. v. To tease (Fastidiar, provocar). / To make angry (Enojar). / To vex (Faltar al respeto, exasperar).

Abrumar. adj. To overwhelm. / To crush. / To oppress. / To trouble (Perturbar).

Abrupto. adj. Craggy. / Rugged (Áspero).

Absolución. f. Absolution. / Acquital (Descargo). / The act of pardoning (La acción de perdonar).

Absoluto. adj. Absolute. / Unconditional. / Imperious.

Absolver. v. To absolve. / To acquit (De cargos, acusaciones o imputaciones).

Absorción. f. Absorption.

Absorber. v. To absorb. / To imbibe (Impregnar, embeber, embeberse).

Absorto. adj. Absorbed. / Amazed (Fascinado).
Abstemio. adj. Abstemious.
Abstinencia. f. Abstinence. / Forbearance (Coloq.). / Fast (Ayuno).
Abstracto. adj. Abstract.
Absurdo, da. adj. Absurd (Más académico). / Nonsensical (Más coloquial).
Abuela. f. Grandmother.
Abuelo. m. Grandfather. / (Fig.) Ancestor (Antepasado).
Abundancia. f. Abundance. / Plenty (Más coloquial). / Opulence.
Abundar. v. To abound. / To have plenty (Poseer en abundancia).
Aburrir. v. To bore (Es la palabra más amplia y coloquial). / To weary. / To vex (Molestar hasta aburrir).
Abusar. v. To abuse (Con todas las acepciones de la palabra castellana). / To misapply (Dar uso indebido a algo). / To impose upon (Actuar con exceso de autoridad, tiranizar).
Abuso. m. Misusage (Uso incorrecto). / Ill use (Uso malintencionado).
Acá. adv. Here (Con todas las acepciones de la palabra castellana). / This side (A este lado). / Hither (Al lado de acá, para acá). / This way (Por acá). / *Acá no se usa,* That's not usual here. / *Acá y allá,* Here and there.
Acabado. adj. Finished (Terminado, que no sigue). / Complete. / Too old (Demasiado viejo). / Ruined (Arruinado).
Acabar. v. To finish (Terminar). / To complete (Completar). / To achieve (Llevar a cabo). / *Amér.* (V.) To come (Llegar al orgasmo). / To extinguish (Extinguir). / To terminate in (Acabar en). / *Acaba de llegar,* He has just arrived. / *Acabarse,* To grow feeble (Debilitarse). / *Acabar con el negocio,* To make an end of the affair (Llevar a término el asunto).
Acacia. f. Acacia.
Academia. f. Academy.
Acampar. v. To encamp.
Acantilado, da. adj. Bold, steep. / m. Cliff. / *Costa acantilada,* Unaccessible coast.
Acanto. m. Prickly thistle. / Acanthus leaf.
Acaparar. v. To hoard up (Bienes). / To corner the market (Especulación). /To monopolize (La atención, una conversación, etc.).
Acaramelar. v. To cover with caramel. / To exude charm (Tomar actitud acaramelada). / *Acaramelarse con,* To fall in love with. / To become crystalized (Un dulce, un jarabe, etc.).
Acariciar. v. To fondle (Mimar). / To caress (Hacer caricias)./ To hug (Arrullar como a una criatura).
Acarreo. m. Cartage (En vehículos de carga). / Conveyance (Llevar, conducir). / Freight (Carga). / *Cosas de acarreo,* Goods forwarded.
Acaso. F. Chance, casualty.
Acaudalado, da. adj. Rich, wealthy, opulent.
Acceder. v. To accede. / To agree (Quedar de acuerdo).
Acceso. m. Access (Emocional, de enfermedad, etc.) / Entrance (Lugar de entrada, modo de entrar). / *Lograr acceso a,* To obtain access to.
Accesorio, a. adj. Accessory, additional.
Accidentado, da. adj. Uneven (Irregular). / Rough (Aspero). / *Vida accidentada,* Agitated life. / m. Victim of an accident (Víctima de un accidente).
Accidental. adj. Accidental, casual, fortuitous, contingent. / *Accidentalmente, Accidentariamente,* Accidentally, casually, fortuitously.

Acción. f. Action. / Deed (Obra). / *Acción de gracias,* Thanksgiving. / *Acción judicial,* Lawsuit. / (Mil.) Battle. / *Acción dramática,* Dramatic action. / (Com.) Stock, share (Acciones de una sociedad). / *Acciones de ferrocarril,* Railway shares.
Accionista. f. / F. Shareholder in a company's stock, actionary.
Acechar. v. To waylay (Tender una celada). / To ambush (Emboscar). / To lurk (Esperar la ocasión). / To pry (Atisbar).
Aceite. m. Oil. / *Aceite de bergamota,* Essence of bergamot. / *Aceite de espliego,* Oil of spike. / *Aceite de trementina,* Oil of turpentine. / *Aceite de palo,* Balsam copaiba. / *Aceite de linaza,* Linseed oil. / *Aceite de ricino,* Castor oil. / *Aceite de hígado de bacalao,* Cod-liver oil. / *Aceite de carbón, o aceite mineral,* Coal-oil.
Acento. m. Accent (Sonido y signo ortográfico). / Modulation of the voice.
Acentuar. v. To accentuate (Poner acentos). / To speak with the proper accent (Hablar con el acento correcto). / To emphasize (Enfatizar).
Acepción. f. Acceptation, meaning. / *Segunda acepción,* Second meaning of a word.
Aceptación. f. Acceptation. / Approbation. / Acceptance (Tiene sentido comercial y legal). / *Aceptación de herencia,* Acceptance of an inheritance.
Aceptar. v. To accept. / *Aceptar una letra,* To accept or to honour a bill. / *Aceptar una opinión,* To accept an opinion, to grant one's opinion.
Acequia. f. Irrigation ditch (De riego). / Trench (Zanja).
Acera. f. Sidewalk.
Acerca. adv. About, relating to. / *Acerca de lo que hemos hablado,* In regard to what we have said.
Acercar. v. To approach (Aproximarse a). /To draw near (Poner cerca). / To put near (Poner cerca). / To put nearer (Poner más cerca que antes).
Acero. m. Steel. / *Acero inoxidable,* Stainless steel.
Acertado, da. adj. Fit (Adecuado). / Proper (Atinado). / *Su conducta fue acertada,* He conducted himself with propriety.
Acertijo. m. Riddle.
Aciago, ga. adj. Unfortunate (Infortunado). / Ominous (De mala suerte).
Acicalar. v. To polish, to burnish. / (Fig.) To dress in style, to set one's show. / To prink.
Acicate. m. Spur. / Rowel spur.
Acicatear. v. To incite. / To spur (Espolear).
Ácido. m. Acid. / adj. Acid, sour.
Acierto. m. Hitting (El acto de acertar). / *Un acierto,* A good hit./ *Con acierto,* with effect. / Dexterity. (Destreza). / Hit (Un acierto comercial o popular).
Aclaración. f. Illustration, explanation.
Aclarar. v. To make clear (En general). / To illustrate, to explain (Ilustrar, explicar). / To widen (Extender, ensanchar raleando). / To clarify (Clarificar una solución, una sustancia o una idea). / To clear up, to recover brightness (Recobrar brillo).
Aclimatar. v. To acclimatize.
Acobardar. v. To daunt, to intimidate, to terrify.
Acoger. v. To shelter (Dar amparo). / To receive hospitably. / (Fig.) To protect, to give asylum. / *Acogerse,* To take refuge, to resort to.
Acogida. f. Receptation. / *Buena acogida,* Approval, welcome. / *Dar acogida a una letra,* (Com.) To honour or protect a bill. / *Reservar buena acogida a,* To meet prompt attention.

Acolchar. v. To quilt.

Acomodado, da. adj. Convenient, fit (Adecuado). / Rich, wealthy (Rico, opulento). / Fond of accommodation (Aficionado a la comodidad). / Moderate.

Acompañamiento. m. Attendance. / Retinue. / (Mús.) Accompaniment. / Extras (Acompañamiento teatral).

Acompañante. adj. Accompanying. / Companion (Compañero). / Escort (Escolta). / Accompanist (Acompañante musical).

Acompasado, da. adj. Rythmic. / Measured by compass. / (Coloq.) Monotonous and regular (Monótono y regular, en los hábitos o en el modo de ser).

Acomplejar. v. To cause a complex (Psiquiatría). / To inhibite (Inhibir).

Acongojar. v. To distress (Causar congoja). / To oppress, to afflict. / To make sorrowful (Entristecer).

Aconsejar. v. To advise, to counsel. / *Aconsejarse,* To take advice, to be advised.

Acontecer. v. To happen (Expresión más amplia). / To come about (Sobrevenir algo). / To fare (Que algo pase).

Acoplar. v. To couple, to join (Unir, emparejar). / To connect. / *Acoplarse,* To have sexual intercourse.

Acorazar. v. To armour. / To apply armour-plates.

Acorde. adj. Conformable, correspondent. / Coinciding in opinion. / In harmony.

Acordeón. m. Accordion.

Acordonar. v. To form a cord or rope. / To surround (Con policías, fieles, entusiastas, etc.).

Acorralar. v. To corral. / To intimidate. / To silence.

Acortar. v. To shorten, to lessen. / To obstruct. / *Acortar la vela,* (Náut.) To shorten sail. / *Acortarse,* To shrivel, to be contracted. / To be bashful, to fall back (Intimidarse).

Acosar. v. To pursue close (Perseguir de cerca). / To vex, to molest, to harass (Causar molestias intencionadamente).

Acostado, da. adj. Stretched (Tendido). / Laid down (Yaciendo).

Acostar. v. To lay down. / To put one in bed (Meter en la cama). / *Acostarse,* To lie down. / *Acostarse con,* To sleep with. To make love to.

Acostumbrar. v. To accustom, to use. / *Acostumbrarse,* To get accustomed, to habituate.

Acre. adj. Sour, acrimonious, hot (Sabores). / Mordant, keen (Expresiones). / Rough, rude (Modales). / m. Acre (Medida)

Acrecentar, acrecer. v. To increase.

Acreditado, da. adj. Accredited, distinguished.

Acreditar. v. To assure, to affirm a thing for certain (Dar fe de algo). / To credit, to procure credit (Con sentido comercial). / To prove (Probar).

Acróbata. m., f. Ropedancer (De cuerda floja). / Acrobat (De trapecio).

Acta. f. Act. / Record of proceedings.

Actitud. f. Attitude.

Activar. v. To activate. / To spur (Un trámite). / To make brisk (Agilizar). / To hasten (Apurar).

Actividad. f. Activity. / Quickness in performing, liveliness, nimbleness (Rapidez en el quehacer, vivacidad, apresuramiento).

Activo, va. adj. Active, diligent (Carácter). / Forward, fiery (Resuelto, ardoroso).

Acto. m. Act, action. / Act of a play (Teatro). / Carnal communication (Acto sexual).

Actor. m. Perfomer, player (Ejecutante).

Actriz. f. Actress.

Actuación. f. Performance.

Actualidad. f. The actual or present state of things. / *Actualidades,* Actualities, magazinesque news.

Acuarela. f. Water color, aquarelle.

Acuario. m. Aquarium, fish bowl / (Astron.) Aquarius.

Acuartelar. v. To quarter troops (Mil.). / *Acuartelar las velas,* (Náut.) To flat in the sails.

Acudir. v. To assist, to succour, to support. / To run to (Acudir en auxilio).

Acueducto. m. Aqueduct. / Eustachian tube (Anat.).

Acumulación. f. Accumulation, gathering.

Acumular. v. To accumulate. / To heap together (Amontonar). / To treasure up, to hoard (Atesorar). / To lay up (Apilar). / To impute, to upbraid with a fault (Acumular cargos).

Acuñación. f. Coining, milling.

Acupuntura. f. Acupuncture.

Acusación. f. Accusation, impeachment, charge, expostulation.

Acusar. v. To accuse, to criminate, to lay against, to indict (En sentido legal o de incriminación). / To acknowledge the receipt of. (Acusar recibo de). / *Acusarse,* To take charge of. (Hacerse cargo de una culpa). / To acknowledge sins (Reconocer pecados ante el confesor).

Acústica. f. Acoustics.

Achatar. v. To flatten.

Achicar. v. To diminish, to lessen (De tamaño). / To bale a boat or drain a mine (De agua). / *Achicar un cabo,* To shorten a rope. / *Achicar el agua del navío,* To free the ship.

Achicoria. f. Succory, chicory (De cultivo). / (N. cient.) Cichorium intybus. / Wild endive (Silvestre). / (N. cient.) Sive sylvestre.

Adagio. m. Proverb. / (Mús.) Adagio.

Adán. M. Adam.

Adaptable. adj. Capable of being adapted.

Adaptación. f. Adaptation.

Adaptar. v. To adapt. / To fit (Hacer que calce o encaje bien). / To fashion (Arreglar para un uso). / To cohere (Hacer coherentes o compatibles dos cosas).

Adecentar. v. To render decent. / To make up neat (Arreglarse, acicalarse).

Adecuación. f. Fitness.

Adecuado, da. adj. Adequate, fit, competent.

Adecuar. v. To fit, to accommodate.

Adelantar. v. To advance, to forward. (Avanzar, ir hacia adelante). / To grow, to keep on (Crecer, mantener progreso). / To anticipate, to pay beforehand (Anticipar, pagar por adelantado). / To improve (Perfeccionar). / To push forward (Presionar hacia adelante). / To get ahead (Pasar adelante). / To take the lead (Tomar la delantera). / To surpass (Un vehículo a otro). / To excel, to outdo (Sobrepasar en calidad o maestría).

Adelante. Forward. / Onward (Más allá). / Farther off (Más lejos). / Higher up (Más alto). / *En adelante,* Henceforth, in future, or for the future. / *¡Adelante!,* Go on! (¡Siga!). I understand, (Continúe, pues ya entiendo). Come on in!, (Invitación a entrar en un sitio).

Adelgazar. v. To make slender, to make thin. / To lessen (Disminuir). / To attenuate (Atenuar). / To discuss with subtility (Discutir hilando fino).

Ademán. m. Attitude, gesture. / Look, manner (El aspecto de una persona). / *En ademán de,* In the attitude of.

Además. adv. Moreover. / Likewise (Asimismo). / Further (A más de eso). / Short of this (Como si fuera poco). / Besides (Paralelamente, junto a eso).

Adentro. adv. Within (En el interior). / Inside (La parte de adentro). / ¡*Adentro!*, Come in!

Aderezar. v. To dress, to adorn (Alhajar, adornar). / To prepare. / To clean, to repair (Limpiar, reparar). / *Aderezar la comida*, To dress victuals.

Aderezo. m. Dressing and adorning, finery. / Gum, starch, etc., used as ingredients to stiffen cloth with (Goma, almidón, etc, usados como ingredientes para dejar la ropa tiesa). / *Aderezo de mesa*, Condiment.

Adiestrar. v. To train. To teach (Entrenar, enseñar). / To guide, to lead (Guiar, conducir). / Adiestrarse, To exercise oneself.

Adeudar. v. To owe (Deber). / (Com.) To charge debit. To be indebted. / To incur debt (Contraer una deuda).

Adherir. v. To adhere (También a partidos, ideas, etc.). / To espouse an opinion ("Desposar" una idea). / *Adherirse*, To cleave to. / To hold (Sostener, sujetar).

Adhesión. f. Adhesion. / Cohesion, attachment (Cohesión, unión).

Adición. Addition. / Remark or note put to accounts (Agregado o indicación a las cuentas).

Adicto, ta. adj. Adicted, attached.

Adinerado, da. adj. Rich, wealthy.

Adiós. Interjec. Good-bye, adieu.

Adivinación. f. Divination.

Adivinanza. f. Riddle, enigma, conundrum. / Guess (Conjetura). / Prediction.

Adivinar. v. To divine, to soothsay. / To conjecture, to anticipate, to give a guess (Conjeturar, anticipar). / To unriddle an enigma or difficult problem (Descifrar un enigma, adivinanza o un problema difícil). / To find out (Atinar una solución).

Adivino, na. m., f. Soothsayer. Fortuneteller.

Adjetivo. m. adjective.

Adjudicar. v. To adjudge. / To sell at auction (Sacar a remate o subastar). / *adjudicarse*, To appropriate to oneself.

Administración. f. Administration. / Management (Gerencia, manejo). / Office of an administrator. / *En administración*, In trust. / Government.

Administrar. v. To administer, to govern. / To serve an office.

Admirable. adj. Admirable, excellent.

Admiración. f. Wonder. / Sudden surprise (Sorpresa súbita). / Exclamation mark, (Punto de admiración, ¡!). / *Es una admiración*, It is a thing worthy of admiration.

Admirar. v. To cause admiration, to marvel. / To contemplate (Un paisaje). / *Admirarse*, To be seized with admiration.

Admisión. f. Admission, acceptance.

Admitir. v. To admit. / To permit. / To allow an argument (Un argumento u opinión). / To receive, to give entrance (Recibir, dejar entrar). / To concede, to accept, to grant (Conceder, aceptar, dar por aceptable). / *Bien admitido*, Well received. / *El asunto no admite dilación*, The affair admits no delay.

Adobar. v. To dress (Aderezar). / To make up (Arreglar. También maquillar). / To pickle (Meter en vinagre). / To cook (Guisar). / To tan (Cueros).

Adoctrinar. v. To indoctrinate.

Adolescencia. f Adolescence.

Adonde. adv. Where. / *Adonde quiera,* Wherever.

Adopción. f. Adoption.

Adoración. f. Adoration, worship.

Adorar. v. To adore, to reverence with religious worship, to idolatrize. / To love excessively.

Adormecer. v. To make drowsy (Poner soñoliento). / To make sleep (Hacer dormir). / To lull asleep (Arrullar para hacer dormir). / To calm, to lull (Calmar, arrullar). / *Adormecerse*, To fall asleep. / To grow benumbed or torpid (Ponerse adormilado o entorpecido).

Adormecido, da. adj. Mopish, sleepy, drowsy.

Adornar. v. To adorn, to beautify, to embellish, to grace, to ornament. / To furnish (Dotar de elementos adecuados o bellos). / To garnish (Decorar). / To adorn with talents (Con virtudes o talento).

Adquirir. v. To acquire, to obtain, to get.

Adquisición. f. Acquisition, attainment, accomplishment. / Goods obtained by purchase or gift (Bienes adquiridos mediante compra o regalo).

Adrede. adv. Purposely.

Adulterio. m. Adultery.

Adulto, ta. adj. y m., f. Adult, grown up.

Adustez. f. Disdain, aversion, asperity.

Adusto. adj. Gloomy, austere, untractable, sullen.

Advenimiento. m. Arrival, advent.

Adverbio. m. Adverb.

Adversario. m. Opponent, antagonist, foe. / (pl.) Notes in a common place book. A common place book.

Adversidad. f. Calamity, misfortune, affliction.

Adverso. adj. Adverse, calamitous, afflictive. / Opposite, averse. / Favourless. / Facing, in front of (Lo que queda al frente).

Advertencia. f. Advice. / Advertisement to the reader, remark. / Monition, counsel.

Adyacente. adj. adjacent. Contiguous.

Aéreo, rea. adj. Aerial. / (Fig.) Airy, fantastic. Destitute of solidity or foundation (Falto de solidez o fundamento).

Aeronáutica. f. Aeronautics.

Aeropuerto. m. Airport.

Afán. m. Anxiety, eagerness, laboriousness (Ansiedad, resolución, laboriosidad). / Toil, fatigue (Esfuerzo, fatigas).

Afanar. v. To toil, to labour. / Afanarse, To be over-solicitous. To toil too much (Coloq.). / *Afanarse por nada*, To fidget.

Afección. f. Affection, inclination, fondness. / Affection (Por una enfermedad, un estado de ánimo, etc.). / Quality, property (En filosofía). / Right of bestowing a benefice (Derecho de conceder un beneficio).

Afectación. f. Affectation, artificial appearance, daintiness (Afectación, falta de naturalidad). / Presumption, pride (Presunción, arrogancia).

Afectar. v. To affect, to act upon (Afectar, actuar sobre. Producir un efecto en.) / To make a show of something, to feign (Adoptar actitud teatral sobre algo, fingir). / To affect, to assume a manner (En el sentido de adoptar una pose). / To wound, to sadden (Lastimar, entristecer).

Afecto. m. Affection, love, kindness, fancy, concern (Amor, preocupación). / Pain, disease (Dolor, enfermedad). / (Arte) Lively representation (Representación vívida de algo). / *Afectos desordenados*, Mixed feelings (sentimientos confusos). Ruthless desire (voluptuosidad descontrolada).

Afeitar. v. To shave. / To clip (Jardinería). / To trim (Caballerías).

Afeminar. v, To make womanish (Volver feminoide). / To effeminate, to unman (Emascular). / (Fig.) To debilitate, to enervate (Debilitar, enervar). / *Afeminarse*, To become weak, feeble, to lose courage.

Aferrar. v. To grapple, to grasp, to seize. / (Náut.) To furl. / *Aferrarse* (Fig.) To persist obstinately in an opinion.

Afianzar. v. To guarantee (Comercial). / To prop, to secure with stays, ropes, etc. (Afirmar, asegurar con cables, etc.).

Afición. f. Affection, inclination.

Afilado. adj. Sharp, keen.

Afilar. v. To whet, to grind. / To render keen. / *Afilar las uñas*, To prepare carefully. / To grow thin and meagre (Afilarse las facciones).

Afín. adj. Related to. / Close by, contiguous, adjacent (Próximo, contiguo, adyacente). / Related by affinity (Relacionado por afinidad).

Afinado, da. adj. Well-finished, perfect, complete.

Afinar. v. To complete, to polish (Dar terminación, pulir). / To tune (Mús.). / *Afinar la voz*, To tune the voice. / *Afinarse*, To become polished, civilized.

Afincar. v. To acquire real estate (Adquirir tierras). / *Afincarse* To settle. (Establecerse).

Afirmación. f. Affirming, declaring, assertion.

Afirmar. v. To make fast, to secure, to clinch (Sujetar, asegurar, abrazar). / To affirm, to assure for certain (Afirmar, asegurar como cierto). / Afirmarse, To fix oneself, to advance steadily.

Aflojar. v. To loosen, to slacken, to relax, to let loose / (Pint.) To soften the colours / (Náut.) *Aflojar los obenques*, To ease the shrouds.

Afluencia. f. Plenty, abundance. / Fluency, volubility.

Afluente. m. Affluent (Se aplica también a un río). / Copious, abundant. / Locuacious (De palabras).

Afonía. f. Aphonia, loss of voice.

Aforado. adj. Privileged person.

Aforar. v. To gauge. / To examine goods for determining the duty (Examinar bienes para determinar sus impuestos)

Aforo. m. Gauging.

Afrenta. f. Affront, dishonour, outrage. / Stigma.

Afrodisíaco. adj. Aphrodisiac.

Afrontar. v. To confront. / To reproach with a fault in the face (Acusar de una falta frente a frente). / To face.

Afuera. adj. Outward. / In public. / *¡Afuera!*, Stand out of the way!, clear the way! / *¿Hay alguien allá afuera?*, Is there anybody out there?

Agalla. f. Gills (De los peces). / (Bot.) Gallnut. / *Agalla de ciprés*, Cypress gall. / *Tener agallas*, To be audacious.

Agarrar. v. To grasp, to seize. / To obtain, to come upon (Obtener, lograr). / To clinch (Abrazar, asirse). / *Agarrarse de un pelo*, To grasp at a hair.

Ágata. f. Agate.

Agencia. f. Agency.

Agenda. f. Note-book, memorandum.

Agente. m. Agent. / *Agente de Cambios*, Bill-broker. / *Agente de la Bolsa*, Stoke-broker.

Ágil. adj. Nimble, ready, fast, light.

Agilidad. f. Agility, nimbleness, activity, lightness, liveliness.

Agitación. f. Agitation, flutter. / Fretting.

Aglomeración. f. Agglomeration, heaping up.

Aglutinar. v. To glue together, to agglutinate.

Agolparse. v. To crowd, to rush.

Agonía. f. Agony. / Violent pain (Dolor violento). / An anxious or vehement desire (Anhelo o deseo vehemente).

Agonizante. adj. Agonizing. / A dying person.

Ágora. Agora.

Agostar. v. To parch the lands, to ruin, to dry up (Pozos, aguadas, etc.)

Agosto. m. August.

Agotar. v. To drain off waters. / To exhaust. / (Fig.) To beat out one's strength. / To run through one's resources (Acabar con los recursos de uno). / *Agotar la paciencia*, To tire one's patience.

Agradable. adj. Pleasing. Pleasant /Lovely, glad, gracious (Amable, alegre).

Agradar. v. To please, to gratify. / To humour, to like. / To be pleased / *Me agrada caminar por el bosque*, I like walking by the forest.

Agravar. v. To aggravate. / To oppress (Gravar). / To render more intolerable. / To worsen (Empeorar). / To exaggerate, to complicate.

Agraviar. v. To wrong, to offend, to grieve, to harm. / *Agraviarse*, To be aggrieved. / To be piqued (Ser hostigado).

Agregar. v. To aggregate, to collect and unite, to join together.

Agresión. f. Aggression, attack, assault.

Agriar. v. To sour. / To make peevish, to irritate, to exasperate (A alguien). / To turn acid (Por ejemplo, la leche).

Agricultura. f. Agriculture.

Agrietarse. v. To be filled with cracks.

Agrio, agria. adj. Sour, acrid, acid (Amargo, acre, ácido). / Rough (Aspero). / Sharp, rude, unpleasant (Cortante, grosero, desagradable). / *Una respuesta agria*, A smart reply. / *Agrio, Agrios*, Sour fruit-trees.

Agronomía. f. Agronomy.

Agrupar. v. To group, to cluster.

Agua. f. Water. / Infussion. / *Agua de menta*, Peppermint infussion. / Lustre (De cristales y piedras preciosas) / (Náut.) Leak (Vía de agua, brecha.) / *Agua de azahar*, Orange-flower water. / *Agua regia*, Aqua regia. / *Agua bendita*, Holy water.

Aguacate. m. Avocado, avocado tree. / (N. cient.) Persea gratissima.

Aguafuerte. f. Aquafortis, etching.

Aguantar. v. To bear, to endure (Soportar). / To support, to prop (Resistir, sujetar). / To maintain (Mantener).

Aguante. m. Fortitude, firmness, endurance. / Patience.

Aguar. v. To mix water with. / *Aguar el vino*, To mix water with wine. / To disturb, to interrupt pleasure (Una fiesta, un buen estado de ánimo). / To turn something into a failure (Hacer que algo se vuelva un fracaso).

Aguardar. v. To expect, to wait. / To grant time (Conceder más plazo).

Agudeza. f. Sharpness (De un instrumento). / Acuteness, subtility, fineness (De carácter). / Witty saying (Un dicho agudo). / Smartness (Ingeniosidad).

Aguerrir. v. To accustom to war.

Aguijón. m. Sting (De insecto). / Prick, spur, goad (Pincho, espuela, picana).

Águila. f. Eagle.

Aguja. f. Needle. / Spire (De torre u obelisco). / Hand (De reloj análogo). / Style (De reloj de sol). / Spindle (Huso). / Pin (Alfiler, punzón). / *Aguja de marear*, (Náut.) Mariner's compass. / *Aguja de tejer*, Knitting-needle./ *Aguja de mechar*, Skewer.

Agujero. m. Hole. / Needle-maker, needle-seller.

Ahíto, ta. adj. Surfeited. / Disgusted, tired of a person or thing.

Ahogar. v. To choke (Por exceso. Se aplica a la carburación de motores). / To throttle (Estrangular). / To kill by suffocation. / To drown (En el agua). / (Fig.) To oppress. / To water plants to excess (Regar plantas en exceso). / *Ahogarse*, To be suffocated. To drown oneself, to be drowned (En el agua).

Ahogo. m. Suffocation, anguish, severe affliction.

Ahora. adv. Now. Just now. / *Por ahora*, Just for the present. So far. / *Ahora bien*, Well. / *Hasta ahora*, Hitherto.

Ahorcado. adj. y m. Hanged man.

Ahorcar. v. To kill by hanging. / To hang.

Ahorrar. v. To economize, to save, to spare (Tiempo, dinero). / To shun (Trabajo, dificultades, esfuerzos).

Ahuyentar. v. To drive away, to put to flight. / *Ahuyentar los pájaros*, To scare away birds. / To banish (Un sentimiento, una sospecha, etc.).

Aire. m. Air. / (Fig.) Carriage, demeanour, sprightliness (En los modales). / Aspect, countenance, look (En la apariencia). / Tune, folksong (Mús.). / *Beber los aires por*, To desire anxiously. / *Tomar el aire*, To take a walk.

Airoso, sa. adj. Airy, windy (Aireado). / Graceful, genteel, lively (De aspecto). / Successful (Con bien, con éxito).

Aislar. v. To isolate (Una sustancia química, una persona, etc.). / To insulate (Un conductor eléctrico, una vivienda, etc.).

Ajedrez. m. Chess.

Ajeno, na. adj. Alien. / Another's (Perteneciente a otro). / Remote. / Ignorant. / *Estar ajeno de una cosa*, Not to have heard a rumour.

Ajo. m. Garlic.

Ajusticiar. v. To execute, to put to death.

Al. To the (A el, referido a un complemento directo). / *Hoy iremos al cine*, We shall go to the movies today. / At, at the (Referido a complemento circunstancial). / *Al amanecer*, At dawn. At [the] dawn [of day].

Alabanza. f. Praise.

Alabar. v. To praise, to extol, to glorify.

Alabastro. m. Alabaster.

Alacena. f. Sideboard, buffet, cupboard.

Alacrán. m. Scorpion.

Alambique. m. Alembic, still.

Alambre. m. Wire.

Alarde. m. Parade. / Ostentation, boasting, vanity. / *Hacer alarde de*, To boast.

Alargar. v. To lengthen, to extend. To elongate. / *Alargar la conversación*, To spin out a conversation. / *Alargarse*, To grow longer. / *Se alargan los días*, The days grow longer.

Alarido. m. Shout, howl.

Alarma. f. Alarm. / Awareness of danger.

Alba. m. Dawn (Del día). / Alb (De la vestidura sacerdotal).

Albañil. m. Mason, bricklayer.

Albaricoque. m. Apricot.

Albedrío. m. Freedom of will. / Free-will. / *Libre albedrío*, Liberty.

Alberca. f. Pond, pool (Laguna, charca profunda). / Reservoir (Estanque).

Albergar. v. To lodge, to harbour.

Albo, ba. adj. Very white.

Albornoz. m. Bathing wrap. Bathrobe.

Alborotar. v. To disturb. To riot.

Alborozo. m. Merriment, exhilaration, gaiety.

Alcachofa. f. Artichoke.

Alcaide. m. Governor (De una plaza fuerte). / Chief warden (De una cárcel).

Alcalde. m. Mayor (De una ciudad o municipio). / Chairman of the Council (De un ayuntamiento o gobierno comunal).

Alcantarilla. f. Drain. / Under ground sewer.

Alcoba. f. Alcove, bed-room.

Alcohol. m. Alcohol. / *Alcohol etílico*, Ethyl alcohol. / *Alcohol metílico*, Methyl alcohol, wood alcohol. / *Alcohol puro*, Absolute alcohol.

Alcoholismo. m. Alcoholism.

Aldea. f. Village.

Aleación. f. Alloying (La técnica de alear). / Alloy, compound metal (Una aleación metálica).

Aleccionar. v. To teach, to instruct.

Aledaño. m. Common boundary, border limit.

Alegación. f. Allegation, argument.

Alegar. v. To allege, to adduce.

Alegato. m. Allegation (En general). / Complaint, petition (Alegato de queja, de petición).

Alegrar. v. To gladden, to make merry. / To make happier, to comfort (A quien estaba triste). / To enliven, to beautify (Un lugar, el aspecto de algo). / *Alegrarse*, To rejoice, to congratulate, to exult. / To grow merry (También por la bebida).

Alegre. adj. Merry, joyful, content, light-hearted, glad / Gay, showy, fine (Se aplica más a las cosas, la música, etc.). / *Un cielo alegre*, A clear winter sky. / Brilliant, pleasing (Colores).

Alegría. f. Mirth (Júbilo). Merriment. / Gaiety, rejoicing (Regocijo). / Festivity. / Lightsomeness (Ligereza de espíritu). / (pl.) Rejoicings, public festivals.

Alejar. v. To remove. / To separate.

Aleluya. Allelujah.

Alentar. v. To breathe (Respirar). / To encourage, to cheer (Dar alientos).

Alergia. f. Allergy.

Alérgico, ca. adj. Allergic.

Alerta. adj. Vigilant, careful. / *Estar alerta*, To be on the watch.

Aleta. f. Fin (De un pez o animal marino). / (Mec.) Leaf (De una bisagra, un engranaje, etc.) / *Aleta de la hélice*, Blade of the propeller.

Alevosía. f. Perfidy, breach of trust.

Alfa. f. Alpha.

Alfabetizar. v. To alphabetize.

Alfabeto. m. Alphabet.

Alfarería. f. Pottery.

Alfil. m. Bishop.

Alfiler. m. Pin. / Jeweller's broach (Broche de una joya). / *Alfiler de gancho*, Security pin.

Alfombra. f. Floorcarpet.

Algazara. Shouting, hailing.

Álgebra. Algebra.

Álgido, da. adj. Algid, icy.

Algo. Something. (Una cosa). / Somewhat. (Cantidad indeterminada). / *La sopa está algo fría*, The soup is somewhat cold.

Algodón. m. Cotton. / Cotton-plant. (N. cient.) Gossypium herbaceum. / *Algodón en rama*, Raw cotton.

Algoritmo. Algorithm.

Alguacil. m. Constable.

Alguien. Somebody, some one.

Algún. Ver *Alguno*. / *Algún tiempo*, Sometime. / *Algún tanto*, A little, somewhat.

Alguno, na. Some person. (Alguna o algunas personas). / Something. (Alguna o algunas cosa). / Any one. (Cualquiera.) / *¿Le has acertado a alguno?* Have you hit any one? / *Alguna vez*, Sometimes, now and then.

Alhaja. Jewel.

Alianza. f. Alliance, league.

Aliarse. To be allied, to be leagued.

Alias. Otherwise. / By another name.

Aliciente. Attraction, incitement.

Aliento. Breath. / (Fig.) Vigour, spirit, courageousness.

Alimentar. To feed, to nourish, to nurse, to fatten.

Alinear. To lay out by line. / *Alinearse los soldados*, To fall in.

Aliñar. To dress or cook. (Guisos) / To season. (Sabores).

Alisar. To plane. (Una superficie). / To make smooth. (Se aplica también al cabello).

Alisios. Trade-winds.

Alistar. To enlist, to enrol, to recruit. / To get ready. (Dejar listo, quedar listo).

Alivio. Alleviation, ease. / Mitigation. (Del dolor). / Comfort. (Consuelo).

Aljibe. Cistern, reservoir of water.

Alma. Soul. / Human being. / *No hay un alma en la calle*, There is not a soul in the street. / Bore. (De un arma). / Core. (De un cable). / Ghost. (Alma de un difunto). / *Alma mía*, My dear, my love.

Almacén. Warehouse. / Store. (También como expendio de cualquier especie).

Almendra. Almond. / Kernel. (Semillas de frutos).

Almendro. Almond-tree. (N. cient.) Prunus Amygdalus.

Almibarar. To preserve fruit in sugar. (Preservar frutas en azúcar). / To speak with soft words. (Hablar con palabras suaves).

Almidón. Starch, amylum, fecula.

Almorzar. To breakfast. (Por la mañana). / To lunch. (A mediodía).

Almuerzo. Breakfast. (Desayuno). / Lunch. (De mediodía).

Alocución. Alocution. / Address, speech, harangue.

Alojamiento. Lodging. / (Náut.) Steerage.

Alondra. Lark.

Alongar. To enlarge, to extend.

Alopecia. Alopecia, baldness. (Calvicie).

Alpargata. Hempen sandals.

Alquilar. To let. (Dar en alquiler, en especial habitaciones). / To hire. (Tomar en alquiler, contratar servicios). / To rent. (Contratar alquiler de algo).

Alquiler. Wages.

Alquimia. Alchemy.

Alquitrán. Tar or liquid pitch.

Alrededor. Around.

Alta. Dismiss.

Altar. Altar. / (Astron.) Ara.

Alteración. Alteration, mutation. / Unevenness of the pulse. (Del pulso). / Disturbance, tumult, commotion. (Perturbación, tumulto, conmo-ción).

Alterno, na. Alternate.

Altitud. Elevation, altitude.

Altivo, va. Haughty, proud, lofty, lord-like. / High-minded. / Overbearing.

Alto, ta. High, elevated. / Tall. (Se aplica a estatura). / *Alta mar*, High seas. / Eminent.

Alto. *Alto!*, Stop! / *Alto ahí*, Stop there./ *De lo alto*, From above. / (Mús.) Alto, contralto. / (Mús.) Tenor violin. Tenor viola. Tenor recorder.

Altramuz. Lupine.

Altura. Altitude. (En todo sentido). / Height, loftiness.

Alubia. French bean.

Alumbrado, da. adj. Aluminous, relating to alum. (Quím.). / *Alumbrado público*, Public illumination, electric service.

Alumbrar. v. To light (Con luz). / To enlighten, to instruct (Dar luces, instruir).

Aluminio. m. Aluminium.

Alumno, na. m., f. Disciple, pupil.

Alusión. f. Allusion, hint.

Alusivo, va. adj. Allusive, hinting at.

Aluvión. m. Alluvion, wash.

Alveolar. adj. Alveolar, relating to the alveolus.

Alvéolo. m. Alveolus.

Alzada. f. Height, stature. / Appeal (Tribunal). / *Juez de alzadas*, A judge in appeal causes. / *Venta de alzada*, Wholesale.

Alzamiento. m. Lifting. / Raising up (Aplícase también a las pasiones, movimientos políticos, etc.).

Alzar. v. To raise, to lift up. / To heave (Aumentar, dilatar). / To erect, to construct (Erigir, construir). / *Alzarse con el dinero*, To run away with the money.

Allá. adv. There, in that place. / *Hacia allá*, Thither, to that place.

Allí. adv. There, in that place. / *Allí mismo*, In that very place. / *De allí*, Thence, from that place.

Ama. f. A mistress of the house. / *Ama de leche*, Wet nurse. / *Ama de llaves*, Housekeeper.

Amabilidad. f. Amiability, affability, loveliness.

Amagar. v. To threaten.

Amainar. v. To lower (Las velas). / To relax (Fuerzas, tensiones, etc.).

Amamantar. v. To nurse, to give suck.

Amancebarse. v. To engage in concubinage. / *Estar amancebado*, To live in concubinage.

Amanecer. m. Dawn. / v. To dawn. / *Al amanecer*, At dawn. At the break of day (Al romper el día). / (Fig.) To begin to appear, to show itself (Comenzar a surgir, mostrarse).

Amante. adj. Loving. / m. Lover, sweetheart (Enamorado, novio).

Amapola. f. Poppy. / (N. cient.) Papaver. / *Amapola morada*, Corn-poppy, corn-rose. / (N. cient.) Papaver rheas.

Amar. v. To love (Con todas las acepciones de la palabra castellana). / To fancy (Desear, tener ganas de). / To like (Gustar de).

Amargar. v. To make bitter. / (Fig.) To offend, to make sour, to exasperate (Ofender, volver agrio, exasperar).

Amargura. f. Bitterness. / Acerbity, sorrow (Acerbidad, tristeza).

Amarra. f. Tie, fastening. / Martingale. Moorings (Amarras de barco). / *Amarras de popa*, Stern-fasts. / *Amarras de proa*, Bow fasts.

Amasar. v. To knead. / To mould (Metales). / To hoard (Riquezas).

Amazona. f. Amazon. / Riding woman.

Ámbar. m. Amber. / (N. cient.) Succinum. / *Ambar gris*, Ambergris.

Ambición. f. Ambition. / Covetousness (Codicia, apetencia intensa).

Ambiente. m. Environment. / Ambient air (Atmósfera ambiental).

Ambigüedad. f. Ambiguity. / Double meaning (Doble sentido o significado). / Uncertainty, doubt (Incertidumbre, duda).

Ambiguo, gua. adj. Ambiguous, doubtful.

Ámbito. m. Room, living space. / Circuit, circumference, compass.

Ambos, bas. adj. Pl. Both. / *Ambos o ambas a dos*, Both, both together.

Ambulancia. f. Ambulance, field hospital.

Ambulante. adj. Ambulatory.

Amedrentar. v. To deter, to discourage. / To intimidate.

Amén. Amen. / So be it (Así sea).
Amenaza. f. Threat, menace.
Amenazante. adj. Menacious, threatening.
Amenazar. v. To threaten, to menace.
Amianto. m. Amianthus. Asbestos.
Amigo, ga. m., f. Friend (Con todas las acepciones de la palabra castellana). / Comrade. / Lover (Amante de). / *Un amigo íntimo*, An intimate, a close friend. / *Ella es muy amiga de ganar*, She is very fond of gain.
Amistad. f. Amity, friendship. / *Hacer amistad*, To make friends.
Amistar. v. To reconcile.
Amistoso, sa. adj. Friendly, amicable, cordial.
Amnesia. f. Amnesia.
Amnistía. f. Amnesty.
Amodorrarse. v. To be drowsy, to grow heavy with sleep.
Amohinar. v. To annoy.
Amojonar. v. To set landmarks, to mark roads.
Amolar. v. To whet, to grind. / To sharpen (Afilar).
Amoldar. v. To cast in a mould. / To fashion (Dar forma correcta).
Amonestación. f. Advice, admonition. / Warning (Advertencia). / Publication of marriage banns (De matrimonio).
Amor. m. Love (Con todas las acepciones de la palabra castellana). / Tenderness, affection, fancy (Ternura, afecto, afición a). / The beloved one (El ser amado). / *Por amor de Dios*, For God's sake. / *Al amor de la lumbre*, Close to the fire. / *Amor propio*, Self-love, pride. / *De mil amores*, With all my heart.
Amordazar. v. To gag, to muzzle.
Amoroso, sa. adj. Affectionate, kin, loving / Pleasing (Grato, complaciente). / Gentle, mild, serene (Suave, gentil, sereno). / *La tarde está amorosa*, It is a charming evening. / Tractable, easy (Tratable, asequible).
Amortiguar. v. To temper. / To soften (Suavizar, especialmente colores).
Amortización. f. Amortization. / Payment of debts.
Amotinado, da. adj. Mutinous, rebellious, sedicious.
Amotinar. v. To excite rebellion. / To rise.
Amparar. v. To protect, to shelter. / *Ampararse*, To seek shelter (buscar amparo). To defend oneself, to protect oneself (Defenderse, protegerse).
Amparo. m. Protection, shelter, refuge. / Stall (En un mercado). / Aid, favor (Ayuda, favor).
Amper. m. (Fís.) Ampere.
Amperio. m. Ampere.
Ampliación. f. Amplification, enlargement, extension. / (Fotografía) Enlargement, enlarging.
Ampliar. v. To amplify, to enlarge, to extend.
Amplificación. f. Amplification.
Amplio, plia. adj. Ample. / Full, roomy (Espacioso).
Amplitud. f. Amplitude. / Roominess.
Ampolla. f. Blister. / Bubble (Pompa, como las de jabón). / Cruet (Recipiente). / (Med.) Ampoule. / (Anat., Bot., Zool.) Ampulla. / Bulb (Eléctrica).
Amputación. f. Amputation.
Amueblar. v. To furnish.
Amuleto. m. Amulet.
Amurallar. v. To wall, to wall in.
Anacardo. m. Cashew tree. / (N. cient.) Anacardium occidentale.
Ánade. m. Duck. / (N. cient.) Anas boschas.
Analgésico. adj. Analgesic.
Análisis. m. Analysis.
Analítico, ca. adj. Analytic.

Analizar. v. To analyze.
Analogía. f. Analogy.
Análogo. adj. Analogous.
Anarquista. adj. Anarchist.
Anatema. N. Amb. Anathema, excommunication.
Anatematizar. v. To anathematize, to excommunicate. / To curse (Maldecir).
Anatomía. f. Anatomy.
Anca. f. Croup, haunch.
Anciano, na. adj. y m., f. Old.
Ancla. f. Anchor. / *Zafar el ancla*, To clear the anchor. / *Caña de ancla*, Shank of the anchor. / *Cepo del ancla*, Anchor stock. / *Cruz del ancla*, Crown of the anchor. / *Uñas del ancla*, Anchor arms. / *Pico del ancla*, Bill of the anchor.
Anchoa. f. Anchovy. / (N. cient.) Crupea enclasicolas.
Anchura. f. Width, largeness, latitude.
Andador, ra. adj. y m., f. Good walker. / (Náut.) A fine sailer. / Alley (Sendero de jardín).
Andamio. m. Scaffold. / Platform of a rampart.
Andante. adj. (Mús.) Andante.
Andanza. f. Adventure.
Andar. v. To walk. / To act, to behave (Obrar, conducirse). / *Andar en cuerpo*, To go without a cloak. / *Andar en cueros*, To go naked. / *Andar por decir una cosa*, To be like to say something. / *Andar en dimes y diretes*, To dispute and quarrel. / *Andando el tiempo*, In the lapse of time.
Andas. f. Pl. Litter.
Andén. m. Platform.
Andrajo. m. Rag, tatter.
Andrógino. adj. Androgynous, androgyne.
Anécdota. f. Anecdote.
Anegación. f. Overflowing, inundation.
Anegado, da. adj. Overflowed.
Anejo, ja. adj. Annexed, joined.
Anestesia. f. Anaesthesia.
Anfibio. adj. y m. Amphibious.
Anfiteatro. m. Amphitheatre.
Anfitrión. m. Host.
Ánfora. f. Amphora.
Ángel. m. Angel. / *Ángel custodio, Ángel de la Guarda*, Guardian angel.
Angélica. f. Garden angelica. / (N. cient.) Angelica archan-gelica. / *Angélica carlina*, Carline thistles. / (N. cient.) Carlina acualis. / *Angélica palustre*, Wild angelica. / (N. cient.) Angelica sylvestris.
Angina. f. Angina. / Angina pectoris.
Angiografía. f. Angiography.
Angostar. v. To narrow, to contract.
Angosto, ta. adj. Narrow, close.
Anguila. f. Eel. / (N. cient.) Muraena anguila.
Angula. f. Young eel.
Ángulo. m. Angle. / Corner (Esquina). / *Angulo óptico, ángulo visual*, Visual angle.
Angustia. f. Anguish, affliction. / Heartache, heaviness (Pesadumbre).
Angustiar. v. To anguish, to afflict.
Anillo. m. Ring (Con todas las acepciones de la palabra castellana). / Finger ring (Para los dedos). / Circlet (Aro, cintillo, diadema). / *Venir como anillo al dedo*, To come in the very nick of time.
Animado. adj. Manful. Stronghearted.
Animadversión. f. Animadversion.
Animal. m. Animal.
Animar. v. To animate, to enliven. / To comfort, to revive (Confortar, revivir a quien está decaído). / To inci-

te, to excite (Dar ánimos, incitar). / To give life or power to inanimate things (Dar vida o poder a cosas inanimadas).

Ánimo. m. Spirit. / Courage, valour (Coraje, valor). / Mind, intention, meaning, will (Opinión, intención, propósito, voluntad). / *Hacer buen ánimo*, To bear up under adversity.

Animoso, sa. adj. Brave, spirited, courageous, gallant.

Anís. m. Anise. / (N. cient.) Pimpinella anisum. / *Anises*, Anise seeds preserved in sugar.

Aniversario. m. Anniversary. / Birthday (Cumpleaños).

Anoche. adv. Last night.

Anochecer. m. Dusk. / v. To grow dark. / *Anochecerle a uno en alguna parte*, To be benighted somewhere. / *Al anochecer*, At nightfall.

Anodino, na. adj. Anodyne.

Anómalo, la. adj. Anomalous.

Anónimo, na. adj. Anonymous, nameless.

Anotar. v. To write notes.

Ansiedad. f. Anxiety.

Antagonista. adj. Antagonist, opponent, competitor. / Opposer, foe, foeman (Opositor, adversario, enemigo).

Antaño. adv. In yesteryear.

Ante. Prep. Before. / *Ante mí*, Before me, in my presence. / *Ante todo*, Before all things, above all.

Antecesor, ra. m., f. Predecessor. / Forefather (Antepasado). / *Antecesores*, Ancestors.

Antena. f. (Náut.) Lateen yard / (Entomología) Antenna, feeler (De los insectos). / Antenna (De radio, etc.).

Anteojo. m. Spy-glass. Eye glass (Para la vista). / *Anteojo de larga vista*, Binoculars. / *Anteojo de teatro*, Opera glass.

Antepasado, da. m., f. Ancestor. / Passed (Ya ido).

Anteponer. v. To prefer.

Anterior. adj. Anterior. Former.

Anterioridad. f. Priority, preference.

Antes. adv. Before. / *Antes de, antes de que, antes que*, Before, before that. / *Antes del amanecer*, Before the break of day. / Según su contexto, corresponde a las palabras inglesas: *First, rather, better. Hagamos eso antes*, Let's do it first. / *Quisiera antes sentir nostalgia que olvidarte*, I would rather miss you than forget you. / *Antes morir que pecar*, Better to die than to sin. / *Cuanto antes*, As soon as possible. / *Las guerras de antes eran peores que éstas*, The wars of old were worse than these.

Antibiótico. adj. Antibiotic.

Anticonceptivo, va. adj. Contraceptive.

Anticongelante. adj. Antifreeze.

Anticuario. m. Antiquarian.

Antídoto. m. Antidote, counterpoison.

Antigüedad. f. Antiquity, oldness (La condición de antiguo). / Ancient times, the days of yore. / Antique (Un objeto antiguo).

Antiguo, gua. adj. Ancient, old. / *Los Antiguos*, The ancients.

Antinomia. f. Antinomy.

Antinómico, ca. adj. Self-contradictory.

Antipatía. f. Antipathy.

Antípodas. f. Pl. Antipodes. / Opposites.

Antiséptico. adj. Antiseptic.

Antítesis. f. Antithesis.

Antojo. m. Whim, fancy, longing.

Antología. f. Anthology.

Antónimo, ma. adj. Antonymous. / m. Antonym.

Antorcha. f. Torch, flambeau. / Cresset.

Antro. m. Cavern, grotto, den. / Antrum, cavity (Medicina).

Antropofagia. f. Anthropophagy.

Antropología. f. Anthropology.

Antropomorfo. adj. Anthropomorphous.

Anual. adj. Annual. / *Plantas anuales*, Annual plants.

Anulación. f. Cessation, abrogation. / Abscission.

Anular. v. To annul. / To make void, to frustrate (Dejar en vano, frustrar). / To cancel, to rescind (Cancelar, rescindir).

Anunciar. v. To announce. / To bring tidings, to give notice of (Traer novedades, dar noticias de). / To forebode (Dar advertencia). / To forerun (Anticipar).

Anverso. m. Obverse, head-side (De monedas y medallas).

Anzuelo. m. Fish-hook. / (Fig.) Allurement, incitement. / *Caer en el anzuelo*, To be tricked or defrauded (Ser engañado o víctima de fraude). / *Tragarse el anzuelo*, To swallow the bait.

Añejo, ja. adj. Matured, aged (Vinos y licores, quesos, etc.). / Old, stale, musty (Viejo, rancio, marchito).

Año. m. Year. / *Año bisiesto*, Leap-year.

Aorta. f. Aorta.

Apabullar. v. To flatten squeeze, to crush.

Apacentar. v. To graze, to feed cattle.

Apadrinar. v. To take someone as a godson. / To support, to patronize, to protect. / To act as a second (Entre duelistas).

Apagar. v. To quench, to extinguish. / *Apagar la luz*, To put the light out. / *Apagar la sed*, To quench the thirst. / *Apagar la voz*, To put a mute in the instrument. / *Apagarse*, To go out (El fuego o la luz).

Apaleamiento. m. Drubbing, beating.

Apalear. v. To beat, to cane, to maul (Golpear, bastonear, aporrear). / To beat out the dust (Una alfombra). / *Apalear el dinero*, To heap up money with shovels.

Aparato. m. Apparatus (Con todas las acepciones de la palabra castellana). / Pomp, ostentation (Pompa, ceremonial). / Circumstance (Protocolo, etiqueta social). / Devise, engine, machine (Artefacto, motor, máquina). / Collection of instruments (Colección de instrumentos).

Aparear. v. To mate (Para procreación). / To suit (Ajustar, ensamblar una cosa con otra). / To couple in pairs (Juntar formando pares).

Aparecer. v. To appear. / To come up (Surgir). / To rise suddenly (Emerger súbitamente).

Aparejar. v. To get ready (Alistar, alistarse). / To harness or saddle (Poner arneses o ensillar caballerías). / (Náut.) To rig a ship, to furnish (Poner aparejos a un velero, equipar de lo necesario).

Aparentar. v. To seem (Parecer). / To look like (Verse como). / To feign, to make a false show (Fingir, dar muestras falsas).

Aparición. f. Apparition, appearing.

Apartación. f. Separation of components.

Apartadero. m. Parting-place. / Side track (Vía o camino secundario que se separa). / Railroad switch, shunting (De vía férrea).

Apartado, da. adj. Separated. / Distant, retired (Alejado, retirado).

Apartado. m. A retired room, a private (Cuarto apartado, un privado). / Post Office Box (Apartado de correos).

Apartamento. m. Apartment, flat.

Aparte. adv. Aside, apart, separately. / m. Aside on the stage (Teatro). / *Punto y aparte*, New paragraph./ *Dejar aparte*, To lay aside.

Apasionado, da. adj. Passionate.
Apasionar. v. To inspire a passion. / *Apasionarse de*, To dote upon.
Apeadero. m. Mounting block. / Small railway station (Ferroviario).
Apear. v. To alight from a horse or carriage.
Apedrear. v. To stone, to kill with stones.
Apegar. v. To adhere closely. / To attach oneself (Apegarse a una persona, costumbre, etc.).
Apego. m. Attachment, fondness.
Apelar. v. To appeal. / To have recourse to.
Apellido. m. Surname. / A peculiar name given to things (Un nombre peculiar que se da a una cosa). / Nickname (Mote, apodo).
Apenas. adv. Scarcely, hardly (Escasamente, con dificultad). / *Lloró apenas supo la noticia*, She swept as soon she learned the news (Lloró tan pronto supo la noticia).
Apéndice. m. Appendix, supplement.
Apercibir. v. To provide, to get ready. / To warn, to advise (Advertir, aconsejar). / To summon (Citar, en sentido legal).
Aperitivo. m. Aperitive. Aperitif. / adj. Aperient.
Apero. m. Implement. Tool.
Apertura. f. Opening.
Apestado, da. adj. Pestered. / *Estar apestado de alguna cosa*, To have too much of a thing.
Apestoso, sa. adj. Foulsmelling, sickening, nauseating.
Apetencia. f. Appetite, hunger. / Natural desire (Deseo natural).
Apetito. m. Appetite. / Natural desire, hunger (Deseo natural, hambre).
Apilar. v. To heap up.
Apio. m. Celery. / (N. cient.) Apium graveolens. / *Apio montano*, Crow foot. / (N. cient.) Ranunculus sceleratus.
Apacible. adj. Calm. Pleasant.
Aplanamiento. m. Levelling.
Aplastar. v. To cake, to flatten, to smash.
Aplaudir. v. To applaud, to extol. / *Aplaudirse*, To boast of, to be elated by.
Aplauso. m. Applause, praise.
Aplazar. v. To convene (Reunir en un lugar). / To defer, to adjourn (Postergar).
Aplicación. f. Application. / Assiduity, laboriousness (Empeño). / *Aplicación de bienes o hacienda*, adjudging estates or other property.
Aplicado, da. adj. Studious, intent. / Industrious, laborious.
Aplomar. v. To use plummet and line. / To plummet a wall.
Aplomo. m. Tact, self-possession (De carácter). / Plumb-line, plummet (Albañilería). / (Mús.) Exactness in time.
Apocado, da. adj. Pusillanimous.
Apocar. v. To lessen (Cualquier cosa). / (Fig.) To cramp, to contract (A alguien). / *Apocarse*, To humble oneself, to undervalue oneself.
Apoderado. m. Proxy, attorney, agent (Encargado de). / Tutor (De un menor de edad).
Apoderar. v. To empower, to grant a power of attorney (Conceder poderes). / *Apoderarse*, To seize something, to take by force.
Apodo. m. Nickname.
Apódosis. f. Apodosis.
Apogeo. m. Apogee. / Summit.
Apolillado, da. adj. Moth-eaten, worm-eaten.

Apoplético, ca. adj. Apoplectic.
Aporrear. v. To beat, to cudgel, to knock, to maul.
Aporreo. m. The act of beating, pommelling, or cudgelling.
Apósito. m. Bandage.
Apostar. v. To bet, to hold a wager, to lay a bet. / To post (Soldados en un lugar). / *Apostarlas, apostárselas*, To contend, to defy.
Apostasía. f. Apostasy. / Orchid.
Apostatar. v. To apostatize.
Apostillar. v. To put marginal notes (En un escrito). / To get pimples or pustules (En la piel).
Apostolado. adj. Apostleship.
Apostólico, ca. adj. Apostolical.
Apostrofar. v. To apostrophize, to address by apostrophe.
Apóstrofe. m. Apostrophe.
Apóstrofo. m. Apostrophe.
Apotegma. m. Apothegm, maxim.
Apoteosis. f. Apotheosis. / Exhaltation.
Apoyo. m. Prop, stay, support, fulcrum. / (Fig.) Patronage, help, muniment, maintenance (Patrocinio, ayuda, provisión de recursos, manutención).
Aprehensión. f. Seizing, apprehending (De coger). / Apprehension, perception, acuteness (De percepción).
Apremiar. v. To press, to urge. / To compel (Tiene sentido legal).
Apremio. m. Pressing up, constriction, constraint. / Der. compulsion (Compulsión judicial).
Aprendiz, za. m., f. Apprentice, prentice, learner.
Aprendizaje. m. Learning.
Aprensar. v. To press. To calender. / To crush, to oppress (Aplastar, oprimir).
Apresar. v. To seize, to grasp. / (Náut.) To take, to capture (Un barco enemigo).
Apresurado, da. adj. Brief, hasty.
Apresuramiento. m. Eagerness, forwardness, hastiness.
Apresurar. v. To accelerate, to hasten, to hurry.
Apretado, da. adj. Mean, miserable, narrow-minded, close-fisted (Respecto de una persona).
Apretar. v. To compress, to tighten, to press down. / To constrict, to contract (Comprimir). / To constrain, to clutch (Constreñir, unir apretadamente). / *Apretar la mano*, To correct with a heavy hand, to punish severely.
Apretón. m. Pressure. / (Fig.) Struggle, conflict. / *Apretón de mano*, Hand shake.
Aprisco. m. Sheep-fold.
Aprisionar. v. To confine, to imprison. / To bind.
Aprobación. f. Approbation, concurrence, consent.
Apropiación. f. Appropriation, assumption.
Apropiado, da. adj. Appropriate, fit.
Aproximación. f. Approximation.
Aproximar. v. To approximate, to approach.
Aptitud. f. Aptitude, fitness, ability. / Expediency, meetness.
Apto, ta. adj. Apt, fit, competent, able.
Apuesta. f. Bet, wager.
Apuesto, ta. adj. Handsome (Buenmozo, buena moza). / Elegant, genteel (De apariencia).
Apuntador. m. Observer, one who notes or marks (Anotador). / (Náut.) Gunner, one who points the guns (Que apunta cañones). / *Apuntador de comedias*, A prompter to the players.
Apuntar. v. To aim, to level (Un arma). / To point out, to mark, to hint. / To write down, to note. / To begin to show itself (Asomar). / *Apunta el día*, The day peeps. / *Apuntar los vegetales*, To grow up.

Apuñalar. v. To thrust with a dagger.
Apuro. m. Want. / Anguish, affliction. / Exigency, gripe. / *Ir con mucho apuro*, To go in a hurry.
Aquel, lla, llo. adj. That. / Pron. He, she. It. / *Aquellos, aquellas*, Those.
Aquí. adv. Here, in this place. / To this place (A o hacia aquí). / *Aquí sucedió aquello*, Here did it happen. / *He aquí*, Look here, behold. / *De aquí para allá*, To and fro. / *De aquí en adelante*, Henceforth, hence-forward./ *Aquí dentro*, Herein, hereinto. / *Hasta aquí*, Hitherto. / *¡Fuera de aquí!*, Get out from here!
Ara. f. Altar.
Arácnido, da. adj. Arachnid.
Arado. m. Plough.
Arándano. m. (Bot.) Cranberry. / (N. cient.) Vaccinium myrtillus.
Araña. f. (Entomología) Spider. / (Zool.) Common we aver, sea spider./ (N. cient.) Trachinus draco. / Chandelier, girandole, sconce (Lámpara). / (Bot.) Crow foot.
Arañar. v. To scratch (Como rascando). / To claw (Con garras). / To scrape, to gather painfully (Rasguñar, reunir trabajosamente).
Arbitrar. v. To adjudge. / To judge after. / To contrive means and expedients.
Arbitrio. m. Free and uncontrolled will.
Árbitro. m. Arbitrator (Der.). / Referee, umpire (Deportes). / *Ser uno su propio árbitro*, To master one's own heart or mind.
Árbol. m. (Bot.) Tree. / (Náut.) Mast. / (Mec.) Arbor, upright shaft, wheel spindle. / *Árbol de amor*, (Bot.) Judas-tree (N. cient.) Cercis siliquastrum. / *Árbol de clavo*, Clove-tree. (N. cient.) Caryophillus aromaticus. / *Árbol del paraíso* / Flowering-ash. (N. cient.) Eleannus angustifolia. / *Árbol del pan*, Bread-fruit-tree. (N. cient.) Arctocarpus incissa domestica.
Arbusto. m. Shrub, bush.
Arca. f. Ark. Chest. Trunk. / *Arcas*, Coffer (Para dinero).
Arcaísmo. m. Archaism.
Arcángel. m. Archangel.
Arcano. f. Arcanum. / adj. Secret, recondite, reserved.
Arce. m. (Bot.) Maple-tree. (N. cient.) Arcer.
Arcilla. f. Clay, argil.
Arco. m. Arc (La figura). / Bow (Para flechas). / Fiddle-bow (De violín). / *Arco iris*, Rainbow.
Archipiélago. m. Archipielago. Cluster of islands.
Arder. v. To burn, to blaze, to glow. / To be agited (De pasión, amor, furia, etc.).
Ardilla. f. Squirrel. (N. cient.) Sciurus vulgaris.
Área. f. Area.
Arena. f. Sand, grit. / Arena (Campo de lucha). / *Arena movediza*, Quicksand.
Arenque. m. Herring. (N. cient.) Clupea harengus. / *Arenque ahumado*, Red herring.
Aréola. f. (Anat.) Areola.
Arete. m. Ear-drop.
Argamasa. f. Mortar, cement.
Argentífero, ra. adj. Argentiferous, silver-bearing.
Argento. m. (Poét.) Silver. / *Argento vivo sublimado*, Sublimate.
Argón. m. (Quím.) Argon.
Argonauta. m. Argonaut.
Argucia. f. Subtlety, sophistry.
Argüir. v. To argue, to dispute, to oppose.
Argumentación. f. Argumentation.
Argumentar. v. To argue, to dispute, to conclude.

Argumento. m. Argument (Con todas las acepciones de la palabra castellana)
Árido, da. adj. Dry. / (Fig.) Dry, barren, jejune (Conversación, estilo, etc.).
Ariete. m. Battering ram.
Arisco, ca. adj. Fierce, rude, wild, untractable, stubborn (Fiero, rudo, salvaje, intratable, porfiado). / (Fig.) Harsh, unpolished.
Arista. f. Edge. / Cant edge, groin, rib.
Aristocracia. f. Aristocracy.
Aritmética. f. Arithmetic.
Arlequín. m. Harlequin, buffoon.
Arma. f. Weapon, arms. / *Arma de fuego*, Firearms, gun. / (pl.) Troops, armies. / Armorial ensigns, coat of arms.(Armas de blasones, escudo de armas). / *Maestro de armas*, Fencing-master. / *Pasar por las armas*, To kill / (Fig.) Means, power, reason.
Armado, da. adj. Weaponed, armed for offence, furnished with arms. / Gold or silver placed on other metal (Oro o plata sobre otros metales). / (Mec.) Mounted, set.
Armador. m. Privateer, cruiser. / One who recruits sailors (Reclutador de marineros). / Outfitter, ship-owner (Dueño de barcos). / (Mec.) Framer, adjuster, fitter.
Armadura. f. Armour. / Framework (Estructura, armazón). / (Mec.) Setting, fittings. / Skeleton (Esqueleto). / Frame of a roof (De techo).
Armario. m. Cupboard, bookcase, wardrobe.
Armazón. m. Framework, skeleton, frame. / Hulk of a ship (De un barco).
Armería. f. Armoury, arsenal. / Trade of an armourer or gunsmith (El negocio). / Heraldry (Her.).
Armero. m. Armourer, gunsmith (El que fabrica armas). / Keeper of arms or armour (El que las cuida). / (Mil.) A rack or stand for fire-arms (Para guardarlas).
Armonía. f. Harmony, just proportion. / Concord of sound, harmoniousness (De sonido). / Concord (Concordia). / Correspondence of one thing with another (Correspondencia de una cosa con otra). / Friendship (Amistad).
Armonizar. v. To harmonize, to put in harmony, to produce harmony.
Aro. m. Hoop, iron staple, hooppoles.
Aroma. m. Odor. Perfume, fragance.
Aromático, ca. adj. Aromatic, fragrant.
Aromatizar. v. To aromatize, to perfume.
Arpón. m. Harpoon. / Harping-iron.
Arqueología. f. Archeology.
Arqueólogo. m. Archeologist.
Arquero. m. Bows maker (El fabricante). / Bowman, archer.
Arqueta. f. Little chest, small trunk.
Arquetipo. m. Archetype.
Arquitecto. m. Architect.
Arquitectura. f. Architecture.
Arquitrabe. m. Architrave.
Arrabal. m. Suburb.
Arracada. f. Earring.
Arracimarse. v. To cluster.
Arraigado, da. adj. Possessed of landed property, real estate. / Fixed, inveterate (Un hábito, un vicio).
Arraigo. m. Landed property.
Arrancar. v. To pull up by the roots, to extirpate. / To force out. / To pull out (Un clavo). / To draw out (Un diente). / To carry off with violence (Llevarse algo, sacar algo con violencia).

Arranque. m. Extirpation (Extirpación). / (Mec.) Start, starter. / (Arq.) Spring (De un arco). / Joint crotch. / (Fig.) Impetuousness (Impetuosidad).

Arrasar. v. To level, to make even (Igualar, nivelar). / To destroy, to demolish (Destruir, demoler). / To obliterate. / *Arrasar un bajel*, (Náut.) To cut down a vessel. / To clear up (El clima). / To fill with tears (Llenarse de lágrimas).

Arrastrado, da. adj. Dragged along. / Rascally, knavish (Una persona). / (Familiar) Prostitute.

Arrastre. m. Dragging, haulage, drayage.

Arrebañar. v. To glean, to gather, to scrape together.

Arrebatado, da. adj. Rapid, violent, rash, inconsiderate, impetuous. / *Muerte arrebatada*, Sudden death.

Arrebatar. v. To take away by violence. / To snatch and seize things. / *Arrebatarse*, To be led away by passion. / To get roasted or scorched (Un guisado).

Arrebato. m. Rapture. / Ecstasy. / *Arrebato de cólera*, Sudden burst of anger.

Arrebolar. v. To paint red.

Arreciar. v. To increase. To grow stronger.

Arrecife. m. (Náut.) Reef, ridge of hidden rocks.

Arreglado, da. adj. Regular, moderate.

Arreglar. v. To regulate, to guide, to moderate. / To compound, to frame. / (Com.) To arrange, to settle, to adjust. To conform to law.

Arreglo. m. Rule, order. / (Com.) Arrangement, settlement. / *Con arreglo*, Conformably, according to.

Arremangar. v. To tuck up the sleeves.

Arremeter. v. To assail, to attack with impetuosity, to make at.

Arremetida. f. Attack, assault, invasion.

Arremolinar. v. To eddy, to form eddies. / To form a crowd (Multitud).

Arrendador. m. Landlord, lessor, hirer.

Arrendamiento. m. Renting, letting or hiring to a tenant, lease. / The house or lease-rent (El valor del arriendo).

Arrestado, da. adj. Intrepid, bold, audacious (Intrépido, valiente). / Caught under arrest (Apresado).

Arrestar. v. To arrest. / To take under arrest. To imprison. / To be bold (Ser valiente).

Arresto. m. Spirit, boldness (Coraje). / Detention (Mil.). / Prison, arrest.

Arriba. adv. Above, over up, high, on high, overhead. / (Náut.) Aloft. / *Arriba mencionado*, Previously mentioned. / *De arriba abajo*, From top to bottom.

Arribada. f. (Náut.) Arrival. / (Náut.) *Arribada a sotavento*, Falling off to leeward.

Arribar. v. To arrive at a stopping place. / (Fig.) To recover from a calamity, to convalesce (Recobrarse de una calamidad, convalecer). / (Familiar) To gain steem in high society (Socialmente).

Arriero. m. Muleteer. Sheepherder, sheperd.

Arriesgado, da. adj. Perilous, dangerous, hazardous. / *Hombre arriesgado*, Audacious man.

Arriesgar. v. To risk, to hazard, to expose to danger, to jeopardize. / *Arriesgarse*, To dare.

Arrinconar. v. To corner, to lay aside, to reject.

Arriscar. v. To risk. / To plunge over a cliff (Sobre un risco).

Arrizar. v. (Náut.) To reef. / To stow on deck (Un bote). / *Arrizar el ancla*, To stow the anchor.

Arrobar. v. To amaze, to ravish. / *Arrobarse*, To be amazed, to be out of one's senses.

Arrodillar. v. To bend the knee. / To kneel.

Arrogancia. f. Arrogance, haughtiness, loftiness.

Arrogante. adj. High-minded, spirited. / Haughty, proud, assuming (Altanero, orgulloso, presumido).

Arrojar. v. To dart (Un dardo). / To launch (De preferencia, un objeto pesado). / To fling, to hurl (Cualquier cosa no muy grande). / To throw (Una piedra, un proyectil). / To shed (Un perfume). / To emit (Luz). / *Arrojarse*, To launch, to throw oneself forward. / (Fig.) To venture (A una aventura, etc.).

Arrojo. m. Boldness, intrepidity, fearlessness. / *Arrojo al agua*, Jettison, jetsam.

Arropar. v. To cover with clothes, to dress. / *Arropar las viñas*, To cover the roots of vines with dung and earth.

Arroyo. m. Rivulet, small river. / The water-course of a street (El arroyo de la calle).

Arroz. m. Rice. (N. cient.) Oryza sativa.

Arruga. f. Wrinkle, corrugation. / Rumple or rude plait in clothes, fold.

Arrugar. v. To wrinkle, to contract into wrinkles, to corrugate, to constrict, to crumple.

Arruinar. v. To throw down, to demolish. / To ruin, to confound, to crack, to crush. / (Fig.) To destroy, to cause great mischief (Destruir, causar gran daño).

Arrullar. v. To lull. / To court, to coo (Cortejar, arrullar como paloma).

Arrullo. m. Cooing and billing (De palomas). / Lullaby (De una madre).

Arsenal. m. Ships-yard, dockyard, navy-yard. / Arsenal, depository of arms and ammunition (Depósito de armas y municiones).

Arte. N. Amb. Art. / Caution, skill, craft, cunning (Cuidado, habilidad, destreza, ingenio). / Artifice, machine (Artificio, máquina). / *No tener arte ni parte*, To have nothing to do. / *Malas artes*, Intrigues, improper means. / *Artes liberales*, Liberal arts. / *Bellas artes*, Fine arts.

Artefacto. m. Manufacture, device, handiwork.

Arteria. f. Artery. / *Arterias de la madera*, Veins of wood. / *Traquearteria*, The windpipe.

Artesano. adj. y m. Artisan, artificer, handicraftsman.

Articulación. f. Articulation, joint. / (Bot.) Geniculation.

Articulado, da. adj. Provided with joints. / (Zool.) Articulate, belonging to the articulata.

Articular. v. To articulate, to pronounce distinctly.

Articular, articulario, ria. adj. Articular, belonging to the joints. / v. To articulate. / To put joints.

Artículo. m. Article, section. / Plea (En una corte de justicia). / Clause, condition, stipulation (Cláusula, condición, estipulación). / Paragraph (En un contrato, ley, etc.). / Geniculation (En botánica).

Artífice. m. Artificer, artisan, craftsman. / Inventor, contriver, maker (fig.).

Artificial. adj. Artificial, made by art. / *Fuegos artificiales*, Fire-works.

Artillería. f. Gunnery. / Artillery. / *Parque de artillería*, Park of Artillery.

Artimaña. f. Trap, snare (Trampa, señuelo). / Device, stratagem, artifice, counterfeit, cunning (Instrumento, estratagema, artificio, engaño, astucia).

Artista. adj. y m., f. Artist. / Artisan, craftsmaster (Artesano).

Arzobispo. m. Archbishop.

As. m. Ace (De naipes, etc.). / As (Moneda romana).

Asa. f. Handle, haft. / (Bot.) *Asa dulce*, Gum benzoin, (N. cient.) Asadulcis. / *Asafétida*, Asafoetida.

Asado, da. adj. Roasted. / m. Roastbeef.

Asalariar. v. To fix salary.
Asaltar. v. To assault, to storm a place (Atacar, tomar por asalto). / To assail, to surprise, to fall upon (Sorprender, como una duda, un temor, etc.). / To occur suddenly (Ocurrir súbitamente).
Asalto. m. Assault. / (Fig.) A sudden gust (De pasión, etc.).
Asamblea. f. Assembly, meeting, congress, convention, gathering.
Asar. v. To roast.
Ascendente. adj. Ascendant. / Ascending.
Ascender. v. To ascend, to mount, to climb. / To be promoted (En un empleo, etc.). / *Ascender a*, (Com.) To amount to.
Ascendiente. adj. Ancestor, forefather. / m. Ascendency, influence.
Ascensión. f. Ascension, mounting. / Rising point of the equator.
Ascensor. m. Lift, hoist, elevator.
Asco. m. Nauseas, loathsomeness, disgust. / *Es un asco*, It is a mean, despicable thing. / *Hacer ascos*, To excite loathsomeness, to turn the stomach.
Asechar. v. To waylay. / To watch insidiously, to lie in wait (Espiar insidiosamente, estar a la espera).
Asediar. v. To besiege, to lay siege, to blockade.
Asegurar. v. To secure. / To insure (Contratar un seguro). / To fasten, to fix firm (Ajustar, poner firme). / To state, to assert (Lo que uno dice). / *Asegurar las velas,* To secure the sails. / *Asegurarse de la altura*, To ascertain the degree of latitude. / *asegurar la bandera*, To salute the flag.
Asemejar. v. To assimilate, to bring to a likeness or resemblance. / To resemble, to be like another
Asentar. v. To place. To seat. / To take for granted (Dar por cierto). / To assure (Asegurar lo que se dice)./ To establish. To note, to register (Establecer, tomar nota, registrar en un acta). / To fix in a place, to form (Fijar en un sitio, formalizar). / *Asentar bien su baza*, To establish one's character.
Aseo. m. Cleanliness, neatness.
Aserradero. m. Sawmill (Indust.) / Timber sawing place (Lugar donde se aserra madera)
Aserrar. v. To saw, to cut with the saw. / To play the violin badly (Tocar mal el violín).
Aserto. m. Assertion.
Asesinar. v. To murder. To assassinate, to kill treacherously.
Asesinato. m. Murder.
Asesino. m. Assassin, murderer, cut-throat.
Asesorarse. v. To take assistance or counsel, to hire an adviser.
Asesoría. f. The office of an assessor. / The fees of an assessor (Los honorarios que percibe un asesor).
Asfaltar. v. To asphalt.
Asfalto. m. Asphaltum.
Asfixia. f. (Med.) Asphyxia.
Así. adv. So, thus, in this manner. / Therefore, so that, also, equally (De ahí, así que, también, igualmente). / *Así bien*, As well, as much so, equally. / *Así así*, So so. Just middling.
Asiduidad. f. Assiduity, assiduousness.
Asiduo, dua. adj. Asiduous, laborious.
Asiento. m. Chair (Silla). / Seat (Lugar donde sentarse o derecho a sentarse). / Site, settling (Local, establecimiento). / Bottom (De un frasco). / Sediment (De licores). / Entry (En contabilidad).
Asignación. f. Assignation. / Distribution, partition. / Destination.

Asignar. v. To assign, to determine, to adscribe, to attribute.
Asignatura. f. Subject, university course.
Asilo. m. Asylum, place of shelter, refuge. / Harbourage (Para un barco). / (Fig.) Protection / (Entomología) Asilus, bee-killer, robber-fly.
Asimilación. f. Assimilation.
Asimilar. v. To assimilate.
Asistencia. f. Actual presence. / Assistance, favour, help (Ayuda). / *Asistencia*, Allowance for maintenance and support, alimony.
Asistente. adj. Assistant, helper, helpmate. / (Mil.) Attendant.
Asma. f. Asthma.
Asno. m. Donkey (Burro) Ass. / (Fig.) A dull, stupid fellow.
Asociación, asociamiento. f., m. Association, fellowship, copartnership, union.
Asociado. adj. Associate, comrade. / (Com.) Partner.
Asociar. v. To associate, to confederate, to conjoin. / To consociate.
Asolar. v. To destroy, to waste, to devastate. / To settle and get clear (Licores y vinos). / To pave (Suelos).
Asomar. v. To begin to appear. / To show (Mostrar).
Asombrar. v. To shade, to darken, to obscure, to overshade (Con sombras). / To frighten, to terrify (Con temor). / To astonish, to cause admiration (Con asombro).
Asombro. m. Amazement, astonishment, high admiration.
Aspa. f. Wing (De un molino de viento). / (Náut.) Cross gore, bentinck shrouds. / Leaf (De una hélice).
Aspecto. m. Look, aspect, countenance. / Outlook. / (Astron.) Relative position of stars and planets.
Aspereza, asperidad. f. Asperity, acerbity, acrimony. / Roughness, ruggedness, unevenness (De un camino). / Sourness, rigour (Del carácter).
Aspersión. f. Aspersion, sprinkling.
Aspiración. f. Aspiration (Con todas las acepciones de la palabra castellana) / Inspiration, drawing in the breath. / (Mús.) Short pause.
Aspirante. adj. Aspirant, neophyte.
Aspirina. f. (Farmacopea) Aspirin.
Asquerosidad. f. Nastiness, filthiness, foulness, fulsomeness.
Asta. f. Pole (Pértiga). / Lance. / Antlers, horn (Cuernos). / Handle of a pencil, brush. / (Náut.) Staff or light pole, shaft, spindle. / *Asta de bandera*, Ensign-staff.
Astenia. f. (Med.) Asthenia, debility.
Asténico, ca. adj. (Med.) Asthenic.
Astigmatismo. m. Astigmatism.
Astilla. f. Chip (De madera). / Splinter (De hueso, etc.).
Astillar. v. To chip.
Astillero. m. Rack on which lances, spears, pikes, etc., are placed (Lugar para poner lanzas, picas, etc.). / Shipwright's yard, dockyard (Náut.).
Astro. m. Sun. / Star.
Astrología. f. Astrology.
Astrólogo, ga. m., f. Astrologer.
Astronauta. m., f. Astronaut.
Astronáutico, ca. adj. Astronautic. / f. Astronautics (Astronáut.).
Astronomía. f. Astronomy. / *Astronomía gravitacional*, Celestial mechanics.
Astucia. f. Cunning, craft, slyness.
Astuto, ta. adj. Astute, cunning, sly, crafty, fraudulent.
Asunción. f. Assumption. / Elevation. / Ascent of the Holy Virgin to heaven.

Asunto. m. Subject, matter (Como tema). / Affair, business (Negocio).

Asustar. v. To frighten, to terrify. / *Asustarse*, To be frightened.

Atacar. v. To attack, to assault, to fall upon, to come upon.

Atado. m. Bundle, parcel. / *Atado de cebollas*, String of onions.

Atadura. f. Tie, fastening.

Atajar. v. To intercept, to obstruct. To stop. / To go the shortest way, to cut off part of the road (Ir por el camino más corto).

Atajo. m. Short cut. / Ward, guard (Esgr.) / *Salir al atajo*, To interrupt another's speech.

Atalaya. f. Watch-tower (Torre). / Height (Otero). / m. Watch-tower guard (Centinela de atalaya).

Ataque. m. Attack. / *Ataque aéreo*, Air raid. / *Ataque cardíaco*, Heart attack.

Atar. v. To tie, to bind, to fasten, to knit, to lace (Atar, amarrar, sujetar, entretejer, enlazar)

Atarazar. v. To bite, to wound with the teeth.

Atardecer. m. Late afternoon. / v. To draw towards evening.

Atareado, da. adj. Busied, occupied, intent.

Atarear. v. To impose a task, to exercise (Ponerse una tarea, ejercitarse). / To labour or work with great application (Trabajar con aplicación).

Atarugar. v. To secure with wedges. / (Mec.) To plug.

Atascar. v. (Náut.) To stop a leak. / (Fig.) To stop short (En un discurso).

Atasco. m. Barrier, obstruction.

Ataúd. m. Coffin. Casket.

Ataviar. v. To dress out, to adorn, to embellish.

Atavío. m. Dress, ornament, finery (Ropajes, ornamentos, joyas).

Atemorizar. v. To terrify, to strike with terror, to daunt.

Atención. f. Attention, heedfulness, mindfulness. / Civility, kindness, complaisance (De modales). / *En atención*, Attending, in consideration.

Atender. v. To attend, to mind (A una persona, preocuparse de un asunto). / To heed, to hearken (Escuchar, prestar oídos). / To wait for, to look at (Servir, cuidar de).

Atenerse. v. To walk at the same pace with another. / To guard, to observe. To stick, to adhere. / *Atenerse a*, To abide to.

Atentado, da. m. Action against the law. Crime. / Excess, transgression, offence.

Atentar. v. To attempt to commit a crime.

Atento, ta. adj. Attentive, heedful, observing, mindful. / Polite, civil, courteous (Modales).

Atenuación. f. Attenuation.

Atenuar. v. To attenuate, to diminish, to lessen, to mince.

Ateo. adj. Atheistic.

Aterrador, ra. adj. Frightful, terrible, dreadful.

Aterrar. v. To prostrate (Postrar). / To terrify, to cause dismay (Causar terror).

Aterrizaje. m. (Aer.) Landing. / *Aterrizaje forzoso*, Forced landing. / *Aterrizaje seguro*, Safe landing.

Aterrizar. v. To land.

Atestar. v. To cram, to stuff. / To overstock, to clog (Un almacén o bodega). / To crowd (De gentes). / To attest, to witness (Dar testimonio).

Atestiguar. v. To depose, to witness, to attest, to affirm as a witness, to give evidence.

Atildar. v. To dress, to adorn.

Atinar. v. To hit the mark, to reach the point, to guess right (Dar en el blanco, llegar al punto, acertar una conjetura). / To find out (Encontrar una solución).

Atizar. v. To stir the fire. / (Fig.) To stir up or rouse the passions.

Atleta. m., f. Athlete.

Atlético, ca. adj. Athletic, robust.

Atmósfera. f. Atmosphere. / Field of influence (Campo de influencia).

Atolondrado, da. adj. Hare-brained, thoughtless, giddy, careless.

Atómico, ca. adj. Atomic.

Atomizar. v. To atomize.

Átomo. m. Atom.

Atonía. f. Atony, weakness, debility.

Atónito, ta. adj. Astonished, amazed.

Átono, na. adj. Unaccented, atonic.

Atormentar. v. To torment, to give pain.

Atornillar. v. To screw, to fasten with screws.

Atracadero. m. (Náut.) Landing-place.

Atracar. v. (Náut.) To overtake another ship, to come along-side. / To cram with food and drink, to glut (De comida). / *Atracarse*, To be stuffed with eating and drinking, to fill. / (Náut.) *Atracarse al costado*, To come alongside of a ship.

Atracción. f. Attraction.

Atractivo, va. adj. Attractive, magnetic, magnetical.

Atractivo. m. Charm, grace, cooing.

Atraer. v. To attract, to draw to something. / To allure, to lure (Seducir). / To conciliate (A una decisión).

Atrapar. v. To overtake, to catch, to lay hold of (Al que está huyendo). / To net (En una red o trampa).

Atrás. adv. Back. / Backward (Hacia atrás). / *Hacerse atrás*, To get back. / *Quedarse atrás*, To stay back. / *Volverse atrás*, (Fig.) To retract, to unsay. / *Varios días atrás*, Several days ago.

Atrasado, da. adj. Late. / *Atrasado de medios*, Short of means, poor. / *Atrasado de noticias*, (Familiar) Out of news.

Atrasar. v. To delay. / To protract, to postpone (La ejecución de algo). / *Atrasar el reloj*, To retard the motion of a watch. / *Atrasarse*, To remain behind (quedarse atrás). To be in debt (en un pago). To be late (en general).

Atravesado, da. adj. Perpendicular. / Squint-eyed (Bizco). / Oblique. / Troublesome (De carácter).

Atravesar. v. To pass through. / To cross, to cross over, to pass over, to get or go over, to go through, to overpass (Cruzar, sobrecruzar, pasar, pasar a través, sobrepasar). / To bewitch (Embrujar). / *Atravesarse*, To interfere (en los asuntos de otro). To have a dispute (tener una disputa).

Atrayente. adj. Sexy. (Persona). / Attractive.

Atrevido, da. adj. Bold, audacious, daring, fearless, insolent.

Atribución. f. Attribute. / Attributing (El atribuir algo a otro).

Atribuir. v. To attribute, to ascribe (Una cualidad). / To impute, to charge to (Imputar, cargarle a uno). / *Atribuirse*, To assume, to arrogate to oneself.

Atribular. v. To tribulate, to afflict. / *Atribularse*, To be vexed, to suffer tribulation.

Atributar. v. To impose tribute.

Atrincheramiento. m. Intrenchment (Instalación de trincheras). / Trenchment (Refugiamiento en trincheras).

Atrincherar. v. To intrench, to fortify with a trench. / *Atrincherarse*, To cover oneself.
Atrocidad. f. Atrocity, atrociousness.
Atropellar. v. To trample. / *Atropellar las leyes*, To act in defiance of the law. / To insult with an abusive language. / To hurry, to confuse (Apresurarse, actuar confusamente). / To hurry oneself too much (Apresurarse en exceso). / To run over, to collide (Un vehículo a un peatón).
Atropello. m. Abuse, insult, outrage.
Atroz. adj. Atrocious, enormous, hideous, fiendish. / Cruel, outrageous.
Atún. m. Tunny or tuna fish. (N. cient.) Scomber thynnus.
Aturdimiento. m. Dullness, drowsiness (En el sentido de embotamiento). / Consternation (Ante una noticia o acontecimiento).
Aturdir. v. To confuse, to stun. / To stupefy with wonder or admiration. / To knock out (Mediante un golpe).
Audaz. adj. Audacious, bold.
Audiencia. f. Audience, hearing.
Audífono. m. Audiphone, earphone. Hearing aid.
Audiovisual. adj. Audiovisual.
Auditoría. f. The place and office of an *auditor*. / Fiscalization on accounts (Com.).
Auditorio. m. Auditory, lectures hall.
Auge. m. Apogee (De un astro o planeta). / Summit (De la dicha, fama, poder, etc.).
Aula. f. Hall. / Class room (Sala de clases).
Aullar. v. To howl, to cry.
Aullido, aúllo. m. Howl or cry of horror.
Aumentado, da, adj. Increased, augmented.
Aumentar. v. To augment, to increase, to grow larger.
Aumento. m. Augmentation, increase, enlargement.
Aun. adv. Yet, as yet, nevertheless, notwithstanding. / Further, even. / *El libro es bueno aun con esas faltas*, The book is good, even with those faults.
Aún. adv. Still. / *Aún quedan algunas frutas en el árbol*, There are still some fruits on the tree.
Aunar. v. To unite, to unify, to assemble.
Aunque. Conj. Though, notwithstanding, however.
Aupar. v. (Familiar) To help to get up. / To lift (Levantar como a un niño).
Aura. f. Aura, halo (De luz)./ Gentle breeze (Brisa). / *Aura popular*, (Fig.) Popularity. / Nimbo.
Aurícula. f. Auricle. / (Bot.) The bear's-ear.
Auricular. adj. Auricular. / m. Auricularis (El dedo meñique).
Aurífero, ra. adj. Auriferous.
Auriga. m. (Astron.) Auriga. / Charioteer, chariot driver (Carretero, cochero).
Auscultar. v. To auscultate.
Ausentarse. v. To absent oneself.
Ausente. adj. Absent, distant. / Absent minded (Distraído).
Austeridad. f. Austerity, severity, rigor.
Autenticar. v. To authenticate, to attest.
Autenticidad. f. Authenticity.
Auténtico, ca. adj. Authentic.
Auto. m. Der. decree or sentence (Decreto o sentencia judicial). / (Fam.) Car, automobile. / (Der.) Proceedings. / *Auto sacramental*, Allegorical play.
Autobiografía. f. Autobiography.
Autobús. m. Bus, coach.
Autóctono, na. adj. Autochthonous, aboriginal. / m., f. Autochthon, aborigine.
Autodeterminación. f. Self-determination.

Autodidacta. m., f. Self made man. Self taught.
Autogiro. m. Helicopter.
Autómata. m. Automaton. / Robot.
Automático, ca. adj. Automatic, automatical.
Automóvil. m. Automobile.
Autonomía. f. Autonomy.
Autopsia. f. Autopsy.
Autor. m. Author. / (Der.) Perpetror / *Autor de nota*, A celebrated writer.
Autora. f. Authoress.
Autorización. f. Authorization.
Autorizar. v. To authorize, to empower. / (Der.) To attest, to legalize.
Auxiliar. v. To aid, to help, to assist. / To attend a person.
Auxiliar. adj. y m., f. Auxiliar, auxiliatory, assistant. / *Tropas auxiliares*, Auxiliary troops. / *Obispo auxiliar*, Assistant bishop. / *Verbo auxiliar*, Auxiliary verb.
Auxilio. m. Aid, help, assistance.
Aval. m. Security, guarantee, endorsement (De un documento). / Co-debtor. Solidary ower (De un crédito o deuda).
Avalancha. f. Avalanche.
Avalorar. v. To estimate, to value. / To inspirit, to animate.
Avance. m. Advance, attack, assault.
Avanzada. f. Outpost. / (Mil.) Reconnoitring body.
Avanzado, da. adj. Advanced, onward. / *De edad avanzada*, Advanced in years.
Avaricia. f. Avarice, cupidity, covetousness.
Avariciar. v. To covet, to desire anxiously.
Avaricioso, sa. adj. Anxious.
Ave. f. Bird. / Fowl (Ave doméstica). / *Ave de rapiña*, Bird of prey. / *Ave brava, ave silvestre*, Wild bird. / *Ave fría*, Lapwing. (N. cient.) Vanellus.
Avecinar. v. To bring near. To come near, to approach.
Avellana. f. Hazel-nut. / *Avellana de la India*, Myrobalan, Indian nut.
Avena. f. (Bot.) Oat. (N. cient.) Avena sativa. / *Avena blanca*, White oat. (N. cient.) Avena sativa alba. / *Avena loca*, Wild oat. / *Avena oriental*, Tartar oat. (N. cient.) Avena orientalis.
Avenida. f. Flood. / Inundation, freshet. / (Fig.) A concurrence of several things. / Agreement, concord. / Avenue. Boulevard.
Aventador. adj. y m. Fanner, blower, blowing fan, ventilator. / Winnower.
Aventajado, da. adj. Advantageous, profitable, convenient (En el sentido de conveniente). / Beautiful, excellent, remarkable (En el sentido de notable).
Aventajar. v. To acquire advantages. / To improve. / To surpass, to exceed, to excel.
Aventar. v. To fan, to air (Abanicar, airear). / To toss to the wind, to winnow (Arrojar al viento, aventar). / To expel, to drive away. (Expeler, expulsar). / *Aventarse*, To be inflated, to be puffed up (inflarse, esponjarse). To turn away (largarse, huir).
Aventura. f. Adventure, incident. / Chance. / Hazard, risk.
Aventurado, da. adj. *Bienaventurado*, Fortunate. / *Malaventurado*, Unfortunate. / Risky. / Unsure (Inseguro).
Aventurar. v. To venture, to hazard, to risk.
Avergonzar. v. To shame, to abash, to comfound, to put to the blush. / To be ashamed, to blush for (Avergonzarse, ruborizarse).
Avería. f. Damage, breakdown, detriment. / (Náut.) Average.

Averiado, da. adj. Averaged, damaged.
Averiarse. v. To make average, to sustain damage, to be damaged.
Averiguar. v. To inquire, to investigate, to find out.
Aversión. f. Aversion, opposition, dislike. / Malevolence, abhorrence, loathing. / Fear, apprehension.
Avestruz. f. Ostrich.
Avezar. v. To accustom, to habituate, to grow experienced. / To become an expert (Convertirse en un experto).
Aviación. f. Aviation.
Aviador. adj. y m. Aviator.
Avicultor, ra. m., f. Aviculturist, poultry farmer.
Avicultura. f. Aviculture, poultry farming.
Avidez. f. Covetousness. / Greediness, avidity.
Ávido, da. adj. Greedy, covetous.
Avinado, da. adj. Wine-coloured (Color). / Bibulous (Aficionado a beber vino).
Avinagrar. v. To make vinegar from wine. / To render sour, to make acid. / To make vinegar.
Avío. m. Preparation, provision. / *Avíos de pescar*, Fishing tackle.
Avión. m. Airplane. / *Avión cohete*, Rocket plane. / *Avión de caza*, Pursuit plane. / *Avión de combate*, Fighter. / *Avión a chorro*, Jet plane. / *Por avión*, By air. By plane. / (Ornitología) Martin, martlet (El ave de la familia de las golondrinas).
Avisar. v. To inform, to give notice. / To advise, to counsel, to admonish (Asesorar, aconsejar). / To warn, to give warning (Advertir, hacer advertencias). / To advertise (Avisar en publicidad).
Aviso. m. Information, notice. / Notice in the newspaper (Aviso o anuncio en periódicos). / Prudence, care, attention (Prudencia, cuidado, atención). / *Estar sobre aviso*, To be on one's guard. / Advertising (De publicidad).
Avispa. f. Wasp.
Avocado. m. Avocado, alligator-pear. (N. cient.) Persea gratissima.
Avutarda. f. Bustard. (N. cient.) Otis tarda.
Axila. f. Axilla, armpit.
Axioma. m. Axiom, maxim.
Axiomático, ca. adj. Axiomatic, self-evident.
Aya. m. Governess, instructress.
Ayer. adv. Yesterday. / Lately, not long ago (Ultimamente, no hace mucho). / *De ayer acá*, From yesterday to this moment.
Ayuda. f. Help, aid, assistance, comfort. / Support, succour, friendship / (Náut.) Preventer-rope. / Deputy, assistant (De un oficial superior, etc.). / *Ayuda de cámara*, Valet de chambre. / *Ayuda de cocinero*, (Náut.) Cook's shifter. / *Ayuda de dispensero*, (Náut.) Steward's mate.

Ayudar. v. To help, to aid, to favour, to assist.
Ayunar. v. To fast.
Ayunas. f. Pl. Fasting. / *Estar en ayunas*, (Fig.) To be without knowledge. / *Quedar en ayunas*, Not to understand what has been said.
Ayuno. m. Fast, abstinence.
Ayuntamiento. m. Municipal government. / *Casa de ayuntamiento*, Town-house, guildhall. / Carnal copulation, accouplement, coupling (Unión sexual).
Azabache. m. Jet. (N. cient.) Succinum nigrum.
Azada. f. Spade, hoe.
Azafrán. m. (Bot.) Saffron. (N. cient.) Crocus sativus. / *Azafrán del timón*, (Náut.) After-piece of the rudder. / *Azafrán del tajamar*, (Náut.) Forepiece of the cut-water. / *Azafrán de Venus*, (Quím.) Crocus Veneris. Saffron calx.
Azahar. m. Orange flower. / *Agua de azahar*, Orange flower water. / *Azahar bravo*, Narrow-leaved blue lupine. (N. cient.) Lupinus angustifolius.
Azar. m. Chance. Haphazard. Destiny. / *Al azar*, At random. / *Por azar*, By chance.
Azarar. v. To confuse, to bewilder, to rattle. / *Azararse*, To get rattled (En un juego).
Azor. m. Goshawk. (N. cient.) Falco palumbarius.
Azorado. adj. Embarrassed.
Azote. m. Whip. / Lash given with a whip. / (Fig.) Calamity, affliction. / *Ser un azote*, To be the cause of a calamity. / *Azote de Dios*, God's wrath.
Azotea. f. Flat roof. Platform upon the roof.
Azúcar. m. Sugar.
Azucarar. v. To sugar, to sweeten, to soften. / To ice with sugar, to coat with sugar ("Glasear" con azúcar, forrar de azúcar).
Azucarero. m. Sugar bowl.
Azucena. f. (Bot.) White lily. (N. cient.) Lilium candidum. / *Azucena amarilla*, Yellow amaryllis. (N. cient.) Amarillis lutea. / *Azucena anteada*, Copper-coloured day-lily. (N. cient.) Hemerocallis fulva. / *Azucena pajiza*, Yellow day-lily.
Azufre. m. Sulphur, brimstone. / *Azufre vivo*, Native sulphur.
Azul. adj. Blue. / m. *Azul celeste*, Sky-blue. / *Azul oscuro*, Dark blue. / *Azul de Prusia*, Prussian blue. / *Azul subido*, Bright blue. / *Azul turquí*, Turkish blue. / *Azul índigo*, Indigo. / *Azul de esmalte*, Smalt. / *Azul mar*, Sea-blue. / *Azul de medianoche*, Midnight blue.
Azulado, da. adj. Azure, azured, bluish.
Azulejo. m. Glazed tile (De baldosas). / (Bot.) Blue-bottle. (N. cient.) Centaures cyanus. / (Ornitología) Blue jay.
Azuzar. To halloo, to set on dogs (A los perros). / To irritate, to provoke (Irritar, provocar).

B

B. Ordinal for second

Baba. f. Slaver (de saliva). / Slime (cualquier sustancia viscosa). / *Caérsele a uno la baba,* To dote. / *Se le cae la baba por ella,* He is out of his senses for her.

Babear. v. To drivel, to slaver.

Babero. m. Beaver.

Babor. m. (Náut.) Port, port side. / *A babor del timón,* A-port the helm. / *Todo a babor,* Head a-port.

Babucha. f. Baboosh, babouche. Slipper.

Bacalao, bacallao. m. Ling, codfish. (N. cient.) Gadus morrhua et molva.

Bacilo. m. Bacillus.

Bacteria. f. Bacterium. / (pl.) Bacteria.

Báculo. m. Walking stick, staff.

Bache. m. Pothole, hole.

Bachiller. m. Bachelor.

Badana. f. Dressed sheepskin. / *Zurrar la badana,* To give one a flogging.

Bagaje. m. Baggage, equipment.

Bahía. f. Bay, haven.

Bailar. v. To dance. / *Bailar sin son,* To dance without music. / To swim with the tide. / To spin (un trompo). / To prance (un caballo).

Bailarín, na. m., f. Dancer, caperer.

Baile. m. Dance. / Ball, rout (un baile). / *Baile de disfraces,* Fancy ball / *Baile de San Vito,* St Vitus's dance, chorea. / *Baile de etiqueta,* Dress ball.

Baja. f. Fall, drop (de precio). / (Mil.) Casualty, loss. / *Dar de baja,* To dismiss, to discharge (a un soldado). / Withdrawal, retirement (de una profesión, club, sociedad, etc.)

Bajada. f. Descent. Downward slope. / Exit (de un autobús).

Bajar. v. To descend, to come down. / To fall (los precios, la temperatura). / To lower, to lessen (disminuir). / To diminish (hacer bajar). / To lower, to hand down (bajar una cosa). / To humble (humillar, rebajar). / To lessen (bajar volumen, intensidad, etc.). / *Bajar de punto,* To decay, to decline. / *Bajar la cerviz,* To humble oneself. / *Bajar los humos,* To break one's loftiness. / *Bajar la cabeza,* To obey without objection. / *Bajar las velas,* (Náut.) To lower the sails.

Bajo, ja. adj. Low (una cosa o lugar). / Short (una persona). / Abject, despicable, base (aplícase al carácter). / Common, ordinary, humble (en sentido social). / Dull, faint (intensidad). / Mean, coarse, vulgar (modales o lenguaje). / *Bajo la ley,* Of a base quality (aplicado a los metales). / *Con los ojos bajos,* With down-cast eyes.
Bajo. adv. Under, beneath, below. / *Por lo bajo,* Cautiously, in a prudent manner. / *Bajo mano,* Underhand, secretly. / *Bajo juramento,* Under oath. / *Bajo tierra,* Buried.

Bajorrelieve. m. Bas- relief.

Bala. f. Bullet. / Shot, weight (respecto al deporte de tal nombre). / Bale (de algodón, de papel). / Inking- ball (de imprentero). / *A prueba de bala,* Bullet proof. / *Lanzamiento de la bala,* Shot put, weight put.

Balance. m. Rocking, swinging, swaying (movimiento físico). / Balance of accounts, balance-sheet (en sentido comercial). / *Balance de comercio,* Balance of trade. / *Balance de poder,* Balance of power.

Balancear. v. To rock, to sway (movimiento físico). / To balance (equilibrar). / (Fig.) To waver, to hesitate (tener dudas). / To weigh, to examine (sopesar). / To settle accounts (contabilidad).

Balanceo. m. Oscillation, rocking, swaying, rolling.

Balancín. m. Whippletree, splinter-bar (de un carruaje). / Balancing pole (de un volatinero). / (Mec.) Beam, lever, rod. / *Balancines,* (Náut.) Lifts.

Balbucir. v. To stammer, to stutter, to lisp.

Balcón. m. Balcony.

Balde (de). m. Gratis, free, for free. / *En balde,* In vain. Uselessly.

Baldío, día. adj. Untilled, uncultivated. Wasteland (aplicado a las tierras). / Unappropriated, unfounded (aplicado a los actos).

Baldón. m. Affront, reproach, insult (afrenta, reproche, insulto). / Blot, blemish (mancha, deshonor).

Baldosa. f. Square tile. / Flat paving-stone.

Balística. f. Ballistics.

Baliza. f. Buoy. / Survey pole (Pértiga). / Beacon, marker.

Balneario. m. Resort.

Balompié. m. Football, soccer.

Balón. m. Large bale (de papel). / Ball (de fútbol u otro deporte). / Cylinder (para gas licuado). / Balloon (globo)

Baloncesto. m. Basketball

Balsa. f. Pool, pond / (Náut.) Raft. Float. / *Estar como una balsa de aceite,* To be as quiet as a pool of oil.

Balsámico, ca. adj. Balsamic, balsamical, balmy.

Bálsamo. m. Balsam, balm. / *Bálsamo de María,* Calaba balsam. / *Bálsamo de copaiba,* Copaiba balsam. / *Es un bálsamo,* It is a balsam.

Baluarte. m. Bastion. / (Fig.) Bulwark, defence, support.

Ballena. f. Whale. / Whalebone (barbas o hueso de ballena).

Ballenero, ra. adj. y m. Whaler. / Whaleboat (embarcación).

Ballesta. f. Cross-bow, ballista, arbalest. / *A tiro de ballesta,* (Fig.) At a not long distance.

Bambolear, bambonear. v. To reel, to stagger, to totter. / To swing.

Bamboleo, bamboneo. m. Reeling, staggering. / Swinging.

Bambú, bambuc. m. Bamboo.

Banasta. f. Large twig basket.

Banasto. m. Round basket.

Banca. f. Stool, bench. / Stall, stand (en los mercados). / (Com.) Brokerage. Banking. / *Hacer saltar la banca,* To break the bank.

Bancal. m. Bench. / Bench cover (cubierta). / Sand key (de arena).

Bancario, ria. adj. Banking, financial. / *Empleado bancario,* Bank worker.

Bancarrota. f. Bankruptcy, discredit. / *Estar en bancarrota,* To be broke, to be penniless.

Banco. m. Backless bench. / Carpenter's bench (de carpintero). / *Banco de acepillar,* Planing-bench. / Thwart, bench for rowers (banco para remeros). / (Com.)Bank. / *Banco de ahorros,* Saving-bank. / Shoal, school (de peces). / *Banco de arena,* Sand-bank. / *Banco de hielo,* Icefield.

Banda. f. Band, stripe, strip. / (Rad., Fís., Bot. y Zool.) Band. / Sash (decoración militar). / Gang (de maleantes). / Band (de músicos). / Track (de cine). / Border, edge, side (límite, flanco, lado). / Cushion (en la mesa de billar).

Bandera. f. Banner, standard. / Flag, ensign. / *Bandera de popa,* (Náut.) The ensign. / *Bandera de proa,* (Náut.) The jack. / *Bandera blanca,* Flag of truce. / *Arriar la bandera,* To strike the colours. / *Bandera de señales,* Signal flag.

Banquero. m. Banker.

Banqueta. f. Small stool. / *Banquetas de calafate,* (Náut.) Calkingstools.

Banquete. m. Banquet, feast.

Bañar. v. To bathe, to wash / To water, to irrigate (un río, etc.) / To candy (bañar de azúcar). / To glaze (glacear).

Bañera. f. Bath-tub.

Baño. m. Bath. / Bathing. / Balneary. / Trough (para los pies). / Coating (revestimiento). / Varnish (barnizado). / *Baño de arena,* Sandbath. / *Baño de María,* Balneum Marie, double-bath.

Baptisterio. m. Baptistery.

Bar. m. Bar, barroom, tavern. / Bar (unidad de presión).

Baraja. f. Pack, deck (de naipes). / Quarrel, fight (pelea).

Baratijas. f. pl. Triffles, toys.

Baratillo. m. Second hand goods (objetos de segunda mano). / Knick-knack. / Bric-a-brac shop (tienda). / Bargain sale (venta).

Barba. f. Beard. / Chin (mentón). / *Barba cabruna,* (Bot.) Yellow goat's-beard. (N. cient.) Tragopogon pratense. / *Barba de Aarón,* (Bot.) Green dragon arum. (N. cient.) Arum dracontium. / *Amarrado a barba de gato,* (Náut.) Moored by the head. / *Temblar la barba,* To shake with fear. / (Bot.) Slender roots, fibres (De árboles o hierbas). / *Barbas de ballena,* Whalebone. / *Hacer la barba,* To shave, to cut off the beard. / *Poner la barba en remojo,* To become extremely cautious, to be aware of danger.

Barbacana. f. (Mil.) Barbican.

Barbacoa. f. Barbecue.

Barbado. adj. Bearded (con barba). / Barbed, barbated (con púas o puntas). / (Figurativo) Full-grown man.

Bárbara. f. *Santabárbara,* (Náut.) Powder-room.

Barbaridad. f. Barbarity (propio de bárbaros). / Barbarism (barbarismo, como en el lenguaje). / Cruelty. / Rashness (violencia). / Rudeness (grosería).

Bárbaro, ra. adj. Barbarous. / Barbarian (con sentido histórico). / Rude, ignorant, unpolished (modales, cultura).

Barbecho.- m. Fallow.

Barbería. f. Barber's shop.

Barbero. m. Barber. / (Zool.) Muttonfish. (N. cient.) Labrus anthias.

Barbudo, da. adj. Long bearded.

Barca. f. (Náut.) Boat, barge, bark, barkentine. / *Barca chata para pasar gente y vehículos,* Ferryboat / *Barca longa,* Fishing-boat.

Barco. m. Ship. / Boat (en sentido genérico). / *Barco aguador,* Watering-boat / *Barco chato,* Flat-bottomed boat.

Bardo. m. Bard, poet.

Barimetría. f. Barimetry.

Barlovento. m. (Náut.) Weathergage. / *Costa de barlovento,* The windward coastal. / *Costado de barlovento,* The weather side.

Barniz. m. Varnish, lacquer, gloss. / Gum of the juniper-tree (goma del junípero). / Printer's ink (de imprenta).

Barómetro. m. Barometer, weather-glass.

Barón. m. Baron. / *Barones del timón,* (Náut.) Rudder pendants and chains.

Barquín, barquinera. m., f. Large bellows.

Barracuda. f. Californian shark. (N. cient.) Sphyrena picuda.

Barranco. m. Dell, narrow valley.

Barrera. f. Barrier. / Barricade, parapet. / Toll-gate (de peaje). / Tumpike (giratoria). / *Barrera sónica,* Sonic barrier. / *Barrera térmica,* Thermic or heat barrier.

Barriada. f. Quarter, part of a suburb.

Barrica. f. Sixty gallons cask.

Barricada. f. Barricade. Parapet.

Barrido. m. Sweeping (el barrido). / Swept (pasado verbal y lo que ha sido barrido).

Barriga. f. Belly. Abdomen (término académico). / The widest part of a bottle (la parte más ancha de una botella).

Barril. m. Barrel. / Jug. / (Náut.) Water-cask.

Barrio. m. Quarter.

Barrizal. m. Clay-pit (pozo de barro). / Muddy place (lugar lleno de barro).

Barro. m. Clay, mud (arcilla, barro). / Earthenware (cerámica). / Red pustules, pimples (los que aparecen en la piel).

Barrote. m. Fencing bar. Grate (de enrejado, de prisión). / *Barrotes,* (Náut.) Battens, scantlings.

Bartola. f. (Fam.) *A la bartola.* Lying on the back, lazily.

Bártulos. m. pl. (Fam.) Tools, equipment.

Barullo. m. Confusion, disorder, tumult.

Basa. f. Basis or pedestal of a column or statue, base. / (fig.) Basis foundation of athing.

Basáltico, ca. adj. Basaltic, of basalt.

Basalto. m. Basalt, basaltes.

Basamento. m. Basement, base and pedestal.

Báscula. f. Lever, pole, staff. / Platform scale (de pesar).

Base. f. Base, basis. / Ground, foot, footing (piso, pie). / Groundwork (cimiento). / Ground colour (en pintura o tintorería). / (Quím.) Base. / *Base aérea,* Air base.

Basílica. f. Royal or imperial palace (Palacio). / (Anat.) Basilica. / Basilica (iglesia).

Basilisco. m. Basilisk, cockatrice.

Basta. f. Stitch, basting (de una falda o pantalón).

Bastante. adv. Enough, sufficient. / Fairly not a little. / *Bastante bueno,* Farly good.

Bastarda. adj. y f. (Impr.) Italics. / (Náut.) Lateen main-sail.

Bastardear. v. To degenerate. / To bastardize, to bastard.

Bastardilla. f. (Impr.) Italics.

Bastardo, a. adj. y m., f. Bastard (un hijo, una obra).

Bastidor. m. Stretching frame (de bordar, etc.) / Sash, panel (de biombo, etc.). / *Bastidores,* (de teatro) Scenery.

Basto. m. Pack-saddle (de carga). / Pad. / *Bastos,* Clubs (palo de la baraja).

Basto, ta. adj. Coarse, rude, unpolished, gross.

Bastón. m. Cane, walking stick. / Truncheon, a staff of comand (de mando). / (Her.) Bars in a shield.

Basura. f. Trash, rubbish, garbage.

Basurero. m. Trash collector. / Garbage can.

Batalla. f. Battle. / Combat, fight (combate, lucha). / Contest, conflict (enfrentamiento, conflicto). / Struggle, agitation (agitación íntima). / (Pint.) Battle-piece (cuadro que representa una batalla). / *Campo de batalla,* Battlefield.

Batallar. v. To battle, to fight, to be engaged in battle. / (fig.) To contend, to argue, to dispute (discutir, argüir, disputar). / To struggle for (luchar por).

Batir. v. To beat (a golpes). / To dash, to strike (dos objetos entre sí). / To clap (las palmas de las manos). / To demolish, to throw down (una fortaleza, una posición enemiga). / *Batir el campo,* (Mil.) To batter down. / *Batir moneda,* To coin money. / *Batir hoja,* To foliate, to beat metal into foils. / *Batirse,* To fight, to duel.

Batuta. f. Conductor (el director de una orquesta). / Conductor's stick (el bastoncillo).

Bautismo. m. Baptism.

Bautizar. v. To name (poner nombre). / To baptize, to christen (en forma cristiana).

Bautizo. m. Baptism.

Bazo. m. (Anat.) Spleen, milt.

Bazofia. f. Offal, waste meat. / Hogwash. (para cerdos).

Beatería. f. Affected piety, bigotry.

Beatificación. f. Beatification.

Beatitud. f. Beatitude, blessedness. / *Vuestra Beatitud,* Your Holiness (título dado al Sumo Pontífice).

Beato, ta. adj. Happy, blessed. Beatified. / Devout.

Bebedero. m. Watering trough (para animales domésticos). / Watering place (de animales salvajes).

Beber. v. To drink. / *Beber a la salud de,* To drink to the health of.

Bebida. f. Drink, beverage, potion.

Beca. f. Scholarship, grant.

Becario, ria. m., f. Scholarship holder.

Becerra. f. (Bot.) Snap-dragon.

Becerro, ra. m., f. Yearling calf (ternero de un año). / Calf-skin tanned and dressed (la piel curtida).

Bedel. m. Head porter. / Warden. / Apparitor of a court of justice.

Beduino, na. adj. Bedouin.

Befar. v. To mock, to scoff, to ridicule.

Béisbol. m. Baseball.

Bélico, ca. adj. Bellic. Warlike, martial, military.

Beligerante. adj. Belligerent.

Bellacada. f. Knavery, roguery.

Bellaco, ca. adj. Artful, sly (artero, disimulado) / Cunning, roguish, deceitful (astuto, rufián, timador).

Bendecir. v. To bless. / To consecrate. / *Dios te bendiga,* God bless thee.

Bendición. f. Blessing. / Benediction.

Benévolo, la. adj. Benevolent, kind, gentle, kind-hearted, good-natured.

Bengala. f. Bengal.

Benignidad. f. Benignity, kindness (de carácter). / Mildness (del clima).

Benigno, na. adj. Benign, kind (el carácter). / Mild (el clima).

Beodo, da. adj. Drunk, drunken.

Berenjena. f. (Bot.) Egg-plant, nightshade. (N. cient.) Solanum melongena.

Berenjenal. m. A bed of egg-plants. / *Meterse en un berenjenal,* To get into difficulties.

Bergante. m. Brazenfaced villain, ruffian, rascal.

Bermejo, ja. adj. Bright reddish colour.

Berrear. v. To cry like a calf.

Berrinche. m. Anger.

Berro. m. (Bot.) Water- cress, common water- cress, fen-cress.

Berrocal. m. Craggy place, rocky place.

Berza. f. (Bot.) Cabbage. (N. cient.) Brassica. / *Berza común,* Savoy-cabbage. (N. cient.) Brassica oleracea bullata. / *Berza cerril,* (Bot.) Wild mercury. (N. cient.) Theligonum cynocrambe.

Besar. v. To kiss. / To touch slighty (tocar levemente).

Beso. m. Kiss.

Betún. m. Bittume.

Biblia. f. Bible.

Bibliófilo. adj. Bibliophile.

Bibliografía. f. Bibliography.

Bibliomanía. f. Bibliomania.

Biblioteca. f. Library (conjunto de libros y lugar en que se encuentran). / Collection of authors.

Bibliotecario. m. Librarian, bibliothecary.

Bicarbonato. m. Bicarbonate. / *Bicarbonato de soda,* Bicarbonate of soda.

Bíceps. m. Biceps.

Bicicleta. f. Bicycle.

Bicho. m. Bug, Insect. Small grub. Vermin (insecto, animalillo, plaga).

Bien. m. Good (el bien, como valor, y como cosa buena o que le pertenece a uno). / Utility, benefit. / Property, estate (los bienes de uno).

Bien. m. adj. Well, right. / *Más bien,* Rather.

Bienal. adj. Biennial. / f. Biennial exhibition.

Bienandanza. f. Felicity, prosperity, success.

Bienestar. m. Well-being.

Bienhechor, ra. adj. y m., f. Benefactor.

Bienquerencia. f. Goodwill.

Bienquistar. v. To reconcile.

Bienvenido, da. adj. Welcome. / f. Welcome. / Welcome! (expresión de acogida).

Bifurcación. f. Bifurcation, forking. / Branch railroad (ramal ferroviario).

Bigamia. f. Bigamy.

Bigardo. adj. Lazy, idler.

Bigote. m. Mustache, moustache.

Bilingüe. adj. Bilingual.

Bilis. f. Bile.

Billar. m. Billiards.

Billete. m. Note. / Ticket (para el teatro, tren u otros lugares públicos). / *Billete de banco,* Bank-note.

Billón. m. Billion (en Gran Bretaña). / Trillion (en EE.UU.).

Billonésimo, ma. adj. Billionth (en Gran Bretaña). / Trillionth (en EE.UU.).

Binario, ria. adj. Binary.

Binocular. adj. Binocular.

Binomio. m. Binomial. / *Raíz binomia,* Binomial root.

Biodinámica. f. Biodynamics.

Biofísica. f. Biophysics.

Biografía. f. Biography.

Biográfico, ca. adj. Biographical.

Biógrafo. m. Biographer.

Biología. f. Biology.

Biólogo. m. Biologist.

Bioquímico, ca. adj. Biochemical. / f. Biochemistry (la ciencia). / m., f. Biochemist (el científico).

Bisturí. m. Bistoury.

Bisutería. f. Bijouterie.

Bitácora. f. (Náut.) Binnacle.

Bivalvo, va. adj. Bivalve, bivalvular.

Bizarría. f. Galantry, valour, fortitude (hidalguía, valor, fortaleza de carácter). / Liberality, generosity, splendour, gentility (liberalidad, generosidad, esplendor, gentileza). / Queemess, excentricity (rareza, excentricidad).

Bizcocho. m. Biscuit, hard-tack.

Biznieta. f. Great-granddaughter.

Biznieto. m. Great-grandson.

Blanca. f. *Estar sin blanca,* To be utterly out of money. / (Orn.) Magpie. (N. cient.) Blanca morfea. / (Veter.) Alphous, ringworm.

Blanco, ca. adj. White.
Blanco. m. Aim, mark. / *Dar en el blanco,* To hit the mark. / Blank (espacio en blanco).
Blando, da. adj. Soft (suave). / Malleable (maleable, sin rigidez). / Pliant (que no ofrece resistencia). / Smooth (suave al tacto). / Lithe (débil). / (fig.) Soft, mild, bland (suave, tierno, obsecuente).
Blanquear. v. To bleach, to whiten, to blanch, to fleece, to clear. / To whitewash.
Blasfemia. f. Blasphemy.
Blasón. m. Heraldry, blazon, blazonry.
Blindaje. m. (Mil.) Armour-plate.
Blonda. f. Lace.
Bloquear. v. (Mil.) To blockade. / *Bloquear un puerto,* (Náut.) To blockade a port.
Bloqueo. m. Blockade.
Bobo, ba. adj. y m., f. Dunce, dolt, fool, moon-falt. / (Orn.) Booby. (N. cient.) aPelicanus sula.
Bocina. f. Blow horn. / (Náut.) Speaking-trumpet. / Hearingtrumpet (para el oído). / (Mec.) Bushing.
Boda. f. Marriage, wedding.
Bodega. f. Cellar (generalmente subterránea). / Winevault (de vinos). / Storage (lugar de almacenamiento). / (Náut.) Hold (de un barco). / *Bodega de popa,* Aft-hold. / *Bodega de proa,* Fore-hold.
Bodegón. m. Eatery, cook's shop. / (Art.) Still life.
Boga. f. (Zool.) Ox-eyed mackerel, mendole. (N. cient.) Sparus boops. / Rowing (el bogar). / (Náut.) Rower (remero). / Vogue, fashion (moda).
Bogar. v. To row.
Bogavante. m. (Náut.) Strokesman (de galera o ballenera a remos).
Bohemiano, na, bohemio, mia. adj. Bohemian.
Bohío. m. Indian hut.
Boicot. m. Boycott. / *Boicot de consumidores,* Buyer's strike.
Boicotear. v. To boycott
Boina. f. Beret.
Bola. f. Ball. / Globe (globo). / Pellet (de molino o rodamiento). / Marble (canica). / Bolus (de alimento). / Bowl (de bochas o bolos).
Bolero. m. Bolero (el baile americano y la danza folklórica española).
Boletín. m. Bulletin. / (Com.) List, statement.
Bolsa. f. Purse. / Exchange, stock market (bolsa de comercio). / Pouch (bolsa para guardar o transportar cosas). / (Anat.) Scrotum (bolsa de los testículos). / *Bolsa de pastor,* (Bot.) Shepherd's purse. (N. cient.) Capsella bursa pastoris.
Bolsista. m. Stock-broker, speculator.
Bomba. f. (Mec.) Pump. / Bomb (explosiva). / Fire engine (de incendios). / *Bomba centrífuga,* Centrifugal pump. / *Bomba atómica,* Atom bomb. Atomic bomb. / *Bomba de profundidad,* Depth charge. / *Bomba de tiempo,* Time bomb. / *Bomba de racimo,* Cluster bomb.
Bombardear. v. To bomb.
Bombardero. m. Bombardier.
Bombilla. f. Bulb (eléctrica o cualquier cosa con forma de ampolleta). / Sucking pipe (para sorber líquidos). / (Náut.) Handlantern.
Bombón. m. Bonbon.
Bonanza. f. Fair weather at sea (buen tiempo en el mar). / Prosperity, success.
Bondadoso, sa. adj. Kind, generous.
Bonificación. f. (Com.) Allowance, discount, bonus.
Bonificar. v. To credit, to place to one's credit (conceder crédito u obtenerlo). / To ameliorate, to improve (mejorar las condiciones)

Bonito, ta. adj. Pretty. / Graceful, minion.
Boquerón. m. Wide opening (abertura ancha). / Large hole (hoyo, cavidad grande). / (Zool.) Anchovy. (N. cient.) Clupea encrasicolus. / (Náut.) Mouth of a channel.
Bordaje. m. (Náut.) Side planks (de un barco).
Borde. m. Edge. / Margin, fringe (margen, lo que sirve de borde). / Ledge, ridge (reborde). / Hem (de una tela o un atuendo). / Brim (de una copa o un recipiente). / Board (el costado de un barco).
Bordear. v. (Náut.) To ply to windward.
Boreal. adj. Boreal, northern.
Borla. f. Tassel.
Borlón. m. Large tassel. / Napped stuff, made of thread and cotton yarn.
Boro. m. Boron.
Borrachera, borrachería. f. Drunkenness, hard-drinking. / Revelry, drunk feast (festín de borrachos). / (fig.) Madness, great folly (locura, gran tontería).
Borracho, cha. adj. Drunk, intoxicated. / (fig.) Inflamed by passion (inflamado de pasión). / A cake bathed in a liquor (de repostería).
Borrar. v. To erase, to rub out (con goma). / To obliterate (eliminar). / To efface (como las olas unas huellas en la arena). / To cause to vanish (hacer esfumarse).
Borrego, ga. m., f. Lamb not yet a year old. / (fig.) Simpleton.
Borroso, sa. adj. Turbid, blurred.
Bosque. m. Wood. Forest.
Bosquejar. v. To sketch (un cuadro). / To design, to project (cualquier trabajo o proyecto).
Bosquejo. m. Sketch. First design of a work or proyect (primer diseño de cualquier trabajo o proyecto).
Bostezar. v. To yawn, to gape, to oscitate.
Bostezo. m. Yawn, yawning, oscitation, oscitancy.
Bota. f. Boot (de calzar). / Leather wine bag (para el vino). / (Náut.) Water-cask.
Botánica. f. Botany.
Botánico, ca. adj. Botanic, botanical.
Botánico, botanista. m., m. y f. Botanist.
Botar. v. To cast down (al suelo). / To throw away (tirar lejos). / To launch (una embarcación). / (fig.) To misspend, to squander (despilfarrar).
Botarate. m. y adj. (Fam.) Madcap, thoughtless, blustering person.
Bote. m. Bound, rebound (bote, rebote de una pelota, etc.). / Canister (caja para té, café, tabaco, etc.). / (Náut.) Boat.
Botella. f. Bottle, flask.
Boticario. m. Apothecary. Pharmacist.
Botijo. m. Earthen jar.
Botiquín. m. Medicine-chest.
Botón. m. Button (de ropas, etc.). / Sprout, bud, gem (de una planta, flor, etc.). / *Botón de oro,* (Bot.) Creeping crow-foot. (N. cient.) Ranunculus repens.
Boyar. v. (Náut.) To buoy, to be afloat (estar a flote).
Bozo. m. Youngster's face hair.
Bracear. v. To move the arms. / (Náut.) To brace.
Braga. (Mil.) Bleeching, lashing-rope. / (pl.) Gaskins.
Braguero. m. Truss, bandage.
Bragueta. f. Scroth of breeches. / (Arq.) Kind of quarter or projecting mould.
Bramar. v. To roar, to groan, to bellow. / (Fig.) To roar, to storm, to bluster, to be boisterous (el mar y el viento). / (Fig.) To fret, to be in a passion, to cry.
Bramido. m. Roar, groan. / Clamour (de personas furiosas).
Branquia. f. Gill.
Brasa. f. Live coal. Flameless burning wood.

Breva. f. The early fruit of the fig-tree.
Breve. adj. Brief, short, concise, laconic, compact, compendious, close. / *En breve,* Shortly, in a little time.
Brevedad. f. Brevity, briefness, conciseness, compendiousness.
Brlbón, na. adj. Vagrant, impostor. / m. Knave, scoundrel.
Brigada. f. Brigade.
Brigadier. m. Brigadier. / *Brigadier en la real armada,* Officer of the navy, who commands a division of a fleet.
Brillante. adj. Brilliant, bright, shining, radiant / Resplendent, lucid (aplícase también a la inteligencia).
Brillantina. f. Brilliantine, grease (para el cabello). / Polishing powder (para metales).
Brillar. v. To gleam, to gloss (con reflejos). / To flare. To shine (con luz propia). / (Fig.) To outshine in talents, abilities, or merit (sobresalir con brillo en talento, habilidades o méritos).
Brillo. m. Brilliancy, brilliantness, brightness, shining. / Lustre, splendor, glitter.
Brindar. v. To offer, to invite (ofrecer, invitar). / To toast, to drink to one's health (brindar, beber a la salud de uno).
Brío. m. Strength, vigour. / (Fig.) Spirit, resolution, mettlesomeness. / *Es un hombre de bríos,* He is a man of mettle. / *Bajar los bríos,* To curb.
Brisa. f. Breeze.
Brizna. f. Fragment, splinter, chip. / Nervure or filament in the pod of a bean (de leguminosa).
Broca. f. Drill (de taladro). / Shoemarker's tack (de zapatero).
Brocha. f. Brush.
Broche. m. Brooch (especialmente de adorno). / Clasps, hooks and eyes (de ganchillo). / Locket. (guardapelos).
Broma. f. Jest, joke. / Shipworm (que afecta a la madera).
Bromear. v. To joke, to jest, to make fun.
Bromista. adj. Practical joker.
Bromuro. m. (Quím.) Bromide.
Bronce. m. Bronze, brass. / Trumpet. Brass instruments (trompeta, bronces de orquesta).
Broncear. v. To bronze, to give a bronze or brass colour. / To tan.
Bronquedad. f. Rudeness (de modales). / Unmalleability (de mctales).
Bronquios. m. pl. Bronchia.
Bronquitis. f. Bronchitis.
Broquel. m. Shield, buckler. / (Fig.) Support, protection.
Brotar. v. To bud, to germinate (las plantas). / To come out. To appear (surgir). / To gush, to flow or rush out (manar). / To erupt, to break out (enfermedades eruptivas).
Brote. m. Germ (de semillas). / Bud (de plantas).
Bruja. f. Witch, sorceress. / Hag (una vieja muy fea).
Brújula. f. (Náut.) Sea-compass. / Sight (mira de arma de fuego).
Bruma. f. Mist, haziness.
Bruno, na. adj. Dark brown colour.
Bucear. v. To dive.
Buceo. m. Diving.
Bucle. m. Ringlet, curl.
Bucólico, ca. adj. Bucolic, bucolical.
Budismo. m. Buddhism.
Budista. m., f. Buddhist.
Buen. adj. Good. / Ver *Bueno.*
Buenandanza. f. Good fortune.
Buenaventura. f. Fortune, good luck.

Bueno, na. adj. Good. / Perfect in its kind. / Simple, fair, plain, without cunning or craft (simple, honesto, llano, sin astucia). / Fit or proper for something (adecuado). / Sociable, agreeable, pleasant, loving, gracious (sociable, grato, amable, gentil). / Great, strong, violent (grande, fuerte, violento, aplicado a una tormenta, el poder de una máquina, etc.). En general, las palabras "Good" y "Fine", "Bueno, na", se aplica con los mismos matices, incluso los irónicos, del castellano. Por ejemplo, *¡Lindo y buen rufián es ese tipo!,* Pretty good rascal is that guy! / A *mi buen parecer,*To my own opinion. / *Buen pasar,* Independent situation, comfortable subsistance.
Buey. m. Ox, bullock. / *Buey marino,* Seacalf. / (pl.) Oxen.
Búfalo. m. Buffalo.
Bufón. m. Buffoon, harlequin, merry-andrew, masquerader. / (fig.) Scoffer, jester, humorist.
Bufonearse. v. To jest (hacer chistes y bromas). / To turn into ridicule (ponerse en ridículo).
Buhardilla. f. Small garret.
Búho. m. Owl.
Buhonero. m. Peddler.
Buitre. m. Vulture.
Bujía. f. Candle. / Sparking plug (de motores).
Bulboso, sa. adj. Bulbous.
Bulimia. f. (Med.) Bulimy, bulimia.
Bulto. m. Bulk (en general). / Protuberance, tumour, swelling (protuberancia, tumor, hinchazón). / *Al bulto,* Indistinctly, confusedly. / (Com.) Package, parcel (paquete, envoltorio).
Bulla. f. Noise.
Bullicio. m. Bustle, noise, clamour.
Bullicioso, sa. adj. Noisy. / Clamorous, turbulent. / Boisterous (aplicado al mar).
Buñolería. f. Bun-shop. Donuts shop. Pastry shop.
Buñuelo. m. Donut. Bun. / Sweet pastry (pastelería dulce).
Buque. m. (Náut.) Vessel, ship.
Burbuja. f. Bubble. Bleb.
Burdo, da. adj. Coarse, common, ordinary.
Burel. m. (Her.) Bar. One ninth of a shield (un noveno del escudo de armas). / (Náut.) Fid, marline-spike.
Burgués, sa. adj. Bourgeois. / m., f. Bourgeois, townsman, townswoman.
Burguesía. f. Middle class, bourgeoisie.
Burla. f. Scoff, flout (en general). / Mock, mockery (con remedo). / Sneer (con desdén).
Burlador, ra. m., f. Wag, jester, scoffer, mocker, jeerer. / Violator (de una ley, de un contrato, etc.).
Burlar. v. To deceive cunningly (engañar). / To take advantage tricking one's hopes (sacar ventajas engañando las esperanzas de uno). / *Burlarse de,* To ridicule, to mock, to scoff, to laugh at (reírse de). / To hoax (adular). To fetch over (engatusar).
Burlete. m. Weather-strip. Kersey.
Burocracia. f. Bureaucracy.
Buscar. v. To seek, to search (lo que está oculto o perdido). / To endeavour to find out (procurarse lo que no está disponible). / To look, to look after, to look for, to look out, to look over. (buscar con la vista. Las preposiciones after, for, out, over, sugieren la manera en que se busca: en pos, para afuera, desde arriba, etc.). / To hunt, to hunt after (perseguir).
Búsqueda. f. Search.
Busto. m. Bust.
Buzón. m. (Arq.) Conduit, canal. / Letter-box (de cartas).

C

Cabal. adj. Just, complete, exact (justo, completo, exacto). / Accomplished, faultless (cumplido, sin fallo). / *Estar en su cabales,* To be in self possession. / *Él no está en sus cabales,* He is out of his mind.

Cábala. f. Cabala. / (Fig.) Complot, scheme, intrigue.

Caballería. f. Riding beast / Cavalry (la rama del ejército). / Chivalry (la Orden militar o de nobleza). / Knighthood (condición de caballero andante). / *Libros de caballería,* Books of knight-errantry.

Caballero. m. Knight (como título nobiliario). / Cavalier, chevalier (en un sentido romántico). / Gentleman (en sentido social moderno). / Rider (jinete). / (Orn.) Red-legged horseman, gambet. (N. cient.) Tringa gambetta. / *Caballero andante,* Knight-errant. / *Armar a un caballero,* To knight, to create a knight.

Caballerosidad. f. Nobleness, honor, worthy behaviour, generosity (nobleza, honor, dignidad de conducta, generosidad).

Caballete. m. Ridge (de un edificio) / Carpenter's horse, bench, trestle (de carpintero). / Bridge of the nose (de la nariz). / Easel (de pintor).

Caballo. m. Horse. / *Caballo de montar,* Saddle horse. / *Caballo de carga,* Packhorse. / *Caballo de tiro,* Draughthorse. / *Caballo de guerra,* Charger. / *Caballo de albada,* Stumper, state horse.

Cabecilla. m. Leader.

Cabello. m. Hair of the head.

Caber. v. No hay una palabra inglesa que corresponda exactamente al verbo caber. Para significar tal concepto, se utilizan frases completas. Por ejemplo: To be contained. 1 *Todo este aceite cabe en aquel tarro,* All this oil can be contained in that can. / To fit into. *Este tornillo cabe en este hoyo,* This screw fits into this hole. / To have room. *Esa clase de gente no cabe aquí,* That kind of people does not have room here. / *Aquí caben tres pasajeros más,* There is room for three more passengers here. / *No cabemos aquí,* There is not enough room for us here (no hay espacio suficiente para nosotros aquí).

Cabestro. m. Halter.

Cabeza. f. Head (tiene en la práctica todas las variantes de significado de la palabra en castellano).

Cabezada. f. Headshake (sacudida de cabeza). / Nodding (menear la cabeza en negación o asentimiento). / Halter, collar (de caballerías). / Pitching (de un barco). / *Dar cabezadas,* To nod (de sueño).

Cabezal. m. Head piece (en sentido amplio). / Small pillow (almohada pequeña). / Head compress (compresa para la cabeza). / Post (de una puerta). / Title-page (página de encabezamiento de un libro).

Cabezota. adj. Big-headed. / Club-headed, having a thick head.

Cable. m. Cable (en sentido amplio). / *Cable submarino,* Submarine cable. / *Cable telegráfico,* Telegraphic cable. / *Cable's length* (medida marina de longitud).

Cabo. m. Extreme, tip (extremo, punta). / (Geogr.) Cape. / Handle, haft, hold (de sujetar). / (Mil.) Corporal. / (Náut.) Working cords. / Thread (cuerdecilla). / *Al fin y al cabo,* Finally, at last. / *Estar al cabo de algún negocio,* To be well acquainted with the nature of an affair.

Cabriolé. m. Cabriolet.

Cacería. f. Hunting party.

Cachorro, ra. m., f. Puppy (cachorro de perro). / Cub (cachorro de cualquier mamífero).

Cada. pron. Each. / *Las frutas están a 20 céntimos cada una,* The fruits are at 20 cents each. / Every (implica totalidad). / *Hay una flor para cada muchacha,* There is a flower for every lass. / Every one (cada uno). / *Cada uno pagará su parte,* Every one will pay his share. / *Cada vez que escucho a la gallina cacareando, me acuerdo de ella,* Every time I listen to the hen cackling, I remember her. / *Cada vez,* Whenever.

Cadáver. m. Corpse, cadaver.

Cadena. f. Chain. / (Fig.) Tie (cadenas de pasión, odio, etc). / (Fig.) Series of events (serie de hechos, concatenación). / Link (eslabón, eslabonamiento). / *Cadena de montañas,* Mountain range. / Ridge (de rocas, lomajes, bosques, etc.). / (Fig.) Prison, confinement (prisión, confinamiento).

Cadera. f. Hip.

Caducar. v. To dote. / To become extinct (un contrato, una disposición legal, etc.). / To fall out of use (caer en desuso).

Caducidad. f. (Legal) Caducity. / Expiry. / Decrepitude, senility.

Caduco, ca. adj. Enfeebled, decrepit, obsolete, senile (debilitado, decrépito, obsoleto, senil). / *Hojas caducas,* Yearly foliage. Deciduous leaves.

Caer. v. To fall (en sentido general). / To fall down (caer abajo). / To tumble down (tumbar al suelo). / To surrender (caer, rendirse una posición enemiga). / To decline, to approach the end (declinar, acercarse al final).

Cafetera. f. Coffee pot.

Caída. f. Fall. / Tumble (violenta) / Diminution, declination (disminución, declinación). / Fall, declivity, descent (en sentido espacial: declive, pendiente). / (Geol.) Land-slip (alud). / *A la caída de la tarde,* Early in the evening. / *A la caída del sol,* At sunset.

Caimán. m. Cayman, alligator.

Caja. f. Box (en general). / Case (estuche). / Coffin (ataúd). / Chest (cofre). / Cash-box, safe (caja fuerte). / (Com.) Cash, funds (dinero en caja, fondos). / Cashier's office (oficina del cajero o pagador). / Sheath (vaina, funda). / Drum (tambor). / *Caja alta,* (Impr.) Upper case. / *Caja armónica,* (Mús.) Sounding board. / *Caja baja,* (Impr.) Lower case. / *Caja chica,* (Com.) Petty cash. / *Caja de ahorros,* Savings bank. / *Caja de conexiones,* (Electr.) Junction box. / *Caja de engranajes,* Gear box, gear case. / *Caja torácica,* (Anat.) Thorax, thoracic cavity. / *Caja de música,* Music box. / *Caja de sorpresa,* Jack-in-the-box.

Cal. f. Lime. / *Cal viva,* Quicklime, unslaked lime. / Mortar (mortero de albañilería).

Cala. f. (Náut.) Creek, small bay. / Hole made in a wall to try its thickness (orificio hecho en una muralla para probar su grosor). / (Med.) Suppository.

Calada. f. Rapid flight of birds of prey. / Introduction.

Calamar. m. Squid. (N. cient.) Sepia loligo.

Calambre. m. Spasm, cramp.

Calamidad. f. Calamity, mishap, misfortune.

Calar. v. To penetrate, to pierce, to perforate, to plug (penetrar, clavar, perforar, ensartar). / (Fig.) To discover a design, to comprehend the meaning (descubrir un designio, comprender el significado). / (Mec.) To wedge. / *Calar el timón*, (Náut.) To hang the rudder. / *Calar el palo*, (Náut.) To step the mast. / *Calar el can de un arma de fuego*, To cock a gun. / *Calar la bayoneta*, (Mil.) To fix the bayonet. / To wet, to soak, to imbibe (mojar, empapar, embeber).

Calcar. v. To counter-draw, to copy by means of pressure (copiar por presión). / (Fig.). To imitate.

Calcetín. m. Half-hose, sock (medias cortas).

Calcificación. f. Calcification.

Calcinar. v. To calcine.

Calcografía. f. Chalcography.

Calcomanía. f. Autoadhesive design.

Calculador. m. Calculator. / Accountant (de cuentas).

Calcular. v. To calculate, to reckon, to compute, to estimate.

Cálculo. m. Calculation, estimate, count, account. / (Med.) Calculus, gravel, stone (piedrecillas). / *Cálculo diferencial*, (Mat.) Differential calculus. / *Cálculo integral*, Integral calculus.

Caldera. f. Caldron, boiler. / *Caldera de vapor*, Steamboiler.

Caldo. m. Broth, bouillon.

Calefacción. f. Calefaction, heating.

Calentador. m. Heater, stove.

Calentar. v. To warm, to heat. / To put in heat (estimular sexualmente). / *Calentarse*, To grow hot (enardecerse). To get horny (excitarse sexualmente).

Calentura. f. Fever.

Calibrar. v. To verify the caliber of a bullet or gun (verificar el calibre de una bala o arma de fuego). / To gauge (llevar a una medida estándar).

Calibre. m. Caliber. / Diameter (de una columna o un tubo). / (Fig.) Size, importance.

Calidad. f. Quality, condition, character, kind, particular nature (cualidad, condición, carácter, clase, naturaleza particular). / Nobility, rank (nobleza, rango).

Cálido, da. adj. Warm (con calor suave. Se aplica tam bién a una actitud, una bienvenida). / Hot, piquant (caliente, picante).

Calificación. f. Qualification. / Habilitation (para una función).

Calificar. v. To qualify. / To authorize, to empower (autorizar, dar poder).

Caligrafía. f. Caligraphy.

Calma. f. (Náut.) Calm. / Calmness, tranquility, composure (actitud o carácter). / (Náut.) Smooth sea. / *Calma chicha*, (Náut.) Dead calm. / Slowness.

Calmante. m. Mitigating, mitigant (mitigante, aliviante). / (Med.) Narcotic, sedative (narcótico, sedante).

Calmar. v. To calm, to quiet, to compose, to pacify, to still, to hush (calmar, tranquilizar, devolver la compostura, aquietar, serenar con dulzura). / To alleviate, to mitigate, to lull, to moderate, to soothe, to soften (aliviar, mitigar, arrullar, moderar, asedar, suavizar). / *Calmarse*, To calm down, to be becalmed. / (Fig.) To be pacified (pacificarse).

Calmoso, sa. adj. Calm. / (Fig.) Tranquil, soothing. / Slow, tardy (lento, tardo).

Calor. m. Heat, hotness (calor, la sensación de calor o el estar caliente). / Flagrancy, excandescence (flagrancia, excandescencia). / (Fig.) Warmth, ardour, fervour, fieriness (Calidez, ardor, fervor, ímpetu).

Caloría. f. Calory.

Calórico. adj. Caloric.

Calumniador, ra. m., f. Calumniator, slanderer.

Calumniar. v. To calumniate, to slander, to accuse falsely.

Calzado. m. Footwear. Shoes (prendas de calzar los pies, zapatos).

Calzador. m. Shoeing piece.

Calzar. v. To shoe. / To strengthen (reforzar). / To scotch (una rueda). / To fit into (caber justo). / To cock (un arma de fuego). / *Calzar las espuelas*, To put on spurs. / *Calzar el ancla*, (Náut.) To shoe the anchor.

Callar. v. To keep silence, to be silent. / To conceal (ocultar). / To hush (hablar en susurros). / To cease singing (dejar de cantar). / *Quien calla otorga*, To keep silence is to consent.

Cámara. f. Chamber. / (Náut.) Cabin. / *Cámara alta*, (Náut.) Round-house. / (Pol.) Senate (el senado). / *Cámara baja*, Chamber of Representants. / Camera (de cine, fotografía, etc.).

Camarera. f. Waitress (de hoteles, restaurantes, etc.).

Camarero. m. Waiter (en hoteles, restaurantes, etc.). / Steward (en aviones y barcos).

Camarote. m. (Náut.) Room on board (la habitación). / Berth (el mueble de dormir).

Cambiante. adj. Changing (que cambia). / Bartering (que trueca). / m. (Com.) Exchanger.

Cambiar. v. To barter, to commute, to exchange (trocar, conmutar, cambiar una cosa por otra, especialmente documentos o dinero de un país por los de otro). / To change, to alter (transformar, alterar). / To transfer, to make over, to remove (transferir, sacar, remover de un lugar). / *Cambiar las velas*, (Náut.) To shift the sails. / *Cambiarse de casa*, To move. / *Cambiarse de ropa*, To change clothes.

Cambio. m. Change (en sentido general). / Barter, commutation (trueque, conmutación). / Exchange (de objetos, dinero o documentos). / Value of different currencies (valor de moneda de diversos países). / Alteration, flux (alteración, flujo). / *Libre cambio*, Free trade.

Camello. m. Camel.

Camilla. f. Litter, stretcher. / Couch (diván, mueble para extenderse como en el psiquiatra).

Caminante. m., f. Traveller, walker.

Caminar. v. To walk, to march (andar, marchar). / To move along (ir adelante las cosas). / To work (una máquina). / *Mi negocio camina bien*, My business keeps going on.

Camino. m. Road. Way. / Journey (el camino que hay que recorrer). / Schedule (recorrido ya programado). / Passage, gate (pasaje, apertura). / (Náut.) Ship's way, rate of sailing. / *Camino cubierto*, (Mil.) Covert-way. / *Camino de herradura*, Path bridle-road. / *Camino carretero*, High-road, highway. / *Abrir camino*, To clear the way. / *Salir al camino*, To go to meet a person (salir al encuentro). To intercept (interceptar). / *Ponerse en camino*, To set out, to start.

Camión. m. Truck. / *Camión liviano*, Van.

Camisa. f. Shirt. / Shift, chemise (de mujer). / Slough (de una serpiente). / (Mil.) Chemise (de fortificación). / *Vender hasta la camisa*, To sell all to the last shirt. / *No llegarle a uno la camisa al cuerpo*, To be frightened out of one's guts. / *Camisa de lámpara*, Lamp burner.

Camiseta. f. Undershirt. T-shirt.

Campamento. m. Encampment, camp.

Campana. f. Bell. / Bell glass, receiver (se utiliza la palabra *Bell* para designar cualquier cosa con forma acampanada). / (Fig.) Parish church, parish (iglesia parroquial, parroquia). / Bottom of a well made in the form of a bell. / (Arq.) Drum, corbel. / *Campana de vidrio*, A bell-shaped glass vessel. / *Campana de chimenea*, Mantel. / *Campana de buzo*, Diving-bell. / *Campana de rebato*, Alarm-bell. / *A toque de campana*, At the sound of the bell.

Campeón. m. Champion (también en sentido de defensor).

Campo. m. Field (en su sentido amplio, como un campo, un terreno, o el campo de acción, el campo de una disciplina, etc.). / Country, meadow, cattle range (el campo, prado, rancho ganadero). / (Mil.) Camp. / Scope, ground (en artes plásticas). / Ground (el terreno, también con sentido amplio). / *Campo de aviación,* Airfield. / *Campo de batalla,* Battle field. / *Campo de concentración,* Concentration camp. / *Campo de golf,* Golf links. / *Campo magnético,* (Fís.) Magnetic field. / *Campo raso,* Open field. / *A campo traviesa,* Crosscountry. / *Dar campo a,* To give ground to. / *Salir al campo,* To go out to fight.

Canalla. m. Mob, rabble canaille. / adj. Vile.

Canapé. m. Cushioned seat, couch. / Hors d'ouvres.

Canasta. f. Basket, hamper.

Cancela. f. Ironwork screen.

Cancelación, canceladura. f. Cancellation, obliteration, closing up (cancelación, obliteración, cierre). / (Com.) Payment of a debt (pago de una deuda).

Cancelar. v. To cancel, to annul. / (Com.) To pay a debt..

Cáncer. m. Cancer.

Canción. f. Song. / Poem, lay (poética). / *Volver a la misma canción,* To return to the old tune, to repeat the old arguments or errors.

Cancionero. m. Song-book (libro de canciones). / Song-writer (escritor de canciones).

Candado. m. Padlock.

Candelaria. f. Candlemas. / (Bot.) Mullein. (N. cient.) Verbascum lychnitis.

Candidato. m. Candidate.

Candidez. f. Whiteness (blancura). / Candour, sincerity, purity of mind (candor, sinceridad, pureza de mente). / Candidness, ingenuousness (ingenuidad).

Cándido, da. adj. White, snowy, pale (blanco, níveo, pálido). / Candid, guileless (cándido, inocente). / Simple.

Candil. m. Lamp (lámpara). / Cock (de sombrero).

Candileja. f. Foot-lights (de teatro). / (Bot.) Willows, deadly carrot. (N. cient.) Thapsia vilosa.

Candoroso, sa. adj. Ingenuous.

Caníbal. adj. y m., f. Cannibal.

Canilla. f. Shinbone (de la pierna). / Amér. Water pipe (de agua).

Canino, na. ajd. Canine. / *Hambre canina,* Canine hunger. / *Dientes caninos,* Eye-teeth, canine-teeth.

Canje. m. Exchange.

Cano, na. adj. Gray-headed. / (Fig.) Deliberate, prudent, judicious.

Canon. m. Canon, catalogue, list (rol, catálogo, lista). / (Mús.) Canon. / Regulation, norm (regulación, norma).

Cansado, da. adj. Weary, wearied, tired (que siente cansancio). / Tedious, tiresome, troublesome (que provoca cansancio).

Cansancio. m. Weariness, tireness, fatigue.

Cansar. v. To weary, to tire, to fatigue. / To harass, to molest, to bore (importunar, molestar, aburrir). / To exhaust (la tierra). / *Cansarse,* To tire oneself, to be fatigued, to grow weary.

Cantar. v. To sing. / (Fam.) To divulge a secret (un secreto). / *Cantar de plano,* To make a plain and full confession.

Cantidad. f. Quantity. / Measure, number (medida, número). / Sum (de dinero).

Cantimplora. f. Canteen (para llevar agua). / Siphon (pipeta).

Cantina. f. Bar.

Canto. m. Singing. / Heroic poem. / Canto (unidad dentro de un poema mayor). / Chant, canticle (cauturreo de trabajo, cántico). / *Al canto del gallo,* After midnight.

Cañón. m. Big tube or pipe. / Quill (de pluma). / Cannon, gun (cañón, arma de fuego). / Gallery (túnel). / (Mec.) Socket. / (Geogr.) Gorge, ravine, canyon. / *Cañón de chimenea,* Funnel, flue of a chimney.

Caos. m. Chaos. / Confusion.

Capa. f. Cloak, mantle (de vestir). / Cape (capa corta, para los hombros). / Layer, strata (napa, estrato). / Coat (capa, revestimiento, forro, capa de pintura, etc.). / Cover (lo que cubre u oculta). / (Fig.) Cloak, pretext, mask (embozo, pretexto, máscara).

Capacidad. f. Capacity, capability. / Extent, extensiveness (de un lugar). / Ableness to perform a task (capacidad para ejecutar una tarea). / (Náut.) Burden (de un barco). / (Fig.) Talent, genius, mental ability (talento, genio, capacidad mental).

Capaz. adj. Capacious (espacioso). / Capable, able (con capacidad, apto). / Capacious, ample, spacious, roomy, wide (que puede contener). / (Fig.) Fit, apt, suitable, competent (apropiado, adecuado, competente). / (Fig.) Learned, ingenious, capable, clever (instruido, ingenioso, apto, sagaz.). / *Capaz de prueba,* Capable of trial. Trialproof. / *Hacerse capaz de,* (Fig.) To become able to.

Capilar. adj. Capillary (como un cabello o propio de los cabellos). / m. Capillary blood-vessel (vaso sanguíneo).

Capilaridad. f. Capillarity.

Capilla. f. Chapel. / *Capilla ardiente,* Lighted funeral room. / *Estar en capilla,* To be in the death alley (los condenados a muerte).

Capital. m. Capital (la palabra inglesa tiene la misma gama de significados que la castellana: comercial y económico, político [capital de un país], tipográfico [una letra capital], etc.).

Capital. adj. Capital (relativo a la cabeza). / Principal, leading, capital, essential (principal, el primero, capital, esencial). / *Pecado capital,* Deadly sin. / *Pena capital,* Capital punishment.

Capitalista. adj. Capitalist.

Capitán. m. Captain. / Ring-leader (jefe de una pandilla). / Leader (conductor, cabecilla). / (Náut.) Commander (de un barco). / *Capitán de fragata,* Frigate commander. / *Capitán general,* Field-marshal. / *Capitán del puerto,* (Náut.) Harbour-master, water-bailiff.

Capitanear. v. To head (cualquier grupo de personas).

Capitulación. f. Capitulation, agreement.

Capitular. v. To conclude an agreement. / (Mil.) To capitulate, to settle the terms (de una rendición). / (Der.) To impeach.

Capítulo. m. Chapter.

Capota. f. Light bonnet (para la cabeza). / Roof of a car (de automóvil).

Captar. v. To win support or adepts (ganar apoyo o adeptos). / To receive (a través de una antena o una señal). / To tune in. To dial in (un receptor de ondas, etc.). / To understand (el sentido de una palabra, un gesto, una actitud).

Captura. f. (Der.) Capture, seizure.

Capturar. v. To capture, to apprehend, to arrest.

Capucha. f. (Impr.) Circumflex (^) accent. / Hood.

Capullo. m. Cocoon. / Bud (de flores). / Cup (de bellota). / Burr (de castaña). / Prepuce (del pene).

Cara. f. Face. / Visage, countenance (expresión, actitud). / Front (frente, frontis). / Surface (superficie). / *A cara descubierta,* Openly, plainly. / *Cara a cara,* Face to face. / *De cara,* Opposite, over against, in front of.

Caracol. m. Snail. / *Escalera de caracol*, Winding staircase. / *Caracoleo*, Prancing (de un caballo). / Cochlea (del oído). / *Hacer caracoles*, (Fig.) To caracole.
Caracola. f. A conch-shell used as a horn.
Carácter. m. Character, quality, mark, temper, genius (carácter, calidad, sello, temperamento, genio). / Graphic sign (carácter gráfico). / Character, byte (carácter en computación). / *Caracteres de imprenta*, Printing types.
Caracterizar. v. To characterize. / To distinguish by peculiar qualities (distinguir por cualidades particulares).
Carambola. f. Carom. / (Fig.) Deceiving device or trick (artificio engañoso). / (Bot.) Carambola tree (N. cient.) Averrhoa carambola.
Caramelo. m. Candy. / Sirup.
Carátula. f. Front (de un objeto). / Comic or dramatic mask (máscaras de la comedia y la tragedia). / Title-page (de un libro).
Caravana. f. Caravan.
Carcinoma. m. Carcinoma, cancer.
Carcomer. v. To gnaw, to corrode.
Cardar. v. To card, to comb wool.
Cardíaco, ca. adj. [karDi;ako, ka](Med.) Cardiac. / Cardiacal, cordial, invigorating.
Cardinal. adj. Cardinal.
Cardiografía. f. Cardiography.
Cardiograma. m. Cardiogram.
Cardiología. f. Cardiology.
Carecer. v. To lack. To want (requerir). / To be in need (estar en la necesidad de).
Carencia. f. Want, need, lack.
Careo. m. (Der.) Confrontation (de acusados y testigos). / Comparison. / Front (de un bastión o fortaleza).
Carestía. f. Dearness, high prices.
Cargamento, m (Náut.) Cargo.
Cargar. v. To load (apoyar, cargar un arma, poner encima). / To burden (echar una carga encima). / To freight (un vehículo). / To carry (llevar una carga). / To charge (explosivos, atacar al enemigo). / To ship (embarcar una carga). / To impose or lay taxes (gravar).
Cargo. m. Burden, loading. / (Fig.) Employment, office, ministry (empleo, oficio, desempeño). / *Cargo concejil*, Municipal office. / Charge, keeping, care (tener a cargo). / (Der.) Charge, accusation. / *Cargo de conciencia*, Remorse, sense of guilt. / *Hacerse cargo*, To charge oneself with a responsibility. To take upon oneself. / *Hacer cargos*, To accuse, to impeach.
Caricatura. f. Caricature. Cartoon.
Caricaturista. m. Caricaturist.
Caricia. f. Caress.
Caridad. f. Charity, charitableness, kindness, good-will, benevolence (caridad, caritatividad, bondad, benevolencia).
Caries. f. Caries, cariosity.
Carmín. m. Carmine. / Cochineal powder. / *Carmín bajo*, Pale rose colour. / (Bot.) Pokeweed. (N. cient.) Phylotacca decandra.
Carne. f. Flesh (humana). / Meat (de animales, carne comestible). / Beef (carne de vacuno). / Veal (carne de ternera). / Pork (carne de cerdo). / Mutton (carne de ovino). / Pulp (de la fruta). / *Carne asada en horno*, Baked meat.
Carnero. m. Ram (el macho ovino). / Sheep (ovejas, en general). / Mutton (la carne de oveja). / Sheep-skin (piel curtida de oveja). / *Carnero de simiente*, Breeding ram. / *El Carnero*, (Astrol. y Astron.) Aries.
Caro, ra. adj. High-priced, costly, expensive (de alto precio). / Dear, beloved (querido, amado). / *Lo barato cuesta caro*, Cheaper things are finally the dearest.

Carpeta. f. Table-cover (cobertor de mesa). / Portfolio, folder, wrapper (portafolios, carpeta para llevar documentos).
Carpintería. f. Carpentry. / Carpenter's shop.
Carraca. f. Carack (el barco). / Rattle (sonaja).
Carrera. f. Running. / Career, course, race (carrera profesional, recorrido, carrera de competencia). / Race-ground (pista de carreras). / Course (de las estrellas, los años, las estaciones, etc.).
Carretera. f. Road.
Carretilla. f. Small cart (carreta pequeña). / Hand cart (de mano).
Carril. m. Rail (ferroviario). / Lane (camino de paso de una máquina o de vehículos). / Route, cart-way, cart-route (senda de carros). / Narrow road (camino estrecho). / Furrow (el surco que deja el arado).
Carrillo. m. Cheek (de la cara). / (Náut.) Tackle (para alzar pesos).
Carro. m. Cart. / Chariot, car (especialmente para llevar personas). / (Astron.) The Greater Bear. / *Carro menor*, The Lesser Bear. / Cartload (una carretada, lo que contiene un carro, por ejemplo, para comprar madera o leña). / (Impr.) Bed.
Carromato. m. Chariot.
Carroña. f. Carrion.
Carroza. f. Large coach. / State coach (carroza de gala). / (Náut.) Awning, cabin. / (Náut.) Quarter-deck cabin (cabina sobre cubiertas).
Carruaje. m. Carriage.
Carrusel. m. Carrousel, merry-go-round.
Carta. f. Letter, epistle (misiva, epístola).
Cartel. m. Placard, poster.
Cartelera. f. Show-bill. / Season show schedule (programa de espectáculos de la temporada).
Cartero. m. Postman.
Cartílago. m. (Anat.) Cartilage, gristle.
Cartografía. f. Chartography.
Cartógrafo. m. Chartographer.
Cartón. m. Pasteboard. Cardboard. / Cartoon (de pintura o dibujo).
Cartuchera. f. Cartridge-box.
Cartucho. m. Cartouch, cartridge.
Casa. f. House, edifice, dwelling (edificio). / Home (el hogar de uno).
Casaca. f. Coat, dress-coat. / Parka (impermeable).
Casación. f. (Der.) Cassation, abrogation. / Annulling, repealing (una ley). / Reversing (una sentencia judicial).
Casar. v. To marry. To unite in marriage. / (Fig.) To sort (disponer las cosas de modo que se adecúen unas a otras). / To mate, to suit, to proportion (las cosas entre sí). / (Der.) To repeal, to abrogate, to annul. / (Pintura) To blend (colores).
Cascabel. m. Rattle. / Rattlesnake (serpiente cascabel). / Crotalus (crótalo, la serpiente cascabel y el instrumento sonoro).
Cascado, da. adj. Broken, decayed, infirm (quebrado, decaído, enfermo).
Cascajo. m. Gravel (piedras). / Rubbish (residuos). / Old and useless furniture (trastos viejos). / Shell (de nuez).
Cascanueces. m. Nut-cracker.
Cascar. v. To crack, to break into pieces (romper, quebrar en pedazos). / To crunch (fragmentar con los dientes o tenazas).
Cáscara. f. Peel (pellejo, piel de fruta). / Bark (corteza).
Casco. m. Skull, cranium (calavera, cráneo). / Helmet (yelmo, casco de protección). / Quarter (de un fruto cítrico, una granada, etc.). / Coat or tegument of an

onion. / (Náut.) Hull, hulk (casco de un barco). / Hoof (de caballo u otro animal). / (Fig.) Head (la cabeza). / *Casco de granada*, Metraille, shell pieces.
Casilla. f. Pigeon-hole (columbario). / Ruled columns (en contabilidad, estadísticas, etc.). / Point, house (del tablero de backgammon). / Square, checker (de un tablero de ajedrez u otro juego). / *Sacarle a uno de sus casillas*, (Fig.) To harass, to enrage. / *Salirse de sus casillas*, To grow angry. / Post office box (de correos).
Casquete. m. Helmet, casque (de protección). / Skull-cap (coronilla de la cabeza). / Cap (gorra que cubre sólo la coronilla, y también casquete de hielo).
Casquillo. m. Tip, cap, socket (punta, tapa de corona, enchufe de bombilla eléctrica, etc.).
Castañedo. m. Chestnut-grove or plantation.
Castañero, ra. m., f. Dealer in chestnuts.
Castañeta. f. Snapping of the fingers. / Castanet.
Castañetear. v. To rattle (castañuelas, los dedos, etc.). / To crackle, to clack (los dientes, las articulaciones).
Castellano, na. adj. Castilian (natural o propio de Castilla).
Castidad. f. Chastity, continence, honour.
Castigar. v. To chastise, to punish, to castigate. / To afflict, to put to pain, to grieve (afligir, causar dolor, apesadumbrar). / (Fig.) To correct (corregir).
Castigo. m. Chastisement, punishment, correction, penalty.
Castillo. m. Castle. / *Castillo de proa*, (Náut.) Forecastle.
Castizo, za. adj. Pure blooded (de pura sangre). / Well born (bien nacido). / *Idioma castizo*, Chaste, pure idiom.
Casto, ta. adj. Pure, chaste, honest, clean.
Castración. f. Castration.
Castrado. adj. Castrated.
Casual. adj. Casual, accidental, contingent, fortuitous, occasional, circumstantial (casual, accidental, contingente, fortuito, ocasional, circunstancial). / *Estilo casual*, Casual style. Casual fashion.
Casualidad. f. Hazard, coincidence, contingency, hap, accident (azar, coincidencia, contingencia, ocurrencia, accidente).
Catalogar. v. To catalogue, to list.
Catálogo. m. Catalogue, roll, file, matricula.
Catar. v. To taste, to try by the taste (por sabor). / To inspect, to investigate, to examine (inspeccionar, investigar, examinar). / To judge, to form an opinion (juzgar, formarse una opinión).
Catarro. m. Catarrh. Influenza.
Catastro. m. Census. / Tax-list (de los valores que pagan impuesto en una comarca).
Catástrofe. f. Catastrophe.
Catecismo. m. Catechism.
Catecúmeno, na. m., f. Catechumen.
Cátedra. f. Seat of a professor. / Professorship.
Catedral. f. Cathedral.
Catedrático, ca. m., f. Professor in a university.
Categoría. f. Category. / Quality of a person.
Catequizar. v. To catechize. / (Fig.) To persuade.
Caudal. m. Property, fortune, wealth, means, fund (riquezas). / The ammount of water flowing through a river (de aguas).
Causalidad. f. Causality.
Causar. v. To cause, to produce, to generate, to create, to gender, to make (producir, generar, crear, engendrar, hacer).
Cautela. f. Caution. / Prudence, foresight, precaution (prudencia, previsión, precaución). / Heed, heedfulness, guard (atención, cuidado, alerta).

Cautivar. v. To take captive. To imprison (poner cautivo, aprisionar). / (Fig.) To captivate, to charm, to subdue (cautivar, encantar, dominar dulcemente).
Cautiverio, cautividad. m., f. Captivity. / Confinement.
Cava. f. Earthing of vines (entierro de viñas). / Cellar (bodega subterránea para vinos). / Subterraneous vault (cripta).
Cavar. v. To dig, to excavate.
Cavidad. f. Cavity, excavation.
Caza. f. Chase, hunting, fowling, hawking (persecución, caza, caza de aves, cetrería). / Game (piezas de caza). / (Náut.) Chase, pursuit. / (Aviac.) Pursuit, pursuit plane (caza, avión de caza). / *Caza mayor*, Big game. / *Caza menor*, Small game. / *Ir de caza*, To go hunting. / *Caballo de caza*, Hunter, hunting-horse. / *Cuerno de caza*, Hunting-horn. / *Partida de caza*, Hunting-party.
Cazador. m. Hunter, chaser, huntsman.
Cazuela. f. Boiling pot (olla). / Stewing-pan (cacerola). / Meat dressed and boiled in a pot.
Cebada. f. (Bot.) Barley. (N. cient.) Hordeum. / *Cebada de abanico*, Battledore barley. (N. cient.) Hordeum heocriton. / *Cebada común*, Spring barley. (N. cient.) Hordeum vulgare. / *Cebada caballar*, Winter barley. (N. cient.) Hordeum hexastichon.
Cebo. m. Fat, grease. / Fodder (alimento de engorda de animales). / Fattening (engorda de animales). / Bait (carnada, cebo para atrapar o pescar). / Percussion cap (cebo o fulminante de arma de fuego).
Cebolla. f. (Bot.) Onion. (N. cient.) Allium cepa.
Cebra. f. Zebra. (N. cient.) Equus zebra.
Ceca. f. Mint for the coining houses.
Cecear. v. To lisp.
Cecina. f. Cured meat.
Cedente. adj. (Der.) Ceding, granting (el que cede o concede). / Conveyer, assigner, transferrer (el que traspasa, asigna o transfiere).
Ceder. v. To grant (conceder). / To cede, to resign, to yield (ceder, renunciar, rendir). / To deliver up, to give up (soltar o entregar, darse). / (Mec.) To sag, to slacken (ceder, aflojarse, soltarse). / To break down, to bend down, to yield (romperse, torcerse, no resistir más).
Cefálico, ca. adj. Cephalic.
Cegar. v. To blind, to make blind (cegar, dejar ciego). / (Fig.) To darken the reason (oscurecer la razón). / To wall (tapiar). / To block (bloquear). / *Cegarse*, To grow blind.
Celador, ra. m., f. Curator. / Monitor (en colegios). / Warden.
Celar. v. To watch carefully (vigilar con cuidado). / To cover, to conceal (cubrir, ocultar). / To be jealous, to show jealousy (ser celoso, demostrar celos).
Celebrar. v. To celebrate.
Célebre. adj. Celebrated, famous, renowned, noted (famoso, renombrado, notable).
Celebridad. f. Celebrity. / Celebriousness, renown, fame.
Celeste. adj. Sky-blue color.
Celestial. adj. Celestial, heavenly (del firmamento, del cielo). / (Fig.) Perfect, delightful, excellent (perfecto, delicioso, excelente).
Celíaca. adj. (Med.) Celiac.
Celibato. m. Celibacy.
Célibe. adj. y m. Bachelor, unmarried person.
Celo. m. Zeal, ardour, devotion (acuciosidad, ardor). / Heat, rut, (estado de celo, calentura, apetencia sexual). / *Celos*, Jealousy.

Celosía. f. Lattice, blind.
Celoso, sa. adj. Zealous (ardoroso). / Jealous (que siente celos). / (Náut.) Wind seeker sailship.
Celta. m. Celt. / adj. Celtic.
Censura. f. [Tcnsu;ra]Censure, blame (desaprobación, acusación). / Censorship (de libros y opinión pública).
Censurable. adj. Censurable.
Censurar. v. To censure, to blame.
Centavo. m. Cent.
Centella. f. Lightning (relámpago). / Flash (destello).
Centellar, centellear. v. To sparkle, to throw out sparks (chispear, lanzar chispas).
Centelleo. m. [Tentele;o]Spark, scintillation (chispas, brillo trémulo).
Centena. f. Hundred. / Centenary, the number of a hundred.
Centenar. m. A hundred. / Field sown with rye. / *A centenares*, By hundreds.
Centenario, ria. adj. Centenary, secular. / m. Centennial feast.
Centeno. m. (Bot.) Common rye. (N. cient.) Secale cereale.
Centígrado, da. adj. Centigrade.
Céntimo, ma. adj. One-hundredth. / m. Cent.
Centinela. m. (Mil.) Sentry, sentinel.
Centrado, da. m., f. (Her.) Globe on the centre of the shield of arms.
Central. adj. Central, centric.
Céntrico, ca. adj. Centric. / (Óptica) Focal.
Centrífugo, ga. adj. Centrifugal.
Centro. m. Center. / Middle point (punto del medio). / (Bot.) Disk (de flor). / Downtown (el centro de la ciudad).
Centuria. f. Century.
Ceñudo, da. adj. Frowning.
Cepa. f. Stock of a vine.
Cepillar. v. To brush (el cabello, las ropas, etc.). / To plane.
(un muro, un madero, etc.).
Cepillo. m. Plane (de carpintero o albañil). / Brush (de pelo). / Poor-box (de iglesia). / *Cepillo de dientes*, Tooth-brush.
Cepo. m. Trap (para atrapar). / Clamp, joining-press (instrumento de apretar). / Horse (de zapateros). / *Cepo del ancla*, (Náut.) Anchor-stock. / *Cepo de molinete*, (Náut.) Knight-head of the windlass.
Cera. f. Wax.
Cerámica. adj. Ceramic. / f. Ceramics, art of pottery.
Cerbatana. f. Blow-gun.
Cerca. adv. Near (en sentido amplio). / Close by, at hand, not far off (próximo, a la mano, no lejos). / *Aquí cerca, cerca de aquí*, Just by. / *Cerca de*, Close, near. / *Perseguir de cerca*, To pursue pressingly.
Cercar. v. To inclose (como un muro, un seto, etc.). / To environ, to hem (como un bosque, una pradera, etc.). / To circle, to compass, to surround (rodear, como el mar). / To gird (como un cinto, un vallado, etc.). / To fence (con cercas, tapias, rejas, etc.). / (Mil.) To invest (una posición enemiga, una ciudad, etc.). To block (una fortaleza, un puerto, etc.). / To crowd about (a una persona).
Cerco. m. Hoop or ring (aro o anillo). / (Mil.) Blockade, investment (de una fortaleza o una posición enemiga). / Frame, case (de puerta o ventana).
Cerdo. m. [Te;rDo]Hog, pig.
Cereal. m. Cereal.
Cerebelo. m. (Anat.) Cerebellum.
Cerebral. adj. Cerebral.

Cerebro. m. Cerebrum. The brain.
Ceremonia. f. Ceremony. Rite. / Formality, forms of civility (formalidad, protocolo, etiqueta).
Ceremonioso, sa. adj. Ceremonious, polite, formal, complimental.
Cereza. f. Cherry.
Cerezal. m. Plantation of cherry-trees, cherry orchard.
Cerezo. m. (Bot.) Cherry-tree, cherry-wood. (N. cient.) Prunus cerasus.
Cerilla. f. Wax-match.
Cerner. v. To sift, to sieve (pasar por el cernidor). / To drizzle (caer en polvo o gotas finas). / To waggle (agitar de lado a lado, sacudir). / To soar (un ave).
Cero. adj. y m. Zero.
Cerrado, da. adj. Closed. / Reserved. / Secreted, concealed (en secreto, oculto). / Obstinate, inflexible, stubborn (obstinado, inflexible, testarudo). / *A ojos cerrados*, Without examination at all. / *A puertas cerradas*, Privately, secretly.
Cerradura. f. Lock (de puerta, mueble, etc.). / *Cerradura de golpe, cerradura de muelle*, Spring-lock. / *Cerradura embutida*, Mortise lock.
Cerrajero. m. Locksmith.
Cerrar. v. To close (una puerta, una temporada, etc.). / To occlude, to foreclose, to shut up a place, to obstruct (ocluir, tapar, cerrar una pasada, obstruir). / To lock, to fasten (echar cerrojo, cerrar una hebilla, etc.).
Cerril. adj. Mountainous, rough, uneven (un terreno). / Wild, untamed (persona o animal). / (Fig.) Rude, unpolished, unmannerly (grosero, mal educado, de malos modales).
Cerro. m. Hill
Cerrojo. m. Bolt.
Certamen. m. Competition. Disputation.
Certero, ra. adj. Sharp-shooter.
Certeza. f. Ver *Certidumbre*.
Certificación. f. Certification.
Certificado. m. Certificate.
Certificar. v. To certify. / *Certificar una carta*, To register a letter. / To prove by public instrument (acreditar por instrumento público).
Cerval. adj. Belonging to a deer. / *Miedo cerval*, Great shyness.
Cerveza. f. Beer, ale, malt liquor.
Cervical. adj. (Anat.) Cervical.
Cerviz. f. Cervix.
Cesamiento. m. Cessation, ceasing, pause.
Cesante. adj. y m., f. Workless.
Cesantía. f. Lack of jobs.
Cesar. v. To cease. / To leave, to leave off, to desist (dejar, abandonar algo, desistir).
Cese. m. Cessation, stoppage.
Cesión. f. Cession.
Chavala. f. Girl, kid.
Chequear. v. Examine, control, check.
Chico. adj. Small, little (como adjetivo). / m. Boy, lad, fellow, chap, children.
Chiflado. m. Daft, barmy.
Chiflar. v. Hiss.
Chillar. v. Cry, yell. / Howl (gato); squeak (ratón); squawk, screech (ave); creak (puerta); blare (radio); frenos (screech); colores (jar).
Chimpancé. m. Chimpanzee.
Chispa. f. Spark. / Sparkle.
Chiste. m. Joke, funny story.
Chocar. v. Schock, startle. / Clink (vasos); shake (manos); knock into, run into, hit, collide with, crash into (con, contra).

Chocolate. m. Chocolate.
Chupar. v. Suck, absorb, take in.
Chutar. v. Shoot, kick (fútbol).
Ciática. f. (Med.) Sciatica, hip-gout.
Cicatero, ra. adj. Niggardly, sordid, parsimonious.
Cicatriz. f. Cicatrice. Scar.
Cicatrizar. v. To cicatrize, to heal a wound.
Cicerone. m. Paid guide.
Ciclón. m. Cyclone.
Cíclope. m. Cyclops.
Cicuta. f. (Bot.) Hemlock. (N. cient.) Conium. / *Cicuta acuática*, Water-hemlock. (N. cient.) Cicuta virosa. / Flageolet.
Ciego, ga. adj. y m., f. Blind. / (Fig.) Swayed (arrastrado por una pasión, un impulso, las circunstancias, etc.). / *Ciego de ira*, Blind with rage. / Choked or shut up (un tubo, un conducto, etc). / *A ciegas*, Blindly, in the dark.
Cielo. m. The sky, firmament (firmamento). / Heaven, heavens (el cielo en sentido religioso). / Roof, ceiling (de una habitación). / *Cielo raso*, Flat ceiling. / *Caído del cielo*, Dropped from heavens. Just in one's need (lanzado del cielo, justo a tiempo para nuestro apuro). / *Cerrarse el cielo*, To darken the weather.
Ciencia. f. Science. / Knowledge, certainty (conocimiento, certeza). / *Ciencias exactas*, Exact sciences. / *Ciencias naturales*, Natural sciences. / *A ciencia cierta*, With certainty, knowingly.
Científicamente. adv. Scientifically.
Científico, ca. adj. Scientific. / m. Scientist.
Cierto, ta. adj. Certain (con todas las acepciones de la palabra castellana). / Doubtless, evident, constant (indudable, evidente, establecido). / *En cierto lugar de América*, At a certain place in America. / *¡Por cierto!*, For sure! By the way.
Cifra. f. Cipher.
Cifrar. v. To cipher. To write in ciphers. / *Cifrar las esperanzas en*, To lean one's hopes upon.
Cigarra. f. Balm-cricket, harvest-fly. (N. cient.) Cicada.
Cigarrillo. m. Cigarette.
Cigarro. m. Cigar.
Ciguatera. f. Jaundice.
Cigüeñal. m. (Mec.) Gear.
Cilíndrico, ca. adj. Cylindric, cylindrical.
Cilindro. m. Cylinder. / Roller (de aprensar o amasar). / *Cilindro de escarpar*, Silver-smiths' rolls.
Cima. f. Summit (cumbre, en sentido amplio). / Top (de un árbol, una torre, un andamio, etc.). / *Dar cima*, To attain.
Cimera. f. Crest.
Cimiento. m. Foundation. / (Fig.) Basis, origin.
Cinc. m. Zinc.
Cincel. m. Chisel.
Cinco. adj. y m. Five.
Cine. m. (Fam.) Movie (obra cinematográfica). / Film, movies. / The movies. Motion-picture theater, cinema (el cine, en general. El local de cine.).
Cínico, ca. adj. Cynic, cynical.
Cinismo. m. Cynicism. / Shamelessness (desvergüenza).
Cinta. f. Ribbon (en general). / Tape (cualquier material en forma de cinta).
Cintura. f. Waist (del cuerpo humano, ropas, etc.). / A narrow passage or point (la parte angosta de un conducto o un lugar).
Cinturón. m. Belt.
Circuito. m. Circuit. / Circumference, compass (circunferencia, entorno).

Circulación. f. Circulation.
Circular. adj. Circulatory, circling. / *Carta circular*, Circular letter.
Circular. v. To circulate. / To travel round, to go from hand to hand (viajar de ida y vuelta, ir de mano en mano).
Círculo. m. Circle.
Circuncidar. v. To circumcise.
Circuncisión. f. Cicumcision.
Circundar. v. To surround, to circle, to compass.
Circunferencia. f. Circumference.
Circunflejo, ja. adj. *Acento circunflejo*, Circumflex accent.
Circunscribir. v. To circumscribe, to inclose.
Circunspección. f. Circumspection, prudence, watchfulness.
Circunspecto, ta. adj. Circumspect. Cautious, considerate, judicious, grave (cauto, considerado, juicioso, grave).
Circunstancia. f. Circumstance.
Circunstancial. adv. Eventual.
Circunvolución. f. Circumvolution.
Cirrosis. f. (Med.) Cirrhosis.
Ciruela. f. Plum, prune. (N. cient.) Prunum. / *Ciruela pasa*, Dried plum.
Ciruelo. m. (Bot.) Plum-tree. (N. cient.) Prunus domestica.
Cirujano. m. Surgeon.
Cisma. m. Schism.
Cita. f. Appointment, engagement (el acto de citar). / Appointed meeting, rendezvous, appointment (una cita). / Citation, quotation (citar una frase, un párrafo de libro, una opinión, etc.).
Citación. f. Citation, quotation. / (Der.) Summons, judicial notice.
Citar. v. To make an appointment. To appoint. / To convoke, to convene, to cite (convocar, llamar a reunión, citar). / To quote, to cite (un libro, opinión, etc.). / To cite, to summon before a judge (judicial). / To give judicial notice (informar judicialmente).
Ciudad. f. City, town.
Ciudadano, na. m., f. Citizen. / adj. Urban (perteneciente a la ciudad).
Ciudadela. f. (Mil.) Citadel.
Cívico, ca. adj. Civic.
Civil. adj. Civil. / Courteous, gentleman-like (cortés, caballeroso).
Civilización. f. Civilization.
Civilizar. v. To civilize.
Civismo. m. Patriotism.
Clamor. m. Clamour, outcry. / The public voice (el clamor popular).
Clandestinidad. f. Clandestinage. Out of law (fuera de la ley).
Claraboya. f. Sky-light.
Clarear. v. To dawn, to grow light.
Claridad. f. Clarity, brightness, splendour, light (claridad, brillo, esplendor, luz). / Clearness, distinctness (nitidez). / *Hablar a las claras*, To talk plainly.
Clarividente. adj. Clairvoyant, clear-sighted, sagacious. / m. y f. Clairvoyant.
Claro, ra. adj. Clear. / Bright, transparent, lightsome (brillante, transparente, luminoso). / Crystalline, subtil, limpid (cristalino, sutil, límpido). / Thin, rare (delgado, poco denso). / Perspicuous, intelligible (comprensible, inteligible). / Obvious, explicit, evident, apparent (obvio, explícito, evidente, ostensible). / *Una verdad clara*, An undeniable truth. / *Una clara inteligencia*, A bright intelligence.

Clase. f. Class. / Classroom (aula, sala de clases). / *Clase alta*, Upper class. / *Clase baja*, Lower class. / *Clase obrera*, Working class. / *Gente de clase*, Classy people.
Clásico, ca. adj. Classic, classical. / (Fam.) Typical, characteristic.
Clasificación. f. Classification, sorting.
Claudicación. f. Claudication, halting, limping.
Claudicar. v. To claudicate, to halt, to limp.
Claustro. m. Cloister. / Assembly, meeting (de los principales miembros de una universidad). / Room chamber.
Cláusula. f. Period, clause (de un discurso). / (Der.) Clause, condition, stipulation.
Clausura. f. Cloister (de convento). / Clausure (cierre forzoso, término de actividades).
Clavar. v. To nail, to fasten with nails (con clavos). / To prick (pinchar). / *Me clavé una espina en el pie*, I pricked my foot with a thorn.
Clavel. m. (Bot.) Carnation. (N. cient.) Dianthus caryophillus.
Clavícula. f. (Anat.) Clavicle.
Clavija. f. Pin, peg, tack (estaquilla, clavija [también de instrumentos de cuerda], tarugo).
Clavo. m. Nail. / *Clavo de herradura*, Hobnail. / *Clavo de olor*, Clove. / (Náut.) Rudder (del timón).
Clemencia. f. Mercy, forbearance.
Clemente. adj. Clement, merciful.
Cleptomanía. f. Kleptomania.
Clérigo. m. Clergyman, cleric, clerk. / *Clérigo de misa*, Presbyter.
Clero. m. Clergy. / *Clero secular,* Secular clergy. / *Clero regular*, Regular clergy.
Cliente. m. y f. Client.
Clima. m. Climate.
Climatología. f. Climatology.
Clímax. m. Climax.
Clínica. f. Clinic.
Clítoris. m. Clitoris.
Clorofila. f. Clorophyll.
Club. m. Club.
Coacción. f. Coaction, compulsion.
Coadjutor. m. Coadjutor, assistant. / *Obispo coadjutor*, Assistant bishop.
Coadyuvar. v. To help, to assist.
Coagulación. f. (Med.) Coagulation.
Coartar. v. To coarct, to limit, to restrain.
Coautor, ra. m., f. (Der.) Co-author, joint author.
Cobalto. m. Cobalt.
Cobardía. f. Cowardice, dastardy. / Abjectness (abyección).
Cobijar. v. To cover, to shelter. / To protect, to lodge (proteger, dar alojamiento).
Cobrar. v. To collect, to receive. / To fetch (las piezas de caza abatidas). / To gain (afecto o estimación). / To gather (juntar. Por ejemplo, fuerzas, coraje, impulso, etc.). / *Cobrar fuerzas*, To gather strength.
Cobro. m. Collecting (dinero). / Receptacle, place of safety (caja o lugar de seguridad).
Cocaína. f. Cocaine.
Cocción. f. Cooking.
Cocido, da. adj. Boiled (alimento). / Baked (en horno). / *Carne bien cocida*, Well done meat.
Cociente. m. Quotient.
Cocinar. v. To cook.
Cocinero. m. Cook.
Coco. m. (Bot.) Coconut-palm. (N. cient.) Cocos nuci-fera. / Coconut.
Coco. m. Bugbear (fantasmón de asustar niños).

Cocodrilo. m. Crocodile.
Cóctel. m. Cocktail.
Coche. m. Car. Coach. / (Náut.) Coasting barge.
Cochinillo, illa. m. A little pig. / *Cochinillo de Indias*, Guinea-pig.
Cochiquera. f. Hogsty.
Coda. f. Coda. / Burden (de una pieza musical).
Codeína. f. Codein.
Codera. f. Itch or scabbiness on the elbow (picazón o sarpullido en el codo). / A piece reforcing the elbows of jackets. / *Codera en un cable*, (Náut.) A spring on a cable.
Códice. m. Codex. Old manuscript.
Codicia. f. Covetousness, cupidity. / (Fig.) Greediness, ardent desire.
Código. m. Code (se aplica también a los códigos legales).
Coeficiente. adj. y m. Coefficient.
Coerción. f. Coercion, restrain.
Coexistencia. f. Coexistence.
Coexistir. v. To coexist.
Cofrade, da. m., f. Confrier.
Cofre. m. Trunk. / (Mil.) Coffer. / (Impr.) Coffin (de la prensa).
Coger. v. To take (tomar, asir). / To catch (atrapar). / To seize (capturar, coger con fuerza). / To get (lograr, conseguir).
Cohabitar. v. To cohabit.
Cohecho. m. Bribery.
Coherente. adj. Coherent. / Consistent, cohesive (consistente, cohesivo).
Coincidencia. f. Coincidence.
Coincidir. v. To coincid, to concur. / To meet (dos cosas en un punto).
Coito. m. Coitus, copulation.
Cojear. v. To limp, to hobble.
Cojera, cojez. f., m. Lameness (baldamiento). / Hobble, limp.
Cojín. m. Cushion. / *Cojines de bote*, (Náut.) Boat cushions. / *Cojines de cámara*, (Náut.) Cabin cushions.
Cojo, ja. adj. Lame, cripple, halt.
Cola. f. Tail, cue (rabo). / Train (cola o tren, aplicado a una fila de personas, carros, etc., y también aplicado a la cola de un vestido largo). / *Cola de caballo*, (Bot.) Horse-tail. (N. cient.) Equisetum. / *Cola de pegar*, Glue.
Colaboración. f. Collaboration.
Colapso. m. (Med.) Collapse, prostration.
Colcha. f. Coverlet. Quilt. / Padded counterpane (doble tela almohadillada).
Colchón. m. Mattress.
Colección. f. Collection. / Compilement (compilación).
Coleccionar. v. To form a collection of. / To collect (recolectar).
Colectividad. f. Collectivity.
Colega. m. y f. Colleague.
Colegiado. adj. Collegiate.
Colegio. m. College.
Colegir. v. To deduce, to infer.
Cólera. m. Cholera (la enfermedad) (Cholera morbus). / f. Choler, anger, fury, rage, passion (cólera, ira, furia, furor, pasión).
Colgante. adj. Hanging, pending, clinging. / *Colgantes*, Earrings, trinkets.
Colgar. v. To hang, to suspend.
Cólico. m. Colic.
Coliflor. f. (Bot.) Cauliflower.
Colina. f. Hill, hillock.

Colindante. adj. Contiguous, adjacent.

Colirio. m. Collyrium.

Colisión. f. Collision, crush, clash.

Colmar. v. To fill, to fill to the brim. / (Fig.) To fulfil, to make up.

Colmillo. m. Eye-tooth, canine-tooth (humano). / Fang (de animal). / Tusk (de elefante, jabalí, morsa).

Colmo. m. Over-measure. Full. Height. Maximum.

Colocación. f. Location (lugar en que se encuentra algo). / Employment, place, office. (empleo, plaza, oficio). / Position, situation.

Colocar. v. To place. / To collocate, to locate, to lay.

Colofón. m. Colophon.

Colon. m. Colon.

Colonia. f. Colony.

Colonial. adj. Colonial.

Colonización. f. Colonization.

Colonizar. v. To colonize.

Coloquio. m. Colloquy, conversation, talk.

Color. m. Colour, hue, dye.

Colorado, da. adj. Ruddy, red.

Colorante. adj. y m. Coloring.

Colorear. v. To colour.

Colorete. m. Rouge.

Colorista. adj. y m., f. Colourist.

Columpio. m. Swing.

Collar. m. Necklace.

Coma. f. (Signo gramatical) Comma (,). / (Mús.) One nineth of tone.

Comadrear. v. To gossip, to tattle.

Comadreja. f. Weasel. (N. cient.) Mustela vulgaris. / *Comadreja marina*, Weasel-blenny. (N. cient.) Blennius mustelaris.

Comadrona. f. Midwife.

Comandante. m. Commander.

Comandar. v. To command, to govern.

Comando. m. Command.

Comarca. f. Shire. / Territory, district. / Border, boundary, limit (frontera, confín, límite).

Comarcar. v. To border, to confine upon (establecer fronteras o confines). / To be on the borders (estar en las fronteras). / To plant trees forming avenues (plantar árboles formando avenidas).

Combate. m. Combat. / Conflict, fight (conflicto, pelea).

Combustible. adj. Combustible. / m. Combustible. / Fuel (combustible para máquinas, lámparas, etc.).

Combustión. f. Combustion, burning.

Comedia. f. Comedy. / Farce (en sentido teatral y también indicando una actitud hipócrita y torpe).

Comediante. m. Player, actor, comedian.

Comedido, da. adj. Polite, gentle, courteous (bien educado, gentil, cortés). / Kind, obsequious (servicial, obsequioso).

Comedor, ra. adj. Eater. / m. Dining room.

Comendador. m. Knight commander (de una orden militar). / Prelate, prefect (de un establecimiento religioso).

Comensal. m. y f. Commensal.

Comentar. v. To comment. / To explain, to expound, to gloss (explicar, exponer, glosar).

Comentario. m. Commentary.

Comenzar. v. To commence, to begin.

Comer. v. To eat. / To dine (cenar). / To have an itching (tener comezón). / To suppress (comerse involuntariamente una letra en una palabra). / (Fig.) To corrode, to consume (corroer, consumir). / To take (comerse una pieza del adversario en un juego como ajedrez o damas).

Comerciar. v. To trade, to traffic.

Comercio. m. Trade. / Traffic, mart (tráfico, intercambio de bienes). / Communication, intercourse (comunicación, contacto).

Comestible. adj. Edible, eatable, comestible. / m. Victual, food.

Cometer. v. To commit. / To undertake, to attempt (emprender, intentar).

Cometido. m. Commission, errand.

Comezón. f. Itch, itching.

Cómico, ca. adj. Comic. / Comical, relating to the stage. / Ludicrous, funny, mock (lúdicro, divertido, jocoso).

Cómico, cómica. m., f. Player, actor (hombre), actress (mujer), comedian.

Comidilla. f. A slight repast (colación, merienda ligera). / Kicks, peculiar fancy (capricho). / Gossip.

Comienzo. m. Beginning. / Initiation (inicio). / Starting point (punto de partida). / *Lo supuse desde el comienzo*, I guessed it from the beginning. / *Ese caballo encabezó la carrera desde el comienzo*, That horse was leading the race from the start.

Comisaría, comisariato. f., m. Commissaryship, commissariat. / People's stores (almacenes populares). / *Comisaría de policía*, Police station.

Comisario. m. Commissary. / Delegate, deputy, manager (delegado, representante, gerente).

Comisión. f. Commission. / Committee (comité). / Mandate, charge, precept (mandato, encomienda, precepto, que se transmite). / Commission, perpetration, act of committing (comisión, perpetramiento, acto de cometer).

Comisionar. v. To commission. / To depute, to empower, to appoint (nombrar representante, dar poder, asignar una tarea).

Comité. m. Committee, commission.

Comitiva. f. Escort (escolta en sentido amplio). / Suite, retinue (de un dignatario). / Followers (los acompañantes).

Cómo. pron. How. / In what manner (de qué manera). / *¿Cómo pudiste hacerme esto?*, How could you do this to me? / *¿Cómo estaba vestida?*, How was she dressed?

Como. adv. As, like. / *Vine tan pronto como pude*, I came as soon as I could. / *La luna se veía como un espejo*, The moon looked like a mirror.

Cómoda. f. Chest of drawers.

Comodidad. f. Comfort, convenience, ease.

Compacto, ta. adj. Compact. / Close, dense (apretado, denso).

Compadecerse. v. To pity. To commiserate (apiadarse, sentir conmiseración). / To agree (dos puntos de vista u opiniones entre sí). / To match (dos funciones, elementos o piezas entre sí).

Compañero, ra. m., f. Companion, fellow. / Colleague, friend, consort, an equal, mate (colega, amigo, consorte, par, pareja).

Compañía. f. Company (también en sus sentidos de compañía comercial, industrial, militar, etc.).

Comparación. f. Comparison.

Comparador. m. (Fís.) Comparing-rule.

Comparar. v. To compare. / To confront, to confer, to collate (confrontar, conferir, colegir).

Comparecencia. f. Appearance before a judge.

Comparecer. v. To appear before a judge.

Compartimiento. m. Compartment. / Inclosure, department (espacio cerrado, departamento).

Compartir. v. To share, to divide into equal parts.

Compás. m. Compass (en sentido general). / Time (compás de música). / *Compás de mar*, Mariner's compass.

Compasión. f. Compassion. / Pity, commiseration, mercifulness (piedad, conmiseración, misericordia).

Compendiar. v. To epitomize, to shorten, to abridge, to extract (epitomizar, acortar, abreviar, hacer un extracto).

Compendio. m. Compendium. / Epitome, abridgment, summary, abstract. (epítome, abreviación, sumario, extracto de una obra).

Compensación. f. Compensation, recompense, equivalent.

Compensar. v. To compensate. / To recompense (un favor, un mérito). / To counterbalance, to balance (contrabalancear, equilibrar).

Competencia. f. Competition. / Rivalry, contest, contention (rivalidad, contestación, desafío). / Competence (propiedad o capacidad para desempeñar una función o cargo). / Incumbency (incumbencia). / Aptitude, fitness (aptitud, adecuación).

Competición. f. Competition, contest.

Competir. v. To compete. / To vie, to contest, to contend, to strive (pugnar por la superioridad, desafiar, contender, luchar). / To stand in competition, to cope (enfrentar en competencia, emular).

Compilar. v. To compile.

Complacencia. f. Pleasure, satisfaction, gratification (placer, satisfacción, gratificación). / Compliance, permissiveness (consentimiento, permisividad).

Complacer. v. To please. / *Complacerse*, To be pleased with. To enjoy.

Complejidad. f. Complexity.

Complejo, ja. adj. y m. Complex (con las mismas acepciones que la palabra española). / *Complejo de inferioridad*, Inferiority complex. / *Complejo de superioridad*, Superiority complex. / *Es un asunto demasiado complejo para resolverlo en seguida*, It is a too complex matter to resolve on at once.

Complemento. m. Complement.

Completar. v. To complete. / To perfect, to finish, to accomplish, to consummate (perfeccionar, terminar, cumplir, consumar).

Complexión. f. Constitution, physical temperament, countenance (constitución, temperamento corporal, aspecto físico).

Complicación. f. Complication.

Complicar. v. To complicate. / To involve (complicar a alguien en un asunto).

Cómplice. m. y f. (Der.) Complice, co-author.

Complicidad. f. Complicity.

Compositor. m. Composer (en todos sentidos de la palabra castellana). / (Impr.) Compositor.

Compostura. f. Mending, repairing (arreglo, reparación). / Cleanliness, neatness (limpieza, elegancia). / Modesty, circumspection sedateness, composure (en el carácter o la actitud personal).

Comprar. v. To buy, to purchase. To shop (comprar en tiendas).

Comprender. v. To comprehend (con las mismas acepciones de la palabra castellana). / To embrace, to encircle (abrazar, rodear). / To comprise, to include, to contain (comprender, incluir, contener). / To understand (entender).

Comprensión. f. Comprehension. / Comprehensiveness.

Compresa. f. Compress.

Compresión. m. Compression, compressure.

Comprobación. f. Comprobation, attestation. / Comparison, verification.

Comprobante. adj. y m. Proving, one who proves. / Voucher, schedule, certificate (boleta, cédula, certificado).

Comprobar. v. To verify, to prove (verificar, probar). / To compare (comparar). / To obtain evidence (obtener evidencia).

Comprometer. v. To compromise. / To engage, to bind (sujetar, ligar por un contrato o disposición). / To expose, to put in danger (exponer, poner en peligro). / *Ella se encuentra en una situación muy comprometida*, She is in a very dangerous situation.

Compromiso. m. Compromise. / Arbitration bond (acta de arbitración). / Difficulty, embarrassment (dificultad, estorbo). / Contracted obligation (obligación contraída).

Compulsión. f. Compulsion, forcing (forzamiento).

Compungirse. v. To feel compunction, to be pierced with remorse.

Computable. adj. Computable.

Computación. f. Computation.

Computador, ra. m., f. One who computes, a computer.

Computar. v. To compute. To ordinate.

Cómputo. m. Computation, calculation, account.

Comulgar. v. To communicate, to receive the sacrament.

Común. adj. Common. / Usual, general (usual, general). / Customary (acostumbrado). / Ordinary, familiar, much used, current (ordinario, familiar, muy usado, corriente). / Vulgar, low (vulgar, bajo). / *Por lo común*, Generally. / *Juan es un hombre común*, John is an ordinary man.

Comunicable. adj. Communicable.

Comunicación. f. Communication. / Intercourse (contacto, roce social), / Junction (de una cosa con otra).

Comunicar. v. To communicate. / To make known (hacer saber). / To be joined (junto), united (unido), connected (conectado) (una cosa, un ámbito, un fenómeno, con otro).

Comunicativo, va. adj. Social, loquacious, uninhibited (sociable, locuaz, desinhibido).

Comunidad. f. Commonness (condición de ser común). / Commonalty (el estamento social de los comunes, la gente común). / Community, corporation, guild, society (una comunidad como institución, corporación, gremio, sociedad). / *En comunidad*, Conjointly, collectively.

Comunión. f. Communion.

Comunismo. m. Communism.

Comunista. m. y f. Communist.

Con. prep. With. / By (por medio de). / *Con sólo mirarla, supo que la amaba*, Just by looking at her, he knew he loved her. / *Con tal que*, On condition that. / *Con que, Then, so then. / Con que adiós, señoras*, Then good-bye, ladies.

Concatenar. v. To concatenate, to link, to connect.

Concausa. f. Concause, joint cause.

Cóncavo, va. adj. Concave, hollow.

Concebir. v. To conceive. / To think, to invent, to imagine. / *Este motor fue concebido para trabajar a máxima velocidad*, This motor was conceived to work at full speed.

Conceder. v. To concede, to grant, to bestow, to allow (dar, admitir, otorgar, permitir).

Concejal. m. Member of a council.

Concejo. m. Council.

Concentración. f. Concentration.

Concentrar. v. To concentrate, to concentre.

Concéntrico, ca. adj. Concentric, concentrical.

Concepción. f. Conception.

Concepto. m. Concept. / Thought, idea, conception (pensamiento, idea, concepción). / Estimation, opinion.

Concernir. v. To regard, to concern, to belong to, to appertain to (tener atingencia con, preocupar o concernir a, pertenecer a, corresponder a).

Concertar. v. To concert.

Concesión. f. Concession, grant. / Granting, yielding.

Concesionario. m. (Der.) Grantee. / Concessionary (de un privilegio especial, la administración o el usufructo de un bien, etc.).

Conciencia. f. Conscience. / Scrupulosity, conscientiousness (escrupulosidad). / *A conciencia*, Consciently.

Concienzudo, da. adj. Conscientious, scrupulous, exactly, just.

Concierto. m. Concert (en todas las acepciones de la palabra castellana, excepto para denominar la forma musical llamada concertante). / Concerto (la forma musical compuesta para el lucimiento de un instrumento solista o un conjunto de instrumentos).

Conciliable. adj. Reconcilable, capable of conciliation.

Conciliábulo. m. Conventicle.

Conciliación. f. Conciliation.

Conciliar. v. To conciliate. / To compose differences (arreglar diferencias). / To accord, to fit together (hacer concordar, articular unas con otras [diferentes elementos doctrinarios, proposiciones, planes o piezas de maquinaria aparentemente disímiles o contradictorias]). / *Conciliar el sueño*, To fall asleep.

Concilio. m. Council.

Concisión. f. Conciseness, brevity.

Concitación. f. Concitation, stirring up.

Conclave, cónclave. m. Conclave.

Conclusión. f. Conclusion. / End, closure, issue (final, cierre, deducción). / Consecuence (consecuencia lógica). / *En conclusión*, Finally.

Concomitancia. f. Concomitance, collaboration. / Circumstantial evidence.

Concomitante. adj. Concomitant, concurrent, accompanying. / Accessory.

Concordancia. f. Concordance. / Concord, agreement (concordia, entendimiento). / Harmony, concord of sounds (armonía, concordancia de sonidos).

Concordante. adj. Concordant, agreeing.

Concordar. v. To accord. / To regulate, to make one thing agree with another (regular, hacer que una cosa se adapte a otra). / To be congenial, to be in accord (compartir un carácter, estar de acuerdo). / *Las noticias concuerdan con lo que yo ya sabía*, The news agree with what I already knew.

Concordato. m. Concordat.

Concorde. adj. Concordant, agreeing.

Concordia. f. Concord. / Conformity, union, harmony (conformidad, unión, armonía). / Agreement (entre personas involucradas en un juicio legal).

Concreción. f. Concretion.

Concretar. v. To concrete. / To combine, to unite (combinar, unir). / *Concretarse*, To be reduced to treating of one subject only.

Concubinato. m. Concubinage.

Concupiscencia. f. Concupiscence. / Lust, cupidy (lascivia, codicia sensual).

Concurrencia. f. Concurrence. / Coincidence, conspiracy (coincidencia, conspiración de hechos fortuitos para producir un resultado). / Public (en un teatro, un lugar de reunión).

Concurrir. v. To concur, to meet (encontrarse en un lugar, una oportunidad, un punto geométrico, etc.). / To contribute, to coincide, to conspire (contribuir, coincidir, conspirar para). / To assist (concurrir a un espectáculo).

Concurso. m. Concourse. / Confluence (confluencia de personas o cosas). / Flux, crowd, congregation (flujo, multitud, congregación). / Aid, assistance (ayuda, colaboración). / Contest (entre candidatos a un cargo, o entre autores para obtener un galardón).

Condado. m. Earldom, county (el territorio de un conde, una división política territorial). / Dignity of a count or earl (dignidad de conde).

Condecoración. f. Decoration (también en sentido honorífico).

Condecorar. v. To decorate. / To reward, to honour (premiar, honrar).

Condena. f. Sentence.

Condenable. adj. Condemnable (que merece condena). / Blamable (que puede ser acusado de algo deshonesto). / Culpable (en sentido legal).

Condenado, da. adj. Condemned (condenado en sentido general). / Damned (en sentido místico, moral). / Sentenced (sentenciado).

Condensación. f. Condensation, compression.

Condensador, ra. adj. y m. Condenser.

Condensar. v. To thicken, to condense. / *Condensarse*, To be condensed, to gather.

Condescendencia. f. Condescendence.

Condescender. v. To condescend, to yield, to submit, to comply.

Condestable. m. Constable, a lord high constable. / *Condestable de arsenales*, (Náut.) Gunner of a dockyard. / (Náut.) Sergeant of marine artillery.

Condonación. f. Condonation. / Pardoning, forgiving (perdón, excusamiento).

Conducción. f. Conduction. / Conveyance (transporte). / Carriage (el acto de conducir una carga). / Conducting (el acto de conducir, por ejemplo, el de un director de orquesta). / Leading, guiding (el acto de dirigir, el acto de guiar).

Conducir. v. To conduct. / To convey, to carry (llevar, transportar). / To guide, to direct (guiar, dirigir). / To manage, to adjust (algún asunto o negocio). / *Conducirse*, To behave. To act (actuar).

Conductor. adj. y m. Conductor. / Leader, usher, guide, conveyer (director, acomodador, guía, transportista). / *Conductor eléctrico*, Electric conductor.

Conexión. f. Connection. / Conjunction, union, conjucture, cohesion, coherence (conjunción, unión, coyuntura, cohesión, coherencia).

Confabular. v. To confabulate. / To league, to enter into conspiracy (coligarse, entrar en conspiración).

Confección. f. Confection. / (Med.) Confection, compound remedy, electuary.

Confederación. f. Confederacy (grupo de confederados). / Confederation (el acto de confederarse). / League, union, federation, coalition (liga, unión, federación, coalición).

Confederado, da. m., f. Confederate (miembro de una confederación). / adj. Allied, federate, federary (aliado, federado, federario).

Confederar. v. To confederate. / *Confederarse*, To join a league (unirse a una liga). / To be confederated, to conjoin, to league (estar confederado, unificarse, coligarse).

Conferencia. f. Lecture (exposición académica). / Conference, meeting, congress (conferencia de expertos o dirigentes, reunión, congreso). / *Conferencia de prensa*, Press conference.

Conferenciar. v. To hold a conference.

Confesar. v. To confess. / To acknowledge, to avow (reconocer, declarar abiertamente lo íntimo, secreto o inculpador). / To shrive (oír en confesión).

Confiado, da. adj. Confident. / Unsuspicious, trusting (que no tiene suspicacia, que confía). / Presumptuous, forward (presuntuoso, vehemente).

Confianza. f. Confidence. / Trust, reliance (confianza, sensación de contar seguramente con algo). / *En confianza*, Familiarly, friendly, confidentially, secretly (familiarmente, amistosamente, confidencialmente, en secreto).

Confiar. v. To confide, to trust in. / To credit, to commit to the care of another (creer, entregar al cuidado de otro). / *Confiar una carta a*, To commit a letter to. / To hope (tener esperanza).

Confidencia. f. Confidence. / Secret information.

Confidente. adj. y m., f. Confident, intimate.

Configuración. f. Configuration.

Configurar. v. To configure. / To give a pattern, to dispose into form. To design (dar un modelo, disponer en una forma. Diseñar).

Confirmación. f. Confirmation. / Corroboration, attestation (corroboración, testimonio). / Evidence, additional proof (evidencia, prueba adicional).

Confirmar. v. To confirm, to corroborate.

Confiscación. f. Confiscation, forfeiture.

Confitería. f. Confectioner's shop.

Conflagración. f. Conflagration.

Conflicto. m. Conflict. / Struggle, combat, contest (lucha, combate, pugna).

Confluencia. f. Confluence (en sentido general). / Conflux, flux (de corrientes de agua).

Confluir. v. To conflux (corrientes marinas, o ríos). / To join, to meet (unirse, reunirse personas, circunstancias, causas, etc.). / (Fig.) To meet, to assemble (un número de personas en un lugar).

Conformación. f. Conformation.

Conformar. v. To conform. / To adjust, to fit (ajustar, adecuar). / To suit, to cohere, to level (acondicionar, dar coherencia, nivelar). / To comply with, to agree (en criterios, opiniones, puntos de vista, etc.). / *Conformarse*, To yield, to submit, to accommodate (ceder, someterse, acomodarse).

Conforme. adj. Conformable. / In the due form (en forma debida). / Correspondent, suitable, congruent, accordant (correspondiente, adecuado, congruente, de acuerdo con). / Compliant, resigned (que acepta, que está resignado a). / *Conforme a*, Consistent with, according to.

Conformidad. f. Conformity. / Similitude, resemblance, likeness (similitud, parecido, semejanza). / Agreement, consistence, congruence (acuerdo, consistencia, congruencia). / Union, concord, concordance (unión, concordia, concordancia). / Submission, acquiescence, patience, resignation (sumisión, aceptación, paciencia, resignación). / *En conformidad*, By common consent (de común acuerdo). According to (de acuerdo a, de acuerdo con).

Conformista. adj. y m., f. Conformist.

Confortar. v. To comfort. / To strengthen, to enliven, to invigorate (fortalecer, reanimar, vigorizar). / To console (consolar).

Confraternizar. v. To fraternize.

Confrontación. f. Confrontation. / Comparing (comparar una cosa con otra).

Confusión. f. Confusion. / Tumult, disorder (tumulto, desorden). / Perplexity, perturbation of mind (perplejidad, perturbación de la mente). / Confusedness (la condición de estar confuso).

Conglomerado, da. adj. y m. Conglomerate.

Conglomerar. v. To conglomerate.

Congratulación. f. Congratulation, felicitation.

Congratular. v. To congratulate, to compliment.

Congregación. f. Congregation (el acto y efecto de congregarse, y también el grupo de individuos congregados). / Fraternity, brotherhood.

Congregar. v. To congregate. / To assemble, to meet together (reunirse, encontrarse muchos individuos). / To collect, to gather (colectar, reunir).

Congreso. m. Congress. / Convention, solemn assembly (convención, asamblea solemne).

Congruente. adj. Congruent. / Agreeing, corresponding (acorde, correspondiente).

Conjeturar. v. To conjecture, to guess.

Conmover. v. To commove. / To touch (tocar los sentimientos). / To disturb, to flurry (perturbar, intranquilizar).

Conmutación. f. Commutation, exchange.

Conmutar. v. To commute. / To change, to barter (cambiar, trocar).

Connivencia. f. Connivance. / Confabulating (la acción de confabularse).

Connotar. v. To connote, to connotate. / To imply (implicar).

Cono. m. (Geom.) Cone. / (Bot.) Cone, the fruit of the coniferous.

Conocer. v. To know. / To be acquainted with (estar familiarizado con). / To perceive, to comprehend (percibir, comprender). / To experience, to observe (experimentar, observar). / To know carnally. / *Conocer una causa*, (Der.) To try a cause.

Conquistador. adj. y m. Conqueror.

Conquistar. v. To conquer. / To overcome, to subdue (vencer, dominar). / To seduce (seducir, conquistar amorosamente).

Consabido, da. adj. Already known. / Alluded to (aludido). / In question (el asunto o la persona de que se está tratando).

Consagración. f. Consecration.

Consagrar. v. To consecrate. / To hallow, to make sacred (santificar, hacer sagrado). / *Consagrarse a*, To devote, to dedicate (hacerse devoto de, dedicarse a).

Consanguinidad. f. Consanguinity.

Consciente. adj. Conscious. / In full possession of one's faculties (en plena posesión de sus facultades).

Consecuente. m. Consequent. / Effect (efecto, lo que sigue de una causa).

Consecutivo, va. adj. Consecutive, consequential.

Conseguir. v. To attain. / To get (lograr). To gain (ganar). To obtain (obtener). To succeed (tener éxito).

Consejo. m. Counsel. Advice, monition (advertencia, recomendación). / Council (consejo, corte, de una corporación, gobierno, tribunal, etc.). / Council-house (edificio de un consejo, municipalidad o corporación colegiada).

Consenso. m. Consensus. / General assent (asentimiento general). / Agreement (acuerdo de opinión).

Consentimiento. m. Consent. / Connivance, compliance, acquiescence (connivencia, complacencia, aquiescencia). / (Med.) Consent.

Consentir. v. To consent, to agree (consentir, estar de acuerdo). / To comply, to acquiesce, to accede, to condescend (complacer, permitir, acceder, condescender). / To coddle, to spoil, to over indulge (mimar, echar a perder, ser excesivamente indulgente, con los niños o los subalternos).

Conserje. m. Keeper, warden.

Conserjería. f. Wardenship (el cargo o responsabilidad del conserje). / Warden's place (el lugar donde trabaja o vive el conserje)

Conserva. f. Conserve, preserve. / *Navegar de conserva*, To sail in convoy.
Consideración. f. Consideration. / Reflection, contemplation, meditation (reflexión, contemplación, meditación). / Regard, sake, account (atención, incumbencia, cuenta). / Importance, worthiness of regard (importancia, merecimiento de atención). / Urbanity, respect (urbanidad, respeto). / *En consideración*, Considering, in consideration, in proportion.
Considerar. v. To consider. To meditate. / To treat with urbanity, to respect (tratar a una persona con urbanidad, respetar).
Consignar. v. To consign. / To assign (consignar a un cargo, destino, etc.). / To yield, to instrust, to lay to (hacer entrega, confiar, depositar). / To deliver (despachar).
Consignatario. m. Consignee (la persona a quien se consigna un embarque de mercaderías). / Trustee (la persona que recibe en consignación bienes ajenos para su administración). / Mortgagee (el que tiene usufructo de un bien empeñado o hipotecado, hasta que la deuda pendiente haya sido cancelada).
Consigo. pron. With oneself (con uno mismo). / With himself (consigo mismo, un hombre). With herself (consigo misma, una mujer). / With themselves (aplicado a tercera persona del plural). / With yourself, with yourselves (aplicado a la segunda persona del singular y del plural: Con Ud. mismo, con vosotros mismos).
Consiguiente. adj. Consequent, consecutive, consequential (consiguiente, consecutivo, consecuencial). / *Por consiguiente*, Consequently, pursuantly.
Consistencia. f. Consistence, consistency. / Degree of density (grado de densidad). / Stability, duration, coherence (estabilidad, duración, coherencia). / Firmness, solidity, strength (firmeza, solidez, fuerza. Se aplica sobre todo a los atributos intelectuales).
Consistente. adj. Consistent, firm, solid.
Consistir. v. To consist.
Consistorio. m. Consistory.
Consola. f. Console. / Pier-table, bracket-shelf.
Consolación. f. Consolation, comfort.
Consolar. v. To console. / To comfort, to cheer (confortar, alegrar).
Consolidar. v. To consolidate. / To compact, to thicken, to harden, to strengthen (compactar, espesar, endurecer, reforzar). / *Consolidarse*, To consolidate. To grow firm (hacerse más firme).
Consorcio. m. Consortium. / Partnership, society (asociación, sociedad).
Conspiración. f. Conspiracy. / Complot, conjuration (complot, conjura).
Conspirador. m. Conspirator.
Conspirar. v. To conspire. / To concert (concertar). / To plot (tramar). / To complot (complotar). / To combine, to agree together (combinarse, ponerse de acuerdo para algo).
Constituir. v. To constitute. / To produce (producir). / To erect, to establish, to create (erigir, establecer, crear).
Constricción. m. Constriction, contraction.
Construcción. f. Construction. / Building (edificación). / (Náut.) Ship-building, naval architecture.
Construir. v. To construct, to build. / To fabricate, to frame (fabricar, estructurar). / To construe (construir frases, ordenar lógicamente).
Consuelo. m. Consolation. / Comfort, relief (confortación, alivio).
Consulta. f. Consultation. / Conference, meeting for discussing (conferencia, reunión para discutir un asunto).

Consultar. v. To consult. / To ask for advice (solicitar consejo). / To deliberate, to take counsel together (deliberar, tomar consejo en conjunto).
Consultorio. m. Doctor's office, clinic (Med.).
Consumación. f. Consummation. / End, finishing, accomplishment (término, finalización, completación). / Destruction, suppression (destrucción, supresión). / *La consumación de los siglos*, The consummation of the last days, the end of the present system of things.
Consumado, da. adj. Consummate, complete, perfect, accomplished, exquisite.
Consumible. adj. Consumable.
Consumidor, ra. m., f. Consumer. / adj. Consuming.
Consumir. v. To consume. / To spend, to erode, to obliterate, to melt (gastar, desgastar, obliterar, fundir). / *Consumirse*, To be spent, to be exhausted.
Consumo. m. Consumption.
Consunción. f. Consumption.
Contabilidad. f. Book-keeping, keeping accounts.
Contacto. m. Contact. / Touch, union (toque, unión). / Intersection of two lines.
Contagiar. v. To infect, to communicate disease.
Contagio. m. Contagion.
Contaminación. f. Contamination. / Pollution, defilement, stain, blot (polución, degradamiento, suciedad, mugre).
Contar. v. To count. / To reckon (principalmente fechas). / To number (enumerar). / To relate (relatar). / To calculate, to compute (calcular, computar). / To class, to range in a group (estar en una clase, en un grupo).
Contemplar. v. To contemplate. / To view, to behold, to look upon (observar, tomar en cuenta, mirar). / To meditate (meditar).
Contemporáneo, nea. adj. Contemporary. / Coetaneous, coeval (coetáneo, coeval).
Contendiente. adj. y m., f. Disputant, litigant.
Contener. v. To contain (un recipiente). / To comprise, to imply (abarcar, implicar). / To comprehend (comprender). / To refrain, to curb, to restrain, to coerce (refrenar, sujetar, restringir, coercionar). / *Contener las pasiones*, To keep one's temper.
Contentar. v. To content. / To satisfy, to gratify, to please, to fill (satisfacer, gratificar, complacer, colmar).
Contento, ta. adj. Contented, satisfied. / Glad, pleased, mirthful.
Contingente. adj. Contingent. / Fortuitous, accidental (Fortuito, accidental).
Continuación. f. Continuation.
Continuar. v. To continue. / To last, to endure (durar, perseverar).
Contonearse. v. To waddle.
Contorno. m. Contour, outline. / Environs, vicinity (los alrededores o cercanías de un lugar).
Contorsión. f. Contortion. / Twist, wry motion (retorcimiento, movimiento tortuoso). / A grotesque gesture (un gesto grotesco).
Contra. prep. Against, in opposition to.
Contraatacar. v. To counterattack.
Contrabandista. m. y f. Smuggler. Contrabandist.
Contracción. f. Contraction. / Contractedness, constriction (el acto de contraerse, constricción). / Abbreviation, abridgment (abreviación, el acto de resumir un libro).
Contraceptivo, va. adj. Contraceptive.
Contracepción. f. Contraception.
Contracorriente. f. (Náut.) Counter-current.
Contráctil. adj. Contractile. / Contractible.

Contradicción. f. Contradiction. / Controversy, oppugnancy, hostile resistance (controversia, impugnación, resistencia hostil). / Inconsistency with itself, incongruity (inconsistencia consigo mismo, incongruencia en los pensamientos).

Contradictorio, ria. adj. Contradictory.

Contraer. v. To contract (con las mismas acepciones que la palabra castellana). / To knit, to join, to unite (en lazar, unificar, unir). / To reduce (reducir). / *Contraer deudas,* To get in debt. / *Contraer una enfermedad,* To contract a disease. / *Contraer matrimonio,* To marry.

Contrafuerte. m. Counter-fort (de fortificaciones). / Abutment, buttress, spur (saliente, espolón de un cerro o acantilado). / Stiffener (de un zapato).

Contraindicar. v. (Med.) To counter-indicate.

Contrapeso. m. Counterpoise, counterbalance. / (Fig.) Equivalence of power.

Contraponer. v. To compare, to oppose.

Contraposición. f. Counter-view, contrast.

Contrariedad. f. Contrariety. / Annoyance (enojo). / Opposition, contradiction (oposición, contradicción).

Contrario. m. Opponent, antagonist. / Competitor, rival. / adj. Contrary. / Opposite, adverse (opuesto, adverso).

Contrarrestar. v. To resist, to oppose, to check, to counter-work (resistir, oponer, bloquear, obrar en contra).

Contrarrevolución. f. Counter-revolution.

Contrasentido. m. Counter-sense.

Contraseña. f. (Mil.) Watchword. / Password.

Contrastable. adj. Contrastable.

Contrastar. v. To contrast. / To assay (contrastar metales).

Contraste. m. Contrast, opposition and dissimilitude of figures.

Contratante. adj. y m., f. Contracting, contractor.

Contratar. v. To contract. / To stipulate, to convenant (estipular, convenir).

Contratiempo. m. Disappointment, misfortune.

Contrato. m. Contract. / Mutual agreement, pact, stipulation, convenant (acuerdo mutuo, pacto, estipulación, convención). / *Entrar en contrato,* To make a convenant. / *Contrato de compraventa,* Contract of bargain and sale. / *Contratar a un trabajador,* To hire a worker.

Contribución. f. Contribution.

Contribuir. v. To contribute.

Contrincante. m. y f. Competitor, rival, opponent.

Contristar. v. To afflict, to sadden.

Contumacia. f. (Der.) Contumacy. Contempt of court (desacato a la corte). / Obstinacy, stubborness (obstinación, porfía).

Contusión. f. Contusion, bruise.

Contuso, sa. adj. Bruised.

Convalecer. v. To recover from sickness.

Convaleciente. adj. Convalescent.

Convencer. v. To convince. / To demonstrate (demostrar).

Convencimiento. m. Confutation.

Conveniencia. f. Convenience. / Utility, profit, advantage (utilidad, provecho, ventaja). / Ease, accommodation, commodity (facilidad, acomodación, comodidad).

Conveniente. adj. Convenient. / Useful, profitable, advantageous (útil, provechoso, ventajoso). / Fit, suitable (proporcionado, adecuado). / Decent (decente).

Convenio. m. Convention. / Agreement, pact, consent (acuerdo, pacto, consenso).

Convenir. v. To convene. / To agree, to coincide, to compromise (concordar, coincidir, comprometerse). / To suit, to be to purpose (ser adecuado, ser a propósito para).

Convento. m. Convent.

Convergencia. f. Convergence.

Convergente. adj. Convergent, converging.

Converger. v. To converge.

Convergir. v. To converge.

Conversación. f. Conversation. / Talk, conference, communication (habla, conferencia, comunicación).

Conversar. v. To converse. To talk (hablar).

Conversión. f. Conversion. / (Mil.) Wheel, wheeling.

Converso, sa. adj. y m., f. Convert.

Convertir. v. To convert (en todas las acepciones de la palabra castellana). / To change, to permute (cambiar, permutar).

Convicto, ta. adj. (Criminología) Convict, guilty (convicto, culpable).

Convidar. v. To invite. / To bid (ofrecer).

Convincente. adj. Convincing, convincible.

Convocar. v. To convene, to convoke.

Convulsión. f. Convulsion.

Convulsivo, va. adj. Convulsed.

Conyugal. adj. Conjugal, connubial.

Cónyuge. m. y f. Spouse, consort, mate.

Coñac. m. Brandy. Cognac.

Cooperación. f. Cooperation.

Cooperar. v. To cooperate, to concur.

Coordinación. f. Coordination.

Coquetería. f. Coquetry, flirtation.

Coraje. m. Courage. / Bravery, fortitude (bravura, fortaleza de ánimo). / Anger, passion (ira, pasión).

Corazón. m. Heart (con las mismas acepciones de la palabra castellana). / Core (lo que está en el interior, el alma metálica de un cable, el corazón de una fruta, etc.). / Pith (de un árbol).

Cordel. m. Cord, rope. / (Náut.) Thin rope, line. / *Cordel alquitranado,* Tarred line. / *Cordel de corredera,* Log-line.

Cordero. m. Lamb.

Cordial. adj. Cordial, affectionate, sincere (cordial, afectuoso, sincero) (aplicado a personas y actitudes). / Cordial, invigorating, reviving (cordial, vigorizante, vivificante) (aplicado a medicamentos y brebajes). / m. Cordial, a strengthening medicine.

Cordialidad. f. Cordiality, heartfulness.

Cordillera. f. Range, chain, ridge of mountains.

Corear. v. To sing in a chorus.

Coreografía. f. Choreography.

Córnea. f. Cornea.

Cornear. v. To attack with the horns.

Corneta. f. French horn. / (Náut.) Broad penant. Rear-admiral's flag.

Cornudo, da. adj. Horned. / Cuckold (un marido).

Coro. m. Choir (el lugar en que se cantan los oficios religiosos). / (Mús.) Choir, chorus.

Corolario. m. Corollary. / Inference, deduction (inferencia, deducción).

Corona. f. Crown (en todas las acepciones de la palabra castellana). / (Astron.) Corona (el halo solar).

Coronación. f. Coronation.

Coronar. v. To crown. / To invest with the crown (investir con la corona). / (Fig.) To crown, to complete, to perfect, to finish (coronar, completar, perfeccionar, acabar).

Coronario, a. adj. (Anat.) Coronary.

Coronilla. f. Crown (de plantas). / *Estar hasta la coronilla,* To be fed up (estar harto).

Corporación. f. Corporation.

Corporal. adj. Corporal. Bodily. / *Castigo corporal,* Corporal punishment.

Corpóreo, rea. adj. Corporeal, corporeous.
Corpulencia. f. Corpulence, corpulency.
Corpulento, ta. adj. Corpulent, bulky.
Corpuscular. adj. Corpuscular.
Corpúsculo. m. Corpuscle.
Correa. f. Leather strap. / Belt (cinturón). / Leash (traílla).
Corrección. f. Correction. / Amendment, rectification (reparación, rectificación). / Reprehension, lecture (reprimenda, sermón).
Correcto, ta. adj. Correct. / Righteous, according to the rules (recto, de acuerdo a las normas).
Corrector, ra. m., f. Corrector, amender. / (Impr.) Corrector of the press, proof-reader.
Corredor, ra. m., f. Runner. / m. Corridor, gallery. / (Mil.) Corridor, covert-way. / (Mil.) Scout, forerunner (explorador, batidor de avanzada). / m., f. Broker (persona que realiza corretaje comercial, de propiedades, compraventas, etc.). / *Corredor de popa*, (Náut.) Balcony, stern gallery.
Correduría. f. Brokerage.
Corregible. adj. Corrigible, amendable.
Corregir. v. To correct. / To amend, to mend (enmendar, reparar). / To remark faults, to reprehend, to admonish (hacer ver las faltas, reprender, hacer advertencias). / (Med., Bioquím.) To temper, to mitigate, to make less active (temperar, mitigar, hacer menos activo un medicamento o reactivo).
Correlación. f. Correlation, analogy.
Correo. m. Post, mail. / Courier, letter carrier (emisario, estafeta). / Post office (oficina de correo). / (Der.) Accomplice. / *Correo aéreo*, Airmail. / *Correo marítimo*, Packet boat. / *Echar al correo, despachar por correo*, To mail, to post.
Correr. v. To run (con todas las acepciones de la palabra castellana). / To flow, to stream (fluir, hacer un arroyo). / To blow (soplar, el viento). / To extend, to expand (extenderse, expandirse). / *El desierto corre de cordillera a mar*, The desert extends from the mountain range to the sea. / *Correr los mares*, (Náut.) To follow the seas, to lead a mariner's life. / *Correr la voz*, To pass the word.
Corresponder. v. To correspond. / To return (devolver un favor, una cortesía). / To answer, to suit, to regard (responder, ser adecuado, incumbir). / To alternate letters (intercambiar cartas). / *A quienes corresponda*, (Fig.) To whom it may concern.
Correspondiente. adj. Correspondent.
Corresponsal. m. y f. Correspondent.
Corretaje. m. Brokerage.
Corriente. f. Current. / Course, progression (curso, progresión). / *Corrientes*, Currents, sea currents.
Corriente. adj. Current, plain, easy (sin estorbo, sencillo, fácil). / Current, common, general (corriente, común, general).
Corroboración. f. Corroboration.
Corroborar. v. To corroborate. To confirm.
Corromper. v. To corrupt. / To vitiate, to bribe, to suborn (viciar, prevaricar, sobornar). / To stink, to putrify (heder, pudrir). / *Corromperse*, To become putrid. To rot (descomponerse).
Corrusión. f. Corrosion, exulceration.
Corrosivo, va. adj. Corrosive.
Corrupción. f. Corruption. / Putrefaction, corruptness, corrupting (putrefacción, putridez, la acción de corromper). / Depravity (condición de ser depravado). / Depravation, perversion (depravación, perversión).
Corrupto, ta. adj. Corrupted, corrupt. / Defiled, perverse (mancillado, perverso).

Corsé. m. Corset.
Cortacircuitos. m. (Electr.) Circuit breaker.
Cortado, da. adj. Cut, clipped. / Adapted, proportioned, accommodated, fix, exact. / (Her.) Parted in the middle. / Confounded. / Short, interrupted (manera de escribir). / *Quedarse cortado, cortarse*, To be out of countenance.
Cortadura. f. Cut. / Cutting, abscission (la cortadura o ablación de un órgano, etc.). / Incision (incisión). / Fissure, scissure (fisura, sisura).
Cortante. m. Cutter. / adj. Cutting. / Edged, sharp (filudo, afilado).
Corte. m. Edge (filo de un instrumento cortante). / (Cirugía) Exsection, abscisson. / Cutting (el acto de cortar). / Cut (una herida, el efecto de un instrumento cortante). / Felling (de árboles).
Cortejar. v. To court, to woo.
Cortejo. m. Court, homage paid to another. / Funereal procession. Funeral.
Cortés. adj. Courteous. / Gentle, genteel, gracious, mannerly, polite (suave, gentil, con gracia, modoso, educado).
Cortina. f. Curtain. / Shade, screen (persiana, pantalla).
Corto, ta. adj. Short (con todas las acepciones de la palabra castellana). / Small, little (pequeño, chico). / Brief (breve, de escasa duración). / (Fig.) Dull, stupid (lerdo, estúpido). / (Fig.) Timid, pusillanimous, fearful (tímido, pusilánime, miedoso).
Corvejón. m. Hough (de las patas traseras de bestias). / Spur (de gallo).
Cosechar. v. To crop (con todas las acepciones de la palabra castellana).
Cosmético. adj. y m. Cosmetic.
Cosmonáutica. f. Cosmonautics.
Cosmopolita. m. y f. Cosmopolitan. / adj. Cosmopolitan, cosmopolite.
Cosquilleo. m. Sensation of tickling.
Costa. f. Cost (el costo de una cosa). / Charge, expense (cargo, expensas). / Expensiveness (alto precio). / Expense (costas de un juicio o acción legal). / *A toda costa*, At all hazards, at all events.
Costa. f. (Geogr.) Coast. / Shore, seaside (playa, ribera). / *Arrimado a la costa*, Close inshore. / *Costa de sotavento*, Leeshore.
Costado. m. Side (con todas las acepciones de la palabra castellana). / (Mil.) Flank (flanco de una tropa).
Costar. v. To cost (con todas las acepciones de la palabra castellana). / To have a price.
Coste. m. Cost, expense.
Costear. v. To afford. To pay the cost (pagar los costos). / (Náut.) To coast.
Costilla. f. Rib (de un esqueleto). / Stave (de un barril). / Furr (para reforzar uniones). / (Bot.) Nervure (de una hoja). / (fam., fig.) Wife (la mujer).
Cotejo. m. Comparison, collation, parallel.
Cotidiano, na. adj. Daily.
Cotiledón. m. (Bot.) Cotyledon.
Cotizable. adj. Quotable.
Cotización. f. (Com.) Quotation. / Price-list (lista de precios).
Cotizado, da. adj. (Her.) Banded.
Cotizar. v. To quote prices.
Coto. m. Reserved grounds. / Hunting grounds (de caza). / Land mark (marca de territorio o propiedades de tierras).
Coyote. m. Coyote.
Coyuntura. f. Joint, articulation. / Occasion, conjuncture, juncture, opportunity (ocasión, conjunción de hechos, coincidencia de situaciones, oportunidad).

Coz. f. Kicking with the hind leg (de un animal). / Recoil (de un arma de fuego).
Cráneo. m. Cranium. Skull (calavera).
Craso, sa. adj. Crass. / Fat, greasy, oily, unctuous (gordo, grasoso, aceitoso, untuoso). / Thick, gross, crass (grueso, grosero). / *Error craso*, Gross error. / *Disparate craso*, Egregious nonsense.
Creación. f. Creation.
Creador, ra. adj. y m., f. Creator.
Crear. v. To create. / To make, to cause to exist (hacer, llevar a existencia). / (Fig.) To establish (establecer). / To compose, to produce (componer, producir).
Crecer. v. To grow (con todas las acepciones de la palabra castellana). / To increase (aumentar, incrementar) / To become larger. / To swell (hincharse el mar).
Creces. f. pl. Augmentation, excess. / *Se lo devolveré con creces*, I shall return it with excess.
Creciente. adj. Growing. / Increasing (que está en aumento). / Crescent (la luna). / (Her.) A half moon with points upward (una media luna con las puntas hacia arriba). / f. Swelling, freshet (de un río o marea). / *Creciente de la marea*, (Náut.) Floodtide.
Crecimiento. m. Growth (con todas las acepciones de la palabra castellana). / Increase. Increment (aumento, incremento). / Growing (el acto de estar creciendo).
Credibilidad. f. Credibility.
Crédito. m. Credit (con todas las acepciones de la palabra castellana). / *Nota de crédito*, Note, bill, order for payment. / *Créditos activos*, Assets. / *Créditos pasivos*, Liabilities.
Credulidad. f. Credulity.
Crédulo, la. adj. Credulous.
Creencia. f. Credence. / Belief, creed.
Creer. v. To believe (con todas las acepciones de la palabra castellana).
Crema. f. Cream (con todas las acepciones de la palabra castellana). / Diéresis (el signo de dos puntos sobre una vocal como en el caso de la ü).
Cremallera. f. Rack, a toothed bar.
Crepuscular. adj. Crepuscular.
Crepúsculo. m. Twilight, dawn (Medialuz, ocaso).
Cresta. f. Crest (con todas las acepciones de la palabra castellana).
Crestomatía. f. Chrestomathy.
Cretinismo. m. Cretinism.
Cretino, na. adj. Cretin.
Creyente. adj. y m., f. Believing, believer.
Cría. f. Brood.
Criada. f. Maid, maid-servant, hand-maid.
Criadero, ra. m. Nursery. / adj. Fruitful, prolific.
Criado. m. Servant, menial, groom.
Criador, ra. adj. y m., f. Breeder.
Crianza. f. Lactation (lactación). / Manners, education (modales, educación). / Nursery (de un bebé). / *Dar crianza*, To educate, to bring up.
Criar. v. To procreate. / To bear, to bring up from infancy (conducir, formar desde la infancia). / To nurse, to suckle, to nourish (amamantar, dar pecho, nutrir). / *Criar carnes*, To grow fat.
Criatura. f. Creature.
Crimen. m. Crime (con todas las acepciones de la palabra castellana). / Misdemeanour, offence, guilt (falta, ofensa, culpa). / *Sala del crimen*, Criminal court.
Criminal. adj. y m., f. Criminal (con todas las acepciones de la palabra castellana).
Criminología. f. Criminology.
Criollo, lla. adj. y m., f. Creole (antillano). / Indigenous, national (indígena, nacional).

Crisis. f. Crisis.
Crispamiento. m. Contraction, twitching.
Crispar. v. To contract convulsively.
Cristal. m. Crystal. / *Cristal de roca*, Rock crystal, transparent quartz.
Cristalino, na. adj. Crystalline. / Transparent, glassy (transparente, vítreo). / m. (Anat.) Crystalline lens (de los ojos).
Cristalizar. v. To crystallize.
Cristianismo. m. Christianity.
Cristiano, na. adj. y m., f. Christian.
Cristo. m. Christ.
Crítica. f. Criticism (en sentido amplio). / Critique, critic. Censure (el acto de criticar, la crítica que se hace a algo. Censura).
Criticar. v. To criticize, to judge.
Crítico, ca. adj. Critical, critic, decisive (con todas las acepciones de la palabra castellana). / (Med.) Critical (que produce o se encuentra en estado crítico).
Crítico. m. Critic.
Cromatismo. m. Chromatic aberration.
Cromo. m. Chromium.
Crónico, ca. adj. Chronic.
Cronista. m. y f. Chronicler.
Cronología. f. Chronology.
Cronológico, ca. adj. Chronological, chronologic.
Cronómetro. m. Chronometer.
Croqueta. f. Croquette.
Crucificado, da. adj. Crucified.
Crucificar. v. To crucify.
Crucifijo. m. Crucifix.
Crucifixión. f. Crucifixion.
Crudo, da. adj. Raw (sin cocer). / Crude. Rude, cruel, pitiless, grievous (con crudeza. Rudo, cruel, despiadado, gravoso). / (Med.) Unripe, not mature (aplicado a tumores o abscesos que no están maduros).
Cruel. adj. Cruel.
Crueldad. f. Cruelty.
Crujido. m. Crack.
Crustáceo, cea. adj. Crustaceous.
Cruz. f. Cross. / Withers (de un animal). / Dagger (de imprenta).
Cruzada. f. Crusade.
Cruzado. m. Crusader.
Cruzado, da. adj. Crucial, transverse, twilled (crucial, transverso, atravesado).
Cruzar. v. To cross. / (Náut.) To cruise. / To twill.
Cuaderna. f. (Náut.) Rib. / Frame, timber-work (estructura, maderamen de un barco). / *Cuaderna maestra*, (Náut.) Midship frame.
Cuaderno. m. Notebook, memorandum-book.
Cuadra. f. Stable, house for beasts. / Block of houses (de ciudad). / (Náut.) Quarter of a ship. / *Por la cuadra*, (Náut.) On the quarter. / (Mil.) Common dormitory.
Cuadrado, da. adj. y m. Square, quadrate.
Cuadrante. m. Quadrant. / Dialplate (de un reloj de sol). Dial (de cualquier reloj).
Cuadrar. v. To square (con todas las acepciones de la palabra castellana). / (Mat.) To multiply a number by itself. / To fit, to suit, to correspond (ajustar, adecuar, corresponder). / To regulate, to adjust (regular, calzar).
Cuadratura. f. Quadrature.
Cuadrilátero, ra. adj. y m. Quadrilateral.
Cuadro. m. Square (cuadrado). / Picture, painting (pictórico). / (Impr.) Platen. / (Teatr.) Scene.
Cuadrúpede, cuadrúpedo, da. adj. Quadruped.
Cuádruple. adj. y m. Quadruple, fourfold.

Cual. pron. Which (con todas las acepciones de la palabra castellana). / He who (el que). / ¿*Cuál prefiere Ud?*, Which one do you prefer? / Same, like, such (semejante, como, tal). / *Cada cual*, Each one.

Cualitativo, va. adj. Qualitative. / *Análisis cualitativo*, Qualitative analysis.

Cualquiera. pron. Any one. / Either one or the other, whichsoever, whoever (uno u otro, lo que sea, quienquiera).

Cuan. adv. How (con todas las acepciones de la palabra castellana).

Cuando. conj., adv. When (con todas las acepciones de la palabra castellana). / *Aún cuando*, Though, although, even. / *Cuando quiera*, Whenever. / *De cuando en cuando*, From time to time, now and then (de tiempo en tiempo, de vez en cuando). / *Cuando más, cuando mucho*, At most, at best. / *Cuando menos*, At least. / ¿*Hasta cuándo?*, Until when? / ¿*De cuándo acá?*, Since when?

Cuantía. f. Quantity. / Rank, distinction (rango, distinción).

Cuantioso, sa. adj. Numerous, copious. Great.

Cuantitativo, va. adj. Quantitative. / According to quantity (relativo a la cantidad). / (Quím.) *Análisis cuantitativo*, Quantitative analysis.

Cuanto, ta. pron. How much (con todas las acepciones de la palabra castellana). / *Cuanto antes*, As soon as possible. / *Cuanto más*, the more. / *Cuanto más la miro, más me gusta*, The more I look at her, the more I like her. / *En cuanto a*, With regard to.

Cuaresma. f. Lent.

Cuartel. m. Quarter. / (Náut.) Hatch. / *Cuartel general*, (Mil.) Headquarters.

Cuarto. m. Fourth part, quarter. / Habitation, room (habitación, pieza). / adj. Fourth.

Cuarzo. m. Quartz.

Cuaternario, ria. adj. Quaternary.

Cuchara. f. Spoon. / (Albañilería) Trowel.

Cuchichear. v. To whisper.

Cuchilla. f. Cutting blade. / Kitchen-knife (de cocina). Chopping-knife (de trocear).

Cuchillo. m. Knife. / (Náut.) Triangular sail.

Cuenta. f. Account. / Count, reckoning (de cifras, sucesos, etc.). / Bead (de collar, rosarios, etc.). / *Cuentas de ámbar*, Amber beads. / Reason, satisfaction. / *Rendir cuentas*, To render accounts. / To give reasons on (dar las razones de). / *Tomar en cuenta*, To consider.

Cuento. m. Tale, story (con todas las acepciones de la palabra castellana). / Butt-end (de una lanza, bastón, etc.). / Prop, support.

Cuerpo. m. Body (con todas las acepciones de la palabra castellana). / Material substance. / Cadaver, corpse (cadáver, cuerpo muerto). / Corporation (social). / (Geom.) Solid figure (figura de tres dimensiones). / (Arq.) Story (de un edificio). / (Der.) Collection of laws. / Degree of thickness (espesor, fuerza, de una tela, un vino, etc.). / Size (tamaño, como en tipografía).

Cuestión. f. Question, inquiry (interrogación). / Dispute, quarrel (disputa, riña). / Problem (problema).

Cuestionario. m. Collection of questions.

Cueva. f. Grott, subterraneous cavity (gruta, cavidad subterránea). / Cellar (sótano, bodega subterránea). / *Cueva de ladrones*, Nest of thieves. / *Cueva de fieras*, Den of wild beasts.

Cuidado. m. Care. / Solicitude (solicitud). / Attention, heed, heedfulness (atención, alerta, cautela). / Keeping, custody, charge, trust conferred (mantención o administración, custodia, cargo, confianza conferida). / Cau-

tion, fear, apprehension, anxiety (cautelosidad, temor, aprensión, ansiedad). / *Estar de cuidado*, To be very ill. / ¡*Cuidado!* Beware!

Culinario, ia. adj. Culinary.

Culminación. f. Culmination.

Culminar. v. To culminate. / (Astron.) To be in the meridian. / (Náut.) To reach high water.

Culo. m. Backside, buttock (trasero, nalgas). / Bottom, socket (el fondo, el soquete de insertar). / Anus.Ass-hole (el ano).

Culpa. f. Guilt. / Fault, offence, failure (falta, ofensa, falla).

Culpabilidad. f. Culpability.

Culpar. v. To blame. / To impeach, to accuse, to condemn, to reproach (responsabilizar de algo negativo, acusar, condenar, reprochar).

Cultivar. v. To cultivate (con todas las acepciones de la palabra castellana).

Cultivo. m. [kulti;bo]Cultivation (con todas las acepciones de la palabra castellana). / Cultive, culture (de gérmenes, etc.).

Culto, ta. adj. Cult (con todas las acepciones de la palabra castellana). / Pure, elegant, correct (neto, elegante, correcto, en los modales y el lenguaje). / Polished, enlightened, civilized (educado, ilustrado, civilizado).

Culto. m. Worship, adoration (culto religioso).

Cultura. f. Culture (con todas las acepciones de la palabra castellana).

Cumbre, cumbrera. m., f. Summit (con todas las acepciones de la palabra castellana). / Ridge-pole, tie-beam, top (viga del tope). / Top, culmination (tope, culminación).

Cumpleaños. m. Birthday.

Cumplido, da. adj. Large, plentiful. / Polite, civil, courteous (educado, urbano, cortés). / m. Compliment.

Cumplimentar. v. To compliment, to congratulate. / (Der.) To carry out superior orders.

Cuneta. f. Ditch, gutter.

Cuñado, da. m., f. Brother-in-law (hombre), sister-in-law (mujer).

Cuota. f. Quota, share.

Cupido. m. Cupid.

Cupón. m. Coupon, voucher.

Cúpula. f. Cupola, dome. / (Bot.) Cupule, cup, involucre.

Curación. f. Cure, healing.

Curar. v. To cure, to heal. / To salt, to smoke, to preserve (salar, ahumar, preservar alimentos). / (Fig.) To remedy an evil (remediar un daño).

Curioso, sa. adj. Curious (con todas las acepciones de la palabra castellana). / Inquisitive, attentive (inquisitivo, atento a lo que ocurre). / Odd, exciting attention (extraño, que llama la atención).

Curso. m. Course, direction, career (de un río, de la vida, etc.). / Course, class (en un colegio o universidad). / (Náut.) *Curso de la corriente*, The current's way. / (Náut.) *Curso de la marea*, The tide's way.

Curtidor. m. Tanner, leather-dresser.

Curva. f. Curve (con todas las acepciones de la palabra castellana). / (Náut.) Kneed timber. / (Náut.) *Curva cuadrada*, Square knee.

Curvo, va. adj. Curved, crooked, bent.

Cúspide. f. Cusp. / Vertix. Peak (vértice. Pico).

Custodia. f. Custody. / Keeping, holding (cuidado, resguardo). / Guard, keeper (guardián, custodiador). / (Teol.) Tabernacle.

Cutáneo, nea. adj. Cutaneous.

Cutis. m. Human skin.

D

Daca. loc. *Toma y daca*, Take thither and give hither, give to receive (da para recibir).

Dáctilo. m. Dactyl.

Dactiloscopía. f. Dactyloscopy.

Dádiva. f. Gift. / Present, donation, grant (regalo, donación, don).

Dadivoso, sa. adj. Magnificent, liberal.

Dado. m. Die, (pl.) dice.

Daga. f. Dagger.

Dalia. f. Dahlia.

Daltonismo. m. Daltonism.

Dama. f. Lady, dame. / Queen (en ajedrez). / *Ciervo dama*, fallow deer (N. cient.) Cervus virgianus. / *Juego de damas*, draughts.

Damnificar. v.. To damnify. / To damage, to injure (dañar, lastimar).

Danza. f. Dance.

Dañar. v. To damage. / To hurt, to harm, to injure (lesionar, lastimar, perjudicar). / To mar, to impair, to spoil (echar a perder, deteriorar).

Dañino, na. adj. Harmful. / Noxious, hurtful, injurious, mischievous (nocivo, hiriente, lesivo, malvado).

Daño. m. Harm. / Hurt, injury, damage (lastimadura, lesión, desperfecto). / Prejudice, mischief, maim (perjuicio, maldad, impedimento).

Dar. v. To give (con todas las acepciones de la palabra castellana). / To supply, to minister (proporcionar, suministrar). / To deliver (despachar, hacer entrega de una mercadería). / To confer, to bestow (conferir, conceder). / To hit, to strike (acertar, asestar). / To impart, to extend, to communicate (impartir, extender, comunicar). / To appoint (asignar).

Dardo. m. Dart. / Throwing spear (lanza arrojadiza).

Data. f. Date (fecha). / Data (en informática y computación).

Datar. v. To date (poner fecha). / To date, to reckon (determinar una fecha del pasado, establecer el orden de relación de los hechos).

Dátil. m. (Bot.) Date. / (Geol.) Belemnites, arrowhead, finger-stone.

Dato. m. Datum. / (pl.) *Datos*, Data.

De. prep. Of (cuando indica posesión u origen). / *La Carta de los Derechos Humanos*, the Bill of Human Rights. / *Con la fuerza de su voluntad*, with the strength of his will. / From (desde). / *Venimos de Oriente*, we come from Orient. / *Ellas avanzaron de izquierda a derecha*, they advanced from left to right. / Cuando se emplea de para indicar el uso o el material con que está hecho algo, en inglés se reemplaza la palabra por el gerundio antepuesto al sustantivo, o el material al objeto. Ejemplo: *Máquina de coser*, sewing machine. *Yelmo de plata*, silver helm. / Cuando se utiliza de para indicar posesión, en inglés se reemplaza la palabra por apóstrofe y ese (s). Por ejemplo, *los temores de uno*, one's fears. *El paisaje de América*, America's landscape. *El bar de Gino*, Gino's bar. Cuando la palabra es terminada en ese, se elimina la ese del posesivo, quedando sólo el apóstrofe: *El velo de Isis*, Isis' veil.

Debajo. adv. Under. / Underneath, below (lo de abajo, lo que está abajo, hacia abajo). / *Venirse abajo*, to come down, to fall down (caerse abajo).

Debate. m. Debate. / Expostulation, discussion, contention (oposición de criterios, discusión, contienda intelectual).

Debe. m. (Com.) Debit. / *Debe y haber*, debit and credit.

Deber. m. Duty (con todas las acepciones de la palabra castellana). / (Com.) Debt. / *Cumplir con el deber*, to fulfil one's duty. / v. To owe (con todas las acepciones de la palabra castellana). / *¿Cuánto le debo a Ud.?* how much I owe you? / To must. / *Tú debes aprender*, you must learn. / Ought to. (V. intr.). / *Debemos ayudarla*, we ought to help her. / Would, have to. / *Debíamos haber venido antes*, we would have come before (tendríamos que haber venido antes). / En un sentido de estimación aproximativa, se emplea la palabra must. / *Deben ser las 12 del día*, it must be noon.

Débil. adj. Weak. / Feeble, extenuated (sin fuerzas, extenuado).

Decaer. v. To decay. / To decline, to fail, to languish, to grow weak, to fade (declinar, faltar fuerzas, languidecer, debilitarse, desvanecerse). / (Náut.) To fall to leeward.

Decaimiento. m. Decay, failing, decline, weakness.

Decálogo. m. Decalogue.

Decano. m. Dean. / Senior.

Deceso. m. Decease.

Decidido, da. adj. Resolute.

Decidir. v. To decide (con todas las acepciones de la palabra castellana). / To determine, to resolve, to conclude (determinar, resolver, concluir).

Décimo, ma. adj. y m., f. Tenth.

Decir. v. To say (con todas las acepciones de la palabra castellana). / To utter, to tell, to speak, to express by words (emitir, referir, hablar, expresar con palabras). / To denote, to mark, to be a sign of (denotar, señalar ser signo de). / *Querer decir*, to mean. / *¿Sabes lo que quiero decir?*, do you know what I mean? / *Qué quiere decir eso?* what does that mean? / m. Saying.

Decisión. f. Decision. / Determination, resolution, issue (determinación, resolución, veredicto).

Decisivo, va. adj. Decisive (con todas las acepciones de la palabra castellana). / Final, conclusive (final, concluyente).

Declamación. f. Declamation.

Declamar. v. To declaim.

Declaración. f. Declaration. / (Der.) Deposition.

Declarado, da. adj. Declared.

Declarar. v. To declare. / To manifest, to make known (manifestar, hacer saber). / (Der.) To determine and decide, to find (determinar y decidir, resolver). / (Der.) To witness or depose upon oath (testificar o deponer bajo juramento).

Declinar. v. To decline (con todas las acepciones de la palabra castellana). / To decay, to degenerate, to abate (decaer, degenerar, abatir). / To diminish, to soften (disminuir, suavizarse, como una enfermedad, una tormenta, etc.). / v. To refuse courteously (rehusar cortésmente, como al declinar una invitación).

Declive. m. Declivity. / Slope, fall (ladera, caída del terreno).

Decomisar. v. To confiscate, to forfeit.

Decomiso. m. Confiscation, forfeiture.

Decorador. m. Decorator.
Decorar. v. To decorate, to adorn.
Decoro. m. Decorum (con todas las acepciones de la palabra castellana). / Propriety, decency (propiedad en el aspecto y la conducta, decencia). / Beautiful and discreet behaviour.
Decoroso, sa. adj. Decorous, decent, proper.
Decrecer. v. To decrease. / To diminish (disminuir).
Decrepitar. v. To decrepitate.
Decrépito, ta. adj. Decrepit.
Dedicatoria. f. Dedication. / adj. Dedicatory.
Dedo. m. Finger (de las manos). / Toe (de los pies). / *Dedo pulgar*, thumb. / *Dedo índice*, forefinger. / *Dedo del corazón*, middle finger. / *Dedo anular*, ring finger. / *Dedo meñique*, little finger.
Deducción. f. Deduction (con todas las acepciones de la palabra castellana). / Derivation (lo que se deduce de otra cosa).
Deducible. adj. Deducible. / Inferable (inferible).
Deducir. v. To deduce (comprender por deducción). / To infer (inferir). / To deduct, to substract (deducir restando, sustraer).
Defecar. v. To defecate.
Defecto. m. Imperfection (con todas las acepciones de la palabra castellana). / Insufficiency, fault, error (insuficiencia, falla, error).
Defender. v. To defend. / To protect, to guard (proteger, resguardar). / To fence, to shield (defender con muros o rejas, escudar). / To vindicate (defender los derechos de uno).
Defensa. f. Defence, fence. / Apology (excusa). / Guard , shelter, protection (guarda, escudo, protección). / Fence (barrera). / *Defensa personal*, self fencing. / (Náut.) *Defensas de los costados*, skids, skeeds.
Defensión. f. Safe-guard, defence.
Defensiva. f. Defensive. / *Estar a la defensiva*, *ponerse a la defensiva*, to be upon the defensive.
Defensor, ra. m., f. Defender.
Deferencia. f. Deference. / Complaisance, condescension (complacencia, condescendencia).
Deferente. adj. Assenting, deferent.
Deficiencia. f. Deficiency, imperfection.
Deficiente. adj. Deficient. / Defective, faulty (defectuoso, fallado).
Déficit. m. Deficit.
Definición. f. Definition.
Definido, da. adj. Definite.
Definir. v. To define. / To sharpen the outlines (en artes gráficas).
Definitivo, va. adj. Definitive, determinate.
Deflagración. f. Deflagration.
Deflagrar. v. To deflagrate, to cause to burn.
Deformación. f. Deformation, defacing.
Deformar. v. To deform. / To disfigure (desfigurar).
Deforme. adj. Deformed, disfigured. / Shapeless (informe, sin forma definida).
Deformidad. f. Deformity.
Defraudación. f. Defraudation. / Fraud, deceit (fraude, engaño).
Defraudar. v. To defraud.
Defunción. f. Death. / Extinction.
Degeneración. f. Degeneration, degeneracy.
Degenerar. v. To degenerate.
Deglución. f. (Med.) Deglutition. / Swallowing (el acto de tragar).
Deglutir. v. To swallow.
Degollar. v. To behead, to decapite.
Degradación. f. Degradation, fall.

Degradar. v. To degrade.
Degüello. m. Decollation. / Slaughter (masacre).
Dehesa. f. Pasture-ground.
Deicidio. m. Deicide.
Deidad. f. Deity, divinity.
Dejar. v. To leave (con todas las acepciones de la palabra castellana). / To let, to relinquish, to quit (dejar disponible o permitir, hacer dejación o abandono, renunciar, cesar). / To permit, to allow (permitir, dejar hacer). / To yield, to produce (rendir, producir).
Delantal. m. Apron.
Delante. adv. Before (con todas las acepciones de la palabra castellana). / In front of, in preference to, prior to (delante de, con preferencia a, antes de).
Delantera. f. Fore. / Front, fore end (frente, el lado de delante). / *Tomar la delantera*, to take the lead.
Delatante. m., f. Informer, accuser. / adj. Accusing.
Delatar. v. To accuse, to denounce, to impeach (acusar, denunciar, descalificar).
Delator, ra. m., f. Denouncer, informer, accuser.
Delectar. v. To delight.
Delegación. f. Delegation, substitution.
Delegado, da. adj. Delegated. / Delegate, representative, deputy.
Delfín. m. Dolphin (N. cient.) Delphinus delphis. / Dauphin (el hijo del rey de Francia).
Delgadez. f. Slenderness, leanness (una figura, un cuerpo). / Thinness (se aplica también a una sustancia como opuesto a espeso).
Delincuente. adj. y m., f. Delinquent. / Offender (que comete delitos menores).
Delineación. f. Delineation.
Delineante. m. Draughtsman, draftsman.
Delinear. v. To delineate. / To sketch, to figure, to outline (bosquejar, dar figura, contornear un dibujo).
Delinquir. v. To delinquish. / To transgress the law, to offend (transgredir la ley, cometer falta u ofensa legal).
Delirante. adj. Delirious, raving.
Delirio. m. Delirium.
Delito. m. Crime (delito grave, crimen). / Fault, offense (delito menor). / Transgression of law (transgresión a la ley).
Delta. m., f. Delta.
Demagogia. f. Demagogism.
Demagogo. m. Demagogue.
Demanda. f. Demand (con todas las acepciones de la palabra castellana). / Claim, pretension, complaint (reclamación, pretención, queja). / Interrogation (pregunta).
Demandar. v. To demand (con todas las acepciones de la palabra castellana). / To ask, to petition (preguntar, requerir, hacer petición). / To claim (reclamar, exigir).
Demasía. f. Excess, superabundance.
Demasiado, da. adj. Too (con todas las acepciones de la palabra castellana). / Excessive, more than enough, too much (excesivo, más que suficiente, demasiado de).
Demencia. f. Dementia. / Insanity, madness (insania, locura).
Demente. adj. Mad, insane (loco, insano).
Demérito. m. Demerit.
Democracia. f. Democracy.
Demócrata. m., f. Democrat.
Demoler. v. To demolish. / To overthrow (derribar).
Demonio. m. Demon.
Demorar. v. To delay, to retard. / v. pr. *Demorarse*, to be late.
Demostrar. v. To demonstrate, to prove.

Demudar. v. To alter. / To change, to vary (cambiar, variar). / v. *Demudarse*, to demonstrate an inner alteration (demostrar una alteración íntima).

Denegación. f. Denial, refusal.

Denegar. v. To deny. / To refuse, to denegate (rehusar, denegar).

Denotación. f. Denotation.

Denotar. v. To denote. / To signify, to express (significar, expresar).

Densidad. f. Density. / Closeness, compactness, grossness (espesor, compacidad, grosor).

Denso, sa. adj. Dense. / Thick (grueso, espeso). / Close, compact (apretado, compacto).

Dentadura. f. Teeth. / Set of teeth (el conjunto de los dientes).

Dentición. f. Dentition.

Dentista. m., f. Dentist.

Dentro. adv. Within. / *Dentro del año*, within the year. / *Dentro de poco*, shortly. / *Guardé mis sentimientos dentro de mi corazón*, I kept my feelings within my heart. / Into (hacia adentro, al interior).

Denunciar. v. To denounce. / To accuse (acusar). / To pronounce, to proclaim, to publish solemnly (hacer pronunciamiento, proclamar, publicar en solemnidad). / To claim (denunciar o reclamar un derecho, especialmente sobre minas o napas de agua).

Deontología. f. Deontology, ethics.

Deparar. v. To offer, to present.

Departamento. m. Department (area geográfica o administrativa). / Compartment, section (de una caja, etcétera.).

Departir. v. To share, to commune (compartir, hacer común lo propio) / To converse, to talk together (conversar, hablar entre sí). / To divide, to separate (dividir, separar, compartimentar).

Depauperar. v. To depauperate. / To impoverish (empobrecer). / To debilitate, to weaken (debilitar, restar fuerzas).

Dependencia. f. Dependence (con todas las acepciones de la palabra castellana). / Dependency (se aplica especialmente en política). / Department, room (area administrativa, cuarto).

Depender. v. To depend (con todas las acepciones de la palabra castellana). / To rest upon.

Depilar. v. To depilate.

Deplorable. adj. Deplorable. / Lamentable, calamitous, hopeless (lamentable, calamitoso, desesperado).

Deplorar. v. To deplore. / To lament, to bewail, to condole, to mourn (lamentar, gemir, condoler, quejarse).

Deponer. v. e intr. To depose. / (Der.) To declare upon oath. / To lay off, to remove, to dismiss (dejar de lado, sacar, despedir de un cargo).

Deportación. f. Deportation.

Deporte. m. Sport.

Deportista. adj. Keen on sport, sporty. / m., f. Sportsman (un deportista), sportswoman (una deportista).

Depositar. v. To deposit (con todas las acepciones de la palabra castellana). / To place (colocar). / To invest (invertir). / To save (depositar en ahorros).

Depositario, ria. m., f. Depositary.

Depredar. v. To plunder, to loot. (Saquear, tomar botín).

Depresión. f. Depression (con todas las acepciones de la palabra castellana). / Abasement (rebajamiento).

Deprimido, da. adj. Depressed. / Flattened in the middle (achatado en su parte media).

Deprimir. v . tr. To depress.

Depuración. f. Depuration, purification.

Depurar. v. To depurate, to purify.

Derecha. f. The right wing (en política).

Derecho, cha. adj. Right (con todas las acepciones de la palabra castellana). / Straight, direct (recto, directo). / Right-handed (diestro, que no es zurdo). / Right, just (recto, justo). / (Náut.) *Derecho la caña*, right the helm. / *Hecho y derecho*, complete, grown up.

Derecho. m. (Der.) Right (con todas las acepciones de la palabra castellana). / Law (ley). / Grant, privilege (concesión, privilegio).

Derribar. v. To fell (un edificio, un árbol, etc.). / To demolish (demoler). / To throw down (echar abajo). / To knock down (derribar a golpes, especialmente de puño). / To depose, to displace, to divest (deponer, desplazar de un cargo, despojar de una investidura). / To tumble down (hacer caer).

Derrocar. v. To depose by force (deponer por la fuerza).

Derrochar. v. To dissipate, to waste property.

Derroche. m. Waste, dissipation.

Derrota. f. (Náut.) Ship's course. / Road, path (camino, senda). / Rout, defeat (derrota en una lucha, ser vencido).

Derrotar. v. To rout. / To defeat (vencer).

Derrotero. m. (Náut.) Collection of sea-charts. / Ship's course.

Derruir. v. To demolish, to erode, to ruin (demoler, erosionar, arruinar).

Derrumbar. v. To tumble down, to split apart, to throw down (hacer caer violentamente, hacer caer en pedazos, echar abajo.) / *Derrumbarse*, to sink down, to crumble away, to tumble down (hundirse, desmoronarse, caer violentamente).

Desabrido, da. adj. Tasteless, insipid. / Bleak, sharp (glacial, cortante).

Desaforado, da. adj. Huge, uncommonly large (enorme, descomunal). / Impudent, outrageous (impúdico, chocante). / (Der.) Suspended of special rights or privileges (que se le han suspendido sus fueros, derechos o privilegios especiales).

Desaforar. v. To suspend special rights or privileges (suspender los fueros, derechos o privilegios especiales). / To redeem (una propiedad). / *Desaforarse*, to become outrageous or disorderly (volverse chocante o desordenado).

Desafuero. m. Abuse, excess, outrage (abuso, exceso, ultraje).

Desagradable. adj. Disagreeable, unpleasant. / Uncomfortable (incómodo).

Desagradar. v. To displease.

Desagradecido, da. adj. Ungrateful. / m., f. Ungrateful person.

Desagrado. m. Displeasure, unpleasantness.

Desajustar. v. To mismatch, to unfit. / To make unsuitable (hacer inadecuado).

Desalentar. v. To discourage, to dismay.

Desaliento. m. Dismay, discouragement.

Desaliñar. v. To disarrange, to disorder, to ruffle.

Desaliño. m. Slovenliness, carelessness.

Desalojar. v. To dislodge.

Desamor. m. Disregard, disaffection.

Desamortizar. v. To disentail.

Desamparar. v. To abandon (con todas las acepciones de la palabra castellana). / To forsake (dejar en soledad). / To relinquish, to desert (dejar a merced, desertar). / (Náut.) To dismantle (desmantelar un barco).

Desamparo. m. Abandonment. / Desertion, helplessness, forlornness (deserción, falta de auxilio, abandono). / Dereliction (quedar en el olvido, a merced de lo que ocurra).

Desapacible. adj. Restless. / Unpleasant, harsh (desagradable, áspero).

Desaparecer. v. To disappear.

Desaparición. f. Disappearance.

Desapego. m. Coolness, disinterestedness, indifference.

Desapercibido, da. adj. Unprepared, unprovided (que no está preparado, desprovisto). / Unseen, silently (sin ser visto, silenciosamente). / *Pasar desapercibido*, to go unseen, to be unregarded.

Desaprovechar. v. To waste, to misspend (desperdiciar, malgastar). / To be backward, to make no progress (ser retardatario, no progresar).

Desarmado, da. adj. Unarmed, defenceless (sin armas, indefenso). / Disassembled (con sus partes sin armar).

Desarmar. v. e intr. To disarm (quitar las armas). / To undo (deshacer).

Desarme. m. Disarming.

Desarraigo. m. Eradication. / (Der.) Expulsion (expulsión de un lugar o país).

Desarrollo. m. Unfolding (despliegue). / Development (económico, cultural, etc.). / Evolution (evolución).

Desarticular. v. To disarticulate (con todas las acepciones de la palabra castellana). / To sever a joint (cortar una articulación). / (Náut.) To loose.

Desaseo. m. Uncleanliness. / Dirtiness, carelessness (suciedad, descuido).

Desasosiego. m. Restlessness, uneasiness.

Desastre. m. Disaster. / Catastrophe, misfortune (catástrofe, infortunio).

Desastroso, sa. adj. Unfortunate, disastrous.

Desatar. v. To untie (un nudo, una relación, etc.). / To loose, to unbind, to detach (soltar, desvincular, desapegar).

Desatinado, da. adj. Extravagant, nonsensical.

Desatino. m. Extravagance, nonsense.

Desautorizar. v. To disauthorize.

Desavenencia. f. Discord, disagreement, misunderstanding, misintelligence (discordia, desacuerdo, desentendimiento, desinteligencia).

Desayunar. v. To breakfast.

Desayuno. m. Breakfast.

Desazón. f. Disquietness, uneasiness, restlessness (inquietud, desasosiego).

Desbancar. v. To break the bank (en el juego).

Desbaratar. v. To destroy. / To defeat, to rout (vencer, derrotar al enemigo).

Desbocar. v. To run out of rule.

Desbordar. v. To overflow, to flood.

Descalabro. m. Calamity, misfortune.

Descalzar. v. y pr. To pull off the shoes and stockings. / To lose fitness (un marco, una estructura).

Descampado, da. adj. Open, clear (abierto, claro). / *En descampado*, in the open air.

Descansar. v. e intr. To rest (con todas las acepciones de la palabra castellana). / To have relief, to lean upon (apoyarse encima, descansar en). / To repose, to sleep (reposar, dormir).

Descanso. m. Rest. / Repose, peace, stillness, sleep (reposo, paz, quietud, sueño). / Landing-place (de escalera).

Descarado, da. adj. Impudent, barefaced (impúdico, caradura).

Descarga. f. Unloading (con todas las acepciones de la palabra castellana). / Discharge, shooting (descarga de armas, tiroteo).

Descargar. v. e intr. To unload. / To discharge, to acquit, to exonerate (quitar cargos en contra, dar sobreseimiento, exonerar). / To ease, to lighten (desembarazar, alivianar). / To fire, to discharge (disparar, hacer descargas).

Descargo. m. Exoneration, discharge, acquittal (exoneración, descargo, sobreseimiento).

Descarnar. v. To excarnate, to clear from flesh. / *Descarnarse*, to lose flesh, to emaciate.

Descaro. m. Impudence, barefacedness, effrontery. (Impudicia, desenfado, osadía.).

Descarriar. v. To lead astray. / To misguide, to mislead (llevar por mal camino).

Descarrilar. v. To derail. / *Descarrilarse*, to run off the track.

Descentrar. v. To decenter (sacar del centro, especialmente en sentido mecánico o geométrico).

Descerrajar. v. To break off the locks (de puertas o cierres). / To discharge (armas de fuego).

Desclavar. v. To unnail. / To draw out nails (sacar clavos).

Descolgar. v. y pr. To unhang. / To slip down as using a rope.

Descollar. v. To look higher than (verse más alto que). / To overtop (asomar la punta por encima). / To excel, to exceed (ser mejor, exceder).

Descomponer. v. To discompose (con todas las acepciones de la palabra castellana).

Descomposición. f. Discomposure, disagreement (como descompostura, aplicado al entendimiento entre personas). / Decomposition (de un cuerpo, un concepto o una sustancia). / Discomposure, disorder, confusion, perturbation (desorden, confusión, perturbación). / Slovenliness, uncleanliness (descuido en la apariencia, desaseo).

Descomunal. adj. Enormous, colossal, monstruous.

Desconcertar. v. To confound, to confuse, to perplex. / To luxate, to put out of joint, to disjoint (luxar, descolocar una articulación, desarticular).

Desconfianza. f. Mistrust, suspicion.

Desconfiar. v. To distrust, to have no confidence in. / To mistrust, to suspect.

Descongelar. v. To thaw, to defrost.

Descongestión. f. Relieving of congestion.

Desconocer. v. Not to acknowledge. adv. Inconsiderately, rashly.

Descontar. v. To discount (con todas las acepciones de la palabra castellana).

Descortesía. f. Incivility, impoliteness.

Descoser. v. To rip, to unseam.

Descoyuntar. v. To luxate, to disjoint (luxar, zafar las articulaciones).

Descrédito. m. Discredit.

Descreer. v. To disbelieve. / To abjure (abjurar de la fe).

Descreído, da. adj. Incredulous.

Describir. v. To describe. / To relate (hacer relato). / To delineate (delinear).

Descripción. f. Description, narration.

Descuartizar. v. To quarter.

Descubierto, ta. adj. Patent, manifest, unveiled.

Descubridor, ra. m., f. Discoverer, finder. / (Mil.) Scout, spy.

Descubrimiento. m. Discovery.

Descuento. m. Discount (con todas las acepciones de la palabra castellana).

Descuidar. v. To neglect. / To abandon.

Desde. adv. From (con todas las acepciones de la palabra castellana) / Since (se aplica a fechas y razones). /

After (después de). / *Desde ahora*, from now on. / *Desde entonces*, since then. / *Desde luego*, of course. / *Desde ya, desde ahora mismo*, right now.

Desdecir. v. To contradict. / *Desdecirse*, to retract, to withdraw. / To contradict oneself, to say the opposite (contradecirse, decir lo contrario que antes).

Desembarcar. v. e intr. To disembark. / To unload, to put ashore (descargar, poner en tierra). / (Náut.) To dismiss (un marinero, la tripulación, etc.).

Desembarque. m. Landing, unloading (descarga de un barco).

Desembocar. v. To discharge into (una corriente en otra). / To lead to (conducir a). / To open to (abrirse hacia).

Desembolsar. v. To pay (pagar).

Desembolso. m. Disbursement, payment, expenditure, outlay (pago, expensa, depósito de dinero).

Desempaquetar. v. To unpack, to unwrap.

Desempatar. v. To take the lead (en un partido).

Desempeñar. v. To redeem (un bien dado en empeño). / To fulfill, to carry out (una tarea, una función). / To play, to perform (un papel teatral).

Desempleo. m. Unemployment.

Desempolvar. v. To dust. / To brush up (sacudir con un cepillo).

Desencadenar. v. To unchain, to free, to liberate (dejar libre, liberar). / *Desencadenarse*, to run wild.

Desencajar. v. To disconnect, to disjoin (desconectar, desarticular). / *Desencajarse*, to get a contorted look (tomar un aspecto contorsionado).

Desencaminar. v. To lead astray, to misdirect, to misguide (llevar por mal camino, conducir en mala forma o con mala intención) / To dissuade from (disuadir de).

Desencantado, da. adj. Disillusioned, disenchanted, disappointed.

Desencantar. v. To disenchant, to disillusion. / *Desencantarse*, to become disenchanted, to become disillusioned.

Desentonar. v. To be out of tune (en música). / To be out of place, to be unsuitable (estar fuera de lugar, ser inadecuado).

Desentrañar. v. To remove the entrails from (sacar las entrañas). / To find out the unknown (alcanzar lo que estaba oculto).

Desenvainar. v. To unsheathe.

Desenvoltura. f. Assurance, confidence, ease, naturalness (seguridad, confianza, soltura, naturalidad en el trato).

Desértico, ca. adj. Desertic, desertical.

Desfallecer. v. int. To weaken, to faint. (Debilitarse, desmayar).

Desfiguración. f. Defiguration, defacement (cambio de aspecto). / Camouflage (mimetismo).

Desfigurado, da. adj. Disfigured, deformed. / Disguised, distorted (disfrazado, distorsionado para engañar).

Desfigurar. v. To disfigure, to deform. / To deface (cambiar el aspecto) / To disguise, to misrepresent(disfrazar, mostrar en forma engañosa).

Desfiladero. m. Defile, narrow pass.

Desfilar. v. To defile, to parade.

Desfile. m. Parade.

Desfloración. f. Defloration (con todas las acepciones de la palabra castellana).

Desflorar. v. To deflower (con todas las acepciones de la palabra castellana).

Desgajar. v. To rip, to tear apart.

Desgana. f. Lack of appetite.

Desganado, da. adj. Uninterested, unwillingly, reluctant (sin interés, sin deseo, reluctante).

Desgarrado, da. adj. Torn, ripped.

Desgarrar. v. y pr. To tear, to rip. / (Amér.) To cough hard (toser con fuerza).

Desgarro. m. Split, tear, laceration. / (Amér.) Sputum, phlegm (esputo, flema).

Desgastar. v. To wear out. / To weaken (debilitar). / To erode, to gnaw, to corrode (erosionar, roer, corroer).

Desgaste. m. Wearing out, erosion.

Desguace. m. (Náut.) Breaking up.

Desguarnecer. v. To dismantle. / (Mil.) To disarm (quitar las armas). / (Mil.) To remove the garrison (retirar la guarnición de tropas de un lugar).

Desguazar. v. (Carp.) To roughdress, to hew. / (Náut.) To break up, to dismantle (un barco).

Deshabitar. v. To vacate, to abandon (un lugar, una casa, etc.). / To depopulate (despoblar).

Deshacer. v. To undo (con todas las acepciones de la palabra castellana). / To destroy (destruir) / To dissolve, to liquefy (disolver, licuar). / *Deshacerse de*, to get rid of.

Deshecho, cha. adj. Destroyed (destruido). / Undone, untied (nudo, lazos, etc.). / *Estar deshecho*, to be exhausted. / Dissolved (disuelto).

Desheredado, da. adj. Disinherited.

Desheredar. v. To disinherit.

Deshidratación. f. Dehydration.

Deshidratar. v. (Quím.) To dehydrate. / To become dehydrated.

Deshielo. m. Thaw, melting, defrosting.

Deshinchar. v. To reduce a swelling.

Deshojar. v. To defoliate. / To remove petals from a flower (Quitar los pétalos a una flor).

Deshonestidad. f. Dishonesty (con todas las acepciones de la palabra castellana). / Untruthfulness (falsía) / Indecency, lewdness (indecencia, libidinosidad).

Deshuesar. v. To bone.

Desinfectar. v. To disinfect.

Desinflar. v. y pr. To deflate, to collapse.

Desintegración. f. Disintegration. / Decay (pudrimiento). / (Fís.) Fission. / *Desintegración atómica*, atomic fission.

Desintegrar. v. To disintegrate.

Desinterés. m. Disinterestedness (falta de interés). / Altruism, selflessness (altruismo, abnegación).

Desinteresado, da. adj. Disinterested, altruistic.

Desintoxicar. v. To detoxicate, to detoxify.

Desistir. v. To desist (con todas las acepciones de la palabra castellana). / (Der.) To waive. / *Desistir de*, to desist, to give up.

Desleal. adj. Disloyal, treacherous.

Deslealtad. f. Disloyalty, treachery.

Desleimiento. m. Dissolving, dilution.

Desligar. v. To untie, to unbind (desatar, desunir). / To free, to excuse (liberar, excusar de una obligación). / (Mús.) To play staccato.

Deslinde. m. Delimitation, boundary.

Desliz. m. Slipping, sliding (resbalamiento). / Slip, false step (desliz de conducta, paso en falso).

Deslizar. v., intr. y pr. To slide.

Deslucir. v. To tarnish, to spoil (manchar, echar a perder).

Deslumbrante. adj. Dazzling. / Brilliant (brillante). / Overwhelming, bewildering (sobrecogedor, ofuscante).

Deslumbrar. v. To dazzle, to blind (enceguecer). / To overwhelm, to bewilder (sobrecoger, ofuscar).

Desmandar. v. To countermand, to rescind, to revoke (dar contraorden, rescindir, revocar). / To annul (una herencia). / *Desmandarse*, to be rude, to loose one's head (estar grosero, perder la cabeza).

Desmayar. v. e intr. To dismay (con todas las acepciones de la palabra castellana). / Desmayarse, to faint.

Desmayo. m. Fainting (desvanecimiento). / Dismay, discouragement (desánimo, pérdida del coraje).

Desmedrar. v. e intr. To damage, to impair (perjudicar, restar fuerzas). / *Desmedrarse*, to decline, to deteriorate (declinar, deteriorarse).

Desnudar. v. To undress, to strip (a una persona). / To denude, to lay bare (cualquier cosa). / (Náut.) To unrig. / *Desnudarse*, to strip, to undress.

Desnudez. f. Nakedness, nudity, bareness.

Desocupado, da. adj. Vacant, empty (un puesto, un lugar). / Unemployed, out of work (cesante, sin trabajo). / m., f. Unemployed person.

Desocupar. v. To clear (un espacio). / To empty (vaciar). / *Desocuparse*, to finish one's job (terminar el trabajo).

Desordenado, da. adj. Disorderly. / Unruly, wild, lawless (irrefrenado, bárbaro, sin escrúpulos).

Desordenar. v. To disarrange, to disorder.

Desorganizar. v. To disorganize.

Desorientación. f. Disorientation, confusion.

Desorientado, da. adj. Disoriented, confused.

Desorientar. v. To lead astray, to mislead (llevar por mal camino, guiar engañosamente). / To confuse (confundir). / *Desorientarse*, to lose one's way (extraviarse). / To become confused (quedar confuso).

Desovar. v. To spawn (los peces). / To oviposit (los insectos).

Desove. m. Spawning, oviposition.

Despacio. adv. Slowly.

Despachar. v. To dispatch. / To send off (una carta, etc.). / To settle (establecer un acuerdo). / (Fam.) To wait on, to help (atender a los clientes). / (Fam.) To dismiss (despedir del empleo). / (Fam.) To kill (matar).

Despacho. m. Dispatch, sending off, shipping (el acto de despachar, enviar, embarcar). / Study, office, shop (estudio, oficina, tienda). / *Despacho de aduana*, customs' clearance.

Desparramar. v. y pr. To scatter, to spread, to disseminate (esparcir, diseminar).

Despavorido, da. adj. Terrified, horrified, aghast (aterrorizado, horrorizado, sin aliento).

Despectivo, va. adj. Depreciatory, contemptuous, pejorative (peyorativo).

Despechado, da. adj. Spiteful. / Vindictive, resentful (vengativo, resentido).

Despecho. m. Spite, wrath.

Despedazar. v. To tear to pieces.

Despedida. f. Farewell. / Dismissal, discharge (el acto de despedir a un empleado).

Despedir. v. To hurl, to cast, to throw (lanzar, arrojar, tirar). / To dismiss. (a un empleado). / To fire, to discharge (echar, sacar del cargo). / To say good-bye.

Despegar. v. e intr. To unstick, to unglue (un pegamento). / To detach, to disjoin, to separate (desagregar, desunir, separar). / To take off (un avión).

Despegue. m. Take-off (de un avión). / Blast-off, launching (de un cohete).

Despeñar. v. To throw down.

Desperdiciar. v. To waste (con todas las acepciones de la palabra castellana). / To misspend, to miss (malgastar, perder o errar una oportunidad, etc.).

Despilfarrar. v. To squander, to waste.

Despilfarro. m. Waste, squadering. / Mismanagement (mala administración).

Despistado, da. adj. (Fam.) Lost, disoriented.

Despistar. v. To lead astray, to mislead. / *Despistarse*, to lose the scent. (Un perro rastreador).

Desplante. m. Boldness, forwardness. / Oblique posture (danza, esgrima).

Desplazar. v. (Náut.) To displace. / To move, to shift.

Desplegar. v. To unfold. / To spread out (una bandera, una vela). / To unfurl (desenrollar). / (Mil.) To deploy, to spread out (tropas).

Despliegue. m. (Mil.) Deployment, spreading out. / Unfurling, unfolding, spreading out (telas, cosas plegadizas).

Desplomar. v. y pr. To make to lean (hacer inclinarse, desaplomar). / (Fig.) To collapse, to fall down (derrumbarse, caer).

Despoblar. v. To depopulate. / *Despoblarse*, to become depopulated.

Despojar. v. To despoil. / (Fam.) To fleece. / To deprive, to dispossess (privar, desposeer). / *Despojarse de*, to take off, to strip (sacarse, desvestirse).

Despojo. m. Despoiling, plundering, ravaging (el acto y efecto de despojar, saquear, pillar). / (pl.) Offal (restos de un animal muerto). / Leftovers, leaving (sobras, restos de alimento). / *Despojos mortales*, mortal remains. / Corpse (cadáver).

Despolarización. f. (Fís.) Depolarization.

Despolarizar. v. (Fís.) To depolarize.

Despolvar. v. To dust.

Desposado, da. adj. Newlywed (recién casado). / Handcuffed (con esposas o grilletes). / m., f. Newlywed, handcuffed person.

Desposar. v. To wed, to marry. / *Desposarse*, to get married.

Desposeer. v. To dispossess.

Desposorios. m. pl. Betrothal. / Nuptial vows, marriage vows (votos nupciales, votos matrimoniales).

Déspota. m. Despot. / Tyrant.

Despótico, ca. adj. Despotic, tyrannical.

Despotismo. m. Despotism, tyranny.

Despreciar. v. To despise (con todas las acepciones de la palabra castellana). / To scorn, to disdain (menospreciar, desdeñar).

Desprecio. m. Contempt, scorn, disdain.

Desprender. v. To let loose, to detach (soltar, separar). / To give off (vapores, humos, etc.). / To shoot (chispas, partículas, etc.). / *Desprenderse de*, to get loose (soltarse de), to get rid of (librarse de algo molesto), to become detached (despegarse de). / To issue (emanar). / To be deduced from (deducirse de, inferirse de).

Despreocupación. f. Unconcern, nonchalance.

Despreocupado, da. adj. Unworried, unconcerned, carefree.

Después. adv. After, afterwards. / Later (más tarde). / Then (luego de).

Despumar. v. To skim.

Despuntar. v. e intr. To blunt (cortar la punta, dejar romo). / (Náut.) To sail around (rodear una punta de tierra). / To sprout, to bud, to begin to grow (brotar, dar capullos, comenzar a crecer). / To break the day.

Desquiciar. v. To unhinge, to disjoint (desgoznar, desarticular). / To upset (producir angustia). / To undermine, to unsettle (minar, descomponer, aplicado a una organización o relación de personas). / *Desquiciarse*, to come off its hinges (salirse de sus goznes), to come off its frame (salirse de su marco). / To lose one's reason (perder la razón).

Desquitarse. To retaliate (aplicar el ojo por ojo). / To win back, to recover, to recoup (ganar en un segundo intento, recobrarse, recuperar). / To avenge oneself (vengarse).

Desquite. m. Retaliation (devolución de lo mismo que a uno le hicieron). / Recovery, recouping (recobramiento, recuperación). / Revenge, compensation (venganza, compensación). / Return match (revancha, en deportes).

Destacamento. m. (Mil.) Detachment (cuerpo de tropas enviado a misión especial). / Brigade (brigada).

Destapar. v. To uncover (descubrir). / To take the lid off (quitar la tapa). / To uncork (descorchar). / To clear up (despejar, especialmente un desagüe, cañería o tubería).

Destartalado, da. adj. Ramshackle (un vehículo, un artefacto). / Poorly furnished (una casa, un cuarto).

Destellar. v. To flash (lanzar destellos). / To twinkle (titilar). / To sparkle (chispear). / To scintillate (escintilar, rielar).

Destemplado, da. adj. Immoderate, intemperate.

Desteñir. v. To fade (palidecer el color). / To discolor.

Desterrado, da. adj. Banished, outcast. / m., f. Exile (exiliado).

Desterrar. v. To exile, to banish, to deport. / (Fig.) To drive away, to get rid of (una idea, una tentación, etcétera.).

Destierro. m. Exile, banishment, deportation. / Remote place, lands end (lugar remoto, confines).

Destilable. adj. Distillable.

Destilación. f. Distillation. / (Med.) Defluxion, flow of humors.

Destiladera. f. Still, alembic. / (Fig.) Water filter (filtro de agua).

Destilado. m. (Quím.) Distillate.

Destilador, ra. adj. Distilling. / m. Distiller. / Water filter. / Still, alembic (alambique).

Destituir. v. To discharge, to dismiss.

Destorcer. v. To untwist, to unwind.

Destornillador. m. Screwdriver, turnscrew.

Destornillar. v. To unscrew.

Destrabar. v. To clear obstructions away (despejar de obstrucciones). / To disconnect, to separate (desconectar, separar).

Destreza. f. Dexterity (con todas las acepciones de la palabra castellana). / Skill, expertness, mastery (habilidad, expertitud, maestría).

Destripar. v. To disembowel, to eviscerate.

Destronamiento. m. Dethroning, dethronement (a un monarca) / Overthrowing (de una alta investidura).

Destronar. v. To dethrone. / To depose, to overthrow (deponer, derribar de un alto cargo).

Destrozar. v. To destroy, to break to pieces (destruir, romper en pedazos).

Destrozo. m. Destruction, havoc, ruin (destrucción, devastación, ruina).

Destrucción. f. Destruction, havoc (devastación). / Extintion (extinción).

Destructivo, va. adj. Destructive, wasteful.

Destruir. v. To destroy. / To ruin, to exterminate (arruinar, exterminar).

Desunión. f. Disunion, separation. / (Fig.) Discord, dissension, disagreement (discordia, disentimiento, desacuerdo).

Desunir. v. To disunite.

Desusado, da. adj. Unusual. / Unaccustomed (desacostumbrado).

Desvalijar. v. To rob.

Desvalorizar. v. To devalue.

Desván. m. Garret, attic.

Desvanecer. v. To make vanish. / To soften, to diffuse (suavizar, hacer difuso). / *Desvanecerse*, to vanish, to disappear (desaparecer). / To become insipid (vinos y licores). / To faint (desmayarse).

Desvarío. m. Delirium, madness (delirio, locura). / Caprice, whim (capricho, antojo).

Desvelar. v. To keep awake. / *Desvelarse*, to stay awake. / *Desvelarse por*, to be anxious about.

Desventaja. f. Disadvantage, handicap.

Desventura. f. Misfortune, misadventure.

Desvergonzado, da. adj. Shameless, brazen, insolent.

Desvergüenza. f. Shamelessness. / Impudence, insolence (impudicia, insolencia). / Obscenity (obscenidad).

Desviación. f. Deviation (con todas las acepciones de la palabra castellana). / Diversion, deflection (de curso, de dirección). / (Náut.) *Desviación magnética*, magnetic deviation.

Desviadero. m. Railway switch (ferroviario). / Sidetrack (camino lateral).

Desviado, da. adj. Deviated (con todas las acepciones de la palabra castellana).

Detallar. v. To relate minutely (contar en detalle). / To specify in detail, to itemize (especificar en detalles, hacer ítems).

Detalle. m. Detail, particular.

Detección. f. Detection (con todas las acepciones de la palabra castellana). / Monitoring, sensing (vigilancia por monitores o sensores).

Detective. m. Detective.

Detención. f. Detention (con todas las acepciones de la palabra castellana). / Stoppage, halt, standstill (parada, alto, paralización). / (Náut.) Demurrage, arrest, embargo.

Detener. v. y pr. To detain (con todas las acepciones de la palabra castellana). / To stop, to halt (parar, hacer alto). / To arrest. / (Náut.) To embargo.

Detentar. v. (Der.) To retain, to keep unlawfully (retener, conservar ilícitamente).

Detergente. adj. Detergent, detersive. / m. Detergent.

Deterger. v. (Med.) To deterge, to absterge.

Determinación. f. Determination (con todas las acepciones de la palabra castellana). / Fixing, specifying (fijación, especificación). / Resolution, decision, conclusion (resolución, decisión, conclusión). / Courage, firmness (coraje, firmeza).

Determinado, da. adj. Bold, firm, resolute (audaz, firme, resuelto). / Definite, specific (definido, específico).

Determinar. v. To determine. / To fix, to specify, to appoint (fijar, especificar, establecer). / To distinguish, to discern (distinguir, discernir).

Determinismo. m. Determinism.

Detestar. v. To detest, to hate (odiar).

Detonación. f. Detonation, blast, explosion.

Detonador. m. Detonator, exploder.

Detonar. v. To detonate, to explode.

Detorsión. f. (Med.) Twisting, distortion.

Detractar. v. To detract.

Detrás. adv. Behind (tiene un sentido principalmente espacial). / After (tiene un sentido más temporal o de movimiento). / In the rear, at the rear (en o a la parte de atrás). / *El viene detrás de mí*, he is coming after me. / *Ella se oculta detrás de las flores*, she hides behind the

Dimisión. f. Resignation.

Dimitir. v. To resign. / To give up, to relinquish (entregar el cargo, renunciar).

Dinámica. f. (Mec.) Dynamics.

Dinamismo. m. Dynamism (con todas las acepciones de la palabra castellana). / The quality of being energetic, vigorous, forceful (la cualidad de ser enérgico, vigoroso, fuerte).

Dinamita. f. Dynamite.

Dinamitar. v. To dynamite. / To blast (volar).

Dinastía. f. Dynasty, sovereignty.

Dinero. m. Money (con todas las acepciones de la palabra castellana). / Currency (el dinero, la moneda). / Wealth, fortune (riqueza, fortuna). / Cash (dinero contante, en caja).

Dinosaurio. m. Dinosaur.

Dionisíaco, ca. adj. Dionysiac, Dionysian.

Dioptría. f. (Opt.) Diopter.

Dios. m. God (con todas las acepciones de la palabra castellana). / Idol (idolo). / *Dios Hombre*, Jesus Christ.

Dióxido. m. Dioxide.

Diploma. m. Diploma.

Diplomacia. f. Diplomacy (en el trato). / Tact (tacto). / Diplomatic service, foreing service (servicio diplomático, servicio exterior).

Diplomático, ca. adj. Diplomatic, tactful. / m., f. Diplomat. / Diplomatics (la disciplina científica).

Dipneo, a. adj. Dipneumonous, dipnoan.

Dipsomanía. f. Dipsomania.

Díptico. m. Diptych.

Dirección. f. Direction (con todas las acepciones de la palabra castellana). / Management, managing (la gerencia, el acto de gerenciar). / Course, route, trend, tendency (curso, ruta, inclinación, tendencia). / Guidance (conducción). / Directorship, director's office (el cargo de director, la oficina del director). / Address (domicilio). / Steering (volante), steering gear (aparato de dirección). / Conduction (de orquesta).

Directivo, va. adj. y m. y f. Directive (con todas las acepciones de la palabra castellana). / Board of directors, management (cuerpo de directores). / Directive, general instructions (directiva, instrucciones generales).

Directo, ta. adj. Direct, straight.

Director, ra. adj. Directing, guiding (que dirige, que guía). / Managing, governing (que administra, que gobierna). / m. y f. Conductor (de una orquesta). / Principal (director de colegio). / Directress (directora). / Manageress (gerenta, administradora). / Headmistress (directora de colegio). / Conductress (directora de orquesta).

Directorio. m. Directory, directoire (guía telefónica, lista de informaciones útiles).

Dirigir. v. To direct (con todas las acepciones de la palabra castellana). / To manage (negocios). / To lead, to head (conducir, encabezar). / To guide (guiar). / To steer (timonear). / To drive (un automóvil). / To address (una carta). / (Mús.) To conduct.

Dirigirse. To go to (ir hacia). / To address to (a una persona o grupo). / To talk to (hablar a una persona).

Dirimir. v. To dissolve. / To settle (arbitrar una diferencia).

Discerniente. adj. Discerning, discriminating.

Discernir. v. To discern.

Disciplina. f. Discipline.

Discípulo, la. m., f. Disciple (con todas las acepciones de la palabra castellana). / Pupil, student (alumno, estudiante). / Follower (seguidor).

Disco. m. Disk, disc (con todas las acepciones de la palabra castellana). / Discus (de lanzar). / Gramophone record (disco fonográfico). / *Disco volador*, flying saucer.

Discordante. adj. Discordant, disagreeing.

Discordar. v. To differ, to disagree. / To be out of tune (en música).

Discordia. f. Discord, dissension.

Discoteca. f. Record library, record shop. / Discotheque.

Discreción. f. Discretion (con todas las acepciones de la palabra castellana). / Tact, good judgment, prudence (tacto, buen juicio, prudencia). / *A discreción*, at one's discretion.

Discrepancia. f. Discrepancy, dissent.

Discrepante. adj. Discrepant, disagreeing.

Discrepar. v. To differ, to disagree.

Disfunción. f. Dysfunction.

Disgregación. f. Disintegration, dispersion.

Disgregar. v. To break up, to separate.

Disgustado, da. adj. Displeased, annoyed.

Disgustar. v. To displease, to annoy. / To dislike (no gustarle a uno).

Disgusto. m. Annoyance, displeasure, anger (desagrado, rabia). / Distastefulness (por la comida) / *A disgusto*, against one's will, unwillingly.

Disidencia. f. Dissidence, disagreement.

Disidente. adj. Dissenting. / m., f. Dissenter, dissident.

Disidir. v. To dissent.

Disimilar. v. To dissimilate. / adj. Dissimilar.

Disimulación. f. Dissimulation, pretense.

Disimulado, da. adj. Furtive, sly, hidden.

Dislate. m. Nonsense, absurdity.

Dislocar. v. To dislocate.

Disminución f. Diminution, decrease.

Disminuir. v. To diminish. / To reduce, to decrease, to lessen (reducir, decrecer, menguar).

Disnea. f. Dyspnea.

Disociación. f. Dissociation, separation.

Disociar. v. To dissociate, to separate.

Disolución. f. Dissolution (con todas las acepciones de la palabra castellana). / Disintegration, liquidation (de una empresa, una compañía, etc.).

Disolutivo, va. adj. Dissolvent.

Disolver. v. To dissolve. / To liquidate (una sociedad o compañía).

Disonante. adj. Dissonant, discordant.

Dispar. adj. Odd. / Different, unmatched (diferente, sin pareja).

Disparar. v. To shoot, to fire. / To throw (arrojar). / (Fig.) To talk nonsense. / *Salir disparado, dispurar*, to bolt, to dash blindly off.

Disparate. m. Foolish remark, nonsense (tontería, insensatez). / Enormity, exorbitant price.

Disparo. m. Shot, discharge.

Dispensioso, sa. adj. Expensive, costly.

Dispensar. v. To dispense (con todas las acepciones de la palabra castellana). / To grant, to bestow (conceder, otorgar). / To excuse (excusar).

Dispersar. v. To disperse, to scatter. / (Mil.) To spread out, to deploy.

Dispersión. f. Dispersion. / *Dispersión magnética*, magnetic leakage. / *Dispersión nuclear*, nuclear scattering. / *Dispersión retrógrada*, backscatter, backscattering.

Disperso, sa. adj. Spread out, scattered.

Disponer. v. To dispose, to arrange.

Dispositivo, va. adj. y m. Dispositive (con todas las acepciones de la palabra castellana). / Device, mechanism, gadget (sistema operativo, mecanismo, artefacto).

Disputa. f. Dispute, controversy, quarrel.

Disputante. adj. Disputing, quarreling, contending.
Disputar. v. e intr. To dispute (con todas las acepciones de la palabra castellana). / To discuss, to argue (discutir, argumentar). / To compete for, to contend for, to quarrel (competir por, contender por, reñir).
Distanciar. v. To place at a distance, to separate. / *Distanciarse de*, to go far ahead (tomar la delantera). / To cool a friendship (enfriar una amistad).
Distensión. f. Distension, distention, expansion.
Distinguido, da. adj. Distinguished (con todas las acepciones de la palabra castellana). / Prominent, outstanding (prominente, de nota).
Distinguir. v. e intr. To distinguish (con todas las acepciones de la palabra castellana). / To see (ver). / To honor, to favor, to show preference for (honrar, favorecer, mostrar preferencia por).
Distintivo, va. adj. Distinctive, distinguishing, characteristic. / m. Badge, insignia. / Colors (bandera, colores de una sociedad o club).
Distinto, ta. adj. Distinct (con todas las acepciones de la palabra castellana). / Different, unlike (diferente, diverso). / Clear, contrastant (claro, contrastante).
Distracción. f. Distraction (con todas las acepciones de la palabra castellana). / Daydreaming, inattention (estado de soñar despierto, desatención). / Amusement, entertainment (diversión, entretenimiento).
Distraído, da. adj. Absentminded, inattentive.
Distribución. f. Distribution, allotment. / Supply system (sistema de distribución).
Distribuir. v. To distribute (con todas las acepciones de la palabra castellana). / To apportion, to allocate (proporcionar, ubicar).
Distrito. m. District.
Distrofia. f. Dystrophy, distrophia.
Disturbar. v. To disturb.
Disturbio. m. Disturbance, commotion.
Disuadir. v. To dissuade.
Disuasión. f. Dissuasion.
Divorciar. v. To divorce (con todas las acepciones de la palabra castellana). / To separate (separar). / *Divorciarse*, to get divorced, to divorce.
Divorcio. m. Divorce, separation.
Divulgación. f. Publication.
Divulgar. v. To divulge. / To make known, to reveal (hacer saber, revelar).
Dobladillo. m. Hem, border.
Doblegar. v. To bend. / *Doblegarse*, to bend, to yield, to give in (rendirse, entregarse).
Doblete. m. Doublet.
Doblez. m. Fold, crease (en una tela o prenda). / Duplicity (duplicidad).
Docena. f. Dozen.
Docencia. f. Teaching, instruction.
Docilidad. adj. Docility.
Docto, ta. adj. Learned, erudite.
Doctor, ra. m. y f. Doctor. / (Fam.) Physician. / Academician.
Doctorado. m. Doctorate.
Doctrina. f. Doctrine, teachings.
Documentación. f. Documentation.
Documentado, da. adj. Well documented. / Well informed (bien informado).
Documentar. v. To document (dar documentos). / To inform about (informar sobre un tema). / *Documentarse*, to get well informed about a matter.
Documento. m. Document.
Dogma. m. Dogma.

Dolencia. f. Ache, pain.
Doler. v. To ache, to pain. / *Hacer doler*, to pain, to hurt. / *Dolerse*, to be sorry. / To regret, to complain (sentir arrepentimiento, quejarse).
Doliente. adj. Ailing (que sufre dolores). / Sick, ill (enfermo). / Sorrowful, sad, afflicted (triste, afligido). / m. Mourner (deudo). / Sick person.
Dolor. m. Pain (con todas las acepciones de la palabra castellana) / Ache, ailing (dolor físico). / Grief, sadness, sorrow (pesar, tristeza, congoja). / Contrition, regret (contrición, arrepentimiento).
Doloroso, sa. adj. Painful (con todas las acepciones de la palabra castellana) / Pitiful, moving (compasible, que mueve a piedad).
Domicilio. m. Domicile. / Residence, home (residencia, hogar).
Dominación. f. Domination, dominion. / (pl.) (Teol.) *Dominaciones*, dominations, the fourth choir of angels (el cuarto coro de ángeles).
Dominante. adj. Domineering, dominating. / Prevailing (prevaleciente).
Donante. adj. Donating, giving. / m., f. Donor, giver.
Donar. v. To donate. / To bestow, to give (conceder, dar).
Donativo. m. Donation.
Donde. adv. Where (con todas las acepciones de la palabra castellana). / In which (en el que). / To (a donde). / *¿Por dónde se fue?*, which way he went?
Dorar. v. To gild. / (Fig.) To disguise (un hecho desagradable). / To fry golden brown (en cocina). / To suntan (dorarse al sol).
Dormido, da. adj. Asleep.
Dormir. v. To sleep.
Dormitorio. m. Bedroom, dormitory.
Dorsal. adj. Dorsal (con todas las acepciones de la palabra castellana) / *Espina dorsal*, dorsal spine. / *Aleta dorsal*, dorsal fin.
Dosel. m. Canopy.
Dosificar. v. To dose.
Dosis. f. Dose, amount, portion.
Dotar. v. To endow, to bequeath. / To give a dowry (dar dote matrimonial). / To furnish, to provide, to equip (implementar, proveer, equipar). / (Náut.) To man (dotar de tripulantes a un barco).
Dote. f. Dowry. / Gift, talent (don, talento).
Dragar. v. To dredge.
Drama. m. Drama, tragedy.
Dramática. f. Dramatic art. / Dramaturgy, playwriting (dramaturgia, composición teatral).
Dramatización. f. Dramatization.
Dramatizar. v. To dramatize.
Dual. adj. y m. Dual.
Dualidad. f. Duality.
Dubitación. f. Dubitation, doubt.
Dubitativo, va. adj. Doubtful, dubitative.
Dúctil. adj. Ductile (con todas las acepciones de la palabra castellana) / Yielding, easygoing (que cede, que busca el fácil entendimiento).
Ducha. f. Shower. / (Med.) Irrigation.
Dudoso, sa. adj. Dubious (que inspira dudas). / Doubtful, hesitant (que siente dudas).
Duelo. m. Duel. / *Batirse en duelo*, to fight a duel. / Mourning, mourners (por una defunción). / *Estar de duelo*, to be in mourning.
Dueño. m. Owner, proprietor, landlord.
Dulce. adj. Sweet. / *Agua dulce*, fresh water. / Mild, gentle (de carácter). / m. Candy, biscuit, sweets (caramelos, bizcochos, dulces).

E

E. conj. And.

Ebanista. m. Cabinetmaker. / Woodcraft.

Ebano. m. (Bot.) Ebony tree. (El árbol). / f Ebony wood. (La madera).

Ebrio, a. adj. Inebriated. (Con todas las acepciones de la palabra castellana). / Drunk, typsy. (Borracho, mareado). / (Fig.) Ravening, blind. (Arrebatado, ciego).

Ebullición. f. Ebullition. / Boiling. / Bubbling, effervescence. (Borboteo, efervecencia). / Agitation, stirring up. (Agitación, inquietud). / *Punto de ebullición*, (Fís) Boiling point.

Eccema. m. (Med.) Eczema.

Eclecticismo. m. (Fil.) Eclecticism.

Ecléctico, ca. adj. Eclectic.

Eclesiástico, ca. adj. Ecclesiastical, ecclesiastic. / m. Ecclesiastic, clergyman, priest. / (Biblia) Ecclesiasticus.

Eclipse. m. Eclipse. (Con todas las acepciones de la palabra castellana). / Disappearance. (Desaparición).

Eclosión. f. Appearance, emergence. (Aparición, emergimiento). / Budding. (De una planta). / Birth. (Nacimiento).

Eco. m. Echo.

Ecología. f. Ecology.

Economato. m. Cooperative store.

Economía. f. Economy. (Con todas las acepciones de la palabra castellana). / Thrift, thriftiness. Scantiness. / *Economías*, Savings. / Economics. (La economía como ciencia).

Económico, ca. adj. Economic. (Relativo a la economía). / Economical, money-saving, frugal. (Económico, ahorrativo, frugal).

Economista. m., f. Economist.

Economizar. v. To economize. To save. (Ahorrar).

Ecuador. m. Equator. (Geogr.). / m. Ecuador. (El país).

Ecuánime. adj. Equable. just, equitative. (Justo, equitativo). / Even tempered. (De carácter parejo).

Ecuestre. adj. Equestrian. On horseback, mounted.

Ecuménico, ca. adj. Ecumenical, universal.

Echar. v. To throw out, to eject, to expel. (Arrojar, eyectar, expeler). / To shed. (Sangre). / To shoot out, to emit. (Gritos, chispas, maldiciones, etc.). / To exude, to exhale (Un olor). / To dismiss, to discharge, to fire. (Despedir, sacar del cargo, echar a un empleado). / To pour. (Sal, un líquido). / To spread. (Mantequilla, aceite bronceador, barniz, etc.). / To put on, to apply. (Poner, aplicar). / To grow, to put out. (Desarrollar, sacar).

Echarpe. f. Stole, scarf.

Edad. f. Age. (Con todas las acepciones de la palabra castellana). / Era. (Era, período). / *Una persona de edul*, An elderly person. / *Edad de bronce*, Bronze Age. / *Edad de hierro*, Iron Age. / *Edad de piedra*, Stone Age. / *Edad Media*, Middle Age. / *Edad escolar*, School age. / *Mayor de edad*, Of age, adult. / *Menor de edad*, Under age, minor.

Edema. m. Edema, oedema.

Edén. m. Eden.

Edición. f. Edition, issue. / *Edición abreviada*, Abridged edition. / *Edición Completa*, Unabridged edition.

Edicto. m. Edict, proclamation.

Edificación. f. Edification. (Con todas las acepciones de la palabra castellana) / Construction, building. (De edificios, puentes, etc.).

Edificante. adj. Edifying, instructive.

Edificar. v. To construct, to build, to erect. / To edify.

Edificio. m. Building, edifice.

Edil. m. Aedile, edile. Town councellor. (Consejero municipal).

Editar. v. To publish. / To edit.

Efecto. m. Effect. (Con todas las acepciones de la palabra castellana). / Result. (Resultado). / Purpose. (Propósito). / Spin. (Efecto giratorio que se da a una pelota o proyectil). / Impression. (Impresión en la mente, en la retina, etc.). / Effects, goods, movable property. (Efectos, bienes, bienes muebles). / *Surtir efecto*, To obtain the pretended effect.

Efectuar. v. To effect, to perform. / *Efectuarse*, To take place, to be carried out.

Efeméride. m. Anniversary. / *Efemérides*, Diary, journal.

Efervescencia. f. Effervescence. Excitement, bubbling over. (Excitación, ebullición).

Efervescente. adj. Effervescent, bubbling.

Eficacia. f. Efficacy, effectiveness.

Eficaz. adj. Efficacious, effective.

Eficiencia. f. Efficiency.

Eficiente. adj. Efficient.

Efigie. f. Effigy, image.

Efímero, ra. adj. Ephemeral, shortlived

Efluvio. m. Effluvium. / f. Exhalation, emanation. (Exhalación, emanación). / Discharge. (Electr.). / (Fig.) Radiation, aura. (Radiación, halo que proyecta una persona).

Efusión. f. Effusion. (Con todas las acepciones de la palabra castellana) / Effusiveness. (Efusividad). / *Efusión de sangre*, Bloodshed. Spilling of blood. (Derramamiento de sangre).

Efusivo, va. adj. Effusive. Warm, expressive. (Cálido, expresivo).

Egida, égida. f. Aegis. Shield, protection. (Escudo, amparo, protección).

Egiptología. f. Egyptology.

Egira. f. Hejira.

Egloga. f. Eclogue.

Ego. m. Ego, the self.

Egocéntrico, ca. adj. Egocentric.

Egocentrismo. m. Egocentrism.

Egoísmo. m. Egoism, selfishness.

Egoísta. adj. Selfish, egoistic. / m. Egoist.

Eglátra. adj. Egolatrous.

Eglátría. f. Self-worship.

Egregio, gla. adj. Egregious, eminent, illustrious.

Eje. m. Axis. (Geom. y Ciencias). / (Mec.) Axle, shaft, spindle. / Main point, fundamental idea. (Punto más importante, idea fundamental). / *Eje cardán*, Cardan shaft. / *Eje magnético*, Magnetic axis.

Ejecución. f. Execution. (Con todas las acepciones de la palabra castellana). / Performance. (De una prueba, un concierto, una obra de teatro, etc.). / Completion. (De una obra).

Ejercicio. m. Exercise. (Con todas las acepciones de la palabra castellana) / Practice, drill. (Prácticas, ensayos). / f. Practice, practicing. (De una profesión).

Ejercitar. v. To exercise, to practice, to drill. To train. (Capacitar).

Ejército. m. Army.

El. art. The.

Él. pron. He. (Antes del verbo principal). *Él vendrá mañana,* He will come tomorrow. / Him. (Después del verbo principal). *Este mensaje es para él,* This message is for him. / It. (Aplicado a animales u objetos inanimados). *Él (el perro) perseguirá los conejos,* It (the dog) will hunt the rabbits.

Elaboración. f. Manufacture, making. (Manifactura, hechura). / Working. (Metalurgia, química, industrias, etc). / Elaboration. (Alimentos).

Electrocardiograma. m. Electrocardiogram.

Electrocución. m. Electrocution.

Electrocutar. v. To electrocute.

Electrodo. m. Electrode.

Electroestática. f. Electrostatics.

Electrólisis. f. Electrolysis.

Elegía. f. Elegy.

Elegíaco, ca. adj. Elegiac, mournful.

Elegido, da. adj. Elect, chosen.

Elegir. v. To elect. / To choose, to select, to pick. (Escoger, seleccionar, separar).

Elemental. adj. Elemental. (Con todas las acepciones de la palabra castellana). / Elementary. (Básico). / Obvious. (Obvio). / *Colores elementales,* Primary colors.

Elemento. m. Element. (Con todas las acepciones de la palabra castellana). / Ingredient. (Ingrediente). / (Electr.) Element, cell. / Environment, natural habitat. (Medio ambiente, hábitat natural). / Basic principle, rudiments. (Principio básico, rudimentos). / Resources, means. (Recursos, medios).

Elenco. m. Cast. (Teatr.). / Team. (Dep.). / Elenchus. (Fil.).

Elevación. f. Elevation. (Con todas las acepciones de la palabra castellana). / Raising. (Ascenso, el acto de elevar). / Raising, building (Monumentos o edificios). / (Mat.) Raising.

Elevado, da. adj. High, towering, tall. / Exalted, majestic, lofty, sublime.

Elevador, ra. adj. Elevating. / m. Elevator. / Hoist, lift. / *Elevador de voltaje,* (Electr.) Positive booster.

Elevamiento. f. Elevation, rapture, ecstasy.

Elevar. v. To raise. (Con todas las acepciones de la palabra castellana). / To lift, to hoist. (Subir, izar). / To promote.

Elfo. m. Elf.

Eliminación. f. Elimination. / Disposal. (De restos o cosas inservibles).

Eliminar. v. To eliminate. / To remove, to leave out. (Quitar, dejar fuera). / To kill. (Matar).

Elipse. f. Ellipse.

Elíptico, ca. adj. Elliptic, elliptical.

Élite. f. Elite. / The selected few, the best. (Los pocos elegidos, los mejores).

Elíxir, elixir. m. Elixir.

Elocuencia. f. Eloquence.

Elogiable. adj. Praiseworthy.

Elogiar. v. To praise, to laud, to eulogize.

Elogio. m. Praise, eulogy, panegyric.

Elogioso, sa. adj. Eulogistic, laudatory.

Elucidación. f. Elucidation, explanation.

Elucidar. v. To elucidate, to explain, to clear up.

Elucubración. f. Lucubration.

Eludir. v. To elude, to avoid, to evade.

Ella. pron. She. (Antes del verbo principal). *Ella no me dijo su nombre,* She did not tell me her name. / Her. (Después del verbo principal). *Este pañuelo le pertenece a ella,* This handkerchief belongs to her. / It. (Refiriéndose a animales, plantas u objetos inanimados).

Ellas. pron. pl. They. (Antes del verbo principal). *Ellas no estaban en el jardín,* They were not in the garden. / Them. (Después del verbo principal). *Les dije a ellas que viniesen pronto,* I told them to come soon.

Ello. pron. It. (Con todas las acepciones de la palabra castellana). / (Nota: En inglés no se deja tácita la palabra *ello* en ninguna oración. Por ejemplo: [ello] *es triste,* It is sad.)

Ellos. pron. They. (Antes del verbo principal). / Them. (Después del verbo principal). *Ellos confían en mí y yo en ellos,* They entrust on me, and I on them.

Embajadora. f. Ambassadress.

Embalaje. m. Packing, baling. / *Gastos de embalaje,* Packing expenses.

Embalar. v. To pack. (Forma más usada). / To crate, to bale.

Embalsamar. v. To embalm. / To perfume. (Con olores).

Embalsar. v. To raft. (Poner en una balsa flotante). / (Naveg.) To hoist. (Una verga, una vela). / To dam up. (Un río, una corriente de agua).

Embalse. m. Damming, damming up. (El acto de embalsar líquidos). / Dammed up water. (Agua embalsada).

Embancarse. v. To silt up a river. (Formar bancos de arena un río). / (Naveg.) To run aground. (Encallar).

Embarazada. adj. Pregnant.

Embarazar. v. To make pregnant. (A una mujer). / To hamper, to impede, to embarrass. (Estorbar, molestar, poner dificultades).

Embarazo. m. Pregnancy. (De mujer). / Obstacle, impediment. (Obstáculo, impedimento). / Shyness, bashfulness, embarrassment. (Timidez, cortedad, turbación).

Embarcación. m. Ship, boat, vessel. (Nave, barco, bajel). / Embarkation. (Una embarcación, el acto de embarcar). / Craft. (Embarcación ligera).

Embarcadero. m. Quay, pier, wharf.

Embarcar. v. To embark. (Con todas las acepciones de la palabra castellana). / To ship, to send. (Carga). / To embark. (En una aventura o una empresa).

Embargar. v. (Der.) To embargo, to place embargo upon. / (Fig.) To obstruct, to impede. (Obstruir, poner impedimentos).

Embargo. m. Embargo. / Sequestration, seizure. (De bienes). / loc. conjunt. advers. *Sin embargo,* Nevertheless. In spite of. (A despecho de).

Embarque. m. Shipment. (Con todas las acepciones de la palabra castellana). / Loading, cargo. (El acto de cargar o embarcar. Lo que se embarca como carga).

Embarrancar. v. To get bogged down. (Empantanarse). / To get stuck. (En el barro). / To run into a ditch. (Caerse a una zanja).

Embaucador, ra. adj. Deceiving, swindling, cheating. / m. y f. Trickster, swindler, cheater.

Embaucar. v. To deceive, to cheat, to trick, to swindle.

Embeber. v. To absorb. (Absorber). / To soak up. (Empapar). / To impregnate. (Impregnar).

Embelesar. v. To fascinate, to captivate, to enrapture.

Embellecer. v. To beautify, to embellish.

Embestida. m. Attack, assault, charge.

Embestir. v. To attack, to assault, to charge.

Emblema. m. Emblem, device.

Embobar. v. To stupefy, to fascinate, to enthrall.

Embobinar. v. To wind.

Embocar. v. To put in the mouth. (Poner en la boca). / To pass, to hit. (Bola o lanza en aro u hoyo). / To hole. (En golf o billar). / To enter, to go into a narrow place. (En un lugar estrecho).

Émbolo. m. Piston, plunger.
Embolsar. v. To pocket, to put in one's purse. / *Embolsarse*, To earn. / (Comercio) To reimburse.
Emboquillar. v. To put a tip. (En un cigarrillo). / To put a mouth piece. (En un instrumento de viento, una pipa, etc.). / To make the entrance of a tunnel. (En un túnel).
Emborrachar. v. To intoxicate, to make drunk. / To make drowsy. (Amodorrar). / *Emborracharse*, To get drunk, to fall in a drowsiness. (Caer en una modorra).
Emborronar. v. To scribble. (Escribir mal).
Emboscada. f. Ambush, ambuscade. / (Fig.) Trap, trick, stratagem. (Trampa, triquiñuela, estratagema).
Emboscar. v. To ambush. (Tender una emboscada). / To hide in the woods. (Ocultar en el bosque).
Embotellar. v. To bottle. (Líquidos). / (Fig.) To bottle up. (Bloquear, atorar). / (Fig.) To corner (a una persona). To paralyze (un negocio).
Embozado, da. adj. Muffled, masked.
Embrague. m. Clutch. (El aparato). / Throwing in the clutch, coupling. (El acto de meter el embrague, acoplar los discos).
Embravecer. v. To infuriate, to enrage. / *Embravecerse*, To become furious or angry. / To become rough. (El mar).
Embrear. v. To tar, to pitch.
Embriagado, da. adj. Drunk, intoxicated.
Embriagar. v. To intoxicate. To make tipsy, to make drunk. (Achispar, emborrachar). / To enrapture, to transport. (De emoción, de placer, etc.). / *Embriagarse*, To become drunk. / To be enraptured or transported. (De emoción, etc.).
Embriaguez. f. Intoxication, drunkenness. / Rapture, transport, ecstasy. (De emoción, placer, etc.).
Embriología. f. Embryology.
Embrión. m. Embryo.
Embrollar. v. To embroil. To mix up, to confuse, to complicate, to entangle. (Entremezclar, confundir, complicar, enredar).
Embrollo. m. Muddle, tangle, confusion, mess. / (Fig.) Difficult situation. (Situación difícil).
Embrolloso, sa. adj. Embroiling, troublemaking, causing confusion.
Embrujar. v. To bewitch.
Embrutecer. v. To brutalize, to stultify.
Embudo. m. Funnel.
Embuste. m. Fraud, hoax. (Fraude, timo). / Lie, fib. (Mentira, falsedad).
Embustero, ra. adj. Lying, fibbing. / m. Liar, fibber.
Embutido, da. m. Inlay, marquetry. (De ebanistería). / Sausage. (De cerdo).
Eminencia. f. Eminence. (Con todas las acepciones de la palabra castellana). / Height, rise, hill. (Altura, altozano, colina). / Eminence. (El título). / Eminent figure. (Figura sobresaliente)
Eminente. adj. Eminent. Outstanding, prominent. (Sobresaliente, prominente). / High, lofty. (Alto, arrogante).
Emocionar. v. To move, to touch.
Emotividad. f. Emotionality.
Emotivo, va. adj. Emotive, causing emotion. (Emotivo, que causa emoción). / Emotional, sensitive to emotion. (Sensible a las emociones).
Empacador, ra. adj. Packing, crating, baling. / m. y f.Packer, crater, baler.
Empachar. v. To produce indigestion to. / *Empacharse*, To get indigestion.
Empalme. m. Joining, coupling. (El acto de unir o acoplar). / Joint, combination. (Articulación, combinación). / Junction. (De caminos, trenes, etc.). / Connection. (Conexión, en cualquier sentido).

Empanada. f. Turnover pastry.
Empanar. v. To bread, to dip in a batter. To dip in breadcrumbs. (Cubrir de migas o cortezas de pan).
Empantanar. v. To swamp, to flood. (Un terreno). / (Fig.) To obstruct, to hold up. (Obstruir, detener). / *Empantanarse*, To become swamped (en un barrial). To get bogged down, to be osbructed or held up (en un negocio o trámite).
Empañar. v. To swaddle. (A un bebé). / To cloud, to mist, to blur, to dim. (Nublar, hacer borroso, obscurecer).
Empapar. v. To soak, to saturate. / To soak up, to absorb. (Sumergir en un líquido, absorber). / *Empaparse de*, (Fam.) To fill oneself.
Empapelar. v. To paper, to line with paper. / To wrap in paper. (Forrar de papel).
Empeine. m. Groin. (Ingle, bajo vientre). / Instep. (Del pie). / Vamp. (Del calzado). / Impetigo. (De la piel) / (Bot.) Liverwort, hepatica.
Empellón. m. Shove, push. / *Pasar a empellones*, To cross pushing violently.
Empeñado, da. adj. Persisting, determined.
Empeñaduría. f. Pawnshop.
Empeñar. v. To pawn. (Una prenda). / To oblige. (Obligar, comprometer). / To begin. (Una batalla, una riña, etc.). / *Empeñarse*, To go into debt. (Endeudarse). / To insist, to persist. (Insistir, persistir).
Empezar. v. To begin. (Con todas las acepciones de la palabra castellana). / To commence, to start. (Comenzar, partir).
Empinado, da. adj. Very high. (Muy alto). / Steep. (Abrupto, escarpado)
Empinar. v. To raise, to elevate. / To tower, to rise high. (Un edificio, un árbol, etc.). / To zoom. (Un avión).
Empírico. adj. Empiric, empirical. / m. Empiricist.
Emplasto. m. Poultice, plaster. (Cataplasma). / Patch. (Parche medicinal).
Emplazador. m. Summoner, one who summons.
Emplazamiento. m., pl. Summons, summoning. / Site, location, position. (Sitio, localización, posición)
Emplazar. v. To summon. (Citar). / To challenge, to call upon. (Desafiar, hacer llamamiento). / To place, to situate, to put, to locate. (Ubicar, situar, poner, colocar).
Empleo. m. Employment. (Con todas las acepciones de la palabra castellana). / Job, post, occupation. (Trabajo, puesto, ocupación).
Emplomar. v. To lead. / To fix a lead seal on. (Sostener con un sello de plomo).
Empobrecer. v. To impoverish. / *Empobrecerse*, To become poor, to get impoverished. / To become exhausted. (Un campo).
Empolvar. v. To powder, to dust, to sprinkle with powder.
Emponzoñar. v. To poison. / To damage, to hurt, to ruin, to spoil. (Dañar, lastimar, arruinar, echar a perder).
Emporio. m. Emporium, market.
Empujar. v. To push, to shove. / To press, to bring pressure on. (Presionar, hacer presión sobre).
Empuje. m. Shove, push. / Thrust. Drive. (Impulso). / Energy. (Energía).
Enajenar. v. To alienate. (Con todas las acepciones de la palabra castellana). / To transfer, to sell. (Transferir, vender). / To take away, to dispossess. (Quitar, desposeer). / To make lose one's self-control, to enrapture. (Hacer perder el auto control, producir enajenación emocional). / To alienate. (A un amigo).
Enaltecer. v. To extol, to praise.
Enamorar. v. To woo, to court. / To enamor, to inspire love. (Inspirar amor, en un sentido amplio). / To flirt

with. (Enamorar en forma ligera). / *Enamorarse,* To fall in love. To infatuate. (Producir un enamoramiento antojadizo, un deseo de gratificación con).

Enano, na. adj. Small, minute, little, dwarfish. / m. y f.Dwarf.

Enarbolar. v. To hoist, to raise.

Enardecer. v. To kindle, to inflame. / *Enardecerse,* To become inflamed. (Una herida).

Encabalgar. v. To rest or lean upon something. / To provide with horses. (Proveer de caballos).

Encabezar. v. To put the title on or headline on. (En un escrito). / To lead. (Tomar la cabeza, encabezar un grupo).

Encadenado. adj. Linked. (Eslabonado, unido). / Chained. (Sujeto con cadenas). / (Arquitectura y construcción) Buttress, reinforcement.

Encadenar. v. To chain, to put in chains. / To connect, to link, to join. (Conectar, eslabonar, articular).

Encajar. v. To insert, to fit in. (Insertar, ajustar). / To fit. (Como un anillo en un dedo). / To push in, to force in. (Introducir a empujones, introducir a la fuerza). / To slip in. (Un comentario). / To give. (Un golpe). / To close or shut properly. (Juntarse o cerrarse correctamente). / To be appropriate. (Una frase).

Encaje. m. Lace. / Inserting, enchasing. (El acto de encajar) / Socket. (Lugar donde se encaja, soquete). / Inlaid work. (Trabajo embutido, damasquinado o marquetería). / (Comercio) Cash reserve.

Encajonamiento. m. Packing, boxing, packaging. / Narrowing. (De un río o un desfiladero).

Encalador, ra. adj. Whitewasher. (Con cal). / Lime vat. (Curtiembre).

Encalar. v. To whitewash.

Encallar. v. (Naveg.) To run aground. / To get bogged. (Un negocio, una empresa).

Encallecer. v. To develop corns, to harden. (Desarrollar callos, endurecer). / *Encallecerse,* To become callous. (En el vicio o por falta de sensibilidad).

Encaminar. v. To direct, to guide, to put on the right road. (Dirigir, guiar, poner en el camino). / *Encaminarse a,* To make for, to be on the way to.

Encanar. v. To put in prison, to jail.

Encandilar. v. To blind, to dazzle. / (Fig.) To dazzle, to delude. (Fascinar, engañar).

Encanecer. v. To grow grey-haired.

Encanijar. v. To weaken, to emaciate.

Encantación, encantamiento. m. Charm, spell. (Encanto, hechizo). / Haunt. (Hechizo maligno).

Encantamiento. m. Enchantment. (Con todas las acepciones de la palabra castellana). / Sorcery, bewitchment, witchcraft. (Hechicería, embrujo, brujería).

Encantar. v. To cast a spell on. (Lanzar un encantamiento sobre). / To enchant, to bewitch. (Encantar, hechizar). / To delight, to charm, to fascinate. (Deleitar, hechizar, fascinar).

Encanto. m. Charm. (Con todas las acepciones de la palabra castellana). / Enchantment, bewitchment. / *Los encantos de,* The natural charms of.

Encañonar. v. To point, to aim at. (Apuntar con un arma). / To fledge, to begin to grow feathers. (Comenzar a tener barbas un hombre, o a echar plumas un ave).

Encapotar. v. To cloak. / (Fig.) To frown. (El ceño). / *Encapotarse,* To become cloudy, to cloud over. To become stormy. (Nublarse, volverse tempestuoso).

Encapricharse. v. To take a fancy for. To grow a whimsical desire.

Encapsular. v. To encapsulate, to capsule. (Hacer cápsulas).

Encapuchado, da. adj. Hooded.

Encapuchar. v. To hood, to cover with a hood. / *Encapucharse,* To put one's hood on.

Encaramar. v. To raise, to lift up. / To climb. (Trepar, escalar con esfuerzo).

Encarar. v. To face, to confront.

Encarcelar. v. To imprison, to incarcerate. / To clamp. (Carp.).

Encarecer. v. To raise the price. (Los precios). / To recommend strongly. (Recomendar con énfasis). / *Encarecerse,* To become more expensive.

Encargado, da. m., f. Representative, foreman. (Representante, capataz). / Superintendent, manager. (Superintendente, administrador).

Encargar. v. To entrust, to put in charge of. (Confiar, poner a cargo de). / To ask. (Pedir). / *Encargarse,* To take charge of. (Hacerse cargo de).

Encargo. m. Errand. (Misión, tarea). / f. Request. (Encomendación, requerimiento). / Order. / *Contra encargo,* (Com.) Delivery to order.

Encariñar. v. To endear, to make fond of. / *Encariñarse,* To become fond. / *Estar encariñado con,* To be fond of.

Encarnación. f. Incarnation. (Con todas las acepciones de la palabra castellana). / Personification. / Flesh color. (Color carne).

Encarnar. v. To embody. (Con todas las acepciones de la palabra castellana). / To personify. (Personificar). / To penetrate the flesh.

Encenagarse. v. To wallow.

Encendedor, ra. adj. Lighting. / m. Lighter.

Encender. v. To light. (Con todas las acepciones de la palabra castellana). / To ignite, to kindle. (Dar ignición, prender fuego). / To turn on, to switch on. (Un interruptor). / To set afire. / To cause, to start. (Guerra, un motor, etc). / To inflame. To conflagrate. (Inflamar, deflagrar).

Encendrar. v. To purify, to refine. (Metales).

Encepar. v. To take deep root. (Plantas). / (Naveg.) To foul. (Enredarse el ancla en el fondo).

Encepe. m. Taking deep root.

Encerado, da. m., f. Oilcloth, tarpaulin. (Tela). / Blackboard. (Pizarrón).

Encerador, ra. m., f. Floor polisher. / Polishing machine. (Enceradora eléctrica).

Enceramiento. m. Waxing, polishing.

Encerar. v. To wax. To polish.

Encina. f. Oak tree.

Encinta. adj. Pregnant.

Enclaustrar. v. To cloister. / To hide, to conceal its obscure. (Esconder, ocultar. Obscurecer).

Enclavijar. v. To peg, to join with pegs. (Poner clavijas, unir con clavijas o tarugos). / To peg. (Un instrumento de cuerdas).

Enclenque. adj. Weak, feeble, sickly.

Enclítico, ca. adj. Enclitic. / f. Enclitic particle.

Encofrar. v. To plank, to timber.

Encono. m. Rancor, enmity, ill-will. (Rencor, enemistad, mala voluntad). / f. Inflammation.

Encontrado, da. adj. Facing or opposite one another. / Diametrically opposed, contrary.

Encontrar. v. To meet. To encounter. / To find, to come across. (Hallar, cruzarse con alguien). / To concur, to coincide. (Coincidir). / *Enontrarse con,* To meet, to come across.

Encopetado, da. adj. Arrogant. / Of noble descent, of ancient lineage. (De ascendencia noble, de antiguo linaje). / Crested. (Que tiene cresta o copete).

Encorajinarse. v. To get angry, to fly into a rage.

Encorvadura, encorvamiento. f. Curve, bend. / Bending, curving. (El acto de doblar o curvar).
Encorvar. v. To bend, to curve. (Una cosa o material). / To bend down, to stoop. (A una persona). / To buck. (Equitación).
Encrespado, da. adj. Curly. / Rough. (El mar). / Curling, curl. (El acto de encrespar, el cabello encrespado).
Encrespar. v. To curl. / (Fig.) To enrage, to excite. (Enrabiar, excitar). / To make rough. (Volver áspero, agitado).
Encrucijada. f. Crossroads. / Dilemma.
Encrudecimiento. f. Irritation. Worsening. (Agravamiento).
Encuadernador, ra. m., f. Bookbinder. (El oficio y el que lo practica). / Clip, pin. (Corchete, costura).
Encuadernar. v. To bind books.
Encuadrar. v. To frame, to square. / To fit into a frame. (Calzar en un marco). / (Fig.) To insert. (Insertar). / (Fig.) To surround. (Rodear).
Encubridor, ra. adj. Concealing. / m. y f. Concealer. Harborer (de un criminal).
Encubrimiento. m. Concealment, complicity.
Encubrir. v. To conceal, to hide. (Esconder). / To harbor. (A un criminal). / *Ayudar y encubrir*, To aid and abet.
Encuentro. m. Encounter, meeting. / Collision. (Colisión). / (Mil.) Clash, skirmish. (Choque, escaramuza). / Match, game. (Deportivo).
Ende. loc. adv. Por ende, Therefore, consequently.
Endeble. adj. Weak, feeble, frail.
Endecasílabo, ba. adj. Hendecasyllabic. / m. Hendecasyllabic verse.
Endecha. f. Dirge, mournful song (Canción). / Mournful poem. (Poesía).
Endemia. f. Endemic illness.
Endémico, ca. adj. Endemic.
Endemoniar. v. To possess with the devil. / To enrage, to infuriate. (Enfurecer).
Enderezar. v. To straighten. (Con todas las acepciones de la palabra castellana). / To correct, to rectify. / To direct. (Un esfuerzo).
Endiablado, da. adj. Devilish, fiendish. / Ugly, repulsive. (Feo, repulsivo) / Perverse, wicked (Perverso, tortuoso). / Fiendishly difficult. (Horrendamente difícil).
Endibia. f. Endive.
Endilgar. v. To send, to direct. / To address. (Un discurso).
Enema. f. Enema.
Enemigo, ga. adj. Enemy. Hostile to. (Hostil a o hacia). / m. Enemy, foe, adversary.
Enemistad. f. Enmity, antagonism.
Energético, ca. adj. Pertaining or relative to energy. / f. Energetics.
Energía. f. Energy, power.
Enérgico, ca. adj. Energetic. / Vigorous, lively. (Vigoroso, vivaz).
Energúmeno, na. m., f. Energumen.
Enero. m. January.
Enervación. f. Enervation, weakening.
Enervante. adj. Enervating, weakening. / Getting on one's nerves. (Exasperante).
Enervar. v. To enervate, to weaken. / (Fig.) To get on one's nerves. (Exasperar, hostigar).
Enésimo, ma. adj. Nth.
Enfadar. v. To annoy, to make angry, to irritate.
Enfado. m. Annoyance, irritation, anger.
Enfangar. v. To make muddy. / *Enfangarse,* To get muddy. To wallow in pleasures.

Enfardar. v. To pack, to bale.
Énfasis. f. Emphasis, stress.
Enfermar. v. To make ill. / *Enfermarse*, To fall ill.
Enfermedad. f. Illness, disease.
Enfermería. f. Infirmary, hospital, sick bay (en un barco).
Enfurecer. v. To infuriate, to make furious.
Engalanar. v. To adorn, to decorate, to deck. / *Engalanarse,* To dress one's best.
Engallarse. v. To draw oneself up haughtily. (Una persona). / To hold its head up straight. (Un caballo).
Enganchar. v. To hook. (Con todas las acepciones de la palabra castellana). / To catch with a hook. (Cazar con anzuelo). / To couple, to connect, to hitch. / To ensnare. (Tender el anzuelo a un incauto). / (Mil.) To entice into enlisting.
Engañar. v. To deceive, to cheat, to fool. / To cuckold. (La mujer al marido). / *Engañarse,* To deceive oneself, to be mistaken. (Estar equivocado).
Engaño. m. Trick, swindle, hoax, fraud. / Mistake, misunderstanding. (Error, malentendido).
Engarce, engarzadura. m. Linking, stringing together. (El acto de unir, de enhebrar como collar). / Setting, mounting. (Joyas).
Engastado, da. adj. Set, mounted.
Engastador, ra. adj. Setting. / m. Setter, mounter.
Engastar. v. To set, to mount.
Engaste, engastadura. m. Setting, mounting. / Groove holding a gem. (Montaje que sostiene una piedra preciosa). / Pearl flat on one side and round of the other. (Perla).
Engrandecer. v. To make great. / To increase, to enlarge, to amplify, to augment. (Acrecentar, agrandar, amplificar, aumentar).
Engrasar. v. To grease, to oil, to lubricate.
Engrase. m. Greasing, oiling, lubrication.
Engreído, da. adj. Spoiled, conceited.
Engreimiento. m. Conceit, vanity, pretentiousness.
Engreír. v. To make conceited. / To spoil, to pamper, to indulge. (Echar a perder, mimar, consentir).
Engrosar. v. To make thick, to thicken, to broaden. / To swell. (Un río, una multitud).
Engrudo. m. Paste.
Engullir. v. To gulp down. To gobble (Comida).
Enjaular. v. To cage. / (Fam.) To imprison, to confine.
Enjoyar. v. To bejewel. To set with precious stones.
Enjuagar. v. To rinse.
Enjuague. m. Rinsing, rinse. / (Fam., Fig.) Plot, scheme, stratagem. (Maniobras turbias).
Enjugar. v. To dry, to wipe away. (Secar, limpiar con un paño).
Enjuiciar. v. To prosecute. (Entablar demanda, querellarse). / (Der.) To try. (Juzgar en un tribunal).
Enjundia. f. Fat, grease. (De animal). / (Fig.) Essence, substance. (De una idea).
Enjutez. f. Dryness.
Enjuto, ta. adj. Lean, thin, dry. (Delgado, flaco, seco).
Enlace, enlazamiento. m. Linking. (El acto de enlazar). / m. Link. (Con todas las acepciones de la palabra castellana). / Union, connection, link, liaison. (Unión, conexión, eslabonamiento). / Relationship, wedding, marriage. / Mediator, intermediary. (Mediador, intermediario).
Enlatar. v. To can. / To roof with tin. (Techar).
Enlazadura. f. Lacing.
Enlazar. v. To link. (Con todas las acepciones de la palabra castellana). / To join. (Unir). / To lasso. (A un animal). / To lace, to enlace, to tie with ribbons. (Poner lazos de cintas.)

Enlistonar. v. To lath.
Enlizar. v. To add leashes.
Enlodamiento. m. Muddying. (Con lodo). / Defamation. (De la reputación).
Enlodar. v. To plaster with mud. (Un muro, una empalizada). / To besmirch, to defame. (La reputación).
Enloquecer. v. To drive insane, to madden. / (Fig.) To enchant, to delight. (Encantar, deleitar).
Enlosado. m. Tiling, tiled floor.
Enlosar. v. To tile, to pave with tiles.
Enlucido, da. adj. Whitewashed, plastered. / m. Coat of plaster, plaster, plastering. (Recubierta de estuco, estuco, estucado).
Enlutar. v. To cast into mourning. / To dress in mourning. (Vestir de luto).
Enmohecer. v. To rust. To make rusty.
Enmohecido, da. adj. Rusty.
Enmudecimiento. m. Silencing, speechlessness.
Enmuescar. v. To notch.
Enmugrar, enmugrecer. v. To make dirty or grimy.
Enmustiar. v. To wither.
Ennegrecer. v. To blacken, to make black.
Ennegrecimiento. m. Blackening, turning black.
Enol. m. Enol.
Enología. f. Oenology.
Enólogo. m. Oenologist.
Enómetro. m. Wine alcoholometer.
Enorgullecer. v. To make proud.
Enorme. adj. Enormous. (Con todas las acepciones de la palabra castellana). / Huge, vast. (Descomunal, vasto). / Grave, serious. (Una ofensa).
Enormidad. f. Enormity, hugeness, vastness. / Monstrousness, excess.
Enquiciar. v. To put on hinges. (En goznes). / To put in a frame. (En quicio). / (Fig.) To put in order, to set right.
Enquistado, da. adj. (Biol.) Cyst-like. / Embedded, enchased. (Empotrado, encajado).
Enquistar. v. To encyst, to form a cyst.
Enrabiar. v. To enrage.
Enraizar. v. To grow roots.
Enranciar. v. To make rancid.
Enrarecer. v. To thin, to rarefy. (Un gas).
Enrarecido. adj. Rarefied.
Enrasar. v. To smooth, to plane.
Enredadera. adj. Climbing. / f. (Bot.) Vine, climbing plant. / Bindweed (Nombre científico) Polygonus convulvulus.
Enredado, da. adj. Entangled. / Involved. (En un asunto).
Enredar. v. To entangle. (Con todas las acepciones de la palabra castellana). / complicate. (Complicar). / To cause trouble between. (Crear problemas entre otros). / To involve, to mix up in, to compromise. (Involucrar, mezclar, comprometer en un asunto). / To net. (Atrapar en una red).
Enredo. m. Tangle. / Mess, trouble, complicated situation. (Desorden, problema, situación complicada). / Mischievous piece of gossip. (Charla malevolente). / Plot. (Intriga).
Enrejado. m. Railings (rejas), grill work. / f. Iron fence. (Rejas de hierro).
Enrejar. v. To put railings. (En terreno). / To put a grating or lattice. (Una ventana, una puerta).
Enrevesado, da. adj. Nonsensical.
Enriar. v. To soak, to submerge.
Enrielar. v. To make into ingots. (Fundición). / To lay rails on. (Ferr.). / To put back on the rails. (Volver un tren a sus rieles). / To guide, to direct. (Guiar, dirigir).
Enriquecer. v. To enrich. (Con todas las acepciones de

la palabra castellana). / To make wealthy. (En dinero). / To enhance, to adorn. (Valorizar, adornar). / *Enriquecerse*, To become wealthy. To prosper. (Prosperar).
Enriquecimiento. m. Enrichment, enhancement.
Enronquecer. v. To make hoarse.
Enroque. m. Castling the king.
Enroscar. v. To curl, to twist. / To screw in. (Un tornillo).
Enrostrar. v. To reproach in one's face.
Enrular. v. To curl.
Ensaimada. f. Pastry roll.
Ensalada. f. Salad. / *Ensalada de frutas*, Fruit salad.
Ensaladera. m. Salad bowl.
Ensalmar. v. To set bones. / To heal by incantations. (Curar por magia).
Ensalmista. m. Medicine man. Healer.
Ensalmo. f. Magic word.
Ensalzar. v. To exalt, to glorify. (Exaltar, glorificar). / To praise, to extol. (Alabar, elogiar).
Ensambladura, ensamble. m. Assembling. / Joint, union.
Ensañar. v. To infuriate, to enrage.
Ensartar. v. To string. (Cuentas). / To pierce, to penetrate. (Clavar, penetrar).
Ensayar. v. To test, to try. / To rehearse. (En música u otra destreza). / To assay. (Materiales).
Ensayista. m. Essayist.
Ensayo. m. Trial, test. / Rehearsal, practice. (De una obra teatral, una ejecución, etc.). / Essay. (Lit.). / (Ciencias) Assay.
Enseguida. adv. At once, inmediately.
Ensenada. f. Cove, inlet.
Ensenar. v. To sail into a bay.
Enseña. f. Insignia. Flag, standard. (Bandera, estandarte).
Enseñable. adj. Teachable.
Enseñanza. m. Teaching, education. / Example, lesson. (Ejemplo, lección).
Enseñar. v. To teach. (Educar). / To show, to point out, to indicate. (Mostrar, señalar, indicar).
Enseñorearse. v. To master.
Ensoberbecer. v. To make arrogant. / *Ensoberbecerse*, To become arrogant.
Ensombrecer. v. To darken, to dim. / *Ensombrecerse*, To become sad or melancholy.
Ensopar. v. To soak.
Ensordecer. v. To deafen, to make deaf. / (Fon. To unvoice, to make unvoiced.
Ensortijar. v. To curl, to form ringlets in.
Ensuciar. v. To dirty, to stain, to pollute. / To stain, to discredit. (Manchar, desacreditar una reputación). / *Ensuciarse*, To get dirty. To wet oneself (un niñito). (Fam.) To dishonor oneself. / To wet or soil. (Un bebé).
Ensueño. m. Dream, reverie. / (Fig.) Illusion, fantasy. (Ilusión, fantasía).
Entelequia. f. Entelechy.
Entendederas. m. Intellect, understanding, brains. / *Según mis entendederas*, As far as I understand it.
Entender. v. To understand. (Con todas las acepciones de la palabra castellana). / To think, to consider. (Pensar, considerar). / *Entenderse*, To come to an agreement (llegar a acuerdo). To understand one another (comprenderse recíprocamente).
Entendido, da. adj. Informed, expert, experienced. / *No darse por entendido*, To feign not to understand. / m., f. Expert, connoisseur.
Entendimiento. m. Understanding. (Con todas las acepciones de la palabra castellana). / Comprehension, mind, reason. (Comprensión, espíritu, razón). / Agreement. (Acuerdo).

Enterado, da. adj. Informed, well-informed, up-to-date.

Enterar. v. To inform, to acquaint. (Informar, poner al tanto). / To complete. (Completar). / *Enterarse*, To find out, to come to know (venir a saber). To get to know (lograr saber).

Entereza. f. Entirety. Completeness. (Completitud). / Integrity. Uprightness. (Integridad moral, rectitud). / (Fig.) Fortitude, firmness, courage. (Fortaleza de ánimo, firmeza de carácter, coraje).

Enternecer. v. To make tender, to soften. / To move, to touch. (Conmover, tocar los sentimientos).

Enternecido, da. adj. Moved, touched.

Entero. adj. Whole, entire, complete. / Honest, upright. (Honesto, recto). / Robust, strong, sound. (Robusto, fuerte, enérgico). / Steadfast, loyal. (Perseverante, leal). / Whole. (Todo). / Uncastrated. (Un animal que no ha sido castrado).

Enterrador. m. Gravedigger, sexton. / (Entom.) Sexton-beetle, burying beetle.

Enterramiento. m. Interment, burial. (La acción y efecto de enterrar a un difunto). / Tomb, grave. (Tumba, sepulcro).

Enterrar. v. To bury, to inter. / (Fig.) To outlive. (Vivir más tiempo que otro). / To hide, to forget. (Ocultar, olvidar). / To drive in a nail. (Clavar un clavo).

Entético, ca. adj. Enthetic.

Entibar. v. To prop. / *Entibarse en*, To rest on.

Entibiar. v. To make warm, to make tepid. (Poner tibio, tépido). / To temper, to moderate. (Temperar, moderar).

Entidad. f. Entity. (Con todas las acepciones de la palabra castellana). / Essence, substance. (Esencia, substancia). / Body of, organization, company. (Cuerpo de, organización, compañía).

Entomófilo, la. adj. Entomophilous.

Entomología. f. Entomology.

Entonar. v. To intone. (Con todas las acepciones de la palabra castellana). / To sing in tune. (Cantar en el tono apropiado). / To work the bellows. (Accionar el fuelle de un órgano). / To tone up, to invigorate. (Tonificar, vigorizar). / To harmonize colors. (Armonizar colores).

Entonces. adv. Then. (Con todas las acepciones de la palabra castellana). / In that case. (En tal caso). / At that time. (En aquel entonces).

Entontecer. v. To make silly. / To stultify.

Entorchar. v. To bind with gold or silver cord. / To wind a wire around a string. (Enrollar un alambre alrededor de una cuerda).

Entornar. v. To half-close.

Entornillar. v. To twist into a screw or spiral. (Retorcer formando un tornillo o espiral). / To thread a screw. (Labrar el hilo de un tornillo).

Entorpecer. v. To make slow or torpid. / To confuse, to cloud. (Confundir, nublar la inteligencia). / To jam, to stick. (El tránsito, una cañería).

Entorpecimiento. m. Dulling, befuddling, torpor. / Delay. (Retraso).

Entrada. f. Entrance. (Con todas las acepciones de la palabra castellana). / Vestibule, foyer. (Vestíbulo, zaguán). / Entry, ingress. (El acto de entrar, ingreso). / Admission. (Admisión). / Opening, gap. (Abertura, pasaje a través de un obstáculo). / (Comercio) Earnings, cash receipts. / Admission ticket. (Boleto de entrada). / Beginning, first days. (De temporada, primeros días, comienzos). / Entrée. (Primer plato de una cena). / Entry, entrance. (De teatr.).

Entramado. m. Wooden framework.

Entramar. v. To build a framework.

Entrambos, bas. adj. pl. Both.

Entrampar. v. To trap, to ensnare. / (Fig.) To confuse, to entangle. (Confundir, enredar).

Entrante. adj. Next, coming. (El próximo, el que viene). / f. (Naveg.) Rising tide. (Marea). / Recess, niche. (Arq.).

Entrañable. adj. Intimate, very close. Deep. (Profundo).

Entrañas. pl. Entrails, innards. (De un cuerpo). / m. Center, middle. (El centro, la parte media). / Will power. (La fuerza de voluntad). / Nature, idiosyncrasy. (Naturaleza, idiosincrasia).

Entrar. v. To enter. (Con todas las acepciones de la palabra castellana). / To go in. (Pasar adentro). / To fit. (Ajustar, como una prenda de vestir). / To begin. (Comenzar). / To enter in a group. (Entrar a un grupo o conjunto). / To go into. (Ir al interior). / To come in. (Venir al interior).

Entre. prep. Between. (Entre dos elementos). / Among. (Entre varios elementos). / Amongst, amid, amidst. (Entre muchas cosas, en medio de, en medio de muchas cosas). / *Entre tanto*, In the interim, meanwhile.

Entreabierto, ta. adj. Ajar, half-opened.

Entreabrir. v. To open slightly, to set ajar.

Entreacto. f. Intermission.

Entrelazar. v. To interweave, to interlace. To braid. (Trenzar, acordonar).

Entrelinear. v. To write between lines. / To seek a second meaning in an assertion. (Buscar un segundo significado en lo que se ha dicho).

Entrenar. v. To train. / To rehearse.

Entrepiernas. f. Innerside of thighs, crotch. (Del cuerpo humano) / Patchon. (Los parches que se ponen en las entrepiernas del pantalón). / Bathing trunks. (Traje de baño).

Entresacar. v. To select, to pick out. / To thin out. (Ralear).

Entresijo. m. Mesentery.

Entretanto. adv. Meanwhile, in the meantime.

Entretejer. v. To interweave, to intertwine. / *Entretejer con*, To weave into.

Entretela. f. interlining. (Costura). / Innermost being or self. (Del corazón).

Entretener. v. To entertain, to amuse, to divert. / To make bearable. (Hacer soportable).

Entretenido, da. adj. Amusing, entertaining, pleasant.

Entrever. v. To have a glimpse of. To see vaguely. (Ver vagamente). / To guess. (Suponer, conjeturar).

Entreverado, da. adj. Intermixed. / *Estar entreverado con*, (Fig.) To be entangled in a fight against.

Entreverar. v. To intermingle, to mix. / To mix together helter-skelter, to get jumbled together. (Mezclarse en violento desorden). / To clash in hand-to-hand combat. (Chocar en una pelea cuerpo a cuerpo).

Entrevero. m. Mingling, mixing. / Hand-to-hand combat. (Pelea cuerpo a cuerpo).

Entrevista. f. Interview. (Con todas las acepciones de la palabra castellana). / Meeting, conference. (Encuentro, conferencia).

Entrevistar. v. To interview.

Entristecer. v. To sadden, to grieve.

Entrometimiento. m. Intermeddling, intrusion.

Entroncamiento, entronque. f. Relationship. / Connection, junction. (De rutas).

Entroncar. v. To be related, to become related. / To connect, to link up. (Conectar, articular). / To form a junction. (Dos o más rutas).

Entronizar. v. To enthrone.

Entropía. f. Entropy.

Entubar. v. To put into tubes. / To hide. (Esconder, ocultar).

Entuerto. f. Offense, wrong, injustice.

Entumecer. v. To numb, to make numb. / *Entumecerse*, To become numb.

Enumerar. v. To enumerate.

Enunciar. v. To state, to enunciate.

Enunciativo, va. adj. Enunciative.

Envainar. v. To sheathe, to encase.

Envalentonar. v. To encourage, to embolden. / *Envalentonarse*, To pluck up courage, to become bold.

Envanecer. v. To make conceited, vain.

Envarar. v. To benumb, to make stiff.

Envasado, da. adj. Packed.

Envergadura. f. Breadth. / Wingspan, wingspread. (De las alas de un ave, un avión, etc.). / Importance. (Importancia).

Envergue. f. Sail rope.

Envés. f. The back.

Enviado. m. Envoy, messenger, delegate.

Enviar. v. To send. (Con todas las acepciones de la palabra castellana). / To dispatch, to mail. (Despachar, mandar por correo). / To convey, to transmit. (Hacer llegar, transmitir).

Enviciar. v. To corrupt, to vitiate, to spoil. (Corromper, viciar, echar a perder). / *Enviciarse con*, To become addicted to. To become overfond with. (Aficionarse en exceso a).

Envidia. f. Envy. Desire to emulate. (Deseo de emular).

Envidiar. v. To envy. / To covet. (Codiciar).

Envolver. v. To wrap. To make into a bundle. (Hacer un envoltorio). / (Mil.) To surround. (Al enemigo). / To implicate, to involve. (En un asunto).

Envuelto, ta. adj. Wrapped.

Enyesar. v. To plaster, to whitewash. (Albañ.). / To treat with gypsum. (Vinos). / To plaster. (Med.).

Enzarzar. v. To cover with brambles. / *Enzarzarse*, To get entangled in brambles. (Enredarse en zarzas). To become involved in difficulties. (Enredarse en dificultades). To get involved in a dispute. (Meterse en una disputa).

Enzima. f. Enzime.

Enzimología. f. Enzymology.

Eólico, ca. adj. Aeolian. / Aeolic dialect.

Eolo. m. Aeolus. (El dios de los vientos).

Eón. m. Aeon.

Épica. f. Epic poetry.

Epicanto. m. Epicanthus.

Epiceno. m. Epicene.

Epicentro. m. Epicenter.

Épico, ca. adj. Epic, pertaining to epic poetry, heroic.

Epicureísmo. m. Epicureanism, epicurism, sensualism.

Epicúreo, a. adj. Epicurean, pleasure-loving.

Epidemia. f. Epidemic.

Epidemiología. f. Epidemiology.

Epidemiólogo. m. Epidemiologist.

Epidermis. f. Epidermis, luter skin.

Epifanía. f. Epiphany, Twelfth Night.

Epígono. m. Epigone, successor, follower.

Epígrafe. m. Epigraph, inscription, quotation.

Epigrafía. f. Epigraphy.

Epigrama. m. Epigram. Witty statement, poem or inscription. (Afirmación, poema o inscripción ingeniosa).

Epilepsia. f. Epilepsy.

Epiléptico, ca. adj. Epileptic.

Episcopado. m. Episcopacy.

Epistolar. adj. Epistolary, composed as a series of letters. / Pertaining to letter-writing. (Perteneciente al género literario epistolar).

Epistolario. adj. Epistolary. / Volume of letters.

Epitafio. m. Epitaph.

Epitalamio. m. Epithalamium, nuptial song.

Epitelio. m. Epithelium.

Epítema. m. Epithem.

Epíteto. m. Epithet.

Epítome. m. Epitome, summary, compendium.

Época. f. Epoch. Era, age, time. (Era, edad, tiempo).

Époda, épodo. m. Epode.

Epónimo, ma. adj. Eponymous, eponymic. / m. Eponym.

Epopeya. f. Epopee.

Equidad. f. Equity, fairness, impartiality.

Equidistancia. f. Equidistance.

Equidistante. adj. Equidistant.

Équido. m. Equine.

Equilibrar. v. To balance, to equilibrate, to counterpoise.

Equilibrio. m. Equilibrium, balance. / Counterbalance, counterpoise. (Balancín, contrapeso).

Equilibrista. m. Equilibrist, aerealist. / Tight-rope walker. (El que anda en la cuerda).

Equívoco, ca. adj. Equivocal, ambiguous. / m. Equivoque, ambiguity.

Era. f. Era, age. / Threshing floor. (Para trillar). / Vegetable garden. (Huerta de hortalizas).

Erario. m. Public funds, exchequer, public treasury.

Erección. f. Erection. (Con todas las acepciones de la palabra castellana). / Building. (Constr.). / Establishment, founding. (Establecimiento, fundación).

Eréctil. adj. Erectile.

Eremita. m. Eremite, hermit, recluse.

Ergo. conj. (Locución latina) Ergo. Therefore. (Por lo tanto).

Ergómetro. m. Ergometer.

Ergonovina. f. Ergonovine.

Ergoterapeuta. m. Occupational therapist.

Erguido, da. adj. Erect. Proud.

Erguir. v. To raise. (Parar, levantar la cabeza, un órgano). / *Erguirse*, To rise up, to erect. / To straighten. (Ponerse derecho). / To build up. (Edificar).

Erigir. v. To erect, to build, to construct. To rise up. (Alzar, elevar).

Erisipela. f. (Med.) Erysipelas.

Eritrina. f. Erythrite, cobalt bloom.

Erizado, da. adj. Spiky, spiny, thorny.

Eructar. v. To eructate, to belch, to burp.

Eructo. m. Belch, burp, eructation.

Erudición. f. Erudition, learning, scholarship.

Erudito, ta. adj. Erudite, learned, scholarly. / m. Scholar.

Erupción. f. Eruption. (Con todas las acepciones de la palabra castellana). / Bursting. (De aguas o fuegos subterráneos, de pasiones, etc.). / (Med.) Eruption, rash.

Esa, ésa. pron. That. (Con todas las acepciones de la palabra castellana). / That one. (Ésa). / That thing. (Esa cosa).

Esbeltez, esbelteza. f. Slenderness. Gracefulness, litheness. (Gracilidad, flexibilidad).

Esbelto, ta. adj. Slender, graceful, lithe, svelte.

Esbirro. m. Constable. (Policía). / (Fam.) Henchman, underling. (Matón a sueldo).

Esbozar. v. To sketch, to outline.

Esbozo. m. Sketch, outline. Rough draft. (Boceto).

Escabeche. m. Marinade, pickled fish. / Pickle.

Escabel. m. Footstool. (Para los pies). / Stool, small bench. (Para sentarse). / (Fam.) Stepping stone. (Para montar).

Escabroso, sa. adj. Rough, rugged, craggy. (Terreno). / Hard, harsh. (Carácter). / Scabrous, salacious. (Tema o asunto).

Escabullirse. v. To slip out. / To slither out, to sneak away, to escape.

Escafoides. m. Scaphoid.

Escala. f. Scale. (Con todas las acepciones de la palabra castellana). / Ladder. Stepladder. (Para subir). / Port of call, stopping point. (Lugar de parada de una nave). / *Escala de calado*, (Naveg.) Draft gauge. / *A gran escala*, At a large scale.

Escalada. f. Scaling, climbing.

Escalador, ra. adj. Scaling, climbing. / m. Climber, mountain climber. / Housebreaker. (Ladrón de casas).

Escalafón. f. List, roll, register.

Escalar. v. To escalade, to break in by force. (Escalar una defensa, irrumpir por fuerza). / To scale, to climb. (Trepar, encaramarse). / To climb by dubious means. (Ascender por medios dudosos). / adj. Scalar. (Matemáticas).

Escaldado, da. adj. Scalded.

Escaldar. v. To scald, to burn with liquid. / *Escaldarse, quedar escaldado*, To get scalded (quemarse). To get a painful experience to remember (tener una experiencia dolorosa para recordar). / To get diaper rash. (Sufrir una irritación de la piel, como los bebés).

Escaleno. m. Scalene.

Escándalo. m. Scandal. (Con todas las acepciones de la palabra castellana). / f. Licentiousness. (Licenciosidad). / Rumpus, commotion. (Gran perturbación, conmoción).

Escandalosa. f. (Naveg.) Gaff, top sail.

Escaño. m. Seat. (Cargo de congresal o parlamentario). / Bench. (Para sentarse).

Escapar. v. To run hard. (Correr a todo dar). / To save, to free. (Salvar, librar). / To escape, to flee, to run away. (Escapar, huir). / To slip out. (Como una frase que uno no quería decir). / *Escaparse*, To escape, to flee, to run away. (Huir, arrancarse). / To escape, to leak. (Gas, agua, etc.).

Escaparate. m. Shop window, display window. (De tienda). / Glass case, display cabinet. (Mueble).

Escapularlo. m. Scapulary.

Escarabajo. m. Scarab. (Con todas las acepciones de la palabra castellana). / Black beetle, scarabaeus.

Escarceo. m. Choppiness. (Del mar). / Digression, circumlocution. (Al hablar). / Caracolling, curvetting. (Un corcel).

Escarcha. f. Frost, hoarfrost.

Escarchar. v. To ice freeze, to frost. / (Fig.) To make sugar crystallize. (Con azúcar).

Escariar. v. (Mec.) To ream.

Escarificar. v. To scarify.

Escarlata. f. Scarlet.

Escarmentar. v. To correct severely, to punish.

Escarmiento. f. Warning, lesson.

Escarnecer. v. To ridicule, to deride, to mock.

Escarpado, da. adj. Steep, craggy, rugged.

Escarpelo. m. Scalpel.

Escarpia. m. Tenterhook.

Escasear. v. To become scarce. / To be scarce.

Escasez. f. Scarcity, lack, shortage. / Poverty, want, need. (Pobreza, falta, necesidad).

Escaso, sa. adj. Scarce. Short, limited, meager. (Poco, limitado, magro) / Frugal. (Frugal).

Escatimar. v. To give sparingly. / To give scarcely. / To covet. (Avariciar).

Escatología. f. Eschatology. (Fil.). / Scatology. (Med.).

Escatológico, ca. adj. Eschatological. (Fil.) / Scatologic. (Med.).

Escayola. f. Scagliola, stucco.

Escena. f. Scene, scenery. (Lo que puede contemplarse). / Stage (Teatr.). / Sight, view. (Vista, panorama). / Episode. (Episodio).

Escenario. m. Stage, scenery. / Setting, background. (Escenografía).

Escenificación. f. Staging, dramatization, adaptation for the stage (de una obra literaria).

Escenificar. v. To stage, to adapt for the stage, to dramatize.

Escenografía. f. Scenography.

Escepticismo. m. Skepticism.

Escéptico, ca. adj. Skeptical, skeptic, sceptic.

Escindir. v. To divide, to split, to separate.

Escisión. f. Division, splitting, schism.

Esclarecer. v. To lighten, to illuminate. (Aclarar, iluminar). / To clarify, to make clear, to elucidate. (Clarificar, hacer claro, elucidar).

Esclarecido, da. adj. Outstanding, eminent, illustrious. (Sobresaliente, eminente, ilustre).

Esclarecimiento. m. Clearing up. (De un crimen). / Explanation, elucidation. (Explicación, elucidación). / Illumination. (Iluminación).

Esclavina. f. Shoulder cape. Pelerine.

Esclavitud. f. Slavery.

Esclavizar. v. To enslave. / To dominate, to subjugate.

Esclavo, va. adj. Enslaved, subjected, dominated. / m. Slave. / *Esclava*, Bangle, bracelet. (Pulsera, ajorca).

Esclerosis. f. Sclerosis.

Esclerótico, ca. adj. Sclerotic. / (Anat.) Sclera.

Esclusa. f. Lock, sluice, floodgate.

Escoba. f. Broom. (De barrer). / (Bot.) *Escoba amargosa*, Cachanlagua. (Nombre científico) Centaurium chilensis.

Escobillar. v. To brush. / To tap the feet. (Baile).

Escocedura. f. Inflammation, irritation of the skin, burning itch.

Escocer. v. To annoy, to vex. (Fastidiar,irritar). / To sting. (Picar, arder una picadura de insecto).

Escocimiento. m. Burning, stinging, chafing.

Escoger. v. To choose, to select, to pick.

Escogido, da. adj. Selected, chosen. / m. Select, choice.

Escolar. m. Scholar, pupil, student. / adj. Scholastic. (Perteneciente a la escuela o los estudiantes).

Escolaridad. m. pl. School courses, curriculum.

Escolástico, ca. adj. Scholastic, academic. / m. Scholastic. Schoolman.

Escolio. m. Scholium, comment.

Escoliosis. f. Scoliosis.

Escolta. f. Escort, convoy, guard.

Escoltar. v. To escort, to convoy.

Escollera. f. Breakwater.

Escollo. m. Reef. / (Fig.) Obstacle.

Escombro. m. Rubble, debris.

Esconder. v. To hide, to conceal.

Escondite. m. Hiding place, hideaway.

Escopeta. f. Shotgun.

Escopetazo. m. Gunshot, gunshot wound.

Escoplear. v. To chisel, to notch.

Escoplo. m. Chisel.

Escora. f. (Naveg.) Inclination.

Escorar. v. To go by the side.

Escorbuto. m. Scurvy.

Escoria. f. Scoria, slag, dross. (De fundición). / Volcanic ash. (Ceniza volcánica) / (Fig.) Trash, scum. (Escoria social).

Escoriación. f. Skinning, flaying.

Escoriar. v. To skin, to flay.

Escorpión. m. Scorpion. / *Escorpión*, Scorpio. (Astrol.).

Escorzo. m. Foreshortening, foreshortened figure.
Escotadura. f. Neckline, neck. (De un traje). / To pay one's share of. (Pagar a escote).
Escote. m. Low neck, low neckline. (Del vestido femenino). / Breast showing above neckline. (Parte de los pechos que son visibles por el escote). / Share, quota. (Parte, cuota).
Escotilla. f. (Naveg.) Hatchway.
Escritor, ra. m., f. Writer, author. / Journalist. (Periodista). / Authoress. (Escritora).
Escritorio. m. Writing desk. (El mueble). / Study, office. (El local).
Escritura. f. Writing. (Con todas las acepciones de la palabra castellana). / Handwriting. (Caligrafía). / Document, contract. (Documento, contrato). / *Escritura de propiedad*, Title deed.
Escriturar. v. To notarize, to execute by deed.
Escrófula. f. Scrofula.
Scrophulariaceae.
Escrofuloso, sa. adj. Scrofulous.
Escroto. m. Scrotum.
Escuchar. v. To listen to. To hear. (Oir). / To pay attention to. (Prestar atención).
Escudar. v. To shield, to defend.
Escudería. f. Squireship.
Escudero. ra. m. Squire, shield bearer. / Lady's page. (Pajecillo de señora). / Shield maker. (El que hace escudos).
Escudilla. m. Wide bowl.
Escudo. m. Shield. / (Heráld.) Coat of arm. (Escudo de armas).
Escudriñar. v. To scrutinize, to examine minutely, to investigate.
Escuela. f. School. (Con todas las acepciones de la palabra castellana). / Doctrine or system. (Doctrina o sistema). / Academy. (Academia). / College. (Colegio). / Style. (Estilo).
Escueto, ta. adj. Plain, simple, unadorned.
Esculpir. v. To sculpture, to engrave.
Escultor, ra. m. Sculptor. (Hombre). / f. Scupltress. (Mujer).
Escultura. f. Sculpture.
Escupir. v. To spit, to spit out.
Escurridero. f. Drainboard, plate rack. (De cocina). / Drainpipe, outlet. (Tubo de drenaje, salida de líquidos). / Drying rack. (Tablero de secado).
Escurrido, da. adj. Narrow-hipped. (De caderas estrechas). / Wearing a tight-fitting skirt. (Una mujer con faldas muy ajustadas).
Escurrir. v. To drain. To drip. (Drenar, gotear). / To slip. (Escabullirse).
Esdrújulo, la. adj. Proparoxytonic.
Ese. Ess. (El nombre de la letra). / m. Link of chain. (Eslabón).
Esfumado, da. adj. Sfumato. (Dibujo). / Vanished. (Cualquier cosa). / Blurry. (Borroso).
Esfumar. v. To stump. (Dibujo). / To tone down. (Pint.). / To vanish, to disappear. (Desvanecerse, desaparecer).
Esgrima. f. Fencing.
Esgrimir. v. To wield. / To put forward, to wield. (Argumentos, acusaciones). / To fence. (Practicar esgrima).
Esgrimista. m. fencer.
Esguince. m. Dodge, feint. (Esquivamiento, finta). / Twist, sprain. (Torcedura, desgarramiento en una articulación).
Eslabonar. v. To link, to string together, to interlink.
Eslora. f. (Naveg.). Length.

Esmaltar. v. To enamel.
Esmalte. v. Enamel. / Enameling, enamel work. (El acto de esmaltar, una obra de esmalte). / Cobalt blue. (Color). / Luster, splendor. (Lustre, esplendor). / *Esmalte para uñas*, Nail polish.
Esmeralda. f. Emerald.
Esmerilar. v. To polish (lijar). To grind (amolar).
Esmero. m. Painstaking care, meticulousness.
Esmirriado, da. adj. Emaciated, thin.
Esmoquin. f. Evening dress, tuxedo.
Espacio. m. Space. (Con todas las acepciones de la palabra castellana). / Room, area, period. (Ambito, área, período). / Interval. (Mús.).
Espacioso, sa. adj. Spacious, roomy, ample.
Espachurrar. v. To squash, to crush.
Espaldera. f. Trellis, espalier.
Espantada. m. Terror, fright, fear. / Bolting, sudden fright. (De animales).
Espantadizo, za. adj. Easily frightened. / Scary, jumpy. (Asustadizo, saltón).
Espantajo. m. Scarecrow. / Hag. (Una vieja fea).
Espantapájaros. m. Scarecrow.
Espantar. v. To frighten, to scare. / To frighten or scare away. (Para hacer huir). / *Espantarse*, To be alarmed (alarmarse). To be astonished or amazed (estar atónito o asombrado). To get angry (enojarse).
Espanto. m. Terror, panic, consternation. / (Fig.) Ghost, apparition. (Fantasma, aparición). / *Estar curado de espanto*, To be well experienced.
Esparcido, da. adj. Scattered, disseminated. / Spread out. (Repartido). / Merry, gay, amusing, entertaining. (Alegre, jovial, divertido).
Esparcimiento. m. Scattering, spreading. (Espaciar, diseminar). / Relaxation, recreation. (De diversión). / Joviality, gaiety. (Alegría, jovialidad).
Esparcir. v. To spread, to scatter. / To relax, to divert.
Espárrago. m. Asparagus. (La planta y el brote comestible).
Esparrancarse. v. To spread one's legs wide apart. (Abrir las piernas).
Espartano, na. adj. Spartan.
Esparto. m. Esparto, esparto grass.
Espasmo. m. Spasm.
Espátula. f. Spatula. / Palette knife. (Pint.). / (Orn.). Common spoonbill. (Nombre científico) Platalea leucorodia.
Espavorido, da. adj. Terrified, panic-stricken.
Especia. f. Spice.
Especial. adj. Special. / Particular, specific. (Particular, específico). / *En especial*, Specially.
Especialista. m. Specialist, specialistic.
Especializar. v. To specialize.
Especiar. v. To spice, to season.
Especie. pl. Species. / m. Type, kind. (Tipo, clase). / Case, affair, incident. (Caso, asunto, incidente).
Especificación. f. Specification.
Especificar. v. To specify. (Con todas las acepciones de la palabra castellana). / To itemize. (Clasificar por naturaleza de las cosas). / To define. (Definir).
Específico, ca. adj. Specific. / Definite. (Definido). / (Farmacia) Specific remedy, patent medicine.
Espécimen. m. Specimen, sample.
Espectacular. adj. Spectacular, showy.
Espectáculo. m. Spectacle, show, performance. / Exhibition. / (Fig.) Scandal. (Escándalo).
Espectador, ra. adj. Observing, watching. / m. Spectator, onlooker. / *Los espectadores*, The audience.
Espectral. adj. Ghostly, spectral.

Espectro. m. Specter, ghost. (Espíritu, fantasma). / (Fís.) Spectrum.
Especulación. f. Speculation. / Theorizing.
Especulador, ra. adj. Speculatory. / m. Speculator.
Especular. v. To ponder, to speculate on. / adj. Specular, relating to a mirror. (Relativo a los espejos).
Espejar. v. To clear, to disencumber. / To be reflected. (Reflejarse).
Espejismo. m. Mirage, optic illusion.
Espejo. m. Mirror, looking glass. / Ovoid ornament. (Arq.).
Espejuelo. m. (Mineral.) Selenite. / Glasses, spectacles, lenses. (Anteojos, lentes).
Espeleología. f. Speleology.
Epeleólogo, ga. m. Speleologist, spelunker.
Espeluznar. v. To cause hair-rising. To horrify.
Espera. f. Waiting. / Expectation, expectancy. (Expectación, expectativa). / *Sala de espera*, Waiting room. / *Compás de espera*, (Música) A bar's rest.
Esperanto. m. Esperanto.
Esperanza. f. Hope. / Prospects. (Perspectivas de).
Esperanzar. v. To make hopeful, to encourage.
Esperar. v. To wait for, to await. / To hope. (Tener esperanza). / To hope for. (Tener esperanzas de). / To expect. (Suponer que algo ocurrirá).
Esperma. m. Sperm, semen.
Espermatocito. m. Spermatocyte.
Espía. m. Spy. / Stay, guide line, warp. (Naveg.).
Espiado, da. adj. (Naveg.) Fastened with stays.
Espiar. v. To spy upon.
Espícula. f. Spicule.
Espichar. v. To prink. / To drill a cask. (Un tonel).
Espiga. f. Spike, tassel. (De cereal). / Tang. (De un arma o herramienta). / (Carpintería) Peg, wooden pin. (Tarugo). / Clapper, tongue. (De campana). / Fuse, detonator. (Detonador). / Pin. (Pasador).
Espinaca. f. Spinach.
Espinal. adj. Spinal, dorsal.
Espinazo. m. Backbone, spine. / Keystone. (Arq.).
Espineta. f. Spinet.
Espingarda. f. Springal.
Espinilla. m. Shinbone. (De la pierna). / Blackhead. (De la piel).
Espinillera. f. Shin pad.
Espino. m. Hawthorn. / *Espino negro*, Blackthorn.
Espinoso, sa, espinudo, da. adj. Thorny, spiny. / (Fig.) Difficult, dangerous.
Espionaje. m. Espionage, spying.
Espiración. f. Exhalation. (Respiración). / Expiration. (Muerte).
Espiral. adj. Spiral, winding, helical. / m. Spiral. / Balance spring (resorte), hairspring (resorte de reloj).
Espirar. v. To breathe out, to exhale. / To blow softly. (El viento).
Espirilo. m. Spirillum.
Espiritar. v. To annoy, to enrage. / To possess with devils. (Poseer los malos espíritus).
Espiritismo. m. Spiritualism, spiritism.
Esplendor. m. Splendor, magnificence. / Radiancy. (Condición radiante).
Esplendoroso, sa. adj. Resplendent, magnificent, radiant.
Espliego. f. Lavender.
Esplín. m. Spleen, melancholy, the blues.
Espolear. v. To spur, to incite, to instigate.
Espoleta. m. Wishbone. (De hueso). / Fuse. (De explosivo).
Espolio. m. Spolium, property left.

Espolón. m. Spur. / Buttress. (Arq.). / Mole, breakwater. (Molo, rompeolas). / Ram. (De barco). / Cutwater. (De puente). / Spur, ridge. (De montañas).
Espolvorear. v. To dust, to sprinkle, to shake power over.
Espondeo. m. Spondee.
Esponja. f. Sponge.
Esponjar. v. To make fluffy, to fluff up. / *Esponjarse*, To become fluffy or spongy.
Esponjosidad. f. Sponginess.
Esponjoso, sa. adj. Spongy.
Esponsales. m. Betrothal.
Espontáneo, a. adj. Spontaneous. (Con todas las acepciones de la palabra castellana). / Unpremeditated. (Sin premeditación). / Without any apparent cause. (Sin causa aparente).
Espora. f. Spore.
Esporádico, ca. adj. Sporadic, irregular.
Esposa. f. Wife. Spouse.
Esposado, da. adj. Handcuffed. (Con esposas en las muñecas). / Newlywed. (Casado).
Esposar. v. To handcuff.
Esquematizar. v. To schematize. / To outline, to sketch. (Delinear, bosquejar). / To make a diagram. (Hacer un diagrama).
Esquí. m. Ski.
Esquiador, ra. m. Skier.
Esquiar. v. To ski.
Esquife. m. Skiff, rowboat. / Cylindrical vault. (Arq.).
Esquila. f. Shearing. (De ovejas). / Cow bell. (Cencerro).
Esquilador, ra. adj. Sheep-shearing. / m. Sheepshearer. Sheepshearing machine. (Máquina esquiladora).
Esquilar. v. To shear.
Esquilmar. v. To harvest, to reap. / (Fig.) To exhaust out. (Dejar exhausto). / To exploit. (Explotar).
Esquilmo. f. Harvest, crops.
Esquina. m. Corner.
Esquinar. v. To form a corner with. (Hacer esquina con). / To place at an angle. (Ubicar en un rincón). / To square. (Encuadrar).
Esquinazo. m. Serenade.
Esquivar. v. To avoid, to evade. (Evitar, evadir). / To side-step, to dodge, to duck. (Hacerse a un lado, esquivar un golpe moviendo el cuerpo, agacharse).
Esquivez. f. Coolness, disdain. (Frialdad, desdén). / Unfriendliness. (Hosquedad).
Esquivo, va. adj. Unsociable, unfriendly, distant, disdainful. (Insociable, hosco, distante, desdeñoso).
Esquizofrenia. f. Schizophrenia.
Esquizoide. adj. Schizoid.
Estabilidad. f. Stability. / Steadiness, constancy. (Perseverancia, constancia).
Estabilización. f. Stabilization.
Estabilizar. v. To stabilize, to make stable.
Estable. adj. Stable, firm, steadfast. Invariable.
Establecer. v. To establish. To found, to institute. (Fundar, instituir). / To set up. (Implantar). / To state, to decree. (Sentar, decretar). / To settle. (Asentar, colonizar). / *Establecerse*, To take up residence.
Estaca. f. Stake, post, picket. / Spur. (De gallo).
Estacada. f. Stockade, palisade. / Dueling field. (Lugar para batirse a duelo).
Estación. f. Season. (Temporada). / Station. (De tren, televisión, etc.). / Stop, stopping off point. (Parada, alto en un viaje). / Stay, stop, sojourn. / (Astron.) Stationary point.
Estacionar. v. To station. / To park. (Un vehículo).

Estadía. f. Stay, sojourn, stop. / Session. (Sesión de una modelo). / (Com.) Demurrage. (Estadía de descarga o desaduanamiento).

Estadio. m. Stadium. (Con todas las acepciones de la palabra castellana). / Racecourse. (Campo de carreras). / Furlong. (Medida de longitud). / Phase, stage. (De un proceso de cambio). / Sporting club. (Campo o club de deportes).

Estadística. f. Statistics.

Estafar. v. To swindle, to defraud.

Estafeta. f. Post office. (Oficina de correos). / Courier, mail-carrier. (Correo, mensajero).

Estafilococo. m. Staphylococcus.

Estallar. v. To explode, to burst. / To crack. (Un látigo). / To break out. (Una epidemia, una revolución, etc.). / To break loose. (Las pasiones, una tormenta, etc.). / To blow up. (Con dinamita).

Estampación. f. Stamping. (Con todas las acepciones de la palabra castellana). / Printing, engraving. (Impresión, grabación).

Estampado, da. adj. Stamped. / Printing, engraving. (El acto de estampar).

Estampador. m. Engraver, printer.

Estampar. v. To stamp. (Metal). / To print, to engrave. (Papel, textiles). / To imprint. (Un beso).

Estampida. f. Stampede, sudden flight.

Estampilla. f. Rubber stamp, signet, seal. / Postage stamp. (De correos).

Estancado. adj. Stagnant.

Estancar. v. To dam up, to stanch. (Aguas). / To corner. (Un mercado). / To stagnate. To bring to a standstill. (Llevar a un estado de inmovilidad). / (Naveg.) To fother. (Tapar una vía de agua).

Estancia. f. Stay, sojourn. / Room, sitting-room. (Habitación, sala de estar). / Cost of a day. (Hospital). / (Poesía) Stanza. / Cattle ranch. (Rancho, establecimiento ganadero).

Estanciero. m. Ranch owner. (El dueño de una estacia). / Rancher, ranch overseer. (Ranchero, capataz de un rancho ganadero).

Estanco. m. (Naveg.) Watertight, leakproof. (Calafateado, a prueba de filtraciones). / State monopoly, state store. (Monopolio estatal, comisariato).

Estándar. m. Standard.

Estandarte. m. Standard, banner, colors, flag.

Estanque. m. Pool, pond. (Charca, laguna). / Reservoir, dam. (Depósito de agua, represa).

Estanquero. m. State stores administrator.

Estante. adj. Extant. Existing, permanent. (Existente, permanente). / m. Shelving, set of shelves, bookcase. (El mueble).

Estantería. pl. Shelves, shelving, bookcase.

Estañar. v. To plate with tin, to tin. / To solder with tin. (Soldar con estaño).

Estaño. m. Tin.

Estar. v. To be. (*Nota:* No existe en idioma inglés una palabra que equivalga exactamente al verbo castellano *Estar*, y en su lugar se utiliza el verbo *To be, Ser*, haciendo que los conceptos complementarios indiquen que el verbo se refiere a condición o estado. En inglés no es posible decirle a una mujer *"Estás bonita"*, como algo diferente de *"Eres bonita"*, sin agregar los factores de condición o estado. Por eso, se utiliza en inglés un lenguaje más específico. No se dice *"Estás bonita con ese maquillaje"*, sino *"Te ves bonita con ese maquillaje"*, You look pretty with that make-up.)

Estatal. adj. Pertaining to the state.

Estática. f. Statics.

Estatismo. m. Statism. / Immobility, static state.

Estatua. f. Statue.

Estatuario, ria. m. Statuary. (El arte de hacer estatuas). / Sculptor of statues. (Escultor). / adj. Statuary, sculpture like.

Estatuir. v. To establish. / To ordain, to enact. (Ordenar, poner en vigor).

Estatura. f. Stature, height.

Estatutario, ria. adj. Statutory.

Estatuto. f. Statute. / Rule. (Regla). / Law. (Ley).

Este. m. East, orient. / East wind. (El viento).

Este, esta. pron. This.

Estos, estas. pron. Theese.

Éste, ésta. pron. This one.

Estela. f. Wake. (De barco). / Trail. (De cometa). / Mantlet. (De atuendo femenino). / (Arq.) Stele.

Estercolero. m. Dung collector.

Estéreo. m. Stere, cubic meter.

Estereofónico, ca. adj. Stereophonic, stereo.

Estereografía. f. Stereography.

Estereosónico. adj. Stereosonic.

Estereotipa, esterotipia. f. Stereotypy, stereotypography. / Stereotype. (En medicina).

Estereotipado, da. adj. Stereotyped.

Estereotipador. m. Stereotypist, stereotyper.

Estereotipar. v. To stereotype.

Estereotipo. m. Stereotype.

Estéril. adj. Sterile. / Barren, fruitless. (Marchito, vano). / Futile, unfruitful. (Fútil, infructífero).

Esterilidad. f. Sterility. Barrenness, infertility. / Unfruitfulness. (Fruticultura).

Esterilización. f. Sterilization.

Esterilizar. v. To sterilize.

Esternón. m. Sternum, breastbone.

Esteroide. m. Steroid.

Estertor. m. Stertor. Death rattle, rasping breath. (Respiración del moribundo, respiración ronca).

Estética. f. Aesthetics.

Esteticismo. m. Aestheticism.

Estetocospía. f. Stethoscopy.

Estetoscopio. m. Stethoscope.

Estibador. m. Stevedore, longshoreman.

Estigma. m. Stigma. (Con todas las acepciones de la palabra castellana). / Affront. (Afrenta). / Brand, birthmark. (Marca, señal de nacimiento). / Mark of infamy. (Marca infamante).

Estigmatismo. m. Stigmatism.

Estigmatizado. adj. Stigmatist.

Estigmatizar. v. To stigmatize. (Con todas las acepciones de la palabra castellana). / To brand, to affront. (Marcar, afrontar).

Estilete. m. Stylet, style, graver, needle. / Style, gnomon. (De reloj de sol). / Stiletto. (Puñal). / (Med.) Probe, stylet.

Estilismo. f. Tendency to exaggerate a style.

Estilista. m. Stylist, master of style.

Estilística. f. Stylistics.

Estilización. f. Stylization.

Estilizado, da. adj. Stylized. / (Fig.) Slender, svelt. (Delgado, esbelto).

Estilizar. v. To stylize, to stress features.

Estipulante. adj. Stipulating.

Estipular. v. To stipulate.

Estirado, da. adj. Formally dressed. (En el vestir). / (Fig.) Haughty, arrogant. (Altanero, arrogante). / *Estirado en frío*, (Metal.) Hard-drawn.

Estiramiento. m. Stretching. / Haughtiness. (En los modales).

Esto. pron. This. / *En esto*, At this moment (en este instante). Meanwhile (mientras tanto). / *Esto es*, That is. / *Por esto*, Because of this.

Estocada. f. Thrust, stab.

Estofar. v. To stew. / To adorn.

Estoicidad. f. Imperturbability, stoicism.

Estoicismo. m. Stoicism.

Estoico, ca. adj. Stoic, stoical.

Estola. f. Stole, shawl.

Estolidez. f. Dullness, dimwittedness.

Estomacal. adj. Stomachic.

Estómago. m. Stomach.

Estomatología. f. Stomatology.

Estopa. f. Tow. Burlap, tow cloth. / *Estopa de acero*, Steel wool.

Estopor. m. Stopper.

Estoquear. v. To stab.

Estorbar. v. To obstruct, to hinder, to hamper.

Estorbo. f. Obstruction, hindrance. / Nuisance. (Molestia).

Estrafalario, ria. adj. Outlandish, bizarre, eccentric.

Estragado, da. adj. Corrupted, spoiled, vitiated. (Corrompido, echado a perder, viciado). / Emaciated. (Muy enflaquecido).

Estragar. v. To vitiate. / To devastate.

Estrago. f. Devastation, destruction, havoc. (Devastación, destrucción, asolamiento).

Estragón. m. Tarragon.

Estrambote. m. Additional comic verses. / Unexpected bizarry.

Estrambótico, ca. adj. Bizarre, queer, eccentric.

Estrangulación. m. Strangling, strangulation.

Estrangular. v. To strangle, to throttle. / (Med.) To strangulate. / (Mec.) To choke.

Estrapalucio. m. Clatter. (De latas). / Crash. (De quebrazón). / Racket. (Estrépito). / Pandemonium.

Estraperlista. m. Black marketeer.

Estraperlo. m. Black market.

Estratagema. f. Stratagem, trick, scheme.

Estratega. m. Strategist.

Estrategia. f. Strategy.

Estratificación. f. Stratification.

Estratificado, da. adj. Stratified.

Estratificar. v. To stratify.

Estrato. m. Stratum. (pl.) Strata. / Layer. (Yacimiento). / (Meteor.) Stratus.

Estratósfera. f. Stratosphere.

Estrechar. v. To tighten, to narrow, to reduce. / To press, to harry. (Al adversario).

Estrechez. f. Narrowness, tightness. / Shortage. (Cortedad de recursos). / Difficulty, jam. (Dificultad, atolladero). / Austerity, poverty, need. (Austeridad, pobreza, necesidad). / (Med.) Stricture.

Estrecho, cha. adj. Narrow, tight. / Close, intimate. (Cercano, íntimo). / Niggardly, stingy. Narrow minded. (Mezquino, cicatero. Estrecho de mente). / Strait. (Geogr.). / *Estrecho de Magallanes*, Strait of Magellan.

Estregar. v. To rub, to scrub.

Estrella. f. Star. (Con todas las acepciones de la palabra castellana). / Destiny, fate star. (Destino, estrella del hado). / Star wheel. (Engranaje de estrella). / Star fort. (Fortificamiento). / *Estrella de mar*, Starfish. / *Estrella errante*, Planet. / *Estrella fugaz*, Shooting star.

Estrellado, da. adj. Star shaped, stellate. (En forma de estrella). / Starry, star-studded. (Con muchas estrellas). / Starred. (Caballo).

Estrellar. v. To spangle with stars. (Cubrir de estre-

llas). / To smash, to dash. (Hacer chocar violentamente).

Estremecer. v. To shake, to make tremble, to shock. / Estremecerse, To tremble, to quake. (Temblar). / To quiver (de miedo), to shiver (de frío).

Estrenar. v. To inaugurate, to present for the first time. To make debut.

Estreno. m. First performance. (Primera actuación). / Debut, inauguration.

Estreñimiento. f. Constipation.

Estreñir. v. To constipate. / *Estreñirse*, To become constipated.

Estrépito. m. Clamor, deafening noise.

Estrepitoso, sa. adj. Noisy, deafening, clamorous.

Estreptococo. m. Streptococcus.

Estría. f. Groove.

Estriado, da. adj. Striated, ribbed.

Estriar. v. To striate, to groove.

Estribación. f. (Geogr.) Spur.

Estribar. v. To rest on, to lie on, to be based on.

Estribillo. m. Refrain, ditty, chorus.

Estribo. m. Stirrup. / Step, foot-board. (De vehículo). / Iron ring. (Cáncamo). / (Carp.) Clamp. (Apretador). / (Arq.) Buttress. / (Geogr.) Spur. / (Anat.) Stirrup bone, stapes. / *Perder los estribos*, To lose one's temper, to lose control.

Estribor. m. Starboard.

Estricto, ta. adj. Strict, rigorous.

Estridencia. f. Stridence, shrillness.

Estridente. adj. Strident, shrill, noisy.

Estrofa. f. Strophe, stanza, verse.

Estrógeno, na. adj. Estrogenic. / m. Estrogen.

Estropajo. m. (Bot.) Luffa, dishcloth gourd. (Nombre científico) Luffa cilindrica. / Rag, mop, dishcloth. (Harapo, trapos para limpiar el suelo, toalla para platos).

Estropajoso, sa. adj. Stammering, stuttering. (En el hablar). / Coarse, fibrous. (En su consistencia).

Estropear. v. To spoil, to ruin.

Eternidad. f. Eternity, perpetuity.

Eternizar. v. To eternize, to perpetuate. / To prolong indefinitely. (Prolongar indefinidamente). / To immortalize. (Inmortalizar).

Eterno, na. adj. Eternal, everlasting, unending.

Ética. f. Ethics.

Ético, ca. adj. Ethical. / (Med.) Consumptive, phthisical. / m. Ethicist, ethician.

Etílico, ca. adj. Ethylic.

Etilo. m. Ethyl.

Etimología. f. Etymology.

Etimólogo, ga. m., f. Etymologist.

Etiología. f. Etiology, aetiology.

Etiqueta. f. Etiquette, ceremony, protocol. / Tag, label. (Para señalar, clasificar, marcar, etc.). / *Traje de etiqueta*, Formal dress.

Étnico, ca. adj. Ethnic, ethnical.

Etnógrafo. m. Ethnographer.

Etnología. f. Ethnology.

Etnólogo. m. Ethnologist.

Etología. f. Ethology.

Eucalipto. m. Eucalyptus.

Eucaristía. f. Eucharist.

Evadir. v. To evade, to dodge. / *Evadirse*, To evade, to escape.

Evaluación. f. Evaluation.

Evaluar. v. To evaluate, to assess.

Evangelio. m. Gospel, evangel.

Evangelista. m. Evangelist.

Evangelización. f. Evangelization.

Evangelizar. v. To evangelize, to preach the gospel.
Evaporación. f. Evaporation.
Evaporar. v. To evaporate. / To vanish. (Esfumar).
Evaporizar. v. To vaporize.
Evasión. m. Escape, evasion.
Evasiva. f. Excuse.
Evento. m. Event, contingency, happening.
Eventual. adj. Accidental, contingent, fortuitous, incidental.
Eventualidad. f. Eventuality, contingency.
Evidencia. f. Evidence, proof. / *Poner en evidencia*, To give away, to show up lying.
Evidenciar. v. To make evident, clear, to prove.
Evidente. adj. Evident, clear, patent, obvious.
Evitación. f. Avoidance.
Evitar. v. To avoid, to evade, to dodge.
Evocar. v. To evoke, to recall. / To call up spirits of the dead. (Espíritus de los muertos).
Exaltado, da. adj. Hotheaded, excited. / m. hothead. / Zealot.
Exaltar. v. To exalt, to glorify. / To praise, to extol. (Alabar, encomiar). / *Exaltarse*, To get excited.
Examen. f. Examination. / m. Interrogatory, inspection, search, survey. (Interrogatorio, inspección, pesquisa, indagación). / *Dar un examen*, To take an examination. / *Examen de testigos*, Interrogation of witnesses.
Examinar. v. To examine. / To inspect, to investigate, to search.
Exangüe. adj. Exsanguine, bloodless. / (Fig.) Weak, dead.
Exánime. adj. Lifeless, faint.
Exasperación. f. Exasperation, irritation.
Exasperante. adj. Exasperating.
Exasperar. v. To exasperate. / To aggravate pain. (Agravar el dolor). / *Exasperarse*, To become exasperated.
Excarcelable. adj. Releasable.
Excarcelación. f. Freeing, releasing.
Excarcelar. v. To set free, to release.
Excavación. f. Excavation.
Excavar. v. To excavate, to dig.
Excedencia. m. Excess, redundancy.
Excedente. adj. Surplus, supernumerary, redundant.
Exceder. v. To exceed. To surpass. (Sobrepasar, adelantar). / *Sobrepasarse*, To go too far. (Ir demasiado lejos, más allá de lo debido).
Excelencia. f. Excellence. (Con todas las acepciones de la palabra castellana).
Excelente. adj. Excellent.
Excelsitud. f. Sublimeness, loftiness.
Excelso, sa. adj. Sublime, elevated.
Excentricidad. f. Eccentricity.
Excéntrico, ca. adj. Eccentrical. Queer, odd. (Raro, extraño). / (Geom.) Eccentric, abaxial. / (Mec.) Eccentric.
Excepción. f. Exception.
Excepcional. adj. Exceptional, unusual.
Excepto. adj. Except, excepting.
Exceptuación. f. Excluding, exclusion.
Exceptuado, da. adj. Exclusive, excluded.
Exceptuar. v. To except. To leave out, to exclude, to exempt. (Dejar fuera, excluir, eximir).
Excesivo, va. adj. Excessive, exorbitant.
Exceso. m. Excess. (Con todas las acepciones de la palabra castellana). / *En exceso*, In excess, excessively.
Excisión. f. Excision.
Excitable. adj. Excitable.
Excitación. f. Excitment, excitation. / Stimulation, incitement.
Excitante. adj. Exciting, stimulating. / m. Excitant. Stimulant. Stimulator. (Quím., Fis.).

Excitar. v. To excite, to stimulate, to incite. / *Excitarse*, To become excited.
Exclamación. f. Exclamation.
Exclamar. v. To exclaim.
Exclaustrar. v. To secularize.
Excluir. v. To exclude. To reject, to deny admission. (Rechazar, negar la admisión).
Excusar. v. To excuse, to exculpate. / *Excusarse*, To refuse politely (Negarse cortésmente). To apologize, to excuse oneself (pedir disculpas, presentar excusas).
Execración. f. Execration, cursing. Profanation. (Profanación).
Exento, ta. adj. Free, exempt, privileged.
Exfoliación. f. Exfoliation. / (Med.) Desquamation, peeling off. (Descamación, despellejamiento).
Exfoliar. v. To exfoliate.
Exhalación. f. Exhalation. / Shooting star, bolt, lightning. (Estrella fugaz, relámpago, rayo). / Fume, vapor. (Humo, vapor).
Exhalar. v. To exhale, to breathe out. To emit. (Emitir).
Exhaustivo, va. adj. Exhausting, exhaustive.
Exhausto, ta. adj. Exhausted, empty, drained.
Exhibición. f. Exhibition. (Con todas las acepciones de la palabra castellana). / Exposition, show, display. (Exposición, espectáculo, muestra o demostración pública).
Exhibicionismo. m. Exhibitionism, showing-off.
Exhibicionista. m. Exhibitionist.
Exhortar. v. To exhort. (Con todas las acepciones de la palabra castellana). / To warn. (Advertir, alertar). / To excite or arouse with words. (Excitar o levantar los ánimos).
Exhorto. m. (Der.) Letters rogatory. (No compulsivo). / Letters requisitory. (Exhorto compulsivo).
Exhumación. f. Exhumation, disinterment.
Exigencia. f. Exigency, demand. / Requirement. (Lo requerido).
Exigente. adj. Demanding, exigent. / (Fig.) Severe.
Exigir. v. To demand. (Demandar). / To require. (Requerir). / To urge. (Requerir con apremio).
Exiguo, gua. adj. Exiguous. / Scarce, scanty, meager.
Existencialismo. m. Existentialism.
Existencialista. adj. Existentialist.
Existente. adj. Existing, extant, existent. / (Com.) In circulation, available, in stock. (En circulación, disponible, en existencias).
Existir. v. To exist, to be.
Éxito. m. Success. (Con todas las acepciones de la palabra castellana). / Accomplishment. (Logro). / Hit. (Acierto, éxito popular).
Exotismo. m. Exoticism, exotism.
Expatriación. f. Expatriation, migration.
Expatriado, da. adj. Expatriate, exilee.
Expectación. f. Expectation, expectancy.
Expectante. adj. Expectant.
Expectativa. f. Expectation, hope. / Expectancy. (Lo se que puede razonablemente esperar que suceda).
Expectoración. f. Expectoration, sputum.
Expectorar. v. To expectorate, to spit out. / To cough. (Toser).
Expedición. f. Expedition. Journey, trek. (Viaje, excursión por terrenos escabrosos). / Dispatch, shipping, sending. (Despacho, embarque, envío). / Promptness, speed, expeditiousness. (Prontitud, rapidez, expeditividad).
Expedicionario, ria. adj. Expeditionary. / m. Member of an expedition.
Experimento. m. Experiment, test, trial.
Experto, ta. adj. Expert, skillful, specialist.
Expiación. f. Expiation, reparation.

Expiar. v. To expiate, to atone for.
Expiración. f. Expiration. End, death. (Fin, muerte). / (Com.) Termination, cancellation. (Terminación, cancelación).
Expirar. v. To expire, to die. / (Fig.) To finish, to end. (Un contrato, un plazo, etc.).
Explanada. f. Esplanade.
Explanar. v. To level, to smoothe, to grade.
Explayar. v. To extend, to spread out. / *Explayarse*, To extend, to spread out (extenderse, ampliarse). To explain at lenght (explicar en amplitud).
Explicable. adj. Explicable, explainable.
Explicación. f. Explanation. (Con todas las acepciones de la palabra castellana). / Exposition, interpretation. (Exposición, interpretación).
Explicar. v. To explain. To elucidate.
Explicativo, va. adj. Explanatory.
Explícito, ta. adj. Explicit, clear, distinctly expressed.
Exploración. f. Exploration. / (Mil.) Scouting, reconnoitering. / Scanning. (Sondeo con instrumentos).
Explorador, ra. adj. Exploring. / (Mil.) Scouting. / Scanning. / m. Explorer. / Scout. / Scanner.
Explorar. v. To explore, to investigate. / (Mil.) To scout, to reconnoiter. / To scan. (Con instrumentos). / (Med.) To probe.
Explosión. f. Explosion. Outburst, blast, detonation. (Estallido, reventón, detonación).
Explosionar. v. To explode, to make explode.
Explosivo, va. adj. Explosive.
Explotación. f. Exploitation. / Working, installation, works. (Trabajos, instalación, obras).
Expoliar. v. To despoil, to pillage.
Exponente. adj. Explanatory, expository. / m. Expounder. / (Matemáticas) Exponent.
Exponer. v. To expose. (Con todas las acepciones de la palabra castellana). / To jeopardize. (Exponer a un peligro). / To show, to exhibit. (Exponer a la vista). / To expound. (Exponer a la razón). / To abandon. (A una criatura). / *Exponerse a*, To take a chance, to risk. (Correr un lance, arriesgarse).
Exportación. f. Export, exportation.
Exportador, ra. adj. Exporting. / m. Exporter.
Exportar. v. To export, to ship abroad.
Exposición. f. Exposition. (Con todas las acepciones de la palabra castellana). / Exhibition, fair. (Exhibición, feria). / Exposure. (Al peligro, al frío, etc. También en fotografía).
Expositivo, va. adj. Expositive, expository.
Expósito, ta. adj. Abandoned. / m. Foundling.
Expositor, ra. adj. Expository. / m. Expounder, expositor. (El que expone a, el que expone razones). / Exhibitor. (El que exhibe).
Expresar. v. To express. To manifest. (Manifestar). / To represent. (Representar).
Expresión. f. Expression. (Con todas las acepciones de la palabra castellana). / Statement. (El acto de expresar algo). / Gesture, facial expression. (Gesto, expresión facial). / Expression, phrase. (Expresión, frase).
Expresionismo. m. Expressionism.
Expresionista. adj. Expressionist.
Expresivo, va. adj. Expressive, demonstrative.
Expreso, sa. adj. Express. Exact, precise, direct.
Exprimir. v. To press out, to wring.
Expropiación. f. Expropriation, dispossession.
Expropiar. v. To expropriate.
Expugnar. v. To take by storm.
Expulsar. v. To expel, to eject. / To throw out, to drive out. (Arrojar fuera, sacar afuera).

Expulsión. f. Expulsion, expelling, ejection.
Expurgar. v. To expurge. / To cleanse, to amend. (Limpiar, corregir).
Exquisitez. f. Exquisiteness, perfection.
Exquisito, ta. adj. Exquisite, perfect, delicious.
Éxtasis. f. Ecstasy, rapture, transport. / (Med.) Retardation of the pulse. (Relentamiento del pulso).
Extemporáneo, a. adj. Untimely, inopportune, inconvenient.
Extender. v. To extend, to enlarge, to stretch. / To spread. (Esparcir). / To stretch out. (Tender, alargar). / To propagate. (Propagar).
Extendido, da. adj. Extensive, prolonged. (Extensivo, prolongado). / Extended, elongated, stretched out. (Extendido, alargado, estirado). / Widespread. (Esparcido).
Extensible. adj. Extensile.
Extensión. f. Extension. (Con todas las acepciones de la palabra castellana). / Size, extent. (Tamaño, porte). / Duration, length. (Duración, longitud de tiempo). / Range. (Alcance). / Additional line. (Telefónica).
Extenso, sa. adj. Spatious, vast, extensive.
Extensor, ra. adj. Extending. / m. Extensor.
Extenuación. f. Debilitation, emaciation. / Litotes.
Extenuar. v. To extenuate. To languish, to lose strength.
Exterior. adj. Exterior. (Con todas las acepciones de la palabra castellana). / Outer, external. / Foreign. (Com.). / *El exterior*, Abroad.
Exteriorización. f. Manifestation, externalization.
Exteriorizar. v. To express, to externalize.
Exterminar. v. To exterminate, to eradicate.
Exterminio. f. Extermination, eradication. / Devastation, ruin.
Extraña. f. (Bot.) China aster. (Nombre científico) Callistephus chinensis.
Extravertido. adj. Extrovert, extravert.
Extraviado, da. adj. Lost, gone astray. / Missing. (Desaparecido). / Transtorned, stressed by anguish. (Transtornado, oprimido de angustia).
Extraviar. v. To lead astray, to mislead, to misguide. (Hacer perderse, llevar a error, guiar mal). / *Extraviarse*, To get lost. (Perderse).
Extravío. f. Loss, misplacement. (Pérdida, desubicación). / Deviation, misconduct. (Desviación de la conducta). / Disorder, error. (Desorden, error).
Extremado, da. adj. Very great, extreme, excessive.
Extremar. v. To carry to an extreme. / (Vet.) To wean.
Extremaunción. f. Extreme unction.
Extremidad. f. Extremity. End, tip. (Final, la punta). / (Anat.) Limb, extremities. (Miembro, extremidades).
Extremismo. m. Extremism.
Extremista. m. Extremist.
Extremo, ma. adj. Extreme. (Con todas las acepciones de la palabra castellana). / Last, furthest. (Ultimo, el más alejado). / m. End, limit. (Final, límite).
Extrínseco, ca. adj. Extrinsic, outward.
Extroversión. f. Extroversion.
Extrovertido, da. adj. Extrovert.
Exuberancia. f. Exuberance, abundance.
Exuberante. adj. Exuberant, luxuriant.
Exudación. f. Exudation, sweating, perspiration.
Exultación. f. Exultation, boundless joy.
Exultar. v. To exult, to rejoice.
Exvoto. m. (Locución latina) Exvoto, votive offering.
Eyaculación. f. Ejaculation.
Eyacular. v. To ejaculate.
Eyección. f. Ejection.
Eyectar. v. To eject.
Eyector. m. Ejector.

F

Fa. m. (Mús.) F (la nota musical).

Fábrica. f. Factory (con todas las acepciones de la palabra castellana). / Manufacture, making (manufactura, fabricación). / Building, construction (edificación, construcción). / *Marca de fábrica*, trademark.

Fabricación. f. Manufacture, making. / Fabrication, construction. / *Fabricación en serie*, line production.

Fabricante. m. y f. Manufacturer, maker, producer, processor (productor, elaborador).

Fabricar. v. To manufacture, to make. / To construct, to build (construir, edificar). / To fabricate, to invent (artimañas, mentiras, etc.).

Faceta. f. Facet (de una joya). / Bezel (bisel). / (Fig.) Facet, side, aspect (faceta, lado, aspecto de un asunto).

Facial. adj. Facial. / Pertaining to the face.

Fácil. adj. Easy (con todas las acepciones de la palabra castellana). / Docile, easily managed, pliant (dócil, fácil de manejar, adaptable).

Facilidad. f. Easiness (la cualidad de ser fácil). / Facility (lo que hace fácil). / Ability, natural talent (habilidad, talento natural).

Facilitar. v. To facilitate, to expedite. / To make easy (hacer fácil). / To supply, to provide, to furnish (proporcionar, proveer, dotar de).

Facsímil, facsímile. m. Facsimile, exact copy, duplicate.

Factor. m. Factor (con todas las acepciones de la palabra castellana). / Cause, element (causa, elemento). / (Mil.) Victualler.

Factoría. f. Agency. / Commission merchant's office (oficina de comisionista comercial). / Factory, plant, commercial post (fábrica, planta, puesto comercial). / Supporting colonial post (puesto colonial de apoyo a los colonizadores).

Factura. f. Invoice, bill.

Facturación. f. Billing, invoicing.

Facturar. v. To invoice, to bill. / (Com.) To check (bienes, equipaje).

Facultad. f. Faculty (con todas las acepciones de la palabra castellana). / Power, authority, right (poder, autoridad, derecho). / Gift, ability (don, habilidad).

Facultar. v. To authorize, to empower.

Facultativo, va. adj. y m. Facultative. / (Der.) Optional. / (Med.) Doctor, surgeon (médico, cirujano).

Facha. f. Appearance, look, aspect. / (Náut.) *Ponerse en facha*, to lie to the wind, to come to a standstill.

Fachada. f. Facade, front.

Fado. m. Portuguese song and dance.

Faena. f. Task, job. / (Min.) Works. / Work, labor, toil (trabajo, labor, quehacer). / (pl.) *Faenas*, chores.

Faenar. v. To slaughter.

Fagocito. m. Phagocyte.

Faisán. m. Pheasant.

Faja. f. Sash, belt, girdle. / Cummerbund (de traje de etiqueta). / (Geogr.) Strip (de tierra), zone (zona). / (Arq.) Fascia, flat band. / (Arq.) Plaster border (en torno de una ventana, etc.). / Fesse (en heráldica). / *Faja abdominal*, abdominal supporter.

Fajar. v. To bind (con un cinto o faja de vestir). / To wrap, to bandage (envolver, vendar). / To swaddle (a un bebé).

Falacia. f. Falseness, deceit. / (Log.) Fallacy.

Falange. f. Phalanx.

Falangeta. f. Third phalanx of finger.

Falaz. adj. False, fallacious, deceitful. / Treacherous (traidor).

Falsario, ria. adj. Falsifying, counterfeiting. / m. y f. Falsifier, counterfeiter. / Liar, impostor, swindler (mentiroso, impostor, estafador).

Falseamiento. m. Falsification, counterfeiting, forgery. / Misrepresenting (adulteración de informaciones).

Falsedad. f. Falsehood (la condición de falso). / Falsity (una cosa falsa). / Deceite, lie (engaño, mentira).

Falsete. m. Falsetto.

Falsía. f. Duplicity, falseness, falsity.

Falsificación. f. Falsification, forging, counterfeiting (la acción y efecto de falsificar o adulterar). / Forgery, counterfeit (algo falsificado o adulterado).

Falsificado, da. adj. Forged, counterfeited, faked.

Falsificador, ra. adj. Falsifying, forging, counterfeiting. / m. y f. Falsifier, forger, counterfeiter.

Falsificar. v. To falsify (con todas las acepciones de la palabra castellana). / To counterfeit (falsificar documentos o dinero). / To adulterate.

Falso, sa. adj. False (Con todas las acepciones de la palabra castellana). / Untrue (que no es cierto). / Fake, mock (fingido, imitado). / Counterfeit (dinero). / Imitation (joyería). / Treacherous, deceitful (traidor, engañoso). / Vicious, balky (un caballo). / *Moverse en falso*, to move awkwardly, to do a wrong movement.

Falta. f. Lack. / Want, absence, shortage (necesidad de, ausencia, insuficiencia). / Error, mistake (error, equivocación). / (Der.) Misdemeanor. / Misdeed.

Faltar. v. To be missing, to be lacking, to be wanting. / To be deficient, to fall short, to be absent (ser deficiente, tener insuficiencia de, estar ausente). / To fail (fallar, caer en falta).

Falla. f. Failure. / Fault, defect, imperfection (falta, defecto, imperfección). / Slide, break, dislocation.

Fallar. v. To fail. / (Der.) To judge.

Falleba. f. Latch, bolt, fastener.

Fallecer. v. To die, to expire. / To run out, to fail.

Fallecimiento. m. Death, decease.

Fallido, da. adj. Frustrated, disappointed, unsuccessful.

Fallir. v. To run out, to fail.

Fallo. m. Veredict, decision, ruling judgment.

Fama. f. Fame, renown. / Reputation (reputación).

Familia. f. Family (con todas las acepciones de la palabra castellana). / Kin, clan (parentesco, clan). / *Ser de buena familia*, to be well born.

Familiar. adj. Familiar. / Common, well known (común, bien sabido). / Unceremonious (sin ceremonias).

Familiarizar. v. To familiarize. / *Familiarizarse*, to become accustomed to, to habituate oneself.

Famoso, sa. adj. Famous, renowned, celebrated. / (Fam.) First-rate. Top quality.

Fámulo, la. m. y f. Famulus, servant. / Maid, maidservant (sólo en femenino).

Fanático, ca. adj. y m. y f. Fanatical, fanatic. / Fan (ardiente aficionado).

Fanatismo. m. Fanaticism.

Fanatizar. v. To make fanatical. / *Fanatizarse*, to become fanatical.

Fandango. m. Fandango.
Fangoso, sa. adj. Muddy, miry.
Fantasear. v. To daydream, to fancy (soñar despierto, imaginar lo que uno desea). / To imagine, to dream of (imaginar, soñar con).
Fantasía. f. Fantasy. / Imagination, fancy. / (Mús.) Fantasia, fantasy.
Faquir. m. Fakir.
Faradio. m. Farad.
Faralá. m. Ruffle, flounce, frill. / (Fam.) Fussy frill.
Farallón. m. Out-jutting rock, cliff.
Fariseo. m. Pharisee. / (Fig.) Hypocrite.
Farmacéutico, ca. adj. Pharmaceutical. / m. y f. Pharmaceutist, druggist, apothecary.
Farmacia. f. Pharmacy, pharmaceutics (la profesión). / Apothecary.
Fármaco. m. Medicine.
Farmacología. f. Pharmacology.
Faro. m. Lighthouse (de mar). / Headlight, headlamp (de vehículos). / Guiding light, beacon (luz de guía, baliza). / *Faro aéreo*, air beacon.
Farol. m. Lamp, light, lantern.
Farola. f. Street lamp. / (Fig.) Boast.
Fárrago. m. Farrago, jumble, medley.
Farragoso, sa. adj. Confused, disorderly.
Farruco, ca. adj. Brave, bold, fearless.
Farsa. f. Farce.
Farsante. f. Farce actor. / (Fig.) Hypocritical, fake.
Fascículo. m. Fascicle. / Fasciculus (de imprenta). / (Bot.) Fascicle. / (Anat.) Fasciculus.
Fascinación. f. Fascination, bewitchment, allure.
Fascinante. adj. Fascinating, charming.
Fascinar. v. To fascinate, to bewitch.
Fascismo. m. Fascism.
Fascista. adj. y m. y f. Fascist.
Fase. f. Phase. / Step, stage (paso, etapa). / Aspect, view (aspecto, visión).
Fastidiado, da. adj. Weary, disgusted, annoyed, upset.
Fastidiar. v. To annoy, to irritate, to pester. / To tire, to bore, to weary (cansar, aburrir, agobiar).
Fastidio. m. Annoyance, irritation, bother, nuisance.
Fastuoso, sa. adj. Ostentatious, lavish, luxurious.
Fatal. adj. y adv. Fatal. / Fateful, unavoidable (del destino, inevitable). / Deadly, mortal (mortífero, mortal). / Unlucky, unfortunate (de mala suerte, infortunado).
Fatalista. adj. Fatalistic. / m. y f. Fatalist.
Fatídico, ca. adj. Fatidic, fateful, ominous.
Fatiga. f. Fatigue, weariness. / (Med.) Strain.
Fatigado, da. adj. Fatigued, tired.
Fatigar. v. To tire, to fatigue, to exhaust. / To annoy, to irritate, to bore (fastidiar, irritar, aburrir).
Fatuidad. f. Fatuity, fatuousness.
Fatuo, a. adj. Fatuous. / Conceited, vain (vanidoso, vano).
Fauces. f. pl. Fauces, gullet.
Fauna. f. Fauna.
Fauno. m. Faun. / (Mit.) *Fauno*, faunus.
Fausto, ta. adj. Fortunate, happy, auspicious. / m. Pomp, splendor, luxury.
Favor. m. Favor (con todas las acepciones de la palabra castellana). / Help, aid. / Grace, protection, patronage (gracia, protección, patrocinio).
Favorecer. v. To favor (con todas las acepciones de la palabra castellana). / To support (respaldar, dar apoyo). / To help, to aid (ayudar, auxiliar). / *Favorecer con*, to bestow on (un premio, un privilegio, etc.).
Febril. adj. Febrile, feverish. / (Fig.) Anxious, restless (ansioso, sin descanso).

Fecal. adj. Faecal.
Fécula. f. Starch, fecula.
Feculencia. f. Feculence, dregs.
Fecundación. f. Fecundation, fertilization.
Fecundar. v. To fecundate. / To fertilize, to make fruitful.
Fecundidad. f. Fecundity, fruitfulness, fertility.
Fecundización. f. Fertilization, fecundation.
Fecundizar. v. To fertilize, to fecundate, to inseminate.
Fecundo, da. adj. Fecund, fertile, fruitful, prolific. / Abundant, copious (abundante, copioso).
Fecha. f. Date (con todas las acepciones de la palabra castellana). / Day (día). / Moment, time (momento, ocasión). / *Hasta la fecha*, till now. / *¿Qué fecha es hoy?*, what is the date today?
Fechar. v. To date.
Federación. f. Federation.
Federalismo. m. Federalism.
Federar. v. To federate.
Fehaciente. adj. Convincing, authentic. / (Der.) Attesting, certifying.
Felicidad. f. Happiness, felicity, blissfulness.
Felicitación. f. Congratulations, felicitation, compliments.
Felicitar. v. To congratulate, to felicitate, to compliment.
Feligrés, sa. m. y f. Parishioner.
Feligresía. f. Parish, parishionery.
Felino, na. adj. y m. Feline.
Feliz. adj. Happy, fortunate.
Felón, na. adj. Perfidious, villainous, base. / m. y f. Villain, wicked person, scoundrel.
Felpa. f. Plush. / (Fam.) Beating (paliza). / Sharp reprimand (reprimenda muy dura).
Felpudo, da. adj. Plushy, velvety. / m. Rug, mat.
Femenino, na. adj. y m. Feminine, female.
Fémina. f. Woman, female.
Femineidad. f. Femininity.
Feminidad. f. Femininity.
Feminismo. m. Feminism.
Feminista. adj. y m. y f. Feminist.
Femoral. adj. Femoral.
Fémur. m. Femur, thigh-bone.
Fenecer. v. To perish. / To die, to end (morir, acabar).
Fénix. m. (Mit., Astron.) Phoenix.
Fenomenal. adj. Phenomenal, remarkable, exceptional.
Fenómeno. m. Phenomenon (con todas las acepciones de la palabra castellana). / Monster, freak (Monstruo, engendro). / Prodigy, colossus (Prodigio, cosa colosal).
Fenomenología. f. Phenomenology.
Fenotipo. m. Phenotype.
Feo, a. adj. Ugly, hideous. / Alarming. Bad (alarmante, malo). / *El asunto se está poniendo feo*, the affair is growing bad.
Feracidad. f. Fertility, fecundity, fruitfulness.
Feraz. adj. Fertile, fruitful, abundant, plentiful.
Féretro. m. Coffin.
Feria. f. Fair, commercial exhibition. / Market place (mercado).
Ferial. adj. y m. Pertaining to fairs. / Market, fairground (mercado, lugar donde hay una feria).
Fermentación. f. Fermentation.
Fermentado, da. adj. Fermented, leavened.
Fermentar. v. To ferment. / To cause fermentation.
Fermento. m. Ferment, leavening. / (Quím.) Enzyme (enzima).
Ferocidad. f. Ferociousness, ferocity, fierceness.

Feroz. adj. Ferocious, savage, fierce.
Ferrar. v. To strengthen with iron.
Ferrato. m. Ferrate.
Ferrete. m. Copper sulphate. / Iron stamp, marking iron (hierro de estampar o de marcar).
Festejo. m. Feast, celebration. / Courting, wooing. / Public festivities.
Festival. m. Festival.
Festividad. f. Festivity, celebration, holiday. / Gaiety, humor, merrymaking (alegría, humor, diversión).
Festivo, va. adj. Witty, humorous, funny (ingenioso, humorístico, gracioso). / Festive, gay, joyful (festivo, alegre, dichoso). / *Día festivo*, holiday.
Festón. m. Festoon, garland.
Festonear. v. To festoon.
Fetiche. m. Fetish, idol.
Fetichismo. m. Fetishism, idolatry.
Fetidez. f. Stench, stink, fetidness.
Feto. m. Foetus, fetus.
Feudal. adj. Feudal, feudalistic.
Feudalismo. m. Feudalism.
Feudo. m. Feud, fief.
Fiable. adj. Trustworthy, reliable.
Fiador, ra. m. y f. Bailsman, guarantor. / Fastener (sujetador). / (Mec.) Catch (fijador, sujetador de un mecanismo).
Fiambre. m. Cold meat, cold food.
Fiambrera. f. Lunch case or basket. / Lunch pail (para transportar comida preparada). / Food cabinet, ice-box (hielera).
Fianza. f. Deposit, guarantee. / (Der.) Bail.
Fiar. v. To guarantee, to bail for (garantizar, dar fianza). / To sell on credit (vender fiado). / To entrust, to confide (confiar).
Fiasco. m. Fiasco, failure.
Fibra. f. Thread, fiber. / Staple (fibra textil). / Grain (de la madera). / Streak (veta). / (Fig.) Strength, vigor, ableness. / *Ese muchacho tiene fibra de marino*, that boy has a fiber to be a sailor, that boy is able to be a sailor.
Fichar. v. To make a dossier on (hacer un fichero sobre un tema o persona). / To register, to file (registrar, archivar). / (Fam.) To put on blacklist (poner en la lista negra).
Fichero. m. Filing cabinet, index-card system (mueble de archivo, sistema de fichas de clasificación).
Fidedigno, na. adj. Trustworthy, reliable, creditable.
Fideicomiso. m. Fideicommissum, trusteeship.
Fidelidad. f. Faithfulness, fidelity. / Accuracy, precision.
Figón. m. Eating house, tavern.
Figonero, ra. m. y f. Eating house keeper.
Figura. f. Figure, form, shape (figura, forma, semejanza). / Aspect, countenance (aspecto, continente). / Musical note (notación musical). / Character (personaje teatral). / Figure (de danza). / (Log.) Syllogistic figure. / (Mat.) Figure, diagram.
Figuración. f. Representation, figuration, depiction, symbol. / Idea, notion (idea, noción). / Role (en sociedad).
Figurar. v. To figure (con todas las acepciones de la palabra castellana). / To depict, to represent (pintar, representar). / To figure, to appear (aparecer, ser señalado en una lista). / *Figurarse*, to figure, to imagine, to fancy.
Fijación. f. Fixing, fixation. / (Psicol.) Fixed idea, obsession.
Fijador. adj. Fixing. / m. (Fotogr.) Fixer, fixing solution. / Hair spray (para el pelo).

Fijar. v. To fix. / To stick (pegar). / To paste (engrudar). / To pin (prender con alfileres, corchetes, etc.). / To fasten, to secure (apretar, asegurar). / To establish residence (fijar residencia). / To set, to specify (establecer, especificar). / *Fijarse en*, to notice, to pay attention to (prestar atención a).
Filatelista. m. y f. Philatelist.
Filete. m. Filet, fillet (en cocina). / (Arq.) Fillet.
Filial. adj. y f. Filial (con todas las acepciones de la palabra castellana). / Branch office, subsidiary (sucursal, oficina subsidiaria).
Filigrana. f. Filigree. / (Fig.) Delicate fine piece of work (obra delicada y fina).
Filmación. f. Filming, shooting.
Filmar. v. To film.
Filo. m. Cutting edge (de un cuchillo). / Ridge, dividing line (borde, línea divisoria). / (Náut.) *Ir al filo del viento*, to go due to the wind. / *Sacar filo*, to sharpen.
Filología. f. Philology.
Filólogo. m. Philologist.
Filoma. m. Phyllome.
Filón. m. Vein, lode seam.
Filosofal, piedra. adj. Philosopher's stone.
Filosofar. v. To philosophize.
Filosofía. f. Philosophy.
Filósofo, fa. adj. Philosophic. / m. y f. Philosopher.
Filtración. f. Filtratrion. / (Fam.) Leaking away (referido a dinero).
Filtrar. v. To filter.
Filtro. m. Filter (con todas las acepciones de la palabra castellana). / Love potion, philter (filtro de amor, pócima).
Fimosis. f. Phimosis.
Fin. m. End, finish (dinal, fin). / Aim, object, goal (objetivo, propósito, meta). / *A fin de*, in order to. / *Sin fin*, endless. / *Un sinfín de cosas*, an unaccountable lot of things.
Finado, da. adj. Deceased, dead person.
Final. adj. y m. Final, last (el último). / End, finish (fin). / (Mús.) Finale.
Finalidad. f. Aim, purpose, object.
Finalizar. v. To conclude, to finish.
Financiar. v. To finance.
Financiero. m. Financier.
Finanzas. f. pl. Finance.
Finca. f. Property. / Farm. (De campo).
Fineza. f. Fineness. / Courtesy, kindness (cortesía, gentileza). / (Fig.) Gift (un presente).
Fingir. v. To feign. / To pretend to be (simular ser).
Fino, na. adj. Fine (con todas las acepciones de la palabra castellana). / Thin, slender (delgado, esbelto). / Refined, polite, urbane (refinado, cortés, urbano).
Finura. f. Fineness, excellence. / Courtesy, good breeding (cortesía, buena crianza).
Fiordo. m. Fiord.
Firma. f. Signature. / Signing (el acto de firmar). / (Com.) Firm, company.
Fiscalizar. v. To investigate, to inspect, to supervise.
Fisco. m. Exchequer. / National treasury, public treasury (Tesoro nacional, fondos públicos).
Fisgar. v. To snoop on, to pry on.
Fisgón, na. adj. Snooping, prying, meddlesome. / m. y f. Snooper, meddler.
Física. f. Physics.
Físico, ca. adj. Physical. / m. Physicist. / Physique, appearance, looks (apariencia física, aspecto).
Fisiología. f. Physiology.

Fisiológico, ca. adj. Physiological, physiologic.
Fisioterapia. f. Physiotherapy.
Fisonomía. f. Physiognomy.
Fístula. f. Fistula. / Pipe, conduit (tubo, conducto).
Fisura. f. Fissure.
Fitoplancton. m. Phytoplankton.
Flaccidez. f. Flaccidity, flaccidness, flabbiness.
Fláccido, da. adj. Flaccid, flabby.
Flaco, ca. adj. Thin, lean. / (Fig.) Weak, feeble (débil, endeble). / *El punto flaco*, the weak spot.
Fleco. m. Fringe, flounce. / Bangs (de cabello). / Frayed border (de una tela).
Flecha. f. Arrow. / (Arq.) Fleche. / (Mat.) Height, rise (de arco). / Pole (de carro). / (Mec.) Shaft, axle.
Flechar. v. To strike with an arrow. / (Fig.) To strike with love (provocar amor instantáneo).
Flechazo. m. Arrow shot, arrow wound. / Sudden love (amor súbito).
Flechero. m. Archer. / Arrow maker (el que fabrica flechas).
Flema. f. Phlegm. / Coolness (de carácter).
Flemático, ca. adj. Phlegmatic, phlegmatical.
Flemón. m. Phlegmon, gumboil.
Flequillo. m. Fringe (del cabello).
Fleta. f. Whipping.
Fletar. v. To charter (un vehículo). / To load (mercadería). / To hire (vehículos o medios de transporte).
Flete. m. Freight, cargo (carga fletada). / Freightage, freight charge (precio, costo del flete).
Flexibilidad. f. Flexibility.
Flexión. f. Flection. / Inflection (en gramática).
Flirtear. v. To flirt.
Flirteo. m. Flirting.
Flojear. v. To idle. / To weaken, to slacken.
Flojedad. f. Looseness, slackness.
Flojera. f. Idleness, laziness. / Carelessness (descuido). / Weakness, unwillingness (debilidad, falta de voluntad).
Flojo, ja. adj. Lazy, idle, indolent. / Loose, slack (suelto, sin apretar). / Weak, languid (débil, lánguido). / Light (viento).
Flor. f. Flower (con todas las acepciones de la palabra castellana). / Blossom (flor fresca). / Flower, cream, elite (la flor, la crema, la élite). / Prime (de la vida). / Virginity (virginidad). / Surface (superficie).
Flora. f. Flora.
Floración. f. Flowering, florescence.
Floral. adj. Floral.
Florecer. v. To flower, to blossom, to bloom. / (Fig.) To flourish, to prosper (florecer, prosperar).
Floreciente. adj. Flowering, blossoming. / (Fig.) Flourishing, prosperous (próspero).
Florecimiento. m. Flowering, blossoming, blooming.
Fluente. adj. Flowing.
Fluidez. f. Fluidity. / Fluency (de estilo y lenguaje).
Fluido, da. m. Fluid. / adj. (Fig.) Fluent, flowing.
Fluir. v. To flow.
Flujo. m. Flow, flowing. / Flow, discharge (vaciamiento, descarga). / (Náut.) Rise, flow (de la marea).
Flúor. m. Fluor, flourine.
Fluorescencia. f. Fluorescence.
Fluórico, ca. adj. Fluoric.
Fluoruro. m. Fluoride.
Fluvial. adj. Fluvial.
Fogón. m. Cooking stove. / (Mil.) Touchhole, vent (de artillería). / Firebox (de estufa o fragua). / Fire, bonfire (fogata, hoguera).
Fogonazo. m. Powder flash.

Fogosidad. f. Vehemence, ardor, impetuosity.
Foguear. v. (Mil.) To scale (un cañón). / (Mil.) To make into a veteran. / To toughen, to strengthen (hacer rudo, fortalecer).
Foliación. f. Foliation. / (Bot.) Foliation, frondescence, breaking into leaf.
Foliar. v. To foliate.
Folículo. m. Follicle.
Folio. m. Folio, leaf.
Folletín. m. Serial story.
Folleto. m. Pamphlet, booklet, brochure.
Fomentar. v. To foment, to arouse. / To foster, to encourage, to promote (amparar, alentar, promover). / (Med.) To foment, to apply fomentations to (aplicar cataplasmas).
Fomento. m. Fomentation. / Fostering, promotion (amparar, promover). / (Med.) Fomentation.
Fonación. f. Phonation, vocalization.
Fonda. f. Inn, eating house.
Fondeadero. m. Anchorage, anchoring ground.
Fondeado, da. adj. Anchored. / (Fig.) Hidden away.
Fondear. v. t To anchor.
Fondista. m. Innkeeper. / Long distance runner (corredor de largas distancias).
Fondo. m. Bottom (con todas las acepciones de la palabra castellana). / Bed (lecho de río, de mar, etc.). / Rear, back, further end (atrás, la parte de atrás). / Depth (de una casa). / Background (de un cuadro). / Fund, collection of money (recursos, recolección de dinero). / Fundamentals, essence, content, subject matter (fundamentos, esencia, contenido, tema principal). / Cauldron, boiler (caldero, olla grande). / Funds, capital (recursos financieros, capital). / *Los bajos fondos*, underworld, the underworld district.
Fonema. m. Phoneme.
Fonendoscopio. m. Phonendoscope.
Fonética. f. Phonetics.
Fonología. f. Phonology.
Fonometría. m. Phonometry.
Fonoscopio. m. Phonoscope.
Fontal. adj. Fontal, original, principal.
Fontana. f. Fountain, spring.
Fontanería. f. Plumbing, pipelaying, pipes.
Fontanero. m. Plumber, pipelayer.
Foque. m. Jib. / Spinnaker. (Foque balón).
Forajido, da. adj. y m. y f. Outlaw, bandit.
Foral. adj. Statutory.
Formalista. adj. Formalistic. / m. y f. Formalist.
Formalizar. v. To formalize. / To legalize. / To settle, to confirm. / *Formalizarse*, to become earnest. / *Formalizar un compromiso*, to make legal a compromise.
Formante. adj. Forming, formative.
Formar. v. To form (con todas las acepciones de la palabra castellana). / To shape, to fashion (dar figura, acondicionar). / To educate, to bring up (educar, criar). / To form (en filas, en desfile, etc.). / To develop, to grow (desarrollar, hacer surgir, como una hinchazón, un hábito o raíces). / *Formar parte de*, to be part of.
Formato. m. Format.
Fórmico. adj. y m. Formic.
Formidable. adj. Formidable, tremendous. / Terrific (en sentido admirativo).
Formol. m. Formol.
Formón. m. Chisel.
Fórmula. f. Formula (con todas las acepciones de la palabra castellana). / Prescription, recipe (prescripción, receta). / Method, pattern (método, esquema). / (Fig.) Solution (a un problema).

Formular. v. To formulate (con todas las acepciones de la palabra castellana). / To prescribe (recetar). / To express (una idea, una proposición, et.).
Formulario, ria. adj. Formulistic, formal. / m. y f. Formulary, collection of formulas. / Form, questionnaire (cuestionario).
Fornicación. f. Fornication.
Fornicar. v. To fornicate.
Fornido, da. adj. Husky, strong, stout.
Fortalecer. v. To fortify, to strengthen. / To corroborate (corroborar). / To encourage, to assist, to support (alentar, ayudar, respaldar).
Fortuna. f. Fortune (con todas las acepciones de la palabra castellana). / Fate, chance (destino, azar). / Good luck (buena suerte). / Riches, wealth (riquezas, prosperidad económica). / (Náut.) Tempest, storm (tempestad, tormenta, emergencia). / *Probar fortuna*, to take a chance.
Fortunoso, sa. adj. Fortunate, lucky. / Happy (dichoso).
Forúnculo. m. Furuncle, boil.
Forzado, da. adj. Forced (con todas las acepciones de la palabra castellana). / Hard (trabajo). / Forced, strained, artificial (forzado, a la fuerza, sin naturalidad. Se aplica también a una sonrisa, una actitud, una respuesta.). / Galley rower (forzado a las galeras).
Forzar. v. To force, to break through (una puerta, una resistencia). / To violate, to rape (violar, estuprar). / To take, to storm, to assault (tomar, irrumpir, asaltar una posición adversaria, etc.). / To force, to compel (obligar). / *Forzarse a*, to force oneself to.
Forzoso, sa. adj. Inevitable, unavoidable (inevitable, perentorio). / Forced, compelled. / *Aterrizaje forzoso*, forced landing.
Fosa. f. Pit (con todas las acepciones de la palabra castellana). / Grave, tomb (sepultura, tumba). / (Anat.) Fossa, cavity. / Depression, dip (en el terreno). / Hollow (en una superficie, en un hueso). / *Fosa común*, common grave. / *Fosas nasales*, nostrils.
Fosco, ca. adj. Gruff, surly, unsociable (el carácter). / Dark, swarthy (el color de la piel). / Gloomy, dark (sombrío, oscuro. Se aplica especialmente al cielo).
Fosfatar. v. To phosphatize.
Fosfatasa. f. Phosphatase.
Fosfato. m. Phosphate.
Fosforar. v. To phosphorate.
Fosforescencia. f. Phosphorescence, luminescence.
Fosforescente. adj. Phosphorescent, luminous. / *Pintura fosforescente*, luminous paint.
Fósforo. m. Phosphorus (el elemento). / Match (cerilla).
Fosforoso, sa. adj. Phosphorous.
Fósil. m. Fossil. / (Fig.) Old, antiquated (viejo, anticuado). / (Fig.) Boresome (aburrido).
Fosilizado, da. adj. Fossilized.
Foso. m. Pit, hole. / Moat, fosse (zanja, foso de defensa). / *Foso séptico*, septic tank.
Foto. f. Photo, photograph.
Fotocomposición. f. Phototype-setting.
Fotocopia. f. Photocopy.
Fotogénico, ca. adj. Photogenic.
Fotografía. f. Photograph, photo, picture.
Fotografiar. v. To photograph. / (Fig.) To describe vividly (describir vívidamente).
Fotógrafo. m. Photographer.
Fotograma. m. Photogram.
Fotosensible. adj. Photosensitive.
Fotósfera. f. Photosphere.
Fraccionar. v. To divide into fractions, to fractionize, to fraction. / (Quím.) To fractionate. / To break up, to split, to divide (romper, separar, dividir).

Fractura. f. Fracture, break. / Fault (fractura geológica, falla).
Fracturar. v.To fracture, to break. / To rupture (llevar a ruptura, producir ruptura, en cualquier sentido).
Fragancia. f. Fragance, perfume.
Fragante. adj. Fragant, sweet-smelling.
Fragata. f. (Náut.) Frigate. / (Náut.) *Fragata ligera*, corvette.
Frágil. adj. Fragile. Frail, delicate.
Fragilidad. f. Fragility. / Frailty, weakness (especialmente personas).
Fragmentar. v. To fragment.
Fragmento. m. Fragment, piece.
Fragor. m. Uproar, clashing.
Fragosidad. adj. Ruggedness, roughness (de un terreno). / Thickness (de un bosque).
Fragua. f. Forge. / Smithy's furnace (taller de herrero).
Fraguar. v. To forge (hierro). / To think up, to devise (pensar, concebir). / To plan, to plot (planear, tramar). / To set, to harden (el cemento).
Fraile. m. Friar. / Monk, priest (monje, sacerdote).
Frambuesa. f. Raspberry.
Franqueo. m. Postage (postal). / Enfranchisement, liberation (de un esclavo). / Opening, clearing (el acto de abrir o despejar el paso).
Frasco. m. Flask. / Bottle, vial (botella, redoma).
Frase. f. Phrase (con todas las acepciones de la palabra castellana). / Sentence. / *Frase hecha*, commonplace saying. / *Frase proverbial*, remarkable saying. / Wise assertion (frase notable, afirmación sabia).
Fraternal. adj. Fraternal, brotherly.
Fraternidad. f. Fraternality, brotherliness (el acto de ser fraternal). / Fraternity, brotherhood (una asociación fraternal, una fraternidad).
Fraternizar. v. To fraternize.
Fraterno, na. adj. Fraternal, brotherly.
Fratricida. adj. Fratricidal. / m. y f. Fratricide.
Fraude. m. Fraud.
Fray. m. Fra, Brother. / Friar (un fraile).
Frecuencia. f. Frequency (con todas las acepciones de la palabra castellana).
Frecuentar. v. To frequent, to visit often, to repeat.
Frecuente. adj. Frequent. / Repeated, habitual, usual, common (repetido, habitual, usual, común).
Fregado, da. adj. (Amér.) Annoying, irritating, tiresome (molestoso, irritante, cansador). / Penniless, in trouble (sin un céntimo, aproblemado). / Cunning, artful, sly (astuto, artero, insidioso).
Fregar. v. To scrub, to scour. / To wash (lavar). / (Náut.) To mop the board (fregar la cubierta). / To mop (avar el suelo). / (Amér., Fam.) To irritate, to annoy, to bother (irritar, enojar, molestar). / *Fregarse*, To get in trouble.
Freír. v. To fry.
Frenar. v. To restrain, to hold back (reprimir, echar atrás). / To bridle (con las riendas). / To brake (aplicar el freno a un vehículo).
Frenético, ca. adj. Frantic.
Freno. f. Bit (de caballo). / Brake (de vehículo). / Check, restrain (control, moderación de). / *Tascar el freno*, to champ at the bit.
Frente. m. y f. Front (con todas las acepciones de la palabra castellana). / Forehead, brow (frente de la cabeza, ceño). / Front, front part (el frente, la parte del frente).
Fresa. f. (Bot.) Strawberry. / (Mec.) Drill, milling tool.
Fresadora. f. Milling machine.
Fresco, ca. adj. Fresh (con todas las acepciones de la palabra castellana). / Cool (baja temperatura). / Fresh, new, recent (nuevo, reciente). / Cottage (hortalizas, que-

so, huevos. etc.). / Serene, cool, calm (sereno, frío, calmado). / Bold, brazen, buxom (audaz, descarado, provocativo). / Cool, light (ropa, tela). / Coolness, freshness (el fresco del aire, de la noche, etc.). / *Viento fresco*, fresh wind.

Frescura. f. Freshness, coolness. / Buxomity, boldness (provocatividad, audacia).

Fresno. m. Ash tree (N. cient.) Fraxinus excelsior. / Ash (la madera).

Fresón. m. Chilean strawberry (N. cient.) Fragaria chiloensis.

Fricativo, va. adj. y f. Fricative.

Fricción. f. Rubbing, massage (sobamiento, masaje). / (Mec.) Friction. / (Fig.) Friction, discord (discordia).

Friccionar. v. To rub. / To massage (masajear).

Friega. f. Massage, rubbing. / (Amér.) Annoyance, nuisance (molestia, tarea desagradable).

Frigidez. f. Frigidity. / Coldness (frialdad).

Frío, a. adj. Cold (con todas las acepciones de la palabra castellana). / Frigid (frígido). / (Fig.) Cold, cool (actitud, forma de tratar). / Frigid, cold (frígido, sexualmente frío).

Fruncido, da. adj. Shirred, gathered (costura). / (Fig.) Squeamish, affected (en los modales).

Fruncir. v. To knit (cejas). / To purse (labios). / To shirr, to pleat (costura). / To contract, to wrinkle (contraer, arrugar).

Frustrar. v. To frustrate, to thwart. / To impede. / *Frustrarse*, to be frustrated.

Frutal. adj. Fruity, fruit-like (frutoso, semejante a una fruta). / m. Fruit tree. / *Frutales*, orchard.

Frutero, ra. m. y f. Fruiterer, fruit seller (vendedor de frutas). / Fruit dish (fuente o bandeja para frutas).

Fruticultura. f. Fruitgrowing.

Frutilla. f. (Amér.) Rosary bead (cuenta del rosario). / Strawberry.

Fruto. m. Fruit, products.

Fucsia. f. Fuchsia.

Fuego. m. Fire (con todas las acepciones de la palabra castellana). / Light (para encender un cigarrillo, etc.). / Signal light, beacon (fuego de señales, señal). / Firing, discharge (de armas de fuego). / Hearth (fuego del hogar). / Rash, skin eruption (impétigo, erupción de la piel). / Fire, ardor, fervor, violence (fuego, ardor, fervor, violencia). / (Veter.) Cautery, cauterization (cauterio, cauterización). / *Fuego fatuo*, Will o' the wisp. / *Fuegos artificiales*, fireworks. / (Mil.) *Hacer fuego*, to fire, to shoot.

Fuelle. m. Bellows, wind bag. / Pucker, crease, fold (embolsadura, involucro, pliegue). / Expansible piece (pieza expansible).

Fuente. f. Spring (con todas las acepciones de la palabra castellana). / Fountain. / Waterspout (conducto de agua). / Supply system (sistema de abastecimiento). / Source, origin (origen). / Font, baptismal font (de iglesia). / Dish, platter (plato extendido, fuente de servir a la mesa). / Dishful (el contenido de una fuente). / (Veter.) Gaskin / (Med.) Issue, artificial ulcer (para extraer pus). / *Fuente de energía*, power supply.

Fuera. adv. Outside, out. / Besides (al lado, además). / Off (fuera, lejos).

Fuero. m. Law, statute. / Jurisdiction, power (jurisdicción, poder). / Code (código). / Privilege, exemption (privilegio, exención). / *De fuero*, de jure.

Fuerte. adj. Strong (con todas las acepciones de la palabra castellana). / Robust, vigorous (robusto, vigoroso). / Hard (duro). / Fort, fortress (fuerte, fortaleza). / *Oler fuerte*, to stink.

Fulgir. v. To flash, to glitter.

Fulgor. m. Brilliance, brightness, splendor.

Fulgurante. adj. Flashing, fulgurant.

Fulminación. f. Fulmination, thundering, explosion.

Fulminante. adj. Fulminating. / (Med.) Fulminating, galloping. / (Quím.) Fulminating powder, fulminante. / (Art.) Percussion cap.

Fulminar. v. To strike with lightning. / (Fig.) To strike with censure (fulminar con la censura). / To throw, to hurl (arrojar, lanzar). / To thunder (atronar). / To fulminate (con amenazas). / To explode, to fulminate (explotar, fulminar químicamente).

Fumador, ra. adj. Smoking. / m. y f. Smoker.

Fumar. v. To smoke.

Fumarola. f. Fumarole.

Fumigación. f. Fumigation.

Fumigar. v. To fumigate. / To atomize (un perfume, desodorante, etc.).

Funámbulo, la. m. y f. Funambulist.

Función. f. Function (con todas las acepciones de la palabra castellana). / Operation (operación). / Show, performance (espectáculo, ejecución musical, etc.). / (Mat.) Function. / (Mil.) Action.

Fundación. Foundation. / Endowment, establishment.

Fundador, ra. adj. Founding. / m. y f. Founder.

Fundamental. adj. Fundamental, essential, basic.

Fundamentar. v. To lay the foundations of. / To make firm, to establish.

Fundamento. m. Foundation, basis. / Grounds, reason (pie, razones).

Fundar. v. To found (con todas las acepciones de la palabra castellana). / To base, to ground (opiniones, teorías, etc.).

Fundición. adj. Melting, smelting. / Casting, founding. / f. Foundry, ironworks. / Cast iron (hierro de fundición).

Fundir. v. To melt, to smelt (derretir). / To cast, to found (metales). / To fuse, to join, to unite, to merge (fusionar, unir, unificar, fusionar empresas).

Fúnebre. adj. Funeral, gloomy. / *Pompas fúnebres*, funeral rites.

Funeral. m. Funeral.

Funerario, ria. adj. Funeral. / f. Funeral parlor.

Funesto, ta. adj. Fatal, ill-fated.

Funicular. adj. y m. Funicular, cable car.

Funículo. m. Funiculus. / (Arq.) Cable moulding.

Furgón. m. Van. / Boxcar, light freight car (camioneta cerrada, camión liviano).

Furgoneta. f. Truck, van.

Furia. f. Fury (con todas las acepciones de la palabra castellana). / Rage, violence, overwhelming passion (ira, violencia, pasión irresistible).

Fusilamiento. m. Shooting, execution.

Fusilar. v. To shoot, to execute by shooting. / To plagiarize.

Fusta. f. (Bot.) Brushwood, twigs. / Whip (de azotar). / Woolen cloth (tela de lana).

Fuste. m. Pole. / Shaft (de lanza). / (Arq.) Fust (de columna, etc.).

Fustigación. f. Whipping. / Severe censure (censura severa). / Harassing (hostigar, molestar).

Fustigar. v. To whip.

Fútbol. m. Football, soccer.

Futbolista. m. Footballer, soccer player.

Fútil. adj. Futile, trivial, unimportant.

Futurista. adj. y m. y f. Futurist, futuristic.

Futuro, ra. adj. y m. Future. / (Com.) Futures.

Futurología. f. Futurology.

Futurólogo. m. Futurologist.

G

Gabardina. f. Gabardine, raincoat (abrigo impermeable). / Twill (Text.).

Gabinete. m. Studio (escritorio, despacho). / Boudoir (tocador). / Cabinet (mueble). / Cabinet (de gobierno). / Laboratory.

Gacela. f. Gazelle. / (Fig.) Graceful, slender person (una persona grácil y esbelta especialmente una joven).

Gaceta. f. Gazette.

Gafa. f. Cramp, hook (gancho, apretador). / Gaffle (de ballesta). / (Náut.) Can hooks. / Spectacles (anteojos).

Gafe. m. Bad luck, jinx.

Gaita. f. (Mús.) Bagpipes. / Flageolet (gaita gaélica). / (Fam.) Neck (el cuello). / Cumbersome task (tarea tediosa).

Gajes. m. pl. Wages, salary (emolumentos, salario).

Gala. f. Pomp, circumstance.

Galán. m. Gallant, lover (galán, enamora do). / Young actor (actor joven). / Primer galán, (Teatr.) leading man.

Galante. adj. Gallant, courteous. / Flirtatious (en tono cortejador).

Galantear. v. To woo, to court.

Galantería. f. Gallantry, courtesy. / Elegance, grace, charm (elegancia, gracia, encanto). / Liberality, generosity (liberalidad, generosidad).

Galanura. f. Elegance, grace, charm (elegancia, gracia, encanto).

Galápago. m. (Zool.) Turtle.

Galardón. m. Guerdon, reward.

Galardonar. v. To reward, to recompense.

Galaxia. f. Galaxy. / Milky Way (Vía Láctea). / (Mineral.) Galactite.

Galeote. m. Galley slave.

Galera. (Náut., Impr.) Galley. / Covered wagon (carro cubierto, carreta). / (Fig., Fam.) Prison (prisión). / Large ward (hospital). / (Carp.) Jack plane. / Top hat (sombrero de copa alta).

Galerada. f. Wagonload. / (Impr.) Galley, galley-proof.

Galería. f. Gallery, corridor, passage. / Curtain rod (riel de cortina).

Galerna. f. Sudden blast of N.W. wind (viento del noroeste o norweste).

Gálibo. m. Template, pattern. / Gabarit (de ferrocarriles). / (Náut.) Template, gauge. / Perfect proportion (de una columna). / Elegance.

Galicismo. m. Gallicism.

Galimatías. m. (Fam.) Rigamarole.

Galón. m. Gallon (medida de capacidad). / Braid (trenzado). / (Mil.) Stripe, decoration (de grado, condecoración).

Galopar. v. int. To gallop.

Galope. m. Gallop. / Al galope, at a gallop. / (Fig.) In a hasten, very quickly (de prisa, muy rápido).

Galvánico, ca. adj. Galvanic.

Galvanizar. v. To galvanize.

Gallardía. f. Elegance, handsomeness. / Gallantry, bravery. / Magnanimity, nobleness.

Gallardo, da. adj. Elegant, self-assured. / Gallant, valiant. (valiente). / Noble, magnanimous (noble, magnánimo).

Galleta. f. Biscuit, cracker. / Ship biscuit, hardtack (galleta de marinero, tortilla). / Loaf of anthracite (de carbón-piedra). / Coarse brown bread (pan negro). / Small pitcher (cantarillo).

Gallina. f. Hen. / El juego de la Gallina Ciega, the game of the Blindman's Buff. / Gallina de agua, coot, bald coot. / (Fam.) Coward (cobarde).

Gallinazo. m. Turkey buzzard.

Gallinero. m. Hencoop, henhouse. / (Fam., Teatr.) Top balcony.

Gallo. m. Cock, rooster. / (Ictiología) Dory. / (Arq.) Ridgepole. / Pinwheel (juguete). / False note (al cantar). / (Fam.) Boss. / adj. (Amér.) Brave man. / Peso gallo, bantam weight (boxeo).

Gama. f. Doe, female fallow deer (hembra del gamo). / (Mús.) Scale.

Gamberro, rra. adj. Dissolute, licentious. / m. y f. Libertine.

Gamo. m. Buck, male fallow deer.

Gamonal. m. Asphodel field. / Boss, large landowner.

Gamuza. f. (Zool.) Chamois. / Shammy leather, suede. (el cuero).

Gana. f. Wish, desire, longing (deseo). / Fancy (antojo, deseo fantasioso). / Mind, intention (propósito, intención). / Estar con ganas de, to be in the mood of. / Darle a uno la gana, to feel like doing. / De buenas ganas, willingly, readily. / Tener ganas de, to want to.

Ganadería. f. Cattle, livestock (el ganado). / Cattle ranching (la acción de mantener una estancia ganadera). / Cattle raising, cattle trade (crianza y compraventa de ganado).

Ganadero, ra. adj. y m., f. Cattle dealer (comerciante en ganado). / Cattle breeder (criador de ganado).

Ganado. m. Cattle. / Flock, herd (manada, rebaño).

Ganador, ra. adj. Winning. / m. y f. Winner (vencedor). / Earner (el que gana con su trabajo).

Ganancia. f. Gain (con todas las acepciones de la palabra castellana). / Profit (beneficio). / Advantage (ventajas). / (pl.) Winnings (en el juego, etc.). / (Fig.) Extra, bonus.

Ganapán. m. Porter, drudge. / Rude, coarse man (persona ruda, grosera).

Ganar. v. To gain (con todas las acepciones de la palabra castellana). / To earn, to get (salario, ganancias, etc.). / To win (vencer). / To reach, to get to (llegar, alcanzar). / To beat, to be better than (derrotar, ser mejor que). / To improve, to rise (progresar, aumentar, subir de peso, en ingresos, estatura, etc.).

Gancho. m. Hook. / Crook (cayado). / Stub (de una rama quebrada). / Coaxer, cajoler, enticer (camelador).

Gangosidad. f. Nasal quality (al hablar).

Gangrena. f. Gangrene.

Gangrenarse. v. To become gangrenous.

Ganso. m. (Orn.) Goose, gander. / adj. (Fam.) Indolent, foolish. / m. y f. Slow, silly person.

Ganzúa. f. Picklock.

Gañán. m. Farm laborer (obrero agrícola). / (Fig.) Rustic person.

Garabatear. v. To hook, to catch with a hook. / To scribble (al escribir).

Garabato. m. Hook, grapnel, grappling iron (gancho). /

Scribble, scrawl (de escritura o dibujo). / (Fam.) Improper word (palabra impropia).
Garage. m. Garage.
Garantía. f. Guarantee, warranty, security.
Garantizar. v. To guarantee, to vouch for.
Garbanzo. m. Chickpea.
Garbo. m. Dash, elegance, grace (desplante, elegancia, gracia). / (Fig.) Magnanimity, generosity. (Magnanimidad, generosidad).
Garduña. f. Stone marten.
Garfio. m. Grappling iron, hook, gaff.
Garganta. f. Throat. / (Anat.) Gullet. / Canyon, ravine (cañón entre acantilados, desfiladero). / Neck (cuello). / Bottleneck (de botella). / (Arq.) Gorgerin, necking (de las columnas).
Gargantilla. f. Necklace.
Gárgara. f. Gargling. / Gargle (el líquido para hacer gárgaras).
Gargarismo. m. Gargling. / Gargle (el líquido para hacer gárgaras).
Garita. f. Sentry box (de centinela). / Porter's lodge (de portero). / Lavatory, water closet (de excusado).
Garito. m. Gaming house (lugar de juego). / Gambling profits (provechos del juego).
Garra. f. Claw. / Talon (de ave de presa). / (Fig.) Humand hand. / (Náut.) Hook.
Garrafa. f. Carafe, decanter.
Garrafal. adj. Enormous, whopping.
Garrapata. f. (Entom.) Tick, chigger. / (Fig.) Disabled horse (caballo malogrado).
Garrapatear. v. intr. To scribble, to scrawl, to doodle.
Garrocha. f. Lance, spear (en la lidia de toros, lanza usada por el picador para desangrar y debilitar al toro). / (Amér.) Pole (vara larga y firme para saltos).
Garrochar. v. To wound with a lance (herir a lanzazos).
Garrote. m. Club, cudgel. / (Med.) Tourniquet. / Garrote (antiguo instrumento para estrangular). / (Náut.) Turning fid (para tensar un cable). / (Bot.) Cutting, scion.
Garrulería. f. Prattle, blather.
Gárrulo, la. adj. Garrulous, talkative. / Noisy (viento). / Chirpy (pájaro)
Garza. f. Heron. / Garza real, gray heron (N. cient.) Ardea cinerea.
Gas. m. Gas, emanation. / Gasoline.
Gaseoso, sa. adj. Gaseous. / f. Lemonade (bebida).
Gasificación. f. Gasification.
Gasificar. v. To gasify.
Gasoducto. m. Gas pipeline. (en el Reino Unido)
Gastado, da. adj. Wornout, shabby, threadbare (ropa). / Exhausted.
Gastar. v. To spend (dinero, recursos, tiempo, etc.). / To waste, to squander (consumir, desperdiciar, despilfarrar). / To wear out (ropas). / To use up, to consume (usar, consumir). / To wear out (desgastar). / To waste away (desperdiciar, agotar). / To erode (erosionar, desgastar un objeto).
Gasto. m. Expense, expenditure (de dinero). / Spending, waste (el acto de gastar o desgastar). / (Fís.) Volume of flow (gasto por entropía).
Gástrico, ca. adj. Gastric.
Gastronomía. f. Gastronomy.
Gastronómico, ca. adj. Gastronomic, gastronomical.
Gatear. v. To crawl, to climb (encaramarse con las uñas, trepar). / To go on all fours (andar a gatas). / To scratch, to claw (rasguñar, harpar). / To steal, to pinch (hurtar, robar cosillas).

Gatera. f. Cathole. / (Náut.) Rope ladder. / Thief, rogue, rascal (ladrón, rufián, tunante).
Gatillo. m. Trigger, firingpin, hammer (de armería o mecánica). / Dentist's forceps (alicate de dentista). / (Amér.) Petty thief (ladronzuelo).
Gato. m. Cat, tomcat. / Moneybag (para el dinero). / (Mec.) Lifting jack (de alzar pesos). / (Mil.) Gunsearcher (de puntería). / (Carp.) Clamp, vise (de sujetar). / Gato de algalia, civet cat. / Gato montés, wildcat.
Gauchada. f. Gaucho-like action (acción propia de un gaucho). / (Amér.) Good turn, favor (buena acción, favor).
Gaveta. f. Drawer.
Gavilán. m. Sparrow hawk. / Quillon (de espada). / Paddle, blade (de arado). / (Náut.) Grappling iron. / (Bot.) Thistle flower.
Gaviota. f. Seagull.
Gaznate. m. Gullet, throttle.
Géiser. m. Geyser.
Gelatina. f. Gelatine, jelly.
Gélido, da. adj. Gelid, icy.
Gemación. f. Gemmation.
Gemelo, la. adj. y m., f. Twin (con todas las acepciones de la palabra castellana). / Cuff link (de camisa). / (Anat.) Gemellus. / Binoculars (anteojos). / (Carp.) Strengtening slats.
Gemido. m. Wail. Moan.
Geminación. f. Gemination.
Geminar. v. To geminate.
Géminis. m. Gemini.
Gemir. v. To wail, to moan. / To groan (roncamente).
Gen. m. Gene.
Genealogía. f. Genealogy.
Generación. f. Generation (con todas las acepciones de la palabra castellana). / Descendents, offspring (los descendientes, la progenie).
Generalización. f. Generalization.
Generalizar. v. To make general, to generalize.
Generar. v. To generate, to beget.
Generativo, va. adj. Generative.
Generatriz. f. (Geom.) Generatrix.
Género. m. Kind, sort (clase, clasificación). / Way, manner (modo, manera). / (Biol.) Genus. / (Text.) Cloth, fabric (tela, tejido). / (Lit.) Genre. / (Gram.) Gender (masculino o femenino).
Generosidad. f. Generosity, liberality. / Magnanimity, nobility (magnanimidad, nobleza). / Valor, courage (valor, coraje).
Generoso, sa. adj. Generous, liberal. / Magnanimous, noble (magnánimo, noble). / Generous, full-bodied (vino).
Genésico, ca. adj. Genesic, generative.
Genética. f. Genetics.
Genial. adj. Brilliant, inspired. / Agreeable, pleasant, genial (agradable, grato, de genio brillante).
Genialidad. f. Peculiarity (del carácter). / A genial word or deed (dicho o hecho genial).
Genio. m. Genius (con todas las acepciones de la palabra castellana). / Temper, character (temperamento, carácter). / Ability, talent (habilidad, talento). / Spirit, energy (espíritu, energía).
Genital. adj. Genital.
Genitivo. m. Genitive (caso gramatical).
Genocidio. m. Genocide.
Genoma. m. Genome, genom.
Gente. f. People. / (Náut.) Crew (tripulación). / (Mil.) Troops, men. / Gente decente, respectable folk.
Gentil. adj. Kind, pleasant. / Genteel (fino, cortés). /

Gallant, charming (galante, encantador). / m. (Biblia) Gentile (no judío).

Gentileza. f. Gallantry, courtesy.

Gentío. m. Multitude.

Genuflexión. f. Bow, genuflexion, genuflection.

Genuino, na. adj. Genuine, legitimate.

Geodesia. f. Geodesy.

Geografía. f. Geography.

Geología. f. Geology.

Geometría. f. Geometry.

Geonomía. f. Geonomy.

Geopolítico, ca. adj. Geopolitic, geopolitical. / f. Geopolitics (la ciencia).

Geostático, ca. adj. Geostatics.

Geranio. m. (Bot.) Geranium.

Gerencia. f. Management (con todas las acepciones de la palabra castellana). / Managership (la condición de gerente). / Manager's office (la oficina de gerencia).

Gerente. m. y f. Manager.

Geriatría. f. Geriatrics.

Gerifalte. m. (Orn.) Gyrfalcon, gerfalcon. / (Mil.) Gerfalcon, small caliber, culverin (antiguo cañoncito).

Germen. m. Germ.

Germicida. adj. Germicidal. / m. Germicide.

Germinación. f. Germination, sprouting.

Germinador, ra. adj. Germinating.

Germinar. v. intr. To germinate, to sprout.

Gerontocracia. f. Gerontocracy.

Gerontología. f. Gerontology.

Gerundio. m. Present participle. / Gerund (referido a las lenguas latinas).

Gesta. f. Epic narrative. / A marvellous deed (una proeza maravillosa).

Gestación. f. Gestation.

Gesticulación. f. Grimacing, gesticulation.

Gesticular. v. intr. To grimace, to make faces, to gesticulate.

Gestión. f. Step, measure, arrangement. / Management (administración).

Gestionar. v. To negotiate. / To arrange for, to take steps to (hacer arreglos para, dar pasos hacia).

Gesto. m. Grimace, expression (gestos faciales). / Gesture, gesticulation (gestos corporales). / Face (cara, poner cara de). / Gesture, action (un gesto, una acción).

Gestor, ra. adj. Negotiating. / m. y f. Negotiator, manager.

Giba. f. Hump. / Nuisance (fastidio).

Gibar. v. To bend, to curve. / To bother, to annoy (estorbar, fastidiar).

Gigante. adj. Gigantic, huge. / m. Giant.

Gigantismo. m. Giantism.

Gimnasia. f. Gymnastics.

Gimnasio. m. Gymnasium.

Gimnasta. m. y f. Gymnast.

Ginecocracia. f. Gynecocracy.

Gingivitis. f. Gingivitis.

Girar. v. To spin, to run round. / To write out, to draw (un cheque, un documento). / To revolve, to gyrate, to rotate (dar vueltas, hacer girar, rotar). / To revolve (una conversación respecto de un tema).

Girasol. m. Sunflower.

Giro. m. Turn, spinning, gyration, revolution (vuelta, giro, rotación, revolución). / Turn (de una frase). / (Com.) Draft, bill of exchange, money order (giro bancario, nota de cambio, orden de pago).

Girola. f. Apse aisle, retrochoir.

Gitano, na. adj. Gypsy. / Charming, spelling (que en-

salma, que embruja). / m. y f. A gipsy (un gitano o gitana). / Charmer (ensalmista).

Glacial. adj. Icy, freezing. / (Geogr.) Glacial. / Indifferent, unfriendly (indiferente, no amistoso).

Gladiolo. m. Gladiolus.

Glande. m. Glans, penis.

Glándula. f. Gland.

Glandular. adj. Glandular.

Glasé. m. Glace silk.

Glasear. v. To calender (papel). / To glace (frutas, telas).

Glauco, ca. adj. Light green. / (Zool.) Glaucus, sea slug.

Glaucoma. m. Glaucoma.

Glicerina. f. Glycerine.

Global. adj. Global. / Lump. / Cantidad global, lump sum.

Globo. m. Globe. / Balloon (inflable). / Sphere, ball (esfera, pelota).

Glóbulo. m. Globule. / Corpuscle (de la sangre).

Gloria. f. Glory (con todas las acepciones de la palabra castellana). / Heavenly bliss, heaven (felicidad celestial, el Cielo). / Delight, bliss (deleite, dicha). / Glory, fame (gloria, fama).

Glorieta. f. Arbor, bower (cenador). / Square (plaza).

Glorificación. f.Glorification.

Glorificar. v. To glorify. / To glory, to exult (alabar).

Glorioso, sa. adj. Glorious.

Glosa. f. Gloss, commentary. / (Com.) Footnote. / (Mús.) Variation.

Glosar. v. To gloss, to annotate. / To censure, to criticize (censurar, criticar).

Glosario. m. Glossary. / Vocabulary list.

Glótico, ca. adj. Glottal.

Glotis. f. Glottis.

Glucina. f. Glucina.

Glucosa. f. Glucose, glycose.

Gluma. f. Glume, gluma.

Glutamato. m. Glutamate.

Glutamina. f. Glutamine.

Gluten. m. Gluten, colloid. / Glue (sustancia pegajosa).

Glúteo, a. adj. Gluteal. / m. Buttock (nalga).

Gnomo. m. Gnome.

Gnosis. f. Gnosis, knowledge.

Gnosticismo. m. Gnosticism.

Gobernante. adj. Governing, ruling. / m. y f. Ruler.

Gobierno. m. Government (con todas las acepciones de la palabra castellana). / Rule (conducción social o política). / Governorship(cargo de gobernador). / Length (area de jurisprudencia de un gobernador). / (Náut.) Rudder, helm (timón, gobernalle), steering (el acto de timonear). / Management, direction (administración, dirección).

Goce. m. Enjoyment, pleasure. / Benefit. (Beneficio).

Gol. m. Goal (en fútbol).

Gola. f. Gullet, throat. / Gorget, ruff (de atuendo). / (Arq.) Cyma, ogee. / Gorge (fortificación).

Golf. m. Golf.

Golfo, fa. m. y f. Urchin, ragamuffin (rapazuelo, desharrapado). / Prostitute.

Golfo, m. (Geogr.) Gulf, bay.

Goliardo, da. adj. Intemperate, immoderate. / m. Glutton, goliard.

Golondrina. f. Swallow. / (Zool.) Sapphirine gurnard, swallow fish.

Golosina. f. Delicacy, tidbit. / Sweet (dulce). / Desire, fancy, appetite (deseo, antojo, apetencia).

Goloso, sa. adj. Gluttonous. / Appetizing, delicious (apetitoso, delicioso).

Golpe. m. Blow, knock, hit, bump, bang (sugieren onomatopéyicamente de qué clase de golpe se trata). / Gush (de agua). / Blast (de sonido). / Gust (de viento). / Blow (de desgracia). / Spring bolt (de cerrojo). / Shot, stroke (tiro, acierto). / Strike (golpe de una cosa con otra, choque, acierto). / Shock (de electricidad). / Golpe de estado, Coup d'Etat, putsch.

Golpear. v. To hit, to strike, to knock. / To pound (pesadamente).

Goma. f. Rubber (caucho). / Gum, glue (de pegar). / (Med.) Gumma. / Goma de borrar, eraser rubber. / Goma de mascar, chewing gum.

Gomia. m. (Mit.) Snake-like monster. / Bogeyman (espanto, esperpento que se come a los niños). / (Fam.) Glutton, gormandizer (glotón, comilón).

Gónada. f. Gonad.

Gonce. m. Hinge.

Góndola. f. Gondola.

Gondolero. m. Gondolier.

Gonorrea. f. Gonorrhea.

Gordiano, na. adj. Gordian, intricate, complicated.

Gordo, da. adj. Fat, plump. / Thick, coarse (grueso, basto. Se aplica especialmente a las telas).

Gorgojo. m. Grub, mite, weevil.

Gorgorito. m. Trill, quaver (de la voz).

Gorila. m. Gorilla.

Gorjear. v. intr. To warble, to trill. / To gurgle (un bebé).

Gorjeo. m. Warble, trill. / Gurgle.

Gorra. f. Cap, bonnet.

Gorrino, na. m. y f. Suckling pig, piglet, pig swine. / Slovenly. (Una persona).

Gorrión. m. Sparrow.

Gorro. m. Cap, bonnet. / Poner el gorro, to cuckold.

Gorrón, na. m. y f. Cadger, sponger, libertine.

Gota. f. Drop(de un líquido). / (Med.) Gout. / (Arq.) Gutta.

Gotear. v. To drip. / To drizzle. / To give in driblets.

Goteo. m. Dripping.

Gotera. f. Dripping, drips. / Leak (grieta). / Gutter (del techo). / Drip mark (mancha dejada por una gota). / Aches and pains (achaques y dolores).

Gótico, ca. adj. Gothic (con todas las acepciones de la palabra castellana). / Noble, illustrious (noble, ilustre).

Gotoso, sa. adj. y m., f. Gouty, gout sick.

Gozar. v. To enjoy. / To possess, to have (poseer, tener). / To have sexual intercourse with, to take pleasure in (tener relación sexual con, disfrutar de placer con). / Gozar de, to enjoy, to possess, to have (disfrutar, poseer, tener).

Gozne. m. Hinge.

Gozo. m. Joy, delight, pleasure. / (Fig.) Orgasm, blaze, coming (orgasmo, sobrecogimiento de placer).

Grabación. f. Engraving (el acto de grabar). / Gravure (una cosa grabada). / Recording, taping (el acto de grabar sonido, grabación en cinta magnética). / Record (una grabación o el sonido allí grabado).

Grabar. v. To engrave. / To record (música). / To cut (un disco).

Gracia. f. Charm, gracefulness. / Wittiness, wit (ingenio). / Witticism, witty remark (ingeniosidad, salida ingeniosa). / Funniness (comicidad). / Grace (de Dios). / Forgiveness, pardon (gracia, perdón). / Favor, grace (favor, gracia). / Su Gracia, Your Grace (tratamiento respetuoso). / Name (nombre). / (pl.) Graces (gracias, actitudes simpáticas). / Caer en gracia, to produce a favorable opinion. / Dar gracias, to thank. / De gracia, gratis, for free. / Gracias, thank you. / Gracias a, thanks to.

Grácil. adj. Gracile, fine, slender.

Gracioso, sa. adj. Charming, lively (encantador, vivaz). / Attractive, pretty, graceful (atractivo, lindo, lleno de gracia). / Funny, amusing, witty (cómico, divertido, ingenioso). / Free, gratis (sin costo, gratis).

Gradiente. m. Gradient. / Slope (cuesta, subida).

Grado. m. Degree (con todas las acepciones de la palabra castellana). / (Mil.) Rank. / Grade, class, form (en educación). / Minor orders (en el sacerdocio).

Graduación. f. Graduation (con todas las acepciones de la palabra castellana). / (Mil.) Rank. / Graduación alcohólica, alcoholic strength, alcohol degree. / Scale (escala de grados).

Graduar. v. To graduate (con todas las acepciones de la palabra castellana). / To grade, to appraise, to classify (evaluar en grados, estimar, clasificar). / To measure (medir). / To dosify (dosificar). / To graduate, to mark in degrees (graduar, marcar en grados). / To graduate, to confer a degree on (conferir un grado en educación). / (Mil.) To give the rank of (dar el grado o rango de).

Gráfico, ca. adj. Graphic, graphical. / Vivid, clear. / m. y f. Graph, diagram.

Grafito. m. (Mineral.) Graphite, plumbago. / (Arq.) Graffito.

Grafología. f. Graphology.

Grafólogo. m. Graphologist.

Gragea. f. Sprinkles.

Grajo. m. (Orn.) Rook, crow, jackdaw.

Gramar. v. To knead.

Gramática. f. Grammar.

Gramatical. adj. Grammatical.

Gramático, ca. adj. Grammatical. / m. y f. Grammatician.

Gramil. m. (Carp.) Gauge, marking gauge.

Gramíneo, nea. adj. Gramineous, grassy.

Gramo. m. Gram, gramme.

Gramófono. m. Gramophone, phonograph.

Gran. adv. Grand, great, large (grande, vasto). / Gran mariscal, Grand Field Marshall. / Una gran cantidad, a large quantity.

Grana. f. (Agr.) Seeding, seeding time, seed (semillar, temporada de semillar, semilla). / (Entom.) Grain, kermes insect. / (Bot.) Kermes, kermes berry. / Scarlet (color).

Granada. f. Pomegranate (la fruta). / (Mil.) Grenade, shell.

Granadero. m. (Mil.) Grenadier. / (Fam.) Tall man (un hombre alto).

Granadina. f. Grenadine (la bebida). / Grenadine syrup (jarabe de granadas).

Granado, da. adj. Choice, select.

Granar. v. intr. To seed, to form seeds (semillar, formar semillas). / To granulate (granular). / To form kernels (el maíz).

Granate. m. Garnet (piedra y color).

Grandeza. f. Greatness (con todas las acepciones de la palabra castellana). / Majesty (majestad, majestuosidad). / Largeness, bigness (de tamaño).

Grandilocuencia. f. Grandiloquence.

Grandioso, sa. adj. Grandiose, magnificent, grand.

Granero. m. Granary, barn.

Granito. m. Fine grain. / Pimple, blackhead (de la piel). / (Miner.) Granite. / (Bioquím.) Granule.

Granizado. m. Iced drink.
Granizo. m. Hail.
Granja. f. Farm, grange.
Granjear. v. To earn, to get, to acquire (ganar, conseguir, adquirir). / v. To win, to capture (ganar, ganarse las simpatías, la amistad, el favor, etc.). / (Náut.) To approach, to get near (aproximarse).
Granjero, ra. m. y f. Farmer, granger.
Grano. m. Grain (con todas las acepciones de la palabra castellana). / Seed (semilla). / (Med.) Pimple, blackhead (de la piel).
Granuja. f. Loose grape. / Seed, pip (de uva). / m. Urchin, young rogue (muchachito, truhanuelo).
Granulado, da. adj. Granulated.
Granular. v. y pr. To granulate.
Grapa. f. Staple, clamp, cramp. / Ulcer (de caballo). / Coarse brandy (aguardiente). / (Carp.) Holdfast.
Grasa. f. Fat (animal). / Grease. / Dross, slag (escoria). / (Náut.) Slush.
Grasiento, ta. adj. Fatty, greasy, oily.
Graso, sa. adj. Fatty, greasy.
Grasoso, sa. adj. Greasy, oily.
Gratificación. f. Reward, bonus.
ase, to gratify, to delight (complacer, producir gratificación, deleitar).
Gratis. adv. Gratis, free.
Gratitud. f. Gratitude, gratefulness.
Grato, ta. adj. Agreeable, pleasant, graceful. / (Amér.) Grateful (agradecido).
Gratuito, ta. adj. Gratuitous, free. / Unwarranted, baseless, uncalled-for (sin justificación, sin base, a propósito de nada).
Gravamen. m. Tax, obligation (impuesto, obligación). / Burden, load (peso, carga). / Hardship, inconvenience (dificultad, inconveniencia). / (Legal) Mortgage, lien.
Gravar. v. To tax (con impuestos). / To burden, to oppress (cargar, oprimir).
Grave. adj. Grave (con todas las acepciones de la palabra castellana). / Serious (serio). / Important (importante). / Solemn (solemne). / Onerous, burdensome (oneroso, pesado). / Deep, low (un sonido). / Paroxytone (acentuado en la penúltima sílaba). / Grave (el acento).
Gravedad. f. Gravity (con todas las acepciones de la palabra castellana). / Seriousness, circumspection, sobriety of manners (seriedad, circunspección, sobriedad en las maneras). / Weight, heaviness (peso, pesantez). / Enfermo de gravedad, gravely ill.
Gregario, ria. adj. Gregarious. / Shared, common (compartido, común).
Gremial. adj. Gremial.
Gremio. m. Guild. / Association (de artesanos o profesionales). / Society, fraternity, trade union (sociedad, fraternidad, sindicato).
Greña. f. Entangled lock (de cabello). / Heap of grain (de cerales). / First leaves (de vid).
Gresca. f. Quarrel, carousal.
Grey. f. Flock (de ovejas o de feligreses). / Herd (de ganado). / People, tribe (pueblo, tribu).
Grieta. f. Crack, crevice.
Grifería. f. Set of taps (de agua, gas, etc.). / Manufacture of plumbing materials (fabricación).
Grillete. m. Shackle, fetter.
Grillo. m. (Bot.)Shoot, sprout. / (Entom.) Cricket.
Griparse. v. To seize up, to stick.
Gripe. f. Influenza, cold, grippe.
Gris. adj. Grey, gray. / Dull, gloomy (apagado, sombrío). / (Zool.) Siberian squirrel.
Grisáceo, cea. adj. Greyish, grayish.

Grisú. m. Firedamp.
Grito. m. Shout, cry, scream, outcry.
Grosella. f. Red currant (la fruta). / Grosella silvestre, gooseberry.
Grosería. f. Vulgarity, coarseness, rudeness.
Grosero. m. Discourteous, ill-bred (descortés, malcriado). / Rough, coarse (una tela, un guiso, etc.).
Grosor. m. Thickness, bulk.
Grúa. f. Crane, derrick.
Grueso, sa. adj. Thick, stout, bulky. / Coarse, vulgar (grosero, vulgar). / m. Thickness. / (Geom.) Depth (de un cuerpo tridimensional). / Bulk, main body (el grueso, la parte principal).
Grulla. f. Crane.
Grumete. m. Shipboy.
Grumo. m. Clot. (coágulo). / Curd (de leche). / Lump (en una sopa, salsa, etc.). / Bud (brote de una planta). / Cluster, bunch (racimo, pelotón).
Gruñir. v. intr. To grunt (un cerdo). / To growl (un perro). / To creak (una puerta, un mueble, etc.). / To grumble (los humanos).
Grupa. f. Croup, rump (de caballo).
Grupo. m. Group (con todas las acepciones de la palabra castellana). / Cluster (racimo, pelotón). / Assemblage, party (asamblea, partido). / Type, classification (tipo, clasificación). / Grupo sanguíneo, blood type.
Gruta. f. Grotto, cave. / (pl.) Grutas, subterranean galleries, crypts, vaults. (galerías subterráneas, criptas, bóvedas).
Guacamayo. m. Macaw.
Guadaña. f. Scythe. / (Fig.) Death, The Reaper (la muerte, la Llevadora).
Gualdrapa. f. Caparison, trappings.
Guanche. adj. y m., f. Guanche.
Guante. m. Glove. / Arrojar el guante, to challenge. / Echar el guante a, to catch, to arrest. / Recoger el guante, to accept a challenge.
Guapería. f. Bravado, boastfulness (bravata, fanfarronería).
Guapeza. f. Handsomeness, attractiveness (apostura, atractivo). / Bravery, boldness (bravura, osadía). / Bravado, aggressiveness (bravata, actitud agresiva).
Guapo, pa. adj. Good-looking, attractive (bello, atractivo). / Bold, brave (audaz, valiente). / Braggart, brawler (fanfarrón).
Guaraní. adj. y m., f. Guarani.
Guarda. m. Guard, keeper (guardián, cuidador). / Keeping, custody (el acto de cuidar, custodia). / Guardianship (guardia). / Observance (observancia de una ley, un rito, etc.). / Outside rib (borde de una tela o un objeto). / (pl.) Wards, (de una llave o una cerradura). / Sword guard (de espada).
Guardabarrera. m. Level-crossing keeper (de cruce ferroviario). / Gate keeper (de puerta de acceso).
Guardaespaldas. m. Bodyguard.
Guardar. v. To guard (con todas las acepciones de la palabra castellana). / To keep, to look after (mantener, cuidar). / To tend (atender). / To put away, to watch over (mantener alejado, vigilar). / To keep (conservar u observar la palabra, la ley, etc.). / To have, to hold (tener, conservar recuerdos, objetos, etc.). / To save, to protect, to keep. (Guardar protegiendo). / To save (ahorrar, guardar dinero).
Guardería. f. Guardship. / Guardería infantil, nursery.
Guardia. m. Guard (cuerpo armado). / Defense, protection (defensa, protección). / En guardia, on guard. / Policeman, constable (policía, policía de uniforme).
Guarecer. v. y pr. To shelter, to hide. / To stow, to

make secure (almacenar, poner en seguro). / Guarecerse, to take refuge, to shelter oneself.

Guarida. f. Den, lair (de animales). / Shelter, refuge (albergue, refugio).

Guarismo. m. Number, figure.

Guarnecer. v. To garnish (con todas las acepciones de la palabra castellana). / To decorate (decorar) / To bind, to trim (un borde). / To set (una piedra preciosa). / To fit the guard (poner la guarnición a una espada). / To supply (proveer). / (Mil.) To garrison (poner una guarnición de tropas). / To harness (un caballo).

Guarnición. f. Trimming, edging, flounce (de bordes). / (Joy.) Setting. / (Mil.) Garrison. / Sword guard (de espada). / (Mec.) Fitting, packing. / (pl) Harness. / (Automov.) Lining (de frenos).

Guata. f. Raw cotton (algodón en rama) / Paunch, belly (vientre). / Echar guata, to become prosperous.

Gubernamental. adj. Governmental.

Gubia. f. (Carp.) Gouge. / (Art.) Ventcleaner.

Guedeja. f. Long locks. / Lion's mane (melena de león).

Guerra. f. War (con todas las acepciones de la palabra castellana). / Hostility, strife (hostilidad, lucha). / Guerra relámpago, blitzkrieg.

Guerrear. v. intr. To make war (con todas las acepciones de la palabra caste-llana). / To wage war, to fight, to combat (conducir a la guerra, pelear, combatir). / (Fig.) To disagree, to resist, to argue.

Guerrera. f. High-buttoned jacket.

Guerrilla. f. Guerrilla, skirmish war.

Guía. m. y f. Guide (con todas las acepciones de la palabra castellana). / Adviser, instructor, trainer (consejero, instructor, entrenador). / (Mil.) Marker, guide (batidor, guía). / Guide, guidance (la guía, una idea guía, el acto de guiar). / Handbook, manual, guidebook (libro de instrucciones, manual, libro guía) / Directory (de teléfonos). / Timetable (Guía de itinerarios y horarios de trenes, aviones, etc.). / Customs permit, clearance certificate (autorización aduanera, certificado de despacho). / (Com.) Invoice. / Fuse (para explosivos). / Leader (el que encabeza una cabalgata o el animal que encabeza un rebaño).

Guiar. v. To guide (con todas las acepciones de la palabra castellana). / To lead (conducir, ser el cabecilla). / To steer (timonear). / To drive (automóviles). / To train (plantas). / (Fig.) To advise, to counsel (dar una guía intelectual o espiritual, aconsejar). / To sprout (plantas). / v. Guiarse por, to be guided by.

Guijarro. m. Small round pebble.

Guillotina. f. Guillotine (también se aplica a ventanas).

Guillotinar. v. To guillotine. / To cut (con guillotina de palanca).

Guinda. f. (Bot.) Cherry fruit. / (Náut.) Height of the masts.

Guindo. m. Cherry tree (N. cient.) Prunus cerasus.

Guiñapo. m. Rag, tatter, shred (harapos, andrajos). / Ragamuffin. (harapiento). / (Fig.) Wretch, reprobate (fracasado, paria).

Guiñar. v. To wink (los ojos). / (Náut.) To yaw.

Guiño. m. Wink.

Guiñol. m. Puppet theater. / Puppet (marioneta). / Freak (degenerado, monstruo).

Guión. m. Guidon (estandarte). / Outline (esquema) / Script (de cine o televisión). / Leading bird (de una bandada de pájaros). / Note, instruction (nota, instrucción). / Hyphen, dash (de ortografía). / (Náut.) Loom (de un remo). / (Mús.) Repeat sign.

Guionista. m. Script writer.

Guisado. m. Stew, casserole dish.

Guisante. m. Pea. / Guisante de olor, sweet pea (N.cient.) Lathyrus odoratus.

Guisar. v. To cook. / (Fig.) To arrange (hacer un arreglo de negocios).

Guitarra. f. Guitar.

Guitarrero, ra. m. y f. Guitar player (tañedor). / Guitar dealer (vendedor de guitarras). / Guitar maker (el fabricante).

Gula. f. Gluttony, gourmandizing.

Gusano. m. adj. Worm (con todas las acepciones de la palabra castellana). / Maggot, caterpillar (larva, oruga). / (Fig.) Wretch, contemptible person (paria, persona despreciable). / Gusano de luz, glowworm. / Gusano de ciempiés, scolopendra.

Gusarapo. m. Waterworm.

Gustar. v. To taste (probar el sabor, tener sabor a). / To savor. / To try, to test (probar con la lengua, hacer la prueba del gusto). / To like (sentir agrado o placer). / To please, to be pleasing (agradar, ser agradable). / To enjoy (disfrutar de).

Gusto. m. Taste. / Sense of taste (el sentido del gusto). / Flavor (sabor). / Pleasure, delight (placer, deleite). / Whim, caprice, wish (antojo, capricho, deseo). / Taste (gusto estético, discernimiento de lo estéticamente bueno). / Tomar el gusto a, to take a liking to, to become fond of (aficionarse a).

Gustoso, sa. adj. Tasty, savory (sabroso). / Glad, willing (con gusto, de buen grado). / Agreeable, delightful (agradable, deleitoso).

Gutural . adj. Guttural.

Guturalizar. v. intr. To gutturalize.

H

Haba. f. Broad bean (legumbre). / Voting ballot (balota). / (Mineral.) Stone, nugget. / Bump (de una picadura). / (Veter.) Palatal tumour.

Habano, na. adj. y m. Brown (color). / Havana (cigarro). / *La Habana*, Havana.

Haber. v. To have (con todas las acepciones de la palabra castellana). / To get, to find (lograr, conseguir, encontrar). / *No fueron habidos los implementos*, The supplies were not found. /
Haber de, To must, to have to (deber, tener que). / Habrás de hacerlo, You'll must do it. You'll have to do it (deberás hacerlo, tendrás que hacerlo). / *Hay que*, It is necessary, it is a need. To must (haber de, tener que, deber hacer). / *No hay que tratar de empujar al río*, It is not necessary to try to push the river. / *La libertad hay que ganársela*, You must earn your freedom. / *No hay de qué*, You're welcome, don't mention it. / *Hay*, There is. / *Hay un perfume muy caro*, There is a very expensive parfume. / *No hay*, There is not. / *No hay nada que decir*, There is nothing to say. / *Habérselas con*, To deal with. To face (entenderse con, encarar). / *Tendré que habérmelas con él*, I'll have to face him.

Hábil. adj. Skillful, able, competent. / m. y f. Capable, apt, crafty (eapaz, apto, habilidoso). / Working day (día hábil). / Competent (legalmente habilitado).

Habilitar. v. To qualify, to enable (calificar, capacitar). / To furnish, to equip (dotar, equipar). / To supply, to provide (implementar, proveer). / To finance (financiar). / (Legal) To authorize (autorizar, legalizar).

Habitación. f. Room, alcove (pieza, alcoba). / Residence, dwelling, house (residencia, morada, casa). / Habitat (hábitat).

Habitante. adj. Inhabiting. / m. y f. Inhabitant, dweller (morador).

Habitar. v. To inhabit (con todas las acepciones de la palabra castellana). / To live in, to reside, to dwell (vivir en, residir, morar).

Hábitat. m. Habitat, natural environment (ambiente natural).

Hábito. m. Dress, habit (sotanas). / Habit, custom (costumbre).

Habituar. v. To accustom, to familiarize with. / *Habituarse*, To get used to, to become accustomed.

Habla. f. Speech, speaking (la capacidad de hablar, la acción y efecto de hablar). / Language (lenguaje). / *Estar al habla*, To be in communication.

Hablar. v. To speak, to talk. / H*ablar disparates*, To talk nonsense.

Hacendado, da. m. y f. Farmer (agricultor). / Planter (plantador). / Rancher (ranchero). / Plantation owner (dueño de plantación).

Hacer. v. To do (con todas las acepciones de la palabra castellana). / To make (en sentido manual o de obrar sobre otra persona o cosa). / To work out (obrar, funcionar). / To contain (contener). / *Esta cacerola hace un cuarto*, This stewpot contains one quarter. / To assemble (armar, montar un aparato a partir de piezas). / To accustom (acostumbrar). / *Tiene su cuerpo hecho a los esfuerzos*, He has his body used to every effort. / *Hacer que*, To oblige, to force to. / *Debes hacer que el niño estudie*, You must oblige the boy to study. / *Hacer*

(Seguido de un infinitivo), To let, to make. / *Hágalo pasar*, Let him in. / *Él la hizo ruborizar*, He made her flush. / *Hace tiempo*, A time ago. / *Mañana harán tres años que no lo veo*, Tomorrow it will be three years since I saw him. / To suit (ir bien con). / *Ese color no le hace a tu vestido*, That color does not suit your dress.

Hacia. prep. Towards. / In the direction of (en dirección a). / About (alrededor de). / *Quedamos en encontrarnos hacia las tres*, We arranged to meet at about three o'clock. / ...wards (el sufijo

Hacienda. f. Farm, ranch. / Property, estate, fortune, wealth (propiedad, propiedad de tierras, fortuna, riqueza). / *Hacienda pública*, Public finance.

Hacha. f. Axe. / Large candle, torch, flambeau (velón, antorcha, fuego de iluminación).

Hada. f. Fairy. / *Cuento de hadas*, Fairytale.

Hagiografía. f. Hagiography.

Hagiógrafo. m. Hagiographer.

Halagar. v. To flatter (adular). / To please, to delight, to gratify (complacer, deleitar, gratificar).

Halcón. m. Falcon, hawk.

Halconero, ra. adj. y m. Falconer, hawker.

Hálito. m. Halitus, breath, vapour. / Soft breeze (brisa suave).

Halógeno, na. adj. Halogenous. / m. Halogen.

Hallar. v. To find, to discover.

Hallazgo. m. Finding, discovery (el acto y efecto de hallar o descubrir). / Find (una cosa hallada). / Reward (premio).

Hamaca. m. Hammock, hammock litter.

Hambre. f. Hunger (con todas las acepciones de la palabra castellana). / Starvation (estado famélico). / Famine, desire, longing, coveting (hambruna, deseo, anhelo, codicia).

Hangar. m. (Aer.) Hangar, shed, shelter.

Haragán, na. adj. Idle, indolent, lazy. / m. y f. Idler, loafer.

Haraganear. v. To idle.

Harina. f. Flour.

Harpa. f. Harp.

Hartar. v. To fill, to stuff (llenar, rellenar). / To satiate (saciar). / To annoy, to bore (fastidiar, aburrir). / *Hartarse*, To get bored or fed up (hastiarse, no querer más).

Harto, ta. p. adj. Satiated, replete (saciado, repleto). / (Fam.) Fed up, sick (hostigado, hastiado).

Hasta. prep. Until, till. / Up to (hasta arriba). / Down to (hasta abajo). / As far as (hasta donde, según). / *Hasta donde sé*, As far as I know.

Hastiar. v. To bore, to sicken, to cloy.

Hastío. m. Boredom, tedium (aburrimiento, tedio). / Surfeit, loathing, revulsion (hostigación, repugnancia).

Hatajo. m. Small herd, flock (rebañito). / Lot (grupo, número indefinido).

Haz. m. Bundle, bunch, beam. / Pencil (de rayos). / (Anat.) Fascicle. / *Haces*, Fasces (de los lictores de Roma).

Hazaña. f. Exploit, deed, heroic feat.

Hebilla. f. Buckle.

Hebra. f. Thread, strand. / Sinew, nerve (de carne).

Hecatombe. f. Hecatomb, disaster, catastrophe.

Hechicería. f. Witchcraft, sorcery. / Spell, charm (ensalmo, encantamiento).

Hechizar. v. To bewitch. / To charm, to enchant (ensalmar, encantar).

Hechizo, za. adj. Improvised (improvisado). / Made in a haste (hecho de apuro). / m. Spell, charm, witch doll, magic instrument (ensalmo, encantamiento, muñeca de brujería, instrumento mágico).

Hecho, cha. p. adj. Done. Finished, complete (terminado, completo). / Ready-made (ropas). / Accustomed, inured (acostumbrado, adaptado). / Mature (hombre, vino). / Proportioned. / *Bien* o *mal hecho*, Well or badly proportioned. / m. Act, action, deed, feat (acto, acción, obra). / Fact. / *Es un hecho que*, It is a fact that. / loc. adv. *De hecho*, As a matter of fact. / Event, occurrence, happening (evento, suceso, ocurrencia). / De facto (de hecho, como opuesto a de derecho).

Hechor. m. Author. / (Fam.) Malefactor.

Hechura. f. Making (el acto y efecto de hacer). / Creation (creación). / Workmanship, price paid for workmanship (mano de obra, costo de mano de obra). / Form, shape (forma, figura).

Heder. v. To stink, to smell bad.

Hedor. m. Stench, stink.

Hegemonía. f. Hegemony.

Helada. f. Freezing (acción y efecto de helar). / Frost, freezing weather, freeze (escarcha, tiempo helado, hielo).

Heladería. f. Ice cream parlour.

Helado, da. p. adj. Freezing, icy, very cold. / (Fig.) Dumbfounded, astonished. / m. Ice cream, sherbet.

Helar. v. To freeze, to ice, to chill. / To dumbfound, to astonish (de asombro, de espanto, etc.). / *Helarse*, To freeze, to become frozen (quedarse helado). / To harden, to set, to solidify (endurecer, afianzar, solidificar) / To get frostbitten (entumecerse de frío). / To become intimidated (intimidarse).

Helecho. m. Fern. / Ferns, filicales.

Hélice. m. Helix, spiral. / (Arq.) Helix. / Propeller (bote, aeroplano). / *Hélice de avión*, Airscrew. / *Hélice tractora*, Tractor propeller.

Helicóptero. m. Helicopter.

Hematología. f. Hematology.

Hematoma. m. Hematoma. Bruise.

Hembra. f. Female (con todas las acepciones de la palabra castellana). / Woman (mujer). / She (indica condición de hembra al anteponerse al nombre del animal. Por ejemplo, *Hipopótamo hembra*, She hippopotamus. / Nut (tuerca). / Hollow mold (molde hueco).

Hemiciclo. m. Hemicycle, semicircle.

Hemiplejía. f. Hemiplegy, hemiplegia.

Hemisferio. m. Hemisphere.

Hemistiquio. m. Hemistich.

Hemofilia. f. Hemophilia, haemophilia.

Hemoglobina. f. Hemoglobin, haemoglobin.

Hemopatía. f. Hemopthaty, haemophaty.

Hemorragia. f. Hemorrhage. / *Hemorragia nasal*, Nosebleed.

Hemostático, ca. adj. Hemostatic, haemostatic. / m. Hemostat, hemostatic.

Henchir. v. To fill, to stuff.

Hendedura, hendidura. f. Cleft, crack, split, slit.

Hender, hendir. v. To split, to cleave, to crack. / To cut through (cortando).

Heno. m. Hay. / *Fiebre del heno*, Hay fever (alergia).

Heparina. f. Heparin.

Hepática. f. Hepatica, liverwort.

Hepático, ca. adj. (Med.) Hepatic. / (Bot.) Hepaticae.

Hepatitis. f. Hepatitis.

Hepatología. f. Hepatology.

Heptaédrico, ca. adj. Heptahedral.

Heptaedro. m. Heptahedron.

Heptagonal. adj. Heptagonal.

Heptágono, na. adj. Heptagonal. / m. Heptagon.

Heptano. m. Heptane.

Heptarquía. f. Heptarchy.

Heptasílabo, ba. adj. Heptasyllabic. / m. Heptasyllable.

Heráldica. f. Heraldry.

Heráldico, ca. adj. Heraldic. / m. y f. Heraldist.

Heraldo. m. Herald, harbinger.

Herbáceo, a. adj. Herbaceous.

Herbario, ria. adj. y m., f. Herbalist, botanist (herborista, botánico). / Herbarium (colección de plantas). / Rumen (rumiantes).

Herbicida. m. Weed killer, herbicide.

Herbívoro, ra. adj. Herbivorous, grass-eating. / m. Herbivore, (pl.) herbivora.

Herbolario, ria. adj. y m., f. Herbalist. / Herb shop (tienda de un herbolario).

Hercúleo, a. adj. Herculean.

Heredero, ra. adj. Inheriting. / m. Heir, inheritor, / f. Heiress.

Hereditario, ria. adj. Hereditary.

Hereje. m. y f. Heretic.

Herejía. f. Heresy. / (Fam.) Insult.

Herencia. f. Inheritance (acción y efecto de heredar). / Heritage, heredity (lo que se hereda).

Herético, ca. adj. Heretical.

Herida. f. Wound (con todas las acepciones de la palabra castellana). / Injury, offense (daño, ofensa). / Sore (lastimadura).

Herido, da. adj. Wounded, hurt. / *Mal herido*, Badly wounded, badly hurt. / f. Foundation trench (de una construcción).

Herir. v. To wound. To injure, to hurt (dañar, lastimar). / To knock, to strike (golpear). / To hurt (sensibilidades, etc.). / To offend, to insult (ofender, insultar). / To pluck (la cuerda de un instrumento). / To play (instrumento de cuerdas).

Hermafrodita. adj. Hermaphroditic. / m. y f. Hermaphrodite.

Hermanastro, tra. m. y f. Stepbrother (hombre). / Stepsister (mujer).

Hermandad. f. Brotherhood, fraternity (de hombres). / Sisterhood, sorority (de mujeres). / Intimate friendship (amistad íntima). / Close relationship or likeness (afinidad o relación muy estrecha). / Alliance, league (alianza, liga).

Hermano, na. m. y f. Brother (con todas las acepciones de la palabra castellana). / *Hermano carnal*, Full brother. / *Hermano consanguíneo*, Half brother. / *Hermano de leche*, Foster brother. / Sister (hermana). / (En femenino se utilizan las mismas formas, cambiando *brother* por *sister*).

Hermeticidad. f. Airtightness (de un cierre o un espacio). / Impenetrability, impenetrableness (impenetrabilidad).

Hermético, ca. adj. Hermetic, airtight, impenetrable. / Reticent, secretive (reservado, secreto). / Hermetic (hermético, propio de la filosofía hermética).

Hermetismo. m. Secrecy, secretiveness.

Hermoseamiento. m. Beautification, embellishing, grooming.

Hermosear. v. To beautify, to embellish, to groom.

Hermoso, sa. adj. Beautiful (con todas las acepciones de la palabra castellana). / Handsome (apuesto).

Hermosura. f. Beauty (con todas las acepciones de la palabra castellana). / Handsomeness, fairness (apostura, belleza). / Beauty, belle (una beldad, una bella).

Hernia. f. Hernia.

Héroe. m. Hero (con todas las acepciones de la palabra castellana). / Champion (campeón de una gesta). / Main character, protagonist (personaje principal, protagonista).

Heroísmo. m. Heroism.

Herrador. m. Blacksmith (herrero) / Horseshoer (el que pone herraduras).

Herradura. f. Horseshoe. / Hoof guard (con refuerzo al casco). / (Zool.) Horseshoe bat.

Herraje. m. Iron-work. / *Herrajes*, Iron fittings, iron parts, metal fittings, hardware (piezas de hierro o metal para refuerzo o ajuste de partes. Instrumentos de metal).

Herramental. m. Tool bag (bolsa de herramientas). / Tool kit, tools (conjunto de herramientas).

Herramienta. f. Tool (con todas las acepciones de la palabra castellana). / Instrument, implement (instrumento, utensilio).

Herrar. v. To shoe (a un caballo). / To brand (marcar a hierro). / To bind with iron (engrillar).

Herrería. f. Blacksmithing (el arte u oficio). / Smithy, forge (taller de herrero). / Foundry, ironworks (fundición, trabajos en hierro).

Herrero. m. Smith, blacksmith. / Ironworker (trabajador del hierro). / Horseshoer (el que pone herraduras).

Hervidero. m. Bubbling, ebullition, boiling. / Bubbling, spiring (manantial). / Wheezing sound (ruido sibilante). / Bubbling noise (ruido borboteante). / (Fig.) Crowd, swarm (multitud).

Hervido. m. Stew.

Hervir. v. To boil, to seethe.

Hervor. m. Boiling, ebullition. / Fervor, restlessness (estado de ánimo). / Bubbling noise (ruido de hervor). / Upsurge of waters (surgimiento de aguas).

Hesperio, ria. adj. y m., f. Hesperian, pertaining to Hesperia.

Hetaira, hetera. f. Hetaera, hetaira (historia). / (Fig.) Classy call-girl.

Heterodoxia. f. Heterodoxy.

Heterodoxo, xa. adj. Heterodox. / m. y f. Heterodox person.

Heterogéneo, a. adj. Heterogenous, dissimilar.

Heteromancia. f. Divination by the flight of birds.

Heteromorfo, fa. adj. Heteromorphous.

Heterosexual. adj. y m., f. Heterosexual.

Hez. f. Scum, dregs. / Lees (líquido). / Faeces, excrement (excremento). / Sediment (sedimento).

Hiato. m. Hiatus.

Hibernación. f. Hibernation.

Hibernal. adj. Hibernal, wintry.

Hibernar. v. To hibernate.

Híbrido, da. adj. y m., f. Hybrid.

Hidalgo, ga. adj. Noble, generous, magnanimous. / m. y f. Lesser nobleman. Squire (gentilhombre, miembro de la nobleza menor).

Hidalguez, hidalguía. f., m. Nobility, nobleness. / (Fig.) Generosity, magnanimity, gallantry (generosidad, magnanimidad, galanura).

Hidratación. f. Hydration, hydrating.

Hidratar. v. To hydrate.

Hidráulica. f. Hydraulics, hydraulic engineering.

Hidroavión. m. Hydroplane.

Hidrófilo, la. adj. Water absorbent, hydrophile. / (Bot.) Hydrophilous. / (Entom.) Hydrophilid.

Hidrofobia. f. Hydrophobia, rabies.

Hidrógeno. m. Hydrogen.

Hidrólisis. f. Hydrolysis.

Hidroterapia. f. Hydrotherapy.

Hidróxido. m. Hydroxide.

Hiedra. f. Ivy.

Hielo. m. Ice. / Cold, coldness (frío, frialdad). / Freezing (helamiento). / Coolness (sentimientos).

Hierático, ca. adj. Hieratic, hieratical, sacred. / Affectedly solemn. / Motionless (inmóvil).

Hierba. m. Grass. / Herb, weeds (maleza). / Flaw (en esmeraldas). / Pasture (pastos). / (Jerga común) Weed, grass, marihuana (marihuana). / *Hierba luisa*, Lemon verbena.

Hierbabuena. f. Mint.

Hierro. m. Iron. / Brand (de marcar). / Iron tip, point blade (de bastón de arma, de espada o cuchillo). / Weapon (arma). / Irons, fetters, shackles (hierros, grilletes).

Hígado. m. Liver. / (Fig.) Guts, courage, bravery (entrañas, coraje, bravura).

Higiene. f. Hygiene, sanitation.

Higienizar. v. To make hygienic. To sanitize.

Higo. m. Fig (fruta). / (Med.) Acuminate wart, condyloma. / *Higo chumbo* o *tuna*, Prickly pear cactus fruit.

Higuera. f. Fig tree. / *Higuera chumba, de Indias*, o *tuna*, (Bot.) Prickly pear, prickly pear cactus.

Hijastro, tra. m. y f. Stepson (hombre). / Stepdaughter (mujer).

Hijo, ja. m. y f. Son, daughter. / Child. / Brainchild, creation, fruit (fruto de la inteligencia, creación, fruto). / *Hijo adoptivo*, Adopted child.

Hilar. v. To spin (Text.). / To infer, to conjecture (sacar conclusiones).

Hilarante. adj. Ridiculous, hilarious, laughing.

Hilatura. f. The art of spinning. / Coherence (de una idea o discurso).

Hilera. f. Row, line. / (Mec.) Drawplate, wiredrawing machine. / (Mil.) File, rank. / (Arq.) Ridgepole. / (Zool.) Spinneret.

Hilo. m. Thread (con todas las acepciones de la palabra castellana). / Yarn, filament (fibra, filamento). / String (de hacer collares o cuelgas). / Linen, linen cloth (lino, tela de lino). / Fire wire (mecha de explosivo). / Trickle, thin stream, thin jet (hilo de agua, chorrillo).

Hilvanar. v. To baste, to tack, to hem. / To plan (planear).

Himno. m. Hymn, anthem.

Hincar. v. To prick (pinchar). / To thrust, to drive into (clavar, meter). / To dig feet in (hundir los pies en). / To sink into (hundir, especialmente los dientes). / *Hincarse*, To kneel, to kneel down. To genuflect (arrodillarse).

Hinchar. v. To swell, to make swell (hinchar, poner hinchado). / To inflate, to blow up (inflar, insuflar). / To exaggerate (exagerar).

Hinchazón. m. Swelling.

Hinojo. m. (Bot.) Fennel. (N. cient.) Foeniculum vulgare. / *Hinojo marino*, Samphire. (N. cient.) Crithmum maritimum. / Knee (rodilla). / *De hinojos*, Kneeling.

Hipérbaton. m. Hyperbaton.

Hipérbole. m. Hyperbole.

Hipermetropía. f. Hypermetropia, hyperopia, farsightedness.

Hípico, ca. adj. Hippic. / Equine (equino). / *Club hípico*, Horse racing club.

Hipnosis. f. Hypnosis.

Hipnotizar. v. To hypnotize.

Hipo. m. Hiccup, hiccough. / *Llegar a tener hipo por*, To have an overwhelming desire for. / *Llegó a tener hipo de gusto*, He got a formidable acme of pleasure.
Hipocondría. f. Hypochondria.
Hipocrático, ca. adj. Hippocratic.
Hipocresía. f. Hypocrisy. Falseness, dissimulation (falsedad, disimulo).
Hipócrita. adj. Hypocritical. / m. y f. Hypocrite.
Hipódromo. m. Racecourse, race track, hippodrome.
Hipopótamo. m. Hippopotamus.
Hipóstasis. f. Hypostasis.
Hipostático, ca. adj. Hypostatic.
Hipostenia. f. Hyposthenia.
Hipotálamo. m. Hypothalamus.
Hipotaxis. f. Hypotaxis.
Hipoteca. f. Mortgage, pledge, hypothec.
Hipotecable. adj. Mortgageable, able to be mortgaged.
Hipotermia. f. Hypothermia, hypothermy.
Hipótesis. f. Hypothesis. / Unproved theory, supposition (teoría aún no probada, suposición).
Hipotético, ca. adj. Hypothetical, conditional.
Hipotonía. f. Hypotonicity.
Hipotónico, ca. adj. Hypotonic.
Hipotrofia. f. Hypotrophy.
Hipoxia. f. Hypoxia,
Hipsometría. f. Hypsometry.
Hiriente. adj. Wounding, cutting. / (Fig.) Offensive.
Hirsuto, ta. adj. Hirsute. Hairy (peludo). / Stiff, coarse (pelo tieso, áspero).
Hirviente. adj. Boiling, seething.
Hispanista. m. y f. Hispanicist.
Histeria. f. Hysteria. Hysterics.
Histérico, ca. adj. y m., f. (Psicol.) Hysterical, hysteric / (Anat.) Uterine.
Histerismo. m. Hysteria.
Historia. f. History (la ciencia). / Story, tale (historia, narración). / Gossip, tattle (chismes, habladillas). / Record (crónicas, relación de hechos).
Historial. m. Personal history. Background information (información de los antecedentes de una persona o hecho).
Histórico, ca. adj. Historical.
Histrionismo. m. Histrionism. / Histrionics. Theatrical manners (teatralidad en los modales).
Hogar. m. Home (el hogar donde se vive). / Hearth, fireplace (hogar para el fuego, chimenea, fogón). / *Vida de hogar*, Home life, family life. / Bonfire (hoguera, fogata).
Hoguera. f. Bonfire.
Hoja. f. Leaf (de un vegetal, de una puerta, un biombo, etc.). / Sheet (de papel). / Page (de libro). / Blade, foil, sheet (de metal u otro material maleable). / Layer (de pastelería). / Blade (de espada, cuchillo, etc.). / Pane (paño, panel, de una ventana, etc.). / (Fig.) Sword (espada).
Hojalata. f. Tin, tinplate.
Hojaldrar. v. To make into puff pastry.
Hojear. v. To leaf through, to glance through (un libro, una revista). / To flake, to scale off (un postre). / To move or rustle its leaves (un árbol).
Holgado, da. adj. Loose, roomy, spacious (suelto, espacioso, amplio). / Easy, comfortable (cómodo, confortable).
Holganza. f. Repose, leisure. / Idleness, laziness (flojera, pereza). / Fun, pleasure, enjoyment (diversión, gusto, alegría).
Holgura. f. Ease, comfort (bienestar, comodidad). / Looseness (soltura). / Enjoyment, mirth, merriment

(dicha, alegría, regocijo). / (Mec.) Looseness of a piece (juego de una pieza que no ajusta).
Holocausto. m. Holocaust, burnt offering, sacrifice. / Complete destruction. Genocide (destrucción total, genocidio).
Hológrafo, fa. adj. y m. Holograph, holographical.
Hollar. v. To tread on. / (Fig.) To tread upon, to trample on (pisar encima, pisotear).
Hollín. m. Soot, lampblack.
Hombre. m. Man (con todas las acepciones de la palabra castellana). / Boy, male child (niño, criatura de sexo masculino). / Husband (marido). / (Fam.) Fellow, old chap, old boy. / *El hombre*, Mankind (la humanidad).
Hombría. f. Manliness, courage.
Hombro. m. Shoulder. / Kern (de imprenta).
Homenaje. m. Homage, allegiance, fealty.
Homenajear. v. To pay homage to.
Homeópata. adj. Homeopathic. / m. y f. Homeopath, homeopathist.
Homeopatía. f. Homeopathy.
Homérico, ca. adj. Homeric, homerical.
Homicida. adj. Homicidal. / m. y f. Homicide, manslayer, murderer.
Homicidio. m. Homicide (acto de matar a un ser humano). / Murder (asesinato).
Homilía. f. Homily.
Homínido, da. adj. y m. Hominid.
Homofonía. f. Homophony.
Homogeneidad. f. Homogeneity, similarity.
Homogéneo, nea. adj. Homogeneous, similar.
Homologación. f. Homologation, approval, confirmation.
Homólogo, ga. adj. y m., f. Homologous. / (Lóg.) Synonymous.
Homonimia. f. Homonymy.
Homosexual. adj. y m., f. Homosexual, homophile. / (Fam.) Queerie, gay.
Hondo, da. adj. Deep, profound. / Intense (sentimiento).
Honesto, ta. adj. Honest, righteous.
Hongo. m. Mushroom (con todas las acepciones de la palabra castellana). / Toadstool (callampa). / Fungus, (pl.) fungi.
Honor. m. Honor (con todas las acepciones de la palabra castellana). / Fame, glory, reputation (fama, gloria, reputación). / Rank, dignity (rango, dignidad).
Honorable. adj. Honorable, reliable, honest.
Honra. f. Honor, fame, purity. / (pl.) *Honras*, Honors, obsequies, exequies.
Honradez. f. Honesty, integrity, uprightness, rectitude.
Honrado, da. p. adj. Ernest, honest, upright.
Honrar. v. To honor, to respect.
Hora. f. Hour. / Time.
Horadar. v. To drill, to bore. / To pierce, to perforate (atravesar, perforar).
Horario, ria. adj. Hourly, horary. / m. Timetable, schedule.
Horca. f. Gallows (instrumento de muerte). / (Agr.) Hayfork, pitchfork. / Forked prop (soporte para frutales).
Horcajadas (a). loc. adv. Astraddle.
Horcajo. m. Yoke (mulas). / Fork (ríos). / Junction (cerros).
Horda. f. Horde (historia). / Mob (multitud). / Throng (pandilla).
Horizontal. adj. y m., f. Horizontal.
Horizonte. m. Horizon. / (Fig.) Outlook, knowledge (visión, conocimiento).

Hormiga. f. Ant.
Hormigón. m. Concrete. / *Hormigón armado*, Reinforced concrete. / *Hormigón hidráulico*, Hydraulic lime mortar.
Hormiguear. v. To tingle, to itch (la sensación). / To swarm (pulular).
Hormiguero. m. Anthill. / (Orn.) Wryneck. (N. cient.) Jynx torquilla.
Hormona. f. Hormone.
Hormonal. adj. Pertaining to hormones, hormonal.
Hornería. f. Bakery.
Hornero, ra. m. y f. Baker. / (Orn.) Baker bird. (N. cient.) Furnarius rufus.
Horno. m. Oven. / (Fig.) A very hot place (un lugar muy caluroso). / *Alto horno*, Blast furnace.
Horrible. adj. Horrible, hideous, awful.
Horror. m. Horror, fear, dread. / (Fig.) Atrocity. / *Tener horror a*, To hate.
Horroroso, sa. adj. Horrible. / Ugly, hideous, horrid (feo, repelente, horrendo). / Tremendous, terrible.
Hortaliza. f. Vegetable.
Hortelano. m. (Orn.) Ortolan, european bunting. (N. cient.) Emberiza hortulana. / Keeper of an orchard (el que mantiene un huerto).
Horticultor, ra. m. y f. Horticulturist.
Horticultura. f. Horticulture.
Hospedante. adj. Providing lodging. / m. y f. Lodge provider.
Hospedar. v. To lodge, to harbour, to give lodging to.
Hospicio. m. Hospice. / Poorhouse, orphan asylum (casa de indigentes, asilo de huérfanos).
Hospital. m. Hospital.
Hospitalidad. f. Hospitality.
Hospitalización. f. Hospitalization.
Hospitalizar. v. To hospitalize.
Hostal, hostería. m. y f. Inn, hostel.
Hostelero, ra. m. y f. Innkeeper, tavern keeper.
Hostia. f. Host. Eucharistic bread. / Wafer, biscuit (galleta, bizcocho).
Hostil. adj. Hostile.
Hostilidad. f. Hostility. / *Hostilidades*, Hostilities, warfare (hostilidades, acción de guerra).
Hotel. m. Hotel.
Hoy. adv. Today (con todas las acepciones de la palabra castellana). / Nowadays, at the present time (en nuestros días, en el tiempo presente).
Hoz. f. Sickle, scythe.
Hucha. f. Money box, piggybank (alcancía). / (Fig.) Savings (ahorros).
Hueco, ca. adj. Empty. Hollow. / Empty-headed, frivolous (referido a una persona) / Deep, resounding (voz). / m. Hole, hollow (un hueco, una cavidad). / Lapse, interval, gap (lapso, intervalo, vacío o brecha). / (Fam.) Vacancy (disponibilidad). / (Arq.) Opening (abertura). / (Vulg., hampa) Queer, homosexual.
Huelga. f. Labour strike. / Rest, repose, leisure (descanso, reposo, distracción). / Diversion, recreation, spree, merriment (diversión, recreo, farra, holgorio). / (Agr.) Fallow season (la época de labranza). / (Mec.) Play, give, room (juego, soltura, espacio que deja una pieza mal ajustada). / *Huelga de empresarios*, Lockout.
Huella. f. Footprint, track (pisada, rastro). / Trace,

mark, sign (traza, marca, señal) / Print, imprint, impression (impresión, imprenta).
Huérfano, na. adj. y m., f. Orphan, orphaned. / (Poét.) Carent (carente). / Abandoned, unprotected, deserted (abandonado, desprotegido, puesto de lado por los suyos). / *Huérfano de*, Devoid of.
Huerto. m. Fruit or vegetable garden, orchard.
Hueso. m. Bone. / Stone, pit (de fruta). / Unburnt core (de caliza).
Huevo. m. Egg. / Darning ball (de zurcir). / *Huevos*, Balls, testicles (testículos).
Huida. f. Flight, escape. / Widening splay (de diseño o pictografía).
Huir. v. To flee, to run away, to escape. / To fly by (el tiempo).
Humanidad. f. Humanity, mankind (la humanidad, la especie humana). / Humaneness (las cualidades mejores del ser humano, especialmente la generosidad). / The body (el cuerpo humano). / *Humanidades*, Humanities (ciencias y artes del hombre). Secondary school (enseñanza secundaria o media).
Humanismo. m. Humanism.
Humano, na. adj. Human. / Humane, kind, merciful (humano, bondadoso, compasivo). / m. Human being (un ser humano).
Humear. v. To smoke, to steam. / To fumigate (fumigar).
Humedad. f. Dampness, moisture, humidity.
Humedecer. v. To dampen, to moisten, to humidify.
Húmero. m. Humerus.
Humilde. adj. Humble, meek.
Humillación. f. Humiliation, humbling.
Humillar. v. To humble, to humiliate. / To bow (la cabeza), to bend (la rodilla).
Humo. m. Smoke. / *Humos*, Airs, conceit, pride (aires de, orgullo, arrogancia).
Humor. m. Humour (con todas las acepciones de la palabra castellana) / Fluid, lymph (fluidos del cuerpo). / Humour, wit (sentido del humor, ingenio). / Mood, temper (carácter).
Hundimiento. m. Sinking / Collapse, ruin, downfall (colapso, ruina, derrumbe). / Hollow, basin (de terreno).
Hundir. v. To sink (con todas las acepciones de la palabra castellana). / To submerge (sumergir). / To plunge (la espada, una lanza, etc.). / To destroy, to ruin (destruir, arruinar). / *Hundirse*, To sink (un barco, una esperanza). / (Fig.) To collapse, to fall (derrumbarse, caer).
Huracán. m. Hurricane.
Huraño, ña. adj. Unsociable, reticent, taciturn.
Hurgar. v. To poke, to stir up, to agitate.
Hurtadillas (a) . Loc. adv. Furtively, on the sly, stealthily.
Hurtar. v. To steal, to cheat (en las ventas). / To plagiarize (secuestrar, plagiar una obra intelectual). / To withdraw, to deflect (hurtar el cuerpo).
Hurto. m. Theft, larceny. / Stolen object (objeto robado).
Husmear. v. To smell out, to scent (oler, olfatear). / To spy on, to snoop (espiar, intrusear). / To nose about, to snoop around (meter la nariz, andar intruseando).

I

Icono. m. Icon.

Iconografía. f. Iconography.

Ida. f. Going (con todas las acepciones de la palabra castellana). / Departure, trip (partida, viaje corto). / Impetuosity, rash act (impetuosidad, acción irreflexiva). / (Esgr.) Sally, initial thrust (salida, estocada inicial). / Track, trail (rastro, senda de animal silvestre). / *Pasaje de ida y vuelta*, Round ticket, return ticket.

Idea. f. Idea (con todas las acepciones de la palabra castellana). / Concept, notion (concepto, noción). / Image, picture (imagen, representación visual). / Ideas, imagination (ocurrencias, imaginación). / *Cambiar ideas*, To converse, to talk. / *Cambiar de idea*, To change one's mind. / *Hacerse a la idea*, To make one's mind.

Ideal. adj. Ideal (con todas las acepciones de la palabra castellana). / m. Ideal, perfection standard (el ideal, la medida de perfección). / *Ser ideal*, To be perfect for a purpose. / (Mat.) Ideal ring (círculo ideal).

Idear. v. To conceive, to imagine. / To plan, to think up (planear, pensar algo). / To invent, to contrive (inventar, hacer un esquema).

Idéntico, ca. adj. y m., f. Identical, the same, congenerous.

Identidad. f. Identity (con todas las acepciones de la palabra castellana). / Identicalness, sameness (condición de idéntico, igualdad). / *Carnet de identidad*, Identity card. Passport. / (Ni en Inglaterra ni en los Estados Unidos existe algo equivalente al *carnet de identidad* obligatorio en los países latinos, asiáticos y eslavos).

Idilio. m. Idyl, romance. / Pastoral poem (poema pastoral).

Idioma. m. Idiom. Language, tongue (lenguaje, lengua).

Idiota. adj. Idiotic, foolish. / m. y f. Idiot, fool.

Ídolo. m. Idol, image. / (Fig.) Star, most admired person (estrella, persona que despierta máxima admiración).

Iglesia. f. Church (con todas las acepciones de la palabra castellana). / Temple. / The ecclesiastical (la iglesia como estamento o cuerpo).

Iglú. m. Igloo.

Ignorancia. f. Ignorance. / Unawareness (inadvertencia, falta de información).

Ignorar. v. To ignore, not to know.

Igual. adj. Equal (con todas las acepciones de la palabra castellana). / Same (el mismo, el equivalente). / Similar, alike (similar, semejante). / Level, flat (nivelado, llano).

Igualdad. f. Equality (con todas las acepciones de la palabra castellana). / Sameness, uniformity (ser lo mismo, uniformidad). / Evenness, smoothness (del terreno). / Equableness, evenness (decarácter). / Likeness, similarity (semejanza, similaridad).

Iguana. f. Iguana.

Iletrado, da. adj. Uncultured, illiterate. / m. y f. Illiterate, ignorant person.

Ilícito, ta. adj. Illicit, unlawful, immoral.

Ilimitado, da. adj. Unlimited, boundless, unrestricted.

Ilógico, ca. adj. Illogical.

Iluminación. f. Illumination, lighting. / (Artes plásticas) Painting in tempera or distemper. / Enlightenment (espiritual).

Iluminado, da. p. adj. y m., f. Illuminated, enlightened. / Visionary (visionario). / (pl.) Illuminati (miembro de la secta religiosa).

Iluminar. v. To illuminate, to light up. / To illuminate, to decorate (libros, manuscritos, etc.). / To illumine, to enlighten (espiritualmente, intelectualmente).

Ilusión. f. Illusion (impresión equivocada). / (pl.) Hopes, dreams (esperanzas, sueños).

Ilusionar. v. To fascinate, to offer hopes to (fascinar, inducir a esperanzas). / *Ilusionarse*, To harbour hopes, to have illusions (abrigar esperanzas, tener ilusiones).

Ilustración. f. Illustration, picture. / Explanation, elucidation (explicación, elucidamiento). / Enlightenment, learning (ilustración intelectual, cultura).

Ilustrar. v. To illustrate (un detalle, un manuscrito, un libro, etc.). / To make illustrious (hacer ilustre o célebre). / To educate, to civilize (educar, civilizar). / To illumine, to illuminate (espiritualmente). / *Ilustrarse*, To become enlightened. To become civilized or educated (hacerse civilizado o educado).

Ilustre. adj. Illustrious. Distinguished, famous (distinguido, famoso).

Imagen. f. Image (con todas las acepciones de la palabra castellana). / Picture, effigy, statue (cuadro, efigie, estatua). / Appearance, conception (apariencia, concepción). / (Ópt.) Spectrum.

Imaginación. f. Imagination. / Vivid mind, inventiveness (vivacidad mental, inventiva).

Imaginar. v. To imagine, to figure out. / To suppose, to presume (suponer, presumir). / To fancy (fantasear, tener fantasías o antojos).

Imán. m. (Mineral., Fís.) Magnet. / Charm, attraction (encanto, atracción) / Imam (sacerdote islámico descendiente de Muhammad o Mahoma).

Imbécil. adj. y m., f. Imbecile. Feeble-minded, idiot (débil mental, idiota).

Imitar. v. To imitate. / To mimic (imitar en gestos). / To mock (remedar con burla). / To counterfeit (falsificar, imitar una firma, etc.).

Impacto. m. Impact. / (Fig.) Shock. Influence, repercussion (influencia, repercusiones).

Impar. adj. y m. (Mat.) Odd, uneven. / (Anat.) Unpaired, impar, azygous.

Impartir. v. To impart. To grant (conceder). / (Der.) To demand.

Impedimenta. f. Impedimenta. / Supplies (equipaje que es preciso llevar y dificulta la marcha).

Impedimento. m. Impediment, obstacle, hindrance. / (Der.) Impediment, estoppel.

Impedir. v. To impede. To hinder, to obstruct (estorbar, obstruir). / To prevent, to constrain, to restrain (evitar, constreñir, refrenar).

Impeler. v. To impel. To push, to incite, to urge (empujar, incitar, urgir).

Imperar. v. To reign, to rule. / To prevail, to be in command (prevalecer, estar al mando). / To be emperor (ser emperador).

Imperio. m. Empire. / Rule, dominion (mando, dominio). / Pride, arrogance (orgullo, arrogancia).

Impermeable. adj. Waterproof, impervious. / m. Raincoat, mackintosh (prenda de vestir para la lluvia).

Impertérrito, ta. adj. Intrepid. Dauntless, bold, serene.

Impertinente. adj. y m. pl. Impertinent, insolent. / Irrelevant (irrelevante, que no aporta nada o que nada tiene que ver con el asunto). / *Impertinentes*, Theater binnocular.

Ímpetu. Impetus, momentum. / Drive, energy (impulso, energía). / Vehemence, impetuousness (vehemencia, impetuosidad). / Rush, haste (precipitación, apuro).

Impío, a. adj. Impious, irreverent, ungodly. / (Fig.) Irreligious. / m. y f. Infidel.

Implacable. adj. Implacable, inexorable.

Implantar. v. To implant. To introduce, to establish (introducir, establecer).

Implicar. v. To involve, to implicate (involucrar, implicar en un asunto). / To imply, to mean (decir implícitamente, significar).

Implorar. v. To implore. To entreat, to beg (suplicar, rogar).

Imponer. v. To impose (sentencia, silencio, impuestos, etc.). / To impute (imputar). / To inform (informar, dar a conocer). / To instil, to infuse (instilar, infundir). / To invest, to deposit (dinero). / *Imponerse*, To control, to rule. / *Imponerse de*, To know, to receive information.

Importancia. f. Importance, significance.

Importante. adj. Important, weighty, considerable.

Importar. v. (Com.) To import, to bring in from abroad. / To cost, to be valued at, to amount to (costar, tener un precio de, tener un monto de). / To be important, to matter (tener importancia, significar para uno). / *No me importa*, I don't care.

Imposibilitar. v. To prevent, to stop (impedir, parar). / To make impossible (hacer imposible). / To make unable (impedir, baldar). / To disable, to render unfit (para cumplir una tarea u obligación).

Imposible. adj. Impossible. / Unbearable, unendurable (insoportable).

Imposición. f. Imposition, imposing. / Burden (carga). / Tax, levy, imposition (impuesto, leva, imposición reglamentaria).

Impostor, ra. adj. Fraudulent, slanderous. / m. y f. Impostor, slanderer.

Impostura. f. Imposture, fraud. / Imputation, slander.

Impotencia. f. Impotence. / Powerlessness.

Imprecisión. f. Inexactness, vagueness.

Imprenta. f. Printing (acción y efecto de imprimir). / Printshop (taller de imprenta). / Press (la prensa de imprimir y la condición de escritor o periodista). / *Libertad de imprenta*, Freedom of the press.

Imprescindible. adj. Indispensable, imperative.

Impresión. f. Printing (acción y efecto de imprimir). / Print (una especie impresa). / Impression, edition (impresión, edición). / Impression. Effect, influence (efecto, influencia). / Impression. Imprint, mark (sello, marca). / *Impresión dactilar*, Fingerprint. / *Una impresión terrible*, A frightening shock.

Impreso, sa. p. adj. Printed. / m. Book, article, printed words (un libro, un artículo, palabras impresas).

Imprevisto, ta. adj. Unforeseen, unexpected. / m. Incidental expense, unexpected trouble (gasto o problema imprevisto).

Imprimir. v. To print, to stamp. / (Fig.) To imprint, to fix (imprimir, fijar en el espíritu o en la memoria). / To transmit, to impart (transmitir, impartir –movimiento, intención, etc.).

Ímprobo, ba. adj. Dishonest, corrupt. / Arduous, laborious (trabajo, esfuerzo, etc.).

Impropio, pia. adj. Unsuited, inappropriate. / Out of place (fuera de lugar). / Incorrect (incorrecto). / (Mat.) Improper.

Improvisación. f. Improvisation.

Improvisar. v. To improvise, to devise in a haste.

Imprudencia. f. Imprudence, indiscretion. / (Der.) Criminal negligence.

Impuesto, ta. p. adj. Informed, apprised, cognizant (informado, enterado de). / m. Tax, duty.

Impugnación. f. Refutation, contestation, impugnation.

Impulsar. v. To impel, to drive.

Impunidad. f. Impunity.

Impureza. f. Impurity (con todas las acepciones de la palabra castellana). / Pollution, foulness.

Imputar. v. To impute, to charge with. / To assign (dinero a una persona). / To attribute, to ascribe (atribuir, adscribir).

Inaccesible. adj. Inaccessible, unapproachable.

Inactividad. f. Inactivity, idleness.

Inamovible. adj. Unremovable, undetachable.

Inaugurar. v. To inaugurate, to open, to initiate. / (Arte) To open (una exposición). To unveil (una escultura, un monumento).

Incalculable. adj. Incalculable.

Incansable. adj. Untiring, inexhaustible.

Incapaz. adj. Incapable, unable, incompetent.

Incauto, ta. adj. y m., f. Incautious, unwary, gullible.

Incendiar. v. To set on fire, to set fire to. / *Incendiarse*, To catch fire.

Incendio. m. Fire. / Conflagration, combustion (conflagración, combustión).

Incentivo. m. Incentive, encouragement.

Incertidumbre. f. Uncertainty, doubt.

Incidente. adj. Incidental. / (Fís., Der.) Incident. / m. Incident, occurrence.

Incidir. v. To fall (caer en falta o error). / To influence (influir). / (Med.) To cut, to make an incision in (cortar, hacer una incisión).

Incienso. m. Incense, olibanum. / (Fig.) Flattery (adulación). / (Bot.) Incense tree.

Incinerar. v. To incinerate, to cremate.

Incitar. v. To incite, to induce, to provoke.

Inclinar. v. To bow, to incline. / To induce, to dispose, to persuade (inducir, predisponer, persuadir). / To bend (el cuerpo).

Incluir. v. To include, to enclose, to contain.

Incógnita. f. (Mat.) Unknown quantity. / Mystery, hidden reason or cause (razón o causa oculta).

Incoherencia. f. Incoherence.

Incoloro, ra. adj. Colourless.

Incólume. adj. Safe, uninjured, sound.

Incomodar. v. To inconvenience, to trouble. / To annoy, to vex (fastidiar, molestar).

Incompleto, ta. adj. Incomplete, unfinished.

Incomprensión. f. Incomprehension.

Incomunicación. f. Isolation. / Solitary confinement.

Incomunicar. v. To isolate, to confine. / To put in solitary confinement (poner a un prisionero en confinamiento solitario).

Inconcluso, sa. adj. Unfinished, incomplete.

Incondicional. adj. Unconditional, absolute.

Inconexo, xa. adj. Unconnected, disconnected.

Inconfesable. adj. Unspeakable, shameful.

Inconfundible. adj. Unmistakable.

Incongruencia. f. Incongruity, incongruence.

Inconsciencia. f. Unconsciousness (con todas las acepciones de la palabra castellana). / Irresponsibility, unconscientiousness (irresponsabilidad, falta de escrúpulos). / Unawareness, unconsciousness (inadvertencia, no tener conciencia de lo que ocurre).

Inconsistente. adj. Inconsistent. / Unsubstantial.
Inconsolable. adj. Inconsolable, disconsolate, broken-hearted.
Inconstancia. f. Inconstancy. / Volubility.
Inconstitucionalidad, f. Inconstitutionality.
Incontinencia. f. Incontinence.
Incorporación. f. Incorporation. / Setting up (el acto de establecer o sentar algo). / Joining a group (el acto de unirse a un grupo).
Incorporar. v. To incorporate, to unite, to mix (mezclar, agregar una sustancia a otras). / To embody (dar corporeidad). / (Mil.) To induct (nuevos reclutas). / *Incorporarse,* To rise up (desde una posición reclinada). To incorporate, to join together (unirse a).
Incorrección. f. Incorrectness, lack of propriety. / Improper act or remark (acción u observación incorrecta).
Incredulidad. f. Incredulity, disbelief.
Incrédulo, la. adj. Incredulous. / m. y f. Unbeliever.
Incrementar. v. To increase, to intensify.
Increpar. v. To rebuke severely, to reprehend.
Incriminar. v. To incriminate, to accuse.
Incrustar. v. To incrust. / (Arte) To inlay.
Incubar. v. To incubate, to hatch.
Íncubo. adj. y m. Incubus. / (Med.) Incubus, nightmare (pesadilla).
Inculcar. v. To inculcate, to implant.
Inculpar. v. To inculpate, to blame, to accuse.
Inculto, ta. adj. Uncultured, uncivilized. / Uncouth, coarse (desharrapado, grosero). / Uncultivated, untilled (campos).
Incumbencia. f. Incumbency, obligation, concern.
Incumbir. v. To be incumbent, to be of concern, to pertain.
Incurable. adj. Incurable, irremediable.
Incurrir. v. To incur, to become liable to. / To commit (cometer).
Indagar. v. To investigate, to inquire.
Indecencia. f. Indecency. / Obscenity.
Indecisión. f. Indecision, irresolution.
Indeciso (concluyente).
Indefensión. f. Defenselessness.
Indeleble. adj. Indelible, unerasable.
Indemnizar. v. To indemnify, to compensate.
Independencia. f. Independence, freedom.
Independizar. v. To emancipate, to make independent. / *Independizarse,* To become independent, to win freedom. (Polít.) To become self-governing.
Indeterminado, da. adj. Indeterminate. / (Mat.) Indefinite. / Irresolute, hesitating (irresoluto, dubitativo).
Indicación. f. Indication. / Suggestion, instruction, direction (sugerencia, instrucciones, direcciones para hacer algo). / Clue (pista).
Indicar. v. To indicate, to point out.
Indicativo, va. adj. y m. Indicative (con todas las acepciones de la palabra castellana). / Pointing out.
Índice. m. Index (con todas las acepciones de la palabra castellana). / List, catalogue (lista, catálogo). / Indication, sign (indicación, señal). / Ratio (razón, media o indicador estadístico). / Hand, needle (manecilla o aguja de reloj o panel de instrumentos). / Gnomon (de reloj de sol). / (Mat.) Exponent. / Value (valor indicado por los instrumentos, valor promedio).
Indicio. m. Evidence, sign, trace, clue (evidencia, seña, traza, pista).
Indiferencia. f. Indifference, neutrality.
Indiferente. adj. Indifferent, unconcerned. / *Me es indiferente,* It's all the same to me.
Indígena. adj. y m. y f. Indigenous, native, aboriginal.

Indigencia. f. Indigence, poverty.
Indigente. adj. Indigent.
Indigestión. f. Indigestion.
Indignación. f. Indignation, righteous wrath (la ira del justo).
Indignar. v. To make indignant, to anger.
Indirecta. f. Hint, insinuation.
Indiscreción. f. Indiscretion, imprudence.
Indiscreto, ta. adj. y m., f. Indiscreet, unwise. Imprudent.
Indisolubilidad. f. Indissolubility.
Indisoluble. adj. Indissoluble, undissolvable.
Indisponer. v. To upset, to indispose. / To make to fall out (a dos personas).
Indispuesto, ta. p. adj. Indisposed, slightly ill. / On bad terms (en malos términos con).
Individual. adj. Individual, personal, characteristic.
Individuo, a. adj. Individual. Indivisible, inseparable (indivisible, inseparable). / m. Individual person (un individuo). / Member, fellow (individuo miembro de una asociación, etc.).
Indócil. adj. Unruly, unmanageable (ingobernable, inmanejable). / Intractable, indocile (intratable).
Indocilidad. f. Unruliness, intractableness, indocility.
Indolencia. f. Indolence, sloth.
Indómito, ta. adj. Untamed, indomitable, unsubduable, unruly.
Inducir. v. To induce, to persuade. / (Lóg.) To infer (inferir). / (Electr.) To induce.
Indudable. adj. Doubtless, indubitable, certain.
Indulgencia. f. Indulgence (con todas las acepciones de la palabra castellana). / Forbearance, pardon (aceptación, perdón).
Indultar. v. To pardon, to exonerate. / To exempt (eximir). / (Der.) To grant amnesty (otorgar amnistía).
Indumentaria. f. Clothing, garments. / Study of ancient garments (estudio de las vestimentas antiguas)
Industria f. Industry, manufacturing. / (Fig.) Skill, cleverness (destreza, habilidad).
Inédito, ta. adj. Unpublished.
Inefable. adj. Ineffable, unutterable.
Ineficaz. adj. Inefficacious, ineffective, inefficient.
Ineptitud. f. Ineptitude, ineptness, incompetence.
Inepto, ta. adj. y m., f. Inept, incompetent.
Inequívoco, ca. adj. Unequivocal, unmistakable.
Inercia. f. Inertia, inertness.
Inerme. adj. Unarmed, defenseless. / (Bot., Zool.) Thornless.
Inerte. adj. Inert, motionless. / Indolent, inactive (indolente, inactivo).
Inervación. f. Innervation.
Inescrutable. adj. Inscrutable. / Incomprehensible, unfathomable (incomprensible, insondable).
Inestable. adj. Unstable.
Inexactitud. f. Inaccuracy, inexactness.
Inexcusable. adj. Inexcusable, unforgivable.
Inexorable. adj. Inexorable, unyielding.
Inexperiencia. f. Inexperience.
Inexperto, ta. adj. y m., f. Inexperienced (que no ha tenido experiencia). / Inexpert (que no ha conseguido volverse experto). / Unskilled (sin adiestramiento suficiente).
Inexplicable. adj. Inexplicable, unexplainable.
Inexpugnable. adj. Inexpugnable, unassailable.
Inextinguible. adj. Inextinguishable, unquenchable, perpetual, eternal.
Inextricable. adj. Inextricable.
Infalible. adj. Infallible.

Infamante. adj. Defamatory, calumnious. / Shameful, ignominious (vergonzoso, ignominioso).
Infamar. v. To defame, to dishonor, to discredit.
Infame. adj. Infamous, base, vile. / Disgusting, dirty (repugnante, inmundo). / m. y f. Scoundrel (crápula, individuo ruin).
Infamia. f. Infamy, baseness, vileness. / Dishonor, discredit (deshonra, descrédito).
Infancia. f. Infancy. Childhood (niñez). / (Fig.) Beginning, first stage (comienzos, primera etapa).
Infantería. f. (Mil.) Infantry. / *Infantería de marina*, Marines, Marine Corps. / *Ir de infantería*, To go by foot. To be a pedestrian.
Infantil. adj. Infantile. / Childish (que parece de la infancia). / Childlike (que parece un niño o una niña). / Child (niño o niña pequeño, o lo que es propio de ellos). / *Psicología infantil*, Child psychology. / Children's (que pertenece a los niños). / *Juegos infantiles*, Children's games. / (Peyorativo) Silly (tonto, sin sentido).
Infarto. m. Infarct, infarction.
Infatigable. adj. Indefatigable, inexhaustible.
Infección. f. Infection, contamination.
Infectar. v. To infect, to corrupt, to contaminate.
Infeliz. adj. Unhappy, luckless. / m. y f. (Fam.) Simpleton. / Poor devil, wretch (pobre diablo, paria).
Inferior. adj. Inferior (con todas las acepciones de la palabra castellana). / Lower (de abajo, de más abajo). / (Geogr.) Nether (las tierras bajas: The Netherlands). / Subject, subordinate (subalterno, subordinado).
Inferir. v. To infer, to deduce. / To inflict (una herida).
Infernal. adj. Infernal, hellish. / (Fig.) Wicked, fiendish (plan, idea). / (Fam.) Confounded, infuriating (bullicio, desorden, etc.).
Infiel. adj. Unfaithful. / Faithless (en sentido religioso). / Inaccurate, inexact (impreciso, inexacto). / m. y f. Infidel, unbeliever.
Infierno. m. Hell (con todas las acepciones de la palabra castellana). / Hades, nether world (Hades, el mundo inferior). / Torture, punishment (tortura, castigo).
Infinidad. f. Infinity. / (Fam.) A lot (mucho).
Infinito, ta. adj. y m. Infinite, immense, unbounded. / (Mat., Ópt.) Infinity.
Inflación. f. (Econ.) Inflation. / Swelling, distension (hinchazón, estiramiento).
Inflamar. v. To inflame, to stir up (pasiones, emociones). / To set on fire, to set fire to (encender, prender fuego). / *Inflamarse*, To become inflamed, to get stirred up (pasiones). To burst into flame (estallar en llamas).
Inflar. v. To inflate (globos, neumáticos, etc.). / To puff up (de orgullo). / To exaggerate (exagerar).
Inflexión. f. Inflection. / (Gram.) Modulation.
Infligir. v. To inflict. To condemn.
Influencia. f. Influence. / Divine grace (la Gracia divina). / Authority (autoridad).
Influir. v. To influence. / To inspire with grace (inspirar con la Gracia). / To have influence (tener influencia). / To produce an effect (producir un efecto).
Influjo. m. Influence. / Rise (de la marea).
Información. f. Information, data. / Report, testimonial (reporte, testimonio).
Informar. v. To inform, to tell. / To report on (presentar un informe sobre una materia). / (Fil.) To shape, to give form (dar o dotar de forma). / (Der.) To plead.
Infortunio. m. Misfortune.
Infracción. f. Infraction, infringement.
Infraestructura. f. Substructure, infrastructure.

Infranqueable. adj. Unsurmountable (un obstáculo). / Unenterable (una puerta). / Impassable (un camino).
Infringir. v. To infringe, to violate.
Infructuoso, sa. adj. Unfruitful, unsuccessful.
Ínfula. Infula (ornamento eclesiástico). / Airs, presumption (aires, presuntuosidad). / *Darse ínfulas*, To put on airs.
Infundado, da. adj. Groundless.
Infundio. m. Lie, fib.
Infundir. v. To infuse. To fill, to instil (llenar, instilar).
Infusión. f. Infusion. Brew (brebaje).
Ingeniería. f. Engineering.
Ingente. adj. Huge, enormous.
Ingenuidad. f. Ingenuousness, naivety. / Simplicity, candour (simplicidad, candor).
Ingenuo, nua. adj. y m., f. Ingenuous, naive. / (Der.) Freeborn.
Ingerir. v. To introduce (en lugar de otro). / To eat (comer). / To drink, to swallow (beber, tragar).
Ingle. f. Groin.
Ingratitud. f. Ingratitude, ingratefulness.
Ingravidez. f. Lightness. Lack of weight (ausencia de peso).
Ingrediente. m. Ingredient.
Ingresar. v. To enter (con todas las acepciones de la palabra castellana). / To become a member of (pasar a ser miembro de). / To come in (entrar a un lugar). / To deposit (dinero).
Ingreso. m. Entrance (la entrada de un edificio). / Income, earnings (de dinero). / Entering (el acto y efecto de entrar).
Inhabilitar. v. To disqualify, to debar. / To incapacite, to disable (incapacitar, baldar, impedir).
Inhalar. v. To inhale, to breathe in.
Inherente. adj. Inherent, essential.
Inhibición. f. Inhibition.
Inhibir. v. To inhibit, to restrain. / To stop (las funciones de un órgano).
Inhóspito, ta. adj. Barren, desolate, exposed, unsheltered.
Inhumano, na. adj. Inhuman, cruel.
Inhumar. v. To inhume, to bury.
Iniciación. f. Initiation.
Inicial. adj. Initial.
Iniciar. v. To initiate (en una sociedad secreta, secta, etc.). / To start, to begin (comenzar, empezar). / To instruct, to introduce (enseñar, introducir en un asunto).
Iniciativa. f. Initiative.
Inicuo, cua. adj. Iniquitous, wicked.
Inimitable. adj. Inimitable.
Ininteligible. adj. Unintelligible.
Iniquidad. f. Iniquity, wickedness.
Injertar. v. To graft.
Injerto, ta. m. y f. Graft. / Grafting (el acto y efecto de injertar).
Injuriar. v. To insult, to offend. / To injure, to wrong, to harm (dañar, hacer mal, perjudicar).
Injusticia. f. Injustice, unfairness.
Inmaculada, do. adj. Immaculate, spotless.
Inmaduro, ra. adj. y m., f. Immature, unripened, unmellowed.
Inmaterial. adj. Immaterial, incorporeal.
Inmediato, ta. adj. Immediate (con todas las acepciones de la palabra castellana). / Next, contiguous (siguiente, contiguo). / loc. adv. *De inmediato*, Immediately. Right now (ahora mismo). / *Inmediato a*, Next to.
Inmejorable. adj. Perfect, excellent, unbeatable.
Inmensidad. f. Immensity, immenseness.

Inmenso, sa. adj. Immense. Countless, deep (incontable, profundo).
Inmersión. f. Immersion.
Inmigrante. adj. Immigrant, immigrating. / m. y f. Immigrant.
Inmigrar. v. To immigrate.
Inminencia. f. Imminence, imminency.
Inminente. adj. Imminent. Menacing (amenazante).
Inmiscuir. v. To mix (mezclar). / To involve (involucrar). / *Inmiscuirse*, To meddle, to interfere.
Inmolar. v. To immolate, to sacrifice. / *Inmolarse*, To sacrifice oneself.
Inmoral. adj. Immoral.
Inmortal. adj. Immortal.
Inmovilizar. v. To immobilize. / (Com.) To tie up (el capital).
Inmueble. adj. Immovable. / m. Immovables, real estate.
Inmundicia. f. Filth, dirt. / Lewdness, obscenity (soecidad, obscenidad).
Inmundo, da. adj. Filthy, dirty. / Indecent, obscene (indecente, obsceno).
Inmune. adj. Immune. Exempt, free (exento, libre).
Inmunidad. f. Immunity, exemption. / *Síndrome de inmunodeficiencia adquirida, (SIDA)*, Acquired Immunity Desease Syndrom (AIDS). / *Inmunidad diplomática*, Diplomatic immunity.
Inmunizar. v. To immunize.
Inmutable. adj. Immutable, unchangeable.
Inmutar. v. To alter, to change. / *Inmutarse*, To become agitated.
Innato, ta. adj. Innate.
Innoble. adj. Ignoble. / Base, mean.
Innovar. v. To innovate.
Inocencia. f. Innocence. / Candour, simplicity.
Inocente. adj. y m., f. Innocent (con todas las acepciones de la palabra castellana). / Candorous, harmless, innocuous (candoroso, inofensivo, inocuo). / Guiltless (sin culpabilidad).
Inocuidad. f. Innocuousness, harmlessness.
inocular. v. To inoculate. / To contaminate, to corrupt.
Inocuo, cua. adj. Innocuous, harmless.
Inodoro, ra. adj. Odourless, inodorous (que no tiene olor). / m. Toilet, privy (artefacto higiénico).
Inofensivo, va. adj. Inoffensive, harmless.
Inoportuno, na. adj. Inopportune, untimely.
Inorgánico, ca. adj. Inorganic.
Inoxidable. adj. Stainless, inoxidable.
Inquietante. adj. Disquieting, perturbing, alarming.
Inquietar. v. To disquiet, to perturb, to alarm.
Inquieto, ta. adj. Restless, uneasy.
Inquietud. f. Disquiet, uneasiness, restlessness.
Inquilino, na. m. y f. Tenant, lessee.
Inquina. f. Aversion, animosity.
Inquirir. v. To investigate, to inquire.
Inquisición. n. p. Inquisition.
Insaciable. adj. Insatiable.
Insalubre. adj. Unhealthy, insalubrious.
Insalubridad. f. Unsanitariness, insalubrity.
Insano, na. adj. Insane, mad (loco) / Unhealthy (de mala salud).
Insatisfecho, cha. adj. Unsatisfied.
Inscribir. v. To inscribe, to engrave. / To register, to enroll (registrar, anotar en rol). / (Der.) To record (hechos). / (Geom.) To inscribe. / *Inscribirse*, To enroll, to register, to sign one's name (enrolarse, registrarse, firmar –en una lista-).
Inscrito, ta. p. adj. Engraved, inscribed. / Registered, recorded, enrolled (registrado, puesto en archivos, enrolado).

Insectívoro, ra. adj. y m. Insectivorous, (pl.) insectivora.
Insecto. adj. y m. Insect, (pl.) insecta.
Inseguridad. f. Insecurity. / Uncertainty (falta de certeza).
Inseguro, ra. adj. Insecure, unsafe (que no da seguridad, peligroso). / Uncertain, unsure (incierto, poco probable).
Inseminación. f. Insemination.
Inseminar. v. To inseminate.
Insensatez. f. Senselessness, folly.
Insensibilidad. f. Insensibility (con todas las acepciones de la palabra castellana). / Unconsciousness (inconsciencia). / Insensitivity. Hardheartedness (dureza de corazón).
Insensibilizar. v. To make insensible. / To anesthetize (anestesiar).
Insensible. adj. Insensitive (de sentimientos). / Insensible (de inteligencia o capacidad de sentir dolor). / Unconscious (inconsciente). / Imperceptible (imperceptible).
Inseparable. adj. Inseparable. / Bosom (entrañable).
Insertar. v. To insert, to include.
Insidia. f. Malicious trap, plot (trampa malintencionada, intriga). / Malice (malevolencia).
Insignia. f. Badge, emblem. / Standard, banner (estandarte, bandera). / (Naút.) Pennant, flag (gallardete, pendón con las insignias del rango). / Insignia. / *Buque insignia*, Flagship.
Insignificancia. f. Insignificance.
Insinuar. v. To insinuate, to suggest. / *Insinuarse*, To show wantonness (una mujer). To start to appear (comenzar a aparecer).
Insípido, da. adj. Insipid, tasteless, lifeless, dull.
Insistencia. f. Insistence, persistence.
Insistir. v. To insist, to persist.
Insolación. f. Sunstroke, insolation.
Insolar. v. To insolate. / *Insolarse*, To get sunstroke.
Insolencia. f. Insolence.
Insolente. adj. y m., f. Insolent. / Haughty, arrogant (altanero, arrogante).
Insólito, ta. adj. Unusual, strange.
Insolvente. adj. Insolvent.
Insomnio. m. Insomnia, sleeplessness.
Insoportable. adj. Insufferable, unbearable.
Insospechable. adj. Beyond suspicion.
Inspeccionar. v. To inspect, to examine.
Inspector, ra. adj. Inspecting. / m. y f. Inspector, examiner.
Inspiración. f. Inspiration (con todas las acepciones de la palabra castellana). / Inspiration, inhalation (al respirar).
Inspirar. v. To inspire (con todas las acepciones de la palabra castellana). / To stimulate, to animate (estimular, animar a). / To breathe in, to inhale (respirar hacia adentro, inhalar). / *Inspirarse*, To be inspired. To become inspired, to get inspiration (ponerse inspirado, obtener inspiración). / *Inspirarse en*, To get inspiration from.
Instalar. v. To install. / *Instalarse en*, To establish oneself.
Instancia. f. Insistence, petition, request (insistencia, petición, requerimiento). / Rebuttal, refutation (de un argumento en un debate). / (Der.) Instance. / *A instancia de*, At the request of. / *Tribunal de primera instancia*, Court of the first instance. / *En última instancia*, In the last resort.
Instantánea. f. (Fotogr.) Snapshot.

Instante. m. Instant, moment (de tiempo). / *A cada instante*, Every moment. / *Al instante*, Immediately, right away. / Urgent (que insta o acicatea).

Instar. v. To urge, to press.

Instaurar. v. To establish, to institute.

Instigar. v. To provoke. To instigate.

Instinto. m. Instinct.

Institución. f. Institution, (pl.) Institutions, principles, elements (instituciones, principios, elementos –de la ley, ciencia, etc.).

Instituir. v. To institute, to establish.

Instituto. m. Institute (con todas las acepciones de la palabra castellana). / Society (sociedad científica, literaria, etc.). / High school, secondary school (instituto de enseñanza media o secundaria). / Precept, rule (preceptos, reglamentos).

Instruir. v. To instruct, to teach. / To inform, to advise (informar, poner en antecedentes). / (Der.) To investigate, to hear (una causa).

Instrumentar. v. To instrument, to orchestrate.

Instrumento. m. Instrument (con todas las acepciones de la palabra castellana). / Implement, device (implemento, dispositivo). / Document (documento). / Musical instrument (instrumento musical). / *Instrumento de cuerda*, String instrument.

Insubordinar. v. To incite to rebellion (incitar a rebelión). / *Insubordinarse*, To mutiny, to rebel.

Insubstancial. adj. Insubstantial. / Immaterial (inmaterial). / Inane, empty (inane, vacío).

Insuficiencia. f. Insufficiency, scarcity. / Incapacity, incompetence (incapacidad, incompetencia).

Insufrible. adj. Insufferable, unbearable.

Insulina. f. Insulin.

Insulso, sa. adj. Dull, insipid.

Insultar. v. To insult, to affront.

Insurrección. f. Insurrection, rebellion, uprising.

Intacto, ta. adj. Intact, undamaged. / Whole, entire (completo, entero). / Pure, unadulterated (puro, sin adulterar). / Untouched, unresolved (sin tocar, sin resolver –un asunto, problema, etc.).

Integración. f. Integration (con todas las acepciones de la palabra castellana).

Integral. adj. Integral, whole. / *Pan integral*, Wholemeal bread.

Integrar. v. To integrate. / To reimburse (reembolsar).

Integridad. f. Integrity, completeness. / Honesty, uprightness (honestidad, rectitud). / Maidenhood, virginity (doncellez, virginidad).

Íntegro, gra. adj. Whole, complete, integral. / Honest, upright (honesto, recto).

Intelección. f. Intellection, comprehension.

Intelecto. m. Intellect, understanding.

Intelectual. adj. Intellectual.

Inteligencia. f. Intelligence, intellect. / Comprehension (comprensión, entendimiento). / Ability, talent (habilidad, talento). / Information, spying (información, espionaje). / *Servicio de inteligencia*, Intelligence service.

Intemporal. adj. Untemporal.

Intención. f. Intention, aim, purpose. / Meaning (sentido, significado).

Intensidad. f. Intensity, vehemence.

Intenso, sa. adj. Intense, acute. / (Fig.) Vehement, ardent (vehemente, ardiente). / *Dolor intenso*, Acute pain.

Intentar. v. To attempt, to try, to endeavour.

Interacción. f. Interaction.

Intercalar. v. To intercalate, to insert.

Intercambiar. v. To interchange, to exchange.

Intercambio. m. Interchange, exchange. / *Intercambio comercial*, (Econ.) International trade.

Interceptar. v. To intercept, to obstruct.

Intercesión. f. Intercession, mediation.

Interdicción. f. Interdiction, prohibition, interdict.

Interés. m. (Com.) Interest, benefit. / Attraction (atracción, atractivo). / (pl.) Possessions, property.

Interesar. v. To interest. / To affect, to attack (una enfermedad, un órgano).

Interferir. v. To interfere. / To impede, to obstruct (impedir, obstruir).

Interino, na. adj. y m., f. Temporary, provisional.

Interior. adj. Interior (con todas las acepciones de la palabra castellana). / Inner, inside (interno, de adentro). / Domestic, internal (doméstico, interno –comercio, reglamento, etc.). / *Ropa interior*, Underclothes, underclothing. / Spirit, soul (espíritu, alma). / *Los interiores*, The innards, entrails (carnes de un animal).

Interjección. f. Interjection.

Interlocución. f. Interlocution, dialogue.

Intermediario, ria. adj. y m., f. Intermediary. / (Com.) Middleman.

Intermedio, dia. adj. Medium, intermediate (entre los extremos). / Interposed (interpuesto). / Interval, interim (intervalo, período breve). / (Teatro) Intermission, interval. / (Mús.) Interlude.

Intermitencia. f. Intermittence, intermittency. / (Med.) Intermission (de un estado febril).

Intermitente. adj. Intermittent.

Internación. f. Internment, detention (en una prisión, sanatorio, etc.). / Confinement (en un hospital). / Penetration, going inland (en un territorio).

Internacional. adj. International.

Internamiento. m. Internment.

Internar. v. To import (importar mercancías). / To send inland (enviar tierra adentro). / To intern, to detain (en un campo de concentración, prisión, etc.). / To confine (en un hospital, sanatorio, etc.). / *Internarse*, To penetrate, to go inland (adentrarse, ir tierra adentro). / To go deeply into (adentrarse profundamente en un asunto).

Interpelar. v. To interpellate, to summon. / To appeal to (apelar a).

Interpolar. v. To interpolate, to insert.

Interpretación. f. Interpretation (con todas las acepciones de la palabra castellana). / (Arte dramático, Mús.) Performance. / Translation, reading (traducción, lectura).

Interpretar. v. To interpret, to explain, to decipher. / To translate orally (traducir de viva voz). / To act (un rol en teatro o cine). / To perform (una pieza musical).

Interrogar. v. To interrogate, to question.

Interrogatorio. m. Cross-examination, interrogation.

Interrumpir. v. To interrupt, to discontinue, to pause. / To obstruct, to impede (obstruir, impedir).

Intersectar. v. To intersect. / To cross (dos calles, dos líneas, etc.).

Intervalo. m. Interval (con todas las acep-ciones de la palabra castellana).

Intervenir. v. To take part in, to participate. / To intervene. To intercede (interceder). / To meddle (mezclarse, entrometerse). / (Com.) To audit (hacer una auditoría contable). / (Med.) To operate (operar).

Intestino, na. adj. Internal, intestine, civil. / m. Intestine.

Intimidación. f. Intimidation.

Intimidad. f. Intimacy, closeness (entre personas). / Privacy (la intimidad de lo propio).

Intimidar. v. To intimidate, to frighten, to daunt.
Íntimo, ma. adj. Intimate. / Cherished, innermost (acariciados, los más recónditos deseos, sueños, etc.). / Close (cercanos, apegados). / *Mis más íntimos amigos*, My closest friends.
Intolerancia. f. Intolerance. / (Med.) Allergy. / (Fig.) Intransigence.
Intolerante. adj. y m., f. Intolerant, intransigent.
Intoxicación. f. Poisoning, intoxication. / (Fig.) Drunkenness, ecstasy (ebriedad, éxtasis).
Intoxicar. v. To poison, to intoxicate.
Intransigente. adj. Intransigent, intolerant.
Intransitivo, va. adj. Intransitive.
Intrascendente. adj. Untranscendental, unimportant.
Intrepidez. f. Intrepidity, boldness.
Intrépido, da. adj. Intrepid, daring.
Intriga. f. Intrigue, plot, machination. / Entanglement, embroilment (enredo, embrollo).
Intrigar. v. To intrigue, to plot, to scheme. / To puzzle, to perplex (despertar curiosidad, extrañeza o perplejidad –un asunto, un problema, una persona, etc.).
Intrínseco, ca. adj. Intrinsic, intrinsical. / Inherent, essential (inherente, esencial). / *Valor intrínseco*, Intrinsic value.
Introducción. f. Introduction, insertion (el acto y efecto de introducir). / Foreword, preface (prólogo, prefacio). / (Mús.) Introduction. / Beginning, initiation (comienzo, iniciación).
Introducir. v. To introduce (con todas las acepciones de la palabra castellana). / (Der.) To present (al tribunal). / To show, to bring, to usher (a una casa, un salón, una reunión social). / To put into, to insert (meter adentro, insertar). / To cause, to bring about (ocasionar, acarrear). / *Introducirse*, To get into, to enter (meterse, entrar). To meddle, to interfere (entrometerse, interferir).
Intruso, sa. adj. Intruding, meddlesome. / m. y f. Intruder, interloper.
Intuir. v. To intuit. To sense (sentir íntimamente).
Inundar. v. To inundate, to flood. / *Inundarse*, To become inundated or flooded. / *Inundarse de*, To be flooded with (con todas las acepciones de la palabra castellana).
Inútil. adj. Useless, unnecessary. / m. y f. Good-for-nothing, unserviceable (bueno para nada, un inútil).
Invadir. v. To invade (con todas las acepciones de la palabra castellana). / To encroach on, to meddle in (in trusear, entremeterse). / To enter by force, to trespass (entrar por la fuerza, merodear).
Invalidez. f. Invalidity (con todas las acepciones de la palabra castellana). / Disability, nullity (incapacitación, nulidad).
Invención. f. Invention, creation. / Fiction, lie (ficción, mentira).
Inventar. v To invent (con todas las acepciones de la palabra castellana). / To imagine, to think up, to make up (imaginar, pensar, armar –mentiras, excusas, etc.).
Invento. m. Invention, discovery. / Lie, fiction (mentira, ficción).
Invernadero. m. Hothouse, greenhouse.

Invernal. adj. Wintry, hibernal.
Invernar. v. (Zool.) To hibernate. / To spend the winter at (pasar el invierno en). / To be winter (ser invierno o parecer invierno).
Inverosímil. adj. Unlikely. / Fantastic, unimaginable.
Invertir. v. To invert, to reverse (un movimiento, una figura, etc.). / To invest (capital).
Investigar. v. To investigate (con todas las acepciones de la palabra castellana). / To inquire into, to do research on. To study (estudiar).
Investir. v. To invest. To endow with, to confer (dotar de, conferir).
Invierno. m. Winter.
Invitación. f. Invitation.
Invitar. v. To invite. / (Fig.) To induce (inducir).
Invocar. v. To invoke (con todas las acepciones de la palabra castellana). / To appeal to (apelar a). / To call upon (pedir ayuda o protección, en nombre de). / To cite, to invoke (citar, mencionar -una autoridad, una ley, una costumbre, etc.).
Involucrar. v. To involve, to implicate. / (Anat.) To fold into an involucre (plegarse formando un involucro).
Inyectar. v. To inject.
Ir. v. To go (con todas las acepciones de la palabra castellana). / To move to, to walk to (trasladarse a, caminar a). / To lead to (llevar a –un camino, un corredor, una forma de conducta, etc.). / To stretch, to extend (abarcar, extenderse hasta). / To suit, to fit (ir bien o mal, resultar adecuado o no –un color, una prenda de vestir, etc.).
Ira. f. Anger, ire, wrath.
Ironía, f Irony
Ironizar. v. To ironize.
Irracional. adj. Irrational.
Irreal. adj. Unreal.
Irrealidad. f. Unreality.
Irrefutable. adj. Irrefutable.
Irregularidad. f. Irregularity, abnormality. / Disorder (desorden).
Irresistible. adj. Irresistible. / Fascinating (fascinante). / Compelling (compulsivo).
Irresponsabilidad. f Irresponsibility, unreliability.
Irresponsable. adj. Irresponsible, unreliable.
Irreverente. adj. y m., f. Irreverent, disrespectful.
Irritar. v. To irritate (con todas las acepciones de la palabra castellana). / To annoy (fastidiar). / To stir up, to excite (despertar, excitar –ira, celos, etc.). / (Der.) To make null and void (anular). / (Med.) To irritate.
Irrumpir. v. To burst in, to invade, to break into.
Isla. f. Island, isle. / Block (manzana de casas). / Grove (bosquecillo aislado en una pradera).
Istmo. m. (Geogr., anat.) Isthmus.
Ítem. adv. (Der.) Moreover, also, likewise (además, también, asímismo). / m. (Der.) Item, article (artículo). / Addition (adición).
Izquierda. f. Left (con todas las acepciones de la palabra castellana). / Left hand (la mano izquierda). / loc. adv. *A la izquierda*, To the left.

J

Jabalí. m. Wild boar.
Jabalina. f. Javelin (de lanzar). / (Zool.) Female boar.
Jabato. m. Young wild boar. / Boastful young man.
Jabón. m. Soap.
Jabonar. v. To soap (ropas). / To lather (la barba).
Jacinto. m. (Bot.) Hyacinth. / (Mineral.) Variety of zircon. / *Jacinto de agua*, (Bot.) Water hyacinth. / *Jacinto occidental*, (Mineral.) Topaz (topacio). / *Jacinto oriental*, (Mineral.) Ruby.
Jacobino, na. adj. y m., f. Jacobin, jacobinical (franceses). / Jacobean (ingleses). / Extreme, radical (extremista, radical).
Jactancia. f. Boasting, bragging, arrogance.
Jactarse. v. To boast, to brag, to vaunt.
Jade. m. Jade.
Jadear. v. To pant, to heave.
Jaguar. m. Jaguar.
Jalar. v. To pull. / (Vulg.) To make love to. / To fail, to flunk (una prueba, un examen).
Jalea. f. Jelly, jam.
Jaleo. m. Cheering on, urging on. / Noisy party (fiesta ruidosa). / Fight (pelea).
Jalón. m. Range pole, ranging pole. / Jerk, tug, pull (tirón, halada).
Jalonar. v. To mark with range poles.
Jamás. adv. Never.
Jamelgo. m. Old nag, hack.
Jamón. m. Ham.
Jaque. m. Check (ajedrez). / *Jaque mate*, Checkmate.
Jaqueca. f. Headache, migraine.
Jarabe. m. Syrup.
Jarana. f. Spree, party. / Joke, jest (broma, chiste).
Jaranear. v. To be on a spree, to be making merry.
Jardín. m. Garden. / (Naút.) Latrine, privy. / Cloud, flaw, spot (en una esmeralda).
Jardinero. m. Gardener.
Jarra. f. Jug, pitcher. / *Con los brazos en jarra*, With arms akimbo.
Jarro. m. Jug, pitcher.
Jarrón. m. Large vase, urn, flower vase.
Jaspe. m. Jasper.
Jaula. f. Cage.
Jauría. f. Pack.
Jazmín. m. Jasmine.
Jefe. m. Chief (con todas las acepciones de la palabra castellana). / Leader (líder, cabecilla). / Boss (jefe en el empleo, patrón). / Head, master (de estación, puerto, etc.). / (Mil. y Naút.) Commanding officer, superior officer (comandante, oficial superior).
Jengibre. m. Ginger.
Jeque. m. Sheik.
Jerarca. m. Hierarch, dignatary.
Jerarquía. f. Hierarchy, rank.
Jerez. III. Sherry.
Jerga. f. Slang, jargon, argot. / Gibberish (habla incomprensible).
Jergón. m. Straw mattress, paillasse. / (Mineral.) Jargoon (zirconio verdoso).
Jerigonza. f. Jargon, gibberish.
Jeringa. f. Syringe. (Con todas las acepciones de la palabra castellana). / Injecting gun (para inyectar grasa o aceite en las máquinas). / Stuffer (para rellenar salchichas y embutidos). / Nuisance, annoyance (fastidio, molestia).
Jeroglífico, ca. adj. y m. Hieroglyphic, hieroglyphical.
Jesuita. adj. y m., f. Jesuit. / (Fig.) Hypocrite.
Jibe. m. Sieve.
Jícara. f. Cup, small bowl. / Gourd cup or bowl (recipiente hecho de calabaza). / Calabash (calabaza).
Jineta. f. Genet.
Jinete. m. Rider. Horseman. Cavalryman (hombre de a caballo. Soldado de caballería).
Jirafa. f. Giraffe.
Jocosidad. f. Humor, wit, jocoseness. / Jocularity, gaiety (jocundidad, alegría). / Joke, witty remark (chiste, salida ingeniosa).
Jocoso, sa. adj. Amusing, witty, jocose. / Jocular, festive, gay (jocundo, festivo, alegre).
Joder. v. (Vulg.) To fuck. / (Fig.) To annoy, to pester, to plague.
Jofaina. f. Basin, washbasin, washbowl.
Jolgorio. m. Frolic.
Jornada. f. Day's journey. / Journey, trip (viaje). / Military expedition (expedición militar). / Day's work (las horas que se trabaja).
Jornal. m. Day's wages. / *Obrero a jornal*, Day worker.
Jornalero, ra. m., f. Day laborer.
Joroba. f. Hump. / Annoyance, nuisance, bother (fastidio, molestia, estorbo).
Jorobado, da. adj. Hunchbacked, humpbacked, crooked. / m., f. Hunchback, humpback.
Jorobar. v. To annoy, to importune, to exasperate.
Jota. f. Jot (el nombre académico de la letra J). / *No entender ni jota*, Not to understand a single bit.
Joven. adj. Young (con todas las acepciones de la palabra castellana). / Youthful, juvenile. / m., f. Youth. Youngster (un o una joven).
Jovial. adj. Jovial, Jove-like (semejante a Dios). / Jovial, merry, cheerful (buenhumorado, alegre).
Jovialidad. f. Joviality, merriment, gaiety.
Joyería. f. Jewelry (con todas las acepciones de la palabra castellana). / Jewelry shop or store.
Joyero. m. Jeweler. / Goldsmith (aurífice). / Jewel box or case (para guardar joyas).
Jubilación. f. Retirement (acción y efecto de jubilar). / Pension (pensión). / Pensioning-off (acción y efecto de pensionar).
Jubilar. v. To retire, to pension off.
Júbilo. m. Joy, jubilation, rejoicing.
Jubón. m. Doublet, jerkin, bodice.
Judaísmo. m. Judaism.
Judicatura. f. Judicature.
Judicial. adj. Judicial, juridical.
Judo. m. Judo.
Judoka. m., f. Judoka.
Juego. m. Game. / Play, playing (el acto de jugar). / Fun, jest (diversión, broma). / Gambling (juego de azar). / (Mec.) Clearance, slack (espacio o soltura entre piezas articuladas). / Play (movimiento de las piezas que articulan). / Set, suite (juego, conjunto de elementos, como *juego de mesa*, *juego de comedor*, etc.). / Play (de agua, de luces, etc.).
Juerga. f. Spree.

Juerguista. adj. Reveling, boisterous. / m., f. Reveler, merrymaker.
Jueves. m. Thursday. / *Jueves santo*, Maundy Thursday.
Juez. m., f. Judge. / Critic, connoisseur (crítico, conocedor de un asunto). / *Juez árbitro*, (Der.) Arbiter, umpire. / *Juez de línea*, Linesman. / *Juez de partida*, Starter. / *Juez de paz*, Justice.
Jugada. f. Play. Move, cast of playing (movida, tirada).
Jugador, ra. adj. y m., f. Player. / Gambler (jugador de juegos de dinero).
Jugar. v. To play. / To gamble (dinero).
Juglar. m. Minstrel, jongleur, troubador (el que narra y canta). / Jester, juggler (el bromista o malabarista).
Jugo. m. Juice, sap. / (Cocina) Gravy.
Jugoso, sa. adj. Juicy, succulent.
Juguete. m. Toy.
Juguetón, na. adj. Playful, frisky, frolicsome.
Juicio. m. Discernment. Sense, common sense (sentido, sentido común). / Sound mind, sanity (sanidad mental). / Opinion, decision (opinión, decisión). / Judgment (judicial o teológico). / (Der.) Trial, lawsuit, action (juicio, querella, acción judicial).
Juliana. f. Damewort, gillyflower.
Julio. m. July (mes). / (Electr.) Joule.
Jumento, ta. m., f. Donkey, ass.
Jungla. f. Jungle.
Junio. m. June.
Júnior. m. Junior.
Junta. f. Council, board, junta. / Meeting, conference (encuentro, conferencia). / Union, junction (juntura). / (Mec.) Coupling, joint. / *Junta cardánica*, Cardan joint. / *Junta de comercio*, Board of trade.
Juntar. v. To join, to unite (una cosa con otra, articular). / To gather, to collect (reunir, colectar). / To half-close (entrecerrar). / *Juntarse*, To meet.
Junto, ta. adj.y adv. Joined. United, connected (unido, conectado). / Besides (junto a). / Close to (cercano a). / Together (juntos, al mismo tiempo).

Juntura. f. Joint, coupling, seam. / (Bot.) Knuckle. / (Náut.) Scarf.
Júpiter. n.p. Jupiter.
Jura. f. Oath of allegiance.
Jurado, da. adj. Sworn, declared. / Under oath (bajo juramento). / m. (Der.) Jury, juror (jurado, miembro de un jurado). / Examiner, board of examiners (examinador, junta de examinadores).
Juramento. m. Oath. / Curse, blasphemy (maldición, blasfemia).
Jurar. v. To swear, to declare upon oath. / To use profane language.
Jurisconsulto. m. Jurisconsult, jurist.
Jurisdicción. f. Jurisdiction.
Justa. f. Joust, tournament, contest.
Justicia. f. Justice (con todas las acepciones de la palabra castellana). / Rightness, fairness (rectitud, ecuanimidad). / (Fig.) Police.
Justiciero, ra. adj. Just, fair. / Severe, strict (severo, estricto).
Justificación. f. Justification, defense. / Proof, authentication (prueba, autentificación).
Justificado, da. adj. Justified. / Just, reasonable (justo, razonable).
Justificar. v. To justify. / To free from sin, to absolve (liberar de pecado, absolver). / To prove, to verify (probar, verificar). / *Ser justificado, quedar justificado*, To be justified, to prove oneself innocent.
Justo, ta. adj. y m., f. Just, fair. / Fitting (adecuado, como una prenda de vestir). / Exact, precise, right (exacto, preciso, correcto). / Tight, tight-fitting (estrecho, ajustado). / Upright (recto, correcto).
Juvenil. adj. Juvenile, youthful. / Youth (de los jóvenes, perteneciente a los jóvenes). / *Club juvenil*, Youth club.
Juventud. f. Youth. / Young people (el conjunto de los jóvenes).
Juzgado. m. Court, tribunal.
Juzgar. v. To judge. (Con todas las acepciones de la palabra castellana).

K (potasio). m. (Quím.) Potassium (K).
Kainita. f. Kainite.
Káiser. m. Kaiser, German emperor.
Kan. m. Khan.
Kaolín. m. Kaolin.
Kappa. f. Kappa.
Karate. m. Karate.
Karma. m. Karma.
Kepis. m. pl. Kepi.
Keratina. f. Keratin.
Keratitis. f. Keratitis.
Kermesse. f. Fair, kermess.
Kerógeno. m. Kerogen.
Kerosén. m. Kerosene, kerosine.
Kibutz. m. Kibbutz.

Kif. m. Kef, kief, hashish.
Kilo. m. Kilo, kilogram.
Kilógramo. m. Kilogram, kilo.
Kilometraje. m. Speed measure (kilómetros por hora). / Ammount of kilometers already run by a car (cantidad de kilómetros ya recorridos por un vehículo).
Kilómetro. m. Kilometer.
Kimono. m. Kimono, japanese robe.
Kindergarten. m. Kindergarten, infants' school.
Kiosco. m. Kiosk. / (Fig.) Newstand (de diarios).
Kirieleison. m. Kyrie eleison.
Kiwi. m. Kiwi.
Koljoz. m. Kolkhoz.
Kopek. m. Russian cent coin.
Kurdo, da. adj. Kurdish. / m., f. Kurd.

L

La. art. The. / pron. Her (ella).
Laberinto. m. Labyrinth, maze. / Palindrome (Poet.) / (Fig.) Intrincate problem (un problema intrincado).
Labializar. v. To labialize.
Labio. m. Lip. / Brim (de copa, etc). / Labium (Biol., Anat.). / *Labio leporino,* Harelip. / *Lectura de labios,* Lipreading.
Laboratorio. m. Laboratory.
Labrador, ra. adj. y m., f. Farmer (granjero). / Farm laborer, farm worker, peasant (obrero agrícola, campesino). / Plowman (arador).
Lacio, cia. adj. Flaccid, flabby. / Limp. Lifeless, withered (sin vida, decaído). / Lank, straight (el cabello).
Lacón. adj. Laconian. / m. Pork shoulder ham (jamón de brazuelo de cerdo, pernil).
Lacónico, ca. adj. Laconic, brief, concise.
Laconismo. m. Laconism, brevity, conciseness.
Lacra. f. Scar, mark. / Fault, flaw, defect (falta, falla, defecto). / *Lacra social,* Social disgrace.
Lacrimal. adj. Lachrymal, pertaining to tears.
Lactante. adj. y m., f. Suckling (mamón). / Nursing (que amamanta). / Milkfed baby (bebé que se nutre de leche).
Lácteo, a. adj. Milky, milk. / Lacteal (Anat.). / *Via Láctea,* Milky Way.
Ladera. f. Hillside, slope.
Lado. m. Side (con todas las acepciones de la palabra castellana). / Room, space (sitio, espacio). / Angle, point of view (ángulo, punto de vista). / Direction (dirección). / Margin, edge (margen, borde). / Wing (ala, flanco). / *Al lado de,* At the side of. Next to (junto a). / *Lado a lado,* Side by side.
Ladrar. v. To bark, to bay. / To threaten idly, to bark at (amenazar vanamente).
Ladrillo. m. Brick.
Ladrón, na. adj. Thieving, thievish, lightfingered. / m., f. Thief, burglar, robber (ratero, ladrón, asaltante). / (Impr.) Bite, blank space.
Lagartija. f. Wall lizard (Zool.). / Rogue, rascal (un muchacho).
Lagarto. m. Lizard. / Alligator (caimán). / Red sword (de la Orden de Santiago).
Lago. m. Lake.
Lágrima. f. Tear (con todas las acepciones de la palabra castellana). / Drop, spot (gota). / Juice exuded by the grape (exudación de las uvas).
Laico, ca. adj. y m., f. Lay, secular, laic. Nonreligious.
Lamentable. adj. Lamentable, deplorable. / Sad, mournful (triste, lúgubre).
Lamentar. v. To lament. To bewail, to mourn (gemir, quejarse).
Lamento. m. Lament, moan, wail.
Lamer. v. To lick.
Laminar. v. To laminate, to plate. / To roll (metal).
Laminaria. f. Laminaria.
Lámpara. f. Lamp. / Valve (tubo electrónico).
Lampiño, ña. adj. Beardless, hairless.
Lampión. m. Large lamp, lantern.
Lamprea. f. Lamprey.
Lamprear. v. To braise food in wine and herbs.
Lana. f. Wool, fleece. / Woolen fabric (tela de lana).

Lancear, alancear. v. To pierce (clavar). / To wound with a lance (herir con lanza).
Langosta. f. Locust (insecto). / Lobster (de mar).
Langostín, langostino. m. Prawn, crawfish.
Languidecer. v. To languish.
Languidez. f. Languor, languidness. / Lassitude, faintness (lasitud, desmayo).
Lánguido, da. adj. Languid, languorous, faint.
Lantana. f. Wayfaring tree. (N. cient.) Viburnum lantanan.
Lanza. f. Lance, spear, pike. / Shaft, thill (vara, lanza de arado o carro).
Lanzadera. f. Shuttle.
Lanzar. v. To throw. To hurl, to fling (arrojar, tirar). / To cast (echar, lanzar una mirada, los dados, etc.). / To fire, to shoot (un arma). / To launch (un cohete, un barco, un producto). / To dispossess (Legal).
Lanzatorpedos. m. (Naút.) Torpedo tube.
Lapicero. m. Pencil holder, mechanical penholder. / Fountain pen (pluma fuente).
Lápida. f. Tablet, gravestone.
Lapidación. f. Stoning to death, lapidation. / Stonework, stone carving (trabajo en piedras preciosas).
Lapidar. v. To stone to death, to lapidate. / To work stones (trabajar o tallar piedras preciosas).
Lapidario, ria. adj. y m., f. Lapidary (con todas las acepciones de la palabra castellana). / Dealer in precious stones (comerciante en piedras preciosas).
Lápiz. m. Pencil, crayon. / (Mineral.) Black lead, graphite. / *Lápiz de labios,* Lipstick.
Lapso. m. Lapse, passing of time. / Slip (desliz).
Larga. f. Longest cue (billar). / *Dar largas a,* To delay, to postpone.
Largo, ga. adj. Long. / Generous, liberal.
Laringe. f. Larynx.
Larva. f. (Zool.) Larva, (pl.) larvae.
Lascivia. f. Lasciviousness, lewdness.
Lástima. f. Pity, compassion.
Lastimar. v. To injure, to hurt, to bruise. / (Fig.) To upset, to make sad (decepcionar, entristecer). / To offend (ofender).
Lastimero, ra. adj. Pitiful, piteous, sad, doleful.
Lastrar. v. To ballast. / To weight down (contrapesar).
Lastre. m. Ballast.
Lata. f. Lenght (de la madera). / Tin (estaño). / Tin plate (hojalata). / Tin can (tarro). / Roof lath (de techos).
Latente. adj. Latent, present but unseen. / Concealed, dormant (oculto, en estado de espera).
Látex. m. Latex.
Latido. m. Beat, beating. / Palpitation.
Latiente. adj. Beating, throbbing, palpitating.
Latigazo. m. Whiplash, whip crack. / Lashing (golpe de látigo).
Látigo. m. Lash (largo y flexible). / Whiplash (huasca, chicote). / (Ictiología) Ribbonfish.
Latín. m. Latin.
Latinizar. v. To latinize.
Latino, na. adj. y m., f. Latin. / (Naút.) Lateen.
Latir. v. To beat, to pulsate, to palpitate.
Lato, ta. adj. Extensive, long (extenso, largo). / Broad (ancho, amplio).

Latón. m. Brass.
Latoso, sa. adj. Annoying, boring, tiresome.
Latrocinio. f. Robbery, thievery.
Laúd. m. (Mús.) Lute. / (Naút.) Small lateener. / (Zool.) Leatherbarck, striped turtle.
Láudano. m. Laudanum.
Laureado, da. p. adj. Laureate, laureled.
Lava. f. Lava.
Lavabo. m. Washstand, lavabo, washbasin (el artefacto). / Washroom, lavatory, bathroom (el cuarto).
Lavador, ra. adj. Washing. / f. Washing machine.
Lavanda. f. (Bot.) Lavender. / Lavender water (perfume).
Lavandería. f. Laundry.
Lavar. v. To wash (con todas las acepciones de la palabra castellana). / To cleanse, to purify (limpiar, purificar). / (Albañ.) To whitewash.
Laxante. m. (Mcd.) Loosening, laxative.
Laxar. v. To loosen.
Laxidad, laxitud. f. Laxity, laxness, slackness.
Laxo, xa. adj. Lax, slack. / Loose in morals (relajado moralmente).
Laya. f. Spade, spud (de labranza). / Kind, nature, type, class (clase, naturaleza, tipo). / (Fig.) Breed (casta).
Lazada. f. Bowknot. / Bow, knot (de decoración). / Lasso.
Lazarillo. m. Blindman's guide.
Lazo. m. Bow, knot (lazada, nudo). / Loop (vuelta, giro formando un lazo). / Lasso (de enlazar animales). / Cord, rope (cuerda, soga). / Tie, bond, connection (atadura, vínculo, conexión). / Snare, trap (celada, cebo).
Leal. adj. y m., f. Loyal, faithful. / Fair, true (justo, verdadero).
Lealtad. f. Loyalty, faithfulness, fidelity.
Lebrel, la. adj. y m., f. Whippet, greyhound.
Lección. f. Lesson (con todas las acepciones de la palabra castellana). / Chapter (capítulo de un texto de instrucción). / Warning, example (advertencia, ejemplo). / Lecture (conferencia).
Lectura. f. Reading, ability to read (acto y efecto de leer, capacidad de leer). / Reading matter (material de lectura).
Leche. f. Milk. / *Dientes de leche,* First teeth.
Lechuga. f. (Bot.) Lettuce.
Leer. v. To read (con todas las acepciones de la palabra castellana).
Legado. m. Legacy, bequest / Legate (papal).
Legajo. m. Bundle of papers, file (atado de papeles, archivo).
Legalidad. f. Legality, lawfulness.
Legalización. f. Legalization, authentication.
Legalizar. v. To legalize, to authenticate.
Legaña. f. Sleep, bleariness.
Legañoso, sa. adj. y m., f. Full of sleep, blearyeyed.
Legar. v. To bequeath, to leave (una herencia). / To send a legate (enviar un legado).
Legendario, ria. adj. Legendary. / m. Book of legends.
Legible. adj. Legible, readable. **Legión,** f. Legion.
Legionario, ria. m., f. Legionary (romano), legionnaire (moderno).
Legislación. f. Legislation.
Legislar. v. To legislate.
Legitimación. f. Legitimation. Giving legal standing (la acción y efecto de establecer como legal).
Legitimar. v. To legitimate, to legitimize. / To prove the legitimacy of (probar la legitimidad de).
Legitimidad. f. Legitimacy, legality. / Genuiness (autenticidad).

Legua. f. League.
Legumbre. f. Legume. / Vegetable.
Leguminoso, sa. adj. y f. Leguminous, (pl.) leguminosae.
Lejanía. f. Distance, remoteness. / Background (de un paisaje).
Lejía. f. Bleach, lye.
Lejos. adv. Far (con todas las acepciones de la palabra castellana). / Far away, in the distance, far off. / *Estar lejos de casa,* To be a long way from home. / *A lo lejos,* In the distance. / *De lejos,* From afar. / *Lejos de,* Far from. / *Irse lejos,* To go away, to go far away.
Lema. m. Motto, slogan.
Lencería. f. Linen. / Linen shop (tienda de lencería). / Linen trade (comercio en lencería).
Lengua. f. Tongue (con todas las acepciones de la palabra castellana). / Language, tongue (lenguaje, una lengua). / Clapper (badajo de campana). / *Lengua madre,* Mother tongue. / *Lengua materna,* Mother language.
Lenguado. m. Sole, flatfish.
Lenguaje. m. Language, idiom. / Parlance, speech, tongue (modo peculiar de hablar, modismo, el habla, una lengua).
Lente. f. (Ópt.) Lens, (pl.) eyeglasses, spectacles. / *Lente de aumento,* Magnifying glass. / *Lente de contacto,* Contact lens.
Lenteja. f. (Bot.) Lentil (planta y grano). / *Lenteja acuática,* Lesser duckweed.
Lentejuela. f. Spangle, sequin.
Lento, ta. adj. Slow (con todas las acepciones de la palabra castellana). / Sluggish, heavy (lerdo, con pesantez). / Viscid, glutinous (espeso, glutinoso).
Leña. f. Firewood.
Leñoso, sa. adj. Ligneous, woody.
León. m. Lion. / (Entom.) Ant lion (hormiga león). / (Astron.) Leo. / *León marino,* Sea lion.
Lepidóptero. adj. Lepidopterous. / m. Lepidopteron, butterfly, (pl.) lepidoptera.
Leporino, na. adj. Harelike, leporine (que parece liebre). / *Labio leporino,* Harelip.
Lepra. f. Leprosy.
Lerdo, da. adj. Slow, lumbering, heavy. / Dim (de entendimiento).
Lesbianismo. m. Lesbianism.
Lésbico, ca. adj. Lesbian.
Lesión. f. Injury, wound, lesion. / Damage (daño). / (Der.) Injury.
Lesionar. v. To injure (con todas las acepciones de la palabra castellana). / To wound (herir). / To damage, to harm (averiar, dañar).
Leso, sa. p. adj. Hurt, injured, harmed, offended. / Silly, foolish (necio, tonto). / *Lesa majestad,* Lese majesty.
Letal. adj. Lethal, deadly, mortal.
Letanía. f. Litany.
Letargo. m. Lethargy, drowsiness, sluggishness.
Letra. f. Letter (con todas las acepciones de la palabra castellana). / Handwriting, penmanship (manuscrita). / Type (de imprenta). / Literal meaning (significado literal). / (Mús.) Lyrics, words (de una canción). / (Com.) Draft, bill of exchange. / (pl.) Arts, letters (rama de enseñanza). Literature.
Letrado, da. adj. y m., f. Learned, erudite. / (Fig.) Lawyer, advocate, solicitor (un abogado).
Letrero. m. Sign, placard, poster. / Label (etiqueta).
Letrina. f. Lavatory, latrine.
Leucemia. f. Leukemia.

Leucocito. m. Leukocyte, white corpuscle.
Leucoma. f. Leucoma, leukoma.
Levadura. f. Yeast, leaven.
Levantar. v. To raise (alzar). / To pick up, to lift (levantar, subir una cosa). / To hold up (sostener arriba). / To move, to break (un campamento). / To remove, to take off (sacar, quitar, como un mantel, una venda, etc.). / To clear (la mesa). / To adjourn (una sesión, etc.). / To weigh (el ancla). / To gather (la cosecha). / To remove (un castigo, una orden de arraigo, etc.). / To build (construir). / To rouse, to raise (la caza).
Levante. n. p. East, Orient. / Levant (las costas orientales del Mediterráneo).
Levar. v. (Naút.) To weigh anchor.
Leve. adj. Light, slight.
Levita. m., f. (Bíblico) Levite. / Prince Albert coat (de vestir).
Léxico, ca. adj. Lexical / m. Lexicon, dictionary.
Lexicografía. f. Lexicography.
Lexicología. f. Lexicology.
Lexicón. m. Lexicon, dictionary.
Ley. f. Law (con todas las acepciones de la palabra castellana). / Statute, decree (estatuto, decreto). / Act, rule, regulation (acta, norma, estatuto). / Law, body of laws (la ley, el cuerpo de leyes). / Fineness (del oro y la plata).
Leyenda. f. Legend. / Legend, motto, inscription (inscripción en una lápida, etc.). / Caption, footing (de una fotografía o ilustración de prensa).
Liar. v. To tie, to bind. / To wrap up (envolver). / To roll (un cigarrillo). / To entangle, to involve, to embroil (enredarse, involucrarse, embrollarse en algo o con alguien). / Liarse a golpes, To come to blows.
Libación. f. Drink, sip (bebida, sorbo) / Libation (en honor a un dios).
Libélula. f. Dragonfly.
Liberación. f. Liberation, freeing (el acto y efecto de liberar). / Deliverance (el acto y efecto de quedar libre). / Discharge, release (de un cargo o acusación). / Exoneration, exemption (de impuestos, obligación, etc.). / Redemption (redención, redención de hipoteca).
Liberalizar. v. To liberalize, to make liberal.
Libertad. f. Freedom, liberty. / Deliverance (el acto y efecto de estar en libertad). / Privilege, right (privilegio, derecho).
Libertar. v. To liberate, to free. / To exonerate, to acquit (exonerar, liberar de cargos en contra). / To save, to preserve (de un peligro).
Libidinoso, sa. adj. Libidinous, lustful, lascivious.
Libido. f. Libido.
Libra. f. Pound. / Weigh (para prensar aceitunas). / (Astron.) Libra. / Libra esterlina, Sterling pound.
Librar. v. To deliver, to preserve (de un peligro o cosa desagradable). / To free, to exempt (librar, eximir). / To pass (una sentencia, etc.). / To issue, to write (emitir, librar un documento).
Libre. adj. Free (con todas las acepciones de la palabra castellana). / Independent. / Exempt, excused (exento, perdonado). / Vacant (una propiedad o puesto).
Librería. f. Bookstore. / Librería de viejo, Second-hand bookshop.
Librero, ra. m., f. Bookseller (una persona). / Booksshelf (el mueble).
Libreta. f. Notebook. / Libreta de bancos, Bank-book. / Libreta de ahorros, Saving book.
Libro. m. Book. / (Mús.) Libretto, book. / (Zool.) Omasum. / Libro de caja, Cashbook, / Libro de inventarios, General account book. / Libro de texto, Textbook. / Libro diario, Diary. (Com.) Daybook. / Libro mayor, Ledger.

Licantropía. f. Lycanthropy.
Licencia. f. Permission, authority. / Leave, license, permit (venia, licencia, documento de permiso). / Liberty (libertad). / License (título o grado académico). / Dar licencia, To authorize, to license.
Licenciado, da. adj. y m., f. Discharged, released (exonerado, liberado de un deber suelto). / Licensed, authorized (con licencia, autorizado). / Licentiate (académico). / Lawyer (abogado).
Licenciar. v. To discharge, to release. / To demobilize (soldados). / To confer a degree on (conferir un grado académico). / To license, to allow (permitir, conceder).
Licenciatura. f. Licentiate. Master's degree (grado académico).
Liceo. m. Lyceum (sociedad de arte o literatura). / High school, secondary school (de enseñanza media secundaria).
Licitador, ra. m., f. Bidder.
Licitar. v. To bid at an auction (postular en una licitación). / To auction (sacar a licitación).
Lícito, ta. adj. Licit, lawful.
Licor. m. Liquor, liqueur (bebida alcohólica). / (Quím.) Solution (solución en un líquido).
Licuación. f. Liquefying, liquefaction. / (Metal.) Liquation
Licuar. v. To liquefy. / (Metal.) To liquate, to melt.
Lid. f. Combat, fight.
Líder. m. Leader.
Liderato, liderazgo. m. Leadership.
Lidiar. v. To fight, to battle. To struggle (con una molestia).
Liebre. f. Hare. / (Astron.) Liebre, Lepus. / (pl.) (Naút.) Racks, ribs.
Lienzo. m. Canvas painting (pintura, cuadro pintado en lienzo). / Linen, linen cloth (tela de lencería). / Canvas (lona, lienzo de pintor).
Liga. f. Garter, band (elástica). / League, alliance (de alianza, asociación). / Liga anseática, Hanseatic league. / (Bot.) Mistletoe. / (Metal.) Allow, binding material (material de liga).
Ligadura. f. Ligature, tie, bond. / (Cir.) Ligature.
Ligar. v. To tie, to bind. / To allow, to mix (alear, mezclar). / To join, to link (unir, conectar).
Lija. f. Sandpaper. / (Ictiología) Dogfish.
Lila. f. Lilac.
Lima. f. File (herramienta). / Lime (árbol y fruta). / n.p. Lima (la ciudad).
Limar. v. To file, to smooth, to polish.
Limitación. f. Limitation, limit. / Restriction.
Límite. m. Limit (con todas las acepciones de la palabra castellana). / Boundary, frontier (territorial). / The end (el final).
Limítrofe. adj. Bordering, conterminous, limiting.
Limón. m. Lemon (el fruto). / Lemon tree (el árbol).
Limosidad. f. Muddiness, sliminess. / (Quím.) Tartar.
Limosnear. v. To beg for alms.
Limoso, sa. adj. Slimy, muddy.
Limpiar. v. To clean, to cleanse, to clean out. / To clear (la tierra de maleza o enemigos). / To exonerate (a un acusado). / To prune (árboles, arbustos).
Limpidez. f. Limpidity.
Limpieza. f. Cleaning (acción de limpiar). / Cleanness (condición de limpio) / Integrity, honesty (integridad, honestidad).
Limpio, pia. adj. Clean. / Neat, spotless (aseado, inmaculado). / Sincere, artless (sincero, sin artimañas). / Trabajo en limpio, (Escolar) Clean copy task.
Linaje. m. Lineage, ancestry.

Linaza. f. Linseed, flax-seed.
Lince. m. Lynx.
Linchamiento. m. Lynching.
Linchar. v. To lynch.
Lindar. v. To adjoin, to abut (poner lindes). / To be adjacent, to border (estar adyacente, limitar con).
Linde. m. Boundary, limit / Landmark, road sign (marca de propiedad, señal caminera).
Lindura. f. Prettiness, loveliness. / Pretty thing (una cosa linda).
Línea. f. Line (con todas las acepciones de la palabra castellana).
Lineal. adj. Lineal, linear. / (Bot.) Linear (hoja). / Medida lineal, Lineal measurement.
Linear. v. To sketch, to outline. / To line, to draw lines on (hacer líneas, dibujar líneas). / adj. Linear (hoja).
Linfa. f. Lymph.
Linfocito. m. Lymphocyte.
Linfoma. m. Lymphoma.
Lingote. m. Ingot. / (Naút.) Securing iron bar.
Lingüística. f. Linguistics.
Linimento. m. Liniment.
Lino. m. Flax (la planta). / Linen (la tela).
Linóleo. m. Linoleum.
Linotipia. f. Linotype.
Linterna. f. Lantern, lamp, flashlight. / (Arq.) Lantern. / (Naút.) Lighthouse, lantern.
Lío. m. Bundle, package. / Mess, jam (desorden, enredo). / Trouble (problema).
Lípido. m. Lipide.
Lipoma. m. Lipoma.
Líquen. m. Lichen.
Liquidez. f. Liquidness. / Liquidity, fluidity (condición de líquido).
Líquido, da. adj. y m. Liquid. / (Com.) Net, clear.
Lira. f. (Mús.) Lyre. / (Astron.) *Lira*, Lyra. / Lire (moneda italiana).
Lírica. f. Lyric poetry.
Lirón. m. Dormouse.
Lisiar. v. To cripple, to disable.
Liso, sa. adj. Smooth, even. / Plain, unadorned, unpatterned (llano, sin adornos, sin figuras).
Lisonja. f. Flattery, adulation.
Lisonjear. v. To flatter, to compliment.
Lista. f. List. / Roll, bill, catalogue (rol, carta, catálogo). / Menu (de restaurant, etc.). / Strip (cinta, franja). / Coloured stripe (banda, franja).
Listado, da. p. adj. Striped.
Listar. v. To list, to enter on a list. / To print (computación).
Listo, ta. adj. y m., Ready, prepared. / Smart, clever (sagaz, inteligente). / Quick, prompt (preparado, pronto a).
Listón. m. Ribbon. / (Arq.) Listel. / (Naút.) Battens.
Litera. f. Litter (de transportar). / Berth (en un barco o tren).
Literal. adj. Literal.
Literato, ta. m., f. Well-read, cultured (leído, culto). / Writer (escritor).
Literatura. f. Literature.
Litigar. v. (Der.) To litigate. / To argue, to quarrel, to dispute (discutir, reñir, disputar).
Litigio. m. Lawsuit, litigation. / Dispute, quarrel, argument (disputa, pelea, discusión).
Litio. m. Lithium.
Litis. f. Lawsuit.
Litisconsorte. m., f. Associate in lawsuit, joint litigant.
Litografía. f. Lithography (el proceso). / Lithograph (la pintura producida). / Lithographer's workshop (el taller del litógrafo).

Litoral. m. Litoral, coast, shore.
Litosfera. f. Lithosphere.
Litro. m. Liter, litre.
Liturgia. f. Liturgy.
Litúrgico, ca. adj. Liturgical.
Llaga. f. Ulcer. Wound, sore (herida, lastimadura).
Llama. f. Flame. / (Zool.) Llama. / Swamp, marsh.
Llamar. v. To call (con todas las acepciones de la palabra castellana). / To summon, to convoke (citar, convocar). / To call, to name (poner nombre). / To attract (atraer). / To knock (golpear a la puerta). To ring (tocar el timbre). / *Llamarse*, To be called. / *Ella se llama Amalia*, She is called Amalia.
Llamarada. f. Sudden blaze, flare. / Flash, flame (destello, llama). / Flare-up, outburst (erupción, irrupción).
Llamear. v. To blaze, to flame.
Llanero, ra. adj. y m., f. Plainsman, plainswoman.
Llanta. f. (Bot.) Kale cabbage. / Tire, tyre (neumático). / Tread, wheel band (metálica). / Rim (de rueda). / *Llanta de repuesto*, Spare tire. / *Llanta metálica*, (Automov.) Tire rim.
Llanto. m. Crying. Weeping, sobbing (sollozo).
Llanura. f. Evenness, flatness (condición de llano). / Plain, prairie, steppe (llanura, planicie).
Llave. f. Key (de cerradura). / (Electr.) Switch, key. / Faucet, cock, tap (de grifería). / Trigger (gatillo de arma de fuego). / Lock, striker (percutor de arma de fuego). / (Mús.) Clef. Key, lever (de un instrumento). / Brace, bracket (signo equivalente al paréntesis). / Wrench (llave mecánica).
Llegada. f. Arrival (el acto de llegar). / Goal (meta).
Llegar. v. To reach, to arrive, to get, to come (alcanzar, llegar, lograr, venir). / To amount (llegar a tanto).
Llena. f. Freshet, flood, overflow.
Llenar. v. To fill (con todas las acepciones de la palabra castellana). / To fill up (un vaso, un jarro). / To pack, to stuff, to make full (apretar, rellenar, dejar lleno). / To crowd (de gente). / To fill, to occupy (un puesto, una posición). / To fill in, to fill up (un formulario). / *Estar llena*, To be full (la luna o una vasija). / To fill up, to get full or filled up. / To get crowded or packed (quedar atestado o abarrotado).
Lleno, na. adj. Full. / (Naút.) Bluff. / Fullness (de la luna). Full moon (plenilunio). / Full house (teatro lleno). / *De lleno*, In the middle point.
Llevar. v. To carry, to transport (acarrear, transportar) / To wear, to have on (ropa, expresión, etc.). / To have with one (tener consigo, andar trayendo). / To take, to lead (llevar a, como un camino o un autobús). / To have been (haber estado). / *Ella lleva largo rato esperando*, She has been waiting for a long time.
Llorar. v. To cry, to weep. / To water, to weep (un ojo). / To bleed (el tallo de planta).
Llover. v. To rain. / *Lloverse*, To leak (un techo).
Llovizna. f. Drizzle, fine rain.
Lluvia. f. Rain (con todas las acepciones de la palabra castellana). / Rain water (agua de lluvia). / Shower (ducha, lluvia de balas, de insultos, etc). / Shower bath (baño de ducha).
Lo. pron. Him (a él). / It (a él, referido a un animal u objeto inanimado). / art. The (aquello que). / *Lo increíble*, The incredible.
Loa. f. Praise, eulogy.
Loar. v. To praise, to eulogize, to approve.
Lobezno. m. Small wolf, wolf cub.
Lobo. m. Wolf. / (Astron.) *Lobo*, Lupus. / *Lobo de mar*, Wolf fish, sea wolf. (Fig.) Old salt, old sea dog. / *Lobo escorchado*, (Her.) Red wolf.

Lóbrego, ga. adj. Dark, gloomy, lugubrious (oscuro, sombrío, lúgubre). / Sad, depressing, melancholy (triste, depresivo, melancólico).
Lobulado, da. adj. Lobed, lobate, lobulate (provisto de lóbulos). / Lobular, lobe-shaped (con forma de lóbulos). / (Arq.) Foliated.
Lobular. adj. Lobular, lobe-shaped.
Lóbulo. m. Lobe, lobule. / (Arq.) Foil.
Locación. f. Lease.
Local. adj. y m. Local. / Premises, buildings (dependencias, edificios).
Localidad. f. Locality. / Place, locate, site (lugar, sitio de un suceso). / Seat (en un teatro, estadio, etc.).
Localismo. m. Localism. / Regional idiom (dialecto).
Localización. m. Localization (con respecto a un lugar). / Location, finding, tracking down (ubicación, búsqueda, rastreo).
Localizar. v. To localize. / To locate, to find, to track down (ubicar, encontrar, rastrear).
Loción. f. Lotion.
Loco, ca. adj. Mad, insane, crazy. / Wild (salvaje). / Rash, risky, imprudent (acelerado, arriesgado, imprudente). / Tremendous, terrific, huge (tremendo, enorme).
Locomotor, ra. adj. Locomotor, locomotive. / f. Locomotive engine.
Locuacidad. f. Loquacity, talkativeness, garrulity.
Locuaz. adj. Loquacious, talkative.
Lodo. m. Mud, mire, sludge.
Logaritmo. m. Logarithm.
Lógica. f. Logic.
Lógico, ca. adj. Logical. / m., f. Logician.
Logístico, ca. adj. Logistic. / f. (Mil.) Logistics.
Logotipo. m. Logotype.
Lograr. v. To achieve, to attain. / To obtain, to get (obtener, conseguir).
Logro. m. Attainment, achievement. / Benefit, success (beneficio, éxito). / Profit, gain (ganancia).
Lomo. m. (Anat.) Loin, (pl.) back, loins. / Back (de un animal, libro o cuchillo). / (Cocina) Steak, cut of loin.
Longaniza. f. Pork sausage.
Longevidad. f. Longevity.
Longevo, va. adj. Longevous, long-lived.
Longitud. f. Lenght. / (Astron., geogr.) Longitude.
Lonja. f. Slice of meat. / Public exchange, market (en comercio). / (Arq.) Portico, porch.
Lontananza. f. Far horizon. / (Pint.) Background. / *En lontananza,* Far away, at a distance.
Loor. m. Praise, eulogy.
Loro. m. Parrot.
Los. art. pl. The. / *Los barcos,* The ships. / pron. pl. Them (acusativo del pronombre). / *Yo los hice,* I made them.
Losa. f. Slab, stone. / Flagstone, tile (laja, lasca). / Grave, tomb (sepultura, tumba).
Lote. m. Share, portion, part, lot. / Lot, plot (de tierra).
Lotería. f. Lottery, raffle. / Lotto (el juego). / Gamble, chance (jugada, azar).
Loto. m. Lotus.
Loza. f. Crockery, chinaware.
Lozanía. f. Luxuriance, frondosity. / Vigour, exuberance (vigor, exuberancia).
Lubricador, ra. adj. Lubricating. / m. Lubricator.
Lubricante. adj. y m. Lubricant.

Lubricar. v. To lubricate.
Lucero. m. Bright star. / Star, white spot (una notoria mancha blanca). / Brilliance, splendor, brightness (brillantez, esplendor, brillo). / (Pl., poesía) Eyes. / *El Lucero,* Venus.
Lucidez. f. Lucidity, clarity, clearness.
Lucido, da. p. adj. Magnificent, gorgeous, sumptuous (magnífico, espléndido, suntuoso). / Brilliant, outstanding (brillante, sobresaliente).
Luciérnaga. f. Glowworm, firefly.
Lucifer. n. p. Lucifer. / Morning star (la estrella de la mañana).
Lucimiento. m. Luster, shine.
Lucio, cia. adj. y m. Bright, shiny. / Salt pool, salt lagoon (laguna salada). / (Ictiología) Pike, luce.
Lucir. v. To wear (usar). / To display, to show, to exhibit (exhibir, mostrar). / To illuminate, to light up (iluminar). / To shine (brillar). / *Lucirse,* To stand out, to shine, to excel.
Lucrar. v. To earn, to obtain, to profit (ganar, obtener, profitar).
Luctuoso, sa. adj. Sad, mournful, woeful.
Lucubración. f. Lucubration. Laborious work, study.
Lucha. f. Fight. / Strife, struggle (forcejeo, pugna). / Wrestling (el deporte). / Quarrel, dispute (riña, disputa).
Luchar. v. To fight. / To struggle, to wrestle, to quarrel, to argue (pugnar, practicar la lucha, reñir, discutir).
Lugar. m. Place, spot, site. / (Geom.) Locus. / Room, space (lugar disponible, espacio). / Opportunity, occasion, time (oportunidad, ocasión, tiempo). / Place, post, position (puesto, posición). / *En lugar de,* Instead of. / *En primer lugar,* In the first place. / *Tener lugar,* To take place, to happen (un acontecimiento). To fit, to go in (un objeto en un espacio).
Lúgubre. adj. Dismal, gloomy, doleful, lugubrious.
Lujo. m. Luxury.
Lujuria. f. Lechery, lust.
Lujuriante. adj. Lecherous, lustful. / Luxuriant, exuberant (exuberante).
Lujurioso, sa. adj. Lustful, lecherous, lascivious. / m., f. Lecher.
Lumbago. m. Lumbago.
Lumbar. adj. Lumbar.
Lumbre. m. Fire. / Glow, light (resplandor del fuego). / Light (para cigarrillos). / Brilliance, brightness, splendor (brillo, brillantez, esplendor).
Luminoso, sa. adj. Luminous. / Bright, brilliant (una idea).
Luna. n.p. Moon. / f. Plate glass, mirror (de espejo). / Lens, glass (de anteojos). / (Ictiología) Ocean sunfish, moonfish.
Lunático, ca. adj. y m., f. Lunatic, mad.
Luneta. f. (Teatro) Orchestra seat. / Lens, glass, lunette (de gafas). / Lunette, crescent-shaped adornment (adorno con forma de luna creciente).
Lupa. f. Magnifying glass.
Luto. m. Mourning. / Sorrow, bereavement (dolor, duelo). / (pl.) Mourning draperies.
Luz. f. Light / (Arq.) Window, opening, skylight, lightshaft. / Opening inner diameter (de un tubo). / (pl.) Learning, enlightenment, culture. / (Arq.) Span. / *Dar a luz,* To give birth. / *Dar a la luz,* To publish.

M

Macabro, bra. adj. Macabre, funeral.

Macilento, ta. adj. Emaciated, withered, pale.

Macrobiótica. f. Macrobiotics.

Machacar. v. To crush, to pound, to beat, to mash (aplastar, golpear, moler). / (Fig.) To pester, to bore, to bother (importunar, aburrir, molestar).

Machete. m. Machete, cutlass.

Macho. adj. Male. / Manly, virile (de hombre, viril). / m. (Zool.) He-mule. / Fool, dolt, idiot (tonto, necio, idiota). / (Arq.) Abutment, buttress pillar. / Pier (de arcada). / (Geol.) Dike. / *Macho cabrío*, He-goat.

Madeja. f. Skein, hank. / Tangle of hair (de pelo).

Madera. f. Wood. / (Coloq.) Qualities, gift (cualidades, dones para una actividad específica). / (Mús.) Woodwinds, (pl.).

Madrastra. f. Stepmother.

Madre. f. Mother. / Mother, sister (una monja). / *Madre superiora*, Mother superior. / Origin, source, cradle (origen, fuente, cuna). / Bed (de un río).

Madreperla. f. Pearl oyster (ostra perlífera). / Mother of pearl.

Madreselva. f. Honeysuckle.

Madrigal. m. Madrigal.

Madriguera. f. Burrow, hole (de animales). / Den, hideout (de personas).

Madrina. f. Godmother. / Patroness, protectress, sponsor (patrona, protectora, patrocinadora). / Matron of honor (en una boda).

Maduración. f. Ripeness, ripening (las frutas). / Maturing (el carácter, las células, etc.). / Maturation, suppuration (de una herida).

Madurar. v. To ripen, to make ripe (frutas). / To mature, to think out, to work out (planes). / To maturate, to begin to suppurate (una herida). / To mature, to get experience (una persona).

Madurez. f. Ripeness (las frutas). / Maturity (las personas, las células, etc.). / Prudence, wisdom (prudencia, sabiduría).

Maduro, ra. adj. Ripe (fruta)./ Mature, full-grown, experienced (persona). / Mellow (asentado, en su tiempo preciso, en su punto exacto).

Maestra. f. School teacher. / Queen bee (abeja reina). / (Albañ.) Screed, floating screed (listón guía). Plumb rule (línea a plomo).

Maestro, tra. adj. Master, main, principal. / *Obra maestra*, (Arte) Masterpiece. / m., f. Teacher, master, schoolteacher. / Master, expert, specialist, chief exponent (maestro, experto, especialista, principal exponente).

Magia. f. Magics. / (Fig.) Magic, enchantment, charm, spell (magia, encantamiento, hechizo, conjuro).

Magisterio. m. Teaching. Teaching profession. / Teachers (el profesorado).

Magistrado. m. Magistrate. / Judge, member of a court of justice (juez, miembro de una corte de justicia).

Magnanimidad. f. Magnanimity, generosity.

Magnético, ca. adj. Magnetic. / (Fig.) Attractive, irresistible (atractivo, irresistible).

Magnetismo. m. Magnetism. / Attraction.

Magnetófono, magnetofón. m. Magnetophone.

Magnicidio. m. Assassination of a public figure.

Magnificar. v. To magnify. To exaggerate (exagerar). / (Ópt.) To magnify, to enlarge. / To extol, to exalt, to glorify (elogiar, exaltar, glorificar).

Magnitud. f. Magnitude. / Size, bulk (tamaño, volumen). / (Astron.) Magnitude.

Magnolia. f. Magnolia.

Mago, ga. adj. Magian, of the Magi./ *Los tres Reyes Magos*, The three Wise Men, the Magi. / m., f. Magus, magician, wizard.

Maíz. m. Corn.

Maizal. m. Corn field, corn plantation.

Majestad. f. Majesty, sovereignty, kingship. / Dignity, loftiness, stateliness (dignidad, altura, grandeza).

Mal. m. Wrong, evil. / Damage, harm (daño). / Disease, illness, sickness (enfermedad). / Misfortune, disaster (desgracia, desastre). / *Hacer mal*, To do harm, to hurt, to damage. / adv. Badly, poorly, wrongly (en forma deficiente o equivocada). / Hardly, scarcely (difícilmente, apenas).

Malabarismo. m. Juggling. (baile típico de los gauchos).

Malaria. f. Malaria.

Malaventurado, da. adj. Unfortunate, ill-fated.

Malcriar. v. To spoil, to pamper.

Maldad. f. Wickedness. / Evil, iniquity (perversidad, iniquidad). / Evil act (acto perverso).

Maldecir. v. To curse, to damn (echar maldiciones). / To speak ill, to defame (hablar mal de alguien, difamar).

Maldición. f. Curse, malediction, damnation.

Maldito, ta. p. adj. Damned, accursed.

Maleabilidad. f. Malleability.

Maleable. adj. Malleable.

Maleante. adj. y m. Hoodlum, thug, roughneck. / Gun man.

Malear. v. To spoil, to corrupt, to pervert (arruinar, corromper, pervertir). / *Malearse*, To become spoiled or ruined.

Malecón. m. Sea wall, dike (dique). / Embankment, breakwater (terraplén, rompeaguas).

Maleficio. m. Spell, curse, charm.

Maléfico, ca. adj. Harmful, pernicious, malefic.

Malestar. m. Indisposition (fisiol.). / Uneasiness, disquietude (inquietud).

Maleta. f. Suitcase, valise, traveling bag. / Saddlebag, knapsack (arguenas). / (Fam.) *Andar de maleta*, To be in a bad mood.

Malévolo, la. adj. y m., f. Malevolent, evil.

Maleza. f. Weeds. Brambly undergrowth, underbrush, brake, coppice.

Malformación. f. Malformation.

Malgastar. v. To squander, to waste, to misspend.

Malhechor, ra. adj. Bad, wicked (malo, perverso). / m., f. Malefactor, malefactress, misdoer, wrong-doer (persona que actúa mal intencionadamente).

Malhumorado, da. p. adj. Bad-tempered, ill-humored, peevED.

Malicia. f. Malice, maliciousness. / Wickedness, badness (maldad). / Perverseness (perversidad). / Cunning, trickness, guile (astucia, insidia). / Suspicion, apprehension (sospecha, aprensión).

Maligno, na. adj. y m., f. Malignant, evil.
Malo, la. adj. Bad, poor (calidad de algo). / Bad, wicked, evil (una persona). / Harmful, bad, injurious (que causa daño). / Ill, unwell, bad (enfermo, mal de salud). / (Coloq.) Mischievous, naughty, roguish (un niño). / Imperfect, defective (defectuoso). / *Estar de malas*, To be out of luck (estar con mala suerte). To be in a bad temper (estar de mal humor). / m. *El Malo*, The Devil.
Maloliente. adj. Foul-smelling, fetid.
Malpensado, da. adj. y m., f. Malicious, evil-minded.
Malsano, na. adj. Noxious, harmful, injurious (nocivo, dañino). / Sickly, unwell (no sano).
Maltratar. v. To maltreat, to illtreat. To abuse (abusar). / To damage, to harm (dañar).
Maltrato. m. Ill treatment, maltreatment.
Malvado, da. adj. Wicked, evil, perverse, fiendish. / m., f. Wicked person, evildoer. / Knave (villano).
Malvender. v. To sell at a loss, to sacrifice.
Malversación. f. Misappropriation, embezzlement, peculation.
Malla. f. Netting, meshwork. / Mesh (de una red). / Chainmail, mail (de una armadura). / Tights (de danza y gimnasia).
Mamá. f. Mother, mommy.
Mamar. v. To suck, to suckle. / *Mamarse* (Coloq.) To get drunk. / To wangle (obtener algo por medios incorrectos).
Mamario, ria. adj. Mammary.
Mampara. f. Screen. / Room divider (divisor de ambientes). / Glass door (puerta de vidrio).
Mampostería. f. Rubblework.
Maná. m. Manna.
Manada. f. Herd, flock, drove, pack.
Manantial. adj. Flowing, running, issuing. / m. Spring (de agua). / Origin, source (origen, fuente).
Manar. v. To spring, to flow forth, to issue. / To rise (el agua). / To flow, to run (cualquier líquido).
Mancillar. v. To spot, to stain, to blemish.
Mancha. f. Stain, spot. / Blot, smudge (de tinta). / Spot (en la piel, en el sol). / Patch (de color, de flores). / Stain, blemish (en la reputación).
Manchar. v. To stain, to spot. / To blot, to smudge (con tinta). / To blemish, to stain (la reputación). / (Pint.) To daub.
Mandamiento. m. Command, order. / (Biblia) Commandment. / (Der.) Writ, warrant.
Mandar. v. To order, to command (dar órdenes). / To send (enviar).
Mandato. m. Command, order, mandate. / Precept, instruction, ordinance (precepto, instrucción, ordenanza). / (Der.) Mandate, power.
Mandíbula. f. Jaw. / (Anat., zool.) Mandible.
Mandil. m. Apron, pinafore. / Horse blanket (manta para caballos).
Mando. m. Command. Authority, power, rule (autoridad, poder, gobierno). / (Mec.) Drive, control, (pl.) controls.
Mandón, na. adj. y m., f. Domineering, bossy.
Mandonear. v. To boss around.
Mandrágora. f. Mandrake, mandragora.
Mandril. m. (Mec.) Chuck. Mandrel. Boring tool. / (Cir.) Mandrin. / (Zool.) Mandrill, blue faced baboon.
Manejable. adj. Manageable, tractable.
Manejar. v. To manage, to direct, to conduct, to govern (un negocio, el hogar, una máquina). / To handle, to wield (un arma, una herramienta).
Manera. f. Manner, mode, (pl.) manners, habits. / Style (de pintar o escribir). / *De esa manera*, In that way,

thus. / *De ninguna manera*, By no means. / *De manera que*, So that. / *De todas maneras*, By all means. / *Sobremanera*, Extremely, exceedingly.
Manglar. m. Mangrove swamp, thicket of mangrove.
Mango. m. Mango (la fruta y árbol). / Handle, haft.
Manguera. f. Hose, tube, duct. / (Naút.) Ventilation duct, tube or shaft. / Waterspout (para el agua).
Manía. f. Mania. / Craze, whim (locura, capricho). / Habit (hábito).
Maníaco, ca. adj. Maniacal, maniac, mad, frantic. / m., f. Maniac, madman.
Maniatar. v. To manacle, to handcuff.
Maniático, ca. adj. Queer, crazy. / m., f. Queer person.
Manicomio. m. Insane asylum, madhouse.
Manifestación. f. Expression, revelation, manifestation (expresión, revelación). / Demonstration, public meeting, manifestation (demostración, reunión pública). / Declaration, statement (declaración, afirmación). / Manifestar.** v. To express. To say, to declare (decir, declarar). / To show, to reveal (mostrar, revelar). / To display, to expose (la Sagrada Eucaristía).
Manifiesto, ta. adj. Manifest, plain, obvious. / m., f. Manifesto, public declaration. (Declaración pública). / Exhibition of the Host. (Exhibición de la Hostia).
Manipular. v. To manipulate. / To manage, to handle (dirigir, operar).
Maniquí. m. Mannekin, jointed model (de exhibición). / Puppet, weak-willed person (títere, persona sin voluntad).
Manivela. f. Crank, handle.
Manjar. m. Rich food, a well dressed dish. / *Manjar blanco*, Blancmange.
Mano. f. Hand. / Forefoot (de animal). / Leg, trotter (de animales sacrificados). / Hand (de reloj). / Coat (de pintura). / Game round (en juegos). / (Fig.) Time, turn (vez, turno). / Pestle, pounder (de mortero). / Quire (de papel). / Bunch (de bananas, etc.). / Ability, skill, hand (habilidad, destreza, mano). / Hand, help, assistance (mano, ayuda, asistencia).
Manojo. m. Handful, bunch, bundle.
Manómetro. m. Manometer, pressure gauge.
Mansedumbre. f. Tameness. / Gentleness, meekness, peaceableness (suavidad, bonhomía, apacibilidad).
Mansión. f. Mansion, residence, abode.
Manso, sa. adj. Meek, mild, gentle. / Tame (animal). / Gentle, soft (brisa).
Manteca. f. Lard, grease, fat. / Butter (mantequilla, manteca de leche).
Mantener. v. To maintain, to support (proporcionar lo necesario). / To keep (conservar, mantener sin variación). / To maintain, to keep up (correspondencia, relaciones, conversación). / To hold, to maintain, to affirm (sostener, mantener, afirmar). / (Der.) To uphold, to support (proporcionar lo necesario para la mantención, dar apoyo económico para la mantención).
Mantenimiento. m. Maintenance. / Sustenance, rations, food (sustento, raciones, alimento). / Allowance, support (pensión, mesada, apoyo financiero).
Mantequilla. f. Butter.
Mantilla. f. Mantilla, veil (de dama). / (pl.) Swaddling clothes (para un bebé). / Horsecloth (de caballo).
Manto. m. Mantle (con todas las acepciones de la palabra castellana). / Cloak, robe, gown (túnica, bata, camisón). / (Zool.) Mantle. / Mantel (de chimenea). / Thin stratum (de una mina).
Mantón. m. Shawl.
Manual. adj. y m. Manual (con todas las acepciones de la palabra castellana). / Easy to handle, manageable. /

Pliant, tractable (asequible, tratable). / Manual, handbook (libro guía, manual de instrucciones). / Notebook (libro de apuntes).
Manufactura. f. Manufacture (acción y efecto de manufacturar). / Factory (fábrica). / Manufactured article (artículo manufacturado).
Manufacturar. v. To manufacturate, to make.
Manuscrito, ta. adj. Hand-written. / m. Manuscript.
Manzana. f. (Bot.) Apple. / Block (de edificios).
Manzanilla. f. Camomile (la flor). / Manzanilla (el licor). / Tip (de la barbilla).
Manzano. m. Apple tree.
Mañana. f. Morning (la mañana). / Forenoon (antes de mediodía). / The future, tomorrow (el futuro, el mañana). / adv. Tomorrow. / *Pasado mañana*, The day after tomorrow.
Mapa. m. Map, chart.
Maqueta. f. Model, maquette. / Dummy (en imprenta).
Maquillaje. m. Make-up (acción y efecto de maquillar). / Cosmetics (elementos de maquillaje).
Maquillar. v. To make up, to apply cosmetics.
Máquina. f. Machine (con todas las acepciones de la palabra castellana). / Engine (con motor). / Apparatus (aparato). / Locomotive (locomotora).
Maquinar. v. To scheme, to plot, to contrive.
Maquinaria. f. Machinery.
Maquinista. m. Machinist, mechanic. / Engine driver, locomotive driver (conductor de máquinas o de locomotoras).
Mar. m., f. Sea. / Floods, oceans (de lágrimas). / *Llorar a mares*, To cry copiously. / *Sudar a mares*, To sweat profusely.
Marasmo. m. (Med.) Marasmus. / Apathy, inactivity.
Maratón. m. Marathon.
Maravedí. m. Maravedi.
Maravilla. f. Wonder, marvel. / (Bot.) Four-o'clock, marvel of Peru. Pot marigold, calendula.
Marcación. f. (Naút.) Bearing. / Marking (en fútbol).
Marcar. v. To mark. / To stamp (marcar con un sello). / To brand (animales). / To label (marcar con etiquetas). / To point out (señalar). / To cover (a un adversario en fútbol). / To score (un tanto a favor en cualquier deporte). / To dial (un número de teléfono).
Marcial. adj. Martial, war-like, soldierly. / Martial, containing iron (que contiene hierro).
Marciano, na. adj. y m., f. Martian.
Marchar. v. To go, to leave, to depart (de un lugar). / (Mil.) To march. / To proceed, to progress, to come along (un negocio). / To work (un reloj, una maquinaria). / *Marcharse*, To go away, to leave, to depart.
Marchitar. v. To wither. / To wilt (languidecer, decaer). / To fade (desvanecer, desvitalizar). / To debilitate, to weaken (debilitar).
Marchito, ta. adj. Withered, wilted, faded. / Languid, weak, debilitated (lánguido, débil).
Marea. f. Tide.
Marejada. f. Groundswell, swell.
Maremoto. m. Seaquake.
Mareo. m. Dizziness, travel sickness.
Marfil. m. Ivory.
Margarina. f. Margarine.
Margarita. f. (Bot.) Daisy, marguerite. / Pearl (perla). / (Zool.) Periwinkle. / (Mineral.) Margarite. / *No des margaritas a los cerdos*, Don't cast pearls before swine.
Margen. m. Margin. / Border, edge (límite, filo). / Verge, fringe (borde, reborde). / Occasion, cause (ocasión, causa).

Marginar. v. To leave a margin on (dejar margen). / To leave out (dejar fuera).
María. f. White wax taper. / *Baño maría*, Double boiler, bain-marie.
Marido. m. Husband, spouse.
Marina. f. Navy. / (Pint.) Seascape, marine.
Marinar. v. To marinate. / To man a ship, to put a crew on (dotar de tripulación a un barco).
Marinero, ra. adj. Easily handled, seaworthy. / m., f. Seaman, sailor, mariner. / (Zool.) Argonaut, paper nautilus. / Popular folk dance (baile popular).
Marino, na. adj. Marine, of the sea. / (Her.) Fishtailed. / m., f. Seaman, sailor, mariner.
Marioneta. f. Marionette, puppet.
Mariposa. f. Butterfly. / Wing nut (tuerca mariposa).
Mariscar. v. To gather shellfish.
Marisma. f. Salt marsh.
Marítimo, ma. adj. Maritime. Sea, marine, nautical (del mar, marino, náutico).
Mármol. m. Marble. / Marver (para modelar vidrio). / (Impr.) Imposing stone.
Marmota. f. (Zool.) Marmot. / (Fig.) Sleepyhead.
Maroma. f. Thick rope. / Acrobatics, tightrope-walking (acrobacia, volatinería).
Marqués. m. Marquis.
Marquetería. f. Marqueterie, marquetry. / Cabinet making, woodwork.
Marrajo. m. Shark.
Marrón. adj. y m. Dark brown, maroon.
Marroquí. adj. y m., f. Moroccan. / Morocco leather (el cuero).
Marsupial. adj. Marsupial.
Marta. f. Pine marten. / *Marta cebellina*, Sable.
Marte. n.p. Mars.
Martes. m. Tuesday.
Martilleo. m. Hammering (el acto de martillar). / Clatter, banging (el ruido).
Martillo. m. Hammer. / Hammer, malleus (hueso del oído).
Mártir. m., f. Martyr.
Martirio. m. Martyrdom.
Martirizar. v. To martyr, to martyrize. / To torment (atormentar).
Marxismo. m. Marxism.
Marzo. m. March.
Mas. conj. But. / However, although (sin embargo, aunque).
Más. adv. More (con todas las acepciones de la palabra castellana). / Most (el más). / *Simón es el más inteligente de su curso*, Simon is the most intelligent of his class. / Rather (más bien). / *Más bien tomaría té*, I'd rather have tea. / *Más adelante*, Later on (después). Further on (distancia). / *Más allá de*, Farther than, beyond. / (Mat.) Plus sign (el signo más). / Plus (indica adición o exceso).
Masacrar. v. To massacre.
Masacre. f. Massacre.
Masaje. m. Massage, rubdown.
Mascar. v. To chew, to masticate. / To mumble (masticar despacio con la boca cerrada).
Máscara. f. Mask. / Masquerade, disguise, fancy dress costume (mascarada, disfraz, traje de disfraces).
Mascota. f. Mascot.
Masculino, na. adj. Masculine, virile, manly.
Mascullar. v. To mumble, to mutter.
Masticar. v. To masticate, to chew. / To ponder, to meditate about, to ruminate (ponderar, meditar, rumiar).
Mástil. m. Mast, topmast (de barco). / Pole, post (poste). / Neck (de guitarra, de violín).

Masturbación. f. Masturbation.
Mata. f. Bush, shrub. / Mastic tree. / (Mineral.) Matte.
Matador, ra. adj. Killing. / m., f. Killer. / (Taurom.) Matador.
Matanza. f. Butchering, slaughtering (de animales). / Slaughter, massacre (de personas).
Matar. v. To kill. / To butcher, to slaughter (animales). / To slake (apagar la cal). / To stave off, to keep off (el hambre). / To pass, to kill (el tiempo). / *Matarse*, To kill oneself, to commit suicide. To be killed, to meet one's death (resultar muerto, encontrarse con la muerte).
Matemática. f. Mathematics.
Materia. f. Matter (con todas las acepciones de la palabra castellana). / Material, substance, stuff (material, substancia). / Subject, theme, subject matter (asunto, tema). / Subject (que se estudia en el colegio). / Pus.
Material. adj. Material. / Physical (opuesto a espiritual). / m. Material, ingredient (material, ingrediente), (pl.) materials. / Equipment, supplies, requisites, materiel (equipos, suministros, requisitos, material).
Maternal. adj. Maternal, motherly.
Maternidad. f. Maternity, motherhood. / Maternity hospital (clínica).
Materno, na. adj. Maternal. Mother. / *Idioma materno*, Mother tongue.
Matiz. m. Hue, tint, shade (de colores). / Shade, nuance (de significado de palabras).
Matojo. m. Shrub, bush. / Salsolaceous plant. (N. cient.) Halexylon articulatum.
Matón. m. Bully, troublemaker.
Matoso, sa. adj. Full of bushes and shrubs, brushy, weedy.
Matraca. f. Wooden rattle.
Matriarcado. Matriarchy, matriarchate.
Matrícula. f. Register, list, roster, roll. / Matriculation (en un colegio, universidad). / Enrollment, registration (de un negocio, etc.). / Registration number (de un vehículo). / Matriculation, enrollment or registration certificate (certificado de matrícula).
Matrimonio. m. Marriage, matrimony. / Married couple (la pareja).
Matriz. adj. Main, chief, principal. / Original (un diseño, un escrito). / f. (Anat.) Matrix, womb. / (Indust.) Mold, die. / Screw nut.
Matrona. f. Matron. / Midwife (partera).
Matutino, na. adj. Matutinal.
Mausoleo. m. Mausoleum.
Máxima. f. Maxim. / (Mús.) Maxima.
Máximo, ma. adj. Maximum. / Greatest, top (lo más grande, lo cúlmine). / Chief, principal (más importante, principal).
Mayor. adj. Greater than (mayor que). / Elder (mayor en importancia o edad). / Eldest (el mayor en importancia o edad). / Bigger (mayor en tamaño). / Biggest (el de mayor tamaño). / Great (mucho, mucha). / *No tiene mayor importancia*, It is not of great importance (no es de mucha importancia). / Older, oldest (de más edad, el de más edad). / Adult, grown-up (adulto, mayor de edad). / Main (mayor, de mayor importancia, especialmente un mecanismo, calle, etc.). / Principal, chief, head (principal, jefe, que encabeza). / (Mús.) Major. / *Tono mayor*, Major key. / (Mil.) Major. / (pl.) Elders, ancestors.
Mayordomo. m. Butler, steward (de una casa). / Administrator (de un estado).
Mayoría. f. Majority.
Mayorista. adj. Wholesale. / m., f. Wholesaler.

Mayoritario, ria. adj. Pertaining to or depending on the majority.
Maza. f. Mace. / Mallet (tipo de martillo). / Drumstick of a base drum (de timbal). / Hub (de rueda).
Mazapán. m. Marzipan.
Mazazo. m. Blow with a mace.
Mazmorra. f. Dungeon.
Mazo. m. Mallet, heavy wooden hammer. / Clapper of a bell (de campana).
Mazorca. f. Ear.
Me. pron. Me, to me (a mí). / *Me compró dulces*, He bought me candies. / To myself (a mí mismo). / *Entonces yo me pregunté*, Then I asked to myself. / From me (de mí). / *Me quitaron a mi amor mientras dormía*, They took my love away from me while I was sleeping. / *Eso no me lo harán decir*, They will not know it from me.
Meandro. m. Meander. / Curve, bend (de un río).
Mecánica. f. Mechanics.
Mecánico, ca. adj. Mechanical. / m., f. Mechanic, repairman.
Mecanismo. m. Mechanism. / *Mecanismo de dirección*, Steering gear.
Mecanografía. f. Typewriting, typing.
Mecenas. m. Maecenas.
Mecenazgo. m. Patronage of the arts and literature.
Mecer. v. To rock, to swing, to dangle. / To stir (agitar).
Mecha. f. Wick (de lámpara). / Fuse match (para detonar pólvora o dinamita). / Lock (de pelo). / (Naút.) Spindle, main part of mast.
Medalla. f. Medal.
Media. f. Stocking (la prenda de vestir). / Mean, average (media matemática). / Half an hour (media hora).
Mediador, ra. adj. Mediating, mediative. / m., f. Mediator, intercessor.
Mediana. f. Strong cord (cuerda resistente). / (Geom.) Median.
Medianero, ra. adj. Dividing, intermediate (que divide, que está entre medio). / Mediating. / m. Mediator.
Medianoche. f. Midnight.
Mediante. adj. y prep. Intervening (que interviene). / Interceding (que intercede). / Willing (con el favor de). / *Dios mediante*, God willing. / With the help of (con la ayuda de).
Mediar. v. To get halfway (estar a mitad de camino). / To be half-finished (estar a medio terminar). / To be in the middle (estar en el medio). / To intervene, to intercede, to come between (intervenir, interceder, ponerse entre medio).
Mediatizar. v. To mediatize.
cribed (las medicinas recetadas).
Medicamento. m. Medicine, medicament.
Medicina. f. Medicine.
Medición. f. Measurement, measuring.
Médico, ca. adj. Medical. / m., f. Doctor, physician.
Medida. f. Measurement, measure. / Rule, measure (instrumento para medir). / Measure, step, precaution, prudence (medida, paso, precaución, prudencia). / *A medida que*, As. / *Tomar medidas*, To take measures, to take steps (para resolver algún asunto).
Medieval. adj. Medieval.
Medio, dia. adj. Half, half a. / *Media docena*, Half a dozen. / Middle. / *Clase media*, Middle class. / Mid, in the middle of (a mitad, en el medio de). / *A media noche*, In midnight, in the middle of the night. / Mean, average (promedio, término medio). / *La altura media*, The average height. / A bit of a, somewhat of a (un poco, algo). / *Ella está medio loca*, She is a bit of a crazy woman.

Mediocre. adj. Mediocre.
Mediodía. f. Midday, noon. / South (Sur).
Medioeval. adj. Medieval.
Medioevo. m. Middle Ages.
Medir. v. To measure. / To gauge (tamaños, dimensiones, cantidades, con exactitud. También apreciar, juzgar habilidades, carácter, condiciones). / To weigh (ponderar). / *¿Cuánto mide ella?*, How tall is she? / *Medirse*, To measure oneself. To be moderate, to act with restraint (ser moderado, actuar con restricción).
Meditación. f. Meditation.
Meditar. v. To meditate.
Médium. m., f. Medium.
Medrar. v. To thrive. / To grow (crecer). / To prosper, to flourish (prosperar, florecer).
Medroso, sa. adj. y m., f. Timorous. Fainthearted, timid, fearful (de corazón débil, tímido, asustadizo). / Frightening (que asusta). / Coward (cobarde).
Médula. f. (Anat.) Marrow, medulla. / (Bot.) Medulla, pith. / Marrow, essence, substance (esencia, substancia).
Medular. adj. Medullary, medullar.
Medusa. f. Jellyfish. / (Mit.) Medusa.
Megáfono. m. Megaphone.
Megalomanía. f. Megalomania.
Mejor. adj. Better (mejor que). / Best (el mejor). / Rather (mejor, más bien). / *Mejor diría que*, I'd rather say that. / *A lo mejor*, Maybe. Perhaps.
Mejoría. f. Improvement, betterment. / Advantage (ventaja). / Superiority (superioridad).
Melancolía. f. (Med.) Melancholia. / Melancholy, groom (el estado de ánimo).
Melaza. f. Molasses
Melificación. f. Honey-making, mellification.
Melifluo, flua. adj. Mellifluous, mellifluent, honeyed.
Melocotón. m. Peach tree (el árbol). / Peach (la fruta).
Melodía. f. Melody. / Mclodiousness (melodiosidad).
Melodrama. f. Melodrama.
Melómano, na. m , f. Melomaniac.
Melón. m. Muskmelon, melon.
Mellizo, za. adj. y m., f. Twin.
Membrana. f. Membrane.
Membrete. m. Note, memo. / Heading, letter head (en papeles de cartas).
Memorándum. m. Memo-book, notebook. / (Diplomacia) Memorandum.
Memoria. f. Memory. / Remembrance (recuerdo). / Report (informe). Study (estudio, memoria académica). Account (cuenta). / Memorial (monumento). / (pl.) Regards, greetings. Memoirs (biografía). / *Saber de memoria*, To know by heart.
Menaje. m. Household furniture and wares (de casa). / School supplies or equipment (de un colegio).
Mención. f. Mention.
Mencionar. v. To mention. / To name (nombrar).
Mendicidad. f. Begging, mendicity, mendicancy.
Mendigo, ga. m., f. Beggar, mendicant.
Menguar. v. To decrease. / To lessen, to diminish (aminorar, disminuir). / To discredit, to defame (desacreditar, difamar). / To wane (la luna). / To fall, to go out (la marea).
Meninge. f. Meninx, (pl.) meninges.
Meningitis. f. Meningitis.
Menopausia. f. Menopause.
Menor. adj. Younger (menor, más joven). / Youngest (el menor, el más joven). / Smaller (más chico, de menor tamaño). / *Mi problema es menor que el tuyo*, My problem is smaller than yours. / Smallest (el más chico,

el de menor tamaño). / *Pedro es el más chico de su familia*, Peter is the smallest from his family. / Lesser (menor, menos intenso, de menor categoría). / Slightest (ni el menor, ni el más ligero). / Least (el último, el más insignificante).
Menos. adv. Less (con todas las acepciones de la palabra castellana). / Least (lo menos importante, lo último). / Fewer (más pocos que). / Fewest (los más escasos de todos, los menos). / *Al menos, por lo menos*, At least. / *A menos que*, Unless. / Short (menos que lo necesario, menos que lo justo, corto).
Menoscabar. v. To lessen, to reduce, to diminish (aminorar, reducir, disminuir). / To damage, to spoil, to impair (dañar, echar a perder, deteriorar). / To discredit, to tarnish (dañar, desacreditar, deslustrar la reputación de alguien).
Menospreciable. adj. Contemptuous.
Menospreciar. v. To despise, to look down on (a alguien). / To underrate, to undervalue (subestimar, estimar en menos el valor de algo).
Menosprecio. m. Contempt, scorn. / Underestimation, underrating, undervaluation (del valor de algo).
Mensaje. m. Message. / Dispatch (envío) / Errand (encargo). / Communication (comunicación).
Mensajero, ra. m., f. Messenger, carrier. / Errand boy or girl (niño o niña para los encargos).
Menstruación. f. Menstruation.
Mensual. adj. Monthly.
Ménsula. f. Elbow rest (apoyo para el codo). / (Arq.) Bracket.
Menta. f. Mint. Peppermint.
Mental. adj. Mental.
Mentalidad. f. Mentality.
Mente. f. Mind. / Intellect (intelecto).
Mentir. v. To lie, to fib. / To deceive, to be deceptive (engañar, traicionar, ser engañoso). / To belie, to contradict (desmentir, contradecir).
Mentira. f. Lie, untruth, fib. / Illusion, deception (ilusión, engaño). / Cracking of knuckles (sonido de los nudillos).
Mentiroso, sa. adj. Lying, mendacious. / False, deceptive (falso, engañoso) / m., f. Liar.
Mentón. m. Chin.
Menú. m. Menu, bill of fare.
Menudear. v. To sell retail, to retail (vender al detalle). / To occur or happen frequently (ocurrir con mucha frecuencia).
Menudo, da. adj. Minute, small. / Trifling, unimportant (trivial, sin importancia). / Minute, meticulous (detallado, meticuloso). / loc. adv. *A menudo*, Often, frequently.
Mercader. m. Merchant, dealer.
Mercado. m. Market. / Market place (lugar físico).
Mercancía. f. Merchandise. Wares, goods (objetos, bienes). / Piece of merchandise, article, commodity (objetos en venta, artículos, utilitarios).
Mercantil. adj. Mercantile, commercial.
Merced. f. Mercy. / Favour, help, grace (favor, ayuda, gracia). / Grant, gift, perquisite (concesión, don, permisión). / Worship (como título de respeto). / *Su Merced*, Your Worship. / Order of Our Lady of Mercy (orden de Nuestra Señora de la Merced). / *A merced de*, At the mercy of. / *Merced a*, Thanks to.
Mercenario, ria. adj. y m., f. Mercenary (soldado). / Hired (un trabajador). / Mercenary, venal (mercenario, venal).
Mercería. f. Notions small wares (los objetos). / Notions store, dry-goods store (la tienda).

Mercurio. m. Mercury.
Merecer. v. To deserve, to merit, to warrant. / To earn, to obtain, to get (ganar, obtener, conseguir).
Merengue. m. Meringue (de huevos). / Merengue (el baile). / Slender or delicate person (persona débil o delicada).
Meridiano, na. adj. Meridian, midday, noon. / f. Meridian.
Meridional. adj. Southern, meridional. / m., f. Southerner.
Merienda. f. Snack, light meal.
Mérito. m. Merit. / Worth, value (valor, valía).
Merluza. f. Hake.
Mermar. v. To diminish, to reduce, to lessen (disminuir, reducir, aminorar).
Mermelada. f. Jam. / Marmalade (de naranjas).
Mero, ra. adj. Mere. Pure, simple, unadorned (puro, simple, sin adornos). / Very, right (el mismo, la misma, justo en). / *Le pegó en la mera nariz*, He beat him right on the nose. / Only (único, solo). / *La biblioteca abrió hoy con un mero lector*, The library opened today with only one reader.
Merodear. v. To maraud, to plunder.
Mes. m. Month.
Mesa. f. Table. / Food, fare (manjares). / Board, directing board or body (mesa o cuerpo directivo). / Meseta, tableland, plateau (Geogr.). / Game (juego de billar, de póquer). / Charge for game (importe del juego). / *Charla de sobre mesa*, After-dinner talk. / *Levantar la mesa*, To clear the table. / *Poner la mesa*, To set the table.
Meseta. f. Landing (de escalera). / (Geogr.) Meseta, plateau, tableland.
Mesiánico, ca. adj. Messianic.
Mesías. n.p. Messiah.
Mesnada. f. Company of soldiers, armed retinue (compañía de soldados, escolta armada). / Gathering, body, group (reunión, cuerpo, grupo de personas).
Mesodermo. m. Mesoderm.
Mesolítico, ca. adj. Mesolithic.
Mesón. m. Inn. Hostelry, tavern (hostelería, taverna)./ Shop counter (de tienda). / (Fís.) Meson.
Mestizaje. m. Crossbreeding.
Mestizo, za. adj. y m., f. Crossbred, mongrel, hybrid. / Half-breed, mestizo (especialmente para personas).
Mesura. f. Seriousness, sedateness (seriedad, tranquilidad). / Calm, composure (calma, compostura). / Moderation, restraint, control (moderación, restricción, control).
Mesurar. v. To moderate, to make moderate. / *Mesurarse*, To control oneself, to act with restraint or moderation.
Meta. f. Goal, object, aim (de anhelos, de deseos). / Finish (final de una carrera). / Goalkeeper (portero, guardameta).
Metabolismo. m. Metabolism.
Metafísica. f. Metaphysics.
Metáfora. f. Metaphor.
Metal. m. Metal. / Timbre, tone (de voz). / (Her.) Metal. / *Metales*, (Mús.) Brass.
Metálico, ca. adj. Metallic. / Of medals (perteneciente a las medallas). / m. Metal worker (el que trabaja en metal). / Coin, currency, cash (monedas, billetes, dinero cash).
Metalizar. v. To metalize, to metallize. / *Metalizarse*, To become metalized. To become obsessed with love of money (obsesionarse con el amor al dinero).
Metalurgia. f. Metallurgy.
Metamorfosear. v. To metamorphose, to transform.

Metamorfosis. f. Metamorphosis, transformation.
Metano. m. Methane.
Metanol. m. Methanol.
Metatarso. m. Metatarsus.
Metátesis. f. Metathesis.
Metatizar. v. To change the letters and sounds of a word (cambiar las letras y sonidos de una palabra).
Metempsicosis. f. Metempsychosis.
Meteorito. m. Meteorite.
Meteoro, metéoro. m. Meteor.
Meteorología. f. Meteorology.
Meteorológico, ca. adj. Meteorological.
Meter. v. To put in, to put into (meter en, meter adentro). / To insert, to introduce, to thrust (insertar, introducir, clavar). / To smuggle in, to bring in illegally (contrabandear, introducir en forma ilegal). / To make (ruido, bulla). / *Meterse*, To get into. To become a (meterse a bombero, marino, etc.). To butt in, to interfere (meterse en asuntos ajenos, interferir). / To bring, to file (un juicio, una demanda).
Meticuloso, sa. adj. Meticulous, finicky. / m., f. Meticulous person.
Metileno. m. Methylene.
Metilo. m. Methyl.
Metódico, ca. adj. Methodical.
Metodista. adj. y m., f. Methodist.
Método. m. Method. / Technique (técnica). / Order (orden). / Custom (costumbre).
Metralla. f. Grapeshot, canister shot, case shot. Shrapnel (esquirlas). / Scraps of iron (astillas, limaduras de hierro).
Métrica. f. Metrics (la métrica). / Prosody, poetry (prosodia, poesía).
Métrico, ca. adj. Metric, metrical.
Metrificar. v. To metrify. / To versify, to turn into verse (versificar, transformar en versos). / To write verses (escribir versos).
Metro, metropolitano. m. Subway (en EE. UU.) / Tube (en Inglaterra).
Metro. m. Meter, metre (la medida). / Rule, ruler (regla). / Tape measure (cinta para medir).
Metrología. f. Metrology.
Metrópoli. f. Metropolis.
Metropolitano, na. adj. Metropolitan. / m. Subway, underground or elevated railway (ferrocarril subterráneo o elevado).
Mezcla. f. Mixture, compound. / (Albañ.) Mortar.
Mezclado, da. p. adj. Mixed. / Miscellaneous (misceláneo).
Mezclar. v. To mix, to blend. / *Mezclarse*, To mix, to mingle. / To intermarry (las razas). / To meddle, to become involved in (mezclarse en algún asunto).
Mezquindad. f. Meanness, stinginess / Poverty, indigence, neediness (pobreza, indigencia, necesidad).
Mezquino, na. adj. Mean, stingy, niggardly. / Poor, needy (pobre, necesitado). / Small, tiny, puny (pequeño, diminuto, insignificante).
Mezquita. f. Mosque.
Mí. pron. Me. / Myself (mí mismo). / *Para mí*, For me.
Mi, mis. adj. My.
Miasma. m. Miasma.
Micología. f. Mycology.
Micosis. f. Mycosis.
Microbio. m. Microbe.
Micrófono. m. Microphone.
Microonda. f. Microwave.
Microrganismo. m. Microorganism.
Microscopía. f. Microscopy.

Microscopio. m. Microscope.
Miedo. m. Fear. / Fright (susto). / Dread, apprehension (temor, aprensión).
Miel. f. Honey. / Treacle, molasses (de caña).
Miembro. m. Member (con todas las acepciones de la palabra castellana). / (Anat.) Limb. / *Miembro viril*, Penis.
Mientras. adv. While, whilst. / conj. When, meanwhile (cuando, mientras tanto).
Mierda. f. Shit. / Excrement, faeces (excremento, heces). / Filth, dirt (inmundicia, suciedad).
Mies. f. Grain, cereal. / Harvest time (tiempo de cosechar). / Crop, harvest (cosecha, lo recolectado durante la cosecha)./ (pl.) Grain fields.
Miga. f. Crumb (de pan). / Bit, part, fragment (trozo, parte, fragmento). / *Hacer buenas migas con*, To get along well with. restos).
Migración. f. Migration.
Migraña. f. Migraine, headache.
Migratorio, ria. adj. Migratory, migrating.
Mil. adj. Núm. y m. Thousand, one thousand.
Milagro. m. Miracle. / Marvel, wonder (maravilla).
Milano. m. (Orn.) Kite. Goshawk. / (Ict.) Flying fish. / Burr of thistle (de cardo).
Milenio. m. Millenium.
Milicia. f. Militia. / Military service. / Art of warfare. / Choirs of angels (coro de ángeles).
Militar. adj. Military. / m. Militar. / v. To serve in the army. / To fight, to struggle (pelear, luchar por). / To militate, to be a militant member (en un grupo, en un partido, etc.).
Militarismo. m. Militarism.
Millar. Núm. m. A thousand, (pl.) thousands, a great number.
Millón. Núm. m. Million.
Mimar. v. To spoil, to indulge, to pamper. / To pet, to fondle (acariciar, regalonear).
Mimbre. m. Osier, osier willow. / Osier rod, wicker, withe (la vara).
Mimbrear. v. To bend, to sway.
Mimesis. f. Mimesis, mimicry.
Mimetismo. m. (Biol., zool.) Mimicry, mimesis. / (Mineral.) Mimesis, mimetism.
Mímica. f. Mime (género teatral). / Imitation, mimicry.
Mimo. m. Mimer, mime, (pl.) fondling, pampering.
Mina. f. Mine (de minerales y también militar). / Abundant source (fuente abundante de cualquier cosa). / (Pop.) A sexually attractive woman (una mujer sexualmente atractiva).
Mineral. adj. Mineral. / m. Ore, mineral.
Minería. f. Mining. / Mines (el conjunto de minas de un lugar).
Miniaturista. m., f. Miniaturist.
Minimizar. v. To minimize. / (Fig.) To make a little thing of, to make light of.
Mínimo, ma. adj. Minimum. Minute, very small. / m., f. Minimum. / (Rel.) Minim.
Ministerio. m. Ministry. / Cabinet, government (gabinete, gobierno). / Job, post, occupation (puesto, ocupación).
Ministro, a. m., f. Minister. / Judge (juez).
Minorar. v. To reduce, to lessen, to diminish.
Minoría. f. Minority (con todas las acepciones de la palabra castellana).
Minoritario, ria. adj. Minority.
Minotauro. n.p. Minotaur.
Minúsculo, la. adj. Tiny, very small, minute. / f. Lower case letter, small letter (la letra).

Minuto. m. Minute.
Mío, mía, míos, mías. pron. Mine. / Of mine (de mí). / *Ese espejo es mío*, That mirror is mine. / *Él es un buen amigo mío*, He is a good friend of mine. / Of me (de mí). / *Ella pasó por delante mío*, She passed in front of me.
Miocardio. m. Myocardium.
Miope. adj. Myopic, short sighted. / m., f. Myope.
Mira. f. Sight (de un arma, de un instrumento). / Aim, purpose, object (propósito, objetivo, meta). / Watchtower (torre de vigilancia, atalaya). / Upper corner (de un escudo). / (Topogr.) Leveling rod.
Mirador, ra. adj. Looking, overlooking. / m. Watchtower. / Balcony, bay window.
Miramiento. m. Consideration, care, attention. / Caution, circumspection.
Mirar. v. To look at. / To watch, to observe, to gaze at (observar, mirar con atención). / To scan at (con instrumentos). / To contemplate, to consider (considerar, mirar un asunto).
Miríada. f. Myriad.
Mirilla. f. Target. / Peephole.
Miriñaque. m. Trinket, bauble. / Crinoline, hoop skirt (falda almidonada, tiesa).
Misa. f. Mass. / *Misa del gallo*, Midnight mass, Christmas Eve mass. / *Misa de difuntos*, Requiem mass.
Misantropía. f. Misanthropy.
Misántropo, a. m., f. Misanthrope.
Miscelánea. f. Miscellany.
Miserable. adj. Unfortunate, wretched (desdichado, infortunado). / Stingy, niggardly (mezquino, cicatero). / Despicable, mean, vile (despreciable, vil).
Miserere. m. Miserere. / (Med.) Ileus.
Miseria. f. Misery, wretchedness. / Poverty, misery (pobreza). / Meanness, stinginess (mezquindad). / (Fam.) Pittance, a very small amount (cantidad muy pequeña).
Misericordia. f. Mercy, pity, compassion. / Miserere, misericord (para descanso en los coros).
Misión. f. Mission. / Errand, commission. / Buildings, staff and offices of a diplomatic or religious mission (los edificios, personal y oficinas de una misión diplomática o religiosa). / Moral duties (deberes morales).
Misionera, ro. m., f. Missionary.
Mismo, ma. adj. Same. / *Es la misma canción que can tó ayer*, It is the same song that he sang yesterday. / Myself (yo mismo). / Yourself (tú mismo). / Himself, herself, itself (él mismo, ella misma, ello mismo). / Ourselves (nosotros mismos). / Yourselves (vosotros mismos). / Themselves (ellos mismos). / Very (en el mismo, en pleno de). / *Me da lo mismo*, It's all the same to me. / *Por lo mismo*, For that very reason. / adv. Right. / *Ahora mismo*, Right now.
Misterio. m. Mystery, enigma, secret.
Misterioso, sa. adj. Misterious, enigmatic.
Mística. f. Mystical theology.
Místico, ca. adj. Mystical, mystic. / m., f. Mystic.
Mitad. f. Half. / Middle, center (medio, centro).
Mitigación. f. Mitigation, alleviation, palliation, mollifying.
Mitigar. v. To mitigate. To allay, to palliate, to alleviate (pena, dolor). / To calm, to mollify, to moderate (impaciencia, ira).
Mitin. m. Meeting, rally.
Mito. m. Myth.
Mitología. f. Mythology.
Mitomanía. f. Mythomania.
Mitra. f. Miter, mitre.

Mixtificar. v. To hoax, to trick, to deceive.

Mixto, ta. adj. Mixed, mingled. / Composite (compuesto de diversos elementos).

Mnemotecnia, mnemotécnica. f. Mnemonics, mnemotechny.

Moca. m. Mocha coffee.

Mocedad. f. Youth, youthfulness.

Moción. f. Motion, movement (movimiento). / Motion (sugerencia, proposición, punto a discutir).

Moco. m. Mucus (nasal). / (Vulg.) Snot. / Mucilage (mucílago). / Crest (cresta de aves de corral). / Trifle, mere bagatelle (trivialidad, cosa sin importancia).

Mochila. f. Knapsack, haversack.

Butt end, flat or blunt end (extremo romo, chato o plano).

Mochuelo. m. Little owl. (N. cient.) Athene noctua. / Difficult or distasteful work (trabajo difícil o desagradable). / *Cargar uno con el mochuelo*, To get the worst part to do.

Moda. f. Fashion. / Mode, style (lo que está de moda, estilo).

Modalidad. f. Way, manner. / Type, kind, sort, variety (tipo, clase, especie, variedad). / Peculiarity, characteristic (peculiaridad, característica). / Course of action, method (curso de acción, método). / (Lóg., Med.) Modality.

Modelar. v. To model. / To mold, to shape, to form (moldear, dar forma, formar).

Modelo. m. Model. / Pattern (diseño, molde). / Specimen, example (espécimen, ejemplo de).

Moderación. f. Moderation.

Moderar. v. To moderate. / To regulate, to restrain, to control (regular, restringir, controlar).

Modernismo. m. Modernism.

Modernizar. v. To modernize.

Moderno, na. adj. Modern. Late, recent (último, reciente). / m., f. Modern.

Modestia. f. Modesty, lack of pretense (falta de pretención). / Modesty, chastity (castidad).

Modificar. v. To modify, to alter.

Modista. f. Dressmaker, modiste.

Modisto. m. Male dressmaker (hombre que confecciona vestidos de mujer). / Ladies' tailor (sastre para damas).

Modo. m. Manner. / Way, fashion, mode, method (manera, estilo, modalidad, método). / (Gram.) Mood. / (Mús., fil., lóg.) Mode. / (pl.) Manners, ways. / *De buen modo*, Willingly. / *Del mismo modo*, In the same way, similarly. / *De modo que*, So that. / *De ningún modo*, By no means. / *Modo de ser*, Nature, disposition.

Modulación. f. Modulation.

Módulo. m. Module.

Mofa, mofadura. f. Derision. / Mockery, jeer (remedo, burla).

Mofar. v. To deride. / To mock, to jeer (remedar, burlar). / To sneer (hacer morisquetas).

Mofeta. f. (Geol., mineral.) Mofette, moffette. / Firedamp (gas explosivo de una mina). / Skunk, polecat (el animal).

Moflete. m. Fat or chubby cheek.

Mohecer. v. To make moldy or mildewy (plantas). / To rust, to make rusty (metales). / *Mohecerse*, To get moldy or mildewy (las plantas). To get rusty (los metales).

Mohín. m. Grimace, gesture.

Moho. m. Mold, mildew (de plantas). / Rust (de metales). / Sluggishness caused by disuse.

Mojar. v. To wet. / To drench, to soak (saturar de agua, empapar). / To moisten, to dampen (humedecer). / To dip, to dunk (pan o galletas, en el té o leche).

Mojón. m. Boundary stone. / Landmark (cota, piedra miliar). / Solid excrement (excremento sólido).

Moka. m. Mocha coffee.

Molde. m. Mold, mould. / Matrix, cast (matriz, fundición). / Pattern, model (diseño, modelo). / (Impr.) Form.

Moldear. v. To mould, to mold. To cast (fundiendo). / To provide or trim with moldings (proveer o adornar con molduras).

Mole. adj. y f. Soft, mellow (suave, blando). / Large mass, bulk, lump (cuerpo grande, bulto).

Molécula. f. Molecule.

Molecular. adj. Molecular.

Moler. v. To grind. / To mill, to pulverize (moler en un molino, pulverizar). / To tire out, to exhaust (agotar, dejar exhausto). / *Moler a palos*, To beat up.

Molestar. v. To bother. / To annoy, to pester (irritar, fastidiar). / To disturb, to molest (perturbar). / *Molestarse*, To get annoyed (con alguien, por alguna razón). To bother (tomarse la molestia).

Molestia. f. Bother. / Annoyance, nuisance (irritación, fastidio). / Discomfort, unpleasantness (incomodidad, desagrado). / *Tomarse la molestia*, To take the trouble.

Molesto, ta. adj. Bothered. Annoyed, uncomfortable (irritado, incómodo). / m., f. Bothersome. Annoying, tiresome (irritante, cansador).

Molido, da. p. adj. Exhausted, fagged, beat (exhausto, cansado, agotado). / Ground, grated (desmenuzado).

Molienda. f. Grinding (el acto de moler). / Quantity being ground (la cantidad que se muele). / Mill (molino). / Milling or grinding season (la temporada en que se muele). / Tiredness, fatigue, exhaustion. (Cansancio, fatiga).

Molinero, ra. adj. Pertaining to milling or grinding. / m., f. Miller.

Molino. m. Mill.

Molusco, ca. adj. Molluscan. / m. Mollusk, (pl.) mollusca.

Momentáneo, a. adj. Momentary, temporary. / Prompt (pronto, listo).

Momento. m. Moment, instant (instante). / Moment, occasion (ocasión). / *Al momento*, Immediately.

Momia. f. Mummy.

Monacal. adj. Monastic, monkish.

Monaguillo. m. Acolyte, altar boy.

Monarca. m. Monarch. / King, sovereign (rey, soberano).

Monarquía. f. Monarchy, kingdom.

Monasterio. m. Monastery.

Mondar. v. To prune, to trim. / To clean, to cleanse (limpiar). / To peel, to pare (frutas). / To shell (nueces).

Moneda. f. Coin. / Currency (dinero, circulante).

Monedero. m. Change purse (para llevar las monedas). / Coiner, minter (el que hace monedas, acuñador).

Monigote. m. Childishly drawn picture, grotesque puppet (dibujo torpemente hecho, muñeco grotesco). / Boob, sap, dupe (tonto, simplón, necio).

Monitor, a. m., f. Monitor. / Adviser, trainer (consejero, entrenador).

Monja. f. Nun.

Monje. m. Monk. / (Orn.) Great titmouse, brown peacock.

Mono, na. adj. Cute. / Pretty, amusing, dainty (Lindo, gracioso, encantador). / m., f. Monkey, ape (simio). / (Fig.) Mimic, ape (una persona). / Overalls (de trabajo). / (Mil.) Fatigue clothes (ropa de campaña).

Monóculo, la. adj. Monocular (con un solo ojo). / m. Monocle (el objeto).

Monogamia. f. Monogamy.

Monógamo, ma. adj. Monogamous. / m., f. Monogamist.

Monolito. m. Monolith.

Monólogo. m. Monologue, soliloquy.

Monomanía. f. Monomania.

Monoplaza. m. Single-seater.

Monopolio. m. Monopoly.

Monopolizar. v. To monopolize.

Monoteísmo. m. Monotheism.

Monotonía. f. Monotony.

Monóxido. m. Monoxide.

Monstruo. m. Monster.

Monstruoso, sa. adj. Monstrous. / Huge, extraordinary (enorme, extraordinario). / Hideous, shocking, hateful (horrendo, chocante, odioso).

Montacargas. f. Freight lift or elevator.

Montado, da. p. adj. Mounted. / m. Trooper, horseman.

Montaje. m. Assembly, installation (en una industria). / (Pl., art.) Mount. / (Radio, cine, fotogr.) Montage.

Montante. m. Upright post, strut. / Stile (de una puerta). / Transom (de ventana). / Broadsword (chafalote).

Montaña. f. Mountain. / Highlands (tierras altas). / *Montaña rusa*, Roller coaster, switchback.

Montañero, ra. adj. y m., f. Mountaineer, mountain climber.

Montañismo. m. Mountaineering, mountain climbing.

Montañoso, sa. adj. Mountainous.

Montar. v. To ride (caballo, bicicleta). / To mount. To get on, to get on top of (subir encima, subir a). / To cover (un animal a su hembra). / To assemble, to mount, to set up (una máquina). / (Mil.) To mount (montar guardia). / (Joy.) To mount, to set. / (Mil.) To cock (un arma). / *Montar en cólera*, To get angry.

Monte. m. Mountain, mount. / Woodland, wood (terreno boscoso). / Brush, underbrush (zona de matorrales). / Monte (el juego de naipes).

Montés, sa. adj. Wild, undomesticated, uncultivated (salvaje, no domesticado, no cultivado). / *Gato montés*, Wild cat.

Montículo. m. Knoll, hillock, mound.

Montón. m. Heap, pile (de cosas). / Crowd (de gente). / Lot, a great deal (lote, gran cantidad).

Montura. f. Mount (animal de monta). / Harness, saddle (arnés, silla de montar). / Assembly, mounting (ensamble, montaje). / Mounting, support (de telescopio). / Setting (de una joya).

Monumental. adj. Monumental, huge.

Monumento. m. Monument.

Mora. f. Mora, negligent delay. / Moorish woman (mujer). / (Bot.) Mulberry, blackberry, brambleberry.

Morada. f. Dwelling, abode.

Morado, da. adj. Royal purple, murrey. / m. Royal purple color.

Moral. adj. Moral. / f. Morals, ethics, morality. / Morale (estado de ánimo). / Black mulberry tree. (N. cient.) Morus nigra.

Moraleja. f. Moral, maxim, lesson.

Moralidad. f. Morality, ethics, morals.

Moralizar. v. To moralize, to make moral. / To moralize, to indulge in moral reflexion (filosofar sobre moral).

Moratoria. f. Moratorium.

Mórbido, da. adj. Soft, smooth. / Subtle (colores, contornos). / Morbid, sick, diseased (enfermo).

Morbo. m. Illness, disease.

Morboso, sa. adj. Sick, diseased (enfermo). / Morbid, unhealthy (insalubre).

Mordaza. f. Gag (para la boca). / (Mec.) Clamp, grip, holder. / Jaw (mandíbula de alicate). / Recoil mechanism (mecanismo de retroceso de algunas armas).

Morder. v. To bite. / To nip, to gnaw (sujetar con los dientes, arrancar con los dientes). / To grasp, to clutch (agarrar, sujetar con herramientas).

Mordiente. adj. Mordant, biting. / m. Caustic acid (ácido cáustico). / Colour fixative (fijador de colores).

Mordisco. m. Nibble, bite.

Morena. f. Stack of newly cut corn (maíz recién cortado). / (Geol.) Moraine. / (Ict.) Moray. (N. cient.) Muraena helena.

Moreno, na. adj. y m., f. Brown, tawny (color). / Brown-skinned, dark-skinned, swarthy (piel).

Morfina. f. Morphine.

Morfología. f. Morphology.

Moribundo, da. adj. Moribund, dying. / m., f. Dying person.

Morir. v. To die. / To expire, to decease (expirar, fallecer). / (Fig.) To pass away (marcharse, dejar este mundo). / To go out, to die (extinguirse, apagarse el fuego).

Moro, ra. adj. Moorish. / Moslem (musulmán). / Moro (miembro de cualquiera de las tribus islámicas del sur de las Filipinas). / Unbaptized (sin bautizar). / m., f. Moor. / Moslem. / Moro.

Morosidad. f. Slowness, delay (lentitud, demora). / (Der.) Delay in payment (retraso en los pagos).

Moroso, sa. adj. Tardy, slow, sluggish (tardo, lento, flojo). / (Der.) In default.

Morral. m. Feed bag. Knapsack, game bag.

Morro. m. Knob. / Butt (de pistola). / Knoll, hillock, mound (colina, montículo). / Headland, promontory (cabo, promontorio).

Mortaja. f. Shroud.

Mortal. adj. Mortal (con todas las acepciones de la palabra castellana). / Fatal (una herida). / Deadly, implacable (un enemigo). / Terminal (una enfermedad).

Mortandad. f. Mortality. / Slaughter, butchery (matanza, carnicería).

Mortecino, na. adj. Pale, grey, wan (pálido, gris, desvitalizado). / Dying, waning.

Mortero. m. Mortar.

Mortífero, ra. adj. Mortiferous. / Lethal, deadly, fatal (letal, mortal, fatal).

Mortificación. f. Mortification. / Bother, annoyance, vexing (molestia, irritación, perturbación).

Mortificar. v. To mortify. / To annoy, to vex, to bother (irritar, perturbar, molestar). / (Med.) To lose vitality.

Mosca. f. Fly. / Vandyke beard (barba). / Signature (firma). / *Por si las moscas*, Just in case.

Moscatel. m. Muscatel.

Mosquetero. m. Musketeer.

Mosquito. m. Mosquito. / Gnat (cualquier díptero pequeño).

Mostaza. f. Mustard plant (la planta). / Mustard seed (la semilla).

Mostrar. v. To show. / To exhibit, to display (exhibir, disponer para una exhibición). / To demonstrate, to expound, to point out, to prove (demostrar, exponer, señalar, probar).

Motear. v. To speckle, to mottle, to fleck.

Motín. m. Mutiny. / Insurrection, uprising, riot (insurrección, levantamiento, asonada callejera).

Motivar. v. To motivate, to cause (causar). / To explain, to give reason for (explicar, dar razones para).

Motivo, va. adj. Moving, motive. / m. Motive, reason. / (Mús., pint.) Motif, motive. / *Por ningún motivo*, Under no circumstances.
Motor, ra. adj. Motor, motive. / m. Motor, engine.
Motorizar. v. To motorize.
Motricidad. f. Motor function, motor faculty.
Motriz. adj. Motive, motor, moving.
Movedizo, za. adj. Moving. / m., f. Mover.
Mover. v. To move. / To shift (cambiar de posición, lugar o dirección). / To nod (la cabeza). / To wag (la cola). / To induce to, to bring to (mover a alguien para que haga algo).
Móvil. adj. Mobile. / Changeable, fickleness (cambiable, inconstante). / Unsteadiness (inestable).
Movilización. f. Mobilization.
Movilizar. v. To mobilize.
Muchedumbre. f. Crowd. / Multitude, flock (multitud). / Populace, rabble (populacho).
Mucho. adv. Much, very much. / A long time (mucho tiempo). / *Con mucho, por mucho*, By far. / *En matemáticas, Martín es mejor que nosotros por mucho*, In mathematics, Martin is by far better than us. / *Por mucho que*, However much. / *Por mucho que trate, no logrará hacerlo*, However much he tries, he won't be able to do it. / *Ser mucho que*, To be unlikely that. / *Sería mucho que Roberto regresara hoy*, It is very unlikely that Robert came back today.
Muda. f. Change, alteration. / Change of clothing (de ropa). / Molting, molt (de piel, de plumas -en animales o aves-). / Molting season (la temporada de cambio de piel o plumas).
Mudar. v. To change, to alter, to vary (cambiar, alterar, variar). / To convert (transformar, transmutar). / To move, to move to another place (de residencia). / To shed, to molt (piel, plumas).
Mudo, da. adj. Dumb, mute, silent. / Speechless (sin habla). / m., f. Mute person.
Mueble. adj. Movable. / m. Piece of furniture, (pl.) furniture. / (Her.) Armorial bearings.
Mueca. f. Grimace, face, grin.
Muela. f. Upper millstone (de molino). / Sharpening stone (de afilar). / Whetstone, grindstone (de moler). / (Bot.) Purple vetch. / *Muela del juicio*, Wisdom tooth.
Muerte. f. Death, decease. / Extinction (extinción). / *Ser la muerte*, To be ghastly.
Muerto, ta. p. adj. Killed (matado, que se le ha dado muerte). / Dead, deceased, defunct (que ha muerto). / Lifeless (sin vida). / (Fig.) Exhausted (agotado, exhausto). / Slaked (cal). / *Muerto de*, Dying of. / *Naturaleza muerta*, Still life. / m., f. Dead person. / *Hacerse el muerto*, To play possum. / Dummy hand / (en bridge). / (Naút.) Deadman, anchorage, buoy.
Muestra. f. Sample, specimen. / Proof, demonstration (prueba, demostración). / Model, pattern (modelo, diseño). / Sign, indication (signo, indicación). / Set (de un perro de caza al detectar una pieza).
Muestrario. m. Sample book, collection of samples, sample case.
Mugir. v. To moo. / To bellow (bramar). / (Fig.) To roar, to bellow.
Mujer. f. Woman. / Wife, mate (esposa, compañera). / *Mujer pública*, Prostitute.
Mujeriego, ga. adj. Womanchasing (que es aficionado a las mujeres, donjuán). / Womanly, womanish, woman's (relativo a la mujer). / m. Ladies's man, womanchaser. (hombre aficionado a las mujeres).

Muleta. f. Crucht (de lisiados). / Prop, support (apoyo, soporte).
Multar. v. To fine, to penalize.
Múltiple. adj. Multiple, manifold. / (Mec.) Gang. / *Condensador múltiple*, Gang condenser.
Multiplicar. v. To multiply.
Multitud. f. Crowd, multitude. / Populace, people (populacho, la gente).
Mundial. adj. Pertaining to the world (que pertenece al mundo). / Worldwide, universal (que abarca al mundo, universal).
Mundo. m. World. / Earth (la Tierra). / Sphere, globe (esfera, globo). / Experience, sophistication (experiencia, sofisticación). / (Bot.) Guelder rose, snowball. / *Echar al mundo*, To bring forth, to create (producir, crear). / *Venir al mundo*, To be born (nacer).
Munición. f. Ammunition, munitions. / Buckshot, small shot (perdigón). / Charge (de armas de fuego).
Municipal. adj. Municipal. / m. Councilor.
Muñeca. f. Wrist (de la mano). / Doll (el juguete).
Muñeco. m. Doll, puppet (para jugar). / Effeminate young man, fop (joven afeminado, petimetre).
Muñón. m. Stum (de un miembro amputado). / (Art.) Trunnion. / (Mec.) Trunnion, pivot, wristpin.
Mural. adj. Mural. / Pertaining to walls (perteneciente a las murallas).
Muralla. f. (Mil.) Rampart. / Wall.
Murciélago. m. Bat.
Murmuración. f. Malicious gossip, backbiting, slander.
Murmurar. v. To murmur (gente). / To whisper, to sigh (viento). / To rustle (hojas). / To ripple (agua). / To babble (arroyo). / (Fig.) To mutter, to grumble, to moan (mascullar, refunfuñar, quejarse). / To gossip about (chismorrear).
Muro. m. Wall. / (Mil.) Rampart.
Musa. f. Muse. / Muse, inspiration (inspiración), (pl.) muses, the liberal arts (las artes liberales).
Musculatura. f. Musculature.
Músculo. m. Muscle.
Museo. m. Museum.
Musgo. m. Moss.
Música. f. Music.
Músico, ca. adj. Musical. / m., f. Musician.
Musicología. f. Musicology.
Mustio, tia. adj. Sad, gloomy (triste, sombrío). / Withered, faded (marchito).
Musulmán, na. adj. Mussulmanic, moslem, muslin. / m., f. Mussulman, moslem, muslim.
Mutación. f. Mutation, change. / (Teatro) Scene change. / (Biol.) Mutation.
Mutante. adj. y m. Mutant.
Mutilación. f. Mutilation, disablement, crippling. / Defacement, disfigurement (desfiguración).
Mutilado, da. p. adj. Mutilated, disabled, crippled, maimed. / Defaced, disfigured (desfigurado). / m., f. Crippled or disabled person.
Mutilar. v. To mutilate, to cripple, to disable, to maim. / To deface, to disfigure (desfigurar). / To cut short (cortar con exceso).
Mutuo, tua. adj. y m., f. Mutual, reciprocal.
Muy. adv. Very, much, greatly. / Too (demasiado). / Quite a, very much a. / *Ella es muy atractiva*, She's quite a sexy girl. / *Muy de madrugada*, Very early in the morning.

N

Nabo. m. Turnip. / (Arq.) Newel (de una escala). King-post (de un techo). / (Naút.) Mast. / Heart (de madera hendida).

Nácar. m. Mother-of-pearl, nacre.

Nacer. v. To be born, to be hatched (de huevo). / To sprut (plantas). / To appear, to rise (el sol, un astro). / To issue. / To spring, to start to flow (brotar, comenzar a fluir como un arroyo). / To derive, to originate from (derivar, originarse en).

Nacimiento. m. Birth. / Hatching (de un pollo). / Source, spring (de una corriente). / Beginning, origin (comienzo, origen). / Descent, origin (abolengo, ancestros). / Crib, creche (retablo de Navidad). / *De nacimiento,* From birth. / *Ciego de nacimiento,* Blind from birth.

Nación. f. Nation, state. / Race, tribe (raza, etnia). / *Naciones Unidas,* United Nations.

Nacionalismo. m. Nationalism.

Nada. f. Nothing. / Nothingness (la nada). / *Nada del otro mundo,* Nothing special. / *De nada,* (respuesta a "gracias") You are welcome.

Nadar. v. To swim.

Nadería. f. Trifle, insignificant thing.

Nadie. pron. Nobody. / No one, none (ninguno, nada).

Naftalina. f. Napthalene.

Naipe. m. Playing card. / Pack of cards. / *Cortar el naipe,* To cut the cards.

Nana. f. Lullaby (canción). / Nanny, nurse (la que cuida a los niños). / Injury, harm, pain (lastimadura, daño, dolor).

Nao. f. Ship, vessel.

Naonato, ta. adj. y m., f. Born on board of a ship.

Naranja. f. Orange. / *Media naranja,* Better half (el cónyuge) / (Arq.) Dome.

Naranjada. f. Orangeade, orange juice (el jugo).

Naranjo. m. Orange tree. / Orange-wood (la madera).

Narcótico, ca. adj. y m. Narcotic.

Narcotizar. v. To narcotize, to drug.

Nariz. f. (Anat.) Nose, nostril. / Bouquet (de vino). / Socket (de cerrojo o pestillo). / Cutwater (de embarcación o puente). / Nozzle, spout (de retorta o alambique).

Narración. f. Tale. Account. Narration.

Narrar. v. To narrate, to relate, to tell.

Narrativa. f. Narrative. / Narrative talent.

Nata. f. Cream (de leche). / Skim (espuma del vino hervido). / Elite, "the cream of" (la élite, "la crema de"). / Scum (borra, nata de materias inútiles). / (pl.) (Coc.) Whipped cream, custard.

Natación. f. Swimming.

Natalidad. f. Natality, birthrate.

Natillas. f. pl. Cream custard.

Natividad. p. Nativity, birth. / Creche, Nativity scene (retablo de Navidad, belén). / Christmas time.

Natura. f. Nature. / (Mús.) Major scale.

Natural. adj. Natural, native (de un país o región). / Spontaneous, unstudied. / Innate. / (Mús.) Natural. / m. Nature, disposition, temperament. / Instinct (instinto). / *Al natural,* Naked, in the nude.

Naturaleza. f. Nature. / Genitals, female genitals (genitales femeninos). / Nationality (nacionalidad). / Type, kind (tipo, especie). / Temperament, disposition, character, nature. / *Naturaleza humana,* Human nature. / *Naturaleza muerta,* (Arte) Still life.

Naufragar. v. To be shipwrecked or wrecked. / To fail, to fall through (un proyecto, etc.).

Naufragio. m. Shipwreck. / Ruin, failure (ruina, fracaso de una esperanza, un plan, etc.).

Náusea. f. Nausea, retching. / Repugnance, disgust (repugnancia, asco). / *Dar náuseas,* To disgust. / *Tener náuseas,* To feel sick.

Nauseabundo, da. adj. Nauseating, sickening.

Náutica. f. Nautics. Art of navigation, seamanship.

Navaja. f. Razor, shaver (de afeitar). / Clasp knife, jack knife (de bolsillo, cortaplumas). / Sting (de un insecto). / (Zool.) Razor clam. / (Fam.) Malicious or evil tongue.

Naval. adj. Naval. / *Batalla naval,* Sea battle. / *Escuela naval,* Naval academy.

Nave. f. Ship. / (Arq.) Nave, aisle.

Navegación. f. Navigation, sailing. / Sea voyage (viaje por mar). / *Navegación aérea,* Air navigation.

Navegar. v. To sail, to navigate. / To steer. / To bustle about, to move about.

Navidad. n. p. Christmas. / Yuletide (fiesta tradicional del solsticio de invierno). / Nativity.

Navío. m. Ship, vessel. / *Navío de guerra,* Warship. / *Navío de transporte,* Transport ship. / *Navío mercante,* Merchant ship.

Neblina. f. Fog, mist.

Nebulosa. n. Nebula.

Shadow, cloud (sombra, nube).

Nebuloso, sa. adj. Misty, foggy. / Nebulous, vague, abstruse (nebuloso, vago, abstruso). / Gloomy, somber (tenebroso, sombrío).

Necedad. n. Stupidity, foolishness. / (pl.) Nonsense, rubbish (insensateces, chácharas).

Necesario, ria. adj. Necessary, essential, inevitable.

Necesidad. n. Necessity, need, want. / *De primera necesidad,* Basic commodity. / *Necesidad extrema,* Extreme need.

Necesitar. v. To need, to require, to want.

Necio, cia. adj. y m., n. Foolish, stupid, injudicious.

Necrología. n. Necrology. / Obituary.

Necrópolis. n. Necropolis.

Necroscopia. n. Necroscopy, necropsy, autopsy.

Nefasto, ta. adj. Ominous, fateful.

Negable. adj. Deniable, refutable. / Refusable (que se puede rehusar).

Negación. n. Denial, negation. / Refusal.

Negar. v. To deny. / To refuse, to withhold (rehusar, negarse a). / To disvow, to disclaim, to disown (negar una promesa, una afirmación, negar lo propio). / To forbid, to prohibit (prohibir).

Negativa. n. Negative, denial, negation. / Refusal.

Negativo, va. adj. Negative. / Minus (Núm. negativo). / *Cantidad negativa,* Minus quantity. / m. Negative (fotográfico).

Negligencia. n. Negligence, neglect. / Carelessness, slackness (descuido, dejadez).

Negociación. n. Negotiation. / Deal, transaction (trato, transacción). / *Negociaciones colectivas,* Collective bargaining.

Negociado. m. Transaction, deal. / Shady deal, illicit transaction (trato a escondidas, transacción ilícita).
Negociar. v. To negotiate (un tratado, un acuerdo político, un préstamo). / To buy or sell (comprar o vender). / To discuss, to talk (discutir, conversar). / To trade, to deal (comerciar, hacer negocios). / *Negociar sobre*, To negotiate, to discuss, to talk about.
Negocio. m. Business. / Commercial establishment (establecimiento comercial). / Job, work, occupation (trabajo, oficio, ocupación). / Affair (asunto, caso). / Deal, transaction (trato, transacción). / Shop, store (tienda, almacén).
Negrero, ra. adj. Slave trading, slave-driving. / m., n. Slave trader. / (Fig.) Slave-driver (el que maltrata a sus subalternos).
Negro, gra. adj. Black. / Negro, negress (personas). / Brown (pan). / Bad (humor). / Unlucky, unfortunate (de mala suerte, infortunado). / *Pasarlas negras*, To have a bad time. / m., n. *Negro de humo*, Lampblack. / Bad luck, bad time. / *Tener la negra*, To have a run of bad luck.
Nemoroso, sa. adj. (Poét.) Sylvan, wooded, woody.
Nemotecnia. f. Mnemonics.
Nene, na. m., f. Baby, infant. / Dear, darling, honey (tratos cariñosos para una criatura).
Nenúfar. m. Nenuphar, white water lily. / *Nenúfar amarillo*, Yellow water lily, spatterdock.
Neófito, ta. m., f. Neophyte, novice, beginner.
Neolítico, ca. adj. y m. Neolithic.
Neologismo. m. Neologism.
Neón. m. (Quím.) Neon.
Nepotismo. m. Nepotism.
Neptuno. n. p. Neptune.
Nervio. m. Nerve. / (Coc.) Sinew (en carnes). / String (de un instrumento musical). / (Bot.) Vein. / Rib (en lomo de un libro). / Torcks (instrumento de castigo). / (Arq.) Rib (de una bóveda). / (Náut.) Jackstay.
Nervioso, sa. adj. Nervous (referente a los nervios). / Excitable. / Energetic, vigorous (enérgico, vigoroso). / *Célula nerviosa*, Nerve cell. / *Crisis nerviosa*, Nervous breakdown. / *Tejido nervioso*, Nerve tissue. / *Poner nervioso*, To get on one's nerves.
Nervura. f. Ribbing, ribs (rebordes, nervadura). / Backbone (que forma el lomo de un libro).
Neto, ta. adj. Pure, genuine. / (Com.) Net. / *Peso neto*, Net weight. / m. (Arq.) Dado.
Neumático, ca. adj. y m. Pneumatic, tire (de un auto). / (Fís.) Pneumatics.
Neumatología. f. Pneumatology.
Neumatómetro. m. Pneumatometer.
Neumonía. f. Pneumonia.
Neuralgia. f. Neuralgia.
Neurastenia. f. Neurasthenia.
Neurocirugía. f. Neurosurgery.
Neurología. f. Neurology.
Neurólogo, ga. m., f. Neurologist.
Neurópata. m., f. Neuropath.
Neuropatía. f. Neuropathy.
Neurosis. f. Neurosis. / *Neurosis de angustia*, Anxiety neurosis. / *Neurosis de guerra*, Shell shock.
Neurótico, ca. adj. y m., f. Neurotic.
Neurotóxico, ca. adj. Neurotoxic.
Neutral. adj. Neutral.
Neutralidad. f. Neutrality, impartiality.
Neutrino. m. Neutrino.
Neutro, tra. adj. Neutral (con todas las acepciones de la palabra castellana). / (Gram.) Neuter (pronombre, sustantivo).

Neutrón. m. Neutron.
Nevar. v. To snow. / To make snow-white.
Nevera. f. Refrigerator, icebox.
Nexo. m. Nexus, link.
Ni. conj. Nor. / Neither (se utiliza sólo cuando el concepto *Ni* se repite. En tal caso, *Neither* va primero y *Nor* después) / *Ni fea ni aburrida*, Neither ugly nor boresome. / Not even (ni siquiera).
Nicotina. f. Nicotine.
Nicho. m. Niche, recess.
Nidal. m. Nest, nesting place (donde la gallina pone sus huevos). / Nest egg.
Nidificar. v. To nest.
Nido. m. Nest (con todas las acepciones de la palabra castellana). / Home (el hogar). / Den (guarida). / *Nido de ametralladoras*, Machine gun nest. / *Nido de ladrones*, Thieves' den.
Niebla. f. Fog, mist. / Film, cloud (en la córnea). / Mildew (en plantas). / Fogginess, confusion (brumosidad, confusión). / (Med.) Clotting of urine (coagulación de la orina) / *Niebla meona*, (Fam.) Dripping fog.
Nieto, ta. m., f. Grandchild. / Grandson (hombre). Granddaughter (mujer).
Nieve. f. Snow. / Snowy whiteness (blancura de nieve). / Water ice, icecream (helado, sorbete helado, crema helada).
Nigromancia. f. Necromancy.
Nigromante. m., f. Necromancer.
Nihilismo. m. Nihilism.
Nihilista. adj. y m., f. Nihilist, nihilistic.
Nilón. m. Nylon.
Nimbo. m. Nimbus (nube). / Halo, aureole (halo, aureola). / Nimbus, aureole (en algunas monedas).
Nimiedad. f. Trifle, insignificant thing.
Nimio, mia. adj. Excessive, extreme (excesivo, extremado). / Minute, extremely detailed (minucioso, detallista). / Very careful (muy cuidadoso). / Small, insignificant (pequeño, insignificante). / Stingy (avariento, mezquino).
Ninfa. f. (Zool.) Nymph, pupa. / Small lips (de la vulva).
Ninfomanía. f. Nymphomania.
Ningún, na. adj. Not one, not any.
Niña. f. Child, young girl. / Pupila (de los ojos) / *Niña de los ojos*, (Fam.) Apple of one's eyes. / *Niña Bien*, Well-bred girl.
Niñera. f. Nursemaid, baby sitter.
Niñez. f. Childhood. / Childishness (condición de ser niño). / Infancy.
Niño, ña. m., f. Child (criatura, hijo, niño de cualquier sexo). / *Niño de teta*, Suckling baby. / (Fig.) Novice, learner, apprentice (novicio, estudiante, aprendiz). / Boy, little boy (niño, niño pequeño). / Girl, little girl (niña, niña pequeña). / *Niño de coro*, Choirboy, chorister. / *Niño prodigio*, Child prodigy.
Níquel. m. Nickel.
Niquelar. v. To nickel-plate.
Nirvana. f. Nirvana.
Níscalo. m. (Bot.) Milk mushroom. (N. cient.) Lactarius deliciosus.
Níspero. m. Medlar tree. / Medlar (la fruta). / *Níspero de Japón*, Loquat. / *Níspero espinoso silvestre*, Hawthorn.
Nistágmico, ca. adj. Nystagmic.
Nitidez. f. Clarity, clearness, brightness. / Sharpness (en fotografía).
Nítido, da. adj. Clear, bright. / Sharp (en fotografía).
Nitrato. m. Nitrate. Saltpeter.

Nítrico, ca. adj. Nitric.
Nitro. m. Niter, saltpeter, potassium nitrate. / *Nitro sódico,* Sodium nitrate, Chilean saltpeter (salitre chileno).
Nitrogenar. v. To nitrogenize.
Nitrógeno. m. Nitrogen.
Nitroglicerina. f. Nitroglycerine.
Nivel. m. Level (con todas las acepciones de la palabra castellana). / *Nivel de vida,* Standard of living.
Nivelación. f. Leveling. Grading.
Nivelar. v. To level (con todas las acepciones de la palabra castellana). / To make even, to grade (emparejar, rasar). / *Nivelarse,* To become level. To put oneself on a level (con alguien).
No. adv. No. / *¿Vamos al cine? No, gracias,* Let's go to the movies? No, thank you. / Not (se utiliza especialmente para transformar una expresión positiva en negativa). / *Ser o no ser,* To be or not to be. / Don't (do not). Expresa la negación a un verbo. / *¿Te gustan los aguacates? No (me gustan),* ¿Do you like avocados? I don't. / Not (con los auxiliares *To have* , *To be* [Ser] y *To do,* se aplica como en castellano). / *Tú has probado los aguacates, ¿no?,* You've tried avocados, haven't you? / *Son deliciosos, ¿no?,* They are delicious, aren't they? / *Tú juegas ajedrez, ¿no?,* You play chess, don't you? / *Creer que no,* Not to think so, not to think that(No creer así, no creer que). / *Creo que no,* I don't think so. / *No menos,* Not less. / *No sin,* Not without.
Noble. adj. Noble (con todas las acepciones de la palabra castellana). / Generous, gallant, brave (generoso, gallardo, valiente).
Noción. f. Notion, idea. / (pl.) Rudimentary knowledge (conocimiento rudimentario de).
Nocivo, va. adj. Harmful, noxious, injurious.
Noctámbulo, la. adj. Noctambulous, nightwalking. / m., f. Night bird, night owl. / Nightwalker.
Nocturno, na. adj. Nocturnal. / m. (Mús.) Nocturne.
Noche. m. Night. / (Fig.) Darkness (oscuridad). / *Está perdido en la noche de los tiempos,* It is lost in the darkness of time. / *Anoche, Last night.* / *Buenas noches,* Good evening (si no es muy tarde, y en especial al llegar). Good night (si es tarde y en especial al despedirse) / *Cerrar la noche,* To fall night. / *De la noche a la mañana,* Overnight, suddenly. / *Por la noche,* At night. / *Esta noche,* Tonight. / *Nochebuena,* Christmas Eve. / *Noche de estreno,* Opening night. / *Noche de Reyes,* Twelfth Night. / *Media noche,* Midnight.
Nodriza. f. Wetnurse. / Vacuum tank (estanque al vacío).
Nódulo. m. Nodule, lump.
Nogal. m. Walnut tree (árbol). / Walnut (la madera).
Nómada. adj. Nomadic. / m., f. Nomad.
Nombramiento. m. Appointment, nomination.
Nombrar. v. To mention (mencionar). / To appoint, to elect (designar, elegir). / To name (poner nombre).
Nombre. m. Name. / Fame, renown (fama, renombre). / Authority (autoridad a la que se apela). / *En nombre de,* In the name of. / (Gram.) Noun (sustantivo). / *Hacerse nombre,* To make a name for oneself. / *Nombre comercial,* Registered name. / *Nombre de pila,* Christian name. / *Nombre en clave,* Code name. / *Poner nombre a,* To name.
Nomenclatura. f. Nomenclature, terminology. / List, catalogue (lista, catálogo) .
Nómina. m. List, roll. / *Nómina de pagos,* Payroll.
Nominación. f. Nomination, appointment.
Nominal. adj. Nominal, titular. / (Gram.) Substantival. / (Com.) Nominal. / (Fil.) Nominalist. / Just formally (sólo de nombre).

Nominar. v. To nominate, to name.
Nomo. m. Nome, province. / Gnome (gnomo, duendecillo).
Non. adj. Odd, uneven. / m. Odd number (núm. impar). / (pl.) Repeated denial, refusal.
Nonagenario, ria. adj. y m., f. Nonagenarian.
Nono, na. adj. Ninth.
Noquear. v. To knock out.
Nordeste. m. Northeast. / Northeast wind, northeaster (el viento).
Noria. f. Well (pozo). / Chain pump, persian wheel (bomba de cadena, rueda elevadora de agua). / Treadmill (faena).
Norma. f. Norm, standard. / Rule, regulation (reglamento). / Pattern, square, template (de un albañil, carpintero, etc.).
Normal. adj. Normal, usual, standard. / *Escuela normal,* Normal school.
Normalizar. v. To normalize (con todas las acepciones de la palabra castellana). / To standardize (hacer estándar). / To return to normal (volver a lo normal).
Norte. m. North. / North wind, norther (el viento). / *Estrella del Norte,* Polestar, North Star / (Fig.) Polestar, guiding principle (guía, ideal). / *Norte magnético,* Magnetic North. / *Norte geográfico,* True North.
Norteño, ña. adj. Northern. / m., f. Northerner.
Nos. pron. Us (nosotros). / To us (a nosotros). / *Nos dieron el premio,* They gave us the award. They gave the award to us. / For us (para nosotros). / *Esa carta es para nosotros,* That letter is for us. / From us (de nosotros, también indicando privación). / *Nos quitaron mucho dinero,* They took away from us a lot of money. / Ourselves (nosotros mismos). / *Nos lo guardamos* [para nosotros mismos], We kept it for ourselves. / One another, each other (uno al otro, el uno al otro). / *Nos ayudamos el uno al otro,* We help one another.
Nosotros, tras. pron. pl. We (antes del verbo principal), / Us (después del verbo principal).
Nostalgia. f. Nostalgia, homesickness.
Nota. f. Note (con todas las acepciones de la palabra castellana). / Comment, observation (comentario, observación). / *Tomar notas,* To take notes. / Heed, notice (como en *Tomar nota, darse cuenta de*). / Mark, grade (calificaciones en un examen). / (pl.) Records (de una notaría).
Notable. adj. Notable, noteworthy. / Outstanding (sobresaliente).
Notación. f. Note, annotation. / Notation (sistema de representación).
Notar. v. To note, to notice, to observe.
Notario. m. Notary, notary public. / Clerk, actuary amanuensis (secretario de tribunal, ministro de fe. Amanuense).
Noticia. f. News, (pl.) The news. Newscast. Journalistic program (Rad., TV). / Notion, idea, rudimentary knowledge (noción, idea, conocimiento rudimentario). / *Noticias de última hora,* The latest news.
Notificar. v. To notify, to inform.
Notoriedad. f. Reputation, fame, notoriety.
Novedad. f. Novelty, newness. / New thing, innovation (cosa nueva, innovación). / Recent event, piece of news (acontecimiento reciente, noticia). / (pl.) News. / Change, alteration, new development (cambio, alteración, nuevos desarrollos). / Surprise (sorpresa). / *Sin novedad,* All as usual, no news.
Novel. adj. y m., f. New, inexperienced, beginning.
Novela. f. Novel. / Romance.
Novelista. m., f. Novelist.

Noveno, na. adj., núm. y m. Ninth (ordinal). / f. Novena (religiosa).
Novia. f. Fiancée, bride. / (Fam.) Girlfriend, sweetheart.
Noviazgo. m. Engagement, betrothal.
Noviciado. adj. Noviciatic. / m. Novitiate. Seminary. / Novices (colectivo). / Apprenticeship (aprendizaje).
Novicio, cia. adj. New, inexperienced. / m., f. Novice, apprentice. / Freshman (recluta, recién llegado).
Novillada. f. Drove of young cattle.
Novillo. m. Young bull.
Novio. m. Fiancé, bridegroom. / (pl.) Bride and groom, newlyweds (recién casados).
Nube. f. Cloud (con todas las acepciones de la palabra castellana). / Haze, smokescreen. (empañamiento, cortina de humo). / Flock, host (de langostas, moscas, etc.). / Shade (en un diamante). / (Med.) Film, white spot on cornea (película o mancha blanca en la córnea).
Núbil. adj. Nubile.
Nublar. v. To cloud. / *Nublarse,* To become overcast or cloudy.
Nubloso, sa. adj. Cloudy, dark, overcast.
Nubosidad. f. Cloudiness.
Nuca. f. Nape of neck.
Nuclear. adj. Nuclear.
Nucleasa. f. Nuclease.
Núcleo. m. Nucleus (con todas las acepciones de la palabra castellana). / Core, focal point (la parte sólida interior de algo, el punto focal). / Kernel (de nuez).
Nudillo. m. Knuckle (de los dedos). / Knot (de la madera). / Plug, plug in a wall (tarugo, clavija en un muro).
Nudismo. m. Nudism.
Nudo. m. Knot. / Node (de cañas, gramíneas, etc.). / Bond, tie (lazo, vínculo). / Lump, knot (de tendón, hueso, etc.). / Spell (nudo de hechicería). / Central plot (de un drama, novela, etc.). / Problem, difficulty (problema, dificultad). / *Nudo corredizo,* Slip knot. / *Nudo en la garganta,* Lump in one's throat.
Nudoso, sa. adj. Knotty, knotted.
Nuera. f. Daughter-in-law.

Nuestro, tra. adj. Our. / Of ours (de nosotros).
Nueve. adj., núm. y m. Nine. / Ninth (en fechas).
Nuevo, va. adj. New. / *De nuevo,* Again, anew.
Nuez. f. Nut (con todas las acepciones de la palabra castellana). / Walnut (de nogal). / Adam's apple (manzana de Adán). / *Nuez de betel,* Betel nut. / *Nuez moscada,* Nutmeg.
Nulidad. f. Nullity, invalidity, invalidness. / Worthlessness (algo que no vale de nada). / Incapacity, incompetence (incapacidad, incompetencia). / Incompetent (un incompetente).
Nulo, la. adj. Null, void, invalid. / Worthless, useless (sin valor, inútil). / Null, non-existent (ninguno, inexistente). / *La abstención es casi nula en esta elección,* The abstinence is almost non-existent in this election.
Numen. m. Numen, deity. / Muse, inspiraton (musa, inspiración).
Numeración. f. Numbering, numeration.
Numerador. adj. Numbering. / m. (Mat.) Numerator.
Numerar. v. To number. / To express numerically.
Número. m. Number (con todas las acepciones de la palabra castellana). / Numeral (signo de número). / Group (conjunto). / Issue of a magazine (edición de una revista).
Numismático, ca. adj. Numismatic, numismatical. / f. Numismatics (la numismática). / m. Numismatician (un numismático).
Nunca. adv. Never. / At no time (en ninguna ocasión). / *Nunca jamas,* Ever never. / *Nunca más,* Nevermore.
Nunciatura. f. Nunciature. / Nuncio's residence.
Nuncio. m. Papal ambassador. / *Nuncio apostólico,* Papal nuncio.
Nupcias. f. (pl.) Nuptials, marriage, wedding. / *Casarse en segundas nupcias,* To marry for the second time.
Nutria. f. Otter.
Nutricio, cia. adj. Nutritious, nutritive, nourishing.
Nutrición. f. Nutrition, nourishing.
Nutrir. v. To nourish, to feed. / (Fig.) To encourage, to support (alentar, respaldar). / To fill (colmar).
Nutritivo, va. adj. Nutritive. Nourishing, nutritious. / *Valor nutritivo,* Food value.

Ñame. m. Nyame. Edible tuberose root.
Ñandú. m. Nandu, American ostrich.
Ñaño, ña. adj. Intimate, very close (íntimo, muy entrañable). / Spoiled, pampered (mimado). / m., f. Bosom friend, brother, sister (amigo del alma, hermano, hermana). / Children's nurse, nanny (niñera, aya).
Ñapa, yapa. f. Gratuity, bonus, tip, something extra. / *De ñapa,* Into the bargain.
Ñapindá. m. (Bot.) South American acacia. (N. cient.) Acacia bonariensis.
Ñaque. m. Junk, rubbish, odds and ends.
Ñato, ta. adj. Pig-nosed, flatnosed.
Ñeque. adj. Strong, full of vim, vigorous. / Brave, bullying, swaggering (valiente, acometedor, insolente). / m. Muscle (músculo). / Strength, vigor, courage (fuer-

za, vigor, coraje). / *Hombre de ñeque,* A he- man. / *Mostrar los ñeques,* To show one's body building.
Ñisca, ñizca. f. Bit, pinch, fragment.
Ñocha. f. (Bot.) Variety of sedge. (N. Cient.) Cyperus lechleri.
Ñoñería, ñoñez. f. Timidity, babyshness. / Shyness (timidez). / Dotage (devaneos seniles).
Ñoño, ña. adj. Timid, shy, infantile (tímido, apocado, pueril). / Insipid, tasteless (insípido, desabrido). / Senile, whiny (senil, gemebundo). / Old-fashioned (anticuado).
Ñoque, ñoqui. m. Gnoccho, gnocchi.
Ñu. m. Gnu. / Ñu azul, Brindled gnu, blue wildebeest / *Ñu negro,* Whitetailed gnu, black wildebeest.
Ñudo. m. Knot.
Ñudoso, sa. adj. Knotty, knotted.

O

O. conj. Or. / Either (se utiliza *Either* como primera palabra en una frase con negación doble). / *O vas al cine o vas al zoológico*, You go either to the movies or to the zoo. / *O sea*, That is.
Oasis. m. Oasis.
Obcecación. f. Stubbornness, obsession.
Obcecar. v. To blind, to obsess.
Obedecer. v. To obey. / To respond to (responder a - el volante, los halagos, etc.-). / *Obedecer a*, To be due to, to follow (deberse a, seguir de).
Obediencia. f. Obedience.
Obelisco. m. Obelisk. / (Impr.) Dagger.
Obertura. f. (Mús.) Overture.
Obesidad. f. Obesity, fatness.
Obeso, sa. adj. Fat, obese.
Óbice. m. Obstacle, impediment, hindrance.
Obispado. m. Bishopric, episcopate.
Obispo. m. Bishop. / (Ict.) Bishop ray, spotted sting ray.
Óbito. m. Death, decease.
Objeción. f. Objection.
Objetar. v. To object. / To raise, to put forward (alzar o presentar dificultades). / To object to, to raise objections to (poner objeciones, presentar objeciones). / *No tener nada que objetar*, To have no objections.
Objetivar. v. To objectivize, to objectify.
Objetividad. f. Objectivity.
Objetivo, va. adj. Objective. / m. Objective (de una lente). / *Objetivo zoom*, Zoom lens.
Objeto. m. Object, thing. / Purpose, aim (propósito, fin). / Subject, subject matter (asunto, materia sobre la que se trata).
Oblea. f. Sealing wafer (de sellar). / Pill (Med).
Oblicuidad. f. Obliquity.
Oblicuo, cua. adj. Oblique, slanting.
Obligación. f. Obligation. / Responsibility, duty (responsabilidad, deber), (pl.) obligations. / (Com.) Liability, bond. / *Constituirse en obligación de*, To bind oneself to. / *Obligaciones de capital*, Capital liabilities.
Obligado, da. p. adj. Obliged, compelled. / Indebted. / m., f. (Der.) Obligor, debtor. / (Mús.) Obbligato.
Obligar. v. To oblige, to force, to compel, to obligate. / (Der.) To oblige, to pledge as security. To make indebted. / *Obligar a*, To oblige to. / *Obligarse*, To bind oneself.
Oblongo, ga. adj. Oblong.
Obnubilación. f. Cloudiness, blindness. / (Med.) Cloudiness of vision (de la vista). / *Obnubilación mental*, Mental confusion or disorientation.
Óbolo. m. Small gift, donation (pequeña dádiva o donación). / Obolus (medida de peso y moneda de la antigua Grecia).
Obra. f. Work, product. / (Mús.) Opus. / (pl.) Works (trabajos, especialmente se aplica en obras de arte). / Building, construction (de construcción). / Repairs, repair work (reparaciones, trabajo de reparación). / Action, act (acción, actuación). / Labour, workmanship (trabajo, mano de obra). / *Este producto tiene mucha obra*, This product needs a lot of workmanship. / (Metal.) Hearth (de horno de fundición). / *Una buena obra*, A good deed (una buena acción). / *Obra de fábrica*,

Construction work. / *Obra maestra*, Masterpiece. / *Obra muerta*, (Náut.) Upperworks, freeboard.
Obrar. v. To work. / To have an effect on (tener un efecto sobre). / To act, to proceed (actuar, proceder a). / (Med.) To evacuate (evacuar).
Obrero, ra. adj. Working, laboring. / *Clase obrera*, Working class (clase trabajadora). / m., f. Worker. Hand worker (trabajador, trabajador manual). / (Entom.) Worker. / *Abeja obrera*, Worker bee.
Obscenidad. f. Obscenity.
Obsceno, na. adj. Obscene.
Obscurecer. v. To darken (con todas las acepciones de la palabra castellana). / To make mirk (hacer obscuro o sombrío). / To cloud (nublar). / To obscure, to cover up (el cielo, la luna, etc.). / To tarnish (el tinte). / To confuse, to muddle (confundir, intrincar). / To make difficult (hacer difícil). / (Pint) To shade, to shadow (sombrear). / (Pint.) Shading.
Obscuridad. f. Darkness (con todas las acepciones de la palabra castellana). / Gloom, cloudiness (tenebrosidad, nublado). / Obscurity (se aplica a la posición social).
Obscuro, ra. adj. Dark (con todas las acepciones de la palabra castellana). / Difficult (lenguaje, concepto, etc). / Uncertain, dangerous (incierto, peligroso). / *A obscuras*, In the dark. / (Pint.) Shading, dark part (el sombreado, la parte obscura de un cuadro). / *Estar obscuro*, To be dark.
Obsequiar. v. To give, to present with (dar, hacer un regalo). / To entertain, to regale, to compliment (divertir, mimar, cumplimentar). / To court, to woo (cortejar, galantear).
Obsequio. m. Gift, present (dádiva, regalo). / Courtesy, deference (cortesía, deferencia).
Observación. f. Observation (con todas las acepciones de la palabra castellana).
Observador, ra. adj. Observant. / m., f. Observer. / *Observador de pájaros*, Bird watcher.
Observar. v. To observe (con todas las acepciones de la palabra castellana). / To obey, to heed (obedecer, acatar). / To watch (vigilar, mirar con atención). / To notice, to see (fijarse en, ver). / To remark, to say (hacer una observación, decir).
Obsesión. f. Obsession.
Obsesivo, va. adj. Obsessive.
Obseso, sa. adj. y m., f. Obsessed.
Obsoleto, ta. adj. Obsolete, discarded.
Obstaculizar. v. To hinder, to obstruct.
Obstáculo. m. Obstacle, impediment, hindrance.
Obstar. v. To obstruct, to hinder, to impede. / To be an impediment (ser impedimento).
Obstinación. f. Obstinacy, stubbornness.
Obstinarse. v. To persist, to act stubbornly.
Obstrucción. f. Obstruction, stoppage.
Obstruir. v. To obstruct. / To block, to stop up (bloquear, detener - el flujo de algo, un proceso, etc.- / *Obstruirse*, To get blocked. To get obstructed.
Obtención. f. Obtaining, obtainment, obtention.
Obtener. v. To obtain, to get.
Obturación. f. Obturation. / Plugging, stopping up (taponeo, detención).

Obturar. v. To obturate, to close. / To plug, to stop up (tapar, detener). / (Odont.) To stop (una caries). / (Automov.) To throttle (el carburador).

Obús. m. Howitzer, mortar.

Obviar. v. To obviate, to clear away, to remove.

Oca. f. Goose. / (Bot.) Oca.

Ocasión. f. Occasion, opportunity, chance. / Time (vez). / Reason, cause (razón, causa). / Bargain (baratija, un buen negocio, una oportunidad).

Ocasionar. v. To occasion, to cause. / To stir up, to provoke (despertar, provocar –una reacción, un recuerdo, etc.). / To endanger, to jeopardize (poner en peligro, arriesgar).

Ocaso. m. Sunset (puesta de sol). / Setting (de un astro). / West (el poniente). / Decline, fall, end (declinación, caída, final).

Occidental. adj. Western, occidental.

Occidente. n. p. West, occident. / *La Decadencia de Occidente*, The Decline of the West.

Occipital. adj. y m. Occipital, occipital bone.

Occiso, sa. adj. Dead, killed. / m., f. The deceased.

Oceánico, ca. adj. Oceanic.

Océano. m. (Geogr.) Ocean. / n. p. (Mit.) Oceanus.

Oceanografía. f. Oceanography.

Ocio. m. Idleness, inactivity. / Leisure, spare time (recreo, tiempo libre). / Pastime, diversion (pasatiempo, diversión).

Ociosidad. f. Idleness, laziness.

Ocluir. v. To occlude.

Oclusal. adj. Occlusal.

Oclusión. f. Occlusion, stop.

Ocre. m. Ocher.

Octagonal. adj. Octagonal.

Octágono, na. adj. Octagonal. / m. Octagon.

Octano. m. Octane. / *Número de octano*, Octane rating.

Octante. m. Octant. / (Astron.) Octans, Octant.

Octava. f. Octave. / Eight-line stanza (poesía).

Octogenario, ria. adj. y m., f. Octogenarian.

Octogésimo, ma. adj. y m., f. Eightieth.

Octubre. m. October.

Ocular. adj. Ocular. / (Ópt.) Eyepiece, ocular. / *Testigo ocular*, Eyewitness.

Oculista. m., f. Oculist.

Ocultación. f. Occultation. Hidening.

Ocultar. v. To hide, to conceal. / *Ocultarse*, To hide. To be hidden (estar oculto).

Ocultismo. m. Occultism.

Oculto, ta. adj. Hidden, concealed, occult.

Ocupación. f. Occupation (con todas las acepciones de la palabra castellana). / Employment, job (empleo, trabajo).

Ocupar. v. To occupy. To take possession of (tomar posesión de). / To occupy (un cargo, una posición). / To fill (un espacio). / To live in, to inhabit (vivir en, habitar). / To keep busy (mantener ocupado). / To give employment to (dar empleo a).

Ocurrencia. f. Ocurrence, incident (algo que ocurre). / Witticism, witty remark (salida o comentario ingenioso). / Idea. / ¡*Qué ocurrencia!* What a thought!

Ocurrente. adj. Witty, bright (ingenioso, brillante). / Amusing, imaginative, humorous (divertido, imaginativo, humorístico).

Ocurrir. v. To occur, to happen. / *Ocurrírsele a uno*, To occur, to come to mind (una idea, una solución).

Oda. f. Ode.

Odiar. v. To hate, to loath.

Odio. m. Hate, hatred.

Odisea. f. Odyssey, adventure.

Odontología. f. Odontology.

Odorífero, odorífico, ca. adj. Odoriferous, fragrant.

Odre. m. Wineskin. / (Fig.) Drunkard (borrachín).

Oeste. m. West. West wind (el viento).

Ofender. v. To offend. / To insult, to hurt (insultar, herir). / *Ofenderse*, To take offense.

Ofensa. f. Offense, affront, insult. / (Der.) Minor crime.

Ofensiva. f. Offensive (con todas las acepciones de la palabra castellana).

Oferta. f. Offer. / *Ley de la oferta y la demanda*, Supply and demand law.

Ofertar. v. To offer.

Oficial. adj. Official. / m. Officer (con todas las acepciones de la palabra castellana). / Clerk, office worker (oficinista). / Skilled workman, artisan (trabajador especializado, artesano). / *Oficial de artillería*, Artillery officer. / *Segundo oficial*, (Náut.) First mate.

Oficiar. v. (Der.) To communicate officially or in writing. / To officiate, to celebrate (misa, etc.). / *Oficiar de*, To act as.

Oficina. f. Office, workshop, (pl.) offices (las oficinas de una empresa).

Oficio. m. Occupation, job, work. / Craft, trade (habilidad, artesanía, oficio calificado). / (Der.) Written communication.

Oficioso, sa. adj. Diligent, assiduous, hardworking. / Meddlesome, interfering (entrometido, interferente).

Ofrecer. v. To offer. / *Ofrecerse*, To offer oneself, to volunteer. / To offer itself, to present itself (una oportunidad).

Ofrecimiento. m. Offer, offering.

Ofrenda. f. Offering, gift.

Ofrendar. v. To make offering of. To make a gift of.

Oftalmología. f. Ophthalmology.

Ofuscamiento. m. Blinding, dazzling, obfuscation. / Confusion.

Ofuscar. v. To dazzle, to blind, to obfuscate. / To confuse (confundir). / To obscure (oscurecer). / *Ofuscarse*, To loose control of oneself.

Ogro. m. Ogre.

Oído. f. Ear (con todas las acepciones de la palabra castellana). / Hearing (el sentido auditivo). / *Tener buen oído*, To have a good ear for music. / *Aguzar los oídos*, To prick up one's ears. / *Al oído*, Into one's ear. / *Me susurró al oído*, He whispered into my ear.

Oidor, ra. adj. Hearing, listening. / m. Hearer.

Oír. v. To hear. / To listen, to pay attention to (escuchar, prestar atención). / To attend (una conferencia, un sermón, etc.).

Ojal. m. Buttonhole (para botones). / Eyelet (para cordones). / Loop (gaza, bozal de cuerda o jarcia).

Ojalá. adv. May God will it (quiéralo Dios). / God willing (si Dios quiere). / *Ojalá que*, Let's hope that. God grant that (que Dios conceda eso).

Ojeada. f. Glance, glimpse, quick look.

Ojeador. m. Beater (de caza).

Ojear. v. To stare at, to eye. / To put the evil eye on (echar mal de ojo). / To beat bushes. To frighten game (batir, asustar la caza).

Ojeo. m. Perusal, look-over (vistazo). / Beating (de caza).

Ojera. f. Dark circle under de eye. / Eyeglass, eyecup (para lavarse los ojos).

Ojeriza. f. Animosity, grudge. / *Tener ojeriza a*, To have a grudge against.

Ojo. m. Eye (con todas las acepciones de la palabra

castellana). / Eye of needle (de aguja). / Shafting hole (para insertar el mango de una herramienta). / Bow (de llave), (pl.) bows (de tijeras). / Keyhole (ojo de la cerradura). / Span, arch (de un puente). / Care, attention (cuidado, atención). / Eye, hole (porosidad, ojo del queso, el pan, etc.). / Loop (de red). / Width (de tipografía). / Face (de tipografía). / *A ojo de buen cubero*, Roughly, by a rough estimate or guess.

Ola. f. Wave (con todas las acepciones de la palabra castellana). / Crowd (de gente).

Oleada. f. Waves. / Surge (de gente).

Oleaginoso, sa. adj. Oily, oleaginous.

Oleaje. m. Surf, breaking waves, wave motion.

Oleoducto. m. Oil pipeline.

Oleoso, sa. adj. Oily.

Oler. v. To smell. / To scent, to perceive (olfatear, percibir). / To smell out, to inquire (husmear, inquirir). / To appear, to have the look or appearance of (parecer, aparecer o verse como —generalmente en sentido de sospecha—). / *No oler bien*, To be fishy, to look suspicious (tener aspecto sospechoso). / *Oler a*, To smell like. To smack of, to look like (saber a, verse como).

Olfatear. v. To smell, to sniff.

Olfativo, va. adj. Olfactory.

Olfato. m. Smell, sense of smell. / Nose, intuition (nariz, intuición). / *El tiene muy buen olfato para los negocios*, He has a very good nose for business.

Oligarquía. f. Oligarchy.

Oligofrenia. f. Oligophrenia.

Olimpíada. f. Olympiad, Olympic games.

Olimpo. n. p. Olympus.

Olisqueo. m. Sniffing.

Olivar. m. Olive grove.

Olivicultor, ra. m., f. Olive-grower.

Olivo. m. Olive tree.

Olmo. m. Elm.

Olor. m. Smell, odour. / Fragrance (fragancia). / Hope, promise (esperanza, promesa). / *Olor a*, Smell of. / *Tener olor a*, To smell of. / *Olor a santidad*, The odour of sanctity.

Olvidar. v. To forget. / To leave behind (dejar atrás, dar por pasado). / To leave off, to omit (dejar de lado, omitir).

Olvido. m. Forgetfulness / Oblivion (el olvido). / *Enterrar en el olvido*, To forget completely.

Olla. f. Saucepan, pot. / Stew (el contenido de una olla, un guisado). / *Fddy* (remolino en un río) / *Olla de grillos*, Bedlam, pandemonium, nest of intrigues. / *Olla a presión*, Pressure cooker. / *Olla podrida*, Pot-pourrie, spanish stew.

Ollar. m. Nostril (de caballo). / *Piedra ollar*, Rock formed by serpentine, talc or chlorite.

Ombligo. m. Navel. / Umbilical cord (cordón umbilical). / Center, middle point (el centro, el punto medio) / *Ombligo de Venus*, (Bot.) Venus navelwort.

Omega. f. Omega.

Ómicron. f. Omicron.

Ominar. v. To predict, to forecast.

Ominoso, sa. adj. Foreboding, ominous, menacing.

Omisión. f. Omission, neglect.

Omitir. v. To omit, to leave out. / *No omitir esfuerzos*, To spare no efforts.

Omnipotencia. f. Omnipotence.

Omnipotente. adj. Omnipotent, all-powerful.

Omnívoro, ra. adj. Omnivorous. / m., f. Omnivore.

Omóplato. m. Shoulder blade, scapula.

Onanismo. m. Onanism. / Male masturbation.

Once. adj., núm. y m. Eleven. / Eleventh (en fechas). / *Tomar las once*, To have the five o'clock tea.

Oncología. f. Oncology.

Onda. f. Wave (con todas las acepciones de la palabra castellana). / Flicker (de llama). / Curl (del cabello). / Undulation (ondulación). / (Arq.) Wave molding. / *Onda amortiguada*, Damped wave. / *Onda corta*, Short wave. / *Onda de choque*, Shock or blast wave.

Ondear. v. To wave, to undulate.

Ondulación. f. Undulation. / Winding (de un camino, un río, etc.). / Wave (onda). / *Ondulación permanente*, Permanent wave (del cabello).

Ondular. v. To undulate. / To wind (un río, un camino, etc.). / To wave (el cabello).

Oneroso, sa. adj. Onerous, burdensome. / (Der.) Onerous.

Onírico, ca. adj. Oneiric.

Ónix. f. Onyx.

Onomatopeya. f. Onomatopoeia.

Ontología. f. Ontology.

Onza. f. Ounce. / (Zool.) Ounce, jaguar cat.

Opacar. v. To cloud, to darken. / (Fig.) To eclipse (a otra persona).

Opacidad. f. Opaqueness, opacity.

Opaco, ca. adj. Opaque. / Dull, uninteresting (torpe, sin interés). / (Fig.) Murky, unclear (cenagoso, sin limpidez).

Ópalo. m. Opal.

Opción. f. Option, choice.

Ópera. f. (Mús.) Opera. / Opera theatre (teatro).

Operación. f. Operation, action, working. / Surgery intervention. / *Operación de corazón expuesto*, Open heart surgery. / (Com.) Transaction. / *Operación bancaria*, Banking transaction.

Operar. v. To operate on. / To operate, to work, to act (trabajar, actuar).

Operario, ria. m., f. Operator, labourer, worker.

Operativo, va. adj. Operative, operating, effective. / m. Operation, action.

Opiáceo, cea. adj. Opiate.

Opinar. v. To think, to opine, to judge. / To express an opinion (expresar una opinión).

Opinión. f. Opinion. / *Cambiar de opinión*, To change one's mind.

Opio. m. Opium. / (Fig.) Opiate, distraction (calmante, distractivo).

Opíparo, ra. adj. Sumptuous, splendid, plentiful.

Oponente. adj. y m., f. Opponent, rival.

Oponer. v. To oppose (con todas las acepciones de la palabra castellana). / To put up, to offer (resistencia, argumentos). / *Oponer una cosa a otra*, To put one thing against another. / *Oponerse*, To object, to oppose. To oppose each other (estar opuestos dos objetos o personas). To face or be opposite one another (enfrentarse, estar frente a frente, oponerse). / *Oponerse a*, To oppose, to resist. / To compete for, to stand in competition with (competir por, estar en competencia con).

Oportunidad. f. Opportunity, chance. / Opportuneness (condición de ser oportuno).

Oportuno, na. adj. Opportune, convenient. / Seasonable, suitable (adecuado). / Witty (ingenioso).

Oposición. f. Opposition (con todas las acepciones de la palabra castellana). / Resistance, antagonism (resistencia, antagonismo). / Contrast, juxtaposition (contraste, yuxtaposición).

Opositor, ra. m., f. Opponent. / Competitor, opposite candidate (competidor, candidato con que se compite por un cargo, etc.).

Opresión. f. Oppression. / (Polít.) Tyranny (tiranía). / (Med.) Congestion, pressure (congestión, presión). /

Opresión del pecho, Oppression of the chest, pressure on the chest. / Distress, affliction (del ánimo, emocional).

Opresivo, va. adj. Oppressive.

Oprimir. v. To oppress, to tyrannize. / To lie heavily upon (pesar, gravar). / To press, to squeeze (apretar, comprimir).

Oprobio. m. Opprobrium, ignominy, shame.

Optar. v. To choose, to select. / To opt. / *Optar a*, To be a candidate for. / *Optar entre*, To choose between.

Óptica. f. Optics. / (Fig.) Point of view (punto de vista). / *Desde una óptica nacionalista*, From a nationalist point of view.

Optimismo. m. Optimism.

Óptimo, ma. adj. Excellent, best, optimum, optimal.

Opuesto, ta. p. adj. Opposing, adverse, contrary. / Opposite (del lado opuesto).

Opugnar. v. To oppugn. To attack, to assault (atacar, asaltar). / To resist, to oppose, to refute (resistir, oponerse a, refutar).

Opulencia. f. Opulence, wealth. / Riches, superabundance (riquezas, superabundancia).

Opulento, ta. adj. Opulent, wealthy, rich.

Opúsculo. m. Opuscule, tract, booklet.

Oquedad. f. Hollow, cavity (hueco, cavidad). / Hollowness, insincerity (vacuidad, insinceridad).

Oración. f. Prayer (plegaria). / Oration, speech (oración gramatical, discurso). / Sentence, clause (sentencia, cláusula). / *Oración fúnebre*, Funereal prayer. / *Oración simple*, (Gram.) Simple sentence. / *Parte de la oración*, Part of speech.

Oráculo. m. Oracle. / (Fig.) Prophesy, prediction.

Orador, ra. m., f. Orator, speaker.

Oral. adj. Oral (con todas las acepciones de la palabra castellana). / Verbal, vocal.

Orangután. m. Orangutan.

Orar. v. To pray. / *Orar por*, To pray for. / To speak, to make a speech (hablar, hacer un discurso).

Orate. m., f. Lunatic. / Madman (hombre). Madwoman (mujer).

Oratoria. f. Oratory, eloquence, rhetoric.

Orbe. m. Orb. / Globe, world (globo, el mundo). / (Ict.) Globefish.

Órbita. f. Orbit. / Field of action (campo de acción). / Sphere (esfera). / Eye socket (del ojo).

Orbital. adj. Orbital.

Orca. f. Killer whale, orca.

Orden. m., f. Order (con todas las acepciones de la palabra castellana). / System, method (sistema, método). / Peace, harmony (paz, armonía). / (Mil.) Formation.

Ordenación. f. Arrangement, array, order. / Ordination (de sacerdotes). / Rule, regulation (norma, regulación). / (Arq.) Ordinance (de las par tes que integran el plan de la obra).

Ordenanza. f. Ordinance. Statute, law (estatuto, ley). / Order, system, method (orden, sistema, método). / (Arq.) Ordinance. / (Mil.) Orderly, batman (asistente de un oficial). / Clerk, office worker (secretario, oficinista).

Ordenar. v. To arrange (disponer en un orden determinado). / To put in order, to classify (poner en orden, clasificar). / To command, to ordain (comandar, ordenar). / To regulate, to direct (regular, dirigir). / To establish, to prescribe (establecer, prescribir). / To establish, to decree (establecer, decretar). / To ordain (sacerdotes). / (Mat.) To arrange (un polinomio).

Ordeñar. v. To milk.

Ordinal. adj. Ordinal.

Ordinario, ria. adj. Ordinary, common. / Vulgar, uncouth, coarse (vulgar, grosero). / Regular, daily (regular, diario –gastos, alimentos, etc.-). / Ordinary (autoridad, juez, etc.).

Orear. v. To air, to aerate. / To refresh (refrescar). / *Orearse*, To become aired, to dry in the air (airearse, secarse al aire). To take the air (tomar aire).

Orégano. m. Oregano, wild marjoram.

Oreja. f. Ear. Outer ear (oído externo). / Handle, haft (de jarro, de taza). / (Mec.) Lug, flange. / *Oreja de oso*, Auricula, bear's ear. / *Oreja marina*, (Zool.) Abalone. (N. Cient.) Haliotis cracherodi.

Orejera. f. Earflap, earmuff, earcap. / Earguard (de yelmo). / Moldboard, earthboard (de arado).

Oreo. m. Airing, freshening. / Gentle breeze (brisa suave).

Orfanato. m. Orphanage.

Orfandad. f. Orphanhood. / Orphan's pension (pensión, montepío). / Neglect, abandonment (descuido, abandono).

Orfebrería. f. Gold or silver work.

Orfelinato. m. Orphanage.

Orfeo. n. p. Orpheus.

Orgánico, ca. adj. Organic.

Organillo. m. Barrel organ, hand organ.

Organismo. m. Organism. / Body, organization, institution (cuerpo, organización, institución).

Organización. f. Organization. / Union, society (unión, sociedad). / *Organización obrera*, Labour union. / Order, arrangement (orden, ordenamiento).

Organizado, da. p. adj. Organized. / (Biol.) Organic.

Organizar. v. To organize. / To arrange, to set up (dar un ordenamiento determinado, establecer). / To tune (un órgano). / *Organizarse*, To get organized.

Órgano. m. Organ. / Instrument, medium, agency (instrumento, medio, agente activo).

Orgasmo. m. Orgasm.

Orgía. f. Orgy.

Orgullo. m. Pride. / Arrogance, haughtiness (arrogancia, altivez).

Orientación. f. Orientation, direction, guidance. / (Arq.) Exposure, position (de un edificio). / (Náut.) Trimming (de las velas). / Bearings, position (rumbos, posición). / *Orientación vocacional*, Vocational guidance.

Oriental. adj. Oriental, eastern.

Orientar. v. To orientate, to orient. / To guide, to direct. (Guiar, dirigir). / (Náut.) To trim. (Velas). / *Orientarse*, To orientate oneself. To find one's bearings. (Encontrar el rumbo).

Oriente. m. East (punto cardinal). / n. p. Orient (el este, el brillo de una perla). / East wind (el viento del este). / *Extremo Oriente*, Far East. / (Masonería) Oriente. Eternal Lodge. Grand Lodge.

Orificar. v. To fill with gold (un diente).

Orificio. m. Orifice, hole. / Opening, vent (abertura, cavidad).

Origen. m. Origin. / Source (fuente). / Ancestry (ancestros, origen familiar).

Original. adj. Original (con todas las acepciones de la palabra castellana). / Initial, earliest (el inicial, el del comienzo). / New, fresh, novel (nuevo, fresco, novedoso). / *Una idea original*, A very novel idea. / Authentic, not copied (auténtico, no copiado) / Odd, strange, peculiar (raro, extraño, peculiar). / *Juan es un tipo original*, John is quite an odd character. / Manuscript (manuscrito).

Originalidad. f. Originality, spontaneity, novelty. / Strangeness, oddness, quaintness (una rareza).

Originar. v. To originate. To create, to invent (crear, inventar).

Originario, ria. adj. Originating (que origina, que causa). / Native, descendant, coming from (nativo de, descendiente de, que viene de). / *Michael es originario de Grecia*, Michael is coming from Greece.

Orilla. f. Bank (de un río). Shore (del mar). / Edge (de un objeto o una condición). / Border, margin (borde o límite, margen). / Sidewalk, edge of a road (berma, borde de un camino). / Selvage, border, edge (de una tela). / *A orillas de*, On the border of.

Orín. m. Urine, urines (orina). / Rust (de un material).

Orina. f. Urine.

Orinar. v. To urinate. / (Fam.) To piss.

Oriundo, da. adj. Native, originating, coming from. / *Oriundo de*, Native of, coming from.

Orla. f. Border, edge, selvage, fringe (de telas o vestimentas). / Ornamental border or edge (de imprenta). / Orle (Heráld.).

Ornamentación. f. Ornamentation.

Ornamental. adj. Ornamental.

Ornamentar. v. To adorn, to ornament, to embellish.

Ornato. m. Ornament, finery. Show (galas).

Ornitología. f. Ornithology.

Ornitorrinco. m. Duckbill, ornithorhynchus, platypus.

Oro. m. Gold (metal, color). / Wealth, riches (fortuna, riquezas). / (Her.) Or. / *De oro*, Golden, of gold. / *Patrón oro*, Gold standard.

Orografía. f. Orography.

Orología. f. Orology.

Orondo, da. adj . Pompous, conceited, self-satisfied (pomposo, vanidoso, pagado de sí mismo). / Hollow, swollen, puffed up (esponjado, inflado). / Big-bellied, pot-bellied (un frasco o botella).

Orquesta, f. Orchestra. / Band (banda). / Orchestra pit (el foso de orquesta en un teatro). / *Orquesta de cámara*, Chamber orchestra. / *Orquesta de jazz*, Jazz band.

Ortiga. f. Nettle.

Orto. m. Rise (del sol o un astro).

Ortodoncia. f. Orthodontics, orthodontia.

Ortodoxia. f. Orthodoxy.

Ortogonal. adj. Orthogonal.

Ortografía. f. Orthography, spelling. / (Mat.) Ortho graphy, elevation. / *Ortografía geométrica*, Orthogonal projection, orthographic projection. / *Tener mala ortografía*, To be a poor speller. / *Error de ortografía*, Misspelling.

Ortopedia. f. Orthopedics.

Oruga. f. Rocket. (N. cient.) Eruca longirostris. / Caterpillar (cualquier oruga, incluyendo el sistema de orugas en vehículos).

Orujo. m. Crushed grape skin and stalks (de uvas). / Residue olives after pressing (de aceitunas).

Orvallar. v. To drizzle, to rain lightly.

Orza. f. Earthenware jar (jarro). / (Náut.) Luff, luffing (el rumbo). Centerboard, sliding (de deriva). / *A orza*, Into the wind.

Orzuelo. m. Snare (para pájaros). / Trap (para animales salvajes). / (Med.) Sty.

Os. pron. (pl.) You. / *Os perdono*, I forgive you. / To you. / *Os dejé el libro*, I left the book to you. / From you (con el sentido de quitar, extraer, etc.). / *Os sacaron hasta el último centavo*, They took away the last cent from you.

Osadía. f. Audicity, boldness, daring.

Osado, da. p. adj. Daring, audacious, bold.

Osamenta. f. Skeleton, bones.

Osar. v. To venture, to dare.

Osario. m. Ossuary, charnel house.

Oscilación. f. Oscillation.

Oscilar. v. To oscillate, to swing. / To fluctuate, to change. (Fluctuar, cambiar).

Ósculo. m. Kiss.

Oscurecer. v. V. *Obscurecer*.

Oscuridad. f. V. *Obscuridad*.

Ósmosis. f. Osmosis.

Oso. m. Bear. / *Oso polar*, Polar bear. / *Oso colmenero*, Little anteater. / *Oso gris*, Grizzly.

Ostensible. adj. Ostensible, obvious, patent, manifest.

Ostentación. f. Ostentation, show, boast. / Pomp, luxury (pompa, lujosidad).

Ostentar. v. To make a show of, to brag about, to boast of. / To display, to hold (exhibir, sostener un derecho, un título, etc.).

Otear. v. To survey, to scan. / To observe from a height (observar desde una altura). / To watch, to keep an eye on (vigilar, tener el ojo puesto en algo). / To examine, to inspect (examinar, inspeccionar).

Otero. m. Hill, height, knoll.

Otitis. f. Otitis.

Otoñal. adj. Autumnal.

Otoño. m. Autumn, fall.

Otorgamiento. m. Granting, giving, awarding. / Execution, issuing (de un documento, pago, etc.) / Approval, consent, authorization (aprobación, consentimiento, autorización).

Otorgar. v. To grant, to award, to concede. / (Der.) To execute (un testamento).

Otro, tra adj. y m., f. Other, another. / A different one (uno o una diferente). / The next (el siguiente, el que sigue). / *Al otro día*, The next day. / *El otro día*, The other day. / *Otra cosa*, Another thing. / *Otra vez*, Another time, again, once more.

Ovación. f. Ovation.

Ovacionar. v. To acclaim, to applaud.

Oval, ovalado, da. adj. Oval, egg-shaped.

Óvalo. adj. Oval. / (Arq.) Egg, ovum, egg shaped ornament.

Ovario. m. Ovary. / (Arq.) Molding with egg-shaped ornaments.

Oveja. f. Ewe, female sheep.

Ovillo. m. Ball. / *Hacerse un ovillo*, To hunch oneself up, to crouch.

Ovino, na. adj. y m. Ovine, (pl.) ovinae.

Ovíparo, ra. adj. y m. Oviparous, (pl.) ovípara.

Ovulación. f. Ovulation.

Óvulo. m. Ovule.

Oxidación. f. Oxidation.

Oxidante. adj. Oxidizing. / m. Oxidizer, oxidant.

Oxidar. v. To oxidize. / To rust (el hierro).

Oxidasa. f. Oxidase.

Óxido. m. Oxide.

Oxigenación. f. Oxigenation.

Oxigenado, da. p. adj. Oxygenated.

Oxigenar. v. To oxygenate. / *Oxigenarse*, To become oxygenated. (Fig.) To take some fresh air (tomar aire fresco).

Oxígeno. m. Oxygen.

Oyente. adj. Listening. / m., f. Listener. / Auditor (alumno oyente.) / *Los oyentes*, The audience (de radio, de un concierto, etc.).

Ozono. m. Ozone.

P

Pacer. v. To graze, to pasture.
Paciencia. f. Patience, forbearance.
Pacificar. v. To pacify. / To negotiate a peace (negociar una paz).
Pacífico, ca. adj. Pacific, peaceful.
Pactar. v. To make a pact, to make an agreement. / To agree to (pactar o acordar). / To agree upon (quedar de acuerdo en). / To contract, to stipulate (contratar, estipular).
Padecer. v. To suffer from (sufrir de). / To put up with, to endure, to tolerate, to suffer (aguantar un sufrimiento, soportar, tolerar, sufrir). / To be the victim of (ser víctima de una ilusión, un error, una enfermedad, etcétera).
Padrastro. m. Stepfather. / Hangnail (de la raíz de las uñas).
Padre. m. Father. / Sire, stallion (macho reproductor). / (pl.) Parents, ancestors. Parents (los padres, el padre y la madre). / Fathers (padres de la iglesia, de la Patria, etcétera).
Padrino. m. Godfather. / Sponsor (patrocinador, afianzador, aval). / Second (de un duelo). / (pl.) Godparents (padrino y madrina).
Paganismo. m. Paganism, heathenism.
Pagar. v. To pay. / To pay for (pagar por). / To pay, to return (una visita, un favor). / To requite, to atone, to return (amor, amistad, etc). / To make amends for (reparar, indemnizar). / *Pagarlas*, To pay for it. / *Pagar con la misma moneda*, To pay in the same coin.
Página. f. Page (de libro, revista, etc.). / Folio (de expediente, legajo, manuscrito, etc.).
Paginación. f. Pagination, paging, page numbering.
Paginar. v. To page, to paginate. To number the pages of (numerar las páginas de).
País. m. Country, land, nation, region, territory. / (Pint.) Landscape. / Backing (de abanico).
Paisaje. m. Landscape.
Paja. f. Straw.
Pajar. m. Barn (granero, pajar en un galpón o construcción). / Haystack (pajar, parva de paja o heno al aire libre).
Pajarería. f. Flock of birds. / Bird shop (tienda de pájaros).
Pájaro. m. Bird. / (Fam.) The cock, penis (el gallo, el pene). / *Pájaro bobo*, (Orn.) Penguin. / *Pájaro carpintero*, Woodpecker. / *Pájaro de cuenta*, (Fig.) Big shot.
Paje. m. Page (de la nobleza). / Valet (pajecillo de servicio doméstico). / (Náut.) Cabin boy. / *Paje de armas*, Squire, armourbearer.
Pala. f. Shovel. / Spade (azada). / Peel (paleta de panadero, etc.). / Blade (de espada, azadón, espátula, hélice, etc.). / Flat part (parte plana de un instrumento). / Pelota bat (de pelotari). / Racket (raqueta). / Wamp, upper (de zapatos). / Leaf (de bisagra). / *Pala de timón*, Rudder blade. / *Pala mecánica*, Power shovel.
Palabra. f. Word. / Term (término). / Speech (facultad de hablar). / Promise, assurance (promesa, compromiso). / Right to speak, turn to speak (derecho o turno de hablar).
Palacio. m. Palace, royal residence. / Official building (edificio público especialmente una Corte de Justicia,

Ministerios, etc.). / Mansion, manor (mansión, mansión campestre).
Paladar. m. Palate. / Taste, sensibility (gusto, sensibilidad al sabor). / *Paladar blando*, (Anat.) Soft palate.
Palafito. m. Palafitte.
Palanca. f. Lever (con todas las acepciones de la palabra castellana). / Pole for carrying weights (vara de acarrear pesos). / (Fig.) Influence (influencias). / (Náut.) Clew garnet.
Palatino, na. adj. Palatine. / *Conde palatino*, Count palatine.
Palco. m. Box. / *Palco de platea*, Parterre box. / *Palco escénico*, Stage.
Palenque. m. Paling, fence, palisade. / Enclosure, arena (de torneo o lid).
Paleolítico, ca. adj. y m. Paleolithic, paleolithical.
Palidecer. v. To turn pale, to grow pale. / To pale (poner pálido).
Palidez. f. Pallor, paleness.
Pálido, da. adj. Pale, pallid, wan. / (Fig.) Colourless (incoloro, insípido, se aplica a una novela, una obra teatral, etcétera).
Palingenesia. f. Palingenesis, rebirth, regeneration.
Paliza. f. Beating, thrashing, caning.
Palmada. f. Slap, handclap, clap. / (pl.) Clapping, applause. / *Dar de palmadas a*, To spank, to give a spanking to.
Palmatoria. f. Small candlestick.
Palmera. f. Palm tree.
Palmípedo, da. adj. Webfooted.
Palmo. m. Span, palm. / *Crecer a palmos*, To grow by leaps and bounds. / *Palmo a palmo*, Inch by inch (pulgada a pulgada).
Paloma. f. Pigeon, dove. / (Astron.) Dove, Columba. / (Náut.) Sling (parte media de una jarcia). / *Paloma mensajera*, Carrier pigeon.
Palomar. m. Pigeon house, dovecot.
Palpar. v. To feel, to touch, to grope. / (Med.) To palpate. / To grove or feel one's way (tentar, ir a tientas).
Palpitación. f. Palpitation, beating.
Palpitar. v. To palpitate, to beat.
Pálpito. m. Hunch, idea, presentiment.
Paludismo. m. Malaria.
Palurdo, da. adj. Uncouth, hoarse. / m., f. Rustic, yokel.
Pampa. f. Pampa. Plain. / *La Pampa*, The Pampas.
Pámpana. f. Vine leaf.
Pampero, ra. adj. Pampean. / m. Pampero (el viento de las pampas).
Pan. m. Bread (con todas las acepciones de la palabra castellana). / Loaf, loaf of bread (un pan, una hogaza de pan). / Dough (masa). / Cake (queque, pan de jabón). / Loaf (de azúcar, etc.). / (Fig.) Bread, food, sustenance (el pan, el alimento, el sustento). / *Pan de oro*, Gold leaf.
Panacea. f. Panacea. / *Panacea universal*, Universal panacea or remedy.
Panadería. f. Bakery, baker's shop. / Bread making, job of a baker (oficio del panadero).
Panal. m. Honeycomb. / (Coc.) Sponge sugar bar.
Panamericanismo. m. Pan-Americanism.

Pancarta. f. Poster, placard.
Páncreas. m. Pancreas.
Panda. m. Gallery of cloister (de claustro). / (Zool.) Panda.
Pandereta. f. Tambourine.
Pandilla. f. Gang, band. / Clique, party (facción, partido). / *Una pandilla de adolescentes*, A gang of teenagers.
Pancgírico, ca. adj. Panegyrical. / m. Panegyric, eulogy.
Panel. m. Panel.
Pánfilo, la. adj. Sluggish, slow. / m., f. Sluggard.
Panfleto. m. Pamphlet.
Pánico. m. Panic.
Panocha. m. Corn cob, ear (mazorca). / Panicle. / Panocha, coarse brown sugar (azúcar rubio).
Panoplia. f. Panoply. / Study of ancient weapons (estudio de las armas antiguas). / Display of valuable weapons on a board (tablero de exhibición de armas valiosas).
Panorama. m. Panorama.
Pantalón. m. Trousers, pants, breeches. / *Pantalón bombacho*, Knickers, balloon trousers.
Pantano. m. Swamp, marsh. / *Gas de los pantanos*, Marsh gas.
Pantera. f. Panther.
Pantomima. f. Pantomime.
Pantorrilla. f. Calf.
Pañal. m. Diaper, nappy. / Shirttail (de camisa). / (pl.) Early stages. / *Estar en pañales*, To be in its infancy or early stages, to be inexperienced.
Pañuelo. m. Handkerchief, kerchief.
Papa. m., f. Pope (el jefe de la Iglesia Católica) / (Bot.) Potato (patata). / *Papa dulce*, Sweet potato. / (pop.) False rumor, hoax, lie (rumor falso, infundio, mentira). / Food, grub, din-din (la comida, en lenguaje infantil).
Papá. m. Papa, daddy, father. / *Los papás*, The parents.
Papagayo. m. (Orn.) Parrot. / (Bot.) Joseph's coat. (N. cient.) Amaranthus tricolor. / (Bot.) Caladium. (N. cient.) Caladium bicolor. / (Zool.) Poisonous green snake. / (Ict.) Wrasse (N. Cient.) Labrus bimaculatus.
Papel. m. Paper (con todas las acepciones de la palabra castellana). / Document (documento). / (pl.) Papers, documents (los papeles, los documentos). / ((Teatr.)) Role, part (rol, personaje). / *Desempeñar un papel*, To play as.
Papelera. f. Paper mill (fábrica de papel). / Stationery shop (tienda de artículos de escritorio).
Papera. f. (Med.) Goiter (a las articulaciones). / (pl.) Mumps (tiroidal). Scrofula. / (Veter.) Glanders, farcy.
Papila. f. Papilla.
Papilla. f. Pap, soft food.
Papiro. m. Papyrus.
Paquete. adj. Spruce, elegant, pompous. / m. Package, parcel, bundle (un paquete, bulto). / (Náut.) Packet, packet boat.
Paquidermo, a. adj. Pachydermous. / m. Pachyderm.
Par. m. Pair (dos, un par, que hacen par). / Equal, alike (igual, semejante). / (Mat.) Even (número par, parejo). / (Zool.) Paired (en pareja, apareados). / Pair, couple (un par, una pareja). / Peer (de la nobleza). / (Arq.) Principal rafter (viga principal). / (Electr., Mec.) Couple.
Para. prep. For, to. / *Este vino es muy adecuado para la veluda*, This wine is very fashionable for the evening. / *Ese tipo no sirve para nada*, That guy is good for nothing. / For, on behalf of. / *Una colecta para los pobres*, A collection on behalf of the poor. / In order to,

to, for. / *Hay que trabajar para vivir*, One must work to live. / *Es un furgón muy bueno para viajes largos*, It is a very good van for travelling long trips. / Towards, to (en dirección a, a). / *Falta un cuarto para las nueve*, It is a quarter to nine. / *¿Para qué?* What for? / *Para siempre*, Forever.
Parábola. f. Parable (en retórica). / (Geom.) Parabola.
Parabólico, ca. adj. Parabolical, allegoric. / (Geom.) Parabolic.
Parabrisas. m. Windscreen, windshield.
Paracaídas. f. Parachute.
Paracaidista. m., f. Parachutist. / (Mil.) Paratrooper.
Parada. f. Stop, halt. / Stopping, halting (acción de parar o detenerse). / Stopping-place (lugar de detención de un vehículo). / Break, pause (descanso, pausa, especialmente en música). / Post station (de postas). / (Esgr.) Parry. / (Mil.) Parade, review. / *Parada de taxis*, Taxi stand.
Paradigma. m. Paradigm, example.
Paradisíaco, ca. adj. Paradisiac, paradisiacal, paradisaical.
Paradoja. f. Paradox.
Paraguas. m. Umbrella.
durazno o melocotón).
Paraíso. m. Paradise. / (Teatr.) Top gallery, paradise. / Bliss (dicha). / (Bot.) Chinaberry, azederach.
Paraje. m. Place, spot.
Paralelismo. m. Parallelism.
Paralizar. v. To paralyze, to immobilize, to stop.
Parangón. m. Comparison, parallel.
Parangonar. v. To compare, to parallel. / (Impr.) To align, to line up (los tipos).
Paranoia. f. Paranoia.
Parapsicología. f. Parapsychology.
Parar. v. To stop, to halt. / (Esgr.) To parry (parar un golpe, una estocada). / (Impr.) To set (los tipos). / To prick up (las orejas). / To end up, to land up (ir a parar a un sitio, a las manos de uno, etc.). / To lodge, to stay at (alojarse, quedarse en). / *Sin parar*, Without stopping, unceasingly, ceaselessly. / *Parar en seco*, To stop dead.
Parasitario, ria. adj. Parasitic, parasitary, parasitical.
Parasitismo. m. Parasitism.
Parásito, ta. adj. Parasitic, parasitical. / m. Parasite. / (Transmisiones electromagnéticas) Atmospheric noises, parasite waves. / *Parásitos atmosféricos*, Atmospherics, static.
Parasol. m. Parasol, sunshade. / (Bot.) Umbel.
Parcela. f. Plot, lot, parcel of ground. / Particle (trozo, partícula).
Parcial. adj. Partial, incomplete. / Part (en parte). / *Pago parcial*, Part payment. / Biased, partial (favoritista, parcial). / *A tiempo parcial*, Part-time. / Partisan, follower (partidario, seguidor de).
Parear. v. To pair, to match. / To put in pairs, to pair off (poner en pares). / To couple (aparear).
Parecer. m. Appearance, looks (apariencias, el parecer o aspecto de una persona). / Opinion, way of thinking, mind (opinión, modo de pensar). / *A mi parecer*, In my opinion. / *Cambiar de parecer*, To change one's mind. / v. To appear as, to seem, to look like (aparecer como, semejar, verse como). / To look alike, to resemble one another (verse parecidos, asemejarse). / *Estos hermanos se parecen mucho*, These brothers look very much alike. / *Parecerse a*, To look like, to be like, to resemble. / *Al parecer*, Apparently. / *¿Qué le parece?*, What do you think of that?
Pared. f. Wall.
Pareja. f. Couple (con todas las acepciones de la pala-

bra castellana). / Pair, team (un par, una pareja de acción). / Brace, yoke (un par de unidades, una yunta). / Partners (parceros, compañeros de trabajo). / Dancing partners (pareja de baile). / Doubles (en deporte).

Paréntesis. f. Parenthesis, parenthetical statement. / (Gram.) Bracket. / (Fig.) Break, pause, interval (interrupción, pausa, intervalo).

Parir. v. To give birth, to bear, to bring forth.

Parlamentar. v. To parley, to confer, to discuss. / To talk, to converse (hablar, conversar).

Parlamentario, ria. adj. Parliamentary. Member of parliament (miembro del parlamento). / Parleyer, negotiator (el que parlamenta, negociador). / (Mil.) Flag of truce (bandera blanca, bandera de parlamento).

Parlamento. m. Parliament (el Congreso). / Parleying, parley (la acción de parlamentar). / Speech, address (discurso, pieza oratoria).

Paro. m. Stop, stoppage (del trabajo o los trabajadores). / Lockout (de los empleadores). / (Orn.) Titmouse. / *Paro legal,* Legal strife.

Paroxismo. m. Paroxysm.

Parpadeo. m. Blinking, winking.

Párpado. m. Eyelid.

Parque. m. Park, garden. / Park, supplies, equipment (abastecimientos, equipos). / Parking area (parque o área de estacionamiento). / *Parque de artillería,* Gun park. / *Parque zoológico,* Zoo, zoological gardens.

Párrafo. m. Paragraph. / Chat (charla entre amigos). / *Echar un párrafo,* To have a chat.

Parricida. adj. Parricidal. / m., f. Parricide.

Parrilla. f. Gridiron, grill broiler. / Grate (de horno).

Párroco. m. Parson, parish priest.

Parroquia. f. Parish. / Parishioners (los feligreses o los parroquianos en conjunto). / Customers, clientele (parroquianos, clientes habitua-les).

Parte. m. Part, fragment, fraction. / Share, portion (parte a compartir, porción). / Place, spot (lugar, punto). / Party (en un juicio o un contrato). / (Teatr.) Role.

Partición. f. Division, partition, separation. / (Mat.) Division.

Participante. adj. Participating, sharing. / m., f. Participant, participator, sharer. / Notifier (el que notifica).

Participio. m. Participle.

Particular. adj. Particular (con todas las acepciones de la palabra castellana). / Special, peculiar, extraordinary (especial, peculiar, extraordinario). / *Es algo muy particular,* It's something very special. / Private, personal. / m., f. Private person, individual (un particular, una persona, un individuo). / Subject, item, matter (asunto, ítem, tema). / *Hablemos de ese particular,* Let's talk about that subject.

Partidismo. m. Partisanship.

Partido, da. p. adj. Divided, cleft, broken. / (Her.) Party, parted. / (Bot., entom.) Partite, divided. / m., f. (Polít.) Party, group, faction (partido, grupo, facción). / Match, game (encuentro, juego). / Profit, advantage (provecho, ventaja). / *Sacar partido de,* To profit from. / *Tomar partido,* To decide, to make up one's mind, to take sides.

Partir. v. To split, to divide. / To cleave, to break, to crack (hender, romper, fracturar). / To distribute, to share (distribuir, compartir). / (Mat.) To divide. / To depart, to leave, to set out (partir de un lugar, irse, salir). / *A partir de,* Since, from. / *No la volvió a ver a partir de entonces,* Since then he never saw her again.

Partitura. f. Score.

Parto. m. Delivery, chilbirth, parturition. / *Estar de parto,* To be in labour. / *Parto prematuro,* Premature birth.

Parturienta, parturiente. adj. Parturient. / m. Woman in labour.

Parvo, va. adj. Small, little.

Párvulo, la. adj. y m., f. Innocent, simple. / Small child, tot (niñito, infante).

Pasa. f. Raisin. / *Pasa de Corinto,* Currant. / *Ciruela pasa,* Dried plum.

Pasacalle. m. Twostep, passacaglia.

Pasadizo. m. Passage, corridor, alley.

Pasado, da. m. Past. / *El pasado, pasado está,* Past is past. / adj. Past, gone by, elapsed. / Outmoded, antiquated (pasado de moda, anticuado). / Boiled (un huevo hervido). / Rotten, overripe (una fruta). / Spoiled, sour, curdled (podrido, agrio, agrumado —la carne, la leche, etc.-). / Stale (pan, queso). / Rancid (mantequilla). / Rotten (huevos). / Overcooked, overdone (recocido). / Last (año, semana). / (Gram.) Past tense. / *Pasado mañana,* The day after tomorrow. / *Pasado meridiano,* Post meridian.

Pasaje. m. Passage, pass. / Way, road (vía, camino a través de serranías, montañas, etc.). / Alley (entre dos calles, entre edificios, etc.). / (Náut.) Channel, strait, narrow (canal, estrecho, angostura). / Fare, passage, ticket (valor del pasaje, boleto, un pasaje). / Passage (de un texto). / Passengers (los pasajeros). / (Mús.) Passage, flourish. / (Mús.) Transition, modulation of sound (modulación del sonido).

Pasajero, ra. adj. Passing, transient, fleeting. / m., f. Passenger, traveler.

Pasaporte. m. Passport. / (Mil.) Furlough (salvoconducto, permiso de paso o salida). / (Fig.) Carte blanche, full discretionary powers (carta blanca, poderes plenos y discrecionarios).

Pasar. v. To pass (con todas las acepciones de la palabra castellana). / To transfer, to hand (transferir, pasar con la mano). / To pass on, to communicate (una voz, un dato, un contagio, etc.). / To carry across (pasar o llevar algo a través de un lago, una frontera, dificultades, etc.). / To spend (el tiempo, unas vacaciones, etc). / To pass (pasar o aprobar un examen). / To cross, to go over (cruzar, ir a través de). / To go or pass through, to penetrate, to pierce (pasar a través, penetrar, perforar). / To go beyond (pasar más allá de lo correcto, de la frontera, etc.). / To smuggle in (pasar contrabando). / To circulate (moneda falsificada). / To undergo, to suffer (pasar, soportar privaciones, penas, etcétera).

Pasarela. f. Footbridge, catwalk (sobre un río o una zanja). / Plank, bridge (de un barco).

Pascua. f. Easter (de resurrección). / Christmas (de Navidad). / Pentecost, Epiphany (de Pentecostés, de Epifanía).

Pasear. v. To promenade, to stroll, to take a walk.

Paseo. m. Walk, stroll. / Trip, excursion. / Walk, promenade, avenue (lugar de paseo, avenida).

Pasillo. m. Short step. / Passage, corridor (pasaje, corredor).

Pasión. f. Passion (con todas las acepciones de la palabra castellana). / Enthusiasm, vehemence (entusiasmo, vehemencia). / *La Pasión,* Passion. / *Tener pasión por,* To have a passion for.

Pasivo, va. adj. Passive (con todas las acepciones de la palabra castellana). / Unresisting, unresponsive (sin oponer resistencia, sin participar). / *Resistencia pasiva,* Passive resistance. / (Com.) Liabilities. / *Pasivo exigible,* Current liabilities. / *Pasivo fijo,* Capital liabilities.

Pasmar. v. To stun, to astound, to leave dumbfounded. / To wither, to freeze, to blight (plantas).

Pasmoso, sa. adj. Astonishing, amazing.

Paso. m. Step. / Pace (movimiento y modo del paso, medida de un paso). / Step, movement towards (paso, movimiento hacia). / Gait, walk (paso, modo del paso de un caballo). / Passing, passage, crossing (el acto de pasar, el cruce de). / Pass (un paso o abertura de paso). / (Geogr.) Strait (estrecho, paso entre arrecifes, etc.). / (pl.) Steps, measures, negotiations (pasos, medidas negociaciones). / Footprint (huella, marca de pisada). / Promotion, passing (promoción, paso de grado). / (Mec.) Pitch (de un perno, tuerca, etc.).

Pasquín. m. Poster. / Scandal sheet, low-grade newspaper (diario escandaloso, periódico de mala clase).

Pasta. f. Paste. / *Pasta dentífrica*, Toothpaste. / (Coc.) Pastry (pastelería). / (Coc.) Pasta (spaghetti, macaroni, etc). / (pl.) Spaghetti, macaroni, ravioli (en general). / Makings, qualities (hechuras, calidad). / *Tiene pasta de campeón*, He has the makings of a champion. / Pulp (pulpa, pasta, masa).

Pastar. v. To graze, to pasture.

Pastel. m. (Coc.) Pastry, pie, cake. / Pastel (crayon, color, dibujo, etc). / (Bot.) Dyer's weed.

Pasteurización. f. Pasteurization.

Pastor, ra. m., f. Shepherd (hombre). Shepherdess (mujer). / Pastor, parson, parish priest (pastor, religioso protestante, párroco). / *Perro pastor*, Sheep dog.

Pastoral. adj. Pastoral. / Rustic, bucolic, idylic. / f. Pastoral. / Pastoral, pastorale (Mús. y lit.).

Pata. f. Paw (de felino). / Foot (pie). / Leg (pierna, pata de animal, de mueble, etc.). / (Orn.) She-duck (pato hembra). / *En cuatro patas*, On all fours, crawling. / *Meter la pata*, To put one's foot in. / *Pata de gallo*, (Bot.) Crowfoot. (N. Cient.) Ranunculus muricatus (Fam.) Crow's-foot, wrinkle around the eye (arrugas en torno de los ojos).

Patada. f. Kick, stamp with the foot. / *Darle a uno una patada*, To kick someone.

Patanería. f. Uncouthness, vulgarity, boorishness, incivility.

Patata. f. Potato / *Patata dulce*, Sweet potato, yam.

Patear. v. To kick. / To treat rudely (tratar con rudeza). / To stamp the feet in disapproval (golpear el suelo con los pies en señal de protesta). / To kick (un caballo, un arma de fuego, etc.).

Patena. f. Medallion. / Paten (de iglesia).

Patentar. v. To patent.

Patentizar. v. To make patent, to make evident.

Paternal. adj. Paternal, fatherly.

Paternidad. f. Paternity, fatherhood. / Authorship (autoría).

Patético, ca. adj. Pathetic, moving.

Patetismo. m. Pathos.

Patíbulo. m. Scaffold, gallows.

Pátina. f. Patina.

Patinaje. m. Skating. / *Patinaje artístico*, Figure skating. / *Patinaje de velocidad*, Speed skating. / Skidding (patinazo de un vehículo).

Patinar. v. To skate (con patines). / To skid, to slide, to slip (resbalar, deslizarse).

Patio. m. Yard, courtyard, court, quadrangle. / (Teatr.) Pit, stalls, orchestra. / *Patio de butacas*, Orchestra, parterre. / *Patio de carga*, Freight yard. / *Patio de recreo*, Playground.

Pato. m. Duck-drake. / *Pato flojel*, Eider, eider duck.

Patria. f. Country, native land. / *Madre patria*, Motherland. / *Patria chica*, Home town, native region.

Patriarca. m. Patriarch.

Patrimonio. m. Patrimony, inheritance.

Patriotismo. m. Patriotism.

Patronímico, ca. adj. Patronymic, surname.

Patrono, na. m., f. Ver *Patrón*.

Patrulla. f. Squad, patrol.

Patrullar. v. To patrol.

Paulatino, na. adj. Slow, gradual.

Pausa. f. Pause, break, interval. / (Mús.) Rest (descanso). / *A pausas*, At intervals. / *Con pausa*, Slowly, calmly.

Pausado, da. adj. Calm, deliberate. / adv. Slowly, deliberately.

Pausar. v. To make pauses in. / To rest, to slow down (descansar, disminuir la rapidez). / To hesitate (dudar).

Pava. f. Turkey hen. / Kettle (tetera para hervir agua).

Pavesa. f. Ember, hot cinders (brasa, cenizas ardientes). / Burnt candlewick (pabilo quemado de bujía). / Spark (chispa).

Pavo. m. Turkey. / (Fam.) Dull, colourless person (persona boba, sosa, insípida). / Stowaway (polizón, viajero escondido). / (Ict.) Peacock fish. / Large kite (gran volantín o cometa de papel). / *Pavo real*, Peacock. / *Pavo ruante*, (Her.) Strutting peacock. / *Pavo silvestre*, Wood grouse.

Pavor. m. Terror, fear, fright.

Payaso. m. Clown. / Show-off (el que se hace el gracioso).

Paz. f. Peace (con todas las acepciones de la palabra castellana). / Peacefulness, tranquility (apacibilidad, tranquilidad). / Pax (paz romana, paz de Dios). / *Estar en paz*, To be at peace. / (Fig.) To be even, to be quits (estar a la par, estar con las cuentas justas). / *Hacer las paces*, To make peace (Fam.) To make up (después de un disgusto).

Pazguato, ta. adj. Simple, foolish. / m., f. Simpleton, fool, dolt.

Peaje. m. Toll, ferriage.

Peana, peaña. f. Base, pedestal, stand. / Altar platform, altar step (plataforma o peldaño del altar).

Peatón, na. m., f. Pedestrian, walker.

Peca. f. Freckle (peca). / Speck, spot (manchita, lunar en la piel).

Pecado. m. Sin, guilt. / Defect, fault (defecto, falta).

Pecar. v. To sin. / To transgress (transgredir). / *Pecar de*, To be too much. / *Pecar de confiado*, To be overconfident.

Pecera. f. Fish bowl, aquarium.

Peciento, ta. adj. Pitch, pitch-coloured. (Anat.) Pectoral muscle.

Peculiar. adj. Peculiar, characteristic, innate.

Pecunia. f. Money, cash.

Pecho. m. (Anat.) Chest, breast. / (Anat.) Bosom, teat (los pechos de la mujer). / (Fig.) Bosom, chest (el pecho, el lugar donde se sienten las emociones). / Short steep slope or incline (declive empinado). / *Dar pecho a un niño*, To breast-feed a child.

Pedagogía. f. Pedagogy, teaching.

Pedagógico, ca. adj. Pedagogic, pedagogical.

Pedal. m. Pedal. / (Mec.) Treadle. / *Pedal de sordina*, (Mús.) Soft pedal.

Pedalear. v. To pedal.

Pedantería. f. Pedantry, flaunted eruditon.

Pederasta. m. Pederast.

Pedernal. m. Flint.

Pedestal. m. Pedestal, stand, base support. / *Pedestal de chumacera*, (Mec.) Bearing pedestal.

Pediatría. f. Pediatrics.

Pedido. m. Request, petition. / (Com.) Order, purchase (orden, orden de compra). / *A pedido de*, At the request of.

Pedir. v. To ask. / To request (solicitar, requerir). / To bid (pedir con autoridad, mandar hacer). / To demand, to call for (demandar, reclamar, pedir a voces). / To order (ordenar en un restaurant, una tienda, etc.). / To ask the hand of (pedir la mano). / *A pedir de boca*, Just as desired. / *Pedir prestado*, To borrow (una cosa). To ask for a loan (pedir un préstamo -de dinero-).

Pedo. m. Fart.

Pedregal. m. Stony ground.

Pedregoso, sa. adj. Stony, rocky. / (Med.) Suffering from gallstone. / Gallstones patient.

Pegado, da. p. adj. Close together (muy junto). / Glued to, tied to (pegado o adherido a, vinculado o atado a).

Pegajoso, sa. adj. Sticky, adhesive, clammy. / Catching, contagious (que se pega, contagioso). / (Fam., Fig.) Cloying (hostigoso, una persona demasiado amistosa o zalamera).

Pegamento. m. Glue, adhesive cement.

Pegar. v. To glue, to stick, to cement. / To paste (añadir, agregar, pegar con engrudo). / To fasten, to unite (sujetar, unir). / To sew, to stitch on (coser, hilvanar). / To put close together (poner muy junto). / To pass on (contagiar). / To hit, to beat, to strike (golpear, asestar, dar golpes, pegar en el blanco, etc.). / To give (dar un golpe, una palmada, etc.-). / *Pegar fuego a*, To set fire to. / *Pegar un grito*, To shout, to scream.

Peinar. v. To comb (pasar el peine o peineta). / To dress, to do, to fix (el cabello). / To touch, to rub slightly (tocar, rozar levemente). / (Fig.) To comb, to search throughly (peinar, registrar cuidadosamente).

Peine. m. Comb. / Comb, card (peine o carda para fibras textiles). / Reed (de telar). / (Anat.) Hypogastrium (parte inferior central del abdomen).

Pelado, da. p. adj. y m. Hairless, bald (sin pelo). / Bare, barren, treeless (pelado, yermo, sin árboles -un terreno-). / Meatless (hueso sin carne). / (Fam.) Penniless, broke (sin un céntimo).

Pelágico, ca. adj. Pelagic, oceanic.

Pelambrera. f. Thick body hair (el pelo del cuerpo). / Baldness (calvicie).

Pelar. v. To peel (quitar la piel, el hollejo, etc.). / To pluck (desplumar). / To bark (descortezar). / To skin (desollar). / (Fam.) To clean out (dejar sin dinero, ganar en el juego). / *Pelarse*, To go bald (quedarse calvo). / To peel (despellejarse, como en la playa).

Peldaño. m. Step.

Pelea. f. Fight (lucha, lid). / Struggle (esfuerzo, lucha, combate). / Quarrel, dispute (riña, disputa).

Pelear. v. To fight. / To struggle, to contend (luchar, contender). / To quarrel (reñir).

Película. f. Film, pellicle. / Skin (hollejo, película que envuelve). / (Fotogr.) Film. / (Cinem.) Film, picture, movie.

Peligrar. v. To be in danger, to peril.

Pelirrojo, ja. adj. Red-haired, ginger-haired. / m., f. Redhead, carrot-top.

Pelo. m. Hair. / Fur (de animales, piel peluda). / Down (de frutas).

Pelota. f. Ball. / Sphere (esfera). / Balloon (globo). / *Jugar a la pelota*, To play ball. / (pl.) Balls, testicles. / *En pelota*, Naked, stripped (desnudo, sin ropas). / *Dejar en pelota*, To strip, to undress (quitarse las ropas, desnudarse). / (Fig.) To clean out, to leave penniless (limpiar de dinero, dejar sin un céntimo).

Pelotón. m. Large ball, lump (bola, grumo). / Tuft of matted hair (de pelo). / (Mil.) Squad, platoon. / *Pelotón de fusilamiento*, Firing squad.

Peluca. f. Wig, touppe.

Peluche. m. Plush.

Pellejo. m. Skin (piel, sobre todo la humana). / Hide, rawhide (cuero, cuero crudo).

Pellizcar. v. To pinch, to nip. / To take a pinch of (sacar una pizca de).

Pellizco. m. Pinch, nip. / Small portion (porción pequeña).

Penar. v. To punish, to chastise, to penalize. / To suffer (sufrir, especialmente de amores).

Pendejo. m. Pubic hair (vello púbico). / (Fam.) Kid (chiquillo).

Pendencia. f. Quarrel, fight, dispute. / (Der.) Pending suit.

Pendiente. adj. Pendent, hanging (colgado). / Pending, unresolved (pendiente, sin decidir). / *Estar pendiente de*, To hang on / m. Drop earring, pendant (pendiente, aro de mujer). / Slope, dip (declive, caída -de un techo, un faldeo de monte, etc.-).

Pendón. m. Standard, pennon, banner.

Pendular. adj. Pendulous.

Péndulo, la. adj. Hanging, pendent. / m. Pendulum.

Pene. m. Penis.

Penetrar. v. To penetrate. / To enter, to go into (entrar, meterse). / To permeate, to pervade (permear, impregnar). / (Fig.) To pierce, to penetrate (el viento, un grito, la angustia). / (Fig.) To fathom, to get to the bottom of (sondear, llegar al fondo de).

Penicilina. f. Penicillin.

Penitenciaría. f. Penitentiary, prison, jail.

Penitente. adj. Penitent, repentant, contrite. / m., f. Penitent, repenter.

Pensado, da. p. adj. Thought-out, devised, premeditated.

Pensamiento. m. Thought, idea. / Thinking, faculty of thought (el pensar, la facultad de pensar). / (Bot.) Pansy.

Pensar. v. To think (con todas las acepciones de la palabra castellana). / To think over, to consider, to study. / *Estoy pensándolo*, I'm thinking it over. / To think of, to intend to (pensar hacer algo, proponerse hacer algo). / *Sin pensar*, Without thinking, thoughtlessly.

Pensar. v. To feed (dar pienso a los animales).

Pensión. f. Pension, allowance, annuity. / Cheap hotel for students (hotel barato para estudiantes). / Boarding house (casa de pensión, residencial de alojados).

Pentagrama. m. Staff, stave.

Penúltimo, ma. adj. Penultimate.

Peña. f. Rock, boulder. / Crag, craggy mountain (montaña abrupta, peñascosa). / Group, circle (grupo, círculo de amigos).

Peón. m. Labourer, worker (obrero, trabajador). / Foot soldier, infantryman (soldado de a pie, infante). / Pawn (de ajedrez). / Man (en el juego de damas). / (Mec.) Axle, spindle (eje, pivote). / *Peón caminero*, Road worker, road labourer.

Pequeñez. f. Smallness. / Trifle, unimportant thing (cosa sin importancia). / Smallness, pettiness, meanness (pequeñez, mezquindad, ruindad).

Pequeño, ña. adj. Small, little. / Young (joven). / (Fig.) Humble, modest (humilde, modesto). / m., f. Child (niño o niña).

Pera. f. Pear. / Goatee, imperial (de la barba).

Percance. m. Mishap, mischance, accident. / (pl.) Perquisites (bonos).

Percepción. f. Perception, sensing.

Percibir. v. To perceive, to sense. / To collect, to receive (cobrar, recibir).

Percusión. f. Percussion, impact.

Percusor. m. Firing pin (aguja del disparador). / Percussor, percussion hammer (percutor, martillo de un arma de fuego). / Percussor, striker (el que golpea).
Perder. v. To lose (con todas las acepciones de la palabra castellana). / To mislay (un objeto). / To waste (perder, desperdiciar el tiempo, una ocasión, alimentos, etc.). / To miss (el autobús, el tren, oportunidad, etc.). / To forget (olvidar lo que se había aprendido). / To ruin, to cause the ruin of (arruinar, causar la ruina de).
Pérdida. f. Loss. / Waste, damage (desperdicio, deterioro). / (Com.) Shrinkage. Shortage, leakage (lo que falta, lo que se pierde). / *Ir a pérdidas y ganancias*, To share profit and loss. / *Es una pérdida de tiempo*, It's a waste of time.
Perdido, da. p. adj. Lost (con todas las acepciones de la palabra castellana). / Mislaid (extraviado un objeto). / Wasted (desperdiciado). / Damned (condenado). / Misguided, dissolute (extraviado, disoluto). / Stray (un animal, una bala, etc.). / (Fam.) Inveterate (empedernido). / *Ser un perdido*, To be a wastrel, a rake, a dissolute person. / *Una perdida*, Loose woman. Harlot (prostituta).
Perdón. m. Pardon, forgiveness. / Grace, reprieve (gracia, condonación). / *Con perdón de usted*, By your leave.
Perdonar. v. To pardon, to forgive, to excuse. / To forego (un privilegio). / To exempt, to spare (eximir, exceptuar).
Perecer. v. perish. / To end, to die (terminar, morir).
Peregrinar. v. To peregrinate, to journey, to go on a pilgrimage.
Peregrino, na. adj. Traveling, journeying. / Pilgriming (que va de peregrino). / Migratory bird (pájaro migratorio). / Strange, singular, rare, odd (extraño, singular, raro, desigual). / Fine, perfect, beautiful (de buena calidad, perfecto, bello). / m., f. Pilgrim, traveler (un peregrino, un viajero).
Perenne. adj. Perennial, perpetual.
Pereza. f. Laziness, sloth. / Slowness (lentitud).
Perfección. f. Perfection, perfectness. / Beauty, grace (belleza, gracia).
Perfeccionar. v. To perfect, to improve, to finish. / (Der.) To fulfill requisites (cumplir los requerimientos).
Perfecto, ta. adj. Perfect. / (Gram.) Perfect tense.
Pérfido, da. adj. Perfidious, treacherous. / m., f. Perfidious person.
Perfil. m. Profile. / Side view, cross section (vista lateral, vista en corte). / (pl.) Outline, sketch (delineado, boceto). / *De perfil*, Sideways, profile. / *Perfil aerodinámico*, Streamlining. / *Perfil estratigráfico*, (Geol.) Stratigraphic logging.
Perfilar. v. To profile, to outline.
Perforación. f. Perforation, piercing. / Drilling, boring (acción de taladrar o perforar). / Hole, puncture (hoyo, agujero).
Perforar. v. To perforate, to pierce. / To drill, to bore (taladrar, abrir agujeros).
Perfumado, da. p. adj. Perfumed, sweet-smelling.
Perfumar. v. To perfume. / To exhale perfume (exhalar).
Perfume. m. Perfume, fragrance, sweet smell.
Pérgola. f. Pergola, arbour, bower. / Roof garden (jardín techado).
Pericardio. m. Pericardium.
Pericarpio. m. Pericarp.
Pericia. f. Skill, expertness, proficiency, know-how.
Perímetro. m. Perimeter.
Periodicidad. f. Periodicity.

Periodismo. m. Journalism.
Periodista. m., f. Journalist. / Reporter (reportero). / Newspaperman (hombre). Newspaperwoman (mujer).
Período. m. Period, space of time. / Age, era, epoch (edad, era, época). / (Educación) Term.
Peripecia. f. Vicisitude, change of fortune (viscisitud, cambio de suerte). / Peripeteia (en teatro).
Periscopio. m. Periscope.
Perito, ta. adj. Experienced, skilled. / m., f. Expert, connoisseur.
Perjudicar. v. To harm, to injure. / To impair, to damage (bajar el valor, averiar).
Perjuicio. m. Harm, injury, damage, detriment.
Perjurar. v. To commit perjury, to forswear.
Perjurio. m. Perjury.
Perla. f. Pearl. / (Her.) Pairle, pall, shakefork.
Permanecer. v. To stay, to remain.
Permanente. adj. y f. Permanent. / Permanent wave (de cabellos).
Permeabilidad. f. Permeability.
Permeable. adj. Permeable.
Permitir. v. To permit, to allow. / To grant, to admit (conceder, admitir). / To tolerate, to consent (tolerar, consentir).
Permuta. f. Exchange, permutation, interchange. / Barter (trueque).
Permutación. f. Exchange. / Permutation (en matemáticas). / Interchange, barter (intercambio, trueque).
Permutar. v. To exchange, to interchange, to permute, to barter.
Pernada. f. (Náut.) Leg, branch (pierna, brazo de algo). / (Fam.) A pretty pair of legs (un bonito par de piernas).
Pernicioso, sa. adj. Pernicious, harmful, injurious.
Pernoctar. v. To spend the night, to stop for the night.
Peroné. m. Fibula.
Perorar. v. To perorate, to make a speech.
Perpendicular. adj. Perpendicular.
Perpetración. f. Perpetration.
Perpetrar. v. To perpetrate, to commit.
Perpetua. f. Globe amaranth. / *Perpetua amarilla*, Everlasting flower.
Perpetuar. v. To perpetuate.
Perplejidad. f. Perplexity, confusion, bewilderment.
Perplejo, ja. adj. Perplexed, confused, bewildered.
Perro, rra. m., f. Dog. / *Perro cobrador*, Retriever. / *Perro faldero*, Lapdog. / *Tratar como a un perro*, To treat like a dog. / adj. Rotten, mean, miserable, hard (corrupto, malvado, miserable, duro). / *Perro mundo*, Rotten world. / Stubborn, tenacious (porfiado, tenaz).
Persecución. f. Pursuit, chase. / (Fig.) Annoyance, harassing, pestering (fastidio, molestia, majadereo).
Perseguir. v. To pursue, to chase, to run after. / To persecute (perseguir injustamente).
Perseverar. v. To persevere, to persist.
Persignar. v. To make the sign of the cross on.
Persistencia. f. Persistence, obstinacy.
Persistir. v. To persist.
Persona. f. Person (con todas las acepciones de la palabra castellana). / Individual, character (individuo, personaje). / (pl.) People (gente).
Personaje. m. Personage, personality (un personaje, una personalidad). / Character (personaje de una historia u obra teatral).
Personificar. v. To personify.
Perspectiva. f. Perspective. / Panorama, view (panorama, vista). / Outlook, prospect (perspectivas a futuro, prospecto).

Perspicaz. adj. Perspicacious, shrewd, keen-sighted.
Persuasión. f. Persuasion, conviction.
Pertenecer. v. To belong, to pertain.
Pertenencia. f. Belonging. / Property, possession (propiedad, posesión).
Pertinente. adj. Pertinent, relevant, appropriate. / Concerning, pertaining (concerniente a, perteneciente a).
Pertrechar. v. To equip, to supply.
Perturbar. v. To disturb, to perturb. / To interrupt (interrumpir).
Perversidad. f. Perversity, wickedness.
Pervertir. v. To pervert, to corrupt, to deprave.
Pesa. f. Weight. / Counterweight (de contrapeso).
Pesadilla. f. Nightmare.
Pesado, da. p. adj. Heavy, weighty. / Obese, corpulent, massive (obeso, corpulento, de gran masa). / Deep (el sueño). / Dull, tiresome, irritating (aburrido, cansador, molesto).
Pesadumbre. f. Grief, pain, sorrow, regret. / Heaviness, weight (sensación de peso, peso).
Pésame. m. Condolences.
Pesar. m. Sorrow, grief. / Regret, repentance (remordimiento, arrepentimiento). / *A pesar de*, In spite of, notwithstanding. / *A pesar de todo*, Nevertheless. / v. To weigh. / (Fig.) To examine, to consider, to ponder (examinar, considerar, ponderar). / To have weight (tener peso).
Pescar. v. To fish. / To fish for (estar a la pesca de). / To catch (atrapar, coger). / To get, to obtain, to manage to get (lograr, obtener, arreglárselas para conseguir). / (Fam.) To hook (enganchar, echar el anzuelo a). / To angle (pescar con anzuelo).
Pescuezo. m. Neck, throat.
Pesimismo. m. Pessimism.
Pesimista. adj. Pessimistic. / m., f. Pessimist.
Peso. m. Weight. / Heaviness (un peso, sensación de peso). / Scales, balance (balanza). / Importance, influence (importancia, influencia). / Burden, load (gravamen, carga). / Peso (unidad monetaria).
Pesquisar. v. To inquire into, to investigate.
Pestaña. f. Eyelash. / Fringe, edging (reborde, borde). / Edge, border (de una lámina o plancha de metal). / Rim (de rueda). / (Pl.) (Bot.) Cilia, hairs. / (Mec.) Flange.
Peste. f. Plague, pest. / Stench, stink, foul smell (fetidez, mal olor). / *Peste bubónica*, Bubonic plague. / *Peste negra*, Black Death.
Pesticida. f. Pesticide.
Pestilente. adj. Stinking, foul, pestilent, pestiferous.
Pétalo. m. Petal.
Petardo. m. Petard, bomb.
Petición. f. Petition, request. / (Der.) Claim, demand. / Prayer (plegaria). / *Petición de mano*, Asking for the hand.
Petróleo. m. Petroleum. Petrol. Oil. / *Petróleo crudo*, Crude oil. / *Petróleo combustible*, Fuel oil.
Petulancia. f. Presumptuousness, arrogance, haughtiness.
Pez. m. Fish. / (Pl.) (Astron.) The Fishes, Pisces. / Pitch, tar (alquitrán). / Bitumen (betún). / (Med.) Meconium.
Pezón. m. Nipple. / (Bot.) Stalk, stem.
Pezuña. f. Hoof.
Piadoso, sa. adj. Merciful, compassionate. / Pious, devout (pío, devoto).
Pianista. m., f. Pianist, piano player. / Piano manufacturer or dealer.
Piano. m. Piano. / *Piano de cola*, Grand piano. / *Piano vertical*, Upright piano. / adj. y adv. Piano, softly (piano, suavemente).

Piar. v. To chirp, to peep.
Picadura. f. Bite, sting (de insecto). / Peck, prick (picotazo, pinchazo). / Perforation (perforación). / Pit, hole, mark (hoyo, marca de viruela, termes, corrosión, etc.). / Cavity, caries, decayed spot (en un diente).
Picante. adj. Pricking, biting, stinging (que pincha, pica —como un insecto—, que muerde). / Hot (como pimienta o ají). / Mordant (mordaz). / Risque, blue (chiste o broma). / Mordacity, acrimoniousness. / m. Very hot sauce, highly seasoned stew (un guisado).
Picaporte. f. Latch, latchkey.
Picar. v. To prick, to puncture (pinchar, punzar). / To pierce (con una aguja, etc.). / To peck (un pájaro). / To sting, to bite (un insecto, una serpiente. etc.). / To chop, to mince, to shred (picar, reducir a trocitos). / To peck at (probar pedacitos de un plato). / To bite, to nibble (en el anzuelo). / To cause itching, to make sting or burn (hacer picar, producir picor o escozor). / To burn (como el ají, la pimienta, etc.). / To spur (espuelas). / To arouse, to provoke, to annoy (excitar, provocar, enojar). / To burn (el sol).
Picardía. f. Mischievousness, roguishness, impishness (maldad, truhanería, diablura). / Impish remark (diablura dicha). / Trick, ruse, game (triquiñuela, estratagema, jugarreta).
Picaresco, ca. adj. Roguish, mischievous (truhanesco, malicioso). / Impish, gay, saucy (diablo, risueño, picante). / Picaresque, ribald (como estilo).
Pícaro, ra. adj. Roguish, naughty, mischievous. / m., f. Rogue, rascal, imp.
Picnic. m. Picnic.
Pico. m. Beak, bill (de ave). / Sharp point, tip (punta aguzada, extremo). / Spout (de tetera). / Mouth, lip (de un jarro). / (En jerga) Prick, cock, penis (modos populares para denominar el miembro viril, pene). / Pick, pickax (pico, picota de labrar). / Peak, summit (de montaña). / Sharp pointed mount (picacho). / Bit, fraction (un poquito, una fracción). / (Náut.) Gaff.
Picor. m. Burning of the mouth (sabor picante). / Itch, itching (picazón en la piel).
Picotear. v. To peck, to bite with the beak. / To nibble food (probar bocaditos de comida).
Pictórico, ca. adj. Pictorial.
Pie. m. Foot. / Base (base). / Trunk (de árbol). / Stem (de planta). / Caption (lectura de una ilustración). / *Al pie de la letra*, Literally, to the letter. / *En pie de guerra*, On a war footing, ready for war. / *No tener pies ni cabeza*, To make no sense whatsoever, to have neither head nor tail.
Piedad. f. Piety, piousness (religiosidad). / Pity, mercy (compasión). / *Tener piedad de*, To have pity for, to have mercy on.
Piedra. f. Stone. / Hail (granizo). / Flint (pedernal). / *Piedra biliar*, Gallstone. / *Piedra de la luna*, Moonstone. / *Piedra del sol*, Sunstone. / *Piedra pómez*, Pumice stone. / *Piedra preciosa*, Precious stone.
Piel. f. Skin (especialmente la piel humana). / Fur (piel fina, piel de pelo). / Hide, pelt (cuero, piel de animal). / Peel (de fruta). / *Abrigo de pieles*, Fur coat.
Pierna. f. Leg. / Branch, leg (rama, pierna de un objeto, pata o pierna de compás).
Pieza. f. Piece (con todas las acepciones de la palabra castellana). / Piece (pedazo, moneda). / Piece, length, roll (de tela o papel). / Part (pieza o parte de una máquina, un aparato, etc.). / Room (pieza, cuarto, habitación). / (Her.) Ordinary heraldic charge. / Piece, man (de ajedrez, damas). / Component (componente)

Pigmeo, a. adj. Very small, dwarfish. / m., f. Pygmy. / Dwarf (enano). / Insignificant, unimportant person (persona insignificante, sin importancia).

Pilar. m. Pillar, column (pilar, columna). / Milestone (piedra miliar, mojón de límites). / Redpost (de lecho). / Bassin, tank, trough (de una fuente).

Píldora. f. Pill, pellet.

Piloto. m. Pilot, navigator (de avión o barco). / Driver (de vehículo terrestre). / First mate (primer oficial). / (Fig.) Leader, director (el que dirige alguna acción). / *Copiloto*, Copilot.

Pillar. v. To plunder, to pillage, to loot (saquear, despojar). / To catch (atrapar). scamp, young rascal (golfillo, pequeño bribón).

Pillo, lla. adj. Roguish, mischievous, rascally. / (Fam.) Crafty, sly, astute (sagaz, astuto). / m., f. Rogue, rascal, scamp (un pillo, un rufián). / Thief, housebreaker (ratero, ladrón). / (Orn.) Ibis. (N. Cient.) Pseudocolopteryx acutipennis.

Pimentón. m. Paprika.

Pimienta. f. Pepper. / (Fig.) Piquancy, vivacity (picardía, vivacidad). / *Pimienta blanca*, White pepper. / *Pimienta falsa*, Pepper tree seed. / *Pimienta inglesa*, Allspice. / *Pimienta negra*, Black pepper.

Pimiento. m. Capsicum pepper. / Paprika (pimiento seco y molido). / Rust (hongo parásito). / *Pimiento de bonete o morrón*, Bonnet pepper. / *Pimiento de cerecilla*, Bird pepper. / *Pimiento silvestre*, Chaste tree. (N. Cient.) Agnus castus.

Pinacoteca. f. Pinacotheca.

Pináculo. m. Pinnacle, top. / Summit (cumbre).

Pinar. m. Pine grove.

Pincel. m. Paint brush (de artista). / (Fig.) Brush (estilo de un pintor). / (Náut.) Tar brush (para embrear).

Pinchar. v. To prick, to jab. / To puncture, to pierce (punzar, perforar). / (Fig.) To stir up, to provoke (hacer reaccionar, provocar). / To anger, to annoy (enojar, fastidiar).

Pinchazo. m. Prick, stab, jab (acción y efecto de pinchar). / Puncture (agujero hecho por un pincho).

Pinche. m. Scullion, kitchen boy (de cocina). / (Fig.) Flirt.

Pincho. m. Thorn, spine (de planta). / Prod, goad (picana, aeicate para bueyes). / Sharp point (punta aguzada).

Pingüe. adj. Greasy, oily, fatty. / Plentiful, abundant (fructífero, abundante). / Substantial (ganancias).

Pingüino. m. Penguin.

Pino. m. Pine, pine tree. / *Pino albar*, Scotch pine, nut pine. / *Pino alerce*, Larch. / *Pino araucaria*, Chilean pine, araucaria. / *Pino blanco americano*, White pine. / *Pino de Brasil*, Brazilian pine, Parana pine. / 6. *Pino marítimo*, Seaside pine, cluster pine, pinaster. / 7. *Pino negro*, Mountain pine, Swiss mountain pine. / *Pino oregón*, Oregon pine.

Pintar. v. To paint. / (Fig.) To describe, to depict (describir). / *Pintarla*, To put on airs (hacerse el, darse aires de). / To begin to ripen or turn red (la fruta).

Pintoresco, ca. adj. Picturesque.

Pintura. f. Painting, art of painting (la pintura, el arte de pintar). / Painting, picture (una pintura, un cuadro). / Paint, pigment (pintura, pigmento de color). / Picture, portrayal, description (cuadro, retrato, descripción muy gráfica). / *Pintura a la aguada, acuarela*, Water colour. / *Pintura al fresco*, Fresco, wall painting. / *Pintura al óleo*, Oil painting. / *Pintura anticorrosiva*, Anticorrosive paint. / *Pintura rupestre*, Cave painting or drawing.

Pinza. f. Pincer, clamp (de apretar). / Tuck (de vestidos). / (pl.) Forceps, clamp (de dentista). / (Zool.) Pincers, nippers (de cangrejo, escorpión, etc.).

Piña. f. Pine, cone, pine nut (de conífera). / Pineapple (ananá). / Knot, crush, cluster (apiñamiento de gente). / Cluster (de cosas). / (Náut.) Wall knot (nudo marinero). / Blow, punch (puñetazo).

Piñal. m. Pineapple plantation.

Piñón. m. Pine nut. / (Bot.) Pignole nut. / (Mec.) Pinion. / *Piñón diferencial*, Gear differential. / *Piñón motor*, Driving pinion.

Pío, a. adj. y m. Pious, devout. / Merciful, compassionate. / Pinto (un caballo). / Peeping (el piído de un polluelo).

Piojo. m. Louse. / *Piojo de mar*, Whale louse.

Pionero, ra. adj. y m., f. Pioneer.

Piorrea. f. Pyorrhea.

Piquete. m. Small hole or cut (agujero o corte pequeño). / (Mil.) Picket. / Prick, jab.

Piragua. f. Piragua, pirogue. / (Bot.) Anthurium. (N. Cient.) Anthurium violaceum.

Pirámide. f. Pyramid.

Piraña. f. Piranha, caribe.

Pirata. adj. Piratical, piratic. / m. Pirate.

Piratería. f. Piracy. / Theft, robbery (hurto, robo).

Pirita. f. Pyrites, pyrite.

Piropo. m. Flattering compliment, flirtatious remark. / (Mineral.) Pyrope, garnet.

Pirotecnia. f. Pyrotechnics, pyrotechny.

Pirotécnico, ca. adj. Pyrotechnic, pyrotechnical. / m., f. Pyrotechnist, firework maker.

Pirrarse. v. To long, to yearn. / *Pirrarse por*, To yearn for, to long for.

Pirueta. f. Pirouette (de danza). / Caper (de caballo). / Somersault (de avión).

Pisada. f. Step, tread. / Footprint, footstep (huella, marca de pisada). / *Seguir las pisadas de*, To follow in the footsteps of.

Pisapapeles. m. Paperweight.

Pisar. v. To tread on, to step on. / To tread upon grapes (uvas). / To tread down (el piso, el suelo). / To beat (telas). / To copulate with, to cover (copular). / To trample on, to squash, to tread on (pisotear, pasar por encima).

Piscina. f. Swimming pool.

Piscis. n. p. y m. Pisces.

Pisco. m. Pisco, grape brandy.

Piscolabis. m. Snack, bite. / Overtrumping (en juegos de naipes).

Piso. m. Floor (con todas las acepciones de la palabra castellana). / Flooring, ground, pavement (trabajos de piso de una casa, suelo, pavi-mento). / Surface (superficie). / Floor, story, storey (de un edificio). / Flat, apartment (departamento, apartamento). / (Geol.) Stage. / Stool, footstool (para sentarse o poner los pies). / *De pisos a desnivel*, Split-level.

Pisotear. v. To trample down, to tread down, to stamp on.

Pista. f. Track, trail (con todas las acepciones de la palabra castellana). / Racetrack (de carreras). / Road (camino). / Runway (de aterrizaje). / (Fig.) Track, scent (pista, olor, lo que lleva a resolver un enigma). / *Estar sobre la pista de*, To be on the track of. / *Pista de aterrizaje*, Landing strip. / *Pista de patinar*, Skating rink. / *Pista de carretera*, Highway lane. / *Seguir la pista a*, To trail. / *Estar en la pista de*, To be on the trail of.

Pistilo. m. Pistil.

Pistola. f. Pistol, gun. / *Pistola remachadora*, Riveting hammer.

Pitada. f. Whistle, whistling (de silbato). / Puff (de humo, de vapor, etc.).

Pitanza. f. Pittance, food, alms, dole. / Daily food,

daily bread (el diario alimento, el pan de cada día.) / Wage, remuneration (pago, remuneración).

Pitar. v. To pay a debt. / To apportion alms to (donar limosnas). / To whistle, to blow a whistle (silbar, tocar un pito). / To smoke (fumar). / To whistle, to hiss (rechiflar, silbar).

Pito. m. Whistle. / (Entom.) Bed tick. / Cigarette. / (Pop.) Penis. / (Orn.) Woodpecker. / *Pito real*, Green woodpecker.

Pivote. m. Pivot, king pin.

Pizarra. f. Slate, shale. / Blackboard (de colegio).

Placa. f. Plaque, tablet. / Badge (de funcionario, policía, etc.). / Plaque, insignia (de una institución). / Plate, sheet (lámina). / Veneer, layer of wood (de madera). / (Automov.) License plate (placa de vehículo, patente de circulación). / Plate, flat electrode (placa fotográfica, platina, electrodo plano). / Spot (de la garganta). / *Placa deflectora*, Baffle plate.

Placer. m. Pleasure, joy. / Sandbank, sand bar, reef (banco de arena, arrecife). / (Mineral.) Placer. / Pearl fishery (banco de perlas).

Placidez. f. Placidness, tranquility, serenity.

Plácido, da. adj. Placid, quiet, serene. / Pleasant, agreeable (grato, ameno).

Plaga. f. Plague (con todas las acepciones de la palabra castellana). / Calamity, scourge (calamidad, cosa dañina). / Pestilence, disease (pestilencia, enfermedad). / Pest, nuisance (fastidio, cosa molesta).

Plagar. v. To infest, to plague.

Plagiar. v. To plagiarize, to copy. / To kidnap (secuestrar).

Plagio. m. Plagiarism, copying.

Plan. m. Plan, project, scheme, outline, draft. / Level height (terreno plano). / Diagram, graphic representation (diagrama, representación gráfica). / (Náut.) Floor timber. / Mine floor (el suelo de una mina). / Plain, plateau (planicie, llanura). / *Plan de estudios*, Curriculum.

Plana. f. Side (de una página). / Page, type page (página, página impresa). / Trowel (de albañil). / *Plana Mayor*, Staff.

Plancha. f. Sheet, plate (de metal). / Iron, flatiron (de aplanchar ropas). / Press-up, horizontal bar (de gimnasia). / (Náut.) Gangplank, plank. / *Plancha de blindaje*, Armour plate. / *Plancha litográfica*, Lithographic printing plate. / (Fig.) Faux pas, a ridiculous mistake (error ridículo, paso en falso).

Planchar. v. To iron, to press.

Planear. v. To plan, to design. / To glide (en el aire).

Planeo. m. Gliding.

Planeta. m. Planet.

Planetario, ria. adj. Planetary. / m. Planetarium. / (Mec.) Planet differential, planetary gearing.

Plano, na. adj. y m. Flat, level. / Even, smooth (parejo, liso). / (Mat.) Plane. / Plane, surface, face (plano, superficie, faz). / Plan, diagram, map, chart (plano, diagrama, mapa, carta geográfica). / Ground (plano visual). / *Primer plano*, Foreground. / *Plano medio*, Middle ground. / Fin, wing, surface (alerón, ala, superficie de avión). / *Levantar un plano*, To make a survey. / *Plano acotado*, Topographical plan, dimensioned drawing. / *Plano de cola*, Tail plane.

Plantación. f. Plantation. / Planting (acción y efecto de plantar).

Plantar. adj. Plantar (relativo a la planta del pie). / v. To plant, to sow. / (Fig.) To put, to place (poner, colocar).

Planteamiento. m. Statement, exposition, outlining. / Raising, posing (de un problema, una duda, etc.). / Proposal (de una solución, etc.). / Establishment, setting up (el acto de establecer).

Plantear. v. To outline, to state, to expound (delinear, afirmar, exponer). / To raise, to pose (exponer un problema, una pregunta, etc.). / To propose, to put forward (proponer, ofrecer una solución, etc.).

Plantilla. f. Insole, inner sole (de zapato). / Lockplate (de un arma, etc.). / Pattern, mold (molde, diseño dado). / List or roll of staff (del personal que trabaja en un lugar). / Celestial configuration (de astrología). / Full-scale drawing (de una obra de construcción).

Plaqueta. f. Blood platelet.

Plasma. m. Plasma. / (Mineral.) Plasma, dark green agate.

Plasmar. v. To form, to shape, to create.

Plasticidad. f. Plasticity.

Plástico, ca. adj. Plastic, soft, pliable. / Aesthetic, well-formed (estético, bien conformado). / *Artes plásticas*, Fine arts. / m. Plastic (el material). / Plastic explosive (explosivo). / Art of modeling (arte de modelar).

Plata. f. Silver. / Money, wealth, riches (dinero, fortuna, riquezas). / (Her.) Argent.

Plataforma. f. Platform, stage. / (Geogr.) Shelf. / (Mec.) Index plate. / Platform, program (de un candidato o partido político).

Plátano. m. Banana (árbol y fruta). / Plantain. (N. Cient.) Musa paradisiaca. / *Plátano oriental*, Sycamore.

Platea. f. Orchestra floor, stalls.

Platear. v. To silver-plate.

Platino. m. Platinum.

Plato. m. Plate, dish (de mesa). / Pan (de balanza). / Course (parte de una comida, vianda). / *Primer plato*, First course. / *Plato de fondo*, Main course. / *Plato sopero*, Soup plate.

Playa. f. Beach, shore. / Open space (en la cubierta de un barco). / (Geol.) Playa. / *Cabeza de playa*, Beachhead. / *Playa de estacionamiento*, Parking lot.

Plaza. f. Plaza, square. / Market place, market (mercado). / Fortified town, stronghold (villa fortificada, plaza fuerte). / Place, space, room (lugar, espacio, lugar disponible). / Job, work (tarea, trabajo). / Post, employment (puesto, empleo). / *Sentar plaza*, To enlist, to join up in the army. / *Cama de una plaza*, Single bed.

Plebe. f. Common people, populace. / Crowd, rabble (la muchedumbre, el populacho).

Plebiscito. m. Plebiscite.

Plegaria. f. Prayer, supplication.

Pleito. m. (Der.) Lawsuit, suit. / (Fig.) Quarrel, dispute, argument (rencilla, disputa, discusión). / *Pleito civil*, Civil suit. / *Pleito criminal*, Criminal prosecution. / *Meter pleito a*, To bring a suit against.

Plenitud. f. Plenitude, fullness, abundance. / *En la plenitud de la vida*, In the prime of life.

Pliego. m. Sheet (de papel). / Sealed letter, enveloped document (carta sellada, documento envuelto en un sobre). / List of quejas, conditions, etc.).

Plomada. f. Plummet, plumb bob (de albañil). / (Náut.) Sounding line, plumb line. / Sinker, lead weight (para pescar).

Plomar. v. To put a lead seal on. / To line with lead (vidrios).

Plomo. m. Lead (el metal). / Lead-grey color (el color). / Lead weight, sinker (peso de plomo para pescar). / Plumb bob, plummet (de plomada). / Bullet (bala). / (Fam.) Bore, nuisance, pest (aburrimiento, fastidio). / *Andar con pies de plomo*, To proceed with great caution. / *A plomo*, Vertically, plumb. / *Caer a plomo*, To fall flat.

Pluma. f. Feather (de ave). / Pen nib, pen (para escribir). / Handwriting, calligraphy (escritura a mano, cali-

Porosidad

grafía). / Style, pen (estilo de escribir). / Derrick, boom (pluma de grúa, brazo de extensión). / *Pluma fuente*, Fountain pen.
Plural. adj. Plural.
Pluralidad. f. Plurality, majority. / *A pluralidad de votos*, By a majority of votes.
Pluralismo. m. Pluralism.
Plusvalía. f. Increased value, surplus value.
Plutonio. m. Plutonium.
Poblado. m. Town, village. / Settlement, inhabited place (asentamiento, lugar habitado).
Poblar. v. To people, to populate. / To stock (una laguna, una colmena, etc.). / To plant (árboles). / *Poblarse*, To become populated. / *Poblarse de*, To become full of, to become covered with.
Pobre. adj. Poor (con todas las acepciones de la palabra castellana). / Lacking, needy, indigent (carente, necesitado, indigente). / Barren, inadequate (tierras). / Modest, humble, meek (modesto, humilde, mísero).
Pócima. f. Potion, concoction, draught.
Poco, ca. adj. Little, not much.
Podar. v. To prune, to trim.
Poder. m. Power, authority, command. / (pl.) Powers, attributions.
Poder. v. To can. / To be able (poder, ser capaz). / *Yo no puedo venir mañana*, I cannot come tomorrow. / *Yo no puedo subir esa montaña*, I am not able to climb that mountain. / To have the power or strenght (tener poder o fuerza suficiente). / To be possible (ser posible, poder ser). / *Poderse un peso*, To be able to weigh a load. / *A más no poder*, To the limits of one's strength.
Poderoso, sa. adj. Powerful, mighty. / Rich, wealthy (rico, de fortuna).
Podrido, da. p. adj. Rotten, putrid, putrescent.
Poesía. f. Poetry. / (pl.) Poetical works, poems (obra poética, poemas). / Poem, poetical composition (poema, composición de poesía).
Poeta. m. Poet.
Poética. f. Poetics.
Polea. f. Pulley, sheave. / (Náut.) Tackle, purchase block.
Polen. m. Pollen.
Policía. f. Police (la policía). / m. Policeman (un policía).
Políglota. m., f. Polyglot.
Polígono, na. adj. Polygonal. / m. Polygon.
Polilla. f. Moth.
Polimorfo, fa. adj. Polymorphous.
Polinizar. v. To pollinate, to pollinize.
Polinomio. adj. Polynomial. / m. Polynomium.
Politécnico, ca. adj. Polytechnic.
Política. f. Politics (la política). / Policy (una política). / Tact, good manners, courtesy (tacto, buenos modales, cortesía).
Político, ca. adj. Political. / Courteous, tactful (cortés, discreto). / In-law. / *Hijo político*, Son-in-law. / m. Politician.
Póliza. f. Policy (de seguros). / Draft, check, money order (giro, cheque, orden de pago). / Customs clearance certificate (certificado aduanero). /
Polizón. m. Stowaway. / Tramp, hobo, bum (vagabundo, linyera).
Polo. m. Pole. / (Fig.) Foundation, base (fundación, base). / (Dep.) Polo.
Polución. f. Pollution, contamination, fouling. / (Med.) Pollution, emission of semen.
Polvo. m. Dust. / Powder (cosa pulverizada). / *Leche en polvo*, Powdered milk. / *Estar hecho polvo*, To be worn out. / *Polvo radiactivo*, Atomic dust.

Pólvora. f. Gunpowder. / Fireworks (fuegos artificiales). / *Pólvora de algodón*, Guncotton. / *Pólvora fulminante*, Fulminating powder.
Polvorín. m. Powder magazine. / Fine gunpowder (pólvora fina).
Pollino, na. adj. y m., f. Donkey, ass. / Fool, dolt (Necio, torpe).
Pollo. m. Chicken. / Young bee (de abeja).
Pomada. f. Ointment, pomade, salve.
Pomelo. m. Grapefruit.
Pomo. m. Bottle, vial, flagon (de perfumes, etc.). / Pommel (de espada). / Pomander, pomander box (joya perfumera). / (Bot.) Pome.
Pompa. f. Pomp, ostentation, splendor. / Procession, pageant (procesión, parada de elegantes). / Bubble (burbuja). / Billow, bulge, swell (ampolla, hinchazón). / (Náut.) Pump. / *Pompas fúnebres*, Funeral.
Pomposo, sa. adj. Magnificent, pompous, ostentatious. / Grandiloquent (en los modales y el hablar).
Ponche. m. Punch.
Ponderado, da. adj. Prudent, cautious, careful.
Ponderar. v. To ponder, to examine, to consider. / To weigh (sopesar) / To balance, to counterpoise (balancear, contrapesar).
Ponencia. f. Paper, report.
Poner. v. To put. / To place (colocar). / To set (situar, exponer, establecer). / To lay (tender, extender. Poner huevos). / To put, to levy (impuestos).
Pontificado. m. Pontificate. / Papacy, popedom (el papado).
Pontífice. m. Pontifex (de la antigua Roma) / Pontiff, Pope (el papa).
Pontificio, cia. adj. Pontifical, papal.
Ponzoña. f. Poison, venom.
Popa. f. Poop, stern. / *A popa*, Astern. / *Ir viento en popa*, (Náut.) To run before de wind. / (Fig.) To go everything all right (ir todo bien).
Populacho. m. Rabble, mob.
Popular. adj. Popular (con todas las acepciones de la palabra castellana) / People's (del pueblo). / Well-liked (que gusta a todos). / *Música popular*, Popular music. / *República Popular*, People's Republic.
Popularidad. f. Popularity.
Popularizar. v. To make popular, to popularize.
Populoso, sa. adj. Populous. / Crowded, thickly-populated (atestado, densamente poblado).
Por. prep. By (por, mediante, cerca de). / For (por, a causa de, atendiendo a que). / Through (por, a través de). / Along (por, a lo largo de). / Over (por encima de). / By way of, by means of (por medio de) / In, at (por, en).
Porcelana. f. Porcelain, chinaware. / Vitreous enamel, porcelain enamel (esmalte de porcelana). / Porcelain blue (azul de porcelana).
Porcentaje. m. Percentage.
Porción. f. Portion, part, lot. / Share (lo que uno comparte). / Stipend, prebend (estipendio, prebenda eclesiástica).
Pordiosero, ra. adj. y m., f. Beggar.
Porfía. f. Persistence, stubbornness. / Dispute, competition (disputa, competencia).
Porfiado, da. p. adj. Persistent, insistent. / Obstinate, stubborn (obstinado, terco). / m., f. Tumbler toy (muñeco porfiado).
Porfiar. v. To insist, to persist. / To argue obstinately (discutir porfiadamente).
Poro. m. Pore. / Interstice.
Porosidad. f. Porousness, porosity.

Poroso, sa. adj. Porous.
Porque. conj. Because. / As (puesto que, dado que). / In order that (para, con objeto de).
Porqué. m. Reason, cause, motive. / loc. adv. *¿Por qué?*, Why?
Porquería. f. Dirt, filth. / Junk, rubbish, worthless thing (sobras, basura, cosa sin valor). / Dirty trick (triquiñuela sucia). / Trifle (nimiedad).
Porra. f. Club, bludgeon. / (Fam.) Bore, pest, nuisance (fastidio, molestia, cosa enojosa). / *Vete a la porra*, Go to Hell.
Porro. m. (Fam.) Dull, stupid. / Dolt, fool (burro, necio). / Lazy, idle (flojo, perezoso). / Caribbean drum (tambor del caribe). / (Bot.) Leek.
Porrón. m. Wine carafe with long side spout (para beber vino). / Leek, leek greens (verdura).
Portada. f. Title page, frontispiece (de libros). / Cover, jacket (de revistas y periódicos). / (Arq.) Frontispiece, facade (frontispicio, fachada).
Portal. m. Arcade, portico, porch. / Vestibule, entrance hall (vestíbulo, zaguán de entrada).
Portar. v. To carry, to bear. / *Portarse*, To behave, to conduct oneself (conducirse, tener conducta). / *Portarse bien*, To behave properly.
Portátil. adj. Portable.
Portavoz. m., f. Spokesman, mouthpiece. / Megaphone (megáfono, altavoz).
Portazo. m. Slam, bang (ruido de un portazo). / Slamming a door (golpe violento al cerrar la puerta).
Portear. v. To carry, to convey, to transport.
Portento. m. Wonder, portent, marvel.
Porteo. m. Carrying, portage, cartage.
Portería. f. Porter's lodge. / Job of porter or concierge (trabajo de portero o conserje). / Goal (de fútbol y otros deportes). / (Náut.) Portholes.
Portero, ra. m., f. Porter, janitor, concierge (de edificio). / Gatekeeper, doorkeeper (de cualquier puerta o entrada). / Goalkeeper (de fútbol y otros deportes). / *Portero de estrados*, Usher (de un tribunal).
Pórtico. m. Portico, porch. / Arcade, colonnade (arcada, columnata). / Porch, Stoic school (el Pórtico, la Escuela Estoica).
Porvenir. m. Future.
Posada. f. Inn, hostelry. / Lodging, boarding house (alojamiento, casa de alojados).
Posar. v. To pose (para pintor, fotógrafo, etc.). / To lodge, to put up, to board (posar encima, colocar sobre algo). / To lay down (una carga). / *Posarse*, To perch, to alight (los pájaros). To settle (sedimentos, el polvo, etc.).
Poseer. v. To possess, to own, to hold. / To know perfectly, to master (un conocimiento o habilidad).
Posesión. f. Possession, (pl.) possessions, property, estate.
Posesivo, va. adj. Possessive (con todas las acepciones de la palabra castellana). / (Der.) Possessory.
Poseso, sa. p. adj. y m., f. Possessed.
capacity, ability (poder, capacidad, habilidad). / (pl.) Means, resources (medios, recursos financieros).
Posibilitar. v. To facilitate, to make possible.
Posible. adj. Possible (con todas las acepciones de la palabra castellana). / *Hacer todo lo posible*, To do every possible thing. / *Es posible que*, It is possible that.
Posición. f. Position. / Place, situation (lugar, ubicación). / Posture, attitude (postura, actitud). / Standing, status (posición, posición social, status). / (Mil.) Position. / (Der.) (pl.) Questions, answers (preguntas, respuestas ante el tribunal).

Positivista. adj. y m., f. Positivist (de la escuela filosófica). / Positivistic. Realistic, practical, matter-of-fact (realista, práctico, objetivo).
Positivo, va. adj. Positive (con todas las acepciones de la palabra castellana). / Certain, indisputable (cierto, indiscutible). / Absolute, affirmative (absoluto, afirmativo). / m. Positive (de fotografía, de reacción química, etc.).
Poso. m. Sediment, dregs, lees (de un líquido). / Repose, rest, quiet (reposo, descanso, quietud).
Posta. f. Relay team, post horse (de caballos o carruajes). / Post station, posthouse, post stage (estación de posta, parada de posta). / Small bullet (balín). / Stake, bet (apuesta). / *Posta de primeros auxilios*, First aid post. / *Carrera de postas*, Post race.
Postal. adj. Postal. / *Giro postal*, Postal money order. / f. Postcard (tarjeta postal).
Postdata. f. Postcript.
Poste. m. Post, pole. / Pillar (pilar). / *Poste de amarre*, (Náut.) Mooring post. / *Poste telegráfico*, Telegraph pole.
Postergar. v. To postpone. / To pass over, to hold back (en las esperanzas, en una promoción merecida, etc.).
Posteridad. f. Posterity.
Posterior. adj. Posterior. Back, rear (de atrás, de la parte de atrás). / Later, subsequent (posterior en el tiempo, subsecuente). / *Posterior a*, Subsequent to, later than.
Posterioridad. f. Posteriority. / *Con posterioridad*, After, subsequent to.
Postguerra. f. Postwar.
Postigo. m. Window shutter.
Postizo, za. adj. False, artificial. / Detachable (de quita y pon).
Postración. f. Prostration, exhaustion.
Postre. m. Final, last. / *A la postre*, At the end, finally. / Dessert, sweet (de dulce, después de una comida). / *Llegar a los postres*, To arrive too late (llegar demasiado tarde).
Postulación. f. Application. / Request, demand (petición, demanda).
Postulado. m. Axiom, postulate.
Póstumo, ma. adj. Posthumous.
Postura. f. Posture. / Position, attitude (posición, actitud). / Bid, offer (postura, oferta —en un remate o subasta). / Stake, wager, bet (apuesta, cantidad que se arriesga a un lance). / Laying of eggs (acción de poner huevos). / *Hacer postura*, To bid, to make a bid (en una subasta).
Potable. adj. Potable, drinking. / *Agua potable*, Drinking water.
Potaje. m. Pottage, stewed vegetables. / Brew, drink with several ingredients (bebida). / Hodgepodge, jumble, mixture (enredo, mezcolanza).
Potasio. m. Potassium.
Potencia. f. Power. / Strength, force (poderío, fuerza). / Faculty. / Potency, power of procreation (sexual). / (Polít.) Power, powerful nation (potencia, nación poderosa). / (Fil.) Potency (capacidad de actuar o producir efectos). / (Geol.) Thickness (de un estrato o veta). / Power reach (de un arma de fuego).
Potencial. adj. y m. Potential (con todas las acepciones de la palabra castellana). / *Caída de potencial de línea*, Line drop. / *Barrera de potencial*, Potential barrier. / *Estar en estado potencial*, To be latent.
Potente. adj. Potent, mighty. / Strong, powerful (recio, poderoso). / Mighty, vigorous (potente, vigoroso). / *Un potente ejército*, A mighty army. / *El Omnipotente*, The Allmighty.

Pozo. m. Well. / Pit, hole, ditch (foso, hoyo, fosa). / Deep pool (parte honda en un río). / Kitty, pool (en juegos de apuestas). / (Fig.) Fountain, mine (fuente, mina). / *Un pozo de sabiduría*, A mine of knowledge. / (Náut.) Well, hold. / (Min.) Shaft. / *Pozo artesiano*, Artesian well, flowing well. / *Pozo negro*, Cesspool, cesspit. / *Pozo séptico*, Septic tank.
Práctica. f. Practice. / Experience, skill (experiencia, habilidad). / Method, manner (método, manera de hacer). / Training, apprenticeship (capacitación, aprendizaje). / *En la práctica*, In practice. / *Poner en práctica*, To put into practice.
Practicar. v. To practice (con todas las acepciones de la palabra castellana). / To perform, to carry out (efectuar, llevar a cabo). / To do (hacer). / *Practicar una buena acción*, To do a good deed. / *Practicar una intervención quirúrgica*, To perform a surgical operation.
Pradera. f. Prairie (con todas las acepciones de la palabra castellana). / Meadowland (comarca de prados).
Prado. m. Meadow. / Field (campo). / Walk, promenade (lugar de paseo).
Precaución. f. Precaution.
Precaver. v. To prevent, to provide against. / To take precautions against (tomar precauciones contra). / *Precaverse de*, To guard against, To provide against (tomar medidas contra).
Precavido, da. adj. Cautious, wary. / Careful, guarded (cuidadoso, en guardia).
Preciado, da. adj. Valued, esteemed. / Valuable, precious (valioso, precioso). / *Preciado de sí mismo*, Conceited, vain, boastful (vanidoso, vano, fanfarrón).
Preciar. v. To value, to price, to appraise. / *Preciarse de*, To boast of being (hacer alarde de ser). / *El se precia de gran ajedrecista*, He boasts of being a great chess player.
Precinto. m. Binding, strapping. / Sealed strap (Cincha o banda sellada con que se cierra un lugar o contenedor).
Precio. m. Price (con todas las acepciones de la palabra castellana). / Cost (costo). / Prize, reward (premio, recompensa). / *A un alto precio*, At a great cost. / *Precio de costo*, Cost price.
Precioso, sa. adj. Precious (con todas las acepciones de la palabra castellana). / Valuable, costly (valioso, caro). / Beautiful, lovely (bello, lindo). / *Piedra preciosa*, Jewel, precious stone.
Precipitación. f. Precipitation (con todas las acepciones de la palabra castellana). / Haste, rush, impetuosity (prisa, apuro, impetuosidad). / Rainfall (de lluvia). / *Precipitación radioactiva*, Fallout.
Precipitar. v. To precipitate. / To hurl, to fling (arrojar, lanzar como con honda). / To hurry, to hasten (apurar, apresurar). / (Quím.) To precipitate. / *Precipitarse*, To rush headlong (lanzarse ciegamente adelante). To fall into a chasm (caer a un precipicio).
Precisar. v. To specify, to state precisely, to determine (especificar, exponer con precisión, determinar). / To make exact (hacer exacto, volver preciso). / To need, to be necessary (necesitar, ser necesario). / *Lo que el niño precisa es más orientación*, What the child needs is more guidance.
Precisión. f. Precision. / Exactness, accuracy (exactitud, perfección en la forma de hacer algo). / Conciseness (concisión). / Necessity, obligation (necesidad, obligación).
Preciso, sa. adj. Necessary, indispensable, compulsory (necesario, indispensable, imperativo). / Definite, exact (definido, exacto). / Precise, concise (claro, conciso). / Distinct, clear (nítido, claro de ver).

Preconizar. v. To preconize. / To praise, to commend (alabar, recomendar). / To suggest, to propose (sugerir, proponer).
Precoz. adj. Precocious, advanced.
Predecir. v. To predict, to forecast, to foretell.
Predestinación. f. Predestination.
Predestinar. v. To predestine, to predestinate. / To foreordain (dar órdenes de antemano sobre hechos futuros).
Predeterminar. v. To predetermine, to foreordain. / To foredoom (a un destino especialmente grande o trágico).
Predicado. m. Predicate.
Predicar. v. To preach. / (Fam.) To scold, to sermon (reprender, sermonear).
Predicción. f. Prophesy.
Predilección. f. Predilection. Partiality (parcialidad en favor de alguien o algo).
Predisponer. v. To predispose, to make susceptible. / To prejudice (provocar prejuicio). / To prearrange (arreglar de antemano).
Predisposición. f. Predisposition, prejudice.
Predominante. adj. Predominant, prevailing.
Predominar. v. To predominate, to prevail. / To tower over, to rise above (alzarse por sobre otras personas o el paisaje). / To predominate, to command (predominar en influencia, mandar).
Predominio. m. Predominance, superiority.
Preeminencia. f. Preeminence, superiority. / Privilege (privilegio).
Preeminente. adj. Preeminent, superior.
Prefabricar. v. To prefabricate,
Profacio. m. Preface, introduction.
Preferencia. f. Preference. / *Con preferencia, de preferencia*, Preferably.
Preferente. adj. Preferent. / (Der.) Preferent, preferetial, having priority (que tiene prioridad –especialmente una apelación-). / (Com.) Preferential. Preference stock.
Preferible. adj. Preferable.
Preferir. v. To prefer.
Prefijar. v. To arrange beforehand, to prearrange. / To predeterminate (predeterminar). / (Gram.) To prefix.
Prefijo, ja. adj. Prefixed. / m. Prefix.
Pregón. m. Public proclamation or announcement (anuncio público). / Street vendor's cry (de vendedor).
Pregonar. v. To proclaim, to announce publicly. / To hawk, to peddle (mercancías). / To make public (un secreto, etc.).
Pregunta. f. Question, query, inquiry. / *Hacer una pregunta*, To ask a question.
Preguntar. v. To ask. / To inquire about (inquirir respecto de). / To question, to interrogate (hacer una pregunta, interrogar).
Prehistoria. f. Prehistory.
Prejuzgar. v. To prejudge.
Prelado. m. Prelate.
Preliminar. adj. Preliminary, introductory. / m. Preliminary, preparation. / (pl.) Basic principles.
Preludio. m. Introduction. / (Mús.) Prelude. Warming-up practice (ejercicio de pianista). / Overture (obertura).
Premeditación. f. Premeditation. / (Der.) Malice aforethought.
Premeditar. v. To premeditate.
Premiar. v. To reward, to recompense. / To award a prize to (otorgar un premio a).
Premio. m. Prize, award, recompense, reward. / Premium (de un valor monetario sobre el de otra moneda.

De un contrato de seguros). / Bonus, additonal sum (bono, suma adicional).

Premisa. f. Premise (de lógica). / Indication, sign, clue (indicación, signo, rastro).

Prenda. f. Garment, article of clothing (de vestir, atavío). / Token, sign (de amor, fidelidad, etc.). / Pawn, security, mortgage (prenda de crédito). / Loved one, darling (la persona amada). / (pl.) Natural gifts, talents, moral qualities (dones naturales, talentos, cualidades morales).

Prendar. v. To pawn, to pledge, to give as security (empeñar, dar en prenda). / To charm, to captivate, to please (encantar, cautivar, agradar mucho). / *Prendarse de*, To become very fond of. To take a great liking to.

Prender. v. To grasp, to seize (asir, coger con fuerza). / To arrest, to catch, to apprehend (arrestar, atrapar, aprehender). / To secure, to fix (sujetar o asegurar, pegar). / *Prender con alfileres*, To pin (alfiletear). To secure with pins. / To switch on (un artefacto eléctrico). / *Prender fuego a*, To set afire, to set fire to. / To take root (echar raíz, prender una planta). / To light, to catch fire (encender, tomar fuego). / *Prenderse*, To become numbed, to become inflamed (una articulación, una vacuna, etc.). / *Prenderse de*, To hang, to hold on to. To cling (asirse).

Prensa. f. Press (con todas las acepciones de la palabra castellana). / Clamp, vise (de apretar). / Printing press (de imprenta). / The press, the newspapers (la prensa, los periódicos). / *Dar a la prensa*, To publish. / *Prensa a cadena*, (Mec.) Chain vise. / *Prensa de encuadernador*, Book clamp. / *Prensa hidráulica*, Hydraulic press. / *Prensa plana*, (Impr.) Flatbed.

Prensar. v. To press, to compress.

Preñar. v. To make pregnant, to impregnate. / To charge with, to fill, to stuff (cargar de, llenar, rellenar).

Preocupación. f. Preoccupation, concern, worry. / Preconception, preconceived notion, prejudice (preconcepto, noción preconcebida, prejuicio).

Preocupar. v. To preoccupy, to worry, to concern. / To prejudice, to predispose (prejuiciar, predisponer). / *Preocuparse*, To worry, to be preoccupied, worried or concerned.

Preparación. f. Preparation, getting ready. / Preparation, compound, concoction, medicine (preparado, compuesto, pócima, medicina).

Preparar. v. To prepare, to make ready, to get ready.

Preposición. f. Preposition. / *Preposición inseparable*, Prefix.

Prepositivo, va. adj. Prepositive, prepositional.

Prepotencia. f. Arrogance, haughtiness. / Prepotency, great power or influence (gran poder o influencia).

Prepotente. adj. Overbearing, arrogant. / Prepotent, very powerful or influential (muy poderoso o influyente).

Presa. f. Seizure, capture. / (Mil.) Booty, spoils. / (Náut.) Prize (barco capturado). / Prey, catch (de caza). / Irrigation ditch (de riego). / Dam, weir (represa, embalse). / Channel (canal de riego o hidráulico). / *Ave de presa*, Bird of prey.

Presagiar. v. To presage, to forebode, to predict.

Presbiteriano, na. adj. y m., f. Presbyterian.

Presbítero. m. Presbyter, priest.

Prescindir. v. *Prescindir de*, To do without, to dispense with. To leave out (dejar fuera).

Prescribir. v. To prescribe (con todas las acepciones de la palabra castellana). / To order, to lay down (ordenar, establecer). / To finish, to end, come to an end (acabar, terminar, llegar a su fin). / To become invalid (una deu-

da, una sentencia a prisión, etc., por vencimiento de plazos legales).

Prescripción. f. Prescription (con todas las acepciones de la palabra castellana). / *Ley de prescripción*, (Der.) Statute of limitations.

Preselección. f. Preselection, previous selection. / (Dep.) Trial team.

Presencia. f. Presence (con todas las acepciones de la palabra castellana). / Presence, bearing, mien (apariencia, aspecto). / *En presencia de*, In the presence of. / *Presencia de ánimo*, Presence of mind.

Presencial. adj. Presential. / *Testigo presencial*, Eyewitness.

Presenciar. v. To witness. / To see, to attend (ver, estar presente, asistir –a una conferencia, concierto, etc.-).

Presentación. f. Presentation. / Introduction (de una persona a otra). / Display, exhibition (muestra, exhibición). / External appearance (aspecto exterior). / (Med.) Presentation (posición del feto al momento del parto). / (Teatr.) Staging (puesta en escena).

Presentador, ra. adj. Presenting. / m., f. Presenter.

Presentar. v. To present (con todas las acepciones de la palabra castellana). / To submit (una solicitud, etc.). / To present, to give, to offer (hacer un presente, dar, ofrecer). / To introduce (presentar a dos personas). / To display, to show (un producto comercial, una novedad). / (Teatr.) To put on stage (una obra).

Presente. adj. y m. Present (con todas las acepciones de la palabra castellana). / Current (corriente, del momento). / Delivered by hand (despachado por mano). / *Al presente*, At present, at the present time. / *La presente*, This letter, the present writting. / *Tener presente*, To keep in mind. / Present, gift (un presente, un regalo).

Presentimiento. m. Presentiment, premonition, foreboding.

Presentir. v. To have a presentiment of, to predict, to forebode.

Preservar. v. To preserve. To keep, to protect (mantener, proteger).

Preservativo, va. adj. Preservative. / m. Prophylatic, preventive. / Contraceptive, condom.

Presidencia. f. Presidency (calidad de presidente). / Presidential term (período presidencial). / President's office or residence (oficina o casa del Presidente). / Chairmanship (presidencia de una conferencia, directorio, etc.).

Presidente. m., f. President. / Chairman (hombre). Chairwoman (mujer). / Speaker (de una cámara parlamentaria). / *Dirigirse al presidente*, To address to the chair.

Presidiario, a. m., f. Convict.

Presidio. f. Prison, penitentiary. / Prisoners, convicts (los presidiarios en conjunto). / Imprisonment, hard labour (prisión, trabajos forzados).

Presidir. v. To preside over, to govern, to preside.

Presión. f. Pressure (con todas las acepciones de la palabra castellana). / *A presión*, Pressurized. / *Olla de presión*, Pressure cooker. / *Presión sanguínea*, Blood pressure.

Presionar. v. To urge, to press.

Preso, sa. adj. Imprisoned, arrested. / m., f. Prisoner, convict.

Prestado, da. p. adj. Lent, loaned, borrowed. / *Dar prestado*, To lend. / *Pedir prestado*, To borrow.

Prestamista. m., f. Moneylender, pawnbroker.

Préstamo. m. Loan, loaning, lending. / (Ing.) Borrow pit. / *Casa de préstamos*, Pawnshop. / *Préstamo a plazo fijo*, Time loan.

Prestar. v. To lend, to loan. / To give, to render (información, testimonio, ayuda, servicios, etc.). / To pay (atención). / *Prestarse para*, To be good for, to be useful for (ser bueno para, servir para).
Presteza. f. Quickness, promptness, celerity.
Prestidigitación. f. Prestidigitation, legerdemain.
Prestigiar. v. To do credit to, to lend prestige or authority to.
Prestigio. m. Prestige, good standing, reputation.
Presumir. v. To presume, to surmise. To conjecture (suponer). / To be vain, to boast (ser vanidoso, fanfarronear). / *Presumir de*, To boast of being.
Presunción. f. Presumption, assumption (conjetura). / Presumptuousness, vanity, conceit (presuntuosidad, vanidad).
Presunto, ta. adj. Supposed, presumed. / *Presunto heredero*, Heir presumptive.
Presuponer. v. To presuppose. / To budget, to estimate (presupuestar, estimar).
Presupuestar. v. To budget.
Presupuesto, ta. adj. Presupposed, estimated. / m. Budget. / Assumption, supposition (suposición).
Pretender. v. To try to get. To seek, to endeavor, to be after (buscar, procurar, ir en pos de). / To claim, to pretend to (reclamar, optar –al trono, a un derecho, etc.-). / To be a suitor for (pretender la mano de).
Pretensión. f. Claim, pretension. / Aspiration, intention (aspiración, intención). / Pretentiousness, showiness (pretenciosidad, afectación). / Conceit, presumption (vanidad, presunción).
Preterir. v. To pass over, to disregard, to overlook.
Pretérito, ta. adj. y m. Preterit, past, bygone. / *Pretérito anterior*, Past anterior / *Pretérito imperfecto*, Imperfect. / *Pretérito indefinido*, Past absolute. / *Pretérito perfecto*, Present perfect. / *Pretérito pluscuamperfecto*, Past perfect, pluperfect.
Pretexto. m. Pretext, excuse.
Pretil. m. Battlement, parapet. / Sidewalk (sendero lateral). / Stone bench / Portico (de iglesia).
Pretor. m. Praetor (de Roma). / Blackness of water where tuna abound (del mar).
Prevalecer. v. To prevail. / To triumph, to overcome (triunfar, vencer). / To take root, to prosper (echar raíz, prosperar).
Prevaleciente. adj. Prevailing, prevalent.
Prevaricación. f. Dishonesty, collusion (deshonestidad, colusión dolosa). / Breach of trust (ruptura de la pública confianza dada). / (Der.) Prevarication.
Prevaricar. v. To prevaricate.
Prevención. f. Prevention (con todas las acepciones de la palabra castellana). / Warning (advertencia). / Foresight, precaution, precautionary measure (previsión, precaución, medida precautoria). / Prejudice, bias (prejuicio, inclinación hacia). / (Der.) Preliminary hearing. Anticipated hearing of a case.
Prevenido, da, p. adj. Prepared, ready. / Careful, foresighted, forewarned (cuidadoso, previsor, sobre aviso).
Prevenir. v. To warn, to caution. / To foresee (prever). / To prevent, to anticipate (estar prevenido, anticiparse a los hechos). / To make ready (preparar). / To prejudice, to bias, to predispose (prejuiciar, inclinar hacia, predisponer a). / (Der.) To conduct a preliminary hearing of a case (conducir una audiencia preliminar de una causa). / *Prevenirse*, To prepare oneself, to get ready (alistarse).
Prever. v. To foresee, to anticipate.
Previo, via. adj. Previous, former. / Upon, after (sobre, una vez que, después de). / *Previo pago de*, Upon payment of.

Previsión. f. Foresight, prevision, forecast. / (Contabilidad) Provision. / *Previsión obrera*, Workers' pension plan. / *Previsión social*, Social security.
Prieto, ta. adj. Dark, swarthy (oscuro, negruzco). / Tight, compact (apretado, compacto). / Stingy, niggardly (avariento, mezquino).
Primario, ria. adj. Primary. / (Der.) First. / *Delicuente primario*, (Der.) First offender.
Primate. adj. y m. Primate, (pl.) primates.
Primavera. f. Spring, springtime. / (Bot.) Cowslip, primrose. / (Fig.) Prime of life (juventud).
Primaveral. adj. Pertaining to spring, vernal.
Primerizo, za. adj. Beginning. / Primiparous (que pare por primera vez). / m., f. Beginner, novice.
Primero, ra. adj. y m., f. First. / Foremost, best, top (el más, el mejor, lo máximo). / Chief, leading, principal (el jefe, el conductor, el principal). / Early, former, original (el más antiguo, el anterior, el original). / Prime, primary (primo, primario, fundamental). / (Mat.) Prime number (número). / Front (que está o va al frente). / *Primera página*, Front page. / *Primera línea*, (Mil.) Front line (de fuego). Front rank (de formación). / *A primera vista*, At first sight. / *Primeros auxilios*, First aid.
Primero. adv. Firstly, in the first place. / Rather, first, sooner (antes, primero, antes que).
Primitivo, va. adj. Primitive, primeval. / Rudimentary, crude (rudimentario, basto). / (Geol.) Primitive, primary.
Primo, ma. adj. y m., f. Prime (número). / Raw (material). / Prime, excellent. / Cousin (pariente). / *Primo hermano*, First cousin
Primogénito, ta. adj. First-born.
Primor. m. Beauty, exquisiteness. / Skill, excellence, fineness (de un trabajo o realización). / Exquisite or beautiful thing (una cosa exquisita o hermosa).
Primordial. adj. Primordial, fundamental.
Princesa. f. Princess.
Principado. m. Princedom (territorio de un príncipe). / Princehood (título o condición de príncipe). / (pl.) Principalities (coro angélico).
Principal. adj. Main, principal. / Head, chief (cabeza, jefe). / (Impr.) Princeps, first edition (primera edición). / (Gram.) Main clause. / *Lo principal*, The principal thing, the main thing.
Príncipe. m. Prince.
Principiar. v. To begin, to start.
Principio. m. Beginning, start (comienzo). / Principle (fundamento, axioma). / Idea, theoretical basis (idea, base teórica). / Moral scruple (escrúpulos morales). / Source, basis (fuente, base). / Component, ingredient. / (pl.) Introductory matter (de una ciencia, etc.). / *Al principio*, At the beginning. / *Cuestión de principios*, Matter of principles. / *Por principio*, On principle.
Prior. adj. y m. Prior, preceding (previo, anterior). / Prior (de un convento).
Prioridad. f. Priority, precedence.
Prisa. f. Haste, hurry, speed, promptness.
Prisión. f. Prison, gaol. / Imprisonment (aprisionamiento). / Seizure, capture (captura). / (Fig.) Fetter (grillos, cadenas). / (pl.) Fetters, shackles (grilletes, cadenas). / *Prisión preventiva*, (Der.) Protective custody.
Prisma. f. Prism.
Privación. f. Privation, lack, want. / Deprivation, loss (deprivación, pérdida).
Privado, da. p. adj. Private, separate, personal. / Confidential. / Stunned, unconscious (aturdido, inconciente). / Favourite (favorito de una autoridad).

Privar. v. To deprive, to deny. / To stun, to knock unconscious (aturdir, dejar inconciente). / To forbid, to prohibit, to impede (vetar, prohibir, impedir).
Privilegio. m. Privilege. / Grant, concession (otorgamiento especial, concesión). / Exemption, franchise (exención, franquicia). / *Privilegio de invención*, Patent, patent rights.
Pro. m. y f. Pro (con todas las acepciones de la palabra castellana). / Profit, advantage, benefit. / *El pro y el contra*, The pros and cons. / *En pro de*, Pro, on behalf of.
Proa. f. Prow, bow. / (Aer.) Nose. / *Poner la proa a*, (Fig.) To oppose to.
Probabilidad. f. Probability. Likelihood, prospect (posibilidad, prospectos de).
Probado, da. p. adj. Tested, tried, proved, demonstrated.
Probar. v. To prove, to demonstrate. / To test (poner a prueba, ensayar). / To try, to try on (ropas, etc.). / To taste, to sample (sabores). / *Probar a*, To try, to attempt.
Probeta. f. Manometer, pressure gauge (de presión). / Test tube, laboratory flask or beaker (de laboratorio). / (Fotogr.) Developing tray. / Powder tester (para explosivos).
Problema. m. Problem.
Procacidad. f. Impudence, insolence.
Procaz. adj. Impudent, bold, daring.
Procedencia. f. Origin, source. / Point of departure (lugar de partida). / (Der.) Justification, legal basis (base legal).
Proceder. m. Conduct, behaviour, action (conducta, forma de actuar). / v. To proceed (actuar). / To go ahead, to continue (seguir adelante, continuar). / To proceed, to come from, to originate from (proceder de, venir de, originarse de). / (Der.) To act, to go to action (actuar, iniciar una acción).
Procedimiento. m. Procedure. Process, method (proceso, método). / (Der.) Proceedings.
Prócer. adj. y m. Tall, high, lofty (alto, elevado, altivo). / Eminent, exalted (eminente, ilustre). / National hero (héroe nacional). / Founding father (padre de la Patria).
Procesado, da. p. adj. y m., f. (Der.) Accused, prosecuted, indicted (sometido a proceso). / (Der.) Accused, defendant (acusado, el defendido).
Procesar. v. To try, to prosecute.
Procesión. f. Procession, parade, pageant.
Proceso. m. Process (serie de cambios, sistema de fenómenos, etc.). / *Proceso evolutivo*, Evolutionary process. / (Der.) Trial, law-suit, action. / (Biol.) Process, outgrowing. / Method, procedure (método, procedimiento).
Proclama. f. Announcement, declaration. / (pl.) Marriage banns (matrimoniales).
Proclamar. v. To proclaim, to declare. / To acclaim (aclamar). / *Proclamarse*, To proclaim oneself.
Procreación. f. Procreation.
Procrear. v. To procreate, to beget. / To produce (producir).
Procurar. v. To try, to endeavor, to strive for. / To give, to produce (dar, producir). / To act as attorney. / To provide of (proveer de).
Prodigar. v. To waste, to spend lavishly (desperdiciar, gastar a manos llenas).
Prodigio. m. Prodigy, marvel. / *Niño prodigio*, Child prodigy.
Pródigo, ga. adj. Prodigal, wasteful, extravagant. / La-

vish, generous (magnificente, generoso). / *Hijo pródigo*, Prodigal son.
Producción. f. Production (con todas las acepciones de la palabra castellana). / Produce, products (lo que se produce, los productos). / Crops, yield (cosechas, rendimiento). / *Producción automática*, Automation. / *Producción en serie*, Mass production.
Producir. v. To produce (con todas las acepciones de la palabra castellana). / To yield (rendir). / To manufacture (manufacturar). / To cause, to bring about (causar, hacer que ocurra).
Productividad. f. Productivity.
Productivo, va. adj. Productive, profitable, fruitful.
Producto. m. Product (con todas las acepciones de la palabra castellana). / (Com.) Yield, profit. / *Producto neto*, (Com.) Net produce. / *Producto secundario*, By-product.
Proeza. f. Prowess, exploit, feat.
Profanación. f. Profanation, desecration.
Profanar. v. To profane, to desecrate. / To debase, to abuse (mancillar, abusar de una persona).
Profano, na. adj. Profane, secular. / Irreverent, blasphemous (irreverente, blasfemo). / Indecent, immodest (indecente, impúdico). / Uninitiated, lay (no iniciado, lego). / m., f. Worldly person (persona mundana). / (pl.) Profane, uninitiated (los profanos, los no iniciados).
Profecía. f. Prophecy.
Proferir. v. To utter, to express.
Profesar. v. To profess (con todas las acepciones de la palabra castellana).
Profesión. f. Profession, occupation. / Profession, avowal, declaration (de fe, de principios, compromiso jurado).
Profesor, ra. m., f. Professor (con todas las acepciones de la palabra castellana). / Teacher. Schoolmaster (hombre). Schoolmistress (mujer). / *Profesor suplente*, Substitute professor.
Profeta. m. Prophet.
Profetizar. v. To prophesy.
Profiláctico, ca. adj. Prophylactic, preventive.
Prófugo, ga. adj. y m., f. Fugitive. Escapee. / (Mil.) Draft dodger (desertor del servicio militar).
Profundidad. f. Depth, deepness. / Profundity, profoundness, intensity (de un pensamiento, una emoción, etc.). / *Carga de profundidad*, Depth charge.
Profundizar. v. To deepen, to make deeper (ahondar, hacer más hondo). / (Fig.) To delve deeply (en un asunto). / To fathom, to explore (sondear, explorar).
Profundo, da. adj. Deep (con todas las acepciones de la palabra castellana). / Pitch (oscuridad). / Profound, intense (sentimiento, pensamiento, etc.). / *Lo profundo*, The bottom, depths. / *En lo profundo de mi corazón*, In the bottom of my heart.
Profusión. f. Profusion, lavishness.
Progenie, progenitura. f. Progeny, offspring, issue.
Programa. m. Program, programme. / Plans, schedule (planes, esquema de acción). / (Polít.) Platform. / *Programa doble*, Double feature. / *Programa de estudios*, Curriculum. / *Programa espacial*, Space program.
Programar. v. To make a program.
Progresar. v. To progress, to advance, to improve.
Progresión. f. Progression.
Progreso. m. Progress (con todas las acepciones de la palabra castellana). / Development, improvement (desarrollo, mejoramiento). / Progress, civilization (civilización). / (pl.) Progress. / *Hacer progresos*, To advance, to make progress, to move forward.
Prohibición. f. Prohibition, denial.

Prohibir. v. To forbid, to prohibit, to ban. / No (indica prohibición al anteponerse a la palabra). / *Prohibida la entrada*, No admittance. / *Prohibido estacionarse*, No parking.

Prohijar. v. To adopt.

Prójimo. m. Fellow man, neighbour. / Mankind (la humanidad).

Prole. f. Progeny, offspring, issue.

Prolegómeno. m. Prolegomenon, (pl.) prolegomena.

Proletariado. m. Proletariat.

Proletario, ria. adj. y m., f. Proletarian. / (Fig.) A working class person.

Proliferar. v. To proliferate, to multiply.

Prolijidad. f. Prolixity, meticulousness.

Prologar. v. To prologue, to preface.

Prólogo. m. Prologue, preface.

Prolongar. v. To prolong. / To extend, to continue (extender, continuar). / To protract (una situación).

Promedio. m. Average, mean. / *Por promedio*, On the average. / *Promedio aritmético*, Arithmetical mean.

Promesa. f. Promise, offer. / Vow, pledge (voto).

Prometer. v. To promise, to offer. / To vow, to pledge (hacer voto de). / To promise, to show promise (mostrar la promesa de). / *Este muchacho promete*, This boy shows promise.

Prominencia. f. Prominence (con todas las acepciones de la palabra castellana). / Rise (elevación). / Protuberance, hillock (protuberancia, colina).

Prominente. adj. Prominent, elevated, projecting. / Notable, distinguished (notable, distinguido).

Promiscuidad. f. Promiscuity, promiscuousness. / *Promiscuidad sexual*, Sexual promiscuity.

Promiscuo, cua. adj. Promiscuous. / Ambiguous (ambiguo).

Promoción. f. Promotion, advancement. / Class, year, group (de estudiantes o compañeros de un mismo período). / Promotion, publicity (publicidad). / *Promoción de ventas*, (Com.) Sales promotion.

Promulgación. f. Promulgation.

Promulgar. v. To proclaim, to promulgate.

Pronombre. m. Pronoun.

Pronosticar. v. To prognosticate, to foretell, to augur.

Pronóstico. m. Prognostic, omen, sign. / Prognostication, prediction, forecast. / (Med.) Prognosis. / *Pronóstico del tiempo*, Weather forecast.

Prontitud. f. Promptness, briskness, speed. / Keenness, quickness, sharpness (intelectual).

Pronto, ta. adj. Prompt, quick, speedy. / Ready, prepared (listo, preparado).

Pronto. adv. Soon. / Quickly, swiftly (rápidamente). / *Lo más pronto posible*, As soon as possible. / *De pronto*, Suddenly.

Pronunciación. f. Pronunciation, articulation.

Pronunciar. v. To pronounce, to articulate (una palabra, una idea, etc.). / To deliver, to adress (un discurso). / To pronounce, to pass (un juicio).

Propagación. f. Propagation, spreading, dissemination.

Propaganda. f. Publicity, advertising, propaganda. / *Hacer propaganda*, To advertise.

Propagar. v. To propagate, to increase by reproduction. / To propagate, to spread, to disseminate (creencias, doctrinas, ideas, etc.). / To multiply (multiplicar).

Propalar. v. To reveal, to divulge (un secreto).

Propasar. v. To go beyond the limits. To go too far. / To exceed one's authority (en sus atribuciones).

Propenso, sa. adj. Prone, inclined, predisposed.

Propiciar. v. To propitiate, to conciliate. / To propose (proponer). / To sponsor (patrocinar).

Propicio, cia. adj. Propitious, favourable, auspicious.

Propiedad. f. Property, estate (bienes, tierras). / Ownership, proprietorship (condición de propietario). / Property, atribute, quality (atributo, cualidad). / Exact meaning (de una palabra). / *Hablar con propiedad*, To speak correctly.

Propina. f. Tip, gratuity, perquisite, perk.

Propio, pia. adj. Own (con todas las acepciones de la palabra castellana). / One's own (lo propio de uno). / *Mi propia madre*, My own mother. / Typical, characteristic, inherent (típico, característico, inherente). / Own, natural, genuine. / Self (propio, propia –defensa, amor, etc.-). / Proper, fitting, suitable (propio, adecuado, correcto). / (Gram.) Proper (nombre) / (Mat.) Proper (fracción). / (Astron.) Proper (movimiento).

Proponer. v. To propose, to propound. / To suggest, to put forward (sugerir, plantear). / To name, to present (nominar, presentar -una moción, un candidato, etc.-). / *Proponerse*, To propose. To plan, to intend (planear, intentar).

Proporción. f. Proportion, (pl.) proportions, dimensions, size (dimensiones, tamaño). / *En proporción a*, In proportion to. / *Fuera de proporción*, Out of proportion.

Proporcionado, da. adj. Proportioned, commensurate, proportionate. / *Un edificio bien proporcionado*, A well proportioned building. / Fit, suitable (adecuado, correcto).

Proporcionar. v. To furnish, to supply, to provide (dotar, equipar, proveer). / To proportion, to make proportionate (hacer proporcionado). / To adapt, to adjust (adaptar, ajustar).

Proposición. f. Proposition, proposal. / *Proposición de matrimonio*, Marriage proposal. / Motion, resolution (moción, resolución). / (Gram.) Clause.

Propósito. m. Purpose. Aim, object, design (meta, objetivo, designio). / Intention, resolve (intención, resolución). / Subject, matter (tema, materia). / *A propósito*, By the way. / Suitable, fitting (adecuado, que acomoda bien).

Propuesta. f. Proposal, proposition. / Offer, tender (oferta, cantidad que se propone en pago). / Nomination (para ocupar un cargo).

Propulsión. f. Propulsion. Propelling, drive (propelencia, impulso). / Repulse, reject (repulsa, rechazo). / *Propulsión a chorro*, Jet propulsion.

Prórroga. f. Prorogation, extension.

Prorrogar. v. To prorogue, to extend, to postpone.

Prorrumpir. v. To burst into (una habitación, etc.). / To break out, to burst out (en exclamaciones, etc.).

Prosa. f. Prose. / Ordinariness, matter-of-factness (ordinariedad, realismo prosaico).

Proscenio. m. Proscenium. / Apron (del escenario).

Proscribir. v. To proscribe, to vanish, to outlaw.

Proscrito, ta. p. adj. y m., f. Proscript, exile, outlaw.

Proselitismo. m. Proselytism.

Prosélito. m. Proselyte, convert.

Prosificar. v. To convert into prose, to put into prose.

Prosimio, mia. adj. y m. Prosimian.

Prosodia. f. Orthoepy, prosody.

Prospecto. m. Prospectus, booklet, brochure.

Prosperar. v. To prosper. To make prosperous, to thrive, to flourish.

Prosperidad. f. Prosperity.

Próstata. f. Prostate, prostate gland.

Prostíbulo. m. Brothel.

Prostitución. f. Prostitution.

Prostituir. v. To prostitute, to corrupt. / *Prostituirse*,

(Fig.) To debase oneself, to sell one's integrity (degradarse, vender la propia honestidad).
Prostituta. f. Prostitute. / (Pop.) Hooker, harlot.
Protagonista. m., f. Protagonist, hero, heroine.
Protagonizar. v. To be the protagonist of, to take a main role in.
Protección. f. Protection.
Protectorado. m. Protectorate.
Proteger. v. To protect, to defend.
Protegido, da. p. adj. y m., f. Protected, secluded. / Protégé (masculino). Protégée (femenino) (una per sona).
Proteína. f. Protein, proteid.
Protesta. f. Protest. Protestation. / Declaration, affirmation (declaración, afirmación). / *Manifestación de protesta*, Protest demonstration.
Protestante. adj. Protestant, protesting. / Protestant (iglesia). / m., f. Protestant, protester.
Protestar. v. To protest. / To declare, to affirm (declarar, afirmar). / To object (objetar). / *Protestar contra*, To protest against. To object to. / *Protestar de*, To affirm, to declare, to profess (afirmar, declarar, profesar).
Protocolario, ria. adj. Protocolar.
Protocolo. m. Protocol. / Diplomatic ceremonial forms (formas del ceremonial diplomático). / Registry, record (registros, actas).
Protón. m. Proton.
Protozoico, ca. adj. Protozoic.
Protozoo. m. Protozoan, protozoon.
Protuberancia. f. Protuberance, projection, bulge.
Protuberante. adj. Protuberant, bulging, projecting.
Provecho. m. Profit, gain. / Benefit, advantage (beneficio, ventaja). / Progress, advancement, improvement (progreso, avance, mejora). / *Buen provecho*, Bon appetit. / *Ahora él es un hombre de provecho*, Now he is a useful man. / *Sacar provecho de*, To benefit from, to get benefit from.
Proveedor, ra. m., f. Supplier, purveyor, provider.
Provenir. v. To come, to proceed, to originate, to issue.
Proverbio. m. Proverb. Saying, adage, maxim (dicho, adagio, máxima). / Prediction, omen (predicción, augurio).
Providencia. f. Providence (la Gracia de Dios, la Guía divina). / Prevention (precaución). / Disposition, measure, step (disposición, medida, paso para). / Foresight, forethought (previsión, antelación). / (Der.) Judgment, decision (juicio, decisión). / *Tomar providencias*, To take measures, to make a decision (tomar medidas, tomar una decisión).
Provincia. f. Province.
Provisión. f. Supply, stock, provision. / Provision, supplying (el acto de proveer).
Provisto, ta. p. adj. Provided, stocked, supplied.
Provocación. f. Provocation, incitement, instigation. / Challenge (desafío).
Provocador, ra. adj. Provocative, provoking. / m., f. Provoker, inciter, challenger.
Provocar. v. To provoke, to incite. / To annoy, to anger (irritar, enojar). / To tempt (tentar). / To make to feel like to (hacer sentir ganas de). / *No me provoca encontrarme con él*, I don't feel like meeting him. / To make, to cause (hacer que, causar). / *Provocar a risa*, To make one laugh. / *Provocar a lástima*, To cause sorrow, to make sad.
Provocativo, va. adj. Provocative, provoking, tempting, inciting.
Proxeneta. m., f. Procurer, pimp. / Procuress (celestina).

Proximidad. f. Proximity, nearness, closeness.
Próximo, ma. adj. Near, nearby, close. / Next (el próximo, el siguiente). / *Próximo a*, Near to, close to. / About to (se usa especialmente con infinitivos). / *Ese muro está próximo a caer*, That wall is about to fall.
Proyección. f. Projection. / Screening (sobre una pantalla).
Proyectar. v. To project (con todas las acepciones de la palabra castellana). / To shoot, to cast, to throw forward (disparar, lanzar, arrojar hacia adelante). / To plan, to map out (planear, planificar).
Proyectil. m. Missile. Projectile. / *Proyectil atómico*, Atomic missile.
Proyecto, ta. adj. y m. Projected, in perspective. / *Proyecto de ley*, Bill, proposed law. / Project. Design, plan (diseño, plan).
Proyector. m. Projector. / Searchlight, spotlight (buscacaminos, faro).
Prudencia. f. Prudence, discretion.
Prudente. adj. Prudent, judicious, discreet.
Prueba. f. Proof (con todas las acepciones de la palabra castellana). / Trial, test (ensayo). / Proof, evidence, demonstration (prueba, evidencia, demostración). / Token (prenda, prueba de un sentimiento). / Sample, piece to be tested (ejemplar, materia que se someterá a prueba). / Fitting (de ropas). / Trial (moral). / Temptation, ordeal (tentación, ordalía). / Match, competition (deportiva).
Pseudo. adj. Pseudo, false.
Psicoanálisis. m. Psychoanalysis.
Psicoanalizar. v. To psychoanalyze.
Psicología. f. Psychology.
Psicometría. f. Psychometry.
Psiquiatría. f. Psychiatry.
Psiquis. f. Psyche.
Pteridófito, ta. adj. Pteridophytic, pteridophytous. / f. Pteridophyte.
Púa. f. Barb, spike, prong. / Spine (de erizo, puercoespín, etc). / Thorn (espina de planta). / Tooth (de peine). / (Bot.) Graft, scion. / (Mús.) Plectrum (para instrumento de cuerdas). / *Alambre de púas*, Barbed wire.
Púber. adj. Pubescent. / m., f. Person who has reached puberty.
Pubertad, pubescencia. f. Puberty. Pubescence.
Pubis. m. Pubes. / Pubis (parte del esqueleto).
Publicación. f. Publication. / Proclamation.
Publicar. v. To publish, to issue (libros, revistas, etc.). / To announce, to broadcast (anunciar, transmitir por radio o TV). / To divulge, to publicize (divulgar, publicitar).
Publicidad. f. Publicity (con todas las acepciones de la palabra castellana). / Promotion, advertising (promoción, publicidad comercial).
Público, ca. adj. Public, general (público, de todos). / Known, open (conocido, abierto al conocimiento público). / m. Public (con todas las acepciones de la palabra castellana). / Audience, spectators (la concurrencia, los espectadores).
Pudicia. f. Pudency, modesty, chastity.
Púdico, ca. adj. Modesty, shy, chaste.
Pudor. m. Modesty, shyness, chastity. / *Atentado contra el pudor*, Indecent assault. / *Ultraje al pudor*, Indecent exposure.
Pudrir. v. To rot, to putrefy, to decay.
Pueblo. m. Town, village. / Common people, working class (la gente común, la clase obrera). / People, nation, population (pueblo, nación, población).
Puente. m. Bridge. / (Mús.) Tailpiece (de instrumento

de cuerdas). / Crossbeam, crosspiece, transom (viga, travesaño). / (Náut.) Deck. / *Cabeza de puente*, Bridgehead. / *Puente colgante*, Suspension bridge. / *Puente levadizo*, Drawbridge.

Puerco. m. Hog, swine, pig. / Wild oar (jabalí). / adj. (Fig.) Filthy, ill-mannered (sucio, de modales groseros). / Base, mean (vil, malvado). / *Puerco espín*, Porcupine.

Pueril. adj. Puerile, childish.

Puerro. m. Leek, scallion.

Puerta. f. Door. / Gate, doorway, gateway (pórtico, vía de acceso). / Entrance, exit, access (entrada, salida, acceso). / (Fig.) Pathway (senda, camino hacia –el triunfo, etc.-). / *Puerta de corredera*, Sliding door. / *Puerta falsa*, Back door, side door. / *Puerta giratoria*, Revolving door.

Puerto. m. Port, harbour, haven. / Mountain pass (paso de montañas). / Shelter, refuge, asylum (protección, refugio, asilo).

Pues. conj. Since, because (desde que, porque). / For, as (atendiendo a que). / Then (entonces). / *De todos modos ella no vendrá pues ha estado enferma*, Anyway she will not come for she has been ill.

Púgil. m. Boxer, pugilist.

Pugna. f. Struggle, conflict. / *Estar en pugna*, To be in conflict, to oppose each other.

Pugnar. v. To struggle, to strive. / To persist (persistir, porfiar). / *Pugnar por*, To struggle to.

Pujar. v. To struggle, to strive.

Pulcro, cra. adj. Neat, tidy (en la presentación personal). / Ethical, clean, decent (en sentido moral).

Pulga. f. Flea. / *Tener malas pulgas*, To be touchy.

Pulgada. f. Inch.

Pulgar. m. Thumb. / Shoot (de enredadera o vid). minaciones a algo). / To make refined or well- bred (a una persona malcriada).

Pulmón. m. Lung. / *Pulmón marino*, (Zool.) Jellyfish.

Pulpa. f. Pulp, flesh (de frutas, madera, etc.). Pads (de los gatos).

Pulpería. f. Grocery store, general store.

Pulpo. m. Octopus, cuttlefish.

Pulsación. f. Pulsation, throb, beat, pulse.

Pulsar. v. To play, to strum (un instrumento). / To take the pulse of (tomar el pulso). / (Fig.) To sound out, to explore, to examine (sondear, explorar, examinar). / To pulse, to throb, to beat (emitir pulsaciones, latir, golpear acompasadamente).

Pulsera. f. Bracelet, watch strap. / (Med.) Wrist bandage (vendaje).

Pulso. m. Pulse. / Steadiness, steady hand (reciedumbre, mano firme). / Bracelet (brazalete).

Pulular. v. To swarm, to pullulate.

Pulverizar. v. To pulverize, to reduce to powder. / To atomize, to spray (líquidos, hidrosoles, etc.).

Puma. m. Puma, mountain lion.

Punta. f. Point (con todas las acepciones de la palabra castellana). / Tip, apex, top (extremo, ápice, cumbre). /

Cape, promontory, headland (de tierra, en la costa). / (Her.) Point. / (Impr.) Bodking. / Point, graver, style, burin (puntas de grabador, buriles). / *En punta de pies, de puntillas*, On tiptoe. / *Tener en la punta de la lengua*, To have on the tip of one's tongue. / *Tener los nervios de punta*, To have one's nerves on edge.

Puntería. f. Aim, aiming.

Punto. m. Point (con todas las acepciones de la palabra castellana). / Dot (un punto). / Period, stop (de párrafo, punto aparte).

Puntuación. f. Punctuation.

Puntual. adj. Punctual, prompt. / Adequate, convenient (adecuado, conveniente).

Puntualidad. f. Punctuality.

Puntualizar. v. To fix, to stamp, to imprint (en la memoria, en el alma, etc.). / To detail, to give a detailed account of (detallar, dar cuenta detallada).

Puntuar. v. To punctuate.

Punzar. v. To prick, to puncture. / To punch, to pierce (perforar, atravesar). / To grieve, to sting (remordimientos, nostalgia, etc.). / To throb, to ache (latir, doler).

Puñado. m. Handful, fistful. / (Fig.) A few (unos pocos),

Puñal. m. Dagger, poniard.

Puño. m. Fist. / Wristband, cuff (de camisa, etc.). / Hilt (de espada). / Handle (de paraguas, bastón, etc.). / Head (de bastón). / (Náut.) Corner (de vela).

Pupilo, la. m., f. Pupil, ward (niño en custodia). / (Anat.) Pupil (del ojo).

Pupitre. m. School desk, writing desk.

Puré. m. Purée. / Thick soup (crema, sopa espesa). / *Puré de guisantes*, Pea soup. / *Puré de patatas*, Mashed potatoes.

Pureza. f. Purity, pureness. / Limpidity, genuineness (limpidez, genuinidad).

Purga. f. Purgative, laxative, purge.

Purgar. v. To purge, to purify. / To atone for, to expiate (culpas o pecados). / To purge, to give a laxative (dar un purgante o laxante).

Purificar. v. To purify, to depurate. / To cleanse (limpiar).

Puro, ra. adj. Pure. / Innocent, chaste (inocente, casto). / Uncorrupted, spotless (sin corromper, inmaculado). / Solid, pure (oro o plata). / Clear (el cielo). / Utter, absolute (por completo, absoluto). /

Púrpura f. Purple (color). / (Fig.) Imperial, cardinal's rank (de rango imperial o cardenalicio). / (Zool.) Purple, murex.

Pus. f. Pus.

Pusilánime. adj. Pusillanimous, weak, fainthearted, chicken-hearted.

Puta. f. (Pop.) Whore, hooker, harlot. / *Hijo de puta*, Son of a bitch.

Putrefacción. f. Putrefaction, rotting, decay.

Putrefacto, ta. adj. Rotten, decayed, putrid.

Pútrido, da. adj. Putrid, rotten, decayed. / Foul smelling (maloliente).

Que. conj. y pron. What (qué, lo que). / *¿Qué ha dicho Ud.?*, What have you said? / *Lo que Ud. ha dicho*, What you have said. / That (que). / *Ella dijo que Ud. debe hacerlo*, She said that you must do it. / Who (quien, el que). / *El que quiera celeste, no se acueste*, He who wants to earn the glory can not sleep. / Which (quien, el cual). / *El que va a Buenos Aires, que se apresure*, The one who goes to Buenos Aires ought to hurry up. / *Los que, las que*, Those who, the ones who, those which. / Which (lo que, lo cual). / Than (que, estableciendo comparación). / *Más que*, More than. / *Vino por tan poco tiempo, que no alcancé a hablarle*, She came for such a short time that I couldn't talk to her. / Quiero (cuando indica una orden o deseo). / *Quiero que lo diga ella*, I want her to say it.

Qué. adv., y pron. What. / *¿Qué hora es?*, What time is it? / *¡Qué gusto volverte a ver!*, What a pleasure to see you again! / Which (cuál). / *¿Qué (cuál) libro sacaste de la biblioteca?*, Which book did you take from the library? / How (cómo, cuán). / *¡Qué lástima!*, How sad! What a pity! / *¿Para qué?*, What for? / *¿Por qué?*, Why? / *No hay de qué*, You are welcome, don't mention it.

Quebrantar. v. To break, to crush. / To break (la ley, un compromiso, etc.). / To break out of (una condena). / To weaken, to break (la salud, el vigor, etc.). / To crush (el ánimo). / To desecrate, to defile (profanar, degradar).

Quebrar. v. To break. / To grind, to crush (machacar, moler). / To break (una promesa, un contrato, etc.) / To bend, to twist (torcer, girar). / (Com.) To go bankrupt (ir a bancarrota).

Quechua. adj. Quechuan. / m., f. Quechua.

Quedar. v. To remain.

Quehacer. m. Work, business, chore. / *Quehaceres de casa*, Household chores.

Queja. f. Complaint. / Plaint, lament, moan (quejido, lamento, gemido). / Grudge, resentment (rencor, resentimiento). / (Der.) Complaint.

Quejar. v. To complain (presentar una queja o reclamo). / To moan, to lament (gemir, lamentarse). / *Quejarse de*, To complain of.

Quejido. m. Moan, lament.

Quemadura. f. Burn, scald. / Smut (la enfermedad de las plantas). / *Quemadura de segundo grado*, (Med.) Second-degree burn.

Quemar. v. To burn. To burn down (quemar una cosa, dejar quemada una cosa). / To parch (quemar o resecar). / To scorch (provocar una quemadura, quemarse un guiso en la olla). / To burn, to sting, to smart (quemar, producir quemazón, picar, escocer).

Querellarse. v. To lament, to moan, to bewail (lamentarse, gemir, sollozar). / (Der.) To file a complaint, to bring suit against.

Querer. m. Love, affection, fondness. / v. To want, to wish. / To will (querer, tener el propósito de). / To desire (desear). / To love, to be fond of, to like (gustar mucho de, ser aficionado a, gustar de). / To require, to need (requerir, necesitar).

Querido, da. p. adj Dear. / *Querida mamá*, Dear mother. / m., f. Paramour. / (Fam.) Honey, darling (trato amoroso). / Lover. Mistress (amante, querida).

Queso. m. Cheese. / *Queso fresco*, Cottage cheese. / *Queso cabeza*, Headcheese.

Quid. m. Quiddity, essence, gist.

Quien, quienes, quién, quiénes. pron. Who. / Whom (cuando va después del verbo principal). / Whose (de quién). / *Aquel quien, aquella quien*, He who, she who. / *La persona quien*, The person who. / They who, those who (aquellos quienes). / *Quienquiera, quienesquiera*, Whoever, whomever. / *¿Quién está ahí?*, Who is there? / *¿De quién es esta peluca?*, Whose wig is this?

Quieto, ta. adj. Quiet, still. / Motionless (sin movimiento). / Peaceful, calm (apacible, calmo). / Silent (callado). / Orderly, moderate, virtuous (ordenado, moderado, virtuoso).

Quijote. m. Cuisse (de armadura). / Croup, rump (de caballería). / n. p. *Don Quijote*, Sir Quixote. / Quixotic person.

Quilate. m. Carat. / (Fig.) Worth, value.

Quilla. f. Keel. / *Dar de quilla*, To keel. / *Voltear quilla*, To keel over, to turn keel up.

Quimera. f. Chimera, chimaera. / Fancy (deseo quimérico). / Quarrel, dispute (riña, disputa). / (Zool.) Chimaera.

Química. f. Chemistry.

Quina. f. A group of five (en juegos, lotería, etc.), (pl.) double fives (en el backgammon). / (pl.) Portuguese coat- of-arms (escudo de armas portugués). / (Bot.) Cinchona bark, Peruvian bark.

Quincalla. f. Miscellany of small hardware.

Quincenal. adj. Fortnightly, semi-monthly.

Quinina. f. Quinine.

Quinqué. m. Hurricane lamp. / Oil lamp (lámpara a petróleo).

Quinquenal. adj. Five-year, quinquennial. / *Plan quinquenal*, Five-year plan.

Quinta. f. Country house, manor, villa (casa de campo, mansión campestre, villa). / Quint (en naipes). / (Mús.) Fifth, quint. / (Esgr.) Quinte. / Fifth (ordinal de cinco).

Quintaesencia. f. Quintessence.

Quintal. m. Quintal. / *Quintral métrico*, One hundred kilograms.

Quinteto. m. Quintet.

Quintilla. f. Stanza of five octsyllabic lines (estrofa de cinco versos octosílabos). / Any five-lined stanza with two rhymes (cualquier estrofa de cinco versos con dos rimas).

Quiosco. m. Kiosk. / Stand, newsstand (de ventas, de periódicos). / Pavilion (pabellón de feria, exposición, etcétera).

Quirófano. m. Operating room.

Quirúrgico, ca. adj. Surgical.

Quitar. v. To remove, to substract, to take away. / *Le quitaron el puesto a Juan*, They took the job away from John. / To take off. / *Quítese las ropas*, Take your clothes off. / To eliminate, to erase, to delete (eliminar, borrar). / To steal, to deprive of (robar, privar de). / To release (una demanda). / (Der.) To repeal, to annul, to abrogate (sobreseer, anular, abrogar). / To free, to exonerate (de culpa, obligación, etc.). / (Esgr.) To parry.

Quitasol. m. Sunshade, parasol.

Quizá, quizás. adv. Maybe, perhaps.

R

Radio. m. (Anat.) Radius (el hueso). / (Bot.) Ray (de una flor).

Rábano. m. Radish. / *Rábano silvestre*, (Bot.) Jointed charlock.

Rabia. f. Anger, rage. / (Med., veter.) Hydrophobia, rabies.

Rabiar. v. To get angry, to be furious. / To get annoyed (fastidiarse). / (Med.) To have rabies.

Rabieta. f. Fit of temper.

Rabino. m. Rabbi, rabbin.

Rabo. m. Tail (de animal, etc.). / Stalk (de hojas, flores o frutos). / *Rabo de zorra*, Foxtail, plume grass.

Racial. adj. Racial.

Racimo. m. Cluster, bunch (de uvas, de objetos). / Raceme (inflorescencia en racimo).

Ración. f. Ration, portion. / Allowance (mesada, beca, pensión).

Racional. adj. y m., f. Rational, reasonable.

Racionalista. adj. Rationalist, rationalistic. / m., f. Rationalist.

Racionalizar. v. To rationalize.

Racionamiento. m. Rationing.

Racionar. v. To ration.

Racismo. m. Racism, racialism.

Racista. adj. y m., f. Racist, racialist.

Racha. f. Squall. Gust of wind (de viento). / Streak, run (de la suerte). / Series (de acontecimientos).

Radar. m. Radar.

Radiación. m. Radiation.

Radial. adj. Radial (con todas las acepciones de la palabra castellana). / Pertaining to radio (de radiodifusión). / *Programa radial*, Radio program.

Radiante. adj. Radiant, beaming. / Gleaming (de satisfacción, alegría, etc.).

Radiar. v. To radio, to broadcast (radiodifusión). / (Fís.) To radiate. / To beam, to shine (de luminosidad).

Radical. adj. y m., f. Radical.

Radicar. v. To take root. / To situate, to locate, to settle (situar, instalar en un lugar, establecer). / *Radicarse*, To settle, to settle down.

Radio. m. Radius. Zone, sector (zona, sector). / Radium (el elemento químico). / Radio (el aparato, el sistema). / (Geom., anat.) Radius. / Broadcasting (transmisión de radio).

Radiodifusión. f. Broadcasting, radio broadcasting.

Radiodifusor, ra. adj. Broadcasting. / m., f. Broadcaster. / Radio station (estación de radio).

Radioescucha. m., f. Radio listener.

Radioscopia. f. Radioscopy.

Radiotelegrafiar. v To radiotelegraph, to wireless.

Radiotelégrafo. m. Radiotelegraph, wireless telegraph.

Radioterapia. f. Radiotherapy.

Radiotransmisión. f. Radio transmission.

Radioyente. m., f. Radiolistener.

Raer. v. To scrape. / To strike, to level with a strickle or strike (alisar con raedera). / *Raerse*, To become threadbare or worn out (una tela un traje).

Ráfaga. f. Gust of wind. / Small cloud (nubecilla). / Flash of light (destello). / Burst (de ametralladora, de disparos).

Raído, da. p. adj. Threadbare, worn out (la ropa).

Raíz. f. Root. / *Bienes raíces*, Real estate. / *De raíz*, By the root. / *Raíz cuadrada*, Square root. / *Raíz cúbica*, Cube root.

Rajar. v. To split, to rend, to cleave. To crack (agrietar).

Rajable. adj. Easily split.

Ralea. f. Type, kind, breed. / Prey (presa).

Ralladura. f. Gratings. / Mark left by a grater (marca del rallador).

Rallar. v. To grate.

Rama. f. Bough, branch (de árbol). / Branch (de la familia, de la industria, etc.).

Ramera. f. Prostitute, whore.

Ramificación. f. Ramification, branching.

Ramillete. m. Bouquet. / Collection. / (Bot.) Cluster, umbel.

Ramo. m. Bouquet, bunch (de flores). / Cluster (de uvas) / Branch, field (de cualquier disciplina).

Rampa. f. Ramp, slope. / Cramp (contracción muscular, calambre). / *Rampa de lanzamiento*, Launching ramp.

Rana. f. Frog. / *Hombre rana*, Frogman.

Rancio, cia. adj. Rank, rancid, stale. / Old, ancient (abolengos).

Ranchero, ra. m., f. Rancher. / Rustic, country person (rústico, campesino). / Camp cook (cocinero de campamento).

Rancho. m. Ranch, farm (hacienda, estancia en el campo). / Food, meal (ración de comida). / Hut, thatched hut (choza, cabaña de paja).

Ranura. f. Groove, slot.

Rapacería. f. Childish prank.

Rapar. v. To shave, to shave close, to crop (el pelo). / To snatch, to steal (hurtar, robar).

Rapidez. f. Rapidity, celerity, speed.

Raptar. v. To abduct, to ravish, to kidnap (secuestrar). / To rape (violar).

Rapto. m. Abduction, kidnapping (secuestro). / Rape (violación). / Rapture, ecstasy (rapto emocional, éxtasis). / (Med.) Raptus, seizure, fit.

Raqueta. f. Racket, battledore. / Racket, snowshoe (para la nieve).

Rareza. f. Rareness, uncommonness. / Strangeness, oddness, freak (condición de raro, insólito, aberrante). / Eccentricity, peculiarity (una rareza, una excentricidad o peculiaridad).

Raro, ra. adj. Rare, uncommon (poco común). / Scarce (escaso). / Strange, peculiar, queer (extraño, peculiar, anómalo). / Outstanding, excellent, notable (destacado, excelente, notable). / adv. *Rara vez*, Seldom.

Ras. m. Evenness, levelness. / loc. adv. *Al ras*, Level.

Rasar. v. To level with a strickle.

Rascacielos. m. Skyscraper.

Rascar. v. To scratch (con las uñas). / To scrape (con un instrumento).

Rasero. m. Strike, strickle.

Rasgadura. f. Tear, rip, rent. / Tearing, ripping (la acción de rasgar).

Rasgar. v. To tear, to rip. / To strum (un instrumento musical). / *Rasgarse*, To become torn, to tear.

Rasgo. m. Flourish, stroke (con lápiz). / Trait, feature, characteristic (de carácter o apariencia). / (pl.) Features (de la cara).

Rasguear. v. To strum (un instrumento musical).

Raso, sa. adj. y m. Flat, level, even. / Cloudless, clear (sin nubes, despejado). / Common (soldado o funcionario sin rango). / *Cielo raso*, Ceiling. / (Text.) Satin. / *A cielo raso*, Outdoors.

Raspar. v. To scrape.

Raspear. v. To scratch.

Rastreador, ra. adj. Dredging, dragging (que lleva a la rastra). / Tracking, trailing (que rastrea, que sabe seguir rastros). / m., f. Tracker (un hombre, animal o artefacto

Rastrear. v. To track, to trail, to trace. / To drag, to dredge, to sweep (arrastrar, barrer, pasar la rastra). / (Fig.) To investigate (investigar).

Rastro. m. Track, trail (pista). / Vestige, trace, sign.

Rata. f. Rat, female rat. / *Rata de alcantarilla*, Brown rat, sewer rat. / Pickpocket, sneak thief (ladrón, ratero).

Ratón. f. Mouse. / *Ratón de biblioteca*, Bookworm. / *Ratón de campo*, Field mouse.

Raudo, da. adj. Rapid, swift, impetuous.

Raya. f. Stripe, line. / Bound, limit, border line (tope, límite, línea delimitadora). / *Pasarse de la raya*, To go beyond the limits. To go too far. / Parting (en el peinado). / Dash, stroke (en escritura, etc.). / Crease (de los pantalones). / *Mantener a raya*, To keep at bay.

Rayar. v. To line, to draw lines on, to stripe. / To underline (subrayar). / To cross out, to put a line through (tachar).

Rayo. m. Ray, beam. / Flash of lightning (destello de relámpago). Thunderbolt (rayo, relámpago).

Raza. f. Race. / Lineage, breed, strain (linaje, cuna, origen genético).

Razón. f. Reason, intellect. / Reason, sanity (sensatez, salud mental). / Reason, argument, explanation (argumento, explicación). / Reason, cause, motive (causa, motivo). / Rate (proporción, medida proporcional). / (Mat.) Ratio.

Razonable. adj. Reasonable, sensible (razonable, sensato). / Fair, just (correcto, justo). / Reasonable (que puede razonarse, que se ajusta a razón).

Razonar. v. To reason, to ratiocinate. / To explain, to reason out (explicar, dar la razón de algo).

Reducción. f. Reduction, decrease. / (Electr.) Reducing coupling, reducer.

Reducido, da. p. adj. Reduced, diminished, small, compact. / Narrow, limited (estrecho, limitado).

Reducir. v. To reduce, to convert (reducir a, transformar en). / To change (moneda). / To diminish, to decrease, to shorten, to lessen (disminuir, decrecer, acortar, aminorar). / To condense, to boil down (condensar, espesar por hervor). / To subject, to subjugate (someter, subyugar). / (Med.) To reduce (hueso dislocado, órgano desplazado). / (Lóg., Mat., Quím.) To reduce. / (Artes plásticas) To reduce to scale (reducir a escala). / To receive, to buy and dispose of (objetos robados).

Reemplazar. v. To replace, to substitute, to supersede.

Reemplazo. m. Replacement, substitute. / (Mil.) Replacement, reinforcement.

Reencarnar. v. To reincarnate. / *Reencarnarse*, To become reincarnated.

Referencia. f. Reference, allusion. / Narration, account, report (narración, cuenta, informe). / (pl.) References (información sobre el carácter de alguien, etc.).

Referéndum. m. Referendum.

Reflejado, da. p. adj. Mirrored, reflected.

Reflejar. v. To reflect (con todas las acepciones de la palabra castellana). / To show, to reveal (mostrar, revelar). / To reflect, to ponder, to think, to consider (reflexionar, sopesar, pensar, considerar).

Reflejo, ja. adj. Reflected. / (Fisiol.) Reflex. / (Gram.) Reflexive. / m. Reflection, glare. / Image, vestige (imagen, vestigio).

Reflexión. f. Reflection (de luz, de una imagen mental, etc.).

Reflexionar. v. To reflect, to meditate on.

Reforma. f. Reform, reformation. / Alteration, improvement (alteración, mejoramiento). / (Rel.) Reformation.

Reformar. v. To reform, to correct, to improve. / To reform, to reshape (reformar, dar nueva forma). / To reorganize, to alter, to revise (reorganizar, cambiar, revisar). / To repair, to restore, to renovate (reparar, restablecer, renovar).

Reforzar. v. To reinforce, to strengthen. / To intesify (intensificar).

Refracción. f. Refraction.

Refrán. m. Proverb, saying, adage, maxim.

Refrenar. v. To curb, to rein in, to check (un caballo). / To curb, to restrain, to control (personas, pasiones, etcétera.).

Refrendar. v. To countersign, to legalize, to authenticate. / To visa, to stamp (un pasaporte, certificado, etcétera.).

Refrescar. v. To refresh, to freshen, to cool. / To renew (una pelea) / To revive (costumbres, hábitos, modas). / To refresh (la propia memoria). / *Refrescarse*, To become fresh or refreshed (una persona). / To become cool or fresh (el tiempo). / To freshen, to increase (el viento). / To refresh oneself (ponerse fresco uno mismo). / To take some refreshment (tomar un refresco).

Refresco. m. Refreshment, snack. / Soft cold drink (bebida helada no alcohólica). / Light buffet, refreshment (bocadillo ligero).

Refuerzo. m. Reinforcement, strengthening. / Help, aid (ayuda, auxilio). / Backing, bracing (respaldo, sujección). / (pl.) (Mil.) Reinforcements.

Refugiar. v. To shelter, to give refuge. / *Refugiarse*, To take refuge.

Refugio. m. Refuge, shelter. / Retreat, asylum, home, sanctuary (retiro, asilo, hogar, santuario).

Refulgir. v. To shine, to be refulgent.

Refutar. v. To refute.

Regadío, a. adj. Irrigable, irrigated. / m. Irrigated land.

Regalar. v. To give, to present, to treat. / To please, to entertain, to regale (complacer, entretener, mimar). / *Regalarse*, To indulge oneself, to dine or to feast sumptuously (comer o festejar suntuosamente).

Regalo. m. Gift, present. / Comfort, luxury (comodidades, lujo). / Indulgence, pleasure (autoindulgencia, placeres).

Regañar. v. To scold, to grumble. To mutter (murmurar con ira). / To quarrel (reñir).

Regar. v. To water, to irrigate. / To sprinkle, to shower (rociar, duchar). / To water, to wash a certain region (un río). / To scatter, to strew (desparramar, esparcir).

Regenerar. v. To regenerate.

Regentar. v. To direct, to manage, to administrate. / To rule, to govern (mandar, gobernar). / To fill, to hold (un puesto, un profesorado, etc.).

Regente. adj. Governing, ruling. / m., f. Regent. / Foreman, manager (capataz, administrador). / Regent, university professor (regente de universidad, catedrático). / (Impr.) Foreman.

Regimiento. m. Regiment. / (Náut.) Pilot's book of rules or sailing instructions.

Región. f. Region.
Regional. adj. Regional.
Regir. v. To govern, to rule. / To guide, to steer, to conduct, to manage (guiar, timonear, conducir, administrar). / (Gram.) To govern. / To be in force (estar en posición de fuerza). / To function, to work (estar en funciones, obrar). / (Náut.) To steer, to obey the helm (timonear, responder al timón).
Registrado, da. p. adj. Registered. / *Marca registrada*, Trademark.
Registrar. v. To examine, to inspect, to search (examinar, inspeccionar, registrar un lugar o a una persona). / To register, to record (anotar en un registro).
Registro. m. Register, record. Record book (libro o cuaderno de registro). / Registration, registry, registering, recording (la acción de registrar o anotar en un registro). / Examination, inspection, search (examen, inspección registro de un lugar o sobre una persona). / Entry, record, register (anotación, acta, registro escrito). / Registry, registration office (oficina de registros).
Regla. f. Ruler (con todas las acepciones de la palabra castellana). / Rule, law, precept (norma, ley, precepto). / Rule (de una Orden religiosa). / Menstruation (de la mujer), / (Mat) Rule.
Reglamento. m. Regulation, bylaws.
Regocijar. v. To rejoice, to make merry, to gladden. / *Regocijarse*, To be glad, to get delighted.
Regocijo. m. Joy, gladness, cheer, rejoicing.
Regresar. v. To return, to give back (dar de vuelta). / To return, to come or go back (volver, retornar).
Regresión. f. Regression, retrogression.
Regresivo, va. adj. Regressive.
Regreso. m. Return, coming back.
Reguero. m. Track, furrow (dejado por un líquido que se vierte). / Irrigation ditch.
Regulación. f. Regulation, control.
Regular. adj. Regular (con todas las acepciones de la palabra castellana). / Even, steady (parejo, sin varia ciones). / Fair, fairly good, average (suficiente, suficientemente bueno, en el promedio). / Common, middling, so so (común, término medio, así así [no muy bueno]). / *Por lo regular*, Usually, as a rule. / m. Career soldier. / v. To regulate, to control. / To adjust to rules (ajustar a las normas o medidas). / To put in order (poner en orden).
Regularidad. f. Regularity.
Regularizar. v. To regularize. / To regulate, to adjust (regular, ajustar –una válvula, etc.-).
Rehabilitación. f. Rehabilitation.
Rehabilitar. v. To rehabilitate. / To reinstate, to restore (reinstaurar, restaurar).
Rehacer. v. To remake. To do again. / To redo, to repair (recomponer, reparar). / To renovate, to remodel (renovar, remodelar). / To give back strength, to invigorate (devolver fuerzas, vigorizar). / *Rehacerse*, To recover, to recover strength (recobrarse, recuperar fuerzas). / To pull oneself together (rehacerse después de un grave contratiempo). / (Mil.) To rally, to reorganize.
Rehén. m., f. Hostage.
Rehuir. v. To avoid, to shun. / To decline, to refuse (declinar, rehusar). / To withdraw, to retire (replegarse, tomar la retirada).
Rehusar. v. To refuse, to decline. To reject (rechazar).
Reina. f. Queen.
Reinar. v. To reign. / To prevail, to predominate (prevalecer, predominar).
Reincidencia. f. Relapse. / Backsliding (en un error o vicio). / (Der.) Recidivism.

Reincidir. v. To relapse, to backslide. / (Der.) To commit an offence a second time.
Reincorporar. v. To reincorporate.
Reingresar. v. To re- enter.
Reino. m. Kingdom.
Reinstalar. v. To reinstall, to reinstate.
Reintegración. f. Return, reintegration. / Restitution, reimbursement (restitución, reembolso).
Reintegrar. v. To reintegrate, to return. / To repay, to refund (pagar en retorno, reintegrar fondos).
Reír. v. To laugh. / *Reírse con,* To laugh with. / *Reírse de*, To laugh at.
Reiterar. v. To reiterate, to repeat.
Reinvindicación. f. Recovery. / (Der.) Replevy, replevin.
Reivindicar. v. To recover. / (Der.) To replevy.
Reja. f. Grille, grating, railing. / (pl.) Bars (de prisión). / Plowshare (de arado).
Rejón. m. Spear. / Point (de un trompo).
Rejuvenecer. v. To rejuvenate. / To renew, to modernize (renovar, modernizar).
Relación. f. Relation (con todas las acepciones de la palabra castellana), / Relationship, ratio, connection (relación, razón proporcional, conexión). / Account, report (cuenta, reporte). / Recounting, reporting (recuento, informe). / Telling, narration (cuento, narración). / (Der.) Report. / *Una relación social*, A social acquaintance.
Relacionar. v. To relate, to connect. / To associate (asociar). / To report, to give account (informar, dar cuenta).
Relajar. v. To relax, to loosen (músculos). / To slacken (una cuerda). / To relax, to rest (relajar, descansar, poner en reposo). / (Der.) To release (de una obligación). / (Der.) To lessen, to make less severe (una sentencia). / *Relajarse*, To become slack (ropas). To relax (disciplina).
Relámpago. m. Lightning, flash of lightning. / Flash (destello). / *Como un relámpago*, (Fig.) As fast as a greased lighting. / Blemish (en los ojos de los caballos).
Relatar. v. To relate, to narrate. / To report (informar). / (Der.) To report.
Relatividad. f. Relativity.
Relativismo. m. Relativism.
Relativo, va. adj. Relative.
Relato. m. Tale, story. / Report, account (informe, cuenta).
Relegación. f. Relegation. / Banishment, exile (destierro, exilio).
Relevante. adj. Relevant, consistent (un hecho, un argumento). / Outstanding, excellent, eminent (notable, excelente, eminente).
Relevar. v. To relieve. / To remove (de un cargo, de una oficina). / (Dep.) To relay. / To exempt, to release (de obligaciones). / (Artes plásticas) To relief-paint.
Relieve. m. Relief, relievo, raised work, embossment. / *Alto relieve*, High releif. / *Bajo relieve*, Bas-relief. / *En relieve*, In relief. / *Dar relieve a*, To bring out, to emphasize.
Religión. f. Religion.
Religiosidad. f. Religiousness, religiosity.
Religioso, sa. adj. Religious. / (Fig.) Concientious, punctilious, scrupulous. / m., f. Monk, priest, nun (monje, sacerdote, monja).
Reliquia. f. Relic. / Trace, vestige (del pasado).
Reloj. m. Clock (de pared). / Watch (de bolsillo).
Relucir. v. To shine, to glisten, to glitter. / To excel, to shine (entre otros, en comparación con otros).

Remanso. m.. Pool, backwater. / (Fig.) Placid retreat, oasis. / Calm, pause.

Remate. m. End, finish, conclusion. / Closing (de una cuenta). / (Arq.) Pinacle, crest, pediment. / Highest bid, auction, sale (mejor postura en una subasta, venta por subasta). / *De remate*, Utterly, hopelessly. / *A más remate, por remate*, Besides every ruin, in addition to.

Remediable. adj. Mendable.

Remediar. v. To mend (corregir, remediar un error, una avería, etc.). / To remedy, to cure, to heal (poner remedio, curar, sanar). / To help, to assist (auxiliar, asistir). / *No lo pudo remediar*, He couldn't help it (no pudo hacer nada al respecto).

Remedio. m. Remedy, medicine, cure. / Solution, way out (solución, salida -de un problema-). / Help, relief (ayuda, alivio).

Remendar. v. To mend, to repair. / To patch, to darn (parchar, zurcir).

Remesa. f. Remittance. / (Com.) Shipment.

Remiendo. m. Mending, repairing (la acción de remendar). / Patch, darn (parche, zurcido). / Mend, repair (arreglo, reparación). / Spot (en la piel de un animal).

Remo. m. Oar, paddle. / Leg, wing (pata o ala). / Rowing (el deporte).

Remontar. v. To rise, to elevate. To soar (un pájaro). / To frighten away (la caza). / To remount, to furnish with new horses (caballería). / *Remontarse*, To rise, to soar. / *Remontarse al pasado*, To go back to the past. / *Remontar el vuelo*, To fly away. (Fig.) To run in a flight, to escape (salir a escape, huir).

Remoto, ta. adj. Remote, distant. / Remote, vague, unlikely (vago, poco probable).

Renacentista. adj. y m., f. Pertaining to the Renaissance. / Expert in the Renaissance (experto en el período renacentista).

Renacer. v. To be born again, to be reborn. / (Fig.) To spring up, to bloom again (volver a la primavera, volver a florecer). / To reincarnate (reencarnar).

Renacimiento. m. Rebirth, renascence. / n.p. *El Renacimiento*, Renaissance.

Rencor. m. Rancour, grudge. / Ill will, animosity (malquerencia, animosidad).

Rendición. f. Surrender, yielding. / Submission, submissiveness (sometimiento, sumisión). / Rendering (de cuentas). / Product, yield (producto, renta).

Renovar. v. To renovate, to restore. / To renew, to reestablish (reestablecer). / To replace (reemplazar). / To repeat, to renew (repetir, renovar una afirmación, súplica, etc.). / *Renovarse*, To be renewed. To change, to renew oneself.b

Renunciar. v. To renounce, to waive, to give up (a un derecho). / To resign (a un trabajo). /

Reñir. v. To fight, to quarrel. / To fall out (quedar peleados). / To reprimand (a un niño).

Reo, a. m., f. (Der.) Accused, defendant. / (Ict.) Trout.

Reparar. v. To repair, to mend, to fix, to correct. / To restore, to refresh, to invigorate (restaurar, refrescar, vigorizar). / To notice, to heed, to perceive (notar, fijarse en, percibir).

Reparo. m. Objection, doubt (objeción, duda). / Observation, remark (observación, anotación). / Repair, repairing (reparación, enmienda). / *Poner reparos a*, To object to. / *Tener reparos*, To have doubts.

Repartir. v. To distribute, to give out, to allot. / To deal (naipes).

Reparto. m. Distribution. / Delivery (a domicilio, etc.). / Deal, dealing (de naipes). / Cast (de actores).

Repasar. v. To repass, to pass again. / To revise, to review (una lección). / To scan, peruse, skim through (un libro). / To mend (ropa).

Repaso. m. Revision, review (de una lección). / Examination, inspection, going over (examen, inspección, control de calidad).

Repente. m. Start, sudden movement. / loc. adv. *De repente*, Suddenly.

Repentino, na. adj. Sudden.

Repertorio. m. Repertoire, repertory.

Repetición. f. Repetition. / *Mecanismo de repetición*, Repeating mechanism. / *Carabina de repetición*, Repeating carbine.

Repetir. v. To repeat. / (Der.) To demand, to claim restitution. / To repeat, to rehearse (repetir, ensayar repetidamente). / To recite (recitar, repetir palabras de otros). / To repeat (el sabor de lo que se ha comido).

Repicar. v. To ring (campanas). / To click (castañuelas). / To mince finely, to chop well (picar menudamente).

Repique. m. Peal, chime, ringing (de campanas). / Roll (de castañuelas).

Replantear. v. (Arq.) To mark out the ground plan of (una construcción). / To restate (una pregunta, un problema).

Réplica. f. Reply, retort. / (Arte) Replica, copy. / (Der.) Replication.

Replicar. v. To retort, to answer, to reply. / To argue, to contradict (discutir, contradecir). / (Der.) To answer (a los argumentos o apelaciones del acusado).

Repliegue. m. Fold, convolution. / (Mil.) Falling back, retreat.

Repoblar. v. To repopulate (con todas las acepciones de la palabra castellana). / To restock (de peces, abejas, etc.). / To reforest (de árboles).

Reportaje. m. Article, report, writeup.

Reportar. v. To produce, to yield, to bring up. / To report, to appear (informar, presentarse). / To transfer (de un sistema a otro).

Reposo. m. Rest, repose. / Calm, quiet, tranquility (calma, quietud, tranquilidad).

Repostería. f. Pastry, confectionery. / Pastry or confectionery shop (tienda de dulces).

Reprender. v. To reprehend, to reprimand, to scold.

Represa. f. Dam, dike, sluice.

Represalia. f. Reprisal, retaliation. / *Tomar represalias*, To take reprisals.

Represar. v. To dam up.

Representación. f. Representation, delegation. / (Teatr.) Production, performance. / Representation, image (imagen, expresión visual de algo). / (Der.) Right of succession.

Representante. adj. Representing, representative. / m., f. Representative, agent. / Actor, actress (actor, actriz). / *Cámara de representantes*, House of representatives.

Representar. v. To represent. / To act, to perform (en el cine o teatro). / To show, to express (mostrar, expresar). / To look, to appear to be (una edad, un estado de ánimo, etc.).

Reprobación. f. Censure, reproval.

Reprobar. v. To reprove, to disapprove. / To fail, to flunk (en un examen).

Reprochar. v. To reproach.

Reproducción. f. Reproduction, copy. / (Biol.) Multiplication.

Reproducir. v. To reproduce.

Reptar. v. To slither, to creep, to sneake.

Reptil. adj. y m. Reptile.

República. f. Republic.

Repugnar. v. To contradict. / To conflict with, to be opposite to (estar en conflicto con, ser opuesto a). / To disgust, to nauseate, to cause repugnance.
Repulsión. f. Repulsion, driving back. / Rejection (rechazo). / Repulsion, repugnance, aversion (repugnancia, aversión).
Reputación. f. Reputation, repute.
Reputar. v. To repute, to consider.
Requerir. v. To require, to need. / To request, to summon, to order (demandar, exhortar, ordenar). / To court, to woo (cortejar, requerir de amores).
Réquiem. m. Requiem.
Requisito. m. Requirement, requisite.
Resaltar. v. To bounce, to rebound (dar botes, rebotar). / To stand out, to be conspicuous (destacarse).
Resarcir. v. To indemnify, to make amends for, to compensate.
Resbalar. v. To slip, to slide, to skid. / To slip, to err, to go astray (al error, la perdición, etc.).
Resbalón. m. Slip, slide, skid. / Slip, error, blunder (patinazo, error, desbarramiento).
Rescatar. v. To ransom, to rescue. / To free, to release, to save (liberar, dejar en libertad, salvar). / To make up for, to recover (la oportunidad o la ocasión perdida)
Rescate. m. Rescue, ransom. / Ransom money (lo que se paga por rescate).
Resentirse. v. To become resentful, to feel resentment, to feel hurt. / To begin to weaken, to begin to give away (comenzar a debilitarse o a ceder). / *Resentirse de*, To take offense. / *Resentirse con*, To be affected by.
Reseñar. v. To outline, to sketch, to describe briefly (delinear, bosquejar, describir brevemente).
Reserva. f. Reserve, stock. / Reservation, exception (reserva de recursos, excepción). / Reserve, reticence, discretion, caution (reticencia, discreción, cautela). / *Reserva de indios*, Indian reservation. / *Reservas de oro*, Gold reserves.
Reservar. v. To reserve, to keep, to save. / To destine for (reservar para). / To conceal, to keep secret (mantener en reserva, en secreto).
Resguardar. v. To defend, to protect, to shelter.
Residencia. f. Residence, domicile, abode. / Residence, mansion, manor (edificio suntuoso, mansión, mansión campestre). / Residence, stay, sojourn (permanencia, estada). / (Der.) Impeachment.
Residir. v. To dwell, to live (habitar). / To inhere, to consist, to lie, to be. / *La belleza de sus ojos reside en su expresión*, The beauty of her eyes inheres to her expression. / *El problema reside en su testarudez*, The problem lies in his stubbornness.
Resignar. v. To resign, to hand over, to give up (renunciar, ceder, hacer entrega de -un cargo, una responsabilidad, etc.). / *Resignarse*, To resign oneself.
Resina. f. Resin. / *Resina epóxica*, Epoxy resin.
Resistencia. f. Resistance, opposition (resistencia contra, oposición). / Resistance, strength, endurance (resistencia, fuerza, firmeza). / (Electr.) Resistance, resistor. / *Oponer resistencia*, To offer resistance, to resist. / *Resistencia a la torsión*, (Fís.) Torsional strength.
Resistente. adj. Resistant. Strong, tough (fuerte, firme). / Resisting, opposing (que se resiste a, opositor).
Resistir. v. To endure, to bear, to withstand (soportar, tolerar, aguantar). / To resist, to oppose, to fight against (resistir, oponerse, luchar contra). / (Mil.) To resist, to keep a position, to fight firmly (resistir, mantener una posición, combatir con firmeza). / *Resistirse a*, To resist against, to fight against. To refuse (luchar contra, rehusar).

Resolución. f. Resolution (con todas las acepciones de la palabra castellana). / Resoluteness, determination, courage (resolución de ánimo, determinación, coraje). / Resolution. Decision, decree (decisión, decreto). / Solution (de un problema). / (Der.) Nullification, termination (anulación, terminación).
Resolver. v. To resolve, to decide, to determine (tomar una resolución, decidir, determinar). / To solve (un problema). / To analyze, to scan within the component parts (analizar, examinar en las partes componentes). / (Fís., Med.) To resolve. / (Der.) To annul, to rescind. / *Resolverse a*, To resolve, to decide. To make up one's mind (hacerse el ánimo de). / (Med.) To resolve, to clear up (un síntoma, una enfermedad, etc.).
Resonar. v. To resound, to resonate.
Resorte. m. Spring. / Spring, elasticity, resilience (cualidad elástica del resorte).
Respecto. m. Respect, relation. / *Al respecto*, In regard to. / *En ese respecto*, In that respect.
Respetar. v. To respect (con todas las acepciones de la palabra castellana). / To honour, to revere (honrar, venerar). / To spare (respetar, no destruir –la vida, la belleza, la ecología-).
Respingo. m. Shake, jump, jerk, violent start. / Gesture of disdain or annoyance (gesto de desdén o disgusto).
Respiración. f. Respiration, breathing. / (Fig.) Ventilation. / *Respiración artificial*, Artificial respiration.
Respirar. v. To breathe. / To breathe forth, to exude (olor, perfume, sentimientos). / To recover one's spirits, to take courage (recobrar el ánimo, cobrar coraje). / To rest, to take a breather (descansar, tomarse un respiro).
Respiro. m. Respiration, breathing. / Rest, breather, respite (descanso, respiro, relajación). / Extension of time (para un pago de deudas).
Resplandecer. v. To shine, to gleam, to glitter.
Responder. v. To answer, to reply, to respond to. / To responde, to react, to perform (responder a un estímulo u orden, reaccionar a, ejecutar lo operado). / *El barco no responde al timón*, The ship does not respond to the steering. / To correspond, to harmonize (corresponder, armonizar). / *Responder de*, To answer for (una responsabilidad, una persona, una cosa).
Responsabilizarse. v. To make onseself responsible, to take the responsibility.
Responsable. adj. Responsible. / *Responsable de*, Responsible for.
Responso. m. Prayer for the dead. / Reprimand, reproof (reprimenda, reproche).
Respuesta. f. Answer, reply, response.
Resquebrajar. v. To crack, to split.
Resquicio. m. Chink, crack. / Chance, opportunity, occasion (casualidad propicia, oportunidad, ocasión).
Resta. f. Subtraction. / Remainder (lo que resta, lo que queda).
Restablecer. v. To reestablish, to restore, to reinstate. / *Restablecerse*, To recover, to recuperate (de un mal, etcétera.).
Restar. v. To take away (quitar, sacar de). / To reduce, to lessen (reducir, aminorar). / (Mat.) To substract. / To remain, to be left (quedar, haber dejado).
Restaurar. v. To restore (con todas las acepciones de la palabra castellana). / To renew, to refurbish (un edificio, un local comercial, etc.). / To restore (un régimen político). / To reinstate (a un funcionario exonerado).
Restituir. v. To return, to refund, to give back. / To restore, to bring back (restaurar, traer de nuevo).
Resto. m. Rest, remainder, rest, residue. / Stakes (en juegos de naipes). / *Restos mortales*, Mortal remains.

Restregar. v. To rub hard, to scrub.
Restricción. f. Restriction. Restraint, limitation (control, limitación). / *Restricción de tránsito*, Traffic restraint.
Restringir. v. To restrict, to limit. / To contract, to constrict (contraer, constreñir).
Resucitar. v. To resurrect, to resuscitate, to revive. / To come back to life, to rise from the dead (volver a la vida, levantarse de entre los muertos). / *Él resucitó de entre los muertos*, He rose from the dead.
Resuelto, ta. p. adj. Resolute, determined. / Prompt, diligent (listo, diligente).
Resuello. m. Hard breathing. / *Sin resuello*, Breathless, aghast.
Resultado. m. Result, effect, outcome, consequence. / *Como resultado*, As a result of, as an effect of.
Resultar. v. To result, to come about, to arise. / *Resultar ser*, To prove to be, to turn out to be. / To work out, to be successful (funcionar, dar resultado). / *La empresa no resultó*, The business did not work out.
Resumen. m. Summary, abstract. / *En resumen*, In short. To sum up.
Resurrección. f. Resurrection.
Retaguardia. f. Rear guard. / *En la retaguardia*, In the rear.
Retar. v. To challenge (desafiar). / To reprimand (reprender).
Retardo. m. Delay, retardation.
Retazo. m. Remnant, piece, scrap (de telas). / Fragment (de un discurso).
Retención. f. Retention. / Amount withheld (cantidad retenida).
Retener. v. To retain, to keep, to withhold. / To detain, to arrest (detener, arrestar a una persona).
Retentiva. f. Memory, retentive faculty, retentiveness.
Reticente. adj. Hesitant. / Vague (en una declaración o discurso).
Reticular. adj. Reticular.
Retina. f. Retina.
Retirada. f. Withdrawal. / (Mil.) Retreat. / Refuge, shelter (refugio, amparo). / *Batirse en retirada*, To beat a retreat. / *Emprender la retirada*, To sound the retreat.
Retirar. v. To retire, to withdraw. / To take away, to remove (sacar, quitar de un sitio). / (Impr.) To print on the back. / *Retirarse*, To withdraw, to retire. / (Mil.) To retreat, to withdraw. To go into retirement (irse a retiro, pasar a retiro, irse a un lugar de retiro).
Retiro. m. Withdrawal. retirement. / Retreat, secluded place (lugar de retiro). / Retirement, pension (retiro, jubilación). / *Pasar a retiro*, To go into retirement.
Reto. m. Challenge, dare (desafío, invitación a la contienda). / Reprimand (reprimenda).
Retocar. v. To touch up, to retouch. / To touch again, to touch repeatedly (tocar de nuevo, tocar muchas veces).
Retórica. f. Rhetoric. / (pl.) Sophistries, subtleties (sofisticaciones, sutilezas).
Retornar. v. To return, to give back (devolver, reintegrar). / To return, to go back (ir de regreso, volver).
Retorno. m. Return, going back. / Homecoming (regreso a casa). / Return trip (viaje de ida y vuelta). / Reward, recompense (premio, recompensa). / (Náut.) Leading block.
Retraer. v. To bring again, to bring back. / *Retraer de*, To dissuade. / Retraerse, To withdraw, to retire. To get absorbed in thoughts (retraerse en pensamientos).
Retransmisión. f. Rebroadcast, relay broadcast.
Retransmitir. v. To rebroadcast.
Retrasar. v. To delay, to retard. To defer (diferir). / *Retrasarse*, To be late, to get behind. To get slow (un reloj).

Retraso. m. Delay. / *Con retraso*, Late. / *El avión viene con retraso*, The plane is arriving late.
Retratar. v. To portrait (con todas las acepciones de la palabra castellana). / To paint a portrait of (pintar un retrato de). / To photograph (fotografiar, tomar un retrato). / To portray, to describe, to depict (reseñar, describir, pintar vívidamente).
Retrato. m. Portrait (con todas las acepciones de la palabra castellana). / Painting, fotograph (pintura, fotografía). / Portrayal, description (descripción). / Image, exact likeness (imagen, parecido exacto). / *Ser el vivo retrato de*, To be the living image of.
Retribución. f. Repayment, reward, recompense.
Retribuir. v. To repay, to reward, to recompense.
Retroceder. v. To go back, to go backwards. / To step back, to draw back, to back away (ante la adversidad, el enemigo, etc.). / To recede, to retrocede (en un esfuerzo, en reversa, en el tiempo, etc.). / To become worse (empeorar, retroceder lo que se había ganado).
Retrocesión. f. Retrocession. / (Der.) Retrocession, ceding back.
Retroceso. m. Retrocession (el acto de ceder de vuelta). / Retrogression, backward motion (movimiento hacia atrás). / Recoil, kick (de un fusil). / Reverse, reverse gear (de un coche). / *Ir en retroceso*, To go in reverse. / (Med.) Aggravation, worsening (de una enfermedad).
Retrovisor. m. Rear view device. / *Espejo retrovisor*, Rear view mirror.
Reuma. m. Rheumatism, rheum.
Reunión. f. Reunion, meeting, assembly, gathering. / Rejoining, consolidation, merging (de empresas, grupos de poder, etc.). / *Derecho de reunión*, Right of assembly.
Reunir. v. To join, to unite. / To assemble, to gather (reunirse en asamblea, hacer una reunión). / To gather, to collect (reunir, recaudar recursos, firmas, etc.). / To accumulate (acumular).
Revalidar. v. To revalidate, to confirm, to renew.
Revalorizar. v. To revalue.
Revancha. f. Revenge, retaliation. / Return match (en deportes).
Revelación. f. Revelation.
Revelar. v. To reveal (un secreto). / To develop (un rollo fotográfico).
Revender. v. To resell, to retail.
Reventar. v. To burst, to explode (de adentro hacia afuera). / To squash, to smash (aplastando, apretando). / To override (a un caballo). / To work to death, to exhaust (trabajar a matarse, extenuarse). / To blow (un neumático). / To break (las olas). / To be bursting (de ganas). / *Reventar de risa*, To burst out laughing.
Reverdecer. v. To make green again. To grow green. / (Fig.) To give new vigour. To get new vigour (dar o lograr renovado vigor).
Reverencia. f. Reverence, veneration. / Bow, curtsy, reverence (venia, reverencia, inclinación de cortesía).
Reverenciar. v. To revere, to reverence, to venerate.
Reversible. adj. Reversible.
Reverso. m. Reverse, back. / *El reverso de la medalla*, The very opposite (Fig.) The dark side of the moon (el lado oscuro de la luna, lo que no podemos ver).
Revés. m. Reverse, back, opposite side. / Backhand, slap with the back of the hand (golpe, bofetada con el reverso de la mano). / (Esgr.) Reverse stroke. / Setback, reverse (marcha atrás, reversal). / *Al revés*, Upside-down (cabeza abajo). Inside out (con lo de adentro afuera). In the opposite way (en dirección opuesta). Backwards (hacia atrás).

Revindicar. v. To recover, to regain possession of.
Revisar. v. To revise, to inspect, to check. / To audit (las cuentas).
Revisión. f. Revision, examination, inspection. / Check, auditing (verificación, auditoría). / Review, rehearing, new trial (nueva vista, nuevas declaraciones, o juicio).
Revista. f. Inspection, review. / Review, survey (revisión, investigación). / Magazine, journal, review (de prensa). / Revue, vaudeville, variety show (espectáculo de variedades). / (Mil.) Review, muster, parade (revista, concentración de tropas, parada militar). / *Pasar revista*, To inspect, to examine.
Revitalizar. v. To revitalize.
Revivificación. f. Revivification, revival.
Revivir. v. To revive.
Revocabilidad. f. Revocability.
Revocar. v. To revoke, to cancel, to annul. / (Albañ.) To plaster, to whitewash (un muro).
Revolución. f. Revolution (con todas las acepciones de la palabra castellana). / Rebellion, revolt (rebelión, revuelta). / Revolution, complete change (cambio total). / Revolution, turn (de un objeto que gira, vuelta, giro).
Revolucionar. v. To revolutionize, to change completely. / To incite to rebellion (incitar a la rebelión).
Revólver. m. Revolver. Hand gun.
Revolver. v. To stir, to mix. / To jumble up, to disarrange (enredar, desordenar). / To disturb, to stir up (perturbar, agitar). / To turn around and around, to toss and turn (revolver en la cama). / To revolve, to make a complete revolution (planeta).
Rey. m. King. / *Noche de Reyes*, Twelfth night. / *Los tres Reyes Magos*, The three Magi.
Reyerta. f. Quarrel, fight, row.
Rezagar. v. To leave behind. / To defer, to postpone (diferir, posponer). / *Rezagarse*, To remain behind, to lag, to straggle. / To be late (retrasarse).
Rezago. m. Remainder, left-over.
Rezar. v. To pray. / (Fam.) To read, to say (leer, decir).
Rezo. m. Prayer.
Riada. f. Freshet, flood.
Ribera. f. Bank, shore, riverside.
Ribero. m. Dike, levee.
Ribete. m. Binding, border, trimming. / Addition, embellishment (de un cuento). / (pl.) Signs, touches, streaks (signos, toques, rasgos). / *Tiene ribetes de genialidad*, It has streaks of geniality.
Rico, ca. adj. Rich (con todas las acepciones de la palabra castellana). / Wealthy (que tiene mucho dinero). / Tasty, delicious (una comida). / Magnificent, sumptuous (un traje, una decoración). / Abundant, big (una cosecha). / m., f. Rich person. / *Nuevo rico*, Nouveau riche.
Rictus. m. Convulsive grim.
Ridiculizar. v. To ridicule.
Ridículo, la. adj. Ridiculous. / Funny, to laugh of (cómico, cosa de reírse). / Absurd, eccentric (absurdo, excéntrico). / Touchy (quisquilloso). / m. Ridiculous situation. / *Hacer el ridículo*, To make a fool of oneself.
Riego. m. Irrigation, watering. / Irrigation water (el agua de riego).
Riel. m. Rail (de ferrocarril). / *Andar sobre rieles*, To go fine and smooth. / (Metal.) Ingot, bar (lingote, barra).
Rienda. f. Rein. / (pl.) Reins, control (las riendas, el control). / *A rienda suelta*, Unrestrainedly.
Riesgo. m. Risk, danger, hazard. / *Correr un riesgo*, To take a risk.

Rifa. f. Raffle.
Rifar. v. To raffle. / *Rifarse*, (Náut.) To split (una vela).
Rifle. m. Rifle.
Rígido, da. adj. Rigid, stiff. / Rigorous, stern, inflexible (riguroso, severo, inflexible).
Rigor. m. Rigour. / Severity, harshness (severidad, dureza). / Exactness, precision, strictness (exactitud, precisión, estrictez). / (Med.) Rigour. / *De rigor*, As prescribed by rules. / *En rigor*, Strictly, exactly.
Riguroso, sa. adj. Rigorous (con todas las acepciones de la palabra castellana). / Severe, strict, rigid (severo, estricto, rígido). / Exact, absolute (exacto, absoluto).
Rincón. m. Corner, angle. / Haven, retreat, remote place (caleta, retiro, lugar remoto). / Patch, small piece (de tierra propia).
Rinitis. f. Rhinitis.
Rinoceronte. m. Rhinoceros.
Riña. f. Quarrel, fight, dispute.
Riñón. m. Kidney, (pl.) loins, back. / Center, heart (de una ciudad, de un asunto). / (Mineral.) Nodule (nódulo). / (Mineral.) Kidney ore.
Río. m. River. / Stream (corriente de agua). / (Fig.) River, great amount, flood, stream (de gente, de dinero, de noticias, etc.). / *Cuando el río suena piedras lleva*, Where there is smoke there is fire. / *Río abajo*, Downstream, down the river. / *Río arriba*, Upstream, up the river.
Riqueza. f. Wealth, riches. / Richness, opulence (riqueza, opulencia, aplicable también a un vino, una flor, etc.). / Abundance. / (pl.) Wealth, riches (riquezas de dinero).
Risa. f. Laugh (el reir), / Laughter (una risa, risas).
Rítmico, ca. adj. Rhythmic, rhythmical.
Ritmo. m. Rhythm, cadence (cadencia musical o de movimientos). / Rhythm, rate (velocidad con que se desarrolla un fenómeno).
Rito. m. Rite, ceremony.
Ritual. m. Ritual, ceremonial.
Rival. adj. y m., f. Rival. / *Sin rival*, Without equal.
Rizar. v. To curl, to crimp (el pelo). / To ripple (el mar). / To crinkle, to fold (el papel, etc.). / To shirr (vestidos).
Robar. v. To steal, to rob, to thieve. / To pilfer (sisar, hurtar cosas o sumas pequeñas). / To pick up (en juego de naipes). / To steal, to captivate (robar, cautivar el alma, el corazón, etc.-).
Robustecer. v. To strengthen, to make strong. / *Robustecerse*, To become strong, to get stronger (hacerse robusto, ponerse más robusto).
Roca. f. Rock, cliff (una roca, un farallón). / Rock, stone (roca, piedra, indicando su condición pétrea). / *Roca calcárea*, Limestone.
Roce. m. Friction, rubbing. / Frequent contact, intercourse, communication (contacto frecuente, trato, comunicación). / *Tener roce social*, To be classy, to have manners.
Rocío. m. Dew, dewdrops. / (Náut.) Spoondrift. / *Rocío de mar*, Sea spray. / *Rocío del sol*, (Bot.) Sundew. (N. cient.) Drosophyllum roridula.
Rodar. v To roll. / To shoot, to roll (una película). / To roll, to move, to run (sobre ruedas). / To revolve, to rotate (dar vueltas, rotar). / To tumble, to fall (derribar, caer).
Rodear. v. To surround, to encircle, to encompass. / (Mil.) To invest. To sitiate. / To round up (ganado).
Rodeo. m. Rodeo, cattle roundup. / Roundabout way (camino que da un rodeo). / Twist, turn (para librarse de un perseguidor). / Evasion, subterfuge, circumlocu-

tion (evasiva, subterfugio, circunloquio). / *Hablar sin rodeos*, To speak plainly.
Rodilla. f. Knee. / *De rodillas*, Kneeling, on one's kness. / *Hincarse de rodillas, arrodillarse*, To kneel down, to kneel.
Rodillo. m. Roller. / (Coc.) Rolling pin. / (Impr.) Inking roller. / Road roller, clod crusher (de aplanar terrenos, etc.).
Roer. v. To gnaw. / To pick (un hueso). / To eat away, to corrode, to wear away (comer, corroer, desgastar).
Rogar. v. To beg, to implore. / To kindly ask, to kindly request (pedir, requerir cortésmente).
Romancero, ra. m., f. Romancer (escritor de romances). / Balladeer (cantante de romanzas or baladas). / Collection of romances or ballads (colección de romances o baladas).
Románico, ca. adj. y m. Romanesque (estilo arquitectónico). / Romanic (idioma).
Romántico, ca. adj. y m., f. Romantic, romanticist.
Romboide. adj. Rhomboid.
Rompecabezas. f. Jigsaw puzzle, puzzle, riddle. / Club (porra).
Rompeolas. m. Breakwater, groyne, jetty, mole.
Romper. v. To break. / To tear (desgarrar). / To pierce (agujerear). / To break through (quebrantar). / To cleave (rajar, partir). / To break (el día, las olas, la orquesta, etc.). / To burst open (las flores).
Ron. m. Rum.
Roncador, ra. adj. Snoring. / m., f. Snorer. / (Ict.) Grunt, roncador, croaker.
Roncar. v. To snore. / To roar (el mar, viento).
Ronco, ca. adj. y m. Hoarse. / (Ict.) Grunt.
Ronda. f. Night watch or patrol (policial). / Round, beat (de guardia, de turno). / Street serenade, group of strolling musicians (serenata nocturna, grupo de músicos paseantes). / Round (de tragos).
Rondar. v. To patrol, to make the rounds. / To haunt, to hover, to prowl (andar rondando por ahí). / To court, to woo (cortejar). / To threaten to return, to be latent (amenazar con volver, estar latente —un peligro, una enfermedad, etc.).
Ronquido. m. Snore. / Harsh, raucous sound (un sonido ronco).
Ropa. f. Clothes, clothing. / Garments, wearing (atuendos). / Wardrobe (el guardarropas de uno). / Costume, dress (traje, atavío). / *Ropa blanca*, House linen. / *Ropa de cama*, Bed clothes. / *Ropa interior*, Underwear, lingerie. / *Ropa sucia*, Laundry, wash.
Ros. m. Spanish shako.
Rosa. f. Rose. / (Arq.) Rosette, rose-shaped decoration. / (Arq.) Rose window (ventana de roseta). / Rose cut diamond (corte del diamante). / Rose (color). / *Rosa de los vientos*, Compass rose, mariner's compass.
Rosáceo, a. adj. y f. Rose-coloured, rosy. / (Bot.) Rosaceous, (pl.) rosaceae.
Rosado, da. adj. Pink, rose-coloured, rosy.
Rosal. m. Rosebush. / Rose garden (rosaleda).
Rosario. m. Rosary (para rezar). / Series of happenings (un rosario de acontecimientos).
Roscar. v. To cut a screw thread on.
Rostro. m. Face, countenance. / Rostrum, bill, beak (de un ave).
Roto, ta. p. adj. Broken, shattered, chipped, cracked. /

Torn, worn out, ragged. / Debauched, licentious (soez, licencioso). / Hoarse, ill mannered (grosero, mal educado).
Rótulo. m. Label, title, sign, poster.
Rotundo, da. adj. Categorical, peremptory, flat (un argumento, una negación). / Round, rotund, circular (redondo, circular). / Rotund, sonorous, full (sonoro, pleno).
Rotura. f. Breakage, breaking (la acción de romper). / Fracture, rupture, tear, crack (fractura, ruptura, rasgadura, grieta). / (Veter.) Poultice, plaster applied to a broken bone (yeso para un hueso roto).
Rozar. v. To grub, to stub, to clear (un terreno). / To nibble grass (el ganado). / To touch lightly (tocar ligeramente). / *Rozarse*, To rub together (frotarse). To interfere (piernas, etc). / *Rozarse con gente bien*, To be well-connected.
Rubí. m. Ruby.
Rubio, bia. adj. y m., f. Blond, fair, golden. / Blond, blonde (una persona). / (Ict.) Red gurnard. (N. cient.) Trigla lyra.
Rubor. m. Blush, flush (en el rostro). / Bashfulness, shyness (vergüenza, timidez). / Redness (rubicundez).
Rúbrica. f. Signature.
Rubricante. adj. Signing, initialing.
Rudo, da. adj. Coarse, rough, gross, unpolished. / Rough, crude, primitive, rudimentary (áspero, basto, primitivo, rudimentario). / Severe, harsh (el clima). / Hard, difficult (la vida).
Rueda. f. Wheel (con todas las acepciones de la palabra castellana). / Ring, circle (de gente). / (Ict.) Sunfish, moonfish. / Spread (de cola de pavo real). / Round slice (rodaja). / Turn, time, successive order (vuelta, turno, orden sucesivo). / Wheel, rack (forma de tortura). / *Rueda de engranaje*, Gearwheel. / *La rueda de la fortuna*, The wheel of fortune. / *Rueda de timón*, Steering wheel.
Ruedo. m. Arena, field (de lid). / Skirt hem (de un falda). / Edge, border, fringe (borde, orilla –de una tela, un techo, etc.).
Ruego. m. Request, petition, plea, entreaty.
Rugir. v. To roar, to bellow, to rumble.
Ruido. m. Noise. / Sound. / *Ruido de voces*, Sound of voices.
Ruin. adj. Base, despicable. / Mean, niggardly, inferior (malvado, mezquino, inferior).
Ruleta. f. Roulette.
Rumba. f. Rumba (el baile). / Spree, party, night out (fiesta, jarana).
Rumbo. m. Course, direction. / (Náut.) Course, rhumb, rhumb line. / Humming bird. / (Her.) Rustre. / (Náut.) *Abatir el rumbo*, To fall to leeward. / *Con rumbo a*, Bound for, in the direction of. / *Con rumbo al norte*, Northbound. / *Corregir rumbo*, To find the true course. / *Tomar rumbo a*, To head for. / *Rumbo magnético*, Magnetic bearing.
Rumor. m. Rumour, gossip. / Murmur, buzz (de voces). / Rustle (del viento en las ramas).
Ruptura. f. Rupture, break, breach.
Rural. adj. Rural, rustic, country.
Ruta. f. Route. Course, way (curso, vía).
Rutilar. v. To sparkle, to twinkle, to scintillate.
Rutina. f. Routine, habit, custom.

S

Sábana. f. Sheet.
Sabana. f. Savanna, savannah.
Saber. m. Learning, knowledge. / v. To know. To know how (sabe la manera de). / Saber a, To taste like.
Sabiduría. f. Wisdom, knowledge.
Sabio, bia. adj. Wise, learned. / m., f. Wise man, wise woman, sage, savant.
Sable. m. Sabre, cutlass. / (Ict.) Cutlass fish. / (Her.) Sable, black.
Sabor. m. Taste, flavour.
Sabueso, sa. adj. y m. Bloodhound.
Sacapuntas. m. Pencil sharpener.
Sacar. v. To take out, to pull out, to extract / To pull up (plantas). / To remove (remover, quitar). / To solve, to interpret, to deduce. / To draw (extraer, desenvainar). / To obtain, to get (obtener, conseguir). / (Fotogr.) To take. / To bring out (sacar, sacar a luz). / *Sacar la cuenta,* To figure out. / *Sacar provecho de,* To draw benefit from.
Sacarificar. v. To saccharify.
Sacerdote. m. Priest, clergyman.
Saciar. v. To satiate.
Saciedad. f. Satiety, satiation. / Surfeit (hastío). / *Hasta la saciedad,* To the point of satiation.
Sacristán. m. Sacristan, sexton.
Sacro, cra. adj. Sacred, holy. / (Anat.) Sacra. / m. (Anat.) Sacrum.
Sacudida. f. Shake, shaking, jerk.
Sacudir. v. To shake, to jolt. / To dust (sacudir el polvo). / *Sacudir de,* To shake from.
Sádico, ca. adj. Sadistic. / m., f. Sadist.
Sadismo. m. Sadism.
Saga. f. Saga, legend. / Witch, sorceress (bruja, hechicera).
Sagacidad. f. Sagacity, sagaciousness.
Sagaz. adj. Sagacious, astute, far-sighted. / Keen-scented (un perro de caza).
Sagitario. m. Archer, bowman. / n.p. Sagittarius (la constelación, el signo zodiacal).
Sagrado, da. adj. Sacred.
Sagrario. m. Sacrarium.
Sainete. m. One-act farce (pieza teatral). / Sauce, seasoning (salsa, aliños de un guisado).
Saja. f. Incision, cut.
Sajar. v. o cut, to make an incision on.
Sal. f. Salt.
Sala. f. Drawing room, living room, parlour. / Hall, lounge, salon. / Court, tribunal.
Salado, da. p. adj. Salty. / Witty, amusing (ingenioso, gracioso).
Salamandra. f. Salamander. / Salamander stove (la estufa). / Crystallized alum (de aluminio). / (Zool.) *Salamandra acuática,* Newt.
Salar. v. To salt, to cure. / To season with salt, to put salt on or in (poner sal). / m. Salt deposit.
Salazón. f. Salting, curing. / Salt meat or fish trade.
Salchicha. f. Sausage.
Salchichón. m. Large sausage.
Saldar. v. To settle, to pay up.
Saldo. m. (Com.) Balance. / Remnant, remainder.
Salida. f. Leaving, departure. / Going out, coming out. / Exit, way out, outlet (puerta de salida). / (Dep.) Start. / Issue, publication (de una publicación). / (Arq.) Projection, ledge, part jutting out. / Expenditure, outlay (gastos). / End, conclusion, settlement (fin, término). / (Mil.) Attack sortie. / (Electr.) Outlet. / Rise (de un astro).
Salina. f. Salt mine, salt pit, salt works.
Salino, na. adj. aline.
Salir. v. To leave, to go out, to get out (de un lugar, de una dificultad). / To come out, to rise (el sol). / To come up, to begin, to appear (plantas). / To come out (manchas). / To jut out, to stick out, to project (sobresalir, proyectarse hacia afuera). / To turn out, to turn out to be, to prove to be (resultar, resultar ser). / To originate, to come, to stem (originarse, provenir, salir de). / To lead (en juego de naipes). / To come out, to appear (una publicación, etc.). / *Salir adelante,* To get ahead.
Salitre. m. Saltpeter, nitrate.
Saliva. f. Saliva.
Salmo. m. Psalm.
Salmón. m. Salmon.
Salobre. adj. Brackish, briny, saltish. / *Agua salobre,* Brackish water.
Salobridad. f. Brackishness, saltiness.
Salmón. n.p. Solomon.
Salón. m. Saloon (público). / Reception room (sala de recepciones). / *Salón de baile,* Ballroom, dancehall. / *Salón de belleza,* Beauty parlour. / *Salón de exposición,* Exhibition room.
Salpicar. v. To splash, to spatter, to splash with, to sprinkle.
Salpimentar. v. To season with salt and pepper.
Salsa. f. Sauce, dressing, gravy.
Saltar. v. To jump, to jump over, to leap. / To skip, to miss out (saltarse, pasar por alto). / To bounce (saltar, rebotar).
Salto. m. ump, leap, bound, skip. / Omission (al leer o copiar). / Falls, cascade (salto de aguas, cascada). / *El salto de Niágara,* Niagara Falls.
Salud. f. Health. / Welfare, well-being (bienestar).
Saludable. adj. Healthy, wholesome.
Saludar. v. To greet, to salute. To hail (saludar con honores o vivas). / Regards (cumplimientos). / (Mil.) To salute, to fire a salute (saludar, disparar salvas de saludo). / (Náut.) To dip the flag (guiñar la bandera, saludar con la bandera).
Salva. f. Salvo, volley. / Greeting (saludo, aclamación). / Ordeal (para probar la inocencia). / Oath, solemn promise (juramento, promesa solemne). / *Una salva de aplausos,* A round of applause.
Salvación. f. Salvation. / Deliverance (liberación).
Salvado. m. Bran (de granos).
Salvador, ra. adj. Saving. / m., f. Saviour, saver.
Salvaguardar. v. o safeguard, to protect, to shield.
Salvar. v. To save, to rescue, to salvage. / To safeguard, to protect, to shield (salvaguardar, proteger, amparar). / To overcome, to avoid (dificultades, obstáculos). / To clear, to jump, to cross, to go over, to cover (una distancia). / To certify (correcciones a un documento). / To except, to make an exception of. / (Der.) To save, to

prove the innocence of (salvar, probar la inocencia de). / *Salvar las apariencias,* To keep up appearances. / *¡Sálvese quien pueda!,* Every man for himself!
Salvavidas. f. Life-saving. / *Bote salvavidas,* Life boat. / *Chaleco salvavidas,* Life jacket. / *Cinturón salvavidas,* Life belt.
Salvo. adv. Save, except, excepting, barring (salvo, excepto, exceptuando, omitiendo).
Salvoconducto. m. Safe-conduct, pass.
Sanar. v. To cure, to heal, to restore to health. / To regain health, to recover (recobrar la salud, recuperarse).
Sanatorio. m. Sanatorium, sanitarium.
Sanción. f. Sanction, punishment (castigo). / Sanction, approval, authorization (aprobación, autorización). / Statute, law, decree (estatuto, ley, decreto).
Sancionar. v. To sanction, to authorize, to approve (autorizar, aprobar). / To sanction, to punish (penalizar, castigar).
Sandía. f. Watermelon.
Sandiar. m. Watermelon field or patch.
Sanear. v. To put right, to correct, / To make healthy, to put on a sound basis or footing (volver sano, poner sobre bases sanas). / To clear of debt, mortgages or encumbrances (librar de deudas, hipotecas o gravámenes). / To drain (drenar un pantano). / To make hygienic or sanitary (volver higiénico o sanitario). / (Der.) To indemnify (indemnizar).
Sangre. Blood (con todas las acepciones de la palabra castellana). / Blood, lineage. (familia, linaje). / *A sangre fría,* In cold blood. / *A sangre y fuego,* By fire and sword, ruthlessly. / *Sangre fría,* Self-control.
Sanidad. f. Health, healthiness, soundness. / *En sanidad,* In perfect health. / *Inspección de sanidad,* Health inspection.
Sano, na. adj. y m., f. Healthy, wholesome, sound. / Unbroken, undamaged, whole (sin daño, intacto, entero).
Santa. f. Female saint.
Santabárbara. f. Powder magazine.
Santidad. f. Sanctity, holiness, saintliness. / *Su Santidad,* His Holiness.
Santo, ta. adj. y m., f. Holy, saintly, hallowed, sacred, blessed.
Santuario. m. Sanctuary.
Saña. f. Rage, fury. / Brutality, cruelty (brutalidad, crueldad).
Sapo. m. Toad. / *Peje sapo,* Toadfish.
Saquear. v. To sack, to plunder, to loot, to pillage.
Sarampión. m. Measles.
Sarcasmo. m. Sarcasm.
Sarcófago. m. Sarcophagous.
Sardina. f. Sardine.
Sardónico, ca. adj. Sardonic (risa). / Sardonic, ironic, sarcastic (burlón, irónico, sarcástico).
Sargazo. m. Sargasso, gulfweed.
Sargento. m. Sergeant
Sarmentoso, sa. adj. Sarmentose, sarmentous. / Vine like, twining (como un sarmiento, retorcido).
Sarpullido. m. Rash, skin eruption.
Sarraceno, na. adj. y m., f. Saracen.
Sarro. m. Deposit, crust (en tiestos). / Fur (en la lengua). / Tartar (en los dientes). / (Bot.) Rust, mildew.
Sartén. f. Frying pan, skillet.
Sastre. m. Tailor. / *Traje sastre,* Tailored suit.
Sastrería. f. Tailor's shop, tailor's trade.
Satán, Satanás. n.p. Satan.
Satánico, ca. adj. Satanic.
Satén. m. Satin.

Satinar. v. To glaze, to calender. / (Fotogr.) To burnish.
Sátira. f. Satire.
Satírico, ca. adj. Satirical, sarcastic. / m., f. Satirist.
Satirizar. v. To satirize, to lampoon. / To write satires (escribir sátiras).
Satisfacción. f. Satisfaction (con todas las acepciones de la palabra castellana). / Content, pleasure, gratification (contento, goce, gratificación). / Satisfaction, apology, excuse, amends (excusa, explicación, reparación). / *A satisfacción,* According to one's wishes.
Saturación. f. Saturation.
Saturar. v. To saturate. / (Fig.) To fill, to glut, to sate (llenar, saciar, hastiar).
Saturnal. adj. y f. Saturnian. / Orgy, saturnalia (orgía, festividad de Saturno), (pl.) Saturnalia.
Saturno. n.p.. / m. (Quím.) Lead.
Sauce. m. Willow. / *Sauce blanco,* White willow. / *Sauce llorón,* Weeping willow.
Se. pron. Word or suffix indicating the reflexive form of a verb (palabra o sufijo que indica la forma reflexiva de un verbo). / Himself, herself, itself, oneself, yourself, themselves, yourselves (él mismo, ella misma, ello mismo [o él mismo si se trata de un animal o cosa], uno mismo, usted mismo, ellos mismos, vosotros mismos). / To himself, to herself, etc. (para sí mismo, para ella misma, etc.).
Secador, ra. adj. Drying. / m., f. Dryer. / Dish towel (paño de secar platos). / *Secador de pelo,* Hair dryer.
Secar. v. To dry (con todas las acepciones de la palabra castellana). / To wipe dry (con un trapo o toalla). / To wither (una planta).
Seccionar. v. To section, to cut, to divide into sections. / To cut off (cortar, amputar).
Secesión. f. Secession.
Seco, ca. adj. ry, dried up. / Dried (fruta, pescado, etc.). / Dry (estación, vino, tos). / Dry, curt, cold (modales, una respuesta, etc.). / Dull, dead (sonido, golpe). / Withered, dead (planta). / Sterile, arid (un terreno). / *A secas,* Plainly, simply, just.
Secretaría. f. Secretariat, secretaryship, secretary's office.
Secreto, ta. adj. Secret (con todas las acepciones de la palabra castellana). / Confidential, private (confidencial, privado). / Secret, hidden, covert (en secreto, oculto, encubierto). / m. Secret, secrecy (el secreto, la condición de ser secreto). / Secret, mistery (un secreto, un misterio). / (Mús.) Soundboard. / *Con secreto,* With secrecy, secretively.
Sector. m. Sector, section, quarter.
Secuaz. adj. y m., f. Follower, partisan.
Secuela. f. Sequel, result.
Secuencia. f. Sequence.
Secuestrador, ra. m., f. Kidnapper. / (Der.) Sequestrator.
Secuestrar. v. To kidnap, to abduct. / (Der.) To sequester, to sequestrate.
Secundar. v. To second, to support, to aid.
Sed. f. Thirst (con todas las acepciones de la palabra castellana). / (Fig.) Thirst for, longing, eager desire (Sed de, deseo, avidez de). / *Tener sed de,* To be thirsty for, to have a thirst for.
Seda. f. Silk.
Sedal. m. Fishing line (pesca). / (Veter.) Rowel. / (Med.) Seton.
Sedar. v. To soothe, to quiet.
Sede. f. Seat, headquarters (asiento, sede central). / *Santa Sede,* Holy See.
Sedición. f. Sedition, insurrection, rebellion, uprising.

Sediento, ta. adj. Thirsty. / Dry, parched (seco, reseco). / (Fig.) Thirsty, eager, longing (sediento de, ávido de).
Sedimentar. v. To deposit as sediment.
Sedoso, sa. adj. Silky, silken.
Seducción. f. Seduction, temptation, enticement (acción de seducir, tentar, atraer). / Charm, attraction (encanto, atractivo).
Seducir. v. To seduce, to entice, to tempt / To bribe (sobornar). / To charm, to captivate (encantar, cautivar).
Segar. v. To mow, to cut.
Seglar. adj. y m., f. Secular. / Lay (un laico).
Segmentación. f. Segmentation, cleavage.
Segmento. m. Segment, part.
Segregar. v. To segregate. / (Med.) To secrete.
Seguida. f.. Succession, continuation. / Row, series (hilera, serie). / adv. *Enseguida,* At once, immediately.
Seguimiento. m. Following, pursuit, chase, hunt. / Continuation (continuación).
Seguir. v. To follow (con todas las acepciones de la palabra castellana). / To pursue, to chase, to hound (perseguir, acosar). / To follow (una carrera, etc.). / To llow, to obey (a un líder). / To follow, to come after, to go after (venir después, ir después). / To continue, to keep on (continuar, insistir).
Según. prep. According to.
Seguridad. f. Safety, security. / Certainty, assurance (certeza, certidumbre). / *Agente de seguridad,* Security police. / *Imperdible,* Safety pin. / *Cinturón de seguridad,* Safety belt / *Con toda seguridad,* With absolute certainty.
Seguro, ra. adj. Safe, secure, reliable. / m. Insurance, insurance policy (el seguro, una póliza de seguro). / Safety catch, safety latch (dispositivo mecanico para asegurar piezas móviles).
Seísmo. m. Seism. Earthquake (terremoto, temblor de tierra).
Selección. f. Selection, choice. / *Selección natural,* (Biol.) Natural selection.
Selva. f. Forest, woods, jungle.
Selvicultura. f. Forestry.
Sellar. v. To seal, to stamp. / To mark, to stamp characters (marcar, estampar signos o caracteres). / (Fig.) To conclude, to finish (concluir, terminar).
Sello. m. Stamp, seal / Stamp, definite character (estampa, carácter que define). / *Esa obra tiene el sello de Picasso,* That work has the seal of Picasso's hands. / *Sello de correos,* Postage stamp.
Semáforo. m. Semaphore.
Semana. f. Week.
Semanario, ria. adj. y m. Weekly.
Semántica. f. Semantics.
Sembrado. m. Sown land, cultivated field.
Semejante. adj. Similar, alike. / Such, of that kind (tal, de tal clase). / *Semejante a,* Like, similar to. / m., f. Fellow man, fellow creature (un semejante).
Semental. adj. y m. Breeding animal, stud, studhorse.
Semestre. m. Semester, six-month period.
Semilla. f. Seed.
Seminario. m. Seminary (con todas las acepciones de la palabra castellana). / School. / Seminar (grupos de estudiantes).
Sencillez. f. Simplicity (llaneza, naturalidad). / Easiness (facilidad). / Naiveté, artlessness, candour (ingenuidad, simplicidad de espíritu, candor).
Senda, sendero. f., m. Path, footpath, trail.
Sendos, das. adj. pl. Each, one each, one to each. / *Les dieron sendos premios,* They gave them a reward to each.

Senectud. f. Old age, senility.
Senil. adj. Senile.
Sensación. f. Sensation.
Sensatez. f. Good sense, prudence, good judgement.
Sensato, ta. adj. Sensible, prudent, judicious.
Sensibilidad. f. Sensibility, sensitivity, sensitiveness.
Sensible. adj. Sensitive, impressionable (una persona). / Sensitive, delicate (una zona del cuerpo). / Sensitive, sensitized (material fotográfico). / Regrettable, lamentable, unfortunate (un hecho). / Perceptible, noticeable, appreciable (perceptible, advertible, apreciable). / Sensible, sentient (capaz de sentir). / (Mús.) Sensible note.
Sensitivo, va. adj. Sensitive, sentient.
Sensual. adj. Sensual, sensuous.
Sensualidad. f. Sensuality, sensuousness.
Sentado, da. p. adj. Seated, sitting. / Settled, established (sentado, establecido). / (Bot.) Sessile. / *Dar por sentado,* To take for granted.
Sentar. v. To seat / To set, to establish (fijar, establecer). / To assert (expresar, plantear). / *Sentar una denuncia,* To report.
Sentencia. f. Judgement, verdict, sentence (judicial). / Saying, aphorism, maxim (un dicho).
Sentimiento. m. Feeling, sentiment, sensation. / Grief, sorrow, regret (pesadumbre, tristeza).
Sentir. m. Feeling, opinion, view, judgement. / v. To feel, to experience. / To feel, to think, to opine (sentir, pensar, opinar).
Señal. f. Signal, sign. / Mark, indication (marca, indicación). / Sign, trace, vestige (señas, trazas, vestigios). / Scar (cicatriz). / Brand, earmark (en el ganado). / (Med.) Sign, symptom (signo, síntoma). / Signal (de una transmisión por radio). / *Intensidad de señal,* Signal strength. / *En señal de,* As a sign of, as a token of.
Señalar. v. To point out, to point at. / To indicate, to show (indicar, mostrar). / To designate, to determine, to set, to fix (designar, determinar, establecer, fijar fecha, lugar, condiciones, etc.). / To mark, to put a sign on (marcar, poner una marca o signo en). / *Señalar con el dedo,* To point at.
Señor. m. Mister. / *El señor Johnson lo llama,* Mr. Johnson is calling you. / Master (señor de, amo de, dueño de). / *Él es el señor del rancho,* He is the master of the ranch. / Very big, quite a (muy grande, todo un). / *Tiene un señor velero,* He has quite a sailboat. / (Fam.) Gentlemanly, noble
Septiembre. m. September.
Séptimo, ma. adj. y m., f. Seventh.
Sepulcro. m. Sepulcher, tomb, grave.
Sepultar. v. To bury, to inter, to entomb. / To hide, to conceal (esconder, ocultar).
Sepultura. f. Interment, burial. / Sepulcher, tomb, grave (tumba, sepulcro). / *Dar sepultura a,* To bury.
Sequía. f. Drought. Dry season (la estación seca).
Séquito. m Retinue, suite, cortege.
Ser. m. Being (el ser, un ser). / Life, existence (vida, existencia). / Essence, nature, substance (esencia, naturaleza, substancia). / *Ser humano,* Human being. / *Ser supremo,* Supreme Being. / *Los seres queridos,* The loved ones. / v. To be. / *Él fue hallado inocente,* He was found guiltless. / *Si no hubiera sido por,* Weren't be for. / *A no ser que,* Unless. / *O sea,* That is to say. / *Pienso luego soy,* I think, therefore I am. / *Ser de,* To belong. / *Este auto es de Lucía,* This car belongs to Lucía. / To be made of. / *Su reloj es de oro,* Her watch is made of gold. / *Ser o no ser,* To be or not to be. / *¡Ah, eres tú!,* Oh, it is you! / To be for, to be suited to (ser para, ser adecuado para). / *Ella no es para él,* She is not for him.

Serenidad. f. Serenity, calm. / Self-control, presence of mind (autocontrol, presencia de ánimo). / Serenity (título).
Serie. f. Series. / *Producción en serie,* Mass production. / (Electr.) In series.
Serpiente. f. Snake, serpent.
Serrar. v. To saw.
Servicial. adj. Willing, diligent (de buena voluntad, diligente). / (Fam.) Enema, clyster (enema, lavativa intestinal).
Servicio. m. Service, serving. / *El servicio aquí es excelente,* The service here is excellent. / Service (calidad de servidor). / *Estar en el servicio social,* To be a social servant. To be a social worker. / Service, favor, help (servicio, favor, ayuda). / *Servicios higiénicos,* Toilet, lavatory / Service, table set (servicio de mesa). / Service (organización de *servicios*). / *Servicio de correos,* Postal service. / Service (servicio religioso). / Service, serve (en deportes). / *Entradas de servicio,* Service entrance. / *Estar al servicio de,* To be in service of. / *Estar de servicio,* To be on duty. / *Servicio militar,* Military service. / *Servicios profesionales,* Professional services.
Servilleta. f. Napkin, serviette.
Servir. v. To serve, to wait on (a la mesa, en un restaurante). / To serve, to work for (servir en, trabajar para). / To serve (vino, comida, etc.). / To do a service, to help, to do a favor (hacer un servicio, ayudar, hacer un favor). / To be suitable, to be useful, to be good for (ser adecuado, ser útil ser bueno para).
Sesgar. v. To slant. / To give an oblique direction to (dar una dirección oblicua a).
Sesión. f. Session. / Meeting, conference. / *Abrir la sesión,* To open the session. / *Estar en sesión,* To be in session. / *Levantar la sesión,* To adjourn the session.
Seso. m. Brain. / Brains, intelligence, sense, common sense (sesos, inteligencia, razón, sentido común).
Seta. f. Mushroom. / Snuff (de una bujía).
Seudónimo, ma. adj. Pseudonymous. / m. Pseudonym, pen name.
Severo, ra. adj. Severe, strict, stern.
Sexismo. m. Sexism.
Sexo. m. Sex.
Sexología. f. Sexology.
Sextante. f. Sextant (el instrumento). / (Astron.) Sextans.
Sexteto. m. Sextet, sextette.
Sexuado, da. adj. Sexed.
Sexual. adj. Sexual.
Sexualidad. f. Sexuality.
Si. conj. If. / Whether (en caso de que). / (Mús.) B (la nota musical).
Sí. pron. Oneself (sí mismo, uno mismo). / Himself (sí, sí mismo). / Itself (sí, sí mismo un animal, planta o cosa). / Themselves yourself, yourselves, each other (sí, de, para o entre ellos mismos, etc.). / *Dar de sí,* To give of oneself. To stretch (aflojar, estirar). / *Por sí,* By itself, alone. / *Entre sí,* Among themselves. To each other (uno al otro). / *En sí,* Itself. / *Volver en sí,* To come to, to return to be conscious.
Sí. adv. Yes. / Yea, yeah, aye (formas en jerga popular equivalentes a *yes*.) / Certainly, indeed (ciertamente, por cierto).
Siamés, sa. adj. y m., f. Siamese.
Sibila. f. Sibyl, prophetess.
Sicario. m. Hired assassin.
Sicoanálisis. m. Psychoanalysis.
Sicología. f. Psychology.

Sicosis. f. Psychosis.
Sideral, sidéreo, a. adj. Sideral, astral.
Siderúrgico, ca. adj. Siderurgical.
Sidra. f. Cider.
Siega. f. Harvesting, reaping (la acción de cosechar o segar). / Harvest time (Tiempo de segar) / Harvest, crop gathered (cosecha, el fruto recolectado).
Siempre. adv. Always (siempre, cada vez). / Ever (siempre, siempre que, alguna vez). / Evermore (siempre, de ahora para siempre). / At all times (en todas las oportunidades). / *Lo de siempre,* The usual thing. / *Para siempre,* For ever. / *Siempre que,* As long as.
Sien. f. Temple.
Siena. adj. y m. Sienna (color).
Sierra. f. Saw. / (Geogr.) Jagged hills range sierra. / (Ict.) Saw fish, sierra.
Siervo, va. m., f. Serf (como siervo de un amo). / Servant (como servidor).
Siesta. f. Siesta, afternoon nap. / *Dormir una siesta,* To take a nap.
Siete. adj., núm. y m. Seven, seventh (en las fechas). / (Carp.) Clamp, dog. / V-shaped tear (en la ropa).
Sietemesino, na. adj. y m., f. Seven-month baby.
Sífilis. f. Syphilis.
Sifón. m. Syphon. / Syphon bottle (botella sifón).
Sigilar. v. To seal, to stamp. / To conceal, to keep secret (ocultar, mantener en secreto).
Sigilo. m. Seal, sigil. / Secrecy, prudence, discretion (secreto, prudencia discreción).
Siglo. m. Century. / The world, secular life (el mundo, la vida mundana o secular). / *Hace siglos que no lo veo,* I haven't seen him for ages.
Significación. f. Meaning, significance. / Implication, importance (implicación, importancia).
Significado. m. Sense, meaning.
Significante. adj. Significant, meaningful.
Significar. v. To mean, to signify. / To be important. / *Este convenio significa mucho para mí,* This agreement is very important to me. This agreement means very much for me.
Signo. m. Sign, signal, mark. Symbol (símbolo). / Mark (de puntuación). / *Signo de interrogación,* Question mark. / *Signo del zodiaco,* Zodiac sign. / *Signo fonético,* Phonetic symbol. / *Encontrar signos* de, To find traces of.
Sílaba. f. Syllable.
Silbido. m. Whistle, whistling. / Hiss, hissing (con los labios, el silbido de una serpiente).
Silenciar. v. To silence. To impose silence on (imponer silencio).
Silencio. m. Silence. / (Mús.) Rest. / *En silencio,* In silence, silently. / *Guardar silencio,* To keep quiet. / *Imponer silencio,* To silence.
Silogizar. v. To syllogize, to argue.
Silueta. f. Silhouette, outline, profile.
Silva. f. Miscellany.
Silvestre. adj. Wild, uncultivated, rustic.
Silla. f. Chair, seat. / Saddle (de montar). / *Silla turca,* (Anat.) Turkish saddle.
Sima. f. Chasm, abyss.
Simbiosis. f. Symbiosis.
Simbolismo. m. Symbolism.
Símbolo. m. Symbol. / Sign, emblem (signo, divisa, emblema). / *Símbolo químico,* Chemistry symbol.
Simetría. f. Symmetry.
Similar. adj. Similar, like, resembling.
Similitud. f. Similitude, similarity, resemblance.

Simio, mia. m., f. Simian, monkey, ape.
Simonía. f. Simony.
Simple. adj. Simple, uncompounded, uncombined (sin mezclar, sin combinar). / Single (de uno solo). / *Cama simple,* Single bed. / Simple, uncomplicated, easy (sin complicaciones, fácil). / Simple, mere (simple, mero). / Simple, foolish (tonto). / Insipid, tasteless (insípido, sin sabor). / m., f. Simpleton, fool (un simple, un tonto).
Simulación. f. Simulation, pretense, feigning.
Simulacro. m. Simulacrum, image. / Pretense, semblance, mock appearance. / (Mil.) Sham battle, war games.
Simular. v. To simulate, to feign, to sham, to pretend.
Simultaneidad. f. Simultaneousness, simultaneity.
Simultáneo, a. adj. Simultaneous.
Sin. prep. Without. / Besides, apart from, not including (aparte, no incluyendo). / (Cuando *sin* va seguido de un infinitivo, en inglés se usa *without* seguido del gerundio del verbo, o bien, el prefijo *un* seguido del participio del mismo verbo). / *Lo hice sin preguntar,* I did it without asking. / *Ella dejó la ensalada sin aliñar,* She left the salad undressed. / *Sin embargo,* However, notwithstanding, nevertheless.
Sinagoga. f. Synagogue.
Sincerar. v. To exculpate, to justify, to exonerate (exculpar, justificar, exonerar).
Sincero, ra. adj. Sincere.
Sincronía. f. Synchrony.
Sincrónico, ca. adj. Synchronous, synchronical, synchronic, simultaneous, contemporary.
Sincronización. f. Synchronization.
Sincronizar. v. To synchronize. To tune in.
Sindicado. p. adj. y m., f. Syndicate.
Sindical. adj. Sindical
Sindicalismo. m. Trade unionism, unionism, syndicalism.
Sindicato. m. Labour union, trade union. / Syndicate.
Síndrome. m. Syndrome.
Sinéresis. f. Synaeresis, syneresis. / (Quím.) Syneresis.
Sinergía. f. Synergy.
Sinfín. m. Endless number, endless amount.
Sínfisis. f. Symphysis.
Sinfonía. f. Symphony.
Sinfónico, ca. adj. Symphonic. / *Música sinfónica,* Symphonic music. / Symphony. / *Orquesta sinfónica,* Symphony orchestra.
Sinfonista. m., f. Symphonist.
Singladura. f. Day's run.
Singular. adj. Singular, single (como opuesto a plural). / Exceptional, unique, extraordinary (único, extraordinario).
Singularidad. f. Singularity. / Uniqueness. / Peculiarity.
Singularizar. v. To make stand out, to singularize, to distinguish. / To use in the singular, to make singular.
Sino. m. Fate, destiny, lot.
Sino. conj. But / *No es mi hermana sino mi prima,* She is not my sister but my cousin. / Except, apart from (excepto, aparte de). / *No bebí nada sino vino,* I drank nothing except wine. / Only, solely (sólo, únicamente). / *No te pido sino que vengas,* I only ask you to come.
Sínodo. m. Synod.
Sinonimia. f. Synonymy, synonymity.
Sinónimo, ma. adj. Synonymous. / m. Synonym.
Sinsabor. m. Trouble, sorrow (problema, pesar). / Insipidness.
Sintáctico, ca. adj. Syntactic.
Sintaxis. f. Syntax.

Síntesis. f. Synthesis.
Sintetizar. v. To synthesize.
Sintoísmo. m. Shinto, Shintoism.
Síntoma. f. Symptom.
Sintomatología. f. Symptomatology.
Sintonía. f. Syntony.
Sintonización. f. Syntonization, tuning.
Sintonizar. v. To syntonize, to tune. / *Sintonizar con,* To tune in.
Sinuosidad. f. Sinuosity. / Hollow, concavity (hueco, concavidad).
Sinuoso, sa. adj. Sinuous, winding, wavy. / Evasive, secretive.
Sinvergüenza. adj. Shameless, brazen. / m., f. Scoundrel, rascal, rogue.
Siquier, siquiera. adv. At least (al menos). / *Dime siquiera que te importa,* Tell me at least that you mind for it. / Even (aún). / *No dijo ni siquiera una palabra,* He did not say even a word. / conj. Although, even though.
Sirena. f. Siren, mermaid. / Siren, foghorn (de alarma).
Siroco. m. Sirocco.
Sirope. m. Syrup.
Sirviente. adj. Serving. / (Der.) Servient. / m. Manservant, servant.
Sisa. f. Petty theft, pilfering.
Sisar. v. To snitch, to filch. / To take in (costura).
Sisear. v. To hiss, to hiss at.
Siseo. m. Hiss, hissing.
Sismografía. f. Seismography.
Sismología. f. Seismology.
Sistema. m. System.
Sístole. f. Systole.
Sitiar. v. To besiege. / (Mil.) To lay siege to. / To surround, to hem in.
Sitio. m. Place, spot, location, site.
Sito, ta. p. adj. Situated, located, lying.
Situación. f. Situation (con todas las acepciones de la palabra castellana). / Location, site, position (ubicación, lugar, posición). / Circumstance, position (circunstancia, posición). / State, condition (estado, condición). / *Estar en buena situación económica,* To be in good economic conditions, to be in prosperous circumstances. / *Una situación ridícula,* A ridiculous position.
Situar. v. To situate, to place, to locate (ubicar, colocar). / To assign (dinero para pagos).
So. prep. Under. / Under risk of.
Sobar. v. To knead, to rub, to massage. / To pet, to feel (toquetear, palpar).
Soberanía. f. Sovereignty, supremacy.
Soberano, na. adj. y m., f. Sovereing. / Independent, politically free (independiente, políticamente libre). / Supreme, very great. / *Hizo un soberano ridículo,* He made a supreme fool of himself. / Sovereign (la moneda).
Soberbia. f. Pride, arrogance, haughtiness. / Sumptuosness, pomp (suntuosidad, pompa).
Soberbio, bia. adj. Arrogant, haughty, proud. / Superb, magnificent (un vino, un espectáculo, una noticia). / Enormous, tremendous (enorme, tremendo).
Soborno. m. Bribing, suborning (la acción de sobornar). / Bribery, bribe (el soborno, un soborno). / (Fam.) Bribe, enticement (soborno, señuelo).
Sobrado, da. p. adj. Abundant, more than enough. / (Arq.) Roof over a balcony.
Sobrante. adj. y m. Surplus, excess. / Remainder (lo que queda).

Sobrar. v. To exceed, to surpass (exceder, sobrepasar). / To be more than enough, to be too much (ser más que suficiente, ser demasiado). / To be left over, to be surplus (estar de sobra, ser un excedente). / To be unwanted, to be intrusive (estar de más, ser un intruso).

Sobre. prep. Above, over. / On, on top of, upon (en, arriba de, encima de). / *Deja el libro sobre la mesa*, Put the book on the table. / About, concerning, on (acerca de, respecto de, sobre). / *Hablar sobre la vida*, To talk about the life and living. / m. Envelope (sobre de cartas).

Sobrecargo. m. Supercargo, purser.

Sobrecogimiento. m. Awe, fear, apprehension.

Sobreexcitar. v. To overexcite.

Sobrellevar. v. To carry, to bear. / To ease (aliviar la carga de otro). / To overlook, to be lenient about (los errores de otro). / To endure, to bear (soportar, aguantar).

Sobremesa. f. Tablecloth, table cover. / *De sobremesa*, After dinner. / *Charla de sobremesa*, After-dinner conversation.

Sobrenatural. adj. Supernatural.

Sobrepeso. m. Overweight, excess weight. / Excess baggage (de equipaje).

Sobreponer. v. To put on top, to superimpose. / To recover oneself, to pull oneself together (de una desgracia, una enfermedad, etc.). / *Sobreponerse a*, To overcome, to master, to rise above.

Sobreprecio. m. Extra charge, surcharge.

Sobrepuesto, ta. p. adj. Recovered (de una desgracia). / Appliqué work (trabajo de colaje). / Patch, mend (parche, remiendo).

Sobresalir. v. To project, to jut out (proyectarse hacia afuera o arriba). / To stand out, to excel (destacarse). / To be prominent, to distinguish oneself (ser prominente, distinguirse). / To stand out, to be conspicuous (ser conspicuo).

Sobresaltar. v. To startle, to alarm. / To stand out, to be striking (resaltar).

Sobresalto. m. Sudden fright, alarm, shock. / *De sobresalto*, Suddenly, unexpectedly.

Sobresdrújulo, la. p. adj. Accented on the syllable preceding the antepenult.

Sobreseer. v. (Der.) To supercede, to stay (un juicio). To yield.

Sobrevenir. v. To happen suddenly. / To supervene, to follow from (seguirse de, resultar de una causa).

Sobrevivir. v. To survive (de un accidente o un percance). / To outlive (vivir más tiempo que otro).

Sobrexcitar. v. To overexcite.

Sobriedad. f. Sobriety, moderation.

Sobrino, na. m., f. Nephew (varón). / Niece (mujer).

Sobrio, bria. adj. Moderate, temperate, sober. / Sober, not drunk (no borracho).

Socavón. m. Gallery, shaft, tunnel. / Cavern, cave (caverna, gruta).

Sociabilidad. f. Sociability, sociableness.

Sociable. adj. Sociable, friendly.

Social. adj. Social, pertaining to society. / *La estructura social*, The social estructure. / *Razón social*, Firm or business name. / Social, sociable (sociable).

Socialismo. m. Socialism.

Sociedad. f. Society (con todas las acepciones de la palabra castellana). / Social order, community (el orden social, la comunidad). / Society, company, firm, corporation (sociedad, compañía, firma, corporación). / *Sociedad anónima*, Stock company. / *Sociedad en comandita*, Commandite. / *Sociedad gremial*, Trade union. / *Sociedad secreta*, Secret society.

Socio, cia. m. Sociology.

Sociólogo, ga. m., f. Sociologist.

Socorrer. v. To succor, to help, to aid.

Socorro. m. Succor, help, aid, assistance. / (Mil.) Reinforcements (refuerzos). / *Posta de socorro*, Firstaid station. / *¡Socorro!*, Help!

Sódico, ca. adj. Sodium.

Sodomía. f. Sodomy.

Soez. adj. Crude, coarse, vulgar, base, indecent, vile.

Sofá. m. Sofa.

Sofisma. m. Sophism, fallacy.

Sofisticado, da. p. adj. Sophisticated.

Sofocar. v. To suffocate, to stifle, to choke. / To put down, to supress (una insurrección). / To extinguish, to put out (un incendio).

Sofoco. m. Blush, embarrassment.

Sofreír. v. To fry lightly.

Soga. f. Rope, cord. / (Arq.) Face (de una piedra o ladrillo).

Soja. f. Soya, soyabean, soybean.

Sol. m. Sun. / Sun, sunshine, sunlight (el sol, el rayo de sol, la luz solar). / *Sentarse al sol*, To sit in the sun. / G (la nota musical). / Sol (la moneda peruana). / *Al ponerse el sol*, At the sunset. / *Al salir el sol*, At sunrise. / *Quemadura de sol*, Sunburn. / *Rayo de sol*, Sunshine. Sunbeam (un rayo que entra por la ventana o entre las nubes) Sun ray.

Solana. f. Sunny spot. / Solarium, sun porch, sun gallery (para tomar el sol).

Solapa. f. Lapel.

Solapar. v. To put lapels on. / To overlap (traslapar). / To cover up, to conceal (encubrir, ocultar).

Solar. m. Ancestral home. / Plot, ground, lot (terreno, sitio). / adj. Solar, sun, of the sun. / *Sistema solar*, Solar system. / To pave, to tile, to floor (pavimentar, embaldosar, colocar piso o suelo). / To sole (un zapato).

Solas (a). adv. Alone, in private.

Solazar. v. To solace, to cheer. / To relish, to entertain, to delight (saborear, entretenerse, disfrutar).

Soldado. m. Soldier. / *Soldado de caballería*, Cavalryman, trooper. / *Soldado raso*, Private.

Soldar. v. To solder, to weld.

Soledad. f. Solitude, solitariness, loneliness. / Solitary or lonely spot (un lugar solitario o solo).

Solemne. adj. Solemn, imposing, majestic, stately, impressive. / Solemn, grave, serious, formal (grave, serio, formal, —aplicado especialmente a las formalidades y ceremonias).

Solemnizar. v. To solemnize.

Solfeo. m. Solfeggio, solmization.

Solicitado, da. p. adj. In demand, popular sought after.

Solicitar. v. To ask for, to request, to petition. / To apply for (un trabajo, un puesto). / To woo, to court (enamorar, cortejar). / (Fís.) To attract (atraer, ejercer atracción).

Solícito, ta. adj. Solicitous.

Solicitud. f. Solicitude, solicitousness (actitud solícita). / Application, request, petition (solicitud de trabajo, requerimiento, petición). / *A solicitud*, On request / *A solicitud de*, At the request of.

Solidar. v. To make solid or firm. / To back up, to prove, to establish (respaldar con argumentos, probar, establecer). / To consolidate (consolidar).

Solidaridad. f. Solidarity. / Common cause (causa común).

Solidario, ria. adj. Solidary, in common cause. / Jointly responsible or liable, jointly involved (coresponsable, aval, copartícipe).

Solidarizar. v. To make solidary, to engage in common cause. / To make jointly responsible (hacer responsable conjunto). / To make common cause, to join together (hacer causa común, unirse a).

Solideo. m. Calotte, skullcap.

Solidez. f. Solidity, strength, firmness, stability. / (Geom.) Volume.

Solidificar. v. To solidify.

Sólido, da. adj. Solid, compact, consistent. / Sound, reliable (recio, confiable). / Strong, stable, firm (fuerte, estable, firme). / m. Solidus (la moneda romana).

Soliloquio. m. Soliloquy, monologue.

Solista. m., f. Soloist.

Solitaria. f. Tapeworm (la lombriz). / Single person post (lugar para una sola persona).

Solitario, ria. adj. y m., f. Solitary (con todas las acepciones de la palabra castellana). / Lonely, secluded, isolated (solo, retirado, aislado). / Retiring (que está en retiro -especialmente espiritual-). / Recluse, hermit (recluso, hermitaño). / Solitaire (diamante). / (Zool.) Hermit crab.

Solo, la. adj. Alone. By oneself or itself (por sí mismo). / Only, single, sole (único, solo). / Lone, lonely, lonesome (a solas, en soledad). / loc adv. *A solas,* Alone, by oneself. / *Una sola vez,* Only once, just once. / m. (Mús.) *Solo,* solo performance (un solo, ejecución de un solo instrumentista).

Sólo. adv. Only, solely.

Solsticio. m. Solstice.

Soltar. v. To untie, to loosen, to unfasten (desatar, aflojar, desceñir). / To let go, to free, to set free (dejar ir, libertar, dejar libre). / To let go of, to drop (dejar ir —lo que se estaba sujetando , dejar caer). / To let out (un grito, la risa). / To come out with, to let slip (una palabra, etc.). / To drop (una insinuación, una indirecta). / *Soltarse,* To get free, to get loose (liberarse, aflojarse de ataduras). / To loosen up, to let oneself go, to become more at ease, more confident or self-assured (dejarse ir, tranquilizarse, sentirse más a gusto, más confiado o seguro de sí mismo).

Soltería. f. Bachelorhood, celibacy.

Soltero, ra. adj. Single, unmarried. / m., f. Bachelor (hombre). Unmarried woman (mujer).

Soltura. f. Ease, confidence, assurance (de modales). / Ease, nimbleness, agility (de movimientos). / Fluency (de palabra)

Solución. f. Solution.

Solucionar. v. To solve.

Solvencia. f. Solvency. / Reliability, dependability (confiabilidad).

Solventar. v. To settle, to pay (deudas). / To solve (dificultades).

Solvente. adj. Solvent (con todas las acepciones de la palabra castellana). / m. Reliable, dependable (confiable). / Solvent, dissolvent (que disuelve). / Dissolving agent (una sustancia solvente).

Somático, ca. adj. Somatic, corporeal, physical.

Sombra. f. Shadow, shade. / Darkness, gloom (oscuridad, tiniebla). / Shade, shadow, ghost, phantom (sombra, espectro, fantasma). / Shelter, protection (amparo, protección). / Shadow, vestige, trace (sombra, vestigio, traza). / *Sin sombra de sospecha,* Without a shadow of doubt.

Sombrar. v. To shade.

Sombrero. m. Hat, bonnet. / Canopy (de púlpito). / Cap (de hongos). / (Náut.) Head (del cabrestante).

Sombrío, a. adj. Somber, dark, murky. / Gloomy, sullen, taciturn (dícese del carácter o modales). / (Pint.) Shaded, dark.

Somero, ra. adj. Superficial, shallow. / Brief, quickly (breve, rapido).

Someter. v. To subdue, to force to yield. / To subject, to expose a cause (someter, exponer una causa). / *Lo sometieron a un interrogatorio,* They subjected him to an interrogatory. / To subordinate, to subject, to put under the control of (subordinar, poner bajo el control de). / *Someterse,* To submit, to yield (aceptar con sumisión, ceder). / To surrender (rendirse). / *Someterse a, To* subject oneself to.

Somnífero, ra. adj. y m. Somniferous.

Somnolencia. f. Somnolence, drowsiness, sleepiness.

Son. m. Sound. Tune, melody (música, melodía). / News, rumour (noticia, rumor). / Manner, way (modo, manera). / (Mús.) Son (el baile popular cubano). / *Al son de,* To the sound of. / *En son de,* As by way of, in the way of. / In the mood of (en ánimo de).

Sonajero. m. Baby's rattle.

Sonámbulo, la. adj. y m., f. Sleepwalking, somnambulistic. / Sleepwalker, somnambulist.

Sonar. v. To sound. / To ring (el timbre). / To play (un instrumento musical). / To blow (la nariz). / To sound correct (sonar bien, parecer correcto). / To mean, to sound familiar (querer decir, resultar familiar). / m. Sonar (el aparato de detección).

Sonata. f. Sonata.

Sonda. f. Sounding, probing, fathoming (acción de sondear). / (Náut.) Sounding line or lead, plummet, sound. / Auger, large drill (para sondeo subterráneo). / (Med.) Sound catheter, probe.

Sondeo. m. Sounding, fathoming, probing exploring.

Soneto. m. Sonnet.

Sonido. m. Sound. / Noise (ruido). / *Sonido absoluto,* (Mús.) Absolute pitch.

Sonorizar. v. To voice (poner voz, hacer sonora una letra generalmente muda). / To sonorize, to make sounding (hacer sonoro).

Sonoro, ra. adj. Sonorous. / Resonant, loud, clear (resonante, fuerte, claro - un sonido-). / Sound. / *Banda sonora,* Soundtrack. / *Onda sonora,* Sound wave. / Voiced (una letra, un gesto).

Sonrisa. f. Smile.

Sonrojar. v. To make one blush. / *Sonrojarse,* To blush.

Soñar. v. To dream. / *Soñar con,* to dream of. / *Soñar despierto,* To daydream.

Soñolencia. f. Somnolence, drowsiness, sleepiness.

Sopa. f. Soup.

Soplar. v. To blow. / To squeal, to sing, to inform the police (delatar, cantar, informar a la policía). / To prompt, to whisper the answer to (soplar una respuesta o algo que uno ha olvidado).

Soportal. m. Porch, portico, arcade.

Soportar. v. To support. / To prop (apuntalar).

Soporte. m. Support, base. / Support, provider (el que respalda, el que provee). / Support, prop, pedestal, base (puntal o apoyo, pedestal, base).

Soprano. m., f. Soprano.

Sor. f. Sister.

Sorber. v. To sip, to suck. / To absorb. / (Fig.) To swallow (tragar).

Sorbo. m. Sip, draught, sipping. / Sip, drop, smallamount (un poquito de).

Sórdido, da. adj. Sordid. / Squalid, miserly (escuálido, mísero). / Miserable, abject (miserable, abyecto).

Sordo, da. adj. Deaf. / Silent, still (silencioso, callado). / Muffled, dull (un sonido). / (Fig.) Deaf, indifferent, insensitive (indiferente, insensible). / m., f. Deaf person.

Sordomudo, da. adj. Deaf-and-dumb. / m., f. Deaf-mute, deaf-and-dumb person.
Soriasis. f. Psoriasis
Sorna. f. Sarcasm, irony.
Sorprender. v. To surprise (con todas las acepciones de la palabra castellana). / To astonish. / To surprise, to catch unaware (sorprender, coger desprevenido).
Sorpresa. f. Surprise.
Sortear. v. To raffle, to cast or draw lots for. / To dodge, to avoid, to elude (esquivar, evitar, eludir).
Sorteo. m. Raffle, casting of lots (rifa, la acción de echar suertes). / Dodging, evasion (esquivación, evasiva).
Sortija. f. Ring. / Ringlet, curl (rizo de cabello).
Sosegar. v. To calm, to quiet.
Sosiego. m. Quiet, calm, tranquility.
Soslayar. v. To place slanting or obliquely. / To pass over, to ignore, to evade, to dodge (pasar por alto, ignorar, evadir, esquivar).
Soslayo. m. Oblique, slanting. / loc. adv. *De soslayo,* Obliquely, slantingly, askance. / In passing (a la pasada).
Soso, sa. adj. Insipid, tasteless. / Dull, inane, colourless (aburrido, inane, descolorido).
Sospecha. f. Suspicion.
Sospechar. v. To suspect. / To be suspicious (ser sospechoso).
Sostener. v. To support, to hold up, to prop, to sustain.
Sostenido, da. p. adj. Supported, sustained, kept up. / (Mús.) Sharp.
Sotana. f. Soutane, cassock.
Sótano. m. Basement, cellar.
Su, sus. adj. Your (segunda persona singular y plural). / His (tercera persona singular masculino). / Her (tercera persona singular femenino). / It (tercera persona singular neutro). / Their (tercera persona plural).
Suave. adj. Smooth, soft. / Delicate. Gentle, mild (delicado, leve). / Sweet, mellow (dulce).
mellowness (de sabor, al tacto, etc.).
Subasta. f. Auction. / *En subasta,* For auction. / *Sacar a subasta,* To sell at auction.
Subconsciente. adj. y m. Subconscious.
Subcutáneo, a. adj. Subcutaneous.
Súbdito. m. Subject (de una autoridad). / Citizen (ciudadano, de una nacionalidad). / *Súbdito americano,* American citizen.
Subida. f. Rise, ascent, going up, climbing. / Ascension (al trono). / Rise (de precios). / Slope, acclivity (pendiente, declive).
Subir. v. To climb, to mount, to ascend. / To take up, to bring up, to carry up (subir una carga, llevar arriba algo). / To lift, to raise, to make higher (elevar, hacer subir, hacer más alto). / To raise (precios). / To get on (subir a un vehículo, a un caballo, etc.).
Súbito, ta. adj. Sudden, unexpected. / loc. adv. *De súbito,* Suddenly, unexpectedly.
Subjetivo, va. adj. Subjective.
Sublevar. v. To incite to rebellion, to stir up, to revolt.
Sublimar. v. To sublime, to sublimate, to idealize. / (Quím., Psicol.) To sublimate.
Submarino, na. adj. Submarine, underwater. / m. Submarine, U- boat.
Suboficial. m. Sergeant major.
Subordinar. v. To subordinate.
Subrayar. v. To underline, to emphasize.
Subrepticio, cia. adj. Surreptitious.
Subrogación. f. Subrogation, substitution.
Subrogar. v. To substitute, to subrogate.

Subsanable. adj. Reparable, remediable. / Excusable.
Subsanar. v. To correct, to mend, to repair. / To excuse, to exculpate.
Subscribir. v. To subscribe to, to endorse, to be in favor of, to agree writh. / (Com.) To subscribe, to underwrite (acciones, bonos). / To sign, to subscribe (firmar, subscribir) / *Subscribirse a una publicación,* To subscribe to a publication.
Subsidio. m. Subsidy, aid, help, assistance.
Subsistencia. n. f. Subsistence. / Livelihood, means of support.
Subsistir. v. To subsist, to live. / To remain, to continue to exist (seguir existiendo).
Substancia. f. Substance, matter, material, stuff. / Substance, essence, marrow (esencia, médula). / (Coc.) Concentrated broth, extract, essence (caldo concentrado, extracto, esencia - de comida-). / Importance. / *En substancia,* In brief, in a word. / *Substancia gris,* (Fisiol.) Gray matter.
Substanciar. v. To abridge, to abstract. / To try (una causa judicial).
Substituir. v. To substitute, to replace.
Substraer. v. To take away, to remove. / To misappropriate, to steal (robar). / (Mat.) To subtract. / *Substraerse,* To withdraw oneself, to elude.
Substrato. m. Substratum.
Subsuelo. m. Subsoil.
Subteniente. m. Second lieutenant.
Subterfugio. m. Subterfuge, pretext.
Subterráneo, a. adj. Subterranean, underground. / m. Cellar, subterranean, underground place, cave. / Subway, underground, underground railway (ferrocarril subterráneo).
Subtítulo. s. Subtitle.
Suburbio. m. Suburb, outskirts.
Subvención. f. Subsidy, subvention, financial help.
Subversión. f. Subversion.
Suceder. v. To succeed, to follow, to be the successor of (seguir, ser el sucesor). / To happen, to befall, to occur, to come to pass (ocurrir, acaecer). / *¿Qué sucede?,* What's the matter? / *Suceda lo que suceda,* Come what may.
Suceso. m. Event, happening. / Course, lapse (del tiempo). / Outcome, result.
Suciedad. f. Dirtiness, filthiness, filth, dirt. / Vile, base act or remark.
Sucio, cia. adj. Dirty, soiled. / Dishonest / Foul (una jugada). / Obscene, low, base (obsceno, bajo, vil).
Sucumbir. v. o succumb, to yield. / To perish. / To lose (un juicio).
Sucursal. adj. Ancillary, subsidiary, branch. / f. Branch office or store.
Sudar. v. To sweat. / To perspire (transpirar). / To exude moisture (exudar humedad). / To work hard (trabajar duro).
Sudario. m. Shroud.
Sudeste. m. Southeast.
Sudor. m. Sweat, perspiration, moisture (transpiración, humedad). / Toil, hard work (brega, trabajo duro).
Suegra. f. Mother-in-law. / Hard crust (del pan).
Suegro. f. Father-in-law.
Sueldo. m. Salary, pay. / Solidus (la moneda antigua). / *A sueldo,* On a salary.
Suelo. m. Ground. / Soil, earth (terreno, tierra). / Floor, pavement (piso, pavimento). / Land, territory (tierra, territorio). / Bottom, base (el fondo, base). / Sediment, dregs (sedimento, residuo). / *Por el suelo, por los suelos,* Very low, in very bad shape. / *Venirse al suelo,* To

fall down, to topple down, to collapse. / *Suelo natal,* Native land, homeland.
Suelto, ta. p. adj. Loose, free, at large. / Baggy, slack (la ropa). / Loose, unattached (desprendido, de a uno). / Disconnected, isolated (desconectado, aislado). / Single, by itself, singly, separately (de a uno, por separado —de un conjunto—). / Fluent, easy-flowing (estilo, lenguaje). / Loose, thin, watery (diluido, acuoso). / Free, easy, nimble (movimientos). / Blank (verso). / *Dar rienda suelta a,* to let loose. / *Suelto de lengua,* Sharp-tongued. / m. Short article (en un periódico).
Sueño. m. Sleep. Sleepiness, drowsiness (ganas de dormir). / Dream (un sueño). / *Tener sueño,* To be sleepy.
Suero. m. Serum. / Whey (de la leche).
Suerte. f. Fate, luck, chance (en cuanto a fortuna). / Fate, lot, destiny (en cuanto a destino). / Lot, drawing lots (sortear, echar suertes). / Condition, state (condición, estado). / Fortune (fortuna). / Kind, sort, type (clase, especie, tipo). / Manner, way (modo, manera). / Lottery ticket (billete de lotería). / (Impr.) Sort. / *Por suerte,* By lot, by chance. Fortunately, luckily. / *Tener buena suerte,* To be lucky.
Suficiente. adj. Sufficient / Fit, suitable, competent, able. / (Fam.) Cocksure. Pedantic.
Sufijo, ja. adj. Suffixed. / m. Suffix.
Sufragar. v. To pay, to defray (gastos, etc.). / To aid, to help (ayudar). / To vote (votar).
Sufrir. v. To suffer, to undergo, to experience (una experiencia). / To bear, to endure, to put up with (un dolor, un pesar). / To permit, to allow (permitir).
Sugerencia. f. Suggestion.
Sugestión. f. Suggestion.
Suicida. adj. Suicidal / m , f. Suicide.
Suicidarse. v. To commit suicide, to kill oneself.
Suicidio. m. Suicide, self destruction.
Sulfamida. f. Sulfamide.
Sulfato. m. Sulfate.
Sulfurar. v. To sulfurize, to sulfurate (con compuestos azufrados). / To anger, to enrage (con ira).
Sultán, ana. m., f. Sultan, sultana.
Sumando. m. Addend.
Sumar. v. To add, to add up (agregar cantidades). / To amount to, to add up to (alcanzar la cantidad de). / To summarize, to make a summary of (hacer un sumario o resumen). / *Sumarse a,* To join.
Sumario, ria. adj. y m. Summary, brief, concise, succinct. / Summary of civil law proceedings. / Summary, resumé. / (Der.) Indictment.
Sumergible. adj. Submergible, submersible. / m. Submergible, submarine.
Sumergir. v. To submerge, to submerse, to sink, to plung. / *Sumergirse,* To plunge, to dive.
Sumido, da. p. adj. Sunken, submerged.
Suministrar. v. To supply, to provide, to furnish, to purvey.
Sumir. v. To sink, to submerge. / To plunge (en la angustia).
Sumiso, sa. adj. Submissive, obedient, docile. / Humble, meek (humilde, obsecuente).
Supeditar. v. To subject, to subordinate.
Superación. f. Surmounting, overcoming. / Self-improvement, self-betterment (de sí mismo).
Superar. v. To surpass, to exceed. / To excel (ser mejor). / To surmount, to overcome (ir más allá, vencer un obstáculo).
Superficial. adj. Superficial, shallow.

Superior. adj. Top (el superior de todos). Upper (el de arriba). / *El labio superior,* The upper lip. / Higher (más alto). / *Intereses superiores,* Higher interests. / Above (de arriba, de encima). / *El dormitorio está en el piso superior,* The bedroom is at the floor above. / Superior, better (superior, mejor). / Greater, larger (mayor). / Advanced, higher, superior (más avanzados, más altos -estudios, trabajos, etc.-).
Supermercado. m. Supermarket.
Superponer. v. To superpose.
Superproducción. f. Superproduction (en cine). / Overproduction (en economía).
Supersónico, ca. adj. Supersonic.
Superstición. f. Superstition.
Supervisar. v. To supervise.
Supervivencia. f. Survival.
Suplemento. m. Supplement.
Suplencia. f. Substitution, replacement.
Suplicio. m. Torture. / Place of torture or execution (lugar de tortura o ejecución). / Torment, anguish, suffering, agony (tormento, angustia, sufrimiento, agonía).
Suplir. v. To make up for, to supplement. / To substitute, to take the place of, to replace (substituir, tomar el lugar de, reemplazar).
Suponer. v. To suppose, to assume, to presume. / To entail, to imply (acarrear, implicar).
Supremacía. f. Supremacy.
Supremo, ma. adj. Supreme, highest, paramount / Last final, definitive (último, final, definitivo).
Supresión. f. Suppression, omission.
Supresivo, va. adj. Suppressive.
Suprimir. v. To suppress, to eliminate. / To cut out, to leave out, to omit (cortar, dejar fuera, omitir).
Supuración. f. Suppuration.
Supurar. v. To suppurate.
Sur. m. South. / South wind (el viento).
Surco. m. Furrow, rut. / Wrinkle (en la frente). / Groove (en discos).
Surgir. v. To spring up, to arise. / To present itself, to appear (presentarse, aparecer). / To be successful, to rise in the world (tener éxito, surgir en la vida).
Susceptibilidad. f. Susceptibility. / Touchiness (irritabilidad, sensibilidad a las ofensas).
Suscitar. v. To cause, to provoke, to raise, to originate.
Suscribir. v. Ver *Subscribir.*
Suscripción. f. Ver *Subscripción.*
Susodicho, cha. adj. y m., f. Above-mentioned, aforesaid.
Suspirar. v. To sigh / *Suspirar por,* To sigh for, to long for. / To crave, to covet (desear intensamente, codiciar).
Suspiro. m. Sigh, breath. / Morning-glory (la flor).
Sustanciar. v. Ver *Substanciar.*
Sustantivar. v. Ver *Substantivar.*
Sustituir. v. Ver *Substituir.*
Susto. m. Scare, fright, startle.
Susurrar. v. To murmur, to whisper. / To rustle (las hojas de un árbol). / To purl (un arroyo).
Susurro. m. Whisper, murmur, rustle, purling.
Sutil. adj. Subtle, delicate, tenuous. / Keen, cunning (agudo, astuto).
Suyo, suya, suyos, suyas. pron. His, hers, yours, theirs, its, one's (de él, de ella, de ti, de ellos, de ello, de uno, etc.). / His own, your own, their own, its own, one's own (lo perteneciente a él, ella, usted, ellos, uno). / *A uno le agrada estar con los suyos,* It is fine for one to be with one's own.

T

Tabaco. m. Tobacco. / (Bot.) Tobacco. (N. cient.) Nicotiana tabacum. / Snuff (rapé, tabaco perfumado en polvo). / Cigar (un cigarro). / *Tabaco de mascar,* Chewing tobacco, plug.

Tabaquismo. m. Nicotinism.

Tabernero. m. Tavern keeper. / Barman, bartender (el encargado de vender y mezclar licores en un bar, el que atiende en un bar).

Tabique. m. Thin wall, partition wall, partition.

Tabla. f. Board, plank. / Slab, table (de mármol, piedra, etc.). / Plate, sheet (de metal). / Bulletin board (tabla de asuntos a tratar, diario mural). / Table (tablón, cubierta de mesa).

Tablado. m. Flooring, planking, boards / Wooden platform, stage (plataforma de madera, escenario). / Scaffold (cadalso, plataforma para ejecuciones).

Tablero. m. Board (de madera). / Sheet (de metal, cartón). / Slab (de piedra). / Table top (cubierta de mesa). / Panel, board, switchboard (panel, panel de instrumentos interruptores, etc.). / Gambling house (casa de juego). / Panel (de una puerta). / *Tablero de ajedrez,* Chessboard. / *Tablero de dibujo,* Drawing board.

Tablilla. f. Small board or plank (tablita). / (Med.) Splint (para fracturas de huesos).

Tabloide. m. Tabloid.

Tablón. m. Large board or plank. / (Náut.) Plank, strake. / *Tablón de aparadura,* (Náut.) Garboard strake.

Tabú. m. Taboo, tabu.

Tabulador. m. Tabulator.

Taburete. m. Stool, taboret.

Tacaño, ña. adj. y m., f. Stingy, mean, niggardly. / Miser (mísero).

Tácito, ta. adj. Tacit / Well understood although not said (bien entendido aunque no dicho).

Taciturno, na. adj. Taciturn, reserved. / Melancholy (melancólico).

Tacón. m. Heel (de zapato).

Taconear. v. To tap one's heels (de zapateo). / To Strut, to walk in a proud pace (caminar con paso arrogante). / To stuff, to fill up (rellenar, llenar apretadamente). / To put a stopper (poner un taco o tapón).

Taconeo. m. Heel tapping.

Táctica. f. Tactics.

Táctil. adj. Tactile.

Tacto. m. The sense of touch (el sentido del tacto). / Touch (toque, el tacto -acción de tocar-).

Tachar. v. To cross out, to cross off, to eliminate (tarjar, borrar con una tachadura, eliminar). / To object to (un candidato, un testigo de cargo, etc.). / To censure, to find fault with (censurar, encontrar falta en).

Tachón. m. Deleting line. / Decorative ribbon, braid trimming (de adorno). / Ornamental tack or nail (tachuela o clavo de cabeza ornamental).

Tafetán. m. Taffeta. (pl.) flags (banderas, banderolas).

Tahona. f. Bakery.

Tajante. adj. Cutting, slicing (cortante, rebanante). / Categorical, definitive (una respuesta).

Tajo. m. Cut, slash, gash, incision. / Gap, mountain pass, cleft, ravine, steep cliff (abertura o grieta grande, paso de montaña, desfiladero, precipicio, farallón acantilado). / Beheading block (para decapitar).

Tal. adj. Such (con todas las acepciones de la palabra castellana). / Such a.

Tálamo. m. Nuptial bed, nuptial chamber (lecho matrimonial, alcoba nupcial). / (Anat., bot.) Thalamus.

Talante. m. Manner (de hacer algo). / Appearance, mien, aspect, countenance (apariencia, aire, aspecto, continente). / Temper, mood, disposition (temperamento, estado de ánimo, buena o mala disposición para).

Talco. m. (Mineral.) Talc. / Talcum powder (polvos de talco). / Tinsel (como material).

Talento. m. Talent, cleverness, aptitude. / Talent (la moneda romana).

Talismán. m. Talisman, charm.

Talón. m. Heel. / (Arq.) Talon (moldura), heel (de un madero de marco o de estructura). / Check ticket, receipt (talón de un boleto, recibo de pago). / *Pisarle los talones a alguien,* To be at someone's heels.

Talonario. m. Stub book.

Talla. f. Carving, engraving. / Height, stature, size (tamaño, estatura, talla de las ropas).

Talle. m. Waist, bodice, / Shape, form, figure (silueta, founa, figura). / Fit, adjustment (ajuste, corte de ropas). / *Talle corto,* High waist. / *Talle largo,* Long waist.

Tallo. m. Stem (de planta). / Stalk (de fruta, hoja, flor). / Sprout, shoot (renuevo, brote). / Shaft, pole (pértiga, palo largo, lanza de carro, etc.).

Tamaño, ña. adj. Very big, very wide, very large (muy grande, muy vastos o abiertos, muy anchos). / *Ella abrió tamaños ojos,* She opened her eyes wide. / m. Size, dimension (tamaño, dimensión, porte). / *Tamaño natural,* Normal size.

Tamarindo. m. Tamarind.

Tambalear. v. To stagger, to totter, to reel.

Tambaleo. m. Staggering, tottering, reeling.

También. adv. Also, too, as well. / Likewise (del mismo modo).

Tambor. m. Drum (el instrumento). / Drummer (el que toca tambor). / Drum, cylinder (envases industriales). / (Anat.) Fardrum (del oído). / (Arq.) Drum, tambour (de columna o de soportal de una cúpula). Bell, tambour (parte de la columna entre el ábaco y el cuello). / (Mil.) Tambour. / Drum, metal barrel (barril metálico). / *Tambor de freno,* (Mec.) Brake drum. / *Tambor mayor,* (Mil.) Drum major.

Tamiz. m. Sieve, sifter, bolter.

Tampoco. adv. Neither, not either, either.

Tan. adj. So, as. / *Ella llevaba una falda tan corta,* She wore a skirt so mini. / *Ella es tan inteligente como él,* She is as clever as him. / At least (tan siquiera, por lo menos). / Only (tan sólo, siquiera). / *Tan siquiera di que me perdonas,* At least say that you pardon me. / *Si tan sólo pudiese olvidarla,* If I only could forget her. / What a (qué tan). / *¡Qué chica tan linda!,* What a pretty girl! / *¡Qué auto tan rápido!,* What a fast car!

Tangencial. adj. Tangential.

Tangible. adj. Tangible, palpable.

Tango. m. Tango. / Hob (el juego de niños). / Party, dance (una fiesta, un baile).

Tanque. m. Tank, vat (para contener líquidos). / Tank (carro blindado). / Reservoir (estanque, laguna).

Tanto, ta. adj. So much (tanto, mucho).

Tañer. v. To play (un instrumento musical). / To toll (campanas).
Tañido. m. Musical sound (de música). / Tolling (de campanas).
Tapa. f. Lid, cover. / Cap (tapa de corona, tapa que se atornilla, etc.). / Stopper, cork (tapón, corcho). / Gate (de una esclusa o represa).
Tapadera. f. Lid, cover, cap. / Blind, front (una persona que oculta o encubre a otra).
Tapar. v. To cover (cubrir). / To stop up, to plug (poner tapón). / To close up (cerrar). / To wrap up, to cover up, to hide, to conceal (envolver, encubrir, ocultar, esconder). / To block, to obstruct (bloquear, obstruir). / To fill (una caries).
Taparrabo. m. Loincloth. / Short bathing trunks (tanga, traje de baño muy pequeño).
Tapete. m. Rug, small carpet. / Table cover, runner (de mesa). / *Tapete verde,* (Fig.) Gambling table. / *Estar en el tapete,* To be under discussion.
Tapia. f. Wall. / *Sordo como una tapia,* Deaf as a post.
Tapiar. v. To wall up, to wall in, to enclose within walls (amurallar, encerrar en murallas.
Tapicería. f. Tapestries (piezas de tapicería). / Tapestry shop (tienda de tapices). / Tapestry making (la fabricación de tapices). / Upholstering, upholsterer's shop (tapizado, tienda de tapizadores).
Tapioca. f. Tapioca.
Tapiz. m. Tapestry.
Tapizar. v. To hang with tapestries (colocar tapices). / To cover (muebles). / To upholster (tapizar muros, etc.). / To carpet (alfombrar).
Tapón. m. Stopper, cork, plug. / (Med.) Tampon. / *Tapón de desagüe,* Drain plug / *Tapón del radiador,* Radiator cap.
Taponar. v. To plug, to stop up. / (Med.) To tampon.
Tapujo. m. Mantle, veil. / Concealment, secrecy (ocultamiento, disimulo).
Taquigrafía. f. Shorthand, stenography.
Taquigrafiar. v. To write in shorthand, to stenograph.
Tara. f. Tare (de una carga). / Defect, vice (defecto, vicio grave). / Hereditary defect, throwback (de nacimiento). / (Entom.) Green grasshopper. / Divi-divi. (N. cient.) caesalpinia tintoria.
Tarado, da. adj. Defective, damaged, spoiled. / Cretinous (cretino). / m., f. Cretin.
Tarántula. f. Tarantula.
Tararear. v. To hum.
Tarareo. m. Humming.
Tardar. v. To be late, to take a long time (atrasarse, demorarse). / A mas tardar, At the latest.
Tarde. adj. Late. / loc. adv. *De tarde en tarde,* Seldom, now and then. / *Más vale tarde que nunca,* Better late than never. / *Tarde o temprano,* Sooner or later. / f. Afternoon, evening (la tarde, el atardecer). / *Buenas tardes,* Good afternoon. / *Buenas noches,* Good evening (si es temprano). Good night (si es tarde, despedirse).
Tardío, a. adj. Late, belated, delayed / Tardy, slow (tardo, lento). / Slow, dilatory (Demoroso, dilatorio).
Tarea. f. Task (con todas las acepciones de la palabra castellana). / Chore (quehaceres, especialmente los domésticos). / Job, work, assignment (misión de trabajo, trabajo, asignación). / *Tarea escolar,* Homework. / *Tarea fácil,* Easy job. / *¡Esa tarea es fácil!,* (Fam.) That job is a song!
Tarifa. f. Tariff, price list. / Toll, fare (de servicios, transporte, etc.).
Tarifar. v. To fix a tariff for.
Tarima. f. Wooden platform, dais.

Tarjeta. f. Card. / (Arq.) Ornate or inscribed tablet. / *Tarjeta de crédito,* Credit card / *Tarjeta de visita,* Visiting card. / *Tarjeta postal,* Postcard.
Tarro. m. Tin can, pot. / Top hat (sombrero de copa).
Tarta. f. Tart, pastry. / Baking pan (budinera). / Tart mold (molde para hornear).
Tartamudear. v. To stammer, to stutter.
Tartamudo, da. adj. Slammering, stuttering. / m., f. Stutterer.
Tartana. f. Two-wheeled carriage. / (Náut.) Tartan, tartana (barco).
Tártaro. m. (Quím.) Tartar. / n. p. Tartarus (de Tartaria).
Tarugo. m. Wooden peg, wooden plug.
Tasar. v. To appraise, to assess the value of. / To rate (establecer tasa). / To tax (imponer un impuesto). / To regulate (regular, controlar). / To restrict, to limit (restringir, limitar). / *Tasar en el doble de su precio real,* To value at the double of its real price.
Tasca. f. Bar, saloon, tavern.
Tatuaje. m. Tatoo, tattooing.
Tatuar. v. To tattoo.
Tauro. n.p. Taurus.
Tauromaquia. f. Tauromachy.
Tautología. f. Tautology, redundancy, pleonasm.
Tautológico, ca. adj. Tautologic, tautological.
Taxi. m. Taxi, taxicab.
Taxidermia. f. Taxidermy.
Taxidermista. m., f. Taxidermist.
Taxista. m., f. Taxi driver, cab driver, cabby.
Taxonomía. f. Taxonomy.
Taza. f. Cup. / A cupful (lo que cabe en una taza). / Basin (en una fuente). / Bowl (del excusado). / Cup guard (de una espada).
Tazón. m. Large cup, bowl. / Washbowl, basin (de lavabo).
Te. pron. You. / Thee (forma poética y arcaica). / *Yo te contaré la verdad,* I'll tell you the truth. / To you, for you, from you (a ti, para ti, de ti). / *Ella te lo dará,* She will give it to you. / *Él te lo arreglará* He will mend it for you. / *Juan fue quien te lo quitó,* John was who took it away from you. / To yourself, for yourself (a ti mismo, para ti mismo). / *Apréndelo y guárdatelo,* Learn it and keep it for yourself.
Té. m. Tea. / Tea plant (la planta). / Tea (una recepción de media tarde).
Tea. f. Torch, firebran. / (Náut.) Cable for raising the anchor. / Candlewood (madera resinosa).
Teatral. adj. Theatrical.
Teatro. m. Theather. / Stage (el escenario). / Dramatic works or literature. / *Dedicarse al teatro,* To go on the stage. / *Hacer teatro,* To theatralize.
Tecla. f. Key. / *Tecla espaciadora,* Space bar. / *Tecla de sujeción de mayúsculas,* Shift lock. / *Tecla del tabulador,* Tabulator key.
Teclado. m. Keyboard.
Técnica. f. Technic, technics. / Ability.
Técnico, ca. adj. Technical. / m., f. Technician, expert.
Tecnología. f. Technology.
Tectónico, ca. adj. Tectonic. / f. Tectonics, tectonic science.
Techar. v. To roof, to put a roof on or over, to thatch.
Techo. m. Roof (cualquier cosa que techa o cubre por arriba). / Ceiling (cielo, cielo raso, el techo visto desde el interior de una casa). / (Aer.) Ceiling.
Techumbre. f. Roofing, roof (techo exterior). / Ceiling (techo interior o altura máxima). / Shed, cover (abrigo, cobertura). / Top (tope, altura máxima).

Tedio. m. Tedium, tediousness, boredom. / Disgust, loathing (disgusto, atosigamiento).
Tedioso, sa. adj. Tedious, tiresome, boring.
Teja. f. Curved roof tile. / Priest's shovel hat (sombrero de fraile). / Steel facing (de la espada). / (Bot.) Linden tree, basswood.
Tejado. m. Roof, shed, tile roof.
Tejedor, ra. adj. Weaving. / Scheming (que teje intrigas). / m., f. Weaver. / Schemer (un intrigante).
Tejer. v. To weave (a telar). / To knit (con agujas de punto). / To spin (la araña su tela).
Tejido. m. Weave, texture. / Fabric, textiles, cloth (género, textiles, telas).
Tela. f. Cloth, fabric, stuff. / (Anat.) Membrane. / Film, skin (en superficie de líquido). / Skin (de una cebolla). / Film, cloud (en el ojo). / Canvas, painting (para pintar). / Web (de araña) / *Poner en tela de juicio,* To put in doubt, to question. / *Tela adhesiva,* Adhesive tape. / *Tela metálica,* Wire netting.
Telar. v. Loom (para tejer). / Gridiron (de teatro).
Telaraña. f. Spider's web, cobweb.
Teleférico. m. Cable railway, funicular railway.
Telefonear. v. To telephone, to phone.
Telefónico, ca. adj. Telephonic. / Telephone phone. / *Guía telefónica,* Telephone directory.
Teléfono. m. Telephone, phone.
Telegrafía. f. Telegraphy. / *Telegrafía sin hilos,* Wireless telegraphy.
Telegrafiar. v. To telegraph.
Telégrafo. m. Telegraph.
Telegrama. m. Telegram.
Teleobjetivo. m. Telephoto lens, telelens.
Telepatía. f. Telepathy.
Telepático, ca. adj. Telepathic.
Telescopio. m. Telescope. / n.p. (Astron.) Telescopium, Telescope (la constelación del Telescopio).
Teletipo. m. Teletype, teleprinter.
Televisar. v. To televise.
Televisión. f.Television. Television set (el receptor).
Télex. m. Telex.
Telón. m. Drop curtain. / *Telón de fondo,* Backdrop.
Telúrico, ca. adj. Telluric, terrestrial.
Tema. f. Subject, theme (asunto, tema) / (Mús.) Theme, motif. / (Educación) Composition exercise, thesis. / (Gram.) Stem, root (raíz de una palabra).
Temario. m. Program, agenda.
Temblar. v. To tremble, to shake, to shudder. / To quake (el suelo). / To quiver, to shiver (como con escalofríos, tiritar). / *Temblar de frío,* To shiver from cold. / *Temblar de miedo,* To shake with fear.
Temblor. m. Tremor, trembling, shaking, quivering, shivering. / (Med.) Tremor. / *De tierra,* Earthquake.
Temer. v. To fear, to dread, to be afraid of. / To fear, to suspect (temerse que, sospechar que). / *Temo que habrá más dificultades,* I fear there will be more difficulties. / *Temer por,* To fear for. / To be worried about (estar o sentirse preocupado por).
Temeroso, sa. adj. Dreadful, dread, frightening (que da temor). / Timid, timorous (tímido, timorato). / Fearful, afraid (asustado).
Temor. m. Fear, dread. / Apprehension, foreboding (aprensión, previsión de males).
Témpano. m. Iceberg. / (Mús.) Small drum. / Drumhead, drumskin (parche de tambor). / Flitch (de tocino). / Head top (de barril). / (Arq.) Tympanum, tympan.
Temperatura. f. Temperature. / Temperature, fever (fiebre). / *Tener temperatura,* To have a fever.

Tempestad. f. Storm, tempest / *En el ojo de la tempestad,* In the eye of the storm. / *Tempestad de nieve,* Snowstorm.
Tempestivo, va. adj. Opportune, timely.
Tempestuoso, sa. adj. Tempestuous, stormy, turbulent.
Templado, da. adj. Warm, lukewarm (líquidos). / Mild, temperate (zona, clima). / (Mús.) Tuned, tempered. / Tempered (vidrio, acero). / Brave, courageous, firm (bravo, corajudo, firme).
Templario. adj. y m. Templar, Knight-Templar.
Templo. m. Temple, church. / Shrine (santuario).
Témpora. f. Ember days.
Temporada. f. Season, period. / *Temporada de ópera,* Opera season.
Temporal. adj. y m. Temporal, wordly, secular (mundano, secular). / Temporary, provisional (por un tiempo definido, provisional). / Temporal, transitory (transitorio). / (Gram.) Temporal. / Storm, tempest (tormenta, tempestad). / (Anat.) Temporal bone. / *Correr el temporal,* (Náut.) To run before a storm.
Temporero, ra. adj. y m., f. Seasonal, temporary. / Seasonal or temporary worker (un trabajador temporero).
Temprano, na. adj. Early. / loc. adv. *Tarde o temprano,* Sooner or later.
Tenacidad. f. Tenacity, firmness, perseverance.
Tenaz. adj. Tenacious (con todas las acepciones de la palabra castellana). / Unyielding, firm (no ceja, firme). / Tenacious, persevering, stubborn (perseverante, porfiado). / (Med.) Persistent (persistente).
Tendencia. f. Tendency (con todas las acepciones de la palabra castellana). / Trend, drift (línea que muestra una inclinación en una estadística, tendencia).
Tender. v. To lay, to lay down (colocar en posición tendida). / To tense, to pull (un arco, una ballesta).
Tendero, ra. m., f. Shopkeeper. / Tentmaker (fabricante de tiendas o carpas).
Tendón. m. Tendon.
Tenedor. m. Holder, bearer. / Owner, possessor (dueño, el que posee). / Fork (para comer). / *Tenedor de libros,* Bookkeeping.
Tener. v. To have. / To possess, to own (poseer, ser dueño de). / To keep (guardar, mantener, mantenerse). / *¿Cuántos años tienes?,* How old are you? / *No se podía tener en pie,* He couldn't keep upon his feet (no podía mantenerse sobre sus pies).
Teniente. adj. y m. Having, holding, owning (el que tiene). / Lieutenant (el grado militar). / *Teniente coronel,* Lieutenant colonel.
Tenis. m. Tennis. / *Campo de tenis,* Tennis court.
Tenor. m. Tenor (de música). / Tenor, tone, drift (de una carta, documento).
Tensión. f. Tension, stress, strain. / Tautness, tightness (estado de estiramiento o tensión de una cuerda, etc.). / (Electr.) Tension, voltage.
Tenso, sa. adj. Tense, tight, taut. / Tense, on edge, strained (del sistema nervioso).
Tentación. f. Temptation.
Tentacular. adj. Tentacular.
Tentáculo. m. Tentacle, feeler.
Tentar. v. To tempt. / To allure, to entice (hechizar, seducir para). / To feel, to touch. / To examine (examinar). / (Med.) To probe.
Teñir. v. To dye, to tint. / To stain (manchar, teñir involuntariamente). / (Artes plásticas) To darken (colores) / (Fig.) To imbue (teñir de intención o tendenciosidad).
Teocracia. f. Theocracy.
Teócrata. m., f. Theocrat.
Teología. f. Theology.

Teólogo, ga. adj. Theological. / m., f. Theologist.

Teorema. m. Theorem.

Teoría. f. Theory. / Theoretics (la teoría, la disciplina de teorizar, el estudio de las teorías).

Teórico, ca. adj. Theoretical, theoretic. / m., f. Theoretician, theorist. / Theory, theoretics (teoría o teórica).

Teorizar. v. To theorize.

Tequila. m. Tequila.

Terapéutica. f. Therapeutics.

Terapia. f. Therapy.

Tercero, ra. adj. y m., f. Third. / (Fig.) Mediator, arbitrator, referee (mediador, arbitrador, árbitro).

Terceto. m. (Mús.) Trio. / (Poesía) Tercet.

Terciopelo. m. Velvet.

Tergiversación. f. Twisting, distortion.

Tergiversar. v. To twist, to distort.

Termal. adj. Thermal. / *Aguas termales,* Hot springs.

Termas. f. pl. Thermal baths, hot springs.

Térmico, ca. adj. Thermic, thermal.

Terminal. adj. Terminal, final, last. / *El enfermo se encuentra en la etapa terminal,* The pacient is in the last stage, in the terminal stage. / Terminal, terminus (de un camino, vía férrea, etc.). / (Electr.) Terminal. / *Terminal aérea,* Air terminal.

Terminar. v. To finish (con todas las acepciones de la palabra castellana). / To end, to terminate, to conclude (finalizar, dar término, concluir). / To close (cerrar -una exposición, temporada, etc.-).

Terminología. f. Terminology.

Termita. f. Termite.

Termo. m. Thermos bottle.

Termodinámica. f. Thermodynamics.

Termómetro m. Thermometer.

Termonuclear. adj. Thermonuclear.

Termostato. m. Thermostat.

Ternero, ra. m., f. Calf. / (Coc.) Veal. / *Chuleta de ternera,* Veal chop.

Ternura. f. Tenderness, love, affection. / Endearment, sweet nothing (ternezas, palabritas amorosas).

Terquedad. f. Obstinacy, stubbornness (obstinación, porfía). / Aloofness, disafeccion (altanería, desamor).

Terráqueo, a. adj. Terrestrial, earthling, terraqueous. / *Globo terráqueo,* Globe, the Earth.

Terrateniente. m., f. Land owner, land holder.

Terraza. f. Terrace, veranda. / Terrace (de agricultura y geología). / Sidewalk café (café al aire libre).

Terremoto. m. Earthquake.

Terrenal. adj. Earthly. / *EL paraíso terrenal,* The earthly paradise. / Worldly of the word (mundano, mundanal). / *Apetencias terrenales,* Worldly wishes.

Terreno, na. adj. y m. Earthly (propio de la tierra o del planeta Tierra). / Worldly, mundane (mundanal, mundano). / Land, ground, terrain (tierra, suelos, terreno). / Piece or lot of land (un terreno, un predio).

Terrestre. adj. Terrestrial, earthly.

Terrible. adj. Terrible (con todas las acepciones de la palabra castellana). / (Fig.) Gruff, bad- tempered (gruñón, de mal carácter).

Terrícola. m., f. Earth dweller, inhabitant of the Earth.

Territorialidad. f. Territoriality.

Territorio. m. Territory, region.

Terrorífico, ca. adj. Terrifying, terrific.

Terrorismo. m. Terrorism.

Terso, sa. adj. Smooth. / Glossy, polished (estilo).

Tertulia. f. Social gathering, get-together (reunión social, junta de amigos). / (Teatr.) Upper gallery. / Gambling room (en un café). / *Estar de tertulia,* To be in an enthusiastical talk.

Tesauro. m. Thesaurus, lexicon.

Tesela. f. Tessera, mosaic, tile.

Tesis. f. Thesis. / Theory, idea (teoría, idea o concepción). / Proposition, dissertation (planteamiento).

Tesitura. f. (Mús.) Tessitura. / Attitude, frame of mind, mood (actitud, esquema mental, estado de ánimo).

Tesón. m. Doggedness. Tenacity, perseverence (tenacidad, perseverancia).

Tesorería. f. Treasury, exchequer. / Treasurer's office, treasurership (la oficina y el cargo de tesorero).

Tesorero, ra. m., f. Treasurer.

Tesoro. m. Treasure. / National or public funds (fondos nacionales o públicos). / Treasury, exchequer (tesorería, hacienda pública). / Thesaurus (cofre del tesoro).

Testado, da. p. adj. Testate.

Testamento. m. Will, testament. / *Nuevo Testamento,* New Testament. / *Testamento cerrado,* (Der.) Sealed will.

Testar. v. To make a will or testament (hacer un testamento). / To erase, to cancel, to obliterate (borrar, cancelar, anular).

Testarudo, da. adj. Obstinate, stubborn. / m., f. Stubborn, hard-headed person.

Testículo. m. Testicle.

Testificación. f. Testification, attestation.

Testificante. adj. Testifying, attesting.

Testificar. v. To testify, to attest. / To bear witness to (presentarse como testigo de).

Testigo. m., f. Witness, attestor.

Testimoniar. v. To testify, to attest, to witness to.

Testimonio. m. Testimony, proof, evidence. / Affidavit. / *Falso testimonio,* Perjury.

Testuz, testudo. m. Forehead (de un animal).

Tétano, tétanos. m. Tetanus, lockjaw.

Tetera. f. Teapot (para poner el té). / Kettle (para hervir el agua). / Nipple (de biberón).

Tetraedro. m. Tetrahedron.

Tetrarca. m. Tetrarch.

Tetrasílabo, ba. adj. Tetrasyllabic. / m. Tetrasyllabe.

Tétrico, ca. adj. Somber, gloomy, sullen.

Textil. adj. Textile.

Texto. m. Text. / *Libro de texto,* Textbook.

Textual. adj. Textual.

Textura. f. Texture, nap. / Weaving (de un tejido). / Texture, structure (textura, estructura).

Tez. f. Complexion of the face. / Colour of the skin.

Ti. pron. You. Yourself (ti mismo). / Thee, thyself (vos, vos mismo -forma arcaica y poética- .). / *Traje esta botella de vino para ti,* I brought this bottle of wine for you. / *Guarda este secreto para ti.* Keep this secret for yourself. / *Gracias, gracias a ti, mi noble amigo,* Thanks, thanks to thee my worthy friend.

Tía. f. Aunt. / *Tía abuela,* Grandaunt.

Tiburón. m. Shark. / *Tiburón blanco,* White shark, man eater shark. / *Tiburón ballena,* Whale shark. / *Tiburón tigre,* Tiger shark.

Tic. m. Tic, nervous twitch.

Tiempo. m. Time (período, lo que duran las cosas). / Times, age, era.

Tienda. f. Shop, store (comercio, establecimiento comerial) / Tent (carpa, tienda de campaña). / Awning, quilt, canvas, covering (toldo, lona para cubrir). / (Med.) Tentormin.

Tierra. m. p. Earth (nuestro planeta). / f. Land (como opuesta al mar). / Ground, earth (como opuesta al aire o a lo espiritual). / Earth, soil (la tierra, el terreno o suelo). / Land, lands (tierra; tierras, propiedades). / Native country, fatherland (país natal, tierra de los padres). /

Land, territory, region (tierra, territorio, región). / (Electr.) Earth, ground.

Tiesto. m. Flowerpot (florero). / Bowl, basin (lavatorio, vasija).

Tifoideo, a. adj. Typhoid, typhoidal. / f. Typhoid fever.

Tigre. m. Tiger. / (Fig.) Jaguar (en América). / (Orn.) Tiger bittern.

Tijera. f. Scissors, shears. / Sawhorse, sawbuck (para aserrar). / Drainage channel or ditch (canal de desagüe). / Brace, strap (de un coche).

Tila. f. Linden, basswood. / Linden flower or blossom (flores y capullo de tilo, para tisana). / Linden flower tea (la tisana).

Tilde. f. Tilde, accent mark.

Tilo. m. Linden, basswood.

Timar. v. To swindle, to cheat.

Timba. f. Gambling house.

Timidez. f. Timidness, shyness, bashfulness.

Tímido, da. adj. Timid, shy, bashful.

Timo. m. Swindle, cheating.

Timón. m. Rudder. / Control stick, joy stick (de avión, de juegos en ordenador, etc.). / Steering wheel (de coche). / Rudder, helm (de embarcación). / Plow beam (de arado). / Whippletree (de carro). / *Timón de profundidad,* (Aer.) Elevator.

Timonel. m. (Náut.) Helmsman, steersman.

Timorato, ta. adj. Timid. chicken-hearted, cowardly.

Tímpano. m. (Mús.) Kettledrum, (pl.) timpani, kettledrums. / (Arq.) Tympanum, tympan. / (Impr.) Tympan. / (Anat.) Tympanum, eardrum. / Head, top (de barril).

Tinaja. f. Large earthen jar.

Tinglado. m. Shed. / Temporary platform (plataforma de quita y pon).

Tinieblas. f. pl. Darkness. / (Fig.) Ignorance.

Tinta. f. Ink. / Tint, dye (tintura, colorante). / Tinting, dyeing (acción de teñir). / (pl.) Hues, colours (elaborados por el pintor o tintorero). / *Tinta china,* Indian ink. / *Tinta de imprenta,* Printer's ink.

Tintar. v. To dye, to tint.

Tinte. m. Dyeing, tinting (acción de teñir). / Hue, tint, color (substancias tintóreas).

Tintero. m. Inkpot, inkwell.

Tintinar, tintinear. v. To jingle, to tingaling (campanillas). / To clink, to chink (vasos, cubiertos, vajillas, etc.).

Tinto, ta. adj. Dyed, colored, tinted. / Red (vino). / Black (café). / m. Red wine (el vino tinto).

Tío. m. Uncle. / (Fam.) Guy, fellow (tipo, un paisano). / *Tío abuelo,* Grand uncle.

Tiovivo. m. Merry-go-round, carrousel.

Típico, ca. adj. Typical, characteristic.

Tipismo. m. Typical quality or condition.

Tiple. adj. Soprano

Tipo. m. Type (con todas las acepciones de la palabra castellana). / Kind, class, standard (clase, filum, etc.).

Tipómetro. m. Type gauge, type measure.

Tira. f. Narrow strip (de papel, género, etc). / (Náut.) Fall. / (pl.) Rags, clothes (trapos, telas). / *Tira cómica,* Comic strip.

Tirada. f. Throw, cast. / Distance, stretch (distancia, tramo). / Scries, group (de cosas o sucesos que surgen de una sola vez). / (Impr.) Printing, number of copies printed, edition.

Tiralíneas. m. Ruling pen.

Tiranizar. v. To tyrannize.

Tirano, na. adj. Tyrannical, tyrannous. / m., f. Tyrant.

Tirante. adj. y m. Tense, taut, tight. / Stretched, drawn, pulled (estirado, jalado). / Tense, strained (estado nervioso, relaciones, etc.). / Trace (de arnés). / (pl.) Suspenders, braces (tirantes de pantalón).

Tirar. v. To throw. / To fling (con una honda. etc.). / To hurl (arrojar con fuerzas). / To cast (lanzar, emitir, arrojar). / To cast away (las ropas, la vergüenza, etc.). / To squander, to waste (dinero). / To shoot, to fire (disparar). / To draw (una línea). / To draw down, to demolish (edificios). / (Impr.) To print, to reproduce.

Tiritar. v. To shiver.

Tiroides. m. Thyroid.

Tirón. m. Jerk, tug, pull. / *De un tirón,* At once, at a stretch, with one stroke.

Tirotear. v. To fire at.

Tiroteo. m. Firing, shooting. / Skirmish (escaramuza).

Tirria. f. Dislike, grudge, aversion.

Tisana. f. Tisane, infusion, tea.

Tísico, ca. adj. Tubercular, phthisical. / m., f. Consumptive. Tubercular patient.

Tisis. f. Tuberculosis, consumption, phthisis.

Titán. m. Titan.

Títere. m. Puppet, marionette. / (pl.) Puppet show, marionettes. / (Fig.) Puppet, tool.

Titiritero, ra. m., f. Puppeteer. / (Por extensión) Acrobat, juggler (acróbata, malabarista).

Titubear. v. To waver, to hesitate (estar indeciso, dudar). / To stagger, to totter (vacilar, tambalearse). / To stammer (hablar de forma titubeante).

Titubeo. m. Wavering, hesitation (ante una decisión). / Stammering (al hablar).

Título. m. Title. / Name, sobriquet (nombre, apodo). / Headline, caption, heading (título de un texto, titular de periódico, etc.). / Section (títulos o artículos dentro de un texto legal). / (Der., com.) Certificate, bond, title. / Diploma (título académico). / (pl.) Qualifications. / (Fig.) Right, reason. / *¿A título de qué me detiene usted?,* On what right are you stopping me?.

Tiza. f. Chalk.

Tizón. m. Firebrand, half-burned log. / Bunt, wheat smut (enfermedad de ciertas plantas).

Toalla. f. Towel. / *Toalla sanitaria, toalla higiénica,* Sanitary napkin.

Tobillo. m. Ankle.

Tobogán. m. Toboggan, sledge, sled. / Slide, chute (deslizadero, caída).

Tocadiscos. m. Record player, gramophone.

Tocado, da. p. adj. y m. Touched. / Loony (lunático, en jerga juvenil).

Tocar. v. To touch, to fed. / To touch, to graze, to come into contact with. / To touch upon, to make reference to (tocar un asunto, hacer referencia a). / To play (un instrumento musical). / To sound (alarma, clarines, sirena, etc.). / To strike (un gong). / To ring, to toll (campanilla o campana).

Tocayo, ya. m., f. Namesake.

Tocino. m. Bacon, salt pork. / Lard, fat (grasa).

Tocología. f. Tocology, obstetrics.

Todavía. adv. Still (con todas las acepciones de la palabra castellana). / Yet (se usa más en frases negativas o con sentido de "aunque").

Todo, a. adj. All, whole (todo, el total, enteramente). / All, every (todos, todas, cada.)

Todopoderoso, sa. adj. y m. All-powerful, almighty. / *El Todopoderoso,* The Almighty, God.

Toga. f. Toga, gown.

Toldo. m. Awning, tent. / Tarpaulin (Tela para hacer toldos). / Quilt, awning (coche, embarcación, etcétera).

Tolerar. v. To tolerate (con todas las acepciones que tiene la palabra en lengua castellana). / To suffer, to endure (soportar, resistir). / To tolerate. To allow, to permit (admitir).

Tolteca. adj. y m., f. Toltec.

Tomar. v. To take (con todas las acepciones de la palabra castellana). / To hold of, to seize, to grip (sostener, coger, agarrar). / To take, to catch (un tren, bus, etc.) / To take, to take up, to occupy (tiempo). / To take, to seize, to occupy (fortaleza, etc.). / To have (un trago, la cena, etc.). / To take, to have (un baño, una clase, etc.). / To take, to adopt (medidas, precauciones, libertades etc.).

Tomate. m. Tomato.

Tómbola. f. Tombola, charity raffle, fair.

Tomillo. m. Thyme. / *Tomillo blanco,* White sage.

Tomo. m. Volume, tome.

Tonalidad. f. Tonality.

Tonel. m. Cask, barrel. / (Aer.) Roll.

Tonelada. f. Ton.

Tonelaje. m. Tonnage. / (Com.) Tonnage dues.

Tónico, ca. adj. Tonic, invigorating. / Tonic (de música y fonética). / m. Tonic (un reconstituyente).

Tonificación. f. Strengthening, invigorating.

Tonificar. v. To invigorate, to strengthen, to tone up.

Tono. m. Tone (con todas las acepciones de la palabra castellana). / Tone, hue, shade (de pintura y artes visuales). / (Med., fisiol.) Tone. / (Mús.) Tone (intervalo). / *De buen tono,* Elegant, stylish.

Tontear. v. To talk nonsense, to act foolishly. / To flirt.

Tonto, ta. adj. Silly, foolish, stupid. / *A tontas y a locas,* Haphazardly, at random. / m., f. Fool, dolt. / *Hacerse el tonto,* To pretend not to understand.

Topacio. m. Topaz.

Tópico, ca. adj. Topical, local. / m. Topic, subject (asunto, tema a tratar). / Topic, general principle, commonplace (principio general, lugar común).

Topo. m. Mole (el animal). / (Fig.) Dunce, dolt (incauto, atolondrado). / *Más ciego que un topo,* As blind as a bat (Ciego como un murciélago).

Topografía. f. Topography.

Torácico, ca. adj. Thoracic.

Tórax. m. Thorax.

Torcedura. f. Twisting twist.

Torcer. v. To twist. / To wind (enroscar, enrollar). / To wrench (hacer girar una tuerca, doblar un objeto usando un instrumento).

Torcido, da. p. adj. Crooked, twisted, bent. / Winding, twisting, tortuous (sinuoso, con vueltas, tortuoso camino, un río, etc.). / (Fig.) Dishonest, crooked (deshonesto).

Toreador, torero. m. Toreador, bullfighter.

Torear. v. To fight bulls in the ring. / To annoy, to pester (enojar, fastidiar, importunar).

Toreo. m. Bullfighting.

Tormenta. f. Storm, tempest.

Tornado. m. Tornado, hurricane.

Tornar. v. To return, to give back. / To restore (restaurar, devolver). / To turn (volver, dar vuelta). / *Tornar la espalda,* To turn one's back. / To return, to come back, to go back (regresar, irse de regreso). / To change into, to turn into (volverse, convertirse en).

Torneo. m. Tournament, tilt, tourney (justa, torneo medieval). / Contest, competition, tournament (competencia, certamen, torneo deportivo).

Tornillo. m. Screw.

Toro. m. Bull. / (Astron.) Taurus. / Torus (moldura).

Torpe. adj. y m., f. Clumsy, awkward. / Dull, slow, dimwitted (bobalicón). / Ugly, crude (feo, burdo).

Torpedo. m. (Ict.) Torpedo fish, electric ray. / (Náut.) Torpedo.

Torpeza. f. Clumsiness, awkwardness. / Slowness, dullness, dimness, stupidity (lentitud mental, lerdidud, estupidez). / Rudeness, ugliness (rudeza, fealdad).

Torre. f. Tower. / Steeple (de iglesia). / (Náut., Mil.) Turret / Castle, rook (de ajedrez).

Torrencial. adj. Torrential. / (Fig.) Overwhelming (abrumador).

Torreón. m. Large fortified tower.

Torreta. f. Turret (de carro blindado).

Tórrido, da. adj. Torrid ardent.

Torso. m. Torso. / *Estar con el torso desnudo,* To be stripped to the waist.

Torta. f. Cake.

Tortícolis. f. Torticollis, wryneck.

Tortilla. f. Omelet. / Tortilla (de harina, panecillo plano). / *Hacer tortilla a,* To flatten, to smash. / *Volverse la tortilla,* To overturn the whole situation.

Tortuga. f. Turtle, tortoise. / (Mil.) Testudo.

Tortuoso, sa. adj. Winding, tortuous, sinuous. / (Fig.) Tortuous, devious (tortuoso, desviado).

Tortura. f. Torture, torment.

Torturar. v. To torture, to torment.

Tos. f. Cough. / Coughing (el acto de toser). / *Tos convulsiva, Tosferina,* Whooping cough.

Toser. v. To cough.

Tostada. f. Slice oftoast.

Tostar. v. To roast, to toast. / To tan the skin (el sol).

Total. adj. Total, complete, absolute, whole. / m. Total sum, total, whole, totality (suma total, la totalidad).

Totalidad. f. Totality, whole.

Totalitario, ria. adj. Totalitarian.

Toxicidad. f. Toxicity.

Tóxico, ca. adj. Toxic.

Toxicología. f. Toxicology.

Toxicomanía. f. Drug addiction, toxicomania.

Toxicómano, na. adj. y m., f. Drug addict.

Toxina. f. Toxin.

Tozudo, da. adj. Stubborn, obstinate, pigheaded.

Trabajador, ra. adj. Hardworking, industrious. / Working. / *La clase trabajadora,* The working class / m., f. Worker, laborer. / *Trabajador calificado,* Skilled worker. / (Orn.) Heron. (N. cient.) Ixobrychus exilis.

Trabajar. v. To work (con todas las acepciones de la palabra castellana). / To shape, to form, to make (dar forma, formar, hacer). / To work, to till (el suelo). / To work, to be employed (trabajar en, estar empleado en).

Trabajo. m. Work, labor, toil. / Job, chore, task (un trabajo o empleo, un quehacer, una tarea). / Employment, position, post (empleo, colocación, puesto).

Traca. f. String of firecrackers. / (Náut.) Strake.

Tracción. f. Traction, pulling, drive. / (Mec.) Tension. / *Tracción trasera,* Rear drive.

Tractor. m. Tractor, traction engine. / *Tractor de orugas,* Caterpillar tractor.

Tradición. f. Tradition.

Tradicional. adj. Traditional.

Traducir. v. To translate. / To change, to convert, to transform (cambiar en, transformar en). / To express (expresar). / *Sus ojos traducían su estado psicológico,* Her eyes expressed her psichological condition.

Traer. v. To bring. / To bring about, to cause, to occasion (traer consigo, causar, ocasionar). / To wear (traer puesto, llevar). / *Traes un bonito vestido,* You are wearing a pretty dress.

Traficar. v. To traffic, to deal. / To travel, to journey, to go about (viajar, hacer giras, andar en quehaceres).

Tráfico. m. Traffic, trade, commerce. / Traffic (movimiento de vehículos).

Tragaluz. m. Skylight, transom.
Tragar. v. To swallow, to gobble, to gulp down. / To engulf (las tinieblas, el abismo, las aguas, etc.). / (Fig.) To swallow, to believe (tragarse una historia, creer). / To put up with, to tolerate. / *No puedo tragar a ese tipo,* I cannot tolerate that guy. I can't stand that guy.
Tragedia. f. Tragedy.
Trágico, ca. ad Tragic. / m., f. Tragedian (hombre). Tragedienne (mujer).
Tragicomedia. f. Tragicomedy.
Trago. m. Drink. / Draught (la acción de tragar). / (Fam.) Drinking. / *A él le gusta el trago,* He likes drinking. / *Tomar un trago,* To have a drink.
Traición. f. Treachery. / Treason, act of treason. / *Alta traición,* High treason, treacherously.
Traicionar. v. To betray.
Traidor, ra. adj. Treasonous traitorous. / Treacherous, perfidious, false (traicionero, pérfido, falso). / m., f. Traitor, traitress (un traidor, una traidora).
Traje. m. Dress, costume. / Suit, gown (un traje, un vestido). / *En traje de Adán,* Naked. / *Traje de baño,* Bathing suit. / *Traje de etiqueta,* Full dress.
Trama. f. Weft, woof. / Plot, scheme, stratagem (intriga, ardid, estratagema). / Plot (de una obra literaria). / Screen line, screen shade (usada en fotograbado).
Tramar. v. To weave (tela). / To hatch, to weave (un ardid, una intriga).
Tramitar. v. To carry through.
Trámite. m. Procedure, formalities. / Step (en negociación). / (pl.) Negotiations, formfilling (negociaciones, papeleos burocráticos).
Tramo. m. Section, span, stretch (de un camino, etc.). / Flight (de escala). / (Fig.) Passage (de un escrito). / (Arq.) Panel.
Tramoya. f. Stage machinery (de teatro). / Trick, scheme (triquiñuela, artimaña).
Trampa. f. Trap, snare, pitfall. / (Fig.) Trap, trick (celada, triquiñuela). / Cheating (engaño). / Trap door (puerta trampa). / *Armar una trampa a,* To lay atrap for. / *Caer en la trampa,* To fall into the trap.
Trampolín. m. Springboard. / Diving boald, trampoline (para saltar al agua). / (Fig.) Spring-board, stepping stone (para conseguir algo).
Trancar. v. To put a bar across (una puerta). / To obstruct, to stand in the way of, to stop (obstruir, salir al paso, taponear).
Tranquilidad. f. Tranquility. / Peace, calm, serenity, ease of mind (paz, calma, serenidad).
Tranquilizante. adj. Tranquilizing, reassuring.
Tranquilizar. v. To tranquilize (con todas las acepciones de la palabra castellana). / To calm, to quiet down (calmar, devolver la quietud).
Tranquilo, la. adj. Tranquil, calm, quiet. / Peaceful (apacible). / Reassured (tranquilizado, reconfortado).
Transacción. f. Transaction, negotiation. / Settlement, agreement, compromise (acción de fijar términos, acuerdo, compromiso).
Transbordador, ra. m., f. Ferry boat, ferry, transporter bridge.
Transcurrir. v. To pass, to go by, to elapse.
Transcurso. m. Course, passage (del tiempo).
Transferencia. f. Transference, transfer.
Transferir. v. To transfer. / To defer, to postpone (postponer). / (Der.) To transfer. To convey, to cede (conceder transferencia, traspasar, ceder).
Transfigurar. v. To transfigure.
Transformación. f. Transformation.
Transformar. v. To transform.

Transfusión. f. Transfusión.
Transgresión. f. Transgression, violation.
Transición. f. Transition.
Transigencia. f. Tolerance. Open mindness.
Transigir. v. To accept. / To give in (ceder en una opinión o actitud). / *Transigir con,* To agree to, to tolerate.
Transitar. v. To travel, to journey, to pass.
Transitivo, va. adj. Transitive.
Tránsito. m. Transit (con todas las acepciones de la palabra castellana). / Movement, passage (movimiento, paso). / Traffic (movimiento de mercancías o vehículos). / Change, transition, transit (cambio, transición, tránsito de un estado a otro).
Transmisión. f. Transmission. / Signal, broadcasting (señal, emisión de radio). / *Transmisión delantera,* Front-wheel drive. / *Transmisión de pensamiento,* Thought transference, telepathy.
Transmitir. v. To transmit. / To broadcast (radio, TV, etc.). / (Der.) To cede.
Transparencia. f. Transparency, Transparence. / (Fotogr.) Transparency, slide.
Transparente. adj. Transparent, translucid. / (Fig.) Clear, apparent (claro, evidente).
Transpiración. f. Perspiration, sweating. / Transpiration, exudation (lo que se transpira o rezuma).
Transpirar. v. To perspire, to sweat (sudar). / To transpire, to exude (exudar, rezumar).
Transportar. v. To transport, to convey, to carry. / (Mús.) To transpose.
Transporte. m. Transport, transportation, conveyance. / Transmission (de electricidad). / Transport, transport ship (un transporte, un buque de transporte). / *Transporte fluvial,* River transportation, river shipping. / (Fig.) Transport, rapture, ecstasy (transporte emotivo, rapto, éxtasis).
Transversal. adj. Transversa, transverse. / Cross (una calle, una viga, etc.).
Tranvía. f. Trolley car, tramway, tram.
Trapecio. m. Trapeze (de acróbata). / (Geom.) Trapezium. / (Anat.) Trapezium (el hueso). Trapezius (el músculo triangular).
Trapecista. m. f. Trapeze artist.
Trapero, ra. m., f. Ragpicker, rag dealer. / Floor mop (para el suelo).
Trapezoide. adj. y m. Trapezoid.
Trapo. m. Rag, tatter. / Sails (de un velero). / Muleta, smaller cape (en tauromaquia). / (pl.) Women's clothes, rags. / *A todo trapo,* (Náut.) At full sail.
Tráquea. f. Trachea, windpipe.
Traqueotomía. f. Tracheotomy.
Traquetear. v. To shake, to jolt, to jerk. / To clatter, to rattle (máquinas, vehículos). / To crack, to band (leña, fuegos artificiales).
Traqueteo. m. Clattering, rattling, banging (vehículos, máquinas, cohetes, etc.). / Shaking, jolting, jerking (personas, animales).
Tras. prep. After, behind. / In search of, in pursuit of (ir tras de, en busca de, en persecución de).
Trascendencia. f. Importance, consequence. / (Fil., teología) Transcendence.
Trascendente. adj. Transcendent, of great importance. / (Mat.) Transcendental. / (Fil.) Transcendent.
Trascender. v. To become known, to come out (saberse, salir a la luz pública). / To smell strong, to have a strong smell (tener un olor fuerte).
Trasero, ra. adj. Back, rear. / m. Rump, buttocks behind (el trasero, las nalgas, el posterior).
Trasladar. v. To transfer, to move. / To translate (traducir texto a otro idioma). / To copy, to transcribe (co-

piar, transcribir). / Trasladarse, To move, to change residence.

Traslado. m. Transfer, move. / Moving, change (de residencia, etc.).

Traslúcido, da. adj. Translucent.

Trasluz. m. Light seen through a transparent body. / *Al trasluz,* Against the light.

Trasnochar. v. To spend the night without sleeping. / To stay up late, to keep late hours (quedarse en pie hasta tarde, velar en horas tardías). / To spend the night (pasar la noche).

Traspasar. v. To pierce (con un objeto punzante). / To transfix, to run through (clavar, pasar a través). / To transfer, to make over (posesiones, derechos, etc.). / To sell (vender). / To cross, to go across (cruzar, ir a través). / (Der.) To break, to violate. / To exceed, to go beyond (exceder, ir más allá de una marca, una barrera, etc.). / To go too far (ir demasiado lejos). / To go beyond the limits (traspasar los límites).

Trasplantar. v. To transplant. / *Trasplantarse,* (Fig.) To settle in another country, to migrate.

Trasplante. m. Transplantation, transplanting.

Trasquilar. v. To shear (ovejas). / To clip (perros). / Toa crop (pelo). / (Fam.) To cut down, to lessen, to curtail (recortar, aminorar).

Trastada. f. Dirty trick.

Traste. m. (Mús.) Fret (en guitarra, etc.). / Object, thing, whatnot (cosas, cachivaches). / (pl.) (Fam.) House-wares, old furniture. / Behind, bottom, backside (el traste, el trasero, las asentaderas). / *Dar al traste con,* To spoil, to wreck, to discard.

Trastienda. f. Back room.

Trasto. m. Piece of furniture (mueble). / Household utensil (utensilio doméstico). / Junk (cosas que se guardan nadie sabe por qué). / *Trastos de cocina,* Kitchenware.

Trastocar. v. To disturb, to disarrange (perturbar, desordenar). / *Trastocarse,* To go out of one's mind, to go mad (volverse loco).

Trastornar. v. To turn upside down, to disorganize, to disarrange (revolverlo todo, desorganizar, desordenar). / To upset, to disturb, to perturb (angustiar, disturbar, perturbar). / To turn mad (volverse loco).

Trastorno. m. Upheaval, disturbance, confusion. / (Med.) Disorder, complication.

Tratado. m. Treaty (pacto, alianza). / Treatise (estudio, exposición científica).

Tratamiento. m. Treatment (con todas las acepciones de la palabra castellana). / (Ciencias e industria) Treatment, process (tratamiento de materiales, procesamiento). / Style, title, form of address (estilo, título, manera de dirigirse a una persona).

Tratante. m. Dealer, trader. / *Tratante de blancas,* White slaver, white slave trader (Fig.) Proxenet, procurer (proxeneta, agente de prostitución).

Tratar. v. To treat. / (Quím., industria) To treat (una substancia o materia prima). To subject (someter a proceso industrial). / To address as, to give the title of (dirigirse o tratar a alguien como, dar el título de). / **Trato.** m. Treatment. / (pl.) Dealings, negotiations (acuerdos o gestiones, negociaciones). / Manner, way of behaving (modales, manera de portarse).

Trauma. m. Trauma.

Traumatismo. m. Traumatism.

Travesaño. m. Crosspiece, crossbar. / Sleeper, tie, crosstie (durmiente de ferrocarril).

Travesía. f. Voyage, crossing. / Distance from one place to another (distancia de un lugar a otro). / Waterless stretch of land (tramo de tierra en que no hay

agua). / (Náut.) Side wind, cross-wind (el viento). / (Náut.) Sailor's pay for each voyage (paga del tripulante por viaje).

Travesura. f. Prank, mischief.

Travieso, sa. adj. Lively, merry, frolicking (vivaz, alegre, que hace travesuras simpáticas). / Mischievous, roguish (malicioso, truhanesco). / Cross, transverse (atravesado, transversal). / *A campo través,* Cross country.

Trayecto. m. Way, road, journey. / Distance, stretch (distancia, tramo de un recorrido).

Trayectoria. f. Trayectory. / Path, course (senda, curso de un proyectil, un río, una vida, etc.).

Trazar. v. To draw (líneas, ángulos, planos, etc.). / To plot, to trace (una ruta, una partición de tierras, etc.). / To plan, to design (planear, planificar). / To describe, to outline, to sketch (describir, delinear, bocetar).

Trazo. m. Line, stroke. / Outline. / Fold in drapery. / *Al trazo,* drawn in outline.

Trébol. m. Clover, trefoil. / (Arq.) Trefoil. / Club (de naipes). / *Trébol de olor,* Sweet clover, meliot

Trecho. m. Stretch, distance. / Period (de tiempo). / *A trechos,* At intervals. / *De trecho en trecho,* From time to time, from place to place (de tiempo en tiempo, de lugar en lugar).

Tregua. f. Truce, temporary cessation of hostilities. / Rest, respite (descanso, respiro).

Tremendo, da. adj. Tremendous (con todas las accpciones de la palabra castellana). / Dreadful, terrible (impresionante, terrorífico). / (Fam.) Tremendous. Imposing, awful (imponente, sobrecogedor).

Tren. m. Train (serie de vehículos, piezas de un mecanismo, animales de carga, etc.). / Equipment, gear (equipo, aparejos). / Train (ferrocarril). / Show, ostentation (aparato, ostentación).

Trenza. f. Plaid, braid. / Tress (de cabellos).

Trenzado. m. Braid, plait. / Entrechat (en ballet). / Prance, caper (de un caballo).

Trenzar. v. To braid, to plait. / To perform an entrechat (en ballet). / To prance, to caper (un caballo). / *Trenzarse en,* To come to blows, to get in a fight.

Trepadera. f. Climbing gear.

Trepador, ra. adj. y f. Climbing. / Climbing gear (para subir postes o árboles). / (Orn.) Climber, creeper. / (Bot.) Creeper, climbing vine. / (pl.) Climbing irons (espuelas de trepador).

Trepanación. f. Trepanation.

Trepanar. v. To trepan.

Trepar. v. To climb, to mount. / To creep (una enredadera). / To escalade (un cerro, un acantilado).

Trepidación. f. Trepidation. Vibration, trembling.

Trepidante. adj. Shaking, vibrating, trembling.

Tres. adj., núm. y m. Three. / Third (en fechas).

Trescientos, tas. adj., núm. y m. Three-hundred.

Treta. f. Trick, ruse, stratagem, scheme.

Triangular. adj. Triangular. / v. To triangulate.

Triángulo, la. adj. Triangular. / m. Triangle.

Tribal. adj. Tribal.

Tribu. f. Tribe.

Tribulación. f. Tribulation.

Tribuna. f. Tribune, rostrum, platform.

Tribunal. m. Court, tribunal. / Board of examiners or judges. / *Tribunal de apelación,* Court of appeal.

Tributable. adj. Tributable.

Tributación. f. Paying of taxes (el acto de pagar impuestos).

Tributar. v. To pay (impuestos). / To pay, to render, to offer (homenaje, respeto, admiración).

Tributo. m. Tribute, tax.
Tríceps. adj. Tricipital. / m. Triceps.
Triciclo. m. Tricycle.
Tricolor. adj. Tricolor, tricolored. / m., f. Tricolor, three-colored flag (el tricolor, la bandera tricolor).
Tricornio. adj. Three-horned, three-cornered. / m. Tricorn, three cornered hat.
Tricotar. v. To knit.
Tridente. m. Trident.
Tridimensional. adj. Three-dimensional.
Trifásico, ca. adj. Three-phase.
Trifulca. f. Bellows mechanism (de fundición). / (Fam.) Quarrel, squabble, fight (pendencia, reyerta).
Trigémino, na. Trigeminal.
Trigésimo, ma. adj. Thirtieth.
Trigo. m. Wheat.
Trigonometría. f. Trigonometry.
Trigonométrico, ca. adj. Trigonometrical, trigonometric.
Trigueño, ña. adj. Olive-skinned, dark-complexioned (la tez). / Brunet, brunette (el cabello).
Trilogía. f. Trilogy.
Trilla. f. Threshing.
Trillado, da. p. adj. Beaten, well-worn (una senda). / Trite, hackneyed, commonplace (una idea).
Trillar. v. To thresh. / (Fam.) To overuse, to talk in commonplaces.
Trillizo, za. adj. y m., f. Triplet.
Trillo. m. Narrow path.
Trillón. núm. y m. One billion billions.
Trimensual. adj. Three times a month (tres veces por mes). / Every three months (cada tres meses).
Trimestral. adj. Trimestral, trimestrial, quarterly. / *Revista trimestral,* Quarterly review.
Trimestre. m. Trimester, quarter.
Trinar. v. To trill, to warble. / *Trinar de rabia,* To get furious, to fume.
Trinchar. v. To slice, to carve.
Trinchera. f. Trench (con todas las acepciones de la palabra castellana). / Ditch (foso). / Trench coat (casaca). / *Guerra de trincheras,* Trench war, trench warfare.
Trineo. m. Sleigh, sledge, sled.
Trinidad. f. Trinity.
Trino, na. adj. Threefold, trine, ternary. / m. (Astrol.) Trine. / (Mús.) Trill, trilling (de voz). / Warbling (de pájaros).
Trinquete. m. (Naút.) Foresail (la vela). / Foremast (el mástil). / (Mec.) Pawl, ratchet.
Trío. m. Trio. / Set of three, group of three performers (equipo de a tres, grupo de tres para hacer algo entre ellos). / (Mús.) Trio, composition for three voices or instruments (composición para tres voces o instrumentos).
Tripa. f. Gut, intestine. / (pl.)Insides, innards (interiores, entrañas). / (Coc.) Tripe.
Tripartito, ta. adj. Tripartite.
Triple. adj. Triple, treble.
Triplicado. adj. Triplicate, threefold. / *Por triplicado,* In triplicate.
Triplicar. v. To triple, to treble, to triplicate.
Trípode. m. Tripod.
Tríptico, ca. adj. y m. Tryptic, triptych.
Tripulación. f. Crew.
Tripulante. m., f. Crew member, (pl.) crew.
Tripular. v. To man.
Triquiñuela. f. Trick. / (pl.)Tickery. Underhand dealing (acuerdo bajo cuerdas).

Trisílabo, ba. adj. Trisyllabic. / m., f. Trisyllable.
Triste. adj. Sad, sorrowful. / Melancholy, dismal (melancólico, desanimado). / Miserable, wretched (lastimoso, a maltraer). / Sorry, sorry-looking (que inspira tristeza).
Tristemente. adv. Sadly, regrettably.
Tristeza. f. Sadness, sorrow. / Murrain, melancholy (morriña, melancolía, nostalgia).
Tritón. m. (Zool.) Triton, newt. / (Fís.) Triton.
Trituración. f. Crushing, grinding, trituration.
Triturador, ra. adj. Crushing grinding, triturating. / f. Grinder, crusher, triturator. / (Cocina) Electric mixer.
Triturar. v. To grind, to crush, to triturate. / To chew (masticar). / To beat to a pulp (reducir a pulpa golpeando). / To pull to pieces (hacer pedazos).
Triunfador, ra. adj. Triumphant, victorious. / m., f. Triumpher, victor.
Triunfal. adj. Triumphal.
Triunfalmente. adv. Triumphantly.
Triunfar. v. To triumph, to win. / To be successful (tener éxito). / *Triunfar sobre,* To overcome.
Triunfo. m. Triumph, victory. / Success (éxito). / *Costar un triunfo,* To demand a tremendous effort.
Trivial. adj. Trivial. / Unimportant.
Trivialidad. f.Triviality. / Trite remark, platitude (una expresión trivial, una perogrullada).
Trivialmente. adv. Trivially, tritely.
Trocar. v. To exchange. To harter. / To change, to alter, to convert (cambiar, alterar, convertir en).
Trofeo. m. Trophy.
Troglodita. adj. y m. Troglodytic. / (Fig.) Troglodytic, brutal, cruel.
Trolebús. m. Trolley bus.
Tromba. f. Water spout.
Trombo. m. Thrombus.
Trombocito. m. Thrombocyte, platelet.
Tromboflebitis. f. Thrombophlebitis.
Trombón. m. Trombone (el instrumento). / Trombonist (el ejecutante).
Trombosis. f. Thrombosis.
Trompa. f. (Mús.) Hotn. / Trunk (de elefante). / (Entom.) Proboscis. / (Mús.) Horn player.
Trompazo. m. Hard blow or punch (trompada, puñetazo). / Blow given with a horn or trumpet (toque fuerte dado por un corno o trompeta).
Trompeta. f. rumpet, clarion (el instrumento). / Trumpeter (el intérprete).
Tronco. m. Trunk (con todas las acepciones de la palabra castellana). / Stem, stalk, origin (brote, tallo, origen). / Log (de árbol). / (Geom.) Frustum. / Pair, team (de bestias de tiro). / *Dormir como tronco,* To sleep as a log.
Trono. m. Throne. / (Fig.) The sovereign, the king (el soberano, el rey).
Tropa. f. Troop (con todas las acepciones de la palabra castellana). / Group, crowd, band (grupo, multitud, banda). / Soldiers, army, troops (soldados, ejército, tropas). / (pl.) Troops. / Caravan (de animales o vehículos).
Tropel. m. Throng, crowd, multitude.
Tropelía. f. Outrage, abuse.
Tropezar. v To stumble. / To slip, to slip into error (resbalar, deslizarse al error). / *Tropezarse con,* To stumble against. / To knock one foot against another (tropezar enredando un pie en el otro).
Tropezón, na. adj. y m., f. Stumbling. / Obstacle, stumbling, block (obstáculo, tropiezo, bloqueo). / *A tropezones,* By fits and starts.

Tropical. adj. Tropical.
Trópico, ca. adj. Tropical, figurate.
Tropiezo. m. Obstacle, stumbling block. / (Fig.) Difficulty, slip, error (dificultad, resbalón, error).
Troquel. m. Die.
Troquelar. v. To coin, to stamp.
Trotamundos. m., f. Globetrotter, rover, wanderer.
Trotar. v. To trot. / To jog.
Trote. m. Trot. / Jogging (el deporte).
Trotón, na. adj. y m., f. Trotting horse.
Trozo. m. Piece, bit, fragment. / Selection, excerpt, passage, extract (de un libro, música, autor, etc.) / (Naút.) Detail (de la tripulación de un barco).
Trucar. v. To perform tricks. / (Fotogr., cinem., TV) To produce special effects.
Truco. m. Trick, device.
Truculencia. f. Truculence, ferocity.
Truculento, ta. adj. ruculent, ferocious. / (Irónicamente) Bombastic.
Trucha. f. Trout. / (Mec.) Threelegged derrick, crab. / *Trucha arcoiris,* Rainbow trout. / *Trucha de mar,* Sea trout, scorpion fish.
Trueno. m. Thunder, thunderclap.
Trueque. m. Barter, exchange.
Trufa. f. (Bot.) Truffle.
Truhán, na. adj. Crooked, knavish, rascally. / m., f. Trickster, knave, rascal.
Truncado, da. p. adj. Truncate, truncated.
Truncar. v. To truncate. / To mutilate (mutilar). / (Fig.) To leave unfinished (dejar inconcluso).
Tú. pron. You. / Thou (forma arcaica y poética).
Tu, tus. adj. Your. / Thy (forma arcaica y poética).
Tuba. f. Tuba.
Tubérculo. m. (Bot.) Tuber, tubercle. / (Anat., med.) Tubercle.
Tuberculosis. f. Tuberculosis.
Tuberculoso, sa. adj. Tuberculous, tubercular. / Tubercular patient, tubercular.
Tubería. f. Pipes, tubing. / Pipeline, pipe system (cañerías, sistema de tuberías).
Tubo. m. Tube, pipe. / (Fís., Radio) Valve, tube (válvula, tubo al vacío). / (Anat.) Duct, canal. / Lamp chimney (de lámpara).
Tubulado, da. adj. Tubulate.
Tubular. v. Tubular, tubeshaped.
Tucán. m. Toucan.
Tuerca. f. Nut.
Tuerto, ta. adj. y m., f. One-eyed. / One-eyed person (un tuerto).
Tuétano. m. Marrow.
Tufo. m. Fume, vapour. / Foul smell, bad breath (mal olor, mal aliento). / (Geol.) Tufa.
Tugurio. m. Hovel, shack, shepherd's hut. / Small room hole (cuartucho, covacha). / Joint, pad (expresiones en jerga neoyorquina).
Tul. m. Tulle, fine sheer net.
Tulipán. m. Tulip (la planta y la flor).
Tullido, da. p. adj. y m., f. Crippled, disabled.
Tullimiento. m. Disablement, crippled condition.
Tullir. v. To cripple, to disable, to maim, to paralyze.
Tumba. f. Grave, tomb. / Felling (de árboles). / Drum, bongo (tambor tropical).
Tumbar. v. To knock down, to overthrow (derribar de un puñetazo, derribar -un gobierno una posición, una creencia-). / To lie down, to go to bed (echarse, irse a la cama).
Tumefacto, ta. adj. Tumid, swollen.

Tumor. m. Tumour. / Swelling, protuberance (hinchazón, protuberancia).
Tumoral. adj. Tumour-like (que parece tumor). / Pertaining to tumours (relativo a los tumores).
Túmulo. m. Tumulus, grave mound, barrow.
Tumulto. m. Tumult, uproar, commotion. Mob (muchedumbre de gente).
Tumultuoso, sa. adj. Tumultuous.
Tuna. f. Tuna, prickly pear, Indian fig (fruta y planta). / Idle, vagrant life, bumming (ocio, vida de holganza, vagabundeo). / Group of student serenaders (grupo musical de estudiantes).
Tunda. f. Beating, thrashing.
Tundra. f. Tundra.
Tunear. v. To be a rogue or rascal, to lead a vagrant life.
Túnel. m. Tunnel.
Túnica. f. Tunic. Robe, gown. / (Anat., bot., zool.) Tunic, tunica.
Tupé. m. upian. / m., f. Tupi, Tupian Indian. / Tupian (el lenguaje).
Tupido, da. p. adj. Dense, thick, compact. / Thick, obtuse, dense (la inteligencia, la capacidad de entender). / Blocked up (un tubo o conducto).
Tupir. v. To block up, to obstruct, to choke (un conducto o tubo). / *Tupirse,* To become sluggish, to become slow-thinking (ponerse lerdo de entenderas).
Turbación, turbamiento. m. Disturbance, confusion, embarrassment. / Disorder (desorden).
Turbador, ra. adj. Disturbing, disquieting, perturbing. / m., f. Disturber, perturber.
Turbante. m. Turban, headdress.
Turbar. v. To confuse, to embarrass. / To disturb, to upset, to worry (perturbar, causar molestia o preocupación). / *Turbarse,* To get disturbed, to get confused or embarrassed.
Turbera. f. Peat bog, peat moss.
Turbiedad, turbleza. f. Cloudiness, turbidness, muddiness. / (Fig.) Confusion.
Turbina. f. Turbine.
Turborreactor. m. Turbojet.
Turbulencia. f. Turbulence (con todas las acepciones de la palabra castellana). / Storminess (tempestuosidad). / (Meteorol.) Turbulence.
Turbulento, ta. adj. urbulent
Turco, ca. adj. Turkish. / (Filol.) Turkic. / m., f. Turk. Turkish (el idioma).
Turgencia. f. Turgidity, turgescence. / Swelling, tumefaction (hinchazón, tumefacción).
Turismo. m. Tourism. / Touring (la acción de ir de turismo una persona).
Turista. adj. y m., f. Tourist.
Turmalina. f. Tourmaline.
Turnar. v. To take turns, to alternate.
Turno. m. urn, shift. / *En su turno,* At one's turn. / *De turno,* On duty. / *Por turnos,* By turns.
Turquesa. (Mineral.) Turquoise.
Turrón. m. Nougat.
Tutela. f. Guardianship, tutelage. / Guidance, protection (guía, protección).
Tutelar. adj. Tutelary, tutelar, protective.
Tutor, ra. m., f. Guardian, protector. / (Der.) Guardian. / Prop (para plantas).
Tutoría. f. Tutelage.
Tutú. m. Tutu.
Tuyo, tuya, tuyos, tuyas. pron. Yours, thine, of yours, of thine.

U

Ubicación. f. Location, situation, position.
Ubicar. v. To place, to situate.
Ubicarse. v pron. To find a place, to place oneself / To be situated or placed (estar situado). / To find ones way around (orientarse).
Ubre. f. Udder.
Ufano, na. adj. Proud (satisfecho, orgulloso). / Self-satisfied, boastful (engreido). / Self-confident, self-assured, resolute (confiado, seguro de sí mismo, resuelto).
Ujier. m., f. Usher (en institución oficial, corte). / Door-keeper (portero).
Ulcera. f. (Med.) Ulcer. / (Bot.) Rot.
Ulceración. f. Ulceration.
Ulcerar. v. To ulcerate.
Ulcerarse. v. pron. To ulcerate, to fester.
Ulceroso, sa. - adj. Ulcerous.
Ulema. (Rel.) Ulema.
Ulterior. adj. Ulterior, beyond (en el espacio). / Subsequently, following (en el tiempo).
Últimamente. adv. Lately, recently. / Lastly, finally (por último, finalmente).
Ultimar. v. To finish, to conclude (preparativos). / To finalize (detalles). / To finish off, to close (terminar, dar fin). / To kill (matar).
Ultimátum. m. Ultimatum. / (Fam.) Final decision.
Último, ma. adj. Last, final. / Lastest, latter (lo más reciente). / m.,f. The farthest, the most remote (el / la más lejano / a o remoto / a). / The last one (el último trabajo, recurso,etc.). / *Por último,* Finally. / *A la última moda,* In the latest fashion. / *En los últimos días,* Recently, in the last few days. / (Fam.) *Estar en las últimas,* (estar a punto de morir) To be at death's door. / To be broke (no tener dinero).
Ultrajar. v. To outrage, to offend, to humiliate (persona). / To insult (bandera). / To offend against (honor). / To rape (violar).
Ultramar. m. Overseas / *Los países de ultramar,* The overseas countries. / Ultramarine (color, pigmento). / (Mineral.) Lapis lázuli.
Ultramarino, na. adj. Overseas, ultramarine. / (pl.) *Ultramarinos,* Imported goods or foods. / Grocery store (tienda).
Ulular. v. To hoot (buho). / To howl (viento). / To wail (persona).
Umbilical. adj. Umbilical.
Umbría. f. Shade. / Shady place (lugar umbroso).
Un (pl. *unos*), **una** (pl. *unas*), art. A, An. / (Numeral) One.
Unanimidad. f. Unanimity. / *Por unanimidad,* Unanimously.
Ungulado, da. adj. y m., f. Ungulate. / (pl.) Ungulata.
Únicamente. adv. Only. solely. / Simply (sólo, sjmplemente que).
Único, ca. adj. Only, sole (solo). / Unique, unmatched (extraordinario). / Singular, rare (singular, raro, exquisito). / The only one.
Unicornio. Unicorn. / *Unicornio de mar,* Narwhal.
Unidad. f. Unity. / Union, harmony (unión, armonía). / (Com., Mat.) Unit.

Unificar. v. To unify (país). / To unify, to standardize (criterios).
Uniforme. adj. Uniform, constant (velocidad, movimiento). / Even, uniform (terreno). / m. (Mil.) Uniform. / *Uniforme de gala,* Dress uniform.
Uniformidad. f. Uniformity.
Unilateral. adj. Unilateral.
Unión. f. Union. / Joining, joint. connection (conexión, articulación, juntura). / Union, harmony, concord (armonía, concordia). / Union, marriage (matrimonio). / Union, syndicate, association (asociación, sindicato). / (Mec.) *Unión articulada,* Hinged conection, swivel coupling. / *Unión giratoria,* Swing joint.
Unir. v. To unite. / To couple, to joint together, to connect, to attach (acoplar, conectar, agregar). / To mix, to combine (mezclar, combinar).
Unirse. v pron. To join together, to merge (personas, colectividades). / To wed, to get married (contraer matrimonio). / To combine (características, cualidades). / To converge, to meet (caminos, líneas, ríos).
Universal. adj. Universal.
Universidad. f. University.
Universitario, ria. adj. University. / *Título universitario,* University degree. / m., f. Undergraduate, university student (estudiante). / Graduate (licenciado) / Professor (catedrático).
Universo. m. Universe. / *Universo poblacional,* Sample group, sampling.
Uno, una. adj. One (refiriéndose al número). / *Sólo tengo una manzana, no un kilo,* I only have one apple, not a kilo. / (único) *La solución es una,* There's only one solution. / *Dios es uno,* God is one. pron. One (numeral). / *Un voto en contra,* One vote against. / *No dar ni una,* To get a thing right. / *Una de dos,* One thing or the other. pron. (personal) One (sing.), some / a few (pl.) / *De uno en uno,* One by one. / *Unos cuantos,* A few. / *Uno tras otro,* One after the other.
Uña. f. Nail / *Enseñar, sacar las uñas,* To show one's teeth. / (Mec., Tec.) Toe.
Usual. adj. Usual, normal.
Usuario, ria. m., f. User. / (Der.) Holder of a concession.
Usura. f. Usury.
Usurero, ra. m., f. Usurer. / Moneylender (prestamista, prestamista de empeños).
Usurpar. v. To usurp (trono, poder). / Misappropiate (propiedad). / Seize (territorio).
Útero. m. Womb, uterus.
Útil. adj. Useful. / m.pl. Tools, implements (herramientas, instrumentos). / *Útiles de labranza,* Agricultural implements, equipment.
Utilidad. f. Usefulness, utility. / (pl.) Profits (beneficios).
Utilizar. v. To utilize, to use, to make use of.
Utopía. f. Utopia.
Uva. f. Grape. / *Un racimo de uvas,* A bunch of grapes. / *De uvas a peras,* Once in a blue moon. / *Estar de mala uva,* To be in a (foul) mood.

V

Vaca. f. Cow. / Beef (carne de vaca). / *Vaca marina* Manatee,seacow. / *Vaca lechera,* Diary cow. / *Vaca sagrada,* Sacred cow.
Vacación. f. Vacation, holiday. / *Salir de vacaciones,* To go on holidays. / *Estar de vacaciones,* To be on holiday, to be on vacation.
Vaciar. v. To empty (vaso, botella). / To cast (arcilla, bronce, etc.) / To empty, to turn out (bolsillo). / To make a hollow in, to perforate (perforar, ahuecar, excavar). / To ebb (marea). / (radiador) To drain. (balanceo, falta de firmeza). / Flickering (luz).
Vacío, a. adj. Empty. / Empty, meaningless (vida). / *Palabras vacías,* Empty word. / Vain, fruitlesss, useless (vano, infructuoso, inútil). / Shallow (persona). / Vain, presumptuous (vanidoso, presuntuoso).
Vacuna. f. Vaccine.
Vacunar. v. To vaccinate. / *Estar vacunado contra algo,* To be vaccinated against, to become immune to.
Vacuno, na. adj.y m. Bovine.
Vacuo, a. adj. Vacuous, inane.
Vadear. v. To ford, to cross, to wade across.
Vademécum. m. Vademecum, hand-book.
Vado. m. Ford, wade (de un río). / Access, entrance (en vías públicas).
Vagabundo, da. adj. Stray (perro). / Street urchins (niños) / m., f. Hobo, tramp, vagrant.
Vagancia. f. Laziness, idleness (pereza, holgazanería). / (Der.) Vagrancy.
Vagar. v. To roam, to wander, to drift.
Vagina. f. (Med.) Vagina.
Vago, ga. adj. Lazy, idle (vaguería, holgazanería). / Vague, hazy, indistinct (recuerdo, idea). / Vague, indistinct (perfiles, límites).
Vagón. m. Car, coach, carriage (de pasajeros). / *Coche cama,* Sleeping car, wagon. / *Vagón correo,* Mail coach. / *Vagón de carga,* Freight car.
Vaguada. f. (Geog.) River bed.
Vaho. m. Steam, vapor, fume. / Breath (aliento, respiración).
Vaina. f. Scabbard (funda de una espada). / Sheath (funda de una navaja). / (Bot.) Pod (de guisantes, judías). / (coll.) Nuisance, problem, bother (molestia, problema, fastidio).
Vaivén. m. Swinging (columpio, péndulo). / Rocking (tren, mecedora). / Rolling (barco).
Vajilla. f. Dishes (en general). / (pl.) Crockery. / Dinner service, table service (juego). / *Vajilla de plata,* Silver service.
Valedor, ra. m., f, Protector, defender (defensor). / Pal, friend, companion (compañero).
Valentía. f. Courage, bravery.
Valer. v. To be worth, to cost (tener valor). / *¿Cuánto vale esto?,* How much does this cost?. / To get, to win, to cause (ganarse).
Valeroso, ga. adj. Courageous, brave, valiant. / Efficient, effective (eficiente, eficaz).
Valía. f. Value, worth. / *Mayor valía,* Increased value.
Validar. v. To validate, to make valid.
Validez. f. Validity.

Válido, da. adj. Valid. / m. (Hist.) Favourite.
Valiente. adj. Brave, courageous, valiant. / *¡Valiente socorro has sido tú!,* A brave help you have been!(delante del nombre, como intensificador en expresiones irónicas). / m. A brave man.
Valija. f. Valise, suitcase. / *Valija diplomática,* Diplomatic bag.
Valioso, sa. adj. Valuable, rich, high-esteemed. / Useful, helpful (ayuda, herramienta).
Valor. m. Value, worth. / Courage, bravery (valentía). / Audacity, nerve, imprudence (audacia, descaro). / Meaning, value (importancia, significado, peso o valor de lo que se dice). / Value (sonido).
Valorar. v. To value (bienes, joyas). / To assess (pérdidas, daños). / To appreciate (apreciar, estimar).
Valoría. f. Worth, value.
Vals. m. Waltz.
Válvula. f. (Tec.) Valve. / *Válvula de escape,* Safety valve.
Valla. f. Fence, barricade. / (Dep.) Hurdle (en atletismo). / *100 metros vallas,* 100 meters hurdles.
Vallar. v. To fence, to put a fence around.
Valle. m. Valley, vale.
Vampiro. m. (Zool.) Vampire bat. / (Fig.) Vampire, bloodsucker (extorsionista).
Vanagloria. f. Vainglory, boastfulness.
Vanaglorioso, sa. adj. Vainglorious, boastful.
Vandalismo. m. Vandalism.
Vanguardia. f. (Mil.) Vanguard. / (Lit.. / Art.) Avantgarde. / *A la vanguardia,* In the vanguard.
Vanidad. f. Vanity, conceit. / (Rel.) Vanity.
Vano, na. adj. Vain, futile, useless (discusiones). / Idle (amenazas). / Vain (falto de realidad). / *Vanas esperanzas,* Vain hopes. / *En vano,* In vain. / Empty, hollow, vain (palabras, promesas).
Vapor. m. (Fís., Quím.) Steam, vapor. / (Náut.) Steamer, steamship steamboat. / *Al vapor,* Steamed (Coc.). / *A todo vapor,* At full steam, at full tilt.
Vapulear. v. Ver *Vapular.*
Vara. f. Stick, pole (palo). / Yardstick (patrón). / Rod, wand, staff of office (bastón de mando). / Linear measure (0,84 meters). / (Bot.) Stalk. / *Vara de San José,* Spikenard.
Varear. v. To knock down (almendras, olivas). / To beat (lana). / To beat, to strike with a rod (golpear).
Variable. adj. Variable, changeable. / (Mat.) f. Variable.
Variación. f. Variation, change. / (Mús.) Variation.
Variar. v. To vary, to change (precio, temperatura). / *El pronóstico no ha variado,* The forecast hasn't changed. / To change one's mind (cambiar de opinión). / *Para variar,* as usual.
Varicela. f. Varicella, chicken pox.
Variedad. f. Variety, diversity. / Change, variation (cambio, variación). / *Vodevil, espectáculo de variedades,* Variety show.
Varilla. f. Rod. / Rib (de abanico, paraguas). / Bar (jaula). / Spoke (de una bicicleta).
Vario, ria. adj. (más de dos) Several. / Various, diverse (diverso, variado).

Variopinto, a. adj. Mixed, varied.
Varita. f. Small stick or rod. / (Bot.) Spray, spike. / *Varita mágica*, Magic wand.
Varón. m. Man, male. / Boy, male child (criatura del sexo masculino). / *Un santo varón*, A very good man. / (Náut.) Rudder tackle, rudder chain, emergency steering chain (poleas y cadenas del timón)
Varonil. adj. Manly, virile (masculino, viril). / Masculine, mannish (mujer hombruna).
Vasallaje. m. Vassalage. / Subjection, dependence (servidumbre, sumisión). / *Tributo de vasallo*, Liege money. / *Rendir vasallaje*, To pay homage and fealty.
Vasallo, lla. m., f. Vassal. / adj. Subject, feudatory, dependent.
Vascular. adj. Vascular.
Vasectomía. f. Vasectomy.
Vaselina. f. Vaseline, petroleum jelly.
Vasija. f. Vessel, receptacle (recipiente, receptáculo). / Earthen pot, pitcher (vasija de greda, cántaro).
Vaso. m. Glass, goblet. / Vase, container (receptáculo). / (Quím.) Flask, beaker. (Frasco, redoma). / *Un vaso lleno de*, A glassful of. / (Astron.) Crater. / (Med.) Vessel (blood). / *Vaso medidor*, Measuring jug.
Vasto, ta. adj. Vast, huge, immense.
Vaticinar. v. To vaticinate, to predict, to forecast.
Vatio. m. Watt. / *Vatio hora*, Watt-hour.
Vecinal. adj. Neighbourhood, local. / *Unidad vecinal*, Community housing project. / *Camino vecinal*, Minor road.
Vecindario. m. Ver *Vecindad*.
Vecino, na. adj. Neighboring, nearby. / (Fig.) Similar, alike. / *Vecino a*, Close to, bordering on. / m., f. Neighbour, resident, inhabitant (of a place).
Vector. m. (Mat., Fís.) Vector. / (Geom.) *Radio vector*, Radius vector. / (Mil.) Missile.
Veda. f. Prohibition by law. / Closed season (en caza y pesca). / *Veda*, Veda (Libro sagrado de los hindúes).
Vedar. v. To prohibit, to ban (caza, pesca). / To prohibit, to ban (prohibir).
Vega. f. (Geogr.) (area of low-lying fertile land) Meadow. / (Amer.) damp or swampy land.
Vegetación. f. (Bot.) Vegetation. / (Med.) (pl.) Adenoids.
Vegetar. v. (Bot.) To grow (planta). / (Fig.) To vegetate, to lead a passive life (persona).
Vegetariano, na. adj. / m., f. Vegetarian.
Vegetativo, va. adj. Vegetative.
Vehemente. adj. Vehement, impassioned, ardent.
Vehículo. m. (transporte, medio de transmisión) Vehicle. / (Fís.,Quím.) Medium. / (Med.) Carrier.
Vejar. v. To ill-treat, to insult. / To ridicule, to mock, to humiliate (ridiculizar, hacer mofa).
Vejez. f. Old age, oldness.
Vejiga. f. (Anat.) Bladder. / Blister (ampolla). / *Vejiga de la bilis*, Gall bladder. / *Vejiga natatoria*, Air bladder.
Vela. f. Candle (para alumbrar).
Velatorio. m. Wake, vigil (difunto).
Velero, ra. m., f. (person) Chandler, candlemaker. / (Náut.) Sailing ship (grande), Sailboat (pequeño).
Veleta. f. Weather vane, weathercock (para el viento). / (Fam.) Fickle, changeable person (persona).
Velocidad. f. Velocity, speed. / Gear (auto). / *Caja de velocidades*, Gearbox. / *Velocidad de ascensión*, Climbing speed. / *Velocidad de crucero*, Cruising speed. / *Velocidad de flujo*, Rate of flow. / *Velocidad de liberación*, Escape velocity.
Velocímetro. m. Speedometer.

Velocista. m., f. Sprinter.
Velódromo. m. Velodrome, cycling track.
Veloz. adj. Swift, rapid, quick, fast.
Vello. m. Down (pelusa). / Hair (cuerpo). / Fuzz (en frutas).
Vellocino. m. Fleece. / *Vellocino de Oro*, Golden Fleece.
Vellón. m. Fleece (lana). / Sheepskin (piel sin esquilar).
Velloso, sa. adj. Downy (con pelusa). / Hairy (persona).
Vena. f. (Anat.) Vein. / (Geol., Min.) Vein, seam. / Grain (de madera). / Vein, stripe (de piedra). / Vein, talent, mood (disposición, talento). / *Escribir en vena humorística*, To write in a jocular vein. / *Estar en vena*, To be in the mood. / (Anat.) *Vena cava*, Vena cava. / (Anat.) *Vena porta*, Portal vein. / *Vena safena*, Saphenous vein. / *Vena yugular*, Jugular vein.
Venado. m. (Zool.) Deer, stag. / *Carne de venado*, Venison.
Venal. adj. Related to veins. / Venal, corruptible (sobornable).
Vencedor, ra. adj. Victorious (ejército, país). / Winning (equipo). / m., f. Conqueror, victor, winner.
Vencejo. m. (Zool.) Swift martin. (N.cient.) Chelidon urbica.
Vencer. v. To vanquish, to defeat (enemigo). / To defeat, to beat (rival, competidor). / To overcome, to surmount (miedos, pasiones). / To twist, to collapse, To give way under a weight, to bend (romper, encorvar, torcer). / v. To be victorious, to win (equipo, ejército). / To expire (pasaporte). / To be or fall due for payment (pago).
Vencimiento. m. Due date (letra, pago). / Expiry date (licencia, carnet). / Sagging (viga, techo).
Venda. f. Bandage. / Blindfold (para los ojos). / *Tener una venda en los ojos*, To be blind.
Vendar. v. To bandage. / *Vendar los ojos*, To blindfold.
Vendedor, ra. adj. Selling. / m., f. Salesperson (representante). / Shop- assistant (en tienda). / Stallholder, stallkeeper (en el mercado).
Vender. v. To sell. / *Vender al contado*, To sell in cash. / *Vender a plazos*, To sell on credit. / To betray (traicionar).
Vendimia. f. Wine harvest, grape harvest.
Vendimiar. v. To pick, to harvest grapes.
Veneno. m. Poison, venom. / (ira, rencor) Wrath, grudge, venom.
Venenosidad. f. Poisonousness, toxicity.
Venenoso, sa. adj. Poisonous, venomous.
Venerar. v. (adorar) To revere, to worship. / (Rel.) To venerate.
Venéreo, a. adj. Venereal. / *Enfermedad venérea*, Venereal disease.
Venero. m. (yacimiento) Vein, seam, lode. / (manantial) Spring.
Vengar. v. To avenge.
Vengarse. v. To take revenge.
Venia. f. (permiso) Consent, authorization. / (Der.) Permission, leave. / (saludo) Bow or nod of the head, formal salute.
Venial. adj. Venial.
Venida. f. Arrival, coming, return. / (Esgrima) Attack.
Venir. v. To come, to arrive, to approach. / (proceder) To come from, to originate in. / (venírse a la mente, tener una ocurrencia) To come to mind, to occur. / (sentar, quedar) To suit, to fit. / *Esa camisa me viene bien*,

That shirt suits me well. / *Me vendría bien un trago*, I could have a drink. / *Esa hora no nos viene bien*, That time is not convenient for us. / *Venir al caso*, To be pertinent, to have to do with the subject.

Venta. f. Sale, selling. / *Venta al contado*, Cash sale. / *Venta al por mayor*, Wholesale. / *Venta al por menor*, Retail. / (bar, restaurant) Roadside bar, restaurant.

Ventaja. f. Advantage, profit. / *Llevar ventaja a*, To be ahead of, to have the advantage over. / *Sacar ventaja de*, To benefit from. / *Sacar ventaja sobre*, To gain an advantage over.

Ventana. f. Window. / (de la nariz) Nostril.

Ventanilla. f. (coche, tren) Window. / (cine, teatro) Box office.

Ventilador. m. (aparato) Fan. / (abertura) Ventilator, air vent.

Ventilar. v. To ventilate, to air. / (fig.) (discutir en público) To discuss openly, to go spreading one's problems.

Ventisca. f. Snowstorm. / (con más viento) Blizzard.

Ventiscar, ventisquear. v. imper. To blow a blizzard. / To drift (nieve).

Ventolera. f. Short gust of wind. / *Darle a alguien la ventolera*, To decide suddenly.

Ventosa. f. (Cirugía) Cupping glass. / (Zool.) Sucker. / (de goma,

plástico) Suction Pad. / (Tech.) Vent, air hole.

Ventoso, sa. adj. Windy, blowy. / (perro rastreador) Scenting dog.

Ventura. f. (dicha) Happiness. / (suerte) Fortune. / (azar) Luck, chance, risk. / *A la ventura*, With no fixed plan. / *Buena ventura*, Good fortune (fortune told by cards or palmistry). / *Decir la buena ventura*, To tell one's fortune. / *Por ventura*, By chance, perhaps.

Venturoso, sa. adj. Ver *Venturado, da*.

Venus. (Astron) Venus. / (Mit.) Roman goddess of beauty (Fig.) Beautiful woman. / (cobre) Copper.

Ver. v. / tr. To see. / (visitar) To see, to visit. / (considerar, contemplar) To consider, to look into, to talk over. / *Vamos a ver de qué se trata*, Let's see what it is all about. / (decidir) To see, to decide. / *Más tarde veremos si vamos o no*, Later we'll see whether we go or not. / (notar, apreciar) / *Le vi deprimido y triste*, I found him depressed and sad. / (Der.) (tratar, oir un caso) To try, to hear. / *Ver un caso*, To try a case.

Veracidad. f. Veracity, truthfulness.

Veranear. v. To spend the summer.

Veraneo. m. Summer holidays, vacations. / *Ir de veraneo*, To spend the summer, to go on a summer vacation. / *Lugar de veraneo*, Summer resort.

Verano. m. Summer. / (en zonas tropicales) Dry season.

Veras. loc. adv. *De veras*, Truly, really. / (colloq) No kidding!. / *Esta vez es de verdad*, This time is for real.

Veraz. adj. Truthful.

Verbal. adj. Verbal, oral. / (Gram.) Verb. / *Desinencia verbal*, Verb ending. / *Adjetivo verbal*, Verbal adjective.

Verbena. f. (Bot.) Verbena. / Festival, night festival on the eve of a saint's day (fiesta popular). / Open- air dance (baile).

Verbo. m. (Gram.) Verb. / (Rel.) Word (Segunda Persona de la Trinidad).

Verdad. f. Truth. / *A decir verdad*, To tell the truth, to be quite honest. / *Es verdad que*, It is true that. / *Decir la verdad*, To tell the truth. / *De verdad*, Truly, really, real. / *Un hombre de verdad*, A real man.

Verdadero, ra. True, real. / Real, genuine (genuino). / *Una esmeralda verdadera*, A real emerald. / (sincero) Honest, true. / *Un amigo verdadero*, A true friend.

Verde. adj. Green. / *Estar verde de envidia*, To be green with envy. / Green, unripe (fruto). / To be green or inexperienced (sin experiencia). / Incipient, far from being ready (incipient). / Dirty old man, merry woman (viejo o vieja verde).

Verdugo. m. (En ejecuciones) Executioner. / (en la horca) Hangman. / (vástago en un árbol) Shoot. / (espada) Long rapier. / (látigo) Whip, lash. / (Zool.) Shrike. / (prenda) Mask ((Arq.) Layer of bricks. / (fig.) (persona cruel) Tyrant.

Verdura. f. (Bot.) Vegetable. / (Lit.) Verdure (verdor).

Veredicto. m. (Der.) Verdict.

Verga. f. (Náut.) Spar, yard. / Rod (varilla). / (Zool.) Penis. / (Pop.) Cock, prick, penis (pene). / Lead strip (de plomo). / Steel bow (de una ballesta).

Vergel. m. (jardín) Garden. / (huerto) Orchard.

Vergonzoso, sa. adj. / m., f. (lamentable) Shameful, disgraceful. / (tímido) Bashful, shy. / (Zool.) Armadillo.

Vergüenza. f. (turbación) Shyness, embarrassment, bashfulness. / (decoro) Shame. / (escándalo) Disgrace. / *¡No te da vergüenza ¡* Shame on you¡. / *No tener vergüenza*, To be shameless, to be brazen. / (pl.) Private parts, genitals.

Verídico, ca. adj. True, truthful. / *Es un relato verídico*, It's a true story.

Verificación. f. (de hechos) Verification, confirmation, establishment. / (de resultados) Checking. / (de una máquina) Testing, inspection.

Verificarse. v. prnl. (suceso) To take place, to be held. / (pronóstico, predicción) To come true, to prove to be true.

Verja. f. (cerca) Railings. / (puerta) Wrought- iron gate. / (de ventana) Wrought- iron grille.

Vermut. m. (bebida) Vermouth. / (espectáculo) Late afternoon performance or showing.

Vernáculo, la. adj. Vernacular.

Verónica. f. (Bot.) Veronica, speedwell. / (Taur.) Pass made with feet apart and cape held with both hands.

Verosímil. adj. Probable, likely, credible, plausible.

Verosimilitud. f. Verisimilitude, probability, likelihood.

Verruga. f. (Med. / Bot.) Wart. / Verruca (en los pies).

Versado, da. adj. Versed, proficient. / *Es un versado en la materia*, He is an authority in the matter.

Versal. f. Capital letter.

Versalilla, versalita. f. Small capital letter.

Versar. v. To deal with, to be on / about (discurso, tratado). / *La conferencia versó sobre economía*, The lecture dealt with Economics.

Versátil. adj. Fickle, changeable (inconstante). / Versatile (polifacético).

Versículo. m. Verse, short division of chapters of the Bible.

Versión. f. Version, account, description. / (Med.) Version.

Verso. m. Verse, poetry. / Line (en un poema). / Verse, versicle (de la Biblia). / *Verso alejandrino*, Alexandrine verse. / *Verso blanco*, Blank verse. / *Verso coriámbico*, Choriambic verse. / *¿Son para mí esos versos?* Are you trying to provoke me?. / Verso, left-hand page (Impr.).

Vértebra. f. (Med.) Vertebra.

Vertedero. m. Dump (para basura). / Outlet (desagüe). / *Vertedero de residuos nucleares*, Dumping site for nuclear waste.

Vertical. adj. Vertical, upright (posición). / f. (Mat.) Vertical, vertical line. / m.(Astron.) Vertical circle.
Vértice. m. (Mat.) Vertex, apex. / Crown (coronilla).
Verticidad. f. Mobility in different directions.
Vértigo. m. Vertigo, giddiness, dizziness (por la altura). / *Padecer, tener vértigo,* To suffer from vertigo, to have fear of heights. / Frenzy (actividad intensa). / *El vértigo de la vida moderna,* The frantic pace of modern life. / *A una velocidad de vértigo,* At breakneck speed.
Vesícula. f. (Anat.) Vesicle. / (ampolla) Vesicle, blister. / (Bot.) Vesicle. / *Vesícula seminal,* Sperm sac. / *Vesícula biliar,* Gall bladder.
Vesicular. adj. Vesicular.
Vespertino, na. adj. Vespertine, evening, crepuscular. / m. Evening newspaper (periódico).
Vestíbulo. m. (Arq.) (casa) Hall. / (edificio público) Lobby. / (teatro,cine) Foyer. / (Anat.) Vestibule.
Vestido. f. (ropa) Clothes. / (de mujer) Dress. / *La historia del vestido,* The history of costume. / *Quedarse para vestir santos,* To remain a spinster. / Costume (atuendo, ropaje de época). / adj. Dressed. / *Vestida de blanco,* Dressed in white.
Vestidura. f. Clothing, clothes. / (sacerdotales) (pl.) Vestments. / *Rasgarse las vestiduras,* To throw up one's hands in horror.
Vestigio. m. Vestige, trace, sign. / (pl.) Ruins. / (Quím.) Traces.
Vestir. v. To dress, to clothe. / (llevar ropa, vestidos) To wear. / (casa, páred) To decorate. / (disfrazar, disimular) To disguise, to cover up. / v. (ser elegante). / *No sabe vestir,* He has no dress sense. / *El negro viste mucho,* Black looks very smart.
Vestirse. v. pron. (ponerse la ropa) To dress, to get dressed. / (cubrir los campos, árboles) To cover with. / (comprarse la ropa) To buy one's clothes.
Veterano, na. m., f. Veteran.
Veterinario, ria. adj. Veterinary. / m., f. Veterinary surgeon, vet. / *La medicina / ciencia veterinaria,* Veterinary medicine / science.
Vetusto, ta. adj. Ancient, very old.
Vía. f. Way. / Road, route, track (camino, ruta, pista). / Track, line, rail (riel, carril). / (Anat.) Passage, tract, duct, canal. / Way, manner, method, means. (Vía, manera, método, medios). / (Der.) (pl.) Procedure, proceedings. / (Quím.) Way, process, method (método, procedimiento). / Channel, agent, medium (canal, agente, método)
Viable. adj. Viable. / Capable of living (apto para vivir). / Feasible, practicable (factible, practicable). / Transitable (transitable).
Viajar. v. To travel.
Viaje. m. Journey, trip, voyage. / (Arq.) Obliquity, slope. / *De un viaje,* At one stroke, once and for all, all at once. / *Agencia de viajes,* Travel agency. / *Viaje de ida y vuelta,* Round trip.
Viajero, ra. adj. Travelling. / m., f. Traveller, passenger.
Vial. adj. Pertaining to roads, streets, highways.
Viandante. m., f. Passerby (traseúnte). / Pedestrian (peatón).
Víbora. f. (Zool.) Viper. / (Fig.) Viper, malignant person. / *Víbora de agua,* Moccasin. / *Víbora bufadora,* Puff adder. / *Víbora de cascabel,* Rattlesnake. / *Víbora de coral,* Coral snake.
Vibración. f. Vibration.
Vibrar. v. To vibrate, to quiver. / To vibrate, to make quiver (hacer vibrar, hacer oscilar). / (Fon.) To trill, roll (hacer vibrar las consonantes).

Vicaría. f. Vicariate. / Vicarage (residencia). / *Pasar por la vicaría,* To get hitched in church (coll.).
Vicario, ria. m., f. Vicar (párroco). / Deputy, substitute (vicario, representante, substituto). / *Vicario de Jesucristo,* Vicar of Christ, the Pope.
Viceversa. adv. Vice versa. / The opposite, the reverse.
Vicio. m. Vice. / Bad habit, addiction (mal hábito, adicción). / Vice, depravity, perversion, corruption (depravación, corrupción, perversión). / Defect, fault (defecto, falta, error, vicio de concepto o definición).
Vicioso, sa. adj. y m., f. Dissolute, licentious. / Depraved, perverted (depravado, pervertido). / (Fam.) Spoiled (consentido).
Víctima. f. Victim. / *Víctima propiciatoria,* Propitiatory victim.
Victoria. f. Victory, triumph, conquest. / (Bot.) Victoria Regia.
Vid. f. Grapevine.
Vida. f. Life. / Lifetime, life span (una vida, el tiempo que se vive, el tiempo que ha de vivir una persona). / Life, way of life (vida, modo de vivir).
Videncia. f. Clairvoyance, perspicacity.
Vídeo. m. Video. / Videocassette, videotape (cinta).
Vidrio. m. Glass. / Glassware (objetos de vidrio). / *Lana de vidrio,* Glass wool. / *Vidrio / cristal ahumado,* Smoked glass. / *Vidrio de aumento,* Magnifying glass. / *Pagar los vidrios rotos,* To take the responsability or blame.
Viejo, ja. adj. Old. / Aged (añoso). / Ancient, antique (antiguo, antigüedad). / Stale, worn out (rancio, deteriorado). / m., f. Old man, old woman. / *Viejo verde,* Dirty old man, old rake. / *La vieja guardia,* The old guard.
Viento. m. Wind. / (Caza) Wind, scent (de donde viene el olor). / Wind, intestinal gas (ventosidad, gases intestinales). / (Náut.) Course, direction (curso, dirección).
Vientre. m. (Anat.) Belly, abdomen. / Womb (matriz, vientre materno). / Viscera, guts (vísceras, tripas). / Belly (de un barco, vasija,etc.) / (Fís.) Loop, bulge (de onda).
Viga. f. Beam, joist (de madera). / Girder, beam (de metal).
Vigente. In force, in effect. / *Leyes vigentes,* Laws in force. / In vogue, present (en boga, actuales). / *Las costumbres vigentes,* The customs in vogue, the present customs.
Vigía. m., f. Lookout post or tower, watchtower (atalaya, lugar o puesto de vigía). / (Náut.) Topmast man (el vigía).
Vigilar. v. To watch, to keep an eye on. / To guard, to keep watch on (preso). / To patrol, to keep watch on (zona, frontera). / To look after, take care of (cuidar, preocuparse de una persona o asunto).
Vigilia. f. Sleeplessness, wakefulness (insomnio, estado de vela). / Night study or work (estudio o trabajo nocturno). / Eve, vigil (vigilia religiosa, víspera). / Abstinence (tiempo de abstinencia). / (Mil.) Watch, guard.
Vigor. m. Vigor, strength, stamina, energy. / Force, effect (fuerza, efectividad).
Vil. adj. Vile, despicable, base, infamous (despreciable, ιuin, innoble, infame)
Vileza. f. Vileness (cualidad). / Despicable act, vile deed (acción).
Villa. f. Villa, country house. / Town (pueblo, ciudad).
Villancico. m. Christmas carol.
Villanía. f. Humble birth, lowness of birth (cuna humilde, bajeza de nacimiento). / Despicable or vile act

(acción despreciable). / (Hist.) Villeinage (condición de villano).
Villano, na. adj. Villainous, low, despicable (ruin, bajo, despreciable). / Peasant, villein, villager (campesino, villano, aldeano). / m., f. Rogue, scoundrel (villano, malvado).
Vinagre. m. Vinegar.
Vinatero, ra. adj. Pertaining to wine. / m., f. Wine dealer.
Vincular. v. To relate, to link. / (Der.) To entail (bienes). / To bind, to be binding on (comprometer).
Vínculo. m. Bond, tie, link. / (Mat.) Vinculum. / (Der.) Entailment.
Vinícola. adj. Wine (industria, producción, sector). / Wine- producing, wine growing (región).
Vino. m. Wine. / *Vino amontillado,* Pale dry sherry. / *Vino blanco,* White wine. / *Vino clarete,* Claret. / *Vino dulce,* Sweet wine / *Vino de Borgoña,* Burgundy. / *Vino de Oporto,* Port wine. / *Vino generoso,* Strong old wine. / *Vino moscatel,* Muscatel. / *Vino seco,* Dry wine. / *Vino tinto,* Red wine. / Reception (vino de honor, celebración).
Viña. f. Vineyard. / *De todo hay en la viña del Señor,* It takes all sorts to make the world.
Violación. f. Violation, transgression. / Rape (persona). / Profanation, violation (de algo sagrado). / Violation, breaking (ley, acuerdo).
Violar. To violate, to transgress, to break (infringir, transgredir). / To rape (cometer violación o estupro). / To desecrate, profane, violate (profanar). / To break open, to force, to trespass. (invadir una propiedad, etcétera).
Violencia. f. Violence. / Compulsion, force. / (Fig.) Rape.
Violentar. To force. / To break open, to break into, to enter by force. (Abrir a la fuerza, romper para penetrar). / To offend (ofender). / To infuriate, to make furious (enfurecer, poner furioso).
Violento, ta. adj. Violent. / Sudden, unexpected (súbito, inesperado) / Rash, impulsive (brusco, impulsivo). / Furious (con furor). / Severe, intense (severo, intenso). / Vehement (discurso).
Violín. m. Violin. / Violinist (violinista). / Bridge, cue rest (de billar).
Virada. f. Turn, change of direction. / (Náut.) Tack, tacking, veering. / *Virar por avante,* To tack through the wind. / *Virar a barlovento,* To tack windward. / *Virar a sotavento,* To tack leeward.
Virar. v. (Náut.) To go about, to tack. / (Fot.) To tone. / To turn (vehículo).
Virgen. f. Virgin. / (Astron.) *Virgen,* Virgo. / *La Santísima Virgen,* the Blessed Virgin.
Virginal, virgíneo, a. adj. Virginal.
Viril. adj. Virile, manly (cualidad). / *Miembro viril,* Penis.
Virtual. adj. Virtual (potencial). / Implicit (tácito).
Virtud. f. Virtue (buena cualidad). / Power, quality. (capacidad). / *En virtud de,* By virtue of. / *Tener la virtud de,* To have the power to, to have the quality of. / (pl.) *Varita de virtudes,* Magic wand.
Virtuoso, sa. adj. Virtuous. / m., f. Virtuoso (artes).
Viruela. f. Smallpox (enfermedad). / Pockmark. (marca o picadura de viruelas).
Virus. m. Virus.
Viruta. f. Shaving.
Vis. f. Power, force (poder o fuerza expresiva). / *Vis cómica,* Comic talent. / *Vis a vis,* Face to face.

Visar. v. To endorse (documento). / To visa (pasaporte).
Víscera. f. Viscera. / (pl.) Entrails.
Viscosidad. f. Viscosity.
shade (de un jugador).
Visible. adj. Visible, showing. / Clear, evident (manifiesto, evidente). / Presentable, decent (presentable).
Visión. f. Vision, sight (sentido de la vista). / Vision, prophetic sight. (Visión, aparición). / Vision, foresight, imagination (visión, previsión, imaginación). / *Tener visiones,* To see things, to have visions. / View (enfoque, punto de vista).
Visitar. v. To visit, to call on. / (Der., Med., Náut.) To visit, to inspect, to make an inspection of (visitar, inspeccionar. efectuar la inspección de). /
Visón. m. Mink.
Visor. m. Viewfinder (cámara fotográfica). / (Mil.) Sight (mira de un arma).
Víspera. f. Eve, day before. / *En víspera de,* On the eve of. / (Rel.) Vespers (vísperas religiosas).
Vista. f. Sight, vision (sentido de la vista). / View, sight, landscape (vista, panorama, paisaje). / Look (vista o visión que presenta una cosa). / Glance, look (mirada). / Vision (perspicacia). / View (panorama). / (Der.) Hearing, trial (vista de una causa, un juicio, etc.)
Visto, ta. adj. Obvious, clear (claro, evidente. / Exposed (ladrillo, viga). / (Der.) *Caso visto para sentencia,* All the evidence in the case has been heard. / Considering, in view of. / *Vista la seriedad de la falta,* Considering the seriousness of the offense. / Common, very much used (común ,trillado),
Visto. m. *Dar el visto bueno,* To give one's approval.
Vistoso, sa. adj. Colorful.
Visual. adj. Visual. / *Campo visual,* Visual field. / f. Visual line, line of vision, line of sight (línea de visión, zona en que nada impide la visión).
Vital. adj. Vital, essential, indispensable.
Vitalicio, cia. adj. For life, lable. / *Pensión vitalicia,* Life pension. / Life insurance policy (seguro de vida),
Vitamina. f. Vitamin.
Viticultura. f. Viticulture, vine growing.
Vitivinicultura. f. Grape growing and wine production, viniculture.
Vitorear. v. To applaud, to cheer, to acclaim.
Vitrina. f. Glass showcase (mueble en una tienda). / Glass cabinet (en una casa). / (Amer.) Shopwindow.
Vitriolo. m. Vitriol.
Vitro. m. *Fecundación o fertilización in vitro,* In vitro fertilization.
Vituallas. f. pl. Victuals, provisions, food.
Vituperar. v. To vituperate, to censure (acción, conducta). / To condemn, to inveigh against (persona).
Viuda. f. (Bot.) Mourning bride, sweet scabious. / (Zool.) Black widow spider.
Viudedad. f. Widowhood (de una mujer). / Widowerhood (de un hombre). / Widow's, widower's pension (pensión).
Viudo, da. adj. Widowed. / m., f. Widower, widow.
Viva. f. *Dar vivas,* To cheer.
Vivacidad. f. Vivacity, liveliness, vivaciousness (de una persona). / Brightness (color).
Víveres. m. pl. Food, victuals, provisions.
Vivienda. f. House, dwelling. / Housing, accommodation (la vivienda como necesidad o servicio público). / *Escasez de viviendas,* Housing shortage. / *Vivienda de protección oficial,* State subsidized house.

Vivificación. f. Vivifying, invigorating.
Vivificar. v. To revitalize, to vivify, to enliven (experiencia). / (Fig.) To comfort, to refresh (reconfortar, refrescar).
Vivir. v. To live. / To live in, inhabit. to be alive. / *El paciente vive todavía,* The patient is still alive. / To live, to last, to endure (vivir, durar, seguir vivo). / ¿*Quién vive?* Who goes there?
Vivo, va. adj. Living, alive. / *Lengua viva,* Living language. / *En vivo, en directo,* Live (programa, espectáculo) / Intense, strong (intenso, fuerte). / Clever, bright, quick-witted, smart (despierto, brillante, ocurrente, ingenioso). / Lively, vivid (imaginación). / Sharp, acute, quick (mente, inteligencia).
Vocablo. m. Word, term.
Vocabulario. m. Vocabulary.
Vocación. f. Vocation, calling.
Vocacional. adj. Vocational.
Vocal. f. Vowel (sonido, letra). / Vocal, member of council, committee, board of directors, etc. (miembro de un consejo, comité, junta directiva, etc.).
Vocalista. m. Vocalist, singer.
Vocalizar. v. (Mús.) To vocalize. / To articulate clearly, to have good diction (articular con claridad, tener buena dicción).
Vociferar. v. To vociferate, to shout, to yell.
Volandera. f. (Mec.) Bush, bushing. / Millstone, grindston (piedra de moler o afilar). / (Fam.) Lie, fib (mentira, embuste). / Slice, galley slice (en una imprenta).
Volante. adj. Flying. / Unsettled, wandering (no establecido, errante). / (Mec.) *Rueda volante,* Fly wheel. / Balance wheel (en relojes).
Volante. m. Steering wheel (auto). / (Fig.) Racing driver (volante, corredor de autos). / Flier, leaflet, pamphlet (papel volante, hoja, panfleto).
Volar. v. To fly. / To blow up (con explosivos).
Volátil. adj. Volatile. / (Fig.) Inconstant, unpredictable (persona).
Volatilizar. v. To volatilize. / To vanish into the air, to disappear without trace (persona, dinero).
Volcán. m. Volcano.
Volcánico, ca. Volcanic. / Violent (pasión, emoción).
Volcanología. f. Vulcanology.
Volcar. To turn over, to spill, to knock over (botella, vaso, líquido). / (Náut.) To capsize. / To throw oneself into (un intento, una empresa, etc.).
Voltaje. m. Voltage.
Voltear. v. To turn over, to turn upside down (dar la vuelta, poner cabeza abajo). / To capsize (volcarse un barco). / To roll over (revolcarse). / To turn (la cabeza, los ojos). / To turn, to go around (la esquina). / (Arq.) To build an arch or vault (construir un arco o bóveda).
Volteo. m. Turning, rolling, whirling. / Tumbling (de un camión volquete).
Voltio. m. Volt.
Volubilidad. f. Changeableness, fickleness.
Voluble. adj. Changeable, fickle. / (Bot.) Twining, climbing.

Volumen. m. Volume (de un cuerpo). / Bulk, mass, size (bulto, masa, tamaño). / Volume, book (tomo, libro). / Volume (sonido).
Voluntad. f. Will (facultad). / Wish (deseo). /
Voluntariado. m. Voluntary service.
Voluntario, ria. adj. Voluntary. / m., f. Volunteer.
Voluntarioso, sa. adj. Willing, keen (esforzado, bien intencionado). / Self- willed, stubborn (obstinado, caprichoso).
Voluptuosidad. f. Voluptousness.
Voluta. f. (Arq.) Scroll, volute. / Column, spiral (de humo).
Volver. v. To return, to come back (regresar). / To turn, to turn around (dar vuelta, volver una esquina, etc.). / To turn over, to turn upside down (Volver del revés, boca abajo). / To turn, to direct (los ojos, la atención). / To return, give back, send back, repay (devolver, dar de vuelta). / To turn into, to change, to convert (volver, cambiar en, convertir en).
Vomitar. v. To vomit, to throw up, to bring up (comida). / To spew, to spew out (fuego. lava). / To belch out (humo). / To hurl (insultos, maldiciones).
Vómito. m. Vomit. / Vomiting (acción de vomitar). / *Vómito de sangre,* Hemoptysis, haemoptysis, coughing up of blood.
Vorágine. f. Whirlpool, maelstrom (en el mar). / Whirl (situación confusa).
Voraz. adj. Voracious, greedy, ravenous (persona, animal, apetito). / Fierce, destructive (fuego).
Votante. m. Voter.
Votar. v. To vote (para una elección). / To vow, to make a vow (hacer votos, prometer).
Voto. m. Vote, ballot (de un elector. / *Derecho al voto,* Right to vote. / *Voto de castigo,* Protest vote. / *Voto de confianza,* Vote of confidence. / *Voto en blanco,* Blank or spoiled ballot paper. / Choice (elección, opinión). / Vow, promise (voto, promesa). / *Voto de pobreza, obediencia y castidad,* Vow of poverty, obedience and chastity. / (pl.) Wishes, desires (deseos, anhelos). / *Hacer votos para,* To wish, to hope.
Voz. f. Voice. / Word, term (palabra, término). / (Mús.) Voice. / *Voz de tenor,* Tenor voice. / Voice, singer (voz, vocalista, cantante). / Rumor (rumor).
Vuelco. m. Overturning, tumble (coche). / (Náut.) Capsize.
Vuelo. m. Flight, flying (acción).
Vuelta. f. Turn, turning (acción de dar vuelta o girar). / Revolution, rotation (vuelta, revolución, rotación). / Walk, stroll, tour (caminata, paseo).
Vulgar. adj. Vulgar, coarse (grosero). / Vulgar, common, popular, general (común, popular, general). / Vulgar, vernacular (del vulgo, del pueblo). / *Latín vulgar,* Vulgar Latin.
Vulgarizar. To popularize. / To make common or ordinary. / To translate into the vernacular (traducir a lengua vernáculo).
Vulnerar. v. To wound, to hurt, to damage (persona, dignidad). / To violate (derecho, ley).
Vulva. f. Vulva.

W

Wafle, waffle. m. Waffle.
Waflera. f. Waffle iron.
Walquiria. f. Walkyrie.
Walkman. m. Personal stereo.
Wat. m. Watt (w).
Waterpolo. m. Water polo (Dep.).
WC (water closet). m. Water closet (WC).

Wernerita. adj. y m., f. Wernerite.
Whiskería. f. Bar.
Whiski, whisky. m. Whisky. / Bourbon (whisky americano de maíz). / Malt whisky, whiskey (whisky de malta).
Windsurfismo. m. Windsurfing (Dep.).
Wulfenita. f. Wulfenite.

X

Xantalina. f. Xanthaline.
Xantano. m. Xanthate.
Xantina. f. (Quím.) Xanthin. / (Bioquím.) Xanthine.
Xantoderma, xantodermia. f. Xanthoderma.
Xantófila. f. Xanthophyll.
Xantopsia. f. Xanthopsia.
Xantosis. f. Xanthosis.
Xantoxilo. m. Xanthoxylum, zanthoxylum.
Xenia. f. (Bot.) Xenia.
Xenófilo, la. adj. Xenophilous. / m., f. Xenophile.
Xenófobo, ba. adj. Xenophobic. / m., f. Xenophobe.
Xenogénesis. f. Xenogenesis.
Xenolita. f. Xenolith.
Xenomorfo, a. adj. Xenomorphic.
Xerodermia. f. Xerosis.
Xerofagia. f. Xerophagy, xerophagia.
Xerófilo, la. adj. Xerophilous.

Xerófito, ta. adj. Xerophytic. / m., f. Xerophyte.
Xeroftalmia. f. Xerophthalmia.
Xerografía. f. Xerography.
Xerografiar. v. To make a xerographic copy of.
Xifoides. adj. y m. Xiphoid.
Xilema. m. Xylem.
Xilidina. f. Xylidine.
Xilófago, ga. adj. Xylophagous. / m., f. Xylophage.
Xilófono. m. Xilophone.
Xilografía. f. Xylography (arte). / Xylograph (un grabado en xilografía).
Xilográfico, ca. adj. Xilographic.
Xilol. m. Xylol.
Xilosa. f. Xylose.
Xilótomo, ma. adj. Xylotomous.
Xíster. m. Xyster.

Y

Y. conj. And. / *Y bueno*, So, now, then, well (así, ahora, entonces, bien). / *¿Y bien?*, And so? And then?. / *¿Y?*, Well? (denotando impaciencia).

Ya. adv. Already (en oraciones afirmativas).

Ya. conj. *Ya que*, As, since, considering that (expresión de causa: pues, dado que, considerando que). / *Puesto que tú lo sabes*, As you know it, considering that you know it.

Yacaré. m. Alligator, cayman.

Yacente, yaciente. adj. Reclining, supine position, lying. / Recumbent (arquitectura, escultura, poesía). / *Estatua yacente*, Recumbent statue. / (Min.) Floor of a vein.

Yacer. v. To lie. / To lie buried, to rest (yacer enterrado, reposar). / To lie, to be located. (Yacer, estar situado). / *Yacer con*, To lie with, to copulate with.

Yacija. f. Bed, couch.

Yacimiento. m. Layer (yacimiento a tajo abierto, estrato, capa). / Bed, deposit, field (lecho mineral, depósito, campo). / *Yacimiento petrolífero*, Oil field.

Yaguré. m. Skunk, polecat.

Yámbico, ca. adj. Iambic.

Yambo. m. (Poesía) Iamb, iambus, iambic. / (Bot.) Jambo, rose apple.

Yanacón, na. m., f. Indian bound to personal service (sirviente indígena). / Sharecropper (mediador).

Yanqui. adj. y m., f. Yankee, American.

Yantar. v. y m. To eat.

Yapú. m. Southamerican thrush (ave). (N. cient.) Yanthornus decumanus.

Yarará. f. Pit viper. (N. cient.) Bothrops alternata.

Yaraví. m. Sweet melancholic song.

Yarda. f. Yard.

Yate. m. Yacht.

Yedra. f. Ivy.

Yegua. f. (Zool.) Mare.

Yeguar. adj. Pertaining to mares.

Yelmo. m. Helmet (casco para la cabeza).

Yema. Yolk (de huevo). / (Bot.) Bud, gemma. / Middle heart, center. (el medio, el corazón, el centro). / Finger tip (dedo).

Yerba. f. Weed, herb. / Mate, Paraguayan tea (yerba mate). / (Pop.) Weed, pot, marijuana.

Yerbabuena. f. Mint.

Yerbajo. m. Weed.

Yerbero, ra. m., f. Mate pot, container for storing mate.

Yermo, ma. adj. Deserted, uninhabited (desierto, deshabitado). / Barren, waste (tierra estéril, baldía). / m. Desert, wilderness (desierto, las tierras sin civilizar) / Wasteland, barren land.

Yerno. m. Son-in-law.

Yerro. m. Error, mistake. / Wrong choice (equivocación, decisión errónea). / Error, fault, sin. (falta, pecado).

Yerto, ta. adj. Stiff, rigid, motionless. / *Yerto de frío*, Stiff, numb with cold. / *Los párpados yertos de los muertos*, The motionless eyelids of the dead.

Yesca. f. Touchwood, punk, tinder (madera). / Flint (piedra). / Fuel (combustible). / m. Tinderbox.

Yesera. f. Gypsum pit or quarry.

Yeso. m. (Min.) Gypsum. / Plaster (en construcción, arte,etc.). / Plaster cast, statue cast in plaster (molde de yeso, estatua hecha en molde de yeso). / Chalk, white crayon (tiza, lápiz crayón blanco para escribir en el pizarrón).

Yesquero. adj. Tinderlike, tinder giving (que parece o da yesca).

Yetatore. m., f. Unlucky person, jinx (gafe).

Yeti. m. Yeti.

Yira, yiranta. f. Prostitute.

Yo. pron. per. I (forma sujeto). / Me (forma objeto, detrás de preposiciones y detrás del verbo principal). / *Yo lo haré*, I shall do it. / *Yo fui*, It was me. / Myself (el yo, yo mismo). / (Fil., Psicol.) I, the ego (el yo, el ego).

Yodado, da. adj. Iodized.

Yodato. m. Iodate.

Yodhídrico, ca. adj. Hydriodic.

Yodo. m. Iodine.

Yodurar. v. To iodize.

Yoga. m. Yoga.

Yogurt, yoghurt. m. Yogurt, yohurt.

Yohimbina. f. Yohimbine.

Yonqui. m., f. (Fam.) junkie.

Yoruba. adj. Yoruban. / f. Yoruba (raza, cultura y lenguaje).

Ypsilon. f. Upsilon, twentieth letter of Greek alphabet.

Yuca. f. (Bot.) Yucca, cassava (que produce el tubérculo). / Yucca (planta liliácea).

Yugada. f. Day's plowing by one team of oxen (extensión de tierra de labor que una yunta puede arar en un día). / Team of oxen (yunta o par de bueyes).

Yugo. m. Yoke. / (Náut.) Transom. / Frame (de campana). / (Fig.) Yoke, burden (carga, opresión). / *Sacudir el yugo*, To throw off the yoke, to struggle for liberation.

Yugular. f. Jugular.

Yumbo, ba. m., f. Indian from eastern Ecuador.

Yunque. m. Anvil (pieza de hierro). / (Anat.) Incus, anvil.

Yunta. f. Yoke, team of oxen.

Yuntero, ra. m., f. Plowman, plow- woman.

Yuso. adv. Downward, below (forma antigua).

Yuta. f. Slug.

Yute. m. Jute (la planta, la fibra y el tejido).

Yuxtaponer. v. To juxtapose.

Yuxtaposición. f. Juxtaposition.

Zafa. f. (Min.) Basin, bowl.
Zafado, da. adj. Loosened, freed (suelto liberado). / (Fig.) Brazen, bold, cheeky (descarado, caradura). / m., f. Crazy fool.
Zafar. v. To untie (nudo. / To unscrew (tuerca). / To let...loose (persona, animal). / To dislocate (brazo, dedo). / (Náut.) To loosen,to refloat (liberar, despejar).
Zafarrancho. m. (Náut.) Clearing the decks. / (Fam.) Ravage, destruction (descalabro, destrucción). / (Fam.) Row, quarrel (rencilla, pelea). / *Zafarrancho de combate*, Clearing for action.
Zafiedad. f. Crudeness, coarseness, roughness.
Zafio, fia. adj. y m., f. Crude, coarse, rough.
Zafiro. m. Sapphire
Zafre. m. Zaffer, Zaffre.
Zaga. f. Rear, rear load (en un vehículo). / *Ir, quedarse a la zaga de, en zaga de*, After, in the rear, behind. / *No irle en zaga a*, To be as good as.
Zagal, la. m. Lad, shepherd. / f. Lass, maid, shepherdess.
Zaguán. m. Hallway, lobby.
Zaguero, ra. m., f. (Dep.) Back, defender player.
Zaherir. v. To hurt, to wound.
Zahiriente. adj. Wounding, hurting.
Zahorí. m., f. Dowser, diviner (vidente, adivino).
Zaino, na. adj. Treacherous, false (traidor, falso). / *Mirar a lo zaino*, To look out of the corner of one's eye. / Vicious (caballería). / Chestnut-colored (caballo castaño). / Black (reses).
Zalamería. f. Flattery, sweet talk.
Zalamero, ra. adj. Flattering, fawning, cajoling. / m., f. Flatterer.
Zamarra. f. Sheepskin jacket.
Zamarrear. v. To push around (manojar con rudeza, empujar, zarandear).
Zamarro. m. Sheepskin jacket or coat and trousers (casaca o gabán y pantalón de piel de oveja). / (Fig.) Rude man.
Zambo, ba. adj. Knock-kneed. (con las rodillas juntas). / Half Indian half Black (mestizo de indio y negro). / m., f. Zambo, offspring of an Indian and a Black (mestizo de indio y negro). / (Zool.) Spider monkey. (N. cient.) Ateles hybridus.
Zambomba. f. Zambomba, Spanish rustic drum.
Zambullirse. v. pron. To plunge into water, to duck. / To dive (sumergirse, bucear). / To dip, to sink (meter en un líquido, hundir). / (Fig.) To hide, to conceal (esconder, ocultar).
Zampar. v. To wolf down, to eat greedily. / To rush in, to do something in a rush (actuar atolondradamente, hacer algo a toda prisa). / *Zampó el pie en el barro*, He put or stuck his foot right in the mu.
Zanahoria. f. (Bot.) Carrot. / adj. Silly, herd, straitlaced (tonto, mojigato).
Zancadilla. f. Trip, tripping. / (Fam.) Trap, trick (trampa, triquiñuela). / *Poner o hacer la zancadilla a uno*, To trip someone (up).
Zancajo. m. Heel bone. / (Fam.) Hole in the heel of a stocking (agujero en el talón de una media). /
Zanco. m. Stilt. / (Náut.) Short mast replacing topgallant mast (mástil pequeño que substituye al mastelete).

Zancón, na. adj. (Fam.) Long-legged. / Short (bajos de falda o pantalón).
Zancudo, da. adj. Long-legged, wading. / m., f. (Ornitología) Wading bird, wader.
Zanganear. v. To laze about, to idle.
Zángano. m. (Zool.) Drone. / (Fam.) Drone, lazybones, layabout (holgazán).
Zanguango , ga. adj. y m., f. Fool, idiot (imbécil). / Lazybones, layabout (gandul, indolente). / f. Imaginary illness (hacerse el enfermo). / Flattery (adulación, zalamerías). / *Hacer la zanguanga*, To avoid work pretending to be ill (eludir el trabajo fingiéndose enfermo).
Zanja. f. Ditch, trench, gully.
Zanjar. v. To dig ditches or trenches in (excavar zanjas). / To bridge, to overcome, to surmount (diferencias, dificultades, etc.). / To settle (discusión).
Zapapico. m. Pickaxe, mattock.
Zaparrastroso, sa, zarrapastroso, sa. adj. (Fam.) Ragged, shabby, dirty, filthy.
Zapata. f. Brake- shoe (en un auto). / Washer (arandela). / (Arq.) Base. / (Náut.) False keel.
Zapateado. m. Heeltapping dance.
Zapatear. v. To hit or strike with the shoe. / To tap with the feet (al bailar). / To thump the ground (como un conejo). / (Esgrima) To hit frequently with the button of the foil. / (Náut.) To flap (las velas de un barco).
Zapateo. m. Tapping with the feet. / Heel-tapping sequence (de un baile). / (Náut.) Flapping (de las velas).
Zapatería. f. Shoemaker's shop, shoe store (tienda). / Shoemaking trade (oficio de zapatero).
Zapatilla. f. Slipper (pantufla) / House slipper (babuchas). / Canvas shoe (de tenis). / Sneaker, trainer (de deporte). / Espadrille (alpargata). / Ballet shoe (de ballet). / Leather pad (de instrumento musical). / Billiard cue tip (del taco de billar). / Washer (de grifo o tapón).
Zapato. m. Shoe. / *Zapato de tacón alto*, High-heeled shoe. / *Zapato de cordón*, Lace- up shoe. / *Zapato de salón*, Pump, court shoe.
Zar, zarina. m. Czar, tsar. / f. czarina.
Zarabanda. f. (Mús.) Sarabande. / Noise, bustle, racket (jaleo, rumor de voces y quchaceres).
Zaragata. f. Fight, ruckus (pelea). / Bustle (ajetreo).
Zaragatero, ra. adj. Rowdy, noisy. / m., f. Rowdy, hooligan (jaranero).
Zaranda. f. Sieve, strainer. / Humming top (juguete).
Zarandar, zarandear. v. To shake about, to jog up and down, to jostle (sacudir, forcejear). / To sieve, to screen (cribar). / To walk provocatively swaying hips (caminar provocativamente meneando las caderas).
Zarandeo. m. Shaking (sacudimiento). / Sifting, sieving, straining (acción de cerner, harnear o cribar). / Provocative, suggestive swaying (meneo provocativo o sugerente).
Zaraza. f. Chintz, printed cotton, gingham (tela). / Poison paste,home-made exterminator (substancia venenosa, anti-plagas casero).
Zarceño, ña. adj. Brambly.
Zarcillo. m. (Bot.) Tendril. / Earring, eardrop (pendientes para las orejas).
Zarco, ca. adj. Light blue (ojos).

Zariano, na. adj. Of or pertaining to the czar.
Zarina. f. Czarina, tsarina.
Zarismo. m. Czarism, tsarism.
Zarpa. f. Paw (de felino). / (Arq.) Footing. / (Náut.)
Weighing anchor. / *Ehcarle la zarpa a alguien, a algo,*
To pounce on (animal), to get one's hands on something, somebody.
Zarpada. f. Blow with a paw or claw, clawing.
Zarpar. v. (Náut.) To set sail, to weigh anchor (levar
anclas, izar velas).
Zarpazo. m. Blow with a paw. / Clawing, pawing.
Zarposo, sa. adj. Spattered with mud.
Zarrapastroso, sa. adj. (Fam.) Ragged, shabby, tattered, slovenly. /
m., f. Tramp, ragged, shabby person.
Zarza. f. (Bot.) Bramble. / Blackberry bush (arbusto
de la zarzamora).
Zarzamora. f. (Bot.) Brambleberry, blackberry (fruta).
Zarzaparrilla. f. Sarsaparilla (planta, bebida).
Zarzarrosa. f. (Bot.) Dog rose.
Zarzuela. f. Traditional Spanish operetta. / Seafood,
fish casserole (de marsicos, de pescado).
Zas. interj. Smack (en la mejilla. / Splash (al caer el
agua). / Lo and behold (en un relato).
Zascandil. m., f. Good- for- nothing, meddler.
Zascandilear. v. To mess around, to nose around, to
snoop (coll.).
Zato. m. Morsel of bread.
Zebra. f. Ver *Zebra.*
Zedilla. f. Ver *Cedilla.*
Zéjel. m. Hispano- Arabic poem.
Zelote, a. m., f. Zealot.
Zendo, da. adj. y m., f. Zend.
Zenit. m. Ver *Cenit.*
Zepelín. m. Zeppelin, airship.
Zeugma, zeuma. f. Zeugma.
Zigomorfo, fa. Ver *Cigomorfo, a.*
Zigosis. f. Zygosis.
Zigota, zigote. m. Ver *Cigote, cigoto.*
Zigurat. m. Ziggurat.
Zigzag. m. Zigzag. / *Caminar haciendo zigzag,* To
walk in zigzag.
Zigzagueo. m. Zigzagging.
Zinc. m. Ver *Cinc.*
Zíngaro, ra. adj. y m., f. Gipsy.
Zircón. m. Zircón.Ver *Circón.*
Zircornio. m. Zirconium.
Zoantropía. f. Zoanthropy.
Zócalo. m. Baseboard, Skirting board (rodapié). /
Base, plinth (de una columna). / Main square (zoco).
Zoco. m. Public square. / Marketplace (mercado). /
Clog, wooden shoe (zueco). / Baseboard (zócalo).
Zodiacal. adj. Zodiacal.
Zodíaco. m. Zodiac.
Zona. f. Zone, area (región, área).
Zonal. adj. Zonal, area.
Zoncear. v. (Fam.) To lark about, to mess around.
Zonificar. v. To zone, to divide into zones.
Zoo. m. Zoo.
Zoófago, ga. adj. Zoophagous.
Zoófilo, la. adj. Zoophilous.
Zoofobia. f. Zoophobia.
Zoología. f. Zoology.
Zoológico, ca. adj. Zoological, zoologic. / m. Zoo,
zoological garden.

Zoomorfismo. m. Zoomorphism.
Zoomorfo, fa. adj. Zoomorphic.
Zoospora. f. Zoospore.
Zootecnia. f. Zootechnics.
Zopenco, ca. adj. Stupid, idiotic. / m., f. Blockhead,
bonehead (coll.).
Zoquete. adj. Dim. dense. / m. Ankle sock (calcetín
hasta los tobillos). / Chump, block of wood (de madera). / m., f. Blockhead, dimwit (persona torpe).
Zorra. f. Fox, vixen. / (Fig.) Fox, clever, astute woman. / Prostitute. / Drunkenness (borrachera). / (Astron.) Vulpecula. / Cart (vehículo de mano, carretilla). /
(Ict.) *Zorra de mar,* Fox shark, sea fox, thresher
shark. / (Pop.) Pussy, beaver.
Zorrear. v. To be up to no good.
Zorrería. Slyness, sly trick (acción).
Zorrero, ra. m., f. Fox-hunter.
Zorro. m. Male fox. / Fox (piel). / Fox, foxy fellow,
crafty person (persona sagaz, astuta). / (pl.) Duster (zorros). / *Estar hecho unos zorros,* To be shattered or
dead beat.
Zote. adj. Dumb, stupid. / m., f. Dimwit, blockhead.
Zozobra. f. Worry, anguish, anxiety. / (Náut.) Dangerous weather, difficult weather (mal tiempo, tiempo
tormentoso o peligroso). / (Náut.) Sinking, capsizing,
foundering (hundimiento, vuelco).
Zozobrante. adj. In danger, sinking.
Zozobrar. v. (Náut.) To be in danger, to sink, to capsize. / To fail, to be ruined (una empresa). / To worry, to
be upset (preocuparse, sentirse afligido).
Zueco. m. Clog, wooden shoe.
Zulo. m. Cache.
Zulú. adj. y m., f. Zulu.
Zumacaya. f. (Zool.) Night heron (grulla).
Zumaya. f. (Zool.) Night heron (grulla). / Tawny owl
(búho).
Zumba. f. Humming sound. / Bull-roarer (juguete). /
En zumba, As a joke, jestingly. / (Fam.) Beating, thrashing (paliza).
Zumbar. v. (Fam.) To buzz (insecto). / To hum, to
whirr (motor). / To tease, to joke with.
Zumbido, zumbo. m. Buzz, buzzing, droning (insecto). / Humming, whirring (motor).
Zumbón, na. adj. Joking, teasing (tono burlón). /
Humming (ruido, motor). / Buzzing (insecto). / (Ornitología) A variety of pigeon.
Zumo. m. Juice.
Zunchar. v. To fasten with hoops, to hoop.
Zurcido. m. Darn, darning, mending.
Zurcir. v. To darn, to mend. / *¡Que te zurzan!,* Get
lost!, Go to hell!
Zurdo, da. adj., m., f. Left-handed.
Zurra. f. (Fam.) Thrashing, beating (paliza).
Zurrar. v. To wallop (coll.), to give a thrashing or hiding (golpear, pegar).
Zurriagazo. m. Lash, whiplash, stroke. / Blow, sudden
misfortune, calamity (golpe, desgracia inesperada, calamidad). / Unexpected rebuff (réplica inesperada).
Zurrón. m. Leather pouch, haversack. / (Anat.) Amnion, amniotic bag. (bolsa amniótica). / *Zurrón de pastor*, (Bot.) Shepherd's purse.
Zurubí. m. Large fresh-water catfish.
Zuzón. m. (Bot.) Groundsel, ragwort. / Affronter (el
que insulta). / adj. Offensive, insulting (ofensivo, insultante).

Parte II

INGLÉS-ESPAÑOL

A

A. n. (Mús.) La (nombre de la nota musical). / *From A to Z*, (fam.) de cabo a rabo, de principio a fin.

A. art. Un, una (se transforma en *An* cuando precede a vocal o a H muda). / *A man, a girl*, un hombre, una niña. / *An umbrella*, un paraguas. *An hour*, una hora. / Se pospone a los adjetivos *many, such, what* y a los adjetivos precedidos de *as, how, so, too*. / *Such a mean old man*, semejante viejo malvado. / *Too rich a fellow*, un tipo demasiado rico. / Por. *Four foods a day*, cuatro comidas por día. / *One dollar a dozen*, a un dólar la docena. Un dólar por la docena. / Mismo, misma. / *Three of a kind*, tres del mismo tipo. / *Not a one*, ni uno, ni siquiera uno. / Como prefijo significa: *At, in, on, to towards o into* (a, en, sobre, para, en dirección a, dentro de) y también indicando modo o condición. / *Abed*, en cama. *Afoot*, a pie. *Ashore*, en tierra, a tierra. *Aside*, aparte, a un lado. *Asunder*, en dos.

Aback. adv. Hacia atrás, que hace echarse atrás. / (Fig.) Por sorpresa, desprevenidamente. *To take aback*, Desconcertar.

Abacus. n. Abaco.

Abandon. v. Abandonar (con todas las acepciones de la palabra castellana). / Dejar, desistir, renunciar. / Evacuar (un barco, un lugar siniestrado). / Repudiar, desertar. / *To abandon oneself to*, entregarse a (malas pasiones, vicios, etc.).

Abandonment. n. Abandono, deserción. / Estado de incuria o derrota moral. / (Der. y Com.) Cesión, dejación de bienes. Abandono de una propiedad.

Abash. v. Avergonzar, desconcertar.

Abate. v. Disminuir, mitigar, reducir, debilitar. / Terminar, eliminar, omitir. / Descontar, deducir. / (Der.) Abolir, anular. / Aminorar, amainar.

Abatement. n. Disminuición, mitigación. / Descuento, rebaja. / (Der.) Abolición, cesación.

Abbess. n. Abadesa.

Abbey. n. Abadía. / *The Abbey*, la Abadía de Westminster.

Abbot. n. Abad.

Abbreviate. v. Abreviar, resumir, condensar / (Mat.) Simplificar.

Abbreviation. n. Abreviación, condensación, abreviatura.

Abdicate. v. Abdicar, dimitir. / (Der.) Desconocer. Renunciar a un derecho.

Abdication. n. Abdicación, renuncia.

Abdomen. n. Abdomen, vientre.

Aberrant. adj. Aberrante, extraviado. / Anormal, anómalo. / Atípico. / (Ópt.) Aberrante.

Aberration. n. Aberración, extravío, desliz. / Deficiencia intelectual. / Ser u órgano aberrante.

Abhor. v. Repudiarr, renegar con horror de. / Aborrecer, abominar.

Abhorrence. n. Execración, repudio. / Aborrecimiento, aversión, abominación.

Abide. v. Permanecer, continuar. / Habitar. / *To abide by*, guiarse por, seguir o cumplir con. / Soportar, tolerar. / Sostener, resistir. / Esperar. / Resignarse.

Ability. n. Habilidad, aptitud, ingenio. / Capacidad, facultad de actuar.

Abject. adj. Abyecto, despreciable, vil.

Abjection. n. Abyección, bajeza.

Abjure. v. Abjurar, repudiar.

Ablaze. adj. , adv. En llamas, ardiendo. / Encendido, llameante. / (Fig.) Brillante, ardiente.

Able. adj. Capaz. / Hábil, apto. / *To be able*, Poder, ser capaz de.

Abnegation. n. Abnegacion, renunciación. / Negación, abjuración, rechazo.

Abnormal. adj. Anormal, irregular, deforme.

Aboard. adv. A bordo, / *To go aboard*, embarcarse. / *To take aboard*, embarcar, llevar a bordo. / v. Abordar, chocar una nave contra otra.

Abode. n. Morada, domicilio, habitación. / *To make one's abode*, establecerse, fijar domicilio.

Abolish. v. Abolir, suprimir, revocar.

Abominable. adj. Abominable, odioso, execrable.

Abominate. v. Abominar, execrar, detestar.

Aboriginal. adj. Aborigen, originario, primitivo . / n. Nativo, indígena .

Abort. v. Abortar, parir prematuramente. / Atrofiarse. / (Fig.) Malograrse.

Abortion. n. Aborto, malparto. / Fracaso, fiasco.

Abortive. adj. Abortivo, fracasado, frustrado. /

Abound. v. Abundar.

About. prep. Alrededor de, en torno de, cerca de, hacia. / Tocante a, respecto a, sobre. / A eso de. / *About seven in the morning*, a eso de las siete de la mañana. / Por. / *About the neighborhood*, por las cercanías. / *To beat about the bush*, andarse por las ramas. / *What are you about?*, ¿En qué andas tú? ¿Qué estás urdiendo?, / Casi, poco más o menos.

Above. adv. Arriba, encima, en lo alto. / *The stars above*, las estrellas en lo alto, / Más arriba, más allá. / *It is above what I can afford*, está por encima de lo que puedo pagar. / Más, algo más. / *Twenty and above*, Veinte y más. / Superior a. / *Above his strength*, más allá de sus fuerzas. / *Above and beyond*, más arriba y más allá. / (Fig.) Mucho más allá de. / Lo alto, el cielo. / *A vision from above*, una visión desde el cielo. / *Above mentioned*, dicho, susodicho, antedicho, precedente.

Abridge. v. Abreviar. Compendiar. / (Mat.) Reducir.

Abridged. adj. Abreviado, condensado.

Abroad. adv. En el extranjero. Fuera del país. / En todas partes o direcciones. / *There is a rumor abroad*, corre la voz. / El extranjero. / *She went abroad*, ella fue al extranjero. / *To get abroad*, propalarse, trascender.

Abrupt. adj. Abrupto, escarpado. / Quebrado, áspero, repentino.

Abruptness. n. Brusquedad, rudeza, aspereza.

Absence. n. Ausencia. / Falta, carencia de. / *Absence of mind*, Distracción. / *In the absence of*, a falta de.

Absent. adj. Ausente. / Distraído, abstraído. / *To absent oneself*, ausentarse, retirarse, mantenerse aparte.

Absentee. n. Ausente.

Absent-minded. adj. Distraído.

Absolute. adj. Absoluto, total. / Puro, libre de mezclas. / (Polít.) Autocrático. / (Gram.) Intransitivo.

Absolve. v. Absolver, dispensar, eximir, exonerar.

Absorb. v. Absorber. / Empapar, impregnar. / Asimilar profundamente. / Embelesar. / *To be absorbed in*, estar absorto o enfrascado en. / Amortiguar (un golpe, una sacudida). / Amortizar una deuda, cubrir el costo de.

Absorbed. adj. (Fig.) Absorto, abstraído.

flowers. / *Pon el equipaje detrás*, put the baggage in the rear. / *Este automóvil tiene el motor detrás*, this car has the motor at the rear.

Detrición. f. Detrition, wearing away (desgaste).

Detrito. m. Detritus, waste (desperdicios). / *Detrito radioactivo*, radioactive waste.

Deuda. f. Debt.

Devaluación. f. Devaluation.

Devaluar. v. To devaluate.

Devanar. v. To wind, to reel. / (Fam.) *Devanarse los sesos*, to rack one's brains.

Devanear. v. To rave, to talk nonsense (hablar insensateces).

Devaneo. m. Delirium, nonsense (delirio, insensatez). / Flirtation (amoroso).

Devastar. v. To devastate, to ruin.

Devorar. v. To devour. / To swallow up, to gobble (tragarse). / To consume (consumir).

Devoto, ta. adj. y m., f. Devoted (con todas las acepciones de la palabra castellana). / Devout, pious (en sentido religioso).

Deyección. f. (Geol.) Ejecta. / (Med.) Dejection (defecación). / Dejecta, stool (excretas).

Deyectar. v. (Med.) To deject.

Día. m. Day (con todas las acepciones de la palabra castellana). / Daytime (las horas diurnas). / *Despuntar el día*, to dawn. / *Estar al día*, to be up to date. / *Poner al día*, to bring up to date. / *Buenos días*, good morning. / *Día por medio*, every other day. / *Día del juicio*, judgment day, doomsday. / *Día de los difuntos*, All Souls' Day. / *Día hábil*, working day. / *Día feriado*, holiday.

Diablo. m. Devil. / Imp, rascal (una persona). / *Tener el diablo en el cuerpo*, to have an itch (tener una comezón), to have a restless desire (tener un deseo inquietante).

Diabólico, ca. adj. Diabolical, devilish.

Diábolo. m. Diabolo.

Diácono. m. Deacon.

Diacrítico, ca. adj. Diacritical. / (Med.) Diagnostic.

Diadema. f. Diadem, tiara.

Diáfano, na. adj. Diaphanous, translucent. / Clear (claro). / (Fig.) Lucid, limpid (lúcido, límpido).

Diafragma. m. Diaphragm.

Diafragmar. v. To diaphragm.

Diagnosticar. v. To diagnose.

Diagnóstico, ca. adj. (Med.) Diagnostic. / m. Diagnosis.

Diagonal. adj. Diagonal (con todas las acepciones de la palabra castellana). / f. Stay, guy wire (cables diagonales de sujección). / *Diagonal en barra*, bend sinister (en heráldica).

Diagrama. m. Diagram.

Dialéctica. f. Dialectics, dialectic.

Dialecto. m. Dialect.

Diálisis. f. Dialysis.

Dialogar. v. To dialogue, to converse.

Dialogismo. m. (Ret.) Dialogism.

Diálogo. m. Dialogue.

Diamante. m. Diamond.

Diámetro. m. (Gcom.) Diameter. / (Astron). *Diámetro aparente*, apparent diameter.

Diana. f. (Mil.) Reveille (de clarín). / (Mil.) Bull's eye (el centro del blanco).

Diapasón. m. (Mús.) Diapason. / Standard of pitch (altura media del sonido). / Finger board (donde se aplican los dedos en instrumentos de cuerda). / Tuning fork (clavijero).

Diccionario. m. Dictionary.

Dicotomía. f. Dichotomy.

Dictado. m. Dictation (de palabras) / (pl.) Dictates (dictámenes).

Dictador. m. Dictator.

Dictadura. f. Dictatorship.

Dictamen. m. Opinion, judgment.

Dichoso, sa. adj. Happy, blissful. / (Fam.) Blessed, tidy.

Diéresis. f. Diaeresis.

Diestra. f. Right hand.

Diestro, tra. adj. Right (que no es zurdo). / Dexter **Diferenciar.** v. To differentiate (con todas las acepciones de la palabra castellana). / To distinguish (distinguir).

Diferir. v. To defer, to delay. / To differ, to be different (diferir, ser diferente).

Difícil. adj. Difficult. / Hard, arduous (duro, arduo).

Dificultad. f. Difficulty (con todas las acepciones de la palabra castellana). / Obstacle, impediment.

Dificultar. v. To difficult. / To impede, to hinder, to harass (poner impedimentos, estorbar, molestar).

Difteria. f. Diphtheria.

Difundir. v. To diffuse (con todas las acepciones de la palabra castellana). / To disseminate, to spread (diseminar, esparcir). / To divulge, to make known (divulgar, dar a conocer). / To broadcast (un programa).

Difunto, ta. adj. Deceased, dead. / Late (refiriéndose a un difunto: *El difunto Matías Pascal*, the late Matías Pascal). / m., f. Defunct, dead one.

Difusión. f. Diffusion (con todas las acepciones de la palabra castellana). / Spreading, propagation (diseminación, propagación). / (Fís.) Diffusion. / Broadcasting (de un programa).

Difuso, sa. adj. Diffuse (con todas las acepciones de la palabra castellana). / Hazy, blurred (brumoso, empañado). / Diffused (la luz). / Vague, obscure (vago, oscuro).

Dignatario. m. Dignitary.

Dije. m. Charm, amulet (talismán, amuleto). / *Ser dije*, to be an agreable person.

Dilapidación. f. Squandering, dissipation, waste.

Dilapidar. v. To dilapidate, to squander, to dissipate.

Dilatación. f. Dilatation (con todas las acepciones de la palabra castellana). / Expansion, distention.

Dilatar. v. To dilate, to expand.

Diligencia. f. Diligence (con todas las acepciones de la palabra castellana). / Industriousness, care (industriosidad, cuidados). / Speed, briskness, rapidity (velocidad, agilidad, rapidez). / Stagecoach (carruaje de postas). / (Fam.) Task, job, errand (tarea, trabajo, asunto que hay que cumplir). / (Der.) Proceedings.

Diligente. adj. Diligent, industrious.

Dilucidación. f. Elucidation, explication.

Dilucidar. v. To elucidate, to explain.

Dilución. f. Dilution.

Diluir. v. To dilute (con todas las acepciones de la palabra castellana). / To dissolve, to weaken (disolver, debilitar).

Diluviar. v. To rain heavily.

Diluvio. m. Flood, deluge. / *El Diluvio*, The Flood.

Dimanante. adj. Springing, originating.

Dimanar. v. To spring from, to proceed from (surgir de, proceder de). / To originate (originar).

Dimensión. f. Dimension (con todas las acepciones de la palabra castellana). / Magnitude, size, measure (magnitud, tamaño, medida).

Diminutivo, va. adj. y m. Diminishing. / (Gram.) Diminutive.

Diminuto. adj. Minute, very small.

Absorbing. adj. Cautivante, absorbente.
Absorption. n. Absorción. / (Mec.) Amortiguamiento. / Abstracción, ensimismamiento.
Abstain. v. Abstenerse, privarse (se utiliza siempre en la forma *To abstain from*).
Abstemious. n. Abstemio, abstinente, frugal.
Abstention. n. Abstención, abstinencia.
Abstinence, abstinency. n. Abstinencia.
Abstract. adj. Abstracto. / n. Extracto, resumen, compendio. / Lo abstracto, una idea abstracta. / v. Abstraer, hacer abstracción de. / Resumir, sustraer.
Abstraction. n. Abstracción, ensimismamiento. / Carácter abstracto (de algo). / Sustracción.
Absurdity. n. Absurdo, irracionalidad, disparate.
Abundance. n. Abundancia, caudal, plenitud.
Abundant. adj. Abundante.
Abuse. v. Abusar. / Insultar, maltratar. / Violar, estuprar, ultrajar. / n. Abuso. / Mal uso, acción dolosa. / Denuesto, insulto. / Maltrato, violación.
Abysmal. adj. Abismal. Insondable, profundo. / (Biol.) Habitante de las profundidades del mar.
Abyss. n. Abismo, sima. / Profundidad. / Infierno.
Academic. adj. Académico. / Convencional, formal. / Teórico, especulativo.
Academy. n. Academia.
Acceleration. n. Aceleración.
Accelerator. n. (Aut.) Acelerador. / (Quím.) Catalizador. / (Fis.) Acelerador de partículas.
Accent. n. Acento, entonación de un idioma, etc. / Énfasis. / (Mús.) Acento. / v. Acentuar, recalcar.
Accentuate. v. Acentuar, intensificar.
Accentuation. n. Acentuación.
Accept. v. Aceptar. / Acoger, recibir. / Aprobar.
Acceptance. n. Aceptación. / Admisión, aprobación.
Access. n. Acceso. / Entrada, lugar o manera de entrada. / Permiso para entrar, acceso. / Acceso de, arrebato, ataque. / *Easy of access*, de fácil acceso.
Accessibility. n. Accesibilidad, asequibilidad.
Accessible. adj. Accesible, asequible. / Accesible, susceptible (a influencias). / Comprensible.
Accessory. adj. Accesorio, secundario. / Participante, asociado en. / n. Aditamento. / (pl.) Pertenencias, dependencias. / (Der.) Cómplice.
Accident. n. Casualidad. / (Gram.) Inflexión.
Accidental. adj. Accidental, casual, contingente. / Suceso accidental. / (Mús.) Accidente.
Accident-prone. adj. Propenso a sufrir accidentes.
Acclaim. v. Aclamar, aplaudir, proclamar. / n. Aclamación, ovación.
Acclimate. v. Aclimatar, acondicionar.
Acclivous. adj. Pendiente, ascendente, empinado.
Accommodate. v. Acomodar, adaptar, ajustar a. / Reconciliar, arreglar / *To accomodate with*, acomodar, proveer. / Acomodar, hospedar, albergar. / Complacer, hacer un favor a.
Accompaniment. n. Acompañamiento, accesorio.
Accompany. v. Acompañar, escoltar, conducir.
Accomplice. n. Cómplice.
Accomplish. v. Realizar, llevar a cabo. / Consumar, perfeccionar. / Adiestrar, instruir.
Accomplished. adj. Realizado, / Cumplido, consumado, perfecto. / Instruido, versado, culto.
Accomplishment. n. Consumación, logro, perfección, talento, habilidad.
Accord. v. Acordar. / Conciliar, armonizar, otorgar. / Imponer a. / Concordar, llegar a acuerdo. / n. Acuerdo, convenio, conformidad, concierto, armonía. / *In accord with*, de acuerdo con.

Accordance. n. Conformidad, acuerdo, concordancia, correspondencia. / Concesión. / *In accordance with*, de acuerdo con.
According. adv. Conforme, de acuerdo. / prep. *According to*, según, conforme a.
Accordion. n. Acordeón.
Account. n. Cuenta. / Declaración, informe. / Relación, narración, descripción. / Mérito, valor, importancia. / Ventaja. / *That is a guy of account*, ese es un tipo de importancia. / *Of no account*, insignificante. / *On account*, a cuenta. / *On account of*, a causa de, a favor de. / *To call to account*, pedir cuentas a. / *To buy on account*, comprar a crédito. / *To give account of*, dar cuenta de. / *To keep accounts*, llevar cuentas. / *To settle an account*, pagar una cuenta. / *To square accounts with*, saldar cuentas con. / *To account*, dar cuenta o razón de. / *To account for*, dar razón de, responder por, explicarse.
Accountancy. n. Contabilidad.
Accountant. n. Contable.
Accreditation. n. Acreditación, autorización.
Accuracy. n. Exactitud, esmero.
Accusation. n. Acusación, cargo, imputación.
Accuse. v. Acusar, culpar, incriminar.
Accused. adj. Acusado, reo.
Accuser. n. Acusador.
Accustom. v. Acostumbrar, habituar.
Accustomed. adj. Acostumbrado, avezado, usual.
Ache. v. Doler, padecer un dolor persistente, sufrir de achaques. / n. Desconsuelo, aflicción.
Achieve. v. Llevar a cabo, realizar. / Lograr, obtener.
Achievement. n. Ejecución, realización. / Obra, logro, proeza.
Aching. adj. Doliente, afligido.
Acid. adj. Acido, agrio. / n. Ácido. / (Pop.) LSD.
Acidity. n. Acidez, acedía.
Acknowledge. v. Reconocer. / Aceptar, confesar. / Acusar recibo, confirmar. / Agradecer. / (Der.) Testificar.
Acknowledged. adj. Reconocido o aceptado.
Acknowledgment, acknowledgement. n. Reconocimiento, admisión, aceptación, confirmación. / Acuse de recibo, certificación. / Testimonio.
Acne. n. (Med.) Acné.
Acolyte. n. Acólito, monaguillo.
Acorn. n. Bellota.
Acoustic, acoustical. adj. Acústico.
Acoustics. n. La acústica.
Acquaint. v. Informar, familiarizar, enterar de. / *To acquaint oneself with*, ponerse al corriente de. / *To be acquainted with*, conocerse (entre personas).
Acquaintance. n. Un conocido, una relación. / *An acquaintance with*, un conocimiento de. / *To make someone's acquaintance*, ser presentado a alguien.
Acquiesce. v. Asentir, consentir. / Acceder a, conformarse con.
Acquiescence. n. Asentimiento, consentimiento, conformidad, aquiescencia. / Resignación.
Acquire. v. Adquirir, obtener.
Acquisition. n. Adquisición.
Acquisitiveness. n. Codicia.
Acquit. v. Absolver, exonerar. / *To acquit oneself*, desempeñar.
Acquittal. n. Absolución, descargo.
Acre. n. Acre (medida). / Finca, terrenos.
Acrid. adj. Aspero. / (Fig.) Corrosivo, mordaz.
Acrobat. n. Acróbata. / Volatinero, saltimbanqui.
Acrobatics. n. Acrobacia.
Acronym. n. Sigla.

Across. adv., prep. A través, al través, transversalmente, atravesado. / (Electr.) en paralelo. / Al otro lado de, más allá de. / *In a kingdom across the sea*, en un reino al otro lado del mar. / *To go across*, atravesar, cruzar, ir al otro lado. / *To put across*, (Fam.) hacer entender.

Acrylic. adj. Acrílico.

Act. n. Hecho, acción, acto. / Acta, protocolo. / Número (de circo o variedades). / (Der.) Acta, acto, ley, decreto. / *To be in the act of*, estar en el acto de, estar a punto de hacer algo. / *To catch in the act*, sorprender en acción flagrante. / *To pass an act*, aprobar una ley. / *To put on an act*, hacer un simulacro, hacer teatro para simular algo. / v. *To act* (Fam.) actuar, fingir. / Portarse, conducirse, funcionar, surtir efecto. / *Act as*, actuar como. / *To act for*, representar a.

Acting. n. (Teatr.) Actuación, desempeño. / (Fam.) Fingimiento. / adj. En funciones, de servicio. / Interino, suplente.

Action. n. Acción, actividad, movimiento, operación. / Acto, hecho, obra, efecto. / (pl.) Actos, conducta. / (Teatr.) Acción, trama. / (Der.) Proceso. *To bring an action*, entablar juicio. / *To bring into action*, poner en acción.

Activate. v. Activar, ionizar, radioactivar.

Active. adj. Activo, en movimiento, vigente, energico. / (Mil.) En servicio activo.

Activity. n. Actividad, diligencia.

Actor. n. Actor. / (Der.) Demandante.

Actress. n. Actriz.

Actual. adj. Real, efectivo. / Actual, presente.

Actuality. n. Realidad. / (pl.) Condiciones.

Actually. adv. En realidad, efectivamente.

Acuity. n. Acuidad, agudeza.

Acupuncture. n. Acupuntura.

Acute. adj. Agudo, sutil, sagaz, sensible. / Intenso (un dolor). / Ingenioso, fino, delgado.

Adage. n. Adagio, refrán.

Adapt. v. Adaptar. / Acomodar, ajustar, refundir.

Adaptable. adj. Adaptable, ajustable.

Adaptation. n. Adaptación, refundición.

Add. v. Añadir, agregar, sumar. / *To add to*, aumentar, agravar.

Adder. n. Víbora, serpiente.

Addict. v. Hacerse adicto, enviciarse con. / n. Adicto, partidario.

Addiction. n. Adicción. Enviciamiento. / Afición.

Addition. n. Adición, añadidura, suma.

Additional. adj. Adicional.

Additive. adj. Aditivo. / n. Adición, sustancia agregada.

Address. v. Dirigir (palabras, cartas, consejos, etc.). / Dirigirse a, dirigir la palabra a. / Consignar, poner la dirección en un envío. / n. Señas, dirección. / Discurso, alocución.

Addressee. n. Destinatario.

Addresser. n. Remitente.

Adept. adj. Adepto. / Experto, versado, perito.

Adequate. adj. Adecuado, suficiente, idóneo.

Adhere. v. Adherirse, unirse.

Adherence. n. Adherencia. / Adhesión, apego, fidelidad.

Adherent. adj. Adhesivo, pegajoso. / Adherente, partidario.

Adhesive. adj. Adhesivo, pegajoso.

Adjective. n. (Gram.) Adjetivo, adjetival. / adj. Dependiente, secundario.

Adjoining. adj. Colindante, contiguo, adyacente.

Adjourn. v. Suspender, levantar, clausurar. / Postergar (una sesión). / Trasladarse, pasar de una habitación a otra.

Adjunct. s., adj. Adjunto, ayudante. / Subordinado.

Adjust. v. Ajustar, arreglar, componer. / Adaptar, amoldar, corregir. / Conciliar. / Liquidar reclamaciones.

Adjustment. n. Arreglo, corrección. / Liquidación, ajuste.

Administer. v. Administrar, suministrar. / *To administer an oath to*, tomar juramento a.

Administration. n. Administración. / Gobierno.

Admiral. n. Almirante.

Admiration. n. Admiración.

Admire. v. Admirar.

Admirer. n. Admirador, enamorado. / Aficionado.

Admission. n. Admisión, recepción, entrada. / Precio de entrada.

Admit. v. Admitir. / Dar entrada a, permitir. / Reconocer, confesar.

Admonish. v. Amonestar, reprender, advertir, prevenir.

Admonitory. adj. Admonitivo, exhortativo.

Adnexal. adj. Anexo.

Adolescence. n. Adolescencia.

Adolescent. s., adj. Adolescente.

Adopt. v. Adoptar, prohijar. / Asumir.

Adoption. n. Adopción.

Adore. v. Adorar.

Adorer. n. Amante, enamorado ferviente.

Adorn. v. Adornar, ornamentar, ataviar.

Adrenaline. n. (Med.) Adrenalina.

Adulate. v. Adular, lisonjear.

Adulation. n. Adulación, lisonja.

Adult. adj. Adulto. / n. Persona mayor.

Adultery. n. Adulterio.

Adulthood. n. Edad adulta.

Advance. v. Adelantar, avanzar. / Fomentar, promover, ascender (en rango). / Anticipar, adelantar (el reloj, un pago, una idea). / s.(pl.) Insinuaciones, tanteon. / Obsequios o requerimientos de amor. / *In advance*, por adelantado, por anticipado.

Advancement. n. Adelanto, progreso. / Mejora, ascenso. / Anticipo.

Advantage. n. Ventaja, superioridad. / Provecho, beneficio, ganancia, facilidad, conveniencia.

Advantageous. adj. Beneficioso, conveniente.

Advent. n. Adviento. / Advenimiento, llegada.

Adventure. n. Aventura, Lance, suerte, riesgo. / v. Arriesgarse, osar, aventurarse. / Aventurar, arriesgar.

Adventurer. n. Aventurero.

Adventurous. adj. Aventurado, arriesgado. / Audaz, temerario.

Adverb. n. (Gram.) Adverbio.

Adversary. n. Adversario, enemigo. / adj. Adverso.

Adversity. n. Adversidad, desgracia, infortunio.

Advert. v. Advertir, fijarse en. / Referirse, aludir a.

Advertise. v. Anunciar, publicitar.

Advertisement. n. Anuncio, aviso. / Publicidad, propaganda.

Advertiser. n. Anunciador.

Advertising. n. Propaganda, publicidad. / adj. Publicitario.

Advice. n. Consejo, aviso, parecer, advertencia. / *Letter of advice*, notificación.

Advisable. adj. Aconsejable, conveniente.

Advise. v. Aconsejar, avisar, notificar, advertir.

Adviser, advisor. n. Consejero, asesor, consultor.

Advisory. adj. Consultor, consultivo.

Advocacy. n. Defensa, amparo, apoyo.

Advocate. n. Abogado. / Defensor. / v. Abogar por, defender, apoyar.

Aerial. adj. Aéreo, etéreo, sutil. / Atmosférico, aerófito. / n. Antena.

Aerodynamic. adj. Aerodinámico.
Aerodynamics. n. La aerodinámica.
Aeronautics. n. La aeronáutica.
Aeroplane. n. Aeroplano, avión.
Aerostatic. adj. Aerostático, ca.
Aesthetic. adj. Estético.
Aesthetics. n. La estética.
Affability. n. Afabilidad, amabilidad.
Affair. n. Asunto, negocio. / Caso, acontecimiento. / Aventura amorosa.
Affect. n. Sentimiento, emoción, anhelo. / v. Afectar, fingir, aparentar. / (Med.) Afectar, atacar (un órgano, parte del cuerpo, etc.). / Producir alteración, influir en, conmover.
Affected. adj. Afectado, amanerado, fingido. / *Affected towards*, inclinado a. / *Affected with*, aquejado de. / Conmovido, emocionado.
Affection. n. Afecto, cariño. / Afección, dolencia, enfermedad.
Affectionate. adj. Afectuoso, amoroso.
Affective. adj. Afectivo, emocional.
Affinity. n. Afinidad, atracción.
Affirm. v. Afirmar, aseverar. / Ratificar, declarar formalmente. / Testificar.
Affirmation. n. Afirmación, aserción, declaración solemne.
Affluence. n. Afluencia. / Abundancia, opulencia.
Afford. v. Dar, proporcionar, suplir. / Permitirse, darse el lujo de. / Afrontar, solventar (un gasto).
Afire. adj. Ardiendo, incendiado.
Afloat. adv. A flote, flotando. / A bordo. / (Fig.) Solvente, sin dificultades.
Aforesaid. adj. Antedicho.
Afraid. adj. Asustado, atemorizado.
Afresh. adv. De nuevo, nuevamente.
African. s., adj. Africano.
Aft. adv. A popa. / *Fore and aft*, de proa a popa.
After. prep., adv. Después de. / Detrás de. / Al cabo de. / Tran. / Según, de acuerdo a, a la manera de. / *After all*, después de todo, a pesar de todo.
Afterlife. n. Vida futura, vida después de la muerte.
Afternoon. n. Tarde.
Afterward, afterwards. adv. Después, en seguida, más tarde. / *Long afterward*, mucho tiempo después.
Afterworld. n. El más allá.
Again. adv. Otra vez. / Además, por otra parte.
Against. prep. Contra. / En contra de. / Frente a, contiguo a.
Age. n. Edad. / Era, época. / Vejez. / Mayoría de edad. / *To be over age*, ser demasiado viejo. / v. Envejecer, madurar. / *Under age*, menor de edad.
Aged. adj. Anciano. / De la edad de. / Maduro, sazonado.
Agency. n. Agencia, entidad, órgano. / Medio. / *By the agency of*, por medio de. / *Free agency*, libre albedrío.
Agent. n. Agente, gestor, representante. / Causa, factor. / Mandatario, apoderado.
Aggravate. v. Agravar, irritar, molestar.
Aggravating. adj. Agravante, irritante, exasperante.
Aggregate. v. Agregar, juntar, sumar. / n. Agregado, colectivo. / *In the aggregate*, colectivamente.
Aggression. n. Agresión, acometida.
Aggressive. adj. Agresivo. / Emprendedor, enérgico.
Aggrieve. v. Apenar, afligir. / dañar.
Agile. adj. Ágil, ligero, expedito.
Agility. n. Agilidad, soltura.
Agitate. v. Agitar, inquietar, alborotar, discutir.
Agnostic. s., adj. Agnóstico.

Ago. adv. Hace, ha. (Indicando el tiempo pasado). / *A good while ago*, hace bastante tiempo. / *Five years ago*, hace cinco años.
Agonize. v. Sufrir, angustiar, agonizar.
Agony. n. Agonía, angustia. Paroxismo.
Agree. v. Consentir, estar de acuerdo. / Ponerse de acuerdo, convenir. / Corresponder, concordar.
Agreeable. adj. Concorde, conforme. / Ameno, complaciente.
Agreement. n. Acuerdo, convenio, tratado. / Conformidad, concordancia.
Agricultural. adj. Agrícola, agrario.
Agriculture. n. Agricultura, Agronomía.
Ahead. adv. Adelante, más delante, de frente. /
Aid. v. Ayudar, auxiliar. / n. Ayuda, auxilio. / Asistente, ayudante. / Elemento auxiliar.
AIDS. - *(Acquired Inmunity Defficiency)*. / Síndrome de Inmuno Deficiencia Adquirida (SIDA).
Ail. n. Afligir, aquejar, molestar. / Sufrir, estar enfermo.
Ailment. n. Dolencia, indisposición física.
Aim. v. Apuntar, dirigir. / Asestar, lanzar. / *To aim high*, ambicionar mucho. / n. Apunte, puntería. / Finalidad, propósito.\ *To miss one's aim*, errar el tiro.
Aimless. adj. Sin objeto, A la deriva.
Air. n. n. Aire. / Aspecto, porte, ademanes. / s.(pl.) Aires, engreimiento, afectación.
Air conditioner. n. Acondicionador del aire.
Aircraft. n. Vehículo aéreo, aeronave.
Aircrew. n. Tripulación del avión.
Airfield. n. Campo de aviación, campo de aterrizaje.
Air hostess. n. Azafata, aeromoza.
Airily. adv. Ligeramente, frívolamente.
Airless. adj. Falto de ventilación, sofocante.
Airline. n. Línea aérea, compañía de aviación.
Airmail. n. Correo aéreo, vía aérea. / Aeropostal. / v. Enviar por correo aéreo.
Airplane. n. Aeroplano, avión.
Airport. n. Aeropuerto.
Air raid. n. Ataque aéreo.
Airsick. adj. Mareado.
Airstream. Corriente de aire.
Airtight. adj. Hermético.
Airway. n. Vía aérea. / Línea aérea, compañía de aviación. / Vía respiratoria. / Galería de ventilación.
Airy. adj. Bien ventilado, ventoso. / Etéreo, ligero. / Airoso, vivaz, gracioso, delicado. / Afectado.
Aisle. n. Pasillo, pasadizo (iglesia, teatro, etc.)
Aitch. n. Nombre de la letra H.
Ajar. adj. Entreabierto, entornado. / Discorde.
Akimbo. adj., adv. En jarra, en asas.
Akin. adj. Consanguíneo, emparentado. / Semejante, parecido.
Alarm. v. Alarmar, inquietar. / n. Alarma, rebato.
Alarm clock. n. Despertador.
Alarming. adj. Alarmante, inquietante.
Albeit. conj., adv. Aunque, bien que, no obstante, si bien.
Alchemy. n. Alquimia.
Alcohol. n. Alcohol. / Bebida alcohólica.
Alcoholic. adj. Alcohólico.
Alcove. n. Gabinete. / Glorieta, cenador.
Alderman. n. Concejal, regidor.
Ale. n. Cerveza espesa y amarga.
Alert. adj. Alerta, prevenido. / Activo, ágil, despierto. / n. Alarma. / Señal de alerta. / Estado de alarma.
Algebra. n. Algebra.
Algid. adj. Algido, muy frío, glacial.
Alias. n. Alias, nombre supuesto.

Alibi. n. Coartada.
Alien. adj. Extranjero. / Ajeno, extraño. / *Alien from*, distinto de, diferente de. / v. Alienar, enajenar.
Alienate. v. Apartar, enajenar.
Align. v. Alincar, poner en línea. / Alinearse, unirse a otros en una causa o partido.
Alike. adv. Semejante, similar.
Alimentation. n. Alimentación.
Alive. adj. Vivo, viviente. / Funcionando.
All. adj., adv., pron. Todo, todos. / *All right*, muy bien. / *All the same*, a pesar de todo, sin embargo. / *All the way*, completamente, hasta el fin. / *Not at all*, definitivamente no.
Allegation. n. Alegación. / (Der.) Alegato.
Allege. v. Alegar, afirmar. / Sostener, pretender.
Alleged. adj. Alegado, afirmado. / Supuesto.
Allegiance. n. Lealtad, fidelidad.
Allergy. n. (Med.) Alergia.
Alleviate. v. Aliviar, aligerar, mitigar.
Alley. n. Callejón, callejuela. / Corredor, pasillo.
All-fours. pl. Extremidades.
Alliance. n. Alianza, liga. / Enlace. / Afinidad.
Allied. adj. Aliado, confederado. / Relacionado, conexo, afín.
Alligator. n. (Zool.) Caimán.
Alliteration. n. Aliteración.
Allocate. v. Distribuir, repartir, asignar.
Allocation. n. Distribución, repartición, reparto, asignación. / Cuota, asignación, partida.
Allot. v. Distribuir, asignar, destinar.
Allotment. n. Asignación, distribución. / Lote, porción, asignación, cupo, cuota.
Allow. v. Permitir, dejar, conceder. / Asignar (una pensión, un derecho, etc.). / Dar tiempo.
Allowable. adj. Admisible, permisible, tolerable.
Allowance. n. Concesión, indulgencia. / Tolerancia (en medidas, peso, etc.). / Asignación. / (Com.) Descuento, rebaja.
Alloy. v. Alear, ligar, mezclar (metales). / (Fig.) Adulterar. / n. Aleación, amalgama, mezcla.
All right. Apropiado, correcto. / Sin daño, ileso. / Sí, de acuerdo.
Allude. v. Aludir, referirse.
Allure. v. Fascinar, tentar, seducir. / n. Fascinación, tentación, seducción.
Ally. v. Aliar, unir, confederar. / n. Aliado, confederado.
Almighty. adj. Omnipotente, todopoderoso. / *The Almighty*, el Todopoderoso.
Almond. n. Almendra.
Almond tree. n. (Bot.) Almendro.
Almost. adv. Casi, por poco.
Alms. pl. Limosna, caridad. / *To give alms*, dar limosna.
Alone. adj. Solo, solitario. / Unico.
Along. prep., adv. A lo largo de, por (un camino, un río, el hilo de un discurso, etc.). / *She goes along the street*, ella va por la calle, ella va a lo largo de la calle. / Paralelamente a, paralelo a.
Aloof. adv. Lejos, aparte, a distancia.
Aloofness. n. Indiferencia, alejamiento.
Alphabet. n. Alfabeto, abecedario.
Already. adv. Ya. / Desde entonces, desde antes de ahora.
Also. adv. También, igualmente, además.
Altar. n. Altar, ara. / (Astron.) Ara.
Alter. v. Alterar, cambiar, transformar. / Castrar.
Altercate. v. Altercar, disputar.
Altercation. n. Altercado, discusión, disputa.
Alternate. adj. Alterno, substituto, suplente. / v. Alternar, variar, turnar(se).

Alternative. n. Alternativa. / adj. Alternativo, disyuntivo.
Although, altho. conj. Aunque, a pesar de que, si bien.
Altitude. n. Altitud.
Altogether. adv. Del todo, por completo.
Altruism. n. Altruismo, amor al prójimo.
Aluminium. - n. Aluminio.
Always. adv. Siempre.
Amass. v. Acumular, amontonar, juntar.
Amateur. n. Aficionado, amateur.
Amaze. v. Maravillar, asombrar. / n. Sorpresa, asombro.
Amazement. n. Asombro, sorpresa, estupefacción.
Ambassador. n. Embajador. / Enviado.
Ambiguity. n. Ambigüedad.
Ambition. n. Ambición, aspiración. / v. Aspirar.
Ambitious. adj. Ambicioso, emprendedor.
Ambulance. n. Ambulancia.
Ambuscade, ambush. v. Emboscar, tender una celada. / Emboscarse. \ s Emboscada, celada, trampa. / *To lay an ambush*, tender una emboscada.
Ameliorate. v. Mejorar.
Amend. v. Enmendar, corregir, reformarse.
Amendment. n. Enmienda, rectificación. / (Der.) modificación de una ley.
Amends. s.(pl.) Indemnización, reparación, compensación. / *To make amends*, indemnizar.
Amenity. n. Amenidad, afabilidad. / Cosa amena, comodidad. / Modales agradables o atractivos.
American. Americano.
Amiability. n. Amabilidad.
Amiable. adj. Amable, afable.
Amid, amidst prep. Entre, en medio de, rodeado por. / En el curso de, durante.
Ammunition. n. Munición, municiones. / v. Proporcionar municiones, pertrechar.
Amnesia. n. Amnesia.
Amnesty. n. Amnistía, indulto. / v. Indultar.
Among, amongst. prep. Entre varios, mezclado con, en medio de muchas cosas.
Amortize. v. Amortizar.
Amount. v. Importar, sumar, ascender a. / Significar, equivaler, venir a ser. / n. Importe, cantidad.
Amphibian. s., adj. Anfibio.
Amphitheater, amphitheatre. n. Anfiteatro.
Ample. adj. Extenso, abundante. / Adecuado.
Amplification. n. Amplificación, ampliación. / (Der.) Prórroga.
Amplify. v. Amplificar, ampliar.
Amply. adv. Ampliamente, holgadamente.
Amulet. n. Amuleto.
Amuse. v. Entretener, distraer, divertir.
Amusement. n. Diversión, distracción. / Recreo, pasatiempo.
Amusing. adj. Divertido, entretenido.
An. Un, uno, una (artículo indefinido *A* delante de palabra que comienza con vocal o *h* muda).
Anagram. n. Anagrama.
Analogous. adj. Análogo, paralelo, parecido.
Analogy. n. Analogía, semejanza, afinidad.
Analysis. n. Análisis.
Analyst. n. Analizador, analista, psicoanalista.
Analyze, analyse. v. Analizar. / Psicoanalizar.
Anarchist. s., adj. Anarquista.
Anarchy. n. Anarquía, desorden.
Anatomy. n. Anatomía. / Anatomía, cuerpo humano. / Análisis, disección.
Ancestor. n. Antepasado, ascendiente, predecesor.
Ancestral. adj. Ancestral, atávico.

Ancestry. n. Abolengo, prosapia.
Anchor. n. Ancla, áncora. / v. Anclar, echar anclas. / Fijar, sujetar.
Anchovy. n. (Ict.) Anchoa, haleche, boquerón.
Ancient. adj. Antiguo. / *The ancients*, los antiguos.
And. conj. Y.
Anecdote. n. Anécdota, relato, cuento.
Anemia. n. (Med.) Anemia.
Anesthesia. n. Anestesia.
Anew. adv. De nuevo, otra vez, en forma diferente.
Angel. n. Angel.
Angelic, angelical. adj. Angélico, angelical.
Anger. n. Ira, cólera.
Angle. n. Angulo. / Esquina, codo. / Hierro en ángulo. / (Fig.) Punto de vista, aspecto.
Anglican. adj., n. (Rel.) Anglicano.
Anglo-Saxon. adj., n. Anglosajón.
Angrily. adv. Con ira, airadamente.
Anguish. n. Angustia, tormento, aflicción. / v. Atormentar(se), torturar (se), causar angustia.
Anguished. adj. Angustiado, atormentado, afligido.
Animadversion. n. Animadversión.
Animal. n. Animal. / adj. Carnal, sensual.
Animate. v. Animar, dar vida. / Vivificar, avivar. / Animar, alentar. / adj. Viviente, animado.
Animated. Adj. Animado, vivo, alegre. / A cuerda (juguetes). / Animado (se mueve)
Animated cartoon. Dibujos animados.
Animosity. n. Animosidad, aversión, rencor.
Animus. n. Animo, disposición, intención. / Aversión, rencor.
Ankle. n. Tobillo.
Anklet. n. Brazalete para el tobillo. \ Calcetín corto.
Ankylose. v. Anquilosar(se).
Annalist. v. Analista, cronista.
Annals. pl. Anales, crónicas.
Annex. v. Anexar, agregar. / n. Anexo, apéndice.
Annexation. n. Anexión, adición, suma.
Annihilate. v. Aniquilar, destruir.
Annihilation. n. Aniquilación, destrucción total.
Anniversary. n. Aniversario.
Annotation. n. Anotación, nota, comentario.
Announce. v. Anunciar, publicar, proclamar. / Ser locutor o animador de un programa.
Announcement. n. Anuncio, notificación, aviso, declaración.
Announcer. n. Anunciador, locutor.
Annoy. v. Molestar, fastidiar, enojar.
Annoyance. n. Molestia, disgusto, incomodidad.
Annoying. adj. Molesto, fastidioso, importuno.
Annual. adj. Anual. / n. Publicación anual, anuario.
Annually. adv. Anualmente, cada año.
Annuity. n. Anualidad, renta o pensión anual.
Annunciate. v. Anunciar, proclamar, intimar.
Anodyne. adj. Anodino, calmante del dolor.
Anomaly. n. Anomalía, irregularidad.
Anonym. n. Anónimo. / Seudónimo.
Anorak. n. Parka. Chaqueta esquimal.
Another. s., adj. Otro. / Distinto, diferente. / *Another one*, uno mán. / *Another time*, otra vez.
Answer. n. Respucsta, contestación. / v. Responder, replicar. / contestación a una demanda. / v. Responder, replicar. / *to answer for* , ser responsable por, de, responder por, de (sth.).
Ant. n. (Ento.) Hormiga.
Antagonism. n. Antagonismo, hostilidad, rivalidad.
Antagonist. n. Antagonista, contrario, adversario, rival. / (Anat.) Músculo antagonista.

Antagonize. v. Enemistar, provocar hostilidad.
Antarctic. adj. Antártico, del sur, austral.
Ant bear. n. (Zool.) Oso hormiguero.
Antecede. v. Anteceder. Preceder.
Antecessor. n. Antecesor, predecesor.
Antenna. n. Antena.
Anteriority. n. Anterioridad, antelación, prioridad.
Anthem. n. Himno. / Antífona, cántico.
Anthology. n. Antología.
Anthropological. adj. Antropológico.
Anthropology. n. Antropología.
Anti. prep. Anti. Opuesto a, contrario a.
Antibody. n. (Med.) Anticuerpo.
Anticipate. v. Prever, esperar, considerar con anticipación. / Anticipar, acelerar. / Adelantar (un deber, una tarea, etc.). / Anticiparse a. / Evitar, prevenir.
Anticipation. n. Anticipación, previsión.
Antidote. n. Antídoto, contraveneno.
Antipasto. n. Entremés.
Antipathy. n. Antipatía, aversión, antagonismo.
Antipode. n. Antípoda, lo opuesto, lo contrario.
Antiquary. n. Anticuario.
Antique. adj. Antiguo, histórico. / n. Objeto antiguo./ v. Aparentar antigüedad en muebles u objetos.
Antiquity. n. Antigüedad. / (pl.) Antigüedades.
Antithesis. n. Antítesis, contraposición, contraste.
Antler. n. Asta, cornamenta, cuerno del ciervo.
Anus. n. Ano.
Anxiety. n. Ansia, angustia. / Anhelo, afán.
Anxious. adj. Ansioso, inquieto, perturbado.
Any. adj. Cualquier, cualquiera. / Algún, alguno, alguna. / *Is there any light out there?*, ¿Hay alguna luz allí afuera? / *Have you any money?*, ¿Tiene Ud. algún dinero? ¿Tiene Ud. algo de dinero? / Ningún, ninguno, ninguna (cuando se encuentra en una frase negativa). / *I haven't any idea*, no tengo idea alguna, no tengo ni idea. / *At any cost*, a cualquier precio, a toda costa. / *At any rate*, de cualquier manera, de todos modos. / *At any time*, a cualquier hora, cuando quiera. / *In any case*, En todo caso, de todos modos. / adv. Algo. / *Is it any better now?* ¿Está algo mejor ahora?. / *Any more*, algo más, alguna otra cosa. / *She doesn't love me any more*, ella ya no me quiere.
Anybody. pron. Alguno, alguna, alguien. / Cualquiera, quienquiera. / Ninguno, nadie (en una frase negativa).
Anyhow. adv. De cualquier modo, en cualquier caso.
Anything. pron. Algo, alguna cosa, cualquier cosa. / Todo, lo que sea. / *Anything else?* ¿Alguna otra cosa? / *Anything you like*, Lo que Ud. quiera.
Anyway. adv. De cualquier modo, en cualquier forma. / De todos modos, en todo caso.
Anywhere. adv. En cualquier parte, dondequiera. / n. Cualquier parte, todas partes.
Apart. adv. Aparte. / Independientemente. / A un lado, a distancia. / *Apart from*, Aparte de, con la excepción de. /*To stand apart*, mantenerse apartado, distinguirse. / *To tear apart*, Deshacer, despedazar.
Apartment. n. Apartamento, departamento, piso.
Apathy. n. Apatía, indolencia.
Ape. n. Mono, simio, antropoide.
Aperitif, aperitive. n. Aperitivo.
Aperture. n. Abertura, orificio. / Paso, rendija. / (Fotogr.) Abertura de diafragma.
Apex. n. Apice, cima, cúspide.
Aphrodisiac. adj., n. Afrodisíaco.
Apiece. adv. A cada uno, por cada uno.
Aplomb. n. Aplomo, ecuanimidad, sangre fría.
Apocalypse. n. Apocalipsis.

Apocalyptic, apocalyptical. adj. Apocalíptico.
Apocope. n. (Gram.) Apócope.
Apocryphal. adj. Apócrifo, supuest, de dudosa autenticidad.
Apogee. n. Apogeo. / (Fig.) Cúspide, cima.
Apologize. v. Disculparse, pedir disculpas.
Apology. n. Disculpa, excusa, justificación. / Apología, discurso, de defensa o excusa.
Apostle. n. Apóstol.
Apothecary. n. Boticario, farmacéutico. / Farmacia, botica, droguería.
Apotheosis. n. Apoteosis, deificación, glorificación, ensalzamiento.
Appall, appal. v. Pasmar, asombrar, consternar.
Apparatus. n. Aparato. / Conjunto de instrumentos, órganos o formalidades.
Apparent. adj. Aparente, patente, manifiesto.
Apparently. adv. Aparentemente, manifiestamente.
Apparition. n. Aparición, fantasma, espectro.
Appeal. v. Apelar de (una sentencia). / Recurrir, acudir, suplicar. / Atraer, interesar, tener seducción. / To appeal for, solicitar. / n. Sex appeal, sexappeal, atractivo sexual. / (Der.) Apelación, petición. / Recurso, instancia.
Appealing. adj. Implorante, suplicante. / Conmovedor. / Atrayente, apetecible.
Appear. v. Aparecer, asomarse, manifestarse, estar a la vista. / Parecer. / Publicarse, editarse. / (Der.) Comparecer, presentarse, responder.
Appearance. n. Apariencia, aspecto. / Aparición, publicación, debut. / (Der.) Comparecencia.
Appease. v. Apaciguar, aplacar, aquietar. / Conciliar. Reconciliar.
Appellative s., adj. (Gram.) Apelativo, nombre apelativo. / Nombre, título. / Denominación.
Append. v. Añadir, agregar, anexar. / Poner, estampar (firma, etc.).
Appendix. n. Apéndice, suplemento. / (Anat.) Apéndice. / Accesorio, dependencia.
Apperceive. v. Captar, apercibir, asimilar nuevas ideas, etcétera.
Appetence, appetency. n. Apetencia, apetito, anhelo. / Propensión natural.
Appetite. n. Apetito.
Appetizer. n. Aperitivo.
Applaud. v. Aplaudir, elogiar.
Applause. n. Aplauso, aclamación, aprobación.
Apple. n. (Bot.) Manzana / Apple of the eye, pupila, niña (de los ojos). / Apple tree, manzano.
Apple-pie. n. Pastel de manzana. / (fam.) Excelente, perfecto, fácil.
Appliance. n. Aplicación. / Instrumento, dispositivo. / Artefacto, aparato electrodoméstico.
Applicant. n. Solicitante, aspirante, candidato. / (Der.) Demandante.
Application. n. Aplicación, uso. / Esmero, dedicación. / Solicitud. / Formulario de solicitud.
Application form. n. Solicitud, cédula en blanco.
Applied. adj. Aplicado, da. / Adaptado, utilizado.
Apply. v. Aplicar. / To apply for, to apply to, solicitar puesto o empleo.v.
Appoint. v. Nombrar, designar. / Equipar, surtir, amueblar. / (Der.) Asignar (propiedad o bienes).
Appointment. n. Nombramiento, designación. / Oficio, puesto, empleo. / Cita, compromiso. / (pl.) Equipo, mobiliario. / (Der.) Disposición, asignación. / To break an appointment, faltar a una cita.
Appraisal, appraisement. n. Evaluación, valoración, tasación. / Apreciación, estimación.

Appraise. v. Evaluar, valorar, tasar.
Appreciate. v. Apreciar, reconocer (méritos, etc.). / Apreciar, estimar. / Agradecer. / Aumentar el valor o precio de.
Appreciation. n. Apreciación, valoración. / Apreciación, aprecio, reconocimiento. / Agradecimiento. / Aumento de precio o valor. / Crítica.
Apprehend. v. Aprehender, arrestar.
Apprehension. n. Aprensión, temor. / Aprehensión, captura, arresto. / Percepción, comprensión.
Apprehensive. adj. Aprensivo, receloso, tímido. / Capaz de aprehender, discernidor, perspicaz.
Apprentice. n. Aprendiz. / v. Poner de aprendiz.
Approach. v. Acercarse a. / (Fig.) Parecerse a. / Abordar a una persona, hacer propuestas. / Acercar. / n. Acercamiento, aproximación. / Vía de entrada, paso, acceso. / Propuesta, enfoque, planteamiento.
Approachable. adj. Accesible, tratable.
Approbation. n. Aprobación, beneplácito.
Appropriate. adj. Apropiado, adecuado, a propósito. / v. Apropiarse de cosa ajena. / Asignar, consignar.
Approval. n. Aprobación, consentimiento.
Approve. v. Aprobar, sancionar.
Approximate. adj. Aproximado, aproximativo. / Próximo, cercano. / (v.) Aproximar, aproximarse.
Apricot. n. Albaricoque, damasco. / Apricot tree, albaricoquero.
April. n. Abril.
Apt. adj. Apto, capaz, listo. / Apropiado. / Propenso, dispuesto.
Aquarelle. n. Acuarela.
Aquarium. n. Acuario, pecera.
Aquatic. adj. Acuático. / s.(pl.) Deportes acuáticos.
Aquiline. adj. Aquilino, aguileño.
Arabian. s., adj. Árabe.
Arabic. s., adj. Árabe, idioma árabe.
Arable. adj. Arable, cultivable. / n. Tierra cultivable.
Arbalest. n. Ballesta.
Arbiter. n. Árbitro, / Arbiter of fashions, árbitro de la moda.
Arbitrariness. n. Arbitrariedad.
Arbitrate. v. Arbitrar, someter a arbitrio, determinar, decidir.
Arc. n. Arco.
Arcade. n. (Arq.) Arcada, conjunto de arcos, galería.
Arch. n. (Arq.) Arco. / v. Enarcar, dar forma de arco. / Arquear. / Arquearse, tomar forma de arco. / Cubrir con un arco o arcos.
Achaelogical. adj. Arqueológico.
Archaeology. n. Arqueología.
Archaic. adj. Arcaico.
Archangel. n. Arcángel.
Archbishop. n. Arzobispo.
Archduchess. n. Archiduquesa.
Archduke. n. Archiduque.
Arched. adj. Arqueado, enarcado, encorvado.
Archer. n. Arquero. / Archer (Astron.) Sagitario.
Archery. n. Arquería, tiro de arco. / Habilidad en el tiro de arco.
Archetype. n. Arquetipo, prototipo.
Archipelago. n. Archipiélago.
Architecture. n. Arquitectura.
Archive. n. Archivo.
Arctic. adj. Artico. / (Fig.) Septentrional, frígido. / Polo norte, regiones polares septentrionales.
Ardency. n. Ardor, vehemencia.
Ardent. adj. Ardiente, ferviente, fervoroso.
Ardor. n. Ardor, calor ardiente, pasión.

Arduous. adj. Arduo, escarpado, difícil, trabajoso.
Area. n. Area.
Area code. Prefijo de zona telefónica
Arena. n. Arena, liza, ruedo, campo de contienda o debate.
Argentina. n. La Argentina.
Argentinean, argentinian. adj. Argentino.
Argue. v. Argüir, argumentar, disputar, afirmar.
Argument. n. Razonamiento. / Discusión, disputa.
Arid. adj. Arido.
Aridity. n. Aridez.
Aries. n. (Astron.) Aries.
Arise. v. Elevarse, aparecer, surgir. / *To arise from*, proceder, resultar (de), originarse (en). / Levantarse, resucitar.
Aristocracy. n. Aristocracia.
Arithmetic. n. Aritmética. / adj. Aritmético.
Ark. n. Arca, caja, cofre. / Barcaza.
Arm. n. (Anat.) Brazo. / Manga (de vestidos) / Brazo del sillón, de la balanza, de mar, etc. / Pata delantera de un animal. / v. Armar, acorazar, blindar.
Armada. n. Armada, flota.
Armament. n. Armamento, preparación bélica, potencia ofensiva o militares.
Armchair. n. Sillón, butaca.
Armed forces. n. (pl.) Fuerzas armadas.
Arm-in-arm. adv. Del brazo.
Armistice. n. Armisticio, tregua.
Armor, armour. n. Armadura, coraza, blindaje. / Vehículos blindados. / v. Blindar, acorazar.
Army. n. Ejército.
Aroma. n. Aroma, fragancia.
Aromatic. adj. Arómatico.
Around. adv., prep. Alrededor, a la redonda, en torno, a la vuelta. / Cerca, aproximadamente. / *The other way around*, al contrario, al revés.
Arouse. v. Despertar, animar, excitar, incitar.
Arrange. v. Arreglar, disponer, ordenar. / (Mús.) Arreglar, adaptar una composición para voces o instrumentos. / Convenir, llegar a un acuerdo.
Arrangement. n. Arreglo, disposición. / (pl.) Planes, medidas, arreglos.
Array. v. Ordenar, formar (las tropas). / Vestir, adornar, ataviar. / (Fig.) Revestir. / (Der.) Elegir jurado. / n. Orden del campo de batalla, formación. / Arreglo, conjunto, serie, colección. / Vestido, atavío lujoso. / (Mat.) ordenación, matriz.
Arrears. n. (pl.) Deudas, atrasos.
Arrest. n. Arresto, detención, interrupción, suspensión./ v. Arrestar, detener, capturar. / Atajar, impedir movimiento o progreso.
Arrival. n. LLegada, arribo.
Arrive. v. Llegar, arribar a un lugar. / *To arrive at*, llegar, alcanzar (conclusión, objetivo, etc.).
Arrogance. n. Arrogancia, altivez, soberbia.
Arrow. n. Flecha, saeta.
Arse. n. (Pop.) Culo, trasero.
Arsenal. n. Arsenal. / (Fig.) Caudal.
Arson. n. Incendio premeditado, delito de incendiar.
Arsonist. n. Incendiario, pirómano.
Art. n. Arte / Habilidad. / *Arts*, Letras, humanidades. / Estratagema, artificio, maña.
Artery. n. (Anat.) Arteria. / (Fig.) Vía importante (en una ciudad).
Artful. adj. Diestro, habilidoso, astuto, artificioso.
Artichoke. n. (Bot.) Alcachofa, alcaucil.
Article. n. Artículo, escrito. / Cláusula (en documento, contrato, ley, etc.) / Objeto, pieza, mercancía. / v. Exponer o formular en artículos.

Articulate. adj. Articulado, inteligible, claro. / (Zool.) Articulado (tiene articulaciones). / v. Articular, enunciar claramente (palabras, etc.).
Articulation. n. Articulación.
Artifice. n. Artificio, estratagema, aparato o expediente ingenioso. / Ingeniosidad, habilidad.
Artificer. n. Artesano. / (Fig.) Artífice, inventor.
Artificial. adj. Artificial, fabricado. / Afectado.
Artisan. n. Artesano, artífice.
Artist. n. Artista, maestro en su oficio o vocación.
Artless. adj. Sin arte, tosco, inculto, sencillo.
Arts and crafts. s.(pl.) Artesanía fina, aplicada a objetos funcionalen.
As. conj. Como. / *As you like it*, como quiera. / Tal como, al igual que. / Mientras, cuando, al (producirse la acción). / *As for*, en cuanto a, por lo que respecta a. / *As against*, comparado con. / *As from*, a partir de. / *As if*, como si. / *As if to*, como para. / *As far as*, en cuanto a lo que, de acuerdo a lo que. / *As far as I know*, según lo que yo sé. / *As well*, también. / *As well as*, así como, también. / *Such as*, tal como. / *As a rule*, por regla general.
Ascend. v. Ascender, elevarse. / Remontar, escalar.
Ascendancy, ascendency. n. Influjo creciente, dominio, predominio, ascendiente.
Ascendant, ascendent. n. Predominio, ascendiente. / Antepasado, ancestro. / *In the ascendant*, en ascenso.
Ascent. n. Ascensión, subida. / Cuesta, pendiente. / Promoción, progreso. Ascenso.
Ascertain. v. Averiguar, indagar, cerciorarse de.
Ascertainment. n. Averiguación, comprobación.
Ascetic. adj., n. Ascético, asceta.
Ascribe. v. Atribuir, achacar, imputar, adscribir.
Ascription. n. Atribución, adscripción.
Ash. n. (*Usase generalmente en plural, ashes*.) Ceniza. / Cenizas, restos. / *To lay to ashes*, reducir a cenizas. / (Bot.) Fresno.
Ashamed. adj. Avergonzado.
Ashamedly. adv. Con vergüenza.
Ashen. adj. Ceniciento, gris. / De madera de fresno.
Ash tray. n. Cenicero.
Ash Wednesday. n. (Rel.) Miércoles de ceniza.
Asia. n. Asia.
Asian, asiatic. adj. Asiático.
Aside. adv. Al lado, a un lado, aparte. / *To set aside*, Dejar de lado, anular (un fallo, decisión, veredicto).
Aside from. prep. Además de, aparte de, excepto, fuera de.
Ask. v. Preguntar. / Pedir.
Asleep. adj. Dormido. / (Fig.) Adormecido, entumido. / En estado latente, a la espera de condiciones favorables.
Asparagus. n. Espárrago.
Aspect. n. Aspecto, apariencia.
Asperity. n. Aspereza.
Aspersion. n. Aspersión. / (Fig.) Difamación.
Asphalt. n. Asfalto.
Asphyxiate. v. Asfixiar, sofocar. \ Asfixiarse.
Aspirant. n. Aspirante.
Aspiration. n. Aspiración, aliento. / (Fig.) Ambición, pretensión.
Aspire. v. Aspirar a, ambicionar, anhelar.
Aspirin. n. Aspirina.
Ass. n. Asno, burro, jumento. / (Fig.) Persona torpe o necia.
Ass. n. (Pop.) Culo, trasero.
Assail. v. Asaltar, atacar, acometer.
Assassinate. v. Asesinar, matar alevosamente.
Assault. n. Asalto, ataque, agresión. / v. Asaltar, atacar.

Assemblage. n. Conjunto, colección (de cosas). / (Mec.) Montaje, empalme. / (Arte) Collaje.

Assemble. v. Congregar, reunir, juntar. / (Mec.) Montar, armar, ensamblar / Congregarse.

Assembly. n. Asamblea, congregación, junta. / (Mec.) Montaje, armadura.

Assent. n. Consentimiento, aprobación. / v. Asentir.

Assert. v. Aseverar, afirmar, sostener. / Hacer valer (un derecho). / *To assert oneself*, imponerse, infundir respeto.

Assertion. n. Aserción, afirmación.

Assess. v. Valorar, valuar, tasar, estimar en. / Acotar (impuestos, responsabilidades, etc.). / Imponer impuesto, gravar. / (Der.) Fijar, determinar (daños, monto de reparaciones, etc.)

Assessment. n. Evaluación, tasación, tasa, gravamen, contribución.

Assessor. n. Asesor, tasador.

Asset. n. Posesión, propiedad. / pl. (Der.) Bienes. / pl. (Com.) Activo, partidas del activo.

Asseverate. v. Aseverar, asegurar, afirmar.

Assiduous. n. Asiduo, perseverante.

Assign. v. Asignar, destinar. / Designar, nombrar. / Atribuir. / (Der.) Transferir, traspasar.

Assignment. n. Asignación, tarea, encargo. / Puesto, cargo. / (Der.) Cesión, escritura de cesión. / (Der.) Traspaso, transferencia.

Assimilate. v. Asimilar, absorber. / Hacer similar, asemejar.

Assist. v. Asistir, auxiliar, prestar ayuda. / *To assist to*, concurrir, estar presente. / n. Ayuda, auxilio.

Assistance. n. Asistencia, ayuda, socorro.

Assistant. n. Asistente, ayudante, auxiliar.

Associate. v. Asociar, juntar / Unirse. / Tener trato. / n. Socio, miembro. / Compañero, cómplice. / adj. Aliado, adjunto, asociado.

Association. n. Asociación, sociedad, organización.

Assortment. n. Clasificación. / Surtido, colección variada.

Assuage. v. Mitigar, aliviar, aplacar.

Assume. v. Asumir (una labor, etc.). / Tomar, adoptar (un aspecto, etc.). / Arrogar, usurpar. / Fingir, presumir, dar por sentado. / (Der.) Encargarse de, asumir.

Assumption. n. Suposición, hipótesis, conjetura. / Usurpación, arrogación. / (Mat.) Premisa.

Assurance. n. Promesa, aseveración, seguridad. / Aplomo, serenidad.

Assure. v. Asegurar, afirmar.

Asterisk. n. Asterisco. / v. Marcar con asterisco.

Asthma. n. Asma.

Asthmatic. adj. Asmático.

Astigmatism. n. Astigmatismo.

Astonishment. n. Asombro, pasmo.

Astound. v. Pasmar, consternar.

Astray. adv. Fuera de camino, por mal camino, en error. / Descaminado, desviado, equivocado, errado.

Astrology. n. Astrología.

Astronaut. n. Astronauta.

Astronomy. n. Astronomía.

Astute. adj. Astuto, sagaz, agudo.

Asunder. adv. En partes, a pedazos. / adj. Separado.

Asylum. n. Asilo, lugar de refugio. / Casa de beneficencia, hospicio.

Asymmetry. n. Asimetría.

At. prep. A. / *The child goes to bed at eight thirty*, el niño se acuesta a las ocho y media. / En. / *The child is at school*, el niño está en la escuela. / *At least*, siquiera, por lo menos. / *To aim at*, apuntar a. / (Fig.) Aspirar a, proponerse. / *At a loss*, desorientado, indeciso, perplejo. / *At*

first, al principio, inicialmente. / *At hand*, a mano, disponible. / *At last*, por último. / *At once*, inmediatamente. / *At random*, al azar. / *At sea*, en el mar. / *To be at*, estar en, estar dedicado a.

Atheism. n. Ateísmo.

Atheist. n. Ateo.

Athenaeum, atheneum. n. Ateneo.

Athenian. adj., n. Ateniense.

Athens. n. Atenas, capital de Grecia.

Athlete. n. Atleta.

Atlantic. adj. Atlántico.

Atlas. n. Atlas. / (Anat.) Primera vértebra del cuello.

Atmosphere. n. Atmósfera. / (Fig.) Ambiente.

Atom. n. Átomo.

Atomize. v. Atomizar, pulverizar.

Atrocity. n. Atrocidad.

Atrophy. n. Atrofia. / Atrofiarse, producir atrofia en.

Attach. v. Atar, juntar, adherir. / Vincular (mediante el afecto). / Agregar, adjuntar. / Atribuir. / Embargar, incautarse de, secuestrar.

Attachment. n. Fijación, unión. / Apego, afecto, adhesión. / (Fig.) Lazo, vínculo. / (Der.) Embargo.

Attack. v. Atacar, acometer, embestir. / n. Ataque, asalto, embestida. / (Med.) Dolencia súbita.

Attain. v. Alcanzar, lograr, conseguir.

Attempt. v. Intentar, procurar, ensayar. / n. Intento, prueba, tentativa. / Ataque, asalto.

Attend. v. Atender, cuidar, asistir. / Concurrir (a reuniones, escuela, etc.). / Acompañar, escoltar.

Attention. n. Atención, cuidado, esmero. / Consideración. / (pl.) Atenciones, cortesías.

Attenuate. v. Atenuar, debilitar, disminuir. / Enrarecer, reducir. / adj. Atenuado, disminuido, aminorado.

Attest. v. Atestiguar, deponer, afirmar. / Testificar, certificar, juramentar.

Attic. n. Ático, natural del Atica o de Atenas. / Desván, buhardilla. / (Arq.) Atico.

Attire. v. Vestir, ataviar. / n. Vestido, traje, atavío.

Attitude. n. Actitud, postura.

Attorney. n. Abogado. / Procurador, apoderado.

Attract. v. Atraer, captar. / Ejercer atracción.

Attraction. n. Atracción, atractivo.

Attribute. v. Atribuir, achacar, imputar. / n. Atributo, cualidad, propiedad, característica.

Audaciousness. n. Audacia, arrojo. / Desenfado.

Audacity. n. Audacia.

Audible.. adj. Audible, perceptible.

Audience. n. Audiencia. / Entrevista.

Audlt. n. Auditoría, examen o intervención de cuentas. / Verificación contable.

Audition. n. Audición, facultad de oír. / v. Dar audición, escuchar. / Actuar en una audición de prueba.

Auditor. n. Oyente. / (Com.,Ten.) Auditor, verificador de cuentas, interventor / Oyente, alumno libre.

Auditorium. n. Auditorio, sala de conferencias, aula, anfiteatro.

Augment. v. Aumentar. / Incrementar, engrosar.

August. n. Agosto. / adj. Majestuoso, venerable.

Aunt. n. Tía.

Aureole, aureola. n. Aureola, gloria, corona.

Aurora. n. Aurora, alba, amanecer.

Auspice. n. Auspicio, agüero, protección, favor.

Austere. adj. Austero, severo, sin adornos.

Austerity. n. Austeridad, severidad.

Australian. s., adj. Australiano, de Australia.

Austrian. adj., n. Austríaco.

Authenticity. n. Autenticidad.

Author. n. Autor, creador.

Authority. n. Autoridad, poder legítimo. / *Authorities*, autoridades, expertos en alguna materia.

Authorization. n. Autorización, sanción, legalización.

Authorize. v. Autorizar, facultar, aprobar, justificar, legalizar.

Autobiography. n. Autobiografía.

Autograph. n. Autógrafo. / v. Escribir a mano, firmar. Autografiar.

Automata. n. Autómatas, robots.

Automate. v. Operar por automatización. / Automatizar, controlar por computadoras.

Automobile. n. Automóvil, automotor.

Autonomy. n. Autonomía, independencia.

Autopsy. n. Autopsia, necropsia.

Autumn. n. Otoño.

Auxiliary. adj. Auxiliar, adicional, complementario. / n. Verbo auxiliar. / (pl.) Tropas auxiliares.

Avail. v. Beneficiar, ayudar. / Uso, provecho, beneficio, ventaja. / *Of avail*, de provecho.

Available. adj. Disponible, obtenible, asequible, a mano, util, aprovechable. / (Der.) Válido (una acusación, un procedimiento, etc.).

Avalanche. n. Alud, torrente. Derrumbe. / v. Precipitarse, abrumar.

Avarice. n. Avaricia, codicia.

Avenge. v. Vengar, vengarse de, vindicar.

Avenue. n. Avenida.

Average. n. Promedio, término medio. / Prorratear.

Aversion. n. Aversión, antipatía, animadversión.

Avert. v. Desviar (la mirada, la atención, etc.). / Prevenir, advertir (un peligro, etc.).

Aviation. n. Aviación.

Avidity. n. Avidez, codicia. / (Quím.) Afinidad de los átomos. / Fuerza de un ácido o de una base.

Avoid. v. Evitar, eludir, huir de. / Abstenerse de. / (Der.) Invalidar, anular.

Await. v. Esperar, aguardar.

Awake. adj. Despierto, alerta. / v. Despertar.

Award. v. Conceder, asignar, conferir. / (Der.) Adjudicar, otorgar (una indemnización, etc.). / Premio, condecoración. / (Der.) Fallo, decisión judicial.

Aware. adj. Consciente, enterado. / *To be aware,* tener conciencia de, darse cuenta de.

Awareness. n. Conciencia, conocimiento.

Away. adv. Lejos, a lo lejos, a distancia.

Awe. n. Temor reverente, admiración temerosa. / Espanto, sobrecogimiento.

Awful. adj. Pasmoso, impresionante, respetable. / Horrible, atroz. / (Fam.) Feísimo, detestable. / Muy grande, tremendo.

Awkward. adj. Desmañado, torpe, poco diestro. / Desgarbado, desproporcionado. / Delicado, difícil.

Awning. n. Toldo, cubierta de lona, marquesina.

Awry. adj. Sesgado, torcido, oblicuo. / De soslayo. / Erradamente, incorrectamente.

Ax, axe. n. Hacha. / v. Podar o cortar con hacha, matar con hacha. / (Fig.) Recortar, reducir gastos.

Axilla. n. (Anat.) Axila.

Axis. n. Eje. / (Anat.) Axis (vértebra del cuello). / (Pol.) Eje, alianza. / (Mec.) Eje, árbol.

Axle. n. Eje, árbol.

Aye. n. Voto afirmativo.

B

B. n. (Mús.) La nota Si.
Babble. v. Balbucear. / Barbotar, barbullar. / Parlotear. / Murmurar, susurrar. / Revelar, descubrir indiscretamente. / n. Barboteo. / Parloteo.
Babe. n. Criatura, infante, niño.
Baby. n. Bebé, crío. / adj. De bebé, para bebés. / Infantil, pueril. / Menor, chico. / v. Mimar.
Baby sitter. n. Niñera.
Baccalaureate. n. Bachillerato.
Bachelorhood. n. Soltería, celibato.
Back. n. Espalda. / Lomo. / Parte posterior o trasera. / Respaldo. / Dorso, reverso, revés. / Final, últimas páginas. / (Dep.) Zaguero, defensa. / At the back, al fondo. / At the back of, detrás de. / To have at the back of one's mind, tener presente. / Posterior, trasero, de atrás. / Dorsal. / Anterior, pasado, atrasado. / De vuelta. / Apartado, lejano. / Contrario (corriente, movimiento, etc.). / adv. Atrás, detrás. / Otra vez, de nuevo. / De vuelta, de regreso. / Back and forth, de atrás para adelante, de un lado a otro. / To answer back, contestar. / To be back, estar de regreso. / To beat back, Rechazar. / To go back and forth, Ir y venir. / v. Hacer retroceder, dar marcha atrás. / Cubrir, revestir.
Backache. n. Dolor de espalda.
Backband. n. Lomera de libro.
Backbone. n. Espina dorsal, columna vertebral.
Backcloth. n. (Teatr.) Telón de fondo.
Backdoor. n. Puerta trasera.
Backdown. n. (Fam.) Retractación, cesión. / v. Retractarse.
Backfire. n. Contrafuego. / Medida o acción defensiva. / Petardeo. / v. dar retorno de llama. / Petardear.
Background. n. Fondo (de un cuadro), trasfondo, lontananza. / Medio, ambiente, acompañamiento. / Información básica, fundamento. / Antecedentes, experiencia, conocimientos de una persona.
Backhouse. n. Excusado, letrina, retrete.
Backing. n. Ayuda, respaldo, garantía.
Backlash. n. Retroceso, resaca de las olas.
Backlog. n. Acumulación, reserva. / Leño trasero de soporte (en una hoguera o chimenea). / v. Acumular(se) (pedidos o reservas), amontonar(se).
Back pay. n. Salario o sueldo atrasado.
Back rest. n. Espaldar, respaldo de un asiento.
Back road. n. Camino vecinal lejos de la carretera.
Backset. n. Contratiempo, revés. / Contracorriente.
Backshop. n. Trastienda.
Backside. n. Parte posterior. / (Fam.) Trasero, nalgas.
Backslide. v. Recaer, reincidir. / Volverse negligente, descuidar(se), resbalar. / (Fig.) Descarriarse, volver a errar o pecar.
Backstage. adj. (Teatr.) De las bambalinas, de los camerinos. / adv. Detrás del escenario, en los camerinos. / n. Bambalinas, Camerinos.
Backstairs, backstair. n. (Fig.) Secreto, clandestino, solapado.
Backup. n. Soporte, apoyo. / Acumulación de trabajo atrasado. / Substituto.
Backward, backwards. adv. Hacia atrás. / En dirección contraria. / Al revés. / Tardo, retardado. / Atrasado, subdesarrollado.

Backwoods. adj. Poco refinado, tosco, rústico.
Backyard. n. Patio trasero, corral.
Bacon. n. Tocino.
Bacterium. n. Bacteria.
Bad. adj. Malo, inferior. / Desfavorable. / Descompuesto. / Depravado. / Impropio. / Desagradable. / Indispuesto, enfermo. / Dañino, nocivo. / Intenso, severo (enfermedad, clima, etc.). / Grave, serio, desastroso. / Incorrecto, erróneo. / Falso (dinero).
Bad form. n. Mal gusto, malos modales.
Badge. n. Distintivo, insignia, divisa, placa. / v. Otorgar una insignia o distintivo.
Badger. v. Fastidiar, molestar, importunar.
Bad-looking. adj. Feo, mal parecido.
Badly. adv. Mal, sin éxito, defectuosamente, incorrectamente. / Cruelmente, peligrosamente.
Baffle. v. Desconcertar, deslumbrar, confundir. / Frustrar. / n. Deflector, desviador.
Bag. n. Bolsa, saco, cartera, maleta, maletín. v. Abultar, hacer un bulto. / Ensacar. / Capturar, cazar, cobrar una pieza de caza. / Coger, apoderarse de. / (Pop.) Hurtar, robar. / Hincharse, abultarse.
Baggage. n. Equipaje, maletas.
Bagpipe. n. (Mús.) Gaita.
Baguette. n. (Arq.) Astrágalo pequeño, tondino. / (Joy.) Piedra rectangular.
Bail. n. (Der.) Fianza, caución. / Fiador. / Soporte de toldo en forma de arco. / Sujeta papel de máquina de escribir. / Divisiones de establo. / On bail, bajo fianza. / To forfeit bail, perder la fianza. / v. Dar fianza o caución por alguien. / Depositar, consignar.
Bailiff. n. Alguacil, corchete. / Administrador.
Bait. n. Cebo, carnada.
Baize. n. Bayeta.
Bake. v. Cocer, hornear, asar al horno, cocerse, asarse, endurecerse. / n. Cocción al horno.
Baker. n. Panadero, hornero, tahonero.
Bakery. n. Panadería, pastelería.
Balance. n. Balanza / Equilibrio. / Contrapeso. / Resto, saldo. / (Com.) Balance. / Volante de reloj. / To strike a balance, lograr un equilibrio razonable. / v. Balancear, equilibrar, equilibrarse.
Balanced. adj. Equilibrado, mesurado. / Simétrico, parejo. / Compensado, balanceado.
Balcony. n. Balcón. / (Teatr.) Galería.
Bald. adj. Calvo, morondo. / Franco, directo.
Baldness. n. Calvicie.
Balk. n. Viga, madero. / Lomo de tierra. / Obstáculo, desengaño. / v. Impedir, desbaratar, frustrar, desengañar. / Eludir.
Ball. n. Bola, pelota. / Juego de pelota. / Globo. / Bala, proyectil. / Yema del dedo. / Baile, fiesta social.
Ballad. n. Balada, trova, romance.
Ballet. n. Ballet. / Música de ballet. / Cuerpo y compañía de ballet.
Balloon. n. Globo, globo aerostático. / (Quím.) Balón. / v. Inflar, distender. / Inflarse como un globo.
Ballot. n. Balota. / Votación. / Total de votos. / Derecho de votar, sufragio. / Voto. / v. Votar.
Balloter. n. Elector, votante.
Ball-point pen. n. Bolígrafo, pluma esferográfica.

Ballroom. n. Salón de baile.
Balsam. n. Bálsamo, ungüento.
Balsamic. adj. Balsámico.
Ban. v. Proscribir, prohibir. / n. Prohibición, proscripción. / Desaprobación, execración pública.
Banality. n. Banalidad, trivialidad.
Banana. n. (Bot.) Plátano, banano.
Band. n. Lista, franja. / (Fig.) Traba, vínculo. / v. Atar, fajar, vendar. / Franjar, marcar o decorar con bandas.
Band. n. Banda (de asaltantes, de músicos). / Cuadrilla, partida. / v. *To band together*, agruparse, apiñarse, unirse, asociarse.
Bandage. n. Vendaje. / v. Vendar, fajar.
Bandit. n. Bandido, proscrito.
Bandwagon. n. Carro de la banda, carro de la música (en un desfile). / (Fig., Fam.) Causa triunfante.
Bang. v. Chocar, golpear. / Golpear con violencia. / Cerrar de golpe. / (Vulg.) Violar. / n. Detonación. / Golpe resonante, impacto fuerte, puñetazo. / Energía, vigor. / Flequillo.
Banish. v. Desterrar, deportar, expulsar, proscribir. / Disipar.
Banister. n. Balaustre. / Balaustrada, baranda. / Pasamano, barandal.
Bank. n. Banco. (Com.). / Banca (en los juegos de azar). / Banquero, el que tiene la banca / (en juegos de azar). / Depósito de reservas.
Bank. n. Ribera, margen, orilla de un río, lago, etc./ Talud, escarpa. / Peralte. / Inclinación lateral de un avión en vuelo. / (Min.) Boca del pozo. / Banda (de mesa de billar). / v. Peraltar. / Inclinar, ladear (un avión).
Bank. n. Banco (en galeras). / Fila, hilera (de objetos). / Subtítulo en un periódico.
Bankable. adj. Que puede ser depositado en un banco. / Descontable, negociable.
Bank account. n. Cuenta bancaria, cuenta corriente.
Bank draft. n. (Com.) Letra bancaria, giro de un banco contra otro.
Banker. n. Banquero. / El que tiene la banca en un juego. / Banca, juego de azar.
Bank note. n. Billete de banco.
Bankrupt. n. Quebrado, insolvente. / v. Llevar a la quiebra, arruinar. / adj. Insolvente. / De quiebras (ley, etc.). / Fracasado, arruinado.
Bankruptcy. n. Bancarrota, insolvencia. / (Fig.) Fracaso total, descrédito.
Banner. n. Bandera, pendón, estandarte.
Banquet. n. Banquete. / v. Invitar o ser invitado a banquetes.
Baptism. n. Bautismo, bautizo, iniciación.
Baptize. v. Bautizar.
Bar. n. Barra, valla, barrera. / Impedimento, obstáculo. / Banco, bajío (de arena, etc.). / Jurado, tribunal. / (pl.) Rejas. / *The bar*, abogacía, cuerpo de abogados. / Bar, cantina, mostrador en el bar. / Franja, banda, cinta. / (Mil.) Galón. / (Mús.) Barra entre compases, compás./ v. Trancar, atrancar. / Enrejar, obstruir, impedir, prohibir, desechar, no tomar en cuenta. / Rayar, gayar. / (Mús.) Dividir el pentagrama con barras.
Barbarity. n. v. Barbarie. / Barbaridad, atrocidad.
Barbecue. n. Barbacoa, asado al aire libre. / v. Asar a la parrilla. / Cocinar en salsa picante.
Barbed wire. n. Alambre de púas.
Barber. n. Barbero, peluquero. / v. Ser barbero.
Barbershop. n. Barbería, peluquería de hombres.
Bare. adj. Desnudo. / v. Desnudar, descubrir.

Barefaced. adj. De cara descubierta, imberbe.
Barefoot. adj. Descalzo, con los pies desnudos.
Bare-handed. adj. Con las manos vacías.
Barely. adv. Apenas.
Bareness. n. Desnudez, pobreza, deficiencia.
Bargain. n. Convenio, pacto de compraventa. / Negocio. / Ganga, chiripa. / v. Regatear. / Pactar, concertar, negociar.
Bargaining. n. Regateo, pacto, trato.
Bark. n. Ladrido. / Corteza. / Barca, barco. / tos fuerte. / *Its bark is worse than its bite*, perro que ladra no muerde. / v. Ladrar. / (Fig.) Regañar./ *To bark out*, vociferar, gritar. / Curtir, teñir. / Descortezar, raspar, despellejar.
Barkeeper. n. Tabernero, cantinero.
Barley. n. (Bot.) Cebada.
Barmaid. n. Moza de bar, tabernera, cantinera.
Barman. n. Camarero o mozo de bar, can-tinero.
Barn. n. Granero. / Establo, corral. / (Fís.) Barnio.
Barometer. n. Barómetro.
Baron. n.m. Barón. / (Fig.) Magnate de la industria, del comercio, etc.
Baroness. n.f. Baronesa.
Barrage. n. Presa, azud. 7 Barrera de fuego. / Andanada de preguntas, etc. / (Bridge) Partido decisivo. / v. Dirigir una barrera de fuego en contra de algo.
Barrel. n. Barril, barrica. / Barril (medida de capacidad). / Cañón (de fusil, pluma, etc.); tambor (de reloj) Fuste; caño (de bisagra); cilindro (de torno). / Gran cantidad de algo. / v.Embarrilar, entonelar. / (fam.) Correr a gran velocidad (vehículos).
Barren. adj. Estéril. / Yermo, árido. / Infructuoso, improductivo, vano. / n. Tierra yerma.
Barricade. n. Barricada. / v. Obstruir con barricada.
Barrier. n. Barrera, parapeto, valla.
Barrier reef. n. Arrecife de coral.
Barrister. n. Abogado.
Barrow. n. Montículo, túmulo (sólo en nombres geográficos). / Angarillas, parihuelas. / Carretilla. / Cerdo castrado.
Bartender. n. Cantinero, tabernero, barman.
Base. n. Base. / (Arq.) Basa. / *Off base*, equivocado, de improvisado, desprevenido. / adj. De base. / v. *To base on*, *to base upon*, basar, apoyar, fundamentar.
Base. adj. Deshonesto, ruin, bajo.
Baseball. n. Béisbol. / Pelota de béisbol.
Basement. n. Sótano, basamento.
Bashful. adj. Tímido, vergonzoso, ruboroso.
Basically. adv. Básicamente, fundamentalmente.
Basil. n. (Bot.) Albahaca.
Basin. n. Vasija, bacía, palangana, tazón. / Pila. / Cuenca (de río, lago, etc.). / Depresión, hoya en el fondo del mar. / Dique, dársena.
Basis. n. Base, fundamento. / *On the basis of*, a base de.
Basket. n. Cesta, canasta. / v. Encestar.
Basketball. n. Baloncesto.
Basque. adj., n. Vasco, vascongado. / Vascuence. / Jubón.
Bas-relief, bass-relief. n. Bajo relieve, bajorrelieve.
Bass. n. (Zoología) Perca, lobina, róbalo. / (Bot.) Tilo americano. / (Mús.) Bajo. / (Mús.) Bajo, grave. / (Mús.) Contrabajo.
Bastard. n. Bastardo, hijo ilegítimo. / Objeto falso.
Bat. n. (Zool.) Murciélago. / *To have bats in the belfry*, ser loco o excéntrico. / Maza, palo, garrote. / Golpe, porrazo. / (Dep.) Bate de béisbol y de criquet. / (Dep.) Bateador, turno al bate. / Algodón batanado, al-

godón en rama. / Tejoleta, ladrillo crudo secado al aire. / Velocidad. / (Fam.) Juerga. / v. Batear. / Pestañear, guiñar el ojo.
Batch. n. Cochura, hornada. / Tanda, lote. / Rimero, cúmulo de cosas, grupo de personas, fajo de papeles.
Bath. n. Baño. / (Quím.) Baño, solución.
Bathe. v. Bañar. / Mojar, empapar, humedecer.
Bathing suit. n. Traje de baño, bañador.
Bathrobe. n. Bata de baño.
Bathroom. n. Baño, cuarto de baño.
Bathtub. n. Bañera.
Baton. n. Bastón de mando. / (Mús.) Batuta . / (Dep.) Posta (de carreras de relevo).
Batter. n. (Dep.) Bateador. / Batido, mezcla pastelera. / v. Golpear, apalear, batir. / Desmenuzar, romper, demoler, derribar.
Battery. n. (Mil.,Electr.) Batería,pila / Grupo, serie de maquinaria, aparatos, etc. / (Der.) Agresión.
Battle. n. Batalla. / Lucha, combate, pelea. / v. Combatir.
Battlefield, battleground. n. Campo de batalla.
Battleship. n. Acorazado, buque de guerra.
Bauble. n. Cetro de bufón. / Chuchería. / Juguete.
Bawl. v. Pregonar, gritar, vocear.
Bay. n. Bahía, ensenada, rada. / (Arq.) Intercolumnio, entrepaño, vano. / Mirador, ventana saliente.
Bay. n. Aprieto, acorralamiento. / Ladrido, aullido. / *At bay*, a raya, acorralado. / v. Ladrar a, aullar a. / Acorralar.
Bay. n. (Bot.) Laurel.
Bayonet. n. Bayoneta. / v. Atacar con bayoneta, bayonetear.
Bazaar. n. Bazar. / Tómbola con fines caritativos.
Be. v. Ser, / *Camila is a pretty little girl*, Camila es una linda niñita. / Estar. / *She is at her house now*, ella está en su casa ahora. / Tener. / *Tom Bombadil is six years old*, Tom Bombadil tiene seis años. / Haber. / *There is an enigma in the woods of Lothlorien*, hay un enigma en los bosques de Lothlorien. / Hacer. / *It is already a long time since Gandalf does not come*, Hace ya mucho tiempo que Gandalf no viene. / Existir, vivir. / *Gabriel is no more*, Gabriel ya no existe más. / *Would be*, presunto, supuesto
Beach. n. Playa, ribera (de mar o río). / v. Varar, impeler o arrastrar a la playa.
Beacon. n. Baliza, fanal, faro. / (Fig.) Guía. / *Radio beacon*, radiofaro. / v. Proveer de faro. / Iluminar. / (Fig.) Guiar. / Brillar.
Bead. n. Cuenta, abalorio, mostacilla. / (pl.) Rosario, sarta de cuentas. / Gota. / v. Adornar con cuentas o abalorios. / Ensartar. / Formarse en gotas.
Beak. n. Pico de ave. / Nariz corva. / (Fam.) Magistrado.
Beam. n. Viga, tablón. / Rayo, haz. / Barra de hierro, cama del arado, astil de la balanza. / v. Emitir. / (Rad.) Transmitir en forma dirigida, dirigir. / Brillar. / Rebosar de alegría.
Beaming, beamish. adj. Brillante, radiante. / (Fig.) Radiante de alegría.
Bean. n. Poroto, haba, alubia, frijol. / (Bot.) *French beans,* habas o judías verdes. / Grano, semilla. / (Pop.) Moneda, centavo. / (Pop.) Cabeza,coco.
Bear. v. Cargar, portar. / Conducir, acompañar, llevar. / Tener, ostentar. / Sentir, guardar, profesar (sentimientos). / Dar, prestar. / Mantener, sostener. / Tolerar, soportar, aguantar. / Parir, dar a luz, nacer. / *She was born two years ago*, nació hace dos años. / n. (Zool.) Oso. / Hombre tosco y rudo.

Bearable. adj. Soportable, tolerable.
Beard. n. Barba. / (Bot.) Arista de espiga. / Lengüeta de flecha. / Barba de pluma. / v. Agarrar por la barba, tirar de la barba. / Desafiar, enfrentar.
Bearing. n. Porte, modales. / Producción, gestación. / (Náut.) Orientación, rumbo, línea de flotación.
Beast. n. Bestia, res, cuadrúpedo. / Hombre brutal.
Beat. v. Golpear, aporrear. / Batir. / Vencer. / Sobrepasar. / Recorrer, pisar. / Dar una batida a (en la caza). / (Mús.) llevar el compás, tocar el tambor.
Beaten. adj. Trillado, pisado (camino, sendero). / Batido, martillado (Metal). / Agotado, exhausto. / Vencido.
Beautiful. adj. Bello, hermoso.
Beautify. v. Embellecer, arreglar, adornar.
Beauty. n. Belleza. / Beldad, mujer hermosa. / *Beauty is but skin deep*, las apariencias engañan.
Beaver. n. (Zool.) Castor.
Because. conj. Porque, ya que, pues. / *Because of*, a causa de, debido a.
Beckon. v. Hacer señas, llamar con o por señas. / Tentar, atraer.
Become. v. Llegar a ser, adquirir identidad. / Volverse, hacerse. / Convenir a, corresponder a.
Bed. n. Cama. / Cauce. / Cuadro, arriate (de flores). / Base, fundamento. / v. Acostarse, alojar. / Poner en cama. / Encajar, asentar. / Plantar en cuadros (flores, plantas, en el jardín).
Bedclothes. n. pl. Ropa de cama.
Bedding. n. Ropa de cama. / (Geol.) Capa, estratificación.
Bedroom. n. Dormitorio.
Bedside table. n. Velador, mesilla de noche.
Bedspread. n. Sobrecama, cobertor, colcha.
Bedspring. n. Bastidor de resortes de una cama.
Bedtime. n. Hora de acostarse, hora de dormir.
Bee. n. (Ento.) Abeja. / Concurso, competencia. / Manía, chifladura.
Beech. n. (Bot.) Haya.
Beef. n. Carne de res. / ((Fig. Fam.) Fuerza muscular. / (Pop.) (pl.) Queja, lamento. / (Pop.) Quejarse. / *To beef up*, fortalecer.
Beefeater. n. Alabardero, soldado (de la Torre de Londres). / Persona gruesa.
Beefsteak. n. Bistec, biftec.
Beehive. n. Colmena.
Beer. n. Cerveza.
Beetle. n. (Ento.) Escarabajo. / Martillo de madera, mazo, pisón. / Mano de mortero. / Batán. / v. Golpear con pisón, apretar. / v. Sobresalir, proyectarse. / .
Beetroot. n. Remolacha, betarraga (la raíz).
Before. adv. Antes. / Delante, al frente. / prep. Frente a, ante. / Anterior a. / conj. Primero, antes que, antes de que. / *Before long*, dentro de poco.
Beforehand. adv. De antemano, previamente, ya.
Beg. v. Implorar, rogar, pedir. / *I beg your pardon*, perdone ¿cómo dijo? / Mendigar. / *To beg off*, excusarse.
Beggar. n. Mendigo.
Beggary. n. Mendicidad. / El conjunto de mendigos. / Miseria.
Begin. v. Comenzar, iniciar, empezar.
Beginner. n. Aprendiz, novato. / Iniciador.
Beginning. n. Comienzo, origen, iniciación. / Causa primera.
Behalf. n. Beneficio, interés, favor.
Behave. v. Comportarse, conducirse. / (Fig.) Funcionar (una máquina, ya sea bien o mal).

Behavior, behaviour. n. Conducta.
Behead. v. Decapitar, descabezar.
Behind. adv. Detrás, atrás, hacia atrás. / Atrasado, a la zaga. / prep. Tras. / *To put behind one*, dejar de lado, dejar de considerar. / n. Trasero, nalgas.
Being. n. Ser, ente. / Vida, existencia. / conj. Ya que, en vista de que.
Belated. adj. Atrasado, tardío, demorado.
Belch. v. Eructar. / Vomitar, arrojar. / n. Eructo.
Belgian. s., adj. Belga. / Caballo de tiro fuerte.
Belief. n. Creencia, religión. / Crédito. / Fe, confianza. / Convencimiento, parecer.
Believable. adj. Creíble.
Believe. v. Creer. / Opinar. / *To make believe*, fingir, aparentar. / Tener por.
Believer. n. Creyente, fiel.
Bell. n. Campana. / Timbre, campanilla. / Cencerro. / Campanada. / (Bot.) Corola. / (Mús.) Pabellón de los instrumentos de viento. / pl. Carillón. / v. Tocar el timbre. / Poner una campana sobre, proteger con campana. / Poner cencerro o cascabel a un animal. / *To bell out*, acampanarse, hincharse. / (Bot.) Formarse o crecer en corola.
Bellboy. n. Botones, paje de hotel.
Bellow. v. Bramar, vociferar. / n. Bramido, grito.
Belly. n. Vientre, panza. / Estómago. / (Fig.) Apetito, glotonería. / v. Inflar. / (Const.) Combarse.
Belly button. n. (Fam.) Ombligo.
Belong. v. Pertenecer, atañer, corresponder.
Belonging(s). gen. pl. Pertenencias, efectos personales.
Beloved. adj. Amado, querido, caro.
Below. adv. Abajo, debajo, hacia abajo. / prep. Bajo, por debajo de. Inferior a; indigno de.
Belt. n. Cinturón, cinto. / Cinta, banda, faja. / v. Ceñir. / Zunchar. / Rodear, cercar. / Azotar, zurrar, golpear. / Pasar con violencia, pasar a todo correr.
Bemused. adj. Absorto, pensativo.
Bench. n. Banco, banqueta. / (Der.) Corte de justicia, tribunal, Judicatura, cuerpo de jueces. / Escaño (en el parlamento de Inglaterra). / v. Proveer de bancos o bancas. / Sentar en un banco.
Bend. n. Curva, vuelta, recodo. / Inclinación. / Combadura, curvatura. / (pl., Med.) Aeroembolia, parálisis de los buzos. / (Náut.) Nudo. / *To go around the bend*, (Pop.) volverse loco. / v. Doblar, torcer. / Combar, encorvar. / Arquear. / Encauzar, dirigir (energías, fuerza). / Resolver, tomar una decisión. / Encorvarse, torcerse. / Doblegarse / Tener inclinación. / Aplicarse, entregarse.
Beneath. adv. Abajo, debajo. / prep. Debajo de, por debajo de, inferior a, indigno de.
Benefactor. n. Bienhechor, benefactor.
Beneficence. n. Beneficencia, caridad.
Benefit. n. Beneficio, ganancia. / Ayuda. / v. Beneficiar, beneficiarse, disfrutar, sacar provecho de.
Benevolence. n. Benevolencia, buena voluntad. / Caridad, dádiva.
Benevolent. adj. Benévolo, caritativo.
Benign. adj. Bondadoso, / Favorable, propicio.
Bent. adj. Curvado, doblado, torcido. / n. Tendencia, propensión, inclinación, afición. / Capacidad. / Curvatura, encorvadura. / Páramo, puna. Matorral.
Bequeath. v. Legar, dejar en testamento.
Bequest. n. Legado, donación.
Bereave. v. Desolar, afligir. / *To bereave of*, privar de bienes espirituales, esperanza, etc.

Bereavement. n. Congoja, desgracia, luto, duelo.
Beret. n. Boina.
Berry. n. (Bot.) Baya. / Semilla, grano. / (Zool.) Huevo. (De peces o crustáceos). / v. Producir bayas. / Recoger o buscar bayas, fresas, moras, etc.
Berserk. adj. Furioso, enloquecido, frenético.
Berth. n. (Náut.) Amarradero, anclaje. / Litera, camarote. / Sitio, puesto, acomodación, empleo. / v. (Náut.) Atracar, amarrar. / Acomodar.
Beset. v. Sitiar, acosar, perseguir, molestar. / Llenar de, plagar de. / Ocupar, bloquear.
Beside. prep. Junto a, cerca de, al lado de. / Lejos de, fuera de. / Además de. / Junto con
Besides. adv. Además, también. / prep. además de. / Excepto, fuera de (frases negat. o interrog.)
Besiege. v. Sitiar, asediar, acosar.
Best. adj. Superior, óptimo, mayor. / adv. Mejor. / n. El mejor, los mejores. .
Bestiality. n. Bestialidad, brutalidad, contacto carnal entre persona y animal.
Best man. n. Padrino de boda.
Bestow. v. Conferir, otorgar. / Usar, emplear, aplicar.
Bet. n. Apuesta, postura. / v. Apostar.
Betide. v. Suceder a, acontecer a.
Betray. v. Traicionar, denunciar. / Engañar.
Better. adj. Mejor, mayor, superior. / adv. Mejor, en mayor grado. / *All the better*, tanto mejor. / *Better off*, en mejores condiciones. / *To like better*, preferir. / *To think better of*, cambiar de idea. / v. Mejorar, aumentar, sobrepasar, exceder. / *To better oneself*, progresar, adelantar. / n. Persona de más rango. / Algo mejor. / *For the better*, para mejor.
Between. prep. Entre. / n. adv. de por medio, entre los dos. / *Far between*, a grandes intervalos. / *In between*, mientras tanto, en medio.
Beverage. n. Bebida, brebaje.
Beware. v. Prevenirse, precaverse, cuidarse de. / *Beware!*, ¡Cuidado!
Bewilder. v. Confundir, azorar, dejar perplejo.
Bewilderment. n. Perplejidad, estupefacción.
Bewitch. v. Embrujar, hechizar. / Encantar, fascinar.
Beyond. adv. Más allá, más lejos, allende, al otro lado. / prep. Fuera de, además de, después de, superior a. / *Beyond doubt*, sin lugar a dudas. / *The beyond*, el más allá.
Bias. n. Propensión, inclinación, predilección. / Prejuicio. / (Cost.) Sesgo. / v. Sesgar, soslayar. / Prejuzgar. / Influir, predisponer. / adv. Diagonalmente, sesgadamente.
Bib. n. Babero. / Pechera del delantal.
Biblical. adj. Bíblico.
Bibliography. n. Bibliografía.
Bicker. v. Altercar, porfiar, discutir por una insignificancia. / (poét.) Flamear, brillar (una llama). / n. Altercado, disputa, pendencia.
Bicycle. n. Bicicleta. / v. Ir en bicicleta
Bid. v. Pedir, mandar. / Expresar la bienvenida, decir adiós. / Invitar. / Licitar, pujar, ofrecer. / *To bid defiance*, desafiar. / Hacer una oferta o postura. / n. Licitación. / Postura, oferta, propuesta. / Ruego, súplica. / Invitación.
Bidder. n. Postor, licitador. / (Bridge) Declarante.
Bide. v. Estarse, quedarse, permanecer. / Esperar. Resistir, aguantar. / *To bide one's time*, esperar la oportunidad.
Biennial. adj., n. Bienal. / (Bot.) Planta bienal.

Big. adj. Grande, extenso. / Fuerte. / Cargado, lleno. / Importante, imponente. / (fam.) Magnánimo, noble. / *Big with child*, embarazada. / *To make it big*, (Pop.) tener éxito. / adv. Pomposamente. / Con gran éxito, excelentemente.
Bigamy. n. Bigamia.
Bigot. n. Fanático, intolerante, prejuicioso.
Big toe. n. Dedo gordo del pie.
Bike. n. Bicicleta.
Bikini. n. Bikini.
Bilingual. adj. Bilingüe.
Bill. n. Documento, escrito. / Cartel, letrero, volante. / Billete de banco. / Cuenta. / Factura. / Giro, letra. / Lista. / (Der.) Minuta, declaración. / Proyecto de ley. / Programa. / Registrar en una minuta, poner en una lista. / Facturar. / Anunciar en cartel.
Bill. n. Pico de ave. / Hocico.
Billboard. n. Cartelera, valla anunciadora.
Billiards. n. pl. Billar.
Billion. n. Billón (G.B.). / Mil millones (EE. UU.).
Billycock. n. Sombrero hongo.
Bin. n. Cajón, recipiente para basura.
Binary. adj. Binario. / n. Entidad con dos partes.
Bind. v. Atar, amarrar, enlazar. / Juntar, unir. / *To bind up*, Ceñir, vendar. / Obligar, comprometer. / Apretar. / Encuadernar, empastar. / Estreñir. / (Quím.) Trabar. / *To bind over*, (Der.) Poner bajo fianza, obligar. / Endurecerse, trabarse. / Atascarse. / Lazo, enlace. / Apuro, aprieto, lío.
Binder. n. Atador. / Faja, ligadura. / Encuadernador, empastador. / (Agr.) Agavilladora. / (Quím.) Substancia aglutinante. / (Arq.) Traviesa. / Capa interior de cigarros. / Tablas con tornillos para sujetar. / Recibo de pago. / Documento provisional de seguro.
Binding. n. Encuadernación. / (Cost.) Ribete, tira. / Atadura, ligadura, faja, ligamento. / adj. Valedero, obligatorio.
Binge. n. (Fam.) Parranda. / v. Ir de parranda.
Binoculars. n. pl. Prismáticos, gemelos.
Biochemistry. n. Bioquímica.
Biography. n. Biografía.
Biologist. n. Biólogo.
Biology. n. Biología. / Biota, flora y fauna.
Biosphere. n. Biosfera.
Bipartite. adj. Bipartido, bífido. / Bilateral.
Birch. n. (Bot.) Abedul. / Férula, palmeta del maestro de escuela. / v. Fustigar, azotar con una vara.
Bird. n. Pájaro, ave. / (fam.) Sujeto. / Tipo raro. / (Pop.) Muchacha. / v. Buscar nidos, observar pájaros.
Birdcage. n. Jaula de pájaros.
Birth. n. Nacimiento. / Parto, alumbramiento. / (Fig.) Descendencia, linaje.
Birthday. n. Día natal, día de nacimiento. / Cumpleaños. / *Birthday suit*, la propia piel.
Birthmark. n. Marca de nacimiento.
Birthplace. n. Lugar de nacimiento, suelo natal.
Birth rate. n. Natalidad. / Índice de natalidad.
Biscuit. n. Bizcocho, galleta. / Bollo.
Bisection. n. Bisección. / División en dos partes.
Bisector. n. Bisector, bisectriz.
Bisexual. adj. Bisexual, hermafrodita.
Bishop. n. Obispo, prelado. / (Ajedrez) Alfil, arfil.
Bit. n. Pedacito, pizca, poquitito. / Bocado. / Ratito. / Embocadura (caballerías). / Broca, mecha, barrena del taladro. / (Teatr., Cinem.) Papel secundario. / v. Refrenar, contener.

Bitch. n. Perra. / (Pop.) Ramera. / (Pop.) Labor o cosa desagradable. / (Pop.) Queja. / v. (Pop.) Quejarse, lamentarse. / (Pop.) Averiar, chapucear.
Bite. v. Morder. / Picar, punzar. / Quemar, resquemar (ají, mostaza, etc.). / Penetrar, hundir en (un arma afilada). / Corroer. / Engañar, defraudar. / Prender, hacer presa. / n. Mordedura, dentellada, picadura. / Bocado, mordisco. / (Fam.) Alimento, refrigerio. / Resquemo, picazón (de ciertos alimentos y bebidas). / Fuerza cortante del viento.
Biting. adj. Penetrante, picante. / (Fig.) Mordaz, sarcástico, cáustico.
Bitter. adj. Amargo. / (Fig.) Desagradable, penoso, mordaz. / Enconado, encarnizado. / Severo, agudo. / n. Amargura. / Licor amargo. / Cerveza amarga.
Bitterly. adv. Amargamente, rencorosamente.
Bitterness. n. Amargura. / Encono, rencor. / Pena. / Severidad. / Encarnizamiento.
Bizarre. adj. Raro, excéntrico, grotesco.
Blabber. v. Barbotar, charlar, parlotear. / n. Parloteo, cotorreo, cháchara. / Chismoso, hablador.
Black. adj. Negro. / Sombrío, tenebroso, lúgubre. / Siniestro, malvado, infame, atroz. / n. Color negro. / Luto, vestido negro. / Negro (raza). / Obscuridad. / v. Ennegrecer, embetunar, desmayarse.
Blackberry. n. (Bot.) Zarzamora, morera, mora.
Blackbird. n. (Orn.) Mirlo.
Blackboard. n. Pizarra, pizarrón.
Blacken. v. Ennegrecer, obscurecer, atezar. / (Fig.) Denigrar.
Black-hearted. adj. Malvado, perverso.
Black hole. n. (Astron.) Agujero negro. / Prisión, calabozo, mazmorra.
Blackish. adj. Negruzco.
Blackmail. n. Chantaje. / Chantajear, amenazar.
Black market. n. Mercado negro.
Blackness. n. Negrura. / Obscuridad.
Blackout. n. Apagón. / Supresión, suspensión temporal. / Privación de sentido, desmayo.
Blacksmith. n. Herrero, forjador.
Bladder. n. (Anat.) Vejiga, vesícula. / Bolsa, saco, ampolla.
Blade. n. Hoja, cuchilla, paleta, aspa, álabe. / (Fig.) Espada, espadachín. / (Anat.) Omóplato, paletilla. / (Bot.) Hoja, brizna.
Blame. n. Culpa. / Censura. / v. Culpar, responsabilizar. / Censurar, reprochar.
Blameless. adj. Intachable, inocente, libre de culpa.
Bland. adj. Blando, suave, dulce. / Imperturbable. / Insípido, insulso.
Blandish. v. Lisonjear, halagar, engatusar.
Blank. adj. En blanco. / Vago, sin expresión. / Vacío, llano, liso, sin adornos. / Monótono. / Confuso, desconcertado. / Rotundo, terminante, absoluto. / n. Blanco (en formulario). / Formulario. / Laguna. / Raya que sustituye una palabra. / Centro del blanco de tiro. / Llave ciega. / Cartucho de fogueo. / v. Estampar, cortar a troquel. / Substituir con puntos suspensivos. / *To blank out*, tachar, borrar, suprimir, anular. / *To blank off*, tapar, cerrar.
Blanket. n. Manta, frazada. / (Fig.) Manto. / v. Arropar, cobijar, cubrir. / Acallar. / (Rad.) Suprimir, obstruir una transmisión. / adj. General, universal.
Blare. v. Sonar con gran fuerza, emitir un sonido estrepitosamente. / Resonar. / n. Sonido estridente, fragor, estruendo. / Brillo deslumbrante, resplandor.

Blasphemy. n. Blasfemia, vilipendio.
Blast. n. Ráfaga, ventolera, chorro, descarga. / Soplo de un fuelle o soplete. / Trompetazo. / Carga de un barreno, explosión. / (Fig.) Estallido, arranque. / Agujero de entrada de una bomba. / v. Detonar explosivos. / To blast off, despegar (un cohete, cápsula espacial, etc.). (Fam.) Salir disparado. / Hacer volar, reventar, demoler, destrozar. / (Pop.) Maldecir.
Blasted. adj. Marchito, ajado. / Maldito.
Blatant. adj. Vocinglero, chillón. / Evidente.
Blaze. n. Llamarada, hoguera, incendio. / Arranque emocional. / Esplendor, brillo. / Mancha blanca en la frente de un animal. / Marca en la corteza de un árbol para señalar el camino. / v. Arder, llamear. / Resplandecer. / Proclamar en forma llamativa, difundir, publicar. / Marcar, abrir una senda, un camino.
Blazer. n. Chaqueta de lana ligera. / (Fam.) Mentira .
Blazing. adj. Llameante. / Deslumbrante.
Bleach. v. Blanquear, descolorar, aclarar el pelo. Palidecer. / n. Blanqueo. / Blancura.
Bleak. adj. Desierto, desolado, yermo. / Frío, cortante. / Monótono, sombrío. / n. (Ict.) Albur, breca.
Bleakness. n. Desolación, monotonía.
Bleary. adj. Nublado, turbio. / Indistinto, confuso.
Bleat. v. Balar. / n. Balido.
Bleed. v. Sangrar. / (Fig.) Pagar mucho, derrochar dinero, ser víctima de extorsión. / (Bot.) Exudar, llorar, resinar (una planta). / (Impr.) Hacer sangre. / Vetearse (una tela teñida). / (Pop.) Sacar dinero a otro. / (Mec.) Desinflar (un neumático). / n. (Impr.) Borde impreso, corte. / adj. (Impr.) Sin margen, a sangre.
Bleeding. n. Sangría, drenaje. / Flujo de sangre.
Blemish. v. Manchar, mancillar, desdorar. / n. Mancha, tacha, mancilla, imperfección.
Blend. v. Combinar, matizar, armonizar. / n. Mezcla.
Bless. v. Bendecir. / Consagrar. / Alabar, exaltar. / Proteger, guardar.
Blessing. n. Bendición, gracia.
Blimey. ¡Caramba!
Blind. adj. Ciego. / Obcecado, insensato. / Invisible, oculto. / A ciegas. / Blind date, cita a ciegas. / Ilegible, incompleto. / (Fam.) Borracho. / Blind side, lado vulnerable. / n. Celosía, persiana. / (Fig.) Pretexto, subterfugio, pantalla. / v. Cegar. / Deslumbrar. / (Fig.) Obcecar. / (Const.) Macizar. / (Mil.) Blindar.
Blindage. n. Blindaje.
Blind alley. n. Callejón sin salida.
Blindfold. v. Vendar los ojos a. / (Fig.) Despistar, ofuscar. / n. Venda en los ojos.
Blink. v. Parpadear, pestañear. / Centellear. / Entornar los ojos. / To blink at, pasar por alto, tolerar; mirar con sorpresa. / Guiñar. / Evadir, eludir. / To blink an eye, hacer la vista gorda. / n. Guiño, pestañeo, parpadeo. / Destello. / Blancura en el horizonte. / adj. Indispuesto.
Bliss. n. Arrobamiento, felicidad, dicha.
Blister. n. Ampolla, vejiga acuosa en la piel. / Burbuja (en metal, vidrio). / (Med.) Vejigatorio. / (Bot.) Verruga. / v. Levantar ampollas. / Criticar o reprender acerbamente.
Blithe. adj. Alegre, animado. / Despreocupado.
Blitz. v. Devastar por bombardeo intenso.
Blizzard. n. Ventisca, tempestad de nieve.
Bloat. v. Hinchar, inflar. / (Fig.) Envanecer. / Ahumar, curar arenques. / Hincharse, abotagarse. / n. (Vet.) Empastamiento, hinchazón.
Bloated. adj. Hinchado, grueso. / Ahumado y salado (el pescado).

Blob. n. Gota, glóbulo,bulto pequeño. / v. Salpicar.
Block. v. Bloquear, atajar. / Cegar. / Conformar. / Calzar (una rueda). / (Carp.) Reforzar. / (Com.) Congelar. / (Med.) Anestesiar. / n. Bloque de piedra, zoquete, taco de madera. / Horma de sombrero. / Adoquín, tarugo. / Cubo para construcciones infantiles./ Plataforma (para subastas). / Cepo de yunque. / Taco de papel para apuntes. / Manzana, cuadra. / Grupo, conjunto. / Polea, garrucha.
Blockage. n. Obstrucción, atracamiento, bloqueo.
Block letter. n. Letra de imprenta, letra de molde. / Tipo de letra grande y acentuada.
Blond. adj. Rubio, blondo.
Blood. n. Sangre. / Temperamento, carácter. / Linaje. / Petimetre, lechuguino. / v. Manchar con sangre. / Dar experiencia a, acostumbrar.
Bloodhound. n. Sabueso. / Policía.
Blood pressure. n. Presión sanguínea, tensión arterial.
Bloodshed. n. Derramamiento de sangre, matanza.
Bloodshot. adj. Ensangrentado.
Bloodstain. n. Mancha de sangre.
Bloodstream. n. Corriente sanguínea.
Bloody. adj. Sangriento, ensangrentado. / Sanguinario. / Cruento. / v. Ensangrentar, herir.
Bloom. n. Flor. / Florescencia, florecimiento. / Frescura, lozanía. / Vello que cubre ciertos frutos y hojas. / Aroma. / v. Florecer.
Blossom. n. Flor. / Brote, capullo. / Florescencia, floración. / v. Florecer, brotar. / (Fig.) Desarrollarse.
Blot. n. Borrón, mancha, tacha. / (Ajedrez, damas) Peón en posición arriesgada. / v. Manchar, ensuciar, empañar. / Obscurecer, eclipsar. / Secar con arena o papel secante. / To blot out, tachar, destruir, aniquilar.
Blotch. n. Mancha, borrón./ v. Llenar de manchas.
Blouse. n. Blusa.
Blow. v. Soplar, correr viento. / Silbar (pito), sonar (trompeta, órgano, etc.). / Jadear, resollar. / Bufar (un animal). / (Fam.) Alardear, fanfarronear. / Volar, flotar. / Reventar (Neumático), globo, etc.). / Quemarse, fundirse (un fusible). / Resquebrar. / (Pop.) Irse, largarse. / Expeler; sonarse la nariz. / Tocar un instrumento de viento. / Llevar, arrastrar algo el viento. / Volar, hacer estallar o saltar. / Depositar huevos o larvas. / Dejar sin aliento. / Contratiempo, desastre, desgracia.
Blowout. n. (Auto., Avia.) Reventón, explosión. / (Electr.) Fundirse un fusible. / (Pop.) Comilona, festín, gran función.
Blue. adj. Azul. / Melancólico, triste. / Lífido, amoratado. / True blue, leal, legítimo. / n. Color azul. / v. Pavonar (acero, hierro). / Añilar, azular (la ropa). / v. Amoratarse, ponerse lívido.
Blue-eyed. adj. De ojos azules.
Blues. n. Melancolía. / Estilo de jazz melancólico.
Blue streak. n. Relámpago, rayo.
Bluff. n. Farallón, barranca, risco. / Fanfarronada. / Fanfarrón. / adj. Escarpado, enhiesto. / v. Engañar simulando. / Aparentar, simular, baladronear.
Bluffer. n. Fanfarrón.
Bluish. adj. Azulado, azulino.
Blunder. n. Desacierto, disparate, gran error. / v. Andar a tropezones, moverse torpemente. / Equivocarse, desbarrar. / Arruinar un negocio, etc.
Blunt. adj. Rudo, brusco, contundente. / Romo. / Lerdo, tardo. / v. Embotar, enromar. / Adormecer.
Blur. n. Borrón, mancha. / v. Hacer borroso, empañar, velar. / Ponerse borroso o confuso.

Blurry. adj. Borroso. / Manchado, empañado.
Blurt. v. Decir abruptamente, hablar sin tino.
Blush. v. Sonrojarse, ruborizarse. / Sentir vergüenza. / Florecer. / n. Rubor, sonrojo, bochorno. / Color rosado. / Vistazo, ojeada.
Boar. n. (Zool.) Verraco. / *Wild boar*, jabalí.
Board. n. Tabla, tablero. / Mesa, comida, pensión. / Tribunal, consejo, junta. / (Náut.) Bordo. Bordada. / (pl.) Tablas, escenario. / v. Subir a bordo de. / (Náut.) Abordar, tomar al abordaje. / Enmaderar, entarimar.
Boarder. n. Pensionista, huésped.
Boardinghouse. n. Casa de huéspedes, pensión.
Boarding school. n. Internado, escuela de internos.
Boast. v. Jactarse, vanagloriarse. / Ostentar. / n. Jactancia, alarde, vanagloria.
Boat. n. Barca. / v. Viajar o dar un paseo en bote.
Bob. n. Movimiento o sacudida breve, meneo vertical. / Inclinación, reverencia. / Peso, plomo que cuelga de una cuerda. / Cola cortada del caballo. / Corte de pelo muy corto. / Trineo articulado, especie de patín. / Corcho, flotador (para pescar). / (Fam.) Chelín. / (Fam.) Ramillete de flores./ v. Golpear ligeramente, tocar la puerta. / Mover, sacudir, menear de arriba abajo. / Cortar el pelo muy corto. / Saludar con una reverencia.
Bobby. n. (Fam.) Policía. (En Inglaterra).
Bode. v. Presagiar, predecir, agorar.
Body. n. Cuerpo. / Tronco, parte principal. / Nave de iglesia. / Casco de buque. / Cuerpo de avión. / Carrocería. / Persona, individuo. / (Fam.) Uno, uno mismo. / Cuerpo, gremio, corporación, comunidad. / Mayoría. / Agregado, conjunto. / (Mil.) Fuerza de soldados. / Colección de leyes o preceptos / Masa. / Consistencia, sustancia, espesor. / (Impr.) Arbol del tipo, calibre, grado de la letra de imprenta. / v. Encarnar, dar cuerpo a.
Bodyguard. n. Guardaespaldas, escolta.
Bog. n. Tremedal, pantano, marisma, ciénaga. / v. Empantanar (se), hundir (se) en una ciénaga.
Bogey. n. Demonio, duende, espantajo.
Bogus. adj. Falso, postizo, espurio.
Boil. v. Hervir, bullir, cocer. / (Fig.) Excitarse, acalorarse. / n. Ebullición, hervor.
Boiler. n. Hervidor, cazo, caldero.
Boisterous. adj. Ruidoso, estrepitoso. / Alborotado, tumultuoso. / Exuberante (modo, persona, etc.). / Furioso, violento, borrascoso, tempestuoso.
Bold. adj. Valiente, intrépido, temerario. / Arrojado, atrevido, imprudente. / Fresco, descarado. / Vigoroso, libre, audaz. / Escarpado. / Conspicuo, destacado, pronunciado, bien definido. / n. (Impr.) Negritas.
Bolivian. adj., n. Boliviano.
Bolster. n. Travesero, travesaño. / (Arq.) Can, cartela, collarín del capitel jónico. / (Const.) Solera, soporte, sostén, refuerzo. .
Bolt. n. Flecha, saeta de ballesta. / Rayo, centella, relámpago. / Sobresalto, salto brusco. / Desbocamiento. / Huida, fuga. / Tornillo, perno. / Rollo (de tela, de papel). / Pestillo. / Cerrojo, falleba (de puerta o ventana). / Madero cachizo, madero barcal corto. / v. Cerrar con pestillo. / Fijar o asegurar con pernos, tornillos o clavijas. / Hacer saltar, hacer salir un conejo de su guarida. / Engullir, tragar sin masticar. / (Pol., EE. UU.) Volver la espalda, negar apoyo a candidato, etc. / Desbocarse (un caballo). / Cernir, tamizar. / adv. En posición erguida.
Bomb. n. Bomba. / v. Bombardear.
Bombard. n. (Mil.) Bombarda. / v. Bombardear. /
Bombing. n. Bombardeo.

Bombshell. n. (Mil.) Bomba, granada. / (Pop.) Mujer sexualmente atractiva.
Bond. n. Lazo, atadura, enlace, vínculo. / Obligación, contrato. / Liga, unión, sustancia adhesiva. / (Com.) Bono, título. / Fianza, caución, garantía. / (Const.) Aparejo, trabazón. / (Quím.) Enlace. / v. Hipotecar, poner una mercancía en depósito afianzado. / Garantizar (un empleo, etc.). / Ligar, trabar.
Bone. n. Hueso. / Espina de pez. / Semilla, hueso de fruta. / Barba de ballena. / pl. Cuerpo, esqueleto, huesos, restos mortales. / pl. Especie de castañuelas. / (pl.) Dados. / *Bred in the bone*, muy arraigado, inextirpable. / v. Deshuesar, quitar las espinas a un pescado. / Emballenar un corsé. / Nivelar, alinear, tomar el nivel de. / (Pop.) Ratear, hurtar.
Bonfire. n. Fogata, hoguera.
Bonnet. n. Gorro. / Toca, sombrero de mujer. / (Mec.) Casquete de válvula. / (Auto.) Capota, cubierta del motor. / v. Cubrir con gorra.
Bonus. n. Bonificación, prima, dividendo.
Boo. n. Abucheo, rechifla. / v. Abuchear.
Booby trap. n. Trampa. / Zancadilla.
Book. n. Libro. / Tomo, volumen. / (Teatr.) Libreto. / Talonario de cheques. / Atado de madejas de seda. / Registro de apuestas. / pl. Libros de cuentas. / *The Book*, la Biblia. / v. Reservar. / Contratar. / Asentar, registrar en un libro. / Formular cargos contra.
Bookcase. n. Armario, estantería.
Bookkeeper. n. Tenedor de libros, contable.
Booklet. n. Folleto, opúsculo.
Bookmaker. n. Impresor, encuadernador o diseñador de libros. / Corredor de apuestas (Hípica).
Bookmark. n. Marcador de libro.
Bookseller. n. Librero, vendedor de libros.
Bookshelf. n. Estantería, repisa para libros.
Bookshop. n. Librería.
Bookstore. n. Librería.
Boom. v. Retumbar, tronar, hacer estampido. / Mugir, bramar. / Estar en auge, medrar. / Incrementar, fomentar en forma rápida, dar impulso repentino. / n. Estampido, ruido, profundo y resonante, trueno. / Mugido, bramido. / Auge rápido.
Boomerang. n. Bumerang. / v. Ser contraproducente.
Boost. v. Levantar, alzar. / Fomentar, incrementar. / Alabar, promover. / Aumentar. / (Electr.) Elevar el voltaje. / n. Empuje, impulso, ayuda. / Incremento.
Boot. n. Bota, botín. / Cubierta o envoltura. / Mandil. / Maletera, portaequipajes. / Puntapié, despedida brusca. / v. Calzar. / Dar puntapiés a.
Booth. n. Casilla, garita, barraca. / Cabina. / Puesto, quiosco.
Booty. n. Botín, despojo. / Ganancia, premio.
Booze. n. (Pop.) Borrachera.
Border. n. Orilla, borde, margen. / Frontera, límite, confín. / Orla, guarnición, ribete, dobladillo. / v. Lindar, confinar, limitar. / Rodear, bordear. / Orlar.
Borderline. adj. Limítrofe. / Incierto, indeterminado.
Bore. v. Taladrar, barrenar, horadar, perforar. / (Fam.) Cansar, aburrir, fastidiar. / Abrirse paso, avanzar. / n. Taladro, barreno. / Diámetro interior de un tubo. / Anima, alma (de un arma), calibre. / Subida de la marea, marejada, oleada.
Boring. n. Horadación, perforación, sondeo. / (pl.) Partículas que se desprenden al taladrar. / adj. Fastidioso, aburrido, latoso.
Born. adj. Nacido.

Borough. n. Villa, municipio, ayuntamiento.
Borrowing. n. Préstamo recibido. / Adopción (de costumbres, cultura, etc.).
Bosom. n. Seno, pecho. / Intimidad. / (Fig.) Corazón. / Pechera de camisa. / adj. Intimo, querido. / v. Abrazar. / Guardar, esconder.
Boss. n. Jefe, patrón. / Cacique político. / Protuberancia. / Clavo o tachón de adorno. / Bollón, bulla de relieve. / v. Dirigir, supervisar, dominar. / Decorar, tachonar.
Bossy. adj. Mandón, dominante. / Decorado de relieve, tachonado.
Botany. n. Botánica.
Both. adj., pron. Ambos. / Los dos, uno y otro.
Bother. v. Incomodar, molestar. / Preocuparse, molestarse. / Ocuparse de. / n. Molestia, incomodidad, inconveniente. / Preocupación.
Bottle. n. Botella, frasco. / biberón. / v. Embotellar, enfrascar. / *To bottle up*, reprimir, contener.
Bottom. n. Fondo, superficie inferior. / Lago, mar, río. / (pl.) Tierra baja, hondonada. / Extremo, punto más bajo. / Pie (de un muro, de la página, etc.). / Base, fundamento. / Asiento. / Trasero, nalgas. / (Náut.) Buque. Carena del buque. / adj. Ultimo. / Del fondo. / Fundamental, básico. / v. Basar, fundamentar. / Ir al fondo. / Poner fondo a algún objeto.
Bought. adj. Comprado hecho(ropa).
Boulder. n. Peñasco rodado, piedra grande.
Bounce. v. Rebotar. / Brincar. / Irrumpir (en un lugar, en una habitación). / Fanfarronear. / Ser devuelto (un cheque sin fondos). / Hacer rebotar. / n. Salto, brinco. / Rebote. / Vigor, brío. / Fanfarronada.
Bound. adj. Destinado, dirigido.
Bound. n. Límite, confín, término, frontera. / (pl.) Coto, territorio delimitado. / v. / Deslindar, marcar los límites de. / Bordear, rodear.
Bound. adj. Atado, amarrado. / Confinado, limitado. / Destinado, inevitable, seguro. / Obligado. / Encuadernado. / v. Saltar, brincar, rebotar. / n. Salto.
Boundless. adj. Ilimitado, infinito, vasto.
Bouquet. n. Ramillete. / Aroma del vino.
Bourgeoisie. n. Burguesía, clase media.
Boutique. n. Tienda de artículos de moda.
Bovine. adj. Bovino, vacuno. / n. Res.
Bow. n. Venia, reverencia, saludo. / Arco (curva y arma). / Arco iris. / Arquero. / Lazo, moño. / Proa de barco o avión. / v. Inclinar la cabeza, doblar la rodilla, hacer una reverencia. / Someter la voluntad de otro. / Curvar, arquear. / Curvarse, doblarse.
Bowel. n. Intestino. / v. Destripar, desentrañar.
Bowl. n. Tazón, cuenco, bol. / Palangana. / Cazoleta de la pipa. / Taza del inodoro. / Cuenco, concavidad. / (Geog.) Cuenca. / Construcción en forma cóncava.
Bowl. n. Bolo. / (pl.) Bolos. / Boleo, tiro de bola. / v. Bolear, jugar a los bolos.
Bowler. n. Jugador de bolos. / *Bowler hat*, sombrero de hongo.
Bow tie. n. Corbatín, corbata de lazo, pajarita.
Box. n. Caja, estuche, cofre, arca. / Compartimiento. / Casilla, apartado de correos. / Cama de una carreta o carro. / Pescante. / Caseta, garita. / Bofetón, manotón, puñetazo. / (Bot.) Boj. / Recuadro, encuadrado. / (Dep.) Boxeo. / v. Colocar o meter en cajas. / (Náut.) Virar. / (Impr.) Recuadrar, encerrar. / Boxear.
Boxer. n. Boxeador, púgil. / (Zool.) Perro bóxer.
Boxing. n. Boxeo. / Embalaje, empaque. / Material para embalar. / Marco de puerta o de ventana.

Box office. n. Taquilla. / Atracción taquillera.
Boy. n. Muchacho, chico, niño. / Hijo. / Portero, ascensorista, mensajero, sirviente.
Boycott. n. Boicoteo, boicot. / v. Boicotear.
Boyfriend. n. Galán, enamorado, amigo.
Boyhood. n. Niñez del varón.
Boy scout. n. Niño explorador.
Bra. n. Sostén (la prenda interior femenina).
Brace. n. Abrazadera, grapa. / Tirante, tensor. / (pl.) Tirantes, suspensores (de pantalón). / (Med.) Braguero. / (Mús.) Corchete. / (Náut.) Braza, cabo para fijar las vergas. / Berbiquí, taladro. / Puntal, codal, tornapunta. / Llave, corchete. / v. Acodalar, apuntalar. / Ligar, asegurar, reforzar. / Vigorizar, animar, fortalecer.
Bracelet. n. Brazalete, pulsera, ajorca.
Bracket. n. Puntal, repisa, cartela. / Brazo de lámpara. / (pl.) Corchetes o paréntesis angulares. / Clase, grupo, categoría. / v. Poner entre paréntesis. / Apuntalar, mensular. / Clasificar, agrupar en la misma categoría. / (Mil.) Horquillar el blanco.
Brag. v. Jactarse, fanfarronear.
Braid. v. Trenzar, entrelazar. / Galonear. / n. Trenza. / Trencilla, galón, cinta.
Brain. n. Cerebro. / (pl.) Sesos. / v. Romperle la cabeza a alguien.
Brainstorm. n. Idea genial, inspiración súbita.
Brake. n. Maleza, zarzal, matorral. / (Agr.) Agramadera. / (Mec.) Freno. / v. Frenar.
Bramble. n. (Bot.) Zarza, cambrón.
Branch. n. Rama. / Ramo (de una ciencia, arte, etc.) / Bifurcación, ramal. / Sección, división, sucursal, dependencia. / (Electr.) Derivación. / v. Ramificarse, echar ramas. / Divergir, bifurcarse.
Brand. n. Marca de fábrica. / Hierro de marcar, marca. / Tizón. / Estigma, ignominia. / (poét.) Espada. Antorcha. / v. Marcar, herrar. / Estigmatizar. / (Fig.) Grabar en la memoria, en el ánimo.
Brandish. v. Blandir, sacudir, agitar.
Brand-new. adj. Flamante, enteramente nuevo.
Brandy. n. Coñac, aguardiente de uva. / v. Mezclar con coñac, dar sabor de coñac a, conservar en coñac.
Brash. adj. Impetuoso, temerario. / Desatinado, indiscreto. / Descarado, insolente.
Brass. n. Latón. / Cobre, utensilio de cocina. / Ornamento de latón. / Color bronce. / (Fig.) Descaro, impertinencia. / (Mec.) Bronce, casquillo de bronce.
Brat. Rapazuelo, malcriado.
Bravado. n. Bravata, alarde, jactancia, baladronada.
Brave. adj. Bravo, valiente, esforzado, gallardo. / n. Guerrero piel roja. / v. Encarar, afrontar, arrostrar.
Brawl. v. Alborotar, armar camorra. / n. Alboroto, disputa, riña.
Bray. n. Rebuzno. / Ruido bronco. / v. Rebuznar. / Decir en voz ronca. / Majar, triturar.
Brazilian. adj. n. Brasileño.
Breach. n. Rotura, ruptura. / Infracción, contravención, violación. / (Náut.) Rompimiento (de las olas). / Salto de una ballena. / v. Abrir una brecha en. / Violar, quebrantar (la ley, una obligación, un trato, etc.). / Saltar fuera del agua (una ballena).
Bread. n. Pan. / (Pop.) Dinero. / v. Empanar.
Breadth. n. Anchura. / Extensión, espacio, envergadura. / Paño, ancho de tela.
Break. v. Romper. / Partir, dividir, truncar. / Cortar, interrumpir. / Infringir, violar, quebrantar, faltar a la palabra. / Batir una marca deportiva. / Domar, disciplinar. /

Abatir, arruinar. / Invalidar. / Resolver, descifrar. / Amortiguar, moderar. / Refutar una coartada. / Comunicar una noticia. / Degradar a un soldado./ Divulgarse, revelarse. / Mudar, cambiar. / Bajar (precios, valores). / Echarse a correr, arrancar. / n. Rotura, rompimiento, ruptura. / Abertura, grieta. / Vacío, claro, hueco. / Pausa, intervalo. / Cambio del tiempo, de actitud, del tema, cambio abrupto. / Comienzo, principio. / Arrancada, salida, corrida. / Huida. / Gallo, nota falsa. / (Mús.) Pasaje improvisado en jazz. / (poét.) Cesura. / (Geol.) Falla, hendedura. / (Com.) Baja de precio o valores. / (Impr.) Salto, blanco en un texto.

Breakage. n. Fractura, rotura, destrozo. / Objetos quebrados, indemnización por cosas quebradas.

Breakfast. n. Desayuno. / v. Desayunarse.

Breast. n. Pecho, seno. / Mama de las hembras de los mamíferos. / Pechuga de ave. / Peto de armadura. / (Fig.) Corazón. / Reja de arado. / v. Afrontar, arrostrar. / Luchar contra, subir laboriosamente.

Breast-feed. v. Amamantar.

Breath. n. Aliento, respiración. / Hálito. / Exhalación, emanación. / Animo, vida. / (Fig.) Respiro, pausa. / Susurro, murmullo.

Breathe. v. Respirar. / (Fig.) Vivir. / Soplar suavemente. / Expresar, revelar, susurrar. / Dar un respiro a, descansar.

Breathless. adj. Sin aliento, jadeante. / Exánime. / Intenso, extremo. / Sofocante, mal ventilado.

Breathtaking. adj. Soberbio, grandioso. / Asombroso, pasmoso.

Breed. v. Procrear, engendrar. / Criar. /Multiplicarse. / n. Raza, casta. / Prole. / Clase, especie.

Brew. v. Fabricar cerveza. / Hacer una infusión. / Tramar, maquinar. / Formarse, prepararse. / n. Infusión, licor, tisana. / Cocción, mezcla.

Bribe. n. Soborno, cohecho. / v. Sobornar.

Brick. n. Ladrillo. / Lingote de oro. / v. Enladrillar.

Bride. n. Novia, desposada.

Bridegroom. n. Novio, desposado.

Bridge. n. Puente. / Caballete de la nariz. / Bridge (juego de naipes). / v. Tender un puente sobre.

Bridle. n. Brida. / (Anat.) Frenillo. / (Mec.) Tirante. / (Electr., f.c.) Retenida. / v. Embridar. / Manejar al caballo con la brida. / (Náut.) Afrenillar los remos.

Brief. adj. Breve, corto. / Conciso, lacónico. / (Der.) Alegato, informe. / Sumario, resumen. / (Mil.) Instrucciones. / (pl.) Calzoncillos muy cortos, trusa. / v. Resumir, compendiar. / Contratar un abogado. / Dar instrucciones breves, aleccionar.

Briefcase. n. Cartera, portafolio, maletín.

Brighten. v. Aclarar, iluminar, abrillantar. / Avivar.

Brightness. n. Brillantez, esplendor. / Inteligencia.

Brilliance, brilliancy. n. Brillo, brillantez.

Brilliant. adj. Brillante. /

Brim. n. Borde, margen, canto. / Ala de sombrero. / v. Llenar. / Estar repleto. / Llenarse, rebosar.

Brimful. adj. Lleno hasta el borde, pletórico.

Brine. n. Salmuera. / Mar, agua del mar. / (Quím.) Solución salina. / (poét.) Lágrimas. / v. Poner en salmuera.

Bring. v. Traer. / Conducir, hacer llegar, hacer venir. / Producir, rendir. / Inducir, persuadir. / Resultar en, acarrear. / To bring around, reanimar, resucitar; convencer. / To bring away, llevarse. / To bring back, devolver. / Recordar. / To bring forth, procrear, parir, dar a luz; producir. / To bring home to, convencer, demostrar de

modo concluyente. / To bring to, reanimar, hacer volver en sí; parar, detener. / To bring to take, reprender. / To bring together, reunir, reconciliar. / to bring up, Criar, educar. Hacer mención de. / Parar; Vomitar.

Brink. n. Borde, margen.

Brisk. adj. Vivo, activo, lleno de vida. / Enérgico, rápido. / Vivo, fresco (el aire). / Vigorizante, tonificante (una bebida). / v. Animar, avivar, acelerar. / To brisk up, avivarse.

British. adj. Británico.

Brittle. adj. Quebradizo, frágil.

Broach. n. Asador, espetón. / Espita. / Pincho, punzón, lezna. / Broca, mecha, escariador. / Prendedor. / v. Espitar. / Sacar un líquido de un barril. / Escariar un agujero. / Inaugurar un negocio, etc.; publicar por primera vez.

Broad. adj. Ancho, amplio, extenso, vasto. / Claro, obvio, explícito. / Liberal, comprensivo, tolerante. / Marcado. / Vulgar, libre, atrevido. / Principal, esencial. / (Fon.) Abierto. / Parte ancha.

Broadcast. v. Transmitir, difundir, emitir (un programa de radio, de T.V.) / (Agr.) Sembrar al voleo. / n. (Radio) Radiodifusión, trasmisión, emisión. /

Broadcasting. n. Transmisión, emisión. / (Agr.) Siembra al voleo. / adj. Emisor, de radiodifusión.

Broaden. v. Ensanchar(se), dilatar(se), ampliar(se).

Broccoli. n. (Bot.) Brécol, brócoli.

Brochure. n. Folleto.

Broke. n. (Fam.) Pelado, en bancarrota, sin un duro.

Broken. adj. Roto, fracturado, quebrado. / Violado. / Interrumpido, inquieto (el sueño). / Decaído. / Quebrantado, débil. / Contrito. / Irregular, áspero (un terreno). / Domado. / Separado, suelto. / Incierto. / Imperfecto, mal pronunciado. / (Com.) Arruinado.

Broker. n. (Com.) Corredor, cambista. / Agente, comisionista, intermediario.

Bronchitis. n. Bronquitis.

Bronze. n. Bronce. / adj. De bronce, bronceado.

Brooch. n. Broche, prendedor, alfiler de adorno.

Brood. n. Camada, nidada, cría. / Progenie, prole. / Raza, casta, ralea, clase, especie. / v. Empollar, incubar.

Broom. n. Escoba. / (Bot.) Hiniesta, retama. / v. Barrer.

Broomstick. n. Palo de escoba.

Broth. n. Caldo.

Brothel. n. Burdel, lupanar.

Brother. n. Hermano. / (Pop.) Compadre, amigo. / v. Hermanar. / Llamar hermano.

Brotherhood. n. Hermandad. / Cofradía.

Brother-in-law. n. Cuñado.

Brow. n. Ceja. / Cresta del monte. / Frente. / Rostro.

Browbeat. v. Amedrentar, amilanar, acobardar.

Brown. adj. Pardo, castaño. / Moreno, tostado. / v. Tostar(se), broncear(se), dorar.

Brownie. n. Bizcocho pequeño de chocolate y nueces. / Niña exploradora. / Duendecillo benévolo.

Browse. v. Pacer, ramonear, comer ramas o brotes. / Hojear, curiosear en bibliotecas, etc..

Bruise. v. Magullar, golpear, majar. / (Fig.) Herir (sentimientos, ánimo, etc.). Machucarse (fruta, etc.). / (Fig.) Sentirse herido. / n. Magulladura, contusión. / Abolladura. / (Fig.) Ofensa.

Brush. n. Cepillo, escobilla. / Brocha, pincel.

Brutal. adj. Brutal, cruel, salvaje.

Brute. adj. Bruto, brutal. / n. Bestia, animal.

Bubble. n. Burbuja, ampolla. / Bagatela, ilusión, quimera. / Burbujeo. / v. Burbujear, bullir. / Eructar (un bebé)./ Hacer bullir. / Decir efusivamente.

Bubble gum. n. Goma de mascar, chicle.
Bubbly. n. (Fam.) Champaña. / adj. Burbujeante.
Buck. n. Macho cabrío, gamo. / Venado, antílope, ciervo, liebre o conejo macho. / Caballerete, petimetre. / Corcovo del caballo. / Banquillo de aserrar o cepillar madera. / Caballete, potro de gimnasia./ Esforzarse por lograr algo. / adj. Raso, sin rango.
Bucket. n. Cubo, balde. / v. Cabalgar duramente, apresurarse. / Moverse a sacudidas. / (Pop.) Morir.
Buckle. n. Hebilla. / Curva, comba. / v. Abrochar. / Abombar, encorvar(se). / Doblarse (las rodillas).
Bud. n. (Bot., Zool.) Yema. / Brote, botón. / v. Brotar, echar botones.
Buddhism. n. Budismo.
Buddy. n. (Fam., EE.UU.) Camarada, compañero.
Budge. v. Moverse, menearse. / Mover, bullir. / n. Piel de cordero curtida.
Budget. n. Presupuesto. / Acumulación, surtido. / v. Presupuestar. / adj. De costo reducido, económico.
Buff. n. Piel de búfalo, buey o ante. / (Fam.) Entusiasta de la ópera, el jazz, etc. / (Fam.) Piel humana. / Rueda pulidora. / v. Pulir, alisar .
Buffalo. n. Búfalo.
Buffet. n. Bofetada. / (Fig.) Embate, golpe de la fortuna. / v. Abofetear. / Luchar, abrirse paso a golpes.
Buffet. n. Comida, refrescos en una reunión social. / Bufet, salón o mesa de refrescos y comidas. / Cantina, bar. / Aparador, alacena.
Bug. n. Insecto, bicho. / / v. (Pop.) Ocultar grabadora, micrófono o dictáfono para escuchar clandestinamente. / (Pop.) Molestar, enojar. / (Pop.) Dejar perplejo.
Buggy. n. Coche de un caballo. / Cochecito para niño.
Build. v. Construir, fabricar. / Formar, hacer. / Establecer. / n. Estructura, figura (del cuerpo).
Building. n. Edificio, casa, construcción.
Built-in. adj. Empotrado. / Inamovible.
Built-up. adj. Ensamblado. / Poblado, desarrollado.
Bulb. n. (Bot.) Bulbo, tubérculo. / Abultamiento. / v. Hincharse, abultarse.
Bulge. n. Pandeo, comba. / Saliente, protuberancia, bulto. / v. Combarse. / Hincharse, sobresalir, abultarse.
Bulk. n. Magnitud, volumen, tamaño. / Bulto, masa, agregado. / Mole, cuerpo pesado. / La mayor parte. / Cargamento. / v. Hinchar (se), dilatar (se), aumentar. / Ser de peso, tener importancia. / Rellenar. / *To bulk up*, amontonar, apilar.
Bull. n. Toro./ (Astron.) Tauro. / (Com.) Ascendente, en alza. / v. (Com.) Jugar al alza en el mercado de valores. / Provocar el alza de valores. / Forzar, avanzar a fuerza bruta.
Bulldog. n. Buldog. / Revólver de calibre grande y cañón corto. / (Fam.) Policía. / Tenaz, obstinado.
Bullet. n. Bala.
Bulletin. n. Boletín, publicación periódica.
Bullfight. n. Corrida de toros.
Bullfighter. n. Torero.
Bullion. n. Oro o plata en barras. / Encaje hecho con hilo dorado o plateado. / Entorchado.
Bull ring. n. Plaza de toros, arena, ruedo.
Bull's-eye. n. Lente de linterna. / Centro del blanco. / (Mil.) Diana. / (Fig.) Acierto. / (Arq.) Ojo de buey, ventana circular.
Bully. adj. Pendenciero, abusador. / (Fam.) Excelente, de primera clase. / v. Intimidar, amedrentar, fanfarronear.

Bum. n. (Pop.) Vagabundo, vago, holgazán. / Borrachín. / v. (Pop.) Vagabundear. / adj. Inferior, de mala calidad, falso, malo. / Estropeado.
Bump. v. Golpear, darse contra. / n. Choque, golpe, encontrón. / Protuberancia, chichón.
Bumper. n. Amortiguador de golpes, defensa, parachoques. / Taza o vaso colmado. / adj. Excelente, grande, abundante.
Bumpy. adj. Desigual, con baches o protuberancias (un camino).
Bun. n. Bollo, pan o panecillo. / Moño del pelo.
Bunch. n. Racimo, ristra. / Puñado, montón. / Haz, manojo, conjunto. / v. Agrupar, amontonar.
Bundle. n. Haz, atado, manojo. / Montón, lío, envoltorio. / Paquete, fardo, bulto. / v. Liar, empaquetar.
Bung. v. Taponar, atarugar, obstruir, atorar. / n. Tapón, tarugo, bitoque.
Bungalow. n. Pequeña casa particular.
Bungle. v. Chapucear, equivocarse, obrar con torpeza. / n. Chabacanería.
Bunk. n. Litera, tarima para dormir. / (Fam.) Palabrería, faramalla, baladronada. / v. Dormir en litera.
Bunny. n. Gazapo, conejito.
Bunting. n. Lanilla, estameña.
Buoy. n. (Náut.) Boya, baliza. / v. Aboyar, poner boyas, abalizar.
Burble. v. Burbujear. / (Fig.) Hervir (De rabia, etc.). / Parlotear. / n. Burbuja, ampolla. / Burbujeo.
Burden. n. Carga, peso. / Obligación, preocupación. / Cargamento. / v. Cargar. / (Fig.) Gravar, oprimir.
Bureau. n. Escritorio.
Bureaucracy. n. Burocracia.
Burglar. n. Ladrón, caco.
Burglary. n. Robo, ratería.
Burgundy. n. Borgoña, región de Francia. / Vino de borgoña. / Color vino tinto.
Burial. n. Entierro. / Cementerio, camposanto.
Burly. adj. Corpulento, fornido, musculoso.
Burn. v. Quemarse, arder. / Estar encendido. / Estar impaciente. / Morir en la hoguera. / Incendiar. / Endurecer al fuego, cocer (ladrillo). / Calcinar. / Soldar, fundir (metales). / (Med.) Cauterizar. / Malgastar, desperdiciar (dinero)./ n. Quemadura. / Arrancada, impulso de cohetes de una nave espacial.
Burning. n. Quemazón, ardor. / Quemadura. / Combustión. / Cocción (de objetos de cerámica). / adj. Abrasador, ardiente, vehemente. / Candente.
Burp. n. Eructo, regüeldo. / v. Eructar.
Burrow. n. Madriguera, conejera, vivar. / Escondrijo, retiro. / v. Excavar una madriguera, minar, horadar. / Amadrigarse, vivir en una madriguera.
Burst. v. Reventarse, estallar, romperse. / Estar lleno (brote)./ n. Estallido, explosión, reventón. / Rotura. / Andanada, ráfaga de disparos.
Bury. v. Enterrar, inhumar, sepultar. / Esconder.
Bus. n. Omnibus, autobús. / (Electr.) Barra colectora. / v. Viajar en ómnibus.
Bush. n. Arbusto, mata, maleza. / Matorral, breña. / Area cubierta de chaparrales. / Rabo peludo. / (Mec.) Forro, casquillo, cojinete, buje.
Bushy. adj. Espeso, tupido.
Business. n. Negocio, comercio. / Ocupación, profesión. / Tarea, deber. / Incumbencia. / Asunto, problema, lío.
Businesslike. adj. Sistemático, eficiente, práctico.
Businessman. n.m. Hombre de negocios.
Businesswoman. n.f. Mujer de negocios.

Busk. n. Ballena del corsé.

Bust. n. Busto, pecho de mujer. / (Arte) Busto, escultura. / Juerga, parranda. / Quiebra, fracaso. / (Pop.) Golpe, puñetazo. / adj. Quebrado, en bancarrota. / v. Estallar, reventar. / Quebrar, ir a la quiebra, llevar a la quiebra. / Amansar, domesticar. / Degradar, despojar de grado.

Bustle. v. Apresurarse. / n. Alboroto, bullicio. / Polisón, almohadilla de los vestidos antiguos.

Busy. adj. Ocupado. / Atareado. / Activo, laborioso. / Oficioso, entremetido. / Bullicioso, movido. / Recargado (estilo). / v. Atarearse.

But. conj. Pero, mas. / Sino, antes bien, al contrario. / Al menos, por lo menos. / n. Pero, objeción. / *There are no buts about it*, no hay peros que valgan.

Butcher. n. Carnicero (el oficio). / Hombre sanguinario. / Chapucero. / *Butcher's*, carnicería (tienda). / v. Matar reses. / Asesinar.

Butt. n. Mango, cabo, extremo más ancho. / Mocho de un instrumento. / Culata de un arma. / Tocón de un árbol. / Colilla de cigarrillo. / v. Topetar, topar, embestir. / Empalmar, juntar a tope. / Dar topetazos.

Butter. n. Mantequilla. / v. Untar con mantequilla. / *To butter up*, (Fam.) Lisonjear, adular.

Buttercup. n. (Bot.) Ranúnculo, botón de oro.

Butterfly. n. Mariposa. / (Fig.) Calavera, persona veleidosa. / (pl.) (Fam.) Mareo.

Buttock. n. Nalga, trasero. / Anca, grupa .

Button. n. Botón. / Capullo. / Perilla, tirador de puerta. / v. Abotonar.

Buttonhole. n. Ojal. / Flor para la solapa. / v. Hacer ojales o presillas en, bordar con punto de ojal.

Buttress. v. Apuntalar, sostener, apoyar.

Buy. v. Comprar. / (Pop.) Aceptar algo como cierto, tragárselas./ n. Compra.

Buzz. n. Zumbido. / Susurro, cuchicheo. / Rumor. / (Pop.) Llamada telefónica. / (Pop.) Beso. / v. Zumbar. / Susurrar, cuchichear. / Llenarse de murmullos un lugar.

Buzzer. n. Zumbador, timbre eléctrico.

By. prep., adv. Por, de (refiriéndose a tiempo o duración). / *By night*, de noche. / Por, a (refiriéndose a causas, medios o instrumentos). *By steam*, a vapor. / Por, junto a, cerca de; hacia (refiriéndose a lugar o dirección). / *A cottage by the sea*, Una cauaña junto al mar. / Por, a (refiriéndose a modo o cantidad). / *By day light*, a la luz del día. *By chance*, por casualidad. / Para (refiriéndose a un límite de tiempo). / *By august*, para agosto. / (Mat.) Por (refiriéndose a una multiplicación). / Cerca, al lado. / *Stay by me*, quédate junto a mí. / Aparte, a un lado. / *By and by*, poco a poco. / *By and large*, en conjunto .

By-and-by. n. Ocasión futura, con el tiempo.

By-by, bye-bye. n. (Fam.) Hasta luego, adiós.

Bygone. adj. Pasado, de otro tiempo, antiguo.

By-law, bye-law. n. Estatuto, reglamento interno.

Bypass. n. Vía de circunvalación. / (Mec.) Desvío, derivación, tubo de paso. / (Electr.) Derivación. / v. Evitar, pasar de lado.

Bystander. n. Circunstante, espectador.

C

C. (Mús.) Nota Do / (Pop.) Billete de cien dólares. / (Pop.) Cocaína.
Cab. m. Taxi.
Cabbage. (Bot.) Col, repollo.
Cabin. f. Cabaña, choza. / (Náut.) Camarote.
Cabinet. m. y f. Armario, cómoda. / m. Gabinete, consejo de ministros.
Cable. m. Cable. / (Náut.) Cable, calabrote. / m. Cable eléctrico.
Cacao. (Bot.) Cacao.
Cache. m. Escondite. / v. Poner en un escondrijo.
Cackle. m.Cacareo, cloqueo. / Risa entrecortada o temblorosa. v. Cacarear, cloquear.
Cactus. (Bot.) Cacto.
Cadaverous. adj. Cadavérico, pálido.
Cadence. f. Cadencia, modulación.
Cadet. m. Cadete. / (Pop.) Alcahuete.
Caducous. adj. Caduco. perecedero, transitorio.
Cafe. m. y f. Café, cafetería.
Caffeine. Cafeína.
Cage. f. Jaula. / v. Enjaular.
Cajole. v. Engatusar, halagar, lisonjear.
Cake. m. y f. Pastel, torta, pasta, pastilla. / v. endurecers, apelmazarse.
Calamity. Calamidad, desgracia.
Calcify. v. Calcificar (se), petrificar (se).
Calculate. v. Calcular. / (Fam.) considerar, suponer.
Calculating. adj. Prudente, interesado, egoísta.
Calculation. m. Cálculo, cómputo.
Calculator. m. Calculador. / Máquina calculadora.
Calefaction. n. Calefacción.
Calendar. m. Calendario, almanaque / Orden del día, lista, horario. / v. Anotar o registrar en un calendario.
Calf. m. Ternero, becerro. / (Anat.) Pantorrilla.
Calibrate. v. Calibrar, graduar.
Call. v. Llamar, gritar, hacer una llamada telefónica. / Requerir, pedir, demandar. /Invocar, apelar a. / Exclamar, soltar un grito. / Dirigir una llamada a. / Convocar. / (Der.) Emplazar. / (Econ.) Retirar moneda de la circulación, demandar pago. / m. y f. Llamamiento, llamada, exclamación.
Calligraphy. n. Caligrafía. / Letra, escritura.
Calling. n. Llamamiento. / Vocación, ocupación, profesión. / Celo, excitación sexual de las hembras.
Calm. f. Calma, quietud. / adj. Calmado, quieto, sereno. / v. Calmar, / Calmarse, aplacarse.
Calumniate. v. Calumniar, difamar.
Calvary. n. Calvario. / (Fig.) Serie de adversidades.
Camel. (Zool.) Camello / (Náut.) Dique flotante.
Camera. f. Cámara fotográfica. / (Der.) Cámara del juez. / *In camera,* En la cámara del juez, en privado.
Cameraman. adj. Camarógrafo.
Camouflage. (Mil.) Camuflaje, enmascaramiento. / n. Camuflar, enmascarar. / Fingir, simular, ocultar.
Camp. m. Campo, campamento. / (Fig.) Vida de cuartel, vida militar. / (Fig.) Partido, grupo (de intereses o de ideas comunes). / v.Acampar.
Campaign. f. Campaña. / v. Hacer campaña.
Campanile. m. Campanario.
Camper. n. Excursionista, acampador. / Vehículo de remolque para acampar.
Campfire. n. Fuego de campamento.

Campground. m. Campo o terreno para campamento .
Campus. n. Ciudad universitaria, recinto universitario.
Can. v. Poder. / m. Bote, f. lata. / (Pop.) Cárcel.
Canadian. adj. Canadiense.
Canal. m. y f. Canal. / Acequia. / (Biol.) Conducto, ca
Canalize. v. Canalizar. / (Fig.) Encauzar, canalizar.
Canary. (Orn.) Canario. / Color canario.
Cancel. v. Suprimir, elirninar, tachar. / Cancelar, rescindir, revocar. / Invalidar anular. / Neutralizar, / Sellar, inutilizar sellos. / f. Cancelación.
Cancer. (Med.) Cáncer. / (Astron.) Cáncer.
Candescent. adj. Candente, resplandeciente.
Candidate. m. y f. Candidato,a.
Candle. f. Vela, bujía, candela.
Candlelight. f. Luz suave. / m. Atardecer, crepúsculo.
Candlestick. f. Palmatoria.
Candor, candour. m. Candor, f. sencillez, sinceridad, franqueza. / Imparcialidad, equidad.
Candy. m. Caramelo, azúcar cristalizada. / Confite, dulce. / v. Confitar, acaramelar. / (Fig.) Endulzar
Cane. f. Caña. / Caña de azúcar. / m. Bastón, báculo. / Palo, vara. / v. Apalear. / Tejer con bejuco.
Canine. adj. Canino, perruno. / (Zool.) Canino. / m. Colmillo.
Cannibal. Caníbal.
Cannon. m. Cañón. / v. Cañonear.
Cannon shot. m. Cañonazo, tiro de cañón.
Canoe. f. Canoa, piragua. / v. Remar o viajar en canoa.
Canopy. m. Toldo / Dosel, palio, baldaquín. / v. Endoselar.
Canteen. f. Cantina. / Cantimplora.
Canter. m. Medio galope. / v. Ir a medio galope.
Canvas. f. Lona./ m. cañamazo. / Velamen. / Toldo, tienda de campaña. / Lienzo, pintura, cuadro.
Canvass. m. Escrutinio, examen minucioso. / f. Solicitud de votos, subscripciones, opiniones, etc. / v. Escudriñar, examinar (los votos en una elección). / Solicitar, requerir (votos, fondos, opiniones, etc.).
Canyon. m. Cañón, desfiladero.
Cap. m. Gorro, birrete, bonete. / f. toca. / *Security cap,* Casco de protección. / Cápsula, fulminante. / f. Tapa de botella. / f. Puntera de zapato o bastón. / v. Cubrir. / Rematar, coronar. / Sobrepasar, superar, exceder.
Capable. adj. Capaz de. / Hábil, competente, talentoso.
Capacity. f. Capacidad, habilidad, aptitud, condición, aptitud legal. / m. talento, rendimiento, carácter.
Cape. f. Capa, esclavina, manteleta. / (Geogr.) Cabo.
Caper. f. Alcaparra. / Cabriola. / v. corretear, brincar.
Capillary. adj. Capilar. / m. (Anat.) Vaso capilar.
Capital. f. Capital (de país o de provincia). / *Capital letter,* Mayúscula. / (Econ.) Capital social, caudal de un negocio. / (Arq.) Capitel de columna. / *To make capital out of,* Sacar partido de.
Capitalism. m. Capitalismo.
Capitalist. adj. Capitalista.
Capitalize. v. Capitalizar. / Proveer de capital. / v. Acumular capital / *To capitalize on,* Sacar provecho de.
Capitulate. v. Capitular.
Caprice. m. Capricho. / f. veleidad, extravagancia. / (Mús.) Capricho.
Capricious. adj. Caprichoso, antojadizo.

Capsule. f. Cápsula. / Resumen corto, escrito u oral. / adj. Muy corto, condensado.

Captain. m. Capitán.

Caption. m. Encabezamiento, título, titular, epígrafe. / v. Encabezar, poner título a.

Captious. adj. Criticón, falaz, insidioso.

Captivation. f. Fascinación.

Captivity. m. Cautiverio. / f. cautividad.

Captor. m. Apresador capturador.

Capture. f. Captura, toma. / Presa, cosa capturada, nave apn:sada. / (ajedrez, damas) Toma de una pieza. / v. Capturar, hacer prisionero, tomar preso. / Tomar. (una ciudad, plaza, etc.), apresar. (una nave). / (ajedrez, damas) comer una pieza. / (Bridge) Capturar.

Car. m. Automóvil. / Coche de ferrocarril. / Caja o cabina de ascensor. / (Aer.) Barquilla del globo aerostático o dirigible. / Carro.

Caramel. m. Caramelo. / Azucar quemado. / Pastilla de leche y azúcar.

Caramelize. v. Acaramelar.

Caravan. f. Caravana. / Casa rodante.

Carbohydrate. (Quím.). Carbohidrato.

Carbon. (Quím.). Carbono. / (Electr.) Carbón (de una pila o lámpara de arco). / Papel carbón, copia hecha con papel carbón. / (Mec.) Carbón que se deposita sobre el émbolo.

Carbon dioxide. (Quím.). m. Dióxido de carbono, anhídrido carbónico.

Carbonic-acid gas. (Quím.)m. Bióxido de carbono, anhídrido carbónico.

Carcass. m. Cadáver animal, cadáver humano. / Esqueleto de navío, edificio, etc. / Carcasa. / (Mil.) Granada incendiaria. / *To save one's carcass,.* (Fam.) Salvar el pellejo.

Card. f. carta de la baraja. / m. Naipe. / *Cards,* Juego de naipes o cartas. / (Fig.) Carta, recurso. / Tarjeta. / Programa. / Menú, lista de vinos. / *Compass card* Rosa naútica, rosa de los vientos. / (Fam.) Tipo gracioso. / *In the cards,* Posible, probable, esperado. / *Safe card,* Plan seguro. / *Queer card,* Tipo o persona rara. / *To make a card,* Hacer una baza con una carta. / *To cut the cards,* Estar al mando, tener ventajas. / *v.* Poner en tarjeta. / Proveer con tarjeta. / Registrar en tarjeta.

Cardboard. f. Cartulina. / m. Cartón.

Cardholder. m. Miembro registrado (de un partido, asociación, etc.). / Sujetapapeles.

Cardiac. adj. (Med.) Cardíaco. / m Remedio para el corazón. / Cardíaco, enfermo del corazón.

Cardigan. f. Chaqueta de lana tejida.

Cardinal. m. Cardinal. / Número cardinal. / Capa corta con capucha, para mujer. / (Orn.) Cardenal.

Cardiologist. m. Cardiólogo.

Care. m. Cuidado. / f. solicitud, atención, cautela. / Preocupación, inquietud. / Cargo, custodia, protección. / *To take care of,* Cuidar. / v. Inquietarse, preocuparse. / Importarle a uno. / *I am happy, I don't care,* Me siento feliz, no me importa. / *To care about,* Interesarse por. Ser importante para uno. / *I care very much about music,* La música es muy importante para mí. / *To care for,* Sentir afécto por, sentirse responsable de.

Career. f. Carrera. *In full career,* En plena carrera / adj. De carrera, profesional. / v. Correr a carrera tendida, correr alocadamente,

Carefree. adj. Despreocupado, libre de cuidado, alegre.

Careful. adj. Cuidadoso. / Cauteloso, prudente. / Esmerado.

Carefulness. m. Cuidado, esmero.

Careless. adj. Descuidado, negligente. / Indiferente, desconsidera do. / Alegre, despreocupado.

Carelessness. m. Descuido, negligencia, indiferencia.

Caress f.Caricia. / v. Acariciar, mimar. / (Fig.) Halagar.

Caretaker. m. Celador, guardián, vigilante.

Cargo f.Carga. / m. flete (de un barco, avión, etc.).

Caribbean. m. Caribe. / adj. Caribeño, antillano.

Caricature. f. Caricatura. / v. Caricaturizar. / Ridiculizar.

Caricaturist. m. Caricaturista.

Carnal. adj. Carnal, corporal. / Sensual, lujurioso.

Carnation. (Bot.) Clavel. / adj. Encallado.

Carnival. m. Carnaval.

Carnivore. (Zool.) Carnívoro.

Carnivorous. (Zool.) Carnívoro, carnicero.

Carol. m. Villancico. / v. Cantar villancicos.

Carpenter. adj.Carpintero. / v. Carpintear.

Carpentry. f. Carpintería.

Carpet f.Alfombra, tapete. / *On the carpet,* Sobn: el tapete, en discusión. / *To have someone on the carpet,.* (Fam.) Reprender (literalmente, tener a uno en el tapete). / v. Alfombrar, tapizar.

Carpeting. m. Material para alfombras. / Alfombrado.

Carriage. m. Coche, carruaje. / vagón del tren, vagón. / Transporte, conducción, acalico. / Costo del transporte. / Porte, apariencia (del cuerpo, de la cabeza, etc.). / Manejo, administración de una empresa.

Carrier. m. Mensajero. / Cargador, portador. / Empresa de transportes. / Portaequipajes. / (Med.) Portador de una enfermedad contagiosa. / (Quím.) Agente catalítico. / (Mec.) Conductor, portador. / (Náut.) Portaaviones.

Carrot. f. Zanahoria. / *Carrot top,.* (Fam.) Pelirrojo.

Carrousel. m. Tiovivo, carrusel

Carry. v. Llevar, transportar. / Conducir. / Llevar consigo. / Portar. / Incluir, comprender, contener. / Traer consigo, acarrear. / Producir (interés, cosecha, etc.). / Sostener, alimentar (pasto al ganado). / Soportar (peso, columnas, cúpula, etc.). / Tener en existencia. / Ganar (premio, elecciones). / Aprobar (proyecto, ley, etc.).

Cart. f.Carreta, carretilla. / v. Llevar en carro, transportar.

Carton. f. Caja o envase de cartón. / Centro del blanco de tiro (diana).

Cartoon f. Caricatura. / Tira cómica. / Dibujos animados.

Cartoonist m. y f. Caricaturista.

Cartridge. m. Cartucho (de las armas). / (Elect.) Pastilla. / *Blarik cartridge,* Cartucho sin bala.

Cartridge belt. f. Cartuchera.

Carve. v. Tallar, cincelar, esculpir. / Trinchar (carne, aves). / *To carve out,* Separar cortando algo.

Carven. adj. Tallado, esculpido.

Cascade. f. Cascada. / v. Caer o colgar en cascada. / Verter o echar en cascada. / (Electr.). Conectar en cascada.

Case. m. Caso. / Estado (situación de las cosas). / Caso clínico, paciente. / Argumento, tesis. / (Fam.) Tipo raro, persona extravagante.

Case. f. Caja, estuche. / Embalaje, cajón. / Forro, funda, vaina. / Bastidor, marco de puerta o ventana. / v. Embalar, encajonar. / Enfundar, envainar. / *To case with,* Envolver con, revestir de / (Pop.), obtener información sobre, espiar para robar.

Cash. m. Dinero en efectivo. / Pago al contado. / v. Cobrar en efectivo. / *To cash in, to cash in one's chips,* Abandonar una empresa. / *To cash in on,* Sacar provecho de, aprovecharse de.

Cash account. f. Cuenta de caja.

Cashbox. m. Libro de caja.

Cashbox. f. Caja.

Cashierm. Cajero. / v. Destituir, echar, despedir. / (Militar) Dar de baja. / Descartar, eliminar.
Cashemere. (Geogr.) Cachemira. / Lana fina de cabra.
Casino. m. Casino.
Casket. m. Cofre. / Ataúd, urna. / v. Poner en un cofre.
Casserole f. Cacerola. / Plato de carnes y verdura al horno.
Cassette. (Fotogr.) Chasis para placa o película. / Cartucho para rollo de pelicula. / Cartucho de cinta magnetofónica.
Cassock. f. Sotana.
Cast. v. Lanzar, tirar. / Echar (la suerte, el ancla, miradas). / Soltar, mudar de piel o plumaje. / Formar, moldear, vaciar, fundir. / Estereotipar. / (Der.) Decidir contra. / (Teatr.) Repartir papeles, darle un papel a un actor. / Alabear (una viga, etc.).
Caste. f Casta. / Sistema social de castas.
Casting m. Fundición, vaciado, hierro fundido. / (Teatr.) Reparto, distribución de papeles. / Pellejo de un reptil, pluma o plumas perdidas por un pájaro, excremento de un animal.
Cast-iron adj. De hierro fundido. / (Fig.) De hierro, fuerte, resistente. / (Fig.) Férreo (voluntad, etc.). / (Fig.) Firme, irrefutable.
Castle. m. Castillo. / (Ajedrez) Torre. / v. (Ajedrez) Enrocar.
Castor oil. m. Aceite de ricino.
Castrate. v. Castrar, capar, emascular. / Expurgar un libro.
Castration. f. Castración, capadura, emasculación. / Expurgación de un libro.
Casual. adj. Casual, accidental, fortuito. / Ocasional, eventual. / Indiferente, desprendido. / Informal. / Improvisado, impensado.
Casually. adv. Casualmente, indiferentemente, informalmente.
Cat. (Zool.). Gato. / (Fig.) Mujer desalmada, arpía. / (Naút.). Gata, aparejo del ancla. / Cat of nine tails, Látigo de nueve remales (literalmente: "El gato de nueve colas"). / (Ictiol.) Bagre. / (Pop.) Aficionado al jazz.
Catalog, catalogue. m. Catálogo. / v. Catalogar.
Catalyst. (Quím.) Catalizador.
Catapult. f. Catapulta. / Honda, hondero. / v. Catapultar, disparar, lanzar.
Catarrh. m. (Med.) Catarro.
Catastrophe. f. Catástrofe.
Catastrophic. adj. Catastrófico.
Catch. v. Atrapar, capturar. / Coger, agarrar, adueñarse de. / Engancharse en algo. / To catch in, to catch at, Pilar, sorprender en. / Contraer, coger una enfermedad. / Adquirir (hábitos, etc.). / Atraer, cautivar la atención, miradas, etc. / Tomar, alcanzar (tren, avión, etc.). / Entender, captar (palabras, lo dicho, etc.). / Recibir (un golpe, una bala, etc.). / To catch hold of, Asirse de, agarrarse de. / To catch one's fancy, Antojársele a uno. / To catch oneself, Contenerse, darse cuenta.
Catching. adj. Contagioso, infeccioso. / Pegadizo, fascinante (canción, hábito, etc).
Catchy. adj. Agradable, fascinante, pegajoso (tema musical, ciertos modales, etc.). / Capcioso, tramposo, engañoso.
Catechist. m. y f. (Rel.) Catequista.
Categorical. adj. Categórico, absoluto, rotundo, explícito.
Categorize. v. Categorizar.
Category. f. Categoría, clase.
Cater. v. Proveer, abastecer, surtir.

Catering. m. Arte u oficio de proveer banquetes a domicilio.
Caterpillar. (Astron.) Oruga. / Tractor de orugas.
Cathedral. f. Iglesia catedral.
Catholic. adj. Católico.
Catholicism. (Rel.) Catolicismo.
Cat nap. m. Siesta, sueño corto.
Cattle. m. Ganado, ganado vacuno.
Cattleman. m. Ganadero.
Cattle raising. f. Ganadería.
Cauliflower. (Bot.) Coliflor.
Cause. f.Causa. / Origen, principio. / (Der.) Causa, proceso. / To show cause. (Der.) Presentar motivos justificantes. / v. Causar, motivar algo. / Mover, inducir o llevar a que se haga algo.
Causeless. adj. Sin causa, sin motivo, infundado.
Causeway. f. Calzada elevada. / Camino empedrado. / Caminito, callejuela.
Caustic. (Quím.) Cáustico. / (Fig.) Cáustico, mordaz.
Caution. f. Cautela, precaución. / Advertencia, amonestación. / v. Advertir, prevenir de. / Amonestar, advertir.
Cautionary. adj.Admonitorio, preventivo.
Cautious. adj. Cauto, precavido, prudente.
Cavalier. m. Caballero, jinete, soldado de caballena. / Galán, escolta de una dama. / adj. Alegre, desenvuelto. / Altivo, arrogante.
Cave. f. Cueva, caverna, gruta. / v. Excavar, ahuecar. / To cave in, Caerse, hundirse, derrumbarse. / Rendirse, darse por vencido.
Cavern. f. Caverna, antro, cueva. / v. Colocar en una cueva.
Cavernous. adj. Cavernoso.
Cease. v. Cesar, acabarse, pararse. / To cease from, Desistir de, dejar de. / Terminar, suspender. / Without cease, Sin cesar.
Cease-fire. (Mil.) Alto el fuego, cese de fuego. / Tregua.
Ceaseless. adj. Incesante, perpetuo, perenne.
Cede. v. Ceder, traspasar, entregar.
Ceiling. m. Cielo raso. / Tope, máximo, limite. / (Aeronáutica) Techo, altura máxima. / (Náut.) Entabladura interior.
Celebrate. v. Celebrar, oficiar (una misa, una ceremonia). / Celebrar, exaltar, alabar. / Conmemorar, festejar (un aniversario).
Celebration. f. Celebración. / Fiesta, festejo.
Celebrity. f. Celebridad, renombre, fama. / Persona célebre.
Celerity. f. Celeridad, rapidez.
Celery. (Bot.) Apio.
Celibate. adj. Célibe.
Cell. f. Célula (con todas las acepciones de la palabra castellana) / Celda. / Celdilla de panal de abejas.
Cello. m. Violoncelo.
Cellular. adj.Celular.
Celtic. adj. Céltico. / Celta (el idioma).
Cement. m. Cemento. / v. Cimentar, cubrir con cemento, fortalecer, estrechar. / Pegarse, unirse, consolidarse.
Cemetery. m. Cementerio.
Censor. m. Censor. / v. Censurar, someter a la censura.
Censorship. f. Censura.
Censurable. adj. Censurable, reprobable.
Censure. f Censura, crítica, reprobación. / v. Censurar, criticar, reprobar.
Census. m. Censo. / v. Empadronar, levantar el censo.
Cent. m. Centavo.
Centenarian, centenary. adj. Centenario, centurial. Que tiene un siglo o más.

Centennial. adj. Centenario. Fiesta centenaria.
Center, centre. m. Centro (con todas las acepciones de la palabra castellana). / Punta de torno. / Núcleo, alma (de un cable, etc.). / (Arq.) Cimbra de arco. / v. Centrar. / Centralizar, concentrar. / *To center in, to center on, at, o about,* Centrarse, concentrarse en.
Centigrade. adj. Centígrado.
Centimeter. m. Centímetro.
Central. adj. Central, céntrico, del centro.
Centralist. adj. Centralista.
Centrality. f. Posición central, ubicación céntrica.
Centralization. f. Centralización.
Centralize. v. Centralizar.
Centric. adj. Céntrico, central.
Century. m. Siglo.
Ceramics. f. Cerámica, alfarería.
Cereal. m. Cereal.
Cerebral. adj. Cerebral, del cerebro.
Ceremonial. adj. Ceremonial. / Ceremonial, rito, ritual.
Ceremony. f. Ceremonia.
Certainly. adv. Ciertamente, indudablemente. / (Fam.) Con mucho gusto.
Certainty. f. Certeza, certidumbre. / Certitud, hecho patente.
Certificate. m. Certificado, testimonio. / Diploma. / Título. / (Econ.) Bono, obligación. / v. Dar un título o certificado a alguien.
Certification. f. Certificación, constancia.
Certified. adj. Certificado, garantizado.
Certify. v. Certificar, atestiguar. / Garantizar un cheque. / Declarar alienado.
Chain. f. Cadena. / (Fig.) Cadena, encadenamiento, serie.
Chair. f. Silla. / m. Sillón de la presidencia. / (Fig.) Presidente de una junta, asamblea, etc. / Cátedra. / *To leave the* chair, Levantar la sesión. / *To take a chair*, Sentarse, tomar asiento. / To *take the* chair, Asumir la presidencia, abrir la sesión. / v. Asentar. / Instalar en oficio (a un presidente, una autoridad, etc.). / Presidir (una junta, asamblea, etc.).
Chair lift. f. Telesilla de esquí.
Chairman. m. Presidente de una junta directiva, conferencia, grupo de funcionarios, etc. / Silletero, portador de silla de manos. / v. Presidir una junta, asamblea, reunión, etc.
Chairwoman. f. Presidenta.
Chalet. m. Chalé.
Chalk. f. Tiza. / Punto, tanto (en juegos). / v. Marcar con tiza, escribir o apuntar con tiza.
Challenge. m. Reto, desafío. / (Der.) Recusación, objeción. / v. Retar, desafiar. / Poner en tela de juicio. / Impugnar un voto. / Requerir, exigir, demandar explicación. / Poner a prueba.
Challenger. m. Retador, desafiador, demandante.
Challenging. adj. Desafiador, provocador. / Provocativo, fascinante. / Intrigante.
Chamber. m. Cuarto, cámara. / Cámara del cuerpo legislativo, judicial, etc. / *The chambers,* Despacho del juez. / Recámara de las armas de fuego. / adj. De cámara. / *Chamber music,* Música de cámara. / v. Poner o alojar en un cuarto. / Servir de cuarto para.
Chamberlain. m. Chambelán, gentilhombre de camara. / Camarlengo. / Tesorero.
Chambermaid. f. Camarera, doncella.
Champaign. f. Campiña, pradera, llanura. / adj. Abierto, llano.
Champion. m. Campeón. / (Fig.) Adalid, paladín. / v. Defender, abogar por, proteger. / adj. Supremo, sin par, sin rival.

Championship. m. Campeonato.
Chance. f. Fortuna, suerte. / Azar, casualidad. / Oportunidad, ocasión. / Posibilidad. Probabilidad. / *Chances are that,* La probabilidad es que. / Riesgo, contingencia. / Billete de lotería. / *By chance,* Por casualidad. / *To stand a chance,* Tener una posibilidad.
Chancellor. m. Canciller.
Chancery. f. Cancillería. / División de la Corte Suprema de Justicia que preside el Lord Canciller, en Inglaterra. / Juzgado (En EE. UU.).
Chandelier. f. Lámpara de araña.
Change. v. Cambiar, alterar, modificar, transformar, convertir, reemplazar, substituir. / *To change one's condition,* Mejorar. Casarse. / *To change one's mind,* Cambiar de opinión. / *To change one's tune,* (Fig.) Cambiar de tono. / *To change one's heart,* Cambiar de sentimientos. / Transformarse, reformarse, corregirse. / *To change off,* Turnarse con otro, alternarse.
Changeover. f. Alteración (de un sistema),cambio (de situación, opinión, etc.).
Channel. m. Canal. / Cauce, lecho de un río. / Caño, canalizo de un puerto. / Canal, conducto. / Channel *bar,* Viga en U. / (Mec.) Ranura, garganta, acanaladura. / Canal, estación o frecuencia de radio o TV. / v. Acanalar, estriar, ranurar. / Canalizar, encauzar, conducir por.
Chant. v. Cantar loas y alabanzas, salmodiar, canturrear. / Recitar monótonamente. / m. Canto, cantar, salmo, cantinela.
Chaos. m. Caos, desorden.
Chaotic. adj. Caótico.
Chapel. f. Capilla.
Chapped, chappy. adj. Cuarteado,a.
Chapter. m.Capítulo (con todas las acepciones de la palabra castellana). / Organización local de una confraternidad o sociedad. / *Chapterand verse,* Referencia completa, información exacta. Con pelos y señales. / v. Dividir u ordenar en capítulos.
Character. m. Carácter, temperamento. / Carácter, índole, característica. / Marca, distintivo. / Carácter, signo de escritura. / Tipo, carácter de imprenta. / Escritura, letra, caligrafía de una persona. / Tipo original, cómico o curioso. / Personaje. / *Character reference,* Recomendación o testimonio de solvencia moral. / *Character role,* Papel para actor o actriz.
Characteristic. adj. Característico,a, distintivo, propio. / f. Característica, distintivo.
Characterization. f. Caracterización, representación.
Characterize. v. Caracterizar.
Charcoal. m. Carbón de leña, carbón de palo. / (Dibujo) Carboncillo, dibujo al carbón.
Charge. f. Carga (con todas las acepciones de la palabra castellana). / (Der.) Cargo, acusación. / Peso, gravamen. / Acción de atacar o cargar contra el enemigo. / Encargo, orden, exhortación. / Pupilo,protegido,persona a cargo de otra. / Gasto, costo, honorario. / Cargo, cuidado, custodia. / (Com.) Cargo. / (Electr.) Carga. / *To take charge,* Asumir el mando. / v. Cargar un arma de fuego. / Cargar, recargar (una batería, un acumulador), llenar (el aire con olores, etc., el agua con sales, etc.). / Exhortar, instruir, mandar hacer algo. / (Mil.) Cargar, atacar. / *Charge it to my* account, Cárguelo a mi cuenta. / *To charge with,* Encargar (tarea, trabajo, etc.). / (Der.) Acusar de, hacer cargos contra.
Chargeable. adj. Acusable, imputable. / Que se puede cargar a cuenta.
Chariot. f. Carroza. / Cuadriga, carro romano.
Charisma, charism. m. Carisma. / Liderazgo, poder de captación.

Charitable. adj. Caritativo, a.
Charity. f. Caridad, bondad, benevolencia. / Caridad, obra o instituto de caridad, instituto de beneficencia. / Tolerancia. / Limosna, acto de beneficencia.
Charm. m. Encanto, atractivo. / Gracia, hechizo. / Amuleto. / Like *a charm,* Como por magia, perfectamente. / v. Encantar, cautivar, atraer. / Practicar hechicería, ejercer fascinación.
Charming. adj. Encantador,a, fascinante.
Chart. m. Mapa, carta de navegar. / Gráfica, diagrama, hoja de papel graduado. / Esquema, cuadro, tabla / v. Trazar mapas. / Planear, proyectar (una estrategia). / *To chart a coarse,. (*Naút.). Trazar un derrotero.
Charter. f. Carta, cédula, título. / Carta constitucional. / Permiso legal. / Privilegio, exención, inmunidad. / Alquiler. (De un buque, avión, etc.). / v. Otorgar o constituir por carta. / Fletar (un barco, avión, etc.).
Chase. f. Persecución. / Caza, cacería, montería. / v. Perseguir, acosar, dar caza a. / *To chase from, To chase out of,* Expulsar, echar fuera, ahuyentar. / *To chase about, to chase around,* Correr de aquí para allá. / *To chase after,* Dar caza a, ir en persecución de.
Chasm. m. Precipicio, sima, grieta, ruptura, vacío. / (Fig.) Abismo, diferencia abismal.
Chassis. m. Chasis, armazón. / (Pop.) Figura, cuerpo atractivo.
Chaste.adj. Casto,a, sobrio,a.
Chastening. m. Castigo.
Chastity. f. Castidad, continencia. / Castidad, pureza (del estilo, lenguaje, etc.).
Chat. f. Charla. / v. Charlar, conversar trivialidades.
Chatter. v. Charlar, parlotear. / Chacharear, hablar por los codos. / Castañetear, rechinar (los dientes). / Traquetear (herramientas y máquinas). / f. cháchara, habladuría.
Chatterbox. adj. Hablador, a, parlanchín, a.
Chatterer. adj. Parlanchín, a. / (Orn.) Picotero.
Chauffeur. m. Chofer. / v. Llevar en automóvil, servir de chofer.
Chauvinism. m. Chauvinismo, patriotería.
Chauvinist. adj. Chauvinista, patriotero, ra.
Cheapen. v. Abaratar (se), depreciar (se), vulgarizar (se).
Cheater. m. y. f. Tramposo, sa, estafador, ra.
Check. m. Freno, control. / Comprobación, verificación, inspección. / Talón, contraseña. / Cuenta. / Ficha de juego. / Tela de cuadros. / (Com.) Cheque. / (Mec.) Freno, tope, retén. / (Mil.) Interrupción súbita de un avance, ligero revés. / (Ajedrez) Jaque. / v. Detener, parar, frenar. / impedir, obstaculizar. / detener. / (Ajedrez) Dar jaque. / *To check with,* Cotejar, confrontar. / Comprobar, verificar. / Marcar, poner contraseña a / Depositar o tomar en depósito (ropa, equipaje, etc.). / Cuadricular, dividir o marcar en cuadros o cuadrados. / *To check off,* Marcar o contar uno por uno, descartar, eliminar. / *To check out,* Verificar. / *To check through,* Pasar por un control, expedir. / *To check up,* Verificar, comprobar. / Corresponder, estar conforme. / *To check in at, to check into,* Registrarse en un hotel. / *To check on,* Verificar, controlar.
Checkbook. m. Talonario de cheques.
Checkpoint. m. Punto de control, punto de inspección. / Punto de referencia (en navegación).
Checkup. m. Examen, chequeo médico.
Cheek. f. Mejilla. / Descaro, frescura, desfachatez. / *Cheeks,* Quijada (de tenazas, pinzas, etc.). / (Arq.) Jamba. / Cheeks. (Náut.) Cacholas. / *Cheek by jowl,* Cara a cara, en estrecha intimidad, lado a lado. / *To have the cheek to,* Tener la desfachatez o frescura de. / v. Tratar con descaro.

Cheeky. (Pop.) Descarado, a, fresco, a.
Cheer. m. Humor, genio, estado de ánimo. / Ánimo, alegria, regocijo. / Aplauso, vítor. / *Cheers!,* ¡Salud! (brindis familiar). / To *be of good cheer,* Sentirse con ánimo. / *To make good cheer,* Comer opíparamente. / v. Consolar, alentar, anunag alegrar, regocijar. / Aplaudir, vitorear. / *To cheer up,* Reanimarse, regocijarse. / *Cheer up!,* ¡Animo!, ¡valor!
Cheerful. adj. Alegre, animado, jovial. / Alentador, grato, placentero.
Cheerfulness. f. Alegria, jovialidad, buen humor.
Cheerio. (Fam.) Adiós, chao. / Salud (en el brindis).
Cheese. m. Queso. / (Pop.) Persona importante.
Cheesecake. m. Pastel de queso. / (Fam.) Fotografía de mujeres hermosas semidesnudas. / Curvas o encantos femeninos.
Cheetath. (Zool.) Guepardo.
Chef. m. Cocinero, jefe de cocina.
Chemical. adj. Químico. / m. Producto químico.
Chemist. m. y f.Químico, ca farmacéutico, ca. / *Chemist's,* Farmacia.
Chemistry. f. Química.
Cherish. v. Apreciar, estimar, halagar. / (Fig.) Acariciar. abrigar, alimentar (esperanzas, recuerdos, etc.).
Cherub. m. Querubín.
Chess. m. Ajedrez. / (Bot.) Bromo. / (Ing.) Tabla de piso.
Chessboard. m. Tablero de ajedrez.
Chest. f. Arca, cofre, baúl. / (Anat.) Pecho, tórax.
Chestnut. (Bot.). Castaño (árbol). / Castaña. / Color castaño. / Zaino, caballo color castaño. / Callosidad en la pata del caballo.
Chew. v. Masticar, mascar. / *To chew out,. (Pop.)* Reprender, reconvenir severamente. / *To chew the fat,* Chacharear, chismorrear. / *To chew the rag,. (Pop.)* Parlotear. Refunfuñar. / *To chew one's ear off,* Dar la lata, conversar larga y tediosamente. / f. masticación. / Mascada de tabaco.
Chic. adj. Chic, elegante, fino. / f. Elegancia.
Chick. m. Polluelo. / Pollito, niño. / (Pop.) Jovencita, muchacha bonita.
Chicken. m. Pollo, polluelo. / Jovencita. / Cobarde. / *To chicken out, (Pop.)* Acobardarse.
Chicken coop. m. Gallinero.
Chick-pea. (Bot.) Garbanzo.
Chicory. (Bot.) Achicoria
Chief. m. Jefe. / *Commander in chief,* Comandante en jefe. / adj. Principal, primero.
Chief executive. m. Primer mandatario, el presidente.
Chieftain. m. Cacique, jefe de una tribu. / Caudillo, capitán, cabecilla.
Child. m. y f. Niño, niña, criatura. / Hijo, hija. / (Fig.) Fruto, emanación. / *It's only a child of his imagination, Es* sólo un fruto de su imaginación.
Childbirth. m. Parto, alumbramiento.
Childhood. f. Niñez, infancia.
Childish. adj. Pueril, infantil
Childlike. adj. Como un niño, infantil. / Inocente, candonso, ingenuo.
Children. pl. Niños, criaturas, Hijos.
Chill.. m. Frio, frialdad. / Tiritón, escalofrio. / (Fig.) Frialdad, frigidez (en el trato, etc.). / (Fig.) Enfriamiento, depresión, pasmo. / adj. Frío, desapacible (tiempo). / (Fig.) Frio, fingido. / (Fig.) Deprimente.
Chilly. adj. frío. / (Fig.) Frígido, frío (de modales). / (Fig.) Pasmoso, medroso. / adv. Fríamente.
Chime. m. Carillón. / Timbre, campanilla. / Campaneo, repique de campanas. / Son, sonsonete, melodía. /

(Fig.) Armonía, concordancia. / v. Tañer las campanas, repicar, repiquetear. / Sonar el timbre, una campanilla, etcétera.
Chimney. f. Chimenea.
Chimney sweep. m. Deshollinador.
Chimp. (Fam.) Chimpancé.
Chimpanzee. m. Chimpance.
Chin. m. Mentón, barbilla, barba. / v. Apretar o sostener con la barbilla (por ejemplo, el violin). / (Gimnasia) Tocar con la barbilla. / *To chin oneself,* Hacer flexiones tocando algo con la barbilla. / (Pop.) Parlotear, chacharear.
China. f. Porcelana. / Vajilla, objeto de porcelana. / China, China. (El país). / adj. Chino, de la China.
Chinese. adj. Chino, de la China. / m. Chino (natural e idioma de la China)
Chink. f. Grieta, hendidura, rajadura, abertura. / Sonido metálico. / (Pop.) Chino. (Pop.) Plata, dinero. v. Retiñir, tintinear. Hacer tintinear. / Calafatear, rellenar, tapar (grietas, aberturas etc.).
Chip. f. Brizna, astilla / pl. Ripio, cascajo. / Pota*to chips,* Patatas fritas. / (Pop.) Moneda suelta, dinero.
Chirp. v. Gorjear, piar (pájaros), chicharrear (la cigarra). / m. Chirrido, gorjeo, canto.
Chirpy. adj. Vivaz, alegre, animado.
Chisel. m. Escoplo, formón, cincel, buril, cortafrío. / (Fig.) Estafa, fraude. / v. Escoplear, cincelar, burilar, esculpir. / (Fig,) Engañar, estafar.
Chiseled. adj. Cincelado, burilado. / Bien marcado (Rasgo, facciones).
Chivalrousness. f. Caballerosidad, *cortes*ía.
Chilvary. f. Caballerosidad, hidalguía. / Caballeros (en conjunto)
Chive. (Bot.) Cebollino, ajo moruno.
Chloride. (Quím.) Cloruro.
Chlorine. (Quím.). Cloro.
Chock-a-block. (Náut.) Lleno hasta los topes, de bote en bote.
Chock-full. adj. Colmado, rebosante, repleto.
Chocolate. m. Chocolate. / adj. De chocolate, achocolatado. / De color chocolate.
Choice. f. Selección, elección. / Opción, alternativa. / Preferencia, cosa escogida, persona preferida. / Variedad, surtido.
Choir. (Mús.). (Rel.) y (Arq.) Coro. / Cuerpo de baile.
Choirboy. m. Niño cantor, niño que canta en el coro de una iglesia
Choirmaster. m. Director de coro.
Choke. v. Estrangular, sofocar, asfixiar. / Ahogar, apagar el fuego. / *To choke up,* Obturar, atorar, atascar, obstruir (un tubo, conducto, etc.). / Sofocarse, asfixiarse. / Atragantarse. / m. Sofoco, ahogo. / (Aut.) Regulador del aire, obturador.
Choky. adj. Asfixiante, sofocante.
Cholera. (Med.) Cólera.
Cholesterol. m. Colesterol.
Choose. v. Escoger, elegir, seleccionar. / Decidir por, optar por. / Preferir, gustarle a uno. / *To choose to,* Optar por. / *To pick and choose,* Ser quisquilloso, ser muy exigente.
Choosy, choosey. (Fam.) Exigente, melindroso, quisquilloso.
Chop. v. Cortar, tajar. / *To chop off* Recortar, tronchar. / Picar carne, desmenuzar. / *To chop down,. (Fig.)* Reducir, disminuir. / *To chop at,* Hacer cortes en. / m. Corte, tajo. / f. Tajada, rebanada.
Chopper. f. Hacha, cuchilla de carnicero. / (Fam.) Helicóptero.

Chopping board. f. Tajadera.
Choppy. adj. Rajado,hendido. / Picado, agitado (el mar). / Variable (el viento). / (Fig.) Discontinuo, inconexo, incoherente.
Chopsticks. m. Palillo chino para comer.
Choral. (Mús.) Coral.
Chord. f. Cuerda de instrumento musical. / (Fig.) Fibra, cuerda sensible. / (Anat.) Cuerda, cordon, tendón / (Geom.) Cuerda. / (Mús.) Acorde. / (Aer.) Cuerda de un perfil. / *To strike a chord,* Hacer recordar o evocar a uno.
Chore. f. Faena, tarea doméstica, quehacer.
Choreographer. m. y f. Coreógrafo, a.
Chorus. v. Cantar o hablar a coro, decir al unísono. / m. Coro. / Estribillo, refrán. / *In chorus,* A coro, al unísono.
Christ. (Rel.) Cristo, Jesucristo. / *The Christ child,* El Niño Jesús.
Christen. v. (Rel.) Bautizar, dar nombre a.
Christening. m. Bautismo. / adj. Bautismal.
Christian. (Rel.) Cristiano, na.
Christianity. (Rel.) Cristiandad, cristianismo.
Christian name. m. Nombre de pila.
Christmas. f. Pascua de Navidad. / *Merry Christmas!* ¡Feliz Navidad! !Felices Pascuas !
Christmas carol. m. Villancico, cántico de Navidad.
Christmas Eve. f. Nochebuena, víspera de Navidad (24 de diciembre).
Chrome. m. Cromo. / Pigmento de cromo. / *Chrome red,* Rojo de cromo. / v. Cromar.
Chromosome. (Biol.) Cromosoma.
Chromosphere. (Astron.) Cromosfera.
Chronic. adj. Crónico. / Inveterado, arraigado.
Chronicle. f. Crónica, relación de hechos. / v. Relatar, narrar. / Escribir la crónica de.
Chronicler. m. y f. Cronista, Historiador, ra.
Chrysalid, chrysalis. (Zool.) Crisálida, ninfa.
Chrysanthemum. (Bot.) Crisantemo.
Chuck. v. Tirar, echar. / (Mec.) Fijar en el porta herramientas. / Desperdiciar, perder (una oportunidad.). m. Golpe seco. / (Mec.) Portabroca, portamecha, boquilla. Portaherramientas.
Chuckle. v. Reirse entre dientes. / *To chuckle over,* Sentir júbilo por algo, recrearse con algo (con algo sarcástico). / Cloquear (una gallina). / f. Risa ahogada, risita.
Chum. m.y f. Compinche, camarada. / Compañero de cuarto o de estudios. / v. Ser buen camarada, compartir cuarto con otro. / *To cham up with,* Trabar amistad. Compartir cuarto.
Chunk. m. Pedazo grueso y corto de algo.
Chunky. (Fam.) Fornido y pesado (personas).
Church. f. Iglesia. / Iglesia, congregación de los fieles. / *The Church,* La Iglesia, el clero.
Churchman. m. Feligrés. / Sacerdote.
Churchwoman. f. Feligresa.
Churchyard. m. Patio de la iglesia, cementerio en el patio de una iglesia.
Churn. f. Mantequera, para hacer mantequilla. / f. Lechera, recipiente para la leche. / v. Batir, remover. / Batir manteca. / Hacer mantequilla (en la mantequera).
Chute. f. Canaleta, conducto por donde baja el agua. / m. Salto de agua. / Tobogán de piscinas. / Abrev. de *Parachute,* Paracaídas.
Cider. f. Sidra. / *Hard cider,* Sidra fermentada. / *Sweet cider,* Sidra que comienza su fermentación.
Cigar. Cigarro, puro.
Cigarette. m. Cigarrillo.
Cinder. m. Carbonilla, escoria. / pl. Cenizas volcánicas, pavesas.

Cinema. m. Cine. / The *cinema*, El cine, la cinematografía.

Circle. m. Círculo. / Ciclo, período. / (Fig.) Esfera, área de influencia, de acción. / *High circles*,. (Fig.) Altas esferas. / *To come full circle,* Cumplir un ciclo completo, terminar en el punto de partida. / v. Circundar, rodear. / Girar alrededor de. / Dar la vuelta a.

Circuit. m. Circuito, contorno. / Área ámbito. / Gira, viaje. / Rodeo, camino indirecto.

Circular. adj. Circular, redondo. / Tortuoso, indirecto. / f. Carta circular.

Circulate. v. Circular. / Hacer circular, propagar.

Circulation. f. Circulación. / Diseminación, divulgación. (De noticias etc.). / Circulación, tirada de periódicos, revisías, etc.

Circumference. f. Circunferencia, periferia, contorno.

Circumstantial. adj. Circunstancial.

Circus. m. El circo. / Circo, arena, ruedo. / Plaza circular. / (Fam.) Suceso, persona o circunstancia ruidosa o jocosa.

Cite. v. Citar, referirse a, mencionar. / (Der.) Citar, emplazar.

Citizen. m. y f. Ciudadano, na.

Citizenship. f. Ciudadanía, nacionalidad.

City. f. Ciudad. / Población, urbe.

City hail. m. Ayuntamiento. / Gobierno municipal.

Cityscape. m. Paisaje urbano.

Civic. adj. Cívico, ciudadano.

Civil. adj. Civil. / Cortés, atento, urbano. / Civil, no militar. / Laico, seglar. / (Der.) Civil, no criminal.

Civilian. adj. Civil, paisano, no militar.

Civilization. f. C ivilización.

Civilized. adj. Civilizado, da.

Clad. v. Revestir, recubrir, enchapar un metal con otro. / Pretérito y participio del verbo "To Clothe" (vestir).

Claim. v. Reclamar, demandar, exigir. / Afirmar, alegar, sostener, mantener. / f. Reclamación. / Demanda, exigencia. / *To assert one's claim to,* Hacer valer el derecho de uno a. / *To have a claim against,* Tener motivo para reclamar contra.

Claimant. (Der.) Reclamante, demandante, demandador. / Pretendiente (al trono, etc.).

Clam. (Zool.) Almeja. / (Fig.) Arca cerrada. / v. Recoger almejas. / *To clam up,* (Pop.) Callarse como un muerto.

Clamber. v. Trepar a gatas, encaramarse.

Clamor, clamour. m. Estruendo, griterío. / v. Gritar, vociferar. / *To clamor for, to clamor against,* Clamar, clamorear en favor o en contra de algo.

Clan. m. Clan, facción, fratría. / (Fig.). f. Tribu, agrupación.

Clandestine. adj. Clandestino, na.

Clandestinity. f. Clandestinidad.

Clang. m. Estruendo, estrépito, sonido metálico. / Campanada, retumbo. / v. Hacer sonar con estrépito.

Clank. m. Ruido metálico, entrechocar de metales, cadenas, etc. / v. Hacer resonar (metales, cadenas, etc.).

Clap. m. Ruido seco, estampido. / Palmada, palmoteo, aplauso. / (Pop.) Gonorrea. / *Clap of thunder,* El chasquido del trueno. / v. Aplaudir. / dar palmadas.

Clarify. v. Aclarar, clarificarse, aclararse.

Clarinet, clarionet. (Mús.) Clarinete.

Clarity. f. Claridad.

Clash. v. Chocar, entrechocarse encontrarse. / Discordar, estar en conflicto. / Batir, golpear, hacer chocar. / m. Choque, encontronazo. / Conflicto, discordia.

Clasp. m. Broche. / f. Hebilla, grapa, abrazadera, presilla. / Apretón (de manos). / v. Abrochar, enganchar. / Agarrar. / Estrechar, apretar la mano. / Abrazar.

Class. f. Clase. / Condición, categoría. / Promoción (de alumnos). / Elegancia, distinción. / v. Clasificar, calificar, ordenar.

Classic. adj. Clásico, ca. / Típico, ca. / m. Clásico, autor clásico, obra clásica.

Ciassical. adj. Clásico, ca.

Classification. f. Clasificación.

Classified. adj. Clasificado, da. / Secreto, reservado (Documento, etc.).

Classify. v. Clasificar, graduar, ordenar.

Classmate. m. Compañero de clase. / Compañero de promoción.

Classroom. f. Aula, sala de clases:

Classy. (Pop.) De alta calidad, superior, excelente, elegante.

Clatter. v. Hacer sonar con estrépito. / Parlotear, charlar. / m. Traqueteo, alboroto, parloteo.

Clause. (Der.) Cláusula. / (Gram.) Oración, cláusula, frase.

Claw. f. Garra, uña. / Pinza (de cangrejo, langosta, etc.). / (Mec.) Gancho, garfio, uña, diente. / Arañazo. / (Bot.). / v. Arañar, desgarrar, arpar. / (Naút.). Barloventear, navegar de bolina.

Clay. f. Arcilla, greda. / (Fig.) Barro, lodo, tierra.

Clean. adj. Limpio. / Puro, inocente, honesto. / Despejado, desembarazado, sin malezas. / Claro, nítido. / Parejo, liso. / Bien proporcionado, de líneas elegantes. / Libre, exento. / Libre de radiactividad. / (Pop.) Pelado, sin dinero. / *To come clean,* Confesarlo todo.

Clean-cut. adj. Bien cortado, bien definido, claro, de aspecto sano, limpio.

Cleaner. m. y f. Limpiador, ra. / m. Quitamanchas.

Cleaning. f. Limpieza.

Cleanliness. f. Limpieza, pulcritud.

Cleanse. v. Limpiar, depurar, purificar, purgar, liberar de.

Cleanser. m. Producto para limpieza.

Cleanup. f. Limpieza, limpiadura. / Erradicación, eliminación. / (Pop.) Ganancia grande.

Clear. adj. Claro, a. / Diáfano, lúcido, transparente. / *Clear of,* Libre de / Completo, entero. / Abierto, libre, despejado (terreno, camino, etc.). / (Com.) Neto, líquido. / Evidente, patente. / (Der.) Seguro, limpio.

Clearance. m. espacio libre entre dos objetos. / f. Compensación de cheques. / Permiso, autorización. / Aprobación, autorización, vistobueno.

Clear-cut. adj. Bien definido, da, claro, ra.

Clear-headed. adj. Lúcido, da, perspicaz.

Clearing. m. Claro (en un bosque). / Desmonte, desbroce, roza. / Compensación bancaria de cheques, cuentas, etc.

Clearly. adv. Claramente, evidentemente, sin duda, llanamente, abiertamente.

Clear-sighted. (Fig.) Perspicaz, discernidor.

Cleavage. f. Hendedura, resquebrajadura. / Espacio entre los senos de una mujer. / (Fig.) División, separación, desunión. / (Quím.). Desdoblamiento, descomposición. / (Biol.) Segmentación. / (Geol.) Clivaje.

Clench. v. Agarrar firmemente, cerrar, apretar. (Puño, dientes). / Remachar,redoblar. / m. Agarre.

Clergy. (Rel.) Clero.

Clergyman. m. Clérigo, sacerdote, cura, pastor protestante.

Clerical. adj. Clerical, eclesiástico. / De oficina, del personal.

Clerk. m. Oficinista, empleado de oficina. / Dependiente, empleado de tienda, vendedor. / Escribano, escribiente, amanuense. / Clérigo. / v. Trabajar como empleado oficinista.

Cliche. m. Cliché, clisé, grabado. / (Fig.) Frase estereotipada.

Click. m. Golpecito, ruido ligero. / Chasquido. / Tecleo de la máquina de escribir. / v. Dar un golpecito a algo. / Chascar la lengua. / Piñonear un arma de fuego. / Hacer tictac. / (Fam.) Entenderse o llevarse bien con otra persona. / (Pop.) Producir el orgasmo.

Client. m. y f. Cliente.

Clientele. f. Clientela.

Cliff. m. Acantilado. / Risco, farallón, peñasco, despeñadero.

Climate. m. Clima.

Climb. v. Escalar, subir, trepar. / Ascender lentamente. / *To climb down,* Bajar, descender trabajosamente. (Fig.) Volverse atrás, desistir. / Escalada, ascenso.

Climber. m. y f. Trepador, ra, escalador, ra. / Arribista. / Trepadera, garfio de trepa. / (Orn.) Trepador. / (Bot.). Trepadora, enredadera.

Clinch. v. Remachar. / Agarrar firmemente, fijar, afianzar. / Apretar (puños, dientes). / Concluir, finiquitar (un negocio, un asunto, etc.). / (Naút.). Atar con medio nudo. / (Boxeo) Luchar cuerpo a cuerpo. / (Pop.) Abrazarse apasionadamente. / Remache, abrazadera. / (Naút.) Medio nudo. / Conclusión, finiquito, término. / (Boxeo) Forcejeo, lucha cuerpo a cuerpo. / (Pop.) Abrazo apasionado.

Cling. v. Asirse, agarrarse, adherirse, colgarse. / (Fig.) Aficionarse, mantenerse fiel. / Persistir en la memoria. / *To cling together,* Quedarse unidos o abrazados.

Clinic. f. Clínica.

Clinical. adj. Clínico, ca. / Analítico, desapasionado.

Clink. v. Tintinear. / Hacer tintinear. / m. Tañido, tintineo.

Clique. f. Pandilla, camarilla.

Cloak. f. Capa. / (Fig.) Pretexto, excusa. / *Under the cloak of,* Con el pretexto de. / v. Cubrir con un manto o capa.

Cloakroom. m. Guardarropa.

Clock. m. Reloj de mesa o de pared. / Cronómetro / v. Tomar el tiempo de, cronometrar.

Clockwise. adj. En el sentido de las manecillas del reloj.

Clockwork. m. Mecanismo de relojería. / *Like clockwork,* Como un reloj, con precisión.

Clog. f. Traba. / (Fig.) Obstáculo, impedimento. / Zueco, chanclo. / v. Trabar, obstaculizar. / Atascar (se), atorar (se), obstruir (se). / Coagularse, espesarse.

Cloister. m. Claustro, convento, monasterio. / La clausura, la reclusión monástica. / v. Enclaustrar, encerrar, recluir.

Close. v. Cerrar. / Clausurar, bloquear. / Terminar, concluir. (Una temporada, una actividad, etc.). / Tapar, obstruir. / Llenar, tapar (grietas, etc.). / Juntar. / *To close down,* Cerrar definitivamente, clausurar. / *To close down,* Cerrar en torno, encerrar, rodear, cercar. / (Mús.) Coda. / *At the close of day,* A la caída de la tarde. / adj. Cerrado. / Estrecho, limitado, restringido. / Pesado, sofocante, mal ventilado. / Denso, tupido, espeso. / Secreto, escondido. Reservado. / Cercano, próximo, inmediato, íntimo. / *Close friends,* Amigos íntimos / Exacto, preciso (argumento). / Estricto, riguroso (Custodia, etc.). / Ajustado, ceñido, apretado. / *A close fitting gown,* Un vestido ajustado. / *At close quarters,* De cerca, cuerpo a cuerpo. / *At close range,* De cerca, a boca de jarro, cerca. / *Close by,* Cerca, en las cercanías. / *Close to,* Cerca de, próximo a. Poco antes de. / *Close to midnight,* Poco antes de medianoche.

Closed. adj. Cerrado, clausurado. / Concluido, terminado. / Exclusivo, reservado.

Closedown. f. Caída de la noche. / m. Cierre (de fábrica, etc.).

Closely. adv. Cerca, de cerca, próximo, contiguamente. / Estrechamente. / Densamente. / Apretadamente. / (Impr.) En forma compacta.

Closet. m. Cuarto pequeño, clóset, placard. / Armario empotrado, alacena. / Retrete, excusado. / v. Encerrar en un clóset. / adj. Privado, da (declaración, etc.).

Close-up. f. Toma o vista de primer plano (en cine o fotografía). / Vista de cerca, escrutinio.

Closure. m. Cierre, conclusión. / Limitación del tiempo del debate en el parlamento. / v. Limitar el debate en el parlamento.

Clot. m. Coágulo, grumo. / Conglomerado, grupo. / v. Coagular (se), cuajarse, engrumecer (se).

Cloth. m. Paño, tela, género, lienzo. / Mantel, paño. / Traje talar, vestido de clérigo. / *The cloth,* El clero. / *To lay the cloth,* Poner la mesa.

Clothe. v. Vestir, arropar, cubrir. / Investir. / (Fig.) Envolver. / *Her face was clotheded tears,* Su cara estaba envuelta en lágrimas. / (Fig.) Vestir, dar expresión a.

Clothes. m. Vestuario. / f. Ropa 8en sentido general).

Cloud. f. Nube. / m. Vaho. / *In the clouds,* En las nubes, distraído (una persona). / *On cloud seven,. (Pop.)* En el séptimo cielo. / v. Tomar la forma de una nube. / Empañar (se), enturbiar (se), oscurecer (se). / *To cloud up, So cloud over,* Nublar (se).

Cloudy. adj. Nublado, nubloso, encapotado. / Nebuloso, falto de lucidez, oscuro, sombrío. / Turbio.

Clout. m. Paño, trapo. / (Fam.) Bofetada. / (Fam.) Poder o influencia, especialmente política. / Blanco de paño para tirar con arco. / v. Abofetear, golpear con fuerza, remendar.

Clove. (Bot.) Clavero. / Clavo de especia. / Diente. (De ajo, chalote, etc.).

Clown. m. Payaso, bufón. / v. Hacerse el gracioso, bufonear.

Club. f. Porra, cachiporra, maza. / Palo de golf o hockey. / (Naipes) Palo de trébol. / m. Club (asociación). / v. Aporrear, golpear con una porra. / Unir, agrupar, contribuir a un fin común. / (Mil.) Desbaratar (un batallón, etc.). / *To club down,* Garrear el ancla. / *To club together,* Reunine, juntarse. / *To club with,* Asociarse con.

Clue. m. Indicio. / *Not to have a clue,* Ignorar por completo, no tener la menor idea. / v. Dar una pista o indicio. / *To clue in,. (Fam.)* Dar a alguien la información necesaria. / Sacar conclusiones, descubrir indicios.

Cluster. m. Racimo, ramo, ramillete. / Hato, manada, caterva, enjambre, multitud, grupo. / v. Agrupar (se), apiñar (se), amontonar (se).

Clutter. v. Llenar desordenadamente, obstruir. / Correr con ruido, correr atropelladamente, arropellarse. / m. Montón o masa confusa. / Confusión, baraúnda, desorden.

Coach. m. Coche, carruaje, carroza. / Vagón de ferrocarril, coche ordinario de viajeros. / Entrenador. / v. Preparar a un estudiante, entrenar a un equipo deportivo, a un atleta, etc. / Viajar en coche.

Coacher. m. Entrenador.

Coaching. f. Instrucción particular, preparación para un examen, etc. / (Deporte) Entrenamiento.I

Coachman. m. Cochero, auriga.

Coal. m. Carbón (hulla, carbón de piedra, antracita). / Brasa. / *To haul over the coals,* Reprender severamente. / v. Proveer (se) de carbón.

Coalfield. m. Yacimiento de carbón.

Coalition. f. Coalición, confederación, liga, alianza, unión, fusión.

Coarse. adj. Grueso, burdo, basto, ordinario, grosero. / Aspero. (Piel). / Tosco,crudo, ordinario, común. / Rudo, vulgar. soez, grosero. / Agudo, estridente, desapacible (un sonido).

Coast. f. Costa. / m. Deslizadero (para trineo, tobogán, etc.), deslizamiento. / *The coast is clear,* No hay moros en la costa.

Coast guard. m. Guardacostas, servicio costanero, resguardo marítimo.

Coat. m. Abrigo, gabán. / f. Americana, chaqueta. / (Fig.) Capa, manto, cubierta. / Piel, pelo, pelaje, lana de un animal. / v. Vestir con chaqueta. / Dar una capa o mano de pintura a. Cubrir, tapar, revestir.

Coated. adj. Cubierto, revestido, bañado. / Impregnado. (Tela, etc.). / (Impr.) Estucado, cuché. (Papel).

Coax. v. Engatusar, instar. / v. Lograr o conseguir con paciencia.

Cobble. m. Canto rodado, guijarro. / pl. Carbones del tamaño de guijarros. / v. Pavimentar con guijarros, empedrar con adoquines. / Remendar calzado.

Cobweb. f. Telaraña. / (Fig.) Red, tejido, ardid, embrollo, tramoya.

Cock. m. Gallo. / *Cock swallow,* Golondrina macho. / Veleta, giraldilla. / Campeón. Galán. Jefe, líder, amo. / (Fam.) Compadre, amigo. / Llave, grifo, llave de paso. / Gatillo, martillo de armas de fuego. / Montoncito (de paja, estiércol, etc.). / Fiel, aguja de balanza. / Estilo. / Inclinación, sesgo (del sombrero, de la cabeza, etc.). / (Pop.) Necedad, estupidez. / (Vul.) Falo, polla. / *At full cock,* Amartillada. / *Cock of the walk,* Gallito del lugar. / *To go off at half cock, to go off half cocked,* Actuar precipitadamente. / v. Contonearse, pavonearse, engreírse. / *To cock up,* Levantarse, erguirse, enderezarse. / Montar, amartillar un arma de fuego. / Levantar. / Hacinar, amontonar (paja, heno, etc.). / *To cock one's hat,* Ponerse el sombrero al sesgo. / *To cock the ears,* Aguzar el oído.

Cockeyed. adj. Bizco. / (Fam.) Loco, insano, disparatado, falso. / (Fam.) Extravagante, excéntrico, confuso, caótico. / (Fam.) Borracho. Tonto, absurdo.

Cockney. m. Londinense de la clase popular. / Acento vulgar londinense.

Cockpit. (Náut.) Parte baja de la popa de un yate, lugar del timonel. / (Aer.) Cabina del piloto. / Gallera, reñidero de gallos. / (Fig.) Arena, palestra.

Cockroach. (Entom.) Cucaracha, blata, barata.

Cocktail. m. Coctel, aperitivo. / Caballo de raza impura. / adj. De coctel.

Cocoa. (Bot.) Cacao. / Bebida de cacao.

Coconut. (Bot.) Coco (el fruto).

Cocoon. m. Capullo (del gusano de seda y de otros insectos).

Cod. m. Bacalao.

Code. m. Código. / (Der.) Código, conjunto de leyes. / v. Cifrar, componer en clave o cifra.

Codifier. m. Codificador.

Codify. v. Codificar. / Poner en cifra o clave. / Sistematizar, clasificar, compilar.

Coerce. v. Coercer, contener, reprimir, refrenar, restringir. / Forzar, obligar, constreñir.

Coffee. m. Café. / Café. / Café (la bebida).

Coffee mill. m. Molinillo de café.

Coffee shop. m. Café, pequeño restaurante, cafetería.

Coffin. m. Ataúd, féretro. / Casco de las caballerías. / v. Meter en un ataúd. / (Fig.) Encerrar, ocultar.

Cog. (Mec.) Diente de una rueda, cama, leva. / Espiga, lengüeta. / (Fig.) Elcmento, factor, pieza. / v. Poncr dientes a una rueda. / Ensamblar con espigas. / Hacer trampa.

Coherence. f. Coherencia, cohesión, consistencia.

Coherent. adj. Coherente, consistente.

Coil. f. Espiral, serpentín. / Rollo. / Vuelta, aduja, rosca (de cable, etc.). / Rizo, bucle (de cabellos). / (Electr.). Bobina, carrete. / *This mortal coil,* El tumulto de la vida. / v. Andar en círculos, serpentear.

Coin. f. Moneda. / v. Acuñar moneda.

Coincide. v. Coincidir, concurrir, convenir (opiniones).

Coincidence. f. Coincidencia, casualidad.

Cold. adj. Frío, a. / Desalentador. / Débil (un rastro, una pista). / Lejos de la verdad, lejos del objeto buscado. / Indefenso, desamparado. / Muerto. / (Pint.) Que tira a gris pálido. / *In cold blood,* A sangre fría. / *To be cold,* Tener frío. Hacer frío. / adv. De repente, en seco. / m. Resfriado, catarro / *To catch a cold,* Resfriarse. / *To leave out in the cold,* Dejar en la estacada, abandonar a su suerte.

Cold-blooded. adj. Cruel, despiadado, desalmado. / Insensible, impasible.

Coldness. f. Fríaldad, temperatura fría.

Collaborate. v. Colaborar.

Collapse. v. Desplomarse, derrumbarse, caerse, hundirse. / (Fig.) Desintegrarse, disolverse, fracasar. / (Med.) Postrarse, sufrir un colapso.

Collar. m. Cuello de la ropa. / Collar (de perro). / Captura, arresto.

Collateral. adj. Colateral, paralelo, simultáneo, accesorio.

Collection. f. Acumulación. / Serie. / Compilación, recopilación. / Cobranza. / Recaudación de imptuestos. / Colecta / pl. Examen final en universidades inglesas.

Collective. adj. Colectivo, congregado. / f. Colectividad.

College. m. y f. Colegio. / Universidad, Facultad universitaria. / Colegio, corporación. / Compañía, asociación.

Collision. f. Colisión.

Colloquial. adj. Coloquial Familiar.

Colloquy. m. Coloquio, diálogo.

Collusion. f. Colusión.

Colombian. adj. Colombiano, na.

Colon. (Anat.) Colon. / (Gram.) Dos puntos. / Colono, terrateniente de un territorio colonial.

Colonel. m. Coronel.

Colonial. adj. Colonial. / Colono.

Colonialism. m. Régimen colonial, colonialismo, politica colonizadora.

Colonize. v. Colonizar, poblar. / (Pop.) Infiltrar.

Color, colour. m. Color. / Colorante, tinte. / *To call to the colors,* Llamar al servicio militar. / Luz, apariencia, aspecto. / (Fig.) Pretexto. / *To hoist the colors,* Enarbolar la bandera. / *To sail under false colors,. (Fig.)* Ser hipócrita o impostor. / *With flying colors,* Sentar plaza, servir de soldado. / v. Colorear, pintar, teñir. / (Fig.) Embellecer, exagerar. / Paliar, disculpar. / Efectuar, influir en. / Sonrojarse, ruborizarse.

Color-blind. adj. Que confunde los colores.

Colored, coloured. adj. Coloreado, pintado, teñido. / De color. (Una persona). / Parcial, exagerado, distorsionado.

Colorful, colourful. Lleno de colorido. / Pintoresco, vívido, brillante. / (Fig.) Policromo.

Colourless. adj. Incoloro, descolorido. / Pálido. / (Fig.) Apagado, indiferente, aburrido.

Colossal. adj. Colosal, descomunal.

Colt. m. Potro. / (Fig.) Mozuelo, mozalbete inexperto. / (Naút.) Azote, látigo de soga.

Column. m. Columna. / (Mil.) Columna de efectivos.

Coma. (Med.) Coma. / Estupor, letargo, sopor. / Cola o cabellera de un cometa. / (Bot.) y. (Zool.) Coma. / (Optica) Aberración de, coma.

Comb.m. y f. Peine. / Cresta (de una ola). / Panal. / v. Peinar. / Cardar. / Almohazar. / Registrar, escudriñar. / *To comb out*, Desenredar, desenmarañar. / Eliminar. / Encresparse (el mar, las olas).

Combat. m. Combate. / v. Combatir, luchar contra, oponerse.

Combination. f. Combinación, unión, mezcla. / Combinación (la prenda femenina).

Combine. v. Combinar (se), unir (se), aunar (se). / Unión, asociación (de personas). / Monopolio. / Segadora trilladora.

Combustible. m. Combustible. / Excitable, impetuoso.

Come. v. Venir. / Llegar. / *I came to like him*, Llegó a asustarme, llegué a gustar de él. / Progresar, desarrollarse. / *Sauron's designs were coming along splendidly*, Los designios de Sauron se desarrollaban espléndidamente. / Costar. / *Fine cars come high*, Los autos buenos están caros. / (Pop.) Tener un orgasmo, acabar. / *Come!*, ¡Vamos!, ¡vaya! / *To come along*, Progresar. Acompañar. / *To come asunder*, Deshacerse. / *To come at*, Encontrar, tropezar con, descubrir. Abalanzarse sobre, atacar / *To come away*, Irse, retirarse, desprenderse. / *To come clean*, Confesar todo. / *To come down with*, Caer enfermo con. / *To come easy to*, Costar poco trabajo, tener aptitud para. / *To come forth*, Aparecer, hacer su aparición. / *To come in*, Entrar. Llegar, ocupar cierto lugar en una carrera. / *To come in for*, Heredar, recibir (también un castigo). / *To come into one's own*,. (Fig.) Ser reconocido, hacer valer sus méritos. / *To come next*, Venir después, seguir. / *To come of age*, Llegar a la mayoría de edad. / *To come off*, Soltarse, caer, desprenderse. Salir, resultar. / *Come off it!*, ¡No me vengas con eso!

Comeback. f. Réplica. / (Fam.) Rehabilitación.

Comedian. m. Comediante, cómico. / Hombre chistoso.

Comedy. (Teatr.) Comedia. / Ficción, fingimiento.

Comet. (Astron.) Cometa.

Comfort. f. Comodidad. / Bienestar, confort. / v. Consolar, alentar, ayudar.

Comfortable. adj. Confortable, cómodo. / Confortador, agradable. / Sosegado, tranquilo. / De medios adecuados, holgado.

Comfortably. adv. Confortablemente, cómodamente.

Comic. adj. Cómico, divertido, gracioso. / Comediante. / pl. Tiras cómicas.

Coming. adv. Venidero, próximo. / Con mucho futuro, de gran porvenir. / Llegada, advenimiento.

Command. v. Mandar, ordenar, imponer, regir. / Poseer, disponer de. / Demandar, exigir, merecer. / (Mil.) Comandar (tropas, etc.). Dominar (posición). / Imperar, gobernar. / Mando, orden, mandato. / Autoridad, mando, dirección, gobierno. / Dominio de un idioma. / Control (de una situación, etc.). / Alcance, disposición de uno. / *Yours to command*, A sus órdenes.

Commandant. (Mil.) Comandante.

Commander. m. Comandante, jefe. / Capitán de fragata. / Comendador. (De una orden de caballeros).

Commend. v. Encomendar, encargar. / Recomendar. / Ensalzar, alabar, loar.

Commendable. adj. Recomendable, loable, meritorio, plausible.

Comment. m. Comentario. / v. Comentar. Hacer observaciones o críticas. / Glosar, explicar.

Commentary. m. Comentario.

Commentator. m. y f. Comentarista, glosador. / Comentador, locutor, narrador.

Commerce. m. Comercio, negocio.

Commercial. adj. Comercial, mercantil. / m. Anuncio comercial.

Commercialize. v. Comerciar. / Comercializar, mercantilizar. / (Fig.) Desmeritar, rebajar el valor artístico o moral de alguien o algo.

Commission. f. Comisión. / m. Cometido, encargo. / f. Delegación, junta municipal. / Perpetración de un acto. / (Mil.) Patente, nombramiento, grado de un oficial.

Commit. v. Cometer. / Encomendar, confiar. / Consignar, depositar, entregar. / Confinar, recluir. / Registrar (Ideas, hechos, etc.). / Comprometer, obligar. / Condenar, enjuiciar.

Commitment. m. Compromiso, cometido. / Comisión, encargo. / Confirmamiento, reclusión. / Sometimiento, presentación de un proyecto a un comité legislativo.

Committee. m. Comité. / f. Comisión.

Commodity. f. Comodidad, conveniencia, utilidad. / Mercancía mercadería, producto.

Common. adj. Común, corriente. / Familiar. / Ordinario, vulgar. / m. Pasto o terreno comunal. / pl. Comunes, Cámara de los Comunes (en el parlamento de Gran Bretaña).

Commonly. adv. Comúnmente, usualmente.

Commonwealth. f. Comunidad de Naciones, mancomunidad, Estado libre asociado.

Communicate. v. Comunicar (se), participar, transmitir. / Contagiar una enfermedad.

Communication. f. Comunicación, transmisión. / m. Paso, acceso, entrada. / pl. Sistema de comunicaciones. Comunicaciones, vías de comunicación, medios de información.

Communion. f. Comunicación. / Participación. / (Rel.) Comunión, Eucaristía.

Commute. v. Conmutar, trocar, cambiar. / Conmutar, reducir una pena. / Abonarse, viajar diariamente con billete de abono.

Commuter. m. y f. Viajero abonado para viajes diarios al trabajo.

Compact. m. Pacto, acuerdo, trato. / (General compact) Común acuerdo. / Estuche de cosméticos. / adj. Compacto, denso, apretado. / Compuesto, hecho de. / Sólido, firme. / Breve, conciso. / v. Consolidar. / Apretar, comprimir, condensar. / Componer.

Companion. m. y f. Compañero. / Acompañante, dama de compañía. / Caballero de una orden. / (Náut.) Escalera de cámara.

Company. f. Compañía. / Invitado,visitante. / Compañero. / (Come.) Sociedad, empresa. / (Náut.) Tripulación.

Comparable. adj. Comparable, cotejable.

Comparative. adj. Comparativo. / Relativo. / Comparado. (Derecho, anatomía, etc.).

Compare. v. Comparar, cotejar, equiparar, confrontar, comprobar.

Comparison. f. Comparación, confrontación.

Compartment. m. Compartimiento. / División, sección, sector, departamento.

Compass. f. Brújula. / m. Círculo, circuito. / Espacio, ámbito. / Extensión, alcance. / Compás (el instrumento de Geometría). / v. Circundar, rodear, cercar, sitiar. / Dar la vuelta a. / Urdir, tramar, maquinar. / Conseguir, lograr, alcanzar. / Concebir, comprender.

Compassion. f. Compasión, lástima, piedad.

Compassionate. adj. Compasivo, misericordioso. / v. Compadecerse de.

Compensate. v. Compensar, indemnizar. / Recompensar. / *To compensate for*, Equivaler, igualar.

Compensation. f. Compensación, indemnización, reparación, desagravio. / Remuneración, recompensa.
Compete. v. Competir, contender, rivalizar, concursar.
Competence, competency. f. Competencia.
Competent. adj. Competente, apto, calificado, adecuado. Competent to, Propio de, pertinente.
Competition. f. Competencia, competición.
Competitive. adj. Competitivo. / De libre competencia. De competencia.
Compile. v. Compilar, recopilar.
Complacence, complacency. f. Complacencia, satisfacción o contento de sí mismo.
Complacent. adj. Complaciente, complacido, satisfecho de sí mismo.
Complaint. f. Queja. / Mal, enfermedad. / (Der.) Denuncia, demanda, queja, querella, agravio.
Complement. m. Complemento, accesorio.
Complementary. adj. Complementario.
Complete. adj. Completo, entero, cabal. / Ácabado, consumado, perfecto, / v. Completar, acabar, terminar.
Completely. adv. Completamente, íntegramente.
Completion. f. Terminación, consumación.
Complex. adj. Complejo, complicado.
Complexion. f. Tez, cutis, color de la piel. / (Fig.) Naturaleza, aspecto, carácter.
Compliance. f. Sumisión, docilidad, condescendencia, acatamiento. / (Radio) Elasticidad. / In compliance with, De acuerdo con.
Complicate. v. Complicar, enredar. / adj. Complicado, complejo.
Complicated. adj. Complicado, complejo, enredado.
Compliment. adj. Cumplido, lisonja, piropo. / pl. Saludos, recuerdos.
Complimentary. adj. Halagador, elogioso. / De cortesía, gratuito.
Component. m. Componente, constituyente, ingrediente.
Compose. v. Componer, construir. / Redactar, escribir. / Arreglar, ordenar. / Sosegar.
Composed. adj. Sereno, de modales tranquilos.
Composition. f. Composición, formación, construcción. / Compuesto, mezcla, substancia artificial. / Composición, ejercicio escolar.
Compost. m. Compuesto, mezcla. / Abono, estiércol, mantillo. / v. Abonar, convertir en abono.
Composure. f. Compostura, serenidad, tranquilidad.
Comprehensive. adj. Comprensivo. / Amplio, completo, de gran extensión.
Compress. v. Comprimir, apretar, estrechar. / (Fig.) Condensar, abreviar, reducir.
Compression. f. Compresión, condensación.
Comprise. v. Comprender, contener, incluir, abarcar.
Compromising. adj. Comprometedor. / Transigente.
Compulsion. f. Compulsión, coacción.
Compulsive. adj. Compulsivo, apremiante, coercitivo.
Compulsory. adj. Obligatorio, compulsivo, coercitivo.
Computer. m. Ordenador. / Computadora, calculador, ra.
Computerize. v. Procesar en computadora, alimentar una computadora electrónica. / Habilitar con una computadora, o sistema de computadoras.
Con. v. Examinar, estudiar, memorizar. / Estafar, timar. / To con into, Persuadir mediante engaños. / To con out of, Timar. / f. Opinión contraria.
Conceal. v. Ocultar, esconder, encubrir, disimular.
Concede. v. Conceder, otorgar, consentir. / Admitir, reconocer. / Ceder, hacer una concesión.
Conceit. f. Presunción, vanidad. / Eengreimiento. / Noción, concepto. / Idea fantástica, dicho ingenioso, capricho.

Conceited. adj. Vanidoso, presumido, engreído, presuntuoso.
Conceivable. adj. Concebible, imaginable.
Concentrate. v. Concentrar (se). / Reconcentrarse. / (Como sustantivo). (Quím.) Concentrado.
concentracion. f. Concentración, abstracción.
Concept. m. Concepto, noción.
Conception. f. Concepción, comprensión.
Concern. v. Concernir, atañer, incumbir, interesar, importar. / Tratar de. / This story concerns to magicians and elves, Esta historia trata de magos y elfos. / Estar relacionado con, relacionarse con.
Concert. v. Concertar, acordar, ajustar, componer. / To concert with, Obrar en concierto con. / m. Convenio, acuerdo.
Concerted. adj. Concertado, arreglado. / Unido, combinado.
Concession. f. Concesión.
Conciliate. v. Conciliar, propiciar, pacificar. / Conformar, reconciliar.
Conciltation. f. Conciliación, reconciliación.
Concise. adj. Conciso, sucinto, breve, corto.
Conclude. v. Concluir, terminar.
Conclusion. f. Conclusión. / Deducción, inferencia. / Decisión, resolución.
Conclusive. adj. Conclusivo, decisivo, concluyente, convincente.
Concot. v. Confeccionar, mezclar (brebajes, sopas). / (Fig.) Fraguar, urdir, tramar.
Concoction. f. Mezcolanza, mezcla. / (Fig.) Maquinación, trama.
Concord. f. Concordia, armonía. / (Mús.) Concordancia, consonancia.
Concordance. Concordancia, conformidad, armonía.
Concourse. m. Concurso. / f. Sala de espera, vestibulo abierto (en estaciones ferroviarias). / Calle ancha, bulevar.
Concrete. adj. Concreto, unido, sólido. / Preciso, efectivo, real, específico. / De hormigón. / m. conglomerado. / v. Conglomerar, conglutinar, solidificar. / Hacer o cubrir con hormigón. / Solidificarse, endurecerse.
Concur. v. Concurrir, convenir, concordar. / Coindicir. / Colaborar, cooperar, unirse, juntarse.
Concurrence. f. Concurrencia, cooperación.
Concurrent. adj. Concurrente, coincidente.
Concurrently. adv. Concurrentemente.
Concussion. f. Conmoción.
Condemn. v. Condenar, censurar, desaprobar. / Confiscar.
Condemnation. f. Condenación, condena.
Condensation. f. Condensación.
Condense. v. Condensar (se), comprimir (se), espesar (se). / Abreviar.
Condescend. v. Dignarse, condescender.
Condition. f. Condición, estado. / (Gram.) Cláusula condicional. / In condition, En buenas condiciones. / v. Condicionar, estipular. / Acondicionar (el aire). / Entrenar, preparar (deportistas, caballos).
Conditional. adj. Condicional. / To be conditional on, Depender de. / (Gram.) Palabra, conjunción o modo condicional.
Conditioner. m. Acondicionador.
Condolence. f. Condolencia.
Condom. m. Condón, preservativo.
Condone. v. Condonar, perdonar. Tolerar.
Conducive. adj. Conducente (a), favorable (a), propicio (a).
Conduct. f. Conducta. / Conducción, dirección, manejo. / v. Conducir, guiar, dirigir, llevar, manejar, administrar. / Actuar como director (de una orquesta, coro, etc.).

Conductor. m. Conductor, guía. / (Mús.) Director. / Cobrador, revisor.
Cone. m. Cono. / Cucurucho, barquillo. / v. Dar forma cónica a, abusar.
Confectionery. f. Confitura, confitería, repostería.
Confederate. adj. Confederado, aliado. / m. Cómplice, compinche. / v. Confederar, confederarse.
Confer. v. Conferir, otorgar. / Conferenciar, tratar, consultar.
Conference. f. Conferencia.
Confess. v. Confesar, reconocer. / Confesarse.
Confession. f. Confesión. / m. Credo.
Confidence. f.Confianza.
Confidence man. m. Timador, estafador.
Confident. adj. Confiado, cierto, seguro. / *To be confident,* Confiarse. / m. y f. Confidente.
Confidential. adj. Confidencial, reservado, secreto. / De confianza.
Confidently. adv. Confiadamente.
Confine. m. Confín, límite. / v. Recluir. / (Fig.) Aprisionar. / Limitar, restringir. / *To confine oneself to,* Limitarse a. / *To be confined,* Guardar cama. / Lindar, ser fronterizos (territorios).
Confinement. m. confinamiento / f. Restricción, limitación. / m. Parto, sobreparto.
Confirm. v. Confirmar, corroborar.
Confirmation. f. Confirmación, ratificación.
Confiscate. v. Confiscar, decomisar.
Conflict. m. Conflicto, combate. / (Fig.) Pugna, oposición. / v. Pugnar.
Conform. v. Conformar, concordar. / *To conform to,* Conformarse a, conformarse con, amoldarse. Acatar, someterse.
Conformist. m. y f. Conformista.
Conformity. f. Conformidad, avenencia, concordancia.
Confront. v. Confrontar, enfrentar. / Cotejar, comparar.
Confrontation. f. Confrontación.
Confuse. v. Confundir, desconcertar, desorientar, / Turbar, ofuscar.
Confusing. adj. Desconcertante, que causa confusión.
Confusión. f. Confusión.
Congenial. adj. Compatible con.
Congenital. adj. Congénito, hereditario, de nacimiento.
Congratulate. v. Felicitar, cumplimentar.
Congratulation. f. Congratulación, felicitación.
Congregation. f. Congregación, asamblea, reunión. / Grey, feligreses, fieles.
Congress. m. Congreso.
Congressional. adj. De o del congreso.
Congressman. m. Congresista. / Diputado al Congreso. / Miembro de la Cámara de Representantes (en Estados Unidos).
Congresswoman. f. Congresista. / Diputada al Congreso.
Congruence. f. Congruencia, concordancia.
Congruent. adj. Congruente, concorde.
Conical. adj. Cónico.
Conjecture. f. Conjetura, suposición. / v. Conjeturar, suponer.
Conjunction. f. Conjunción, unión. / Coyuntura. / (Gram.) Conjunción.
Conjuration. f. Conspiración. / Hechizo, ensalmo, palabra mágica. / Acto de prestidigitación. / Súplica, imploración.
Conjure. v. Conjurar, implorar, suplicar. / Invocar (a los espíritus, etc.) / *To conjure away,* Exorcizar. Hacer desaparecer por parte de magia, escamotear. / *To conjure up,* Evocar. Inventar, idear. / Practicar la magia, hacer juegos de prestidigitación.

Connect. v. Conectar, juntar. / *To connect* with, Relacionar con. / Ensamblar, acoplar. / Empalmar.
Connectedly. adv. Coherentemente.
Connection, connexion. f. Conexión, unión. / Conexión, coherencia. / Respecto, referencia. / *In connection with,* Con respecto a. / Cópula. / Empalme, entronque (de trenes, líneas férreas). / (Mec.) Acomplamiento, junta, unión.
Connoisseur. m. Conocedor, perito.
Conquer. v. Conquistar. / (Fig.) Vencer, superar. / Triunfar,vencer, ser victorioso.
Conqueror. m. Conquistador, triunfador.
Conscience. f. Conciencia. / *For conscience's sake,* Para tener la conciencia tranquila. / *In all conscience,* En conciencia, en justicia, sin duda. / *To have conscience for,* Tener consideración o respeto para con.
Conscientious. adj. Concienzudo, escrupuloso. / Meticuloso.
Conscientiousness. f. Rectitud, equidad, escrupulosidad.
Conscious. Consciente, sabedor. / *A conscious lie,* Una mentira intencional. / *To be conscious,* Tener conocimiento. *To be conscious of,* Tener conciencia de. / *To become conscious of,* Darse cuenta de.
Consciously. adv. Conscientemente, con conocimiento, a sabiendas.
Consciousness. m. Conocimiento, sentido, estado consciente. / Conciencia. / *To lose conrciousness,* Perder el conocimiento, perder el sentido. / *To regain conciousness,* Volver en sí, recobrar el conocimiento.
Conscript. v. Reclutar, alistar. / adj. Alistado. / (Como sustantivo) Recluta, conscripto.
Conscription. m. Reclutamiento, alistamiento.
Consecutive. adj. Consecutivo, sucesivo.
Consent. m. Consentimiento. / *Silence gives consent,* Quien calla otorga. / v. Consentir, condescender, acceder.
Consequence. f. Consecuencia. / Importancia, consideración. / Rango, distinción social. / *In consequence of,* Como consecuencia de. / *Of no consequence,* Sin importancia. / *To take the consequences,* Aceptar las consecuencias.
Consequent. adj. Consecuente, consiguiente, lógico.
Consequently adv. Por lo tanto, en consecuencia, por consiguiente.
Conservation. f. Conservación, preservación.
Conservative. adj. Conservativo, moderado. / (Polit.) Conservador. / Agente conservativo o preservativo. / Tradicionalista.
Conservatory. (Mús.) Conservatorio. / Invernadero, jardín de invierno.
Conserve. f. Conserva, compota. / v. Conservar.
Consider. v. Considerar, pensar en. / Tener o tomar en cuenta. / Mirar, examinar. / Juzgar, estimar. / *To consider oneself,* Reflexionar, pensar, deliberar.
Considerable. adj. Considerable, notable. / Cuantioso.
Considerate. adj. Considerado, atento, cortés.
Consideration. f. Consideración, deliberación, reflexión. / Miramiento, tacto. / Aspecto, motivo.
Considering. adj. Considerando, teniendo en cuenta, en atención a, en vista de.
Consign. v. Consignar, confiar, entregar. / Dirigir, encomendar, enviar. / Consignar, depositar (dinero). / Entregar en consignación.
Consignment. f. Consignación, mercancía consignada. / Lote, envío. / *On consignment,* En consignación, en depósito.
Consist. v. *To consist in,* Consistir, estribar en. / *To consist of,* Constar, componerse, estar constituido por. / *To consist with,* Concordar, ser compatible.

Consistency. f. Consistencia, solidez, coherencia.
Consistent. adj. Consistente, denso, uniforme. / *Consistent* with, Compatible con. / Consecuente.
Consistently. adv. Firmemente.
Conspicuous. adj. Conspicuo, sobresaliente, llamativo.
Conspicuously. adv. Patentemente, visiblemente, manifiestamente, notoriamente.
Conspiracy. f. Conspiración, conjura.
Conspiratorial. adj. De conspirador, misterioso.
Conspire. v. Conspirar, conjurar (se), complotar. / Maquinar, tramar, urdir.
Constable. m. Agente de policía, guardia. / Alguacil. / Condestable.
Constant. adj. Constante, continuo, invariable. / Fiel, firme, leal.
Constantly. adv. Constantemente, continuamente, incesantemente.
Constipated. adj. (Med.) Estreñido.
Constipation. m. (Med.) Estreñimiento.
Constituency. m. Distrito electoral, grupo de votantes
Constitute. v. Constituir. / Designar, nombrar. / Dar forma legal a, redactar debidamente.
Constrict. v. Apretar, estrechar, encoger.
Construct. v. Construir, edificar, fabricar.
Construe. (Gram.) Construir. / Analizar (frases, etc.). / Traducir textualmente. / Interpretar, explicar. / Prestarse al análisis. / m. Texto que debe ser traducido textualmente.
Consul. m. Cónsul.
Consulate. m. Consulado.
Consult. v. Consultar.
Consultant. m. Consultor, consejero.
Consultation. f. Consulta.
Consume. v. Consumir, gastar. / Consumirse.
Consumer. m. Consumidor.
Consummation. f. Consumación.
Contact. m. Contacto. / (Electr.). Tomacorriente. / *To break contact,.* (Electr.) Interrumpir el contacto. / v. Hacer contacto con. / Ponerse en contacto, hablar con.
Contagious. adj. Contagioso, infeccioso.
Contain. v. Contener, abarcar, incluir. / (Mil.) Contener, retener. / *To contain oneself,* Refrenarse, contenerse.
Container. m. Envase, recipiente.
Contaminant. m. Contaminador. Contaminante
Contaminate. v. Contaminar, contagiar.
Contamination. f. Contaminación, depravación.
Contemplate. v. Contemplar, reflexionar. / Proponerse, tener la intención de. / Meditar, sumirse en contemplación.
Contemporaneous. adj. Contemporáneo, a.
Contemporaneously. adv. Contemporáneamente.
Contemporary. adj. Contemporáneo. / Coetáneo.
Contempt. m. Desdén, desprecio. / (Der.) Desacato. / *To hold in contempt,* Despreciar.
Contemptible. adj. Despreciable, desdeñable.
Contemptuous. adj. Desdeñoso, despreciativo, despectivo.
Contemptuously. adv. Desdeñosamente.
Contender. m. Contendiente, contendor, competidor.
Content. m. Contenido, volumen de un sólido. / Extensión, tamaño. / Índice, tabla de materias. / Satisfacción. / adj. Contento, satisfecho. / v. Contentar, complacer, satisfacer. / *To one's heart's content,* A gusto, a sus anchas
Contented. adj. Contento, satisfecho.
Contention. f. Contención, contienda, disputa.
Contentious. adj. Contencioso, altercador, pendenciero, disputador. / Disputable. / (Der.) Contencioso.

Contest. m. Certamen, concurso. / v. Disputar, debatir.
Contestant. m. Contendiente, competidor, contrincante.
Context. m. Contexto.
Continent. adj. Continente, casto, moderado. / (Como sustantivo) Continente.
Continental. adj. Continental. / Europeo. / (Hist.) Soldado en el ejército de las colonias confederadas de los Estados Unidos. / Moneda emitida por la Confederación.
Contingency. f. Contingencia, eventualidad.
Contingent. adj. Contingente, eventual, casual, condicional. / f. Contingencia.
Continual. adj. Continuo, incesante, constante.
Continually adv. Continuamente, incesantemente, constantemente.
Continuation. f. Continuación, prolongación.
Continue. v. Continuar. / Mantenerse, permanecer, quedar. / Durar, prolongarse. / (Der.) Aplazar juicio.
Continued. adj. Continuo, prolongado. / Continuado. / *To be continued,* Continuará.
Continuing. adj. Continuo, continuado, constante, duradero.
Continasity. f. Continuidad / (Cine, t.v., radio) Guión, libreto. / Intervalo musical o de comentarios entre programas. / Trama o diálogo de historietas cómicas.
Continuous. adj. Continuo, ininterrumpido.
Contort. v. Torcer, retorcer. / Contraer (el rostro). / (Fig.) Desfigurarse.
Contour. m. Contorno, perfil. / Curva de nivel. (En mapas). / v. Contornear, perfilar.
Contraband. m. Contrabando. / adj. De contrabando, ilegal, prohibido.
Contraception. f. Contracepción, anticoncepción.
Contraceptive. adj. De contracepción. / (Como sustantivo) Contraceptivo, pteservativo, anticonceptivo.
Contract. m. Contrato, pacto, convenio. / (Gram.) Contracción. / v. Contratar, pactar. / Contraer (obligaciones, etc.). / Encoger. / Reducir, concentrar. / Fruncir. / Contraerse. (Un músculo, nervio, etc.). / Encogerse.
Contraction. f. Contracción.
Contractor. m. Contratante, contratista, concesionario. / Cosa que se contrae.
Contradict. v. Contradecir, refutar, flesmentir, oponerse.
Contradictory. adj. Contradictorio, contrario.
Contrariety. f. Contrariedad, oposición.
Contrary. adj. Contrario, opuesto / Adverso, desfavorable. / Díscolo, desobediente, rebelde. / m. Contrario. / *On the contrary,* Al contrario, no obstante. En contra.
Contrast. m. Contraste. / v. Contrastar, mostrar diferencias.
Contribute. v. Contribuir, aportar. / *To contribute to,* Cooperar, colaborar con.
Contribution. f. Contribución, donación.
Contributive. adj. Contributivo, contribuyente.
Contributory. adj. Contribuyente, cooperante.
Control. v. Controlar, dominar, gobernar, manejar. / Comprobar, verificar. / m. Control, dominio. / Comprobación, verificación. / pl. Mandos, controles. / (Fís.) Testigo, patrón de comparación.
Controller. m. Interventor. / Jefe de contadores. / Director, superintendente, inspector. / (Electr.) Combinador. / (Mec.) Regulador.
Controversial. adj. Discutible, polémico / Problemático, discutidor.
Controversy. f. Controversia.
Convene. v. Convocar, citar. / (Der.) Emplazar, congregarse, reunirse, convenir.
Convenience. f. Conveniencia, comodidad. / Utilidad. / Dispositivo, mecanismo útil. / pl. Comodidades.

Convenient. adj. Conveniente, oportuno, útil.
Convent. m. Convento.
Convention. f. Convención. / m. Convenio, acuerdo contrato. / Costumbre, uso.
Conventional. adj. Convencional.
Conventionalism. m. Convencionalismo, formalismo.
Converge. v. Convergir, converger.
Convergence, convergency. f. Convergencia.
Conversant. adj. Versado en, familiarizado con, conocedor de, al corriente de.
Conversation. f. Conversación, plática. / (Der.) Trato carnal. / *Criminal conversation,* Adulterio.
Converse. v. Conversar, hablar.
Converse. adj. Inverso, opuesto, contrario. / (Como sustantivo). (Lógica) Conversa, recíproca. / (Matem.) Recíproca.
Conversion. f. Conversión, transformación, mudanza. / (Der.) Apropiación ilícita. / (Com.) Canje de valores.
Convert. v. Convertir. / Transformar, cambiar. (Opinión, fe, proposiciones). / Convertirse. / (Dep.) Lograr un tanto. / m. Converso.
Conveyer, conveyor. (Der.) Cedente. / (Mec.) Correa transportadora, transportador. / Conductor, portador.
Convict. m. y f. Convicto, a. / v. Condenar, declarar culpable. / Hacer admitir.
Conviction. f. Condena. / Convencimiento, convicción. / Fallo condenatorio.
Convince. v. Convencer, persuadir.
Convincing. adj. Convincente, persuasivo.
Convulsion. (Med.) Convulsión. / pl. Ataque, paroxismo (de risa). / (Fig.) Conmoción, agitación. / (Geol.) Cataclismo.
Cook. m. y f. Cocinero, cocinera. / v. Cocinar, guisar. / Tramar, maquinar. / Alterar, falsear, falsificar. / *To cook up,* Preparar. (Fam.) Inventar, tramar. / Atender la cocina, cocinar. / Pasar ocurrir. / *What's cooking here?* ¿Qué pasa aquí?
Cookbook. m. Libro de recetas de cocina.
Cooker. f. Cocina. / Olla.
Cookery. f. Cocina, arte o trabajo culinario.
Cookie. f. Galletita. / (Fam.) Mujer atractiva.
Cool. Fresco, frío. / Sereno, tranquilo. / Indiferente. / Insolente, audaz. / Débil. / (Fam.) Superior, excelente. / *Cool as a cucumber,* Fresco como una lechuga. / *To play it cool,* (Fam.) Mantenerse ecuánime, tomarlo con calma. f. Frescura. (Fam.) Calma, cachaza, aplomo. / v. Refrescar, enfriar, entibiar, orear, moderar. / *Cool it!,* ¡Cálmate!, ¡tranquilízate!
Coolly. adv. Fríamente, serenamente, tranquilamente. / Indiferentemente.
Coolness. f. Frescura. / Tranquilidad, serenidad. / Indiferencia. / Sangre fría, aplomo.
Cooperation. f. Cooperación. / Acción cooperativa.
Cooperative. adj. Cooperativo, coadyuvante. / s. Cooperativa.
Coordinate. adj. Coordinado. / Semejante, igual. / (Matemáticas) Coordenada, coordinada. / v. Coordinar, armonizar, coordinarse.
Cop. f. Canilla. / (Fam.) Agente de policía, poli (en Estados Unidos). / (Fam.) Cumbre, cima. / v. (Pop.) Prender, capturar. / *To cop it,.* (Pop.) Merecerse castigo. Meterse en un lío. Encontrar la muerte.
Cope. v. Darse *abasto.* / *To cope with,* Arreglárselas con, salir adelante con. / (Constr.) Rebajar, recortar. / m. Recorte. / (Rel.) Capa consistorial. / (Arq.) Albardilla, coronamiento, arco, bóveda, cúpula.
Copilot. m. Copiloto.

Copy. f. Copia, imitación. / Ejemplar (de una revista, etc.). / Modelo para una reproducción. / Texto de propaganda periodística. / *Rough copy,* Borrador. / *To make a fair copy of,* Pasar en limpio. / v. Copiar. / Imitar.
Copybook. m. Cuaderno.
Copycat. m. Imitador. / v. Imitar.
Copyist. m. y f. Copista.
Copyright. m. y pl. Derechos de autor. / v. Registrar como propiedad intelectual. / adj. Protegido por los derechos de autor.
Copywriter. m. y f. Persona que redacta textos publicitarios o anuncios.
Coral. m. Coral. / Rojo coral. / adj. Coralino.
Cord. m. Cordel, cordón. / Cordón umbilical. / (Fig.) Lazo. / Pana inglesa. / Cuerda, medida para leña (equivalente a 3.625 metros cúbicos). / pl. pantalones de pana. / v. Encordelar, encordonar, acordonar. / Amontonar leña en cuerdas.
Cordiality. f. Cordialidad,
Corduroy. f. Pana, cotelé. / pl. Pantalones de pana.
Cork. m. Corcho. / Tapón. / v. Encorchar. / Taponar, tapar con corcho. / Tiznar con corcho quemado.
Corked. adj. Taponado con corcho, encorchado. / Tiznado con corcho quemado.
Corkscrew. m. Sacacorchos. / v. Serpentear (un río, un camino). / Retorcer, arrollar en espiral.
Corn. m. Maíz. / Grano, cereal. / (Fam.) Broma de mal gusto, música muy repetida. / Callo (en los pies, manos). / v. Curar, salar carne. / Granular. / Alimentar con granos.
Cornball. (Pop.) Banal, cursi, anticuado,
Corner. f. Esquina. / Escondrijo, lugar retirado. / (Com.) Acaparamiento, monopolio. / (Deporte) Tiro de esquina. / *In the corner,.* (Fig.) En un aprieto, en una situación difícil. / *Out of the corner of one's eye,* Con el rabillo del ojo.
Corners of the mouth. f. Comisura de los labios.
Cornerstone. f. Piedra angular, primera piedra.
Cornfield. m. Maizal. / Campo de cereales.
Cornflakes. f. Hojuelas tostadas de maíz, cereal para el desayuno.
Cornstalk. m. Tallo del maíz.
Corollary. m. Corolario.
Coronation. f. Coronación.
Coroner. (Der) Investigador que estudia la causa de un fallecimiento.
Corporal. (Mil.) Cabo. / adj. Corporal, físico. / Corpóreo, material.
Corporate. adj. Corporativo, incorporado, colectivo, social.
Corporation. f. Corporación. / Sociedad anónima, sociedad por acciones. / Cabildo, ayuntamiento (en el Reino Unido).
Corporative. adj. Corporativo.
Correlate. m. Concepto correlativo. / v. Correlacionar. / Ser correlativos. / adj. Correlativo.
Correlation. f. Correlación.
Correspondence. f. Correspondencia, relación. / Correspondencia, correo.
Correspondent. adj. Correspondiente. / m. Corresponsal (de un periódico).
Corresponding. adj. Correspondiente, perteneciente.
Corridor. m. Corredor, pasillo.
Corrival. adj. Rival, competidor, émulo.
Corrode. v. Corroer, desgastar (se), menoscabar (se).
Corrosion. f. Corrosión, oxidación.
Corrosive. adj. Corrosivo. / (Fig.) Mordaz, cáustico. / f. Sustancia corrosiva.

Corrugated. adj. Corrugado, acanalado, arrugado, encogido.

Corrupt. v. Corromper, pervertir. / Contaminar. / Alterar. / Corromperse.

Corsair. m. Corsario, pirata. / Barco pirata.

Corset. m. Corsé, cotilla. / v. Poner un corsé, vestir un corsé.

Cortex. f. Corteza (de los árboles y cerebro). / Capa externa de un órgano.

Coruscant. adj. Coruscante, brillante, resplandeciente.

Cosmetic. m. Cosmético, afeite.

Cosmic. adj. Cósmico. / Vasto, infinito.

Cosmology. f. Cosmología.

Cosmopolis. f. Ciudad cosmopolita.

Cosmopolitan, cosmopolite. adj. Cosmopolita.

Cosmos. m. Cosmos, universo.

Cossack. m. Cosaco.

Cost. m. Costo, precio. / pl. (Der.) Costas, gastos de un juicio. / *At the cost of,* A costa de. / *To count the cost,* Calcular los riesgos. / v. Costear. / Calcular el costo de. / *Cost what it may,* Cueste lo que cueste.

Costly. adj. Costoso, caro. / Valioso, de gran valor. / Espléndido, suntuoso, magnífico.

Costume. m. Traje. / Disfraz, traje de máscara, vestuario de teatro. / Traje de chaqueta, traje sastre. / Estilo de vestirse, de peinado. / v. Vestir, disfrazar.

Costume ball. m. Baile de disfraces, baile de máscaras.

Costumer, costumier. m. Sastre de máscaras o disfraces. / Mascarero, mascarera. / Sastre de teatro.

Cote. m. Corral, aprisco, cobertizo. / Cabaña, casita.

Cotillion, cotillon. m. Cotillón.

Cottage. f. Casita de campo, cabaña cómoda.

Cottage cheese. m. Requesón, queso fresco.

Cotton. m. Algodón. / Tela de algodón. / v. Prosperar, tener éxito. / *To cotton on to,* Comprender, aceptar. / *To cotton to,* Armonizar, simpatizar con, aficionarse, gustar de.

Cotton flannel. f. Franela de algodón, muletón.

Cotton print. m. Tejido fino de algodón, estampado.

Cotton wool. m. Algodón en rama, algodón usado para envolturas. / Algodón absorbente. / (Fig.) Algodones, vida regalada, vida de mimos.

Couch. v. Recostar. / Bordar con hilos de oro. / Bajar, enristrar la lanza. / Formular, expresar. / (Med.) Batir las cataratas o nubes de los ojos.

Cough. v. Toser. / *To cough out, to cough up,* Expectorar, esputar. Decir tosiendo. / f. Tos, carraspera.

Could. v. Pude, podría.

Council. m. Concilio, consejo, asamblea, junta. / Ayuntamiento, concejo. / *City council,* Concejo municipal.

Councilman. m. Concejal, regidor.

Councilor. m. Concejal, consejero. / (Rel.) Conciliar.

Counsel. m. Consejo, parecer, opinión. / Abogado, consultor, asesor legal. / *To keep one's counsel,* Ser reservado, guardar silencio. / v. Aconsejar, dirigir, asesorar. / Pedir consejo, aconsejarse.

Counselor, counsellor. m. Consejero. / Abogado, asesor legal.

Count. v. Contar. / Considerar, estimar, juzgar. / Tomar en cuenta, tener en cuenta. / *To count in,* Incluir. / Contar, hacer cuentas. / Valer

Countable. adj. Contable, contadero.

Countdown. f. Cuenta regresiva.

Countenance. f. Semblante, talante, expresión de la cara. / Serenidad, compostura. / Apoyo, aprobación. / *To give countenance to,* Prestar apoyo a, aprobar. / *To lose one's countenance,* Agitarse, conturbarse, perder la serenidad. / *To put out of countenance,* Desconcertar, avergonzar. / v. Tolerar, aprobar, favorecer, sancionar.

Counter. m. Contador, computador, calculista. / Máquina contadora. / Ficha, tanto. / Mostrador, bar. / Lo opuesto, lo contrario. / (Náut.) Bovedilla. / Contrafuerte del zapato. / Contragolpe. / Parada circular (en esgrima). / Pecho del caballo.

Counteract. v. Contrarrestar, frustrar, neutralizar, contrariar, impedir.

Counteractive. adj. Contrario, opuesto.

Counterattack. (Mil.) Contraataque. / v. Contraatacar.

Counterbalance. f. Contrabalanza, contrapeso. / v. Contrabalancear, contrapesar, equilibrar, compensar.

Counterclockwise. adv. En sentido contrario al de las manecillas del reloj.

Countercurrent. f. Contracorriente.

Counterfeit. adj. Falso, falsificado, fingido, espurio. / f. Falsificación, imitación. / Moneda falsa. / Impostor. / v. Contrahacer, falsificar, falsear, disimular, fingir.

Counterlight. m. Contraluz, trasluz.

Countermeasure. f. Medida preventiva, represalia.

Countermove. f. Jugada defensiva, parada. / Contraataque. / v. Contraatacar.

Counterplot. f. Contratreta. / v. Conspirar. / Contramirar.

Counterpoint. (Mús.) Contrapunto.

Counterproposal. f. Contraproposición, contrapropuesta, contraoferta.

Countersign. f. Refrendata, contraseña. / (Mil.) Santo y seña. v. Refrendar.

Countervail. v. Contrapesar, compensar, contrarrestar.

Counterweight. m. Contrapeso, peso equivalente. / v. Contrapesar.

Countess. f. Condesa.

Countless. adj. Innumerable, incontable.

Country. m. País. / Campo. / Región, distrito, territorio. / (Fig.) Pueblo, nación. / (Geol.) Formación. / adj. Rural, rústico, campesino, campestre.

Country estate. f. Heredad, hacienda

Country house. f. Casa de campo, quinta, villa.

Countryside. f. Campiña, ambiente rural.

Coup. m. Golpe maestro, estratagema.

Coupe. m. Cupé. (Aut.). / Medio compartimiento al extremo de un vagón de ferrocarril.

Couple. f. y. m. Par. / Pareja. / Traílla doble. / Yunta. / v. Acoplar, conectar. / Unir en matrimonio. / Empalmar. / Formar pares o parejas. / Copularse.

Coupler. m. Acoplador. / (Electr.) Acoplamiento. / Enganche, enganchador. (Ferroviario)

Courage. m. Valor, intrepidez, denuedo. / *To have the courage of one's convictions,* Tener valor para poner en práctica sus convicciones.

Courageous. adj. Valiente, valeroso, animoso, intrépido, denodado.

Courier. m. Mensajero, posta. / Correo diplomático. / Enlace de espías.

Course. m. Curso, paso, transcurso, marcha. / Dirección, rumbo. / Punto de la brújula. / Camino, ruta, recorrido, trayectoria. / Pista deportiva. / Campo de golf. / Corriente de agua. / Plato de una comida. / Proceder, procedimiento. / Curso, asignatura de estudios. / (Náut.) Vela baja.

Courtesy. f. Cortesía, urbanidad. / Finura. / Gracia, merced, favor.

Courthouse. m. Palacio de justicia, edificio de los tribunales.

Courtier. m. Cortesano, palaciego. / Lisonjero, adulador, obsequioso.

Courtliness. f. Cortesía, urbanidad, elegancia. / Obsequiosidad.

Courtly. adj. Cortesano, elegante. / Obsequioso, lisonjero, adulón. / Cortesmente, galantemente.
Court of justice. f. Sala de justicia.
Court of last resort. m. Tribunal de última instancia.
Courtship. m. Galanteo, cnamoramiento. / t. Cortesanía, cortesía.
Cousin. m. y f. Primo, prima.
Cousinhood, cousinship. m. Primazgo, parentesco de primo o prima.
Couth. adj. Pulido, mundano.
Couvade. f. Covada.
Covalence, covalency. (Quím.) Covalencia.
Cove. f. Caleta, cala, ensenada. / Valle pequeño. / (Arq.) Bovedilla, moldura cóncava. / (Fam.) Sujeto, tipo. / v. Abovedar, arquear.
Coven. f. Reunión, encuentro de brujas.
Covenant. m. Contrato, acuerdo, convenio, pacto. / Alianza, promisión (en la Biblia). / v. Convenir, pactar, estipular, prometer.
Covenanter. m. Contratante, pactante.
Covenantor. m. Obligado, garantizador, el que debe cumplir lo estipulado en un pacto.
Coveralls. m.Traje de faena, overol.
Covering letter. f. Carta acompañante.
Coversed sine. adj. Cosenoverso.
Covert. m. Secreto, furtivo, disimulado. / Abrigado, protegido. / (Der.) Casada y bajo la protección del marido. / Espesura, guarida. / (Orn.) Tectriz, bobija. / Tela asargada.
Covertly. adv.Secretamente, furtivamente, disimuladamente, en secreto.
Cover-up. (Pop.) Coartada, encubrimiento.
Covet. v. Codiciar, desear, ambicionar, envidiar.
Coveter. m. Codicioso.
Covetous. adj. Codicioso, ambicioso, avariento.
Covetously. adv. Codiciosamente, avariciosamente.
Cow. f. Vaca. / Hembra de algunos animales.
Coward. adj. Cobarde.
Cowardice. f. Cobardía.
Cowardly. adv. Cobarde, propio de un cobarde. / adv. Cobardemente.
Cowboy. m. Vaquero, jinete ganadero.
Cower. v. Agacharse, agazaparse. / Encogerse de frío o miedo.
Cowherd. m. Pastor de vacas, vaquero.
Cowl. f. Capucha, capuz. / Sombrerete de chimenea. / Capó, cubretablero, bóveda del tablero (de un automóvil). / Capota, cubierta del motor de un avión.
Cowlick. m. Remolino, mechón de pelo sobre la frente.
Cowman. m. Ganadero, hacendado. / Vaquero, pastor de ganado.
Co-worker. m. Coadjutor, colaborador, compañero de trabajo.
Cowpox. (Med.) Vacuna.
Cow shark. m. Tiburón gris.
Cox. (Fam.) Timonel. / v. Actuar como timonel.
Coy. adj. Reservado, tímido, esquivo, modesto. / Gazmoño, afectado. / Evasivo.
Coyly. adv. Tímidamente. / Afectadamente. / Evasivamente.
Coyote. m. Coyote.
Cozily. adv. Cómodamente, amenamente, acogedoramente.
Cozy. adj. Cómodo, acogedor, agradable. / Intimo, afable, sociable. / *To play it cozy,*. (Pop.) Actuar cautelosamente. / *To cozy up to,*. *(Fam.)* Tratar de hacerse amigo de alguien, tratar de trabar amistad. / Cubierta tejida de una tetera.

Crab. (Zool.) Cangrejo, jaiba. / (Mec.) Grúa, cabria. / (Astron.) Cáncer. / (Aer.) Derrape. / v. Hacer derrapar. Derrapar. / Correr oblicuamente. / Pescar cangrejos. / m. Gruñón, cascarrabias. / v. Avinagrar, agriar, exasperar. / (Fam.) Criticar, reprender. / (Fam.) Estropear, arruinar, frustrar. / (Fam.) Refunfuñar, rezongar, quejarse.
Crabbed. adj. Avinagrado, áspero, huraño, agrio, ceñudo, hosco. / Intrincado, enredado, complicado.
Crabbily. adv. Malhumoradamente, gruñonamente.
Crabby. adj. Malhumorado, de mal genio, quejumbroso, gruñón.
Crabstick. m. Garrote, porra, bastón de manzano silvestre. / Regañón, tipo quejumbroso.
Crack. v. Romperse, partirse. / Rajarse, resquebrajarse, agrietarse, cuartearse. / Avanzar a toda vela, correr velozmente. / Enloquecer. / Fraccionarse, descomponerse. (Petróleo, aceites). / *To crack up,* Ceder, rendirse. Fallar. Debilitarse, ceder a las emociones. / At a cracking pace, A toda velocidad, a un ritmo veloz. / *To crack up,* Estrellarse, arruinar, destrozarse. Reírse estrepitosamente. (Fig.) Descomponerse. Enloquecer. / *Get craking!*,. (Pop.) ¡Muévete! ¡Ponte en acción! / Pegar, golpear. / Abrir, destapar una botella. / Estudiar un libro. / Resolver un problema, explicar un misterio, descifrar un código. / Derribar, vencer una barrera. / Trastornar, estorbar. / *To crack a joke,* Gastar una broma, hacer un chiste. / *To crack a smile,* Sonreír. / f. Ruptura, hendidura, grieta. / Rajadura, resquebrajadura, cuarteadura. / Chasquido, estallido, crujido. / Estrépito, estruendo. / Gallo, quiebre de la voz. / Instante, momento. / *In a crack,* En un instante. / Golpe fuerte. / Intento, ensayo. / Agudeza, sutileza, sarcasmo, insolencia. / Escalamiento de una casa, robo. / Campeón, jugador excelente. / Chiflado, tipo raro. / Murmuración, chisme. / *Crack of doom,* Día del Juicio Final. / *A dirty crack,* Un comentario maligno. / adj. Excelente, superior, de primera.
Crackdown. f. y pl. Medidas enérgicas, castigo violento,
Cracked. adj. Cuarteado, agrietado. / Chiflado, loco.
Cracker. f. Galleta, galletita. / Petardo, triquitraque. / Cascanueces.
Crackers. (Pop.) Loco, chiflado.
Cracking. (Quím.) Craqueo, descomposición térmica (del petróleo). / adj. Extraordinario, grande. / adv. Muy, sumamente.
Crackle. v. Crepitar, crujir, chisporrotear. / Estrujar (papeles, etc.). / f. Crepitación, crujido, chisporroteo.
Crackling. f. Crepitación, chisporroteo, crujido. / Chicharrón. / adj. Crepitante, chisporroteante, crujiente.
Crackly. adv. Crepitante, quebradizo, frágil.
Crackup. (Fam.) Colapso físico o mental, fracaso. / f. Colisión.
Cradle. Cuna. / (Fig.) Infancia, niñez. / (Fig.) Origen. / (Mec.) Soporte, apoyo, cama. / Gancho, horquilla del teléfono. / Armadura de guadaña. / (Med.) Tablilla para componer fracturas, arco de protección.
Craft. m. Arte, habilidad, destreza. / Oficio, trabajo manual, ocupación. / Gremio. / Astucia, artimaña, artificio. / Nave, embarcación, barco, aeronave.
Craftily. adv. Astutamente, mañosamente, artificiosamente.
Craftiness. f. Astucia, artificio, maña.
Craftsman. m. Artesano, artífice.
Craftsmanship. f. Artesanía. / Habilidad, destreza. / Ejecución, acabado, artificio de algo. Mano de obra.
Crafty. adj. Astuto, taimado, artificioso, ladino. / Diestro, hábil.
Crag. m. Despeñadero, risco, peñasco escarpado.
Cragged. m. Escabroso, peñascoso, escarpado, fragoso.

Craggy. adj. Escabroso, peñascoso, escarpado, fragoso.
Cram. v. Rellenar, atestar, embutir. / Engullir, hartar (de comida). / Estudiar apresuradamente, aprender a la carrera. / f. Apretura, tumulto de gente. / Estudio o repaso apresurado.
Cramp. m. Calambre. / Grapa, grapón, laña. / (Carpintería) Cárcel, corchete. / (Fig.) Traba, restricción. v. Entorpecer. / Trabar.
Cramped. adj. Estrecho, angosto, apretado, confinado, restringido. / Indescifrable, ilegible.
Cranberry. (Bot.) Arándano, ráspano.
Crane. (Orn.) Grulla. / (Mec.) Grúa, cabria. / Cigüeña, aguilón de chimenenea.
Cranium. m. Cráneo.
Crank. f. Manivela, manubrio, manija. / (Mec.) Cigüeña, codo. / Capricho, antojo, chifladura. / Maniático, extravagante, chiflado. / Gruñón. / v. Acodillar. / Dar vueltas con la manivela, hacer arrancar el motor. / adj. Flojo, descompuesto. (Mecanismo, etc.). / (Náut.) Celoso (un barco).
Crank brace. m. Berbiquí.
Crankily. adv Caprichosamente, excéntricamente. / Irritablemente.
Crankiness. f. Irritabilidad. / Calidad de caprichoso, excentricidad. / Chifladura.
Cranny. f. Abertura, raja, hendidura, grieta.
Crap. m. Artículo de mala calidad, cosa sin importancia. / Tiro perdedor en juego de dados. / (Pop.) Insensatez, mentiras, exageración. / (Pop.) Mierda. / v. Tirar los dados. / (Pop.) Cagar.
Crash. v. Romper. / Estrellar. / (Fam.) Entrar, colarse o asistir sin ser invitado. / Invadir, irrumpir en. / *To crash one's way through,* Abrirse paso violentamente. / Estallar, quebrar con estrépito. / Derrumbarse. / Estrellarse. / (Com.) Quebrar. / m. Estallido, estampido, estrépito, fragor. / Choque, colisión. Caída de un avión. / Derrumbe. / Bancarrota, quiebra. / Cutí burdo.
Crashing. (Fam.) Completo, perfecto. / *That poor lad is a crashing idiot,* Ese pobre chico es un perfecto idiota. / Gran, rotundo. / *The performance was a crashing failure,* La representación fue un rotundo fracaso.
Crash-land. (Aviac.) Aterrizar de emergencia dañando el avión.
Crash landing. m. Aterrizaje de emergencia con o por avería.
Crate. m. Embalaje de tablas, canasta, jaba. / (Fam.) Automóvil viejo. / v. Embalar en canasta o jaba.
Crater. m. Cráter. / (Arq.) Crátera (también *Krater*).
Cravat. f. Corbata, corbatín.
Crave. v. Suplicar, implorar, pedir encarecidamente. / Apetecer, anhelar, desear con vehemencia.
Craven. adj. Acobardado, amilanado, temeroso. / Cobarde, pusilánime.
Craving. m. Antojo, ansia, anhelo.
Craw. m. Buche.
Crawfish. (Zool.) Cangrejo de río, astaco. / Langostín, langostino. / v. (Fam.) Retroceder, echarse atrás.
Crawly. (Fam.) Pavoroso, espeluznante, hormigueante.
Crayon. m. Lápiz de color, creyón. / v. Bosquejar o dibujar a lápiz o creyón.
Craze. v Enloquecer, enajenar. / Cuartear, agrietar (esmalte de cerámica). / f. Manía, capricho, moda pasajera. / Delirio, furor. / Locura. / Grieta menuda en el esmalte de la cerámica o en la superficie de pinturas.
Crazily. adv. Alocadamente, insensatamente.
Crazy. adj. Loco, enajenado, demente. / Fantástico, extravagante, absurdo. / Quebrantado, decrépito. / Inclinado, torcido. / (Pop.) Magnífico, excelente, excitante, superior. / *To be crazy about,* Estar loco por.

Creak. v. Crujir, rechinar, chirriar. / m. Crujido, chirrido, rechinamiento.
Creaky. adj. Crujiente, chirriador. / Decrépito.
Cream. f. Crema. / (Fig.) Flor y nata. / adj. Cremoso, color crema. / v. Formarse crema, cubrirse de crema. / Espumar. / Desnatar, sacar la nata de. / Batir, hacer crema. / Añadir crema, cubrir de crema.
Creamer. f. Jarrita para crema. / Desnatadora.
Cream puff. m. Bollo de crema. / (Pop.) Hombre o joven afeminado, marica. / (Pop.) Auto en buenas condiciones.
Creamy. adj. Cremoso.
Crease. m. Pliegue, doblez, arruga, raya. / v. Plegar, doblar, arrugar (se), filetear.
Create. v. Crear, producir, engendrar. / Causar, originar, elegir, nombrar. / Constituir, establecer. / Representar un papel de teatro.
Creative. adj. Creativo, creador, productivo.
Creativity. f. Habilidad o facultad creadora.
Creator. m. Creador, criador.
Creature. f. Criatura, cosa creada, ser viviente. / Animal doméstico. / Hombre, tipo.
Credential. adj. Credencial.
Credibility. f. Credibilidad, verosimilitud.
Credit. m. Crédito, fe, asenso, confianza. / Reputación, buen nombre. / (Com.) Plazo. / Asiento de crédito, haber. / Mérito. / Reconocimiento. / Motivo de orgullo. / Influencia. / *On credit,* A crédito, a plazos. / *To get credit for,* Recibir reconocimiento por. / v. Reconocer. / Acreditar, abonar en. / Atribuir.
Creditable. adj. Digno de crédito. / Apreciable, loable, honroso. / Respetable.
Credo. m. Credo, doctrina, profesión de fe.
Credulity. f. Credulidad.
Creek. m. Arroyo, riachuelo. / Cala, caleta, ensenada. / (Fam.) Llanura estrecha entre montañas. / Crik, miembro de una confederación de tribus pieles rojas. / *Up the creek,. (Pop.)* En apuros.
Creeper. m. y f. Persona o animal que se arrastra. / (Bot.) Enredadera, planta trepadora.
Creepy. m. Rastrero. / Grimoso, tétrico, lúgubre, inquietante.
Cremation. f. Cremación, incineración.
Crematorium. m. Crematorio.
Crematory. m. Crematorio, horno crematorio o de incineración.
Crepe. m. Crepé. / Crespón de luto.
Crescendo. (Mús.) Crescendo.
Crest. f. Cresta, copete, penacho. / Crestón, cimera. / (Heráldica) Timbre. / Cumbre, cima, cresta (de una ola, de una montaña).
Crestfallen. adj. Cabizbajo, abatido.
Cretin. (Med.) Cretino. / Estúpido, necio.
Crevice. f. Grieta, hendidura, rajadura, fisura, resquebrajadura.
Crew. m. y f. Personal, dotación, equipo.
Crib. f. Cuna, camita con barandillas. / Establo, cuadra. / Choza, cuartucho. / Canasta, cesto, capacho. / Granero para maíz. / Pesebre. / Cofre, encofrado, cajón. / (Fam.) Ratería. / (Fam.) Plagio. / (Pop.) Caja fuerte, bóveda de bancos. / v. Enjaular, encerrar. / Almacenar en granero. / Proveer o reforzar con encofrado. / (Fam.) Apropiarse de, plagiar.
Cricketer. m. Jugador de criquet.
Crime. m. Crimen, delito, fechoría.
Criminal. adj. Criminal, penal. / m. Reo, delincuente, malhechor.
Criminal conversation. (Der.) Adulterio.

Criminal record. m. y pl. Antecedentes criminales.

Criminative, criminatory. adj. Acusatorio.

Criminological. adj. Criminológico.

Criminology. f. Criminología.

Crimple. v. Arrugar, corrugar, estrujar.

Crimpy. m. Rizado, encrespado, arrugado.

Crimson. m. Carmesí. / v. Teñir de carmesí. / Enrojecerse, sonrojarse.

Cringe. v. Contraerse, encogerse. / Arrastrarse en forma servil. / Humillarse, rebajarse, adular servilmente. / f. Postración, saludo servil.

Crinkle. v. Serpentear. / Arrugar (se), rizar (se), encrespar (se). / Crujir, crepitar. / f. Arruga.

Crinkly. adj. Arrugado, ondulado. / Crujiente.

Cripple. adj. Lisiado, tullido, baldado. / v. Lisiar, tullir, baldar, mutilar. / (Fig.) Debilitar, incapacitar.

Crippling. m. Abarquillamiento, desgarramiento, inestabilidad local (en edificios y otras construcciones).

Crisis. f. Crisis. / m. Punto crucial, momento crítico.

Crisp. adj. Crespo, rizado, ondulado. / Quebradizo, frágil. / Agudo, preciso, tajante, bien definido. / Vivo, brillante. / Fresco, firme (dícese de los vegetales). / Vigorizador, tonificante. (Clima.) / Tostado. / Patatas fritas en torrejas delgadas. v. Rizar (se), encrespar (se), poner (se) frágil o quebradizo. Tostar (se).

Crispation. f. Crispadura nerviosa. / Rizado, encrespadura, ondulación. / Crispatura, contracción.

Crispy. adj. Rizado, crespo. / Frágil, tostado, quebradizo. / Fresco, vigorizante.

Crisscross. f. Red de líneas cruzadas. / (Fig.) Enredo, enmarañamiento. / v. Marcar con líneas cruzadas. / Formar una red de líneas en. / Atravesar o cruzar en todas direcciones / Moverse o pasar en todas direcciones. / Entrecruzado, enmarañado. / Contrariamente, en cruz.

Critic. m. Crítico, censor. / Criticón.

Critical. adj. Crítico, criticador, criticón. / Decisivo. / Arriesgado, precario.

Critically. adv. Críticamente. / Peligrosamente.

Criticism. f. Crítica, censura, juicio crítico.

Criticize. v. Criticar, juzgar, censurar.

Critter. (Fam.) Criatura, bicho, animal.

Croak. v. Croar (sapo, rana). / Graznar (el cuervo). / (Fig.) Gruñir, hablar con voz ronca. / Pronosticar, presagiar, agorar (especialmente algo malo). / (Pop.) Morir. / (Pop.) Matar. / m. Graznido del cuervo, canto de sapos y ranas. / Gruñido, graznido, grito bronco.

Crochet. m. Tejido o labor de gancho, crochet. v. Tejer con gancho, hacer ganchillo.

Crock. m. Tarro de loza, olla de barro. / Cazuela, tiesto. / v. (Fam.) Ensuciar. / Desteñirse. / Tullir, estropear. / Averiarse. / adj. decrépito, inválido. / *To be an old crock,* Estar hecho un cascajo.

Crockery. f. Loza. / Cacharros y platos de barro.

Crocodile. (Zool.) Cocodrilo.

Croissant. m. Panecillo de media luna.

Crone. (Fam.) Vieja fea, bruja.

Crony. m. y f. Camarada, compinche.

Crook. m. Gancho, garfio. / Curva, recodo (de un camino, etc.). / Corva de la pierna. / (Fam.) Estafador, fullero, ladrón. / Cayado (de obispo, de pastor). v. Encorvar, doblar, torcer. / (Fam.) Estafar, conseguir por estafa. / Torcer, serpentear (camino, etc.). / Torcerse, encorvarse.

Crooked. adj. Encorvado, torcido, doblado. / Deshonesto, fraudulento. / *To go crooked,* Tomar el mal camino, volverse delincuente.

Crookedly. adv. Torcidamente, de través. / Deshonestamente, fraudulentamente.

Croon. v. Cantar, canturrear. / Cantar con voz suave. / m. Canturreo.

Crop. f. Cosecha, siega, cultivo, labranza. / Lote, montón. / Empuñadura de látigo, látigo de jinete. / Buche de aves e insectos. / Piel de res curtida. / v. Cortar corto. Desmochar. / Marcar, cortar la oreja de un animal. / Cosechar, segar. / Cultivar, labrar. / Pacer. / Dar frutos, rendir. / *To crop out, to crop up,* Aflorar, asomarse.

Crop-eared. adj. Desmochado, con el extremo de las orejas cortadas, con el cabello corto de modo que se destaquen las orejas.

Cropper. m. Labrador, cultivador. / Segador, cosechador.

Croquis. m. Croquis, boceto, bosquejo.

Cross. f. Cruz. / Frustración, molestia, vejamen. / Cruzamiento, híbrido, mezcla. / Fraude, engaño, estafa. / *On the cross,* Fraudulentamente. / (Electr.) Cruce, contacto accidental de líneas. / *To be a cross between,* Ser una mezcla de. / v. Cruzar, formar una cruz en. Marcar con una cruz.

Crossbar. m. Travesaño, tirante, listón. / Tranca, aldaba. Cruceta de la ventana.

Crossbeam. (Arq.) Viga transversal. / Palo o madero transversal de una cruz.

Crossbow. f. Ballesta (el arma).

Cross-country. adj. Campo traviesa, a través del país.

Cross-eye. m. Estrabismo.

Cross-eyed. adj. Ojituerto, bizco.

Crossing. f. Travesía. / Cruzamiento. (De plantas o animales). / Cruce, intersección (de caminos, etc.). / Paso, vado (de un río). / Cruce para peatones.

Cross-legged. adj. Con las piernas cruzadas.

Cross-link. m. Eslabón en cruz. / v. Unir al través.

Crossly. adv. Malhumoradamente, airadamente, con enfado.

Crossover. m. Cruce, travesía. / (Biología) Cruzamiento.

Cross-purpose. m. Propósito distinto o contrario. / *To be at cross-purposes,* No comprenderse uno a otro, estar en pugna.

Cross-reference. f. Referencia recíproca, remisión. v. Proveer de remisiones.

Crossroad. f. Vía o camino transversal. / pl. Encrucijada.

Cross section. f. Sección o corte transversal. / Muestra representativa de un total.

Cross talk. f. Interferencia telefónica. / (Radio) Diafonía, interferencia. / Intercambio de agudezas.

Crossway. f. Encrucijada.

Crosswise. adv. De través, al través, transversalmente. / En forma de cruz. / Transverso, oblicuo.

Crotch. f. Horca de madera. / Horcadura de árbol, bifurcación. / (Anat.) Bragadura, entrepiernas. / (Construcción naval) Pique.

Crotchet. m. Capricho, rareza, excentricidad. / (Mús.) Negra.

Crouch. v. Agacharse, agazaparse, acuclillarse. / (Fig.) Rebajarse, encogerse, arrastrarse servilmente. / Doblar, inclinar.

Crouse. adj. (Fam.) Confiado, engreído, vivo, activo.

Crow. m. y f. (Orn.) Cuervo, corneja, grajo, chova. / (Mec.) Pie de cabra, alzaprima. / (Pop. despectivo) Negro. / v. Cacarear, cantar (un gallo).

Crowbar. (Mec.) Pata de cabra, alzaprima, palanca.

Crowd. v. Arremolinarse, agolparse, apiñarse. / *To crow on the heels of,* Pisar los talones a. / Sobrecargar, agobiar, abrumar. / Atestar, llenar hasta el tope. / Apiñar, comprimir. / Urgir, apremiar. / Arrimarse a, acercarse a. / *To crowd out,* Empujar fuera. (Fig.) Desalojar, desplazar.

Crowded. adj. Lleno, atestado. / Apretado, apiñado, tupido.

Crown. f. Corona. (Con todas las acepciones de la palabra castellana). / Diadema, guirnalda, premio. / Cima, cumbre (de una montaña, etc.).

Crowning. m. Remate, coronación.

Crown prince. m. Príncipe heredero.

Crow's-foot. f. Pata de gallo (la arruga en el extremo del ojo). / (Mil.) Abrojo.

Crucial. adj. Crucial, grave, decisivo, crítico.

Crucially. adv. Críticamente, severamente.

Crucifix. m. Crucifijo.

Crucifixion. f. Crucifixión. / (Fig.) Prueba dolorosa.

Crucify. v. Martirizar, atormentar. / Criticar acerbamente.

Crude. adj. Crudo, sin cocinar. / No sazonado, verde (las frutas). / (Fig.) Vulgar. / Grosero, inculto, falto de tino.

Crudeness. f Crudeza, grosería, falta de tino.

Cruel. adj. Cruel, despiadado, feroz, inclemente.

Cruelty. f. Crueldad.

Cruise. (Náut.) Cruzar. / Hacer un crucero por mar. / Deambular, vagar, pasear, circular. / Navegar o volar a velocidad de crucero. / Inspeccionar un bosque para estimar la madera en pie. / m. Crucero, viaje por mar o aire, excursión.

Cruiser. (Náut.) Crucero. / Taxi circulante. / Auto patrulla (de policía). / (Pop.) Ramera, prostituta.

Crumble. v. Desmenuzar, desmigajar, desmoronar. / Desintegrarse, derrumbarse. / m. y pl. Escombros menudos.

Crumbly. adj. Desmoronadizo, desmenuzable.

Crummy. (Pop.) Miserable, de mala muerte, mísero. / Gastado, trillado.

Crump. v. Ronzar, roznar, cascar con los dientes.

Crumple. v. Arrugar, apañuscar, estrujar. / Contraerse, encogerse, arrugarse. / *To crumple up,* Desplomarse. / f. Arruga, pliegue.

Crunch. v. Ronzar, roznar, masticar ruidosamente. / Aplastar o pisar con ruido crujiente. / Crujir. / m. Roznido, mascadura. / Crujido.

Crunchy. adj. Quebradizo. / Crujiente.

Crusade. adj. Cruzado. v. Hacer una cruzada.

Crusader. adj. Cruzado.

Crush. v. Apretar, estrujar, comprimir. / Apiñar. / Magullar, machacar, triturar. / Aplastar (se), abrumar. / Oprimir. / Agobiar, anonadar. / f. Presión fuerte, apretadura violenta, destrucción. / Apretón, gentío, muchedumbre apiñada. / (Pop.) Amorío, pasión.

Crypt. f. Cripta, bóveda subterránea. / (Anat.) Cripta, folículo, cavidad glandular.

Cub. adj. Cachorro. / Joven inexperto. / Aprendiz.

Cube. m. Cubo. / Tercera potencia de una cantidad.

Cubic. Cúbico. (Matemáticas, geometría).

Cubism. (Arte) Cubismo.

Cucumber. (Bot.) Pepino, cohombro.

Cuddle. v Abrazar, acariciar, mimar. / Juntarse, arrimarse, apegarse.

Cue. f. Cola, fila de personas. / (Teatr.) Pie, apunte. / Indicación, señal. / Trenza, coleta de caballo. / Taco de billar.

Cuff links. m. y pl. Gemelos, mancuernas, colleras.

Cull. v. Recoger, escoger, entresacar, seleccionar. / f. Pieza descartada, desecho.

Culminate. v. Culminar. Llevar al punto culminante.

Culmination. f. Culminación.

Culottes. f. Falda pantalón.

Culpability. f. Culpabilidad.

Culprit. adj. Culpado, acusado. / Reo, criminal.

Cult. m. Culto. / f. Secta, cofradía.

Cultivate. v. Cultivar, labrar. / Criar. / Asociarse con, frecuentar.

Cultivated. adj. Culto, refinado, ilustrado, instruido. / (Agr.) Cultivado, labrado.

Cultivation. m. Cultivo. / m. Refinamiento.

Cultural. adj. Cultural, perteneciente a la cultura o al cultivo.

Culture. f. Cultura. / m. Cultivo. / Cría (de ostras, gusanos de seda, etc.) / (Biol.) Cultivo. / Civilización. v. Cultivar, labrar. / (Biol.) Cultivar. / Educar, enseñar, refinar.

Cultured. m. Culto, refinado. / Cultivado, de cultivo.

Cumbersome. adj. Pesado, engorroso, incómodo, molesto, difícil de manejar.

Cunningly. adv. Hábilmente, diestramente. / Astutamente, arteramente. / Graciosamente.

Cup. f. Taza, jícara. / pl. Borrachera. / (Rel.) Cáliz, vino eucarístico. / (Med.) Ventosa. / (Bot.) Cáliz. / Copa, trofeo. / (Golf) Hoyo, agujero. / *In one's cups,* Borracho.

Cupboard. m. Aparador, alacena.

Cupidity. f. Codicia, avaricia. / Concupiscencia.

Cupule. (Bot.) Cúpula.

Curate. m. Cura, párroco.

Curative. adj. Curativo, remedio.

Curator. m. Conservador, encargado de un museo. / Guardián, celador. / Curador, ecónomo, tutor.

Curb. f. Barbada del freno del caballo. / (Fig.) Freno, restricción. / Reborde. / Brocal del pozo. / Encintado, bordillo, flanco de la acera. / (Mec.) Camisa, envolvente. / v. Contener, refrenar, controlar.

Curd. f. Cuajada, requesón. v. Coagular (se), cuajar (se).

Cure. f. Cura, método curativo. / Curación (de pieles, alimentos, etc.). / Curtido de pieles. / Cura (de tabaco, madera, tela). v. Sanar. / Curar (carne, pieles, madera). / Vulcanizar.

Cure-all. f. Panacea, que lo cura todo.

Cureless. adj. Incurable.

Curer. m. Preservador, preparador de conservas.

Curfew. f. Queda. / Toque de queda.

Curiosity. f. Curiosidad.

Curious. adj. Curioso, indiscreto. / Raro, interesante.

Curiously. adv. Curiosamente.

Curl. v. Rizar, ondear, encrespar. / Arrollar, enrollar. / Torcer (un gesto, labios). / Salir o ascender en espiral. / Serpentear, retorcerse. / *To curl up,* Arrollarse, encogerse, acurrucarse.

Curler. m. Rizador, encrespador.

Curly. m. Crespo, rizo, ensortijado, encrespado.

Currant. (Bot.) Pasa de Corinto. / Grosellero, uva crespa. / Grosella.

Currency. f. Moneda corriente, dinero en circulación. / Aceptación o uso general.

Current. adj. Corriente, actual, en curso. / Popular, de moda. / Abierto (crédito, cuenta, etc.). / Corriente (de agua, aire, eléctrica, etc.). / Flujo, curso. / Tendencia de opiniones, estilos etc.

Currently. adv. Corrientemente, con fluidez. / Actualmente, presentemente.

Current money. f. Moneda nacional, moneda de curso legal.

Curry. v. Sobar, adobar (cuero). / Almohazar (caballos, reses). / Zurrar, castigar. / Cocinar o sazonar con curry. / *To curry favor,* Buscar favores de una manera servil. / m. Cari, curry, pimienta de la India.

Curse. f. Maldición, imprecación, juramento, blasfemia. / Anatema, excomunión. / Maleficio, hechizo maligno. / Mal, aflicción, calamidad, azote. / *The curse,* (Fam.) La mestruación. / *Curse on him!,* ¡Maldito sea!. v. Maldecir, imprecar. / Execrar, anatematizar. / Blasfemar, jurar, renegar.

Cursed. adj. Maldito, execrable, abominable. / Hechizado. / Fam. Pendenciero, avieso.

Cursing. Imprecación, blasfemia, maldición. / adj. Maldiciente, blasfemador.

Cursive. f. Cursiva.

Cursory. adj. Superficial, sumario, precipitado.

Curt. adj. Breve, corto, lacónico. / Brusco, rudo.

Curtail. v. Acortar, cercenar, reducir, abreviar.

Curtailment. m. Acortamiento, reducción, abreviación, restricción.

Curtain. Cortina. / (Teatr.) Telón. Bajada del telón. / (Fig.) Fin, muerte. / (Arq.) Lienzo de pared. / *To raise the curtain,* Alzar el telón. v. Cubrir con cortinas. / *To curtain off,* Separar con cortinas.

Curtain raiser. (Teatr.) Entremés, pequeña obra preliminar. / Introducción corta.

Curtain wall. (Teatr.) Paneles.

Curtly. adv. Brevemente, lacónicamente, fríamente.

Curtness. f. Brevedad, laconismo, frialdad.

Curtsy, curt. f. Reverencia. v. Hacer una reverencia.

Curve. f. Curva. / v. Curvarse, doblar (se). / Torcerse, describir una curva.

Curved. adj. Curvo, encorvado, torcido.

Curvy. adj. Que tiene curvas, curvilíneo. / Curvado, encorvado, torcido.

Cushion. m. Cojín, almohada, almohadilla. / (Mec.) Cojín, colchón, amortiguador. / (Imprenta) Mantilla, franela. / (Billar) Banda. v. Asentar o poner sobre un cojín. / Cubrir con cojines, poner cojines en. / Acojinar, acolchar. / (Fig.) Ocultar, disimular.

Cushy. (Pop.) Fácil, seguro, agradable, cómodo.

Cusp. f. Cúspide, ápice, cima. / Vértice. / Punta, cuerno de un astro. / (Arq.) Vértice de un arco.

Cuspidal. adj. Puntiagudo.

Custard. m. Flan.

Custodian. m. Custodio, guardián.

Custody. f. Custodia, guardia.

Custom. f. Costumbre, usanza, hábito. / pl. Aduana, derechos de aduana. / Clientela. / Hecho a la medida.

Customary. adj. Usual, acostumbrado, habitual. / (Derecho) Consuetudinario.

Customer. m. Cliente, parroquiano.

Customhouse. f. Aduana, oficinas de aduana.

Cut. v. Cortar. / Tallar, labrar, grabar. / Cortar, atravesar una línea. / Rebajar precios. / Acortar camino. / Dividir, repartir. / Diluir. / Penetrar, atravesar. / *It was a chilling wind that cut to the bone,* Era un viento helado que penetraba hasta los huesos. / (Fig.) Herir (sensibilidades). / Negar el saludo a un conocido. / (Fam.) Faltar a clases. / Robar, tomar una carta del montón (en las cartas). / *To cut drift,* Desatar. / *To cut a tooth,* Salirle un diente a uno. / *To cut in,* Insertar. Conectar (motor, etc.). / *Cut it out!,* ¡Basta ya! / *To cut no ice,* Carecer de importancia. / *To cut short,* Interrumpir, terminar o acabar prematuramente con. / *To cut to the bone,* (Fig.) Reducir al mínimo. / *To cut to the heart, to cut to the quick,* Herir en lo vivo. / *To be cut up about,* Estar angustiado o afligido por. / Correr, pasar rápidamente. / *To cut and run,* Dejarlo todo y huir. Levar anclas. / *To cut in,* Entremeterse. Interrumpir (en conversación, etc.). Irrumpir en. Cerrar el paso (un vehículo a otro). Conectarse, entrar en funcionamiento. / *To cut into,* Acortar, reducir. / *To cut loose,* Escaparse, desmedirse. Jaranear, andar de parranda. / m. Corte. / Tajada de carne, rebanada de pan. / Parte, porción. / Atajo. / Figura, talle. / Estilo (de ropas, etc.). / Reducción, rebaja. / Inasistencia a clase. / Sarcasmo. / (Geogr.) Ría, ensenada. / Corte, interrupción, cambio brusco. / Corte de pelo.

Cutaneous. adj. Cutáneo.

Cutaway. adj. Recortado. / m. Chaqué.

Cutback. f. Reducción (de personal, etc.). / Segmento del episodio anterior (en cine, radio, etc.).

Cute. (Fam.) Lindo, atractivo, encantador.

Cutely. Graciosamente, encantadoramente.

Cuteness. f. Gracia, encanto, monada.

Cutie. (Pop.) Muchacha agraciada, joven bonita.

Cutlery. f. Cubertería. / Cuchillos, tijeras, instrumentos cortantes. / Cubiertos.

Cutlet. (Coc.) Chuleta, costilla.

Cutoff. m. Corte, cesación, limitación. / Atajo. / Agua estancada. / Muro interceptador. / (Mec.) Cortavapor, punto de expansión, cierre de la admisión. / (Electr.) Cortacircuito. / (Imprenta) Tamaño de corte, placa divisoria.

Cutout. m. Recorte. / Figura recortable. / (Electr.) Cortacircuito, interruptor, disyuntor. / (Aut.) Válvula de escape libre. / (Pop.) Salida a escape. / (Mec.) Estrangulador.

Cutter. Cortador. / Tallador, grabador. / Máquina cortadora. / (Náut.) Cúter, balandra. / Guardacostas pequeño. / Trineo ligero.

Cutting. f. Cortadura, corte. / Recorte de periódico. / (Agr.) Estaca, esqueje, mugrón. / Alce de naipes. / Montaje. (Cinematográfico.) / adj. Cortante, cortador. / Penetrante. (viento, frío, etc.). / Mordaz, hiriente, sarcástico.

Cuttingly. adv. Mordazmente, sarcásticamente.

Cyanide. m. Cianuro. v. Cianurar, tratar con cianuro.

Cyanotype. f. Copia azul, copia heliográfica.

Cybernetic. adj. Cibernético.

Cybernetics. f. La cibernética.

Cycle. m. Ciclo, período. / Círculo, circuito. / Orbita celeste. / Bicicleta, velocípedo, triciclo, motocicleta. / v. Pasar por un ciclo. / Producirse en ciclos. / Montar o ir en bicicleta.

Cycler. m. Ciclista.

Cyclic, cyclical. adj. Cíclico.

Cycling. m. Ciclismo.

Cyclist. m. y f. Ciclista.

Cyclone. m. Ciclón.

Cyclopedic. adj. Enciclopédico.

Cyclopedist. m. Enciclopedista.

Cyder. Ver *Cider.*

Cylinder. m. Cilindro, rodillo. / v. Cilindrar.

Cylindrical, cylindric. adj. Cilíndrico.

Cynic. adj. Cínico.

Cynical. adj. Cínico, sarcástico, capcioso.

Cynically. adv Cínicamente, sarcásticamente.

Cynicism. m. Cinismo. / Actitud o expresión cínica.

Cypress. (Bot.) Ciprés.

Cyprus. m. Chipre.

Cyst. (Med.) Quiste. / (Biol.) Espora de algunas algas, vesícula de aire de ciertas hierbas.

Cytology. f. Citología.

Czar. m. Zar.

Czech. adj. Checo. / Idioma checo.

D

D. (Mús.) La nota Re. / m. Número romano que indica 500.

Dab. m. Golpe ligero. / Grumo, trocito. / Brochazo, untadura. / *A dab of*, Una pizca, un poquito de. / v. Golpear o tocar ligeramente.

Dad. (Fam.) Papá.

Daddy. (Fam.) Papaíto, papito, papacito.

Daffy. (Pop.) Chiflado, loco, imbécil.

Daft. m. Necio, tonto, venático, loco.

Dagger. f. Daga, puñal.

Daily. adj. Diario, cotidiano, diurno, de todos los días. / (Fam.) Sirvienta que no reside en la casa. / adv. Diariamente, todos los días, día por día.

Daimon. m. Demonio.

Dainty. adj. Delicado, exquisito. / Delicioso, apetitoso. / Fino, refinado. / Melindroso, afectado. / f. Golosina.

Dairy. f. Lechería, quesería. / Granja lechera. / Vacada, vaquería.

Dairymaid. f. Lechera, vaquera.

Dairyman. m. Lechero, vaquero.

Dairy products. m. y pl. Productos lácteos.

Daisy. (Bot.) Margarita. / (Fam.) Joya, primor, cosa de primera clase.

Dale. m. Valle, vallecito.

Dally. v. Juguetear, divertirse. / Perder tiempo, tardar, demorarse.

Dalmatian. adj. Dálmata, natural de Dalmacia. / m. Perro dálmata o dalmático.

Daltonism. (Med.) Daltonismo.

Dam. f. Represa. / m. Embalse. / (Metal.) Dama, muro de crisol de fundición. / Hembra parida. / v. Represar, estancar, embalsar. / (Fig.) Bloquear, obstruir.

Damage. m. Daño. / f. avería, lesión, deterioro. / *Damage to*, Perjuicio, detrimento, desdoro de la reputación. / *Damages* (Der.) Indemnización por daños y perjuicios. / v. Dañar, estropear, averiar, lesionar, lastimar, deteriorar. / Damnificar, perjudicar. / Deteriorarse, dañarse.

Damaging. adj. Perjudicial, dañoso.

Dame. f. Dama, señora. / Matrona, señora de edad.

Damn. v. Condenar a pena eterna, execrar. / Reprobar, censurar severamente. / Maldecir, blasfemar. / *Damn it!*, ¡Maldito sea!

Damnation. f. Condenación, damnación.

Damned. adj. Maldito, condenado. / Infernal, detestable, abominable, infame. / Completo, tremendo.

Damnify. v. Damnificar, perjudicar, dañar.

Damning. m. Pecado mortal. / Concluyente, prueba probatoria.

Damp. f. Humedad. / (Fig.) Abatimiento desaliento. / Humedecer, mojar ligeramente. / Sofocar, ahogar. / Desanimar, deprimir. / Disminuir, apagar (el entusiasmo, la alegría, etc.), etc.).

Dampen. v. Humedecer, mojar. / (Fig.) Deprimir, desanimar, disminuir, moderar, apagar. / Amortiguar.

Dampener. (Fís.) y (Electr.) Amortiguador.

Dampness. f. Humedad.

Dance. v. Bailar, danzar. /

Dance hall. m. Salón de baile.

Dancer. m. y f. Bailarín, bailarina.

Dandle. v. Mecer, acunar, mimar, acariciar, hacer fiestas a.

Dandruff. f. Caspa.

Dane. m. Danés, dinamarqués, de Dinamarca.

Danger. m. Peligro, riesgo. / *In danger of*, En peligro de. / *There is no danger*, No hay cuidado, no hay temor.

Dangerous. adj. Peligroso, arriesgado, de cuidado.

Danish. adj. Danés, dinamarqués.

Dank. adv. Desagradablemente húmedo, mojado.

Daredevil. m. Atrevido. / adj. Temerario, osado.

Daring. f. Osadía, bravura, audacia. / adj. Temerario, osado, audaz, emprendedor.

Dark. adj. Obscuro. / (Fig.) Negro, sombrío, misterioso. / (Fig.) Malvado, malo, siniestro. / Confuso, incomprensible. / Secreto, oculto. / Ignorante, poco civilizado. / Moreno, negro. / *Dark bread*, Pan moreno, pan negro. / f. Obscuridad, tinieblas, noche. / (Artes plásticas) Color oscuro, sombra. / *At dark*, Al caer la noche. /

Dark-complexioned. adj. De tez oscura, moreno.

Darken. v. Obscurecer(se), ensombrecer(se), poner(se) o volver(se) obscuro. / Ofuscar, nublar el entendimiento, confundir, embrollar. / Ennegrecer, manchar, empañar. / Entristecer.

Dark-eyed. adj. De ojos negros, ojinegro.

Darkish. adj. Un tanto obscuro.

Darkling. adj. A obscuras. / Oscuro, oscurecido, tenebroso. / Que ocurre o actúa en la obscuridad.

Darkly. adv. Oscuramente, secretamente, misteriosamente.

Darkness. f. Obscuridad, opacidad, tinieblas, sombra. / Ofuscación, ignorancia. / Tenebrosidad, tiniebla, tristeza. / Ceguera.

Darling. adj. Querido, amor, tesoro. / Favorito. / Muy amado. / (Fam.) Amable, encantador, gracioso, lindo.

Dart. m. Dardo. / Movimiento rápido. / Punzada de dolor. / Correr, lanzarse, precipitarse rápidamente hacia o sobre algo.

Dartboard. m. Blanco, tabla vertical contra la cual se lanzan los dardos.

Dash. v. Lanzar, arrojar, tirar. / Salpicar con agua, pintura, etc. / Diluir, mezclar. / Arruinar, destruir, frustrar, desvanecer. / Confundir, desconcertar, deprimir. / Guión, raya. / *At a dash*, De un golpe.

Dashboard. m. Guardabarros, guardafango. / Tablero de instrumentos.

Dashing. adj. Vigoroso, animoso, brioso, garboso, lucido. / Vistoso, elegante, ostentoso.

Dashpot. m. Amortiguador.

Data. Plural de "Datum" (datos, información, especialmente codificada por computadoras u ordenadores).

Data processing. f. Preparación de información para ser procesada por computadoras. / Acumulación y proceso de información.

Date. f. Fecha. / Época, período. / Duración. / Cita, compromiso. / (Fig.) Compañero, compañera, persona con quien se tiene una cita amorosa. / *At an early date*, En fecha próxima. / *Out of date*, Anticuado, atrasado de noticias. / *To date*, Hasta la fecha, hasta ahora. / *Up to date*, Actual, al día. / *To have a date with*, Tener una cita con. / *To make a date with*, Concertar una cita con. / *What's the date today?*, ¿A qué fecha estamos hoy? / v. Datar, fechar. / Asignar fecha a, estimar el período de (hallazgo arqueológico, etc.).

Date. (Bot.) Datilero, palma datilera. / m. Dátil.
Dateless. adj. Sin fecha. / Sin tiempo señalado. / Sin compañero o compañera.
Dateline. f. y m. Fecha y lugar de origen (que precede a un parte periodístico). / v. Fechar un artículo, reportaje, etcétera.
Date palm. (Bot.) Palmera de dátiles, palmera datilera.
Datum. m. Dato, fundamento. / pl. *Data*, Datos, detalles, información.
Daub. v. Embadurnar, embarrar. / Enlucir, cubrir de argamasa o mortero. / Pintarrajear. / m. Mortero, yeso. / Embarradura, pintarrajo. / f. Mancha.
Dauby. adj. Pintarrajeado. / Pegajoso, viscoso.
Daughter. f. Hija.
Daughter-in-law. f. Nuera, hija política.
Daunt. v. Acobardar, intimidar, atemorizar, amilanar.
Dauntless. adj. Intrépido, impávido, valiente.
Dauntlessly. adv. Intrépidamente, arrojadamente.
Davenport. m . Escritorio pequeño. / Sofá grande tapizado convertible en cama.
Dawdler. adj. Haragán, holgazán. / Demorón.
Dawn. v. Amanecer, rayar el alba. / Esbozarse, bosquejarse.
Day. m. Día. (Con todas las acepciones de la palabra castellana). / Período, tiempo, época.
Daybed. m. Sofá cama.
Daybook. (Contab.) Diario. Libro diario.
Daydream. m. Ensueño, ilusión. / *Daydreams*, Castillos en el aire. / v. Fantasear, soñar despierto, ilusionarse.
Daydreamer. adj. Iluso, soñador.
Daylight. f. Luz del día. / v. Amanecer, alba. / Luz, distancia entre embarcaciones en una regata.
Day nursery. f. Guardería infantil, parvulario.
Day shift. m. Turno de día.
Daytime. f. Día, luz del día.
Daze. v. Aturdir, atontar, ofuscar. / m. Ofuscamiento, aturdimiento, atolondramiento.
Dazzle. v. Deslumbrar, encandilar. / Brillar, deslumbrar. / m. Deslumbramiento, ofuscamiento.
Deacon. m . Diácono. / v. Entonar leyendo los salmos antes de cantarlos. / Empacar colocando encima lo más atractivo. / Adulterar, alterar.
Dead. adj. Muerto. / Entumecido, insensible (mano, dedos, etc.). / Inanimado, inerte. / Indiferente. / Apagado. / Estéril, árido (suelo). / Apagado, opaco (color). / Sordo, apagado (sonido). / Estancado, inmóvil. / Seguro, certero (tirador, calculista, etc.). / Absoluto (silencio, certeza, etc.). / Exacto. / (Der.) Sin efecto (una ley). / (Electr.) Sin corriente. / (Deportes, naipes) Fuera de juego.
Dead center. (Mec.) Punto muerto. / f. Punta fija en máquinas o herramientas.
Dead-drunk. m. Borracho como una cuba.
Deaden. v. Amortiguar (se). / Amortecer (color, pasión, pesar, etc.). / Apagar, ahogar (sonido). / (Naút) Disminuir la velocidad del barco. / Aislar contra el ruido.
Dead-end. adj. Que tiene sólo una salida. / Sin oportunidad de progresar o realizarse (plan, proyecto, etc.).
Dead-end street. m. Calle cortada y sin salida.
Deadline. m. Límite de tiempo, fin de plazo. / f. Línea vedada que no se debe pasar.
Deadlock. m . Estancamiento. / Empate. / Cerradura dormida. / v. Estancar(se), parar(se). / Empatar.
Deadly. adj. Mortífero, mortal. / Implacable. / Devastador, aniquilador. / Nocivo, pernicioso, deletéreo. / Certero, seguro. / Cadavérico.
Deadwood. f. Madera seca (en el árbol). / (Fig.) Mercancía inservible. / Gente inútil. / (Dep.) Bolos derribados.

Deaf. adj. Sordo. (con todas las acepciones de la palabra castellana).
Deafen. v. Ensordecer, asordar. .
Deafening. adj. Ensordecedor, atronador.
Deaf-mute. adj. Sordomudo.
Deafness. f. Sordera.
Deal. f. Cantidad. / Buena o gran cantidad. / Negocio, trato, pacto. / Tratamiento. / Tabla de pino o abeto. / v. Distribuir, repartir, dar. / Proporcionar, asestar (golpe, etc.).
Dealer. m. Negociante, traficante.
Dealing. m. Comportamiento. / Tratos, relaciones, negocios, transacciones.
Dear. adj. Amado, querido. / Apreciado, estimado, precioso, valioso. / Amable. / Caro. De mucho precio. / Sincero, profundo.
Dearly. adv. Profundamente. / *To love dearly*, Amar entrañablemente. / Caro.
Death. f. Muerte. / Extinción. / *At death's door*, A las puertas de la muerte.
Deathbed. m . Lecho de muerte.
Death knell. m. Doble, toque de difuntos, toque a muerto. / (Fig.) Golpe de gracia.
Deathly. adj. Mortal, mortífero, fatal. / Cadavérico. / adv. Mortalmente, gravemente. / Como un muerto (pálido).
Death rate. m. Indice de mortalidad.
Death'-head. f. Calavera (como símbolo de la muerte). / (Entom.) Calavera.
Deathwatch. f. Vigilia a los moribundos, velorio. / Guardia que acompaña a un condenado a muerte.
Debacle. m. Debacle, fracaso, fiasco, desplome. / Caída, derrota. / Deshielo, rompimiento o fractura del hielo en un río, lago etc.
Debase. v. Degradar, rebajar, envilecer, deteriorar. / Desvalorar, desvalorizar.
Debatable. adj. Discutible, disputable.
Debate. m. Debate, discusión, disputa. / v. Debatir, discutir, argüir. / Reflexionar, deliberar, considerar.
Debauchee. adj. Libertino, licencioso, disoluto.
Debauchery. f. Acción o conducta licenciosa o libertina. / Disolución, libertinaje, corrupción, sensualidad. / *Debaucheries*, Orgías.
Debilitate. v. Debilitar, extenuar.
Debit. (Com.) Débito, cargo. / Pasivo, debe (de una cuenta). / v. Cargar, adeudar, cargar una suma a la cuenta de alguien.
Debonair. adj . Garboso, airoso, agraciado. / Alegre, festivo, jovial. / Cortés.
Debonairly. adv. Airosamente, festivamente, con donaire.
Debouch. v. Desembocar, emerger, salir.
Debrief. v. Requerir informes (a un funcionario o agente que ha realizado una misión en otro lugar).
Debris. m. Escombro, desecho, desperdicio, restos. / (Geol.) Deyección, detrito, morrena.
Debt. f . Deuda, obligación.
Debtor. m. Deudor.
Decade. f. Década.
Decadence. f. Decadencia, deterioro, declinación.
Decadent. adj. Decadente, decadentista.
Decalcification. f. Descalcificación.
Decalogue. m. Decálogo, los Diez Mandamientos.
Decapitate. v. Decapitar, degollar, descabezar.
Decapitation. f. Decapitación, degüello.
Decasyllabic. m. Decasílabo.
Decasyllable. m. Decasílabo, verso decasílabo, palabra decasílaba.
Decathlon. m. Decatlón.
Decease. m. Fallecimiento. / v. Fallecer, morir.

Deceased. adj. Muerto, difunto, fallecido. / *The deceased*, El finado, el difunto. Los muertos.

Deceit. m. Engaño, fraude, embuste, artificio. / Dolo. / Decepción.

Deceitful. adj. Engañoso, falso, falaz, mentiroso.

Deceive. v. Engañar, alucinar, embaucar.

Deceivingly. adv. Engañosamente.

Decelerate. v. Desacelerar.

Deceleration. f. Desaceleración.

December. m. Diciembre.

Decency. f. Decencia. / Buenos modales.

Decennially. adv .Cada diez años.

Decennium. m. Decenio, década.

Decent. adj. Decente, decoroso, respetable. / Adecuado, apropiado, aceptable, suficiente, razonable.

Decently. adv. Decentemente, con honestidad.

Deception. f. Decepción, engaño, impostura.

Deceptive. adj. Engañoso, falaz, ilusorio.

Decide. v. Decidir. / Decidirse. / Resolverse a, determinar(se), enunciar una decisión, juzgar, sentenciar.

Decidedly. adv. Decididamente. / Indiscutiblemente.

Decidedness. f. Valentía, determinación, resolución.

Decimal. adj. Decimal. / f. Fracción decimal.

Decimate. v. Diezmar.

Decimeter, decimetre. m. Decímetro.

Decipherable. adj. Descifrable.

Decision. f. Decisión, resolución, conclusión. / Decreto, auto, sentencia. / Determinación, firmeza.

Decisive. adj. Decisivo, conclusivo. / Terminante. / Decidido, firme.

Decisively. adv. Concluyentemente, terminantemente.

Deck. (Náut.) Cubierta.

Deck chair. f. Silla de cubierta, silla de playa, silla extensible.

Declamation. f. Declamación, recitación.

Declaration. f. Declaración, manifestación, enunciación. / (Der.) Primer alegato en un proceso.

Declare. v. Declarar, manifestar, enunciar. .

Declass. v. Degradar, rebajar de clase.

Decline. v. Declinar, desviarse. / Inclinarse hacia abajo. / Decaer, deteriorarse. / Rehusar, excusarse. / f. Declinación, descenso, decaimiento, decadencia. / Disminución, baja de precios. / Inclinación, pendiente. / Caída de la tarde, ocaso. / (Med.) Tuberculosis pulmonar, consunción.

Declivity. f. Pendiente, inclinación.

Decode. v. Decodificar.

Decoder. m. Descifrador. / Máquina de descifrar.

Decolorant. m. Decolorante, blanqueador.

Decolorize. v. Decolorar, blanquear.

Decompose. v. Descomponer, desintegrar. / Pudrir, corromper.

Decomposition. f. Descomposición, corrupción, putrefacción.

Decompression. f. Descompresión.

Decontamination. f. Desinfección.

Decor. f. Decoración interior. / (Teatr.) Decoración.

Decorate. v. Decorar, adornar, ataviar. / Condecorar.

Decoration. f. Decoración, ornamentación, adorno, ornamento. / Condecoración, insignia, medalla.

Decorative. adj. Decorativo, ornamental.

Decorator. m. Decorador.

Decorous. adj. Decoroso, decente, apropiado.

Decoy. m. Señuelo, reclamo, añagaza. / v. Reclamar a las aves. Atraer con señuelo o añagaza.

Decrease. v. Disminuir(se), reducir(se), aminorar(se). / m. Decrecimiento. / Mengua, merma.

Decree. m. Decreto, edicto, mandato. / v. Decretar, mandar.

Decrepit. adj. Decrépito, caduco, senil.

Decretory. adj. Propio de un decreto, imperativo. / Decretorio, decisivo, crítico.

Decussate. v. Cruzar(se), entrecruzar(se).

Dedicate. adj. Consagrado, dedicado. / v. Dedicar, consagrar. / Aplicar, destinar a.

Dedication. f. Dedicación, consagración. / Dedicatoria. / Aplicación, esmero. / Destinación.

Dedicatory. adj. Dedicatorio.

Deduce. v. Deducir, inferir, concluir, derivar.

Deduct. v. Deducir, restar, substraer, rebajar, descontar.

Deduction. f. Deducción, substracción, rebaja, descuento. / Conclusión, inferencia.

Deductive. adj. Deductivo.

Deed. m. Acto, hecho, acción. / f. Hazaña, proeza. / f. Ejecución, realización, obra.

Deem. v. Juzgar, opinar, considerar, creer, pensar.

Deep. f. Profundidad, abismo, sima. / Lo más profundo. / adj. Profundo, da, hondo, da. / De hondo, de profundidad.

Deepen. v. Profundizar(se), ahondar(se), intensificar(se), hacerse más intenso.

Deeply. adv. Profundamente, hondamente, a fondo. / Sumamente, intensamente, muy. / Gravemente, seriamente (comprometido, afectado, etc.).

Deer. (Zool.) Ciervo, venado.

Deface. v. Hacer borroso o ilegible, borrar.

Defamation. f. Difamación, calumnia.

Defame. v. Difamar, denigrar, calumniar.

Default. f. Omisión, incumplimiento. / Falta, ausencia. / (Der.) Rebeldía.

Defaulter. (Der.) Rebelde, contumaz. / Malversador, desfalcador. / (Com.) Deudor, delincuente.

Defecate. v. Defecar, depurar, purificar.

Defecation. f. Defecación, depuración, purificación.

Defect. m. Defecto, desperfecto, falla, tacha. / v. Desertar, abandonar.

Defective. adj. Defectivo, defectuoso, imperfecto. / (Psicol.) Persona anormal, retardado mental.

Defend. v. Defender, proteger, amparar. / Sostener (una tesis, teoría, etc.).

Defendant. (Der.) Acusado (en causa criminal). Demandado (en causa civil).

Defender. m. Defensor, protector, campeón. / (Der.) Defensor.

Defense, defence. f. Defensa, protección, amparo. / Sustentación (de una tesis, teoría, etc.).

Defenseless. adj. Indefenso, sa, desamparado, da.

Defensive. adj. Defensivo.

Defensively. adv. A la defensiva.

Deference. f. Deferencia, acatamiento.

Deferent. adj. Deferente, respetuoso, cortés.

Deferred. adj. Aplazado, diferido.

Defiance. m. Desafío, reto. / Obstinación, porfía.

Defiant. m . Desafiador, desafiante, provocador, insolente.

Defiantly. adv. Con insolencia, en forma desafiante.

Deficiency. f. Deficiencia, insuficiencia, falta. / (Finanzas) Déficit.

Deficient. adj. m. y f. Deficiente. / Insuficiente.

Deficit. m. Déficit, descubierto.

Defier. m. Desafiador, retador.

Define. v. Definir, circunscribir. / Explicar, interpretar. / Definir, determinar.

Definite. adj. Definido, da.

Definitely. adv. Claramente.

Definition. f. Definición. / Nitidez, claridad (de dibujo, etcétera.).

Definitively. adv. Definitivamente, decisivamente.

Deflagration. f. Deflagración.
Deflate. v. Desinflar, deshinchar, reducir.
Deflect. v. Desviar(se), apartar(se).
Defoliate. v. Deshojar. / adj. Deshojado.
Deforce. (Der.) Usurpar, detentar (tierras). / Desahuciar forzosamente.
Deforest. v. Desmontar, desforestar, talar, despoblar.
Deform. v. Deformar, desfigurar.
Deformation. f. Deformación, desfiguración.
Deformed. adj. m. y f. Deforme.
Deformity. f. Deformidad, disformidad. / Deformidad, cosa fea. / Defecto moral o estético.
Defraud. v. Defraudar, estafar, engañar.
Defrauder. m. Defraudador, estafador, timador.
Defray. v. Sufragar, costear gastos, subvenir.
Defrost. v. Deshelar, descongelar.
Defrosting. f . Descongelación.
Deft. adj. Diestro, hábil, experto, ducho.
Defy. v. Desafiar, retar, provocar, contravenir, resistir. / Atreverse con, no admitir. / m. Reto, desafío.
Degenerate. adj. Degenerado, degradado, depravado. / (Biol.) Degradarse, degenerar.
Degeneration. f. Degeneración.
Degenerative. adj. Degenerativo.
Degradation. f. Degradación, deposición.
Degrade. v. Degradar, deponer. / Envilecer. / Rebajar, mermar la calidad. / Desgastar por erosión.
Degraded. adj. Degenerado, depravado, degradado
Degrading. adj. m. y f. Degradante.
Degree. m. Grado. (Con todas las acepciones de la palabra castellana). / Paso, rango, categoría.
Degression. m. Decrecimiento, descenso, disminución gradual en los impuestos.
Degust. v. Gustar, catar.
Dehumanization. f. Deshumanización, embrutecimiento.
Dehumanize. v. Deshumanizar, embrutecer.
Dehumidify. v. Deshumedecer, desecar.
Dehydrate. v. Deshidratar. / (Fig.) Marchitar.
Deify. v. Endiosar, divinizar.
Deign. v. Permitir, conceder, dignarse dar.
Deity. f. Deidad, naturaleza o rango divino.
Deject. v. Abatir, desanimar, descorazonar.
Dejected. adj. Abatido, desalentado, acongojado.
Dejectedly. adv. Abatidamente, afligidamente.
Dejection. f. Depresión, aflicción, abatimiento.
Delate. v. Delatar, acusar, denunciar.
Delay. v. Demorar, retardar, dilatar, atrasar. / Detener, retener, posponer, postergar. / f. Dilación, tardanza, demora, retraso. / Detención, retención.
Delaying. adj. Dilatorio.
Delectable. adj. Deleitabe, deleitoso, delicioso.
Delectably. adv. Deleitosamente.
Delectate. v. Deleitar, agradar, encantar.
Delectation. m. Deleite, delicia. / Goce, fruición.
Delegacy. f. Delegación. / Oficina del delegado. / Puesto de policía.
Delegate. m. Delegado. / Diputado, comisionado. / v. Delegar, diputar, comisionar.
Delegation. f. Delegación, diputación.
Delete. v. Suprimir, borrar, tachar.
Deletion. f. Supresión, borradura, tacha.
Deliberate. Deliberado, premeditado, pensado. / Intencional. / Pausado, ponderativo. / v. Deliberar, meditar, considerar.
Deliberately. adv. Deliberadamente.
Deliberation. f. Deliberación, reflexión, ponderación.
Deliberative. adj. Deliberativo.

Delicacy. f. Delicadeza, finura, exquisitez. / Tino, consideración, discreción. / Ternura, suavidad. / Sensibilidad, precisión de los instrumentos. / Debilidad, fragilidad. / Golosina, bocado delicado.
Delicate. adj. Delicado. / Discreto. / Tierno, suave. / Sensible, preciso (un instrumento).
Delicatessen. m. y pl. Comestibles preparados, fiambres. / Tienda de comestibles preparados.
Delicious. adj. Delicioso, sabroso.
Deliciously. adv. Deliciosamente.
Delict. m. Delito.
Delighted. adj. Encantado, satisfecho.
Delightful. adj. Delicioso, encantador.
Delightfully. Deliciosamente.
Delightfulness. m. Encanto, naturaleza encantadora.
Delimit. v. Delimitar. / Trazar, marcar límites.
Delimitate. v. Delimitar, deslindar.
Delimitation. f. Delimitación, deslinde.
Delineate. v. Delinear, trazar, bosquejar, esbozar.
Delineator. m. Delineador, diseñador. / Luces de demarcación (al borde de carreteras).
Delinquency. f. Delincuencia, criminalidad. / Morosidad, deuda en mora.
Delinquent. m. y f. Delincuente, criminal. / Moroso.
Delirious. adj. Delirante, desvariado.
Delirium. m. Delirio, desvarío, devaneo.
Deliver. v. Librar, libertar, redimir, rescatar de. / Dar, depositar, entregar, confiar. / Recitar, pronunciar, (una conferencia), rendir (cuentas). / Asestar, descargar un golpe. / Enviar, despachar (un pedido). Transmitir (energía). Repartir, distribuir.
Deliverance. m. Rescate, liberación, redención, salvación. / Dictamen, declaración. / (Der.) Veredicto, dictamen.
Delivery. f. Liberación. / Entrega, transferencia. / Ejecución, modo o forma de expresarse, estilo de hablar o de hacer. / Recitación, lectura de un discurso. / Reparto, distribución. / Envío de pedidos.
Deliveryman. m. Recadero, repartidor, entregador.
Dell. m. Valle pequeño (cañada).
Delta. m. y f. Delta (de un río y también la letra griega).
Delude. v. Deludir, despistar, alucinar, engañar.
Deluder. m. Delusor, engañador.
Deludingly. adv. Delusoriamente, engañosamente.
Deluge. m. Diluvio, inundación. / Chubasco, aguacero. / v. Inundar, anegar.
Delusion. f. Decepción. / Ilusión. / (Psicol.) Delirio.
De luxe. adj. De lujo, lujoso, suntuoso.
Denationalize. v. Desnacionalizar, desnaturalizar (personas). / Desnacionalizar.
Denegation. f. Denegación.
Deniable. adj. Negable.
Denial. f. Negación, negativa, desmentida. / Repudiación, rechazo. / Abnegación.
Denigrate. v. Denigrar, manchar, mancillar. / Ennegrecer.
Denigration. f. Denigración.
Denim. m. Mono, traje de faena, mameluco.
Denizen. m. Habitante, ciudadano. / Residente extranjero. / Planta o animal naturalizado.
Denmark. (Geogr.) Dinamarca.
Denominate. adj. Denominado. / v. Denominar, nombrar, titular.
Denomination. f . Denominación, título. / Categoría, clase, grupo. / Secta, creencia. / Valor (de billetes de banco).
Denotation. f. Denotación, nombre, designación. / Marca, señal, indicio. / Indicación, significación. / Extensión.

Denounce. v. Denunciar. / Dar por terminado (un pacto, un tratado, etc.). / Presagiar.
Denouncer. m. Censurador, delator. / Denunciador (de un tratado, etc.). / (Der.) Denunciante.
Dense. adj. Denso, compacto, tupido, espeso. / Torpe, estúpido. / Craso, grave (error, ignorancia).
Densely. adv . Densamente. / Estúpidamente.
Densify. v. Densificar.
Density. f. Densidad, torpeza, estupidez de la mente
Dent. f. Abolladura, mella, hendidura. / Impacto, impresión. / Diente, ranura, muesca. / v. Abollar(se).
Dental. adj. Dental, dentario.
Dental floss. m. Hilo dental, seda encerada.
Dental plate. f. Dentadura postiza.
Dentifrice. m. Dentífrico.
Dentist. m. y f. Dentista.
Dentition. f. Dentición.
Denture. f. Dentadura artificial o postiza.
Deny. v. Negar. / Desconocer, repudiar. / Denegar, rechazar, negarle a.
Deodorant. m . Desodorante.
Deoxidizer. m. Desoxidante.
Depart. v. Partir, irse. / Morir, fallecer. / *To depart from,* Desviarse (de), apartarse (de). / Abandonar, salir de. / f. Partida, muerte.
Department. m. Departamento (de un gobierno, de un almacén). / Provincia, territorio.
Department store. f. Tienda por departamentos, tienda grande con numerosas secciones de venta.
Departure. f. Partida, salida. / Dirección. / f. Fallecimiento, defunción.
Depend. v. Depender de, contar con, necesitar. / Pender, colgar.
Dependable. m. Cumplidor, responsable.
Dependence. f. Dependencia. / Sostén.
Dependency. f. Dependencia. / Posesión, colonia.
Dependent. *Dependent on,* Dependiente de, subordinado, sujeto a.
Depict. v. Retratar, pintar.
Depilate. v. Depilar.
Depilation. f. Depilación.
Depilatory. adj. Depilatorio.
Deplete. v. Reducir, disminuir, agotar.
Deplorable. adj. Deplorable, lamentable.
Deplore. v. Deplorar, lamentar.
Deport. v. Deportar, expulsar. / Comportarse.
Deportation. f. Deportación, destierro, expulsión.
Deposal. f. Desposición, destitución.
Depose. v. Deponer, destituir, destronar. / (Der.) Atestiguar, testificar.
Deposit. Depositar. / Posar, sedimentar. / Poner (huevos). / Depositarse, sedimentarse. / m. Depósito (también en sentido bancario). / m. Sedimento.
Deposition. f. Deposición, destitución, destronamiento. / (Der.) Declaración, testimonio.
Depot. m. Depósito, almacén. / Estación de ferrocarril o autobús (EE. UU.).
Depravation. f . Depravación, perversión.
Deprave. v. Depravar, corromper, pervertir, envilecer. / Difamar, calumniar.
Depraved. adj. Depravado, corrompido.
Depraver. m. Depravador, corruptor.
Deprecation. f. Deprecación. / Desaprobación.
Depreciable. adj. Depreciable, abaratable.
Depreciate. v. Depreciar, abaratar, desvalorar. / Menospreciar, despreciar, desestimar.
Depreciatingly. adv. Despreciativamente.
Depreciatory. adj. Despreciativo, menospreciativo.

Depredate. v. Depredar, saquear, pillar.
Depredator. (Zool.) Animal predador, carnívoro. / Depredador, saqueador, pillo.
Depress. (Fig.) Deprimir, desalentar, desanimar. / Oprimir, apretar (botón, tecla, etc.). / Hundir, bajar. / Reducir, disminuir. / Depreciar, desvalorar, rebajar.
Depressed. adj. Deprimido. / Necesitado, desamparado./ (Econ.) De depresión, en depresión.
Depressing. adj. Deprimente, desalentador.
Depression. m. Abatimiento, desaliento, desánimo. / Depresión, hondonada, hueco, concavidad. / El apretar de un botón, tecla, etc. / Baja, rebajamiento. / Depresión, crisis (económica).
Deprivation. f. Privación, carencia, pérdida. / m. Desposeimiento.
Deprive. v. Privar, despojar. / Desposeer, deponer.
Depth. f. Profundidad, hondura. / pl. Aguas profundas, abismo, sima. / Profundidad, gravedad (del sonido). / Intensidad (de colores). / Sagacidad.
Depthless. Sin fondo, insondable. / (Fig.) Inmensurable. / Bajo, poco profundo.
Depurate. v. Depurar(se), purificar(se), limpiar(se).
Depuration. f. Depuración, purificación.
Deputation. f. Diputación, delegación.
Deputize. v. Diputar, delegar, comisionar.
Deputy. m. Diputado, delegado. / Asistente, suplente. / (Polít.) Diputado, miembro de la Cámara Baja.
Deranged. adj. Transtornado, loco.
Derelict. adj. Abandonado. / Negligente, remiso. / m. Derelicto, barco abandonado en alta mar. / (Der.) Tierra u objeto abandonado. / Pelagatos, pelafustán, vago.
Deride. v. Ridiculizar, burlarse de, mofarse de, escarnecer.
Derision. f. Irrisión, mofa, escarnio, burla.
Derisive. m. Burlón, mofador, irónico.
Derisory. m. Burlón, irónico. / Irrisorio, ridículo.
Derivation. f. Derivación, deducción. / Origen, descendencia. / Derivado.
Derivative. adj. Derivativo, derivado. / f. Palabra derivativa.
Derive. v. Derivar, inferir. / Recibir nombre. / Obtener de una oferta u origen. / Trazar origen, trazar descendencia. / Provenir.
Dermatology. f. Dermatología.
Dermis. f. Dermis.
Derogate. adj. Derogado. / v. Desacreditar, detraer, menospreciar. / Derogar, anular, abrogar.
Derogation. f. Derogación, disminución.
Derogative. adj. Despreciativo, detractor de.
Derrick. f. Grúa, cabria. / Torre de taladrar.
Descend. v. Descender, bajar. / Provenir, derivarse de un origen. / Transmitirse por herencia, pasar de padres a hijos. / Descender, ir a menos, decaer. / (Astron.) Declinar, ponerse.
Descendant. m. y f. Descendiente.
Descent. m. Descenso. / (Fig.) Decaimiento (en valor, posición, etc.). / Cuesta / Descendencia. / Embestida. / (Der.) Sucesión.
Description. f. Descripción, representación.
Descriptive. adj. Descriptivo. / (Gram.) Calificativo (un adjetivo).
Descriptively. adv. Descriptivamente.
Descry. v. Columbrar, divisar, descubrir.
Desecrate. v. Profanar.
Desegregate. v. Abolir la segregación. / Integrar una raza o individuo a la sociedad.
Desert. m. Desierto, páramo. / Merecimiento (de castigo o premio). / Merecido. / adj. Baldío, desolado, yermo. / v. Desertar de. / Desbandarse.

Desertion. f. Deserción, defección. / Abandono.
Deserve. v. Merecer, ser digno de.
Deserving. m. Mérito, merecido. / adj. De mérito (persona), meritorio (acto).
Desiccant. m. y f. Desecante.
Desiccate. v. Desecar, resecar, secar. / Arrugar (la cara, etc.). / Deshidratar.
Desiccation. f. Desecación, deshidratación.
Design. f. Idea, concepción, invención. / Propósito, intención, designio. / Complot, intriga, mala intención. / Plan, proyecto. / Diseño, dibujo, modelo. / Proyecto, estudio, desarrollo.
Designate. adj. Designado. / v. Señalar, indicar, determinar. / Denominar, nombrar. / Destinar.
Designer. m . Dibujante, diseñador, delineante, / Conspirador, intrigante, tramador.
Desirability. f. Conveniencia.
Desirable. adj. Deseable, apetecible. / Conveniente.
Desire. v. Desear, anhelar, apetecer, querer. / Tener o sentir deseo. / m. Anhelo.
Desist. v. Desistir.
Desk. m. Escritorio, mesa de escribir. / Pupitre, atril. / Mostrador.
Desolate. adj. Desolado, devastado, arruinado, / Desierto, solitario. / Melancólico, sombrío, afligido, desconsolado. / v. Desolar, devastar, arrasar, arruinar. / Despoblar, abandonar. / Afligir,.
Desolation. f. Desolación, asolación, devastación. / Aflicción, angustia. / Desierto. / Soledad, abandono.
Despair. v. Desesperanzarse, desesperarse. / Sentir desaliento. / f. Desesperación, desesperanza.
Despairing. adj. Desesperanzado, desalentado, abatido. / Que se supone imposible de ganar.
Desperate. adj. Desesperado, desesperanzado. / Desesperado, peligroso. / Crítico. / Extremo.
Desperately. adv. Desesperadamente.
Desperation. f. Desesperación, temeridad, furor.
Despicable. adj. Despreciable, desdeñable, vil.
Despise. v. Despreciar, menospreciar, desdeñar.
Despite. m. Despecho, malicia, inquina. / Desprecio, menosprecio. / Insulto. / conj. A pesar de.
Despiteful. adj. Rencoroso, malicioso.
Despoil. v. Despojar, privar, robar, saquear, pillar.
Despoliation. m. Despojo, rapiña, pillaje, saqueo.
Despondent. adj. Desalentado, abatido, desanimado, desesperanzado.
Despot. m. Déspota, tirano, autócrata.
Dessert. m. Postre.
Dessertspoon. f. Cuchara de postre.
Destination. m. Destino, fin. / Destinación.
Destine. v. Predestinar, destinar.
Destiny. m. Destino, suerte, hado, sino.
Destitute. adj. Necesitado, indigente, menesteroso.
Destroy. v. Destruir, destrozar, desbaratar. / Matar, aniquilar (al enemigo).
Destroyer. m. Destructor, devastador.
Destruction. f. Destrucción, ruina.
Detach. v. Separar, apartar, desprender.
Detachable. adj. Separable, desmontable.
Detached. adj. Separado, independiente. / Indiferente, despreocupado, imparcial.
Detachment. f. Separación. / Desinterés, despreocupación, indiferencia. / (Mil.) Destacamento.
Detail. m. Detalle, pormenor. / (Mil.) Destacamento pequeño. / v. Detallar. / Asignar.
Detect. v. Descubrir, averiguar. / Percibir.
Detectable. adj. Perceptible, averiguable.
Detection. m. Descubrimiento, averiguación.

Detective. m. Detective, investigador. / adj. Investigador, de investigación. / Policíaca.
Detention. f. Detención. / Arresto, retención.
Deter. v. Refrenar, desanimar. / Impedir.
Deterge. v. Deterger, lavar, limpiar.
Detergent. m. Detergente, abstergente.
Deteriorate. v. Deteriorar(se), desmejorar(se), empeorar(se), degenerar.
Determent. m. Refrenamiento, disuasión.
Determinant. m. Determinante.
Determinate. adj. Determinado, definido.
Determination. f. Determinación, definición. / Firmeza, resolución. / Conclusión.
Determinative. adj. Determinativo. / Factor determinativo. / (Gram.) Adjetivo determinativo.
Determine. v. Determinar, limitar. / Fijar, establecer. / Decidir, resolver. / Concluir.
Determined. adj. Determinado. / Decidido.
Deterrent. adj. Disuasivo, impeditivo. / m. Freno.
Detest. v. Detestar, aborrecer, abominar, odiar.
Detonate. v. Detonar, explotar, estallar. / Hacer detonar, explotar o estallar.
Detonation. f. Detonación, estallido, estampido.
Detour. v. Desviarse, dar un rodeo, tomar un desvío. / Desviar. / Evitar, pasar de lado. / m. Desvío, rodeo.
Detriment. m. Perjuicio, detrimento, daño, desmedro.
Detrimental. adj. Perjudicial, dañino, nocivo.
Detritus. Escombros, despojos.
Detrude. v. Hundir. / Exprimir, expeler.
Deuce. m. Dos (en naipes o dados). / (Tenis) Empate. / *Deuce!*, ¡Diablos!, ¡demonio!, ¡diantre! / Algo muy grande, notable o excepcional. / *In a deuce of a hurry*, A toda prisa. / (Pop.) Dos dólares. / v. (Tenis) Empatar un juego.
Devalue. v. Desvalorar, desvalorizar, depreciar.
Devastate. v. Devastar, asolar, desolar, arrasar.
Devastating. m. Devastador. / Abrumador.
Devastation f. Devastación, desolación, asolación.
Develop. v. Desarrollar. / Adquirir. / Revelar (tendencia), dar señales de (falla, desperfecto, etc.), contraer (enfermedad). / Urbanizar (terreno, etc.), explotar (mina). / (Fotogr.) Revelar. / (Mil.) Desplegar. / Desarrollarse, evolucionar, crecer. / Revelarse, descubrirse. / Cobrar fuerza, crecer.
Development. m. Desarrollo. / f. Tendencia. / Ocurrencia, suceso, acontecimiento. / Urbanización. / Explotación de una mina. / (Mat.) Desarrollo. / (Mil.) Despliegue de tropas. / (Fotogr.) Revelado.
Developmental. adj. De desarrollo, para el desarrollo. / Experimental.
Deviant. adj. Desviado. / f. Persona cuya conducta difiere de lo establecido. / Invertido, homosexual.
Deviate. v. Desviarse, apartarse. / Desviar. / m. Invertido sexual. / adj. Desviado, extravagante.
Deviation. f. Desviación. / Divergencia. / Perversión.
Devil. m . Diablo. / Demonio, espíritu maligno. / (Fig.) Diablo, fiera. / Tío, tipo. / m. Plato muy picante. / f. Máquina de moler o triturar, máquina deshilachadora. / Tormenta de arena. / v. Molestar, fastidiar, importunar. / Sazonar fuertemente con picantes, desmenuzar y condimentar. / Deshilachar ropas.
Devious. adj. Tortuoso. / Desviado, descarriado, errado. / Apartado, remoto. / Insincero, engañoso.
Devise. v. Trazar, idear, inventar, planear. / (Der.) Legar bienes raíces. / m. Legado.
Devoid. adj. Falto, desprovisto, exento, libre de.
Devolution. (Der.) Entrega, traspaso, transferencia. Delegación (de trabajo o poder).

Devote. v. Dedicar, consagrar.

Devoted. adj. Devoto, piadoso, ferviente. / Leal (un amigo). / *Devoted to*, Dedicado, adicto.

Devotee. m. y f. Devoto, a, partidario, ria. / adj. Fanático (especialmente religioso).

Devotion. f. Devoción. / Dedicación, celo. / Lealtad, afecto. / pl. Oraciones, súplicas.

Devour. v. Devorar, tragar. / (Fig.) Consumir, aniquilar.

Devout. adj. Devoto, fervoroso. / Sincero, cordial.

Devoutly. adv. Devotamente, piadosamente.

Dew. m. Rocío.

Dewberry. (Bot.) Zarza, zarzamora.

Dewfall. f. Caída del rocío. / Horas previas al amanecer cuando cae el rocío.

Dexterity. f. Destreza, agilidad, maña, habilidad. / Agilidad mental, prontitud. / Empleo de la mano derecha.

Dexterous. adj. Diestro, hábil, experto, ducho, ágil.

Dexterously. adv. Diestramente, hábilmente.

Dextrally. adv. Diestramente.

Diabetic. adj. Diabético.

Diabolic, diabolical. adj. Diabólico.

Diabolically. adv. Diabólicamente.

Diabolize. v. Representar como diabólico, someter a influencia diabólica.

Diagnose. v. Diagnosticar.

Diagnosis. f. Diagnosis.

Diagnostic. m. Diagnóstico.

Diagonal. f. Diagonal. / adj. Diagonal

Diagram. Diagrama, esquema. / v. Representar o demostrar por diagrama.

Dial. m. Disco selector, disco de marcar del teléfono. / v. Llamar por teléfono. / (Radio) Sintonizar.

Dialect. m. Dialecto. / f. Jerga, lenguaje.

Dialectal. adj. Dialectal.

Dialogue, dialog. m. Diálogo, interlocución, conversación, coloquio. / v. Dialogar, dialogizar.

Diameter. m. Diámetro.

Diamond. m. Diamante. / Rombo, losange. / Campo de juego de béisbol. / (Naipes) Diamante, carró. / v. Adornar con diamantes.

Diamond-drill. m. Taladro de diamantes.

Diapason. (Mús.) Diapasón. / (Fig.) Notas, melodía. / Horquilla para afinar.

Diaphanous. adj. Diáfano, transparente.

Diaphragm. m. Diafragma.

Diarrhea, diarrhoea. (Med.) Diarrea.

Diary. m. Diario, relación periódica.

Dice. m. Dados, partida o juego de dados. / v. Perder, malgastar dinero jugando a los dados. / Cortar en cubitos. / Jugar a los dados.

Dicer. m. Jugador de dados. / f. Máquina cortadora de vegetales.

Dick. (Fam.) Polizonte, detective.

Dickey, dicky. f. Pechera postiza. / Delantal, mandil. / Pajarito. / Babero. / Asno. / Asiento del conductor. Asiento auxiliar trasero (de un automóvil).

Dicky. (Pop.) Decaído, débil, enfermizo.

Dictate. v. Dictar. / Ordenar, mandar. / Imponer, prescribir, preceptuar. / m. / sg. y pl. Dictados (del corazón, de la razón, etc.). / Mandato, precepto, orden.

Dictation. m. Dictado. / Mandato, orden arbitraria.

Dictator. m. Dictador. / El que dicta (cartas, etc.).

Diction. f. Dicción.

Dictionary. m. Diccionario.

Didactics. f . Didáctica.

Diddle. v. Menear, agitar rápidamente. / Desperdiciar, perder tiempo. / (Pop.) Engañar, defraudar. / Haraganear, malgastar el tiempo.

Dido. f. Travesura, jugarreta, treta.

Die. v. Morir, expirar, fallecer, fenecer. / Apagarse, pararse (una máquina).

Diehard. adj. Intransigente, reacio, reaccionario.

Diet. f. Dieta, régimen alimenticio. / Ración de alimentos, comida. / Dieta, asamblea, asambla legislativa. / v. Adietar, estar a dieta.

Dietary. f. Dieta, ración alimenticia (en instituciones, etc.). / adj. Dietético, de dieta.

Dietetic. adj. Dietético.

Dietetics. f. Dietética.

Differ. *To differ from*, Diferir, diferenciarse, distinguirse de. / *To differ with*, Disentir con.

Difference. f. Diferencia, desemejanza, desigualdad. / v. Diferenciar, distinguir.

Different. adj. Diferente, distinto.

Differentiate. v. Diferenciar, distinguir, modificar. / (Mat.) Derivar.

Differentiation. f. Diferenciación.

Difficult. adj. Difícil. / Terco, obstinado.

Difficulty. f. Dificultad. / pl. Apuro, aprieto. / Obstáculo, tropiezo, molestia. / Riña, pelea.

Diffidence. m. Apocamiento, timidez.

Diffident. adj. Tímido. / Difidente, desconfiado.

Diffidently. adv. Tímidamente, modestamente.

Diffuse. adj. Difuso, difundido, esparcido, extendido, dilatado. / v. Difundir, esparcir. / Despedir calor.

Diffusely. adv. Difusamente.

Diffuser. m. Difusor. / Que vuelve difuso.

Diffusor. Ver *Diffuser.*

Dig. v. Cavar. / (Pop.) Alojarse. / (Pop.) Comprender, captar. Reparar en. Apreciar. / (Fam.) Burlarse de, mofarse de. / m. Empujón, codazo. / pl. (Fam.) Alojamiento. / Excavación arqueológica.

Digest. m . Compendio, resumen. / (Der.) Digesto, compilación de reglas legales. / v. Digerir. / Recopilar, clasificar, condensar. / Resumir. / Digerir.

Digestant. adj. Digestivo.

Digestion. f. Digestión.

Digger. m. Cavador. / f. Excavadora.

Digit. m. Dígito. / Dedo (como medida de longitud).

Digital. adj. Digital. / Dígito (número). / m. Dedo. / f. Tecla de instrumento o máquina.

Diglot. adj. Bilingüe. / f. Edición bilingüe.

Dignification. f. Dignificación.

Dignified. adj. Digno, serio, mesurado.

Dignify. v. Dignificar, ennoblecer, exaltar, honrar.

Dignitary. m. Dignatario.

Dignity. f. Dignidad. / Decoro, gravedad, señorío, rango. / Dignatario.

Digress. v. Divagar, hacer una digresión.

Digression. f. Digresión, divagación.

Dike. m. Dique. / f. Escollera, represa. / Zanja.

Dilapidate. v. Arruinar. / Desmantelar. / Arruinarse.

Dilapidation. f. Dilapidación, ruina, estado ruinoso.

Dilatant. adj. Que se dilata, dilatador.

Dilatation. f. Dilatación. / Expansión.

Dilate. v. Dilatar (se). / Extender (se). / Expandir (se).

Dilemma. m. Dilema. / Dilema, disyuntiva.

Dilettante. m. Diletante, aficionado.

Diligence. f. Diligencia. / Prontitud, agilidad.

Diligent. adj. Diligente.

Dillydally. (Fam.) Perder el tiempo.

Diluent. adj. Diluente, diluyente, disolvente.

Dim. adj. Débil, mortecino. / Opaco, empañado, deslustrado. / Indistinto, oscuro, poco claro. / Lerdo, obtuso. / (Pop.) Aburrido, tedioso. / (Fotogr.a) Velado.

Dimension. f. Dimensión, extensión, tamaño.

Dimensional. adj. Dimensional.
Diminish. v. Disminuir(se), reducir, aminorar(se), amenguar, rebajar, degradar, decrecer, degenerarse.
Diminishable. adj. Que se puede disminuir.
Diminished. adj. Disminuido.
Diminution. f. Disminución.
Diminutive. (Gram.) Diminutivo. / Menudo.
Dimly. adv. Oscuramente, indistintamente.
Dimmer. m. Reductor de luz. / pl. Luces de estacionamiento, luces de cruce o bajas (de automóviles).
Dimness. m. Oscurecimiento. / f. Ofuscación.
Dim-out. m . Apagón, oscurecimiento.
Dimple. m. Hoyuelo en las mejillas o barbilla. / Depresión, hendidura (en el suelo). / v. Mostrar o lucir hoyuelos. / Formar hoyuelos en mejillas, barbilla.
Dimply. adj. Lleno de hoyuelos.
Dimwitted. adj. Estúpido, torpe, lerdo.
Din. m. Ruido fuerte, estrépido, estridencia, alboroto. / v. Ensordecer, asordar. / Repetir insistentemente. / Hacer un ruido estrepitoso.
Dine. v. Cenar, comer. / Dar de comer, invitar.
Ding. v. Repicar, sonar, tañer. / Instar
Dingily. adv. Suciamente.
Dingle. f. Cañada (vallecito estrecho y umbroso).
Dining room. m. Comedor.
Dinner. f. Cena, comida principal.
Dinner jacket. m. Esmoquin.
Dint. f. Abolladura. / Fuerza. / Golpe. / v. Abollar.
Diocesan. adj. Diocesano, na. / Feligrés, sa. / m y f. Diocesano, na.
Diocese. f. Diócesis.
Dioxide. (Quím.) Dióxido.
Dip. v. Sumergir en un líquido. / Dañar, mojar, húmedecer. / Zambullir. / f. Inmersión. / Zambullida, baño corto. / Depresión, hondonada.
Diphthong. (Gram.) Diptongo.
Diploma. m. Diploma.
Diplomatic. adj. Diplomático, ca.
Diplomacy. f . Diplomacia. / (Fig.) Discreción, cautela, tacto.
Diplomat. m. Diplomático.
Diplomatics. f. Diplomática (rama de la paleografía). / Diplomacia (como arte o profesión).
Dipper. m. Cucharón, cacillo, cazo.
Dire. adj. Terrible, horrendo, espantoso. / Calamitoso, fatal, de mal agüero. / Extremo, abrumador.
Direct. v. Dirigir, guiar, orientar. / Gobernar, manejar, encaminar. / Mandar, ordenar. / Asignar, dedicar. / Directo, derecho, recto. / Inmediato, franco, sincero, natural. / (Gram.) Directo (complemento, discurso), textual, literal (cita). / (Electr.) Continua (corriente). / adv. Directamente.
Direction. f. Dirección, orientación. / m. Rumbo, curso. / *Directions*, Instrucciones, indicaciones.
Directive. adj Directivo, directorio. / Indicativo, direccional. / f. Orden, instrucción, directiva.
Directly. adv. Directamente. / Exactamente, precisamente. / Inmediatamente, al instante, ahora mismo, en seguida. / Sin interferencia, sin intermediarios.
Director. m. . Director, administrador.
Directorate. m. Cargo de director. / Consejo de administración
Directorship. f. Dirección.
Directory. m. Directorio. / Libro de instrucciones. / Guía telefónica, etc.).
Directress. f. Directora.
Dirigible. adj. Dirigible.
Dirk. f. Daga. / Puñal. / v. Apuñalar.

Dirt. f. Suciedad, inmundicia, mugre, basura. / (Fig.) Indecencia, obscenidad, porquería, cochinada.
Dirty. adj . Sucio (con todas las acepciones de la palabra castellana). / Tierroso, polvoriento, barroso. / Bajo, vil, sórdido. / Verde, indecente, obsceno. / Deshonesto. / Malévolo, rencoroso. / Turbio.
Dirty trick. f. Mala jugada. / m. Ttruco sucio.
Disability. f. Incapacidad, invalidez.
Disabled. adj . Incapacitado, da, inhabilitado, da.
Disablement. f. Inhabilitación, incapacidad.
Disaccord. v. Estar en desacuerdo. / m. Desacuerdo.
Disadvantage. f. Desventaja. / m. Menoscabo, detrimento. / v. Perjudicar.
Disadvantaged. adj. De condición económica o social muy baja.
Disagree. v. Disentir, diferir.
Disagreeable. adj. Desagradable, ingrato. / Descortés, rudo, antipático.
Disagreement. m. Desacuerdo. / f. Desavenencia, discordia, disensión. / Altercado, disputa.
Disappear. v. Desaparecer, desvanecerse.
Disappearance. f. Desaparición, desvanecimiento.
Disappoint. v. Desilusionar, decepcionar.
Disappointed. adj. Desilusionado, da.
Disappointment. f. Desilusión, desengaño.
Disapproval. f. Desaprobación, censura.
Disapprove. v. Desaprobar, censurar, condenar. / Estar en contra, expresar desaprobación.
Disapprovingly. adv. Desaprobadoramente. Con desaprobación.
Disarm. v. Desarmar, desguarnecer. / (Fig.) Apaciguar, congraciarse con, ganar la voluntad de, cautivar / (Mec.) Desarmar, desmontar.
Disarmament. m. Desarme.
Disarrange. v. Desarreglar, desordenar, trastornar.
Disarticulate. v. Desarticular(se), descoyuntar(se).
Disassemble. v. Desarmar, desmontar una máquina.
Disassociate. v Disociar, deunir, separar.
Disaster. m. Desastre.
Disastrous. adj. Desastroso, catastrófico.
Disavow. v. Repudiar, negar, desconocer.
Disband. v. Dispersar, disolver, licenciar tropas. / Desbandarse, dispersarse.
Disbelief. f. Incredulidad, descreimiento.
Disbranch. v. Desgajar, arrancar ramas del tronco.
Disburden. v. Descargar, aligerar, desembarazar. / *To disburden oneself*, (Fig.) Desahogarse, aliviarse.
Disbursement. m. Desembolso, dispendio, gasto.
Disc. v. Grabar en disco fonográfico. / m. Disco. (Variante de *disk*).
Discard. v. Desechar, descartar. / Abandonar (una costumbre, etc.). / (Naipes) Descartar. Descartarse. / m.Descarte. / Desecho.
Discharge. v. Descargar. / (Fig.) Eximir, exonerar, desembarazar. / Despedir (de un puesto o trabajo). / Librar, soltar, poner en libertad. / Licenciar (a un soldado), dar de alta (a un paciente), disolver (un jurado). / Evacuar, secretar (pus, fluido). / Saldar, cancelar, pagar una deuda. / Desteñir. / (Arq.) Aligerar. / Disparar, dispararse un arma. / f. Descarga. / m. Disparo de un arma. / f. Liberación de un prisionero.
Disciple. m. Discípulo. / Apóstol.
Disciplinary. adj. Disciplinario, ra.
Discipline. f. Disciplina, orden. / m. Castigo.
Disc jockey. m. Animador de un programa de discos populares.
Disclose. v. Descubrir, revelar. / Divulgar, revelar, publicar. / Abrir.

Disclosure. f. Revelación, divulgación, declaración.
Discolor, discolour. v. Descolorar(se), desteñir(se), manchar(se).
Discomfort. v. Incomodar, molestar, desconcertar, turbar. / Desanimar, afligir. / f. Incomodidad, molestia, inquietud. / Aflicción, pesar.
Discomfortable. (Ant.) Incómodo, molesto.
Discompose. v. Turbar, perturbar, desconcertar, trastornar, agitar, confundir, aturdir. / Descomponer, desarreglar.
Discomposure. f. Perturbación, inquietud.
Disconcert. v. Desconcertar, confundir, turbar.
Disconnect. v. Desunir, separar, desacoplar, disociar. / (Mec.) y (Electr.) Desconectar.
Disconnected. adj. Inconexo, incoherente.
Disconnection, disconnexion. f. Desunión, separación, desconexión.
Discontent. m. Descontento. / adj. Revoltoso. / Disgustado, insatisfecho. / v. Descontentar.
Dicontented. adj. Descontento, disgustado.
Discontentment. m. Descontento, desagrado.
Discontinue. v. Discontinuar, descontinuar, interrumpir, suspender. / Sobreseer. / Suspenderser.
Discontinuity. f. Discontinuidad, interrupción.
Discord. f. Discordia, disensión, desavenencia. / (Mús.) Discordancia, disonancia. / v. Discordar, discrepar, disconvenir, chocar.
Discordance, discordancy. f. Discordia, disensión, disconformidad. / (Mús.) Disonancia, desentono.
Discordant. adj. m. y f. Discordante, discrepante, en desacuerdo. / (Mús.) Discorde, disonante.
Discordantly. adv. En tono discorde.
Discount. v. Descontar, deducir. / Rebajar, disminuir. / Despreciar, desestimar, dar poca importancia a. / Descartar, dejar a un lado. / Considerar debidamente, anticipar. / Descontar letras de cambio, hacer descuentos. / m. Descuento.
Discourage. v. Desalentar, descorazonar, desanimar. / Disuadir. Hacer desistir.
Discouragement. m. Desaliento, desánimo.
Discouraging. adj. m. y f. Desalentador, deprimente.
Discourse. f. Conversación, disertación. / m. Tratado. / v. Conversar, platicar. / Discurrir, disertar. / (Ant.) Discursar, proferir, pronunciar.
Discourteous. adj. Descortés, desatento, grosero.
Discover. v. Descubrir, revelar. / Hallar. / (Ant.) Exhibir, exponer a la vista.
Discoverer. m. Descubridor, explorador, inventor.
Discovery. m. Descubrimiento, hallazgo, encuentro.
Discredit. v. Descreer, no dar crédito a, dudar. / Desacreditar, desprestigiar, deshonrar. / Desautorizar, desvirtuar. / m. Desprestigio. / f. Desconfianza, duda.
Discreet. adj. Discreto, ta, prudente, mesurado.
Discreetly. adv. Discretamente.
Discrepancy. f. Discrepancia, diferencia.
Discrepant. adj. Discrepante, diferente, discordante.
Discretion. f. Discreción, prudencia. / m. Arbitrio, albedrío.
Discretionary. adj. Discrecional.
Discriminate. v. Discriminar, diferenciar, distinguir. / (Ant.) Preciso, definido, distinto.
Discriminating. adj. Discerniente, exigente. / (Que demuestra favoritismo, preferente, parcial.
Discrimination. f. Discriminación, sindéresis, distinción, diferenciación. / m. Discernimiento, buen gusto. / m. Acto basado en prejuicios.
Discriminative. adj. Discerniente, discriminador.
Discriminatory. adj. Discriminatorio, ria.

Discursive. adj. Digresivo. / Razonado, meditado.
Discuss. v. Discutir, debatir. / (Ant.) Probar, catar.
Discussion. f. Discusión, polémica, exposición.
Disdain. v. Desdeñar, despreciar, menospreciar. / m. Desdén, desprecio, menosprecio.
Disease. f. Enfermedad, dolencia. / v. Causar una enfermedad, enfermar, provocar un daño.
Disembark. v. Desembarcar (se).
Disembarrassment. m. Desembarazo, desenredo.
Disemploy. v. Privar de empleo o de trabajo.
Disenchantment. m. Desencanto.
Disengage. v. Retirar, liberar. / Quitar, desasir, separar, desprender. / (Mec.) Desembragar, desengranar. / (Mil.) Retirar tropas del combate.
Disengagement. m. Desembarazo. / f. Liberación, separación. / Desenvoltura. / Ruptura del compromiso matrimonial. / (Mec.) Desembrague.
Disentangle. v. Desenredar (se), desembrollar (se).
Disenthrone. v. Destronar, derrocar, deponer.
Disestablish. v. Privar de posición o privilegio establecido.
Disesteem. v. Desestimar, menospreciar, desairar. / m. Descrédito, desprestigio.
Disfavor, disfavour. m. Desagrado. / f. Desgracia. / f. Desventaja. / m. Desaire, descortesía. / v. Desfavorecer, desaprobar.
Disfigure. v. Desfigurar, deformar, afear.
Disfranchise. v. Privar de los derechos ciudadanos.
Disgrace. f. Desgracia. / Ignominia, deshonra, estigma, vergüenza. / *In disgrace*, En desgracia, desprestigiado. / v. Deshonrar.
Disgruntle. v. Descontentar, enfadar, irritar.
Disgruntled. m. Descontento, malhumorado.
Disguise. v. Disfrazar, enmascarar. / (Fig.) Encubrir, disimular. / Desfigurar. / *To disguise oneself as*, Disfrazarse de. / m. Disfraz. / (Fig.) Simulación, velo.
Disgust. v. Repugnar, dar asco, hastiar. / f. Aversión.
Disgusted. adj. Asqueado, da, hastiado, da.
Disgusting. adj. m. y f. Repugnante.
Dish. m. Plato. / *Dishes*, Vajilla, platos. / Manjar, vianda. / (Pop.) Muchacha atractiva. / v. *To dish up*, Servir en platos. / Ahuecar.
Disharmony. f. Disonancia, falta de armonía.
Dishcloth. m. Estropajo. / Paño para lavar platos.
Dishearten. v. Desanimar, desalentar, descorazonar.
Disheartening. adj. Descorazonador, desalentador.
Disheveled, dishevelled. adj. Desgreñado, da, despeinado, da.
Dishonest. adj. Deshonesto, ta, fraudulento, ta.
Dishonesty. f. Improbidad, falta de honradez.
Dishonor, dishonour. m. Deshonor. / f. Deshonra, ignominia, infamia. / (Com.) Rechazo de un cheque, giro, etc. / v. Deshonrar, difamar, afrentar. / (Com.) Rechazar, rehusar el pago de un cheque, giro, etc.
Dishonorable. adj. Deshonroso, sa, indecoroso, sa, ignominioso, sa.
Dish rack. m. Escurreplatos.
Dishwasher. m. Persona que lava platos. / f. Máquina de lavar platos.
Disillusion. f. Desilusión. / v. Desilusionar.
Disinfect. v. Desinfectar, desinficionar.
Disinfectant. m. Desinfectante.
Disingenuous. adj. Solapado, da.
Disingenuousness. f. Doblez, duplicidad.
Disinherit. v. Desheredar.
Disintegrate. v. Desintegrar (se), desagregar (se).
Disintegration. f. Desintegración, desagregación.
Disinter. v. Desenterrar, exhumar.

Disinterest. (Ant.) Quitar interés a, privar de interés. / *To disinterest oneself,* Desinteresarse. .

Disinterested. adj. Desinteresado, da.

Disjoin. v. Desunir (se), separar (se), despegar (se).

Disjoint. v. Dislocar, desarticular, desunir.

Disjointed. adj. Inconexo, sa, incoherente. / Dislocado, descoyuntado, desarticulado.

Disjunct. adj. Descoyuntado, da, desunido, da. / Esporádico, disperso.

Disk. m. Disco.

Dislike. v. Sentir disgusto por. Tener aversión a. No gustarle a uno. / f. Aversión, repugnancia, antipatía.

Dislocate. v. Dislocar, descoyuntar un hueso. / Desarreglar, trastornar.

Dislocation. f. Dislocación. / m. Descoyuntamiento. / Desarreglo, trastorno.

Disloyal. adj. m. y f. Desleal, infiel.

Dismal. adj. Deprimente, triste, desconsolador. / Miserable, desconsolado, funesto, lúgubre. / (Fam.) *The dismals,* Morriña, nostalgia, melancolía.

Dismantle. v. Desarmar, desguarnecer. .

Dismay. v. Consternar, desanimar, desalentar. / f. Consternación. / *In dismay,* Con desaliento.

Dismember. v. Desmembrar, despedazar, destrozar.

Dismiss. v. Despedir, remover, destituir.

Dismissal. m. Despido, destitución. / f. Disolución.

Dismount. v. Desmontar(se), apearse. / (Mec.) Desarmar. / m. Desmonte.

Disobedience. f. Desobediencia.

Disobedient. adj. m. y f. Desobediente.

Disobey. v. Desobedecer.

Disorder. m. Desorden, desarreglo, alboroto. / f. Indisposición. / v. Desordenar, desarreglar, descomponer, trastornar.

Disorderly. adj. En desorden.

Disorganize. v. Desorganizar.

Disorientate. v. Desorientar.

Disorientation. f. Desorientación.

Disown. v. Repudiar, desconocer. / Negar.

Disparagingly. adv. Despectivamente.

Disparate. adj. m. y f. Desigual, diferente.

Disparity. f. Disparidad, desemejanza, desigualdad.

Dispassionate. adj. Desapasionado, imparcial.

Dispatch. v. Despachar, remitir, enviar. / (Fig.) Matar. Acabar con. / Engullir comida. Apurarse, darse prisa. / m. Despacho, envío. / Mensaje, comunicación. / Ejecución, matanza. / Prontitud, diligencia.

Dispel. v. Disipar, dispersar, desvanecer (niebla, sensación, etc.).

Dispensary. (Med.) Dispensario.

Dispense. v. Dispensar, distribuir, repartir. / Aplicar (leyes), administrar (justicia, sacramento). / Excusar, eximir, absolver. / Preparar un medicamento. / Otorgar dispensa.

Dispersal. f. Dispersión.

Dispersion. f. Dispersión, difusión.

Dispirit. v. Desalentar, desanimar, descorazonar.

Dispirited. adj. Desanimado, da.

Displace. v. Desplazar, obligar a expatriarse, desalojar. / Destituir, deponer. / Substituir, suplantar.

Displaced person. adj. Expatriado, da.

Displacement. m. Desplazamiento. / Destitución. / Reemplazo, sustitución.

Display. v. Exhibir, exponer, ostentar. / Desplegar, revelar, mostrar. / Destacar, hacer resaltar. / f. Exhibición, exposición. / Demostración, muestra. / Ostentación. / Resalto, destaque, disposición.

Display window. m. Escaparate.

Displeasing. adj. m. y f. Displicente, desagradable.

Displeasure. adj. Desagrado. / Incomodidad.

Disposable. adj. m. y f. Disponible. / Desechable.

Disposal. f. Disposición./ Colocación, distribución.

Dispose. v. Disponer, colocar. / Inclinar el ánimo.

Disposition. f. Disposición, mandato. / Genio, constitución, carácter. / Tendencia, inclinación, propensión. / Ordenación, arreglo, colocación.

Disproportion. f. Desproporción, disparidad. / v. Desproporcionar, desigualar.

Disproportionate. adj. Desproporcionado.

Disprove. v. Refutar, confutar.

Dispute. v. Disputar, discutir, argüir. / Pleitear, altercar. / Contender, impugnar. / Luchar por. / f. Disputa. / (Der.) Pleito, litigio.

Disqualify. v. Descalificar, inhabilitar, incapacitar.

Disregard. v. Desatender, descuidar. / Hacer caso omiso de. / f. Desatención, negligencia.

Disreputable. adj. Desacreditado, da, de mala fama. / Vergonzoso, sa. / De mala apariencia.

Disrepute. m. Desprestigio, deshonor, mala fama. / *To fall into disrepute,* Desprestigiarse.

Disrespect. m. Desacato, descortesía, irreverencia. / v. Desacatar, faltar al respeto a.

Disrespectful. adj. Irrespetuoso, sa, irreverente.

Disrupt. v. Romper. / Desorganizar. / Interrumpir.

Disruption. f. Rotura, fractura. / Desgarro. .

Disruptive. adj. Disruptivo, va.

Dissatisfaction. f. Descontento, desagrado.

Dissatisfy. v. Desagradar, desplacer, no satisfacer.

Dissemble. v. Disimular, encubrir. / Simular.

Dissembler. adj. Disimulador, hipócrita.

Dissension. f. Disensión, oposición.

Dissent. v. Disentir, diferir, discrepar. / m. Disentimiento. / Desavenencia. / Disidencia.

Dissenting. adj. m. y f. Disidente. / Rebelde.

Dissertation. f. Disertación, tesis.

Disseverance. f. Separación, división.

Dissident. m. y f. Disidente.

Dissimilar. adj. m. y f. Disímil, diferente.

Dissimilate. Hacer (se), tornar (se) disímil o diferente. / (Fon.) Disimilar (se).

Dissimulate. v. Disimular, fingir, encubrir.

Dissimulation. m. Disimulo.

Dissimulator. m. Disimulador.

Dissipate. v. Disipar, dispersar, desvanecer. / Malgastar, desperdiciar (una fortuna).

Dissipation. f. Disipación, dispersión. / Desperdicio. / Vida disoluta, libertinaje. .

Dissociate. v. Disociar (se), desunir (se), separar.

Dissociation. f. Disociación, separación, desunión, disgregación. / (Psiquiat.) Desdoblamiento.

Dissolve. v. Disolver (se), descomponer (se), desagregar, desintegrar (se). / (Cine y televisión) Desvanecer (se) una imagen gradualmente. / (Der.) Disolver, derogar, revocar, anular.

Dissolvent. m. Disolvente. / adj. Disolvente.

Dissuade. v. Disuadir, desaconsejar, desviar, apartar.

Dissuasion. f. Disuasión.

Dissuasive. adj. Disuasivo, va.

Distaff. f. Rueca. / Quehaceres femeninos.

Distain. v. Descolorar, desteñir, manchar, deslustrar.

Distance. f. Distancia. / Lontananza, lejanía. / (Fig.) Reserva, frialdad. / Intervalo entre dos notas. / Trecho, jornada de camino. / v. Distanciar, apartar, poner a distancia.

Distant. adj. Distante, apartado, alejado. / *A distant likeness,* Un parecido lejano.

Distasteful. adj. m. y f. Desagradable.
Distend. v. Hinchar, inflar (se), extender. / (Med.) Distender. / Alargar, estirar.
Distension, distention. f. Expansión, dilatación. / (Med.) Distensión.
Distill, distil. v. Destilar. / Exudar, gotear.
Distillery. f. Destilería.
Distinct. adj. Claro, preciso, nítido. / Diferente, diverso. / Marcado, notable, señalado. / Concreto, positivo, cierto, indudable.
Distinction. f. Distinción. / m. Honor, mérito. / Eminencia. / *In distinction to*, A distinción de.
Distinctive. adj. Distintivo, va, característico. / Distinguido, elegante. / *Distinctive to,* Característico de.
Distinctly. adv. Distintamente, claramente.
Distinguish. v. Distinguir, diferenciar, clasificar, discernir, honrar.
Distinguishable. adj. m. y f. Distinguible.
Distinguished. adj. Distinguido, da, ilustre. / Señalado, marcado.
Distinguishing. adj. Característico, ca.
Distort. v. Torcer, retorcer, deformar. / Falsear, tergiversar, pervertir. / (Fís.) Distorsionar.
Distortion. f. Distorsión, torsión. / Deformación, falsificación de hechos, testimonios, etc.
Distract. v. Distraer (la atención, etc.). / Perturbar.
Distracted. adj. Aturdido,da, enloquecido, da.
Distraction. f. Distracción. / m. pasatiempo, entretenimiento. / Confusión, aturdimiento.
Distraught. adj. Perturbado, da, aturdido, da.
Distress. f. Aflicción, congoja, angustia. / m. Apuro, infortunio, peligro. / f. Miseria, escasez. / (Der.) Embargo, secuestro. / (Der.) Embargar, secuestrar.
Distressed. adj. Angustiado, da, acongojado, da, afligido, da. / Agotado, extenuado. / En la miseria.
Distressful. adj. Penoso, angustioso, acongojado.
Distressing. adj. Penoso, aflictivo, embarazoso. / Inquietante, perturbador.
Distribute. v. Distribuir, repartir, clasificar.
Distribution. f. Distribución, reparto, repartición. / Disposición, clasificación.
Distributor. m. Distribuidor, repartidor.
District. f. Comarca, región. / m. Distrito. / Barrio de una ciudad. jurisdicción, distrito administrativo. / v. Dividir en distritos.
Distrust. v. Desconfiar de, sospechar, recelar. / f. Desconfianza, duda, sospecha, suspicacia.
Distrustful. adj. Desconfiado, da, receloso, sa.
Disturb. v. Molestar. / Turbar, perturbar, inquietar. / Desordenar, alborotar, alterar. / Agitar, mover.
Disturbance. m. Disturbio. / f. alteración. / m. Desarreglo, desorden. / Tumulto, bullicio.
Disturbed. (Psicol.) Desequilibrado.
Disturbing. adj. m. y f. Inquietante.
Disuse. m. Desuso. / f. Deshabituación. / v. Dejar de usar, desechar, desacostumbrar.
Dither. v. Temblar, tiritar. / Vacilar.
Ditto. (Loc. latina) Lo dicho. / Idem, lo mismo.
Dive. v. Zambullirse. / Sumergirse, caer en picado (un pájaro o un avión). / Lanzarse (como un ave de presa). / Ahondar, profundizar en, meter adentro. / f. Zambullida. / Inmersión, sumersión del submarino.
Diver. Buzo, buceador.
Diverge. v. Divergir, desviar (se), diferir.
Divergence, divergency. f. Divergencia, desviación. / m. Desacuerdo.
Divergent. adj. m. y f. Divergente, no convergente.
Diverse. adj. Variado, da, multiforme.

Diversely. adv. Diversamente.
Diversion. f. Desviación. / Entretenimiento.
Diversity. f. Diversidad, variedad. / Divergencia.
Divert. v. Divertir, distraer, apartar la atención de. / Distraer, entretener. / Tomar un desvío.
Divide. v. Dividir. / Repartir. / Desunir.
Divided. adj. Dividido, da, desunido, da.
Dividend. m. Dividendo.
Divider. m. Divisor, separador, distribuidor, repartidor. / *Dividers,* Compás de división. / División, tabique.
Divination. f. Adivinación. / Intuición.
Divine. adj. Divino. / m. Sacerdote, clérigo.
Diving. adj. Zambullidor. / De buceo, de buzo (aparato, traje, etc.). / En picada, de picada. / m. Buceo.
Divinity. f. Divinidad. / m. Atributo divino. / Deidad. / *The Divinity*, Dios. / Teología.
Divisibility. f. Divisibilidad.
Divisible. adj. m. y f. Divisible. / (Der.) Dividuo.
Division. f. División, distribución. / m. Compartimento, compartimiento. / (Com.) Ramo, departamento, sección. / f. Discordia.
Divorce. m. Divorcio.
Divulgate. v. Divulgar, publicar.
Divulge. v. Revelar un secreto. / Divulgar, pregonar.
Dizzily. adv. Aturdidamente. / Vertiginosamente.
Dizziness. m. Vértigo, vahído, aturdimiento.
Dizzy. adj. Mareado, da, tambaleante. / Vertiginoso. / (Fam.) Tonto, chiflado.
Do. v. Hacer, producir, realizar. / Desempeñar, dar, rendir homenaje, etc. / Arreglar, peinar el cabello. / Trabajar en. / *To do again,* Volver a hacer, hacer otra vez. / *To do credit to,* Hacer honor a, ser digno de. / *To do harm,* Hacer daño, ser perjudicial a (o para). / *To do one's worst,* Hacer lo peor que uno pueda. / *To do oneself well,* Darse gusto, darse buena vida.
Do. Verbo auxiliar inglés necesario para: *Para formar interrogativos: Do you know the way to do it?*, ¿Sabe usted cómo hacerlo? / *Para formar negativos: I did not see him,* No lo vi. / *Para formar el imperativo enfático: Do swear!* ¡Júrelo! / *Para enfatizar una afirmación: I do love her,* En verdad que la amo (!).
Do. m. y pl. (Se usa en plural: dos o do's) / *The do's and dont's,* Lo que se debe y lo que no se debe hacer, el código de la sociedad, etc.
Docile. adj. m. y f. Dócil.
Dock. m. Dique. / Desembarcadero, muelle, dársena. / Banquillo del acusado. / (Bot.) Romaza. / (Náut.) v. Poner un barco en dique. / Entrar al dique, atracar.
Doctor. m. Médico, doctor. / adj. Que tiene un grado o título académico. / (Pesca deportiva) Señuelo en forma de mosca para el anzuelo. / v. Medicinar, tratar, cuidar, curar. / Reparar, componer. / Manipular, alterar, falsear, falsificar.
Doctorate. m. Doctorado.
Doctrine. f. Doctrina, dogma, creencia, teoría.
Document. m. Documento. / (Ant.) Ejemplo, prueba. / v. Documentar, asesorar con pruebas.
Documentary. adj. m. y f. Documental.
Documentation. f. Documentación.
Dodge. v. Esquivar el cuerpo, hacer un regate. / Evadir el deber o las obligaciones. / Hacer uso de argucias, buscar escapatorias. / Eludir un encuentro. / Evitar astutamente, rehuir. / m. Truco, artificio.
Dodgy. adj. Evasivo, sa, tramposo,sa, marrullero, ra.
Doe. (Zool.) Gama. / Coneja, cabra, hembra de la liebre, antílope o rata.
Does. (Gram.) Tercera persona del pres. del indicativo del verbo *To do.*

Doesn't. Does not. (Ver *Do*).
Dog. m. Perro. / Macho del zorro, lobo, etc. / adj. Canalla, sinvergüenza, individuo despreciable. / Desastre, horror, algo de muy mala calidad. / (Mec.) Grapa, gancho, agarrador. / v. Seguir los pasos a uno, perseguir. / Acosar, inquietar. / Sujetar con grapa o grapón. / adj. Inferior, falso, fingido.
Dogged. adj. m. y f. Tenaz, persistente, insistente.
Doggie. m. Perrito.
Doggy. adj. Perruno, relativo al perro.
Dogma. m. Dogma.
Dogmatic, dogmatical. adj. Dogmático, ca.
Dogmatism. m. Dogmatismo.
Dogmatize. v. Dogmatizar.
Dogsleep. m. Sueño ligero o intranquilo.
Dole. f. Distribución (de comida o dinero en cantidades pequeñas). Limosna, dádiva. / Socorro a desocupados. / Suerte, sino, destino.
Doll. f. Muñeca. / (Fig.) Mujer bonita. / (Pop.) Mujer. / (Fam.) Querida, amante, amiga. / (Fam.) Persona servicial y encantadora.
Dollar. m. Dólar.
Dollar mark, dollar sign. m. Signo de dólar ($.)
Dolorous. adj. Doloroso, sa.
Dolphin. m. Delfín, tonina. / (Náut.) Proís, boya de anclaje.
Domain. m. Dominio, imperio. / Territorio sobre el que se ejerce soberanía, heredad, propiedad, finca. / Dominio, campo de acción, esfera de influencia.
Domestic. adj. Doméstico, ca. / Casero, ra, hogareño, ña. / Nacional, interior, interno. / Criado.
Domesticate. v. Domesticar, amansar. / Civilizar, / Volverse hogareño.
Domestic commerce. m. Comercio interior.
Domestic science. f. Economía doméstica.
Domicile. m. Domicilio.
Dominant. adj. m. y f. Dominante.
Dominate. v. Dominar, tener dominio sobre. / Predominar sobre. / Ejercer dominio.
Domination. f. Dominación.
Domineering. adj. Dominante, imperioso, avasallador, mandón, tiránico.
Dominion. m. Dominio, señorío.
Domino. m. Dominó (el juego). / f. Máscara, careta.
Donate. v. Donar, contribuir.
Donation. f. Donación, dádiva.
Donative. m. Donativo, regalo.
Done. (Gram) Participio pasado del verbo *do*. / Acabado, completado. / Gastado, usado, consumido. / Agotado, cansadísimo.
Donkey. m. Asno, burro.
Donor. m. Donador, donante.
Doodle. m. Garabato dibujado mientras uno está distraído pensando en otra cosa.
Doom. f. Fatalidad, ruina, muerte. / Juicio, sentencia. / (His.) Estatuto, ley, decreto. / Día del juicio final. / v. Condenar, sentenciar. / Predestinar a la destrucción.
Doomsday. m. Día del juicio final, día del fin del mundo.
Door. f. Puerta. / (Fig.) Entrada, camino.
Doorbell. m. Timbre de llamada.
Door bolt. m. Cerrojo de puerta, pestillo.
Doorkeeper. m. Portero.
Door latch. m. Pestillo.
Doormat. f. Alfombrilla, esterilla, felpudo.
Door pull. f. Agarradera. / Tirador.
Doorsill. m. Umbral.
Doorstep. m. Escalón de la puerta.

Dope. m. Compuesto lubricante. Suavizador de gasolina. / Material absorbente usado en la manufactura de la dinamita.
Dopey. (Pop.) Narcotizado, aletargado, estupefacto. / (Fam.) Torpe, tonto.
Dormancy. f. Inactividad, período inactivo. / (Biol.) Estado o vida latente.
Dormant. adj. Durmiente. / Inactivo (un volcán).
Dormitory. m. Dormitorio, especialmente colectivo.
Dorsal. adj. Dorsal. / (Anat.) Vértebra dorsal.
Dorsum. m. Dorso, espalda, lomo.
Dose. (Med.) Dosis. / Porción. / (Pop.) Infección de gonorrea o sífilis. / v. Medicinar, dar una dosis a un enfermo. / Encabezar vino.
Dosing. f. Dosificación.
Doss. (Pop.) Camastro. / *Doss house*, Hotel barato, posada de mala muerte. / m. Sueño.
Dossier. m. Expediente, documentos, historial.
Dot. m. Punto. / Pequeña cantidad. / (Mat.) Punto decimal. / (Mús.) Puntillo. / (Der.) Dote. / v. Puntar, poner punto a una letra. / Puntear, salpicar. / (Pop.) Pegar, asestar un golpe.
Dote. v. Chochear. / *To dote on, to dote upon*, Idolatrar, amar con exceso, caérsele la baba por.
Doting. adj. Excesivamente afectuoso o cariñoso. / Senil, chocho.
Dotted line. f. Línea de puntos.
Double. adj. Doble. (Con todas las acepciones de la palabra castellana). / Ambiguo. / (Mús.) Contra. *Double bass*, Contrabajo. / Duplo. / Doble, doblez (en tela, papel, etc.). / Vuelta o giro repentino. / (Cine, teatro) Sustituto. / Apuesta combinada, quiniela. / (En plural, Dep.) Dobles. / v. Doblar (se), duplicar (se). Redoblar. / Plegar. / Cerrar el puño, la mano. / (Cine, teatro) Actuar como doble. / (Náut.) Doblar. (Cabo, península, etc.). / Retorcer hilo. / Volver bruscamente.
Double-dealing. f. Doblez, perfidia. / adj. Doble, insincero, traidor.
Double-decker. m. Omnibus de dos pisos.
Double-faced. adj. De dos caras. / (Fig.) Doble, hipócrita. / Con acabado por ambos lados.
Double-minded. adj. m. y f. Vacilante.
Doublet. m. Jubón, casaca, chaleco. / Uno de un par, pareja. / pl. Par de dados tirados a la vez con el mismo número. / (Radio) Antena dipolo. / (Fís.) Línea doble en el análisis espectral. / f. Piedra preciosa falsa.
Doubly. adv. Doblemente, al doble, por duplicado.
Doubt. v. Dudar. / Desconfiar de. / (Como substantivo) Duda, incertidumbre. / Desconfianza.
Doubtful. adj. Dudoso.
Doubtfully. adv. Dudosamente.
Doubtingly. adv. Dudosamente, incrédulamente.
Doubtless. adj. Indudable, cierto.
Doubtlessly. adv. Indudablemente.
Dour. adj. Severo, ra, duro, ra, austero, ra.
Douse. v. Mojar, empapar, poner en remojo.
Dovecot, dovecote. m. Palomar.
Down. adv. Abajo, hacia abajo, hasta el origen. / adj. Descendente, deprimido. / Exhausto, cansado. / prep. Por abajo, a lo largo, a través de. / v. Beber, tragar, devorar. / Suprimir, retener. / Derribar, derrotar. / Poner en el suelo, bajar, deponer. / f. Baja, caída. / m. Reverso, revés. / f. Ojeriza, inquina. / m. Plumón, flojel. / f. Pelusa. / *Ups and downs*, Altibajos.
Downcast. adj. Cabizbajo, ja, abatido, da.
Downgrade. f. Bajada, descenso, pendiente. / *On the downgrade*, (Fig.) Cuesta abajo. / v. Degradar, disminuir de categoría, desacreditar.

Downhearted. adj. Descorazonado, abatido, deprimido.

Downheartedness. m. Abatimiento, depresión.

Downhill. adv. Cuesta abajo, ladera abajo. / adj. En declive, inclinado. / m. Declive.

Downpour. m. Aguacero, chaparrón.

Downright. adv. Claramente, llanamente, sin preámbulos. / Completamente, sumamente.

Downstairs. adj. Abajo, en el piso bajo, escaleras abajo. / Abajo, en la planta baja. / pl. Piso bajo, planta baja.

Downstream. adj. y adv. Aguas o río abajo.

Downthrow. m. Derribo.

Down-to-earth. adj. m. y f. Realista.

Downtown. adv. Hacia o en el centro de la ciudad. / m. Centro comercial de la ciudad. / adj. Del centro comercial de la ciudad.

Downtrodden. adj. Oprimido, da.

Downturn. f. Vuelta hacia abajo. / Baja, depresión del comercio.

Downward. adj. Descendente. / Hacia abajo.

Downwards. prep. Hacia abajo, abajo.

Dowry. f. Dote. / f. y pl. Arras. / Talento.

Doze. v. Dormitar. / m. Sueño ligero.

Dozen. f. Docena, docenas.

Dozy. adj. Adormecido, da, soñoliento, ta.

Drab. m. Color pardo. / f. Tela gruesa de color gris o pardusco. / m. Aspecto deslustrado, carácter monótono.

Draft. f. Corriente de aire, viento colado, chiflón. / m. Anteproyecto. / Cantidad extraída (de un líquido). / pl. Juego de damas. / (Com.) Libramiento, libranza. / (Mil.) Reclutamiento, conscripción.

Draftsman. m. Dibujante, diseñador. / Peón o pieza en el juego de damas.

Drag. v. Arrastrar. / (Náut.) Rastrear, dragar, pescar o coger algo con brancada. / m. Arrastre. / f. Narria, rastra. / (Pop.) Trago (bebida), calada (cigarrillo). / (Fig.) Estorbo. / m. Carruaje, diligencia. / Rastro, caza con perros que siguen un rastro. / m. Marco inferior de una caja de moldear. / m. Hierro para limpiar pozos. / (Náut.) Draga, brancada, ancla flotante. / (Aer.) Resistencia al avance. / (Agr.) Grada. / (Pop.) Cuña, influencia. / f. Carrera de velocidad (de automóviles). / (Fam.) Baile, velada, reunión social. / (Fam.) Persona antipática.

Draggle. v. Ensuciar, embarrar algo arrastrándolo por el suelo. / Ensuciarse, embarrarse. (Algo que se arrastra). / Rezagarse, ir a la zaga.

Draggy. adj. Perezoso, lerdo.

Dragon. m. Dragón, monstruo fabuloso. / (Fig.) Fiera. / (Bot.) Dragontea. / (Mil.) Dragoncillo.

Dragonfly. (Entom.) Libélula, caballito del diablo.

Drainage. m. Desagüe, avenamiento, drenaje. / Alcantarillado. / Cuenca hidrográfica.

Drainpipe. m. Tubo de desagüe (cañería).

Drama. m. Drama (género dramático). / Suceso conmovedor. / (Fig.) El arte escénico.

Dramatic. adj. Dramático.

Dramatics. m. Arte dramático. / Teatro, representación de piezas teatrales. / Gestos melodramáticos, conducta melodramática.

Dramatist. m. y f. Dramaturgo.

Dramatization. f . Dramatización, escenificación.

Dramatize. v. Dramatizar. / Convertir en un drama, hacer una escena dramática de. / Hacer resaltar.

Drape. v. Cubrir o adornar con colgaduras, tapizar. / Colgar. / Formar pliegues artísticos en un ropaje o colgaduras. / Caer (ropaje, cortinas).

Drapery. f. Pañería, colgaduras. tapicería, cortinaje. / Ropaje.

Drastic. adj. Drástico, enérgico, riguroso, extremo. / (Med.) Drástico, purgador.

Drastically. adv. Drásticamente, de modo drástico.

Draughts. m. Juego de damas.

Draw. v. Tirar de, arrastrar. / Correr (cortina, etc.). / Tirar de, atraer. / Acarrear, traer consigo. / Sacar, extraer. / Provocar, molestar a alguien. / Tomar (aliento, inspiración). / Deducir, sacar conclusiones. / Formular (opinión, juicio), hacer (comparación, distinción, etc.). / Cobrar (el sueldo). / Dibujar, delinear. / Trazar, describir. / Tirar, estirar (metal, alambre). / (Pop.) Fruncir, arrugar (la cara). / Tender el arco. / Empatar, igualar (en un juego, competencia, etc). / Hacer una infusión, destilar. / Destripar, limpiar aves o pescado. / Girar una letra, un cheque. / Retirar fondos. Ganar, devengar intereses. / (Naút) Tener un calado de cierta profundidad. / (Mil.) Provocar el fuego del enemigo. / Robar, tomar una carta (en juegos de naipes). / *To draw a blank*, No encontrar nada, no tener éxito. / *To draw in one's horns*, (Fig.) Obrar con más cautela. / *To draw together*, Unir. / *To draw up*, Levantar, tirar hacia arriba. / (Mil.) Formar, ordenar tropas. / Hincharse (una vela con el viento). / *To draw in*, Acortarse (día, etc.). Economizar.

Drawback. f . Desventaja, inconveniente, impedimento. / (Com.) Descuento, reintegro de derechos de aduana.

Drawer. Cajón. / m. y f. Dibujante, bocetista. / (Com.) Girador. / pl. Calzoncillos. / Bragas.

Drawing. m. Dibujo, diseño. / Sorteo, rifa. / Extracción. / (Metal.) Revenido.

Drawing pen. m. Tiralíneas.

Drawing room. m. Salón. / Recepción social. / Asistentes a una recepción. / Compartimiento reservado en un tren.

Drawl. v. Pronunciar despacio. / Arrastrar las palabras. / f. Enunciación lenta.

Drawn. adj. Desenvainado (arma). / Destripado (pollo, pescado). / Trazado, tirada (dibujo, línea). / (Fig.) Ojeroso, contraído. / Empatado. / Abierto (un puente levadizo).

Dray. m. Carro fuerte, carretón. / v. Acarrear.

Dread. v. Temer, tener miedo de. / m. Temor, espanto, pavor. / Temor reverencial. / adj. Terrible.

Dreadful. adj. Terrible, espantoso, asombroso. / Molesto, desagradable, pesado.

Dream. m. Sueño, ensueño. / (Fig.) Maravilla, deseo inalcanzable, ambición. / v. Soñar. / Fantasear.

Dreamer. m. Soñador, visionario.

Dreamlike. adj. Como un sueño, de ensueño, irreal, vago, nebuloso.

Dreamy. adj. Soñador, dado a los sueños. / Lánguido, de ensueño. / Vago, nebuloso. / Encantador.

Drearily. adv. Melancólicamente, pesadamente.

Dreariness. m. Aspecto o aire melancólico, pesadez, monotonía.

Dreary. adj. Triste, melancólico, deprimente. / Monótono, pesado, aburrido.

Dredge. f. Draga. / (Naút) Rastra. / v. Dragar, rastrear. / (Cocina) Espolvorear.

Dreg. m. Rastro, resto. / (Fig.) Hez.

Drench. m. Remojo, remojón. / Dosis o poción purgativa. (Veter.). / Solución para curtir pieles. / v. Empapar, mojar. / Remojar, sopetear. / (Fig.) Empaparse de (conocimientos, ideas, etc.). / Bañar animales. / Remojar, adobar, aderezar (pieles). / Saciar, abrevar, hacer beber con exceso.

Dual

Dress. f . Vestido. / (Fig.) Atuendo, ropa. / v. Vestir. / Adornar, ataviar. / Arreglar, peinar el cabello. / Almohazar (caballerías). / Curar (heridas). / Podar, cultivar (jardín, árboles). / Cepillar, desbastar, labrar (madera). Tallar (piedra). / Curar, curtir (pieles). / Aprestar (el tejido), encolar, engomar (la urdimbre). / (Cocina) Aliñar, aderezar.

Dress circle. f. Galería principal de palcos. / Piso principal (en un teatro, platea).

Dresser. m . Ayudante de cirujano. / Ayuda de cámara de actores y actrices. / Aparador, tocador, cómoda con espejo. .

Dressing. m. Aderezo, aliño (en la ensalada), salsa, relleno. / (Med.) Vendaje, hilas. / Abono.

Dressmaker. f. Modista, costurera.

Dress parade. (Mil.) Desfile de gala, parada.

Dress suit. m. Traje o vestido de etiqueta.

Dribble. v. Gotear, escurrir. / Babear. / (Deporte) Driblar. / m. Goteo, chorro delgado. / Llovizna, garúa. / Pizca, bicoca.

Dried. adj. Seco, deshidratado.

Drift. f. y pl. Cosas arrastradas por la corriente. / Flujo o corriente lenta. / Humo, lluvia, nieve o arena llevada por el viento. / Amontonamiento de arena, nieve, hielo. Ventisquero, duna, médano. / Rumbo, tendencia. / Tenor, significado de un discurso o escrito. / Desviación (de un proyectil, de un vehículo). / Inacción, inercia, indecisión. / v. Flotar, ser arrastrado por la corriente. / Amontonarse por efecto del viento o del agua. / Arrastrar, llevar algo a la corriente.

Drift avalanche. m. Alud.

Drill. m . Taladro. / Broca, barrena / (Min.) Sonda. / Ejercicio, entrenamiento. / (Mil.) Instrucción, adiestramiento, ejercicio. / Procedimiento, conducta correcta. / Surco donde se siembra. / Hilera de semilla sembrada en un surco. / Sembradora mecánica. / (Zool.) Dril, mono del Africa. / Dril, tela fuerte de algodón. / v. Taladrar, perforar, barrenar. / Entrenar, ejercitar en forma repetida e insistente. /

Driller. m. Taladrador. / Entrenador, instructor.

Drilling. m . Barrenado. / f. Perforación, horadación. / Instrucción, adiestramiento. .

Drink. v. Beber. / f. Bebida. / (Pop.) Mar, agua.

Drinkable. adj. Bebible. / pl. Bebida.

Drinker. m. Borrachín. / Bebedero para aves.

Drip. v. Verter gota a gota, hacer gotear. / Gotear, rezumar, chorrear. / *Dripping wet*, Empapado. / f. Gotera, humedad condensada. .

Drippy. adj. Lluvioso. / Empalagoso, sentimental.

Drive. v. Empujar, impulsar. / Llevar cosas con viento o el agua. / Arrear animales. / Mover, accionar. / Conducir (un vehículo). / Perforar un túnel. / Registrar un territorio en busca de caza. / *To drive out*, Expulsar. / *To drive mad*, Volver loco. / *To drive at*, Proponerse, querer decir. / m. Paseo, excursión o viaje en vehículo. / Camino particular. / Autopista. / Impulso, instinto. / Campaña (de propaganda, etc.) / Empuje, vigor. / Energía. / Apremio. / Conducción, flotación de leños.

Driver. m . Piloto, conductor, cochero, maquinista. / (Mec.) Rueda motriz, engranaje motor. / Mazo.

Driveway. m. Camino particular de una casa.

Driving. m. Impulsor, motor, motriz. / adj. Enérgico, dinámico. / Violento, azotador (tempestad), torrencial (lluvia). / f. Conducción de un vehículo.

Drizzle. v. Lloviznar. / Asperjar, regar, rociar.

Droit. (Der.) Derecho.

Drool. v. Babear. / (Fig.) Hacérsele a uno agua la boca.

Droop. v. Inclinarse, colgar, pender. / Languidecer, extenuarse, flaquear, decaer. / Dejar caer (cabeza, orejas). / f. Inclinación, postura lánguida.

Drooping. adj. Inclinado, pendiente. / Caído (cabeza, párpados).

Drop. f. Gota. / (Fig.) Pizca. / Pendiente, arete, adorno colgante. / Caramelo, bombón, pastilla. / Caída. / Descenso en paracaídas, distancia en sentido vertical. / Bajada (de precios, temperatura). / Pendiente, declive, precipicio. / Escotillón, trampa. / Telón de fondo (en el teatro). / v. Bajar (la voz, precios, por camino, etc.). / Desplomarse. / Caerse muerto, morir. / (Pop.) Perder dinero en el juego o en la bolsa de valores. / (Pop.) Matar a alguien. / *To drop off*, Adormecerse, caer dormido, disminuir, decrecer, ir a menos, morir.

Drop-off. f. Bajada escarpada, bajada perpendicular.

Drop-out. m . Abandono, deserción. / Estudiante que no termina el curso. / Persona que abandona los modos establecidos por la sociedad, hippie.

Dropping. f. Gota caída (de cera, de vela). / pl. Deyecciones de animales.

Drought, drouth. f. Sequía.

Drove. f. Manada, rebaño, piara. / Multitud, gentío, muchedumbre. / Cincel desbastador. / v. Arrear. / Trabajar una piedra con cincel desbastador.

Drown. v. Ahogarse, ahogar. / Empapar, mojar.

Drowse. v. Adormecer, adormitar. / *To drowse off*, Adormecerse. / m. Sueño ligero.

Drowsiness. f. Somnolencia, modorra, pereza.

Drowsy. adj. Adormecido, amodorrado.

Drudge. v. Atarearse, trabajar como un esclavo. / m. Esclavo del trabajo, trabajador servil.

Drudgery. m. Trabajo fatigoso, labor monótona.

Drug. f. Droga, medicina, medicamento. / m. Narcótico, estupefaciente. / v. Narcotizar, dopar.

Drugstore. f. / Droguería, farmacia.

Druid. m. Druida.

Drum. (Mús.) Tambor. / Cilindro de revólver. / Carrete, bobina. / (Anat.) Vaso de capitel, cuerpo de columna. / v. Tocar el tambor.

Drumbeat. m. Toque de tambor.

Drummer. m. Tambor, el que toca el tambor. / Viajante, agente viajero (EE. UU.).

Drumming. m. Tamboreo, tamborileo.

Drunk. adj. Borracho, ebrio.

Drunkard. adj. Borracho, borrachín, bebedor.

Drunken. adj. Borracho, embriagado. / De borrachos, entre borrachos. / Inestable, tambaleante.

Drunkenness. f. Embriaguez.

Dry. adj. Seco, árido. / Desecado. / Sediento. / Sin mantequilla (pan, tostada). / Simulado, de práctica / f. Sequedad.

Dry-as-dust. adj. Aburrido, tedioso, prosaico. / Pedante.

Dry-clean. v. Limpiar en seco, lavar en seco.

Dry cleaning. f. Limpieza o lavado en seco.

Dryer. f. Persona o cosa que seca. / Secadora (el aparato).

Dry goods. f. y pl. Mercancías generales como telas, paños, ropa. / f. Lencería, mercería.

Drying. adj. Desecante, secante, secador.

Dry land. f. Tierra firme.

Dryly. adv. Secamente, fríamente.

Dryness. f. Sequedad, aridez.

Dry scall. f. Sarna.

Duad. m. Par, pareja. / (Quím.) Díada.

Dual. adj. Doble, dual, binario. / m. Número dual.

Duality. f. Dualidad.
Dub. v. Armar, nombrar caballero. / Apellidar, apodar, titular. / (Pop.) Chapucear, frangollar. / Alisar, estregar, suavizar cueros. / Desbastar madera con la azuela. / Tamborilear. / Golpear, empujar. / Doblar una película (en cine). / m. Golpe, empuje. / Toque de tambor.
Dubbing. f. Ceremonia en que se arma caballero. / m. Adobo para engomar las telas, o curtir pieles. / m. Doblaje de películas.
Dubious. adj. Dudoso.
Dubiously. adv. Dudosamente.
Dubitative. adj. Dubitativo.
Duck. (Orn.) Pato, ánade. / (Fam.) Pichona, querida. / (Pop.) Tipo. / Dril, brin, lona fina. / pl. (Fam.) Traje de dril, pantalón de dril. / Zambullida. / Agachada, regate. / Camión anfibio. / *Fine day for young ducks,* Tiempo lluvioso.
Ducking. f. Zambullida. / Remojada, chapuzón.
Duck soup. (Fam.) Cosa fácil, juego de niños.
Duct. m. Conducto, canal, tubo. / v. Conducir por un tubo (agua, etc.).
Ductile. adj. Dúctil, flexible. / (Fig.) Blando, dócil.
Ductility. f. Ductilidad. / Docilidad.
Dud. f. Bomba o granada que no estalla. / m. Fracaso, fiasco. / Fracasado (una persona). Cosa inútil. / pl. (Fam.) Ropas. Trapos, andrajos, ropa gastada y vieja. / Pertenencias.
Dudgeon. f. Inquina, enojo, ojeriza.
Due. adj. Debido, merecido, propio (premio, respeto, etc.). / Adecuado, suficiente (prueba, consideración, etc.). / Esperado, aguardado. / m. Derecho. / pl. Derechos, impuestos. / Cuota (que se debe pagar).
Duel. m. Duelo, combate. / v. Batirse a duelo.
Duelist. m. y f. Duelista.
Duffel. m. Muletón, paño de lana basta.
Dugout. f. Piragua.
Dukedom. m. Ducado.
Dulcify. v. Dulcificar, endulzar. / Apaciguar.
Dull. adj. Estúpido, torpe, obtuso. / Lerdo, lento. / Romo. / Opaco, deslustrado, empañado (color). / Débil, apagado (un sonido, el fuego). / Sordo (un dolor). / Deprimido, desanimado. / Insípido, insulso, soso. / Aburrido, monótono. / Nublado, nebuloso. / v. Embotar(se), Deslustrar(se), empañar(se).
Dullish. adj. Bastante estúpido. / Más bien opaco, sin mucho brillo (un color).
Dullness, dulness. f. Estupidez, torpeza. / Falta de filo o punta. / Deslustre, opacidad.
Dully. adv . Torpemente, estúpidamente, lentamente. / Monótonamente, tediosamente, aburridamente.
Duly. adv . Debidamente, correctamente.
Dumb. adj. Mudo. / Silencioso, reticente. / Taciturno. / v. Enmudecer. / Entorpecer, aturdir.
Dumbly. adv. Silenciosamente.
Dumbness. f. Mudez. / (Fam.) Estupidez.
Dummy. adj. Estúpido, imbécil. / Testaferro, hombre de paja. / Maniquí (para exhibir vestidos). / Sustituto, imitación. / Maqueta de un libro.
Dump. (Fam.) Trozo grueso, masa deforme. / Ficha de plomo de ciertos juegos infantiles. / v. Vaciar, descargar de golpe, arrojar. / Abandonar, deshacerse de, dejar a su suerte, plantar.
Dumping. f . Vaciadura. / Inundación del mercado con productos a bajo precio.
Dunce. adj. y m., f. Zopenco, burro, estúpido.
Dune. f. Duna, médano, marisma.
Dungaree. f. Tela tosca de algodón para hacer tiendas, velas, etc. / Traje de faena, mono.

Dungeon. f. Mazmorra, calabozo. / Torre del homenaje. / v. Meter en un calabozo o mazmorra.
Dunk. v. Sopetear, ensopar, remojar (pan, en leche, té, etc.). / Tirarse al agua, zambullirse.
Dupable. adj. Crédulo, inocentón.
Dupe. adj. Víctima de engaño, primo, ma.
Duper. adj. Embaucador.
Duplex. adj. Doble, duplo, dúplice, de dos partes. / Dúplex. / Gemelo (compresor, torno, etc.). / f. Casa para dos familias, departamento de dos pisos.
Duplicate. adj. Duplicado, doble.
Duplication. f. Duplicación, copia. / m. Duplicado.
Duplicity. f. Duplicidad, doblez, engaño.
Durance. f. Prisión, cautividad, cautiverio. / f. Sempiterna, tela fuerte de lana.
Duration. f. Duración.
During. prep. Durante.
Dusk. adj. Oscuro, moreno. / v. Oscurecerse. Obscurecer. / (Fig.) Ensombrecer. / m. Crepúsculo. / Sombra, obscuridad, tinieblas.
Dust. m. Polvo. / Polvareda. / (Fig.) Cenizas, restos mortales. / Confusión, barullo, alboroto. / (Pop.) Droga en polvo.
Dustbin. m. Cubo para la basura.
Dustcloth. m. Trapo para limpiar.
Dustcoat. m. Guardapolvo para proteger la ropa.
Duster. m. Plumero. / Trapo para limpiar. / Guardapolvo para proteger la ropa. / Pulverizador, rociador (para insecticidas).
Dusting. f. Desempolvadura. / Capa fina de polvo.
Dustman. m. Basurero, barrendero.
Dust-up. f. Pelea, riña.
Dusty. adj. Polvoriento. / Vago, indeterminado.
Dutch. adj. Holandés. / *In Dutch,* (Pop.) En desgracia. / *To beat the Dutch,* Ser cosa sorprendente o inaudita.
Duteous. adj. Obediente, respetuoso, sumiso, obsequioso.
Duteously. adv. Debidamente, obedientemente.
Duteousness. m. Cumplimiento del deber, obediencia.
Dutiful. adj. Cumplidor, concienzudo. / Obediente, respetuoso.
Dutifully. adv . Debidamente, cumplidamente, obedientemente.
Dutifulness. m. Afán de cumplir con los deberes, obediencia, sumisión, respeto.
Duty. m. Deber, obligación. / Tarea, cargo. / Respeto, obediencia. / Impuesto, arancel, derecho de aduana. / (Rel.) Oficios. / (Mil.) Servicio, facción. / (Agr.) Dotación, coeficiente de riego.
Duty-free. adj. Libre o franco de derechos.
Dwarf. adj. Enano, pigmeo. / adj. Diminuto, pigmeo.
Dwarfish. adj. Diminuto, pigmeo, enano, pequeño.
Dwell. v. Habitar, morar, residir, vivir.
Dweller. m. Morador, habitante.
Dwelling. f. Morada, domicilio, vivienda.
Dwindle. v. Menguar, disminuirse, consumirse.
Dye. m. Tinte. / v. Teñir(se).
Dyeing. m. Tinte, tintura, teñido.
Dyer. m. Tintorero.
Dying. adj. Moribundo, agonizante, mortal.
Dynamic. adj. Dinámico, enérgico, vigoroso.
Dynamically. adv. Con dinamismo, enérgicamente.
Dynamics. f. La dinámica.
Dynamism. m. Dinamismo. / Energía activa.
Dynamite. f. Dinamita. / v. Dinamitar.
Dynamo. f. Dínamo.
Dynasty. f. Dinastía.
Dyslexia. f . Dislexia.

E

E. m. (Mús.) La nota Mi.
Each. pron. Cada. / Cada uno, cada cual.
Eager. adj. Ansioso, anhelante, afanoso, impaciente.
Eagerness. f. Ansia, anhelo, avidez, vehemencia.
Eagle. f. Águila. / Moneda de oro de 10 dólares.
Ear. m. Oído. / Oreja. / Sentido musical. / Asa (de un objeto). / Atención, reparo. / Mazorca de maíz, espiga de cereales.
Earache. m. Dolor de oído.
Eardrop. m. Pendiente, arete, zarcillo.
Earflap. m. Anat. Pabellón de la oreja. / Orejera.
Earl. m. Conde.
Earlier. adv. Temprano, antes. / adj. Anterior, antiguo.
Earliest. adj. Más temprano. / Más antiguo, más remoto. / Antiguo, primitivo.
Early. adj. Temprano (hora, fruta, etc.). / Prematuro (muerte). / Primitivo, antiguo. / Primero, primera (días, noticias, etc.). / Cercano, próximo (fechas). / Rápido (respuesta, etc.).
Earn. v. Ganar (dinero, etc.). / Merecer, ganarse (favor, honra, etc.).
Earnest. f. Seriedad, ahínco, empeño. / *In earnest,* En serio, de veras. / Pago a cuenta. / (Fig.) Prenda, fianza. / adj. Serio, formal (persona). / Serio, grave (un asunto). / Intenso, vivo (atención, anhelo, etc.).
Earring. f. Pendiente, arete, zarcillo.
Earth. f. Tierra. / Mundo. / Suelo. / Madriguera. / Esconderse en su madriguera. / Electr. Conectar a tierra.
Earthen. adj. Terrenal, terreno. / Térreo, de barro.
Earthenware. f. Loza de barro.
Earthiness. f. Robustez. / Desenvoltura, desenfado. / Calidad de lo práctico, verdadero o físico.
Earthly. adj. Terrenal, terreno, terrestre. / Mundano, temporal. / Concebible.
Earthnut. m. Bot. Maní, cacahuete.
Earthquake. m. Terremoto, temblor de tierra.
Earthward, earthwards. adv. Hacia la tierra.
Earthworm. f. Lombriz o gusano de tierra.
Earthy. adj. Terroso, térreo. / Robusto. / Vulgar, grosero. / Sin inhibiciones, sensual..
Ease. f. Tranquilidad, serenidad, reposo. / Comodidad. / Alivio, desahogo, sosiego. / Desenvoltura, naturalidad. / Facilidad, holgura.
Easel. m. Caballete de pintor, atril. / Marco para fotografías.
Easily. adv. Fácilmente, sin dificultad..
Easiness. f. Facilidad. / Suavidad, soltura, gracia, holgura. / Tranquilidad, quietud.
East. m. Este, oriente, levante. / adj. Oriental, de oriente, del este. / adv. Hacia el este, al este.
Easter eve. f. Noche del Sábado Santo, víspera de Pascua Florida.
Eastern. adj. Oriental, de oriente. / Oriental, natural del Oriente. / Miembro de la Iglesia Oriental. / Astron. Ortivo.
Eastertide. m. Tiempo de Pascua, tiempo pascual.
Eastwards. adv.,adj. Hacia el este.
Easy. adj. Fácil. / Liviano, leve (castigo). / Suave, moderado (bajada, pendiente, paso, etc.). / Cómodo, agradable (vida, paseo, etc.). / Simple, sencillo, claro. /

Suave, natural (modos, trato), complaciente (persona, disposición), desenvuelto, natural (conducta). / Confortable, cómodo. / Fácil, dócil, manejable, obediente. / (Com.) De poca demanda (mercaderías), bajo (interés), abundante (dinero), flojo (mercado).
Easy-going. adj. De paso lento y suave. / Despacio.
Eat. v. Comer. / (Fig.) Devorar, tragar. / (Pop.) Molestar, preocupar..
Eatable. adj. Comestible, comible. / pl. Comestibles, víveres.
Eatery. m. Restaurante.
Eating. m. El comer. / Comida. / adj. De comer, para comer.
Eavesdrop. v.]Escuchar furtivamente, disimuladamente. Escuchar secretamente por medio de dispositivos electrónicos.
Ebony. m. Bot. Ébano.
Ebullience. f. Ebullición.
Ebullient. adj. Exaltado, entusiasta.
Ebullition. f. Ebullición, hervor. / Entusiasmo.
Eccentric. adj. y m., f. Excéntrico. / Extravagante.
Eccentricity. f. Excentricidad. / Extravagancia.
Ecclesiastic. m. Eclesiástico. / Clérigo, sacerdote.
Ecclesiastical. adj. Eclesiástico.
Echinate. adj. Erizado, cubierto de púas o cerdas.
Echinus. m. (Zool.) Equino, erizo de mar.
Echo. m Eco. / Imagen fantasma (en TV.). / Imitador. / (Fig.) Eco, acogida favorable. / v. Producir eco.
Eclipse. m. Eclipse. / v. Eclipsar, eclipsarse.
Ecology. f. Ecología.
Economic. adj. Económico.
Economical. adj. Económico, frugal, módico.
Economics. f. Economía (ciencia). / Economía, aspecto económico.
Economist. m. y f. Economista.
Economize. v. Economizar, ahorrar.
Economy. f. Economía, sistema económico. / Ahorro, frugalidad. / Estructura, sistema orgánico, organización. / Rel. Designio divino.
Ecstasied. adj. Extasiado, extático.
Ecstasy. m. Éxtasis, rapto, arrobamiento.
Eczema. m. Eccema.
Edacious. adj. Voraz, devorador, goloso.
Eddy. m. Remolino.
Eden. m. Edén.
Edge. m. Filo. / Borde, margen, orilla, canto. / Afueras, contornos de una ciudad, etc. / (Fig.) Estímulo, sabor. / Poner o formar bordes. Bordear, ribetear. Cantear (madera). / Inclinar, poner de canto.
Edging. m. Borde, margen, orla, ribete, pestaña.
Edgy. adj. Agudo, afilado, aguzado. / Nervioso, inquieto.
Edible. adj. Comestible, comible.
Edict. m. Edicto, bando, decreto, mandato, ordenanza.
Edifice. m. Edificio. / (Fig.) Estructura.
Edify. v. Edificar, incitar a la virtud.
Edifying.- adj. Edificante, virtuoso.
Edit. v. Editar, preparar para la publicación. / Corregir, repasar. / Preparar una edición de. / Redactar, dirigir un periódico. / Hacer el montaje de una película. / *To edit out,* Recortar, suprimir.

Edition. f. Edición. / Tirada, tiraje (de un periódico). / (Fig.) Edición, versión.

Editor. m., f. Editor. / Director, redactor titular de un periódico.

Editorial. m. Editorial, artículo de fondo. / adj. De redacción.

Editorship. f. Dirección o redacción de una revista o periódico.

Educate. v. Educar, instruir, enseñar. / Desarrollar, mejorar (facultades, condiciones, etc.). / Adiestrar, amaestrar.

Educated. adj. Educado, instruido, culto. / Entrenado (un animal). / Informado, probable.

Education. f. Educación, instrucción, enseñanza, cultura. / Adiestramiento (animales).

Educational. adj. Educativo, específico para educar.

Educative. adj. Educativo, educador, instructivo.

Educator. m., f. Educador, maestro, pedagogo.

Eel. f. (Zool.) Anguila.

Eerie, eery. adj. Misterioso, pavoroso, espectral.

Efface. v. Tachar, borrar. / (Fig.) Destruir, arrasar.

Effacement. f. Tachadura, borradura. / Destrucción.

Effect. m. Efecto, resultado, consecuencia. / Vigor, vigencia. / Eficacia, efectividad. / pl. Efectos, bienes, posesiones. / Impacto, impresión. / v. *To give effect to,* Hacer efectivo, llevar a efecto. / *To go into effect,* Entrar en vigencia. / Efectuar, realizar, ejecutar, producir, hacer.

Effective. adj. Efectivo, actual, real. / Eficaz. / Impresionante. / Vigente, en vigencia. / (Mil.) Efectivo, disponible. / m. pl. Efectivos.

Effectively. adv. Efectivamente, en efecto. / Eficazmente.

Effeminate. adj. Afeminado. / Decadente.

Effervescence. f. Efervescencia.

Effete. adj. Exhausto, gastado, agotado. / Estéril. .

Efficacious. adj. Eficaz.

Efficacy. f. Eficacia.

Efficiency. f. Eficiencia, habilidad. / (Mec.) Rendimiento.

Efflorescence. f. Florescencia, florecimiento.

Effluence. f. Efluencia, emanación, efusión, efluvio.

Effluvium. m. Efluvio, exhalación, emanación.

Effort. m. Esfuerzo. / (Fam.) Producto, producción.

Effulgent. adj. Refulgente, resplandeciente, radiante, esplendoroso.

Effuse. v. Derramar, esparcir, verter.

Effusion. f. Efusión, derrame.

Effusive. adj. Efusivo, expansivo.

Egalitarian. adj. y m., f. Igualitario, partidario de la igualdad social, política y civil.

Egalitarianism. m. Igualitarismo, la doctrina de la igualdad.

Egg. m. Huevo. / (Pop.) Tío, tipo, sujeto. / v. Urgir, instar, incitar. / Culin. Rebozar con huevo. / (Pop.) Arrojar huevos a una persona.

Egg cell. m. Biol. Ovulo.

Egg-shaped. adj. Ovoide, ovoideo, oviforme.

Eggshell. f. Cáscara de huevo. / adj. Tenue y frágil. / Ligeramente lustroso.

Egg-whisk. m. Batidor de huevos.

Egg white. f. Clara de huevo.

Egocentric. adj. Egocéntrico.

Egoist. m. y f. Egoísta.

Egotism. m. Egotismo. / Egoísmo.

Egregious. adj. Extraordinario, tremendo, atroz, insigne.

Egress. f. Salida. / v. Salir.

Egyptian. adj. y m., f. Egipcio. / Gitano.

Eiderdown. m. Edredón, plumón.

Eight. adj. y m. Ocho. / Bote de ocho remeros, automóvil o motor de ocho cilindros.

Eighteen. adj. Dieciocho.

Eighteenth. adj. Decimoctavo, dieciochesco.

Eightfold. adj. óctuplo. / Ocho veces.

Eighth. adj. y m. Octavo. / Ocho (en fechas). / f. (Mús.) Octava, corchea.

Eightieth. adj. Octogésimo, ochentavo.

Eighty. adj. Ochenta.

Eigthyfold. adj. Ochenta veces.

Either. adj. y pron. Uno u otro, cualquiera de los dos. / Ambos. / Uno de dos, el uno o el otro. / conj. Tampoco (después de una negación).

Ejaculation. f. Fisiol. Eyaculación. / Exclamación.

Eject. v. Expeler, echar, arrojar, expulsar.

Eke. v. Aumentar, añadir.

Elaborate. v. Elaborar, desarrollar (un plan, una idea). / Fabricar. / Explicar en detalle.

Elaboration. f. Elaboración, obra acabada.

Elastic. adj. Elástico. / (Fig.) Flexible, adaptable.

Elasticity. f. Elasticidad. / (Fig.) Flexibilidad.

Elate. v. Exaltar, enorgullecer, regocijar.

Elbow. m. Codo. / (Zool.) Codillo. / Curva, recodo.

ElDer. adj. Mayor. / m. Mayor. / Rel. Anciano. / pl. Mayores, ancianos, antepasados. / Bot. Saúco.

Elderly. adj. Entrado en años, de edad avanzada.

Eldest. adj. y m., f. Primogénito. / El mayor, el más viejo.

Elect. adj. Escogido, selecto. / Electo. / Elegido. / v. Elegir, (por medio del voto.) / Escoger, seleccionar.

Election. f. Elección, selección. / Nombramiento. / Predestinación.

Elective. adj. Electivo. / Electoral. / Selectivo. / m. Curso electivo, asignatura electiva.

Electoral. adj. Electoral.

Electorate. m. Electorado. / Distrito electoral.

Electric. adj. Eléctrico. / (Fig.) Electrizante, excitante. / m. Tranvía o ferrocarril eléctrico.

Electrical. adj. Eléctrico. / (Fig.) Electrizante.

Electrician. m. y f. Electricista.

Electricity. f. Electricidad.

Electric lighting. m. Alumbrado eléctrico.

Electric strength. f. (Electr.) Resistencia dieléctrica, resistencia aisladora.

Electric wiring. f. Instalación eléctrica.

Electrify. v. Electrizar. / Electrificar.

Electrocute. v. Electrocutar.

Electron. m. Electrón.

Electronics. f. Electrónica.

Electrostatics. f. Electrostática.

Elegance. f. Elegancia.

Elegant. adj. Elegante, refinado. / (Fam.) Excelente, magnífico. / Persona elegante.

Elegiac. adj. Elegíaco. / Triste, plañidero. / m. Verso, pentámetro o dístico elegíaco.

Elegy. f. Elegía.

Element. m. Elemento. / (Con todas las acepciones de la palabra castellana.) / pl. Elementos, fuerzas de la naturaleza, agentes naturales. / Elemento, componente, ingrediente. / Algo, un poco, un indicio.

Elemental. adj. Elemental. / A los elementos. / (Quím.) Elemental. / m. Espíritu, aparición.

Elementary. adj. Elemental, simple, rudimentario, primordial, fundamental.

Elementary school. f. Escuela primaria.
Elephant. m. y f. (Zool.) Elefante.
Elephantine. adj. Elefantino. / Enorme, inmenso.
Elevate. v. Elevar, alzar, levantar. / Subir. (Volumen de una radio, etc.). / (Fig.) Ascender en un empleo. / Exaltar, ennoblecer. / adj. poét. Elevado.
Elevated. adj. Elevado, alzado. / (Fig.) Exaltado. / (Fam.) Achispado, algo borracho.
Elevation. f. Elevación, alzamiento, alza.
Elevator. m. Ascensor. / Elevador, montacargas. / Silo, almacén o depósito de granos.
Eleven. adj. y m. Once.
Elevenfold. f. Once veces.
Eleventh. adj. Onceno, undécimo. / Once. (En fechas).
Elfin. adj. De duendes, semejante a un duende. / (Fig.) Mágico, encantador. / Travieso, chancero. / m. Duendecillo, elfo. / Diablillo, niño travieso.
Elide. v. Omitir, suprimir, pasar por alto. / Gram. Elidir.
Eligible. adj. Elegible. / Aceptable, idóneo, apto. / m. y f. Persona elegible. / Buen partido.
Eliminate. v. Eliminar. / Excluir, suprimir, quitar. / Fisiol. Expeler del organismo.
Elimination. f. Eliminación.
Eliminatory. adj. Eliminatorio.
Elite. f. La élite, lo selecto. / Elite.
Ellipse. f. Elipse.
Ellipsis. f. (Gram). Elipsis.
Elm. m. (Bot.) Olmo.
Elocution. f. Elocución, declamación.
Elongate. v. Alargar (se), extender (se), estirar (se), prolongar (se). / adj. Alargado, extendido, estirado.
Elope. v. Fugarse con un amante. / Huir.
Eloquence. f. Elocuencia, oratoria, facundia.
Eloquent. adj. Elocuente.
Else. adj. Otro, diferente, más. / *Anybody else,* Alguna otra persona, alguien más. / *Anything else,* Alguna otra cosa, algo más. / *Everyone else,* Todos los demás. / *No one else,* Ningún otro, nadie más. / *Nothing else,* Nada más. / *Something else,* Otra cosa, algo más. / *Who else?, ¿*Quién más? / adv. De otro modo, de otra manera. / Más, además. / En vez de. / *Nowhere else,* En ninguna otra parte.
Elsewhere. adv. En otra parte, a otra parte.
Elucidatory. adj. Explicativo, aclaratorio, dilucidatorio.
Elude. v. Eludir, evadir, esquivar, evitar.
Eludible. adj. Eludible, evitable.
Elusively. adv. Evasivamente, vagamente, esquivamente.
Elusory. adj. Evasivo, esquivo.
Elver. f. Angula.
Em. f. La letra eme. / Impr. Eme, pica.
Emaciated. adj. Enflaquecido, flaco. / Med. Extenuado. / *To be emaciated,* Estar en los huesos.
Emanation. f. Emanación, efluvio.
Emancipate. v. ((Der.)) Emancipar. / Libertar, emancipar. / Manumitir.
Emancipation. f. Emancipación, liberación.
Embalm. v. Embalsamar.
Embalmer. m. Embalsamador.
Embalmment. m. Embalsamamiento.
Embank. v. Represar.
Embankment. m. Terraplén, malecón, dique, presa.
Embargo. m. Embargo. / Restricción, impedimento, prohibición. (En ventas). / v. Embargar, detener.
Embark. v. Embarcar. / Invertir, emplear. (Dinero, etc.). / Embarcarse. / Aventurarse, lanzarse. (A una aventura o empresa).

Embarkation. m. Embarque.
Embarrass. v. Confundir, turbar, avergonzar, desconcertar. / Estorbar, embarazar.
Embarrassment. f. Vergüenza, desconcierto, turbación, perplejidad, confusión. / Embarazo.
Embassy. f. Embajada.
Embed. v. Embutir, incrustar, engastar.
Embellish. v. Hermosear, embellecer, adornar.
Embellishment. m. Embellecimiento, adornamiento. / Adorno, ornamento, ornato.
Ember. f. Ascua, brasa, pavesa.
Emblaze. v. Engalanar, adornar, embellecer. / Iluminar o alumbrar con fuego, encender.
Emblem. m. Emblema, símbolo. / v. Simbolizar.
Emblematic, emblematical. adj. Emblemático.
Embodiment. f. Encarnación, personificación. / Incorporación, inclusión..
Embody. v. Encarnar, personificar. / Incorporar, incluir, comprender, englobar. / Dar cuerpo o forma perceptible a una idea, etc.
EmborDer. v. Enmarcar.
Emboss. v. Repujar, grabar o tallar en relieve..
Embossment. m. Relieve, repujado. / Grabado en relieve. / Bulto, protuberancia.
Embouchure. f. Embocadura, desembocadura de un río. / (Mús.) Embocadura, aplicación de los labios en la embocadura.
Embow. v. Enarcar, curvar, abovedar.
Embowel. v. Desentrañar, sacar las entrañas.
Embrace. v. Abrazar. / (Fig.) Adoptar. (Ideas, modo de vida, etc.). / (Fig.) Aprovecharse de..
Embracement. m. Abrazo, abrazamiento.
EmbroiDer. v. Bordar, recamar. .
Embroidery. m. Bordado, recamado, labor.
Embroil. v. Embrollar, confundir (las cosas). / Enredar, envolver a alguien en problemas, dificultades..
Embroilment. m. Embrollo, alboroto, confusión.
Embrown. v. Obscurecer, sombrear. / Embazar, volver amarillento. (Hojas de plantas). / Oscurecerse.
Embryo. m. Embrión. / adj. Incipiente.
Emcee. m. Maestro de ceremonias, animador..
Emend. v. Enmendar, corregir.
Emendate. v. Enmendar, corregir.
Emendation. f. Enmienda.
Emendator. m. y f. Corrector, enmendador.
Emendatory. adj. Enmendador, de corrección o enmienda.
Emerald. f. Esmeralda. / adj. De color esmeralda.
Emerge. v. Emerger, brotar, salir. / (Fig.) Surgir.
Emergence. f. Emergencia, salida, surgimiento..
Emergency. f. Emergencia, apuro, situación crítica.
Emergent. adj. Emergente, saliente, naciente..
Emigrant. adj. Emigrante, migratorio.
Emigrate. v. Emigrar, expatriarse.
Emigration. f. Emigración.
Eminence. f. Eminencia, altura, elevación. / Superioridad, distinción. / Persona eminente.
Eminent. adj. Eminente, elevado. .
Eminently. adv. Sumamente.
Emirate. m. Emirato.
Emission. f. Emisión, emanación. / (Econ., Con.) Emisión. (De papel moneda). / (Mec.) Escape.
Emissive. adj. (Fís.) Emisivo, emisor, de emisión.
Emit. v. Emitir, despedir.
Emotion. f. Emoción.
Emotional. adj. Emocional. / Emotivo, conmovedor. / Impresionable.

Emotive. adj. Emotivo, emocionante.
Empathy. f. Empatía.
Emperor. m. Emperador.
Empery. m. Dominio absoluto, soberanía, imperio.
Emphasis. m. Énfasis, acento, intensidad.
Emphasize. v. Recalcar, destacar, hacer hincapié en.
Emphatic. adj. Enfático. / Categórico, enérgico.
Empire. m. Imperio. / De estilo imperio.
Empirical. adj. Empírico.
Empiricism. m. Empirismo.
Emplace. v. Emplazar, situar.
Employ. v. Emplear. / Dar trabajo a. / m. Empleo.
Employable. adj. Empleable, utilizable.
Employee, employe. m. y f. Empleado.
Employer. m. y f. Empleador, patrón, patrona.
Employment. m. Empleo, uso, destino. / Contratación. / Profesión, oficio, ocupación.
Empoison. v. Ponzoñar. / Envenenar.
Empress. f. Emperatriz.
Emptily. adv. Vacuamente.
Emptiness. m. Vacío, vacuidad. / (Fig.) Futilidad.
Empty. adj. Vacío, vacuo, desocupado. / (Fig.) Ocioso. / (Fig.) Vano, frívolo. / Falto, desprovisto de. / (Fig.) Hueco, vano, sin sentido. / Ignorante. / Hambriento. / v. Vaciar. / Despojar. (De significado, sentido, etc.). / Vaciar, desaguar, desembocar. (Un río). / m. Recipiente o envase vacío.
Emulate. v. Emular, imitar, competir con, rivalizar con.
Emulation. f. Emulación.
Emulative. adj. Emulador, rival.
Emulator. m. Émulo, emulador, rival.
Emulous. adj. Emulador, rival. / Imitador. / Deseoso de fama, etc.
Emulsify. v. Emulsionar.
Emulsion. f. Emulsión.
En. f. La letra ene. / Cosa en forma de N.
Enable. v. Habilitar, capacitar, hacer posible.
Enact. v. Promulgar. (Una ley)..
Enactment. f. Promulgación, aprobación y sanción de una ley. / Ley, estatuto, norma, decreto.
Enamel. m. Esmalte. / v. Esmaltar.
Enameling. adj. Esmaltado, esmalte. / Charolado.
Enamelware. m. Utensilios de hierro esmaltado.
Encamp. v. Acampar.
Encampment. m. Campamento.
Encase. v. Encajar, encajonar, encerrar. / Embutir.
Encasement. m. Encierro, encajonamiento.
Encephalogram. m. Encefalograma.
Enchain. v. Encadenar, engrillar..
Echainment. m. Encadenamiento.
Enchant. v. Encantar, hechizar.
Enchanting. adj. Encantador.
Enchantment. m. Encantamiento, hechicería.
Encina. f. (Bot.) Encina, roble.
Encircle. v. Circundar, circunscribir, rodear, cercar, circunvalar. / (Mil.) Cercar.
Enclave. m. Enclave. / Barrio o distrito habitado por extranjeros o destinado a un objeto especial. / v. Establecer o encerrar en territorio extranjero.
Enclose. v. Cercar, circunvalar, circundar, encerrar. / Incluir, adjuntar. / Englobar, meter en.
Enclosure. m. Cercamiento, encerramiento. / Cercado, vallado, coto, recinto. / Carta adjunta.
Encounter. v. Encontrar, salir al encuentro de. / Dar o tropezar con. / m. Encuentro, choque, combate.
Encourage. v. Animar, alentar, fortalecer. / Estimular, fomentar, ayudar, favorecer. / Incitar, aconsejar.
Encouragement. m. Aliento, animación. / Estímulo.

Encouraging. adj. Animador, alentador, favorable.
Encroachment. f. Intrusión, intromisión.
Encrust. v. Incrustar, encostrar.
Encumber. v. Recargar, sobrecargar. / Estorbar.
Encumbrance. m. Embarazo, impedimento, traba.
Encyclic, encyclical. f. Encíclica. / adj. Circular.
Encyclopedia, encyclopaedia. f. Enciclopedia.
Encyclopedical, encyclopaedical. adj. Enciclopédico.
Encyst. v. Enquistar(se).
End. m. Fin, término. / Muerte. / Final, extremidad, extremo, punta. / Finalidad, propósito, objeto. / Remanente, sobrante. / Parte, fase, aspecto. / v. Terminar, finalizar, acabar. / Marcar el fin de, concluir.
Endanger. v. Poner en peligro, arriesgar.
Endear. v. Hacer querer, hacer apreciar o estimar.
Endearing. adj. Cautivador, atractivo.
Endeavor, endeavour. v. Esforzarse. / m. Esfuerzo.
Endemical. adj. Endémico.
Ending. m. Final, terminación. / (Gram.) Terminación, desinencia. / (Mús.) Coda.
Endive. f. (Bot.) Escarola, endibia.
Endless. adj. Infinito, interminable, eterno. / Incesante, inacabable, continuo. / (Mec.) Sin fin.
Endlessly. adv. Infinitamente, perpetuamente.
Endmost. adj. Ultimo, extremo.
Endogamy. f. Endogamia.
Endorse. v. (Com.) Endosar (un cheque, una especie valorada). / Aprobar, sancionar. / Confirmar (declaración, etc.) / Respaldar, hacer suyo.
Endorsement. m. (Com.) Endoso, endose. / Aprobación, sanción, apoyo, respaldo.
Endow. v. Dotar, donar.
Endower. m., f. Dotador.
Endowment. f. Dotación, fundación. / Dote.
End product. m. Producto final.
End table. f. Mesita colocada al lado de un sofá.
Endue. v. Dotar, proveer. / *To endue with*, Vestir de ropas. / (Fig.) Revestir de virtudes, dotar de cualidades. / Investir. / Vestirse en forma especial.
Endurance. m. Aguante, resistencia, paciencia..
Endure. v. Soportar, aguantar, resistir, sobrellevar. / Sufrir, tolerar. / Perdurar, durar..
Enduring. adj. Paciente, sufrido, constante..
Endways, endwise. adv. De punta, de pie; longitudinalmente; con la punta al frente.
Enemy. m., f. Enemigo, adversario, antagonista. / Satanás; la Muerte, el Tiempo.
Energize. v. Desplegar energía; actuar con energía. / Impartir energía a, activar, vigorizar. / Electr. Excitar. / Metal. Energizar, acelerar.
Energy. f. Energía, vigor; tesón, carácter. / (Fís., Electr., Mec.) Energía, fuerza, potencia.
Enervate. v. Enervar, debilitar, privar de fuerza, desvirtuar. / Cortar los nervios o tendones.
Enervating. adj. Enervante, debilitante.
Enface. v. Escribir, estampar, imprimir (en un billete, giro, letra, etc.).
Enfold. v. Envolver, arrollar. / Abrazar.
Enforce. v. Dar fuerza a, reforzar. / Exigir.
Enforcement. f. Composición, coacción de una ley. / (Der.) Ejecución. / Acción de hacer valer.
Enfranchise. v. Libertar, manumitir. / Dar franquicia a. / Conceder derecho de sufragio, derechos políticos.
Enfranchisement. f. Manumisión, liberación. / Concesión de derechos de sufragio y políticos.
Engage. v. Comprometer, empeñar (palabra, fortuna, etc.). / Emplear, contratar (servidor o servicios). / Re-

servar sitio en teatro, habitación, etc. / Alquilar, pactar un alquiler. / Atraer, cautivar a personas. / Ocupar, tener ocupada la atención, mente, etc.. / Trabarse en combate. / Emplear tropas en combate. / (Arq.) Entregar. / (Mec.) Hacer engramar, embragar. / *To engage oneself,* Comprometerse (en matrimonio, negocio, etc.). / Comprometerse, dar la palabra, obligarse. / Trabarse en combate. / (Mec.) Engranar, encajar, endentar.

Engaged. adj. Prometido, comprometido. / Ocuapado, atareado. / Empleado, contratado.

Engagement. f. Obligación, compromiso. / Esponsales. / Cita. / Contratación; empleo.

Engagement ring. m. Anillo.

Engaging. adj. Atractivo, cautivador (sonrisa, etc,); agradecido, gracioso, simpático (persona).

EngenDer. v. Engendrar, procrear. / (Fig.) Causar, producir. / Engendrarse, formarse, nacer, producirse.

Engine. f. Máquina, motor. / Locomotora, máquina. / Maquinaria (de guerra).

Engineer. m., f. Ingeniero. / Maquinista; operador, mecánico. / (Fig.) Artífice. / v. Diseñar, construir o dirigir como ingeniero. / Gestionar.

Engineering. f. Ingeniería; técnica. / Manejo.

Englneman. m. Maquinista.

Engirdle. v. Circundar, cercar.

England. n.p. f. Inglaterra.

English. adj. Inglés. / m., f. Inglés. / Efecto lateral. (EE.UU. billar).

English Channel. n.p.m. Canal de la Mancha.

Englishman. m. Inglés, hombre inglés.

Englishwoman. f. Inglesa, mujer inglesa.

Engorge. v. Engullir, devorar, tragar a dos carrillos. / Hartar, atiborrar, dar un atracón a. / Med. Congestionar.

Engraft. v. (Agr.) Injertar. / (Fig.) Inculcar.

Engraftment. m. Injerto.

Engrave. v. Grabar, cincelar, burilar, tallar . / Imprimir con plancha (s) grabada(s).

Engraving. m. Grabado, grabación. / Grabado, lámina grabada; plancha, cliché. / Grabado, estampa.

Engrossing. adj. Fascinante, absorbente, monopolizador.

Enhance. v. Aumentar, intensificar. / Incrementar, acrecentar. / Realzar, mejorar. / arc. Subir, alzar.

Enigma. m. Enigma, acertijo, adivinanza. / Enigma.

Enigmatic, enigmatical. adj. Enigmático.

Enjoy. v. Gozar de, disfrutar de. / Gustarle a uno. / Poseer usufructo, renta, etc.. / Gustarle a uno.

Enjoyable. adj. Deleitable, deleitoso agradable.

Enjoyment. m. Goce, disfrute, deleite, placer. / Uso.

Enlace. v. Cercar, rodear, envolver. / Enredar.

Enlarge. v. Agrandar, abultar. / (Fig.) Extender, ensanchar, expandir. / (Fotogr.) Ampliar. / Agrandarse, crecer, extenderse.

Enlargement. m. Agrandamiento, extensión. / (Fig.) Ensanchamiento, expansión. / (Fotogr.) Ampliación.

Enlighten. v. Iluminar, instruir, ilustrar. / Aclarar.

Enlightenment. m. Esclarecimiento, ilustración, instrucción.

Enlist. v. Alistarse, enrolarse, engancharse. / (Con *in*) Participar, meterse en. / Reclutar, alistar. / Alistar, listar, sentar en lista.

Enlisted. adj. Alistado de recluta, enrolado.

Enlistment. f. Alistamiento, reclutamiento.

Enmity. f. Enemistad, hostilidad; aborrecimiento.

Ennoble. v. Ennoblecer, hacer noble (a una persona). / (Fig.) Ennoblecer, elevar, dignificar.

Enormity. f. Enormidad, monstruisidad, atrocidad. / Inmensidad, demasia.

Enormous. adj. Enorme, descomunal, inmenso.

Enough. adj. Bastante, suficiente, harto. / adv. Suficientemente.

Enrage. v. Enfurecer, encolerizar, irritar.

Enrapt. adj. Arrebatado, cautivado, arrobado.

Enrapture. v. Arrebatar, embelezar, extasiar.

Enrich. v. Enriquecer. / (Fig.) Adornar, embellecer.

Enroll, enrol. v. Alistar, empadronar, inscribir, matricular. / Registrar. / Envolver, enrollar. / Alistarse, inscribirse.

Enrollment, enrolment. m. Alistamiento, empadronamiento, inscripción, matrícula; registro.

Ensign. f. Enseña, estandarte, bandera, pabellón; insignia, divisa.

Ensky. v. Levantar hacia el cielo. / Exaltar, ensalzar.

Enslave. v. Esclavizar, avasallar.

Enslavement. f. Esclavitud, avasallamiento, servidumbre.

Ensnare. v. Entrampar, atrapar. / Tender un lazo a, seducir, engañar.

Ensnarl. v. Enmarañar, enredar, confundir.

Ensue. v. Seguirse, resultar, sobrevenir.

Ensuing. adj. Resultante, consecuente. / Siguiente, próximo.

Ensure. v. Asegurar.

Entail. v. Acarrear, ocasionar, causar. / (Der.) Vincular, sujetar bienes a vínculo. / f. (Der.) Vinculación, vínculo; propiedad sujeta a vínculo.

Entangle. v. Enredar, embrollar, intrincar, enmarañar.

Enter. v. Entrar. / (Teatr.) Entrar, salir a escena. / *To enter into,* Entrar en o a; participar en, formar parte de. / Celebrar un contrato. / Introducirse en, penetrar. / (Fig.) Entrar en o a, tomar parte en, participar en . / Afiliarse, hacerse miembro de. / Abrazar una profesión, carrera, etc. / Matricular, inscribir. / Registrar, anotar, asentar. / Publicar un anuncio en periódico). / Presentar petición, reclamo, etc.. / (Com.) Declarar, aduanar. / ((contab.)) Asentar.

Entering. adj. Que entra, de entrada.

Enterprise. f. Empresa, proyecto. / Aventura; arresto, carácter emprendedor. / Resolución, iniciativa.

Enterpriser. m., f. Empresario; hombre de empresa.

Enterprising. adj. Emprendedor, acometedor.

Entertain. v. Agasajar, hospedar. / Entretener, divertir, distraer. / Abrigar, acariciar (idea, esperanza, etc.). / Dar comidas o fiestas, invitar.

Entertainer. m., f. Anfitrión, animador. / Artista, actor de variedades.

Entertaining. adj. Entretenido, divertido, gracioso; jovial.

Entertainingly. adv. Entretenidamente, divertidamente.

Entertainment. m. Recibimiento, hospitalidad; agasajo, festín. / Entretenimiento, diversión. / Espectáculo, función.

Enthrall, enthral. v. (arc.) Esclavizar, subyugar, avasallar. / Cautivar, encantar, hechizar.

Enthrallment, enthralment. f. Subyugación, sometimiento. / Encantamiento, hechizo.

Enthuse. v. (Fam.) Entusiamar. / Entusiasmarse.

Enthusiasm. m. Entusiasmo, fervor.

Enthusiastic. adj. Entusiasta, entusiático; caluroso; entusiasmado.

Entice. v. Atraer, testar, seducir.

Enticement. f. Tentación, incitación, seducción..

Enticing. adj. Tentador, incitador, seductor.

Entire. adj. Entero; completo, cabal; intacto, total, íntegro. / Continuo, indiviso.

Entirely. adv. Enteramente, completamente, totalmente, del todo, por completo. / Únicamente, exclusivamente.

Entitle. v. Intitular, titular. / Dar derecho a, tener derecho a, habilitar, autorizar. / Calificar, acreditar.

Entity. f. Entidad. / Ente, ser.

Entomb. v. Sepultar, enterrar.

Entomology. f. Entomología.

Entrain. v. Embarcar en tren, subir a un tren, tomar el tren. / (Quím.) Transportar un líquido en suspensión por medio de la evaporación y destilación.

Entrainment. m. Arrastre.

Entrance. f. Entrada, ingreso. / Admisión, permiso de entrada. / Puerta, acceso / Salida a escena. / (Mús.) Entrada. / *No entrance,* Se prohíbe la entrada.

Entrance. v. Embelesar, fascinar, extasiar. / Poner en estado hipnótico.

Entreat. v. Suplicar, implorar, rogar, pedir, instar. / Hacer una súplica, pedir un favor.

Entreaty. f. Súplica, petición, ruego, instancia.

Entrench. v. Atrincherar, proteger con trincheras. / (Fig.) Afianzar, arraigar.

Entrenchment. m. Atrincheramiento, trinchera.

Entrust. v. Encargar, encomendar, recomendar.

Entry. f. Entrada, ingreso. / Acceso, admisión, paso. / Vestíbulo, portal. / Registro; item. / Vocablo, artículo en un diccionario, etc.. / Concursante. / (Der.) Toma de posesión; allanamiento de morada. / (contab.). Asiento, partida.

Enumerate. v. Enumerar. / Contar, numerar.

Enumeration. f. Enumeración. / Recuento, cómputo o relación numeral, censo.

Enunciate. v. Enunciar, declarar, proclamar.

Enunciation. f. Enunciación, manifiesto, declaración. / Pronunciación, articulación.

Enunciative. adj. Enunciativo, declarativo.

Envelop. v. Envolver; rodear; cubrir, esconder.

Envelope. m. Sobre, cubierta. / Sobre de carta. / Envoltura, capa.

Enviable. adj. Envidiable.

Envier. m., f. Envidioso.

Envious. adj. Envidioso.

Enviousness. f. Envidia.

Environ. v. Rodear. / Cercar; sitiar.

Environment. m. Medio ambiente, ambiente; cercanía. / Circunstancias, condiciones externas.

Environmental. adj. Ambiental.

Environs. m.pl. Alrededores, cercanías, inmediaciones. / Suburbios.

Envisage. v. Contemplar, considerar. / Concebir, imaginar, visualizar.

Envoi, envoy. f. Dedicatoria, envío en un poema.

Envoy. m., f. Enviado, mensajero. / Agente o representante diplomático.

Envy. f. Envidia. / Persona o cosa más envidiada. / v. Envidiar. / Tener o mostrar envidia.

Enwrap. v. Envolver. / (Fig.) Absorber la atención.

Ephemeral. adj. Efímero, pasajero.

Ephemerous. adj. Efímero, de corta duración.

Epic. adj. Épico. / f. Epopeya.

Epidemic. adj. Epidémico, epidemial. / f. Epidemia.

Epidemical. adj. Epidémico, epidemial.

Epidemically. adv. Epidémicamente.

Epidemiology. f. (Med.) Epidemiología.

Epidermal, epidermic. adj. Epidérmico.

Epidermis. f. (Anat., Zool.)) Epidermis, cutícula. / Bot. Epidermis.

Epigraph. m. Epígrafe.

Epilate. v. Depilar.

Epilation. f. Depilación.

Epilepsy. f. (Med.) Epilepsia.

Epileptic. adj. y m., f. Epiléptico.

Epiphany. f. Epifanía, día de los Reyes Magos. / *Epiphany,* Epifanía, manifestación, aparición divina.

Episcopacy. m. Episcopado.

Episcopate. m. Episcopado, obispado.

Episode. m. Episodio; incidente, lance.

Episodic, episodical. adj. Episódico.

Epistemology. f. Epistemología.

Epistle. f. Epístola, carta, misiva. / *Epistle.* Epístola.

Epistolary. adj. Epistolar. / Epistolario.

Epitaph. m. Epitafio.

Epoch. f. Época, era, edad, período.

Epochal. adj. Transcendental, memorable.

Epopee. f. Epopeya, poema épico.

Equable. adj. Uniforme, constante, estable. / Tranquilo, quieto, ecuánime.

Equably. adv. Uniformemente. / Tranquilamente.

Equal. adj. Igual; mismo. / Equilibrado, constante, balanceado. / Liso, parejo, a nivel..

Equalitarian. adj. Igualitario. / Persona igualitaria.

Equality. f. Igualdad, uniformidad, paridad.

Equalization. f. Igualamiento, igualación.

Equalize. v. Igualar, emparejar, uniformidad

Equally. adv. Igualmente, por igual.

Equal rights. f. Igualdad de derechos.

Equanimity. f. Ecuanimidad, equilibrio.

Equate. v. Igualar, considerar idéntico (a).

Equation. f. Ecuación, balanceo; equilibrio

Equatorial. adj. Ecuatorial. / Astron. Ecuatorial.

Equestrian. adj. Ecuestre. / m. Jinete.

Equilibrate. v. Equilibrar, poner en equilibrio, balancear, contrapesar.

Equilibrist. m. y f. Equilibrista, acróbata.

Equilibrium. m. (*pl. equilibriums* o *equilibria*) Equilibrio, balance.

Equine. m. Equino, caballar, hípico. / (Zool.) Équido. / Equino, caballo.

Equip. v. Equipar, pertrechar, proveer, aviar.

Equipage. m. Equipaje, equipo; tren. / Carruaje

Equipment. m. Equipo, provisión, aprovisionamiento. / Pertrechos, aparatos. / Equipaje, bagaje.

Equitable. adj. Equitativo, justo, imparcial.

Equitableness. f. Equidad.

Equitation. f. Equitación.

Equity. f. (*pl. equities*) Equidad, imparcialidad.

Equivalence. f. Equivalencia.

Equivalent. adj. Equivalente.

Equivalently. adv. Equivalentemente.

Equivocal. adj. Equívoco, ambiguo.

Equivocalness. f. Equívoco, carácter equívoco.

Equivocate. v. Emplear un lenguaje equívoco o ambiguo, usar de equívocos con intención de engañar.

Equivocation. m. Empleo de equívocos, lenguaje ambiguo, equivocación.

Era. f. Era, época, período (histórico). / (Geol.) Era, edad.

Eradiation. f. Radiación.

Eradicate. v. Erradicar, desarraigar, extirpar.

Eradication. f. Erradicación, extirpación.

Erasable. adj. Borrable.

Erase. v. Borrar.

Eraser. f. Goma de borrar, borrador.

Erasure. Borradura, raspadura.

Erect. adj. Erecto, levantado, derecho, vertical.
Erection. f. Erección, construcción. / Estructura.
Erode. v. Erosionar. / Corroer / Desgastarse.
Erosion. f. Erosión, corrosión, desgaste.
Erosive. adj. (Geol.) Erosivo.
Erotic. adj. Erótico, que estimula el instinto sexual.
Eroticism, erotism. m. Lo erótico, aspecto erótico. / Erotismo.
Err. v. Errar (en), equivocarse. / Pecar, descarriarse.
Errancy. f. Propensión a errar.
Errand. f. Tarea, mandato, diligencia.
Errand-boy. m.] Mandadero, recadero, mensajero.
Errant. adj. Errante, errabundo. / Descarriado.
Errantry. f. Vida errante, vagabundeo.
Errata. f. pl. Erratas, fe de erratas.
Erratic. adj. Excéntrico, caprichoso, irregular.
Erroneous. adj. Erróneo, errado, incorrecto.
Erroneousness. m. Error, calidad de erróneo.
Error. m. Error, equivocación, yerro.
Ersatz. adj. Sucedáneo, sustituto. / Artificial.
Erstwhile. adj. Antiguo anterior, de otro tiempo.
Eruct, eructate. v. Eructar, erutar, regoldar.
Erudite. adj. Erudito, letrado, instruido, culto.
Erudition. f. Erudición, conocimientos.
Erupt. v. Hacer erupción (volcán).
Eruption. f. Erupción. / Irrupción, brote (de una enfermedad, guerra, pasión, etc.).
Escalade. f. ((Mil.)) Escalada. / v. Escalar.
Escalator. f. Escalera mecánica.
Escapable. adj. Evitable.
Escapade. f. Escapada, travesura, aventura.
Escape. v. Escaparse, fugarse, huir. / Salirse, filtrarse o deslizarse fuera (un gas, líquido, etc.).
Escapee. m. y f. Prófugo, prisionero evadido.
Escapism. m. Escapismo.
Escapist. adj. y m. y f. Escapista.
Escarole. f. (Bot.) Escarola.
Escarpment. m. Acantilado, escarpa.
Eschew. v. Evitar, abstenerse de, evadir.
Escort. f. Escolta. / v. Escoltar, acompañar.
Eskimo. adj. y m. y f. (pl. eskimo o eskimos) Esquimal. / Idioma esquimal.
Eskimoan. adj. Esquimal.
Esophagus. m. (Anat., (Zool.)) (pl. esophagi) Esófago.
Esoteric. adj. Esotérico, abstruso, recóndito.
Esparto grass. m. (Bot.) Esparto.
Especial. adj. Especial, particular.
Espionage. m. Espionaje.
Esplanade. f. Explanada. / Terraplén costañero.
Espresso. m. Café expreso.
Espy. v. Divisar, columbrar, espiar.
Esquire. m. Escudero. / Terrateniente.
Essay. m. Ensayo, prueba, intento, tentativa. / Lit. Ensayo. / Ensayo, composición escolar.
Essence. f. Esencia, sustancia, naturaleza intrínsica, médula. / Ente. / Fil. Esencia.
Essential. adj. Esencial. / Intrínseco, inherente. / Elemento esencial, base. / Cosa indispensable.
Establish. v. Establecer, afirmar . / Establecer, construir (gobierno, negocio, etc.). / Establecer, fundar, instuir. / Reconocer, oficializar (una religión).
Establishment. m. Establecimiento. / Costumbres, categorías, etiqueta social del grupo dominante de una nación o zona. / Pensión o renta vitalicia.
Estate. m. Estado, condición. / Poder del Estado. / Estado, orden, clase social. / Bienes raíces o inmuebles. / Fortuna, propiedades. / Hacienda, finca, heredad.

Esteem. v. Estimar, apreciar, respetar. / Considerar, juzgar. / Creer, opinar. / Anat. Valorar, evaluar. / f. Consideración, estima, aprecio.
Estimable. adj. Estimable, calculable.
Estimate. v. Estimar, valorar, avaluar, tasar. / Estimar, juzgar. / f. Estimación, valoración, tasación. / Cálculo, presupuesto. / Juicio, opinión.
Estimation. f. Estimación, valoración, cálculo. / Juicio, opinión..
Estrade. m. Estrado, tarima.
Estrange. v. Enajenar..
Estreat. f. ((Der.)) Copia fiel del original, duplicado o extracto del original.
Etcetera. Etcéter.
Etcetera. f. Enumeración, lista (de personas o cosas no especificadas). / pl. Cositas, cachivaches.
Etching. m. Grabado. / Aguafuerte.
Eternal. adj. Eterno.
Eternity. f. (pl.eternities) Eternidad.
Eternize. v. Eternizar,perpetuar.
Ether. m. Éter (regiones del espacio).
Ethereal. adj. Etéreo, celestial, tenue.
Ethic. f. Ética, sistema ético. / adj. Ético.
Ethical. adj. Ético, moral.
Ethiopian. adj. Etiópico, etíope, etiope.
Ethnic. adj. Étnico.
Etnocentrism. m. Etnocentrismo.
Ethnography. f. Etnografía.
Ethnologic, ethnological. adj. Etnológico.
Ethnologist. m. y f. Etnólogo.
Ethylic. adj. Etílico.
Etymological. adj. Etimológico.
Etymologist. m. y f. Etimologista, etimólogo.
Etymology. f. Etimología.
Eucalyptus. m. (Bot.) Eucalipto.
Eucharist. f. Eucaristía.
Eulogy. m. Elogio. / Oración de alabanzas.
Eunuch. m. Eunuco, capón.
Euphemism. v. Hacer uso del eufemismo.
Euphoria. f. Euforia.
Euphoric. adj. Eufórico.
Europe. n.p. f. Europa.
European. adj. Europeo, natural de Europa.
European Economic Community. (También Common Market) Comunidad Económica Europea.
Euthanasia. f. Eutanasia, muerte sin dolor.
Evacuate. v. Evacuar. / Vaciar, expeler (humores o excrementos). / (Mil.) Evacuar. / Retirarse. / Excretar.
Evacuation. f. ((Mil.)) Evacuación. / Evacuación, defecación. Deyección.
Evacuee. m. y f. Evacuado. Persona que una autoridad retira de un lugar peligroso.
Evade. v. Evadir, eludir, evitar, esquivar, rehuir. / Usar evasivas o subterfugios..
Evader. m. y f. Evasor (de impuestos, responsabilidades, etc.).
Evaluate. v. Evaluar, avaluar, valuar, valorar, tasar. / Mat. Hallar el valor numérico.
Evaluation. f. Evaluación, valuación, avalúo, valoración.
Evanescence. f. Desvanecimiento, disipación.
Evanescent. adj. Evanescente.
Evangelic. adj. Evangélico.
Evangelical. adj. Evangélico.
Evangelism. f. Evangelización. / Celo ardiente.
Evangelist. m. Evangelista.
Evangelization. f. Evangelización.

Evangelize. v. Evangelizar. / Predicar el evangelio.

Evangelizer. m. Evangelizador.

Evaporable. adj. Evaporable.

Evaporate. v. Evaporar, evaporarse..

Evaporation. f. Evaporación.

Evaporize. v. Vaporizar.

Evasión. f. Evasión, fuga, huida, escape.

Evasive. adj. Evasivo.

Evasively. adv. Evasivamente.

Eve. f. Víspera.

Even. adj. Plano, llano. / Liso. / A nivel, paralelo. / Igual. / Parejo, regular, uniforme. / Balanceado, constante. / Ecuánime, apacible, tranquilo. / Exacto, cabal, justo. / Mat. Par / (Com.) Saldado. / *Even with,* Al nivel de, al mismo nivel de. / conj. Aún, hasta. / Igualarse, emparejarse, nivelarse..

Evening. m. Tarde, atardecer, anochecer, primeras horas de la noche. / Noche, velada. / Vespertino, de noche.

Evenness. f. Igualdad, equilibrio. / Ecuanimidad.

Even number. m. Número par.

Event. m. Evento, acontecimiento, suceso, incidente. / Caso, contingencia.

Eventful. adj. Lleno de acontecimientos . / Memorable, extraordinario.

Eventual. adj. Final, subsiguiente. / arc. Eventual.

Eventuality. f. Eventualidad, contingencia.

Ever. adv. Siempre. / Alguna vez, una vez. / Jamás, nunca,en la vida.

Everblooming. adj. Siempre floreciente.

Everglade. m. Terreno pantanoso cubierto de hierba.

Evergreen. adj. (Bot.) De hoja perenne. / m. (Bot.) Árbol de hoja perenne.

Everlasting. adj. Eterno, sempiterno, perpetuo. / (Fig.) Perdurtable, duradero. / (Fig.) Interminable, tedioso. / Eternidad.

Every. adj. Cada, cada uno de.

Everyday. adj. Diario, cotidiano. / Común.

Everyone. pron. Todo el mundo, todos, cada uno.

Everyplace. *Ver everywhere.*

Everything. pron. Todo.

Everywhere. adv. En todas partes.

Evict. v. Desalojar, echar. / (Der.) Desahuciar (al inquilino o arrendatario). / Excluir, expulsar.

Eviction. m. ((Der.)) Desahucio, evicción.

Evidence. f. Prueba. / ((Der.)) Prueba, testimonio, declaración. / *In evidence,* Visible, manifiesto, notorio.

Evident. adj. Evidente, patente, manifiesto..

Evidential. adj. Indicativo, probatorio.

Evidently. adv. Evidentemente, patentemente.

Evil. adj. Malo, maligno, perverso, malvado. / Nocivo, perjudicial, pernicioso.

Evildoing. f. Fechoría.

Evil- eyed. m. y f. Aojador, que hace mal de ojo.

Evily. adv. Malvadamente, perversamente.

Evil- minded. adj. Malintencionado, maligno.

Evince. v. Demostrar, revelar, convencer.

Evincible. adj. Demostrable.

Evitable. adj. Evitable, eludible.

Evocable. adj. Evocable.

Evocation. f. Evocación. / (Der.) Evocación.

Evocative. adj. Evocador (narración, etc.).

Evoke. v. Evocar. / (Der.) Avocar.

Evolution. f. Evolución, desarrollo, desenvolvimiento. / Biol. Evolucionismo. / Extracción de raíces, evolución (de una curva).

Evolutive. adj. Evolutivo.

Evolve. v. Desarrollar, deducir . / Desenvolver, despedir, emitir . / Evolucionar, desarrollarse.

Envolvent. m. Desenvolvimiento, desarrollo.

Ewe. f. Oveja hembra.

Exacerbate. v. Exacerbar, agravar, agudizar. (Sentimientos, situaciones, etc.) / Exacerbar, exasperar, irritar (A personas).

Exacerbation. f. Irritación, exasperación.

Exact. adj. Exacto, preciso, riguroso.

Exactitude. f. Exactitud, precisión.

Exactness. f. Exactitud, precisión.

Exaggerate. v. Exagerar.

Exaggerated. adj. Exagerado.

Exaggeration. f. Exageración.

Exalt. v. Exaltar, elevar en rango. / Exaltar, enaltecer, engrandecer, ensalzar, alabar. / Realzar, avivar (un color, una pasión, etc.).

Exaltation. f. Exaltación, elevación, enaltecimiento.

Exalted. adj. Exaltado. / Elevado, eminente.

Exam. m. (Fam.) Examen.

Examination. m. Examen. (Con todas las acepciones de la palabra castellana)

Examine. v. Examinar. / Registrar. / Interrogar.

Examinee. m. y f. Examinando.

Examiner. v. Examinar.

Example. m. Ejemplo. / Ejemplar, tipo..

Examinate. adj. Exánime, muerto..

Examination. f. Examinación, muerte, desmayo.

Exasperate. v. Exasperar. / Enojar, irritar.

Exasperation. f. Exasperación, provocación, enojo, recargo.

Excavate. v. Excavar, cavar, desenterrar, zanjar.

Excavation. f. Excavación.

Exceed. v. Exceder, superar. / Propasar, rebasar.

Exceeding. adj. Excesivo, sumo, extremo.

Exceedingly. adv. Sumamente, extremadamente.

Excel. v. Aventajar, superar. / Sobresalir.

Excellence. f. Excelencia.

Excellency. f. Excelencia.

Excellent. adj. Excelente, sobresaliente.

Except. v. Exceptuar, excluir. / (Der.) Recusar, exceptuar, objetar a. / prep., conj. Excepto.

Exception. f. Excepción, salvedad. / Objeción, reparo, crítica. / (Der.) Excepción, recusación.

Exceptional. adj. Excepcional, extraordinario.

Excerpt. v. Extractar, condensar (un libro, un escrito). / Pasaje, cita.

Excess. m. Exceso, demasía, superfluidad. / Exceso, abuso. / Excedente. / adj. Excesivo, excedente.

Excessive. adj. Excesivo, inmoderado, desmedido.

Exchange. v. Cambiar, intercambiar, trueque, canje. / Ejemplar de canje. / Bolsa, lonja, mercado, plaza o casa de contratación. / Central de teléfonos. / (Com.) Tipo de cambio. / pl. (Com.) Documentos cambiarios. / Calidad. (Ajedrez)

Exchequer. f. Real hacienda, erario, tesorería. / *Exchequer,* Tribunal de Hacienda. / Medios económicos, fondos propios. / Dinero, capital.

Excise. m. Impuesto de consumo o de sisa. / Alcabala. / v. Gravar con impuesto de consumo. / v. Cortar, extirpar.

Excision. f. (Med.) Excisión, extirpación.

Excitable. adj. Excitable.

Excitant. adj. Estimulante, excitante.

Excitation. f. Excitación.

Excite. v. Excitar, estimular, provocar.

Excitedly. adv. Agitadamente, acaloradamente.

Excitement. f. Excitación, agitación, conmoción.
Exciting. adj. Excitante, estimulante, incitante. / Emocionante.
Exclaim. v. Exclamar, lanzar una exclamación.
Exclamation. f. Exclamación. / (Gram.) Interjección.
Exclamation point, exclamation mark. m. Signo de admiración, signo de exclamación (!).
Exclamatory. adj. Exclamatorio, exclamativo.
Exclude. v Excluir, sacar, exceptuar.
Exclusion. f. Exclusión..
Exclusive. adj. Exclusivo, único. / Reservado, apartado (persona). / Selecto, distinguido, elegante. / Exclusiva.
Exclusivist. adj. Exclusivista.
Excommunication. f. Excomunión.
Ex- convict. m. Ex presidiario.
Excrement. m. Excremento.
Excrete. v. Excretar.
Excretion. f. Excreción.
Excretory. adj. Excretorio, excretor. / Organo excretorio.
Excruciate. v. Atormentar, torturar, afligir, angustiar.
Excruciating. adj. Agudísimo, extremo. / Dolorosísimo, penosísimo.
Exculpate. v Exculpar, disculpar, excusar, sincerar.
Exculpation. f. Exculpación, disculpa.
Excursion. f. Excursión, paseo, romería. / Desviación, digresión.
Excursionist. m. y f. Excursionista.
Excusable. adj. Excusable, disculpable, perdonable.
Excuse. v. Excusar, disculpar, perdonar. / Excusar, dispensar, exonerar, exentar, eximir.
Execrable. adj. Execrable, abominable, detestable.
Execrate. v. Execrar, abominar, detestar, maldecir.
Execration. f. Execración, abominación.
Executable. adj. Ejecutable.
Execute. v. Ejecutar, llevar a cabo, realizar. / (Der.) Ajusticiar (a un reo). / (Der.) Celebrar, finiquitar, formalizar (contrato, documento). / Cumplir (testamento, contrato, etc.). / (Mús.) Interpretar.
Executer. m. Ejecutor, verdugo.
Execution. f. Ejecución, realización. / Ajusticiamiento, pena de muerte. / (Der.) Celebración, cumplimiento. / (Mús.) Interpretación.
Executive. adj. Ejecutivo, directivo, administrativo. / m. Poder ejecutivo. / Funcionario. / (Com.) Ejecutiva, junta directiva.
Executory. adj. Ejecutivo. / Ejecutorio (contrato, etc.). / Administrativo.
Exemplar. m. Ejemplar, modelo, tipo, dechado.
Exemplary. adj. Ejemplar.
Exemplify. v. Ejemplificar, ilustrar.
Exempt. adj. Exento, libre, franco, exonerado..
Exemption. f. Exención, extraer (un órgano).
Exequies. f. pl. Exequias, honras funerales.
Exercise. m. Ejercicio, uso (de órgano, facultad, derecho, etc.). / Práctica, entrenamiento. / Ejercitarse, entrenarse, hacer ejercicios.
Exert. v. Ejercer, emplear (fuerza, habilidad, presión, influencia, etc.).
Exertion. m. Ejercicio, empleo (de fuerza, facultad, etc.). / Esfuerzo.
Exhalation. f. Exhalación, espiración, vapor, vaho.
Exhale. v. Exhalar, espirar.
Exhaust. v. Agotar, extraer, vaciar. / Causar. / Gastar (surtido, fuerzas, recursos, temas, etc.). / Empobrecer (la tierra). / m. Escape. / Tubo de escape.
Exhausted. adj. Exhausto, agotado, postrado.

Exhaustion. m. Agotamiento.
Exhaust pipe. m. Tubo de escape.
Exhibit. v. Exhibir, exponer, presentar. / Mostrar, revelar (miedo, curiosidad, etc.). / (Der.) Presentar (documento, pruebas, etc.). / Exponer, dar una exhibición. / f. Exhibición, exposición. / Objeto exhibido. / (Der.) Prueba instrumental.
Exhibition. f. Exhibición, exposición, presentación. / Beca.
Exhibitor. m. Exhibidor, expositor.
Exhilaration. m. Regocijo, alegría, alborozo.
Exhort. v. Exhortar, aconsejar. / Dar consejo o advertencias, amonestar, urgir, instar.
Exhortation. f. Exhortación.
Exhortative. adj. Exhortativo.
Exhumation. f. Exhumación, desenterramiento.
Exhume. v. Exhumar, desenterrar.
Exigency. f. Exigencia, necesidad. / Emergencia.
Exigent. adj. Exigente. / Urgente, crítico.
Exigently. adv. Exigentemente, con exigencia, insistentemente.
Exiguous. adj. Exiguo, escaso, reducido.
Exile. m. Exilio, destierro. / adj. Desterrado, exiliado, exilado.
Exist. v. Existir, vivir, ser, subsistir.
Existence. f. Existencia, vida, ente, entidad, ser.
Existential. adj. Existencial.
Exit. f. Salida (de un actor de la escena), mutis. / Salida, partida, muerte. / Salidero. / Exit (voz latina para indicar que un actor sale de la escena).
Exonerate. v. Exonerar, descargar (de obligación, responsabilidad, etc.). / Disculpar, exculpar, excusar.
Exoneration. f. Exoneración, descargo. / Disculpa.
Exorable. adj. Exorable, fácil de persuadir.
Exorbitant. adj. Exorbitante, excesivo.
Exorcise. v. Exorcizar, conjurar.
Exorcism. m. Exorcismo, conjuro.
Exorcist. m.. Exorcista, conjurador.
Exotic. adj. Exótico, extraño, fascinante.
Expand. v. Extenderse, estirarse. / Agrandarse, expandirse, dilatarse, hincharse. / (Fig.) Expansionarse, soltarse. / Extender, estirar. / Agrandar, dilatar, ensanchar, hinchar.
Expanding. adj. Dilatable, ensanchable.
Expanse. f. Extensión, espacio.
Expansible. adj. Expansible, extensible, dilatable.
Expansion. f. Expansión, extensión, ensancho.
Expansionist. m. y f. (Com., Polít.) Expansionista, el que propone extender el territorio nacional o su esfera de influencia.
Expansive. adj. Expansivo. / (Fig.) Efusivo. / Extensivo. / Opulento.
Expansivity. f. Expansibilidad, dilatibilidad.
Expect. v. Esperar, aguardar, contar con (algo o alguien). / (Fam.) Pensar, suponer. / (Fam.) To be expecting, Estar embarazada, estar encinta.
Expectancy. f. Expectativa, esperanza.
Expectant. adj. Aspirante (a un oficio, etc.). / Expectante (medicina, tratamiento, etc.). / Embarazada, encinta, preñada.
Expectation. f. Expectación expectativa. / Esperanza. / pl. Expectativas de herencia.
Expectative. adj. Que se espera, contingente.
Expedient. adj. Conveniente, oportuno, apropiado, util, ventajoso. / m. Expediente, arbitrio, recurso.
Expendiential. adj. Oportuno, conveniente.
Expediently. adv. Convenientemente.

Expedition. f. Expedición, excursión, viaje. / Despacho, prontitud. / Envío.
Expel. v. Expeler, echar, arrojar. / Expulsar.
Expend. v. Gastar, derrochar (tiempo, energía, dinero, fortuna, etc.).
Expenditure. m. Gasto, desembolso. / Expendio, consumo (de tiempo, ener gía, etc.).
Expense. m. Gasto, dispendio, desembolso, costo. / pl. Expensas, gastos. / Detrimento, pérdida.
Expensive. adj. Costoso, dispendioso, caro.
Expensively. adv. Costosamente.
Experience. f. Experiencia, práctica. / *By experience,* por experiencia propia. / v. Experimentar, sentir.
Experienced. adj. Experimentado, hábil.
Experientially. adv. Experimentalmente.
Experiment. m. Experimento, prueba, ensayo. / v. Experimentar, hacer experimentos.
Experimental. adj. Experimental, empírico.
Experimentally. adv. Experimentalmente.
Expert. adj. y m. y f. Experto, experimentado.
Expertise. f. Pericia, práctica, experiencia.
Expiate. v. Expiar, satisfacer, reparar.
Expiation. f. Expiación.
Expiatory. adj. Expiatorio.
Expiration. f. Espiración (de aire, humo, etc.). / Expiración, terminación. / Muerte..
Expire. v. Espirar, expeler (el aire, humo, etc.). / Expirar, morir. / Terminar, caducar, vencer (documento, plazo, etc.).
Explain. v. Explicar, aclarar, dilucidar.
Explaination. f. Explicación, aclaración.
Explanatory. adj. Explicativo.
Explicate. v. Explicar, exponer.
Explication. f. Explicación detallada.
Explicative. adj. Explicativo.
Explicatory. adj. Explicativo.
Explicit. adj. Explícito, claro, inequívoco.
Explode. v. Detonar, estallar, volar, hacer explosión.
Exploder. m. Detonador.
Exploit. f. Proeza, hazaña. / v. Sacar utilidad de (mina, etcétera.).
Exploit. f. Explotación, aprovechamiento.
Exploiter. m. Explotador.
Exploration. f. Exploración..
Explore. v. Explorar. / (Med.) Examinar, sondear. / Hacer una investigación.
Explorer. m. y f. Explorador, sondeador. / Med. Explorador.
Explosion. f. Explosión, detonación, estallido. / (Fig.) Explosión (de risa, ira, etc.). / Fon. Explosión.
Explosive. adj. Explosivo, fulminante.
Exponent. m. (Mat.) Exponente, índice. / m. y f. Expositor, intérprete, ejecutante (de música, arte, etc.). / Exponente, representante (de una teoría, escuela de arte, etc.).
Export. v. Exportar. / Exportación.
Exportation. f. (Com.) Exportación.
Exporter. m. y f. Exportador.
Exporting. adj. Exportador.
Expose. v. Exponer, arriesgar, poner en peligro. / Abandonar (a un niño). / Exponer, exhibir, mostrar. / Desenmascarar, poner al descubierto (crimen, criminal, etc.). / Revelar, descubrir (faltas, secreto, etc.). / (Fotogr.) Exponer. / Descubrir (una carta).
Exposed. adj. Expuesto, descubierto, al descubierto, en peligro, sin protección.
Exposition. f. Exposición, presentación, descripción, comentario. / Abandono (de un niño).

Expositive. adj. Expositivo, descriptivio, explicativo.
Expositor. m. y f. Expositor, explicador.
Expository. adj. Expositor, expositivo, explicativo.
Exposure. f. Exposición (a los elementos, peligro, etc.). / Revelación (de un secreto), descubrimiento (de un criminal, etc.).
Expound. v. Exponer, detallar, enunciar.
Expounder. m. y f. Expositor, intérprete.
Express. adj. Expreso, claro, explícito. / Exacto, preciso. / Específico. / Rápido (tren, ascensor, etc.). / De entrega inmediata (carta, etc.). / Expresamente, especialmente, por expreso, rápidamente. / Transporte rápido, compañía de transporte rápido. / Mensajero especial. / Entrega inmediata.
Expression. f. Expresión, manifestación. / Expresión, locución. / Expresión, aspecto (del rostro). / expresión, entonación (de la voz).
Expressionism. m. Expresionismo.
Espressionist. adj. y m. y f. Expresionista.
Expressionless. adj. Inexpresivo.
Expressive. adj. De expresión (método, medios, etc.). / Que expresa.
Expressively. adv. Expresivamente, vívidamente.
Expressivity. f. Fuerza expresiva.
Expropriate. v. Expropiar, enajenar.
Expropriation. f. Expropiación, enajenamiento.
Expulse. v. Expulsar, despedir, expeler.
Expulsion. f. Expulsión.
Exquisite. adj. Exquisto, primoroso, fino, delicado.
Exscind. v. Escindir, cortar, cercenar, extirpar.
Exsect. v. Escindir, cortar, cercenar, extirpar.
Exsiccation. f. Desecación.
Extemporaneous. adj. Improvisado (hecho), sin preparación, provisional, ocasional, impremeditado.
Extemporary. adj. Improvisado (hecho), sin preparación, provisional, ocasional.
Extend. v. Extender, ensanchar, ampliar, agrandar, alargar. / Alargar (mano), estirar (cuerpo, brazo). / Tender (vela). / Prorrogar (plazo, periodo, etc.). / Prolongar (tiempo, visita, etc.). / Ofrecer, brindar (simpatía, hospitalidad, ayuda, etc.). / (Com.) Conceder (crédito). / Diluir, mezclar, adulterar (especialmente alimentos). / Exigir al máximo (las capacidades de un atleta, etc.). / (Mil.) Extender, desplegar (filas). / Tasar, evaluar (inmueble). / (Der.) Embargar.
Extended. adj. Extendido, extenso. / Intenso (esfuerzo, curso, etc.). / Prolongado.
Extension. f. Extensión, ampliación, ensanche, ensanchamiento. / Superficie. / Prolongación. / Anexo (de una casa). / Extensión (teléfono). / (Com.) Prórroga. / (Lóg., Gram., Electr., Fís., Med.) Extensión.
Extensive. adj. Extensivo, extenso, amplio.
Extensively. adv. Extensamente, por extenso.
Extent. f. Extensión, área. / Alcance, grado, medida, punto. / (Der.) Ejecución, embargo.
Extenuate. v. Atenuar, mitigar, minorar, paliar, excusar. / Enervar, debilitar.
Extenuating. adj. Atenuante, mitigante, paliativo.
Extenuation. f. Atenuación, extenuación.
Exterior. m. Exterior.
Exteriority. f. Exterioridad, posición exterior.
Exteriorization. f. Exteriorización.
Exteriorize. v. Exteriorizar. / Dar forma tangible a.
Exterminate. v. Exterminar, aniquilar, destruir.
Extermination. m. Exterminio, aniquilación.
External. adj. Externo, exterior. / Accidental, superficial.

Externalization. f. Exteriorización..
Externalize. v. Exteriorizar..
Exterritorial. adj. Extraterritorial.
Extinct. adj. Extinto. / Extinguido, apagado. / Desaparecido, destruido. / Abolido, suprimido.
Extinction. f. Extinción. / Supresión. / Abolición.
Extinctive. adj. Extintivo.
Extinguish. v. Extinguir, apagar (fuego, luz, sonido, etc.). / (Fig.) Extinguir, aniquilar (esperanza, vida, etc.). / Eclipsar, oscurecer, deslucir. / (Der.) Extinguir, anular, derogar, abolir.
Extinguisher. m. Extintor, apagador, matacandelas.
Extirpate. v. Extirpar, erradicar, exterminar, arrancar, desarraigar.
Extirpation. f. Extirpación, excisión.
Extort. v. Extorsionar. / Arrancar, arrebatar, usurpar, quitar por fuerza.
Extorter. m. y f. Usurpador.
Extortion. f. Extorsión, exacción, concusión.
Extra. adj. Extraordinario, suplementario, adicional. / Óptimo, superior, de calidad superior. / m. Recargo, sobreprecio. / Extra, gasto extraordinario. / Edición extra o extraordinaria (de un diario). / Extra, adehala. / Supernumerario. (Trabajo). / Extra, comparsa. (Teatr., Cinem.). / pl. Comparsa. / pref. Extraordinariamente, excepcionalmente, extra (grande, largo, etc.).
Extract. v. Extraer, sacar (dinero, verdad, diente, etc.). / Extractar, compendiar (pasajes de un libro, etc.). / Deducir, inferir. / (Quím.) Extraer, destilar. / Matem. Extraer (una raíz). / m. Extracto, fragmento, selección. / (Quím.) Extracto, esencia.
Extraction. f. Extracción, sacamiento. / Origen, linaje, descendencia.
Extractive. adj. Extractivo. / Sustancia extraíble o destilable, elemento insoluble de una mezcla o un extracto.
Extractor. m. Extractor, exprimidera / Extractador. / Sacatrapos, extractor de cartuchos, sacabalas.
Extraneous. adj. Extraño, externo, ajeno. / Accidental.
Extraneously. adv. Accidentalmente, contingentemente.
Extrenousness. m. Carácter extraño.
Extraordinary. adj. Extraordinario, raro. / Extraordinario, notable. / Extraordinario, especial (enviado, diplomático, etc.).
Extravagance. f. Extravagancia, disparate. / Exceso, profusión, derroche, despilfarro, lujo desmedido.
Extravagancy. Ver Extravagance.
Extravagant. adj. Extravagante, estrafalario. / Inmoderadamente, excesivo. / Pródigo, manirroto, gastador, disipador. / Costoso, exorbitante.
Extravaganza. f. Obra (musical o literaria) espectacular o muy elaborada.
Extreme. adj. Extremo, sumo, extremado. / Extremo, extremidad, fin, cabo. / Extremes meet, Los extremos se tocan. / In the extreme, En extremo, extremadamente.
Extremely. adv. Extremadamente, extremamente, excesivamente, en extremo.

Extremist. adj. y m. y f. Extremista, radical.
Extremity. f. (pl. extremities) Extremidad, punto extremo. / Necesidad, apuro, adversidad, grave peligro. / Medida extrema. / El fin de la vida. / Miembro (pie o mano).
Extricate. v. Desenredar, desembrollar. / Sacar (de una dificultad). / (Quím.) Liberar.
Extrinsic. adj. Extrínseco, externo.
Extrovert. adj. Extravertido, extrovertido.
Extrude. v. Empujar fuera, expulsar. / Extruir, moldear por extrusión. / Moldear por eyección (plástico). / Sobresalir.
Exuberance. f. Exuberancia, superabundancia, profusión. / Efusión. / Alegría, vivacidad.
Exuberant. adj. Exuberante, superabundante, profuso. / Efusivo, desbordante. / Alegre, vivaz.
Exult. v. Exultar, regocijarse, alborozarse.
Exultant. adj. Exultante, jubiloso.
Exultantly. adv. Jubilosamente, con exultación.
Exultation. f. Exultación, regocijo, júbilo, alborozo.
Eye. m. (Anat.) Ojo. / (Fig.) Ojo (de la aguja, en el queso, en la patata, de la tormenta, en las plumas de la cola del pavo real). / Ojo, anillo (en herramientas) / pop. Detective, investigador. / An eye for an eye, Ojo por ojo. / The apple of the eye, La niña de los ojos, lo más querido. / The eye of the storm, El ojo o centro de la tempestad. / In the public eye, Muy visto en público, muy conocido (persona, etc.). / Mar. In the wind's eye, in the eye of the wind, Contra el viento. / pop. To give one the glad eye, Echarle una mirada coqueta a uno. / pop. To give the eye, Coquetear con los ojos. / To have one's eyes on, Tener los ojos en, tener los ojos puestos en. / To lay (set) eyes on, Avistar, alcanzar a ver. / (Fig.) To open one's eyes, Abrirle los ojos a uno. / To roll one's eyes, Poner uno los ojos en blanco. / To turn a blind eye, Hacer la vista gorda ante. / To view with a friendly eye, Mirar con buenos ojos, tener una actitud amistosa. / With an eye to, Con miras a, con la intención de. / v. Mirar, contemplar, observar, ojear.
Eyeball. m. Globo del ojo, globo ocular.
Eyebrow. f. Ceja.
Eye-catching. adj. Que llama la atención, que atrae la vista.
Eyed. adj. De ojos. / Blue- eyed, De ojos azules.
Eyedropper. m. Cuentagotas, gotero.
Eyeglass. m. Monóculo. / pl. Anteojos, gafas, espejuelos, lentes. / Ojera, lavaojos.
Eyelash. f. Pestaña.
Eyelid. m. Párpado. .
Eye-opener. f. Sorpresa, revelación. / (Fam.) Trago, bebida.
Eyeshot. m. Alcance de la mirada, vista.
Eyesore. f. Cosa que ofende la vista.
Eyetooth. m. (Anat.) Colmillo. / (Fig.) To cut one's eyeteeth, Adquirir experiencia, volverse ducho. / To give one's eyeteeth for, Beber los vientos (o aires) por.
Eyewink. m. Guiño, guiñada.
Eyewitness. m. y f. Testigo ocular, testigo presencial.

F

F. f. F, Sexta letra del alfabeto inglés. / (Mús.) Fa.
F. Abrev. de Fahrenheit / Farad, faradio. / Failing grade, nota deficiente en un examen.
Fable. f. Fábula, apólogo. / Leyenda, mito.
Fabled. adj. y m., f. Legendario, a, mítico, a, ficticio, a, fabuloso, sa.
Fabler. m., f. Fabulista. / Mentiroso, cuentista.
Fabric. m., f. Tejido, textura, trama.
Fabricate. v. Fabricar, construir, manufacturar.
Fabrication. f. Invención, mentira.
Fabulist. m., f. Fabulista. / Embustero, mentiroso.
Fabulous. adj.m., f. Fabuloso, legendario, ficticio, imaginario. / Maravilloso, increíble.
Face. f. Cara, rostro. / Supeficie. / Cara (de un documento); frente (de un pliego de papel); esfera (del reloj). / Cariz, aspecto, apariencia / v. Estar enfrente de. / Hacer frente a, mirar hacia. / Enfrentar. / Encararse con, habérselas con. / Afrontar, arrastrar, enfrentar (peligro, etc.). / Revestir, recubrir (superficie, etc.). / Voltear, descubrir, poner boca arriba (naipes, etc.). / Guarnecer (prenda de vestir) / (Mampostería) Revestir, forrar, acerar.
Faceless. adj. m. y f. Que no tiene identidad propia. / Anónimo, desconocido, que no puede identificarse (ladrón, asesino). / Sin cara (aparición).
Face-lifting. f. Cirugía plástica facial, facioplastia.
Facer. m. y f. El o lo que pule o labra. / Revés o derrota demoledora / dificultad inesperada. / (G. B.) Bofetada.
Facet. f. Faceta.
Facetiae. pl. Bromas, chistes. / Libros humorísticos.
Facetiously. adv. Chistosamente, jocosamente.
Faceup. adv. Boca arriba, tendido de espaldas.
Facial. adj. Facial.
Facile. adj. Fácil (tarea, triunfo, solución, etc.).
Facilitate. v. Facilitar, ayudar, expedir.
Facility. f. (pl. *facilities*) Facilidad (de una tarea, triunfo, solución, etc.).
Fact. m. Hecho; realidad.
Faction. f. Facción, camarilla, pandilla, bando.
Factionalism. m. Partidarismo, sectarismo.
Factor. m. Factor, circunstancia. / Agente, comisionado.
Factory. f. Factoría, fábrica, manufactura.
Facture. f. Factura, ejecución (en especial en una obra literaria, músical o artística).
Faculty. f. (pl. *faculties*) Facultad, aptitud, potencia, habilidad. / Facultad, poder, autoridad / Cuerpo docente (de una universidad).
Fad. f. Moda, novedad; manía. / m. Furor, capricho.
Faddy. adj.m., f. Novelero. / Caprichoso, maniático.
Fade. v. Marchitarse. / Descolorarse, deste ñirse. / Palidecer, obscurecerse. / Apagarse (sonido). / (Fig.) Reducirse, decaer, debilitarse (interés, etc.). / Marchitar. / Descolorar, destenir. / Oscurecer.
Fading. m. Desvanecimiento (de señales).
Fag. v. (pret. p.p. *Fagged*) Fatigarse, trabajar duramente, afanarse. / (G. B.) Atender, servir (al estudiante de grado superior).
Fagend. m. Cadille (parte burda al final de la urdimbre de la tela). / Chicote, cabo. / Residuo, remanente, retal. / Remate, punta, extremo. / (G.B.) Colilla.

Fagot, faggot. m. Gavilla, haz de palos o ramas, fajina. / Paquete de barras (de acero).
Fail. v. Fallar, faltar, fracasar. / Decaer, desfallecer. / Menguar. debilitarse, apagarse. / Averiarse, parar, dejar de funcionar. / (Com.) Fracasar, quebrar. / Falla, falta.
Failure. f. Falta, omisión. / m.descuido, fracaso, fiasco, defecto, deficiencia, falla; declinación. / Suspenso (en un examen).
Faint. adj. m. y f. Timorato, a, tímido, a, medroso, sa. / Tenue, débil, lánguido. / Desmayado, desfallecido, debilitado, mareado. / Pálido, indistinto, borroso (perfil, etc.); vago (recuerdo, etc.). / To feel faint, sentirse mareado. / s. Desmayo, desfallecimiento.
Fair. adj. m. y f. Bello, a, hermoso, a. / Agradable, ameno. / Cortés, amable. / Considerable, adecuado; amplio. / Razonable. / Posible, probable. / Justo, imparcial. / Honrado, legítimo, justo, imparcial. / Honrado, legítimo, justo. / Según las reglas, correcto, limpio (juego). / Limpio, puro. / Claro, legible. / Rubio (cabello); blanco (tez). / Típico, característico (ejemplo, etc.). / Bastante bueno (tiempo). / (viento, marea perspectiva). / Viento, brisa. / Mujer amante, querida.
Fair-haired. adj. m. y f. Pelirrubio, a. / (Fam.) Favorito, predilecto.
Fair-minded. Imparcial, justo, equitativo.
Fairness. f. Imparcialidad, justicia, equidad; rectitud. / Hermosura, belleza. / Legitimidad / Serenidad, limpieza (del cielo). / Pureza.
Fair sex. m. El bello sexo. La mujer.
Fair-spoken. adj. m. y f. Cortés, bien hablado.
Fairy. f. Hada, duende. / (Pop.) Maricón, homosexual. / De hadas, de duendes. / Imaginario, ficticio.
Faith. f. Creencia, religión. / Confianza. / Fidelidad, lealtad.
Faithful. adj. m. y f. Creyente, fiel. / Leal. / Constante. / Exacto.
Faithfulness. f. Fidelidad, lealtad; exactitud.
Faithless. adj. m., f. Incrédulo, a. / Falso.
Faithlessly. adv. Incrédulamente. / Deslealmente.
Fake. v. Falsificar, contrahacer. / Simular; fingir..
Fakir. m. Faquir, derviche, monje mahometano.
Falcon. m. (Orn.) Halcón. / (Hist.) Falcón.
Fall. v. (pret. *Fell*; p.p. *Fallen*) Bajar (temperatura, ojos, voz). / Caer (fecha), ocurrir. / Apenarse, entristecerse (rostro). / Pecar. / Perder la honra (mujer). / Morir (esp. en batalla). / Caer (gobierno, ministro, etc.) / Caer, ser capturado (fortaleza, ciudad). / Cesar, cejar (conversación, ira, viento, etc.). / Quedarse, volverse (mudo, callado, etc.). / Nacer (cordero) / f. Caída, degradación, decadencia, ruina. / Captura (de una fortaleza, ciudad). / Otoño. / Pecado. / Baja, descenso (de precios, temperatura, presión, marea, etc.) / (Gen. pl.) Catarata, cascada, salto de agua. / Cantidad caída (de lluvia, etc.) / Declive, inclinación, pendiente. / Desembocadura de un río. / (Náut.) Tira de aparejo. / Adorno del atuendo femenino.
Fallacious. adj. m., f. Engañoso, delusorio, erróneo (razonamiento, etc.). / Falaz; ilógico.
Fallacy. m. Error. / Carácter erróneo.

Fallen. adj. m. y f. Caído, a, postrado, a, arruinado, a. / Perdido, deshonrado, degradado.

Falling. m. Descenso, desplazamiento, dismilución. / f. Caída.

Falling star. f. Estrella fugaz. / m. Meteoro.

False. adj .m., f. Falso, incorrecto. / Traicionero, desleal. / Falsificado (diamante, moneda, billete); postizo (diente, peluca, seno). / (Mús.) Discordante.

False colours. pl. (Fig.) Pretextos falsos.

Falsehearted. adj. m. y f. Pérfido, a, traicionero, a, alevoso, a.

Falsification. f. Falsificación.

Falsify. v. (pret. p.p. *Falsified*) Falsificar. / Refutar, desmentir, probar la falsedad. / Frustar (esperanzas, etc.). / Decir mentiras, mentir.

Falsity. f. Falsedad, carácter falso. \ Mentira.

Familiar. f. Fama, reputación. / *House of ill fame*, Prostíbulo. / v. Afamar, celebrar.

Familiar. adj. m. y f. Familiar, conocido. / Fresco.

Familiarity. f. (pl. *familiarities*) Familiaridad, intimidad, confianza.

Familiarize. v. Familiarizarse.

Family. f. Familia; linaje, cuna. / Familiar, casero, de la familia.

Family name. m. Apellido, nombre de familia.

Family tree. m. Arbol genealógico.

Fan. m. Abanico. / Ventilador. / (Agr.) Bielbo; aventadora. / (Aer., Pop.) Hélice. / Aspas reguladoras (en molinos de viento). / v. (pret. p.p. *Fanned*) Abanicar. / Avivar (el fuego, etc.), excitar (curiosidad, etc.). / Soplar sobre.

Fan. m. y. f. (Fam.) Aficionado, hincha.

Fanatic. adj. m., f. Fanático, ca,

Fanaticism. m. Fanatismo

Fan blower. m. Ventilador.

Fancied. adj. m., f. Imaginado, a, imaginario, a.

Fancy. f. Inclinación, tendencia, aficion. / Capricho, antojo. / Gusto, preferencia. / Cariño, afecto. / Imaginación, fantasía. / Idea, concepción, concepto. / v. (pret. p.p. *Fancied*) Gustar, gustar de. / Imaginar, concebir. / Creeer, suponer. / Tener afecto a, gustarle a uno.

Fanfare. f. (Mús.) Fanfarria, charanga; toque de trompetas. / (Fig.) Bombo y platillos.

Fantastic, fantastical. adj. m. y f. Fantástico, ca, imaginario, a, irreal, quimerico. / Grotesco, extravagante, extraño.

Fantasy. f. Fantasía, imaginación, ensueño. / v. Imaginar, lantasear.

Far. adv. (*Farther* o *Further*, *Farthest* o *Furthest*) Lejos, a lo lejos, en lontananza. / Muy; mucho. .

Faraway. adj. Lejano, alejado, remoto.

Farce. v. (Teatr.) Rellenar (escrito, comedia, etc.) de paisajes o citas jocosas.

Fardel . m. Lío, atado, paquete.

Fare. v. Viajar, pasar. / Irle (bien o mal) a uno, tener (buena o mala) suerte, prosperar. / Alimentarse, comer.

Farewell. interj. ¡Adiós! ¡vaya con Dios! que le vaya bien! / Despedida, adiós, salida.

Farfetched. adj. Forzado, traído de los cabellos.

Farm. f. . Granja, finca, hacienda. / Plantación, cultivo (acuático). / (Béisbol) Club subsidiario (de otro de primera división). / v. Cultivar, labrar la tierra..

Farmer. m. Granjero, agricultor, hacendado, labriego, campesino, colono.

Farming. f. Agrícola, de labranza para cultivo.

Far-off. adj. Lejano, distante, remoto.

Farsighted. adj. Prudente, previsor, perspicaz, sagaz / Presbítera, presbite, hipermétrope.

Fart. m. (Pop.) Pedo. / Persona, gen. vieja, fastidiosa y tonta. / v. Pedorrear.

Farther. adv. y adj. (comp. de *Far*) Más lejano, ulterior, más alejado, más distante. / A mayor distancia; más adelante. / Además de, ulteriormente.

Farthermost. adj (super. de *Far*) Más remoto, más lejano.

Farthest. adj. (super. de *Far*) Más lejano o remoto; más largo o extendido. / adv. Más lejos, a la mayor distancia.

Fascicle. m. (Fil., Anat., Biol., Impr.) Fascículo.

Fascinate. v. Fascinar, hipnotizar. / Hechizar, encantar, cautivar. Hechizar, embrujar..

Fascinating. adj. Fascinador, fascinante.

Fascination. f. Fascinación, hechizo, encanto.

Fascism. m. (Polít.) Fascismo.

Fashion. f. Moda, boga. / Modo, estilo. / Costumbre, uso, hábito. Distinción, buen tono.

Fast. adj. Rápido, veloz / Firme, estable, seguro. / Constante (amigo, amistad, etc.). / Adelantado (reloj). / Disoluto, inmoral. / Cerrado (puerta, etc.) atascado (cajón, tapa, etc.). / (Fotogr.) Rápido (obturador, objetivo), de alta sensibilidad (pelicula).

Fasten. v. Fijar, afirmar. / Atar, ligar; clavar. / Cerrar, asegurar (puerta, cinturón de seguridad, etc.).

Fastener. m. Sujetador, fijador.

Fastening. m. Sujetador, fijador, aldabilla, cierre, cerrojo; broche.

Fastness. f. Firmeza, fijeza. / Rapidez. / Inmoralidad. / Adelanto (de reloj). / Constancia (de amistad, etc.). / Firmeza (de colores), resistencia (a materias tóxicas, etc.). / Fortaleza, plaza fuerte.

Fat. adj. (*Fatter, Fattest*) Gordo, obeso. / Grasiento. / Repleto, bien abastecido.\ (Fig.) Pingue, lucrativo, provechoso. / Téxtil, productivo. / Abundante, rico. / Lerdo, torpe. / (Impr.) Negro, ancho (tipo).

Fatal. adj. Fatal; funesto, mortifero, mortal.

Fatality. f. Fatalidad (de un suceso, circunstancia, etc.). / Fatalismo. / calamidad, desgracia..

Fate. m. Hado, sino, suerte, muerte, parca. / Estrella, fortuna. / Fate, diosa del destino.

Fateful. adj. Fatal; irrevocable. / Fatídico, ominoso.

Father. m. (Rel.) Padre, sacerdote. / Padre de la iglesia. / (Fig.) Autor, inventor. / v. Engendrar, procrear. / Fundar, inventar; producir, originar. / Proteger, apadrinar.

Fatherhood. f. Paternidad.

Father-in-law. m. (pl. *fathers-in-law*) Suegro. / (raro) Padastro.

Fatherland. f. Patria.

Fatidic, fatidical. adj.] Fatídico, profético.

Fatigue. f. Fatiga.

Fatiguing. adj. Fatigoso, agotador.

Fatness. f. Gordura, obesidad. / Oleosidad, untuosidad. / Riqueza, fertilidad, abundancia.

Fatten. v. Engordar, cebar. / Fertilizar, abonar, enriquecer (la tierra).

Fattening. adj. m., f. Engordador, cebador.

Fattish. adj. Gordiflón, regordete; algo grasoso.

Fatty. adj. (*Fattier, Fattiest*) Grasiento, seboso, grasoso. / (Quim.) Graso. / Gordinflón, adiposo.

Fatuity. f. Fatuidad, simpleza, estupidez, necedad. / (Arc.) Idiotez, demencia.

Fault. f. Falta. / Imperfección, defecto, desperfecto. / Error, omisión. / Culpa, responsabilidad. / (Geol., Mineral.) Falta, paraclasa. / (Caza) Rastro perdido. / (Electr.) Fuga, escape (de corriente). / (Tenis) Falta.

Faultiness. f. Defecto, falta, imperfección.

Faulty. adj. Imperfecto, inacabado, incompleto.

Favor, (G. B.) favour. m. Favor, servicio. / Estimación. / Privilegio, concesión. / pl. Favores (de una mujer).

Favorable, (G. B.) favourable. adj. Favorecedor, patrocinador.

Favorite, (G. B.) favourite. adj. m., f. Favorito, a, preferido, a, predilecto, a, protegido, a

Fear. m. Miedo, temor. / Preocupación, ansiedad. / Peligro.

Fearful. adj. Miedoso, temeroso, aprensivo; tímido, tirnorato. / Terrible, espantoso, alarmante. / (Fam.) Tremendo, enorme.

Fearless. adj. Intrépido, impertérrito, valiente, bravo, arrojado, osado.

Fearsome. adj. Terrible, temible. / Tímido, timorato, apocado.

Feasibility. f. Viabilidad, carácter factible.

Feasible. adj. Factible, viable. / Conveniente, servible. / Razonable, aceptable, posible.

Feast. m. Banquete, festín. / f. Fiesta, festividad (de la iglesia) / v. Agasajar, banquetear. / Deleitar, complacer.

Feat. f. Hazaña, proeza. / Acto (de destreza, etc.).

Feather. f. Pluma (de ave). / Plumaje. / Moño o Fleco de pelos (en la corva de perros). / Nube (en piedras preciosas). / Condición, humor. / (Fig.) Nimiedad, pequeñez. / (Mec.) Cuña, llave; pestaña, reborde. / (Carp.) Lengueta, barbilla. / v. Vestir o ataviar con plumas. / Cubrir o forrar con plumas. / Machihembrar. / Alzar y poner horizontal la pala del (remo). / Dar o proveer de alas; reducir a la finura de una pluma. / (Aer.) Poner en bandera (hélice). / (caza) Quitarle plumas (a un pájaro) sin matarlo. / (Impr.) Extender la tinta.

Feathered. adj. Emplumado. cubierto de plumas o alas. / Alado; penígero; veloz, ligero.

Featherhead. f. Imbécil, tonto, bobo.

Feathering. m. Plumaje. / pl. Plumas (de una flecha).

Featherless. adj. Implume, desplumado.

Featherweight. m. Peso muy liviano.

Feature. m. Aspecto, pecularidad, característica. / Rasgo, facción; facciones, fisonomía, rostro. / f. Figura, la (de alguien). / v. Caracterizar. / Representar, mostrar, hacer resaltar. / Concebir. / Destacarse, tener un papel (importante).

Featured. adj. Encarado (bien, mal) de rasgos, de facciones / Principal, prominente (actor, atractivo, etc.), estelar (papel, actuación, etc.); de primera plana (artículo, etc., en una revista o periódico).

Febricity. f. (Med.) Fiebre, calentura.

Febrile. adj. (Med.) Febril.

February. m. Febrero.

Fecundate. v. Fecundar, fertilizar.

Fecundation. f. (Biol.) Fecundacion.

Fecundity. f. Fecundidad, fertilidad, productividad.

Federalist, federalistic. adj. m. f. (Polít.) Federalista.

Federate. adj. m., f. Confederado, federado, aliado. / v. Federar (se), confederar(se).

Federation. f. Federación, confederación.

Fed up. adj. Harto, hastiado. / Disgustado, aburrido.

Fee. m. Honorarios; estipendio, remuneración, gratificación; derechos. / Cuota de ingreso (en museos, etc). / (Hist.) Feudo. / (Der.) Bienes, herencia, patrimonio. / v. Recompensar, gratificar.

Feeble. adj. Débil, enfermizo, endeble. / Ineficaz.

Feed. v. (pret. *p.p. Fed*) Alimentar, nutrir. / (Fig.) Alimentar, dar pábulo a (deseo, esperanza, sentido *de* humor, etc.); fomentar (egoismo, vanidad, rumores, etc.). /

Pastar (ganado). / (Teatr.) Apuntar (palabras a un actor). / (Fútbol) Dar pases a (jugador). / m. Forraje, pienso. / f. Alimentación, comida (esp. de animales). / (Fam.) Comilona. / (Mec.) Avance (mecanismo); alimentación (proceso); alimento (materia).

Feedback. f. (Electr.) Realimentación, regeneración, retroacción / Información acerca del resultado de un proceso; reacción, contrarreacción.

Feeder. m. Alimentador (de ganado, etc.). / (Mec.) Alimentador, avanzador, dispositivo (de un río). / Cebón, animal alimentado para la matanza. / (Electr.) Conductor de alimentación, alimentador. / (Mineral.) Filón ramal. / (Teatr.) Actor o papel que sirve de pie a otro. / (Ferr.) Ramal tributario. / Alimentador, marcador (persona).

Feeding. m., f. Forraje, pasto, (Entom.) / De alimentación, alimenticio.

Feel. v. (pret. p.p. *Felt*) Sentir, percibir, experimentar. / Tocar, palpar.

Feeling. m. Tacto, sentido del tacto. / Sensación, sensibilidad. / Sentimiento, emoción. / pl. Sentimientos, susceptibilidad. / Conmiseración; ternura. / Sensación (de seguridad, etc.). / Presentimiento, corazonada. / Opinión.

Feign. v. Aparentar, simular, disimular, fingir.

Feigned. adj. Fingido, ficticio; falso, irreal.

Feint. f. Finta, amago.

Felicitate. adj. (Arc.) Regocijado, feliz, dichoso. / v. Felicitar, cumplimentar dar el parabién o la enhorabuena. / (Arc.) Alegrar, regocijar.

Felicitous. adj. Feliz, oportuno, apto (observación, idea, etc.). / Elocuente, persuasivo (orador).

Felicity. f. Felicidad, dicha, bienaventuranza. / Aptitud, gracia (de expresión). / Dicho, feliz, ocurrencia.

Feline. m. Felino. / Gatuno (movimiento, aspecto, etc.). / adj. (fig.) Agil; astuto; grácil.

Fell. v. Talar, cortar. / Derribar. tumbar. / (Costura) Sobrecargar, sobrecoser. / f. Tala, corte de monte; madera cortada en una estación. / Costura sobrecargada, costura sobrecosida. / Cuero, piel, pcllejo.

Fell. adj. Cruel, fiero, feroz. / Maligno, siniestro.

Fellness. f. Crueldad, ferocidad. / Malignidad.

Fellow. m. Compañero, camarada. / Socio, pareja. par. / Igual (en poder, etc.). / Congénere. / (Fam.) Tipo, tío, sujeto; mozo, muchacho. / Miembro (de una sociedad científica o literaria; miembro del consejo de gobierno de algunas universidades). / Graduado o catedrático becado (para realizar investigación).

Fellowman. m.Prójimo, semejante.

Fellowship. m., f. Camaradería, compañerismo. / Comunidad (de intereses, etc.). / Compañía, confraternidad, grupo. / (Rel.) Comunión, hermandad (entre miembros de la Iglesia). / Beca, pensión (concedida a graduados o catedráticos para realizar investigaciones); fundación (universitaria) de becas. / Consejo, directivo, consejo de gobierno (de algunas universidades).

Felonious. adj. Criminal, culpable. / Felón, traicionero, malvado, perverso.

Felony. m. (Der.) Felonía, delito mayor, crimen.

Felt. v. pret. p.p. de *Feel*. s. Fieltro. / Fieltrar, verter en fieltro. / Cubrir con fieltro. / Espesar, trabar de fieltro.

Female. f .Hembra (persona o animal del sexo femenino), ej., *a female giraffe*, una jirafa hembra / Mujer. / (Bot.) (planta) Hembra, planta, pistilada. / (Mec.) Hembra, hembrilla; matriz. / Femenino, mujeril. / (Bot.) Gineceo, pistilado (díc. de las plantas).

Feminism. m. (Polít.) Feminismo, características femeninas.

Feminist. adj. y m., f. (Polít.) Feminista.
Feminity. f. Feminidad.
Feminization. f. Afeminación; afeminarse.
Fence. f. Cerca, cercado, valla, seto. / (Pop.) Pafista, reducidor (América). / (Dep.) Esgrima. / (Mec.) Des aguas neutral, sin tomarpartido (en una disputa, política, etc.). / v. Cercar vallar. / (con *from* o *against*) Defender, proteger, guardar (de).
Fencer. m., f. Esgrimidor, esgrimista. / Cercador. / Caballo ágil que salta bien las cercas.
Fencing. m. (Dep.) Esgrima; técnica de esgrimir. / Materiales para cercas; cercado, vallado.
Fend. v. (Gen. con off) Parar, detener (golpe, etc.); tener a raya; repeler. / (Arc.) Defender. / Ingeniarse.
Fender. f. Defensa, dispositivo de protección / Guardafuego (de la chimenea). / Guardabarros, guardalobo.
Fenny. adj. Pantanoso, palustre, cenagoso.
Ferment. m. Fermento. / Fermentación. / Agitación, tumulto. / v. Fermentar. / (Fig.) Agitar, fomentar.
Ferocious. adj. Feroz, fiero, enfurecido, brutal.
Ferocity. f. Ferocidad, fiereza, crueldad.
Ferret. m. (Zool.) Hurón. / v. Huronear, cazar con hurones.,
Ferreter. m. Huronero, el que caza con hurón. / (Fam.) Que gusta de divulgar secretos ajenos.
Ferry. v. (pret. p.p. *Ferried*) Barquear, balsear (un rio, etc.). Transportar (de una a otra orilla) en barco. / Conducir (un avión) desde la fábrica hasta su punto de entrega. / Transportar (tropas, etc.) por avión. / m.Transbordador, barco de transbordo, bardo de paso, barco de pasaje, pontón de transbordo (para cruzar, etc.).
Ferryboat. m. Barco transbordador (para pasajeros, vehículos y mercancías).
Ferrying. m. Transporte por barco a lancha.
Ferryman. m. Balsero; barquero; dueño de un barco de transbordo.
Fertile. adj. m. y f, Fértil, feraz, fecundo.
Fertileness. f. Fertilidad, fecundidad.
Fertility. f. Fertilidad; fecundidad.
Fertilize. v. Fertilizar, fecundar.
Fertilizer. m. Fertilizante, abono.
Fervency. m. Fervor, ardor, calor, celo, devoción.
Fervent. adj. Ferviente, fervoroso, ardiente.
Festinate. adj. Apresurado, de prisa. / v. Apresurar, festinar.
Festival. adj. m., f. Festivo, fiesta, festividad; festival.
Festive. adj. Festivo, alegre, regocijado, solemne.
Festivity. f . (pl. *festivities*) festividad.
Fetation. f. Fetación, gestación.
Fetch. v. Ir a buscar, ir por. / Traer; (Caza) cobrar (las presas). / Proferir (grito, etc.); tomar (aliento); arrancar (lágrimas, etc.). / Venderse a (un precio). / Tirar, ganar, devengar, cobrar (sueldo, etc); rendir, devengar (intereses). / Interesar. / (Fam.) Asestar (un golpe). / f. Treta, estratagema, truco. / Aparición, espector (de una persona viva).
Fetter. m. (Gen. pl.) Grillo, grillete, cadena, pihuela (para una persona);f. traba, manota, apea (para un animal)..
Fettle. v. Ordenar, arreglar. / Esturgar (piezas de barro el alfarero). / (Metal.) Cubrir con brasca (esp. homo de reverbero). / f. Condición, estado.
Feud. m. (Der.) Feudo, dominio. / f. Enemistad, inveterado, lucha encarnizada (entre dos familias, clanes o tribus). / v. Luchar, pelear sin tregua.
Feudalism. m. Feudalismo, sistema feudal.

Feudality. f. Feudalidad. / m.Feudo.
Feudal system. m. Feudalismo.
Fever. f. (Med.) Fiebre, calentura, temperatura. / (Fig.) Fiebre, frenesí, agitación. / v. Causar fiebre.
Feverish. adj.y m., f. Febril, febricitante, calenturiento (Entom.). / Ardoroso, desasosiego.
Fever tree. m. (Bot.) Eucalipto.
Few. pron. (Fewer; Fewest) Poco; unos cuantos, algunos.
Fiancé. m. Novio, prometido.
Fiancee. f. Novia, prometida.
Fibber. m. y f. Mentiroso, a, inventor, a, trapacero, ra, trufador, ra.
Fiction. f. Ficción, invención. / Literatura novelesca, novelístico. / Embuste, fábula. / (Der.) Ficción..
Fictionalize. v Convertir en ficción; novelizar.
Fictioner. m., f. Novelista comercializado.
Fictitious. adj. Ficticio, imaginario, fingido.
Fictively. adv. Ficticiamente; fingidamente.
Fiddle. m. (Fam.) Violin. / v. Tocar el violín. / Jugar nerviosamente (con dedos o manos). / Ocuparse en fruslerias. / Malgastar.
Fiddle bow. m Arco de violín.
Fiddler. m. y f. Violinista.
Fiddlestring. f. (Fam.) Cuerda de violin.
Fiddling. adj. (Fam.) Frívolo, fútil, insignificante.
Fidelity. f. Fidelidad, exactitud. / Lealtad.
Fidget. v. Agitarse, inquietarse, cazcalear. .
Fidgety. adj. Intranquilo, inquieto, impaciente, agitado, nervioso.
Fiduciary. adj. m., f. Fiduciario.
Field. m. Campo, campiña, sembrado, campo cultivado. / Campaña; campo (de hielo etc.), extensión (del mar, del cielo). / (Mineral., Geol.) Yacimiento(s) (de petróleo, carbón, etc.). / (Fig.) Campo, esfera (de alguna actividad), campo, ramo (de ciencia, erudición. etc.). / (Fig.) Curso, ej., *the whole field of history*, todo el curso de la historia. / Franja (de bandera). / (Fís.) Campo (magnético o eléctrico). / (Ópt.) Campo de visión. / (Mat.) Cuerpo, campo. / Campo (del escudo). / (Mil.) Campo de batalla. / (Dep.) Campo (de juego); (béisbol) jardín. / (Dep.) Participantes (en una carrera o competición), conjunto de jugadores; (criquet, béisbol) equipo en el campo (opuesto al que tiene el bate) resto de los competidores (que no alcanzaran los primeros puestos o no son favoritos para ello).
Fiend. m. Loco, monomaníaco, / Fiera, arpía, espíritu malévolo. / Fanático; adicto, vicioso.
Fiendish. adj. Diabólico, perverso, malvado, cruel
Fiendlike. adj. Perverso, cruel, malvado, diabólico.
Fierce. adj. Fiero, feroz, cruel. / Furioso, violento (esfuerzo, dolor, etc.).
Fiery. adj. Ardiente, flamante. / Caliente, picante (comida). / Inflamado. / Ignco.
Fiesta. f. Fiesta, festival.
Fifteen. adj. m. Quince.
Fifteenth. adj. m., f. Decimoquinto.
Fifth. adj. m., f. Quinto. / Cinco (en fechas). / (Mús.) Quinta. / (Mús.) Dominante, quinta nota (de la escala). / Quinto.
Fiftieth. adj. m., f. Quincuagésimo.
Fifty. adj.m. (p Fifties) Cincuenta. / Grupo de cincuenta (personas o cosas). / f. (Bot.) Higuera (árbol).
Fight. v. (pret. p.p. *Fought*) Luchar. / Pugnar. / Reñir, pelear.
Fighter. m. Luchador, combatiente, guerrero. / Batallador, duelista. / (Dep.) Boxeador, púgil.

Figment. f. Invención, ficción.
Figurate. adj. Figurado (Mús.) floreado, embellecido.
Figurative. adj. Figurado, metafórico. / De estilo figurado (escritor). Figurativo.
Figure. f. Figura, forma, perfil / Talle, cuerpo. / Figura, trazado (hecho por patines en el hielo, avión en el aire, etc.). / Diseño, dibujo. / Ilustración (en libro, revista, etc.). / Cifra, número; pl. cálculo, operaciones aritméticas. / Precio. / v. Figurar, representar. / Adornar con figuras o diseño. / Numerar. / Idear. / Imaginar, calcular, considerar. / (Mús.) Cifrar (el bajo). / (Pop.) Comprender .
Figured. adj. Figurado, representado. / Decorado con figuras. / Cifrado (bajo).
Figurehead. m. (Náut.) Mascarón de proa. / Testaferro, líder o caudillo títere (que figura solamente, sin tener autoridad).
Filament. m. Filamento, hilillo, hilaza.
Filature. m. Devanado (de hilos de seda). / f. Devanadera (para hilar la seda). / Hilandería (de seda).
File. m. Archivo, registro (de documentos; periódicos, carpeta; fichero; archivador). / Hilera, (ajedrez) columna. / (Mil.) de soldados. / (Arc.) Acta, protocolo; lista. / v. Clasificar, ordenar. / Archivar. / Protocolizar, protocolar. / Registrar, presentar, entablar.
File. f. Lima, escofina. / (Pop.) Zorro, persona astuta. / (Náut.) / v. File away, limar, quitar con la lima (número, marca, etc.).
Filer. m., f. Archivero. / Limador.
Filiation. f. Filiación (de un hijo con sus progenitores). / Filiación, procedencia. / Rama, derivado.
Filigree. f. Filigrana. / v. Aligranar, adornar con filigrana.
Filing. f. *(Gen. pl.)* Limaduras, limalla. / Colocación en el archivo; to *do filing*, archivar.
Fill. v. Llenar, saciar,hartar. / Ocupar(sitio, vacante). / Tapar (hoyo, etc.). / Rellenar (dulce, etc.). / Empastar (diente). / Enchapar (de oro, etc.). / Verter (agua); echar (ej., carbón en carbonera). / (EE.UU.) Preparar (receta). / (Náut.) Hinchar (vela); orientar (una verga). / Ceñir, con banda, faja o cinta. / Filetear. / (Cocina) Cortar en filetes.
Filling. m. Relleno, adición. / (Cocina) Relleno. / Empaste (de diente). / (Ingen. civil) Terraplén. / Trama (del tejido). / Lo que llena o satisface el estómago o el apetito.
Film. f. Película, telilla. / Tela o nube (en el ojo). / Película; filme, film. / v. Filmar, rodar (una secuencia,una escena). / Cubrirse de una telilla.
Filming. f. Filmación, rodaje.
Filmy. adj. *(Filmier; Filmiest)* Tenue, diafano. / Nuboso, opaco. / Membranoso, pelicular.
Filter. m. Filtro. / v. filtrarse. / (con *into)* Infiltrarse. / (con *through u out), (Fig.)* trascender, traslucir (noticia, etc.).
Filth. f. Suciedad, inmundicia, mugre, basura; (Fig.) obscenidad.
Filthy. adj. *(Fiithier, Filthiest)* Sucio, puerco, asqueroso, immundo. / (Fig.) Obsceno. / (Fig.) Malo.
Fin. f. Aleta (de peces de carrocería, etc.). / Plano de deriva. / (motor) Aleta. / (Mec.) Rebaba. / (Pop.) Billete de cinco dólares. / (Pop.) Mano, brazo. / v. (pret. *p.p*. Firmed) Proveer de aletas. / Aletear.
Final. adj. Final, último; conclusivo, decisivo; terminante. / f. (Dep.) Final / (Gen. pl.) Exámenes finales. / (Fam.) Edición de última hora, última edición (de un periódico).

Finale. m. (Mús.) Final, último movimiento.
Finality. f. Finalidad, inalterabilidad, irrevocabilidad. / Carácter concluyente (de una decisión, etc.). / (Fil.) Doctrina finalista..
Finalize. v. Finalizar, finiquitar, concluir.
Finance. f. (Gen. pl.) Fondos, recursos, finanzas (esp. de un gobierno). / Finanzas, ciencia financiera. / v. Financiar, costear.
Financial. adj. Financiero.
Find. v. Encontrar, descubrir. / (generalmente con in) Proporcionar. / (Der.) Pronunciar (veredicto). / m.Hallazgo, descubrimiento
Finding. m. Hallazgo, descubrimiento, invención. / pl. Herramientas, avion o materiales que usa un artesano. / (Der.) Informe; veredicto, fallo, decisión.
Fine. adj. *(Finer, Finest)* Fino. / Bueno (tiempo, etc.). \ Muy bueno. excelente, magnílfco; lindo, bello. / v. (Gen. con *down,* refinar, purificar, aclarar. / Afilar, aguzar..
Fine. f. Multa. / v. Multar.
Finger. m. Dedo de la mano. / Manecilla del reloj . / El ancho de un dedo (como medida). / (Mec.) Uña, saliente, linguete, trinquete. / v. Tocar con los dedos, manosear, palpar, juguetear con. / Hurtar, robar. / (Mús.) Tocar, pulsar, tañer, teclear, digitar las notas. (Mús.) Mover los dedos (al tocar); requerir una (cierta) digitación (instrumento). .
Fingered. adj. Con dedos; (en palabras compuestas) de dedos. / (Mús.) Digitado.
Fingerprint. f. Huella digital, impresión dactilar. / v. Tomar las impresiones dactilares (a alguien)
Fingertip. f. Yema o punta del dedo. / Dedil.
Finish. v. Terminar, acabar, concluir. / Perfeccionar; retocar, pulir. / Consumir, agotar, vencer (en contienda); líquidar, matar. / f. Conclusión, final, término. / Fin, ruina, muerte. / Acabado. / Perfección. / Perfeccionamiento (de cultura, educación o buenos modales); urbanidad, buenos modales. / (Dep.) Meta, (linea de) llegada.
Finished. adj. Concluido, completo, terminado. / Fabricado. / Pulido, consumado, perfecto..
Finite. adj. Finito, limitado, delimitado. / (Gram.) Que denota tiempo, número y persona (verbo) / (Mat.) Finito. / m., f. Cosa o ser finito.
Finland. f. Finlandia.
Finnish. adj. Finlandés, finés (pueblo, raza o idioma). / m., f. Finlandés, finés (idioma).
Fire. m. Fuego. / Incendio. / Brillo (del diamante, etc.). / (Fig.) Ardor, pasión. / Descarga (de armas de fuego); andanada (de palabras, insultos, etc.). / (Poét.) Rayo, relámpago, trueno. / v. Encender. / Prender fuego a, incendiar. / (Fig.) Inflamar, incitar (pasión), excitar (imaginacion), inspirar, estimular (ambición). / Alumbrar. / Disparar, tirar (piedras, torpedo, bombas); (Fig.) Proferir (insultos). / Despedir, echar (empleado, servidor,etc.). / Hacer denotar, explotar. / Cocer (ceramica, esmalte, etc.). / Cauterizar. / Enrojecer. / Desecar calentando (hojas de té, tabaco, etc.).
Firearm. f. Arma de fuego.
Fireball. f. Bola de fuego. / m.Bolido, meteoro. / (Mil.) Bola (llena de pólvora o de otro combustible). / (Pop.) Tipo eficiente o ambicioso.
Firebreak. m. Cortafuego.
Fire brigade. m. (pr. GB) Cuerpo de bomberos.
Fire chief. m. (EE.UU.) El jefe a cargo de un cuerpo de bomberos.
Fire company. f. Cuerpo de bomberos.

249

Flash

Fire department. m. Cuerpo de bomberos, servicios de incendios.
Fire door. f. Puerta contrafuego, puerta a prueba de incendio.
Fire-up. adj. (Pop.) Airado, enojado.
Fire-eater. m. Pirófago (en circo, ferias, etc.). / (Fam.) Buscapleitos, picapleitos, valentón.
Fire escape. f. Escalera de escape de incendios, escalera de salvamento o de emergencia.
Fire extinguisher. m. Extinguidor de incendios, matafuego, extintor, apagaincendios, apagallamas.
Fire fighter. m. (Fam.) Bombero.
Fireguard. f. Pantalla (de chimenea), guardafuego. / Cortafuego, zona talada para impedir la propagación del fuego. / Guardián contra incendios.
Fire hose. f. Manguera para incendios.
Firehouse. f. Estación de bomberos.
Fireman. m. Bombero. / Fogonero, paleador.
Fireplace. f. Chimenea francesa; hogar.
Fireproof. adj. A prueba de fuego, incombustible. / Contrafuego, contra incendios. refractario (arcilla, ladrillo, etc.). / v. Hacer incombustible.
Fire station. f. Estación de bomberos.
Firewater. m. Aguardiente, cualquier licor fuerte.
Firework. m. (Gen. pl .) Fuegos artificiales. / (Fig.) pl. Excitación.
Firing. f. Descarga, disparo, detonación. / Carga del hogar, alimentación del fuego. / Despedida (de un empleado, etc.). / Combustible, leña. / Cauterio, cauterización. / Cocción. / (Automov.) Encendido.
Firm. adj. Firme, fuerte, fijo, estable, sólido. / Constante, decidido. / adv. Firmemente / v. Afianzar, afirmar, asegurar. / (Gen. con up) Fortalecer (ánimo, etc.). / Perfeccionar,finiquitar (un contrato, etc.). / Endurecerse.
Firmament. m. Firmamento; bóveda celeste, cielo.
First. adj. Primero; primario. / Primitivo, pristino; original, delantero, temprano. / Excelente, principal, sobresaliente. / Menor, mínimo.
First-aid. m.pl. De primeros auxilios, de primera ayuda.
First-aid kit. m. Botiquín.
First-born. adj.m. Primogénito.
First class. f. Primera clase (en barcos, trenes, etc.).
First-class. adj. m. y f. De primera clase, excelente, superior.
First cousin. m. Primo hermano;first *cousin once removed,* primo hermano del padre de uno.
First floor. m. (EE.UU.) Planta baja, primer piso, piso bajo; (G. B.) segundo piso (America), piso principal (España).
Fish. m. (Gen. pl. *Fish:* para referirse a distintas especies, *Fishes).* Pez (carne de) pescado. / Fish, Piscis constelación y signo del zodiaco. / f. (Ferr.) Eclisa, mordaza. / m. (Fam.) Tipo tonto, bobo. / (Náut.) Pescante de ancla; jimelga, gemelo. / (Mec.) Refuerzo. / v. Pescar. / (Fig.) (Gen. con *for)* Pescar (cumplidos, etcétera).
Fishbone. f. Espina de pescado.
Fishbowl. f. Pecera. / (Fig.) Lugar visible.
Fish culture. f. Piscicultura; crianza industrial de peces.
Fisher. m. Pescador. / Barco pesquero. / (Zool.) Pekán, marta de América, la piel de este animal.
Firsherman. m. Pescador. / Barco pesquero.
Fishery. f. Pesca, pesquera. / Pesquera, zona pesquera, pesquería. / (Der.) Derecho de pesca.
Fishing. f. Pesca. / Pesquera, pesquería, zona pesquera.

Fishing net. f. Red para pescar.
Fishing rod. f. Caña o vara de pescar.
Fishiline m. Sedal, hilo de pescar.
Fish market. m. Pescadería.
Fishtail. adj. De forma o movimiento similar a la cola de los peces.
Fishy. adj. *(Fishier, Fishiest)* A pescado (sabor, olor). / (Fam.) Dudoso, improbable, inverosímil..
Fissate. adj. Agrietado, hendido.
Fission. m. Fisión, escisión (átomo del cuerpo, células, etc.); (Fís., Quím.) Fisión (de un núcleo atómico).
Fissure. f. Fisura, grieta, rajadura, hendidura. / v. Hender(se), agrietar(se), cuartear(se).
Fist. m. Puño. / Mano. / Llamada,manecilla, mano (de puerta). / v. Cerrar (el puño). / Apuñar, asir. / (G. B.) Apuñear, dar puñetazos a. / (Náut.) Manejar (velas, remos, etc.).
Fisticuff. m. Puñetazo, golpazos, trompalla (America). / f. Pelea a puñetazos, pugilato, boxeo.
Fit. m. Ataque, acceso (de histerismo, tos, etc.); paroxismo. / Arranque (de cólera, devoción, etc.), ataque (de risa). / Humor, capricho.
Flair. m. (Fam.) Estilo, elegancia. / Instinto, aptitud, disposición.
Flake. m. Copo de nieve. / f. Hojuela, escama. / Chispa, brasa diminuta. / Pedacito. / (Bot.) Clavel rayado. / Bastidor para secar alimentos. / (Náut.) Aduja. / v. Quitar las escamas / Cubrir de copos o escamas. / Descamarse, descascararse. .
Flam. f. Falsedad,m. engaño, fraude. / Farsa, patraña, embuste. / Toque de tambor, / v. Mentir, engañar, timar, estafar, trampear.
Flambeau. f. Antorcha, hachón. / m.Candelabro ornamentado.
Flame. f. Llama. / (En plural) Fuego. / Fulgor, brillo, reflejo. / v. Arder, llamear, flamear. / Fulgurar, brillar. / Abrasar, destruir por fuego / Chamuscar. / Humillar.
Flameproof. adj. Incombustible.
Flaming. adj. Llameante, ardiente. / Fulgurante, resplandeciente.
Flammable. f. Substancia inflamable. / adj. Inflamable, combustible.
Flannel. f. Franela, muleton.
Flap. f. Falda, faldón de prendas de vestir. / Ala de sombrero. Oreja de zapato. / Solapa de bolsillo. / Hoja plegadiza de mesa, faldón de silla. / Solapa de la sobrecubierta de un libro, tapa de un sobre. / v. Dar una palmada, abofetear. / Batir, menear, sacudir, agitar (aletas, etc.). / Aletear,oscilar, sacudirse. / (Náut.) Gualdrapear. (Una vela).
Flapping. m. Aleteo, aletazo, batimiento. / (Náut.) Gualdrapazo.
Flare. v. Arder, llamear. / Fulgurar, lucir,brillar. / Señalar con fuego o luces. / Exhibir ostentosamente. / f. Llamarada. / m. Fulgor, brillo. / Señal luminosa, luz de bengala. / Arrebato de cólera, irritación. / Abocinamiento, ensanchamiento. / Vuelo de falda. / Estallido. (De sonido). / Reflejo. (Opt. y Fotogr.).
Flare-up. f. Llamarada. / m.Estallido, arrebato de cólera, explosión de rabia.
Flash. m. Destello, fulguración, resplandor, fogonazo. / Instante, tris, momento. / f. Ráfaga, golpe de luz. / Sonrisa repentina. / Mensaje urgente, despacho telegráfico. / Señal luminosa, señal de banderas. / (Fam.) Linterna. / (Quím.) Colorante para los licores. / Flash, luz instantánea. / *Flash In the pan,*Fogonazo, esfuerzo inútil. / v. Chispear, llamear, destellear, fulgurar, relampaguear. /

Pasar o cruzar como un relámpago,moverse deprisa. / Enviar deprisa, despachar por radio y telégrafo. / Despedir, lanzar. (Rayo de luz,destellos, etc.).

Flashback. f. Narración retrospectiva, escena retrospectiva.

Flashlight. m. Rayo, destello. / f. Luz intermitente o giratoria. (Faro). / Fanal de destellos. / f. Lintema eléctrica de bolsillo. / Luz instantánea, luz relámpago, fotografía tomada con luz relámpago.

Flat. adj. Plano, llano. / Extendido, estirado. / Liso, raso. / Desenrollado. / (Fig.) Postrado. / Chato, aplastado. / Categórico. / Perentorio, positivo. / Fijo, exacto. Redondo (precio). / Inanimado, abatido, aburrido. / Insulso, desabrido. / m. Nivel, plano, llanura, planicie. / Bajío, banco, escollo. / f. Cara, parte plana de un cuerpo, palma de la mano. / Vagón de plataforma. / Barco o bote de fondo plano. / (Mús.) Bemol. / (Teatr.) Bastidor. / Neumático desinflado. / (Agr.) Semillero de cajón. / (Metal.) Planchuela, platina, barra chata. / (Min.) Filón horizontal. / (Pop.) Primo, necio. / Departamento, piso.

Flatfoot. m. (Med.) Pie plano. / (Pop.) Policía, detective.

Flat-footed. adj. De base plana. / De pies planos. / (Pop.) Firme, determinado, inflexible. / (Pop.) Desprevenido.

Flatland. f. Llano, llanura.

Flat roof. m. Azotea.

Flatten. v. Allanar, aplanar, aplastar, achatar. / Deslustrar, quitar el brillo a..

Flatter. m. (Metal.) Calibre de estirar. / Yunque, tas. / v. Alabar, lisonjear, celebrar.

Flatulence, flatulency. f. Flatulencia, gases estomacales. / (Fig.) Pomposidad, vanidad.

Flatulent. adj. Flatulento.

Flatware. pl. Cubiertos, utensilios de mesa.

Flaunt. v. Ostentar, hacer gala de, hacer alarde de. / Mofarse de. (Costumbres, disposiciones, etc.).

Flavor, flavour. m. Sabor, gusto, sazón. / Condimento, salsa, aderezo. / v. Sazonar, condimentar.

Flavoring, flavouring. m. Condimento, aderezo.

Flavorless, flavourless. adj. Insípido, sin sabor.

Flaw. f. Grieta, hendidura. / m. Defecto. / Ráfaga de viento. / v. Agrietar(se), ponerse defectuoso.

Flawy. adj. Agrietado. / Defectuoso, lleno de faltas.

Flax. m. Lino.

Flay. v. Desollar, despellejar, excoriar.

Flea. f. Pulga.

Fleck. m. Punto de color o luz. / Lunar,f. mancha, peca. / Particula. / v. Puntear, vetear, motear, salpicar, abigarrar.

Fleckless. adj. Sin mancha, limpio. / Inocente.

Flee. v. Escapar de. / Apartarse de, apresurarse. / Esquivar, evadir. / Huir del peligro.

Fleer. m. Persona que huye. / Burlón, burlador. / f. Sonrisa burlona, mueca, pulla. / v. Hablar o sonreír burlonamente, mofarse.

Fleet. f. Armada. / Fuerza naval, flota. / Escuadra de vehículos que se mueven juntos. / adj. Veloz, ligero, evanescente, efimero. / v. Apresurarse, pasar velozmente, volar, desaparecer.

Flesh. f. Carne. / Pulpa de frutas, parte comestible de un vegetal. / Gordura, grasa. / v. Alimentar con carne. / Enterrar, clavar algo en el cuerpo. / Acostumbrar, habituar, templar, iniciar en la matanza. / Descarnar pieles.

Fleshless. adj. Descarnado, sin carne.

Fleshly. adj. Corpóreo, carnal. / Sensual, lascivo.

Fleshy. adj. Carnoso, de carne. / Carnudo, corpulento, grueso. / Pulposo, suculento.

Fletch. v. Emplumar, poner plumas a una flecha.

Flex. v. Doblar(se), encorvarse. / f. doblez, encorvadura. / m. Cordón eléctrico. (GB).

Flexibility. f. Flexibilidad. / Docilidad.

Flexible. adj. Flexible, doblegable. / Dócil.

Flexibly. adv. Flexiblemente, dócilmente.

Flexile. adj. Flexible, adaptable, doblegable. / Plástico, cimbreante.

Flick. m. Golpecito, latigazo suave. / f. Mancha pequeña, salpicadura. / Tris, ruido ligero. / (Pop.) Pelicula, firme. / v. Golpear rápida y ligeramente.

Flicker. v. Aletear, revolotear. / Flamear, lengüetear, titilar. / Fluctuar, vacilar, oscilar. / Hacer flamear, hacer oscilar, hacer temblar. / f. Llama vacilante, luz oscilante, parpadeo de la luz. / m.Temblor momentáneo. (De emoción). / (Orn.) Variedad de pájaro carpintero, picamaderos americano.

Flight. m. Vuelo, volada. / Viaje aéreo. / f. Trayectoria. / Descarga de flechas. / Bandada de pájaros. / Escuadrilla de aviones. / Tramo de escalera, piso. / Fuga, huida, evasión. / v. Ahuyentar, alzar vuelo o volar en bandadas. / Tirar al vuelo a aves de caza.

Flighty. adj. Ligero, frívolo, veleidoso, volátil. / Alocado, casquivano. / Fugaz, efímero, pasajero.

Flimflam. f. Bagatela, fruslería. / Fatuidad..

Flimsy. adj. Débil, endeble, frágil. / Baladí, trivial, frívolo. / Papel de seda, papel delgado.

Flinch. v. Acobardarse, desistir. / *To flinch from,* Arrepentirse por miedo, retroceder ante un peligro.

Fling. v. Arrojar, tirar, despedir, lanzar, echar. / m. Tiro, echada. / f. (Fam.) Prueba, ensayo, tentativa. / Baile de compás muy rápido.

Flint. m. Pedernal. / *To skin a flint,* Ser un avaro, ser miserable.

Flip. v. Dar un capirotazo a, dar un golpe rápido a, quitar de un golpecito. / Moverse a tirones o sacudidas. / Lanzar, tirar. (Una moneda al aire, etc.). / m. Capirotazo, tirón. / Salto mortal, vuelta de camera.

Flippant. adj. Petulante, impertinente, sin seriedad.

Flirt. v. Flirtear, coquetear, galantear.

Flirting. m. Flirteo, galanteo.

Flit. v. Volar, revolotear, pasar rápidamente / (Fam.) Irse, marcharse, cambiar de puesto. / m. Movimiento rápido y ligero, aleteo, revoloteo.

Float. m. Flotador. / f. Balsa, boya. / Flote, flotación. / Caíro alegórico. / (Ict.) Vejiga natatoria. / pl. Candilejas, luces del escenario. / Regla o tabla aplanadora, llana de enlucir. / Bebida gaseosa con helado. / v. Flotar, boyar, nadar. / Fluctuar, ser inestable, estar suelto. / Poner, mantener o llevar a flote. / Cubrir con agua, inundar.

Floater. m. Flotador. / (Fam.) El que a menudo cambia de empleo, domicilio o partido político. / (Com.) Título al portador.

Floating. adj. Flotante, boyante, a flote.

Flock. f. Congregación, multitud, m. gentío. / m. Conjunto, grupo, colección de cosas. / Rebao de animales, bandada de aves. / Grey, congregación. (De fieles). / v. Afluir, congregarse. reunirse, moverse como en un rebaño. / Rellenar o revestir con borra.

Flog. v. Azotar, flagelar, dar latigazos a. / Agotar, cansar. / Forzar, obligar. / (Pop.) Vender, cambalachear.

Flogging. m. Azotamiento, f. flagelación, f. tunda, m. vapuleo, f. zurra.

Flood. f. Crecida, inundación, diluvio. / *Flood tide,* Pleamar. / v. Inundar, anegar. / (Fig.) Inundar, colmar, abrumar. / Desbordarse, salir a raudales.

Flooding. f. Inundación. / (Med.) Hemorragia uterina. / (Com.) Abarrotamiento. / adj. Inundante.
Floodwater. f. Caudal de una crecida o creciente.
Floor. m. Piso, suelo, pavimento. / Piso. (De un edificio). / Nivel mínimo. / (Náut.) Varenga. / v. Solar, pavimentar, enladrillar. / Derribar, echar al suelo, derrotar, vencer. / Revolcar, dejar confundido. / Abrumar, asombrar.
Flooring. m. Solado. / Entarimado, entablado, pavimento. / Material para pisos.
Flop. v. Desplomarse, dejarse caer, echarse flojamente. / Volverse, moverse o cambiarse bruscamente. / Aletear, agitarse. (Un objeto plano). / (Pop.) Fallar, fracasar.
Floriculture. f. Floricultura.
Floriculturist. m., f. Floricultor.
Florid. adj. Florido, ornamentado, recargado de adornos. / Vivo, encarnado, rojo. (El rostro).
Flotage. f. Flotación, flotabilidad, flote. / Pecios, materia flotante.
Flotation. f. Flotación.
Flounce. v. Andar con movimientos exagerados. / Contornearse. / Forcejear, sacudirse. / m. Volante, farfalá, cairel. / f. Contorsión, sacudida del cuerpo. / v. Adornar con volantes, guarnecer con caireles.
Flounder. v. Forcejear torpemente, caminar torpemente. / Proceder con dificultad, perder el hilo al hablar. / m. Tropiezo, tumbo. / (Ict.) Platija, lenguado, rodaballo.
Flour. f. Harina. / v. Enharinar, espolvorear con harina. / Moler, tamizar, convertir en harina.
Flourish. v. Florecer, prosperar. / Medrar. (Animales y plantas). / Jactarse, vanagloriarse. / (Mús.) Ejecutar floreos. / Adornar, embellecer. / Blandir, esgrimir.
Flourishing. adj. Floreciente, próspero, vigoroso.
Flow. v. Fluir, manar. / Correr (agua) circular (sangre), pasar (gente). / Subir, crecer. / (Fís.) Fluidez de cuerpos líquidos. / Flujo, menstruación.
Flower. f. Flor. / Flor, crema, nata. / Imagen rebuscada, perifrasia. / v. Florecer, florear. / To flower into, Desarrollarse en. / Adornar con flores.
Flowered. adj. Floreado, adornado con flores.
Flowering. adj. Floreciente, florido, en flor.
Flowerless. adj. Sin flores, yermo.
Flowery. adj. florido, lleno de flores. / Floreado.
Flowing. adj. Fluido, corriente, manante. / Ondeante, colgante, suelto.
Fluctuant. adj. Fluctuante.
Fluctuate. v. Fluctuar. / Hacer fluctuar.
Fluctuation. f. Fluctuación, vacilación, oscilación, variación.
Fluency. f. Fluidez, facundia, labia.
Fluent. adj. Fluente, fluyente. / Fluido.
Fluently. adv. Fluidamente, afluentemente.
Fluidity. f. Fluidez, liquidez.
Fluidness. f. Fluidez, estado fluido.
Flume. m. Barranco. / f. Garganta, desfiladero, quebrada, canal por donde pasa un río. / Acequia.
Flunk. v. (Fam.) Fracasar en un examen o curso. / To flunk out, Retirarse por miedo de una empresa. Abandonar los estudios por incapacidad. / Reprobar, suspender al examinado. / m. Fracaso en un examen.
Fluorescent. adj. Fluorescente.
Flush. m. Flujo repentino, chorro. / Salto, golpe de agua. / Baldeo, limpieza con agua. / f. Afluencia, abundancia, crecimiento. / Acceso de emoción. / Rubor, sonrojo, bochorno. / Ardor, exaltación . / (Med.) Acaloramiento. / v. Fluir con violencia, brotar, salir. (Agua,

etc.). / Enrojecerse, ruborizarse, abochornarse. / Brotar, echar renuevos. (Una planta). / Sacar o verter agua sobre. / Baldear, lavar a chorros. / Destacar. / Exaltar, inflamar. / Levantarse repentinamente, echar a volar. / Hacer volar a un pájaro, levantar caza.
Flute. f. (Mus.) Flauta. / (Costura) Pliegue, doblez de una tela. / (Arq.) Estria de columna . / v. Tocar la flauta. / Silbar o cantar suavemente, decir en tono aflautado. / Estriar, acanalar una columna. / Plegar, doblar una tela.
Fluted. adj. Aflautado. / Acanalado, estriado. / Ondulado.
Flutter. v. Aletear, revolotear. / Flamear, ondear. / Latir, palpitar. / Obrar confusamente. / Agitarse, temblar de excitación. / Menear, sacudir. / Batir las alas. / Confundir, aturdir. / Decir confusamente, balbucear. / m. Aleteo, revoloteo. / Flameo, ondulación. / Latido. / Alboroto, confusión, aturdimiento. / Vibración. / Trémolo del sonido. / (Pop.) Operación azarosa, especulación.
Flux. m. Flujo, f. corriente. / Mudanza o cambio continuo, fluctuación. / (Metal.) Fundente, flujo para metales, castina para minerales. / v. Derretir, fundir, fluidificar. / Aplicar fundente a. / Derretirse, fluidificarse.
Fluxion. m. Flujo, f. mudanza o cambio continuo. / (Mat.) Fluxión, derivada, diferencial.
Fly. v. Volar. / Huir. / Desvanecerse, desaparecer. / Correr o pasar rápidamente, lanzarse, precipitarse. / Flotar, ondear en el aire. / Cazar con halcón, atacar al vuelo como un halcón. / Hacer volar, hacer flotar. Elevar. (Volantín, etc.). Enarbolar, hacer flamear, desplegar. / Evadir, evitar. / Manejar, dirigir un avión. / Cazar con halcón. / m. Vuelo de un proyectil, pelo a, etc. / Cabriolé, calesín, volanta. / Bragueta, marrueco, pliegue para cubrir botones. / Tol do de una tienda de campaña, lona que cubre o tapa la puerta de una tienda de campaña. / Parte de la bandera más distante del asta, ancho o envergadura de una bandera. / (Impr.) Guarda de un libro. / (Mec.) Rueda volante, brazo de romana, escape de reloj, brazo de veleta, lanzadera. / (pl.) Bambalinas. / Mosca. (Natural y artificial).
Flybynight. adj. Fugaz, efímero. / Engañador, irresponsable.
Flying. adj. Volante, volador, veloz, rápido. / m. Vuelo, viaje por avión. / Aviación, pilotaje de un avión.
Flying boat. m. Hidroavión.
Flying colors. pl.m. (Fig.) Éxito completo.
Fly swatter. m. Matamoscas.
Flyweight. m. (Box.) Peso mosca. / (Aer.) Contrapeso del regulador.
Foal. m. Potrillo (de caballo), pollino (de asno). / v. Parir. (Una yegua o burra).
Foam. f. Espuma. / (Poét.) El mar. / v. Espumar. / Hacer espumoso o esponjoso.
Foamy. adj. Espumoso, espumajoso
Fob. f. Faltriquera de reloj. / Leontina, leopoldina. / Dije que se usa en la cadena del reloj. / v. Embolsar, poner en la faltriquera del reloj. / To fob someone off, Evadir a alguien con engaños.
Focus. m. Foco. / (Ópt.) Distancia focal, ajuste del ojo u ocular. / In focus, Enfocado. / Out of focus, Fuera de foco, desenfocado. / v. Enfocar, concentrar. / Ajustar el foco. / Enfocarse, concentrarse.
Focusing. m. Enfoque.
Foe. m. Enemigo, adversario, antagonista.
Foelike. adj. Hostil.
Fog. f. Niebla, neblula, bruma. / (Fig.) Nebulosidad mental, confusión. / m.Velo que obscurece un negativo fotográfico. / v. Envolver en niebla, obscurecer, empañar. / (Fig.) Confundir, aturdir. / (Fotogr.) Velarse. / Ponerse brumoso, empañarse.

Foggy. adj. Neblinoso, brumoso, caliginoso. / (Fig.) Nebuloso, confuso. / (Fotogr.) Velado.

Foggy, fogey. m. Vejestorio, persona o ideas y costumbres anticuadas o muy conservadoras.

Foil. v. Frustrar, contrarrestar, anular, hacer inútil. / Hollar, pisotear el rastro o pista durante una caceria. / Azogar, platear. / Realzar. / (Arq.) Adornar con lóbulos. / m. Florete.

Foil paper. m. Papel de aluminio o estaño.

Foist. v. *To foist in,* Meter de contrabando.

Fold. v. Doblar(se), plegar(se). / Cruzar los brazos, enlazar las manos. / Envolver, cubrir. / Cerrarse, dejar de funcionar (un negocio, una obra de teatro). / f. Doblez, pliegue, arruga. / En determinado número de partes.

Folder. m. Plegador, doblador. / f. Carpeta para hojas. / Cuadernillo, folleto. / Plegadera.

Folding. adj. Plegable, plegadizo. / Doblador, plegador.

Foliage. m. Follaje, fronda.

Foliate. adj. (Bot.) Foliado, con hojas. / Foliforme. / v. Cubrir con amalgama de estaño, azogar. / Foliar. (Un libro, etc.). / Batir metal. / (Arq.) Adornar con hojas o lóbulos. / Hojear (metal), exfoliarse (mineral, hueso, etcétera).

Foliation. f. Foliación. / Azogamiento. / Batimiento de un metal para formar una lamina u hoja delgada. / Estructura laminar. (En minerales).

Folio. m. olio, hoja, foja. / Pliego de papel doblado una vez. / Libro en folio, infolio. / Título de fecha, número de la página. / f. pl. Foliación, numeración de las páginas. / adj. En folio. / v. Foliar, paginar.

Folk. f. Gente. / pl. (Fam.) Padres, parientes, parentela. / adj. Tradicional, popular.

Folk dance. m. Baile folklórico.

Folkloric. adj. Folklórico.

Folksy. adj. Muy informal o familiar, de trato social simple y campechano.

Folkway. f. Costumbre tradicional de un pueblo.

Follow. v. Seguir. / Perseguir, buscar. / Copiar, imitar. / Proseguir un rumbo, continuar por un camino. / Seguir a, suceder a. / (Fam.) Acompañar. / Ir detrás, venir después. / Seguirse, derivarse, resultar. / m. Seguimiento, f. continuación.

Follower. m., f. Seguidor, partidario, adherente, discípulo. / Acompañante. / Criado, ayudante, subalterno, dependiente. / (Fam.) Galán, cortejo. / (Mec.) Embutidor, falso pilote, casquillo (de prensaestopas), contrabrida (de tubería), engranaje impulsado, polea mandada. / pl. Séquito, cortejo.

Following. adj. Siguiente, próximo. / m.Séquito,f. comitiva, cortejo. / Secuaces, partidarios. / prep. Después de, a raíz de.

Followup. adj. Consecutivo, recordatorio. / m.Tratamiento complementario de un enfermo que ya ha sanado. / f. Continuación. / (Com.) Recordatorio.

Folly. f. Locura, insensatez, tonteria, extravagancia, idea disparatada. / Empresa alocada.

Fond. adj. Cariñoso, demasiado indulgente. / Ingenuo, cándido.

Fondle. v. Mimar, acariciar. / Mostrarse cariñoso.

Fondness. m. Afecto, carino, ternura. Afición, inclinación.

Font. f. Fuente. / Pila bautismal. / Pila de agua bendita. / (Fig.) Fuente, origen. / Depósito para combustible de una lámpara. / (Impr.) Fundición de tipos.

Foodstuff. m. tProducto o substancia alimenticia, comida, alimento.

Food value. m. Valor nutritivo, valor alimenticio.

Foofaraw. m. Oropel, relumbrón. / Ajetreo innecesario, alharaca.

Fool. m., f. Tonto. / Simplón, necio. / Bufón, payaso. / v. Engañar, embaucar.

Foolery. f. Tontería, bobería, bufonada.

Foolhardy. adj. Arriesgado, temerario, aventurado.

Foolish. adj. Tonto, necio, disparatado. / Imprudente. / Absurdo, ridículo, descabellado.

Foolishness. f. Tonteria, necedad, simpleza, disparate, ridiculez.

Fool's errand. f. Empresa descabellada, encargo o encomienda inútil.

Foot. m. (pl. *feet*). Pata, pie. / Parte inferior, parte baja. (De muebles, cerro, página, clase, etc.). / Prensatelas, pisacosturas, horquilla que sujeta la tela en la máquina de coser. / (Mil.) Infanteria. / Pie, unidad métrica. / (Náut.) Pujamen de una *vela*. / v. Avanzar rápido. (Un barco). / Bailar. / Recorrer, pasar sobre.

Footage. f. Longitud en pies, número de pies.

Football. m. Fútbol. / f. Pelota de fútbol.

Footbridge. m. Puente para peatones, pasarela.

Footer. m. Peatón. / Se usa también en palabras compuestas para indicar altura.

Footing. m. Pie, base, fundamento. / Arraigo, posición establecida, base para operación. / Paso, baile, marcha, curso. / Material para hacer pies de medias, calcetines, etc. / Posición, situación, condición, relación. / Suma de una columna de guarismos.

Footloose. adj. Libre, sin trabas ni obligaciones, desembarazado.

Footman. m. Lacayo, criado. / (Raro) Infante, soldado de a pie. / Caminante.

Footpace. m. Paso lento, paso regular. / Estrado, plataforma. / Descanso de escalera.

Footprint. f. Huella de pie, pisada.

Footstep. m. Paso, f. pisada, f. huella. / m. Escalón, peldaño.

Footwalk. f. Senda, m. sendero, caminito.

Footway. m. Camino o senda angosta para peatones.

Footwear. m. Calzado.

Foppish. adj. Vanidoso, fatuo.

For. prep. Por, para, como. / Por, en busca de. / En cuanto a. / conj. Porque, pues. puesto que.

Forage. m. Forraje. / v. Obtener forrajeando. / Dar forraje. / Saquear, pillar. / Andar forrajeando. / Merodear. / *to forage for,* Buscar afanosamente.

Foray. v. Saquear, despojar, pillar. / Hacer correrias e incursiones. / f. Correria, incursión, pillaje, saqueo.

Forbear. v. Abstenerse de, desistir de, renunciar a. / (Fam.) Soportar, sufrir, tolerar. / Evitar, dejar en paz, no meterse con. / Abstenerse, detenerse. / Controlarse, contenerse, tener paciencia.

Forbearance. f. Paciencia, m. dominio sobre sí mismo, refrenamiento. / f. Abstención. / Clemencia, indulgencia.

Forbearing. adj. Tolerante, condescendiente, indulgente, paciente.

Forbid. v. Prohibir, vedar. / Excluir de.

Forbidden adj. Prohibido, vedado, ilícito.

Force. f. Fuerza, energía, vigor. / Razón, peso. / (Der.) Vigencia, validez. / Violencia. / Poderio, capacidad. / Cuerpo. (De soldados, de policias). / pl. Fuerzas bélicas, poderio militar. / v. Forzar, violentar. / Constreñir, obligar, presionar, urgir. / Violar. (A una mujer).

Forced. adj. Forzoso, obligatorio, involuntario. / Fingido, afectado, exagerado.

Forcible. adj. Forzado, forzoso. / Poderoso, potente, vigoroso, enérgico. / Eficaz, efectivo. / Convincente, de peso, concluyente.

Forcing. m. Forzamiento.

Ford. m. Vado. / v. Vadear, atravesar.

Fore. adv. Antes, delante, en la delantera. (Náut.) De proa, en o hacia proa. / adj.Primero, anterior, delantero. / adv. Anteriormente, previamente. / m. Frente, cabeza, delantera. / (Náut.) Trinquete de proa.

Forearm. m. Antebrazo. / v. Armar de antemano, preparar con anticipación armas y pertrechos. / Prevenir.

Forecast. v. Predecir, pronosticar. / Presagiar. / m. Pronóstico, f. predicción, profecía.

Foreclose. v. Excluir, impedir. / (Der.) Privar del derecho de redimir una hipoteca. / (Der.) Ejecutar una hipoteca.

Forefinger. m. Dedo índice.

Forefront. f. Frente, primera fila, vanguardia.

Foregoing. adj. Precedente, anterior.

Foreground. f. Frente, delantera, primer plano.

Forehand. m. Cuarto delantero del caballo. / f. Ventaja, posición delantera, posición superior.

Forehanded. adj. Previsor, prudente, ahorrador. / Acomodado.

Forehead. f. Frente de la cara. / Parte delantera.

Foreign affairs. pl. Asuntos exteriores, relaciones exteriores.

Foreigner. m., f. Extranjero, forastero.

Forejudge. v. Prejuzgar.

Forejudgement. m. Prejuicio.

Forementioned. adj. Antes mencionado, susodicho, antedicho.

Foremost. adj. Primero, principal, delantero. / Primero, en primer lugar.

Forenamed. adj. Antedicho, precitado.

Forensic. adj. Forense.

Forepart. f. Parte delantera o primera, principio.

Forerunner. m., f. Heraldo, precursor. / Antepasado, predecesor. / (Mil.) Explorador.

Foresaid. adj. Antedicho, susodicho.

Foresee. v, Prever, antever, barruntar.

Foreseeable. adj. Previsible.

Foreshadow. v. Presagiar, anunciar.

Foreshore. f. Parte de la playa entre los límites de la pleamar y la bajamar.

Foreshow. v. Prefigurar, presagiar. / Exhibir de antemano.

Foresight. f. Previsión, prudencia, providencia. / Punto de mira de las armas.

Forest. m. Bosque. / Monte, Floresta. / adj. Forestal. / v. Plantar o poblar de árboles, arbolar.

Forestal. adj. Forestal.

Forestation. m. Forestación.

Forested. adj. Arbolado, boscoso.

Forester. m. Silvicultor. / Guardabosques. / Habitante de los bosques. / Especie de mariposa nocturna. / Canguro gigante.

Forest ranger. m. Guardabosque, guardamonte.

Forestry. f. Silvicultura, ingeniería forestal. / Terreno poblado de bosques.

Foretell. v. Predecir, vaticinar, adivinar.

Foreteller. m. Profeta, vaticinador.

Foretoken. m. Agüero. / v. Presagiar, augurar, agorar.

Forever. adv. Por siempre, para siempre.

Forevermore. adv. Por siempre jamás.

Forewarning. m. Aviso, f. advertencia.

Foreword. m. Prefacio, prólogo, f. introduccion.

Forfeit. f. Multa, pena. / Prenda. / pl. Juego de prendas. / adj.Enajenado por falta, error o crimen. / v. Perder (cosa o derecho) como castigo. / Confiscar. / (Der.) Comisar, decomisar.

Forfeitable. adj. Perdible, confiscable, alienable. / (Der.) Decomisable.

Forge. f. Fragua. / Herrería. / Fundición. / v. Fraguar, forjar. / (Fig.) Forjar, fabricar, inventar. (Falsedades). / Falsificar, falsear, contrahacer. / Avanzar firme.

Forger. m. Forjador, fraguador. / Falsificador, falsario, embustero.

Forgery. f. Falsificación, adulteración. / Billete o moneda falsificada. / Invención, ficción.

Forget. v. Olvidar, olvidarse de.

Forgetful. adj. Olvidadizo, desmemoriado. / Descuidado, desatento.

Forget-me-not. m. (Bot.) Nomeolvides.

Forgive. v. Perdonar.

Forgiveness. m. Perdón.

Forgiving. adj. Perdonador, indulgente, clemente.

Fork. m. Tenedor. / f. Horca. (De jardinero, etc.). / m. Bieldo para aventar, horcón, horqueta. / f. Bifurcación, ramificación. Horcajo, confluencia de rios. Horquilla, horqueta. / pl. (Pop.) Dedos. / v. Ahorquillar. / Levantar, hacinar o echar con una horca. / Atacar dos piezas a la vez. (En ajedrez).

Forked. adj. Ahorquillado, bifurcado. .

Forlorn. m. Desierto, desolado. / Abandonado, desamparado. / Desesperanzado, desesperado, acongojado.

Forlornly. adv. Solitariamente, desesperadamente.

Form. f. Forma. / Configuración, contorno, perfil. / Fórmula. / Comportamiento, modales. / *Good form*, Buenos modales. / Formalidad, ceremonia, ritual, formalismo, convencionalismo. / Clase, especie, variedad. / Madriguera del conejo. / Banca, asiento sin respaldo. / Molde, horma. / Maniquí para probar ropa. / Formulario. / Grado, clase escolar. / v. Formar, moldear, modelar. / Desarrollar, contraer, adquirir un hábito. / Colocar en orden. / Formarse, constituirse. / Tomar forma, surgir.

Formal. adj. Formal. / Convencional, regular. / De etiqueta. (Un traje). / Ceremonial, ceremonioso. / Explícito, expreso. / f. Fiesta de gala. / m. Traje de etiqueta.

Formalism. m. Formalismo.

Formality. f. Formalidad. / Ceremonia, etiqueta. / Norma, regla.

Formalize. v. Formalizar, concretar. / Formalizar, afectar, volver formal.

Formally. adv. Según la forma, en debida forma. / Formalmente, expresamente. / Ceremoniosamente.

Format. m. Formato, forma, tamaño de un impreso.

Formation. f. Formación. (Con todas las acepciones de la palabra castellana).

Former. adj. Precedente, anterior. / Antiguo, pasado. / *In former ages*, En edades pasadas. / m. Formador, matriz, molde.

Formerly. adv. Antes, en otro tiempo, en tiempos pasados, antiguamente.

Formidable. adj. Formidable.

Formidableness. m. Aspecto o carácter formidable.

Formless. adj. Informe, sin forma, amorfo.

Formula. f. Fórmula.

Formulate. v. Formular. / Idear, concebir. (Plan, etc.). / Preparar según fórmula.

Formulization. f. Formulación.

Forsake. v. Dejar, abandonar, desamparar. / Abandonar, desechar.

Forsooth. adv. En verdad, ciertamente, de veras.
Forswear. v. Abjurar. / Repudiar o negar bajo juramento. / Perjurar, jurar en falso.
Fort. m. Fuerte, f. fortaleza, castillo.
Forth. adv. Delante, adelante, hacia delante, en adelante, más allá. / Fuera, afuera.
Forthcoming. adj. Próximo, venidero. / Amigable, afable. / f. Aparición, acercamiento, proximidad.
Forthright. adj. Directo, derecho, franco. / adv.Directamente, francamente.
Forthwith. adv. Inmediatamente, sin dilación.
Fortifiable. adj. Fortificable.
Fortification. m. Fortalecimiento, fortificación. / (Mil.) Fortaleza, plaza fuerte.
Fortify. v. Fortificar, fortalecer. / (Fig.) Reforzar. / Encabezar vinos, enriquecer alimentos. / Construir defensas.
Fortress. f. Fortaleza, plaza fuerte. / v. Fortificar.
Fortuitous. adj. Fortuito, casual, eventual.
Fortuity. m. Caso fortuito, accidente,f. casualidad.
Fortunate. adj. Afortunado, venturoso, feliz.
Fortune. f. Fortuna.
Forty. adj. m. Cuarenta.
Forward. adj. Delantero. / Adelantado, precoz, prematuro. / Avanzado, extremo, exagerado, radical (ideas, etc.). / Listo, propenso. / Atrevido, audaz, impertinente. / (Com.) Al futuro, para entrega futura. (Compra, productos, etc.). / m. (Dep.) Delantero. / v. Patrocinar, fomentar, promover. / Reenviar, transmitir. / Remitir, expedir.
Forwards. adv. Adelante, hacia delante, en la delantera.
Fossil. m. Fósil. / Anticuado.
Fossilize. v. Fosilizar(se), convertir(se) en fósil. / (Fig.) Hacer(se) anticuado.
Foster. v. Criar, nutrir, cuidar. / Fomentar, incitar, alentar. / adj. Adoptivo.
Foster brother. m. Hermanastro, hermano de crianza.
Foster child. m., f. Hijo adoptivo, hija adoptiva. / Hijastro, hijastra.
Foster daughter. f. Hija adoptiva, hijastra.
Foster father. m. Padre adoptivo, padrastro.
Fostering. adj. Fomentador. / m. Fomento.
Fosterling. m. Niño adoptivo.
Foster mother. f. Madre adoptiva, madrastra.
Foster nurse. f. Nodriza.
Foster son. m. Hijo adoptivo, hijastro.
Foul. adj. Asqueroso. / Fétido. / Viciado. (Aire). / Pestilente, contaminado, podrido. / Atascado, obstruido. (Cañón de fusil, etc.). / Embrollado. / Lódoso. (Camino). / Lleno de errores y correcciones. (Texto, prueba de galera). / Malo, desagradable. (El tiempo). / Contrario. (Viento, marea). / Obsceno, grosero, indecente. / Execrable, detestable, vil. / Deshonroso; ímprobo, fraudulento. / (Fam.) Abominable, pésimo. / (Béisbol) Fuera de cuadrado. / m. Choque, colisión. / Enredo, enmarañamiento. / f. (Dep.) Falta, jugada prohibida. / (Béisbol) Pelota que cae fuera del cuadrado. / v. Ensuciar, emporcar, contaminar, corromper. / Deshonrar, difamar, profanar. / Atorar, obstruir. (Un arma de fuego). / (Náut.) Abordar, chocar contra, enredarse en.
Foulmouthed. adj. Malhablado, deslenguado.
Foul weather. m. Mal tiempo.
Found. v. Fundar. / Fundamentar, cimentar. / Fundir, derretir. / Fundarse, basarse.
Foundation. f. Fundación. / m. Fundamento, cimiento. Cimientos. / Dotación o fondos con que se funda una institución. / Institución. / (Fig.) Fundamento, base. / (Costura) Forro, refuerzo. / Base para maquillaje.

Founder. m., f. Fundador. / Fundidor. / (Vet.) Laminitis, infosura, despeadura. / v. Mancarse, despearse. (El caballo). / Caerse, desplomarse. / Fallar, fracasar. / (Náut.) Zozobrar, hacer zozobrar. / Mancar a un caballo.
Fount. f. Fuente.
Fountain. f. Fuente, manantial, nacimiento de un río. / Surtidor. / (Fig,) Origen, inicio. / Tanque, depósito para líquidos. / Fuente de soda.
Fountain pen. m. Estilográfica, pluma .
Four. adj. *Cuatro. / On all fours,* A gatas, a cuatro patas. / (Fig.) Completamente análogo o correspondiente.
Four hundred. adj. m. Cuatrocientos.
Fourteen. adj.m. Catorce.
Fourteenth. adj. Decimocuarto, catorzavo. / m. Catorce. (En fechas).
Fourth. adj. Cuarto, cuarta parte. / m. Cuatro. (En fechas).
Four-wheel. adj. De cuatro ruedas, en las cuatro ruedas.
Fowl. f. Ave(s) doméstica(s). / Carne de ave. / v. Cazar aves.
Fowler. m. Cazador de aves.
Fox. m. (Zool.) Zorro. / Piel de zorro. / (Fig.) Taimado. / (Náut.) Rebenque. / v. Engañar con astucia, embaucar, burlar. / Remendar calzado. / Disimular su intención.
Foxily. adv. Astutamente, taimadamente.
Foxy. adj. Astuto. / Rojizo, del color del zorro. / Descolorido, manchado. / Agrio, desagradable al paladar.
Fraction. f. Fracción. / (Mat.) Quebrado, fracción. / v. Fraccionar.
Fractional. adj. Fraccionario, fraccionado, fragmentado. / Insignificante. / De fraccionamiento.
Fractionate. v. (Quím.) Fraccionar.
Fracture. f. Fractura. / Brecha, grieta. / (Geol.) Disyunción. / v. Fracturar, romper. / (Fig.) Quebrantar.
Fragile. adj. Frágil. / Deleznable, friable. / Delicado.
Fragment. m. Fragmento. / v. Dividir, fragmentar.
Fragmentize. v. Fragmentar, fraccionar.
Fragrance. f. Fragancia, perfume, aroma.
Fragrant. adj. Fragante, aromático.
Frail. adj. Frágil. / Deleznable. / Delicado. / Canasta de mimbre. / f. (Pop.) Muchacha, mozuela.
Frailness. f. Fragilidad, debilidad.
Frailty. f. Flaqueza, debilidad, falla.
Frame. m. Armazón, esqueleto, estructura. / Marco. (De cuadro). / f. Montura, armadura. (De anteojos). / Complexión, constitución. / (Náut.) Cuaderna. / Sistema. (De gobierno). / Bastidor. / (Cine,T.V.) Encuadre. / (Dep.) Entrada, tumo. / v. Formar, construir. / Forjar ideas, planear, inventar. / Armar, ensamblar. / Moldear. / Formular. (Respuesta, etc.). / Ajustar, adaptar. / Redactar. (Documento). / Enmarcar. (Cuadro, espejo, etc.). / Incriminar a un inocente en forma fraudulenta. / Arreglar, amañar. (Carrera, contienda, etc.). / adj. De tablas, de madera, de entramado.
Frame of mind. m. Estado de ánimo, disposición, humor.
Framer. m. Forjador. / Redactor, autor. / Inventor. / Armador, ensamblador. / Encuadrador. / Carpintero de obras de afuera, fabricante de marcos.
Framing. f. Construcción, formación. / Armadura, esqueleto, ensamblaje.
France. f. Francia.
Franchise. f. Franquicia, privilegio. / m. Sufragio, derecho de voto.

Frank. adj. Franco. / Libre. / f. Carta franca, sello indicador de franquicia, franquicia de correo / v. Enviar. (Carta, paquete, etc.). / Llevar o transportar gratis. / Facilitar el libre paso a. / Franquear, exentar de franqueo por virtud de un permiso especial. / Liberar.
Frankly. adv. Francamente, sinceramente.
Frantic. adj. Frenetico, furioso. / Desequilibrado, loco.
Fraternal. adj. Fraternal. / Fraterno. (Sociedad, etc.). / (Biol.) Dicigótico, biovular.
Fraternity. f. Hermandad, fraternidad, confraternidad. / Congregación, cofradía, congregación de devotos.
Fraud. m. Fraude. / Impostor, engañador. / (Der.) Defraudación, fraude.
Fraudulence. f. Fraudulencia.
Fraught. adj. Cargado, lleno.
Fray. v. Desgastar, deshilachar, ludir, raer. / (Fig.) Irritar, exacerbar. (Los nervios). / Desgastarse, deshilacharse. / f. Deshiladura. / Riña, pelea, conflicto.
Frazzle. m. Condición de deshilachado, jirón. / Agotamiento, gran cansancio. / v. Desgastar, deshilachar, hacer jirones. / Agotar, rendir de cansancio. / Deshilacharse, desgastarse, raerse.
Freak. m. Capricho, antojo. / f. Anormalidad, rareza, curiosidad, monstruosidad. / adj. Extravagante, tipo excéntrico.
Freak. v. Rayar, listar. (En colores). / f. Raya o lista de color.
Freckle. v. Motear, salpicar. / Cubrirse de pecas. / f. Peca.
Freckle-faced. adj. Pecoso.
Free. adj. Libre. / Franco, libre. (Puerto). / Liberal, generoso. / Gratis, gratuito, franco. / Suelto, flojo, desatado. (Rueda, extremo de un cable, cuerda, etc.). / Sincero, directo, desembarazado. / Permitido, permisible. / Licencioso, impertinente. / Aproximado, inexacto. (Término, palabra). / (Náut.) Abierto. (Viento). / adv. Libremente, sin obstáculos. / Gratuitamente. / (Náut.) Con viento abierto. / v. Libertar, soltar, rescatar.
Freeboot. v. Piratear, saquear.
Freedom. f. Libertad. / Facilidad, fluidez, desenvoltura. / m. Privilegio, derecho.
Freehanded. adj. Dadivoso, generoso.
Freehearted. adj. Franco, abierto, cordial.
Free lance. m. Persona que trabaja en forma independiente sin pertenecer a una empresa. / Persona que actúa en forma politica independiente. / Caballero o soldado mercenario.
Freely. adv. Libremente. / Espontáneamente, francamente. / Generosamente, liberalmente, gratuitamente. / Copiosamente.
Freeman. m. Hombre libre, ciudadano.
Free-spoken. adj. Franco, sin reserva, sincero.
Freethinker. m., f. Librepensador.
Freethinking. m. Librepensamiento. / adj. Librepensador.
Free time. m. Tiempo libre, asueto. / (Com.) Tiempo sin sobreestadías.
Freeze. v. Helarse, congelarse. / Quedarse inmóvil. / Enfriar, refrigerar. / Inmovilizar. (Fondos). / Tratar con frialdad. / f. Helada. / (Fig.) Congelación (de precios), paralización, suspensión (de producción, etc.). / (Pop.) Trato frío, desaire.
Freezer. m. Congelador, hcladera.
Freight. f. Carga, mercancía, transporte de mercaderías. / m. Flete que se paga por el transporte. / Tren de carga. / v. Cargar, enviar por carga. / (Fig.) Transportar, fletar.

French. adj.m., f. Francés.
French door. f. Puertaventana, puerta vidriera.
Frenchman. m. Francés. / Buque de guerra francés.
Frenetic, frenetical. adj. Frenético.
Frenzied. adj. Frenético, furioso, enloquecido. / A frenzied rage, Una rabia loca.
Frenzy. m. Frenesí, f. locura, m. furor. .
Frequency. f. Frecuencia.
Frequent. adj. Frecuente, habitual, usual. / v. Frecuentar, visitar a menudo.
Fresco. m. Fresco, pintura al fresco. / v. Pintar al fresco.
Fresh. adj. Fresco, nuevo, reciente. / Dulce, potable. (Agua). / Puro, refrescante. (Aire). / Lozano, vigoroso. / Nuevo, inexperto. / Parida. (Una vaca). / (Pop.) Descarado, impertinente, atrevido.
Freshen. v. Refrescar. / Avivarse. (El viento). / Desalarse, hacerse menos salado. / Parir. (Una vaca).
Freshly. adv. Frescamente, recientemente. / Vigorosamente. / Impertinentemente, descaradamente.
Freshman. m. Novato.
Freshness. f. Frescura, frescor, lozanía, verdor. / Descaro, impertinencia, frescura.
Fret. m. Roce, f. raspadura, desgaste. / Punto gastado. / Enojo, enfado. / Calado, malla calada. / (Arq.) Greca. / (Mús.) Traste. (De instrumento). / v. Raer, rozar, corroer. / Carcomer. / Agitar, rizar (El agua). / Molestar, vejar, preocupar, inquietar. / Gastarse, rozarse, consumirse, raerse. / Impacientarse, inquietarse, molestarse. / Agitarse. (Una corriente de agua).
Friar. m. Fraile.
Friary. m. Convento de frailes, orden de frailes.
Friction. f. Fricción ,m. rozamiento. / Desavenencia, disensión, desacuerdo.
Friday. m. Viernes.
Friend. m., f. Amigo. / Cuáquero.
Friendless. adj. Sin amigos, desamparado, solitario.
Friendly. adj. Amigable, amable, afable, cordial. / Favorable, propicio. / adv. Amigablemente, amistosamente.
Friendship. f. Amistad.
Fright. m. Susto, espanto, terror. / Espantajo, esperpento.
Frighten. v. Asustar, espantar, aterrorizar, alarmar. / To frighten away, Ahuyentar, espantar.
Frightful. adj. Pavoroso, terrible, horripilante. / (Fam.) Pésimo. / (Fam.) Tremendo, formidable, colosal.
Frigid. adj. Muy frío, helado. / (Fam.) Indiferente, apático, altanero, hostil. / (Med.) Frígido.
Frigidity. f. Frialdad, m.frío. / (Fig.) Indiferencia. / (Med.) Frigidez.
Frigidly. adv. Fríamente, indiferentemente.
Frill. f. Escarola, faralá, volante, chorrera. / (Fam.) Ringorrango, adorno superfluo o extravagante. / pl. Aires o ademanes afectados. / To pat on frill, Darse aires. / Gola de plumas o pelo alrededor del cuello de ciertos animales. / v. Alechugar, escarolar. / Guarnecer con escarola, faralá o chorrera.
Frisk. m. Brinco, retozo. / Diversión. / (Pop.) Cacheo, registro. / v. Retozar, cabriolar, brincar. / Zarandear, agitar. / (Pop.) Cachear, registrar, robar.
Friskily. adv. Juguetonamente, retozonamente.
Frisky. adj. Retozón, juguetón, vivaracho.
Frivolity. f. Frivolidad, liviandad.
Frivolous. adj. Frívolo, fútil, liviano, ligero.
Frizzle. v. Asar, freír, quemar. / Rizar, encrespar(se). / Chirriar, sisear, crepitar. / m. Crespo, rizo.

Frog. f. Rana. / Ronquera, carraspera. / Ranilla, horquilla del casco del caballo. / Ojal, hebilla (cinturón), tahalí, alamar (presilla y botón en abrigos y vestidos). / Talón del arco de violín.

Frogman. m. Hombre rana, buceador.

Frolic. adj. Retozón, travieso, alegre. / f. Jugarreta, fiesta, jolgorio. / v. Juguetear, retozar. / Jaranear.

Frolicsome. adj. Juguetón, retozón, alegre.

From. prep. De, desde.

Frondose. adj. Frondoso.

Front. f. Frente. (Con todas las acepciones de la palabra castellana). / (Fig.) Fachada, apariencia. / (Fig.) Pantalla. / Testaferro, figurón, títere. / Posición, postura. / Delantera, vanguardia. / Asociación, agrupación. / Pechera de camisa, delantera de prenda de vestir. / (Arq.) Fachada, frontispicio, frontal, portal, portada. / Malecón, costanera. / adj. Delantero, pnmero, frontal. / v. Hacer frente a, afrontar, arrostrar. / Dar frente a, dar a, caer a. / Estar al frente de. / Poner frente a, poner fachada a.

Frontal. f. Fachada. / m. Frontal. (De un altar). / Hueso frontal. / adj. De frente.

Front door. f. Puerta principal.

Front page. f. Primera plana.

Front sight. m. Punto de mira. (De un arma).

Frontward, frontwards. adv. Hacia el frente, hacia adelante, en derechura.

Frost. f. Escarcha, helada. / (Fig.) Frialdad, indiferencia. / m. (Pop.) Fracaso, fiasco. / v. Congelar(se), dañar, quemar (el frío). / Cubrirse con escarcha, empañar(se), (vidrios, etc.). / Escarchar. (Con azúcar). / Deslustrar, opacar. (Vidrio). / Helarse.

Frostbite. v. Helar, quemar por el frio o la helada. / (Med.) Congelación.

Frosted. adj. Cubierto de escarcha. / Escarchado. (Pastel). / Empañado. (Ventana). / Deslustrado, mate. (Vidrio). / Cristalizado.

Frosting. f. Capa de clara de huevo y azúcar. / m.Acabado mate, (de metal o vidrio), imitación de escarcha (en metales), aspecto superficial cristalino (en plásticos).

Frosty. adj. Escarchado. / Helado, frio. / Canoso. / (Fig.) Poco amistoso, poco cordial, indiferente.

Froth. f. Espuma. / Frivolidad, palabras vanas. / v. Batir un líquido hasta que espume, hacer espumar. / Mascullar con furia. / Espumajear.

Frothy. adj. Espumoso, de espuma. / Frívolo, vano, insustancial. / Ligero, con encaje o tules. (Un vestido). / Poroso. (Acero).

Frown. v. Fruncir el entrecejo, arrugar la frente. / To frown at, Mirar con ceño. / Expresar enojo frunciendo el entrecejo. / m. Ceño, entrecejo. Desagrado, enojo.

Frowzy. adj. Desaliñado, desaseado, sucio. / Maloliente, mal ventilado.

Frozen. adj. Congelado. / Helado, gélido, frígido.

Fructiferous. adj. Fructífero.

Fructify. v. Fructificar, dar fruto. / Fertilizar, fecundar.

Frugal. adj. Frugal, sobrio.

Frugality. f. Frugalidad, sobriedad.

Fruit. f. Fruta. / m.Fruto. / pl.Frutas. I like fruit very much, Me gustan mucho las frutas. / (Fig.) Producto, resultado. / (Pop.) Homosexual, marica. / v. Dar fruto.

Fruitful. adj. Fructífero. / Fértil, feraz, fecundo.

Fruition. f. Fruición, complacencia, m.goce. / Fructificación. / Cumplimiento,realización.

Fruitless. adj. Estéril, infecundo, árido. / Infructuoso. / Ineficaz.

Fruity. adj. De olor o sabor de fruta. / (Fig.) Sabroso, rico. (Expresión, estilo, etc.). / Sonoro, meloso. (Voz). / (Pop.) Propio de maricas. / (Pop.) Chiflado.

Frustrate. v, Frustrar

Frustration. f. Frustración.

Fry. pl. Pececillos. / Cardumen de peces pequeños. / Hijos, nidada. / Small fry, Niños pequeños. / f. Fritura, fritanga. / v. Freir. / Freírse, achicharrarse.

Fuck. v. (Pop.) Culear, joder, practicar el coito.

Fuddle. v. Embriagar. / Atontar, confundir. / f. Borrachera. / m. Atontamiento, f. confusión.

Fudge. f. Embuste, mentira, dolo. / Tontería. / Inserción de última hora en un periódico. / m.Dulce para pastel de chocolate o leche. / v. Inventar, falsificar. / Evadir.

Fuel. m. Combustible. / (Fig.) Pábulo, incentivo. / v. Abastecer(se) o aprovisionar(se) de combustible.

Fuel oil. m. Petróleo o aceite combustible.

Fugacity. f. Fugacidad.

Fugitive. adj. Fugitivo. / Ambulante, vagabundo. / Perecedero, transitorio, fugaz / Elusivo, volátil. / Ocasional, efímero. / m., f. Fugitivo. / Refugiado.

Fugue. f. (Mús.) Fuga. / Amnesia temporal. / v. Componer o tocar una fuga.

Fulfill, fulfil. v. Cumplir, ejecutar. (Una orden, una promesa, etc.). / Realizar. (Un proyecto, etc.). / Satisfacer. (Un deseo, etc.) / Responder a. (Un ruego o propósito). / Cumplir con, llenar. (Un requisito, etc.). / Completar, complementar.

Fulfillment, fulfilment. m. Cumplimiento,f. ejecución, realización. (De un proyecto, etc.). / Satisfacción de un deseo, etc. / Terminación.

Fulgurant. adj. Fulgurante, brillante, resplandeciente.

Fulgurate. v. Fulgurar, resplandecer, brillar.

Fulgurating. adj. (Med.) Fulgurante.

Full. adj. Lleno, llenado. / Harto, repleto, saciado. / Pleno, completo. / Máximo. / Abundante. (comida). / Amplio, holgado. (vestido, etc.). / Carnal. (hermano, hermana). / Titular. (funcionario, etc.). / De etiqueta. (traje). / Desplegado. (velas). / v. Llenar, dar amplitud a. Abatanar, apelmazar. / Llegar al plenilunio. (la luna).

Full blood. adj. De pura sangre, de pura casta

Full dress. m. Traje de etiqueta.

Full-grown. adj. Crecido, maduro.

Full-length. adj. De cuerpo entero. / De largo normal, de largo completo.

Fullmouthed. adj. Clamoroso, vociferante. / Con dentadura completa. (Ganado).

Full stop. m. (Gram.) Punto final. / Parada completa.

Full-time. adj. Constante, incesante. / A tiempo completo.

Fully. adv. Enteramente, completamente.

Fulminant. adj. Fulminante.

Fulminate. v. Fulminar, estallar, detonar. / m. (Quím.) Fulminato. / f. Pólvora fulminante.

Fumble. v. Tocar o mover torpemente. / Estropear, chapucear. / Farfullar. / (Dep.) Dejar caer la pelota / Fallar. / f. Torpeza, desmaña.

Fume. f. Emanación,m. gas. / m.Vaho, vapor. / Humo. (De pipa, de incien so, etc.). / Cólera, enfado. / v. Humear, emitir vapores o gases. / (Fig.) Echar humo, irritarse. / Ahumar, fumigar. / Exhalar, arrojar humo.

Fumigate. v. Fumigar.

Fun. f. Diversión, m. entretenimiento, f. alegría, regocijo, chacota.

Function. f. Función. / f. Ocupación, puesto. / Funcionamiento, operación. / v. Funcionar, desempeñar, ejercer.

Fund. m. (Com.) Capital. / f. Reserva, riqueza. / (Fig.) Fondo, acopio. / (pl.) Fondos, medios disponibles. / Fondo, institución financiera. / v. Proveer los fondos, garantizar o respaldar (bonos, pensiones, etc.). / Consolidar (una deuda), convertir una deuda flotante en deuda fija.
Fundament. m. Fundamento,f. base. / Geofisica de una región determinada. / pl. Nalgas, m. trasero, ano.
Fundamental. adj. Fundamental, básico, esencial. / m. Fundamento, principio, f. base. / (Mús.) Tono o nota fundamental.
Funded. adj. Consolidado, acumulado o invertido.
Funeral. adj. Funeral, fúnebre, funerario. / f. pl. Exequias. / (Fig.) Fin, ruina. / m. Entierro.
Funeral parlour. f. Funeraria.
Funeral service. m. Funeral, pl. pompas **fúnebres.**
Funerary. adj. Funerario, fúnebre, funereo.
Fungus. m. Hongo. / (Med.) Fungo, hongo. / adj. Fungoso, fungoideo. Causado por hongos.
Funk. m. Temor, amilanamiento. / Cobarde. / v. Amilanarse, retraerse con temor. / Temer. / Evadir por temor, dejar de cumplir por miedo.
Funky. adj. Atemorizado. / Maloliente, fétido.
Funnel. m. Embudo. / Túnel, cañón. / Chimenea de un vapor. / v. Verter por medio de un embudo. / Encauzar, dirigir, concentrar. / Tomar forma de embudo. / Encauzarse, dirigirse.
Funny. adj. Divertido, chistoso, gracioso, ocurrente. / Cómico, ridículo, risible. / (Fam.) Extraño, raro, curioso. / *To get funny with,* Bromear con. / *To strike one as* funny that, Encontrar uno extraño que, parecerle a uno raro que.
Funnyman. m. Cómico, comediante. / Humorista.
Fur. f. Piel, pelaje. / Abrigo de piel, guarnición de piel. (En vestido) / m.Sarro. (En la lengua, en el vino). / Pelusa de ciertas telas. / (Her.) Forro. / adj. De piel, de pieles. / v. Guarnecer, adornar, o forrar con pieles . / Cubrir de sarro. (La lengua). / (Constr.) Enrasar, enrasillar.
Furcation. f. Bifurcación.
Furibund. m. Furibundo.
Furious. adj. Furioso.
Furnace. m. Horno. / Calorífero. / Reactor atómico. / (Fig.) Caldera. / v. Calentar en un horno.
Furnish. v. Amueblar. / Proveer, Surtir, suplir, suministrar. / Proporcionar, procurar. / Aducir pruebas.
Furnisher. m. Proveedor. / Amueblador, decorador.
Furnishings. m.pl Muebles, moblaje, mobiliario. / Artículos de vestir. / Accesorios.

Furniture. m.pl. Muebles. / Accesorios, enseres. / (Impr.) Imposiciones, guarniciones, fornitura. / (Náut.) Armamento, aparejo.
Furniture van. m. Camión de mudanzas.
Furred. adj. Forrado, bordeado o cubierto de piel. / (Med.) Cubierto de sarro o saburra. (La lengua). / (Constr.) Enrasado, enrasillado.
Furrier. m. Peletero.
Furring. m. Forro o guarnición de pieles. / (Constr.) Enrasillado, costillaje, listones de enrasar, bloques de enrasillar. / Incrustaciones de una caldera. / Sarro. / (Arq.) Revestimiento.
Furrow. m. Surco del arado. / f. (Fig.) Estela, huella, rastro. / Surco, arruga en el rostro. / Labranza, tierras aradas, campo. / Muesca, ranura. (En rosca, tornillo). / (Arq.) Estria. / v. Surcar la tierra. / Arrugar(se) la frente.
Further. adj. Ulterior, nuevo.
Furthermore. adv. Además, a más de esto. / Otrosí.
Furthermost. adj. Lo más lejano, lo más remoto.
Furtive. adj. Furtivo, sigiloso.
Furtiveness. m. Carácter furtivo, disimulo.
Fury. f. Furia. / Ferocidad, vehemencia. / Frenesí, arrebatamiento.
Fuse. f. Mecha, petardo de senales, espoleta. / (Electr.) Fusible. / v. Fundir, derretir. / Fusionar, amalgamar, juntar. / Fundirse, derretirse. / Apagarse debido a cortocircuito.
Fuselage. m. Fuselaje.
Fusible. adj. Fusible, fundible.
Fusión. f. Fusión, fundición, m. derretimiento / Unión, coalición. / Fusión nuclear.
Fuss. f. Alharaca, agitación innecesaria. / Pequeña disputa. / Queja o protesta de una persona quisquillosa. / v. Preocuparse, inquietarse, agitarse, afligirse por naderías. / Molestar, fastidiar con tonterias.
Fusser. m. Quisquilloso, exigente.
Fustigate. v. Fustigar.
Fusty. adj. Mohoso, rancio.
Futile. adj. Fútil, inútil, vano, insignificante, baladí.
Futility f. Futilidad, inutilidad, inericacia.
Future. m. Futuro.
Futurity. m. Lo futuro, el porvenir. / f. Contingencia futura.
Fuzz. f. Borra, m. tamo, f. pelusa, m. vello. / v. Cubrir con borra. / (Fig.) Anublar, empañar.
Fuzzy. adj. Velloso, velludo, cubierto de pelusa. / (Fig.) Confuso, indistinto. / Rizado, encrespado.

G

G. Séptima letra del alfabeto inglés. / (Mús.) La nota Sol. / (Fís.) Signo de la Gravedad. / Abrev. de *grand* (Pop.) m. Billete de mil dólares. / Abrev. de *acceleration of gravity*, Aceleración de gravedad. / Abrev. y símb. de *gram,* Gramo.

Gab. v. Parlotear, charlar, cotorrear.

Gabber. adj. Charlador, parlanchín. .

Gabble. v. Cotorrear, parlotear. / m. Cotorreo, garla.

Gabbler. m. Charlatán.

Gad. m. Aguijón, f. puya. / (Min.) Cuña, punzón, piquetilla, barreno. / Vagancia, correteo, divagación. / *To be on the gad,* Estar o andar vagando. / v. Deambular.

Gadabout. m., f. Callejero, vagabundo.

Gadder. m. Callejero, andariego.

Gadfly. m. (Entom.) Tábano, moscardón, mosca del caballo. / f. Persona molestosa, latosa o pesada.

Gadget. m. Artilugio, artefacto, mecanismo. / (Pop.) Chatarra, cachivache inservible.

Gaff. m. Arpón. / Garfio.ss / Espolón de los gallos de pelea. / Garfio de trepar. / (Náut.) Cangrejo, pico de cangreja. / (Pop.) f. Disparate, tontería. / (Pop.) Teatro de mala muerte. / (Pop.) Rudeza de trato, abuso, truco, fraude. / v. Arponear. / (Pop.) Engañar, embaucar, pelar.

Gaffe. m. Error, f. metida de pata, m. paso en falso.

Gag. v. Amordazar. / Hacer arquear, hacer nausear, basquear. / Obstruir, atorar. / Escribir chistes para, llenar de chistes. (Obra de teatro o cine, etc.) . / Nausear, sentir náuseas. / f. Mordaza.

Gage. f. Prenda, caución, garantía, fianza. / Promesa, voto. / Desafío. / (Bot.) f. Ciruela verdal. / v. Dar o depositar en prenda, empeñar.

Gaiety. f. Alegría, m. regocijo, m. alborozo. / m. Entretenimiento, diversión alegre. / Adorno, atavío.

Gaily. adv. Alegremente, jovialmente, vistosamente. /

Gain. f. Ganancia, m. beneficio. / m. Incremento. / f. Adquisición, acumulación. / (Electr., Radio) f. Amplificación, m. volumen. / (Carp.) f. Ranura, muesca, entalladura. / v. Ganar, obtener, conseguir, recibir. / Alcanzar, lograr, llegar a la cumbre, a la meta, etc. / Avanzar, ganar terreno. / Cobrar ímpetu, fuerzas, etc. / Recobrar. (El equilibrio, la ventaja, etc.) . .

Gainful. adj. Ganancioso, lucrativo, ventajoso.

Gainless. adj. Infructuoso.

Gainly. adj. De buen aspecto, bien formado, gracioso, agraciado.

Gait. m. Modo de andar, f. marcha, paso (especialmente del caballo) / v. Adiestrar a un caballo al trote regular.

Gal, gallon. m. Galón.

Gala. f. Fiesta, festival. / m. Vestido de gala, vestido de fiesta. / adj. De gala, de fiesta.

Galantine. f. (Cocina) Galantina.

Galanty show. f. pl. Sombras chinescas.

Galaxy. f. Galaxia. / (Fig.) Grupo de celebridades. / *The Galaxy,* La Vía Láctea.

Gale. m. Ventarrón, viento muy fuerte. / (Bot.) Mirto holandés, mirto de Brabante.

Galilean. adj. m., f. Galileo.

Galilee. f. Galilea, pórtico de iglesia.

Gall. f. Bilis, hiel. / (Fig.) Hiel, amargura, aspereza. / m. Descaro, f. osadía, imprudencia. / (Bot.) f. Agalla. / f. Rozadura, matadura. / Causa o estado de irritación,

exasperación. / Defecto. / v. Rozar, excoriar, desollar. / Molestar, irritar, hostigar. / Raerse, lastimarse rozando.

Gallant. adj. Garboso, vistoso, festivo, elegante. / Imponente, gallardo. / Valiente, bravo. / Galante, cortesano. / Galeanteador, amoroso. / m. Galán, cortejador. / v. Galantear, requebrar, cortejar.

Gallantly. f. Galantemente, cortesamente. / Valerosamente. / Noblemente.

Gallantry. f. Gallardía, m. valor, f. valentía. / Galanteo. / Galantería. / m. Acto de cortesía.

Gallery. f. Galería, m. pórtico. / m. Balcón largo, veranda, porche. / Pasadizo subterráneo. / (Min.) Galería. / f. Pasadera, galería de servicio. / (Arte) Galería, sala de exhibición. / Estudio de fotógrafo. / Galería de tiro. / (Teatr.) Galería, paraíso. Público de las galerías. / v. Hacer o perforar galerías en.

Galley. f. Galera. / m. Fogón, f. cocina de una embarcación o avión. / (Impr.) Galera.

Galliard. adj. Intrépido, valiente. / Vivo, alegre, galante. / (Danza) Gallarda.

Gallicism. m. Galicismo.

Gallicize. v. Afrancesar, afrancesarse.

Galling. adj. Irritante, exasperante, mortificante.

Gallivant. v. Callejear. / Galantear, flirtear.

Gallon. m. Galón.

Gallop. v. Galopar. / m. Galope.

Gallows. m. Cadalso, f. horca. / Armazón, montante. / (Fam.) m. pl. Tirantes, suspensores.

Gallus. m. pl. Tirante, suspensores de los pantalones.

Galore. adj. adv.En abundancia, en cantidad, muchísimo, a granel.

Galosh. m. Chanclo, zapato de caucho, bota impermeable. / f. Galocha, zueco.

Galvanization. f. Galvanización.

Galvanize. v. Galvanizar.

Gam. f. Manada de ballenas. / Visita o encuentro en alta mar. / v. (Náut.) Reunirse en cardumen. / Visitar. / Charlar un rato.

Gambit. m. Gambito. / (Fig.) Estratagema, maniobra.

Gamble. v. Jugar por dinero. / Aventurarse. / Apostar en el juego. / Arriesgar. / *To gamble away,* Perder en el juego. / m. Negocio arriesgado. / f. Jugada atrevida.

Gambler. m. Jugador. / Tahúr, garitero.

Gambling. m. Juego por dinero. / f. Tahurería.

Game. f. Deporte, juego, diversión. / Partido (de baloncesto, etc.), f. partida (de naipes), certamen. / f. Estratagema. / Truco, treta, ardid. / pl. *Games,* Juegos atléticos, juegos públicos. / Caza, animal(es) de caza.

Gamecock. m. Gallo de pelea.

Gamekeeper. m. Guardabosques, guarda de coto.

Gamely. adv. Animosamente, valerosamente, resueltamente.

Game of chance. m. Juego de azar.

Gamesome. adj. Alegre, juguetón, retozón, bromista.

Gamester. m. Jugador, tahúr.

Game warden. m. Guardabosques, guarda de coto, montaraz.

Gaming. m. Juego, f. apuesta.

Gander. m. Ganso, ánsar macho. / Simplón, gaznápiro. / (Pop.) f. Mirada, ojeada. / *To take a gander at,* Echar una ojeada a.

Ganef. m. (Pop.) Ladrón.
Gang. f. Cuadrilla, brigada. (De peones, braceros, etc.) . / Banda, pandilla. / v. Atacar en pandillas. / Acoplar, montar partes mecánicas o electrónicas. / Arreglar en juegos o series.
Gangland. m. El hampa, mundo del crimen organizado.
Gangling. adj. Larguirucho, delgaducho.
Ganglion. m. Ganglio. / (Fig.) Centro, foco de energía, fuerza, contagio, etc.
Gangrene. f. Gangrena. / v. Gangrenar(se).
Gangster. m. Pandillero, pistolero, bandido.
Gangway. m. Pasaje, camino, pasarela. / Corredor angosto, pasillo. / (Náut.) Portalón, plancha, escalera del portalón. / (Min.) Nivel principal.
Gap. m. Boquete, abertura, resquicio, brecha. / f. Quebrada, barranca, cañada, hondonada, paso entre montañas. / Laguna, vacío, claro, intervalo. / (Aer.) Entreplanos. / Separación de los electrodos en las bujías. / v. Hacer una brecha o abertura. / Abrirse, presentar una brecha.
Gape. v. Estar con la boca abierta, boquear. / Bostezar. / Embobarse. / Quedarse boquiabierto. / Abrirse mucho, estar abierto. / *To gape at,* Mirar con la boca abierta. / m. Bostezo. / f. Mirada atónita. / f. Brecha, abertura. / Anchura de la boca abierta.
Gaper. adj. m., f. Mirón, curioso..
Gaping. adj. Abismal, profundo, vasto. / Boquiabierto.
Garage. m. Garaje, f. cochera. / m. Taller para reparar automóviles. / v. Guardar un vehículo en un garaje.
Garb. m. Traje, f. vestido, vestiduras. / m. Garbo, porte. / Moda, estilo de vestir. / v. Vestir, adornar, ataviar.
Garbage. f. Basura, desecho, desperdicios. / (Fig.) Inmundicias, porquería.
Garbage can. m. Cubo para basura, tacho de basura.
Garble. v. Seleccionar maliciosamente (partes de hechos, declaraciones, etc.) . / Mutilar, confundir maliciosamente (texto, discurso, cuento, registro, etc.) . / f. pl. Impurezas de especias.
Garden. m. jardín / Huerto, f. huerta. / f. Región fértil y bien cultivada. / Lugar de recreo, parque público, m. / (Béisbol) Campo situado fuera del diamante de juego. / v. Cultivar o trabajar jardines o huertos. / adj. De jardín, de huerto. / (Fig.) Común, corriente.
Gardenia. f. (Bot.) Gardenia.
Gardening. f. Jardinería, horticultura.
Garden-party. m. Reunión social en un jardín.
Garden-variety. adj. Común, corriente, ordinario, casero, campechano.
Gargle. v. Limpiar, hacer gárgaras. / Decir algo como si se estuviera haciendo gárgaras. / Hacer gárgaras. / f. Gárgara. / m. Gargarismo.
Garland. f. Guirnalda, corona de flores, hierbas o ramas. / Crestomatía, antología. / (Náut.) Estrobo, eslinga. / v. Enguirnaldar. / Formar una guirnalda de.
Garlic. m. Ajo.
Garment. m. Prenda de vestir. / v. Vestir.
Garnishment. m. Adorno, ornamento. / (Der.) Citación o emplazamiento, embargo de bienes, retención de sueldo.
Garret. m. Ático, desván, f. buhardilla.
Garth. m. Patio o jardín de claustro.
Gas. m. Gas. / f. Gasolina. / (Min.) Gas grisú. / (Pop.) Cháchara, parla insulsa. / *To step on the gas,* Apretar el acelerador. / v. (Fig.) Apresurarse, acelerar el ritmo. / Gasear, asfixiar con gas. / Abastecer o proveer de gas. / (Quim.) Gasear, tratar o saturar con gas. / (Mil.) Gasear, atacar con gases. / Despedir o desprender gas. / (Pop.) Chacharear. / (Pop.) Abrumar o engañar con cháchara.

Gasbag. f. Bolsa de gas. / Cámara de gas. / (Pop.) m. Chacharero, charlatán.
Gas chamber. f. Cámara de gas. (Para ejecución).
Gasconade. f. Fanfarronada, bravata. / v. Fanfarronear, baladronear.
Gaseous. adj. Gaseoso, gaseiforme. / (Fig.) Tenue.
Gas fixture. m. Artefacto de gas.
Gash. v. Hacer un corte largo en, acuchillar. / m. Corte largo, chirlo, cuchillada. / (Pop.) Chacharero.
Gasification. f. Gasificación.
Gasify. v. Gasificar, convertir en gas.
Gaslight. Luz de acetileno. / Mechero o lámpara de gas.
Gas lighter. Encendedor de gas.
Gas main. Cañería principal de gas, tubería maestra de gas.
Gasman. Controlador de los medidores de gas. / fabricante de gas.
Gas mask. Máscara antigás. máscara protectora, careta antigás.
Gas meter. Contador de gas, medidor de gas.
Gasoline, gasolene. Gsolina, gasoleno.
Gasp. v. Jadear, acezar, resollar. / Quedar sin aliento, quedar boquiabierto. / Decir jadeando. / m. Jadeo, resuello, bloqueo.
Gaspy. Jadeante.
Gas ring. Hornillo de gas.
Gas station. f. Estación de servicio para automotores, gasolinera.
Gassy. adj. Lleno de gas, gaseoso. / Gaseiforme. / (Fam.) Verboso, vano en el hablar.
Gas tank. m. Tanque de gas. / Tanque de gasolina.
Gastronome. m. Gastrónomo.
Gasworks. f. Fábrica de gas.
Gat. m. Canal o pasaje. / (Pop.) Revólver, pistola.
Gate. f. Puerta, entrada, portalón. / Abra, garganta, paso. / Válvula, compuerta. / Taquilla, entrada. / Barrera ferroviaria o caminera. / m. (Metal.) Vaciadero de un molde, conducto de colada. / v. Proveer de puerta. / Regular por válvula o compuerta. / (G. B.) Confinar a un alumno dentro del colegio o universidad.
Gatekeeper, gateman. m. Portero, guardabarrera.
Gate money. f. Taquilla, entradas, ingresos de entradas.
Gateway. f. Entrada, puerta, m. paso, medio de acceso.
Gather. v. Recoger, cosechar, recolectar. / Recaudar dinero. / Acumular, reunir (a gen te, etc.), Acopiar (provisiones), Cobrar (fuerzas, etc.), Tomar (aliento), Reunir (noticias) / Ganar, adquirir. / Juntar, unir partes de algo. / Cubrirse con (Capa, etc.) . / Cubrirse de. (Polvo, orín, etc.) . / Deducir, colegir. / (Med.) Madurar (una pústula, etc.) / f. Cosecha, colecta. / (Cost.) m. Pliegue, plegado, frunce.
Gatherer. m. Segador, colector. / Recaudador, recolector.
Gathering. f. Asamblea, reunión, tertulia. / Recolección, acopio. / Colecta de limosna. / (Cost.) Fruncido, pliegue. / (Med.) Absceso.
Gaucho. m. Gaucho, pampero.
Gaudy. adj. Llamativo, charro, chillón, recargado. / (G. B.) f. Fiesta, festín, banquete de fin de año.
Gauge. f. Medida, norma. / Tamaño, capacidad, extensión. / Regla de medir, aforador, medida de capacidad. / m. Marcador, indicador. (De presión, etc.) . / (Metal.) Calibre, espesor de hoja de metal. / Ancho de vía, entrevía, trocha, entrecarril. / (Carp.) Gramil. / Calibrador, cartabón. / (Hidrául.) Nivel. / v. Aforar, medir la capacidad de un recipiente. / Apreciar, valuar. (Habilidad, carácter o fuerza). / Graduar, calibrar. / Tallar piedras. / Mezclar en ciertas proporciones.

Gaul. f. Galia. / m. Galo. / adj. Galo, francés.
Gaulish. adj. Galo. / m. Antigua lengua de la Galia.
Gaunt. adj. Demacrado, macilento, enjuto, flaco, adelgazado. / Desolado, solitario, sombrío.
Gauntlet. m. Guantelete, f. manopla. / Guante industrial, guante protector. / v. (Fig.) Sufrir desprecio o crítica general.
Gauzy. adj. Brumoso, nebuloso, diáfano.
Gawk. m. Bobo, palurdo. / v. Quedarse boquiabierto.
Gawkiness. f. Torpeza, desmaña.
Gawkish. adj. Tonto, desgarbado.
Gawky. adj. Desgarbado, desmañado, torpe.
Gay. adj. Alegre, festivo, jovial, risueño. / Vistoso, de vivos colores. / Amigo de los placeres, disoluto, licencioso. / (Pop.) Homosexual.
Gaze. v. Fijar la mirada, contemplar. / *To gaze after*, Seguir con una mirada fija.
Gazette. f. Gaceta, m. diario oficial. / m. Periódico. / (G. B.) m. Comunicado oficial. / v. Anunciar o publicar en la gaceta o diario oficial.
Gear. pl. Vestidos, prendas. / m. Equipo, pertrechos, utensilios, instrumentos. / Aparejos de tiro, arneses de caballo. / Bienes móviles, utensilios caseros. / (Mec.) Aparato, mecanismo. (De transmisión, de gobierno, etc.) . / f. Rueda dentada, engranaje, tren de engranajes. / Velocidad, marcha.
Gear rack. f. Cremallera.
Gearshift lever. f. Palanca de cambio.
Gee. interj. (EE.UU.) ¡Caramba! / (G. B.) ¡Arre!
Gelatin. f. Gelatina, jaletina.
Gelatinous. adj. Gelatinoso, viscoso.
Geld. v. Castrar, capar. / Privar, despojar de algo esencial o vital. / Aminorar, disminuir, mermar la fuerza de.
Gelid. adj. Gélido, helado, muy frío.
Gemstone. f. Piedra preciosa.
Gene. m. (Biol.) Gen.
Genealogical. adj. Genealógico.
Genealogist. m. Genealogista.
Genealogy. f. Genealogía.
General. adj. General, total, común, usual, corriente. / Vago. (Semejanza, idea, etc.) . / m. (Mil.) General.
Generality. m. Carácter general. / f. Generalidad, vaguedad. / Generalidad, mayoría, mayor parte.
Generalization. f. Generalización.
Generalized. adj. Generalizado, indiferenciado.
Generally. adv. Generalmente. / En forma general.
Generate. v. Engendrar, generar, procrear.
Generation. f. Generación.
Generosity. f. Generosidad, largueza.
Generous. adj. Generoso, magnánimo. / Abundante.
Genetic, genetical. adj. Genético, genesíaco.
Genetics. f. (Biol.) Genética.
Genial. adj. Afable, jovial, cordial. / Suave, templado. (Clima, aire, etc.) . / Genial, ingenioso, brillante.
Geniality. f. Afabilidad, complacencia, cordialidad.
Genially. adv. Afablemente, jovialmente.
Genie. m. Genio, espíritu sobrenatural.
Genitive. m. (Gram.) Genitivo. / adj. De genitivo, en caso genitivo.
Genius. m. Genio, don, talento, ingenio. / Lumbrera. (Persona) / Espíritu, natural zeza, carácter. (De una época, nación, pueblo). / Espíritu o deidad tutelar..
Genocide. v. Genocidio.
Genre. m. Género, f. especie, clase. / Pintura de género.
Gent. m. (Pop.) Tipo, sujeto, individuo.
Genteel. adj. Urbano, cortés. / Gracioso, agraciado, gallardo, airoso. / Afectado, remilgado.
Genteelly. adv. Cortésmente, gentilmente.

Gentile. m. Cristiano, persona no judía, gentílico.
Gentility. f. Nobleza. / Gentileza, cortesía, buenas maneras. / Dignidad, decoro. / Afectación, remilgo.
Gentle. adj. Suave, tierno, dulce. / Manso, dócil. / Cortés, comedido. / Benévolo. / Bondadoso. / Moderado, gradual, apacible. / Noble, aristocrático. / v. Apaciguar, amansar. / Moderar, suavizar. / Enternecer, ablandar.
Gentlefolk, gentlefolks. f. Gente bien nacida.
Gentleman. m. Caballero, señor, hombre decente o bien nacido.
Gentlemanlike. adj. Caballeroso, corté.
Gentlemanly. adj. Caballeroso, propio de un caballero.
Gentleness. f. Bondad, benignidad, apacibilidad, mansedumbre, suavidad, dulzura, delicadeza.
Gentlewoman. f. Señora, dama, mujer bien nacida. / Dama de honor o de compañía.
Gently. adv. Suavemente, dulcemente. / Mansamente, poco a poco, despacio. / Bondadosamente.
Gentry. f. Gente bien nacida, nobleza, gente bien educada. / (G. B.) Alta burguesía, clase media o acomodada.
Genuine. adj. Genuino, legítimo, auténtico, sincero.
Genus. m. Género, especie, f. clase, categoría, m. orden, tipo.
Geographer. m. Geógrafo.
Geographic, geographical. adj. Geográfico.
Geography. f. Geografía.
Geologic, geological. adj. Geológico.
Geologist. m. Geólogo.
Geology. f. (Geol.) / Tratado de Geol.
Geometry. f. Geometría, configuración geométrica de un objeto.
Geophysics. f. (Geol.) Geofísica, estudio físico de la Tierra.
Geopolitics. f. Geopolítica, estudio de las relaciones entre la geografía y la política.
Geranium. m. (Bot.) Geranio.
Germ. m. Germen. / (Fig.) Origen.
German. adj. Alemán, germano. / m. Idioma alemán. Un alemán.
Germane. adj. Pertinente, aplicable, relativo (a).
Germany. f. Alemania. / (Hist.) Germania.
Germinal. adj. Germinal. / (Fig.) Rudimentario.
Germinate. v. Germinar, brotar. / Hacer germinar, hacer evolucionar.
Gerund. m. Gerundio.
Gesso. m. Yeso.
Gest. f. Gesta, hazaña, proeza, aventura. / m. Romance.
Gestate. v. Llevar durante la preñez, gestar.
Gestation. f. Gestación, m. embarazo, preñez. / m. Desarrollo, elaboración de un proyecto, etc.
Gesticulate. v. Gesticular.
Gesticulation. f. Gesticulación, seña, m. gesto, ademán.
Gesture. m. Gesto, ademán. / Acto de cortesía. / v. Gesticular, hacer un ademán. / Señalar a con un ademán.
Get. v. Obtener, adquirir, conseguir. / Lograr. / Captar, coger, atrapar. / Recibir, sufrir. / Ir por, ir a buscar, traer. / Tocar, alcanzar. / Aprender. / f. Cría, progenie de un animal. Raza. / m. Engendro. / (Dep.) Devolución de un tiro difícil.
Get-at-able. adj. Accesible, asequible, abordable.
Getaway. m. Escape, f. fuga. / Partida. (De una carrera, etcétera).
Get-together. f. Reunión o fiesta informal.
Get up. m. (Familiar) Arreglo, f. disposición. /
Gherkin. m. (Bot.) Pepinillo, cohombrillo.
Ghost. m. Espectro, fantasma, aparecido. / f. Alma. / (Fig.) f. Sombra, imagen, m. recuerdo, f. traza, m. asomo. / f. Imagen eco. (En televisión). / Imagen falsa.

(Foto.) / Espíritu, demonio. // v. Escribir como colaborador anónimo, escribir para otro y en su nombre. / Flotar en el aire. / Escribir como colaborador anónimo.

Ghostly. adj. Espectral, fantasmal. / Espiritual.

Ghoulish. adj. Horrible, espantoso, brutal, repulsivo, truculento.

Giant. m. Gigante. / adj. Gigante, gigantesco.

Giantess. f. Giganta.

Gib. m. Gato, gato castrado. / f. (Mec.) Chaveta, cuña, contraclavija. / v. (Mec.) Enclavijar, acuñar, asegurar con chaveta.

Gibber. v. Farfullar, parlotear, cotorrear, disparatar.

Gibberish. f. Algarabía, m. guirigay, m. galimatías, f. monserga. / f. Jerga, m. argot.

Gibe, v. Ridiculizar, escarnecer, vejar, mofarse de. / m. Sarcasmo, escarnio, f. burla, mofa.

Giber. m. Burlador, escarnecedor.

Giddily. adv. Vertiginosamente. / Aturdidamente, atolondradamente. / Frívolamente.

Giddy. adj. Mareado, aturdido, atontado, tambaleante. / Vertiginoso. / Casquivano, frívolo, inconstante, veleidoso, voluble. / v. Aturdir(se), causar o tener vértigo, girar a gran velocidad.

Gift. m Obsequio, presente, f. donación, dádiva. / m. Don, dote, talento, facultad, genio, inclinación. / v. Dotar de, dar poder o facultad. / Regalar, obsequiar.

Gifted. adj. Dotado, talentoso, genial.

Gigantesque. adj. Gigantesco.

Giggly. adj. Que se ríe fácilmente.

Gilder. m. Dorador.

Gill. f. Agalla, branquia. / Barba de ave, papada. / (Bot.) Lámina o membrana debajo del sombrero del hongo. / m. Arroyo, arroyuelo. / v. Desentrañar peces. / Pescar o atrapar peces por las agallas.

Gilt. m. Dorado, oro en hojuelas, oropel. / (Fig.) Falso brillo. / (Pop.) Dinero, f. plata, f. guita. / f. Cerda, marrana joven. / adj. Dorado, áureo.

Gimmick. f. Artimaña, m. artilugio / m. Dispositivo para realizar un truco. / f. Trampa, dificultad oculta. / Idea brillante o novedosa para atraer la atención. / v. Usar artimañas, hacer trampas.

Gin. f. Ginebra. / f. Trampa, armadijo para cazar. / Máquina despepitadora, desmontadora de algodón. / m. Poste, f. grúa, m. torno de izar. / f. Idea, m. artificio, ardid / v. Coger en la trampa.

Ginger. m. Jengibre. / Rizoma de jengibre. / (Fam.) f. Vivacidad, m. brío, ánimo, coraje.

Gingerly. adv. Cuidadosamente, cautelosamente.

Gink. m. (Pop.) Tipo raro, tío.

Giraffe. f. (Zool.) Jirafa.

Gird. v. Atar, ceñir.

Gird. v. Burlar(se), mofar(se), reír(se). / f. (Ant.) Burla, broma.

Girdle. f. Faja, cintura, banda, cinto. / m. Corte anular en la corteza de un árbol. / Faja, corsé. / (Joy.) m. Borde de una gema cogida por el engaste. / v. Circundar, cercar. / Dilatar o comprimir con una correa o cinturón.

Girl. f. Niña. / Muchacha, joven soltera. / Sirvienta, criada, doméstica. / Novia, enamorada.

Girl friend. f. Enamorada, novia, amiga.

Girlish. adj. Característico de una niña, aniñada. / Afeminado, que parece niña.

Girth. f. Cincha. / Circunferencia, dimensiones, tamaño. / v. Cinchar, ceñir.

Give. v. Dar, conceder, conferir, entregar. / Producir. / Causar, transmitir. (Una enfermedad). / Presentar, mostrar. / Representar. (Una obra teatral). / Pronunciar. (Un discurso). / Comunicar. (Pésame, felicitaciones, etc.). /

Indicar, marcar. (Hora, temperatura, etc.). / (Pop.) Ocurrir, pasar. / *What gives?*, ¿Qué pasa? / (Pop.) Hablar, dar información. / f. Elasticidad, flexibilidad.

Giveaway. f. Traición. / (Fam.) Revelación involuntaria. / m. Premio.

Given. adj. Dado, otorgado, donado. / *Given to*, Adicto a, propenso a. / (Mat., lógica) Dado, conocido, supuesto, pretendido.

Given name. m. Nombre de pila, nombre bautismal.

Glacé. adj. Azucarado, almibarado. / Glaseado, satinado. (Telas, cuero). / v. Azucarar.

Glaciate. v. Helar, congelar. / (Geol.) Someter a la acción de los glaciares.

Glaciation. f. Glaciación, m. helamiento, f. congelación.

Glad. adj. Feliz, alegre, contento. / Halagüeño.

Gladly. adv. Alegremente, jubilosamente. / Con mucho gusto, con placer.

Glairy. adj. Pegajoso, glutinoso, viscoso.

Glamorous, glamourous. adj. Glamoroso.

Glamour, glamor. m. Glamour, encanto, hechizo, f. fascinación.

Glance. v. Lanzar una mirada, echar un vistazo o una ojeada. / Brillar, relampaguear. / Deslizarse. / m. Vistazo, f. ojeada, mirada, vislumbre. / m. Fulgor, destello, relampagueo. / f. Desviación oblicua. / (Mineral.) Mineral lustroso.

Glancing. adj. Incidental, indirecto.

Gland. f. Glándula. / m. (Mec.) Collar, collarín, casquillo del prensaestopas.

Glare. m. Fulgor deslumbrante, relumbrón, / f. Luz intensa y molesta. / f. Ostentación, m. boato. / f. Superficie de hielo lisa y brillante. / f. Mirada de indignación. / v. Relumbrar, fulgurar.

Glary. adj. Deslumbrador, deslumbrante.

Glass. m. Vidrio, cristal. / Vaso. / f. Cristalería, vajilla de cristal. / pl. Lentes, anteojos. / m. Barómetro / Telescopio, catalejo. / Reloj de arena. / v. Guardar en recipiente de cristal, embotellar. / Reflejar. / Cubrir o proteger con cristal. / Vitrificar. / Vidriarse.

Glass door. f. Puerta vidriera.

Glassier's shop. f. Vidriería.

Glassmaker. m. Vidriero, fabricante de vidrio.

Glassmaking. f. Fabricación de vidrio.

Glassware. f. Cristalería, vajilla de cristal.

Glasswork. f. Vidriería, cristalería. / Fabricación de vidrio u objetos de cristal. / Decoración hecha a base de cristal o vidrio.

Glassy. adj. Vítreo, cristalino. / Suave, transparente. / Vidrioso, sin brillo. (Ojos).

Glaze. m. Barniz vítreo, esmalte. / f. Capa vidriosa. (En el suelo). / m. Lustre, f. superficie lisa. / f. Mirada vidriosa. / Cellisca, aguanieve. / f. Capa transparente o semitransparente de pintura. / v. Poner vidrios a. / Guarnecer de ventanas con vidrios.

Glazier. m. Vidriero.

Glazing. m. Trabajo de vidriero. / f. Vidriería, m. encristalado. / m. Barniz, vidriado.

Gleam. m. Destello, fulgor. / m. Viso, centelleo. / f. Luz tenue o momentánea. / (Fig.) Pizca, vestigio. / v. Destellar, centellear, fulgurar. / Manifestarse breve o tenuemente.

Gleeful. adj. Alegre, regocijado, jubiloso.

Glib. adj. Locuaz, verboso, de mucha labia. / Fácil, insincero. / Suelto, desenvuelto (movimiento), desahogado. / (Fam.) Liso, resbaladizo. (Una superficie).

Glide. v. Resbalar, deslizar, escurrirse. / (Aer.) Planear. / *To glide along*, Correr o pasar suavemente. / *To glide by*,

Pasarse, desvanecerse. / Hacer deslizar. / m. Deslizamiento, escurrimiento, desliz. / (Aer.) Planeo. / f. (Mús.) Ligadura.

Gliding. adj. Deslizante.

Glitter. m. Brillo, lustre, resplandor, viso. / v. Rutilar, brillar, centellar, relucir.

Global. adj. Mundial. / Global, total.

Globe. m. Globo, f. esfera, bola. / m. Globo terráqueo.

Glom. v. (Pop.) Hurtar, robar. / Asir, agarrar, coger.

Glomerate. adj. Aglomerado, conglomerado.

Glomeration. f. Conglobación, conglomeración, aglomeración.

Gloom. f. Penumbra, lobreguez, tenebrosidad. / Melancolía. / Tristeza, m. desaliento. / m. Aspecto adusto o abatido. / v. Obscurecerse, encapotarse. (El cielo, etc.). / Ser o parecer obscuro, sombrío o triste. / Entristecer.

Gloominess. f. Obscuridad, tenebrosidad. / Melancolía.

Gloomy. adj. Obscuro, lóbrego, sombrío. / Encapotado. / Melancólico, triste, abatido, desalentado..

Gloria. m. Nimbo, f. aureola. / f. Gloria.

Glorification. f. Glorificación. / (Fam.) f. Fiesta, festividad. / f. Exaltación, m. apogeo, ensalzamiento.

Glorify. v. Glorificar, exaltar, ensalzar.

Glorious. adj. Glorioso, loable. / Espléndido, resplandeciente. / (Fam.) Delicioso, magnífico.

Glory. f. Gloria. / Alabanza, honra, distinción. Renombre, fama. / Magnificencia, pompa. / Aureola, nimbo.

Gloss. m. Brillo, lustre, pulimento. / f. Apariencia engañosa, m. oropel. / f. Glosa, nota explicatoria, acotación. / Glosario. / v. Lustrar, pulir, barnizar. / Glosar, notar, comentar, acotar. / Interpretar engañosamente.

Glossiness. m. Lustre, pulimento.

Glossy. adj. Liso, brillante, lustroso, satinado.

Glove. m. Guante. / v. Enguantar.

Glow. v. Brillar, resplandecer, fulgurar (sin llama). / Irradiar luz intensa y calor, brillar como algo incandescente, lucir color brillante. / (Fig.) *To glow with*, Enrojecerse o resplandecer (de calor, animación o agitación). Abrasarse, quemarse, enardecerse o animarse (de calor o pasión). / m. Brillo, resplandor. / f. Luminosidad, viveza de color. / Calor agradable, sensación de calor en el cuerpo. / Rubor, color subido de las mejillas.

Glowering. adj. Ceñudo, de mirada colérica.

Glowing. adj. Resplandeciente, incandescente. / Radiante, vivo (color, rostro, etc.).

Gloze. v. Atenuar, disculpar, paliar.

Glucose. f. Glucosa.

Glue. f. Cola, goma. / v. Encolar, pegar con cola o goma.

Glum. adj. Melancólico, triste, sombrío.

Glumness. f. Melancolía, displicencia, tristeza.

Glut. v. Saciar, hartar. / (Fig.) Inundar, sobrecargar (el mercado).

Glutton. adj. Glotón, tragón. / m. (Zool.) Glotón.

Glycerin. f. (Quím.) Glicerina.

Gnar, gnarr. v. Gruñir, refunfuñar.

Gnarl. m. Nudo. (En madera, árbol). / v. Torcer, retorcer, deformar. / Gruñir, refunfuñar.

Gnash. v. Hacer rechinar o crujir los dientes. / m. Rechinamiento, crujido de los dientes.

Gnaw. v. Mordisquear, mascar. / Corroer, raer.

Gnome. m. Gnomo, nomo.

Go. v. Ir, moverse, seguir adelante, marchar. / Partir, irse. / Volverse, tornarse. (Loco, sordo, etc.). / Ceder, irse abajo, romperse, averiarse. / Desmayarse, morir, morirse. / Funcionar, marchar. (Negocio, máquina). / Transcurrir. (El tiempo). / Extenderse, llegar hasta. / Alcanzar, afectar, tener cierto efecto. / Suceder, resultar. /

Venir, asentar o caer (bien o mal), acomodarse, congeniar. / Penetrar. / Ser válido o aceptable. *Anything goes*, Todo vale. / Pasar. / Gastarse (el dinero), venderse (en remate). / *To go down*, Hundirse (un barco). Descender. Caer (ante un contendor). Caerse. Ser inscrito o registrado. Tener acogida. Pasar a la historia. Graduarse en la universidad. / *To go down before*, Sucumbir ante. / *To go down with*, Caer enfermo de. / *To go for*, Ir por. (Pop.) Atacar. Ser tenido por. Aprobar, aceptar. Valer para. / *To go forth*, Salir. / *To go off*, Haberse agotado o estallar. Dispararse (un arma). Desmayarse. Morirse. Resultar (bien o mal un asunto). Irse. / *To go through*, Registrar, examinar cuidadosamente. Pasar por, sufrir. Desempeñar, ejecutar. Atravesar. Penetrar. Aprobarse. / *To go through with*, Llevar a cabo. / *To go together*, Llevarse bien, avenirse. Andar o ir juntos. / *To go under*, Hundirse. Fracasar. Quebrar, quedar arruinado. Sucumbir. Ser arrollado o vencido. / *He's gone and done it*, (Fam.) ¡Al fin lo hizo! / *To be gone*, Haberse agotado o gastado, haberse roto, haberse muerto. / Dar (la hora). *The clock went twelve*, El reloj dio las doce. / Soportar, sufrir, tolerar, aguantar. / Apostar, envidar. (En juegos). / *To go better*, Ofrecer más (cierta cantidad de dinero). / m. Animo, f. energía, m. empuje. / *The go* (Fam.) Moda, usanza, boga. / (Fam.) Caso, incidente, situación, circunstancia. / f. Empresa afortunada, éxito, negocio redondo. / (Fam.) Intento, ensayo. *A brief go at music*, Un breve ensayo en la música. / (Fam.) Porción, dosis, copa, trago (de licor). / *Is it a go?*, ¿Está resuelto? ¿Estamos de acuerdo?. / *It's a go*, Trato hecho. / adj. (Fam.) Listo (para entrar en acción).

Go-ahead. adj. Emprendedor, activo, enérgico. / f. Señal de pase.

Goal. f. Meta, m. objetivo, m. propósito. / (Dep.) f. Portería, meta. m. Gol, tanto.

Goalkeeper. m. (Dep.) Arquero, guardameta.

Goat. f. Cabra. / m. Macho cabrío, cabrón. / m. (Fig.) Libertino, disoluto. / (Pop.) Cabeza de turco. / (Astron.) Capricornio.

Goatee. f. Perilla, pera, barbas de chivo.

Goatish. caprino, cabruno, cabrío. / (Figurado) Lascivo, lujurioso.

Goatlike. adj. De cabra(s), cabruno.

Gob. m. Burujo, trocito informe. / (Pop.) Marinero de guerra. / (Pop.) Boca. / (pl.) (Fam.) Gran cantidad de.

Gobble. v. Engullir, devorar, tragar apresuradamente.

Go-between. m. Intermediario, mediador, corredor. / (Pop.) Alcahuete.

Goblin. m. Duende, trasgo, gnomo.

Go-by. m. (Fam.) Esquinazo, desaire.

God. m. Dios. / *Act of God*, Obra de Dios. / (Der.) f. Fuerza mayor. / v. (Fig.) Endiosar, deificar, divinizar.

Godchild. m., f. Ahijado, ahijada.

Goddaughter. f. Ahijada.

Goddess. f. Diosa.

Godfather. m. Padrino. / v. Apadrinar a, ser padrino de.

Godforsaken. adj. Desolado, remoto, abandonado. / Miserable, depravado, desesperado.

Godgiven. adj. Dado por Dios. Que viene como anillo al dedo.

Godhood. f. Divinidad.

Godless. adj. Ateo, sin Dios, sin religión.

Godliness. f. Piedad, devoción, santidad.

Godly. adj. Divino. / Pío, devoto.

Godmother. f. Madrina. / v. Asistir como madrina de, madrina de, amadrinar.

Godparent. m., f. Padrino o madrina de bautizo.

God's acre. m. Camposanto, cementerio.

Godson. m. Ahijado.
Going. f. Ida, partida, marcha. / pl. Proceder, conducta. / m. Estado del camino. / adj. En marcha, que funciona, activo. / Que existe, obtenible. / Corriente, actual.
Goings-on. m. pl. Sucesos, m. comportamiento, f. conducta.
Gold. m. Oro. / Color del oro. / adj. De oro. / Dorado.
Golden. adj. Aureo, de oro. / Dorado del color del oro, rubio. / Precioso, excelente, muy valioso. / Próspero, floreciente, feliz. / Favorable, ventajoso.
Golden wedding. f. pl. Bodas de oro.
Goldfield. m. Yacimiento de oro.
Gold-filled. adj. Revestido de oro, enchapado en oro. (Joy.).
Gold plate. f. Lámina de oro.
Gold-plated. adj. Dorado.
Goldsmith. m. Orfebre, orífice.
Golf. m. (Dep.) Golf.
Golf club. m. Palo de golf. / Club de golf. / Jugador de golf.
Gone. v. Pret. de *to go*. / adj. Ido, pasado, transcurrido. / Ido, apagado, perdido, arruinado. / Embarazada.
Gonef. m. (Pop.) Ladrón.
Goneness. m. Agotamiento, f. debilidad.
Good. adj. Bueno. / (Der.) Válido. / m. Bien. / Provecho, f. utilidad. / pl. Bienes, hacienda, riqueza. / pl. Géneros, mercancías. / (Der.) Bienes muebles. / pl. (Pop.) Prueba(s) de culpabilidad. / (interj.) Bien, bueno.
Good afternoon. f. Buenas tardes.
Good-by, good-bye. m. Adiós, hasta luego.
Good cheer. f. Alegría, m. regocijo. / m. Animo, f. confianza. / f. Buena mesa, comida rica.
Good day. m. Buenos días. (Como despedida).
Good deal. m. Buen negocio, negocio redondo.
Good evening. f. Buenas noches. (Al anochecer).
Good form. f. Buena costumbre, m. buen uso, lo correcto.
Good-for-nothing. adj. Inútil, inservible, sin valor. / m. Haragán, gandul.
Good fortune. f. Dicha, buena fortuna.
Good Friday. m. Viernes Santo
Good gracious. interj. ¡Caramba!, ¡cuernos!
Goodhearted. adj. De buen corazón, bonachón.
Good heavens. interj. ¡Cielos!
Good-humored. adj. Jovial, de buen humor, alegre, festivo.
Goodies. pl. Dulces. / (Fam.) Cosas atractivas.
Goodish. adj. Bastante bueno, regular. / Bastante grande, abultado.
Good-looking. adj. Buen mozo, bien parecido, guapo.
Good looks. f. Apariencia atractiva. (De una persona).
Good luck. f. Suerte, buena fortuna.
Goodly. adj. Bueno, agradable, de buena apariencia, carácter o cualidad. / Grande, apreciable, considerable.
Good morning. m. Buenos días.
Good nature. f. Bondad, m. buen corazón.
Goodness. f. Bondad, virtud.
Good night. f. Buenas noches. (Como despedida).
Good speed. f. Buena suerte, m. éxito, buen viaje.
Good-tempered. adj. De buen corazón.
Good thing. m. Buen negocio. / Dicho ingenioso. / pl. Golosinas.
Good will. f. Buena voluntad. / Benevolencia, bondad. / (Der., Com.) m. Buen nombre, crédito, clientela (de un negocio). / f. Plusvalía.
Goofy. adj. (Pop.) Tonto, ridículo. / Crédulo, simple.
Goose. m. pl. *Geese*) Ganso, ánsar. / Simplón, bobalicón. / pl. *Gooses*) f. Plancha de sastre.

Gooseberry. m. (Bot.) Grosellero silvestre, agrazón, uva espina. / f. Grosella silvestre.
Goose pimples. f. Carne de gallina. (Reacción de la piel).
Gore. f. (Cost.) Nesga, sesga, cuchillo. / m. (Náut.) Cuchillo. / Pequeño terreno triangular. / f. Sangre coagulada, cuajarón. / v. Acornear, coger el toro. / Cortar en forma triangular o ahusada. / (Cost.) Acuchillar, poner nesga en.
Gorgeous. adj. Magnífico, brillante, espléndido, hermosísimo. / (Fam.) Encantador, delicioso.
Gorgeousness. m. Esplendor, f. magnificencia.
Gorilla. m. (Zool.) Gorila. / (Pop.) Matón, asesino pagado.
Gory. m. Cubierto de sangre coagulada, manchado de sangre. / Sangriento.
Gosh. interj. ¡Dios! / *By Gosh*!, ¡Por Dios!
Gospel. m. Evangelio. / (Fig.) Credo, programa evangélico. / adj. Evangelizador.
Gossip. m. Chismorreo, charlatanería. / Chismoso, charlatán. / v. Chismear, murmurar.
Gossiping. f. Chismografía, murmuración. / (Fam.) m. Bautizo, fiesta de bautizo. / adj. Chismoso.
Gossipy. adj. Chismoso.
Gourd. f. Calabaza, m. calabacín. / (Bot.) Calabacera. / Calabacino.
Gourmand. adj. m., f. Goloso.
Govern. v. Gobernar, dirigir, controlar, manejar. / Guiar, regular, determinar. / Refrenarse, controlarse. / Prevalecer, predominar, gobernar.
Governing. adj. Gobernante, gobernativo, regulador.
Government. m. Gobierno, sistema de gobierno. / Autoridad, dominio, poder. / Territorio gobernado, división administrativa, provincia. / (Gram.) Régimen, concordancia, relación sintáctica. / *To form a government*, Formar un gabinete ministerial.
Governmental. adj. Gubernamental, gubernativo.
Governor. m. Gobernador. / Alcaide. (De una cárcel). / Administrador, director. / (Pop.) Padre, tutor legal. / (Pop.) Jefe, patrón. / (Mec.) Regulador automático.
Grab. v. Asir, agarrar, coger, arrebatar. / Capturar, tomar algo apresuradamente. / *To grabble off*, Apoderarse de, apropiarse de, posesionarse de. / *To grab at*, Tratar de agarrar o arrebatar. / f. Toma, m. asimiento. / Rebatiña. / (Mec.) Gancho, garfio, garras.
Grabby. adj. Codicioso, ávido, avaro.
Grace. f. Gracia, m. donaire. / Afabilidad, buen modo. / pl. Benevolencia, buena voluntad, / m. Favor, beneficio. / Indulgencia. (De tiempo, en pagos, etc.). / Bendición (de la mesa), jaculatoria. / Gracia, don de Dios. / (Mús.) Nota(s) de adorno. / v. Agraciar, adornar. / Honrar, favorecer. (Con título, dignidad, etc.). / (Mús.) Adornar.
Graceful. adj. Gracioso, agraciado.
Gracefulness. f. Gracia, donaire, graciosidad.
Graceless. adj. Impío, depravado, réprobo. / Desvergonzado. / Sin gracia, desgarbado.
Gracile. adj. Grácil, sutil.
Gracious. adj. Amable, benigno, benevolente. / Gracioso, gentil. / Grato, placentero. / Confortable. / Misericordioso. / (Poét.) Cortés.
Grade. m. Grado. / f. Clase, categoría. / m. Declive, f. pendiente. m. Grado de inclinación de una pendiente. / Animal de raza mixta con sólo un padre de raza pura. / m. Grado, año de estudios. / f. Calificación, nota.
Grader. m., f. Graduador. / Nivelador, niveladora, explanador. / Alumno de cierto grado.
Grade school. f. Escuela primaria.
Gradually. adv. Gradualmente, paulatinamente.

Graduate. adj. Graduado, titulado. / De o para estudiantes graduados. / f. Probeta, pipeta o m. frasco graduado. / v. Graduar, conferir un grado a. / Marcar con grados, dividir en grados..

Graduation. f. Graduación, ceremonia de graduación.

Graft. m. Injerto. / Soborno, dinero malhabido. / v. Injertar. Tratar con injertos (flores, frutos). / (Med.) Injertar, transplantar. / Injertarse. / Recibir sobornos, traficar con los puestos públicos, mangonear.

Grafter. m. Injertador. / Malversador, concusionario, mangoneador.

Grain. m. (Bot.) Grano. / pl. Cereales, mieses. / Grano, granillo (de arena, azúcar, pólvora), pizca. / f. Grana, cochinilla, quermes. / Superficie granulosa. / Flor del cuero. / Fibra, hebra de la madera. / Finura, textura (de una superficie), vena (de una piedra). / m. (Fig.) Genio, humor, disposición. / f. Cristalización, granulación, coagulación. / pl. Masa de cebada que queda después de elaborar la cerveza. / Fibra de una tela. / v. Granular, granear, convertir en grano. / Granelar. (Una piel). / Vetear. (La madera). / Crispir. (La pintura). / Teñir de grana, teñir en rama. / Volverse granulado.

Grainfield. m. Sembrado de granos.

Grainy. adj. Graneado. / Granado, lleno de semillas. / Granujoso, granuloso, granular. / Veteado.

Gram. m. Gramo.

Grammar. f. Gram. / m. Libro o tratado de gramática. / pl. Elementos, rudimentos, principios.

Grammar school. f. Escuela primaria, escuela elemental. (EE.UU.). / Escuela de segunda enseñanza. Escuela de lenguas clásicas. (GB).

Grammatical. adj. Gramatical, gramático.

Granary. m. Granero, hórreo. / f. (Fig.) Región fértil en granos.

Grand. adj. Grande, principal, preeminente. / Comprensivo. / Central, principal. / Grandioso, magnífico, espléndido, importante.

Grandaunt. f. Tía abuela.

Grandchild. m., f. Nieto, nieta.

Granddad. m. (Fam.) Abuelo, abuelito.

Granddaughter. f. Nieta.

Grandfather. m. Abuelo.

Grandiloquence. f. Grandilocuencia.

Grandiloquent. adj. Grandílocuente.

Grandiosity. f. Grandiosidad..

Grandma. f. (Fam.) Abuela, abuelita.

Grandmother. f. Abuela.

Grandnephew. m. Sobrino nieto.

Grandniece. f. Sobrina nieta.

Grandpa. m. (Fam.) Abuelo, abuelito.

Grandparent. m., f. Abuelo, abuela.

Grand prize. m. Premio gordo.

Grandson. m. Nieto.

Grandstand. f. Tribuna principal. (En estadios, etc.). / pl. Espectadores, público. / v. Actuar o jugar para impresionar al público.

Granduncle. m. Tío abuelo.

Grange. f. Granja, alquería, hacienda.

Granger. m. Granjero, labriego.

Granite. m. Granito. / f. (Fig.) Firmeza, dureza, resistencia.

Granny, grannie. f. Abuelita, abuela. / Anciana, vieja.

Grant. v. Conceder, otorgar, permitir. / Ceder, transferir. / Admitir como verdadero. / f. Concesión. / m. Permiso. / f. Dádiva, donación. / Subvención. / Transferencia de propiedad por escritura.

Granter. m. Otorgante, otorgador, cedente, donante.

Grant-in-aid. m. Subsidio, f. pensión.

Granulate. v. Granular, granear. / Granularse.

Grape. f. Uva. / Vid, parra. / Metralla.

Grapefruit. m. Toronjo. / f. Toronja, m. pomelo.

Grapeshot. f. Metralla.

Grapevine. f. (Bot.) Parra, vid. / m. Rumor falso.

Graphic. adj. Gráfico. / f. Obra de arte gráfica.

Graphics. m. Dibujo lineal. / pl. Gráficos, gráficas. / Cálculos matemáticos para preparar dibujos lineales, gráficos o gráficas.

Graphology. f. Grafología.

Grasp. v. Asir, tomar o coger ansiosamente. / Empuñar. / Captar, comprender. / f. Cogedura, m. asimiento. / m. Abrazo, apretón. / Dominio, control. / Alcance. / Facultad de comprender, capacidad mental.

Grasping. adj. Avaro, codicioso, mezquino.

Grass. f. Hierba. / m. Césped, grama. / Pasto, pastura. / pl. Hojas de hierba. / (Pop.) Marihuana. / v. Pastar. (Ganado). / Sembrar de hierba, cubrir con hierba. / Tender una tela sobre la hierba. / Derribar, tumbar. / Producir hierba, enyerbarse.

Grasshopper. m. (Entom.) Saltamontes, langosta.

Grassland. f. Tierra de pastoreo, m. prado.

Grass widow. f. Mujer divorciada o separada de su esposo. / (Fam.) Mujer abandonada, madre soltera.

Grate. f. Reja, verja, parrilla. / Hogar, chimenea. / Tamiz o cernidor de minerales. / v. Enrejar. / Rallar. / Hacer rechinar los dientes. / (Fig.) Rallar, exacerbar, irritar. / Rechinar, chirriar.

Grateful. adj. Agradecido, reconocido. / Bienvenido, grato, agradable, reconfortante.

Gratefulness. f. Gratitud, m. agrado.

Gratify. v. Satisfacer, agradar, complacer. / (Ant.) Gratificar, recompensar.

Gratitude. f. Gratitud, m. agradecimiento.

Gratuitousness. f. Gratuidad.

Grave. adj. Grave, serio, solemne. / Sobrio, sombrío. (Un color). / Grave, de tono bajo. (Un sonido). / (Fon.) Grave. (El acento). / m. Acento grave. / Sepultura, sepulcro. / v. Grabar.

Graven. adj. Esculpido, grabado, tallado.

Graver. m. Grabador, escultor, cincelador. / m. Buril, cincel, punzón.

Graveyard. m. Cementerio, camposanto.

Gravidity. f. Gravidez, m. embarazo, f. preñez.

Gravitate. v. Gravitar. / *To gravitate to,, to gravitate toward*, (Fig.) Tender hacia, orientar los pasos hacia.

Gravitation. f. (Fís.) Gravitación. / (Fig.) Tendencia, orientación.

Gravity. f. Gravedad, solemnidad, seriedad. / (Fís.) Gravedad.

Gravy. f. Salsa, jugo de la carne. / Grasa, pringue. / (Pop.) Ganga, breva. / (Pop.) Ganancia fácil.

Gravy boat. f. Salsera.

Gray. adj. Gris. / Semiobscuro, nuboso. / Cano, encanecido. / (Fig.) Triste, lúgubre. / (Fig.) Maduro, antiguo. / m. Color gris. / Caballo tordo. / v. Encanecer.

Gray goods. m. Tejido en crudo, género crudo.

Gray matter. f. (Biol.) Sustancia gris.

Grayness. m. Color o colorido gris. / f. Semiobscuridad.

Graze. m. Roce. / Arañazo, rasguño. / Pasto, herbaje. / Apacentamiento.

Grazier. m. Pastor, ganadero.

Grazing. m. Pasto, f. pastura, dehesa. / Apacentamiento, pacedura.

Grease. f. Grasa. / Lana en bruto y sucia. / (Vet.) Aguaja, úlcera en los cascos de los caballos. / v. Engrasar, untar, lubricar. / Ensuciar o manchar con grasa.

Greasy. adj. Grasoso, grasiento, seboso. / Sucia. (Lana). / (Fig.) Zalamero. / (Vet.) Enfermo de aguaja.
Great. adj. Grande, grandioso. / Numeroso. / Largo, prolongado. / Excelente, magnífico, admirable.
Great-aunt. f. Tía abuela.
Great Bear. f. (Astron.) La Osa Mayor.
Great Britain. f. Gran Bretaña.
Greaten. v. Agrandar(se), engrandecer(se).
Greater. adj. Mayor, más grande.
Great-grandchild. m., f. Biznieto. Biznieta.
Great-granddaughter. f. Biznieta.
Great-grandfather. m. Bisabuelo.
Great-grandmother. f. Bisabuela.
Great-grandparent. m., f. Bisabuelo. Bisabuela.
Great-grandson. m. Biznieto.
Greatly. adv. Muy, mucho, grandemente.
Great-nephew. m. Sobrino nieto.
Greatness. f. Grandeza.
Great-niece. f. Sobrina nieta.
Great toe. m. Dedo gordo del pie.
Great-uncle. m. Tío abuelo.
Greece. f. Grecia.
Greediness. f. Codicia, avaricia, glotonería.
Greedy. adj. Codicioso, ávido, avaro. / Voraz, goloso, glotón.
Greek. m. Griego. / (Fig.) Chino, lenguaje incomprensible. / *It's all Greek to me*, Eso es chino para mí.
Green. adj. Verde. / Cubierto de follaje. / Sin nieve, templado. / Joven, lozano, vigoroso. / Novato, inexperto. / Cetrino, pálido, de color enfermizo. / Demudado de envidia. / Reciente, nuevo, fresco. / Inmaduro. / Crédulo, candoroso. / Crudo, sin tratar, no cocido. / f. pl. Verduras, legumbres verdes, hortalizas. / m. Prado, f. pradera, césped. / m. Césped que rodea al hoyo. (En golf). / v. Volverse verde, verdear.
Greenback. m. (Fam.) Papel moneda, billete de banco.
Green-eyed. adj. De ojos verdes. / Celoso, envidioso.
Greengrocer. m. Verdulero.
Green hand. m. Novicio, novato, bisoño.
Greenhouse. m. Invernadero.
Greenish. adj. Verdoso, verdusco.
Greenland. f. Groenlandia.
Green mold. m. Moho verde.
Green stuff. pl. Hortalizas, verduras.
Greenwood. f. Floresta, m. bosque frondoso.
Greet. v. Saludar, dar la bienvenida a. / Recibir. (Con palabras de bienvenida, imprecaciones, etc.).
Greeting. m. Saludo.
Gregarious. adj. Gregario, sociable. / (Bot.) Que crece en racimos o colonias.
Gregariousness. m. Carácter sociable.
Grenade. f. (Mil.) Granada. / m. Extintor de granada para apagar incendios.
Grid. f. Rejilla, parrilla. / Cuadrícula de un mapa.
Griddle. f. (Cocina) Plancha, sartén plana.
Gride. v. Raspar, rechinar. / m. Crujido.
Grief. m. Pesar, f. aflicción. / f. Desgracia, desastre.
Grief-stricken. adj. Desconsolado, afligido.
Grievance. m. Motivo para quejarse. / Agravio.
Grieve. v. Apenar, afligir. / Lamentar, dolerse.
Grievous. adj. Doloroso, deplorable. / Severo, intenso. (Pena, etc.).
Grift. m. (Pop.) Dinero adquirido por embauco. / v. Quitar dinero con maña o por ardides.
Grig. f. Angula. / m. Grillo, f. cigarra, m. saltamontes. / (Fig.) Persona alegre y vivaracha.
Grill. f. Parrilla. / Carne asada a la parrilla. / m. Restau-

rante que sirve comida a la parrilla. / v. Asar a la parrilla. / Torturar con fuego o calor..
Grilled. adj. Enrejado, provisto de una reja. / Asado o cocido a la parrilla.
Grilling. m. Interrogatorio severo.
Grim. adj. Torvo, ceñudo, severo. / Desconsolador, sombrío, tétrico. / Fiero, cruel. / (Fam.) Desagradable.
Grimly. adj. Sucio, mugriento, tiznado.
Grind. v. Moler. / Picar. (Carne). / Amolar, afilar. / Esmerilar, bruñir, pulir. / Hacer rechinar o crujir los dientes. / Agobiar, oprimir. / Dar vueltas a un manubrio. / Hacer molienda. / (Fam.) Afanarse, estudiar duramente. / (Pop.) Menear las caderas al bailar. / f. Molienda. / (Fam.) Zurra, trabajo o estudio continuado. / Empollón. / Carrera agotadora. / pl. (Pop.) Carrera de obstáculos. / m. Meneo de las caderas al bailar.
Grinder. m., f. Molendero, moledor. / Amolador, esmerilador. / Moledora, molinillo. / f. Amoladora, afiladora, esmeriladora. / pl. Dientes, muelas.
Grindstone. f. Muela de molino. / Piedra de amolar, amoladera.
Grip. m. Agarradero, asimiento. / Apretón. (De la mano). / Dominio, comprensión. / f. Fuerza, m. poder de atracción. / Dolor punzante. / Asidero, puño, mango. / (Mec.) Mordaza. / (Fam.) Saco de mano, maletín. / (Jerga de teatro) Tramoyista. / v. Agarrar, asir, empuñar. / Apretar firmemente. (La mano). / Absorber la atención, cautivar. / Agarrarse de o a.
Gripe. m. Asimiento, f. sujeción. / Agobio, angustia. / pl. Retortijones de tripas. / Mango, asidero, agarradero. / (Mec.) Grapa, uña. Freno de malacate. / pl. (Náut.) Obenques. Trapas. / v. Agarrar, empuñar. / Acongojar, afligirse. / Causar retortijones en. / (Fam.) Irritar, vejar, enfadar.
Grippe. f. (Med.) Gripe, influenza.
Griseous. adj. Grisáceo, plomizo. / Entrecano.
Grisly. adj. Espantoso, horrible, espeluznante.
Grist. f. Molienda. (Cantidad que se muele de una vez) / Masa de cebada. / Harina. / Montón, cantidad.
Grit. f. Arena. / Dureza de una piedra para amolar. / m. Asperón, f. arenisca silícea. / m. Tesón, valor, ánimo. / v. Cubrir o llenar de arena. / Raspar, raer, pulir. / Hacer rechinar o crujir los dientes.
Gritty. adj. Arenoso, arenisco. / Valiente, denodado, resuelto.
Grizzle. m. Gris, grisáceo, pardo. / Pelo canoso, peluca gris. / v. Volver(se) grisáceo o entrecano. / Lloriquear. (Los niños).
Grizzly. adj. Un poco gris, grisáceo, pardusco.
Groan. m. Gemido, quejido. / Crujido. / v. Gemir, quejarse. / Gruñir. / Crujir.
Grocer. m. Almacenero, abarrotero, tendero.
Grocery. m. Almacén, f. tienda de comestibles. / pl. Comestibles, víveres, abarrotes.
Groggy. adj. Vacilante, inseguro. / Medio borracho. / Atontado. (Por un golpe).
Groin. f. (Anat.) Ingle. / (Arq.) Arista de encuentro, esquina viva, rincón de encuentro. / v. Construir con aristas de encuentro.
Groom. m. Novio. / Mozo de caballos o de cuadra. / Camarero, caballerizo o ayuda de cámara. (De la casa real británica). / (Ant.) Criado. / v. Cuidar, atender caballos. / Asear, acicalar, poner en orden.
Groove. f. Ranura, acanaladura, muesca. / Garganta de polea. / m. Surco del disco. / (Fig.) Hábito arraigado. / (Arq.) f. Estría. / v. Ranurar, acanalar, estriar, muescar. / (Pop.) Disfrutar, deleitarse.
Groovy. adj. (Pop.) Atractivo, agradable, estupendo, excelente.

Gross. adj. Grande, voluminoso. / Grueso, corpulento. / Espeso, denso. / Craso, grande. (Error, etc.). / Basto, tosco. / Grosero, descortés. / Vulgar, indecoroso. / Animal, sensual. / Notorio, flagrante. / Zafio, estúpido, ignorante. / Total, bruto. (Ganancia, etc.). / f. Totalidad, suma total. / Gruesa, doce docenas.

Grossly. adv. Excesivamente. / Vulgarmente. / Groseramente, descortésmente. / Aproximadamente.

Grossness. f. Pesadez, magnitud del cuerpo. / Densidad, espesor. / Vulgaridad. / Descortesía.

Grotesque. f. Cosa grotesca. / adj. Grotesco, ridículo.

Grouch. v. Estar de mal humor, refunfuñar. / m. Gruñón, cascarrabias. / Mal humor. / Rencor, inquina.

Ground. f. Tierra, m. suelo. / m. Territorio, terreno. / f. Causa, m. fundamento. / pl. Area de un edificio, jardines, parques. / Campo de batalla. / Tema, asunto, tópico. / (Pint.) Fondo, campo. / pl. Sedimento, heces, concho. / f. (Electr.) Tierra, toma de tierra. / (Teatr.) Platea. / v. Descansar armas. / (Fig.) Fundar, basar, apoyar. (Argumentos, etc.). / Conectar con tierra. / (Náut.) Varar. / Obligar a permanecer en tierra, impedir o imposibilitar el vuelo de un avión, impedir que despegue, prohibir volar a, suspender a un piloto. / (Pint.) Dar campo o fondo a una superficie.

Ground floor. f. Planta baja, m. primer piso, piso bajo.

Groundless. adj. Infundado, sin base.

Ground plan. f. Planta, plano horizontal de un edificio. / m. Proyecto básico, plan fundamental.

Group. m. Grupo. / adj. Colectivo. / v. Agrupar, reunir. Agruparse.

Grouser. m. Gruñón.

Grout. f. Harina gruesa. / pl. Sémola, avena mondada. / m. Sedimento, poso. / f. Lechada, lechada de cemento. / v. Enlechar.

Grove. f. Arboleda, m. bosquecillo. Huerto.

Grow. v. Crecer. / Cultivar, criar, producir. / Medrar, prosperar.

Growing. adj. En crecimiento. *A growing tree*, Un árbol en crecimiento. / Creciente. / m. Cultivo. / f. Cría. / m. Crecimiento, aumento.

Growl. m. Gruñido. / Refunfuño. / Retumbo. / v. Gruñir. / Retumbar. / Refunfuñar, rezongar.

Growling. adj. Refunfuñador / Retumbante.

Grown. adj. Crecido, desarrollado, maduro. / En palabras compuestas significa *cubierto de*. / *A grass-grown patch*, Un sembrado cubierto de césped.

Growth. m. Crecimiento, desarrollo, aumento. / f. Amplitud, m. tamaño máximo. / f. Producción, cultivo, planta, vegetación. / Origen. / (Med.) Tumor.

Grub. v. Cavar. / Hozar. (Un cerdo). / Afanarse, ajetrearse. / (Pop.) Manducar, comer. / Desmalezar. / Arrancar tocones. / (Pop.) Alimentar, nutrir. / f. Larva de gorgojo. / Persona afanada, esclavo del trabajo. / (Pop.) Comida.

Grubbiness. f. Suciedad. / m. Desaliño, descuido.

Grubby. adj. Sucio, mugriento. / Descuidado.

Grudge. m. Rencor, f. inquina. / v. Escatimar, dar de mala gana. / Envidiar. / Guardar rencor.

Gruesome. adj. Horrible, horripilante.

Grum. adj. Aspero, hosco, malhumorado.

Grumble. m. Rugido, gruñido. / Retumbo. / v. Refunfuñar, gruñir, rezongar. / Retumbar. (Trueno, etc.).

Grump. m. Gruñón, rezongón. / pl. Mal humor.

Grumpy. adj. Gruñón, malhumorado, rezongón.

Grunt. v. Gruñir, expresar entre gruñidos. / m. Gruñido.

Guarantee. f. Garantía, fianza. / m. Fiador. / m., f. Fiado, caucionado, persona afianzada. / v. Garantizar.

Guaranty. f. Garantía. / Garante. / v. Garantizar.

Guard. v. Proteger, defender. / Custodiar. / (Cost.) Or-

lar. / Montar guardia. / f. Protección, defensa, custodia, vigilancia. / Posición de guardia. (En boxeo, etc.). / m. Guardián, centinela. / pl. Cuerpo de guardia. / m. Guardafrenos, guardabarrera. (Ferr.). / (Mec.) f. Defensa, pantalla o reja de protección. / Guarnición de espada. / (Dep.) Defensor.

Guard boat. m. Guardacosta.

Guarder. m. Guardia, vigilante.

Guardhouse. m. Cuartel de la guardia. / f. Cárcel militar.

Guardian. m. Guardián, vigilante. / (Der.) Tutor, curador. / adj. De guardia, custodio.

Guardianship. f. (Der.) Tutela, tutoría, curanduría. / m. Amparo, protección.

Guava. m., f. (Bot.) Guayabo, guayaba.

Gudgeon. m. (Mec.) Gorrón, muñón. / f. (Náut.) Muñonera, hembra del gorrón. / (Ict.) Gobio, cadoce. / (Pop.) Mentecato, simplón. / (Fig.) Añagaza.

Guerrilla, guerilla. m. Guerrillero, f. guerrilla. / adj. De guerrilleros, de guerrilla.

Guess. f. Conjetura, suposición. / v. Suponer, conjeturar, opinar. / Creer, pensar. / Adivinar, acertar. / *I guess so*, Supongo que sí, creo que sí.

Guest. m. Huésped. / Invitado. / Visita. / (Biol.) Parásito. / v. Hospedar.

Guest room. m. Cuarto de huéspedes.

Guggle. v. Gorgotear. / m. Gorgoteo.

Guidance. f. Guía, dirección, m. gobierno. / m. Asesoramiento.

Guide. m., f. Guía. (Persona o libro). / f. Dirección, indicación. / m. Hito, poste indicador. / f. (Mec.) Guiadera, corredera. / v. Guiar, conducir. / Dirigir, encaminar, encauzar. / Aconsejar, asesorar. / Pilotear, manejar.

Guidebook. f. Guía del viajero.

Guidepost. m. Poste de guía, poste indicador. / f. (Fig.) Indicación, señal.

Guild. m. Gremio, f. corporación, asociación, hermandad, comunidad. / f. (Bot.) Comunidad vegetal, grupo ecológico de plantas.

Guildhall. m. Ayuntamiento, casa consistorial, casa de un gremio.

Guildship. m. Gremio. / Condición de agremiado.

Guileless. adj. Sencillo, cándido, sincero.

Guilelessness. f. Sencillez, inocencia, candidez, sinceridad.

Guilt. f. Culpa, culpabilidad.

Guiltiness. f. Culpabilidad.

Guilty. adj. Culpable.

Guise. f. Apariencia, semejanza, aspecto, forma. / Traje, vestimenta.

Guitar. f. Guitarra.

Guitarist. m. Guitarrista.

Gulf. m. Golfo. / Precipicio, f. sima. / m. Torbellino, remolino. / v. Sumir, sumergir, absorber.

Gull. f. (Orn.) Gaviota. / m. Bobo, incauto. / v. Estafar, engañar, timar.

Gullibility. f. Credulidad.

Gullible. adj. Crédulo, simplón.

Gulp. v. Engullir, tragar. / Entrecortar el resuello, tragar en seco, no poder hablar. / m. Trago.

Gum. f. Goma. / Encía. / m. Arbol gomífero. / pl. Chanclos, zapatos de goma. / v. Engomar, volver pegajoso. / Pegar con goma. / *To gum up*, (Pop.) Estropear, echar a perder. Exudar goma. / Volverse gomoso.

Gumdrop. f. Pastilla de goma, gomita.

Gummous. adj. Gomoso, pegajoso.

Gummy. adj. Gomoso. / Pegajoso, viscoso.

Gumshoe. m. Chanclo de goma. / m. (Pop.) Detective,

polizonte. / v. (Pop.) Andar furtiva o cautelosamente, fisgar.

Gun. m. Cañón, f. pieza de artillería. / m. Fusil, rifle, f. escopeta, carabina. / m. Revólver, f. pistola. / m. Caño nazo. / Pistolero, asesino pagado. / m. (Mec.) Inyector, f. pistola. / (Aer.) Regulador, palanca de regulador. / *Son of a gun*, (Pop.) Sinvergüenza, hijo del diablo. / *To go great guns*, (Pop.) Obrar con rapidez y eficacia. / *To spike one's guns*, Reducir a uno a la impotencia, frustrar los planes de uno. / v. Ir de caza con escopeta. / Disparar sobre. / *To gun for*, Buscar para matar, perseguir. / Acelerar fuertemente la marcha del motor.

Gunfire. m. Fuego de artillería, disparo de un arma de fuego, tiroteo. / Cañoneo.

Gunflint. m. Pedernal, f. piedra de chispa.

Gunk. f. (Pop.) Mugre, suciedad grasosa.

Gunman. m. Pistolero, asesino pagado.

Gunner. m. Artillero. / (Náut.) Condestable, cabo de artillería. / Cazador.

Gunnery. f. Artillería, uso de armas de fuego.

Gunning. f. (Dep.) Caza, cacería. / Persecución con intención de matar.

Gunpowder. f. Pólvora. / Té verde chino.

Gunshop. f. Armería, tienda de armas.

Gunshot. m. Tiro de arma de fuego, escopetazo. / Balazo. / Alcance de un arma de fuego.

Gunsmith. m. Armero, escopetero.

Gurgle. v. Hacer gluglú. (El agua). / Gorgoritear, gorjear. (Un niño). / Murmurar entre gorjeos. / m. Gorgoteo, gluglú. (Del agua). / Gorjeo. (De un niño).

Gush. v. Salir a chorros, manar. / Hablar de manera efusiva. / Echar, derramar, verter. / m. Chorro, borbollón / (Fig.) Estallido, explosión de sonido, derrame de energías. / f. (Fam.) Efusión, palabras sentimentales.

Gushy. adj. Efusivo, extremo.

Gust. f. Ráfaga de viento. / Bocanada de humo. / Explosión de ruido. / m. Arrebato, acceso. (De ira, etc.). / *To have a gust of*, Apreciar.

Gustily. adv. En ráfagas. / (Fig.) Tempestuosamente, explosivamente, impetuosamente.

Gusto. m. Gusto, sumo placer, deleite. / Vigor, f. vitalidad.

Gusty. adj. Borrascoso, chubascoso. / (Fig.) Tempestuoso, explosivo, impetuoso.

Gut. f. Cuerda de tripa. / m. Desfiladero. / m. (Náut.) Paso estrecho. / pl. Tripas, entrañas, intestinos. / pl. (Fig., Fam.) Agallas, coraje. / v. Desentrañar, destripar. / Vaciar un lugar cerrado. / Destruir el interior de (una casa, etc.), quemar. / Extraer lo esencial de. / (Fig.) Destruir, arruinar. / Hacer rodadas o baches en el suelo. /

Gutless. adj. (Pop.) Cobarde, pusilánime.

Gutsy. adj. (Pop.) Atrevido, valeroso. / Pujante, vigoroso.

Gutter. f. Gotera, m. canal de un tejado. / f. Cuneta, zanja, m. arroyo al lado de un camino. / m. Canalón, badén. / m. (Impr.) Margen del crucero, margen interior. / f. (Bot.) Cárcava. / m. (Filat.) Margen entre los sellos. (En una hoja de sellos). / La clase social baja de una ciudad, el barrio bajo. / v. Acanalar, estriar. / Fluir, chorrear. / Fundirse goteando. (Una vela). / Arder con luz mortecina. / *To gutter out*, Apagarse, (Fig.) Extinguirse.

Guttle. v. Glotonear.

Guttler. m. Glotón.

Gutty. adj. Valiente, vigoroso.

Guy. m. Sujeto, tipo. / Adefesio, mamarracho. / f. Retenida, m. cable de retén, contraviento. / (Náut.) Obenque. / v. Ridiculizar, burlarse de. / Atirantar, contraventar, sujetar con vientos o retenidas.

Guzzle. v. Tragar, engullir, devorar. Beber a tragantadas. / Empinar el codo, beber.

Gym. m. (Fam.) Gimnasio.

Gymnasiast. m., f. Gimnasta. / Estudiante o graduado de una escuela secundaria.

Gymnasium. m. Gimnasio.

Gynecologic, gynaecologic. adj. (Med.) Ginecológico.

Gynecologist, gynaecologist. m. Ginecólogo.

Gynecology, gynaecology. f. Ginecología.

Gyp. f. Estafa, m. timo. / m. Sirviente. (En las universidades de Oxford o Cambridge). / v. (Pop.) Estafar, timar, embaucar.

Gypsy. m. Gitano. / f. Lengua gitana, caló. / v. Vagar, vivir o andar errando como los gitanos.

Gypsyhood. f. Condición gitana.

Gyrate. adj. Sinuoso, redondeado, curvo. / v. Girar.

Gyration. m. Giro, f. rotación.

Gyratory. adj. Giratorio.

Gyve. pl. Grillos, cadenas. / v. Encadenar con grillos.

H

Haberdasher. m. Dueño de una tienda de artículos para caballeros. / m. Mercero, camisero.

Habile. adj. m., f. Hábil, diestro, capaz, eficaz.

Habilitate. v. Vestir, aviar. / Equipar, proveer de equipo. / Habilitar, pertrechar. / v. Capacitarse.

Habit. m. Hábito,f. costumbre. / f. Tendencia, m. vicio. / m. Hábito. (de sacerdote, juez, etc.). / v. Vestir, arreglar.

Habitability. f. Habitabilidad.

Habitant. m., f. Habitante, morador.

Habitat. m. Hábitat. / m. (Fig,) Ambiente.

Habitual. adj. m., f. Habitual, acostumbrado, usual.

Habituate. v. Habituar, acostumbrar.

Hack. v. Cortar, picar, tajar, acuchillar. / v. (Fig.) Recortar, mutilar. (novela, relato, etc.). / v. (Fam.) Escribir como un escritor mercenario. / Cabalgar a paso normal, o por caminos. / v. (Fam.) Trabajar como escritor mercenario. / Trabajar como chofer de taxi. / Extender en un emparrillado para secar. / m. Pico, azadón. / m. Corte, hachazo. / Mella, corte, incisión, cuchillada. / Tos seca. / Caballo de silla. / Jamelgo, matalón. / Coche de alquiler, taxi. / Cochero, chofer de taxi. / Escritor mercenario. / m. (Pop.) Guardia penal, carcelero. / Emparrillado para secar queso, pescado o ladrillos. / Hilera o pila de ladrillos para secar. / Comedero para halcones. / adj. De alquiler, alquiladizo. / m. Mediocre, aburrido.

Hackle. m. Rastrillo. / f. Pluma o plumas del cuello de ciertas aves. / m. (pl.) Pelos eréctiles del cuello del perro. / f. Mosca artificial para pescar. / v. Rastrillar.

Had. p.p. de to have.

Haddock. m. (Ict.) Abadejo eglefino.

Haft. m. Mango, puño. / v. Poner un mango o puño a.

Hag. f. Bruja, hechicera. / f. (Fig.) Bruja, tarasca, mujeruca. / f. (Ict.) Lamprea glutinosa.

Haggardness. m. Aspecto macilento.

Haggish. adj. De bruja o característico de una bruja.

Haggle. v. Tajar o cortar toscamente, machetear. / Regatear, disputar. / m. Regateo.

Hagridden. adj. Afligido, angustiado, agobiado, vejado. / Obsesionado.

Hague, The. n.p. La Haya.

Ha-ha. f. Cerca hundida, pared hundida, foso con escarpa. / interj. ¡Ja, ja, ja!

Hail. m. Granizo. / f. (Fig.) Lluvia. / *Hail of stones*, Lluvia de piedras. / v. Granizar. / Lanzar una andanada de. / Saludar, aclamar. / Llamar.

Hail-fellow, hail fellow well met. adj. Muy afable y simpático. / m. Hombre muy afable y simpático.

Hail Mary. m. Avemaría.

Hailstorm. f. Granizada.

Hair. m. Cabello, pelo. / Vello. / Crin, cerda, pelo animal. / Pelillo, filamento animal o vegetal. / Cabellera. (de humanos). / Pelo, tris, pizca.

Hairband. f. Cinta o pañuelo para el cabello, vincha.

Haircut. m. Corte de pelo.

Haircutter. m. Peluquero.

Hairdo. m. Peinado, tocado.

Hairdresser. m., f. Peinador, peluquero.

Hairdressing. f. Peluquería. (oficio).

Hair-raising. adj. Horripilante, espeluznante.

Hair-remover. m. Depilatorio.

Hairspring. m. Pelo o muelle volante de un reloj.

Hair switch. f. Trenza o añadido postizo.

Hairy. adj. Piloso, peludo, velludo, hirsuto. / De pelo, de crin. / adj. (Fam.) Antiguo, ya conocido. (un chiste). / adj. (Pop.) Desagradable, peligroso.

Hale. v. Jalar, arrastrar. / adj. Sano, saludable, robusto, vigoroso.

Half. f. Mitad. / m. (Mat.) Medio. / Parte. *Your half is better than mine*, Tu parte es mejor que la mía. / Media hora. *Half past five*, Las cinco y media. / Semestre escolar. (en Gran Bretaña). / m. (dep.) Tiempo de un partido. / *Better half*, Cara mitad, esposa. / adv. A medias, parcialmente, imperfectamente.

Half blood. f. m. Mestizo. / adj. Medio.

Half-breed. adj. Mestizo.

Half-close. v. Entrecerrar.

Half-done. adj. Hecho a medias. / Medio cocido.

Half-full. adj. Medio lleno, a medio llenar.

Half-light. f. Media luz, penumbra. / adj. Media luz.

Half-opened. adj. Entreabierto, a medio abrir.

Half pay. m. Medio sueldo.

Half relief. f. Media talla, m. medio relieve.

Half sole. f. Media suela. (de zapato). / v. Poner media suela a zapatos o botas.

Half time. m. (Dep.) Intermedio, medio tiempo.

Half-timer. m. El que trabaja sólo media jornada.

Halfway. adj. Equidistante, a medio camino.

Half-wit. m. Imbécil, tonto, mentecato.

Half year. m. Semestre.

Hall. m. Vestíbulo, recibidor, zaguán. / Edificio público, ayuntamiento. / Sala. (especialmente de sesiones o conferencias). / Paraninfo de una universidad. / Edificio, comedor. (de un colegio o universidad).

Hallow. v. Consagrar, santificar, hacer santo.

Halloween. f. Víspera de Todos los Santos.

Hallucinate. v. Alucinar, alucinarse, desvariar.

Hallway. m. Vestíbulo, zaguán. / Pasillo, corredor, pasadizo.

Halo. m. Halo, resplandor, aurora. / Cerco luminoso, aureola. / Gloria, nimbo. / v. Aureolar.

Halogen. m. Halógeno.

Halt. m. Alto, f. parada. / Interrupción, detención. / Paradero. / v. Hacer alto, pararse, detenerse. / Interrumpir(se), terminar. / Detener, parar. / Vacilar, titubear.

Halter. m. Cabestro, ronzal. / Dogal, cuerda de ahorcar. / Muerte en la horca. / m. (de insectos) Balancín, halterío. / v. Cabestrar, poner el dogal a. / Colgar, ahorcar. / Trabar, obstaculizar.

Halves. Plural de *half*. / *By halves*, Por mitades.

Ham. f. Jamón, pernil del cerdo. / m. pl. (Fam.) Muslo, f. nalgas. / m., f. (Pop.) Actor o artista aficionado. Radioaficionado.

Hamburger. f. Hamburguesa.

Hammer. m. Martillo. / Martinete, macillo de piano, macillo para tocar instrumentos de percusión. / m. (Anat.) Martillo del oído. / Gatillo, percusor. (de armas). / v. (Fig.) Machacar.

Hammerer. m., f. Martillador.

Hammering. m. Martilleo, ruido de martillazos.

Hammock. f. Hamaca. / m. (Náut.) Coy. Hammer. f. Canasta grande (generalmente con tapa). / Estorbo, obstáculo.

Hamster. m. (Zool.) Hámster.
Hand. f. Mano. / f. (Fig.) Participación, parte, interés. / Lado, parte. / Habilidad, destreza. / Firma, rúbrica, escritura, puño y letra. / f. (Fig.) Ayuda, auxilio. *Give me a hand*, Dame una mano, ayúdame. / Aplauso, ovación. / Obrero, operario, jornalero. / Experto, perito. / Manecilla, mano del reloj. / Medida de cuatro pulgadas. / m. (Naipes) Jugador, mano, juego, dotación de cartas. / Manojo (de tabaco, etc.), mano (de plátanos). / m. (Náut.) Tripulante. / adj. De mano, manual, hecho a mano, para la mano. / v. Dirigir, guiar o ayudar con la mano. / Dar, entregar, pasar con la mano. / v. (Náut.) Aferrar velas.
Handbag. m. Bolso, cartera de señora. / m. Maletín.
Handarrow. f. Angarillas, parihuela.
Handbook. m. Manual, libro de referencias, guía. / m. Prontuario.
Handcuff. f. Manilla. / f. pl. Esposas. / v. Maniatar, esposar.
Handgun. f. Pistola, m. revólver.
Handhold. m. Asimiento, agarro. / Asidero.
Handicap. m. Handicap. / f. (Fig.) Desventaja, impedimento, obstáculo. / v. Imponer impedimentos a, poner trabas u obstáculos a.
Handicraft. f. Destreza manual. / f. Artesanía, oficio.
Handily. adv. Hábilmente, diestramente. / Fácilmente.
Handkerchief. m. Pañuelo.
Handle. v. Tocar, palpar, manosear. / Tratar, dar buen o mal trato a. / Manejar, manipular, maniobrar. / Dirigir, mandar. / Tratar en, negociar en. / Ser manejado, manejarse (de cierto modo). / f. Asa, mango, manija, puño, manubrio. / m. (Fig.) Asidero, pretexto. / m. (Pop.) Nombre, apellido, apodo, alias. / Total de apuestas
Handling. m. Manoseo, toqueteo.
Handmade. adj. Hecho a mano.
Handrail. m. Pasamano, f. baranda.
Hands-down. adj. Fácil, cómodo. / Indisputable, sin rival.
Handsome. adj. Apuesto, guapo, bien parecido. / Bondadoso, generoso, dadivoso. / Considerable, amplio. / (Fam.) Adecuado, conveniente, apropiado, que sienta bien.
Hand-to-hand. De cerca, cuerpo a cuerpo.
Handy. adj. A la mano, cercano, próximo. / Práctico, útil. / Diestro, hábil. / adj. (Náut.) Fácil de maniobrar o dirigir.
Hang. v. Suspender, colgar. / Ahorcar, colgar. / Entapizar, adornar con colgaduras y tapices. / Pegar (Papel mural). / Inclinar, bajar la cabeza. / Hacer flotar, suspender en el espacio. / Ajustar, fijar equilibradamente. (Un martillo a su mango, etc.). / v. (Der.) Impedir, con un dictamen discrepante, que el jurado pronuncie su fallo. / m. Modo de colgar una cosa. Caída de un vestido. / Declive. / Significado. / Vacilación, pausa. (en el movimiento). / Comino, ardite, bledo.
Hanger. m. Verdugo. / Empapelador. / Alfanje. / Colgadero, soporte. / Colgador de ropa, percha, gancho, barra de suspensión. / (Impr.) Espito / adj. Suspendido, colgante, pendiente, inclinado. / Que merece la horca, castigable por la horca.e.
Hangman. m. Verdugo.
Hank. m. Rollo, madeja, cadejo. / m. (Náut.) Garrucho, aro de madera. / v. Adujar, hacer madejas.
Hankie, hanky. m. (Fam.) Pañuelo.
Hap. m. Azar, f. suerte, casualidad. / adj. Casual, fortuito, impensado. / adv. Al azar, por casualidad.
Hapless. adj. Desafortunado, desventurado, sin suerte.
Haphazard. m. Azar, accidente, capricho. /
Happen. v. Acontecer, suceder. / Ocurrir. / Llegar a suceder, resultar.

Happening. m. Hecho, suceso, acontecimiento. / Espectáculo o representación improvisada.
Happily. adv. Por fortuna, afortunadamente. / Felizmente. / Acertadamente.
Happiness. f. Felicidad, alegría, contento, dicha.
Happy. adj. Feliz, contento, alegre, dichoso, afortunado. / Apropiado, justo, acertado, feliz.
Harass. v. Acosar, molestar, atormentar. / Saquear, pillar, asolar. / (Mil.) Hostilizar, hostigar.
Harassment. m. Acosamiento, vejamen. / Pillaje. / (Mil.) Hostigamiento.
Harbor, harbour. m. Puerto, anclaje. / (Fig.) Refugio, asilo, amparo. / v. Hospedar, albergar. / Encubrir criminales. / Contener. / (Fig.) Albergar (malos pensamientos), abrigar (sospechas, desconfianza), guardar (sentimientos). / Hospedarse, albergarse, habitar, refugiarse.
Hard. adj. Duro, sólido, compacto. / Fuerte, recio, resistente. / Perseverante, asiduo, diligente. / Duro, difícil. (Trabajo) / Duro, severo, cruel. / Duro, obstinado. / Rígido, inflexible. / Inclemente, riguroso, crudo. (tiempo, clima). / Malo, adverso. (suerte). / Penetrante, inquisitivo. (mirada, etc.). / Fuerte, espirituoso, de alto contenido alcohólico. / (Fon.) Sordo. / adv. Enérgicamente, vigorosamente. / Violentamente. / Fuertemente, mucho. / Intensamente. / Firmemente. / Estrechamente. / Con dificultad, penosamente. / Severamente. / Cerca, próximo.
Hardback. m. Libro encuadernado.
Hard-boiled. adj. Duro, cocido. (un huevo). / Inflexible, tenaz. / Insensible, impasible. / Testarudo.
Harden. v. Endurecer, hacer firme, solidificar, templar. / (Fig.) Endurecer, hacer insensible. / (Fig.) Robustecer, fortalecer, curtir. / Endurecerse, solidificarse. / (Fig.) Endurecerse, empedernirse, volverse duro de corazón. / (Com.) Estabilizarse, subir.
Hardening. adj. Endurecimiento.
Hard facts. m. Hechos incontestables.
Hard-featured. adj. De facciones duras, desagradables o innobles.
Hardhanded. adj. De manos duras y callosas. / Opresivo, tiránico, despótico.
Hardhead. m. adj. Porfiado, testarudo. / Bodoque, estúpido. / (Ict.) Coto.
Hardheaded. adj. Terco, obstinado, testarudo, tenaz. / Práctico, realista, astuto.
Hardhearted. adj. Frío, indiferente, insensible. Inclemente, despiadado, sin compasión.
Hardihood. f. Osadía, temeridad, audacia, intrepidez. / Descaro, desvergüenza. / Robustez, vigor.
Hardily. adv. Osadamente, temerariamente, audazmente. / Fuertemente, robustamente, de manera resistente.
Hardiness. f. Robustez, resistencia, aguante. / Audacia, osadía, atrevimiento, intrepidez.
Hardly. adv. Difícilmente, a duras penas. / Escasamente, apenas. / Severamente, rigurosamente, ásperamente.
Hardship. f. Penuria, privación. / Fatiga, trabajo arduo.
Hard-surface. v. Afirmar, allanar. (terreno, camino).
Hardware. f. Quincallería, cerrajería, ferretería. / Equipo y accesorios de una computadora. / (Fam.) Armas.
Hard worker. m., f. Trabajador muy constante.
Hard-working. adj. Trabajador, industrioso.
Hardy. adj. Fuerte, resistente, robusto. / Valiente, bravo. / Atrevido, audaz, temerario. / (Agr.) Resistente.
Hare. f. Liebre. / v. Correr.
Hark. v. Atender, escuchar. / *To hark back*, Volver sobre la pista, retroceder, remontar. / Escuchar, atender a.
Harlot. f. Ramera, prostituta. / adj. Meretricio.
Harm. m. Daño, perjuicio, mal. / v. Dañar, herir, perjudicar, estropear.

Harmful. adj. Dañino, peligroso, perjudicial, nocivo.
Harmless. adj. Inocente, sencillo, inofensivo, inocuo.
Harmonic. adj. (Mús., Mat.) Armónico. / (Fig.) Armónico, concordante. / m. (Mús.) Armónico. / f. pl. (Radio, electrón.) Armónicas, frecuencias armónicas.
Harmonize. v. Armonizar, estar en armonía. / Compaginar, congeniar. / Armonizar, poner de acuerdo, concertar. / (Mús.) Armonizar.
Harmony. f. (Mús.) Armonía, consonancia. / (Fig.) Armonía, concordancia. (de opiniones, sentimientos, etc.). / Armonística. (concordancia de los evangelios).
Harness. m. Arneses, arreos, guarniciones, f. montura. / Equipo, enseres. / f. (tejido) Remesa. / v. Poner guarniciones a una caballería. / (Fig.) Utilizar, aprovechar fuerzas o recursos naturales.
Harp. com. Arpa. / (Astron.) La constelación de Lira. / v. Tocar o tañer el arpa.
Harrow. m. (Agr.) Grada, rastra. / v. Gradar, rastrear, escarificar. / (Fig.) Inquietar, perturbar, atormentar.
Harrowing. adj. Aflictivo, inquietante, atormentador. / Horripilante, desgarrador.
Hart. m. (Zool.) Venado, ciervo.
Harvest. f. Cosecha. / (Fig.) Cosecha, m. fruto, recompensa. / v. Recolectar la cosecha. / (Fig.) Cosechar, recoger el fruto de alguna acción o trabajo. / Cosechar.
Harvester. m., f. Cosechero, segador. / Máquina segadora.
Harvest home. f. Cosecha, recolección. / Fiesta de segadores. / Canción de segadores.
Harvest moon. f. Luna llena, luna otoñal.
Has. Tercera persona del singular del presente del indicativo de *to have*.
Hash. v. Picar, desmenuzar. / Embrollar, hacer un lío o revoltijo de. / m. Picadillo, salpicón. / Mezcla.
Hasp. f. Aldaba de candado, m. broche. / v. Cerrar con aldaba de candado, abrochar.
Hassle. f. Pugna, m. forcejeo. / m. Lío, confusión, barullo. / Pleito.
Haste. f. Prisa, presteza, celeridad. / Precipitación, atolondramiento. / Urgencia. / *In haste*, De prisa.
Hasten. v. Apresurar, acelerar, apremiar. / Apretar el paso. / Precipitar. / Apresurarse, darse prisa.
Hastily. adv. Apresuradamente, precipitadamente.
Hat. m. Sombrero. / Capelo de cardenal. / Cardenalato. / *Hat in hand*, Servilmente. / v. Cubrir con sombrero.
Hatch. f. Cría, nidada. / Salida del cascarón. / Media puerta, compuerta. / Escotillón, trampa. / m. (Náut.) Cuartel, tapadero (as las escotillas. / f. (Náut.) Escotilla. / Compuerta, esclusa. / (Arte) Plumeado, línea de sombreado. / v. Empollar, incubar. / Sacar pollos del cascarón, criar pollos. / (Fig.) Idear, maquinar, tramar.
Hatcher. Incubadora. / Autor, maquinador, tramador. (De planes, secretos, etc.).
Hate. v. Odiar. / Aborrecer, detestar, abominar. / Sentir odio. / m. Odio, aborrecimiento, objeto de odio.
Hateful. adj. Odioso, aborrecible, detestable, abominable. / Maligno, malévolo, rencoroso.
Hatred. m. Odio, aborrecimiento, aversión, enemistad.
Hatter. m. Sombrerero.
Haughty. Altanero, presuntuoso, arrogante.
Haul. v. Tirar de, halar, arrastrar. Acarrear, transportar. / (Náut.) Virar para navegar hacia el viento. / m. Tirón, estirón. / Redada. / Botín, presa. / Recorrido, trayecto. / Arrastre, transporte. / Carga, cargamento.
Haunch. f. Cadera, anca, grupa. / m. (pl) Cuartos traseros. / Pernil. (de venado, cabrito).
Haunt. f. Guarida, querencia, f. refugio, lugar favorito. / (Fam.) Aparecido, fantasma. / v. ecuentar, rondar. / Apa-

recerse en, vagar por. (aparecidos y fantasmas). / Perseguir, obsesionar. (una idea a una persona). / Deambular, vagar. / Persistir, quedarse.
Haunted. adj. Obsesionado, perturbado, inquieto, perseguido. / Visitado por fantasmas.
Haunting. adj. Persistente, obsesionante. / Inquietante, perturbador.
Have. v. Tener, poseer. / Tomar. *Have a candy*, Tome una pastilla. / Parir, alumbrar, engendrar. / Conservar en la memoria, tener en la mente. / Manifestar. (respeto). / Sentir. (dolor). / Ejecutar, hacer, efectuar, poner en obra. *Have your secretary call me*, Haga que su secretaria me llame. / Sostener, afirmar, asegurar. / Obtener, adquirir. / Saber. (Un idioma, etc.). / Tomar. (Lecciones). / Tolerar, permitir. *I will not have that kind of behavior here*, No permitiré aquí esa clase de comportamiento. / Causar, hacer, efectuar. *I had him dismissed*, Lo hice despedir. / Tomar alimentos, comer. *To have breakfast*, Desayunar. / Tener relaciones sexuales con. (Se usa principalmente en pasado o futuro). / (Fam.) Llevar ventaja a. / (Pop.) Estafar. / *Cuando va seguido de un infinitivo significa* Tener que, deber, haber de. *I have to look for that book*, Tengo que buscar ese libro. / *Como verbo auxiliar significa* Haber. *I have seen this house before*, He visto esta casa antes. / *I had as soon do*, Preferiría hacer. / *I had sooner do*, Mejor sería que haga. / *To have done*, Terminar, acabar. / *To have someone in*, Invitar, hacer entrar, dar alojamiento a alguien. / *To have it*, Ganar. Acertar, dar con la solución. Recibir (golpes, castigo).
Haven. m. Puerto, fondeadero. / Abrigo, asilo, refugio. / v. Asilar, abrigar, dar abrigo o asilo a.
Havoc. m. Estrago, devastación, destrucción. / v. (Fig.) Dar la alarma, poner en guardia.
Haw. m. (Bot.) Halcón. / Baya del espino. / Tosecilla, voz inarticulada que indica vacilación al hablar. / v. Dar tosecillas. / interj. ¡Aparta!
Hawk. m. (Orn.) Halcón. / (Construcción) Esparavel. / Partidario de la guerra. / Carraspeo. / v. Practicar la cetrería o halconería. Remontarse y atacar como el halcón. / Carraspear. / Arrancar flema de la garganta por carraspeo. / Pregonar mercancías.
Hawk-eyed. adj. De ojo avizor, perspicaz.
Hay. m. Heno. / v. Henificar, hacer heno. / Dar heno o forraje a.
Hazard. m. Peligro, riesgo. / Azar, albur. / v. Arriesgar, aventurar, correr o tomar el riesgo de.
Hazardous. adj. Peligroso, arriesgado, aventurado.
Haze. f. Neblina, niebla. / (Fig.) Confusión, vaguedad, ofuscamiento. (mental). / v. Nublar(se), obscurecer(se), empañar(se). / Fatigar, abrumar con trabajos pesados o innecesarios. / Dar novatada a un nuevo alumno.
Hazel. m. (Bot.) Avellano. / Palo o estaca de avellano. / Color de la avellana. / adj. De avellano, de madera de avellano. / De color de avellana.
Hazelnut. f. Avellana.
Hazy. adj. Nebuloso, brumoso, calinoso. / (Fig.) Confuso, vago, obscuro, impreciso.
He. pron. él. / m. Hombre, varón, macho. / *Como prefijo indica animal macho. He-goat*, Macho cabrío.
Head. f. Cabeza. / Inteligencia, juicio, talento, aptitud. / Persona, individuo. / Cara. (de una moneda). / Res, cabeza de ganado. / Provisión, existencias. / Cabeza (de familia, de empresa). Jefe, director de una organización, instituto). / Cabecera. (de cama). / Posición de comando, dirección. / Culminación, situación de crisis. / Fuente, nacimiento, origen. / Encabezamiento, título. (de un escrito). / Cabeza, punta, tope. / v. Decapitar, descabezar. / Desmochar, despuntar. / Proveer de una

cabeza, formar la cabeza de. / Acaudillar, encabezar. / Dirigir. (una empresa, etc.). / Poner a la cabeza de, encabezar. (lista, etc.). / Ir a la cabeza de, ser el primero entre, sobresalir. / Cortar (olas un barco), marchar contra (la lluvia). / (Fútbol) Cabecear. (la pelota). / *To head back*, Regresar, volver. Hacer regresar. / *To head off*, Atajar, cortar el paso a, desviar. / Desarrollar o formar cabeza, repollar. / Dirigirse, ir. / Originarse.

Headache. m. Dolor de cabeza, jaqueca. / f. (Fig.) Preocupación. / Situación difícil, asunto molesto.

Headdress. m. Tocado, peinado.

Headed. adj. Encabezado. / Provisto de cabeza.

Headily. adv. Temerariamente, violentamente.

Headiness. m. Precipitación, impetuosidad. / Efecto embriagante.

Heading. m. Título, encabezamiento. / Material para tapas. (de barriles, etc.). / Orientación, rumbo. / (Min.) Galería de avance, socavón, final de un pasaje.

Headmaster. m. Director, rector de un colegio.

Headmistress. f. Directora, rectora de un colegio.

Head-on. adj. De frente. (choque). / Frontal. (ataque, aspecto, etc.).

Headphone. m. Audífono, casco telefónico.

Headquarters. f. Sede, oficina central, dirección general, centro de operaciones, administración, jefatura.

Headrest. m. Apoyo para la cabeza.

Headship. f. Jefatura, dirección, mando.

Headspring. f. Fuente, origen, manantial.

Headstrong. adj. Voluntarioso, testarudo, obstinado.

Headstrongness. f. Terquedad, obstinación.

Headwaters. m. Río arriba. Naciente(s), cabeceras, aguas de cabecera, fuentes.

Headway. m.Ímpetu, avance, progreso. / (Arqueol.) Espacio libre, altura libre, franqueo superior.

Heady. adj. Precipitado, impetuoso, vehemente. / Arrojado, violento, temerario. / Fuerte, embriagante, embriagador. / (Fam.) Sesudo, sensato.

Heal. v. Curar, sanar. / Cicatrizar. / (Fig.) Remediar, enmendar, componer, reconciliar. / Recobrar la salud, curarse. / Cicatrizarse. (una herida).

Healer. m., f. Sanador, curador.

Healing. m. Curativo, sanador.

Health. f. Salud. / Salubridad, bienestar, prosperidad. / m. Brindis.

Healthily. adv. Sanamente, saludablemente, con salud.

Healthy. adj. Sano, de buena salud. / Sano, saludable, salubre. / Considerable (parte), bueno (apetito). / Robusto, floreciente. / Sana (competencia).

Heap. m. Montón, f. pila. / m. (Fam.) Montón, cantidad, muchos. / m. (Pop.) Coche destartalado. / v. Amontonar, apilar, acumular, atesorar, juntar. / Colmar de, prodigar. / Colmar, repletar.

Hear. v. Oír. / Atender, prestar atención a. / Acceder, atender, conceder. / (Der.) Dar audiencia a, ver. / Asistir a, estar presente en. / Estar informado.

Hearing. Oído. (sentido y aptitud). / Oída, acción de oír. / Audiencia, audición. / Alcance del oído. / (Der.) Audiencia, juicio, proceso.

Heart. m. Corazón. / (Fig.) Corazón, ánimo, valor. / Cogollo. (de alcachofa, lechuga, etc.). / (Fig.) Fondo, meollo, quid. / (Naipes) pl. Corazones.

Heartbeat. m. Latido del corazón.

Heartbreaker. f. Persona,m. suceso o cosa que causa angustia o dolor.

Hearth. m. Hogar, fogón. / Piso de chimenea o de horno. / (Fig.) Hogar, casa. / Crisol.

Heartily. adv. Sinceramente, de corazón.

Heartless. adj. Sin corazón, cruel, empedernido.

Heartsick. adj. Desconsolado, muy abatido.

Heartsore. adj. Acongojado, dolorido, afligido.

Heart-throb. m. Latido del corazón. / adj. (Pop.) Enamorado, enamorada.

Hearty. adj. Sincero, cordial, espontáneo. / Enérgico, vigoroso, sano, robusto. / Nutritivo, substancioso, sabroso, abundante. / Fértil, feraz. / m. Compañero (entre marinos). Marino (por extensión).

Heat. m. Calor. / Calefacción. / (Fig.) Acaloramiento, ardor, vehemencia. Exasperación, cólera. / Celo. (de los animales). / Hornada, carga de un horno. / f. (Pop.) Presión extrema. (de una situación). / m. (Dep.) Carrera eliminatoria. / v. Calentar. / (Fig.) Acalorar.

Heatedly. adv. Acaloradamente, calurosamente.

Heater. m. Calentador, estufa. / (Radio) Calefactor. / (Pop.) Revólver, pistola.

Heath. m. Terreno baldío. / Brezal, páramo. / (Bot.) Brezo común.

Heathen. adj. Gentil, pagano. / Idólatra. (en la Biblia). / Salvaje, inculto. / (Fig.) Libertino, hedonista.

Heathy. adj. Cubierto de brezos, matoso.

Heating. adj. calentador. / Calorífico. / f. Calefacción.

Heatproof. adj. A prueba de calor.

Heave. v. Levantar, alzar con esfuerzo. / Exhalar, lanzar, emitir con esfuerzo. / Henchir, abultar. / Arrojar, tirar, echar. / Vomitar. / (Náut.) Izar. / (Geol.) Desplazar lateral u horizontalmente. / m. Esfuerzo para levantar algo, esfuerzo para levantarse. / Echada, tiro. / Elevación, levantamiento, movimiento rítmico hacia arriba. / (Geol.) Desplazamiento horizontal o lateral por una falla, dislocación de una falla.

Heaven. m. Cielo. / (pl.) Cielo, firmamento, bóveda celeste. / (Fig.) Paraíso, felicidad perfecta.

Heavenly. adj. Celestial. / Celeste. (un cuerpo). / (Fig.) Celestial, delicioso, perfecto.

Heavily. adv. Pesadamente, con gran peso. / Lentamente, laboriosamente, difícilmente. / Fuertemente, en gran escala, excesivamente.

Heaviness. f. Pesantez, m. peso, f. gravedad. / Lentitud, flema, torpeza. / Languidez, decaimiento.

Heavy. adj. Pesado, de mucho peso. / Denso, espeso. / Grueso (línea, tela, el mar, etc.). / Opresivo, duro, gravoso, penoso. / Cargado, agobiado. / Desalentado, abatido, triste. / Grave, serio, de peso, importante. / Pesado (sueño), profundo, intenso (silencio, etc.). / Encinta, embarazada. / Fuerte (lluvia, olor, etc.), abundante, copioso (cosecha, etc.). / Pesado, lento, lerdo. / Tedioso, aburrido, insulso. / Difícil, laborioso. / Cansado, agotado, amodorrado, soñoliento. / Sombrío, nublado, encapotado. (el cielo). / Grueso, bravo, borrascoso (mar), tormentoso (tiempo), cargado, sofocante (aire, atmósfera). / Arcilloso, gredoso, pesado (camino). / Empinado, escarpado. / Pesado, indigesto (comida), medio levantado (masa). / Marcado, intenso. / Fuerte, grande. (Fumador, bebedor). / En gran escala (compras, comprador). / (Com.) Postrado. (el mercado). / (Imprenta) Grueso, negro. (Impresión). / (Teatr.) Sombrío, grave. (papel). / m. Boxeador de peso pesado. / f. pl. Caballería pesada, artillería pesada, bombarderos pesados.

Heavyhearted. adj. Abatido, desesperanzado.

Hebrew. m. Hebreo, israelí. / Idioma hebreo. / adj. Hebreo, israelí.

Hectic. adj. (Med.) Hético, tísico. / (Fam.) Agitado, turbulento, excitante. / Ruborizado, rojizo. / f. (Med.) Tisis, fiebre hética. / Tísico. (enfermo). / Rubor hético.

Hedge. m. Seto vivo, cerca viva. / f. Barrera, m. límite. / f. Declaración evasiva. / Apuesta compensatoria. / *Hedge against*, Seguro, defensa, protección contra. / adj. De seto, para seto. / De la orilla. / Clandestino. / Malo, de mala calidad, bajo, de baja condición, de clase baja. / v. Cercar con un seto, rodear. / Proteger, guardar. / Cubrirse contra, protegerse contra (una pérdida, etc.), compensar (apuestas). / Dejarse una salida, eludir el compromiso al hablar, hablar evasivamente. / Hacer apuestas compensatorias. / Compensar una jugada de bolsa, hacer operaciones de bolsa compensatorias.

Hedgehog. m. (Zool.) Erizo, puerco espín. / (Mil.) Erizo, alambrada. / (Fig.) Persona intratable.

Hedonism. m. Hedonismo.

Heed. v. Hacer caso de, atender a, escuchar. / Prestar atención, hacer caso. / m. Cuidado, f. Atención.

Heedless. adj. Desatento, descuidado, incauto.

Heel. m. Talón, calcañar. / Talón. (de los cuadrúpedos. De las medias o calcetines). / f. pl. Patas traseras. / Tacón del zapato. / (Fig.) Restos, fin. / (Mús.) Talón del arco del violín. / m. (Náut.) Talón de la quilla. / (Náut.) Escora. / f. (Agr.) Estaca, pie. / m., f. (Pop.) Bribón, sinvergüenza, infame. / v. Poner talón o tacón a medias o zapatos. / Perseguir o seguir de cerca. / Poner espolones a. / (Pop.) Proveer de dinero. / Taconear. (al bailar). / (Pop.) Correr. / (Náut.) Inclinarse.

Heeled. adj. Que tiene talón. / (Pop.) Armado de un revólver. / Well-heeled, (Pop.) Bien provisto de dinero.

Heft. m. Peso, pesadez. / v. Levantar, alzar. / Sopesar.

Hefty. adj. Bastante pesado. / (Fam.) Fornido, corpulento, robusto, fuerte, grande.

Heigh. interj. ¡Ea! (para animar). / ¡Eh! (para llamar). / ¡Oh!, ¡ah! (para expresar sorpresa).

Height. f. Altura, altitud. / Altura, elevación, cima, cumbre. / Estatura, talla. / m. (Fig.) Apogeo, cumbre. Colmo (de la locura, estupidez, etc.). / Punto culminante, culminación de un argumento, pasiones, etc.

Heighten. v. Aumentar, acrecentar. / Intensificar, fortalecer, realzar. / (Fig.) Elevar, levantar, mejorar.

Heir. m. Heredero. / v. Heredar.

Heirdom. f. Herencia. / Condición de heredero.

Heiress. f. Heredera.

Heirship. m. Derecho de heredar, condición de heredero.

Held. p.p. de to hold.

Helicopter. adj. Helicóptero.

Helix. m. (Geom.) Hélice, f. espiral. / m. (Anat.) Hélix, hélice. / f. (Arqueol.) Hélice, voluta.

Hell. m. Infierno. / Garito, timba. / To give someone hell, Criticar o censurar duramente a alguien. / To hope to hell, Esperar en serio. / To raise hell, Armar escándalo, armar la de los mil diablos.

Hell-bent. adj. Temerario, atolondrado. / Corriendo a toda máquina o a todo vapor.

Hellcat. f. Bruja. / Arpía, mujer pendenciera y colérica.

Hellfire. m. Fuego del infierno. / Rencor.

Hellhound. m. Cerbero, Cancerbero. / m. (Fig.) Monstruo, fiera, persona feroz.

Hellish. adj. Infernal, diabólico.

Hello. ¡Hola! ¡qué tal! / ¡Diga!, ¡aló! (al hablar por teléfono). / m. Saludo, grito.

Helmet. m. Casco. (de bombero, policía, soldado, etc.). / Yelmo. (de la armadura). / (Esgrima) Careta.

Helmsman. m. Timonel, piloto.

Help. v. Ayudar, auxiliar. / Aliviar, mitigar. / Remediar, evitar, prevenir. / Asistir. / Servir, ser útil. / To help out, Ser útil, ser de ayuda. / f. Ayuda, auxilio. / m. Remedio. / Ayudante, asistente, empleado. / Criados, peones, obreros. Criada de medio pelo.

Helpful. adj. Útil, provechoso, beneficioso, servicial.

Helping. f. Ayuda, asistencia. / m. Porción, ración de comida.

Helpless. adj. Desvalido, indefenso, débil. / Inútil, incompetente. / Impotente, incapacitado.

Helplessness. m. Desamparo, f. debilidad.

Helpmate. m. Compañero, ayudante, asistente. / f. Compañera, esposa.

Helpmeet. f. Compañera, esposa.

Helter-skelter. adv. (Fam.) A troche y moche, sin orden ni concierto. / adj. Precipitado, atropellado. / m. Alboroto, confusión.

Helve. m. Mango, puño de arma o herramienta. / v. Poner mango a, encajar mango en.

Hem. f. Bastilla, m. dobladillo. / Borde, margen. / Tos fingida. / v. Dobladillar, bastillar. / interj. ¡Ejem!

Hemisphere. m. Hemisferio. / m. (Fig. Campo, esfera.

Hemline. f. (Costura) Bastilla,m. dobladillo, ruedo.

Hemophile, haemophile. m. Hemófilo. (bacteria).

Hemophilia, haemophilia. f. Hemofilia.

Hemorrhage, haemorrhage. f. Hemorragia. / v. Sangrar profusamente.

Hempseed. m. Cañamón.

Hempy. adj. Travieso. / m., f. Bribón.

Hen. f. Gallina. / Hembra de cualquier ave. / (Pop.) Mujer vieja.

Hence. adv.De aquí, de aquí a, desde aquí. / Por lo tanto, por consiguiente, en consecuencia. / To go hence, (Poesía) Morir, morirse.

Hendecasyllabic. adj. Endecasílabo

Hendecasyllable. m. Endecasílabo.

Henhouse. m. Gallinero.

Hen party. f. (Fam.) Tertulia de mujeres.

Henpeck. v. Fastidiar, dominar, tiranizar al marido.

Hep. adj (Pop.) Moderno, avanzado. / Hep to, Aficionado a, interesado en. Enterado de, informado sobre, al tanto de. / Aficionado al jazz.

Her. pron. La, le, a ella. / adj. Su, sus, de ella.

Herald. m. Heraldo. / Mensajero. / Portavoz, anunciador. / Precursor. / v. Anunciar, presagiar. / Proclamar, pregonar.

Heraldic. adj. Heráldico.

Herb. f. Hierba, yerba. (especialmente medicinal o aromática).

Herbaceous. adj. Herbáceo.

Herbage. m. Herbaje, pasto. / Hojas y tallos tiernos de las plantas herbáceas.

Herbarium. m. Herbario, colección de plantas.

Herbivore. m. Herbívoro.

Herd. m. Hato, rebaño, f. manada. / f. Muchedumbre, multitud. / m. Populacho, f. plebe, turba. / v. Reunirse en manada. / Asociarse, agruparse, aglomerarse.

Herd, herder. v. Pastor, vaquero, cabrero, porquerizo.

Herdsman. m.Pastor, zagal, vaquero. / Ganadero. / (Astron.) Bootes, Boyero.

Here. adv. Aquí, en este lugar. / Acá, hacia acá. Here comes the sun, Acá viene el sol. / En esta vida, en el estado presente. / Here's to you, A tu salud. (Brindis). / Here, there and everywhere, En todas partes. / m., f. Este lugar, esta vida.

Hereabout, hereabouts. adv. Por aquí, en estas cercanías, por aquí cerca.

Hereafter. adv. De aquí en adelante, en lo sucesivo. / m. El más allá. / m. El futuro.

Hereby. adv. Por la presente, por este medio.

Hereditary. adj. Hereditario.

Herein. adv. En esto, aquí dentro, incluso.

Hereinafter. adv. Más abajo, después, a continuación.

Hereinbefore. adv. Antes, más arriba, anteriormente.

Hereof. adv. De esto, acerca de esto.

Hereon. adv. Sobre este punto, acerca de esto, a esto.

Heresy. f. Herejía.
Heretic. m. Hereje. / adj. Herético.
Hereupon. adv. En esto, a esto, sobre esto, luego.
Herewith. adv. Junto con esto, con la presente, incluso.
Heritable. adj. Heredable. (bienes). / Hereditario. (talento, enfermedad, etc.).
Heritage. f. Herencia, m. patrimonio.
Heritance. f. Herencia, m. patrimonio.
Heritor. m. Heredero.
Hermetic, hermetical. adj. Hermético.
Hermit. m. Ermitaño, anacoreto.
Hermitage. f. Ermita. / Residencia solitaria, retiro. / Vida eremítica. / Cierto vino francés.
Hero. m. Héroe.
Heroic. adj. Heroico. / Poderoso, inmenso, impresionante. / Extremo. (medidas). / (Med.) Heroico. (Med.). Radical (tratamiento, etc.). / f. Heroida, poema o verso heroico. / pl. Rimbombancia, ampulosidad.
Heroism. m. Heroísmo, f. proeza, f. hazaña.
Heron. f. (Orn.) Garza.
Herring. m. (Ict.) Arenque.
Herringbone. m. De punto de espina. / f. Espina de pescado. (En telas, dibujos, etc.). / (costura) Punto de espina. / Espinapez, punto de Hungría. (en los entarimados). / Paso cruzado. (en esquí). / v. Producir un diseño de espina de pescado sobre una superficie. / Arreglar en forma de espina de pescado. / Coser con punto de espina. / Hacer un diseño de espina de pescado.
Hers. pron. Suyo, suya, de ella, el suyo, la suya, los suyos, las suyas. (de ella).
Hesitance, hesitancy. f. Vacilación, m. titubeo.
Hesitant. adj. Vacilante, titubeante, indeciso.
Hesitate. v. Vacilar, titubear. / Tartamudear, balbucir.
Hesitatingly. adv. Vacilantemente, con indecisión.
Hesitation. f. Vacilación, titubeo, hesitación. / m. Escrúpulo. / m. Balbuceo.
Hesitative. adj. Vacilante, titubeante, indeciso.
Heterodox. m. Heterodoxo.
Heterodoxy. f. Heterodoxia. / Doctrina u opinión hete rodoxa.
Heterogeneity. f. Heterogeneidad.
Heterogeneous adj. Heterogéneo.
Heterogeneousness. f. Heterogeneidad.
Heterosexual. adj. (Biol.) Heterosexual. / com. Persona heterosexual.
Heterosexuality. f. Heterosexualidad.
Hew. v. Tajar, cortar. / Hachear, desbastar. / Labrar (madera, piedra), picar (piedra).
Hex. m. Hechizo, maleficio. / f. Bruja, hechicera. / v. Embrujar, hechizar.
Hey. interj. ¡Eh!, ¡oiga!, ¡oye!
Hi. (Fam.) ¡Hola!
Hiatus. m. Hiato, f. abertura. / f. (Fig.) Laguna, m. vacío. / m. (Fon.) Hiato.
Hibernate. v. Invernar.
Hibernation. f. Hibernación.
Hiccough, hiccup. m. Hipo. / v. Hipar, tener hipo. / Decir con hipos.
Hickey. m. (Electr.) Doblador de tubos. / m. (Electr.) Buje de salida. / Dispositivo, artefacto, artilugio. / m. (Pop.) Marca roja que queda en la piel después de un beso o mordisco. / Barro, espinilla.
Hick town. f. (Fam.) Población rural, aldea aburrida.
Hidden. adj. Escondido, oculto, recóndito, secreto.
Hide. f. Cuero, m. piel. / m. pl. Curtidos, corambre. / v. Esconder, ocultar. / Encubrir, disimular. / Esconderse, ocultarse. / Sacar la piel de. / (Fam.) Azotar, dar latigazos.

Hideaway. m. Escondite, escondrijo, refugio.
Hidebound. adj. De piel dura, que tiene la piel pegada a los huesos. / Obstinado, fanático. / (Bot.) De corteza demasiado dura.
Hideous. adj. Horrible, espantoso. / Feísimo.
Hideout. m. Escondite, escondrijo.
Hiding. m. Ocultación, encubrimiento. / Escondite, retiro. / f. (Fam.) Tunda, paliza.
Hie. v. Apresurarse, apurarse.
Hieroglyph. m. Jeroglifo.
Hieroglyphic. adj. Jeroglífico. / m. Jeroglífico. / (Fig.) pl. Garabatos, escritura ilegible.
High. adj. Alto, de alto, de altura. / Pleno, culminante. *High noon,* Pleno mediodía. / Sumo sacerdote. / Grande, sumo. *Of high antiquity,* De gran antigüedad. / Crecido (río), gruesa (mar). / Alto, noble, ilustre. / Alto, principal, superior, supremo. (Tribunal). / Fuerte, violento. (viento). / Violento, vehemente. (Pasión). / Extremo, sumo. (placer, ansiedad). / Agudo. (sonido). / Bueno. (ánimo, humor). / Arrogante, altanero. / Serio, grave. (delito, crimen). / Caro. / Alegre, muy divertido. *I had a high time last night,* Me divertí mucho anoche. / Intenso. (Drama). / (Geog.) Alta. (latitud). / (Fon.) Cerrada. (vocal). / f. Altura, elevación en el terreno. / Punto o nivel alto, extremo, máximum. / Clases altas de la sociedad. / Area de alta presión barométrica, anticiclón. / Directa, transmisión directa, toma directa. (de automóviles). / adv. Arriba, en alto. / Lujosamente.
Highborn. adj. De cuna ilustre, de alta alcurnia.
Highbred. adj. De abolengo, de familia ilustre.
Highbrow. adj., m. Erudito, docto, intelectual.
High-class adj. De buen gusto, refinado. / De primera clase, de alta categoría, excelente.
High color. m. Color subido, rubor.
High Court. m. (Der.) Tribunal superior.
Highest. adj., m. Lo más alto, sumo, supremo, mayor, máximo, de primer orden.
Highflier, highflyer. m. Pájaro de alto vuelo. / f. Empresa arriesgada. / com. Extremista, sumamente conservador.
High-flown. adj. Elevado, exaltado. / Hinchado, ampuloso, pomposo.
High-grade. adj. De alta calidad, de calidad superior.
Highhanded. adj. Arbitrario, despótico, altanero.
High-keyed. adj. Impresionable, nervioso.
Highland. f. Región montañosa. / pl. Tierras altas. *The Highland,* Las tierras altas de Escocia.
Highlander. m., f. Montañés. / *Highlander,* Montañés de Escocia, soldado de un regimiento de montañeses en Escocia.
Highlight. m. Claro o toque de luz en una pintura o fotografía. / pl. Rasgos salientes, puntos salientes, atracciones principales, eventos más importantes. / v. Inundar de luz. / (Fig.) Realzar, destacar.
Highly. adv. Altamente, sumamente, muy. / Muy bien, muy favorablemente.
High-minded. adj. Noble, magnánimo.
Highness. f. Altura, nivel. / *Highness,* Alteza.
High-pitched. adj. Agudo, estridente. (sonido). / Empinado. (techo). / (Fig.) Elevado, exaltado.
High-pressure. adj. De alta presión. / Urgente. / Enérgico, tenaz. / v. Presionar o coaccionar tenazmente.
Highroad. f. Carretera. / (Fig.) Camino fácil.
High school. f. Escuela de segunda enseñanza. (EE.UU.).
High sea. f. Alta mar.
High society. f. Alta sociedad, gran mundo.
High-speed. adj. De alta velocidad, rápido.

High-spirited. adj. Animoso, gallardo, valiente. / Alegre, vivaz. / Fogoso, brioso.
High spirits. f. Alegría, m. buen humor.
High tide. f. Marea alta, pleamar. / (Fig.) Culminación, momento culminante.
High-toned. adj. Prestigioso, de categoría. / Elevado, noble, de mucha dignidad. / Elegante, a la moda, de buen tono. / (Fam.) Pretencioso, ampuloso, pomposo.
High water. f. Marea alta, pleamar. / Crecida, creciente, avenida. (de un río).
Highway. f. Carretera, autopista.
Highwayman. m. Bandolero, salteador de caminos.
High-wrought. adj. Primorosamente labrado. / Turbulento, revuelto, agitado, inflamado.
Hijack, highjack. v. Asaltar, saltear. / Robar, hurtar. / Forzar, obligar.
Hike. v. Caminar, pasear, dar una caminata, hacer excursión en el campo. / Viajar, transitar, trasladarse. / Subir, levantar. / Subir de golpe. (precios, etc.). / f. Caminata, m.paseo, excursión.
Hill. f. Colina, m. cerro, collado. / Montón, montoncillo, montículo. / (Agr.) Aporcadura, acogombradura, acobijo. / Amontonar. / (Agr.) Aporcar, acogombrar.
Hillbilly. m. Serrano, montañés, rústico, campesino.
Hillock. m. Altillo, altozano, montecillo.
Hill of beans. adj. (Pop.) Insignificante.
Hillside. f. Ladera, m. flanco del cerro o de la colina.
Hilly. adj. Montuoso, cerril. / Empinado, escarpado.
Hilt. m. Mango, puño, empuñadura. (de arma blanca). / v. Proveer de mango, puño o empuñadura.
Him. pron. Le, lo, a él.
Himself. pron. Él mismo, se, sí.
Hind. adj. Trasero, posterior, zaguero. / m. Ranchero, labriego, campesino. / Rústico, patán, palurdo. / (Zool.) Cierva. / (Ict.) Mero.
Hinder. v. Estorbar, obstaculizar, obstruir. / Impedir, embarazar, molestar. / Poner trabas u obstáculos, oponerse, ser un estorbo.
Hinder. m. Trasero, posterior, zaguero.
Hind leg. f. Pata trasera de un animal.
Hindmost. adj. m. Postrero, último.
Hindrance. m. Estorbo, obstáculo, f. obstrucción.
Hindsight. f. Alza, mira posterior de un arma. / Percepción tardía o retrospectiva.
Hinduism, Hindooism. m. Hinduismo.
Hinge. Bisagra, gozne, charnela. / (Fig.) Punto esencial, eje, factor más importante. / v. Engoznar, enquiciar, poner bisagras. / Girar sobre un gozne.
Hint. f. Insinuación, alusión, indirecta, sugestión, indicación, indicio. / Huella, pizca. / (Como verbo) Aludir, echar una indirecta, hacer una insinuación.
Hinter. m., f. Insinuador, sugeridor.
Hip. f. Cadera. / (Arqueol.) Caballete, lima tesa. / m. Escaramujo. (el fruto). / v. (Arqueol.) Construir un techo a cuatro aguas. / (Fam.) Deprimir, desanimar. / Inquietar, ofender, molestar. / adj. (Pop.) Sofisticado, mundano. / De moda, del momento.
Hippodrome. m. Hipódromo. / Teatro de variedades.
Hippopotamus. m. Hipopótamo.
Hire. m. Alquiler, arriendo. / Empleo, f. contratación. / m. Paga, f. sueldo. / *For hire, to hire,* De alquiler.
Hirsute. adj. Peludo, velludo. / Hirsuto, cerdoso.
His. adj. Su, de él. / pron. Suyo, suya, (el, la) de él, el suyo, la suya, los suyos, las suyas. (De él).
Hispanic. adj. Hispánico, hispano.
Hiss. m. Silbido, siseo. / v. Silbar. (serpiente) / Chiflar, silbar. (indicando desaprobación, etc.) / Pronunciar o decir siseando.

Hissing. m. Siseo, silbido. / adj. Sibilante, chirriante.
Histology. f. Histología.
Historian. m., f. Historiador, m. historiógrafo. / Cronista, analista.
Historical. adj. Histórico.
Historicalness. f. Historicidad.
Historicism. m. Historicismo.
Historicity. f. Historicidad.
Historicize. v. Representar como hecho histórico. / Pensar o disertar históricamente.
Historiographer. m.,f. Historiador, m.historiógrafo.
Historiography. f. Historiografía.
History. f. Historia. / Historial, reseña. / *Ancient history,* Historia antigua. / Cosa pasada de moda o anticuada.
Hit. v. Golpear, pegar, asestar. / Afectar, conmover, alterar. / Atinar, acertar. / Encontrar, hallar. / Llegar a, alcanzar. / Convenir o cuadrar con, ajustarse o conformarse a. / Representar, imitar, reproducir. / Poner en marcha o funcionamiento. / (Pop.) Ganar. (premio, dinero). / (Pop.) Echarse a. (suelo, cama, etc.). / Atacar. (enfermedad, tropas). / Encenderse. (un motor). / m. Golpe. / Tiro certero. / Acierto. / Colisión, choque, impacto. / Éxito.
Hitch. v. Enganchar, amarrar, atar, uncir, asegurar. / Mover a tirones. / (Pop.) Casar, unir. / Moverse a saltos o con vacilación, cojear. / m. Tirón, f. sacudida. / m. Cojera. / m. Alto o f. parada súbita. / m. Obstáculo, impedimento, dificultad, contratiempo. / Enganche. / (Pop.) Trecho, período. (servicio militar). / (Náut.) Vuelta de un cabo.
Hitchhike. v. Viajar por autostop. / Pedir ser llevado por vehículos que pasan.
Hither. adv. Acá, hacia acá.
Hitherto. adv. Hacia acá. / Hasta la fecha, hasta ahora, hasta aquí, todavía.
Hive. f. Colmena. / m. Enjambre de abejas. / v. Encorchar, meter las abejas en la colmena. / Atesorar, acumular, guardar. / Albergar. (personas). / Entrar en la colmena. (el enjambre). / Vivir apiñados.
Hiver. m. Colmenero.
Hoard. m., f. Atesorador, acumulador, acaparador.
Hoarding. m. Atesoramiento, f. acumulación, m. acaparamiento, cúmulo, tesoro. / f. Cerca provisional de tablas alrededor de una construcción. / Cartelera.
Hoarse. adj. Ronco, bronco, áspero. / Chirriante, discordante.
Hoarseness. f. Ronquera, carraspera.
Hoary. adj. Blanco, blanquecino, canoso, venerable. / Remoto, antiguo. / (Bot., zool.) Canescente.
Hoax. m. Engaño, fraude. / f. Chanza, broma. / v. Engañar, chasquear.
Hob. m. (Fam.) Palurdo, rústico. / Bufón, payaso. / Duende, trasgo. / f. (Fam.) Travesura, diablura. / Repisa interior de la chimenea, antehogar. / Hito. (en el juego de tejo. / Tejo, chito, tángano. / (Mec.) Fresa. / v. Clavetear con tachuelas. / (Mec.) Fresar.
Hobble. v. Cojear, renguear. / Hacer cojear, dejar cojo. / Trabar, manear. (caballerías). / (Fig.) Impedir, obstruir, entorpecer. / f. Cojera. / Manea, traba.
Hobby. m. Pasatiempo favorito, f. afición, comidilla, m. tema favorito. / m. (Orn.) Alcotán.
Hockey. m. (Dep.) Hockey.
Hocus. v. Engañar, timar, trampear. / Adulterar, falsificar. / Narcotizar, atontar con drogas. Poner una droga en la bebida.
Hocus-pocus. f. Fórmula mágica, palabras mágicas. / m.Truco, treta, farsa, burla, engaño. / f. Tontería, adefesio. / v. Engañar, burlar.
Hoe. f. Azada, m. azadón. / v. Azadonar, cavar o limpiar con azada o azadón.

Hog. m. Puerco, cerdo, chancho. / (Fam.) Puerco, chancho, glotón. / f. (Fam.) Oveja joven. / *To go the whole hog*, (Fam.) Ir hasta el final, no quedarse a medio camino. / v. Arquear, combar. / Recortar las crines de un caballo.

Hoist. v. Levantar, elevar, alzar con poleas. / Enarbolar, izar banderas. / (Pop.) Alzarse con, robar. / m. Levantamiento, alzamiento, empujón hacia arriba. / Montacargas, torno izador. / Ascensor de carga, elevador.

Hoity-toity. adj. Arrogante, engreído, petulante. / Voluble, caprichoso, inconstante.

Hold. v. Agarrar, empuñar, asir. / Tener, guardar, retener, conservar. / Contener, dar cabida a. / Sostener, sustentar, apoyar. (opinión, teoría, etc.). / Absorber, atraer (atención). / Detener, impedir. (ataque, avance). / Sujetar. / Obligar, hacer cumplir. / Considerar, juzgar. / Abrigar, albergar. (prejuicio, sentimiento, etc.). / Sostener, celebrar, mantener. (Reunión). / Conducir, presidir. / Mantener, conducir o llevar en determinada posición. / Soportar. (Peso, etc.). / Ocupar. (lugar. Oficio. Pensamientos de una persona). / Reservar. (mesa en un restaurante, asiento, etc.). / Tener bajo custodia. / Mantenerse, sostenerse. Soportar prueba, aguantar, no ceder. / Asirse, agarrarse, pegarse, adherirse. / m. Baluarte, f. plaza fuerte. / Prisión, cárcel. / m. Asidero, agarradero. / Presa, asimiento, agarro. / Autoridad, dominio, influencia, alcance. / f. (Náut.) Bodega, cala. / m. (Aer.) Compartimiento de carga.

Holdback. f. Restricción, limitación. / Retención. (de salario, etc.). / m. Cejadero, cejador. / Seguro de puerta.

Holder. Sostén, soporte. / Arrendatario, inquilino. / Poseedor. / Boquilla. / Portaplumas.

Holding. f. Posesión, tenencia. (de tierras). / m. pl. Valores en cartera, propiedades. / (Dep.) Uso ilegal de las manos o los brazos para detener al oponente.

Holdover. m. Remanente, resto. / Empleado antiguo. Miembro veterano (de un equipo, etc.). / f. Temporada de una representación teatral que se extiende por éxito o aclamación.

Holdup. f. Detención, demora. / m. Asalto a mano armada.

Hole. f. Agujero, m. abertura. / m. Hueco, hoyo. / f. Caverna, cueva. / m. Remanso de una corriente. / f. Madriguera, guarida. / m. Defecto, imperfección. / m. Atolladero, aprieto, f. situación embarazosa. / *In the hole,* Con puntaje negativo (en juegos). (Pop.) Endeudado. / v. Agujerear, cavar. / Introducir en un hoyo o agujero. / Encuevarse, encovarse.

Holiday, holyday. m. Día de fiesta, feriado. / f. Vacaciones. / adj. De fiesta, festivo. / De vacaciones. / Pasar las vacaciones, veranear.

Holiness. f. Santidad, beatitud. / *His Holiness, Your Holiness,* Su Santidad, Vuestra Santidad.

Holland. n.p. Holanda. / (Tejido) Holanda, holán.

Hollow. adj. Hueco, ahuecado. / Hundido, cóncavo. / Sordo, apagado, retumbante, resonante (sonido). / (Fig.) Hueco, falso, insincero. / (Fig.) Vano. (triunfo, festejo, etc.). / adv. (Fam.) Enteramente, completamente, por completo. / f. Cavidad, m. agujero. / f. Hondonada, depresión, m. valle. / v. Ahuecar, excavar, ahondar. / Ahuecarse.

Holly. m. (Bot.) Acebo.

Holy. adj. Santo, sagrado, consagrado, bendito. / Venerable, asombroso, increíble. / m. Santuario, lugar santo.

Holy Ghost. m. Espíritu Santo.

Holy smoke. interj. (Fam.) ¡Cielos! ¡caracoles!

Holy Thursday. m. Jueves Santo. / Día de la Ascención.

Homage. m. Homenaje, f. reverencia. / (Der.) Pleito homenaje.

Home. m. Hogar, domicilio, lar. / f. Patria. / Lugar de origen. / Habitación, habitat, ambiente natural. / Sede, base. / Asilo, albergue. / (Dep.) Meta, gol. / adj. Doméstico, hogareño, casero. / Nativo, natal. / Nacional, local (industria, etc.), interno (mercado). / Certero, eficaz, efectivo. / adv. A casa, a la patria. / En casa. / Al centro vital, a la base. / (Fig.) Al corazón o médula. / Al destino, al objetivo. / v. Ir o volver a casa.

Homeless. adj. Sin hogar, sin casa. / Desamparado.

Homelife. f. Vida de familia.

Homelike. adj. Como de casa, sosegado, abrigado, cómodo, agradable, casero, hogareño.

Homemade. adj. Casero, hecho en casa. Producido en el país. / Llano, simple, sencillo.

Home office. f. (Com.) Casa matriz, casa central, oficina principal. / *Home Office,* Ministerio del Interior, Ministerio de Gobierno. (en Gran Bretaña).

Homeopathy. f. Homeopatía.

Homesick. adj. Nostálgico.

Homestead. f. Residencia, heredad, casa solariega. / (Der.) Hogar de familia, hogar seguro. / v. Tomar posesión de tierras legalmente.

Hometown. f. Ciudad / m. pueblo natal.

Homework. f. Tarea escolar para la casa, m. deberes. / m. Labor fabril hecha en casa.

Homicide. m. Homicidio. / Homicida.

Homily. f. Homilía.

Homing. adj. Que retorna a casa. / Guiado, autodirigido. / De guía, guiador, direccional. / m. Facultad o costumbre de regresar a casa. (de animales).

Homing pigeon. f. Paloma mensajera.

Homogeneity. f. Homogeneidad.

Homogeneous. adj. Homogéneo.

Homogenize. v. Homogeneizar, hacer homogéneo.

Homologate. v. (Der.) Homologar.

Homologous. adj. Homólogo.

Homonym. m. Homónimo.

Homonymy. f. Homonimia.

Homophone. f. Palabra homófona, letra o letras homófonas.

Homophonic. adj. Homófono.

Homophony. f. Homofonía.

Homosexual. com. Homosexual.

Homosexuality. f. Homosexualidad.

Honest. adj. Honrado, íntegro, derecho, correcto. / Veraz, franco, sincero. / Justo, equitativo. / Decente. / Genuino, legítimo, sin adulterar.

Honestly. adv. Honradamente, rectamente, correctamente. / Francamente, sinceramente.

Honesty. f. Honradez, integridad, rectitud, probidad. / Sinceridad, veracidad. / (Bot.) Lunaria.

Honey. f. Miel. / (Fig.) Dulzura. / m. (Fig.) Amor, encanto. (persona). / (Fam.) Algo único. / v. Endulzar, enmelar, almibarar. / (Fig.) Lisonjear, adular. / Portarse obsequiosamente. / *To honey up to,* Congraciarse con, engatusar.

Honeymoon. f. Luna de miel. / v. asar la luna de miel.

Honor, honour. m. Honor, honra. / f. Reputación, probidad, integridad. / m. Honor, f. honradez. / pl. Honores, distinciones. / Señoría. (título de ciertos cargos públicos). / pl. Honores, actos de cortesía. / Honor, motivo de orgullo. / Condecoración. / pl. (Educ.) Distinción. / m. (Golf) Privilegio de jugar primero. / *Honor bright,* Por mi honor, a fe de caballero. / *To be on one's honor,* Estar moralmente obligado. / v. Honrar, rendir honores a. / Adorar, reverenciar, respetar.

Honorable, honourable. adj Honorable. / Noble, ilustre, preclaro, insigne. / Recomendable, loable. / Honorífico, con honores. / Honorable, honroso. (Acción, comportamiento, etc.). / Honorable (título o tratamiento).
Honorably. adv. Honorablemente, honrosamente.
Honorary. adj. Honorario, honorífico, honroso. / Honorario. (Miembro, socio, etc.). / De honor. (Deuda).
Hood. f. Capucha, m. capuchón. / Muceta, capirote. (de vestidos de académicos). / Caperuza, anteojeras. (de un caballo). / Campana del hogar, sombrerete de la chimenea. / Capirote, caperuza, capillo. (de un halcón). / (Orn.) Cresta, crestón, penacho. / Capó, cubierta. (de automóvil). / (Pop.) Matón, rufián. / (Mec.) Tapa, cubierta. / f. (Náut.) Caperuza de palo. / v. Encapuchar, cubrir con capirote o caperuza. / Proveer de capucha. / Tapar, cubrir, ocultar.
Hooded. adj. Encapuchado, con capucha. / (Bot.) En forma de capucha. / (Orn.) Crestado, con cresta en forma de capucha. / (Zool.) De capuchón, con capuchón. / (Her.) Caperuzado, capirotado.
Hoof. m. Casco, f. pezuña. / Pata. / *On the hoof,* En pie, vivo. (ganado). / v. Mover los pies, caminar, bailar. / Hollar, pisotear, pisar.
Hook. m. Gancho, garfio, f. percha. / Anzuelo, arpón. / f. Hoz, segadera. / m. Corchete, prendedero. / (Béisbol, golf) Vuelo en curva. (de la pelota). / (Boxeo) Gancho. / (Mús.) Rabo de una corchea. / f. (Imprenta) Grapa, cuña. / *To go off the hooks,* (Pop.) Chiflarse, chalarse. / v. Encorvar, dar forma de gancho a. / Enganchar, engrapar. / Garfear, pescar, coger. / Encornar, acornear, acornar. / (Golf) Desviar a la izquierda, golpear mal la pelota. / (Boxeo) Asestar un golpe de gancho a. / (Béisbol, criquet) Lanzar en curva la pelota.
Hooked. adj. Encorvado, ganchudo. / Provisto de gancho(s), hecho con ganchos. / (Pop.) Atrapado, enviciado, sin poder pres cindir de.
Hooligan. m. Matón, pandillero. / adj. Rufianesco, truhanesco.
Hoop. m. Aro, fleje, zuncho. / Anilla, argolla. / (Croquet) Aro, argolla. / pl. Aros, cercos. (en miriñaque, etc.). / v. Enarcar, enzunchar. / Encorvar, arquear.
Hoot. v. Ulular. (búho, etc.). / Tocar la bocina. / Gritar, manifestar a gritos (descontento, etc.), rechiflar. / m. Ululato, ululación. / Clamor, protesta, rechifla.
Hooter. Sirena, bocina, señal acústica.
Hop. v. Brincar, saltar, avanzar a saltitos, saltar en un pie. / (Fam.) Bailar, danzar. / Ir de prisa. / *Hoping mad,* Loco de cólera. / Saltar, brincar, cruzar de un salto. / (Fam.) Subir a. (tren, auto, etc.). / Cruzar en avión, transportar o llevar en avión. / Recoger el lúpulo. / Mezclar lúpulo en la cerveza. / m. Salto, brinco. (especialmente sobre una sola pierna). / (Fam.) Baile, sarao, zamba. / Vuelo en avión. Etapa de un vuelo. / (Bot.) Lúpulo. / pl. Frutos desecados del lúpulo. / (Pop.) Estupefaciente, droga, narcótico. / (Pop.) Cuento fantástico, mentira, estupidez.
Hope. f. Esperanza. / Confianza, fe, seguridad. / Perspectiva, posibilidad, promesa buena. / v. Esperar, abrigar esperanzas.
Hopeful. adj. Esperanzado, lleno de esperanzas, confiado. / Lleno de promesas, prometedor. / m. Aspirante, candidato. / Joven esperanzado.
Hopeless. adj. Desesperanzado, desesperado. / Desahuciado, incurable. / Imposible, irremediable. / Perdido. *That is a hopeless case,* Ese es un caso perdido.
Hopelessly. adv. Sin esperanza, desesperadamente.
Hopper. f. Persona o cosa saltadora. / (Entom.) Insecto saltador, saltamontes, langosta, cigarra, mosca del que-

so. / Tolva. / Tragante. (dun alto horno). / (Mec.) Tanque alimentador.
Horde. Horda. / Multitud (de personas), enjambre (de insectos), hato, manada (de animales), serie (de cosas).
Horizon. Horizonte. / (Fig.) Horizonte, perspectiva. / (Geol.) Horizonte, estrato, capa.
Horizontal. adj. Horizontal. / m., f. Horizontal, línea horizontal. / Barra o viga horizontal.
Hormone. Hormona.
Horn. m. Cuerno, f. asta, cacho. / Tentáculo del caracol. / Antena de insectos. / Cuerno, queratina. / Cuerna, cuerno. (de la abundancia, pólvora, etc.). / Punta del yunque. / Promontorio. / Alternativa de un dilema. / (Mús.) Cuerno, corneta, trompeta. / Bocina. / v. Dar una cornada a, acornar.
Horny. adj. Córneo, hecho de cuerno. / Cornudo. / Duro, calloso. / Semiopaco. / (vulgar) Lujurioso, sensual, caliente.
Horoscope. m. Horóscopo.
Horrendous. adj. Horrendo, espantoso, terrible.
Horrible. adj. Horrible, horrendo, terrible.
Horrid. adj. horrible, horrendo, espantoso. / (Fam.) Desagradable, irritante, repulsivo.
Horrific. adj. Horrífico, horrendo, espantoso.
Horripilation. f. (Med.) Horripilación.
Horror. m. Horror, espanto, pavor.
Horse. m. (Zool.) Caballo. / Caballete. (de carpintero). / Potro. (de gimnasia). / f. (Mil.) Caballería, soldados de caballería. / m (Construcción) Pila, caballete, armazón, machón, bastidor, castillete. / (Pop.) Heroína. / v. Proveer de caballo(s), poner a caballo. / Tirar o empujar a la fuerza. / (Pop.) Ridiculizar, burlarse de. / adj. Caballar, hípico.
Horse-breaker. m., f. Domador de caballos.
Horsemanship. f. Equitación.
Horseplay. f. Payasada, chanza pesada, juegos y bromas de carácter ruidoso.
Horsepower. m. Caballo de vapor o de fuerza.
Horseshoe. f. Herradura. / v. Proveer de herraduras, herrar a un caballo.
Horseshoer. m., f. Herrador.
Horsewhip. m. Látigo, azote. / v. Azotar.
Horticultural. adj. Hortícola.
Horticulture. f. Horticultura.
Horticulturist. m., f. Horticultor.
Hose. f. Calceta, media. / Calza, calzón, pantalones hasta la rodilla. / Manguera, manga. / v. Regar o lavar con manguera.
Hospice. f. Hospedería, m. hospicio.
Hospital. m. Hospital, f. clínica.
Hospitality. f. Hospitalidad.
Hospitalization. f. Hospitalización.
Hospitalize. v. Hospitalizar.
Host. f. (Rel.) Hostia. / m.Anfitrión, huésped. / Mesonero, posadero. / (Biol.) Huésped. / Hueste, ejército. / Multitud, muchedumbre.
Hostage. com. Rehén.
Hostess. f. Anfitriona, huéspeda / Dueña, ama. / Jefa de comedor, maestra de ceremonias. / Azafata.
Hostile. adj. Hostil, enemigo.
Hostility. f. Hostilidad, enemistad. / pl. Hostilidades, actos de guerra.
Hot. adj. Caliente, caluroso. / (Fig.) Acalorado, ardiente, vehemente. / Violento, feroz. (pelea, batalla). / Febril, urgente. / Fuerte, intenso. (calor, colores). / Fresco, reciente. (rastro). / Cercano, de cerca, apremiante. (persecución). / Picante. (comida). / Radioactivo. / (Metal.) En caliente. / (Pop.) Rapidísimo, muy veloz. / (Pop.) Robado, de con-

trabando. / (Pop.) Muy rítmico, apasionante, excitante. (jazz). / (Pop.) Caliente, excitado, con deseo sexual. / De última hora. (noticia). / (Pop.) Peligroso, inseguro. (un lugar para alguien). / (Pop.) Buscado por la policía, fugitivo. / adv. Con calor, calurosamente, acaloradamente.

Hot dog. m. (Fam.) Perro caliente.

Hotel. m. Hotel, f. posada, fonda.

Hotfoot. adv. (Fam.) Precipitadamente, rápidamente, impulsivamente, apresuradamente. / v. (Fam.) Apresurarse, darse prisa, precipitarse.

Hothead. adj. Persona arrojada o impetuosa, persona precipitada. / Exaltado, fanático.

Hotly. adv. Acaloradamente, ardientemente, vehementemente. / Apasionadamente. / Violentamente.

Hotshot. m. (Pop.) Vehículo muy rápido. / Obrero muy perito. / Pájaro de cuenta. / Tipo competente.

Hot stuff. f. (Pop.) Persona vivaz, persona enérgica. / Programa sensacional (lascivo o excitante). / Botín, artículos robados. / Persona o cosa interesante.

Hot water. m. (Fig.) Aprieto, lío.

Hot-water bottle. f. Bolsa de agua caliente.

Hound. m. Sabueso, podenco, galco, lebrel. / Perro. / (Fam.) Canalla, tipo despreciable. / Aficionado. / pl. (Náut.) Cacholas.

Hour. f. Hora. / pl. (Rel.) Horas. / Momento actual.

Hourglass. m. Reloj de arena.

Hour hand. m. Horario. (La manecilla del reloj).

Hourly. adv. Cada hora, por hora(s). / Frecuentemente, continuamente. / adj. Horario, de cada hora.

House. f. Casa. / Hogar, residencia, m. domicilio. / Concha del caracol. / Casa, descendencia, linaje. / Casa, familia. / Fraternidad religiosa, convento / Facultad, escuela o colegio superior de una universidad. / Pensión o internado. / m. (Teatr.) Público, auditorio. / Cámara del parlamento. / (Com.) Casa, firma. / v. Alojar, hospedar, albergar. / Guardar, almacenar.

House-builder. m. Constructor de casas.

Housecleaning. f. Limpieza de la casa.

Household. f. Familia, casa. / adj. Casero, familiar. / Doméstico, de la casa (tareas, gastos, etc.). / Común, familiar.

Householder. m. Amo o dueño de casa, padre o cabeza de familia.

Housekeeper. f. Ama de llaves, casera.

Housemaid. f. Criada, sirvienta.

Houseman. m. Criado de casa, sirviente.

House of Commons. f. Cámara de los Comunes.

House of Lords. f. Cámara de los Lores.

House sparrow. m. (Orn.) Gorrión.

Housewarming. f. Fiesta o reunión para celebrar el estreno de una casa.

Housewife. f. Ama de casa, madre de familia. / m. Estuche de costura, alfiletero.

Housework. m. Quehaceres domésticos.

Housing. m. Alojamiento, aposentamiento, f. morada, estancia,

How. adv. Cómo. / Cuán, qué. / conj. Como, que. / f. Manera, m. modo, f. forma.

However. conj. Sin embargo, no obstante. / De cualquier modo, como quiera que.

Howl. v. Aullar. / Hablar gritando, dar alaridos. / Rugir, bramar. (el viento). / Gritar, decir a gritos. / m., f. Aullido. / Alarido, chillido. / Bramido. (Del viento). / Risa muy aguda. / *Howl of laughter,* Carcajada, risotada.

Howling. adj. Aullador. / Triste, melancólico. / (Pop.) Tremendo.

Hoy. f. Lanchón, barcaza pesada. / interj. ¡Hola!, ¡oiga!, ¡eh!

Huckster. m. Buhonero, vendedor ambulante. / Agente de publicidad, propagandista comercial. / v. Regatear el precio. / Vender al por menor. Vender por las calles.

Huddle. v. Apinarse, amontonarse, arracimarse. / Acurrucarse, agazaparse. / Amontonar, apilar. / m., f. Turba, masa confusa. / Confusión, baraúnda. / Conferencia, reunión.

Hue. m. Color, tinte, matiz. / Vocerío, clamor durante una cacería.

Hue and cry. m. Alboroto, vocerío, protesta ruidosa. / f. Alarma, persecución pública de un delincuente.

Huff. v. Soplar. / Hinchar. / (Fig.) Inflar. / Irritar, encolerizar. / Soplar. (en el juego de damas). / Ofender, injuriar. / Intimidar. / Bufar, resoplar. / (Fam.) Hincharse, abultarse. / Ofenderse, resentirse. / m., f. Enfado, arranque de cólera o enojo, malhumor. / Soplo de una pieza. (en el juego de damas).

Huffy. adj. Malhumorado, resentido.

Hug. v. Abrazar. / Estrechar entre los brazos. / Aferrarse a. / (Fig.) Abrigar. (esperanzas, ilusiones). / Navegar cerca de, costear. (un barco). / Adherirse a.

Huge. adj. Enorme, inmenso, vasto.

Hugeness. f. Enormidad, inmensidad, magnitud.

Hulk. m. Casco de barco. / Barco viejo, carrac. / Pontón usado como cárcel. / Armatoste, cosa voluminosa, pesada o difícil de manejar. / Hombre grandote, cuerpo pesado (de una persona). / v. Mostrarse, vislumbrarse. (los objetos grandes).

Hull. m. Casco. (de barco o hidroavión). / Hollejo, vaina. (de legumbres) / Cáliz. (de la fresa) / Casquillo. (de un cartucho). / v. Mondar, desvainar, descascarar. / Perforar el casco, dar en el casco. (un proyectil).

Hum. v. Zumbar. / Tararear, canturrear. / (Fam.) Estar muy activo y animoso, estar en plena actividad. / m. Zumbido. / Murmullo, susurro.

Human. adj. Humano. / m., f. Humano, hombre.

Humanism. m. Humanismo, f. humanidad

Humanist. com. Humanista.

Humanitarian. f. Persona humanitaria, m.filántropo. / adj. Humanitario.

Humanity. f. Humanidad, naturaleza humana. / pl. Características y atributos humanos. / Benevolencia, filantropía. / Género humano, raza humana. / pl. Humanidades, letras.

Humanization. f. Humanización.

Humanize. v. Humanizar, civilizar, refinar.

Humankind. f. Humanidad, raza humana.

Humble. adj. Humilde, modesto, sumiso. / Humilde, bajo, insignificante. / v. Humillar, degradar, rebajar.

Humbleness. f. Humildad. / Modestia.

Humbling. m., f. Humillador, humillante.

Humdrum. adj. Monótono, aburrido, ordinario, común, trivial. / Pelmazo, persona cargante o pesada.

Humid. adj. Húmedo, mojado.

Humidifier. adj. Humedecedor, humectante. / m., f. Humedecedor, humectador. (aparato).

Humidity. f. Humedad.

Humiliate. v. Humillar, avergonzar.

Humiliating. adj. Humillante, degradante, vergonzoso.

Humiliation. f. Humillación, mortificación.

Humility. f. Humildad.

Humming. adj. Zumbador. / (Fam.) Activo, animoso, enérgico. / Intenso, grande.

Hummingbird. m. (Orn.) Colibrí, picaflor.

Humor, humour. m. Humor, gracia. / Humor, genio, índole. / Humorada, capricho. / (Biol.) Humor. / Carácter, talante. / v. Complacer, dar gusto a, mimar. / Acomodarse a, adaptarse a.

Humorist, humourist. m., f. Humorista. / Bromista.
Humoristic. adj. Humorístico. / Gracioso, chistoso.
Humorous. adj. Chistoso, gracioso, ocurrente.
Hump. f. Joroba, giba, corcova. / v. Encorvarse, doblar la espalda. / Apresurarse. / Correr a toda velocidad.
Humpbacked. adj. Jorobado, gibado, curcuncho.
Hunch. v. Doblar la espalda, encorvarse. / Empujar, dar empellones o codazos a. / m. Pedazo o trozo grueso. / Giba, corcova, joroba. / (Fam.) Corazonada.
Hunchback. f. Corcova, joroba, giba. / m. Corcovado.
Hundred. m. Ciento, centenar. / adj. Cien, ciento.
Hundredfold. m. Céntuplo, cien veces más.
Hundred-per-cent. adj Perfecto, puro, ciento por ciento.
Hundredth. adj. Centésimo. / m. Céntimo, centavo.
Hungarian. adj. Húngaro, de Hungría. / m. Húngaro. (idioma y persona).
Hungary. n.p. Hungría.
Hunger. f. Hambre. / m. (Fig.) Anhelo, deseo. / v. Tener hambre. / (Fig.) Anhelar, sentir anhelo por.
Hungry. adj. Hambriento. / (Fig.) Deseoso, ganoso, codicioso. / Pobre, estéril, árido.
Hung up. adj. (se usa generalmente con *on*). (Pop.) Peturbado emocionalmente por, neurótico. / Desconcertado, frustrado (por). / Adicto o sometido a.
Hunker. v. Acurrucarse, agacharse.
Hunks. m. Regañón, f. persona malhumorada. / Avaro.
Hunky. adj. Excelente, muy bien hecho, en buen estado. / (Pop.) Obrero extranjero.
Hunt. v. Cazar. / Perseguir, acosar. / m., f. Caza, cacería. / Persecución, acosamiento. / Busca, búsqueda. / Grupo de cazadores.
Hunter. m. Cazador, montero. / Buscador, escudriñador. / Perro de caza, caballo de caza. / Saboneta.
Hunting. f. Caza, cacería. / (Electr.) Fluctuación, oscilaciones. / adj. De caza.
Hurl. v. Lanzar, arrojar. / m. Tiro, lanzamiento.
Hurrah. interj. ¡Hurra!, ¡viva! / m. Viva. / v. Aclamar.
Hurricane. m. Huracán.
Hurricane lamp. m. Quinqué, f. linterna.
Hurried. adj. Apresurado, apremiado, precipitado.
Hurry. v. Apresurar, dar prisa a. / Acelerar, apremiar, incitar, acuciar. / Llevar de prisa. (a una persona). / f. Prisa, premura, apresuramiento, apremio. / *In a hurry,* Rápidamente, en caso de urgencia. (Fam.) Fácilmente. / *To be in a hurry,* Tener prisa, estar de prisa.
Hurt. v. Lastimar, herir. / Injuriar, ofender. / Estropear, dañar, perjudicar. / Causar daño. / Doler. / f. Lesión, herida, lastimadura. / Vejación, perjuicio. / Mal, daño.
Husband. m. Marido, esposo. / v. Ahorrar, administrar con economía. / Reservar, guardar. (fuerzas, energías). / Utilizar, aprovechar.
Hush. v. Apaciguar, calmar, aplacar, mitigar. / Acallar, imponer silencio. / Estar quieto, callar(se), enmudecer. / m y f. Silencio, quietud que sigue al ruido. / interj. ¡Chito!, ¡chist!
Husk. f. y m.Cáscara, hollejo, vaina. / (Fig.) Cáscara, cubierta. / v. Descascarar, deshollejar, desvainar, pelar, despellejar. Espinochar, despinocar (maíz).
Huskily. adj. Roncamente. / Secamente. (hablar).
Husky. adj. Cascarudo, cortezudo. / Ronco, bronco. / Robusto, corpulento, fornido. / Esquimal. / Perro esquimal.
Hustings. m. Tribunal de autoridades municipales. / f. Tribuna pública para discursos electorales. / m. Proceso electoral, elecciones. / (Fig.) Plataforma.
Hustle. v. Empujar, impeler. / Sacudir, menear. / Apresurar. / Conseguir, ganar. / (Pop.) Hurtar, robar, estafar. / Apresurarse, ir rápido. / Trabajar con mucho ahínco,

ajetrearse. / Andar a empellones. / (Pop.) Trabajar de prostituta. / m., f. Empujón, empellón. / Ajetreo, actividad enérgica. / (Pop.) Estafa, manera ilícita de ganarse la vida.
Hut. f. Choza, cabaña. / (Mil.) Barraca. / v. Alojar o vivir en una choza o cabaña, proveer de chozas.
Hyacinth. m. (Bot.) Jacinto. / (Mieral.) Jacinto.
Hybrid. m. (Biol.) Híbrido. / f. (Filol.) Palabra híbrida. / adj. Híbrido.
Hydrant. f. Boca de agua, toma de agua.
Hydraulic, hydraulical. adj. Hidráulico.
Hydraulics. f. La Hidráulica.
Hydrogen. m. (Quím.) Hidrógeno.
Hydrogenate. v. (Quím.) Hidrogenar.
Hydrogenation. f. (Quím.) Hidrogenación.
Hydrography. f. Hidrografía.
Hydrology. f. Hidrología.
Hydrophilous. adj. (Bot.) Hidrófilo. / Hidrófito.
Hydroplane. m. Hidroplano. / Hidroavión. / f. Aleta de submarino. / v. Deslizarse como un hidroplano, guiar o viajar en un hidroavión.
Hydrostatics. f. (Fís.) Hidrostática.
Hydrosulfide. m. (Quím.) Hidrosulfuro, sulfhidrato.
Hydrotherapeutics. f. (Med.) Hidroterapia.
Hydrotherapy. f. (Med.) Hidroterapia, hidropatía.
Hydrous. adj. Acuoso, aguado. / Hidratado.
Hydroxide. m. (Quím.) Hidróxido.
Hyena. f. (Zool.) Hiena.
Hygiene. f. Higiene.
Hygienic, hygienical. adj. Higiénico.
Hygienics. f. La Higiene.
Hygienist. m. y f. Higienista.
Hymen. m. (Anat.) Himen. / (Mit.) Himeneo.
Hymeneal. adj. Nupcial.
Hymn. m. Himno. / v. Alabar con himnos, cantar.
Hymnal. adj. Hímnico. / m. Himnario.
Hymnbook. m. Libro de himnos, himnario.
Hymnology. f. Himnología. / Colección de himnos.
Hyperbaton. m. (Gram.) Hipérbaton.
Hyperbole. f. (Ret.) Hipérbole.
Hyperbolism. m. Uso frecuente de la hipérbole.
Hypertrophy. f. Hipertrofia. / v. Hipertrofiarse.
Hyphen. f. Guión. / (Como verbo) Unir con guión, separar con guión.
Hyphenate. v. Unir con guión, separar con guión.
Hypnotic. adj. Hipnótico. / m. Hipnótico. / Persona hipnotizada.
Hypnotism. m. Hipnotismo, hipnosis.
Hypnotist. m., f. Hipnotizador, hipnotista.
Hypnotization. f. Hipnotización.
Hypnotize. v. Hipnotizar.
Hypnotizer. m., f. Hipnotizador.
Hypochondria. f. (Med.) Hipocondría.
Hypochondriac. adj. Hipocóndrico. / (Med.) Hipocondríaco, hipocóndrico. / m., f. (Med.) Hipocondríaco.
Hypochondriacal. adj. (Med.) Hipocondríaco, hipocóndrico.
Hypocrisy. f. Hipocresía.
Hypocrite. m. y f. Hipócrita.
Hypocritical. adj. Hipócrita.
Hypothec. f. Hipoteca.
Hypothecary. m. Hipotecario.
Hypothecate. v. Hipotecar.
Hypothetic, hypothetical. adj. Hipotético.
Hyssop. m. Hisopo.
Hysteria. f. Histeria. / (Med.) Histerismo.
Hysterical. adj. Histérico. / Sumamente emocional.
Hysterics. m. Ataque histérico.

I

I. peon. Yo. / *The I,* (Fil.) El ego, el yo.
Iberia. n.p. Iberia, Península Ibérica.
Iberian. adj. Ibérico, ibero.
Ibero-America. n.p. Iberoamérica.
Ibero-American. adj. Iberoamericano.
Ice. m. Hielo. / Granizado, sorbete. / Helado. / (cocina) Garapiña, capa dura de azúcar. / (Pop.) Diamantes, joyas. / v. Cubrir con hielo. / Congelar. / (cocina) Garapiñar, cubrir con capa dura de azúcar. / Helarse. / adj. De hielo, glacial.
Ice age. m. Período glaciar.
Iceberg. m. Témpano de hielo flotante.
Icebox. f. Nevera.
Icecap. m. Casquete polar. / m. Manto de hielo.
Ice-cold. m. Frío como el hielo.
Ice cream. m. Helado.
Ice cube. m. Cubito de hielo.
Iced. adj. Helado, congelado, refrigerado. / Garapiñado, cubierto con una capa dura de azúcar.
Icehouse. f. Nevera, m. depósito de hielo, f. fábrica de hielo.
Iceland. n.p.Islandia.
Icelander. m. Islandés.
Icelandic. adj... Islandés. / m. Idioma islandés.
Ice-skate. v. Patinar sobre el hielo. / m. Patín para hielo.
Ice storm. f. Tormenta de lluvia helada.
Ice tray. f. Cubeta para hielo.
Icicle. m. Carámbano.
Iciness. f. Frialdad, frigidez.
Icon. m. (Rel.) Icono. / (Fig.) Idolo, ideal.
Iconoclasm. f. Iconoclasia, iconoclastia.
Iconoclast. m. y f. Iconoclasta.
Iconolatry. f. Iconolatría.
Icy. adj. Cubierto de hielo. / Glacial, helado.
I'd. *Contracción de I had, I should o I would.*
Idea. f. Idea, noción, m. concepto.
Ideal. adj. Ideado, imaginario. / Dechado, modelo de perfección. / f. Meta, m. fin.
Idealism. m. Idealismo.
Idealistic. m. y f. Idealista.
Idealistically. adv. De modo idealista.
Ideality. f. Idealidad. / Ideal, m. producto de la imaginación.
Idealization. f. Idealización.
Idealize. v. Idealizar. / Trabajar de modo idealista.
Ideate. v. Idear, concebir.
Identical. m. Idéntico, igual. / Mismo.
Identifiable. adj. Identificable.
Identification. f. Identificación.
Identifier. m. Signo o medio de identificación.
Identify. v. Identificar.
Identity. f. Identidad.
Ideographical. adj. Ideográfico.
Ideologic, ideological. adj. Ideológico.
Ideologist. m. Ideólogo.
Ideology. f. Ideología.
Idiocy. f. Idiotez, imbecilidad. / Majadería, necedad.
Idiolect. f. Idiología, m. modo de hablar individual.
Idiom. m. Lenguaje, dialecto, f. jerga. / m. Modismo, f. locución. / m. Uso idiomático de una lengua. / Estilo, expresión característica de un escritor o artista.

Idiomatic. adj. Idiomático.
Idiosyncrasy. f. Idiosincrasia.
Idiot. m. Idiota, imbécil, necio, majadero.
Idotic, idiotical. Idiota, tonto, imbécil, necio.
Idle. adj. Ocioso, indolente, haragán. / Desocupado, sin colocación. Sin uso apropiado. / Inútil, vano. / v. Holgazanear, haraganear, estar ocioso, holgar. / Marchar en vacío. (un motor). / Gastar ociosamente, desperdiciar.
Idle money. m. Dinero muerto, que no produce.
Idler. m. Holgazán, perezoso.
Idol. m. y f. Ídolo. / (Lóg.) Falacia, falsa concepción.
Idolatry. f. Idolatría.
Idolization. f. Idolatría.
Idolize. v. Idolatrar, amar o admirar ciegamente.
Idyl, idyll. m. Idilio.
If. conj. Si, en caso de, siempre que, con tal que, suponiendo que. / Si es, de ser. / f. Hipótesis, suposición. / Estipulación, cláusula.
Igloo, iglu. m. Iglú.
Ignite. v. Encender, encenderse, inflamarse.
Ignitible. adj. Inflamable.
Ignobility. f. Villanía, bajeza.
Ignoble. adj. Innoble, miserable. / Plebeyo.
Ignominious. adj. Ignominioso, deshonroso.
Ignominy. f. Ignominia, m. oprobio, deshonra.
Ignorance. f. Ignorancia, m. desconocimiento.
Ignorant. adj. y m.Ignorante.
Ignorantly. adv. Ignorantemente.
Ignore. v. No hacer caso de, pasar por alto. / Desairar a alguien. / (Der.) Rechazar, sobreseer, desechar.
Ilex. f. (Bot.) Encina. / m. Acebo.
Ill. adj. Enfermo. / Nocivo, malsano. / Funesto, aciago, desafortunado. / Torpe, inhábil, difícil. / f. Mal, desgracia, infortunio. / f. Enfermedad, indisposición. / (Fig.) Malestar, dificultad.
I'll. *Contracción de I will o I shall.*
Illegal. adj. Ilegal, contra la ley, ilícito.
Illegality. f. Ilegalidad, ilicitud. / m. Acto ilegal.
Illegibility. f. Ilegibilidad.
Illegibly. adj. De modo ilegible.
Illegitimate. m. Ilegítimo, bastardo. / Mal deducido.
Ill fame. f. Mala fama, mala reputación.
Ill-fated. adj. Aciago, desafortunado, infausto.
Ill-favored, ill-favoured. adj. Feo, repulsivo.
Ill-humored, ill-humoured. adj. Malhumorado.
Illiberal. adj. y m. y f. Iliberal, conservador.
Illicit. adj. Ilícito, prohibido, ilegítimo.
Illimitable. adj. Ilimitable, infinito, ilimitado.
Ill-informed. adj. Mal informado.
Illiteracy. m. Analfabetismo, f. incultura, ignorancia. / (Gram.) Barbarismo.
Illiterate. m. Analfabeto, ignorante. / Iliterato, iletrado.
Illness. f. Enfermedad, m. mal, f. dolencia.
Illogic. adj. Falta de lógica.
Illogical. adj. Ilógico.
Illogicality. f. Falta de lógica.
Illogically. adv. Ilógicamente.
Illuminant. m. Iluminador, fuente de iluminación.
Illuminate. v. Iluminar, alumbrar. / Aclarar, elucidar, dilucidar. / Iluminar, ilustrar, adornar. (con colores, letra inicial, etc.) / Iluminar, decorar con luces.

Illumination. f. Iluminación, m. alumbrado. / f. (pl) Luces, m. equipo de alumbrado. / m. Esclarecimiento .f inspiración espiritual o mental. / Iluminación, adorno. (de un libro, etc., con colores brillantes, etc.) . / f. (Fís.) Iluminancia.

Illusion. f. Ilusión, m. ensueño, espejismo. / m. (tejido) Cendal.

Illusionist. m., f. Ilusionista, prestidigitador.

Illusive. adj. Ilusivo, falso, engañoso, aparente.

Illustrate. v. Ilustrar, explicar con ejemplos. / Ilustrar con grabados o láminas. / Demostrar.

Illustration. f. Ilustración.

Illustrative. adj. Ilustrativo, que ilustra, ilustrador.

Illustrious. adj. Ilustre, insigne, célebre, eminente.

I'm. *Contracción de I am.*

Image. f. Imagen. / v. Formar imagen o idea de. / Retratar, pintar. / Imaginar, concebir. / Reflejar, representar. / Simbolizar.

Imaginary. adj. Imaginario, irreal, imaginado. / (Mat.) Imaginaria, número imaginario.

Imagination. f. Imaginación, fantasía. / Imaginativa.

Imaginative. adj. Imaginativo, lleno de fantasía.

Imagine. v. Imaginar, concebir, formar una idea de, representarse, figurarse. / Imaginarse, suponer, pensar.

Imbecile. adj. Imbécil, estúpido, idiota.

Imbed. v. Embutir. / (Fig.) Fijar, plantar, meter.

Imbrute. v. Embrutecer (se).

Imitable. adj. Imitable.

Imitate. v. Imitar, copiar, plagiar, remedar.

Imitation. f. Imitación. / adj. Imitado, artificial, de imitación.

Immaculate. adj. Inmaculado. / Impecable, perfecto.

Immanent. adj. Inmanente, inherente.

Immaterial. adj. Inmaterial, incorpóreo. / Baladí, insubstancial, sin importancia..

Immature. adj. Inmaduro, verde. (frutas).

Immaturity. f. Inmadurez, falta de madurez. / Chiquillada, niñería.

Immeasurable. adj. Inmensurable, inconmensurable.

Immediate. adj. Inmediato, cercano. / Perentorio, instantáneo, urgente. / Directo, intuitivo.

Immemorial. adj. Inmemorial, inmemorable.

Immense. adj. Inmenso, ilimitado, muy grande, vasto, enorme. / (Pop.) Excelente, espléndido.

Immensity. f. Inmensidad, infinidad. / m. (Fig.) Coloso, f. cosa enorme.

Immerse. v. Sumergir, hundir. (en un líquido)..

Immersion. f. Inmersión.

Immigrant. m. y f. Inmigrante. / adj... Inmigratorio.

Immigrate. v. Inmigrar.

Immigration. f. Inmigración.

Imminence. m. y fInminencia. / Peligro inminente.

Imminent. adj. Inminente.

Immingle. v. Mezclar(se) íntimamente, combinar(se), fundir(se), entremezclar(se).

Immobility. f. Inmovilidad.

Immoderate. adj. Inmoderado, inmódico, excesivo.

Immodest. adj. Inmodesto. / Impúdico, indecente, indecoroso. / Pedante, presumido, presuntuoso.

Immolate. v. Inmolar, sacrificar.

Immoral. adj. Inmoral, libertino, vicioso.

Immorality. f. Inmoralidad, deshonestidad.

Immortal. adj. Inmortal.

Immortality. f. Inmortalidad.

Immortalize. v. Inmortalizar, perpetuar.

Immovability. f. Inmovilidad, inamovilidad.

Immovable. adj. Inamovible. / Impasible, inmutable, inconmovible. / (Der.) Inmóvil. / m. Inmuebles.

Immune. adj. Inmune. / m., f. Persona inmune.

Immunity. f. Inmunidad, exención, dispensa.

Immunize. v. Inmunizar.

Immunologist. m. Inmunólogo.

Immutable. adj. Inmutable, inalterable, invariable.

Impact. v. Fijar firmemente, embutir, engastar, incrustar. / m. Impacto. / (Fig.) Impacto, efecto.

Impacted. adj. Apretado. / (Odont.) Impactado.

Impair. v. Deteriorar, dañar, empeorar, menoscabar.

Impalpability. f. Impalpabilidad.

Impart. v. Impartir, conceder, compartir, comunicar.

Impartial. adj. Imparcial, equitativo, justo.

Impartiality. f. Imparcialidad, equidad, justicia.

Impartible. adj. Impartible, indivisible.

Impartibly. adv. Indivisiblemente.

Impartment. f. Impartición, repartimiento.

Impassable. adj. Intransitable, impracticable.

Impasse. m. Callejón sin salida, atolladero, f. dificultad insuperable.

Impassible. adj. Impasible, insensible, empedernido.

Impassion. v. Apasionar, enardecer. / (Fig.) Inflamar.

Impassive. asj. Indiferente, estoico. / Apático.

Impatience. f. Impaciencia.

Impatient. adj. Impaciente.

Impeach. v. Encausar, inculpar, acusar. / Poner en tela de juicio. / (Der.) Impugnar, recusar (testigo, etc.).

Impeacher. m., f. Delator, denunciador.

Impecunious. adj. Pobre, indigente.

Impede. v. Impedir, estorbar, dificultar, obstruir.

Impediment. m. Impedimento, obstrucción, f. traba, m. obstáculo. / (Der.) Impedimento.

Impel. v. Impulsar, impeler. / Compeler, incitar, instigar. / Empujar, mover.

Impellent. adj. Impelente. / m. Agente o f. fuerza impelente.

Impending, impendent. adj. Inminente, amenazante.

Impenetrability. f. Impenetrabilidad.

Impenetrable. adj. Impenetrable, impermeable. / (Fig.) Impenetrable, inescrutable, insondable.

Impenitence. f. Impenitencia.

Impenitent. adj. Impenitente, no arrepentido.

Imperative. adj. Imperativo, autoritario, imperioso. / (Gram.) Imperativo, exhortatorio. / Imperioso, perentorio, urgente. / m. (Gram.) Modo imperativo.

Imperfect. adj. Imperfecto.

Imperfectness. f. Imperfección.

Imperforate. adj. Imperforado, sin abertura. / m., f. Sello postal sin perforaciones.

Imperial. adj. Imperial. / Altivo, imperioso. / (Fig.) Soberbio, grandioso.

Imperialism. m. Imperialismo. / Gobierno, autoridad o sistema imperial.

Imperially. adv. Imperiosamente, imperialmente.

Imperious. adj. Imperioso, autoritario, dominador. / Imperativo, urgente.

Imperishable. adj. Eterno, indestructible.

Imperium. m. Imperio, poder absoluto, dominio. / (Der.) Derecho de mando, soberanía, poder.

Impermeability. f. Impermeabilidad.

Impermeable. adj. Impermeable.

Impermissibility. f. Intolerabilidad.

Impermissible. adj. Inadmisible, no permisible.

Impersonal. adj. Impersonal. / (Gram.) Impersonal, (verbo), indefinido (pronombre). / m., f. (Gram.) Verbo impersonal.

Impersonality. f. Impersonalidad.

Impertinence. f. Impertinencia.

Impertinency. Ver *impertinence*.

Impertinent. adj. Impertinente, importuno, insolente.
Imperturbability. f. Imperturbabilidad, serenidad.
Imperturbable. adj. Imperturbable, calmo, sereno.
Imperturbation. f. Calma, serenidad, placidez.
Impetuously. adv. Impetuosamente, vehementemente.
Impetus. m. Impetu. / Impulso, f. impulsión, m. incentivo, estímulo.
Impiety. f. Impiedad. / m. Acto impío.
Impingement. m. Choque. / f. Infracción, violación.
Impious. adj. Impío, irreligioso, profano. / Irrespetuoso, irreverente, desobediente.
Impish. adj. Travieso, pícaro, endiablado.
Implacability. f. Implacabilidad, inexorabilidad.
Implacable. adj. Implacable, inexorable.
Implacably. afv. Implacablemente, inexorablemente.
Implant. v. Implantar, arraigar, inculcar.
Implausible. adj. Poco plausible, improbable.
Implement. m. Implemento, utensilio, instrumento, f. herramienta. / v. Cumplir, llevar a cabo.
Implementation. f. Ejecución, m. cumplimiento, f. puesta en práctica.
Implicit. adj. Implícito, sobrentendido, tácito. / *Implicit in*, Contenido en, esencial en. / Completo, absoluto, ciego, *Implicit faith*, Fe ciega o absoluta.
Implicitness. f. Calidad de implícito.
Implied. adj. Incluido, implícito, tácito, sobrentendido.
Implore. v. Implorar, suplicar, rogar, invocar.
Imploringly. adv. Implorantemente, suplicantemente.
Implosive. (Fon.) adj. Implosivo. / m. Sonido implosivo.
Impolite. adj. Descortés, incivil, grosero.
Imponderability. f. Imponderabilidad
Imponderable. adj. Imponderable. / m., f. Substancia o elemento que no puede medirse o pesarse. / pl. Elementos espirituales imponderables..
Import. v. Significar, implicar, interesar, denotar. / (Com.) Importar (mercancías). / Importar, convenir, tener importancia. / m., f. Sentido, significado, significación. / Importancia, valor, peso, consecuencia. / (Com.) Mercancía importada, importación.
Importance. f. Importancia. / m. Peso, valor.
Important. adj. Importante, significativo.
Importation. f. (Com.) Importación, entrada.
Importunate. adj. Importuno, insistente, pesado.
Importune. adj. Importuno, insistente. / v. Importunar, apremiar, urgir, instar. / Molestar, fastidiar.
Importunity. f. Importunidad, porfía, importunación.
Impose. v. Imponer, gravar con. / Afectar, obligar. / (Rel.) Imponer las manos en confirmación.
Imposing. adj. Imponente, grandioso, tremendo.
Imposition. f. Imposición. (con todas las acepciones de la palabra castellana). / m. Abuso, engaño.
Impossibility. f. Imposibilidad. / Cosa imposible.
Impossible. adj. Imposible, irrealizable, impracticable. / Imposible, insoportable, intratable.
Impotent. adj. Impotente, débil. / (Med.) Impotente.
Impound. v. Acorralar, encerrar, aprisionar, restringir.
Impoverish. v. Empobrecer, depauperar. / Agotar, empobrecer la tierra. / Menguar, esquilmar, deteriorar.
Impoverishment. m. Empobrecimiento, f. depauperación.
Impracticable. adj... Impracticable, irrealizable, imposible. / Impracticable, intransitable.
Impractical. adj. Que no es práctico. / Quijotesco.
Imprecate. v. Imprecar, maldecir. / Blasfemar.
Imprecation. f. Imprecación, maldición, m. vituperio, reniego, f. anatema.
Imprecise. adj. Impreciso, inexacto, indefinido.

Impregnable. adj. Inexpugnable, inconquistable.
Impregnate. f. Preñada, embarazada. / Impregnado. / v. Preñar, embarazar.
Impress. v. Imprimir, marcar. / Estampar, grabar. / (Fig.) Inculcar. / Impresionar, causar impresión en. / Ejercer. (fuerza). / (Electr.) Aplicar.
Impressible. adj. Impresionante, imponente.
Impression. f. Impresión. / (Fig.) Impresión, efecto, sensación. / (Impr.) Impresión, ejemplar, copia. Placa grabada. Tiraje, edición. / Estampa, marca.
Impressionable. adj. Impresionable, susceptible.
Impressive. adj. Impresionante, emocionante, notable.
Impressiveness. m. Carácter impresionante, aspecto imponente, solemnidad.
Impressment. f. Expropiación para uso público.
Imprest. adj. Anticipado, adelantado, prestado. (dinero). / m. (Com.) Préstamo otorgado por el erario.
Imprint. v. Imprimir, marcar, estampar. / Fijar, grabar en la memoria, puntualizar. / f. Impresión, marca, huella. / (Impr.) Pie de imprenta, sello editorial.
Imprison. v. Encarcelar, aprisionar, encerrar.
Imprisonment. m. Encarcelamiento, f. reclusión.
Improbably. adv. Improbablemente.
Improbity. f. Improbidad, falta de propiedad, de integridad o de rectitud.
Improper. adj. Impropio, inadecuado, inepto.
Improperly. adv. Impropiamente, inadecuadamente. / Inexactamente, injustamente, incorrectamente.
Impropriate. adj. Secularizado. / v. Secularizar.
Impropriety. f. Impropiedad en el lenguaje, incongruencia. / Deshonestidad. / Incorrección.
Improvable. adj. Mejorable, perfectible, enmendable.
Improve. v. Mejorar, perfeccionar, aumentar. / Beneficiar, abonar tierras. / (Fam.) Emplear, utilizar. / Adelantar, hacer progresos. / (Com.) Valorizarse, subir.
Improvement. m. Mejoramiento, perfeccionamiento. / f. Mejoría, mejora, medra. / Adelanto, ventaja.
Improvidence. f. Improvidencia, m. descuido.
Improvident. adj. Impróvido, imprevisor, descuidado.
Improvisation. f. Improvisación.
Improvisator. m., f. Improvisador.
Improvisatorial. adj. Improvisador.
Imprudence. Imprudencia, irreflexión, descuido.
Imprudent. adj. Imprudente, indiscreto, irreflexivo.
Impudence. f. Impudencia, descaro, desvergüenza.
Impudent. adj. Impudente, descarado, atrevido.
Impugn. v. Impugnar, combatir, contradecir.
Impugnable. adj. Impugnable.
Impulse. m. Impulso, ímpetu, arranque. / v. Impulsar.
Impulsiveness. f. Impulsividad.
Impure. adj. Impuro. / Obsceno, adulterado, impúdico.
Impurity. f. Impureza.
Imputability. f. Imputabilidad.
Imputation. f. Imputación, atribución, acusación.
In. prep. En. / Con. / De. / Durante. / En, dentro de. / adv. Dentro, adentro, hacia adentro.
In. Abrev. de *inch. inches*, Pulgada (s).
Inability. f. Inabilidad. / Insuficiencia, impotencia.
Inaccessibility. f. Inaccesibilidad.
Inaccuracy. f. Inexactitud, incorrección, error.
Inaccurately. adj. Inexactamente, incorrectamente.
Inactivate. v. Hacer inactivo.
Inactive. adj. Inactivo. / Inerte, perezoso, indolente.
Inactively. adv. Inactivamente.
Inactivity. f. Inactividad, ociosidad.
Inadequacy. f. Insuficiencia, inadecuación.
Inadequate. adj. Inadecuado, deficiente, insuficiente.
Inadmissible. adj. Inadmisible, inaceptable.

Inadvertence. f. Inadvertencia, falta de atención, m. descuido, error.
Inadvertency. f. Inadvertencia, descuido, negligencia.
Inadvisable. adv. Inconveniente, poco aconsejable.
Inalterability. f. Inalterabilidad.
Inalterable. adj. Inalterable.
Inanimate. adj. Inanimado, muerto, exánime. / Desanimado, apagado, abatido.
Inanimately. adv. Desanimadamente.
Inanition. f. Inanición.
Inapplicable. adj. Inaplicable, inconveniente.
Inappreciable. adj. Inapreciable, insignificante.
Inappreciative. adj. Que no aprecia, ingrato.
Inapprehensible. adj. Ininteligible, incomprensible.
Inapprehension. f. Falta de comprensión.
Inapproachability. f. Inaccesibilidad.
Inapproachable. adj. Inaccesible, inasequible.
Inappropriate. adj. Inadecuado, impropio.
Inapt. adj. Inepto, inhábil, torpe. / Inadecuado.
Inaptitude. f. Inaptitud, inhabilidad, insuficiencia.
Inaptness. f. Ineptitud, torpeza. / Inconveniencia.
Inarticulate. adj. Inarticulado. (sonido). / Mudo.
Inattentive. adj. Desatento, distraído, descuidado.
Inaugural. adj. Inaugural. / m. Discurso inaugural. / f. Inauguración.
Inaugurate. v. Inaugurar. / Inaugurar. / Investir de un cargo. / Introducir, instalar, consagrar.
Inauguration. f. Inauguración, estreno. / Instalación, investidura, toma de posesión.
Inauspicious. adj. Poco propicio, desfavorable.
Inborn. adj. Innato, congénito, de nacimiento.
Inbreathe. v. Inspirar, aspirar, inhalar.
Inbred. adj. Insito, innato. / Endogámico, engendrado sin mezcla de familias o de razas.
Incage. v. Enjaular.
Incalculable. adj. Incalculable.
Incandescence. f, Incandescencia.
Incandescent. adj. Incandescente, candente.
Incapability. f. Incapacidad, ineptitud.
Incapable. adj. Incapaz, incompetente, inhábil, inepto. / (Der.) Incapaz, sin aptitud legal, inelegible.
Incapably. adv. Incompetentemente.
Incapacious. adj. Estrecho, angosto, limitado.
Incapacitate. v. Incapacitar, inhabilitar. / (Der.) Incapacitar, imposibilitar.
Incapacitation. f. Inhabilitación.
Incapacity. f. Incapacidad, inhabilidad, insuficiencia.
Incarnation. f. Encarnación, personificación.
Incatenation. m. Encadenamiento, f. concatenación.
Incautious. adj. Incauto, descuidado, negligente.
Incavation. f. Depresión, m. hueco, ahuecamiento.
Incendiary. adj. Incendiario. / m., f. Bomba o proyectil incendiario.
Incense. m. Incienso. / (Fig.) Incienso, f. alabanza, m. elogio, f. adulación. / Incensar. / v. Quemar u ofrecer incienso. / Exasperar, irritar, encolerizar.
Incentive. adj. Incitativo, incitador, incitante, estimulante. / m. Incentivo, estímulo, aliciente, acicate.
Inception. m. Principio, comienzo, f. iniciación, inicio.
Inceptive. adj. Incipiente, inicial. / (Gram.) Incoativo. / m. (Gram.) Verbo incoativo.
Incertitude. f. Incertidumbre, duda, indecisión.
Incessant. adj. Incesante, continuo, ininterrumpido.
Incessantly. adv. Incesantemente, continuamente.
Inch. f. Pulgada. / Pizca, porción mínima. / (Escocia, Irlanda) Isla. / Pequeño terreno aislado. / v. Mover o llevar por pulgadas..
Inchoate. adj. Incipiente. / (Der.) Incoado.

Inchoative. adj. Incipiente, incoativo.
Incidence. f. Incidencia. / Ocurrencia. / m. Efecto.
Incident. adj. (Fís., Der.) Incidente. / Concomitante. / m. Incidente, acaecimiento, acontecimiento.
Incidental. adj. Incidental, fortuito, accidental, casual. / (Com.) Incidental, accesorio. (gasto). / (Der.) Concomitante, accesorio. (poderes). / Elemento incidental.
Incineration. If. ncineración, cremación.
Incipience, incipiency. m. Principio, comienzo, inicio.
Incisive. adj. Incisivo, cortante. / (Fig.) Incisivo.
Incite. v. Incitar, instigar, estimular, acuciar.
Incitement. f. Incitación, instigación. / Aliciente.
Inciting. adj. Incitante, provocativo.
Incivility. f. Incivilidad, descortesía, desatención.
Inclement. adj. Inclemente, duro, riguroso. (tiempo). / Inclemente, severo, sin piedad. (carácter).
Inclination. f. Inclinación, propensión, parciaiidad, tendencia. / Inclinación, reverencia, venia. / Cuesta, pendiente, declive. / (Geom.) Inclinación.
Incline. v. Inclinarse, ladearse, sesgarse. / Inclinar, sesgar, doblar. / Inclinarse. / f. Declive, pendiente.
Include. v. Incluir, confinar. / Incluir, comprender.
Included. adj. Incluido, incluso. / (Bot.) Incluso.
Inclusion. f. Inclusión.
Inclusive. adj. Inclusivo. *Inclusive of,* Incluyendo.
Incoherence. f. Incoherencia, inconexión.
Incoherent. adj. Incoherente, inconexivo.
Income. f. Renta, m. rédito, utilidad. / m. (Com.) Ingreso, f. entrada.
Income account, income statement. f. (Com.) Cuenta de ingresos.
Incomer. m. y f. Inmigrante, m. recién llegado, intruso.
Income tax. m. Impuesto sobre la renta, impuesto a las utilidades. Impuesto sobre los réditos o los ingresos.
Incoming. adj. Entrante, que está por llegar, que empieza. / m., f. Entrada, llegada, arribo.
Incommensurable. adj. Inconmensurable.
Incommensurate. adj. Desproporcionado, inadecuado, insuficiente. / Inconmensurable.
Incommode. v. Incomodar, importunar, estorbar.
Incommodity. f. Incomodidad, inconveniencia, molestia. / Dificultad, m. estorbo, fastidio, f. desventaja.
Incommunicable. adj. Inconmunicable, indecible.
Incommutability. f. Inconmutabilidad.
Incommutable. adj. Inconmutable, inmutable.
Incompact. adj. Blando, fofo, suelto, esponjoso.
Incomparable. adj. Incomparable, sin igual, sin rival. / Inconmensurable, sin paralelo.
Incomparableness. f. Excelencia.
Incompatibility. f. Incompatibilidad.
Incompatible. adj. Incompatible, inconciliable.
Incompetence, incompetency. f. Incompetencia, incapacidad, ineptitud, inhabilidad. / (Der.) Incompetencia.
Incompetent. adj. Incompetente, incapaz, inepto.
Incomplete. adj. Incompleto, imperfecto, defectuoso.
Incomplex. adj. Incomplejo, incomplexo.
Incompliance, incompliancy. f. Inflexibilidad, terquedad. / Indocilidad, desobediencia.
Incomprehensibility. f. Incomprensibilidad.
Incomprehensible. adj. Incomprensible, ininteligible.
Incomprehension. f. Incomprensión.
Incomprehensive. adj. Incomprensivo. / Limitado.
Incompressible. adj. Incompresible, incomprimible.
Inconceivably. adv. Inconcebiblemente.
Inconclusive. adj. No concluyente, no decisivo.
Incondensable. adj. Que no se puede condensar.
Incondite. adj. Mal construido, imperfecto.
Inconformity. f. Inconformidad, desconformidad.

Incongruence. f. Incongruencia, inconexión.
Incongruent. adj. Incongruente, discordante.
Incongruous. adj. Incongruente. / Inadecuado.
Inconsequence. f. Inconsecuencia.
Inconsiderable. adj. Insignificante, baladí, trivial.
Inconsiderate. adj. Inconsiderado, precipitado, atolondrado. / Desconsiderado, desatento.
Inconsistence, inconsistency. f. Inconsistencia, incongruencia, contradicción, falta de armonía, incoherencia, falta de lógica.
Inconsistent. adj. Inconsistente, incongruente, inarmónico, incoherente, ilógico, contradictorio.
Inconsolable. adj. Inconsolable, desconsolado.
Inconsonance. f. Disonancia, m. desacuerdo.
Inconsonant. adj. Disonante, discordante.
Inconspicuous. adj. No conspicuo, poco aparente.
Inconstancy. f. Inconstancia, inestabilidad, veleidad.
Inconstant. adj. Inconstante, inestable, variable.
Inconsumable. adj. Inagotable, inacabable.
Incontinence. f. Incontinencia, m. desenfreno.
Incontinent. adj. Incontinente. / Desenfrenado.
Incontrollable. adj. Ingobernable, irrefrenable.
Incontrovertible. adj. Incontrovertible, indisputable.
Inconvenience. f. Inconveniencia, incomodidad, molestia, estorbo, embarazo. / v. Causar inconvenientes a.
Inconvenient. adj. Inconveniente, molesto, fastidioso.
Inconvertibility. f. Inconvertibilidad.
Inconvertible. adj. Inconvertible. (moneda).
Invincible. adj. Inconvencible, incontrolable.
Incorporate. adj. Incorpóreo, espiritual. / Incorporado. / Constituido en corporación.
Incorporation. f. Incorporación, m. unión, asociación.
Incorrect. adj. Incorrecto. / Impropio.
Incorrigible. adj. Incorregible, indócil.
Incorruptibility. f. Incorruptibilidad.
Incorruptible. adj. Incorruptible, probo, íntegro.
Incorruptly. adv. Incorruptamente.
Increasable. adj. Aumentable, acrecentable, crecedero.
Increase. v. Crecer, arreciar, recrudecer, acrecentarse. / Multiplicarse, propagarse.
Increasing. adj. Creciente, aumentativo, acrecentador.
Incredibility. f. Incredibilidad.
Incredible. adj. Increíble, inverosímil.
Incredibleness. f. Incredibilidad.
Incredulity. f. Incredulidad.
Incredulous. adj. Incrédulo, escéptico, descreído.
Increment. m. Añadidura, aumento, crecimiento. / f. Añadidura. / m. (Mat.) Incremento. / f. Gradación, / m. clímax.
Increscent. adj. Creciente. (la luna).
Incriminate. v. Incriminar, acriminar.
Incriminating. m., f. Acriminador, acusador.
Incrimination. f. Incriminación, acriminación.
Incrust. v. Incrustar, encostrar.
Incrustation. f. Incrustación, costra, m. sarro.
Incubation. f. Incubación. / (Med.) Incubación.
Inculcate. v. Inculcar.
Inculpable. adj. Inculpable, inocente.
Inculpate. v. Inculpar, incriminar, imputar, culpar.
Incurable. adj. Incurable. / m. Enfermo incurable.
Incurious. adj. Indiferente, sin curiosidad, descuidado.
Incursion. f. Incursión, correría.
Incuse. adj. Incuso, estampado. (monedas antiguas).
Indebted. adj. Endeudado, empeñado, entrampado.
Indebtedness. f. Obligación,m. agradecimiento. / f. (Com.) Obligaciones, deudas.
Indecency. f. Indecencia, obscenidad, inmodestia.
Indecent. adj. Indecente, indecoroso, impropio.

Indecipherable. adj. Indescifrable, incomprensible.
Indecision. f. Indecisión, irresolución, vacilación.
Indecisive. adj. Indeciso, irresoluto, vacilante.
Indecorous. adj. Indecoroso, impropio, irrespetuoso.
Indecorousness. m. Indecoro, f. falta de respeto.
Indeed. adv. Verdaderamente. / interj. ¡De veras!
Indefatigable. adj. Infatigable, incansable.
Indefatigableness. f. Fuerza o energía inagotable.
Indefatigably. adv. Infatigablemente, incansablemente.
Indefectibility. f. Indefectibilidad.
Indefectible. adj. Indefectible, impecable.
Indefensible. adj. Indefendible, insostenible..
Indefensibly. adv. Inexcusablemente.
Indefinable. adj. Indefinible, indescriptible.
Indefinite. adj. Indefinido, indeterminado, incierto, vago, impreciso.
Indefinitely. adv. Indefinidamente.
Indefiniteness. f. Calidad de indefinido, indefinición.
Indelibility. f. Indelebilidad.
Indelible. adj. Indeleble, imborrable.
Indelibly. adv. Indeleblemente.
Indelicate. adj. Indelicado, indecoroso, desatinado.
Indemnify. v. Indemnizar, compensar, resarcir, desagraviar, satisfacer.
Indent. v. Dentar, endentar, mellar. / Abollar. / Machihembrar, ensamblar, encajar. / Redactar o extender por duplicado. Cortar en zigzag un documento hecho por duplicado. / (Impr.) Sangrar. / Formarse una depresión o muesca. / Expedir una orden escrita por duplicado. / f. Muesca, mella, m. diente, f. ensambladura. / m. Documento hecho por duplicado y cortado en zigzag, contrato, escritura. / f. Orden de requisición.
Indentation. f. Abolladura, depresión, hendidura.
Independence. f. Independencia, autonomía, libertad.
Independency. f. Independencia, autonomía, libertad.
Independent. adj. Independiente, libre. / Adinerado.
Indescribable. adj. Indescriptible, inenarrable.
Indestructibility. f. Indestructibilidad.
Indestructible. adj. Indestructible.
Indeterminable. adj. aIndeterminable.
Indeterminate. adj. Indeterminado, indefinido, impreciso. / (Mat.) Indeterminado. / (Bot.) Racimoso.
Indetermination. f. Indeterminación, irresolución.
Index. m. Indice, vestigio, f. señal. / m. (Mat.) Índice. / (Rel.) Índice de libros prohibidos. / f. (Impr.) Manecilla. / m. (Mec.) Indice, indicador.
India. n.p. La India.
India ink. f. Tinta china.
Indian. adj. Indio, índico. / m. Indio. / f. Lengua india.
Indian meal. f. Harina de maíz.
Indian summer. m. Veranillo, veranito de San Martín.
Indic. adj. y m. Indico, indio.
Indicate. v. Indicar, señalar, denotar, significar.
Indication. f. Indicación, sugerencia. / Indicación.
Indicative. adj. (Gram.) Indicativo / Indicativo, sugestivo. / m., f. (Gram.) Modo indicativo.
Indicatory. m. Indicador, demostrativo.
Indicia. f. Indicios, señales, indicaciones. / Marca de franqueo impresa.
Indict. v. Acusar. / (Der.) Encausar, enjuiciar, procesar.
Indictable. adj. (Der.) Encausable, procesable.
Indifference. f. Indiferencia, apatía, insensibilidad.
Indifferent. adj. Indiferente. / De poca o ninguna importancia, insignificante. / Mediocre, pobre, regular. (calidad, calificaciones, etc.) / (Quím., Fís.) Indiferente, neutro. / (Biol.) Sin diferenciación.
Indifferently. adv. Indiferentemente. / Mediocremente, pobremente, regularmente.

Indigence. f. Indigencia, pobreza, inopia.
Indigenous. adj. Indígena, nativo, autóctono.
Indigent. adj. Indigente, necesitado, pobre.
Indigestible. adj. Indigestible.
Indigestion. f. Indigestión, empacho.
Indign. adj. Indigno, despreciable, impropio.
Indignation. f. Indignación, m. enojo, enfado.
Indignity. f. Indignidad, m.insulto, oprobio, ultraje, f. injuria, afrenta. / m. Desprecio, desdén.
Indirect. adj. Indirecto. / (Fig.) Torcido, desviado.
Indirection. f. Tortuosidad, rodeo, falsedad. / Falta de dirección, vaguedad.
Indiscipline. f. Indisciplina.
Indiscreet. adj. Indiscreto, poco juicioso, imprudente.
Indiscrete. adj. No separado, unido, compacto.
Indiscretion. f. Indiscreción, imprudencia.
Indiscriminate. adj. Sin distinción, indistinto.
Indiscriminating. adj. Que no distingue.
Indiscrimination. f. Falta de criterio.
Indiscriminative. adj. Que no distingue.
Indispensability. f. Indispensabilidad.
Indispensable. adj. Indispensable, imprescindible.
Indisposed. adj. Indispuesto. (de salud). / Falto de entusiasmo.
Indisposition. f. Indisposición, m. malestar, f. destemplanza.
Indisputable. adj. Indisputable, irrefutable.
Indistinct. adj. Indistinto, confuso, borroso.
Indite. v. Redactar. / Poner por escrito.
Individual. adj. Individual, particular, singular. / m. Individuo, sujeto, f. persona.
Individualist. adj. y m., f. Individualista.
Individuality. f. Individualidad. / Característica. / Personalidad.
Individualization. f. Individualización.
Individualize. v. Individualizar, individuar, hacer individual. / Tratar o notar individualmente, particularizar.
Individuate. v. Individuar. / Dotar de individualidad.
Indivisibility. f. Indivisibilidad.
Indivisible. adj. Indivisible. / Partícula indivisible.
Indocile. adj. Indócil, cerril, intratable, insociable.
Indocility. f. Indocilidad.
Indoctrinate. v. Adoctrinar, enseñar, inculcar.
Indolence. f. Indolencia. / (Med.) Insensibilidad.
Indolent. adj. Indolente. / (Med.) Indoloro.
Indomitable. adj. Indomable, indómito. / Invencible, insuperable, inconquistable.
Indoor. adj. Interno, interior, de puertas adentro, que se hace dentro de la casa o bajo techo.
Indubitable. adj. Indudable, incuestionable, indisputable, indiscutible.
Indubitably. adv. Indubitablemente, indudablemente.
Induce. v. Inducir, mover, incitar, persuadir. / Efectuar, causar, producir. / (Fís.) Inducir, producir por inducción.
Induct. v. Instalar en un cargo o función, admitir en una sociedad. / Incorporar, reclutar. / *To induct into*, Iniciar, instituir en. / Conducir, llevar. / (Fís.) Inducir.
Induction. f. Instalación en un puesto, m. cargo, f. dignidad, etc., admisión en una sociedad.
Inductive. adj. Inductor, incitador. / Inductivo. (razonamiento, etc.) . / (Electr.) Inductivo, inductor.
Indulge. v. Mimar, consentir, ser complaciente o indulgente con. / Ceder a. (ganas, etc.).
Indulgence. f. Indulgencia. / (Com.) Prórroga. / (Rel.) Indulgencia. / v. (Rel.) Indulgenciar.
Indulgent. adj. Indulgente, condescendiente.
Indurate. adj. Endurecido, duro. / (Med.) Indurado. / v. Endurecer, encallecer. / Avezar, acostumbrar. / Arraigar,

establecer. / Endurecerse, encallecerse. / Arraigar(se), establecerse, empedernirse.
Industrial. adj. Industrial. / m. (Com.) pl. Acciones de una sociedad industrial.
Industrialization. f. Industrialización.
Industrious. adj. Industrioso, aplicado, diligente.
Industry. f. Industria. / Aplicación, diligencia.
Inebriation. f. Ebriedad, embriaguez, borrachera.
Inedible. adj. Incomible, incomestible.
Inedited. adj. Inédito, no publicado. / Sin redactar.
Ineducable. adj. Ineducable, que no puede educarse.
Ineffability. f. Inefabilidad.
Ineffable. adj. Inefable, inenarrable, inexpresable.
Ineffective. adj. Ineficaz, sin efecto, inútil. / Incapaz.
Ineffectually. adv. Ineficazmente, futilmente.
Ineffectualness. f. Ineficacia, futilidad.
Inefficacious. adj. Ineficaz, inadecuado.
Inefficacy. f. Ineficacia, futilidad, inutilidad.
Inefficiency. f. Ineptitud, incompetencia, ineficacia.
Inefficient. adj. No eficiente, incompetente, incapaz, inepto. / Ineficaz, inútil. / m., f. Persona poco eficiente.
Inelasticity. f. Falta de elasticidad.
Ineligibility. f. Inelegibilidad, calidad de inelegible.
Ineligible. adj. Inelegible, no apto. / m., f. Persona inelegible.
Ineligibly. adv. De modo inelegible.
Inept. adj. Inepto, incapaz. / Inadecuado, impropio, inapropiado. / Absurdo, tonto, necio.
Inequality. f. Desigualdad, disparidad. / Desnivel. (del terreno). / Variabilidad, inconstancia.
Inequity. f. Inequidad, desigualdad, falta de equidad.
Inerasable. adj. Imborrable, indeleble.
Inerrant. adj. Inerrable, infalible.
Inert. adj. Inerte. / Perezoso, flojo.
Inessential. adj. No esencial, prescindible, sin importancia. / f. Detalle sin importancia.
Inestimable. adj. Inestimable, inapreciable.
Inevitability. f. Inevitabilidad, fatalidad.
Inevitably. adv. Inevitablemente, fatalmente.
Inexactness. f. Inexactitud.
Inexcusable. adj. Inexcusable, imperdonable.
Inexistence. f. Inexistencia.
Inexorable. adj. Inexorable, inflexible, implacable.
Inexpedient. adj. Inoportuno, inconveniente.
Inexpensive. adj. Barato, poco costoso.
Inexpert. adj. Inexperto, inhábil.
Inexplainable. adj. Inexplicable, incomprensible.
Inexplicability. m. Carácter inexplicable.
Inexplicit. adj. No explícito, no definido, ambiguo.
Inexpressible. adj. Inexpresable, inefable, inenarrable.
Inexpressive. adj. Inexpresivo.
Inexpugnable. adj. Inexpugnable, inconquistable.
Inextricability. f. Calidad de inextricable.
Infallibility. f. Infalibilidad.
Infallible. adj. Infalible.
Infamous. adj. Infame, vil. / Infamatorio, ignominioso, vergonzoso. / (Der.) Infame, infamante.
Infamy. f. Infamia. / m. Acto infame, f. torpeza.
Infancy. f. Infancia, m. niñez. / m., f. (Der.) Menor edad, minoridad, minoría.
Infant, m., f. Infante, criatura. / (Der.) Menor. / adj. Infantil, de niño. / En su infancia, joven.
Infatuate. adj. Infatuado. / Amartelado, locamente enamorado. / v. Amartelar. / Infatuar, embobar, atontar.
Infatuated. adj. Locamente enamorado, amartelado.
Infatuation. m. Amartelamiento. / f. Infatuación.
Infeasible. adj. Impracticable, infactible.
Infect. v. Infectar, contagiar, contaminar. / Influir.

Infection. f. Infección, m. contagio, f. contaminación. / Enfermedad infecciosa. / m. Agente infectante.

Infectious. adj. Infeccioso, contagioso.

Infective. adj. Infectivo, infeccioso.

Infecundity. f. Infecundidad, infructuosidad.

Infelicity. f. Infelicidad, m. infortunio, f. desgracia. / m. Desacierto, desatino.

Infer. v. Inferir, deducir, concluir. / Hacer inferencias.

Inferable. adj. Que puede inferirse.

Inference. f. Inferencia, deducción.

Inferior. adj. Inferior, más bajo. / Subordinado, subalterno. / Inferior, mediocre, deslucido. / (Bot.) Infero. / (Impr.) Debajo de la línea, a manera de subíndice. / m. Inferior, subordinado.

Infertility. f. Infertilidad, esterilidad.

Infest. v. Infestar, plagar.

Infinite. m. Infinito.

Infinitive. m. (Gram.) Infinitivo.

Infinity. f. Infinidad, infinitud, lo infinito, inmensidad. / m. (Mat.) Infinito.

Infirm. adj. Achacoso, enfermizo, débil. / Débil de carácter, irresoluto. / Inestable, inseguro. / v. Infirmar.

Infirmity. f. Debilidad, endeblez, fragilidad. / Enfermedad, dolencia, achaque. / Flaqueza, lado flaco.

Infix. v. Clavar, encajar, empotrar. / Inculcar, infundir. / (Gram.) Interponer letra o sonido como infijo. / m., f. (Gram.) Infijo, afijo.

Inflame. v. Inflamar. / Inflamarse.

Inflammability. f. Inflamabilidad.

Inflammable. adj. Inflamable, combustible. / Irascible, irritable. / f. Substancia o cosa inflamable.

Inflammatory. adj. Incendiario, sedicioso, incitante, / (Med.) Inflamatorio

Inflatable. adj. Inflable, que puede inflarse.

Inflate. v. Inflar. / Inflarse.

Inflated. adj. Inflado. / De inflación (precios, etc.), en inflación (moneda). / (Bot.) Hueco e hinchado (tallo, cápsula), abierto y abultado (periantio).

Inflation. f. Inflación.

Inflationism. f. Política inflacionista, m. inflacionismo.

Inflationist. m. y f. Inflacionista,

Inflect. v. Torcer, doblar, desviar. / Modular (la voz).

Inflection, inflexion. f. Inflexión, curvatura. / Inflexión, acento, modulación. (de la voz). / Flexional.

Inflective. adj. Doblegable. / (Gram.) Flexional.

Inflexibility. f. Inflexibilidad.

Inflexible. adj. Inflexible, rígido. / Indoblegable.

Inflict. v. Infligir (derrota), asestar (golpe), imponer (castigo, pena), causar (herida, sufrimiento). / *To inflict oneself upon*, Imponer a otros su propia compañía.

Inflicter. m. Causante, autor.

Infliction. f. Imposición. / Molestia, m. fastidio. / f. Pena, m. castigo.

Inflorescence. f. (Bot.) Inflorescencia. / Florescencia.

Inflow. f. Afluencia, m. flujo hacia dentro, f. entrada.

Influence. f. Influencia. / (Fig.) Ascendencia, autoridad. / v. Influir en o sobre, inducir, persuadir.

Influent. adj. Que fluye hacia dentro. / Afluente.

Influential. adj. Influyente, poderoso.

Influx. f. Afluencia, m. flujo hacia dentro. / f. Desembocadura, salida de un río.

Inform. v. Informar, comunicar a, enterar. / (Fig.) Formar, moldear.

Informality. f. Informalidad.

Informant. m. y f. Informante, informador. / m., f. Soplón, delator.

Information. f. Información. / Denuncia, m. cargo. / (Der.) Acusación por el fiscal. / m. Dato, conocimiento.

Informative. adj. Informativo, instructivo.

Infraction. f. Infracción, transgresión, violación.

Infrangible. adj. Infrangible, irrompible. / (Fig.) Inquebrantable, inviolable.

Infrastructure. f. Infraestructura, m. fundamento.

Infrequent. adj. Infrecuente, poco común, raro.

Infringe. v. Infringir, transgredir, violar. / *To infringe on, to infringe upon*, Invadir, abusar de, usurpar, violar.

Infringer. m., f. Infractor, violador.

Infuriate. adj. Furioso, enfurecido. / v. Enfurecer.

Infuriating. adj. Exasperante, irritante, que enfurece.

Infuse. v. Verter en, vaciar en. / Infundir, instilar, inculcar (principios, cualidades). / Hacer una infusión de.

Infusion. f. Infusión, instilación, maceración.

Infusive. m., f. Inspirador. / m. (Teol.) Infuso.

Ingenerate. adj. Ingénito, innato, connatural. / v. Generar interiormente, engendrar, producir.

Ingenious. adj. Ingenioso, genial.

Ingeniousness. m. Ingenio, f. ingeniosidad.

Ingenuity. m.Ingenio, f. ingeniosidad, inventiva. / m. Artefacto Ingenioso.

Ingenuous. adj. Ingenuo, inocente, candoroso, franco.

Ingrain. v. Fijar, impregnar, teñir en hilado o rama. / adj. Teñido en rama. / (Fig.) Innato, inherente. / m., f. Fibra teñida antes de ser procesada. / Cualquier tejido hecho con esa fibra.

Ingrate. adj. y m. Ingrato.

Ingredient. m. Ingrediente. / Componente, integrante.

Ingression. f. Entrada, m. ingreso.

Ingurgitate. v. Ingurgitar, engullir.

Ingurgitation. f. Ingurgitación, voracidad, glotonería.

Inhabit. v. Habitar, poblar, vivir en, residir en. / Establecerse, radicarse.

Inhabitability. f. Habitabilidad.

Inhabitation. f. Habitación, el acto de habitar.

Inhabiter. m. y f. Habitante.

Inhaler. m. y f. Persona que hace inhalaciones. / Inhalador. / f. (Fam.) Copa ancha.

Inharmony. f. Inarmonía, discordia. / Disonancia.

Inherency. f. Inherencia, inmanencia. / m. Carácter o atributo inherente.

Inherent. adj. Inherente, inmanente, intrínseco.

Inherit. v. Heredar, recibir en herencia. / Suceder, ser heredero.

Inheritable. adj. Heredable, hereditario, transmisible. / Que puede heredar, con derecho a heredar.

Inheritance. f. Herencia. / *Inheritance of*, Sucesión a.

Inhibit. v. Inhibir, reprimir, impedir, detener.

Inhibition. f. Inhibición.

Inhospitable. Adj. Inhospitalario. / Inhóspito, árido.

Inhospitality. f. Inhospitabilidad.

In-house. adj. y adv. Interno, de la casa, de dentro.

Inhuman. adj. Inhumano, cruel, brutal. / No humano, fuera de lo humano.

Inhumanity. f. Inhumanidad, m. salvajismo, f. crueldad.

Inhumation. f. Inhumación, entierro.

Inhume. v. Inhumar, sepultar, enterrar.

Inimitably. adv. Inimitablemente, incomparablemente.

Initial. adj. m. Inicial, incipiente, primero. / Inicial (letra). / v. Poner iniciales a, firmar con las iniciales.

Initiate. v. Iniciar, instruir, enseñar. / adj. Iniciado.

Initiation. f. Iniciación, m. comienzo, principio. / Rito o f. ceremonia de admisión.

Initiative. adj. m. Iniciativo. / f. Iniciativa.

Injection. f. Inyección.

Injudicious. adj. Indiscreto, imprudente.

Injudiciously. adv. Indiscretamente, imprudentemente.

Injudiciousness. f. Indiscreción, imprudencia.

Injure. v. Dañar, estropear, menoscabar. / Lastimar, lesionar, herir. / Injuriar, ofender, agraviar.

Injured. adj. Lesionado, herido. / Ofendido.

Injurer. m., f. Perjudicador. / Injuriador.

Injurious. adj. Perjudicial, dañino, lesivo. / Injurioso, agravioso, difamatorio.

Injury. m. Daño, perjuicio. / f. Lesión, herida. / m. (Der.) Daño, agravio.

Injustice. f. Injusticia, arbitrariedad.

Ink. f. Tinta. / v. Entintar.

Inkling. m. Indicio, f. sospecha. / Noción vaga.

Inkpot. m.Tintero.

Inkstand. f. Tintero, portatintero.

Inkwell. m. Tintero.

Inky. adj. Entintado, parecido a la tinta. / (Fig.) Oscuro, negro.

Inland. adj. Interior, interno. / Del país, local, nacional. / m. Interior. (de un país). / adv. Tierra adentro.

In-law. m. y f. Pariente político.

Inlay. v. Embutir, taracear, incrustar. / Montar. (grabados). / m. Embutido, f. taracea, incrustación. / m. Empaste. (en un diente).

Inlet. f. Abra, caleta, cala, ensenada. / Entrada, admisión. (de un motor). / v. Empotrar, embutir.

Inn. f. Posada, fonda, hostería.

Innate. adj. Innato, congénito, natural, connatural.

Inner. adj. Interior, interno. / Intimo. / Recóndito.

Innervate. v. (Fis.) Inervar. / Proveer de nervios.

Innkeeper. m. Mesonero, posadero, hospedero.

Innocence. f. Inocencia.

Innocent. adj. Inocente, libre de culpa. / Puro, inmaculado. / Cándido, simple, ingenuo. / Inocuo, inofensivo.

Innocuous. adj. Inocuo, inofensivo.

Innovate. v. Innovar. / Hacer cambios o innovaciones.

Innovative. adj. Innovador, novedoso.

Innovator. m., f. Innovador.

Innumerable. adj. Innumerable.

Innutrition. f. Desnutrición, falta de alimentación.

Inobservance. f. Inobservancia. (d e una ley, etc.) . / Inatención, desatención, m. descuido.

Inodorous. adj. Inodoro, sin olor.

Inoperable. adj. Impracticable. / (Med.) Inoperable.

Inoperative. adj. Inoperante, ineficaz. / Inaplicable.

Inopportune. adj. Inoportuno, intempestivo.

Inordinate. adj. Excesivo, inmoderado..

Inordinateness. m. Exceso, f. demasía, inmoderación. / m. Desorden, desarreglo.

Inoxidizable. adj. Inoxidable.

Inoxidize. v. Inoxidar, hacer inoxidable.

Inpatient. m., f. Enfermo internado.

Input. m. (Mec.) Consumo, gasto, f. energía absorbida, potencia consumida. / f. (Electr.) Entrada, potencia de entrada, energía de entrada. / m. Dinero invertido.

Inquietude. f. Inquietud, turbación, agitación.

Inquirable. adj. Investigable.

Inquire. v. Inquirir, averiguar, indagar, investigar. / Hacer una pregunta, preguntar. / Hacer una investigación o examen.

Inquiring. adj. Inquisitivo, interrogativo.

Inquiry. f. Pregunta, averiguación. / Encuesta, investigación, indagación, pesquisa..

Inquisition. f. Inquisición, investigación. / f. (Rel.) Inquisición, m. Santo Oficio.

Inquisitive. adj. Inquisitivo, inquisitorio. / Curioso.

Inquisitiveness. f. Curiosidad, manía de preguntar.

Inroad. f. Incursión, correría, m. ataque inesperado, invasión, saqueo. / f. (Fig.) Intrusión, incursión.

Insalubrious. adj. Insalubre.

Insane. m. Insano, loco, m. y f. demente. / adj. De o para dementes.

Insaneness. f. Locura, demencia, alienación mental.

Insanity. f. Locura, demencia. / (Der.) Insania. / (Fig.) Locura, m. desatino, f. insensatez.

Insatiate. adj. Insatisfecho, insaciable.

Inscribe. v. Inscribir. (Con todas las acepciones de la palabra castellana). / Dedicar, dirigir. (un libro, etc.) .

Inscription. f. Inscripción, m. registro. / m. Rótulo, f. leyenda, inscripción, letrero. / Dedicatoria.

Inscrutable. adj. Inescrutable.

Insect. m. Insecto.

Insecticidal. adj. y f. Insecticida.

Insecurity. f. Inseguridad, incertidumbre. / m. Peligro, riesgo.

Insemination. f. Inseminación, fecundación.

Insensate. adj. y m. y f. Inconsciente, insensible. / Insensato, tonto, fatuo.

Insensibility. f. Insensibilidad, incapacidad de sentir, inconsciencia. / Imperceptibilidad.

Insensible. adj. Insensible, inconsciente. / Imperceptible. / Incomprensible, sin sentido. / Insensible, duro, impasible.

Insensitive. adj. Insensible, indiferente, insensitivo.

Insensitivity, insensitiveness. f. Insensibilidad.

Insert. v. Insertar. / f. Inserción. / m. (Cine.) Letrero explicativo proyectado sobre la pantalla.

Insertion. f. Inserción. / m. (Costura) Entredós. / f. (Biol.) Inserción.

Inset. v. Insertar, intercalar, embutir. / f. Inserción, intercalación. / m. Comienzo, flujo. (de la marea, etc.) .

Inshore. adj. Cercano a la orilla. / adv. Cerca de la orilla, hacia la orilla.

Inside. m. f. Interior, parte de adentro, contenido. / (Fam.) Forro. (de una prenda de vestir). / f. Naturaleza o ser interior. / (pl) Entrañas. / m. Mediados. (de mes, de la semana, etc.). / adj. Confidencial, de confianza. / Para trabajos en la casa. / Interior. / adv. Dentro, hacia adentro, en el interior. / prep. Dentro de.

Insider. m. y f. Persona informada, persona enterada. / Miembro de un grupo o asociación.

Insight. f. Penetración, perspicacia, m. discernimiento, f. agudeza de ingenio.

Insignia. f. Insignia, señal, divisa honorífica. / m. Distintivo, f. emblema, marca.

Insignificance. f. Insignificancia.

Insincerity. f. Insinceridad, doblez.

Insinuate. v. Insinuar, introducir paulatinamente, infiltrar. / Sugerir, indicar, lanzar indirectas..

Insinuation. f. Insinuación, sugestión, alusión. / m. Congraciamiento. / f. (Fam.) Indirecta, pulla.

Insipid. adj. Insípido, soso, desabrido. / Insípido.

Insipidity. f. Insipidez.

Insipidly. adv. Insípidamente, insulsamente.

Insipidness. f. Insipidez, sosería.

Insipient. adj. Ignorante.

Insist. v. Insistir.

Insistence, insistency. f. Insistencia, porfía, urgencia.

Insistent. adj. Insistente, porfiado, obstinado.

Insobriety. f. Intemperancia, embriaguez.

Insociable. adj. Insociable, intratable, huraño.

Insofar as. adv. En cuanto a, en lo que respecta a.

Insolation. m. Asoleo. / f. (Med., Meteorol.) Insolación.

Insolent. adj. Insolente, descarado, procaz. / Soberbio, desvergonzado. / Insolente, sinvergüenza.

Insoluble. adj. Insoluble.

Insolvent. adj. Insolvente. (persona). / De insolvencia.

Insomnia. m. Insomnio.
Insomnious. adj. Insomne, desvelado.
Insomuch. adv. De tal modo, hasta tal punto.
Inspect. v. Inspeccionar, examinar, revisar.
Inspection. f. Inspección, m. examen, registro.
Inspectoral. adj. De inspector, inspectorial.
Inspectorate. m. Distrito a cargo de un inspector. / Cuerpo de inspectores.
Inspectorship. m. Cargo de inspector, f. inspectoría.
inspiration. f. Inspiración, aspiración. / Inspiración, musa. / Idea brillante.
Inspirational. m., f. Inspirado. (orador). / Inspirante, inspirativo. (tema, conversación, etc.) . / De inspiración divina.
Inspire. v. Inspirar, inhalar, aspirar. / Estimular. / Influenciar. / Provocar, causar, producir. / Comunicar inspiración.
Inspiring. adj. Inspirante, inspirador. / Alentador.
Instability. f. Inestabilidad, inconstancia.
Instable. adj. Inestable, inconstante, variable.
Installation. f. Instalación.
Installment, instalment. f. Instalación. / Entrega, cuota, m. pago parcial.
Instant. m., f. Instante, ocasión, momento. / Corriente, mes corriente. / Ad. Inmediato, urgente, corriente. / Actual, presente. / Insistente, perentorio. / Directo. / Instantáneo, que se prepara en un instante.
Instantaneous. adj. Instantáneo, breve, fugaz. / Inmediato. / (Electr.) Momentáneo.
Instate. v. Instalar, colocar, disponer, situar en empleo.
Instauration. f. Restauración, m. restablecimiento, f. renovación, m. renuevo.
Instep. m. Empeine del pie.
Instigate. v. Instigar, provocar, inducir. Fomentar.
Instigation. f. Instigación, incitación, provocación.
Instinct. m. Instinto, impulso natural..
Institute. v. Instituir, establecer, fundar. / Iniciar, entablar. / Instalar. / m.Instituto, establecimiento. / pl. (Der.) Instituta, instituciones.
Institution. f. Institución. / (Der.) Institución, m. derecho, f. práctica o uso establecidos. / m.Instituto, plantel educativo. / (Der.) Nombramiento de herederos.
Institutionalize. v. Institucionalizar, estabilizar, dar una organización estable a. / Confinar a alguien en una institución.
Instruct. v. Instruir, enseñar, educar. / Ordenar, mandar, dar instrucciones. / (Der.) Preparar el alegato..
Instruction. f. Instrucción, educación. / Instrucción, orden. / m. Conocimiento, saber. / f. Lección.
Instructive. adj. Instructivo, educativo, ilustrativo.
Instructor. m., f. Instructor.
Instrument. m. Instrumento, agente. / f. Herramienta, m. aparato. / (Mús.) Instrumento. / (Der.) Instrumento, documento, escritura. / v. Solicitar por instrumento legal. / (Mús.) Orquestar, instrumentar.
Insubordinate. adj. Insubordinado.
Insubordination. f. Insubordinación, rebeldía.
Insufferabe. adj. Insufrible, intolerable.
Insufficiency. f. Insuficiencia.
Insufficient. adj. Insuficiente. / Incapaz, inepto.
Insulant. adj. Aislador, aislante.
Insular. adj. Insular, isleño. / Aislado, separado. / (Fig.) Intolerante, estrecho de miras. / (Med.) Insular.
Insularity. f. Insularidad, aislamiento. / m. (Fig.) Estrechez de conceptos.
Insulate. v. Aislar.
Insulating. adj. Aislador, aislante.
Insulation. f. (Fís., Electr.) Aislamiento.

Insult. v. Insultar, injuriar, ofender. / m.Insulto,f. ofensa, injuria. / m. (Med.) Ataque, traumatismo.
Insulting. adj. Insultante.
Insuperable. adj. Insuperable, inmejorable, invencible, inalcanzable.
Insurable. adj. Asegurable.
Insurance. m. Seguro, f. garantía. / m. Contrato de seguro. / f. Prima de seguro. / m. Valor asegurado. / f. Seguridad, medida o sistema de protección.
Insurance policy. f. Póliza de seguro.
Insure. v. Asegurar. (vida, bienes, etc.) . / Afianzar. / Asegurarse, vender o comprar seguros.
Insured. m., f. Asegurado. / adj. Asegurado. / (contra daños o perjuicios).
Insurmountable. adj. Insuperable, invencible, infranqueable.
Insurrection. f. Insurrección, rebelión, sublevación, m. levantamiento.
Insusceptibility. f. Insensibilidad, falta de susceptibilidad.
Insusceptible. adj. Insensible, inconmovible.
Intact. adj. Intacto, ileso, entero, completo, íntegro.
Intake. f. Admisión / Toma. / Aspiración, absorción. / Entrada, m. orificio de entrada. / f. Cantidad tomada o consumida, m. consum.
Intangibility. f. Intangibilidad. / Cosa intangible.
Intangible. adj. Intangible, impalpable. / f. Cosa intangible o impalpable.
Intangibly. adv. De modo intangible, intangiblemente.
Integral. adj. Integral. / Completo, íntegro, esencial. / m. (Mat.) Integral.
Integrality. f. Integridad, totalidad.
Integrate. v. Integrar, constituir, formar, completar. / Unificar. / (Mat.) Integrar.
Integration. f. Integración.
Integrative. adj. Integrante.
Integrity. f. Integridad, entereza, probidad. / Integridad, totalidad.
Intellect. m. Intelecto, entendimiento, f. inteligencia. / Persona inteligente, m. y f. intelectual.
Intellectual. adj. Intelectual, del intelecto.
Intellectuality. f. Intelectualidad.
Intellectualize. v. Dar carácter intelectual a, expresar en forma razonable, intelectualizar.
Intelligence. f. Inteligencia, m. intelecto, f. razón, m. entendimiento. / Información, noticia, información secreta. / m. Servicio de espionaje.
Intelligent. adj. Inteligente, ingenioso.
Intelligently. adv. Inteligentemente, ingeniosamente.
Intelligibility. f. Inteligibilidad, comprensibilidad.
Intelligible. adj. Inteligible, comprensible, claro. / (Fil.) Inteligible.
Intemperance. f. Intemperancia, destemplanza.
Intendancy. f. Intendencia.
Intended. adj. Intencional. / Prometido, futuro. / f. Prometida, m. prometido, m. novio, f. novia.
Intense. adj. Intenso, fuerte, vivo. / Intensivo, vehemente, ardiente, profundo. / (Foto.) Reforzado.
Intensification. f. Intensificación, m. acrecentamiento.
Intensifier. m. (Electr., Electr.) Intensificador. / (Foto.) Reforzador.
Intensity. f. Intensidad, fuerza, potencia. / f. (Fís., electr.) Intensidad. / m. (Foto.) Contraste del negativo.
Intensive. adj. Intensivo. / m., f. (Gram.) Palabra o afijo intensivo.
Intention. f. Intención, m. propósito. / f. pl. Intenciones. (a propósito de matrimonio). / (Rel.) Intención. (De misa u oración). / m. (Lóg.) Concepto. / f. (Med.) Intención.

Inter. v. Enterrar, sepultar, inhumar.
Interaction. f. Influencia recíproca, interacción
Interactive. adj. Mutuo, recíproco
Intercalate. v. Intercalar, interpolar, añadir.
Intercede. v. Interceder, mediar.
Intercept. v. Interceptar. / (Geom.) Cortar. / (Anat.) Prevenir, detener, impedir. / f. (Geom.) Intersección.
Interception. f. Interceptación. / (Mat.) Intersección.
Interceptive. adj. Interceptor.
Interchange. v. Intercambiar, trocar, permutar. / Alternar, variar, cambiar. / Cambiarse, alternarse. / m., Intercambio, trueque, f. permuta. / m. Cruce.
Interchangeable. adj. Intercambiable, permutable.
Intercommunicate. v. Intercomunicar..
Interconnect. v. Interconectar, conectar entre sí.
Interconnection. f. Interconexión.
Intercontinental. adj. Intercontinental.
Intercourse. f. Correspondencia, m. intercambio, f. comunicación, relación, m. vínculo. / m. Coito, f. cópula.
Interdepend. v. Depender mutuamente.
Interdependence. f. Interdependencia, dependencia recíproca.
Interdiction. f. Interdicción, m. veto, f. prohibición. / m. (Der., Rel.) Interdicto.
Interest. m. Interés, f. participación. / m. Negocio. / Provecho, beneficio. / f. Atención, curiosidad. / m. (Com.) Rédito. / v. Interesar.
Interested. adj. Interesado.
Interesting. adj. Interesante.
Interfere. v. Oponerse, meterse, inmiscuirse. / Interferir, interponerse. / Tropezarse, trastabillar. (los caballos).
Interference. m. Tropiezo, traspié. / f. Intromisión, m. entremetimiento, f. ingerencia.
Intergalactic. adj. Intergaláctico.
Interior. adj. Interior, interno. / De tierra adentro.
Interiority. f. Interioridad.
Interiorly. adv. Interiormente.
Interject. v. Interponer, interpolar.
Interjection. f. Interpolación, intervención. / (Gram.) Interjección, voz interjectiva, exclamación.
Interjectory. adj. Interpuesto, interpolado.
Interjoin. v. Incorporar, unir recíprocamente.
Interlace. v. Entrelazar, entretejer. / Entrelazarse.
Interline. v. Interlinear, enterrenglonar.
Interlineal. adj. Interlineal, interlineado, alternado.
Interlink. v. Enlazar, eslabonar.
Interlock. v. Trabar, entrelazar. / (Mec.) Enclavar. / Enclavar, encerrojar. (señales de ferrocarril).
Interlocution. f. Interlocución, conversación, plática.
Interlocutor. m., f. Interlocutor.
Interlude. m. Intervalo. / (Mús.) Interludio. / (Teatr.) Intermedio, entreacto. / Entremés, f. farsa, comedia.
Intermeddler. m. Entremetido.
Intermediary. adj. Medianero, intermedio. / Término o grado intermedio. / m., f. Mediador, intermediario.
Intermediator. m. Mediador, intermediario.
Interminable. adj. Interminable, inacabable.
Interminate. adj. Sin fin, ilimitado. / Inacabado.
Intermission. m. (Teatr.) Intermedio, entreacto. / f. Intermisión, interrupción. / m. Intervalo, f. pausa, m. respiro. / f. (Med.) Intermitencia.
Intermittence. f. Intermitencia.
Intermittent. adj. Intermitente, recurrente, periódico.
Intern. v. Internar, recluir, encerrar. / Trabajar como interno. / Interno, médico practicante.
Internal. adj. Interno. / Inherente, intrínseco. / Doméstico, intestino, nacional. / (Psicol.) Interior, subjetivo. / m., f. pl. (Anat.) Organos internos.

Internality. f. Calidad de interno, interioridad.
Internally. adv. Internamente, interiormente.
International. adj. Internacional.
Internationalize. v. Internacionalizar.
International law. m. Derecho internacional.
Internationally. adv. Internacionalmente.
Internship. m. Servicio o f. práctica como interno.
Interpellate. v. Interpelar, interrogar formalmente.
Interpellation. f. Interpelación.
Interpenetrate. v. Penetrar en todas partes. / Compenetrarse.
Interpersonal. adj. Entre personas, personal.
Interphone. m. Interfono.
Interplay. f. Interacción, acción recíproca, influencia recíproca. / v. Ejercer influencia recíproca.
Interpose. v. Interpolar, interponer. / Remplazar gradualmente una figura por otra. (Cinem.). / Interponerse / Mediar, intervenir. / Interrumpir.
Interpret. v. Interpretar, traducir. / Explicar, entender..
Interpretation. f. Interpretación, traducción oral. / m.Sentido, entendimiento. / f. Representación.
Interpretative. adj. Interpretativo. / Debido a la interpretación.
Interpreter. m. y f. Intérprete.
Interrelation. f. Correlación.
Interrogate. v. Interrogar, preguntar.
Interrogative. adj. y m. Interrogativo.
Interrogator. m., f. Interrogador, examinador.
Interrogatory. adj. Interrogativo. / Interrogatorio.
Interrupt. v. Interrumpir.
Interruption. f. Interrupción. / Pausa, m. intervalo.
Intersect. v. Cruzar. / Intersectarse, cruzarse.
Interspace. m. Intervalo, intersticio.
Intersperse. v. Entremezclar, intercalar, esparcir.
Interstate. adj. Interestatal.
Intertwist. v. Entrelazar (se).
Interurban. adj. y m. Interurbano.
Interval. m. Intervalo, f. pausa, m. intermedio. / Claro, vacío, espacio. / (Mús.) Intervalo.
Intervene. v. Intervenir. / Ocurrir, sobrevenir, acontecer. / Interponerse, mediar, terciar. / Atravesarse, estar entre o en medio. / (Der.) Interponer tercería.
Intervening. adj. Intermedio, intercurrente.
Intervention. f. Intervención. / Interposición, mediación. / Intromisión, interferencia.
Interview. f. Entrevista, interviú. / v. Entrevistar.
Interviewee. adj. Entrevistado.
Interviewer. m., f. Entrevistador.
Interweave. v. Entretejer (se). / Entrelazar (se).
Intestine. adj. Intestino, interior. / m. (Anat.) Intestino.
Intimacy. f. Intimidad, familiaridad, amistad íntima. / Relaciones sexuales, m. contacto íntimo.
Intimate. v. Intimar, anunciar, notificar. / Sugerir, insinuar, dar a entender. / adj. Intimo, personal, privado. / Estrecho, entrañable. / Profundo. (conocimiento).
Intimation. f. Intimación. / Insinuación, indicación, sugerencia. / m. Indicio. / f. Indirecta, pulla.
Intimidate. v. Intimidar, amedrentar.
Into. prep. A, en. / Hasta. / Dentro, adentro.
Intolerance. f. Intolerancia, intransigencia.
Intolerant. adj. Intolerante, intransigente.
Intonate. v. Entonar.
Intone. v. Entonar. / Salmodiar.
Intoxicant. Embriagante, embriagador. / Intoxicante.
Intoxicated. v. Ebrio, embriagado.
Intoxicating. adj. Embriagador, emborrachador.
Intoxication. f. Borrachera, embriaguez. / (Med.) Intoxicación. / (Fig.) Embriaguez, excitación.

Intractable. adj. Intratable, huraño, ingobernable, indisciplinado. / Refractario. / Incurable. (úlcera). / Incultivable. (terreno). / Difícil de trabajar. (metales).

Intramuscular. adj. (Med.) Intramuscular.

Intransigent. adj. Intransigente, intolerante.

Intransitive. adj. (Gram.) Intransitivo.

Intravenous. adj. (Med.) Intravenoso.

Intrepid. adj. Intrépido, valeroso.

Intrepidity. f. Intrepidez, m. valor.

Intrepidness. f. Intrepidez, m. arrojo, valor.

Intricacy. f. Intrincación, m. intrincamiento, embrollo, enredo. / Detalle intrincado.

Intrigant. m. Hombre intrigante.

Intrigante. f. Mujer intrigante.

Intrigue. f. Intriga. / Intriga amorosa. / v. Engañar, trampear mediante intrigas, / Intrigar, despertar la curiosidad de. / Confundir, dejar perplejo. / Tramar, complotar, maquinar. / Tener intrigas amorosas.

Intriguing. adj. Intrigante, fascinante, seductor.

Intrinsic. adj. Intrínseco, esencial, inherente. / (Anat.) Intrínseco.

Introduce. v. Introducir. / Presentar una persona a otra. / Proponer, presentar. (proyecto de ley, etc.).

Introduction. f. Introducción, m. prefacio, preámbulo. / f. Presentación de una persona a otra. / Implantación.

Introductory. adj. Introductorio, preliminar.

Intromission. f. Intromisión. / m. Entremetimiento. / f. Introducción, admisión, iniciación.

Introspect. v. Examinar con introspección..

Introspection. f. Introspección.

Introvert. m. Introvertido. / adj. Introverso. / v. Dirigir hacia sí mismo.

Intrusion. f. Intrusión, m. entremetimiento, f. impertinencia.

Intuit. v. Intuir, percibir por intuición.

Intuition. f. Intuición, aprehensión inmediata.

Intuitional. adj. De la intuición, acerca de la intuición. / Intuitivo.

Inunction. f. Untura, unción, frotación. / (Med.) Inunción. / m. Ungüento, linimento.

Inundate. v. Inundar, anegar.

Inundation. f. Inundación.

Inurbanity. f. Descortesía.

Inutile. adj. Inútil.

Invade. v. Invadir. / Infringir, atropellar, violar. / Permear, extenderse por.

Invalid. adj. Inválido, enfermizo, débil. / m., f. Persona inválida. / v. Caer enfermo, lisiar. / Dar de baja por invalidez. / Retirarse por invalidez.

Invalidate. v. Invalidar, anular.

Invalidation. f. Invalidación, anulación.

Invalidity. f. Nulidad, invalidez. / Inhabilitación, incapacidad.

Invaluable. adj. Invalorable, inapreciable, inestimable.

Invariability. f. Invariabilidad.

Invariably. adv. Invariablemente.

Invasion. f. Invasión, infracción, violación.

Invective. adj. Insultante, ultrajante, injurioso. / f. Invectiva, censura, m. vituperio.

Invent. v. Inventar.

Invention. f. Invención, m. invento. / f. Fabricación, falsedad. / Inventiva, m. ingenio, f. ingeniosidad.

Inventive. adj. Inventivo, ingenioso.

Inventory. m. Inventario. / f. Existencias. / v. Hacer un inventario.

Inverse. adj. Inverso, contrario, invertido. / m. Lo inverso. / v. Invertir.

Inversely. adv. Inversamente.

Inversion. f. Inversión.

Invert. v. Invertir, volver al revés. / Cambiar el orden de, trastrocar, transponer. / (Quím.) Someter a inversión. / adj. (Quím.) Invertido. (el azúcar). / m., f. Homosexual.

Invertebrate. adj. Invertebrado. / De poco carácter, de voluntad débil.

Invest. v. Investir, conferir autoridad, dignidad, etc. / (Fig.) *To invest with,* Cubrir de, envolver en. Dotar de, revestir con o de, adornar con o de. / Invertir. (dinero, tiempo, talento). / (Mil.) Sitiar, cercar. / Hacer una inversión.

Investigate. v. Investigar.

Investigation. f. Investigación.

Investigative. adj. Investigador. / adj. De investigación.

Investiture. f. Investidura, instalación. / m. Oficio, cargo, f. dignidad. / Investidura, entrega, m. acto de dar posesión, toma de posesión. / f. Indumentaria, vestimenta, m. ropaje.

Investment. f. Inversión. (de capital). / Investidura, instalación. / m. (Mil.) Sitio, bloqueo.

Investor. m. y f. Inversionista, accionista.

Inviable. adj. Incapaz de sobrevivir, no viable.

Invidious. adj. Difamante, denigrante. / Odioso, ofensivo, injusto.

Invigilate. v. Invigilar, vigilar. / Vigilar, supervisar. (un examen).

Invigilation. f. Vigilancia.

Invigorate. v. Vigorizar, fortificar, fortalecer, animar.

Invigorating. adj. Vigorizador, fortaleciente.

Invincible. adj. Invencible, inconquistable.

Inviolable. adj. Inviolable, inquebrantable. / Invulnerable, inexpugnable.

Inviolate. adj. Inviolado, puro, intacto, íntegro.

Invisibility. f. Invisibilidad.

Invisible. adj. Invisible.

Invitation. f. Invitación, m. convite. / f. Sugerencia, proposición. / m. Incentivo, estímulo, f. tentación.

Inviting. adj. Tentador, incitante, seductor.

Invocation. f. Invocación, plegaria, súplica. / m. Conjuro. / (Der.) Suplicatorio, mandamiento, exhorto.

Involuntarily. adv. Involuntariamente.

Involuntary. adj. Involuntario.

Involve. v. Involucrar, complicar, comprometer. / Complicar, intrincar, enredar. / Comprender, abarcar, incluir. / Entrañar, implicar. / Absorber, preocupar. / (Mat.) Elevar a una potencia.

Involvement. m. Envolvimiento, f. complicación, intrincación.

Invulnerably. adv. De manera invulnerable, invulnerablemente.

Inwall. f. Pared interior. / v. Amurallar, murar.

Inward, inwards. adj. Interior, interno. / adv. Hacia adentro, hacia el centro, hacia el interior. / m., f. Lo que está dentro. / (pl.) (Fam.) Entrañas, vísceras.

Inwardly. adv. Internamente, interiormente, privadamente.

Iodine, iodin. m. (Quím.) Yodo.

Ionization. f. Ionización.

Ionize. v. Ionizar(se), separar en iones.

Irascibility. f. Irascibilidad.

Irascible. adj. Irascible, irritable, colérico.

Irascibly. adv. Irasciblemente, de modo irascible, coléricamente.

Irate. adj. Airado, furioso, encolerizado.

Ire. f. Ira, cólera, furia.

Ireful. adj. Iracundo, furioso.

Ireland. n.p. Irlanda.

Iridescent. adj. Iridiscente, tornasolado.
Iris. m. (Anat.) Iris. / Arco iris. / (Bot.) Lirio. / (Mitol.) Iris. / v.Irisar.
Irish. adj. Irlandés. / m., f. Natural de Irlanda. / Gaélico, irlandés. (el idioma).
Irish Gaelic. adj. Gaélico de Irlanda.
Irishman. m. Irlandés, natural de Irlanda.
Irishwoman. m. Irlandesa.
Irk. v. Fastidiar, molestar, irritar, aburrir, cansar.
Irksome. adj. Fastidioso, molesto, tedioso.
Iron. m. Hierro, fierro. / Arpón. / f. Plancha. (para planchar ropa). / pl. Hierros, grillos, esposas. / (Fig.) Fuerza, firmeza, poder. / (Pop.) Revólver, pistola. / *In irons,* En grillos, preso. / *Into irons,* (Navegación) Incapaz de moverse o virar. (un velero, debido al ángulo que forman las velas y el viento).
Iron Age. f. Edad de Hierro.
Ironbound. adj. Zunchado, revestido de hierro. / Escabroso, rocoso. / Férreo, duro, inflexible, rígido.
Ironing board. f. Tabla de planchar.
Ironmongery. f. Ferretería, quincallería, quincalla.
Ironside. m. Hombre fuerte, hombre de gran valor o resistencia. / pl. (Náut.) Acorazado. / f. (Hist.) Caballería de Oliverio Cromwell. Nombre dado a Oliverio Cromwell.
Ironsmith. m. Herrero, herrador de caballos.
Ironware. f. Ferretería, artículos de ferretería. / m. Conjunto de ollas y sartenes caseras de hierro.
Ironworker. m. Herrero.
Irony. f. Ironía / adj. Ferruginoso.
Irradiant. adj. Radiante, esplendoroso.
Irradiate. v. Irradiar. / (Fig.) Iluminar, alumbrar. / Tratar con irradiación. / adj. Resplandeciente, iluminado.
Irradiation. f. Irradiación.
Irrational. adj. Irracional, irrazonable, absurdo, ilógico. / (Mat.) Irracional. / m.. (Mat.) Número irracional.
Irrationality. f. Irracionalidad.
Irreconcilable. adj. Irreconciliable, incompatible, inconciliable. / Implacable. / Inconsistente. / m., f. Persona irreconci liable o intransigente.
Irrecoverable. adj. Irrecuperable, incobrable.
Irrecoverably. adv. Irreparablemente.
Irrecusable. adj. Irrecusable.
Irreducible. adj. Irreducible, irreductible.
Irrefutable. adj. Irrefutable, irrebatible.
Irregular. adj. Irregular. (con todas las acepciones de la palabra castellana) / m. (Mil.) Soldado que no pertenece al ejército regular.
Irregularity. f. Irregularidad. / m. (Med.) Estreñimiento.
Irrelevance. f. Inconexión, falta de pertinencia.
Irrelevant. adj. No pertinente, inaplicable.
Irrelievable. adj. Irremediable, no mitigable.
Irreligious. adj. Irreligioso, impío, incrédulo.
Irremissible. adj. Irremisible. / Obligatorio.
Irremissibly. adj. Irremisiblemente. Obligatoriamente.
Irremovable. adj. Inamovible.
Irreparable. adj. Irreparable, irrecuperable.
Irrepealable. adj. Irrevocable.
Irreplaceable. adj. Irremplazable, insustituible.
Irrepressibility. m. Espíritu irreprimible.
Irresistibility. f. Calidad de irresistible.
Irrisisible. adj. Irresistible.
Irresoluble. adj. Irresoluble, insoluble, indisoluble.
Irresolute. adj. Irresoluto, indeciso, vacilante.
Irresponsibility. f. Irresponsabilidad.
Irresponsible. adj. Irresponsable, insolvente.
Irresponsive. adv. Que no responde, insensible.
Irretrievable. adj. Irrecuperable, irreparable.

Irreverence. f. Irreverencia, falta de respeto, desacato.
Irreverent. adj. Irreverente, irrespetuoso, desatento.
Irreversible. adj. Irreversible, irrevocable.
Irrevocable. adj. Irrevocable, inapelable, inalterable.
Irrigable. adj. Irrigable, de regadío.
Irrigate. v. Regar, mojar, humedecer. / (Med.) Irrigar.
Irrigation. m. Riego. / f. (Med.) Irrigación.
Irritable. adj. Irritable, excitable.
Irritant. adj. Irritador, irritante. / m., f. Circunstancia irritante, motivo de irritación. / f. (Med.) Sustancia irritante. / m. (Der.) Irritante.
Irritate. v. Irritar, exasperar, enojar.
Irritating. Iadj. rritante, fastidioso, enojoso.
Irritation. f. Irritación.
Irritative. adj. Irritador. / (Med.) Irritante.
Irrupt. v. Irrumpir, invadir.
Irruption. f. Irrupción, invasión.
Is. *Tercera persona singular del presente del indicativo de to be.*
Islam. adj. Islamismo, el Islam.
Islamic. m. Islámico, musulmán.
Islamism. m. Islamismo. / Nacionalismo islámico.
Islamite. adj. Islamita, musulmán.
Island. f. Isla. / (Náut.) Superestructura, m. puente en el lado de estribor de un portaaviones. / v. Aislar. / Hacer una isla de. / (Fig.) Salpicar, motear.
Islander. adj. y m. Isleño, insular.
Isle. f. (Poesía) Isla, isleta. / v. Convertir en isla.
Isn't. *Contracción de is not.*
Isobar. f. (Met.) Isobara. / m. (Quím.) Isobaro.
Isolate. v. Aislar.
Isolation. m. Aislamiento.
Isolator. m. Aislador. / (Electr.) Seccionador, aislador. / f. Material para absorber las vibraciones.
Israeli. adj.Israelí, del Estado de Israel.
Issuable. adj. Emisible. / Discutible.
Issuance. f. Emisión, promulgación, publicación.
Issue. f. Emisión, emergencia. / Salida, escape, paso. / Resultado, consecuencia, secuela. / Progenie, prole, sucesión. / pl. Ganancia, rédito, utilidad. / Número. (de revista, etc.) . / Tirada, edición.
Issuer. m., f. Emisor, dador, distribuidor. / Otorgante, expedidor (de un documento, etc.) .
It. Ello, lo, la, eso, esto.
Italian. adj. m. Italiano.
Italic. adj. Itálico. / Cursivo, bastardillo. / f. pl. Letras cursivas, bastardillas.
Italy. n.p. Italia.
Itch. m. Comezón, picazón, prurito. / f. Sarna. / m. (Fig.) Prurito, comezón, f. inquietud. / v.Picar, sentir comezón o picazón. / Desear vehementemente.
Item. m. Item, artículo, f. noticia, m. detalle. / m. Párrafo, suelto, f. partida.
Itemize. v. Detallar, especificar, particularizar.
Iteration. f. Iteración, repetición, reiteración.
Iterative. adj. Iterativo. / (Gram.) Frecuentativo.
Itineracy, itinerancy. f. Peregrinación, m. viaje incesante, cambio frecuente de residencia.
Itinerant. adj. Ambulante. / m., f. Viandante.
Itinerary. m. Itinerario. / f. Relación de un viaje.
It'll. *Contracción de it will.*
Its. Su, sus.
It's. *Contracción de it is o it has.*
Itself. Sí, sí mismo.
I've. (Fam.) *Contracción de I have.*
Ivory. m. Marfil. / Color del marfil. / Colmillo, especialmente de elefante. / pl. (Pop.) Dados. / f. Teclas del piano. Bolas de billar. / pl. (Pop.) Dientes.

J

Jab. *v.* Pinchar, punzar, herir con arma blanca. / f. Punzada, m. pinchazo, f. estocada, m. puntazo.

Jabberwocky. f. Jerigonza, guirigay.

Jack. n. p. *Jack*, Juanito, Jaimito. / m. Personaje común, un tipo cualquiera. / f. (Mec.) Gata, m. cric. / f. Sacabotas. / Torno de asador. / Marinero. / Criador, jornalero. / Asno, burro. / (Ict.) Lucio pequeño. / (Electr.) Enchufe hembra. / f. (Náut.) Bandera de proa, bandera de señalcs. / (naipes) Sota. / (Pop.) Plata, dinero. / Aguardiente dc fruta. / v. Alzar con un gato. / Subir, aumentar. (precios, etc). / (Fig.) Elevar el nivel de, mejorar. / (Fig.) Sermonear. / Pescar con farol, cazar con antorcha.

Jack. f. Cota de malla, especialmente de cuero.

Jackal. m. (Zool.) Chacal. / (Fig.) Chacal, m. y f. persona mercenaria, paniaguado.

Jackass. m. (Zool.) Asno, burro, garañón. / (Fig.) Asno, necio, imbécil.

Jackboot. f. Bota alta fuerte. Bota impermeable.

Jackdaw. f. (Orn.) Corneja, chova, m. grajo.

Jacket. f. Chaqueta, m. saco, vestón. / f. Envoltura o sobre. (de un disco). / m. Forro metálico, f. envoltura metálica que cubre una bala de plomo. / (Mec.) Chaqueta, cubierta. (de un cilindro). / Sobrecubierta. (de un libro). / Piel, cáscara de ciertos frutos como durazno, naranja, etcétera.

Jackhammer. f. Perforadora dc mano, martillo perforador. / m. Martillo neumático.

Jackknife. f. Navaja de bolsillo. / m. (Natación) Salto de carpa. / v. Cortar con una navaja de bolsillo. / Doblarse en el medio como en un salto de carpa.

Jacobin. m. (Orn.) Jacobino.

Jacquard loom. m. Jacquard, telar de Jacquard.

Jade. m. (Mineral.) Jade. / Color verde jade. / Jamclgo, rocín. / Mujerzuela. / v. Cansar, agotar. / Hastiar, ahitar, Cansarse.

Jaded. adj. Cansado, agotado, rendido. / Saciado.

Jag. f. Punta saliente. / m. Diente, f. mella, muesca. / f. (Fam.) Carga pequeña. (de heno, etc.) . / f. (Pop.) Borrachera, mona, francachela, juerga. / v. Dentar, mellar. / (Fam.) Punzar, picar, pinchar.

Jagged. adj. Dentado, mellado, serrado.

Jaguar. m. (Zool.) Jaguar.

Jail. f. Cárcel, prisión, m. calabozo. / v. Encarcelar, aprisionar.

Jailbird. m., f. (Fam.) Presidiario, criminal.

Jailbreak. f. Fuga de una prisión.

Jailer, jailor. m. Carcelero.

Jake leg. f. (Pop.) Parálisis alcohólica.

Jam. v. Apretar, estrujar. / Apiñar, apretujar, llenar por completo, atestar. (sala, etc.) . / Machucar, apretar, magullar. (una mano, un dedo, etc.) / Obstruir, atorar, atascar. (parte movible de una máquina). / Perturbar. (Una transmisión con señales interferentes). / (Mús.) Participar en una sesión de música de jazz. / f. Una sesión de música de jazz. / Estrujadura,m. estrujamiento, f. apretura. / Apiñadura. / Embotellamiento. (de vehículos, etc.) . / Machucadura. / Atascamiento, atoramiento. / m. (Fam.) Aprieto, lío, embrollo, enredo. / f. Mermelada, confitura. / Delicia, m. deleite, algo delicioso.

Jamb. f. Jamba, quicial.

Janitor. m., Portero. / Conserje.

January. m. Enero.

Janus. n. p. Jano.

Japan. f. Laca o m. barniz japonés, charol, obra charolada o de laca de estilo japonés. / v. Charolar con laca japonesa, aplicar laca japonesa a, laquear. / adj.Charolado, de laca.

Japan. n. p. Japón.

Japanese. adj. m. Japonés.

Jape. v. Bromear, burlarse, mofarse. / Engañar, ridiculizar, burlarse de. / f. Broma pesada, m. truco. / f. Burla, mofa.

Jar. Jarro, pote, cántaro. / m. Estridor. / f. Sacudida, m. estremecimiento. / f. Discordia, pendencia, riña,m. choque. / v. Sonar con ruido desagradable, ser discordante. / Sacudirse, vibrar. / Desavenirse. / Tener efecto desagradable. / Sacudir, agitar, estremecer, hacer vibrar. / Chocar, disgustar.

Jargon. f. Jerga, jerigonza, m. vocabulario especial de ciertas profesiones o grupos sociales. / v. Hablar jerigonza, hablar de modo ininteligible.

Jargonize. v. Hablar jerga. / Convertir en jerga.

Jasmine. m. Jazmín.

Jasper. m. Jaspe.

Jaundice. m. Color amarillento. / f. (Med.) Ictericia, / (Fig.) Envidia, m. celos, f. displicencia, desazón. / v. Dar ictericia a. / Avinagrar el genio a, predisponer, llenar de envidia, desazonar.

Jaundiced. adj. Ictérico. / Cetrino, amarillo. / (Fig.) Envidioso, celoso, displicente, desazonado.

Jaunt. v. Pasear, vagar, hacer una excursión. / m , f. Paseo, excursión.

Jaunty. adj. Gallardo, garboso, desenvuelto.

Javelin. m. Venablo de caza. / f. (Dep.) Jabalina.

Jaw. m. Maxilar inferior, f. mandíbula. / pl. Fauces. / Embocadura de un valle, canal, etc. / (Mec.) Mandíbula, quijada, mordaza. / (Pop.) Palabrería, charla, réplica insolente, insolencia.

Jawbone. f. Quijada, mandíbula.

Jawbreaker. m. (Pop.) Trabalenguas. / Caramelo muy duro. / Triturador automático. (de piedras, rocas, etc.) .

Jazz. m., f. (Pop.) Lo que se dice, la opinión general, lo que se cuenta sobre algo. / adj. De jazz o relativo al jazz. / v. Orquestar o armonizar en el estilo del jazz.

Jazz band. f. Orquesta de jazz.

J.C. Jesus Christ. n. p. Jesucristo.

Jealous. adj. Celoso. / Envidioso, receloso.

Jealousy. m. Celos, f. desconfianza, m. recelo.

Jean. f. Mezclilla. / m. pl. Pantalones de tela de algodón. / Traje de faena, overol.

Jeep. m. Jeep.

Jellyfish. f. Aguamala. / m. (Pop.) Calzonazos.

Jeopard, jeopardize. v. Arriesgar, exponer, poner en peligro (futuro, vida, etc.), comprometer (buenas relaciones, etc.) .

Jeopardy. m. Riesgo, peligro.

Jerboa. m. (Zool.) Jerbo, gerbo.

Jerk. v. Dar un tirón a, sacudir repentinamente. / Tirar bruscamente. / Mover a tirones o empujones. / m. Tirón, jalón, empujón, f. sacudida. / Dependiente de una fuente de soda. / m. Tic, f. convulsión, m. espasmo. / m. (Pop.) Pelmazo, latoso.

Jersey. m. Jersey ,f. chaqueta de lana, chomba. / Tela de lana, seda o hilo, tejida en forma de malla elástica. / *n. p. Jersey*, Jersey, raza de ganado lechero.
Jerusalem. n. p. Jerusalén.
Jerusalem artichoke. m. (Bot.) Topinambur,f. aguaturma, pataca. / Cotufa, patata de caña. (el fruto).
Jest. f. Chanza, burla, broma, chiste. / v. Bromear.
Jester. adj. Bromista.
Jesuit. adj.y m. Jesuita.
Jet. m. (Mineral.) Azabache. / Negro lustroso. / Mármol negro. / Azabachado, negro azabache. / Chorro, surtidor. / Pitón, boca, mechero. / *Jet engine*, Motor de reacción, motor de chorro. / v. Brotar, surgir con fuerza. / Volar o viajar en avión de reacción. Echar o arrojar en chorro. / *To jet out*, Salir a chorros.
Jet-black. adj. Azabachado, negro azabachado.
Jet set. f. Grupo social internacional que frecuenta los lugares de moda.
Jettison. v. Echar al mar. / Desechar, descartar.
Jetty. m. Espigón. / adj. Azabachado, muy negro.
Jew. adj. Judío, israelita, hebreo. / v. Regatear tenazmente.
Jewel. f. Joya, alhaja. / Piedra preciosa, gema. / m. Rubí. (en relojes). / f. (Fig.) Joya, perla. (u na persona). / v. Enjoyar. / (Fig.) Adornar, engalanar. (con luces, estrellas, etc.) .
Jewel box, jewel case. m. Joyero, estuche de joyas.
Jeweler, jeweller. m. Joyero (comerciante en joyas).
Jewelry. f. Joyas, alhajas. / Joyería.
Jewelry store. f. Joyería.
Jewess. adj. y f. Judía, mujer hebrea.
Jewish. adj. y m. Judío, hebreo, israelita. / Judaico. / Yiddish.
Jib. v. (Náut.) Cambiar de amura. / Plantarse (un caballo), resistirse a avanzar, moverse hacia atrás o hacia los costados. / f. (Náut.) Foque, vela triangular. / Aguilón, pescante, brazo de grúa.
Jig. v. Cantar, tocar o bailar la giga. / Sacudir de abajo hacia arriba, mover con vaivén. / (Mec.) Formar o adaptar por medio de gálibos, patrones o guías. / (Mineralogía) Separar minerales con criba. / Bailar una giga. / Moverse a saltitos. / Pescar con anzuelo de cuchara. / Trabajar con la ayuda de un gálibo, patrón o guía. / f. Giga, jiga. (baile y música). / m. Anzuelo de cuchara o emplomado. / (Mec.) Gálibo, calibre, patrón, f. plantilla, m. montaje, f. guía. / (Mineral.) Clasificadora hidráulica, m. cribón de vaivén.
Jiggle. v. Zangolotear(se), zangotear(se). / m. Zangoloteo, zangoteo.
Jigsaw. f. Sierra caladora o para contornear. / Sierra de vaivén. / v. Cortar o contornear con sierra caladora.
Jihad. f. Jihad. / (Fig.) Cruzada.
Jilt. f. Mujer coqueta que da calabazas a pretendiente. / v. Dar calabazas o despedir a un pretendiente. / Dejar plantado al novio o novia a punto de casarse.
Jingle. v. Cascabelear, sonar como campanillas.
Jingly. adj. Metálico (sonido), cascabelero, tintineante.
Jink. v. Esquivar, evadir, hacer el quite. / m. Quite, f. evasiva. / pl. Travesuras, jugarretas, juegos.
Jinx. m. (Pop.) Mal de ojo, f. mala suerte. / v. Aojar, traer mala suerte a.
Jiujitsu, jiujutsu. Ver *Jujitsu*.
Job. f. Tarea, m. trabajo, quehacer. / f. Obra, m. trabajo. / Lugar de trabajo. / Empleo, puesto. / Asunto. / (Pop.) Robo.
Jobless. adj. Desocupado, sin trabajo.
Jockey. m. Jinete profesional, jockey. / v. Trampear, engañar, embaucar.

Jocular. adj. Jocoso, chistoso, humorístico, alegre.
Jocularity. f. Jocosidad, chiste.
Jog. v. Empujar levemente, sacudir con el codo o la mano. / Manosear, tocar ligera o disimuladamente. / Estimular, refrescar la memoria. / Avanzar con ritmo lento, marchar a trote corto, moverse o ir despacio, cabalgar despacio. / m. Empujoncito, golpecito, sacudimiento ligero. / *Jogging*, Trote corto.
John. m. (Pop.) Retrete, excusado, inodoro. / Cualquier sujeto. / Otario, uno al que se puede engañar fácilmente. / Cliente de una prostituta.
Join. v. Juntar, ligar, acoplar. / Afiliarse a, asociarse a. / Abrazar un partido, religión, etc. / Alistarse en un ejército. / Aunar, unir, unificar, agrupar, confederar, incorporar. / Juntarse (río o camino) con otro. / Lindar o colindar con. / Colindar, lindar, tocarse. / Confluir. (ríos, caminos). / f. Juntura.
Joinder. f. Unión, juntura, junta, conjunción. / (Der.) Acumulación de acciones, proceso acumulativo.
Joining. f. Juntura, unión.
Joint. f. Juntura, junta, unión. / (Anat.) Articulación, coyuntura. / (Bot.) Articulación, m. nudo. / (Anat.) Segmento interarticular. / (Bot.) Entrenudo. / f. Carne cortada para asado. / (Geol.) Grieta, fractura de roca sin dislocamiento. / (Mec.) Articulación. / (Carpintería) Empalme, ensamblaje. / (Arq.) Junta. / m. (Pop.) Cigarrillo de mariguana. / Unido, junto, combinado. / Común, unido. / Conjunto, colectivo. / v. Acoplar, juntar con ensambles. / Despresar (pato, pollo, etc.), cortar (carne). / Articular, unir con articulaciones.
Joint account. f. Cuenta conjunta.
Jointed. adj .Articulado, nudoso.
Joint estate. f. Propiedad mancomunada.
Joint-stock company. f. Sociedad en comandita por acciones. / Sociedad anónima.
Joist. m. (Arq.) Cabrio, f. vigueta. / m. Abitaque, cuartón. / v. Proveer de cabrios.
Joke. m. Chiste. / f. Broma, m. chasco. / v. Bromear, chancearse. / *No joking*, Hablando en serio. / Embromar, hacer bromas a.
Joker. adj. y m., f. Bromista, guasón. / (Naipes) Comodín. / f. (Pop.) Cláusula disimulada, letra chica. (en un proyecto de ley, en contratos, documentos, etc.) / (Pop.) Tipo, sujeto.
Jollification. m. (Fam.) Jolgorio, f. fiesta.
Jollify. v. Alegrar(se), regocijar(se). / Festejar.
Jollily. adv. Alegremente, jovialmente.
Jolliness. f. Alegría, jovialidad.
Jollity. m. Regocijo, f. alegría, m. gozo, f. jovialidad. / m. Jolgorio, f. fiesta.
Jolly. adj. Alegre, festivo, divertido. / Agradable, grato, placentero. / Delicioso, exquisito, espléndido. / (Fam.) Achispado, alegre. / (Fam.) Infante de marina. / (Fam.) Muy, harto. / v. Animar, alegrar, estimular. / Hacer burla, burlarse.
Jolt. v. Traquetear, sacudir. / Estremecer con un golpe fuerte. / (Fig.) Desconcertar, conmover, trastornar. / ir dando saltos, ir traqueteando (un vehículo). / m. Impacto, choque, f. sacudida. / (Fig.) Conmoción, m. trastorno, sobresalto. f. Desgracia, m. revés.
Jordan. n. p. Jordán. (El río). / n. p. Jordania. (el país).
Jordanian. adj. Jordano, de Jordania.
Joshua tree. f. (Bot.) Yuca.
Joss stick. m. Pebete perfumado.
Jostle. v. Empujar, dar empellones a. / Forcejear con. / Codear, dar codazos. / Abrirse paso a empellones. / m. Empellón, empujón. / Encuentro.
Jotting. m. Apunte, f. nota.

Joule. n. p. Julio, m. joule.

Journal. m. Diario personal. / Diario de debates, acta del día. / Diario, periódico. f. Revista. / (Com, contaduría) m. Diario, libro diario. / (Mec.) Muñón.

Journalism. m. Periodismo.

Journalist. m. y f. Periodista.

Journey. m. Viaje. / f. (Fam.) Jornada, un día de viaje. / v. Viajar, salir de viaje.

Jove. n. p. Júpiter. / *By Jove!,* ¡Por Dios!

Jovial. adj. Jovial, alegre. / Jovial, relativo a Júpiter.

Joviality. f. Jovialidad.

Joy. adj. Alegría, júbilo, regocijo, alborozo. / Felicidad, bienaventuranza. / Placer, motivo de alegría o felicidad. / v. Alegrar(se), regocijar(se).

Joyful. adj. Alegre, gozoso, regocijado.

Joyless. adj. Sin alegría, triste, sin gozo.

Joyous. adj. Alegre, gozoso.

Joy ride. m. (Fam.) Paseo alocado en automóvil. / *To go on a joy ride,* (Fig.) Entregarse a una vida de jolgorio y placeres.

Joy stick. f. (Pop., Aer.) Palanca de mando.

Jubilant. adj. Jubiloso, alborozado.

Jubilation. m. Júbilo, regocijo, f. exultación.

Jubilee. m. (Rel.) Jubileo, f. indulgencia plenaria. / m. Aniversario. / m. Júbilo, regocijo, alborozo, f. exultación.

Judaic. adj. Judaico.

Judaism. m. Judaísmo.

Judas. n. p. Judas. / m. (Fig.) Judas, traidor.

Judge. m. Juez. / Arbitro. / Conocedor, crítico. / *To be no judge of,* No poder juzgar, no tener criterio para. / v. Juzgar. / (Fig.) Juzgar, opinar, estimar. / Formar una opinión sobre o de.

Judgement, judgment. m. Juicio. / f. Opinión.

Judgmatic, judgmatical. adj. Juicioso, cuerdo.

Judgment. m. Juicio, criterio, discernimiento. / f. Opinión, m. dictamen, f. decisión. / m. (Der.) Fallo, f. sentencia, ejecutoria.

Judgment Day. m. Día del juicio final.

Judicial. adj. Judicial, de juez. / Crítico, discriminador. (ojo, mente, etc.) . / Imparcial, justo.

Judiciary. adj. Judicial. / Poder judicial. / Judicatura.

Judicious. adj. Juicioso, cuerdo, sensato.

Judo. m. Judo.

Jug. m. Cántaro. / f. (Pop.) Chirona, gayola, cana. / v. Hervir o cocer en jarro. / (Pop.) Encarcelar.

Juggernaut. f. Institución o creencia que exige devoción ciega. / Fuerza inexorable e irresistible. / m. Monstruo destructivo.

Juggle. v. Hacer juegos malabares, escamotear. / m. Juegos malabares, escamoteo. / Truco, f. treta, m. ardid. / f. Impostura, m. engaño, f. trampa.

Juggler. m., f. Malabarista, prestidigitador. / (Despect.) Manipulador, maquinador. / Juglar, bufón.

Juggling. f. Prestidigitación, m. malabarismo. / m. (Despect.) Manipuleo, f. maquinación,m. manejo.

Jugular. adj. (Anatomía) Yugular. / Del cuello, de la garganta. / f. Vena yugular.

Juice. m. Jugo, zumo. / f. (Pop.) Electricidad. Gasolina. Aceite. / v. Exprimir, extraer el jugo de. / Hacer jugoso, poner en jugo.

Juicer. m. Exprimidor.

Juicy. adj. Jugoso, suculento. / (Fam.) Sabroso.

Juju. m. Fetiche africano. / f. Magia. / m. Poder o efecto mágico.

July. m. Julio. (el mes).

Jumble. v. Pasar o mover en desorden. / *To jumble up,* Mezclar, confundir. / f. Mezcla, revoltijo, mezcolanza. / Rosquilla delgada y dulce.

Jumbo. m. Coloso, m., f. cosa o animal enorme.

Jump. v. Saltar. / Brincar, tirarse, lanzarse. (de una altura). / Rebotar. / Traquetear, sacudirse. / Tener un sobresalto, sobresaltarse. / Saltar por encima de o al otro lado de. / Acometer. / Usurpar, apropiarse sin derecho. / Hacer saltar (un tren, etc.) . Saltar, salir fuera de. / (Electr.) Desviar una conexión. / Comer. (una ficha en el juego de damas). / (Caza) Hacer saltar (una liebre). Hacer volar (una perdiz). / m. Salto, brinco. / f. Alza abrupta. (de precio, etc.) / (Fam.) Ventaja. / m. Sobresalto. / Viaje corto, especialmente en avión. / f. Captura. (de una ficha en damas).

Jumper. m., f. Saltador. / Grada, trineo. / m. (Electr.) Alambre de cierre, cable de empalme, puente. / f. (Mec.) Barrena. / f. Vestido sin mangas ni cuello.

Jump suit. m. Mono usado por paracaidistas, mecánicos, etc. / Atuendo deportivo similar a un mono, buzo.

Jumpy. adj. Nervioso, aprensivo, asustadizo. / Con mala amortiguación.

Junction. f. Unión, conexión. / m. (Electr.) Empalme. / Empalme, entronque.

Junction box. f. (Electr.) Caja de empalme.

Juncture. f. Unión, juntura, junta. / Coyuntura, articulación. / Conexión. / Costura. / Ocasión, sazón, trance.

June. m. Junio.

Jungle. f. Selva, jungla. / (Fig.) Maraña, m. laberinto. / (Pop.) Campamento de vagos. (en lugar despoblado).

Junior. m. Hijo. / adj. y m. Joven. / Juvenil. / Menor, subalterno. / Nuevo, recién nombrado. (Socio, etc.) / De penúltimo año, (en colegio o universidad). / De fecha reciente. / Secundario, inferior o posterior. / Joven.

Junk. f. Cuerda gastada. (para hacer estopa, felpudos, etc.) / Chatarra, basura, m. trastos viejos. / f. (Fig.) (Fam.) Tontería, disparate. / m. Trozo, pedazo, f. masa. / (Pop.) Droga, m. narcótico, especialmente heroína. / v. (Pop.) Echar a la basura. Reducir a chatarra.

Junk. m. (Náut.) Junco.

Junket. f. (Coc.) Crema de queso. / Especie de jalea / Fontejo, banquete. / Excursión o paseo gastando fondos públicos. / v. Festejar, agasajar.

Junkie. m. (Fam.) Trapero. / (Pop.) Traficante de drogas. / (Pop.) Narcómano.

Junkyard. m. Almacén de trastos viejos.

Junta. f. Junta, asamblea. / m. Cabildeo, f. camarilla.

Jurassic. adj. Jurásico.

Jurisdiction. f. Jurisdicción.

Jurisprudence. f. Jurisprudencia.

Juror. m. Jurado, miembro de un jurado.

Jury. m. Jurado, tribunal. / Comité examinador. (estudiantil).

Just. adj. Justo. / Merecido, razonable, adecuado. / Legítimo. / Exacto, preciso. / Escasamente, apenas, no más que. / Solamente, sólo. / (Fam.) Simplemente.

Justice. f. Justicia, imparcialidad, equidad. / Juez.

Justifiable. adj. Justificable.

Justifiably. adv. Justificadamente.

Justification. f. Justificación.

Justify. v. Justificar.

Jut. v. Sobresalir, resaltar. / Sacar fuera, empujar hacia afuera. / m. Resalte, saliente, reborde.

Juvenile. adj. Juvenil, joven. Inmaduro. / m., f. Joven, m mocito, mozuelo, mozalbete. / m. (Teatr.) Actor que representa papeles juveniles.

Juvenilia. f. Obras escritas por un escritor o músico durante su juventud.

Juxtapose. v. Yuxtaponer.

Juxtaposition. f. Yuxtaposición.

K

Kinetic. adj. Cinético, dinámico.

Kinetics. f. Cinética.

Kinfolk, kinsfolk. m. y f. Parientes, parentela.

King. m. Rey, monarca, soberano. / (Naipes, ajedrez) Rey. / (en damas) Dama.

King cobra. f. Cobra de la India.

Kingdom. m. Reino.

Kingfisher. m. (Orn.) Martín pescador, alción.

Kingpin. m. Bolo central en el juego de bolos. / (Fam.) Persona principal en un grupo o empresa.

King-size. adj. (Fam.) Grande; muy largo. / Extralargo. (cigarrillos).

King's ransom. f. (Fig.) Suma enorme, toda una fortuna. / *Literal*: El rescate de un rey.

Kink. m. Rizo, crespo. (de pelo). / Retorcimiento, enroscadura. (de cuerda, hilo). / f. (Med.) Tortícolis.

Kinky. adj. Ensortijado, encarrujado. (hilo, cuerda, etc.). / Crespo, grifo. (cabello)

Kinsman. m. Pariente, deudo.

Kinswoman. f. Parienta, deuda.

Kipper. m. Salmón zancado. / Salmón o arenque ahumado. / (Pop.) Compañero; tipo, sujeto.

Kirsch. m. Kirsch, licor de cerezas.

Kiss. v. Besar, besucar. / Tocar suavemente, acariciar. / Tocar o golpear ligeramente.

Kisser. m., f. Besador. / (Fam.) Besucón, besuqueador

Kit. m. Equipaje, avíos, pertrechos. / Juego de implementos; estuche de instrumentos. / Juego de piezas para armar. / Grupo, conjunto.

Kit bag. f. Bolsa de marinero o soldado. / m. Maletín de viaje.

Kitchen. f. Cocina. (el lugar físico y el arte culinario).

Kitchenette. f. Cocina pequeña.

Kitchen garden. m. Huerto.

Kitchen sink. m. Fregadero.

Kitchen stove, kitchen range. f. Cocina (aparato).

Kitchenware. f. Batería de cocina.

Kite. m. Cometa, volantín. / (Orn.) Milano. / Bribón, pillo. / (Com.) Cheque sin fondos, letra o pagaré falso. / (Aer.) Planeador. / (Pop.) Avión. / pl. (Náut.) Sobrejuanete, foque volante. / v. (Fig.) Volar, pasar a gran velocidad; subir vertiginosamente. / *To kite off*, Marcharse, escapar. / Obtener dinero por medio de cheques sin fondos, letras o pagarés falsos.

Kitten. v. Parir la gata. / *To have kittens*, (Fam.) Estar muy excitado; temblar de miedo.

Kitty. m. Gatito, minino. / Pozo, banco de apuestas. (en los juegos de mesa). / f. Colecta de reserva.

Kiwi. m. (Orn.) Kiwi.

Kleptomania. f. Cleptomanía.

Kleptomaniac. adj. Cleptómano.

Knack. f. Destreza, habilidad. / Treta, truco; maña.

Knacker. m., f. Tratante o matarife de caballos. / Tratante en chatarra o materiales de demolición.

Knapsack. f. Mochila del soldado; alforja.

Knave. m., f. Bribón, tunante, pillo. / Sota.

Knead. v. Amasar, sobar, heñir. / Dar masaje a.

Knee. f. Rodilla. / Rodillera. / m. (Mec.) Codo, codillo, escuadra. / *Gone at the knees*, (Fam.) Decrépito.

Knee-joint. f. (Anat.) Articulación de la rodilla. / (Mec.) Unión articulada.

Kneel. v. Arrodillarse, caer de hinojos, postrarse.

Kneepad. f. Rodillera.

Knell. v. Anunciar o convocar repicando las campanas. / Tañer o doblar la campana. / Doblar, tocar a muerto. / Sonar la campana lúgubremente.

Knickers, knickerbockers. m. Pantalones bombachos ceñidos bajo la rodilla.

Knickknack. f. Chuchería, baratija.

Knife. m. Cuchillo, f. navaja. / m. Bisturí, escalpelo. / f. (Mec.) Cuchilla. / *To go under the knife*, Someterse a una operación quirúrgica. / v. Acuchillar, apuñalar. / Cortar con cuchillo.

Knife-edge. m. Filo de cuchillo o cuchilla. / f. (Mec.) Arista, filo. / Fiel de soporte, eje de apoyo de una balanza.

Knifing. f. Cuchillada, puñalada.

Knight. m. Caballero, campeón. / (ajedrez) Caballo. / v. Armar caballero. / Conferir el título de sir.

Knighthood. m. Rango de caballero. / f. Caballería, m. cuerpo de caballeros. / f. Caballerosidad.

Knit. v. Tejer con palillos. / Enlazar, unir, trabar. / Fruncir el entrecejo. / *To knit up*, Remendar con palillos. Unir, trabar. (Fig.) Terminar una discusión.

Knitter. m. Calcetero, tejedor de punto.

Knitting. m. Tejido, f. tejido de punto.

Knitting needle. f. Aguja de tejer, palillo.

Knobkerrie. f. Clava, m. mazo primitivo.

Knock. v. Golpear. / Llamar a una puerta. / Terminar con, acabar con. / Trastornar, inquietar, quitar la calma a. / Impresionar vivamente. / Criticar duramente.

Knockdown. adj. Derribador, abrumador, irresistible. / En piezas listas para armarse. / m. Golpe abrumador. / Derribo.

Knocker. f. Aldaba, llamador. / m., f. (Fam.) Criticón. / (Pop.) Tipo, sujeto; ejemplar.

Knocking. m. Aldabonazo, f. llamada a la puerta. / m. Golpeteo.

Knock-kneed. adj. Patizambo, patuleco.

Knockout. adj. Que desmaya, que noquea. / m. (Boxeo) Knock-out, fuera de combate; golpe decisivo.

Knoll. f. Loma, m. otero.

Knot. m. Nudo. / (Fig.) Dificultad, problema. / Lazo, vínculo. / Lazo; escarapela; charretera. / Haz. (De fibras, nervios, etc.). / Bulto, protuberancia. / Corrillo, grupo. / Nudo. (de planta, en maderas).

Knotted. adj. Anudado. / Nudoso. / Intrincado; confuso. / Adornado con nudos o botones en relieve.

Know. v. Conocer. / Discernir, distinguir. / Reconocer, identificar. / Conocer, comprender, entender. / Saber. / Conocer carnalmente.

Know-how. f. Pericia, m. conocimientos prácticos.

Knowing. m. Conocimiento. / adj. Instruido, hábil.

Knowledge. m. Conocimiento, comprensión. / Conocimiento, información, noticia.

Knuckle. m. Nudillo. (de los dedos). / Jarrete de la res. / pl. Llave inglesa, llave americana, manopla.

Knurl. m. Nudo. (en madera). / Protuberancia, bulto.

KO. adj. (Pop.) Noqueado, puesto fuera de combate. / v. Noquear, dejar fuera de combate.

Koran. m. Corán.

Kosher. adj. Autorizado por la religión judía. (alimentos). / (Pop.) Propio, correcto; legítimo, genuino.

L

L. Cincuenta, en números romanos.
Lab. m. (Fam.) Laboratorio.
Label. m. Rótulo, f. etiqueta, marca. / Cinta. (De sellar). / Indicación, calificación, clasificación. / m. Mote, apodo. / (Her.) Lambel.
Labor, labour. f. Labor, m. trabajo. / f. Tarea, faena. / m. pl. Esfuerzos. / f. Mano de obra. / m. Dolores del parto. / *To be in labor,* Estar de parto. / v. Trabajar duramente, esforzarse. / Funcionar con dificultad, obrar o avanzar penosamente.
Laboratory. m. Laboratorio.
Labor camp. m. Campo de trabajos forzados.
Labored, laboured. adj. Trabajoso, penoso, forzado.
Laborer. m., f. Trabajador, persona que labora.
Lac. f. Laca, goma laca.
Lace. m. Encaje. / Cordón, f. cinta (en vestidos, zapatos). / v. Atar con cintas o cordones. / (Fam.) Golpear, azotar. / Adornar con encajes o cordones.
Lace bobbin. m. Bolillo.
Lacerate. v. Lacerar, herir, desgarrar. / (Fig.) Atormentar, herir (sentimientos). / adj. Lacerado, herido, desgarrado. / (Fig.) Atormentado, aturdido.
Lachrymal. adj. Lacrimal. / (Anat.) Lagrimal / pl. Organos lagrimales.
Lack. f. Falta, carencia, deficiencia, necesidad. / v. Faltar, hacer falta / Necesitar. / Carecer de.
Lackadaisical. adj. Lánguido, desganado, indiferente, distraído.
Lacker, lacquer. f. Laca, m. barniz.
Lackey. m. Lacayo, camarero. / (Fig.) Lacayo, adulador. / v. Servir obsequiosamente. / (Fig.) Adular.
Lacking. adj. Deficiente, defectuoso. / Faltante, carente. / (Fam.) Mentecato, estúpido.
Laconic, laconical. adj. Lacónico, breve, conciso.
Lacrimal, lachrymal adj. Lacrimal, lagrimal.
Lacrimose, lachrymose. adj. Lacrimoso.
Lactary. adj. Lechoso. / f. Lechería.
Lactase. f. Lactasa.
Lactation. f. Secreción de leche. / Lactación, lactancia (período).
Lacteal. adj. Láctea, lechoso. / (Anat.) Lácteo, quilífero. / m. (Anat.) Vaso lácteo, vaso quilífero.
Lactic. adj. Láctico.
Lactose. adj. Lactosa.
Lacunose. adj. Que tiene lagunas o claros.
Lacustral, lacustrine. adj. Lacustre.
Lacy. adj. Parecido al encaje, adornado con encaje. / (Fig.) Delicado, de filigrana.
Lad. m. Muchacho, chico. / Amigo.
Ladder. f. Escala, escalera. / m. (Fig.) Escalón. / f. Línea de puntos que se corre en una media. / v. Soltarse la línea de puntos en la media, correrse la media.
Lade. v. Cargar. / Agobiar, abrumar. / Sacar con cucharón o pala. / Achicar. / Tomar carga. / m. Desembocadero, canal de desagüe.
Laden. adj. Cargado. / Abrumado, agobiado.
Lading. f. Carga. / m. Cargamento.
Ladle. m. Cazo, cucharón. / (Fundición) Caldero de colada. / v. Sacar o servir con un cucharón.
Lady. f. Dama, señora, señorita. / Esposa, mujer.
Lag. v. Retrasarse, demorarse, rezagarse. / Caminar o

moverse lentamente. / Remolonear, roncear. / m. Retraso, atraso. / Intervalo, f. demora. / Revestir, proveer de listones de revestimiento.
Lager. f. Cerveza ligera.
Lagoon. f. Laguna.
Laicism. m. Laicismo, laicidad.
Lair. m. Cubil, f. guarida, madriguera. / v. Recogerse un animal a su cubil o madriguera. / Descansar.
Lake. m. Lago.
Lamb. m. Cordero, borrego. / f. Carne de cordero. / m. Piel de cordero. / (Fig.) Amor, niño bueno.
Lambent. adj. De brillo suave (una llama). / Suavemente radiante (ojos, el cielo).
Lambkin. m. Cordero o borrego pequeño.
Lambskin. f. Corderina, piel de cordero, m. corderillo (piel adobada con su lana).
Lame. adj. Inválido, lisiado. / Cojo. / Pobre, débil, insatisfactorio. (Argumento, excusa). / v. Dejar cojo.
Lamellar. v. Laminar.
Lamely. adv. Débilmente, sin convicción, defectuosamente.
Lameness. f. Cojera. / Debilidad, pobreza, imperfección (de un argumento, excusa, etc.).
Lament. v. Lamentarse, dolerse. / Lamentar, deplorar / m. Lamento, f. lamentación, queja.
Lamentable. adj. Lamentable, deplorable, sensible.
Lamentation. f. Lamentación, m. lamento.
Lamina. f. Lámina, hoja. / (Anat.) Lámina, laminilla.
Laminated. adj. Laminado.
Lamp. f. Lámpara, m. candil, farol. / pl. (Pop.) Ojos. / (Fig.) Antorcha. / v. (Pop.) Avistar, mirar.
Lampstand, lamptable. m. Velador, f. mesa de noche.
Lance. f. Lanza, pica, asta. / m. Lancero. / f. Lanceta. / v. Lancear, abrir con lanceta.
Lancination. m. Dolor lancinante.
Land. f. Tierra, m. suelo. / m. (Fig.) País, reino. / m. País, pf. oblación. / f. Tierra, m. terreno, terruño, campo. / pl. Tierras, predios, haciendas. / (Derecho) Bienes raíces. / v. Desembarcar, poner en tie rra. / Bajar de un vehículo. / Coger, atrapar (un pez).
Landed. m.,y f. Terrateniente, hacendado. / adj. Que consiste en bienes raíces.
Landholder. m. Terrateniente, hacendado.
Landlady. f. Arrendadora, propietaria, casera. / Patrona, hostelera.
Landless. adj. Sin tierras, que no posee tierras o bienes raíces.
Landlord. m. Arrendador, propietario, casero. / Patrón, hostelero.
Landmark. m. Mojón, hito, f. señal, marca. / Acontecimiento importante, hecho memorable.
Landowner. m. Terrateniente, hacendado.
Landscape. m. Paisaje, f. vista, panorama. / (p intura) Paisaje. / v. Mejorar un paisaje.
Landslide. m. Derrumbe, f. avalancha, alud. / Victoria aplastante (en elecciones).
Landward. adv. Más próximo a la tierra, hacia la tierra.
Landwards. adv. Hacia tierra, en dirección a tierra.
Lane. m. Sendero, f. senda. / Callejuela, m. callejón. / Carril, f. pista de carretera.
Langouste. f. Langosta de mar.

Language. f. Lengua, m. idioma. / Lenguaje. / Vocabulario, f. terminología.

Languish. v. Languidecer, agostarse, marchitarse. / Debilitarse, consumirse.

Languishing. adj. Lánguido, decaído. / Enamorado, consumido por amor. / Lento, débil, sin interés. / Prolongado, dilatado.

Lankiness. f. Delgadez, flacura.

Lanky. adj. Larguirucho, delgaducho.

Lanolin. f. Lanolina.

Lantern. f. Linterna, m. farol. / f. (Arq.) Linterna, m. linternón, cimborrio. / (Náut.) Faro, fanal.

Lanugo. f. Pilosidad o lanosidad abundante. / m. Lanugo, vello del feto.

Lap. v. Lamer, dar lengüetazos. / Chapalear suavemente. / (Fig.) Lamer, bañar (el mar a la arena)

Lapidarian. adj. Lapidario.

Lapidary. adj. m. Lapidario, el que labra o pule piedras preciosas. / (Fig.) Lapidario, solemne y lacónico. (Estilo).

Lapidation. f. Lapidación, petrificación.

Lapis lazuli. m. (Mineral.) Lapislázuli.

Lapland. n.p. Laponia.

Laplander. adj. Lapón, lapona.

Lapsed. adj. Caído. / Cumplido, caducado. / Prescrito.

Larboard. m. y f. (Navegación).Babor. / adj. De babor. / adv. A babor.

Larcenous. adj. Culpable de robo.

Larceny. m. Hurto, robo, latrocinio.

Lard. f. Manteca de cerdo. / Grasa. (Del tocino). / v. (cocina) Mechar, lardar. / (Fig.) Mezclar, sazonar, adornar (u na conversación).

Larder. f. Despensa, m. almacén casero.

Lardy. adj. Graso, grasoso, mantecoso.

Large-handed. adj. De manos grandes. / (Fig.) Generoso, dadivoso.

Large-heartedness. f. Magnanimidad, generosidad.

Largely. adv. Grandemente, ampliamente. / Extensamente, en gran extremo. / Mayormente.

Largeness. f. Magnitud, amplitud, m. gran tamaño.

Largish. adj. Más bien grande, bastante largo.

Lark. f. (Orn.) Alondra. / (Fam.) Travesura. / v. Retozar, bromear, juguetear.

Larva. f. Larva.

Laryngologist. m. y f. Laringólogo.

Laryngology. f. Laringología.

Lascivious. adj. Lascivo, lujurioso, concupiscente.

Laser. m. Rayo láser.

Lash. m. Latigazo. / Coletazo. / f. Tralla del látigo. / m. (Fig.) Sarcasmo, f. sátira. / Pestaña. / v. Flagelar. / (Fig.) Azotar. / Agitar, mover bruscamente, arrojar, lanzar. / Impeler, impulsar. / Moverse súbitamente, lanzarse, precipitarse. / Dar golpes. / *To lash down,* Caer con fuerza (lluvia, granizo). / Atar con soga, cuerda o cadena, ligar, enlazar.

Lashing. m. Castigo a latigazos. / f. Represión severa. / Cuerda, soga. / Cadena.

Last. adj. Ultimo, final, extremo, postrero. / Pasado. / Inferior, menor, más bajo. / Ultimo, menos indicado, menos apropia do, menos posible. / Ultimo, definitivo, concluyente, / Sumo, extremo. / *Every last one,* Hasta el último. Cada uno. / *Last but one,* Penúltimo. / m. El o lo último. / Fin. / v. Durar, continuar.

Lasting. adj. Duradero, perdurable.

Lastly. Eadv. n último lugar, en conclusión, por fin, por último, finalmente.

Late-comer. m.,y f. Recién llegado. / El que llega tarde.

Lately. adv. Recientemente, últimamente, no hace mucho.

Latency. m. Estado latente. / f. (Med.) Latencia.

Lateness. f. Tardanza, demora, m. atraso.

Latent. adj. Latente, oculto, dormido. / No visible, no aparente. / f. Huella digital latente.

Latently. adv. Ocultamente, latentemente.

Later. *Later on,* adv. Luego, más tarde, dentro de un rato.

Lathe. m. (Mec.) Torno. / (Textil) Batán. / v. Tornear, trabajar en el torno.

Lather. f. Espuma. / m. (Mec.) Tornero. / Alfarero. / f. (Pop.) Cólera, excitación. / v. Enjabonar. / (Fam.) Azotar, zurrar. / *To lather up,* Excitar, agitar. / Hacer espuma, espumar.

Lathery. adj. Espumoso, jabonoso.

Latin. adj. Latino. / m. Latino. / Latín (el idioma).

Latin America. n.p. América Latina, Latinoamérica.

Latitude. f. Latitud. / pl. Latitudes, m. climas, f. regiones. / Anchura, amplitud.

Latten. f. Hoja de latón, hojalata.

Latter. adj. Posterior, más reciente, moderno. / Posterior, último, lo mencionado al final.

Lattermost. adj. Ultimo, postrero.

Latticework. m. Enrejado, f. celosía.

Laud. f. Loa, m. elogio, canto de alabanza. / v. (Rel.) Alabar, loar.

Laudation. f. Alabanza.

Laudative, laudatory. adj. Laudatorio, encomiástico, elogioso.

Laugh. v. Reír. / *To laugh up one's sleeve,* Reír para su capote, reír para sí mismo. / Decir riendo. / *To laugh away time,* Hacer pasar el tiempo con bromas. / *To laugh down,* Callar o acallar por medio de la risa.

Laughing. adj. Reidor, risueño, riente.

Laughingstock. m. Hazmerreír, objeto de ridículo.

Laughter. f. Risa.

Launch. v. Lanzar, arrojar, tirar, despedir. / Botar, echar un barco al agua. / Iniciar a una persona en algo. / Acometer, emprender, iniciar (empresa).

Launcher. m. Lanzador. / Iniciador. / (Mil.) Lanzagranadas. Lanzacohetes.

Launderer. m. Lavandero.

Laundress. f. Lavandera.

Laundromat. m. Establecimiento público de lavadoras automáticas.

Laundry. m. Lavadero. / f. Lavandería (el establecimiento). / f. Ropa lavada, ropa para lavar.

Laurel. m. (Bot.) Laurel. / Rododendro, f. azalea. / Corona de laurel, lauréola.

Lava. f. Lava.

Lavation. m. Lavado, f. limpieza.

Lavatory. m. Lavatorio, lavabo, lavamanos. / Excusado, retrete. / Lavabo (el cuarto). / (Rel.) Lavatorio.

Lavish. adj. Pródigo, malgastador, derrochador. / Espléndido, generoso. / Profuso, muy abundante. / v. Prodigar, despilfarrar, derrochar.

Law. f. Ley, m. código. / Derecho, f. jurisprudencia, ciencia jurídica. / Abogacía, profesión legal. / m. Conocimiento legal. / f. (Fig.) Norma, regla, costumbre. / m. (Fig.) Juicio, f. justicia, administración de la justicia. / *The law,* (Fam.) La policía, el policía. / v. Pleitear, litigiar. / adj. Legal, jurídico, judicial.

Law court. m. Tribunal de justicia.

Lawless. Sadj. in ley, anárquico. / Desaforado, desenfrenado, desmandado. (Una persona). / Ilegal, ilícito.

Lawman. m. Gendarme, comisario, agente de policía.

Lawn. m. Césped, prado. / (Textil) Linón, f. estopilla. / m. Episcopado anglicano.

Laxative. adj. Laxativo, laxante. / f. Medicina laxativa, laxante.

Laxity. f. Laxitud, flojedad. / m. Relajamiento, f. relajación. / Negligencia, m. descuido, f. indiferencia.

Lay. v. Poner, colocar. / Depositar, meter, echar. / Tender, postrar, dejar en el suelo. / Arrasar (una cosecha el viento o la lluvia). / Alisar (la lanilla de una tela). / Asentar (el polvo). / Calmar, aquietar (el viento, el mar, las dudas, etc.). / Conjurar (un fantasma). / Poner (huevos, la mesa). / Disponer, arreglar en cierto orden. / Apostar (Dinero). / Situar (la acción de una novela). / Presentar (reclamo, etc.). / Atribuir, imputar, achacar. / Imponer (castigo, carga, obligación). / Sobreponer. / *To lay with,* Cubrir, revestir (de color, alfombra, capa de metal, etc.). / Formar, disponer, trazar (plan, argumento, etc.).

Layabout. adj. y m. (Fam.) Vago, vagabundo.

Layer. f. Capa, m. estrato. / f. Camada. / (Agr.) Acodo, acodadura. / Ostral. / Gallina ponedora. / v. (Agr.) Acodar, amugronar. / Acamarse (las mieses).

Layout. f. Disposición, m. arreglo, esquema. / m. Equipo surtido. / (Pop.) Banquete, festín.

Lazy. adj. Perezoso, holgazán, flojo. / Lento, tardo. / Acostada (la letra del hierro para marcar ganado).

Lead. v. Guiar, conducir, llevar. / Dirigir, mandar, estar a la cabeza de. / Llevar buena o mala vida. / Conducir, llevar. *All roads lead to Rome,* Todos los caminos llevan a Roma. / Inducir, tentar, atraer. / Dirigir una orquesta. / Llevar ventaja sobre, aventajar a un competidor. / Insinuar la respuesta a alumno, testigo. / (boxeo) Dirigir un golpe al adversario

Lead. m. Plomo. / f. Plomería, m. artículos de plomo. / Plomada, escandallo. / pl. Engarces de plomo de las vidrieras. / pl. Emplomado de un techo. / Grafito, f. mina. / m. Plomo, bala, balas.

Leader. m. y f. Guía, conductor. / Jefe, líder. / Tubo, cañería, conducto. / Sotileza (donde va el anzuelo en un sedal). / Artículo barato (para atraer al cliente). / Editorial, artículo de fondo en un periódico.

Leading. f. Dirección, guía, conducción. / Sugerencia, insinuación. / adj. Conductor, guiador, director. / Principal, dominante, sobresaliente.

Leaf. f. Hoja, fronda. / m. Follaje. / f. Hoja, foja, m. folio. / Hoja (de puerta, ventana, etc.). / m. Tablero de mesa. / f. Plancha, lámina. / (Col.) Ala de sombrero.

Leaf brass. m. Oropel. / Latón en láminas.

Leafy. adj. Frondoso, hojoso. / En forma de hoja. / Laminado.

League. f. Legua. / Liga, confederación. / Sociedad. / v. Ligar(se), aliar(se), confederar(se).

Leak. m. Agujero, f. grieta. / m. Escape, f. fuga (de gas, etc.). / (Fig.) Filtración, indiscreción. / (Náut.) Agua, vía de agua. / (Electricidad) Pérdida, dispersión de corriente. / v. Escaparse, filtrarse, gotear (gas, aire, líquido). / No cerrar bien, no ser estanco. / (Náut.) Hacer agua (un buque). / *To leak out,* (Fig.) Trascender, divulgarse. / Dejar salir, filtrar. / *To take a leak,* (Pop.) Orinar.

Lean. v. Inclinarse, apoyarse, reclinarse, encorvarse. / *To lean over backwards,* (Fam.) Extremarse, esforzarse al máximo. / Inclinar, apoyar, recostar. / Adelgazar. / Empobrecer (la mezcla combustible). / Inclinación, disposición, propensión. / f. Carne magra. / adj. Flaco, descarnado, enjuto. / Magro (carne). / Pobre, improductivo, de escasez.

Leap. v. Saltar, brincar. / Brotar o salir con ímpetu. / *To leap at,* Aceptar inmediatamente (una oportunidad). / Saltar, salvar. / Hacer saltar. / Cubrir el macho a la hembra. / m. Salto, brinco. / *A leap in the dark,* Salto a ciegas, salto en el vacío.

Learn. v. Aprender. / Enterarse de, imponerse de. / *To learn by heart,* Aprender de memoria.

Learned. adj. Docto, erudito, sabio. / Dirigido a los doctos, científico.

Learner. m. y f. Principiante, aprendiz. / Estudiante, estudioso.

Learning. m. Aprendizaje, estudio. / f. Erudición, m. saber, f. instrucción.

Leash. f. Traílla, correa. / Pihuela. / m (Caza) Trío, grupo de tres. / v. Atraillar.

Least. adj. Lo menor. / Lo menos. / El mínimo. / *At the least,* En lo más mínimo, de ninguna manera.

Leather. m. Cuero, f. piel. / m. Pulpejo de la oreja de un perro. / Pelota (De fútbol, béisbol). / adj. De cuero. / v. Forrar o guarnecer con cuero. / (Fam.) Azotar, zurrar.

Leave. v. Dejar. / Dejar estar. *They will leave things at that,* Ellos dejarán las cosas tal como están. / *To leave to,* Dejar, encomendar. / Dejar, legar. / Salir, abandonar. / Dejar, abandonar, desamparar. / Dejar de, parar. / *To be left,* Quedar, quedarse.

Leave-taking. f. Despedida, m. adiós.

Leaving. f. Sobras, m. residuos. / m. Desperdicios,f. basuras.

Lecherous. adj. Lujurioso, lascivo, salaz.

Lechery. f. Lujuria, lascivia, libertinaje.

Lecithin. f. Lecitina.

Lection. f. Lección (versión de un texto y trozo de las Escrituras).

Lecture. f. Conferencia. / Instrucción, clase. / Reprimenda, amonestación, m. sermón. / v. Instruir, enseñar por medio de conferencias. / Dar una conferencia o di sertación. / Reprender, reconvenir.

Ledge. f. Berma, m. reborde, saliente. / Arrecife. / Retallo, f. repisa. / m. (Mineral.) Filón of. veta metalífera, vena.

Lee. m. (Náut.) Sotavento, socaire. / Abrigo, refugio, protección. / adv.De sotavento, a sotavento.

Leech. f. (Zool.) Sanguijuela. / m. (Fig.) Parásito, vividor. / f. (Náut.) Caída, m. derribo de la vela. / v. Sangrar con sanguijuelas. / (Fig.) Sangrar, desangrar.

Leery. adj. Astuto. / Desconfiado, suspicaz.

Left. adj. Izquierdo. / *To marry with the left hand,* Casarse morganáticamente. / f. Izquierda, m. Lado izquierdo.

Left-handed. adj. Zurdo. / Morganático (matrimonio). / Torpe, desmañado. / Malicioso, falso. / (Bot., Zool.) Sinistrorso, sinistrórsum.

Leg. f. Pierna (de hombre o animal). / m. Pernil, f. pata (de animal). / Pernil, f. pernera (de pantalón). / Pata, poste. / m. Soporte, sostén. / f. (Náut.) Bordada. / m. (Mat.) Cateto.

Legacy. f. Herencia. / m. (Der.) Legado, manda.

Legal. adj. Legal, jurídico. / Lícito, legítimo. / De la profesión legal. / Dispuesto por ley. / (Finanzas) Valor de inversión legal.

Legalization. f. Legalización.

Legalize. v. Legalizar, legitimar.

Legate. m. Legado, enviado papal.

Legend. f. Leyenda (con todas las acepciones de la palabra castellana).

Legendary. adj. Legendario, fabuloso, de leyenda.

Legerdemainist. m., f. Prestidigitador.

Legible. adj. Legible, descifrable, fácil de leer.

Legibly. adv. Legiblemente.

Legion. f. Legión (de tropa). / Legión, multitud.

Legionary. m. Legionario.

Legislate. v. Legislar, hacer leyes. / Crear o disponer por ley.

Legislation. f. Legislación.
Legislative. adj. Legislativo. / m. Poder o cuer po legislativo.
Legislature. m. Poder legislativo. / Cuerpo legislativo, f. legislatura.
Legitimate. adj. Legítimo. / Auténtico, genui no. / Legal, lícito. / Válido, cierto. / v. Legitimar (hijo). / Legitimar, justificar, aprobar. / Legitimar, autorizar.
Legitimize. v. Legitimar.
Leisure. m. Ocio, tiempo libre. / *At leisure,* Desocupado. Cómodamente, sin prisa. En ratos de ocio.
Leisured. adj. Con tiempo libre, desocupado. / Inactivo, ocioso. / Sosegado, sereno. / Pausado, deliberado.
Lemon. m. Limón. / Limonero. / Color de limón, color cetrino. / f. (Pop.) Persona o cosa inútil. Aparato en malas condiciones, cacharro. / (Pop.) Mujer fea. / adj. Limonado, cetrino. / De limón.
Lemonade. f. Limonada.
Lemon squash. m. Jugo de limón. f. Limonada.
Lend. v. Prestar. / Dar, proveer, proporcionar. / Dar préstamos, prestar dinero.
Length. f. Longitud, extensión. / m.Lapso, período, f. duración. / Pieza, trozo, tramo. *A length of hose,* Un trozo de manguera. / (Dep.) Largo, cuerpo. / *At full length,* A todo lo largo. Sin ninguna omisión. / *At great length,* Muy detalladamente. / *To keep at arm's length,* Mantener a distancia, no dar confianza a.
Lengthen. v. Alargar(se), estirar(se), prolongar(se).
Lengthening. m. Alargamiento, f. prolongación, extensión.
Lengthy. adj. Largo, prolongado, dilatado, prolijo.
Lenient. adj. Indulgente, clemente, misericordioso.
Lens. f. Lente, lupa, cristal. / (Anat., Zool.) Cristalino del ojo.
Lent. f. (Rel.) Cuaresma.
Lentil. f. (Bot.) Lenteja.
Leopard. m. (Zool.) Leopardo, f. pantera.
Leper. m. Leproso, lazarino.
Leprosy. f. (Med.) Lepra.
Leprous. adj. Leproso, lazarino. / Léprico. / Escamoso.
Lesbian. adj. Lesbio, lesbiano, de Lesbos. / m., f. Lesbiana.
Lesion. f. Lesión, herida, m. perjuicio.
Less. adj. Menor. / Menos. / *No less a person than,* Nada menos que. *His car is less expensive than mine,* Su auto es menos caro que el mío. / Menos, en grado menor. / *More or less,* Más o menos. / *None the less,* No obstante, sin embargo. / m., f. Menor. *Of two evils choose the less,* Escoge el menor de dos males.
Lesser Bear. f. (Astron.) Osa Menor.
Lesson. f. Lección, enseñanza. / Clase, instrucción. / Tarea, ejercicio, / Escarmiento, advertencia, / v. Aleccionar, dar lecciones a. / Amonestar, castigar, reprender.
Lest. conj. No sea que. / Para que no, por miedo de.
Let. v. Permitir, conceder, tolerar. / Alquilar. / Dar, asignar. / Dejar escapar, sacar / *To let blood,* Sacar sangre, sangrar. / *To let alone, To let be,* Dejar en paz, no molestar. / *To let one know,* Hacer saber a uno, informar o avisar a uno. / *Let alone,* Menos aún. / *To let by,* Dejar pasar.
Lethal. adj. Letal, mortífero.
Letter. f. Letra (del alfabeto). / (Impr.) Letra, tipo, carácter. / Carta. / pl. Letras, literatura. / Alquilador, arrendatario, el que alquila. / v. Estampar con letras. Rotular, poner letras.
Letter box. m. Buzón, apartado o f. casilla de correo.
Lettered. adj. Educado, instruido. / Letrado, docto, erudito. / Grabado, estampado con letras.

Letter file. m., f. Clasificador, carpeta, archivo.
Letterhead. m. Membrete. / f. Hoja de papel membretado.
Lettering. m. Letrero, f. leyenda, / Acción de poner letras o letreros.
Lettuce. f. Lechuga. / m. (Pop.) Dinero. (Billetes).
Levant. *Levant,* m. Levante. / Viento de Levante. / Marroquín, tafilete. / v. Irse sin pagar una deuda.
Levanter. adj.y m. Levante, viento de Levante. / Levantino.
Level. m. Nivel (instrumento). / Nivel, f. altura. / m. Grado, rango, f. posición. / m. Llano, f. llanura, m. ras. / *On the level,* (Pop.) Recto, honrado, serio, genuino. Honradamente, sinceramente. / adj. A nivel.
Leveling. f. Nivelación, igualación. / adj. Nivelador, allanador.
Lever. f. Palanca, mangueta. / Palanca de acción (en arma de fuego portátil). / (Mec.) Barra, manubrio. / v. Apalancar, palanquear.
Leverage. m. Sistema de palancas. / Apalancamiento. f. Fuerza o ventaja mecánica. / m. (Fig.) Poder, f. eficacia, influencia, medios.
Levier. m. Imponedor (de contribuciones, etc.).
Levy. f. Recaudación de impuestos. / Tasación, avalúo. / Imposición de contribuciones. / Suma recaudada. / m. Embargo, f. ejecución.
Lewd. adj. Lujurioso, sensual, lascivo.
Lewdness. f. Lascivia, lujuria, m. libertinaje.
Lex. f. Ley.
Lex., lexicon. m. Lexicón, diccionario.
Lexical. adj. Léxico. / Lexicográfico.
Lexicographer. m. Lexicógrafo.
Lexicography. f. Lexicografía.
Lexicology. f. Lexicología.
Liability. f. Responsabilidad, obligación. / Obligación, posibilidad de incurrir en. / Desventaja, m. impedimento. / m. Riesgo, f. contingencia. / m. (Com.) Pasivo. / pl. Obligaciones, deudas.
Liaison. f. Vinculación, unión, m. enlace. / f. Coordinación. / m. Romance, f. aventura o relaciones ilícitas. / m. (Mil.) Enlace.
Liberal. adj. Liberal.
Liberation. f. Liberación.
Librarian. m. Bibliotecario.
Library. f. Biblioteca.
Libelee, libellee. m., f. Difamador, calumniador, demandado por difamación.
Liberal. adj. Liberal, generoso. / Amplio, abundante. / Libre, aproximado, no literal. / Liberal, tolerante. / m., f. (Polít.) Liberal. / Miembro del partido liberal.
Liberalism. m. Liberalismo.
Liberalization. f. Liberalización.
Liberalize. v. Liberalizar(se), hacer(se) liberal.
Liberty. f. Libertad. / m. Permiso. / f. Libertad, licencia, familiaridad.
Libidinous. adj. Libidinoso, lujurioso, lascivo.
Líbido. f. Líbido, libídine. / (Psicol.) Líbido.
Library. f. Biblioteca.
Librate. v. Balancear, oscilar. / Equilibrarse, quedar en equilibrio.
Libration. f. Libración, oscilación.
Libratory. adj. Oscilatorio. / De libración.
Librettist. m., f. (Mús.) Libretista.
Libya. n.p. Libia.
Libyan. m.Libio. / adj. Líbico, libio.
License, licence. f. Licencia, m. permiso. / f. Libertad de acción. / Matrícula, patente, título. / Licencia, abuso de libertad. / Libertinaje. / Licencia, libertad.
Licensee, licencee. m. Concesionario, titular de una licencia.

License plate. f. (Automov.) Chapa de matrícula, patente.

Licentiate. adj. Licenciado, licenciada. / f. Licenciatura.

Licentious. adj. Licencioso, atrevido. / Disoluto, libertino. / Libre, que no se sujeta a las normas establecidas.

Lickerish. adj. Goloso, ansioso de placeres. / Salaz, libidinoso.

Licking. f. Lamedura, lengüetada. / (Fam.) Tunda, paliza. / (Fam.) Derrota.

Lie. f. Mentira, m. embuste, f. impostura. / m. Mentís, desmentido. / v. Mentir.

Lie. v. Echarse, tenderse, acostarse. / Estar, hallarse, encontrarse, / Yacer, estar tendido o acostado. / Estar enterrado. / *To lie in,* Radicar, consistir en. / (Der.) Ser sostenible, ser admisible o ejecutable. / *To lie about,* Estar por allí. Estar esparcido.

Lieutenant. m. Lugartenientc. / (Mil.) Teniente. / (Náut.) Teniente, alférez de navío.

Life. f. Vida, existencia. / Vida, animación. / Animador, alma (de una fiesta). / Vida, manera de vivir. / *Night life,* Vida nocturna. / Natural (modelo). / (Pop.) Cadena perpetua. / *To have the time of one's life,* Divertirse de lo lindo. / adj. Vital.

Lifeguard. m. y m. Salvavidas, guarda de playa.

Lifeline. (Náut.) Cuerda o cabo salvavidas. / Cuerda de seguridad para los bañistas en las playas. / Cuerda de comunicación de buzos. / Recurso vital, expediente principal. / (Quiromancia) Línea de la vida.

Lifesaver. m., f. Salvador, persona que salva la vida a otra. / Miembro de una estación de salvamento. / f. (Fig.) Salvación.

Life vest m. Chaleco salvavidas.

Lifework. m. Trabajo de toda la vida o que requiere toda la vida. / f. Obra principal de la vida de uno.

Lift. v. Alzar, elevar, izar. / Exaltar, ascender (en estimación, honor, etc.). / Realzar o elevar a un plano superior. / (Fam.) Robar, hurtar. / Plagiar. / Redimir, cancelar (una hipoteca).

Ligament. m. Ligamento, f. atadura, m.vínculo. / (Anat.) Ligamento.

Ligate. v. Ligar, atar con ligadura.

Ligation. f. Ligación. / (Med.) Ligadura.

Ligature. f. Ligadura, ligación. / m. (Mús.) Ligado. / f. (Med.) Ligadura. / v. Ligar.

Light. f. Luz. / Claridad. / pl. Alcances, facultades, m. talento. / pl. Entendimiento, modo de entender. / f. Candela, vela. Lámpara. / Fanal, faro. / Claro, tragaluz. / Lumbre, fuego. Fósforo. / Lumbrera, eminencia. / m. Papel (en una representación teatral).

Light. adj. Ligero, liviano. / (Fig.) Ligero (alimento, sueño. trabajo. impresión, lluvia, viento. enfermedad, etc.) / Fácil, frívola (una mujer).

Lighten. v. Iluminar, brillar, fulgurar, destellar. / Hacerse claro. / Aclararse, despejarse (cielo). / Relampaguear, centellcar.

Lightening. f. Iluminación, alborada. / m. Aligeramiento, alivio. / adj. Iluminador. / Aligerador, aliviador.

Light-handed. adj. Ligero de manos. / Fácil, suave (estilo, manera, etc.) / (Náut.) Con poca tripulación.

Lighthearted. adj. Despreocupado, alegre, festivo.

Lighting. m. Encendido, f. ignición. / Iluminación, incidencia de la luz. / Alumbrado, luz artificial.

Lightless. adj. Sin luz, obscuro.

Lightly. adv. Levemente, gentilmente. / Ligeramente, mesuradamente, moderadamente. / Superficialmente, a la ligera, sin seriedad. / Agilmente, graciosamente.

Lightness. f. Liviandad, m. poco peso. / f. (Fig.) Ligereza, liviandad, frivolidad.

Lightning. m. Relámpago, rayo. / Relampagueo.

Lightsome. adj. Iluminado. / Claro, luminoso. / Airoso, gracioso, ágil. / Alegre, festivo, animado. / Frívolo, inconstante.

Lightweight. adj. De poco peso, ligero. / m., f. Persona de poco peso. / (Boxeo) Peso ligero, peso liviano. / (Fam.) Pelagatos, pelele.

Light-year. m. (Astr.) Añoluz.

Likableness. f. Simpatía, amabilidad.

Like. adj. Semejante, similar, parecido. / Equivalente, igual. / Tal, igual a, parecido a. / *Like hell,* (Pop.) De ninguna manera. / m. y f. pl. Gusto, simpatía, preferencia. Afición. / v. Querer, gustarle a uno. / *I am wrong if you like but so is he,* Estoy equivocado, si Ud. gusta, pero él también lo está. / Gustar de, gustarle a uno. / *I like to dance with you,* Me gusta bailar contigo. / Tener afecto a, serle simpático a uno. / Agradarle a uno. / *She likes you,* Ella te tiene simpatías, le gustas a ella. / adv. Como, a manera de. / Tal como.

Likely. adj. Probable. / Verosímil, creíble. / Apto, idóneo, a propósito. / Prometedor, que promete. / adv. Probablemente.

Liking. f. Preferencia. / Simpatía, m. afecto. / f. Afición, m. gusto.

Lilt. f. Música o canción alegre. / Cadencia, m. ritmo. / Paso o movimiento ligero y airoso. / v. Cantar alegremente, cantar airosamente.

Limbus. m. Limbo, borde (en color, borde contrastante). / f. Orilla.

Lime. f. Cal. / Ajonje, liga (para cazar aves). / v. Untar con liga. / Cazar pájaros con liga. / Encalar paredes Iratar con cal. / Pelambrar pieles. / adj. De cal, calizo.

Limelight. f. Luz de calcio. / (Teatr.) Luz concentrada (en una parte del escenario). / v. Llamar la atención sobre, realzar, hacer resaltar.

Limit. m. Límite, f. frontera, m. confín. / Fin, término. / v. Limitar, deslindar. / Restringir, coartar. / (Der.) Limitar, asignar dentro de límites.

Limitation. f. Limitación, restricción, m. acotamiento. / f (Der.) Prescripción.

Limited. adj. Limitado, circunscrito. / Reducido, estrecho, escaso. / (Com.) De responsabilidad limitada.

Limiting. adj. Limitativo, restrictivo. / (Gram.) Determinativo. / Rayano, aledaño.

Limousine. f. Limousine, limosina.

Limper. m. Cojo, rengo.

Limpid. adj. Transparente, diáfano.

Limpidity. f. Transparencia, diafanidad.

Limping. adj. Cojo. / Que falla.

Linage. m. Número de líneas en un escrito o impreso. / Pago por líneas escritas.

Linden. m. Tilo, f. tila.

Line. f. Línea. / m. Cordel, f. cuerda, m. cordón. / pl. Lindes, límites. / f. Tubería, cañería. / Sedal, cordel de pescar. / Raya, veta, lista, franja. / Arruga, línea (de la cara, los ojos, etc.). / Línea divisoria, límite. / Rasgo, trazo, contorno. / Plan. / Renglón.

Lineal. adj. Lineal. / En línea directa (ascendiente o descendiente). / Hereditario.

Lineally. adv. En línea recta.

Lined. adv. Rayado. / Forrado.

Linen. m. Lino. / Lienzo. / Hilo de lino. / f. Lencería, ropa blanca. / m. Papel de hilo o lino. / adj. Hecho de lino o cáñamo.

Liner. m. Revestidor. / Forro, revestimiento. / Rayador. / Trasatlántico. / Avión de línea comercial.

Line-up, lineup. f. Hilera de personas. Formación. / Rueda de presos. / (Dep.) Formación, alineación de un equipo.

Lingual. adj. Lingual. / De la lengua. / m. (Fon.) Sonido lingual.
Linguist. m. y f. Lingüista. / Políglota, políglota.
Linguistics. f. La lingüística.
Link. m. Eslabón. / Vínculo, m. conexión, enlace. / pl. Gemelos, colleras. (De camisa). / (Col.) pl. Recodo de una corriente de agua. / (Electr.) Fusible de un cortacircuitos. / (Mec.) Eslabón, articulación, acoplador. / v. *To link on, to link to, to link together, to link up,* Vincular(se), eslabonar(se).
Linkage. m. Eslabonamiento, nexo, enlace, conexión. / Sistema de eslabones. / (Quím.) Enlace, afinidad. / (Electr.) Concadenamiento, enlace. / (Mec.) Articulación, sistema articulado.
Linkup. f. Reunión, m. mitin. / Enlace, f. conexión.
Lint. f. Gasa para curar heridas. / Hilachas, pelusa. / m. Tejido de malla para redes de pescar.
Lion. m. León. / (Astron., Astrol.) Leo, León.
Lioness. f. Leona.
Lionheart. m. y f. Persona valiente y magnánima. / *Lionheart,* Corazón de León (Ricardo I de Inglaterra).
Lionhearted. adj. Valiente, intrépido.
Lip. m. Labio. / (Pop.) Descaro, f. respuesta insolente. / Labio, borde. / Filo de broca. / m. (Bot., Zool.) Labelo, labium. / Boquilla de un instrumento musical. / (Pop.) *None of your lip!,* ¡Nada de insolencias! / *To keep a stiff upper lip,* No perder el ánimo, obstinarse.
Lip devotion. f. Palabras vanas, insinceridad.
Lippy. m. (Pop.) Respondón, insolente.
Lipsalve. m. Ungüento para los labios.
Lipstick. m. Lápiz de labios, lápiz labial.
Liquation. f. Licuación, licuefacción.
Liqueur. m. Licor aromático alcohólico, bajativo,
Liquid. adj. Líquido, fluido. / Límpido, transparente, translúcido. / Claro, puro, suave (un sonido). / (Comercio) Líquido, circulante. / m. Líquido. / f. (Fon.) Consonante líquida.
Liquidate. v. Liquidar. (Sociedad, bienes, deudas, etc.). / (Fig.) Liquidar, matar.
Liquidation. f. Liquidación.
Liquidator. m. Liquidador.
Liquidity. f. Liquidez, fluidez.
Liquidize. v. Liquidar, licuar.
Liquor. m. Licor, aguardiente. / Licor, brebaje, solución acuosa. / *In liquor,* Bebido, embriagado. / *The worse for liquor,* Bastante borracho. / v. *To liquor up,* (Pop.) Beber licor. / Engrasar. (Cueros, zapatos).
Lisbon. n.p. Lisboa.
List. f. Lista, m. rol, f. nómina. / Lista o raya de color. / Orilla de tela. / pl. Liza, palestra, arena. / (Arq.) Listel, listón, filete. / Listón de madera. / *The list,* Lista de valores en la Bolsa de Comercio
Listed. adj. Inscrito en la lista. / (Com.) Cotizado. / Listado, rayado. / Cercado con valla.
Listen. v. Escuchar, oír. / *To listen for,* Estar atento a (un sonido). / *To listen in,* Espiar una conversación. Escuchar por radio. / Escuchar a, atender a. / f. Escucha, oída.
Listener. adj. Escuchante, escuchador, escuchadora. / m., f. Oyente, escucha.
Listless. adj. Indiferente, apático, desganado.
Liter, litre. m. Litro.
Literacy. f. Capacidad de leer y escribir, alfabetismo.
Literal. adj. Literal, textual. / Verdadero, exacto, preciso. / Prosaico, realista, positivista.
Literalism. f. Atención exagerada al sentido literal de un texto. / m. (Bellas artes) Realismo exagerado.
Literality. f. Literalidad. m. Significado o interpretación literal.

Literary. adj. Literario. / m.Literato.
Literate. adj. Que sabe leer y escribir. / Educado, letrado. / m. Hombre letrado, persona culta. / Persona que sabe leer y escribir.
Literature. f. Literatura (profesión y producción literaria). / m. (Fam.) Impresos, circulares, catálogos.
Litograph. v. Litografiar. / f. Litografía.
Lithography. f. Litografía.
Litigant. adj. Litigante, contendiente.
Litigate. v. Litigar, someter a juicio. / Litigar, contender.
Litigation. f. Litigación. / m. Litigio, pleito. / f. (Fig.) Disputa, discusión.
Litigious. adj. Litigioso, contencioso. / Litigioso, en litigio. / De litigios.
Litmus. m. Tornasol.
Little. adj. Pequeño, bajo, de poca estatura. / Poco, corto, breve (tiempo, distancia). / Poco, poquito. / *Give me a little water,* Déme un poquito de agua. / Insignificante, trivial. / Despreciable, mezquino. / *Nota: Se usa también para formar el diminutivo de las palabras. Little girl,* Niñita. *Little brook,* Arroyito. / adv. Poco, ligeramente, escasamente.
Little Bear. f. (Astron.) Osa Menor.
Littleness. f. Pequeñez, poquedad. / (Fig.) Bajeza, mezquindad, ruindad.
Little owl. m. (Orn.) Mochuelo.
Little Red Ridinghood. f. Caperucita Roja.
Little theater. m. Teatro experimental.
Littoral. m. Litoral.
Liturgical. adj. Litúrgico.
Liturgics. f. La liturgia
Liturgist. m. Liturgista.
Liturgy. f. Liturgia.
Livability. f. Viabilidad, expectativa de vida.
Live. v. Vivir, existir. / Habitar, morar. / Durar, perdurar. / Quedar a flote, salvarse (un barco). / *To live from hand to mouth,* Vivir al día. / *To live through,* Sobrevivir. / *To live to oneself,* Vivir aislado.
Live. adj. Vivo, viviente. / Vivo, encendido (f uego, combustible). / (Fig.) Candente, palpitante. / (Fig.) Intenso. / Bullente, lleno de vida. / Interesante. / Vivo, brillante (un color). / (Mineral.) Puro, nativo. / (Electricidad) Cargado. / (Autom.) Impulsor. / Cargado (cartucho, munición, etc.). / (periodismo) Fresco, de actualidad. / (Radio, TV) Vivo (programa). / (Dep.) En juego (pelota).
Liveliness. f. Vivacidad, viveza, agilidad.
Livelong. adj. Todo. / Entero, largo. / *All the livelong day,* Todo el largo día, el día entero.
Lively. adj. Vivaz, vivaracho. / Vigoroso, enérgico, animoso. / Agudo, penetrante. / Vivificante. / Rápido, veloz. / Gallardo, airoso.
Liverish. adj. (Fam.) Enfermo del hígado. / Avinagrado, enojadizo.
Livery. m. Librea. / Facha, traza. / Caballeriza. / (Der.) Entrega.
Livestock. m. Ganado, f. ganadería.
Livid. adj. Cárdeno, amoratado, lívido. / Plomizo, ceniciento. / Pálido, ceniciento, lívido.
Lividity, lividness. f. Lividez.
Living. f. Vida. / Medios de vida, subsistencia. / adj. Vivo, viviente. / Activo, eficaz. / Lleno de vida.
Living room. f. Sala de estar, m. salón principal de un hogar.
Living wage. m. Salario vital, salario de subsistencia plena.
Load. f. Carga. / m. Cargamento. / f. (Fig.) Opresión,

m. peso. / pl. Montones, muchísimos. / Tareas, deberes (de un empleo u oficio). / (Mec.) Resistencia. / Coeficiente de producción o rendimiento, producción. / (Pop.) Trago (de bebida alcohólico).

Loaded. adj. (Pop.) Cargado. (Arma, cámara fotográfica, etc.). / Rico, que tiene mucho dinero. / Ebrio, borracho. / *To get loaded,* Emborracharse.

Loading. f. Carga, cargamento. / Carga, volumen del tráfico. / (seguros) Sobreprima, / adj. Que carga, de carga.

Loaf. f. Hogaza. / Pan de azúcar. / m (cocina) Pastel de carne en forma de hogaza. / (Pop.) Coco, f. cabeza. / v. Haraganear, holgazanear.

Loafer. m. Haragán, holgazán, ocioso. / f. Chinela. / m. Zapato mocasín.

Loanword. f. Palabra extranjera, adoptada de otro idioma.

Loath. adj. Poco dispuesto, reacio, renuente. / Odioso, repulsivo.

Loathe. v. Abominar, detestar, aborrecer, odiar.

Loathsome. adj. Repulsivo, repugnante. / Detestable, odioso.

Lobby. m. Pasillo, corredor. / Vestíbulo, foyer de hotel. / (Polít.) Camarilla, políticos de pasillo. / v. Cabildear. Procurar la aprobación de un proyecto de ley por cabildeo.

Lobulate, lobulated. adj. Lobulado.

Local. adj. Local. / Regional, vecinal. / Limitado. / *A local point of view,* Un punto de vista limitado. / m. Tren subterráneo o autobús local. / f. Junta local. / Noticia de interés local. / (Fam.) Taberna o bar de barrio.

Locality. f. Localidad, m. lugar, sitio.

Localization. f. Localización.

Localize. v. Localizar.

Locate. v. Situar, colocar, ubicar algo en un lugar determinado. / Localizar, dar con, dar con el paradero de. / (Mat.) Situar, establecerse.

Location. f. Ubicación, m. emplazamiento. / Sitio, f. localidad. / Situación, posición. / (Der.) Contrato de alquiler o arrendamiento.

Lock. f. Cerradura, m. cerrojo, f. llave. / Esclusa. / Enlace, unión. / Abrazo fuerte. / Cerrojo del fusil. / Traba, retén para ruedas. / Aglomeración de vehículos. / Antecámara, conexión de dos cámaras de diferentes presiones de aire. / (Dep.) Llave (en la lucha). / Mechón, rizo, bucle de cabello. / pl. Cabellera, cabellos. / Vellón, borla de lana, lino o algodón. / v. Cerrar, echar llave a. / Trabar. / Entrecruzar, entrelazar. / *To lock up,* Inmovilizar, bloquear (capital, etc.). / Hacer pasar por una esclusa. / *To lock off,* Separar por medio de esclusas.

Lockage. m. Paso de una embarcación por una esclusa. / Portazgo de esclusa. / f. Serie o m. sistema de esclusas.

Locker. m. Cajón, f. gaveta. / Alacena, m. armario, ropero. / Cerrador. / Congelador donde se guardan alimentos. / (Náut.) Cajonera, cajón.

Locking. m. Cierre. / f. Fijación, traba. / m. Fijador, de fijación. / De cierre, de traba.

Lockout. m. Cierre forzoso de una fábrica, f. contrahuelga, huelga patronal.

Locksmith. m. Cerrajero.

Locksmithery, locksmithing. f. Cerrajería.

Locomotion. f. Locomoción.

Locution. f. Locución, frase.

Locutory. m. Locutorio.

Loden. m. Género de lana para confeccionar abrigos. / El color olivo de tal paño.

Lodger. m. y f. Huésped, alojado. / m. Inquilino.

Lodging. m. Alojamiento, hospedaje. / pl. Cuartos, aposentos, habitaciones alquiladas.

Lodgment. m. Hospedamiento, alojamiento. / f. Habi-

tación. / Colocación, m. depósito. / Amontonamiento, f. acumulación. / Posición firme, sitio establecido. / (Mil.) Conquista (de un territorio, de una posición), atrincheramiento.

Loft. m. Desván, f. buhardilla. / Henil. / Piso superior de almacén. / *Organ loft,* Galería del órgano. / v. Construir o equipar con un desván. / Almacenar en un desván o granero.

Loftily. adv. Altivamente, orgullosamente.

Loftiness. f. Altura, elevación. / Altivez, altanería, m. orgullo. / f. Eminencia, distinción, majestad.

Log. m. Tronco, leño. / (Náut.) Corredera. / (Náut.) Libro de bitácora. / Diario de vuelo. / Diario o registro de una expedición, experimento, etc.

Logarithm. m. Logaritmo.

Loge. m. Palco de teatro.

Logger. m. Maderero, explotador forestal. / Talador, leñero. / f. (Mec.) Cargadora de troncos.

Logical. adj. Lógico, dialéctico. / Consecuente, natural.

Logician. adj. Lógico, dialéctico.

Logography. f. Logografía.

Logotype. m. Logotipo.

Logy. adj. Torpe, lerdo. / (Fam.) Pesado, lento.

Loin. f. Ijada, ijar. / m. Lomo, carne de lomo.

Loiter. v. Remolonear, holgazanear, haraganear.

Loll. v. Apoyarse, recostarse. / Pender, colgar (la lengua de un animal). / Reclinarse, tenderse o echarse de manera indolente, arrellanarse. / Dejar colgar la lengua.

Lollipop. m. Caramelo en palito, paleta, chupete.

Lolly. m. (Fam.) Caramelo en palito, chupete. / f. (Pop.) Guita, mosca (dinero).

London. n.p. Londres.

Londoner. m., f. Londinense.

Lone. m. Solitario / Único, solo. / Soltero o viudo. / Aislado, poco frecuentado.

Lonely. adj. Solitario, solo. / Triste. Ansioso de compañía. / No frecuentado, aislado. / Solitariamente,

Lonesome. adj. Solitario. / Triste a causa de la soledad.

Long. adj. Largo. / Alto (arbol, persona, etc.). / Alargado. / De largo (en medidas) / Prolongado (ruido, mirada, etc.) / Numeroso (auniencia, público). / Elevado, alto (precio). / De largo alcance. / Remoto (fecha, probabilidad, etc.). / (Com.) Bien abastecido. / (Fon.) Largo. / *At long last,* Por fin, después de mucho tiempo. / *Of long standing,* De mucho tiempo. / *To be in long supply,* Ser abundante. / *To be long on,* Saber mucho de, tener mucho de. / *To make a long nose,* Hacer burla poniendo la mano extendida delante de la nariz. / *Don't be long,* No tardes. / *As long as,* Mientras que. Siempre cuando. / *Long since,* Hace mucho tiempo. / *So long!* (Fam.) ¡Hasta luego! ¡adiós!. / *So long as,* Con tal que, siempre que. / Mucho tiempo, largo rato. / pl. Pantalones largos. / (Com.) Especulador. / (Arq.) Bloque grande. / *v. To long for,* Anhelar, añorar, desear con ansia. / *To long to do,* Desear mucho hacer.

Longbow. m. Arco largo para disparar flechas. / *To draw the longbow,* Exagerar, decir patrañas.

Long-distance. f. Larga distancia, de largo alcance. / (Dep.) De fondo (carreras) / Teléfono de larga distancia, central de teléfonos de larga distancia.

Long-drawn. adj. Lento, pesado. / Prolongado.

Longe. f. Cuerda larga para guiar caballos en adiestramiento. / Estocada. (Esgr.). / v. Entrenar o ejercitar un caballo por medio de una cuerda.

Longer. adj. Más largo. / adv. Más tiempo, más rato.

Longevity. f. Longevidad.

Longevous. adj. Longevo, de larga vida.

Longhand. f. Escritura, caligrafía.

Long hundred. Ciento veinte.

Long hundredweight. f. Unidad de medida equivalente a 0,8 kg.

Longing. m. Anhelo, deseo, f. añoranza. / adj. Ansioso, vehemente.

Longish. adj. Algo largo, un poco largo.

Longitude. f. Longitud.

Long-lived. adj. Duradero, de larga vida.

Long play. m. Disco fonográfico de larga duración, microsurco.

Longsighted. adj. Présbite. / (Fig.) Presciente, perspicaz, previsor.

Longsome. adj. Largo, extenso. / Tedioso, aburrido.

Longwise. adv. Longitudinalmente, a lo largo, de largo a largo.

Loo. m. Un juego de naipes. / (Fam.) Excusado, retrete. / v. Multar en el juego de "loo".

Look. v. Mirar. / Parecer, tener aspecto de. / Dar hacia, estar situado o tener al frente. / Indicar, señalar, tender a. / *To look about one,* Examinar el ambiente de uno. / *To look after,* Seguir con los ojos. Buscar, cuidar. Atender a, ocuparse de. / *To look alike,* Parecerse. / *To look for,* Buscar. / *To look forward,* Prever. / *To look forward to,* Esperar con interés. / *To look in on,* Visitar de paseo. / *Look out!,* ¡Cuidado! / *To look out for,* Estar atento o preparado para.

Looker-on. m., f. Espectador, observador.

Lookin. f. Ojeada. / Visita corta.

Looking glass. m. Espejo.

Lookout. f. Observación, vigilancia. / Atalaya, mirador. / (Náut.) Cofa para el vigía. / m., f. Vigilante, centinela, / (Náut.) Vigía. / Perspectiva, vista, panorama. / Cuidado, asunto.

Loom. v. Aparecer, asomarse en forma vaga o amenazadora. / *To loom large,* Cobrar demasiada importancia. / m., f. Vislumbre. Sombra vaga. Aparición. / m. (Orn.) Somorgujo. / Telar, f. máquina para hilar. / (Náut.) Guión del remo. / v. Hilar en un telar.

Loony, looney. adj. Loco, lunático.

Loony bin. m. (Pop.) Manicomio.

Loop. m. Lazo, f. vuelta, lazada de un cordel, cinta, etc. / m. Recodo de un camino. / Meandro de un río. / (Electr.) Circuito cerrado. / (Aer.) Rizo. / Onda, bucle. / Presilla para botón. / (Mec.) Abrazadera, anilla. / *To knock for a loop,* (Pop.) Asombrar. Exaltar. Desordenar, descomponer. / v. Hacer una lazada en.

Loopy. adj. Que tiene vueltas, que tiene curvas. / (Pop.) Loco, necio, tonto.

Loose. adj. Suelto, sin amarrar. / Suelto, flojo, holgado. / Vago, indeterminado, indefinido. / Poco compacto, disgregado. Desmenuzado.

Loosen. v.Desatar, desapretar, aflojar. / (Fig.) Soltar (la lengua), aflojar (la disciplina). / Librar, libertar.

Lop. v. Desmochar, podar. / *To lop off,* Recortar, cercenar. / Colgar, pender, caer flojamente. / Desmochadura, recortes. Ramas podadas. / adj. Colgante.

Loppy. adj. Que cuelga libremente, flojo, flexible.

Lopsided. adj. Desequilibrado, ladeado. / Asimétrico. / Desproporcionado.

Loquacious. adj. Locuaz, gárrulo.

Loquacity. f. Locuacidad, garrulidad.

Lord. m. Señor, dueño, patrón. / *Lord,* Señor (ser Supremo). / Lord (título de nobleza). / m. (Astron.) Planeta dominante. / v. Conferir el título de lord.

Lordly. adj. Digno de un lord, noble. / Señorial, espléndido. / Altivo, despótico. / adv.Noblemente. / Señorialmente, magníficamente.

Lordship. f. Señoría, excelencia. / m. Señorío, dominio, f. autoridad.

Lose. v. Perder. / Perder, arruinar. / Hacer perder. / *To lose one's heart,* Enamorarse. / *To lose one's mind,* (Fig.) Enloquecer, cegarse de ira. / Sufrir una pérdida. / Quedar vencido, perder. / Atrasarse (un reloj). / *To lose out,* (Fam.) Ser derrotado.

Loser. Perdedor. / Reo que ha cumplido sentencia más de una vez.

Losing. adj. Perdedor. / Perdido.

Loss. f. Pérdida. / m. Daño. / f. (seguros) Muerte, lesión, accidente. / (Mil.) Bajas. / *At a loss,* Con pérdida.

Lost. adj. Perdido. / Olvidado, caído en desuso. / Arruinado. / Extraviado, descarriado. / Desorientado.

Lottery. f. Lotería, rifa. / (Fig.) Lotería, episodio de suerte u ocasión.

Loud. adj. Alto (voz), fuerte (sonido). / Recio (juramento, etc.). / Ruidoso. / (Fig.) Chillón, llamativo. / Ofensivo, hediondo (olor). / adv. En voz alta, a gritos. / Ruidosamente. / Fuerte. (sonidos y olores).

Loudspeaker. m. Altoparlante, altavoz, megáfono.

Lough. f. (Fam.) Ensenada. / Lago. / Piscina.

Louse. m. (Entom.) Piojo. / (Pop.) Sinvergüenza, canalla. / v. v. Despiojar, espulgar. / *To louse up,* (Pop.) Estropear, arruinar. / Confundir, enredar.

Lousy. adj. Piojoso, piojento. / (Pop.) Asqueroso, despreciable. / Malo, inferior.

Lout. v. Inclinar(se). / Hacer reverencias. / Doblar(se).

Loutish. adj. Rústico, tosco, patán.

Lovable, loveable. adj. Adorable, que inspira cariño.

Lovably. adv. Atractivamente, con amabilidad o gracia.

Love. m. Amor. / Cariño, querer. / Amores, amorío, aventura amorosa. / (Tenis) Cero, marcador en blanco. / *To fall in love,* Enamorarse. / *To make love,* Hacer el amor, copular.

Loveless. adj. Sin amor. / Abandonado, desamparado.

Loveliness. f. Hermosura, belleza.

Lovely. adj. Hermoso, exquisito, delicioso. / (Fam.) Magnífico, encantador, ameno. / adv. (Fam.) Hermosamente.

Lover. m. y f. Amante, querido. / Aficionado a.

Loving. adj. Afectuoso, cariñoso, amoroso. / Aficionado. / Benigno, apacible.

Lovingkindness. f. Bondad, compasión, benevolencia.

Lovingness. m. Afecto, cariño.

Low. adj. Bajo, de poca altura. / Bajo, débil, grave. (Voz). / Cercano al ecuador o cerca del horizonte. / Reciente, de fecha reciente. / Inferior, bajo (rango, jerarquía). / Abatido, deprimido. Débil. / Escaso, insuficiente. / Bajo, vulgar, vil. / *On a low flame,* A fuego bajo o lento. / Primitivo, atrasado, inferior.

Lowbrow. m. Ignorante, f. persona sin inquietudes intelectuales. / adj. Ignorante, vulgar.

Lower. v. Bajar, arriar. / Rebajar. / Abatir, reducir. / Agachar, poner más bajo, humillar. / Aminorar, disminuir, reducir. / Menguar, disminuir(se). / adj. Más bajo, inferior. / (Geogr.) Meridional.

Lower. v. Fruncir el entrecejo, poner mala cara. / Encapotarse, nublarse el cielo. / m. Ceño, sobrecejo. / Aspecto amenazador del cielo.

Lowermost. adj. Más bajo que todo, ínfimo.

Low-grade. adj. De baja o inferior calidad. / De grado inferior.

Low-key. adj. De baja intensidad, moderado.

Lowland. f. Tierra baja. / *The Lowlands,* Tierras Bajas de Escocia. / adj. De tierras bajas. / De las Tierras Bajas de Escocia.

Low-level. adj. De menor grado, subordinado. / De bajo nivel (decisión, orden, etc).

Lowly. adj. Humilde, modesto. / Inferior, secundario. / Prosaico, ordinario. / adv. Humildemente, modestamente. / Bajo. / *A lowly priced car*, Un auto de bajo precio.

Lowness. f. Bajura, poca altura. / Bajeza, vileza. / Bajo nivel. / Humildad.

Low tide. f. Bajamar, marea baja.

Low trick. f. Jugada sucia, mala pasada.

Low water. f. Marea baja. / m. (Fig.) Estancamiento,f. decadencia.

Loyal. adj. Leal, fiel, constante.

Loyalism. f. Adhesión al gobierno vigente.

Loyalist. m. Partidario del gobierno. / Colono leal a Gran Bretaña durante la guerra de independencia de los Estados Unidos.

Lubricant. adj. Lubricante. / f. Substancia lubricante.

Lubricate. v. Lubricar, engrasar, aceitar. / (Jerga común) Untar, sobornar.

Lubrication. f. Lubricación, m. engrase.

Lubricator. m. Lubricador. / Lubricante.

Lubricity. f. Lubricidad. / Calidad o condición de resbaladizo. / Inestabilidad, inconstancia. / Lubricidad, lascivia, lujuria.

Lucid. adj. Lúcido, reluciente, resplandeciente, transparente. / Lúcido, claro (razonamiento, estilo, etc.).

Lucidity. f. Lucidez (de pensamiento, estilo, etc.). / Transparencia, brillantez.

Luck. f. Suerte, fortuna, azar, casualidad. / Buena suerte, ventura, dicha. / *In luck*, Con suerte, afortunado. / *No such luck!*, ¡Ni mucho menos! / *Out of luck*, Sin suerte, desafortunado. / *To push one's luck*, (Pop.) Arriesgarse innecesariamente.

Luckless. adj. Desafortunado, sin suerte.

Lucky. adj. Venturoso, afortunado, dichoso. / Propicio, favorable.

Lucky strike. m. Golpe de fortuna, golpe de suerte.

Lucrative. adj. Lucrativo, ganancioso, provechoso.

Lucre. m. Lucro, f. ganancia. / Dinero. / *Filthy lucre*, Vil metal.

Lucubration. f. Elucubración, lucubración.

Ludicrous. adj. Absurdo, ridículo, risible.

Luggage. m. Equipaje.

Lugubrious. adj. Lúgubre, fúnebre, lóbrego.

Lullaby. m. Arrullo,f. canción de cuna. / v. Aquietar, calmar o arrullar con una canción de cuna.

Lumbering. f. Industria maderera, explotación de bosques.

Lumberjack. m. Leñador, hachero.

Lumber-mill. m. Aserradero.

Lumber room. m. Trastero, cuarto de depósito.

Luminary. m.Luminar (un astro). / f. Luz artificial. / Lumbrera, luminar (una persona).

Luminescence. f. Luminiscencia.

Luminescent. adj. Luminiscente.

Luminiferous. adj. Luminífero.

Lump. m. Terrón, grumo. / Bulto, f. protuberancia. / m. (Fig.) Tronco. Bodoque. / Montón, gran cantidad. / Conjunto, totalidad. / *Lump in the throat*, Nudo en la garganta. / v. Echar en la masa, apelotonar. / Agrupar, englobar, juntar. / Aterronar.

Lumpy. adj. Apelmazado, aterronado. / Grumoso (una salsa). / Agitado (el mar). / Deforme, desproporcionado, tosco. / Torpe, pesado.

Lunatic. adj. Loco, lunático. / Para locos, de locos. / m. Loco, orate.

Lunch. m. Almuerzo. / f. Merienda, colación, refrigerio. / v. Almorzar. / Dar almuerzo a.

Luncheon. m. Almuerzo. / f. Merienda, colación, refrigerio.

Lungeous. adj. (Fam.) Travieso, juguetón.

Lunkhead. adj. (Fam.) Tonto, estúpido.

Lurch. f. Guiñada, m. bandazo de un barco. / Tambaleo, bamboleo. / f. Sacudida, m. tumbo. / v. Guiñar, dar guiñadas un barco. / Tambalear(se), bambolear(se), andar con paso vacilante. / Acechar.

Lure. f. Tentación, m. atractivo, aliciente. / Cebo, f. carnada. / v. Atraer con engaño, tentar, inducir. / *To lure on*, Inducir a seguir adelante.

Lurer. m., f. Tentador, seductor.

Lurid. adj. Sensacional, chocante. / Espeluznante. / Extravagante. / Lívido, pálido. / Tenue (Luz). / *To cast a lurid light on facts*, Dar aspecto sensacional a los hechos.

Luscious. adj. Suculento, sabroso, exquisito. / Sensual, voluptuoso.

Lush. adj. Lujuriante, frondoso, lozano. / Profuso, exuberante, opulento. / Pródigo, generoso. / Lucrativo, próspero. / Delicioso, exquisito. / Lujoso, suntuoso. / Sensual, voluptuoso. / m. (Pop.) Licor, trago. / Borrachín, ebrio. / v. (Pop.) Beber o dar de beber licor.

Lushness. f. Lozanía, frondosidad,m. aspecto lujuriante. / f. Profusión, exuberancia, opulencia. / Prodigalidad, generosidad. / m. Lujo, f. suntuosidad. / Sensualidad.

Lust. f. Lujuria, lascivia. / Codicia, ansia, avidez. / *To lust after, to lust for*, Codiciar o anhelar vehementemente. Tener apetito carnal por.

Luster, lustre. m.Lustre, brillo, viso. / Fulgor, brillo, refulgencia. / (Fig.) Esplendor, f. gloria, distinción. / Araña de luces, candelabro. / Tela lustrosa. / (Mineral.) Aguas, m. brillo, lustre. / Lustro, quinquenio. / v. Lustrar, satinar, glasear. / Ser lustroso, tener lustre, brillar.

Lustration. f. Lustración, purificación.

Lustring. f. Lustrina.

Lustrous. adj. Lustroso, brillante, radiante. / Ilustre, célebre.

Lustrum. m. Lustro, quinquenio.

Lusty. adj. Robusto, vigoroso, lleno de vida. / Sensual. / Poderoso, fuerte. / (Fam.) Alegre, festivo.

Lutheran. adj. Luterano.

Luxation. f. Luxación, dislocación.

Luxe. m. Lujo, f. elegancia.

Luxuriance, luxuriancy. f. Exuberancia, profusión. / Frondosidad, lozanía.

Luxuriant. adj. Lujuriante, frondoso, lozano. / Florido, recargado. / Prolífico, fértil, fecundo. / Lujoso, elegante.

Luxuriantly. adv. Lozanamente, en abundancia.

Luxuriate. v. Crecer de manera exuberante. / Regodearse, regalarse, darse buena vida. / Deleitarse, gozarse.

Luxurious. adj. Lujoso, fastuoso, suntuoso. / Sibarítico, sensual. / Frondoso, abundante, exuberante.

Luxury. m. Lujo, f. pompa, suntuosidad. / Lujo, artículo de lujo.

Lye. f. Lejía. / v. Lejiar, tratar con lejía.

Lying. adj. Mendaz, mentiroso, falso. / Tendido, echado, yacente. / f. Mentira. / Acción de yacer.

Lying-in. m. Parto. / Sobreparto, puerperio.

Lyingly. adv. Falsamente, mentirosamente.

Lynch. v. Linchar.

Lyric. adj. Lírico (poesía y música). / m. Poema o composición lírica. / pl. Letra de una canción.

Lyrical. Lírico.

Lyricism, lyrism. m. Lirismo.

Lyricist. m. y f. Poeta lírico.

Lyrist. f. y m. (Mús.) Lirista. / Lírico. (poeta).

M

Macaber, macabre. adj. Macabro. / Horripilante, espantoso.
Macaroni. m. pl. Macarrones.
Macaroon. m. Mostachón. / Macarrón. / Almendrado.
Macerate. v. Macerar, ablandar.
Machete. m. Machete.
Machination. f. Maquinación, intriga.
Machine. f. Máquina, aparato. / Mecanismo, maquinaria. / (Teatr.) Tramoya. / v. Trabajar, labrar o terminar a máquina. / Fresar, tornear.
Machine gun. f. Ametralladora.
Machinery. f. Maquinaria, conjunto de máquinas / Mecanismo / (Fig.) Mecanismo, sistema, organización.
Machine shop. m. Taller de maquinaria. / Taller mecánico.
Machinist. m. Mecánico; m. y f. Maquinista. / m. y f. (Teatr.) Tramoyista.
Mackerel sky. fr. Cielo aborregado.
Macula, macule. f. Mácula, mancha. / (Anat.) Mácula.
Maculate. v. Macular, mancillar, deshonrar. / adj. Manchado, mancillado. / Deshonrado.
Mad. adj. Loco, demente, insano. / Tonto, insensato. / Furioso, enfurecido. / Frenético, desesperado. / Extravagante, desbordante / Rabioso. (Un perro). / *Mad as a hatter,* está como una regadera, como una cabra. (Lit. Loco como un sombrerero).
Madam. f. Señora. / Propietaria o encargada de un prostíbulo.
Madden. v. Enloquecer, volver loco. / Enfurecer, encolerizar. / Volverse loco, perder el juicio.
Maddening. adj. Enloquecedor, exasperante, irritante.
Madding. adj. Alocado, frenético. / Enloquecedor, exasperante, irritante.
Made. adj. Hecho, preparado, compuesto. / Fabricado, inventado. / *Made-over,* Reformado, arreglado.
Made-up. adj. Fraguado, inventado, falso. / Artificial, ficticio. / Maquillado.
Madhouse. m. Manicomio, casa de locos.
Madly. adv. Locamente. / Alocadamente, impulsivamente. / Furiosamente. / (Fig.) terriblemente, locamente.
Madness. f. Locura, demencia. / Furia.
Madrilenian. adj. Madrileño.
Madwoman. f. Loca, alienada, demente.
Maelstrom. m. Remolino, torbellino.
Mafia. f. Mafia. / Por ext., cualquier organización de criminales. / Cábala, conspiración.
Mafioso. adj. Mafioso, miembro de la mafia.
Magazine. f. Revista. / Recámara, depósito o cargador de cartuchos o balas. / Depósito de explosivos, polvorín. / (Fotogr.) Cartucho para película. / (Náut.) Santabárbara, pañol de pólvora. / Pertrechos, provisiones, vituallas.
Magi. m. pl. Los Reyes Magos.
Magic. f. Magia. / (Fig.) Magia, encanto. / adj. Mágico, sobrenatural. / (Fig.) Mágico, misterioso / m., f. Encantador, hechicero.
Magical. adj. Mágico, sobrenatural. / (Fig.) Mágico, misterioso. / m., f. Encantador, hechicero.
Magic wand. f. Varita mágica. / (Fig.) Solución.
Magistery. m. Magisterio, maestría. / Sustancia o agente con poderes extraordinarios.
Magistracy. f. Magistratura. / Jurisdicción de magistrado.

Magistrate. m. y f. Magistrado. / Juez.
Magistrature. f. Magistratura.
Magnesic. adj. Magnésico.
Magnetic. adj. Magnético, imantado. / (Fig.) Atractivo, magnético.
Magnetism. m. (Fís.) Magnetismo. (El fenómeno físico). / (Fig.) Magnetismo, atracción.
Magnetize. v. Magnetizar, imantar. / (Fig.) Magnetizar, fascinar.
Magnific. adj. Exaltado, sublime. Magnificente.
Magnificence. f. Magnificencia.
Magnificent. adj. Magnífico, espléndido.
Magnify. v. Aumentar, amplificar, agrandar. / Exagerar, aumentar.
Magnifying glass. f. Lupa, lente de aumento.
Magniloquence. f. Grandilocuencia, pomposidad.
Magniloquent. adj. Grandilocuente, grandílocuo, rimbombante.
Magnitude. f. Magnitud. (Con todas las acepciones de la palabra castellana). / m. Volumen de sonido.
Maidenhood. f. Doncellez, virginidad. / Años célibes de la mujer.
Maidenly. adj. Virginal, pudoroso, modesto. / adv. Modestamente.
Maid of honor. f. Dama de honor, doncella de una reina o princesa. / Dama de honor en una boda.
Maidservant. f. Sirvienta, criada, doméstica.
Mail. m. Correo. / Correspondencia. / adj. Postal. / v. Enviar por correo, echar al correo. / Enviar cartas.
Mail. f. Cota de malla. / Armadura, cubierta protectora. (De armadillo, rinoceronte, etc.). / v. Armar con cota de malla.
Mailbag. f. Saca de correos.
Mail carrier. m., f. Cartero.
Mail coach. f. Hist. Diligencia . / Vagón correo, vagón postal.
Mailed. adj. Protegido por o cubierto con cota de malla.
Mailer. m. y f. Remitente. / m. Envase especial para enviar objetos por correo. / Impreso publicitario que se distribuye por correo.
Mailman. m. Cartero.
Maimed. adj. Lisiado, tullido, manco, cojo.
Main course. m. culin. Plato principal, plato fuerte. / (Náut.) Vela mayor.
Mainland. f. Tierra firme. / Territorio continental, continente.
Mainly. adv. Mayormente, principalmente. / (Fam.) Extremadamente.
Mainspring. m. Muelle real. (En un mecanismo). / (Fig.) Causa principal, origen, móvil principal.
Mainstay. m. (Náut.) Estay mayor. / (Fig.) Sostén, apoyo, soporte principal.
Mainstream. f. . Corriente, tendencia principal de la opinión pública, ideología dominante.
Maintain. v. Mantener. / Conservar. (Amistad). / Sostener, mantener. (Mujer, hijos, etc.). / Mantener, afirmar, asegurar.
Maintenance. m. Mantenimiento, apoyo, defensa. / Manutención, sostenimiento. / Sustento, pensión. / Cuidado, conservación.
Maize. m. Maíz.

Majesty. f. Majestad, soberano. / Esplendor, majestuosidad, grandeza.
Major. adj. Mayor, más grande, más extenso. / Principal, más importante. / Mayor de edad. / Grave. (Enfermedad, herida, etc.). / (Educ.) De la especialidad de uno. *My major subject,* La materia de mi especialidad. / (Mús.) Mayor. / m. ((Mil.)) Mayor, comandante. / v. Especializarse en una asignatura.
Majority. f. Mayoría, mayor parte. / (Der.) Mayoría de edad. / ((Mil.)) Comandancia.
Make. v. Hacer, crear, construir, fabricar, formar. / Redactar, extender. (Documento, etc.). / Culin. Preparar, aderezar. / Arreglar, hacer. (La cama). / Establecer, instituir. (Regla, ley). / Deducir, interpretar, entender, percibir. *What do you make from her words?,* ¿Qué deduces de sus palabras ? / Llegar a ser, convertirse en. *She will make a great artist,* Llegará a ser una gran artista. / Ganar, lograr. (Dinero, fama, etc.). / Dar, producir. (Utilidad, etc.).
Make-peace. adj. y m., f. Pacificador, conciliador.
Maker. m., f. Constructor, fabricante. / m. *Maker,* Hacedor, Creador. / Otorgante, expedidor, librador. (De letra, pagaré, etc.).
Makeup. f. Composición, constitución, estructura. / Cosmético, afeite. / (Teatr.) Maquillaje. / (Impr.) Compaginación, Ajuste. / Características generales de una publicación o periódico.
Making. f. Fabricación, elaboración. / Formación, preparación. / Ingredientes. / (Fig.) Cualidades esenciales. / *To be the making of,* Causar el éxito de.
Maladapted. adj. Mal adaptado, inadaptado.
Maladjusted. adj. Mal ajustado, desajustado. / Inadaptado, desequilibrado.
Malady. m. Mal, enfermedad, dolencia. / Trastorno. (Moral o mental).
Malaise. m. Malestar, indisposición, desazón. / Intranquilidad, desazón mental o moral.
Malaria. f. Malaria, paludismo.
Male. adj. Masculino. / Varonil. / Macho. (En zoología y mecánica). / m. *Varón,* hombre. / Macho, organismo masculino.
Malediction. f. Maldición, imprecación. / Calumnia.
Malefaction. m. Delito, crimen. / Maldad, perversidad.
Malefactor. m. Malhechor, malvado, criminal.
Malefic. adj. Maléfico, perjudicial, dañino.
Maleficence. m. Maleficio, acción maléfica. / Maleficencia, maldad.
Malevolent. adj. Malévolo, maligno.
Malformed. adj. Malhecho, contrahecho.
Malignancy. f. Malignidad, malevolencia. / Acto maligno, expresión malévola.
Malignity. f. Malignidad, malevolencia. / Obra o acto maligno.
Malleable. adj. Maleable, moldeable. / (Fig.) Maleable, adaptable, dócil.
Mallet. m. Mazo, porra.
Malodorousness. f. Fetidez, pestilencia, hedor.
Malpractice. m. Acto contrario a la ética profesional, acto impropio. / Acto de negligencia, procedimiento incompetente. / Mala conducta, fechoría.
Malt. f. Malta. / Leche malteada. Cerveza de malta. / v. Maltear, convertir en malta, hacer germinar la cebada. / Mezclar con malta, tratar con malta o extracto de malta.
Maltese. adj. y m., f. Maltés.
Maltreat. v. Maltratar.
Maltreatment. m. Maltrato.
Malversation. f. Malversación, corrupción, fraude.
Mamma. f. (Fam.) Mama, mamá. / Mama, teta.
Mammal. m. Mamífero.

Mammiferous. adj. Mamífero.
Mammy. f. (Fam.) Mamita, mamaíta, mami. / Ama o niñera negra. / despect. Mujer negra.
Man. m. Hombre. / Varón. / Esposo, marido. / Servidor, sirviente. / pl. Personal, obreros. Soldados rasos. / Peón (de ajedrez), ficha (de damas). / *All to a man,* Todos sin excepción. / *Best man,* Padrino de boda. / *Old man of the sea,* Viejo lobo de (Náut.) / v. Tripular. (barco, avión, etc.). / Proveer de efectivos, dotar de personal. / Atender a, manejar, servir. (Un cañón, etc.). / (Náut.) Ocupar. (Puesto en el barco).
Manage. f. Escuela de equitación. / v. Manejar, administrar. / Manejar, controlar. / Lograr, conseguir. / *To manage it,* Lograr hacerlo.
Manageable. adj. Manejable, dócil, tratable. / Practicable. (Empresas). / Maniobrable.
Management. m. Manejo, control, dirección. / Habilidad directiva, capacidad de dirección. / Junta directiva, directorio, administración.
Manager. m. Gerente, director. / Administrador, superintendente. / Empresario.
Managership. f. Gerencia, dirección.
Mandatary. m. Mandatario.
Mandate. m. Mandato, decreto, orden. / Encargo, comisión. / (Der.) Mandato. / Territorio en mandato. / v. Otorgar mandato sobre, administrar por mandato.
Mandible. f. Mandíbula, quijada, maxilar inferior.
Mandrake. f. Mandrágora.
Mane. f. Crin (del caballo). Melena (del león). / Melena, cabellera larga.
Man-eater. m. y f. Caníbal; m., f. Antropófago / m. Ti burón blanco. / Tigre antropófago.
Maned. adj. Crinado. (Caballo). / Melenudo. (León, persona).
Maneuver, manoeuvre. f. Maniobra, evolución naval o militar. / pl. Maniobras, ejercicios bélicos. / Maniobra, tramoya, manejo. / v. Maniobrar, evolucionar. / Manipular, tramar, intrigar.
Manger. m. Pesebre, comedero. / Guardaguas de proa.
Manglly. adv. Suciamente.
Manhood. m. Estado adulto. / Hombría, virilidad. / Hombres. (En general).
Mania. f. Manía, obsesión.
Maniac. adj. y m., f. Maníaco, maniático.
Manic-depressive. adj. y m., f. Maniacodepresivo.
Manifest. adj. Manifiesto, claro, patente, palpable. / m. (Náut.) Manifiesto de carga. / Lista de pasajeros. / v. Manifestar, declarar, exponer, probar. / Registrar en un manifiesto de carga.
Manifestation. f. Manifestación, declaración, exposición. / Manifestación, demostración pública. / Manifestación, materialización. (De un espíritu).
Manifold. adj. Múltiple. / Variado, diverso. / v. Multiplicar, diversificar. / Sacar o hacer varias copias de. / f. Multiplicidad. / (Mat.) Variedad. / (Mec.) Tubo múltiple, colector.
Manifoldness. f. Multiplicidad.
Manikin. m. Maniquí.
Manipulable. adj. Manejable, controlable.
Manipulate. v. Manipular. / Alterar, falsificar (informe, etc.).
Manipulation. f. Manipulación. / (Fig.) y (Fam.) Manipuleo. / Maquinación, intriga.
Manipulator. m., f. Manipulador.
Maniu. m. Chile. Mañiu.
Mankind. f. Humanidad, género humano, los hombres.
Manlike. adj. Parecido al hombre, de forma o aspecto humanos. / Hombruno, masculino, varonil

Manly. adj. Varonil, viril. / Animoso, resuelto. / Noble, caballeroso. / adv. Varonilmente, virilmente. / Valerosamente, resueltamente.

Manneristic. adj. Amanerado.

Mannerless. adj. Malcriado, descortés, maleducado.

Mannerly. adj. Cortés, atento, bien educado. / adv. Cortésmente, atentamente, educadamente.

Mannish. adj. (Fam.) Hombruna, ahombrada. (Una mujer). / Masculino, varonil. (Un atuendo).

Manor. f. Finca o casa solariega. / Terreno arrendado a varios inquilinos. / Feudo o señorío.

Manorial. adj. Señorial, solariego.

Manpower. f. Mano de obra. / Efectivos militares. Soldados. / Potencial humano disponible.

Manservant. m. Sirviente, criado.

Mansion. f. Mansión. / Astrol. Casa del cielo.

Manslaughter. m. Homicidio sin premeditación.

Manslayer. m. y f. Homicida.

Mantelpiece, mantelshelf. f. Repisa de la chimenea.

Mantle. m. Manto. / (Fig.) Manto, capa. (De pasto, de la noche, etc.) / Camisa. (De lámpara). / (Mec.) Funda o camisa exterior. (De alto horno). / v. Cubrir o envolver con manto. / (Fig.) Cubrir, tapar, encubrir. / Extender las alas. (Halcón). / Cubrirse de espuma. (Un líquido). / Teñirse de rubor, ruborizarse.

Mantrap. f. Trampa. / (Fig.) Trampa, celada, ardid. / (Pop.) Mujer seductora.

Manufactory. f. Fábrica, manufactura.

Manufacture. f. Manufactura, elaboración. / Manufactura, artículo manufacturado. / v. Manufacturar, fabricar, elaborar. / (Fig.) Fabricar, inventar.

Manufacturer. m. y f. Fabricante, industrial.

Manufacturing. adj. Industrial, fabril. / f. Manufactura, fabricación.

Manure. v. Abonar, estercolar. / m. Abono, estiércol.

Manuscript. m. Manuscrito. / (Impr.) Original.

Many. adj. Muchos, numerosos, diversos. / *A great many,* Muchísimos. / *As many,* Más. *Five times as many pupils,* Cinco veces más alumnos.

Map. m. Mapa, carta. / (Fam.) Cara. / *Off the map,* adj. (Fam.) Inaccesible, remoto. Sin importancia. / v. Trazar un mapa de. / Explorar con fines cartográficos. / *To map out,* Delinear el curso de, planear, trazar.

Maple. m. Arce.

(Náut.) v. Dañar, echar a perder, estropear.

Maraud. v. Pecorear, merodear. / Pillar, saquear.

Marauding. adj. Merodeador, saqueador.

Marble. m. Mármol. / Escultura de mármol, pieza de mármol. / Canica, bolita. / pl. Juego de las canicas. / adj. Marmóreo, marmoleño, de mármol. / Jaspeado. / (Fig.) Marmóreo, frío, duro. / v. Jaspear, vetear, marmolear.

Marbling. f. Marmoración. (De una superficie). / Encuad. Jaspeadura. (Imitando al mármol). / adj. Marmóreo, semejante al mármol.

March. m. Marzo.

March. f. Frontera, marca, lindero. / Marcha. (Militar, musical. También avance, progreso). / *To march with,* Lindar, colindar. / Marchar, desfilar. / Caminar, avanzar. / *To march past,* Desfilar ante. / Hacer marchar, poner en marcha, (Tropas).

Marchioness. f. Marquesa.

Mare. f. Yegua, burra, hembra de la cebra.

Mare's-nest. m. Embuste, engaño. / Olla de grillos, baraúnda, maraña, confusión.

Margarine. f. Margarina.

Marginal. adj. Marginal.

Marginate. v. Marginar. / adj. Marginado.

Marginated. adj. y m., f. Marginado.

Marihuana, marijuana. f. Mariguana, marihuana.

Marinade. m. Culin. Escabeche. / v. Escabechar, marinar.

Marinate. v. Culin. Escabechar, marinar.

Marine. adj. Marino, marítimo. / Náutico. (Carta, mapa, etc.). / De los infantes de marina. / m. Infante de marina. / f. Marina, flota mercante o naval de un país. / m. Ministerio de marina. / f. (Pint.) Marina. / *Tell it to the marines,* Cuéntaselo a tu abuela.

Marish. m. Pantano.

Marist. adj. y m. Marista.

Marital. adj. Marital, conyugal, matrimonial.

Maritime. adj. Marítimo.

Mark. f. Marca. (Con todas las acepciones de la palabra castellana). / Estigma, mancha. / Fin, propósito, objetivo, Meta. / Blanco. / Característica, particularidad, rasgo distintivo. / Nota, importancia, distinción. / Etiqueta. / Signo. (De interrogación, de admiración). / Nota, calificación. (En examen, etc.).

Marker. m. Marcador, apuntador. (En un juego).

Market. m. Mercado. / Mercado, demanda. (De un producto). / *To make a market of,* (Fig.) Vender barato, malvender. / *To play the market,* Jugar a la bolsa, especular.

Marketing. f. Mercadotecnia, técnica de venta o distribución.

Marketplace. f. Plaza del mercado. / (Fig.) El mundo mercantil.

Marmalade. f. Mermelada. (De cítricos).

Marquis. m. Marqués.

Marquisate. m. Marquesado.

Marquise. f. Marquesa. / Tienda de campaña grande. / Talla en forma elíptica. (De piedras preciosas).

Marriage. m. Matrimonio, vida de casados. / Matrimonio, boda, nupcias. / (Fig.) Enlace, consorcio, unión íntima.

Marriageableness. m. Estado o condición de casadero.

Married. adj. Casado, unido en matrimonio. / Matrimonial, conyugal, connubial.

Marron. f. Castaña grande.

Mars. n. p. m. Marte.

Marsh. m. Pantano, ciénaga, marisma. / adj. Pantanoso, cenagoso, fangoso.

Marshal. m. Mariscal. / Maestro de ceremonias. / Ministril, alguacil. / v. Poner en orden, clasificar, formar. (Tropas, participantes de una manifestación, etc.). / Anunciar, introducir, acomodar, guiar, dirigir.

Marshy. adj. Pantanoso, cenagoso, fangoso.

Martin. m. (Orn.) Vencejo, avión.

Martyrdom. m. Martirio.

Martyrize. v. Martirizar, atormentar, torturar.

Marvel. f. Maravilla. / Admiración, asombro. / v. *To marvel at,* Maravillarse de, admirarse.

Marvelous, marvellous. adj. Maravilloso.

Marxism. m. Marxismo.

Marzipan. m. Mazapán.

Mascot. f. Mascota.

Masculine. adj. Masculino. / Hombruna. (Mujer). / m. Hombre, varón.

Masculinity. f. Masculinidad.

Masculinize. v. Masculinizar, dar carácter masculino a.

Mash. f. Malta empastada. (Para hacer cerveza). / Mezcla de granos. (Alimento del ganado). / Amasijo, masa pulposa. / Mezcolanza. / *Mashed potatoes,* Puré de patatas. / v. Empastar la malta para hacer cerveza. / Moler, reducir a pasta. / (Fam.) Enamorar. Coquetear, flirtear.

Mask. f. Máscara. / Antifaz, careta. / (Fig.) Disfraz. / Enmascarado. / Mascarilla, máscara mortuoria. / (Arq.) Mascarón. / v. Enmascarar, cubrir el rostro. / (Fig.) Embozar, encubrir, ocultar. / ((Mil.)) Camuflar, disfrazar. / (Fotogr.) Desvanecer parte de un negativo.

Masochism. m. Masoquismo.
Masochist. m. y f. Masoquista.
Masochistic. adj. Masoquista, masoquístico.
Mason. m. Albañil, mampostero. / *Mason,* Masón, francmasón. / v. Mampostear, construir o reforzar con mampostería.
Masque. f. Mascarada, máscaras. / Drama alegórico. (Con uso de máscaras).
Masquerade. f. Mascarada. / Baile de máscaras. / Disfraz. / (Fig.) Fingimiento, engaño. / v. Enmascararse, disfrazarse. / (Fig.) Disfrazarse.
Mass. f. Masa. / Bulto, mole. / Montón, gran cantidad. / Grueso, mayor parte. / Magnitud, dimensión. Volumen. / Mayoría. / adj. Para las masas, popular. / De las masas. / En masa.
Massacre. f. Matanza, masacre. / v. Asesinar cruelmente, matar ferozmente, matar en masa.
Massage. m. Masaje. / v. Masajear, dar masajes a.
Massive. adj. Macizo, sólido, pesado. / Abultado, grande, grueso. / Tosco. (Facciones). / Impresionante, imponente, grande. / (Fig.) Monumental, colosal. / (Med.) Masivo. (Una dosis). / (Med.) Extenso, severo. (Condiciones patológicas).
Massiveness. f. Solidez, consistencia.
Mass media. m. pl. Medios de comunicación de masas.
Massy. adj. Abultado, voluminoso, pesado.
Master. m. Amo, dueño, señor. / Patrón, jefe. / Triunfador, vencedor. (En discusión o riña). / Maestro, experto. / Gran maestro, artista insigne.
Masterdom. f. Maestría, dominio.
Masterful. adj. Dominante, despótico, autoritario / Perentorio, imperioso, voluntarioso. / Magistral, diestro, perito
Masterloom. adj. Indómito, sin amo, mostrenco.
Masterliness. f. Maestría, destreza, habilidad, pericia.
Masterly. adj. Magistral, maestro. / Digno de maestro. / adv. Magistralmente, con maestría.
Mastermind. m., f. Genio creador y director, manipulador genial. / v. Manipular o dirigir magistralmente.
Masterpiece. f. Obra maestra.
Mastership. m. Dominio, imperio, autoridad. / Magisterio. / Maestría, destreza, pericia.
Mastery. f. Superioridad, supremacía. / Poder, gobierno. / Maestría, destreza, habilidad.
Masticate. v. Masticar, mascar.
Mastication. f. Masticación.
Mastiff. m. Mastín.
Mastodon. m. Mastodonte.
Masturbate. v. Masturbarse.
Masturbation. f. Masturbación.
(Mat.) f. Estera, esterilla. / Felpudo. / (Fig.) Maraña. / Dep. Colchoneta. / *On the mat,* (Fam.) En apuros. / v. Esterar, cubrir con esteras. / Enredar, enmarañar, desgreñar. (Cabello). / Enredarse, enmarañarse.
(Mat.) adj. Mate, amortiguado, apagado. / v. Matar, apagar. (Brillo del vidrio o del metal). / f. Orla, borde de papel, marco de cartón. / Acabado mate. / (Impr.) Matriz, molde.
Matador. m., f. Taurom., naipes, Matador.
Match. m., f. Igual. / Compañero, pareja. / Copia, imagen. / m. y f. Rival. / Juego, conjunto. / Apareamiento, unión. / Matrimonio. / Partido. / Novio o novia de buena posición económica o social). / Partido, juego. / *To make a match,* Arreglar una boda. / v. Casar, unir en matrimonio. / Enfrentar, afrontar.
Match. m. Fósforo, cerilla. / Mecha.
Matchless. adj. Sin igual, sin par, incomparable.
Material. adj. Material. / Físico, corporal. / Importante, esencial. / Adecuado, pertinente.

Materialism. m. Materialismo.
Materialistic. adj. Materialista.
Materiality. f. Materialidad, corporeidad. / Pertinencia, importancia.
Materialization. f. Materialización, encarnación. / Realización.
Materialize. v. Materializar, hacer realidad, realizar. / Dotar de forma visible, hacer aparecer. (Espíritus). / Verificarse, realizarse. / Tomar forma visible, aparecer. (Espíritus).
Maternal. adj. Maternal, materno.
Maternity. f. Maternidad. / Sala de maternidad, casa de maternidad.
Mathematical. adj. Matemático.
Mathematics. f. Matemática, matemáticas.
Matinal. adj. Matinal, matutino.
Matinee. f. Función de tarde, matiné.
Matriarchal. adj. Matriarcal.
Matriarchate. m. Matriarcado.
Matriculate. v. Matricular(se). / m., f. Matriculado. / Matriculador.
Matrimonial. adj. Matrimonial, marital, conyugal.
Matrix. f. Matriz, (Con todas las acepciones de la palabra castellana).
Matronize. v. Dar las cualidades de una matrona a alguien. / Actuar como una matrona o dueña, acompañar y cuidar a una o más señoritas.
Matronly. adj. Matronal.
Matron of honor. f. Madrina de boda.
Matronymic. m. Apellido materno.
Matte. f. (Metal.) Mata, mezcla de sulfuros metálicos / adj. Mate, sin brillo.
Matted. adj. Enmarañado, enredado. / Greña. (Pelo). / Cubierto de esteras.
Matter. f. Materia. / Asunto, cuestión. / pl. Las cosas, las circunstancias. / Materia, sujeto, tópico, tema, contenido. / (Impr.) Material periodístico. Composición. Tipo compuesto. Impreso.
Matter of fact. f. Cuestión de hecho.
Matter-of-fact. adj. Prosaico, desapasionado, práctico, realista.
Matting † Estera, esterilla, petate. / Materiales para esteras. / Superficie mate. / Passepartout, cartulina o material para enmarcar dibujos, pinturas, etc.
Mattress. m. Colchón. / Defensa contra la erosión. (De ramas y tejido de alambre).
Maturity. f. Madurez. / Madurez, perfección, desarrollo completo. / Vencimiento.
Maul. m. Mazo, porra. / v. Apalear, aporrear, lacerar, magullar, maltratar.
Maunder. v. Vagar, andar a la ventura. / Moverse lánguidamente. / Divagar.
Maverick. m. Animal sin marca de hierro, animal sin marcar. / Becerro separado de su madre. / adj. (Fam.) Rebelde, disidente.
Mawkish. adj. Empalagoso. / Nauseabundo, repugnante. / Sensiblero, sentimental.
Maxim. f. Máxima, sentencia, adagio. / (Mús.) Máxima.
Maximal. adj. Máximo.
Maximize. v. Aumentar o acrecentar al máximo. / Dar máxima importancia a, recalcar al máximo. / Interpretar en el sentido más amplio.
Maximum. m. Máximo, máximum. / adj. Máximo, mayor.
May. m. Mayo. / (Fig.) Primavera, flor de la vida, juventud.
Maybe. adv. Quizá, tal vez, acaso.
May Day. m. Primero de mayo, día del trabajo. / Día de las reinas de mayo.
Mayhem. f. (Der.) Mutilación criminal. / Confusión, pandemónium, pánico.

Mayor. m. Alcalde.
Mayoress. f. Alcaldesa.
Maze. m. Laberinto. / (Fam.) Perplejidad, confusión. / v.
Dejar perplejo. / (Fam.) Aturdir, ofuscar.
Mazily. adv. Confusamente, intrincadamente.
Mazy. adj. Laberíntico. / Sinuoso, tortuoso. / Intrincado,
embrollado, confuso.
Me. pron. Me, a mí. / *For me,* Para mí. / *It's me,* (Fam.)
Soy yo. / *With me,* Conmigo. / *To me,* A mí.
Meadow. f. Pradera, vega, henar, prado.
Meadowland. f. Pradería, vega.
Meal. m. Grano molido, harina. / Harina de maíz. / Co-
mida, sustento, alimento.
Mealymouthed. adj. Meloso, hipócrita, falso.
Mean. v. Tener la intención de, proponerse, intentar,
querer. *I didn't mean to hurt you,* No quise hacerte daño.
/ Significar, querer decir. *Do you mean that you love
me?,* ¿Quieres decir que me amas? / Referirse a. *Whom
do you mean?,* ¿A quién se refiere Ud.? / Proponerse. *I
mean it to be used as a cloak,* Me propongo que se use
como capa. / *To mean it,* Decir en serio.
Meaningful. adj. Significativo. (Palabra, mirada, etc.). /
Significante, de mucho significado. / Expresivo.
Meaningless. adj. Sin sentido, insensato, vacío.
Meantime, meanwhile. adv. Entretanto, mientras tanto,
por de pronto, por lo pronto. / m. Interin.
Measles. m. (Med.) Sarampión. / Veter. Cisticercosis.
Measurable. adj. Mensurable.
Measurableness. f. Mensurabilidad.
Measure. f. Medida, unidad de medida, instrumento
para medir. / Cantidad, grado. / Sistema de medidas. /
Medición. / Medida, disposición, recurso. / Mesura, mo-
deración. / (Mat.) Divisor, submúltiplo. / pl. (Geol.) Ca-
pas, yacimientos. (De carbón). / (Mús.) Medida, ritmo,
compás. / (Poesía) Metro, medida.
Meat. f. Carne. (De animales o frutas). / (Fig.) Meollo,
esencia, materia. (Para reflexionar).
Meat ball. f. Albóndiga.
Meat market. f. Carnicería.
Meaty. adj. Carnoso, carnudo. / (Fig.) Sustancioso, sus-
tancial, que da que pensar.
Mechanic. m. Mecánico.
Mechanics. f. Mecánica. (La rama de la física). / Meca-
nismo, técnica. (De un arte o ciencia).
Mechanization. f. Mecanización.
Mechanize. v. Mecanizar.
Meddle. v. Entrometerse, ingerirse, meterse en.
Medial. adj. De o en el centro, intermedio. / Fon. Me-
dial. / (Gram.) Consonante medial. / m. (Mat.) Medio,
promedio.
Median. adj. Mediano, intermedio. / Medio. (Punto, va-
lor, etc.). / (Anat.) Medial, mediano. / m. Valor medio,
punto medio. / Geom. Mediana.
Mediately. adv. Mediatamente.
Mediation. f. Mediación, intervención, interposición. /
(Der.) Mediación, tercería.
Mediatization. f. Mediatización.
Mediatize. v. Mediatizar.
Mediator. m. Mediador, intercesor.
Mediatorship. m. Oficio de mediador.
Mediatory. m. Mediador, mediador.
Medical. adj. Médico, medicinal. / De medicina. (Estu-
diante, etc.).
Medicament. m. Medicamento, remedio, medicina
Medicine. f. Medicina, medicamento, remedio. / Medi-
cina, ciencias médicas. / Ensalmo, fetiche, amuleto. (De
los pieles rojas). / v. Medicinar, medicamentar.
Medieval. adj. Medieval, medioeval.

Mediocre. adj. Mediocre, mediano, ordinario.
Mediocrity. f. Mediocridad. / Medianía, persona me-
diocre.
Meditation. f. Meditación, reflexión.
Mediterranean. adj. Mediterráneo.
Medium. m. Medio. / Instrumento medio, intermedio. /
m. y f. Médium. (En espiritismo). / m. Medio de comu-
nicación en publicidad. / (Biol.)Medio ambiente. / (Pint.)
Aceite. / adj. Medio, mediano, intermedio.
Meek. adj. Manso, apacible, paciente, sufrido. / Dócil,
sumiso.
Meekness. f. Mansedumbre, humildad, paciencia. / Sumisión, docilidad.
Meet. v. Encontrarse con, encontrar. / Topar o chocar
con, tocar o rozar con. / Ir al encuentro de. / Aceptar la
opinión o condición de uno. / Hacer frente a, combatir,
pelear con. / Conocer, verse o entrevistarse con.
Meeting. f. Reunión, junta, asamblea. / Congregación,
concurrencia. / Duelo, pelea. / Reunión hípica. / Unión,
intersección, confluencia. (De ríos).
Meetly. adv. Convenientemente, apropiadamente, ade-
cuadamente.
Megalomaniac. adj. Megalómano.
Megaphone. m. Megáfono.
Megrim. f. Migraña, jaqueca. / pl. Melancolía, murria.
Melancholia. f. Melancolía. / Aflicción, tristeza.
Melancholic. adj. Melancólico, triste, deprimido.
Melancholy. f. Melancolía, tristeza, desaliento. / adj.
Melancólico, triste, lúgubre. / Entristecedor, deprimente.
/ Meditativo, pensativo.
Melange. f. Mezcla, mezcolanza, revoltijo.
Melanin. f. Melanina.
Meld. v. (Naipes) Anunciar, declarar o tender. (Cartas). /
m. Anuncio. (De una combinación o serie de cartas).
Combinación.
Meld. v. Unir(se), fusionar(se), combinar(se).
Melee. f. Pelotera, reyerta. / Confusión. / Conflicto.
Meliorate. v. Mejorar, adelantar. / Mejorar, progresar.
Mellowness. f. Madurez, sazón, blandura. / Friabilidad.
(De la tierra). / Melosidad, suavidad, morbidez.
Melodic. adj. Melódico.
Melodious. adj. Melodioso, armonioso, dulce, agradable.
Melodiousness. f. Melodía.
Melodrama. m. Melodrama.
Melodramatic. adj. Melodramático.
Melody. f. Melodía.
Melolonthid. adj. Entom. Melolóntido.
Melomania. f. Melomanía.
Melomaniac. m., f. Melómano.
Melon. m. Melón. / (Pop.) Ganancias, utilidades.
Melt. v. Fundirse, derretirse, licuarse. / Disolverse, dis-
gregarse. / *To melt away,* Consumirse, menguar, desva-
necerse, esfumarse. / Ablandarse, enternecerse, suavizar-
se. / Fundir, derretir, licuar.
Meltable. adj. Fundible.
Melting. adj. Fundente. / m. Derretimiento, fusión.
Member. m. y f. Miembro, socio. / Miembro del parla-
mento, diputado. / Componente, integrante. / f. (Anat.)
Extremidad. / (Mat.) Miembro.
Membership. f. Calidad de miembro o socio. / Número
de miembros o socios.
Membrane. f. Membrana. / Hoja de pergamino
Membranous. adj. Membranoso, membranáceo.
Memorial. adj. Conmemorativo, rememorativo. / Rela-
tivo a la memoria. / Recuerdo. / Monumento, reliquia. /
Memorial. (Para pedir una merced o gracia).
Memorialize. v. Dirigir un memorial a, pedir por medio
de un memorial. / Conmemorar.

Memorization. f. Memorización.
Memorize. v. Aprender de memoria.
Memory. f. Memoria. / Conmemoración. / Remembranza, recuerdo. / *To commit to memory,* Confiar a la memoria.
Memory book. f. Libreta de apuntes. / Álbum de firmas.
Menage. f. Casa, familia. / Economía doméstica, manejo de la casa. / Menaje.
Mend. v. Enmendar, corregir, reformar, remediar. / Reparar, componer. Zurcir, remendar. / Mejorar, perfeccionar, adelantar. / Curar. / *To mend one's pace,* Apresurar el paso. / Mejorar, restablecerse, curar, sanar. / f. Mejoría, enmienda, reparación. / Zurcido, remiendo, parche.
Mendaciousness. f. Mendacidad.
Mendacity. f. Mendacidad. / Mentira, embuste.
Mender. m., f. Enmendador, reparador, zurcidor, remendón.
Mendicancy. f. Mendicidad, mendicación.
Mendicant. adj. Mendicante, pordiosero. / Rel. Mendicante. / m. y f. Religioso mendicante. / m., f. Mendigo, pordiosero.
Mendicity. f. Mendicidad, mendiguez.
Menhir. m. Menhir.
Menial. adj. Servil, humilde. (Tarea, etc.). / Rastrero, bajo. / m., f. Criado, servidor.
Meningitis. f. Meningitis.
Menopause. f. Menopausia.
Menses. f. Menstruación.
Menstruate. v. Menstruar.
Menstruation. f. Menstruación.
Mensuration. f. Medición, medida. / Cálculo de magnitudes geométricas.
Mental. adj. (Anat.) Mentoniano / Mental, intelectual. / (Med.) Mental.
Mental derangement. f. Enajenación mental.
Mentality. f. Mentalidad, modo de pensar.
Menthol. m. Mentol.
Mentholated. adj. Mentolado.
Mention. f. Mención, alusión. / v. Mencionar, aludir, nombrar, referirse a.
Mentor. m. Mentor, tutor. / Consejero.
Merciful. adj. Misericordioso, compasivo, clemente.
Merciless. adj. Despiadado, desalmado, cruel.
Mercurial. adj. Vivaz, activo, ágil, hábil, listo. / Veleidoso, inconstante. / Mercurial, mercúrico, de mercurio. / m. Preparado de mercurio.
Mercy. f. Misericordia, clemencia, piedad, compasión. / Merced, gracia, bendición, perdón, favor.
Mercy seat. adj. Propiciatorio. / m. (Fig.) Trono de Dios.
Mere. adj. Mero, solo, simple, puro.
Mergence. f. Fusión, combinación.
Merger. f. (Der.) Fusión, incorporación, unión, consolidación.
Meridian. adj. Meridiano, de medio día. / (Fig.) Sumo, máximo, culminante. / m. (Astron.) Meridiano superior. / (Fig.) Apogeo, cénit. (De la vida). / Meridiano, línea meridiana.
Meridional. adj. Meridional, austral. / m. y f. Habitante del Sur.
Meringue. m, Merengue.
Merino. adj. Merino. (La raza de oveja). / De lana merino.
Merit. m. Mérito, merecimiento. / Mérito, valía, excelencia. / v. Merecer, ser digno de. / Hacer méritos.
Mermaid. f. Sirena. / Bañista, nadadora.
Merman. m. Tritón.
Merrily. adv. Alegremente, festivamente.
Merry. adj. Alegre, feliz, alborozado. / Gracioso, divertido. / Festivo.
Merry-go-round. m. Tiovivo, carrusel. / (Fig.) Giro rápido, remolino.

Merrymaker. m. y f. Juerguista, parrandero.
Merrymaking. adj. Festivo, alegre, regocijado. / f. Parranda, fiesta, jarana.
Mesquite. (Bot.) Mezquita.
Message. m. Mensaje, recado, aviso, noticia. / Mensaje divino, profecía. / v. Enviar mensajes, comunicar.
Messenger. m., f. Mensajero, recadero; m. Correo. / (Náut.) Virador.
Messiah. m. Mesías.
Messiahship. m. Mesiazgo.
Messianic. adj. Mesiánico.
Messy. adj. Desordenado, desaliñado.
Metabolism. m. Metabolismo.
(Metal.) m. (Metal.) / (Fig.) Carácter, temple. / (Fig.) Materia, sustancia. / Vidrio fundido. / Blas. (Metal.) (Oro o plata). / Caracteres de imprenta. / Macadán, cascajo, grava. / pl. Rieles. / v. Cubrir con (Metal.) / Cubrir con grava.
Metallic. adj. Metálico, de (Metal.) / Metalífero.
Metalline. adj. Metálico. / Cargado de sales metálicas.
Metallize. v. Metalizar.
Metallurgic, metallurgical. adj. Metalúrgico.
Metallurgist. m. y f. Metalúrgico.
Metallurgy. f. Metalurgia.
Metalworker. m. y f. Metalista.
Metalworking. f. Elaboración de metales.
Metamorphose. v. Metamorfosear(se), transformar(se).
Metamorphosis. f. Metamorfosis.
Metanephros. m. Metanefron, metanefros.
Metaphony. f. Metafonía.
Metaphor. f. Metáfora.
Metaphoric, metaphorical. adj Metafórico.
Metaphrase. f. Metáfrasis, traducción literal. / v. Traducir literalmente.
Metaphysic, metaphysical. adj. Metafísico.
Metaphysics. f. La metafísica.
Metastable. adj. Metastable.
Metastasis. f. Metástasis
Metathesis. f. (Gram.) Metátesis. / (Quím.) Intercambio.
Meteorism. m. Meteorismo.
Meteorite. m. Aerolito, meteorito.
Meteorologic, meteorological. adj. Meteorológico.
Meteorologist. m. f. Meteorólogo; m. y f. Meteorologista.
Meteorology. f. Meteorología.
Meter, metre. m. Metro. / Medidor, contador. (De gas, agua, velocidad, tiempo, etc.). / (Mús.) Compás, tiempo. / v. Medir con medidor. / Franquear con máquina. (Carta, etc.). / (Mec.) Dosificar.
Method. m. Método, procedimiento, sistemática. Vía.
Methodic, methodical. adj. Metódico, sistemático, ordenado, regular.
Methodism. m. Metodismo.
Methodize. v. Metodizar, ordenar, sistematizar.
Methodological. adj. Metodológico.
Methodology. f. Metodología.
Meticulosity. f. Meticulosidad, minuciosidad, escrupulosidad.
Meticulous. adj Meticuloso, minucioso, escrupuloso.
Metonymy. f. Metonimia.
Metric, metrical. adj. Métrico.
Metrics. f. Métrica.
Metro. m. Metro, ferrocarril subterráneo.
Metropolis. f. Metrópoli.
Metropolitan. adj. Metropolitano. / m. y f. Habitante de una metrópoli.
Mettle. m. Temple, brío, valor, fortaleza.
Mettled. adj. Lleno de ardor o de brío.
Mew. v. Maullar, miar. (El gato). Graznar. (La gaviota). / m. Maullido. (Del gato). / f. (Orn.) Variedad de gaviota.

Mewl. v. Lloriquear, gimotear, plañir. / m. Lloriqueo, gimoteo, plañido.

Mexican. adj. y m., f. Mejicano.

Mezzanine. m. Entresuelo, entrepiso. / Primer balcón de butacas. (En algunos teatros).

Mg. mili(Gram.) m. Miligramo (mg).

Mib. f. (Fam.) Canica, bolita. / pl. Juego de canicas.

Mice. Plural de *mouse*.

Micro. adj. Microscópico. / Excesivamente pequeño. / Agrandado o amplificado. (Por microscopio o micrófono). / pref. Millonésima parte de una unidad específica.

Microbe. m. Microbio, microorganismo.

Microbiologist. m., f. Microbiólogo.

Microphone. m. Micrófono.

Microscope. m. Microscopio.

Microscopic, microspical. adj. Microscópico.

Micturate. v. Orinar, mear.

Midday. f. Mediodía. / adj. Del mediodía.

Middle. adj. Medio. / Del medio, intermedio, mediano. / Moderado, conciliatorio. / De en medio. / m. Medio, centro, punto medio, mitad. / Cintura, talle.

Middle age. f. Edad madura, mediana edad.

Middle Ages. f. Edad Media, medioevo.

Middleman. m. Intermediario.

Middlemost. adj. Del medio, en el medio o cerca del centro.

Middling. adj. Mediano, regular, mediocre. / adv. Moderadamente, lo suficientemente.

Middlings. m. Afrecho. / Productos de calidad o precio medio.

Midget. m., f. Enano, enanito. / f. Miniatura, objeto pequeño. / adj. Diminuto, muy pequeño.

Midland. f. Región central o interior de un país.

Midnight. f. Medianoche. / adj. De medianoche. / *To burn the midnight oil,* (Fig.) Trabajar o estudiar hasta bien entrada la noche.

Midway. f. Avenida central. (De una exposición). / (Anat.) Término medio, posición intermedia. / adv. A medio camino, intermedio, a mitad del camino.

Midwife. f. Partera, comadrona.

Midwinter. m. Pleno invierno. / Solsticio de invierno. / Mitad del invierno.

Midyear. adj. Semestral. / Mediados del año. / (Fam.) Examen semestral. / pl. m. Período de exámenes semestrales.

Miff. f. (Fam.) Riña, desavenencia, disgusto, malhumor. / v. Ofender, disgustar, enfadar.

Might. v. Ser posible que, tener posibilidad. *He might come tomorrow,* Es posible que venga mañana. / Ojalá. *Might she live for long years,* Ojalá viva muchos años.

Migraine. f. Jaqueca, dolor de cabeza.

Migrate. v. Migrar, emigrar.

Migration. f. Migración, emigración.

Migratory. adj. Migratorio. / Nómada, errante, vagabundo.

Mild. adj. Apacible, dulce, manso. / Suave, benigno, templado. (Clima, viento etc.). / Suave. (Cigarrillo, trago, etc.). Dulce, suave. (Acero).

Mildewy. adj. Mohoso. / (Agr.) Atacado de mildiú.

Mildly. adv. Apaciblemente, suavemente, mansamente. / Ligeramente.

Mildness. f. Suavidad, mansedumbre. / Benignidad, indulgencia. / Blandura. / Ligereza, levedad.

Mile. f. Milla.

Mileage. f. Distancia en millas. / Gastos de viaje. (Según la cantidad de millas). / Recorrido en millas, millaje, kilometraje. / (Fam.) Ventaja, utilidad, rendimiento.

Milestone. f. Piedra miliar, hito, mojón. / (Fig.) Acontecimiento importante, algo que hace época.

Military. adj. Militar, castrense, marcial, guerrero. / *The military,* Los militares, las fuerzas armadas.

Militia. f. Milicia. / Ejército compuesto de civiles.

Milk. f. Leche. / v. Ordeñar. / (Fig.) Explotar, aprovecharse de. / Extraer, succionar. / Añadir leche a. / Dar leche.

Milker. m. Ordeñador. / f. Vaca lechera.

Milkmaid. f. Ordeñadora. / adj. Lechera.

Milkman. m. Lechero, repartidor de leche a domicilio. / Ordeñador de vacas.

Milk shake. m. Batido de leche, leche malteada.

Milksop. adj. Afeminado. / m. Marica.

Milky. adj. Lechoso, lactescente. / Blando, tierno, suave, dulce. / Tímido, insípido. / Lechero, lácteo. / Turbio. (Líquido).

Milky Way. n.p.f. Vía Láctea.

Millenarian. adj. Milenario. / adj y m. y f. Milenarista, defensor del milenarismo.

Millenary. adj. Milenario. / m. Milenio. / adj. y m. y f. Milenarista. / m. Milenario, milésimo aniversario.

Miller. m., f. Molinero. / f. Entom. Tipo de mariposa nocturna. / (Mec.) Fresadora.

Millesimal. adj. Milésimo.

Milliard. m. Mil millones.

Milligram, milligramme. m. Miligramo.

Milliliter, millilitre. m. Mililitro.

Milling. f. Molienda, moledura. / Acuñación, acordonamiento. / (Metal.) Fresado. Cordoncillo de la moneda.

Millionth. adj. y m. Millonésimo.

Milord. m. Milord.

Mim. adj. Melindroso, dengoso.

Mime. m. y f. Mimo. / Bufón, payaso. / f. Mímica. / Pantomima, drama mímico. / v. Imitar, remedar. / Actuar como mimo, representar una pantomima.

Mimer. m. y f. Mimo, payaso, imitador.

Mimesis. f. Mímesis, imitación. / m. (Biol.) Mimetismo.

Mimicry. f. Mímica, remedo. / Mimetismo.

Minacious. adj. Amenazador, amenazante.

Minatory. adj. Amenazador, amenazante.

Mince. v. Desmenuzar, picar. (Carne). / Atenuar, medir. (Palabras). / Actuar o decir remilgada o afectadamente. / *Not to mince matters,* No andarse con rodeos. / Ser afectado o melindroso en el modo de hablar, andar, etc.

Mind. f. Mente. / Entendimiento, pensamiento, inteligencia. / Memoria, intención, propósito. / (Fig.) Cerebro, intelecto, cabeza. (Una persona). / Propensión, inclinación. / *Frame of mind,* Estado de ánimo. / *To be out of one's mind,* Estar fuera de sí. Estar como loco. Perder el juicio. / *To bear in mind,* Tener presente.

Mindless. adj. Estúpido, sin inteligencia. / Descuidado, negligente.

Mine. pron. Mío, mía, míos, mías. El mío, la mía, los míos, las mías. Lo mío.

Mine. f. Mina. / Yacimiento, filón. / (Fig.) Fuente. / *Mine of knowledge,* Fuente abundante de conocimientos. / v. Dedicarse a la minería, cavar, minar. / Extraer. (Metales, minerales). / ((Mil.)) Minar, sembrar de minas.

Miner. m., f. Minero. / f. pl. Aguas minerales.

Mineralogy. f. Mineralogía.

Mingle. v. Mezclar, entremezclar, unir, fusionar. / Asociar, juntar. (Personas). / Preparar. (Mezcla, brebaje). / Mezclarse, juntarse, asociarse, incorporarse.

Miniature. f. Miniatura. / Modelo en miniatura. / Arte de pintar miniaturas. / adj. En miniatura, diminuto. / v. Representar en miniatura.

Miniaturize. v. Diseñar o construir en miniatura.

Minim. f. (Mús.) Blanca. / adj. y m., f. Pigmeo, enano. / m., f. Persona o cosa insignificante. / m. Trazo de una letra. / adj. Mínimo, pequeñísimo, diminuto.

Minimal. adj. Mínimo.

Mining. f. Minería, industria minera. / ((Mil.)) Siembra de minas.

Minion. adj. Favorito, predilecto. / Esbirro, secuaz, dependiente, subordinado. / f. (Impr.) Miñona. / Amante, querida.

Miniskirt. f. Minifalda.

Minister. m., f. Ministro. (Con todas las acepciones de la palabra castellana). / v. Administrar, dispensar, suministrar. (Ayuda, sacramento, etc.). / Contribuir. (A un resultado). / Servir como ministro.

Ministry. m. Ministerio. / *Ministry of treasure,* Ministerio de Hacienda.

Minor. adj. Menor, inferior, de menor importancia. / Leve. (Daño, ofensa). / Más chico, más pequeño. / Menor. (De edad). / El menor. / f. Asignatura secundaria. / m. (Mús.) Tono menor. / *To minor in,* Seguir una asignatura secundaria.

Minority. f. Minoría, minoridad ; m. y f. Menor de edad. / Minoría. (En una votación). / adj. De la minoría.

Minster. m. Santuario, iglesia de monasterio. / Basílica, catedral.

Minstrel. m. Trovador, juglar. / Bardo, poeta lírico, músico. / Canto cómico. (Imitando a los negros).

Mintage. . f. Acuñación, amonedación. / Derecho de cuño, monedaje. / Cuño, sello.

Minus. adv. Menos. / *Ten minus five,* Diez menos cinco. / prep. Sin, desprovisto de, con algo de menos. *She came back minus a kitty,* Ella volvió con un gatito menos. / adj. Menos. *Minus sign,* Signo menos. / Negativo. *That is a minus quantity,* Esa es una cantidad negativa. / (Fig.) Sin valor positivo. / m. (Mat.) Signo menos, cantidad negativa. / Deficiencia, pérdida.

Minute. m. Minuto. / Momento, instante. / Memorándum, minuta, nota. / pl. Minutas, actas. / *Up to the minute,* Al corriente, de último hora. / v. Minutar, levantar acta de, anotar, apuntar. / Registrar minuto a minuto. / adj. Muy pequeño, menudo, diminuto. / Insignificante, total. / Minucioso, prolijo.

Minute book. m. Libro de actas o de minutas.

Minute hand. m. Minutero.

Minutely. adj. De minuto a minuto, continuo. / A intervalos de un minuto, a cada minuto.

Minutely. adv. Minuciosamente, detalladamente.

Minutia. f. Minucia, pequeñez, nimiedad.

Minx. f. Coqueta, chica descarada o atrevida, lagarta.

Miracle. m. Milagro. / Prodigio, maravilla.

Mirage. m. Espejismo, ilusión óptica. / (Fig.) Ensueño, ficción, ilusión.

Mirror. m. Espejo. / (Fig.) Modelo, patrón. / v. Reflejar. / (Fig.) Reflejar, representar.

Mirth. f. Alegría, regocijo, júbilo.

Mirthful. adj. Alegre, regocijado, jovial.

Mirthfulness. f. Alegría.

Mirthless. adj. Abatido, triste, melancólico.

Miry. adj. Cenagoso, lodoso, fangoso.

Misadventure. f. Desgracia, contratiempo, percance.

Misanthrope. m , f. Misántropo.

Misanthropy. f. Misantropía.

Misapply. v. Aplicar mal, hacer mal uso de, abusar.

Misapprehension. f. Equivocación, mala interpretación, concepto erróneo, malentendido.

Misappropriation. f. Malversación, mal uso.

Miscarriage. m. (Med.) Aborto. / Error, acto equivocado. / Fracaso, malogro. / Extravío.

Miscarry. v. Abortar, malparir. / Resultar mal, malograrse, fracasar. / Extraviarse.

Miscellaneous. adj. Misceláneo, mezclado, mixto.

Miscellany. f. Miscelánea.

Mischange. f. Desgracia, mala suerte, infortunio.

Mischievous. adj. Dañino, dañoso. / Malicioso, malévolo. / Enredador, chismoso. / Travieso.

Misconceive. v. Entender mal, concebir equivocadamente, interpretar incorrectamente.

Misconception. f. Mala interpretación, idea falsa, equivocación, concepto erróneo.

Misconduct. v. Administrar o manejar mal. / f. Inmoralidad, mala conducta.

Miscreation. f. Deformación.

Misdemeanor, misdemeanour. f. (Der.) Falta leve, delito menor. / Mala conducta, fechoría.

Miserable. adj. Miserable, desdichado, infeliz. / Abyecto, despreciable. / Mezquino, mísero. / Falto de calidad, sin valor. / (Fam.) Pésimo, atroz. *I am feeling miserable,* Me estoy sintiendo fatal.

Miserableness. m. Estado o condición miserable.

Miserly. adj. Mísero, avaro, mezquino, cicatero.

Misfortune. f. Desgracia, desdicha. / Calamidad, desventura, infortunio. / Contratiempo, percance, revés.

Misgiving. f. Duda, desconfianza, recelo, temor.

Misguidance. f. Dirección errada. / Extravío, descarrío.

Misguided. adj. Mal aconsejado, engañado, descaminado.

Mishap. m. Accidente, percance, contratiempo.

Mislead. v. Extraviar, descarriar, despistar. / Engañar.

Misleading. adj. Engañoso, de falsas apariencias.

Mislike. v. Tener aversión a, no gustar de. / f. Aversión, antipatía.

Mismate. v. Emparejar mal, hermanar mal. / Casar mal.

Misogynist. m., f. Misógino.

Misogyny. f. Misoginia.

Misplace. v. Colocar mal o fuera de su lugar, extraviar, traspapelar. / Equivocarse en otorgar. (Afecto, confianza, a alguien).

Misplacement. f. Colocación errónea. (De una cosa). / Extravío.

Misprint. v. Imprimir con erratas, imprimir mal. / f. Errata, falta tipográfica, error de imprenta.

Misreport. m. Informe falso o erróneo. / v. Referir falsamente, informar erróneamente sobre.

Misrepresentation. f. Exposición falsa, descripción falsa, falsificación, tergiversación. / Representación fraudulenta.

Miss. f. Señorita. / Muchacha, jovencita. / m. Fiasco, fracaso, malogro, extravío. / v. Errar. (Un tiro, un lanzamiento, etc.). / Perder. (Un avión, el camino, una oportunidad, una función, etc.). / No lograr, no conseguir. (Un objetivo). / No comprender, no entender.

Missing. adj. Desaparecido, ausente, perdido. / *To be missing,* Faltar, haber desaparecido.

Mission. f. (Religioso) Misión, conjunto de misioneros, casa de la misión. / Encargo, misión diplomática, comisión. / Embajada. / Profesión, vocación, tarea. / ((Mil.)) Excursión, correría. (En territorio enemigo). / v. Comisionar, nombrar. / Trabajar como misionero. / adj. Misional, misionero.

Missionary. adj. Misionero, misional. / m., f. Misionero, misionera.

Missioner. m., f. Misionero.

Missive. f. Misiva, carta. / adj. Misivo, que se puede enviar o se destina a ser enviado.

Misspell. v. Deletrear mal, escribir con faltas de ortografía.

Mist. f. Niebla, neblina, bruma, llovizna. / Oscuridad. (Física o mental). / Vapor, vaho. / Velo. (De lágrimas). / v. Nublar(se). / Empañar(se), oscurecerse. / Velar(se).

Mister. m. Señor.

Mistreatment. m. Maltrato, malos tratos.
Mistress. f. Señora. / Ama, ama de casa, dueña. / Concubina, querida. / Maestra de escuela. / Experta, perita.
Misty. adj. Nebuloso, brumoso. / Vago, indistinto, confuso. / Velado, empañado.
Misunderstood. adj. Mal entendido, mal comprendido.
Misuse. v. Emplear mal. / Maltratar, estropear. / m. Mal uso, mal empleo, uso erróneo.
Mitigant. adj. Paliativo, calmante, mitigante.
Mix. v. Mezclar. / Juntar, combinar. / Amasar. (Tortas, etc.). Aderezar. (Ensaladas)./ Confundir, enredar. / v. Mezclarse. / Juntarse, combinarse. / Asociarse. / f. Mezcla, mixtura.
Mixed. adj. Mezclado, mixto. / Variado.
Mixed-up. adj. Confundido, atolondrado. / Revuelto.
Mixer. f. Mezcladora. (De cemento) / Batidora. (De cocina).
Mixture. f. Mezcla, mixtura. / (Tejido) Mezcla, mezclilla.
Mix-up. f. Confusión, enredo, lío. / Conflicto, pelotera, riña. / Mezcla, mixtura.
Moat. m. Foso. (De un castillo o una fortificación). / v. Rodear con un foso, fosar.
Mobile. adj. Móvil, movible, cambiable, variable. / Versátil, voluble.
Mobile. m. Arte. Móvil.
Mobility. f. Movilidad. / Variabilidad. / Versatilidad, volubilidad.
Mobilization. f. Movilización.
Moccasin. m. Mocasín. (El zapato y la víbora).
Mocha. m. Moca, moka. (El café). / Especie de cuero suave y flexible para guantes.
Mockery. f. Burla, mofa, escarnio. / Objeto de burla o de risa. / Remedo, parodia.
Mockingbird. m. (Orn.) Cenzontle.
Mock-up. f. Maqueta, modelo hecho a escala.
Modality. f. Modalidad.
Mode. m. Modo. (Con todas las acepciones de la palabra castellana). / Estilo, moda, boga, costumbre.
Model. m. Modelo. (Con todas las acepciones de la palabra castellana). / (Fam.) Facsímil, copia. / Maqueta de un edificio. / v. Modelar, moldear.
Moderate. adj. Moderado. / Regular, mediocre. / v. Moderar, mitigar. / Bajar la voz. / Presidir, dirigir. / Moderarse, mitigarse. / Actuar como presidente o director.
Moderation. f. Moderación.
Modern. adj. Moderno, nuevo, reciente. / m., f. Moderno. / m. (Impr.) Tipo moderno.
Modernism. m. Modernismo.
Modernist. m. y f. Modernista.
Modernization. f. Modernización.
Modernize. v. Modernizar.
Modernly. adv. En el presente, actualmente. / Al estilo moderno. / Según costumbres de la época actual.
Modesty. f. Modestia, humildad, recato.
Modicum. f. Pequeña cantidad o porción, pizca, ápice.
Modifiable. adj. Modificable.
Modifier. m. Modificador. / adj. (Gram.) Modificativo, calificativo.
Modify. v. Modificar, cambiar, alterar. / Moderar, templar, morigerar. / (Gram.) Calificar. / Modificarse, sufrir una modificación.
Modulation. f. Modulación.
Moil. v. Afanarse, fatigarse, trabajar arduamente. / (Fam.) Humedecer, mojar, embadurnar, ensuciar. / f. Fatiga, faena. / Confusión, baraúnda, tumulto.
Moiré. m. Moaré, muaré.
Moist. adj. Húmedo, mojado. / Lloroso. (Ojos). / Húmedo, lluvioso. (Clima).

Moisten. v. Humedecer(se), mojar(se).
Moistness, moisture. f. Humedad.
Moistureproof. adj. A prueba de humedad.
Molasses. f. Melaza, miel.
Moldable. adj. Moldeable.
Molecule. f. Molécula. / Molécula gramo, mol.
Molehill. f. Topera, topinera.
Moleskin. f. Piel de topo. / (Tejido). Molesquina. / pl. Pantalones de moleskín.
Molest. v. Molestar, incomodar, fastidiar. / Abusar sexualmente de alguien.
Molestation. f. Molestia, incomodidad, fastidio. / Vejamen. / Abuso deshonesto.
Molester. m., f. Molestador. / Persona que comete abusos deshonestos.
Mollify. v. Molificar, suavizar, apaciguar, ablandar. / Ablandarse.
Mollusk. m. Molusco.
Mom. f. (Fam.) Mamá, mami, mamita, mamaíta.
Moment. m. Momento, rato, instante. / Peso, importancia. / Etapa, estado, período. / (Mec.) Momento. / *Of great moment*, De mucha importancia.
Momently. A cada momento. / De un momento a otro. / adv. Momentáneamente, por el momento, por un momento.
Momentous. adj. Importante, vital, trascendental.
Momentum. m. Impetu, impulso. / (Mec.) Momento.
Monachal. adj. Monacal, monástico.
Monarch. m. Monarca.
Monarchal, monarchial. adj. Monárquico.
Monarchic, monarchical. adj. Monárquico.
Monarchism. m. Monarquismo, sistema monárquico.
Monasterial. adj. De monasterio.
Monastery. m. Monasterio.
Monastic, monastical. adj. Monástico. / m. Monje, religioso.
Monday. m. Lunes.
Monetary. adj. Monetario. / Pecuniario.
Money. f. Moneda, dinero. / Dinero, caudal. / Premio de dinero. / *To put money into*, Invertir dinero en. / *To put money on*, Apostar dinero a.
Moneybag. m. Monedero. / pl. Riqueza, fortuna. / pl. Ricacho, ricachón.
Money box. f. Alcancía.
Money changer. m. y f. Cambista.
Moneyed. adj. Adinerado, rico, acaudalado.
Moneyer. m. Monedero, acuñador.
Money-lender. m. y f. Prestamista.
Moneymaker. m., f. Experto en dinero. / m. Éxito económico. (Un producto, etc.).
Moneymaking. m. Enriquecimiento. / adj. Lucrativo, productivo, ganancioso.
Mongrel. adj. Híbrido, mestizo.
Monish. v. Amonestar, advertir.
Monition. m. Consejo, admonición, amonestación. / (Der.) Citación, notificación.
Monitor. m. Amonestador, admonitor. / Monitor. (Alumno encargado de tareas disciplinarias; barco de guerra; monitor de televisión). / (Zool.) Varano.
Monitorial. adj. Monitorio. / De monitor.
Monkery. f. Vida monástica, monaquismo. / pl. Costumbres y usos monásticos. / Monasterio, frailía.
Monkey. m. (Zool.) Mono. / f. (Mec.) Maza. Esclusa para escoria. Conducto de ventilación. Grapa, trinquete, fiador del martinete.
Monograph. f. Monografía. / v. Hacer una monografía de. / Discutir en una monografía.
Monologue, monolog. m. Monólogo.
Monopolistic. adj. Monopolizador.

Monopolization. f. Monopolización.
Monsoon. amb. Monzón.
Monster. m. Monstruo. / adj. Monstruoso.
Monstrosity. f. Monstruosidad.
Monstrous. adj. Monstruoso.
Montage. m. Montaje. / v. Combinar en un montaje, hacer un montaje de.
Month. m. Mes.
Monthly. f. Publicación mensual, revista mensual. / pl. Mes, menstruo. / adv. Mensualmente.
Monument. m. Monumento. / (Fig.) Lindero, límite, hito.
Monumental. adj. Monumental, grandioso.
Monumentalize. v. Conmemorar con un monumento, erigir un monumento en memoria de.
Mooch. v. (Pop.) Vagar, deambular. / Gorronear. / v. Robar, birlar, sisar. / Pedir como regalo, conseguir gratis.
Mood. m. Humor, talante, genio, disposición. (De ánimo). / (Gram.) Modo. (Del verbo). / Lóg. Modo.
Moodiness. m. Malhumor, tristeza melancólica. / Disposición caprichosa.
Moon. f. Luna. / (Poesía.) Mes. / v. Soñar despierto, fantasear. / To moon about, Vagar sin rumbo. / To moon over, Fantasear.
Moonbeam. m. Rayo de luna.
Moonfaced. adj. Carirredondo, mofletudo.
Moonish. adj. Semejante a la luna. / Caprichoso, voluntarioso.
Moonlet. m. Satélite pequeño.
Moonlight. f. Luz de la luna, claro de luna. / adj. Iluminado por la luna. / v. (Pop.) Tener dos empleos a la vez. estar pluriempleado.
Moonlit. adj. Iluminado por la luna.
Moonscape. m. Paisaje lunar.
Moonset. f. Puesta de luna.
Moonshine. m. Brillo o luz de la luna. / (Pop.) Tontería, disparate. / (Pop.) Licor destilado ilegalmente.
Moonstruck. adj. Distraído, aturdido. / Soñador. / Lunático, venático.
Moony. adj. Semejante a la luna. / Lunado, semilunar. / Iluminado por la luna. / Soñador, distraído.
Moor. v. (Náut.) Amarrar, atar con cables, afirmar con anclas. / (Náut.) Anclar, atracar, echar anclas. / m. Páramo, terreno yermo.
Mopish. adj. Abatido, melancólico, apático, indolente.
Moppet. f. (Fam.) Criatura, niño, niña. / m. Muñeco.
Moral. adj. Moral, ético. / Virtuoso, probo. / Moral, virtual. (Certidumbre, etc.). / f. Moral, moralidad, moral sexual. / pl. Ciencia de la moral, ética. / Moraleja, enseñanza. / Máxima, proverbio.
Morale. f. Moral, estado de ánimo.
Moralize. v. Sacar moralejas de. / Moralizar, reformar.
Morbid. adj. Mórbido, morboso, malsano. / (Med.) Morboso, patológico.
Morbidity. f. Morbosidad.
Mordacious. adj. Mordaz, cáustico.
Mordacity. f. Mordacidad, causticidad.
Mordancy. f. Mordacidad.
More. adj.. Más, más grande, mayor. / Más. (En cuanto a cantidad). / m. Más, cantidad mayor, número mayor, cantidad adicional. / What is more, Lo que es más, y encima de todo esto. / adv. Más, en mayor grado, en grado creciente. / Más, además de.
Moresque. adj. Moro, morisco, arábigo. / m. Arabesco.
Morgue. f. Morgue, depósito de cadáveres. / Departamento de archivo de un periódico.
Morning. f. Mañana. / (Fig.) Principio, inicio. / poét. Alba, amanecer. / Good morning, Buenos días. / adj. De mañana, de la mañana, matutino, matinal.

Moroccan. adj. y m. y f. Marroquí, de Marruecos.
Morocco. n.p.m. Marruecos. / m. Marroquín, tafilete.
Moroseness. m. Malhumor. / Displicencia.
Morpheme. m. Morfema.
Morphine. f. Morfina.
Morphologic, morphological. adj. Morfológico.
Morphologist. m. y f. Experto en morfología.
Morphology. f. Morfología.
Morrow. m. Día siguiente, el mañana.
Morsel. f. Porción pequeña, bocado. / (Fam.) Chica joven y bonita, bocado de cardenal.
Mortal. adj. Mortal. / De mortales, humano. / (Fam.) Abrumador, tedioso, aburrido. / (Fam.) Enorme, terrible, extremo, sumo. / m. y f. Mortal. / m. Tipo, sujeto. / adv. (Fam.) Extremadamente, terriblemente.
Mortality. f. Mortalidad. (Calidad de mortal y promedio de muertes). / Mortandad. / Humanidad, los hombres.
Mortician. m. Empresario de pompas fúnebres.
Mortify. v. Mortificar pasiones. Controlar apetitos. / Ofender, humillar. / Mortificarse, torturarse.
Mortuary. f. Morgue. / adj. Mortuorio, funerario.
Mosey. v. Deambular, vagar, pasar lentamente. / Irse, largarse.
Mosque. f. Mezquita.
Moss. m. Musgo. / v. Cubrir con musgo.
Most. adj. El más, el mayor. / La mayor parte de, el mayor número de. For the most part, Principalmente, en su mayor parte. / adv. Más. The ring of Sauron was the most powerful of the Rings, El anillo de Sauron era el más poderoso de los Anillos.
Mostly. adv. Principalmente, en su mayor parte.
Moth. f. Polilla. / Mariposa nocturna.
Mothball. f. Bola de naftalina.
Moth-eaten. adj. Apolillado. / (Fig.) Anticuado, viejo.
Mother. f. Madre. / Madre, causa, origen. / v. Ser madre, dar a luz. / Tratar maternalmente, cuidar de modo maternal, proteger. / (Fig.) Concebir, inventar / Ser fuente u origen de. / Atribuir. / adj. Maternal, materno. / Nativo. (Tierra, idioma).
Motherhood. f. Maternidad.
Mother in law. f. Suegra. / Madrastra.
Motherland. f. Patria, suelo natal.
Motherless. adj. Huérfano de madre, sin madre.
Motherliness. f. Disposición maternal.
Mother lode. m. (Geol.) Filón principal.
Motherly. adj. Maternal, materno. / adv. Maternalmente.
Mother-of-pearl. m. Nácar, madreperla. / adj. Nacarado, iridiscente.
Mothy. adj. Apolillado, lleno de polillas.
Motif. m. (Arte, Mús.) Motivo.
Motion. m. Movimiento. / Ademán, gesto. / Proposición, moción. / (Der.) Petición, escrito, recurso. / (Mús.) Modulación. / Mecanismo. (De reloj). / Defecación. / On the motion of, A proposición de. / v. To make a motion, Presentar una moción. / Indicar con la mano, indicar con un gesto. / Hacer una señal.
Motionlessness. f. Inmovilidad, estatismo.
Motion picture. f. Película cinematográfica, filme.
Motivate. v. Motivar.
Motivation. f. Motivación.
Motive. m. Motivo, móvil, causa. / Arte, (Mús.) Tema, motivo. / adj. Motor, motriz. / Impulsor, incitador. / v. Motivar, incitar, impulsar.
Motor. m. Motor. / Automóvil. / pl. Acciones de fábricas de automóviles. / adj. Motor, motriz. / De motor, movido por motor(es). / Para automóviles. / Para motores. / Para automovilistas. / Para tráfico automotor. / v. Pasear, viajar o ir en automóvil o motocicleta,

Motorcycle. f. Motocicleta. / v. Pasear o viajar en motocicleta.
Motorcyclist. m. y f. Motociclista, motorista.
Motordrome. m. Autódromo.
Motoring. m. Motorismo, automovilismo.
Motorist. m. y f. Automovilista, motorista.
Motorization. f. Motorización.
Motorize. v. Motorizar.
Motorway. f. Autopista.
Mottle. v. Motear, jaspear, abigarrar. / f. Mancha o veta de color. / Apariencia moteada o veteada.
Mottled. adj. Moteado, jaspeado, veteado, abigarrado.
Mount. m. Monte, montaña. / Montadura, montaje. / Montura, cabalgadura. / Portaobjetos, cubreobjetos. (De preparaciones microscópicas). / Filat. Charnela. / v. Montar a caballo, cabalgar. / Subir, ascender, elevarse. / Crecer, aumentar. (Cuentas, enojo, etc.). / Montar. (Caballo, bicicleta, etc).
Mountain. f. Montaña, monte. / pl. Cordillera, cadena de montañas. / (Fig.) Montón, cúmulo. / adj. Montañés, montañoso, montés.
Mountain climber. m. y f. Alpinista, andinista.
Mountain range. f. Cordillera, sierra.
Mountainside. f. Ladera, falda de un monte.
Mountaintop. f. Cumbre, cima de una montaña.
Mountainy. adj. Montañoso.
Mounted. adj. Montado. (A caballo). / Armado. (Cañones). / Montado, engastado.
Mounting. f. Monta, montadura. / Engaste, marco, montaje, montadura, guarnición, armadura. / Ascensión, subida.
Mourn. v. Lamentarse, dolerse, apesadumbrarse. / Enlutarse, vestir o llevar luto. / Plañir, gemir. / Llorar, lamentar.
Mourner. m. y f. Persona que guarda luto. / Miembro de una comitiva fúnebre, plañidero.
Mournful. adj. Dolorido, triste, pesaroso, afligido. / Penoso, lastimero, apesadumbrado.
Mournfulness. m. Pesar, tristeza.
Mourning. f. Pena, duelo, dolor. / Luto.
Mouse. m. Ratón. / (Fam.) Moratón, cardenal. Ojo en tinta. / (Náut.) Barrilete./ adj Pusilánime, cobarde.
Mousehole. f. Ratonera.
Mousetrap. f. Ratonera, trampa para cazar ratones. / (Fig.) Trampa, lazo.
Mousquetaire. m. Mosquetero.
Moustache, mustache. m. Bigote, mostacho.
Mousy. adj. Quieto, silencioso, tímido. / (Fig.) Poquita cosa. / Plomizo, grisáceo. / Invadido de ratones.
Mouth-filling. adj. Altisonante, rimbombante.
Mouthpiece. f. Boquilla. (De instrumento musical, de herramienta). / Bocina de teléfono. / Bocado. (Del freno de caballos). / m. y f. Vocero, portavoz. / (Pop.) Abogado criminalista.
Mouthwatering. adj. Apetitoso, que hace agua la boca.
Movable, moveable. adj. Movible, móvil, mueble. / Movible. (Fiesta). / pl. Muebles,enseres, mobiliario. / (Der.) pl. Bienes muebles.
Move. v. Mover. / Remover, trasladar, mudar. / Accionar, hacer funcionar. / Conmover, enternecer. / Proponer, recomendar, presentar como moción. / m. y f. Vender, promover la venta de. / Moverse. / Girar, funcionar. / Ir, caminar, trasladarse, progresar, avanzar.
Movement. m. Movimiento. / Movimiento, tendencia. / pl. Movimientos, actividades. / Evacuación del vientre. / (Mec.) Mecanismo.
Movie. f. Película. (Cinem.). / pl. Sala de cine. / Cine, función de cine.
Much. adj. Mucho, abundante, grande.
Muck. m. Estiércol húmedo, bosta. / Mantillo, humus. /

(Fam.) Porquería, inmundicia, basura. / Pacotilla, cosa de poco valor.
Muckiness. f. Suciedad, porquería.
Muckworm. m. Entom. Gusano o gorgojo del estiércol. / m., f. Avaro, avariento, tacaño.
Mucky. adj. Sucio, puerco.
Mucoid. adj. y m. Mucoide. Mucoídeo.
Mucosa. f. Mucosa, membrana mucosa.
Mucosity. f. Mucosidad.
Mucous. adj. Mucoso.
Mucus. m. Moco, mucus, mucosidad.
Mud. m. Barro, lodo, fango, cieno. / (Fig.) Fango, vilipendio. / (Pop.) Café. / v. Embarrar, enfangar, enlodar, enturbiar, ensuciar.
Muddiness. f. Fangosidad, turbiedad, suciedad.
Mudhole. m. Hoyo de fango.
Mudsill. m. Cimiento, soporte o base de una construcción.
Mud wall. f. Tapia.
Muff. m. Manguito. (Para calentar las manos). / (Béisbol) Yerro. (Al querer agarrar la bola). / Torpeza, chapucería, error. / m., f. (Fam.) Estúpido, chambón; m. y f. Inútil. (En el juego). / v. Estropear, hacer mal. / Dejar caer, no lograr coger. (Pelota).
Muffin. m. Mollete, panecillo.
Muffle. v. Embozar, arrebozar. / Apagar, amortiguar (ruido). Destemplar (tambor). / m. Amortiguador de sonidos, sordina. / Mufla, horno de porcelana.
Muffler. f. Bufanda, embozo. / Mitón. / (Mec.) Sordina. / Silenciador de automóvil.
Mug. m. Cubilete, pichel, jarra. / (Pop.) Jeta, hocico. / m., f. (Pop.) Incauto. / v. (Pop.) Hacer muecas o morisquetas. / Fotografiar. (Delincuentes) / Estudiar intensamente.
Mugginess. m. Bochorno, calor húmedo y sofocante.
Muggins. m. Simplón, bobalicón. / Juego de dominó o de naipes.
Mulch. m. Estiércol y paja. / v. Cubrir plantas con estiércol y paja.
Mule. f. Mula, mulo, macho. / (Biol.) Híbrido estéril. / (Tejido) Selfactina, máquina de hilar intermitente. / m., f. (Fam.) Testarudo. / f. Pantufla, chinela, babucha.
Mulish. adj. Terco, obstinado, testarudo.
Multifold. adj. Doblado muchas veces, múltiple.
Multiform. adj. Multiforme.
Multiformity. f. Variedad de formas.
Multipartite. adj. Que consta de muchas partes.
Multiple. adj. Múltiple. / m. Circuito múltiple. / (Mat.) Múltiplo.
Multiplicate. adj. Múltiple, numeroso, vario.
Multiplication. f. Multiplicación.
Multiplicity. f. Multiplicidad.
Multiply. v. Multiplicar. / Multiplicarse.
Multitude. f. Multitud, muchedumbre.
Multitudinous. adj. Numeroso, innumerable. / De la multitud.
Mum. m. f. (Fam.) Mamá, mami. / m. (Fam.) Crisantemo. / f. Cerveza fuerte. / adj. Silencioso, callado. / interj. Silencio, chitón. / v. Tomar parte en una mascarada, disfrazarse, enmascararse.
Mumble. v. Mascullar, barbotar. / Mascujar, mascar mal. / m. Barboteo, refunfuño.
Mummification. f. Momificación.
Mummify. v. Momificar. / Momificarse, desecarse.
Mummy. f. Momia. / v. Momificar.
Mump. v. (Fam.) Mascullar, rezongar. / Mendigar, trampear.
Mumpish. adj. Malhumorado, irritable.
Mumps. f. pl. (Med.) Paperas.
Munch. v. Mascar algo que hace ruido al partirse. / Comer golosamente. / Comer entre comidas.

Mundane. adj. Mundano, terrenal.
Municipal. adj. Municipal.
Municipality. f. Municipalidad, municipio, ayuntamiento.
Municipalization. f. Municipalización.
Munition. f. Munición, municiones. / Pertrechos, equipo. / v. Municionar, pertrechar.
Mural. adj. Mural, escarpado, vertical. / m. Mural, pintura mural.
Murder. m. Asesinato, homicidio. / f. (Fig.) (Fam.) Cosa atroz. / v. To cry blue murder, Alegar a gritos. / Asesinar. / (Fig.) Destruir. / (Fig.) Mutilar, estropear. / (Fig.) Deformar, chapurrear. (Un idioma). / Tocar o cantar horriblemente mal.
Murderess. f. Asesina, mujer homicida.
Murderous. adj. Asesino, sanguinario. / Devastador, aniquilador, violento.
Murk. adj. poét., (Fam.) Oscuro, lóbrego, sombrío. / f. Oscuridad, lobreguez.
Murkiness. f. Oscuridad, lobreguez.
Murky. adj. Oscuro, sombrío, lóbrego.
Murmur. m. Murmullo, susurro. / (Fig.) Murmureo, murmullo, queja. / (Med.) Soplo cardíaco. / v. Murmurar, susurrar. / (Fig.) Murmurar, quejarse.
Murmurer. m. y f. Murmurador.
Murmuring. adj. Murmurante, susurrante.
Murmurous. adj. Murmurante, susurrante.
Murrey. m. Color morado rojizo.
Muscle. m. Músculo, tejido muscular. / (Fig.)Vigor, fuerza, robustez. / v. (Fam.) Abrirse paso a la fuerza o a empujones. / To muscle on, Invadir, inmiscuirse en, conseguir participación a la fuerza en.
Muscle-bound. adj. Agarrotado, acalambrado, endurecido. (Un músculo).
Muscovite. adj. y m. y f. Moscovita. / f. Mineral. Muscovita, mica blanca.
Muscular. adj. Muscular. / Musculoso, fornido.
Muscularity. f. Musculosidad.
Musculature. f. Musculatura.
Muse. f. Musa.
Museum. m. Museo.
Mush. f. pl. Gachas de harina de maíz. / Pasta o masa muy blanda. / (Fam.) Sensiblería, sentimentalismo exagerado. / (Pop.) Boca, jeta. / (Pop.) (Radio) Interferencia. / v. Aviac. Volar en un avión averiado. / (Fam.) Machacar, desmoronar.
Mushroom. f. Seta, hongo, champiñón. / adj. Hongoso, fungoso. / Advenedizo. / De o en forma de hongo. / v. Tomar forma de hongo. / Crecer o desarrollarse rápidamente, multiplicarse. / Abrirse. (La punta de un proyectil). / Coger hongos.
Mushy. f. Música. / Composición musical.
Musical. adj. Musical, músico. / Armonioso, melodioso. / Aficionado a la música. / De músicos. / f. Comedia musical.
Musicality. f. Musicalidad.
Musician. m. y f. Músico.
Musing. adj. Meditativo, meditabundo. / f. Meditación.
Musket. m. Mosquete.
Musketeer. m. Mosquetero.
Musketry. m.pl. Mosquetes. / Mosquetería. / Mosquetazos, descarga de mosquetería, fusilería.
Muslin. f. Muselina.
Musquash. f. Rata almizclera.
Muss. f. Rebatiña. / (Pop.) Riña, pendencia, trifulca. / (Fam.) Confusión, lío, desorden. / v. Ajar, arrugar, manchar. / To muss up, Desarreglar, desordenar. Ensuciar, desaliñar. Maltratar, zurrar. Confundir, hacer caótico.

Must. m. Mosto. / Olor y sabor rancios. Moho.
Must. v. Deber, estar obligado a, tener que, ser preciso. / Must needs, Necesariamente, sin falta. / f. Cosa esencial o indispensable.
Mustard. f. Mostaza.
Mustee. adj. y m., f. Mestizo.
Muster. v. Reunir, congregar, juntar. (Para revisión, pasar lista, etc.). / Cobrar, mostrar. (Ánimo, fuerza, etc.). / Alistar, llamar a filas, enrolar. / Incluir, comprender. / ((Mil.)) To muster out, Dar de baja, licenciar. Depurar, inhabilitar. / f. Asamblea, reunión. / Lista, nómina, rol. / ((Mil.)) Revista, reseña. / Muestra, espécimen. / adj. To pass muster, Ser aceptado, pasar bien la revisión.
Mustiness. m. Olor a moho.
Musty. adj. Que huele a humedad, con olor a moho, mohoso. / Anticuado, gastado, trillado.
Mutable. adj. Mudable, mutable, alterable. / Inconstante, cambiadizo.
Mutate. v. Mudar, alterar, transformar. / (Biol.) Mutar.
Mutation. f. Mutación.
Mute. adj. Mudo. / Callado, silencioso. / Fon. Oclusivo. / f. (Mús.) Sordina. / (Gram.) Letra muda. / v. Disminuir la intensidad de sonidos. Apagar colores. / (Mús.) Poner sordina a.
Mutilate. v. Mutilar, truncar, lisiar.
Mutilated. adj. Mutilado, mocho, trunco. / Cancelado.
Mutilation. f. Mutilación.
Mutinous. adj. Sedicioso, amotinador, rebelde. / Indócil, ingobernable.
Mutiny. m. Motín, rebelión, sedición, asonada. / v. Amotinarse, rebelarse, sublevarse.
Mutism. m. Mutismo, mudez.
Mutter. v. Murmurar, musitar. / Refunfuñar, rezongar. / Pronunciar en voz baja, decir entre dientes. / f. Murmuración, bisbiseo. / Refunfuño, refunfuñadura.
Mutton. f. Carne de carnero. / m. Carnero.
Muttony. adj. Que tiene sabor a carne de carnero.
Mutual. adj. Mutuo, recíproco.
Mutualism. m. Mutualismo.
Mutualist. m. y f. Mutualista.
Mutualize. v. Volver(se) mutuo. / Organizar(se) o convertir(se) en una mutualidad.
Mutually. adv. Mutuamente, mutualmente, recíprocamente.
Muzziness. m. Aturdimiento. / Aspecto confuso.
Muzzy. adj. (Fam.) Atontado, confuso. (Por la bebida). / Aburrido, deprimente. (Un día).
My. pron. Mi, mis. / Mío, míos. / (Fam.) My!, ¡Oh!, ¡Dios mío!
Myope. m. y f. Miope.
Myopia. f. Miopía.
Myopic. adj. Miope.
Myriapod. m. Miriápodo.
Myrrh. f. Mirra.
Myself. pron. Yo mismo, me, mí, mí mismo. / El mismo. / I do not feel myself, No me siento el mismo. / As for myself, En cuanto a mí.
Mysterious. adj. Misterioso, enigmático, oculto.
Mystery. m. Misterio, enigma, secreto, arcano. / Teat. Misterio, auto sacramental. / Novela policiaca.
Mystify. v. Envolver en el misterio, hacer oscuro, mistificar, engañar. / Desconcertar, dejar perplejo, confundir.
Myth. m. Mito.
Mythological. adj. Mitológico, mítico, legendario.
Mythologist. m. y f. Mitologista; m., f. Mitólogo.
Mythologize. v. Relatar, clasificar y explicar los mitos. Escribir acerca de los mitos.
Mythology. f. Mitología.

N

N. North. n. Norte.

Nacre. n. Nácar.

Nag. v. Regañar, sermonear a alguien. / Irritar, molestar con insistencia. / m. y f. Jaca, rocín.

Naif. adj. Ver *naive*.

Nail. m. y f. Uña. / Clavo. / v. Clavar, asegurar con clavos. / Tachonar, guarnecer o adornar con clavos. / Fijar la mirada en algo, cautivar, absorber (atención). / (Fig.) Averiguar, descubrir.

Nail file. f. Lima (de uñas).

Nail varnish. m. Esmalte (para las uñas).

Naked. adj. Desnudo. / Falto, despojado, desprovisto, árido. / Llano, puro, simple, mero. / (Fig.) Patente, claro. / Indefenso, inerme, desarmado, sin protección. .

Nakedness. f. Desnudez. / Claridad, evidencia.

Name. m. Nombre. / Título, denominación. / Apodo, mote. / Reputación, fama. / Familia, clan. / (Lóg.) Término. / v. Nombrar, llamar, poner nombre a. / Mencionar, mentar. / Nombrar, designar, señalar.

Nameless. adj. Anónimo, sin nombre. / Obscuro, desconocido, humilde. / Ilegítimo, bastardo.

Namely. Es decir, a saber, o sea. / adv. Específicamente, especialmente, sobre todo, expresamente.

Nameplate. m. Letrero o placa con nombre.

Nanny. f. Nodriza, aya, institutriz.

Nap. v. Dormir un rato, dormitar.

Nape. f. (Anat.) Nuca, cerviz.

Napery. f. Mantelería, ropa blanca de casa.

Napkin. f. Servilleta. / m. Pañal de bebé. / m. Sabanilla.

Napkin ring. m. Servilletero, aro de servilleta.

Nappy. adj. Fuerte, embriagador. (Licor). / Velludo, lanudo. / Plato llano para servir comidas.

Narcissism, narcism. m. (Psic.) Narcisismo.

Narcotic. adj. Narcótico, somnífero, soporífero. / m. y f. Estupefaciente, droga somnífera. / (Fig.) Narcótico.

Narcotism. m. Narcotismo, narcomanía, narcosis.

Nard. m. Nardo.

Nark. (despect.) Soplón, espía de la policía.

Narrate. v. Narrar, relatar.

Narration. f. Narración, narrativa. / Narración, relato.

Narrative. f. Narrativa, narración. / Relato, cuento.

Narrator, narrater. m. Narrador, relator.

Narrow. adj. Estrecho, angosto, reducido, ajustado. / Limitado (en extensión o número), restringido, circunscrito. / Preciso, exacto, minucioso. / (Fig.) Estrecho, escaso, apenas suficiente. / Iliberal, intolerante. / m. Istmo, estrecho, pasaje angosto. / v. Estrechar, angostar. / Entrecerrar, fruncir. (Los ojos, los labios, etc.).

Narrow-minded. adj. Estrecho de ideas.

Narrowness. f. Estrechez, angostura. / Carácter intolerante, falta de liberalidad, estrechez de ideas.

Nasal. adj. Nasal, de la nariz. / m. (Anat., Zool.) Hueso de la nariz. / (Mil.) Nasal. (Del casco).

Nasalize. v. Nasalizar, hablar con voz nasal, gangosear.

Nascent. adj. Naciente, incipiente.

Nastiness. adj. Carácter ofensivo o malicioso. / Aspecto desagradable. / Inclemencia del tiempo.

Nasty. adj. Detestable, molesto, desagradable. / Malicioso, avieso, malintencionado. / Peligroso.

Natal. adj. Natal, nativo. / De nacimiento.

Natality. f. Indice de natalidad.

Natation. f. Natación.

Nation. f. Nación, país, estado.

National. adj. Nacional. / Patriótico. / Nativo.

National income. f. Renta nacional, ingreso público.

Nationalism. m. Nacionalismo.

Nationalist. n. y adj. Nacionalista.

Nationalistic. adj. Nacionalista.

Nationality. f. Nacionalidad, ciudadanía.

Nationalization. f. Nacionalización.

Nationalize. v. Nacionalizar. (Industrias, etc.). / Naturalizar, nacionalizar. (Ciudadanos).

Nationwide. Por toda la nación, de toda la nación.

Native. adj. Nativo, natural. / Aborigen, indígena. / Nativo, connatural, innato. (Cualidad, talento). / Natal, nativo. (Ciudad, tierra, país). / Autóctono, local. / Oriundo, originario. / Natural, puro. (Mineral.). / n. Aborigen, indígena. / Natural, nacional. / Residente, vecino.

Nativity. m. y f. Natividad, nacimiento. / Natividad de Cristo.

Nattiness. f. Pulcritud, elegancia.

Natty. (Fam.) Elegante, vestido con esmero, pulcro.

Natural. adj. Natural. / Congénito, de nacimiento. / (Mat., Mús.) Natural. / n. Persona con talento innato. / (Mús.) Becuadro.

Naturalism. m. Naturalismo.

Naturalist. adj. n. Naturalista.

Naturalness. f. Naturalidad.

Nature. f. Naturaleza, esencia, genio, temperamento. / Carácter, clase, índole. / La naturaleza, natura.

Naught. n. Nada. / (Mat.) Cero. / Sin valor, inútil.

Naughtily. adj. Con picardía o malicia.

Naughtiness. f. Desobediencia, picardía.

Naughty. adj. Travieso, malicioso, pícaro.

Nausea. f. Náusea, asco, bascas. / (Fig.) Repugnancia.

Nauseous. adj. Nauseoso, nauseabundo, mareado. / (Fig.) Asqueroso, repugnante.

Nautical. adj. Náutico.

Naval. n. Naval.

Navel. m. Ombligo. / (Fig.) Centro, medio.

Navigability. adj. Navegabilidad.

Navigable. adj. Navegable. (Río, lago). / Dirigible. (Globo).

Navigate. v. Navegar.

Navigator. m. Navegante. / (Nav.) Oficial de derrota. / (Aer.) Navegante, piloto.

Navy. f. Marina mercante. / Marina de guerra, armada.

Navy yard. m. Arsenal naval, astillero.

Nay. adv. Hasta, aun, aun más, y aun. / Negación, rechazo. / No, respuesta o voto negativo.

Nazi. m. Nazi, nacionalsocialista.

Near. adv. Cerca. / Casi. / adj. Cercano, allegado, íntimo. / Próximo, inmediato, inminente. / Directo, similar, casi idéntico. / De imitación. / v. Acercar(se).

Nearby. adv. Cerca, a la mano, próximo.

Nearness. f. Proximidad, cercanía.

Nearsighted. m. Miope, corto de vista.

Nearsightedness. f. Miopía, visión corta.

Neat. adj. Puro, sin mezcla. / Bonito, lindo, de buen gusto. / Diestro, hábil, listo. / Limpio, aseado, pulcro, ordenado. / Claro, neto, nítido. / v. (Fam.) Asear (se), arreglar(se).

Neaten. v. Asear, ordenar, limpiar.
Neatly. adv. Diestramente, hábilmente. / Aseadamente, pulcramente. / Elegantemente, con buen gusto.
Neatness. f. destreza, habilidad. / Aseo, pulcritud, limpieza, nitidez. / Elegancia, buen gusto.
Neb. m. Pico, hocico, morro. / Jeta, boca, rostro, cara. / Punta de la pluma de escribir.
Nebulosity. f. Nebulosidad. / (Astr.) Nebulosa.
Nebulous. adj. Nebuloso.
Necessary. adj. Necesario, esencial, indispensable. / Necesario, inevitable, forzoso, obligatorio. / n. Requisito. / pl. (Der.) Menesteres, necesidades básicas. / (Fam.) Letrina, excusado, retrete.
Necessitate. v. Necesitar. / Necesitar, obligar.
Necessitation. f. Obligación.
Necessities. m. Artículos de primera necesidad, requisitos indispensables.
Necessity. f. Necesidad.
Neck. m. Cuello. / Pescuezo. (De animal). / Cuello, gollete. (De botellas, etc.). / Istmo, estrecho, paso angosto. / (Mús.) Mástil, clavijero, mango. / (Impr.) Cuerpo o cabeza del ojo. (Del tipo de letra). / (Cost.) Escote, cuello, gola. / v. Abrazar(se).
Necking. (Arq.) Collarino, garganta. / Besuqueo, manoseo, caricias amorosas.
Necrology. f. Necrología.
Need. n. Necesidad, exigencia, urgencia, apuro. / Carencia, ausencia. / Pobreza, miseria. / pl. Menesteres, necesidades. / v. Necesitar, requerir, hacer falta.
Needful. adj. Necesario, requerido.
Neediness. f. Indigencia, pobreza, necesidad.
Needle. f. Aguja. / Aguja magnética, brújula. / (Mil.) Cabeza o aguja del percutor. (De un fusil) / (Mec.) Aguja, espiga. / (Fam.) Una Inyección hipodérmica. / (Fam.) Fastidiar, pinchar, irritar, aguijonear.
Needlecase. m. Alfiletero, estuche para guardar agujas.
Needleful. m. Hebra de hilo.
Needless. adj. Inútil, innecesario, superfluo.
Needlewoman. f. Costurera.
Needlework. f. Costura, labor, bordado.
Needs. adv. Necesariamente, de necesidad.
Needy. adj. Necesitado, menesteroso, pobre.
Negate. v. Negar / Anular, nulificar.
Negation. f. Negación, negativa. / Negación, nulidad.
Negative. adj. Negativo. (Con todas las acepciones de la palabra castellana) / n. Negativa, negación, denegación, veto. / (Elec.) Polo negativo. / (Mat.) Cantidad negativa. / (Fotografía) Negativo. / v. Negar, denegar, vetar. / Votar en contra, rechazar. / Refutar, contradecir. / Neutralizar, contrarrestar.
Negativeness. f. Negatividad.
Negatory. adj. Negativo.
Neglect. v. Descuidar, abandonar, desatender.
Neglectful. adj. Negligente, descuidado.
Neglectfulness. m. y f. Negligencia, descuido, incuria.
Negligee. n. Negligé, bata, salto de cama. / (Fam.) Descuidado en el vestir.
Negligence. f. Negligencia.
Negotiability. f. Negociabilidad.
Negotiable. adj. Negociable, transferible.
Negotiant. m. Negociador.
Negotiate. v. Negociar, tratar. / Negociar, transferir, vender, descontar. (Valores). / Tramitar, gestionar. / (Fam.) Salvar, vencer, superar, llevar a cabo, lograr.
Negotiator. adj. y n. Negociador.
Negress. adj. Negra, mujer de raza negra.
Negro. adj. Negro, de raza negra.
Neigh. v. Relinchar. / n. Relincho.

Neighbor, neighbour. n. Vecino. / Prójimo. / adj. Colindante, próximo. / v. Colindar, estar cercano a, estar cerca de. / Juntar, acercar, asociar. / Avecindarse.
Neighborhood, neighbourhood. f. Vecindad, cercanía. / Inmediaciones, alrededores. / Vecindario, vecinos, pobladores. / Vecindad, barrio.
Neighboring, neighbouring. adj. Cercano, vecino, aledaño.
Neither. adj. Ninguno, ninguno de los dos. / pron. Ni el uno ni el otro, ninguno, ninguna. / conj. Ni. / Tampoco.
Nenuphar. m. Nenúfar.
Neoclassic. m. Neoclásico.
Neoclassicism. m. Neoclasicismo.
Neolithic. m. Neolítico.
Neologism. m. (Ling.)Neologismo.
Nephew. m. Sobrino.
Nepotism. f. Nepotismo.
Nerve. m. Nervio. / (Fig.) Nervio, fuerza, vigor. / (Fig.) Animo, temple. / pl. (Fig.) Nervios, nerviosismo, nerviosidad, histeria. / (Fig.) Desfachatez, descaro. / v. Fortalecer, dar fuerzas a, animar.
Nerved. adj. Nervudo, venoso.
Nerveless. adj. Enervado, impotente, débil. / Sin nervios, tranquilo, sereno. / (Bot.) Sin nervadura.
Nervous. adj. Nervioso, nérveo. / Nervioso, aprensivo, excitable. / Inestable, movedizo. (Un bote).
Nervy. adj. Nervioso, impertinente, descarado.
Ness. m. Promontorio, cabo.
Nest. m. Nido. / Querencia, morada. / Guarida, madriguera. / Nidada, pollada, parvada, enjambre. / Juego de objetos que encajan unos dentro de otros. / (Gцul.) Bol sa, depósito aislado de mineral. / v. Envolver, empaquetar. / Encajar. / Anidar, nidificar.
Nest egg. m. Nidal de huevos. / Ahorrillos, economías.
Nestful. f. Nidada. (De huevos, aves).
Nestle. v. Acomodarse, arrimarse, acurrucarse.
Nestler, nestling. m. Polluelo.
Net. f. Red. / Lazo, cepo, trampa. / Malla, retículo, redecilla. / (Text.) Tul. / (Tenis) Tiro a la red. / v. Cubrir con red o malla. / Coger con red, enredar, atrapar
Net. adj. Neto / t. Ganancia neta. / Peso neto. / Cantidad neta. / Esencia, punto esencial. / v. Ganar, rendir, producir. (Una ganancia líquida).
Net balance. (Contab.) Saldo neto o líquido.
Netful. f. Redada.
Netherlander. adj. Holandés.
Netherlandish. adj. De los Países Bajos, holandés.
Netherlands. n. Los Países Bajos.
Netting. n. Tejedura o tejido de redes. / Pesca con red.
Nettle. (Bot.) Ortiga. / v. Provocar, irritar, picar.
Nettlesome. adj. Irritante, molesto.
Network. f. Red, malla, retículo. / (Radiodifusión, televisión) Red, cadena, sistema.
Neural. adj. Nervioso, nérveo, neural.
Neuron, neurone. f. Neurona.
Neurosurgery. f. Neurocirugía.
Neuter. adj. (Gram., Biol.) Neutro. / n. (Gram.) Género, verbo o palabra neutros. / Obrera. (Hormiga, abeja). / Capón.
Neutral. adj. Neutral. / Indiferente, inactivo. / (Bot., Biol., Elect., Quím.) Neutro.
Neutralist. adj. Neutralista.
Neutrality. f. Neutralidad.
Neutralization. f. Neutralización.
Neutralize. v. Neutralizar.
Neutralizer. m. Neutralizador.
Neutron. m. Neutrón.
Never. adv. Nunca, jamás. / En ningún momento.

Nevermore. adv. Nunca más.
Never-never. (Fam.) Venta a plazos.
Nevertheless. conj. Sin embargo, no obstante.
New. adv. Nuevo, reciente. / Moderno, fresco, recién hecho. / Novicio, novato. / Otro, diferente, distinto.
New arrival. adj. Recién llegado o venido.
Newborn. adj. Recién nacido.
Newcomer. adj. Recién llegado, nuevo.
Newfashioned. adj. De última moda.
Newfound. adj. Nuevo, de origen reciente.
Newlywed. adj. Recién casado.
New moon. n. Luna nueva, novilunio.
News. f. Noticia, nuevas, novedad, actualidad.
News agency. f. Agencia periodística.
Newsboy. m. Vendedor de periódicos.
Newscast. n. Noticiario.
Newscaster. m. Cronista de noticiarios.
Newscasting. f. Radiodifusión de noticias.
Newsletter. m. Boletín de noticias, boletín interno.
Newsman. m. Reportero, periodista.
Newspaper. m. Periódico, diario.
Newspaper clipping. m. Recorte de periódico.
Newspaperwoman. f. Periodista, reportera. / Editora o propietaria de un periódico.
Newsprint. m. Papel periódico, papel de prensa.
Newsroom. f. Sala de lectura de periódicos. (En una biblioteca.) / Sala de redacción, sala de noticias. (De un periódico).
Newsstand. m. Puesto de periódicos.
Newsworthy. De interés periodístico, notable.
New Testament. n. (Rel.) Nuevo Testamento.
Next. adv. Próximo, adyacente, vecino. / Próximo, siguiente, venidero.
Nib. m. Pico. (De ave.) / Punta de pluma de escribir, pluma de metal. / (Mec., herramientas) Pico, punta, púa, diente. / v. Componer la punta de una pluma.
Nibble. v. Mordisquear, comer a bocaditos. / To nibble at, Picar el cebo el pez. / (Fig.) Tantear, tratar cautelosamente. (Plan, idea, etc.). / m. Bocadito, mordisco.
Nice. adj. Fino, sutil. / Delicado. / Primoroso, refinado. / Gentil, amable. / Preciso, exacto. / Escrupuloso, quisquilloso. / Placentero, agradable. / Bonito.
Nice-looking. adj. Buen mozo, bien parecido, guapo, agradable.
Nicely. adv. Exactamente, con precisión, escrupulosamente. / Delicadamente. / Primorosamente, decentemente, refinadamente. / Amablemente, gentilmente.
Nick. f. Muesca, mella, corte, tajo, desportilladura. / Punto crítico, momento preciso. / (Impr.) Cran, muesca del tipo. / v. Mellar, desportillar. / Hacer muescas o cortes en. / Cortar ligeramente, herir levemente. / Tarjar, apuntar, anotar. / Coger, agarrar. (Una oportunidad, un tren). / Cobrar precio excesivo a. / (Pop.) Sorprender, coger desprevenido, apresar. / (Pop.) Hurtar, robar.
Nickel-plate. v. Niquelar.
Nicker. m. Relincho. / Risa. / (Pop.) Moneda de una libra. (G. B.). / v. Relinchar. / Reír, reírse.
Nidus. m. Nido.
Niece. f. Sobrina.
Nifty. adj. (Pop.) Muy bueno, excelente, elegante.
Niggard. m. Tacaño, avaro. / adj. Tacaño, cicatero, avaro. / v. Cicatear, escasear.
Nigger. adj. (Peyorativo, despectivo) Negro.
Niggle. v. Carecer de seriedad, ser frívolo. / Escatimar.
Nigh. adv. (Fam.) Cerca. / Casi, cuasi. / Cercano, próximo, vecino. / De la izquierda. (Caballo, vehículo, etc.). / Directo, corto, breve. / prep. Cerca de, no lejos de, junto a. / v. Aproximar(se), acercar(se).

Night. f. Noche. / Anochecer, caída de la tarde. / (Fig.) Obscuridad, tinieblas, ocaso. / adj. Nocturno, de noche.
Nightcap. m. Gorro de dormir. / (Fam.) Ultimo trago. (Antes de acostarse).
Nightclothes. m. Traje de dormir, camisa de dormir.
Nightclub. m. Cabaret, boite.
Nightdress. m. y f. Camisón.
Nightfall. m. Anochecer, crepúsculo, término del día.
Nightgown. f. Camisa de noche, bata de noche.
Nightingale. m. Ruiseñor.
Night-light. f. Lamparilla, luz de noche.
Nightlong. adj. Que dura toda la noche. / adv. Por toda la noche, durante toda la noche.
Nightly. adj. Nocturno, de noche. / De todas las noches, de cada noche. / adv. Todas las noches.
Nightmare. f. Pesadilla. / (Fig.) Experiencia terrible, monstruosidad, objeto monstruoso. / Súcubo, demonio.
Night-robe. f. Bata de noche.
Night shift. m. Turno de noche.
Nightwork. m. Trabajo nocturno.
Nigritude. adj. Negrura, negror, obscuridad profunda.
Nil. n. Nada, cero.
Nimble. adj. Agil, ligero, activo. / Listo, avispado.
Nine. m. Nueve. / (Fig.) Equipo de béisbol.
Ninefold. adj. Nueve veces mayor, de nueve parte.
Nine hundred. m. Novecientos.
Nine hundredth. m. Noningentésimo.
Nineteen. m. Diecinueve.
Nineteenth. n. Decimonoveno, decimonovena parte. / adj. Decimonono, decimonoveno.
Ninety. m. Noventa.
Ninth. adj. Noveno, nono. / n. Noveno, novena parte. / (Mús.) Novena.
Nip. v. Pellizcar, mordiscar, apretar. / Recortar, desmochar, podar. / Helar, escarchar, quemar por el frío. / (Fam.) Coger, agarrar, alzarse con. / Ganar por pequeño margen en una carrera. / n. Pellizco, mordisco. / Sátira, dicho mordaz. / Frío, frescura, helada. / Gustillo, sabor picante. / (Fam.) Nipón, japonés.
Nipper. f. Pinzas, tenazas, alicates, cortaalambre. / pl. (Fam.) Esposas, grillos. / pl. Quevedos, anteojos. / Pala, incisivo (del caballo), pinza grande (de crustáceos). / (Fam.) Muchachuelo, chiquillo.
Nipple. m. Pezón. / Chupete, pezón de biberón.
Nipponese. adj. Nipón, japonés.
Nitid. adj. Nítido, claro, puro, lustroso.
Nitrate. n. (Quím.) Nitrato. / Nitrato de potasio o nitrato de sodio. / v. Nitratar, fertilizar la tierra. / Nitrar.
Nitrogen. m. Nitrógeno.
Nitty. adj. Piojoso.
Nitty-gritty. El quid de un asunto.
No. adv. No. / n. Negación. / Decisión o voto negativo. / pl. Los que votaron negativamente. / adj. Ninguno.
Nobble. v. (Pop.) Incapacitar (un caballo de carrera). / Sobornar, cohechar. / Robar, estafar. / Secuestrar.
Nobby. adj. (Pop.) Elegante, elegantón.
Nobiliary. adj. Nobiliario.
Nobility. f. Nobleza, hidalguía.
Noble. m. Noble, preclaro, ilustre. / Noble, aristocrático. / Magnífico, imponente. / Noble, magnánimo. / (Quím.) Noble, inerte. / n. Noble, hidalgo, par.
Noblesse. f. Nobleza.
Nobody. m. Nadie, ninguno. / n. (Fig.) Persona insignificante.
Nocent. adj. Dañino, nocivo, pernicioso.
Noctambulist. m. Noctámbulo, sonámbulo.
Nocturne. adj. (Mús.) Nocturno.
Nod. v. Inclinar la cabeza, saludar con la cabeza. / Cabe-

cear. / Estar desatento, cometer un pequeño desliz o error. / Indicar con una inclinación de la cabeza, inclinar la cabeza en señal de. / n. Cabezada.

Noddle. n. (Fam.) Coco, cabeza. / v. Mover o inclinar la cabeza.

Node. m. Bulto, protuberancia. / Nudo, trama. (De obra literaria). / (Anat.) Nudo, bulto, tumor. / (Astron., Fís.) Nodo. / (Geom.) Nudo.

Nodose. adj. Nudoso.

Nodular. v. Nodular.

Nodus. m. Nudo, complicación, dificultad.

Nog. n. Especie de cerveza fuerte. / Bloque de madera, tarugo.

No how. (Fam.) De ninguna manera, de ningún modo, en absoluto.

Noise. m. Ruido. / Bulla, gritería. / v. Divulgar, propagar. / Hablar mucho. / Hacer ruido, meter bulla.

Noiseless. adj. Sin ruido, silencioso.

Noisemaking. n. Bullicio. / adj. Que hace ruido.

Noiseproof. adj. A prueba de ruidos, antisonoro.

Noisily. adv. Ruidosamente, estrepitosamente.

Noisome. adj. Nocivo, dañino. / Apestoso.

Noisy. adj. Ruidoso, estrepitoso, estruendoso.

Nomad. m. Nómada, nómade.

Nomadism. m. Nomadismo.

No-mans-land. Terreno sin reclamar, terreno sin dueño. / (Mil.) Tierra de nadie. / (Fig.) Terreno desconocido y peligroso.

Nominal. m. Nominal.

Nominal value. m. Valor nominal.

Nominate. v. Nominar. / Proponer para candidato.

Nomination. f. Nominación. (De un candidato).

Nominee. adj. Nómino, propuesto.

Nonage. f. Menoridad, minoría de edad. / Inmadurez.

Nonappearance. f. Ausencia.

Nonattendance. n. Falta de asistencia, inasistencia.

Nonbreakable. adj. Irrompible.

Nonconformance. m. Desacato.

Nonconformist. adj. Disidente, rebelde, excéntrico.

None. pron. Nadie, ninguno. None of them, Ninguno de ellos. / adv. Nada, None of this, Nada de esto. / No.

Noneffective. adj. Ineficaz. / No vigente. (Ley, proyecto). / (Mil.) Inhabilitado para el servicio activo.

Nonentity. adj. y f. Nulidad, persona sin importancia. / Nada, negación del ser. / Cosa inexistente, ficción.

Nonetheless. adv. No obstante, sin embargo, con todo.

Non-existence. f. Inexistencia.

Nonexistent. adj. Inexistente.

Nonfulfillment. adj. Falta de cumplimiento, incumplimiento.

Nonnegotiable. adj. Inflexible. / (Com.) No negociable.

Nonpareil. adj. Sin par, incomparable, sin igual. / n. Persona o cosa incomparable, dechado, modelo.

Nonparticipating. adj. Apartado. / (Com.) No participante (en acciones).

Nonperformance. n. Falta de ejecución.

Nonplus. f. Confusión, perplejidad, incertidumbre, estupefacción. / v. Confundir, aplastar, dejar sin palabras.

Nonrusting. adj. Inoxidable, incorrosible.

Nonsense. m. Disparate, desatino, necedad.

Nonsensical. adj. Disparatado, absurdo, desatinado.

Nontaxable. adj. No imponible, exento de impuestos.

Nonuse. n. Falta de uso.

Noodle. m. Tallarín, fideo. / (Fam.) Tonto.

Noon. m. Mediodía. / (Fig.) Culminación, apogeo.

Noontide, noontime. m. Mediodía.

Noose. m. Dogal, lazo corredizo. / (Fig.) Vínculo, lazo, trampa. / v. Lazar, enlazar, coger con un lazo.

Nope. (Pop.) No. (Negación categórica).

Nor. adv. Ni, tampoco.

Nordic. adj. Nórdico, escandinavo.

Noria. f. Noria.

Norland. f. Tierra o país del norte.

Norm. f. Norma, regla, precepto, modelo. / (Enseñanza) Promedio de aplicación.

Normal. adj. Normal. / n. Persona o cosa normal. / Grado normal, estado normal. / (Geom.) Recta Normal. / Normal, escuela de maestros.

Normality. f. Normalidad.

Normalization. f. Normalización.

Normalize. v. Normalizar, regularizar.

Norman. m. Normando, natural de Normandía. / Dialecto normando.

Normative. adj. Normativo.

Norse. adj. Escandinavo, noruego.

North. n. Norte. / (En poesía) Norte, bóreas, viento norte. / adj. Norteño, del norte, situado al norte, que sopla del norte. / adv. Al norte, hacia el norte.

North american. adj. Norteamericano.

Northbound. Rumbo al Norte.

Northeast. n. Nordeste, noreste. / adv. Hacia el nordeste.

Northeaster. m. Nordeste. / Nordestada, tempestad nordestal.

Northeastward, northeastwardly. Del nordeste. / Hacia el nordeste.

Northeastwards. Hacia el nordeste.

Northerly. adj. Que sopla del norte. (Viento). / adv. Hacia el norte. / n. Norte, viento que sopla del norte.

Northern. adj. Norteño, nórdico.

Northerner. adj. Norteño, habitante del norte.

Northern lights. f. (Meteor.) Aurora boreal.

Northland. f. Tierras norteñas.

Northman. adj. Escandinavo.

North Star. f. Estrella polar.

Northward. adv. Hacia el norte. / adj. Situado o dirigido hacia el norte. / n. Dirección al norte.

Northwest. n. Noroeste, noroeste. / adj. Del noroeste, situado en el noroeste, dirigido hacia el noroeste, que sopla del noroeste. / adv. Hacia o en el noroeste.

Northwestward. Hacia el noroeste.

Norway. n. Noruega.

Norwegian. adj. Noruego.

Nose. f. Nariz. / Olfato. / Nariz, cañón. (De alambique, retorta). Boca. (De herramientas). / Parte prominente, saliente. / (Aer.) Nariz, proa. (De un avión). / (Nav.) Proa. / (Pop.) Espía, soplón. / v. Oler, olfatear, husmear, rastrear. / Tocar o restregar la nariz contra algo. / Oler, husmear. / Meterse en asuntos ajenos. / Abrirse camino o avanzar cautelosamente.

Nosegay. m. Ramillete de flores.

Nostrum. f. Panacea, cúralotodo.

Nosy. adj. Curioso, entremetido, inquisitivo.

Not. adv. No, ni.

Notability. f. Notabilidad.

Notable. adj. Notable, memorable, insigne. / n. Notabilidad, persona notable.

Notableness. f. Notabilidad.

Notarize. v. Proveer de atestación notarial.

Notate. v. Anotar, apuntar.

Notation. f. Anotación, nota, apunte. / (Mús., matemáticas) Notación.

Notch. f. Muesca, mella, corte. / Desfiladero, paso. / (Fam., Fig.) Grado, nivel, estado. / v. Hacer muescas en, mellar, cortar. / Marcar, registrar. / Lograr.

Note. f. Nota, marca, señal característica, distintivo. / Reputación, fama, nombradía. / Anotación, apunte. Minuta. / Nota, acotación, comentario. (Al margen de un escrito). / Advertencia, atención, aviso. / Misiva, esquela, billete, nota. / Pagaré. / Billete de banco. / Notificación, aviso. / Tono, acento. / Canto, trino (de ave), llamado (de animal). / (Mús.) Nota, tecla (de piano).

Notebook. f. Libreta, cuaderno, agenda. / (Com.) Registro de pagarés.

Notecase. f. Billetera.

Noted. adj. Notable, célebre, insigne, eminente.

Noteworthy. adj. Notable, digno de atención.

Nothing. n. Nada. / Nadería. / Nulidad. (Persona). / (Mat.) Cero, nada. / adv. No, nada, en nada. De ninguna manera, de ninguna forma.

Notice. m. Anuncio, aviso, proclama. / Notificación, aviso, advertencia. / Observación, reparo. / Atención, consideración. / Mención. / Letrero, cartel, aviso. / v. Notar, reparar, advertir, observar. / Darse cuenta de. Prestar atención a. / Mencionar, aludir a. / Dar aviso de.

Noticeable. adj. Perceptible, sensible, conspicuo.

Notify. v. Notificar, avisar. / Participar.

Notion. f. Noción, idea, concepto. / Opinión, teoría, creencia. / Disposición, intención, gana.

Notional. adj. Nocional, especulativo, imaginario. Irreal, fantástico.

Notoriety. f. Notoriedad. (Con sentido desfavorable). / Notabilidad. (Persona).

Notorious. adj. Notorio, de mala reputación.

Notwithstanding. prep. A pesar de, a despecho de. / adv. No obstante, sin embargo, empero. / conj. A pesar de que.

Nougat. m. Turrón.

Noun. n. Nombre, sustantivo.

Nourish. v. Nutrir, alimentar. Criar, mantener. / Alentar, fomentar. / Abrigar, sostener. (Esperanza, etc.).

Nourisher. m. Alimentador. / Fomentador.

Nourishing. adj. Nutritivo, alimenticio.

Nourishment. m. Nutrimento, alimento. Pábulo. / Nutrición, alimentación.

Novation. f. Novación. / Innovación.

Novel. adj. Novel, nuevo. / Original. / n. Novela.

Novelist. m. y f. Novelista.

Novelty. adj. Novedad, innovación, originalidad. / pl. Novedades, chucherías, baratijas.

November. n. Noviembre.

Novice. adj. Novato, aprendiz. / (Rel.) Novicio.

Now. adv. Ahora, ya, actualmente. Inmediatamente. Después de esto. / Ahora bien, pues. / Entonces, luego. (En una narración). / n. Ahora, actualidad, momento presente.

Nowadays. adv. En estos días, en estos tiempos.

Nowhere. n. Ninguna parte, ningún sitio. / adv. En ninguna parte, a ninguna parte.

Nowhere else. En ninguna otra parte.

Nowhere near. (Fam.) Ni de lejos, ni con mucho.

Nowhither. Hacia ninguna parte.

Noxious. adj. Nocivo, malsano, dañino, pernicioso.

Nozzle. f. Boquilla, boquerel. / Pitón, lanza de manguera de riego. / (Pop.) Jeta, hocico, nariz.

Nuance. m. Matiz.

Nub. m. Trozo, pedazo, trocito. / Nudo, protuberancia. / Quid, esencia. / *To the nub*, Hasta no poder más, hasta quedar completamente agotado.

Nubble. m. Bulto pequeño, protuberancia pequeña.

Nubbly. adj. Nudoso, con pequeños bultos.

Nubilous. adj. Nebuloso, nublado. / (Fig.) Nebuloso, oscuro, vago.

Nuclear. adj. Nuclear.

Nucleus. m. Núcleo.

Nude. adj. Desnudo. / (Der.) Sin compensación. / *In the nude*, Al desnudo.

Nudeness. f. Desnudez.

Nudism. m. Nudismo.

Nudist. adj. Nudista.

Nudity. f. Desnudez. / Desnudo.

Nugget. m. Trozo, pedazo. / Pepita.

Nuisance. m. Estorbo, molestia, fastidio. / Latoso.

Null. Nulo. / (Mat.) Vacío. / Fútil, insignificante.

Null and void. adj. Nulo, sin efecto ni valor. Nulo.

Nullify. v. Anular, invalidar, nulificar.

Nullity. f. Nulidad, invalidez legal.

Numb. adj. Aterido, entumecido, entorpecido. / Atontado, aturdido, pasmado. / v. Entumecer, entorpecer.

Number. m. Número. (Con todas las acepciones de la palabra castellana). / pl. Aritmética. / pl. (Poét, Mús.) Número, medida o candencia, verso. / (Familiar) Modelo, muestra, espécimen. / v. Contar. Numerar. / Computar, incluir en, contar entre. / Ascender a.

Numberless. adj. Innumerable, incontable.

Numeral. adj. Numeral, númerico, numerario. / n. Número, cifra, guarismo.

Numerate. v. Enumerar, contar.

Numerical. m. Numérico.

Nun. f. Monja, religiosa. / (Orn.) Paloma de toca.

Nunciature. f. Nunciatura.

Nuncio. m. Nuncio, nuncio apostólico.

Nuncle. n. (Fam.) Tío.

Nunnery. m. Convento de monjas.

Nuptial. adj. Nupcial. / pl. Nupcias, matrimonio.

Nurse. f. Nodriza, niñera. / Enfermera. / (Entom.) Abeja u hormiga obrera que cuida a las larvas. / v. Criar, amamantar, alimentar. / Cuidar, asistir. (Enfermos, niños, etc.). / Proteger, preservar, resguardar. / Alimentar, fomentar, abrigar. (Rencor, odio, etc.). / Curar, tratar, medicamentar. / Mimar, acariciar. / Dar de mamar. / Actuar o servir de enfermera.

Nurse-child. adj. Niño de teta.

Nursemaid. f. Niñera, aya.

Nurser. m. Cuidador, cuidadora.

Nursery. m. Cuarto de los niños. / Guardería de niños. / (Fig.) Cuna, semillero. (De ideas, etc.). / (Agr.) Vivero, almácigo, semillero.

Nurse-ship. m. Buque nodriza.

Nursing bottle. m. Biberón, mamadera.

Nursing home. m. Hospital particular, hospital para ancianos.

Nurture. f. Crianza, educación. / Nutrimiento, alimento. / v. Alimentar, nutrir. / Fomentar. / Educar, criar, formar.

Nut. f. Nuez. / Tuerca. / (Mús.) Ceja, cejilla. (Del violín). / (Pop.) Coco, cabeza. Sujeto, individuo. Chiflado, excéntrico, loco. / pl. (Pop.) Testículos, cocos, bolas. / v. Recoger nueces.

Nutcracker. m. Cascanueces.

Nutmeg. f. Nuez moscada. / (Bot.) Mirística (El árbol).

Nut pine. m. Pino piñonero.

Nutriment. m. Nutrimento, alimento.

Nutrition. f. Nutrición, alimentación.

Nutritional. adj. Alimenticio.

Nutritious. adj. Nutricio, nutritivo.

Nutritive. adj. Nutritivo, nutricio.

Nutty. adj. Abundante en nueces. / De sabor a nueces. / Estimulante, picante.

Nylon. m. Nilón, nailon. / pl. Medias de nilón.

Nymph. f. Ninfa. / (Zool.) Ninfa, crisálida.

Nymphet. Niña sexualmente precoz.

Nymphomaniac. adj. Ninfomaníaco. / n. Ninfómana.

O

Oaf. adj. Simplón, tonto, papanatas. / Patán, palurdo.
Oak. n. m. (Bot.) Roble. / (Fam.) (Fig.) Puerta. / *Oak grove*, Robledo, robledar, encinar.
Oaken. adj. De roble, hecho de roble. / Duro, fuerte, roblizo.
Oaky. adj. Duro, fuerte, roblizo. / Abundante en robles.
Oar. n. m. Remo. / Remero, remador. / v. Remar, bogar. / Mover el remo, mover a remo.
Oarsman. n. m. Remero, bogador, boga.
Oasis. n. m. Oasis.
Oat. n. f. (Bot.) Avena.
Oatfield. n. m. Avenal.
Oath. n. m. Juramento. / Blasfemia, voto.
Obdurate. adj. Obstinado, terco. / Empedernido, endurecido. / Insensible, duro, intratable, huraño.
Obedience. n. f. Obediencia.
Obedient. adj. Obediente, sumiso, dócil.
Obeisance. n. f. Reverencia, inclinación, zalema. / Deferencia, homenaje, cortesía.
Obeisant. adj. Deferente, obsequioso.
Obelisk. n. m. Obelisco.
Obese. n. adj. Obeso, gordo.
Obey. v. Obedecer, acatar, observar. Ser obediente.
Obfuscate. v. Ofuscar, oscurecer. / (Fig.) Ofuscar, confundir. Obcecar, cegar.
Obfuscation. n. f. Ofuscación. / Obcecación, ceguera.
Object. n. Objeto. (Con todas las acepciones de la palabra castellana.) / V. Objetar, oponer el reparo de. / Objetivar, exteriorizar.
Objection. n. Objeción, reparo, inconveniente.
Objective. n. m. Objetivo. (Con todas las acepciones de la palabra castellana).
Objectivity. n. f. Objetividad.
Objector. adj. Objetante, impugnador.
Objurgate. v. Increpar, censurar, reprender, reprobar.
Objurgator. n. m. Increpador, censurador.
Obligation. n. f. Obligación.
Obligatory. adj. Obligatorio, compulsorio, forzoso.
Oblige. v. Obligar, constreñir, precisar. / Obligar, hacer un favor a, complacer.
Obliging. adj. Servicial, complaciente, obsequioso, cortés.
Oblique. adj. Oblicuo, sesgado, diagonal. / Ambiguo, indirecto, evasivo, solapado. / Colateral. (Parentesco) .
Obliquity. n. Oblicuidad, sesgo, inclinación. / Ambages, rodeo, circunloquio.
Obliterate. v. Borrar, tachar. / Matar sellos. / Arrasar, destruir, desvanecer. / (Med.) Obliterar.
Obliteration. n. f. Borradura, tachadura, cancelación. / Arrasamiento, destrucción, extinción. / (Medicina) Obliteración, extirpación.
Oblivion. n. Olvido. / Amnistía, perdón. / *To cast into oblivion*, Echar al olvido.
Oblivious. adj. Olvidadizo, abstraído, absorto. / *Oblivious of*, Sin recordar, sin pensar en.
Obnubilate. v. Obnubilar, obcecar.
Obnubilation. n. Obnubilación, obcecación.
Oboe. n. m. (Mús.) Oboe.
Obscene. adj. Obsceno.
Obscenity. n. Obscenidad.
Obscure. adj. Obscuro. / (Gram.) Indistinta. (Una vocal). / v. Obscurecer, opacar, disimular, ocultar. / *To obscure the issue*, Confundir el asunto. / n. Oscuridad, parte obscura.
Obscurely. adv. Obscuramente, confusamente.
Obscurity. n. f. Obscuridad.
Obsequious. adj. Obsequioso, servil.
Observance. n. Observancia, cumplimiento. / Rito, ceremonia. / Práctica, uso, costumbre. / Observación, atención.
Observant. adj. Observador, atento. / n. Observante.
Observatory. n. Observatorio. / Atalaya, mirador.
Observe. v. Observar, cumplir, acatar. / Guardar. (Fiestas, silencio). / Observar, advertir, reparar, notar. / Observar, vigilar, atisbar. Notar, percatarse. / Comentar, hacer observaciones sobre.
Observer. n. Observador.
Obsess. v. Obsesionar, obseder, causar obsesión.
Obsession. n. f. Obsesión, idea fija.
Obsolete. adj. Obsoleto, fuera de uso. / (Biol.) Obsoleto, atrofiado, ausente. / n. Voz anticuada.
Obstacle. n. Obstáculo, obstrucción, traba.
Obstinacy. n. f. Obstinación, contumacia, testarudez, porfía.
Obstinate. adj. Obstinado, terco, contumaz, porfiado. / (Med.) Rebelde, reacio.
Obstruct. v. Obstruir, atorar, cerrar, obturar. / Embarazar, entorpecer, estorbar.
Obstruction. n. f. Obstrucción, obstáculo, estorbo. / Obstrucción, táctica dilatoria.
Obstructive. adj. Obstructivo, obstructor.
Obtain. v. Obtener, conseguir, adquirir.
Obtainable. adj. Obtenible, asequible.
Obtest. v. Suplicar, implorar, rogar. / Poner por testigo.
Obtrude. v. Extender. (Téntaculo, etc.). / Exponer, ostentar. (Opinión, etc.). / Introducir por la fuerza, imponer. / Manifestarse.
Obtrusion. n. f. Intrusión. / Imposición.
Obtrusive. adj. Intruso, entrometido. / Impertinente, atrevido. Agresivo. / Protuberante, sobresaliente.
Obtund. v. Amortiguar, despuntar. / Embotar.
Obturate. v. Obturar, tapar, cerrar.
Obturation. n. f. Obturación.
Obtuse. adj. Obtuso, romo. / (Fig.) Obtuso, torpe, tardo de comprensión. / Sordo, apagado. (Color, ruido). / (Geom.) Obtuso.
Obverse. Obverso, del anverso. / (Bot.) Obverso, invertido. / n. Anverso. / Frente, superficie principal. / Complemento, suplemento. / (Lóg.) Conversión.
Obviation. n. f. Prevención.
Obvious. adj. Obvio, evidente, manifiesto.
Oca. n. f. (Bot.) Oca.
Occasion. n. f. Ocasión, oportunidad, circunstancia, coyuntura. / Ocasión, motivo, causa. / Suceso, ocurrencia, experiencia. / v. Ocasionar, motivar, dar ocasión a.
Occasional. adj. Ocasional, fortuito, incidental. Infrecuente.
Occasionally. De vez en cuando, a veces, alguna que otra vez, una que otra vez.
Occident. n. Occidente.
Occidental. adj. Occidental, del oeste.
Occlude. v. Obstruir, cerrar, tapar. / Ocluir. Ocluirse.

Occlusive. adj. Oclusivo.
Occult. adj. Oculto. / Mágico, sobrenatural. / Misterioso, esotérico, ignoto. / n. Ciencias ocultas. / v. Esconder(se) , ocultar(se) .
Occultism. n. Ocultismo.
Occupant. n. m. Ocupante, inquilino. / (Der.) Ocupador.
Occupation. n. f. Ocupación, tenencia, posesión. / Ocupación, empleo, profesión.
Occupational. adj. Ocupacional, de trabajo, relativo al oficio o empleo.
Occupy. v. Ocupar, tomar posesión de, apoderarse de, conquistar. / Ocupar, llenar. (Espacio, tiempo). / Residir en, vivir en, habitar.
Occur. v. Ocurrir, acaecer, acontecer. / Ocurrírsele a uno, venir a la mente.
Occurrence. n. f. Ocurrencia, suceso, acontecimiento.
Ocean. n. Océano.
Oceanic. adj. Oceánico.
Ocean liner. n. m. Transatlántico.
Oceanography. n. f. Oceanografía.
Ocher. adj. Ocre. / n. Ocre, color ocre amarillo. / v. Teñir con ocre.
O'clock. n. Hora completa.
Octagon. n. Octágono, octógono.
Octagonal. n. Octagonal, octogonal.
Octave. n. Octava. / (Mús.) Registro de ocho pies del órgano. / adj. Octavo, va.
Octavo. n. Libro en octavo. / adj. En octavo.
Octennial. Que sucede cada ocho años.
October. n. Octubre.
Octosyllable. n. Octosílabo. / adj. Octosílabo, octosilábico.
Octuple. adj. Octuple, óctuplo. / v. Multiplicar por ocho.
Ocular. v. Ocular. (De un instrumento óptico). / Visual, ocular.
Oculist. adj. Oculista, oftalmólogo.
Odd. adj. Suelto, dispar, aislado. / Raro, extraño, singular. / (Mat.) Impar, non. / Extra, sobrante, excedente.
Oddity. n. f. Singularidad, particularidad. / Rareza, extravagancia, curiosidad. / Fenómeno. (Persona).
Odds. n. f. Disparidad, desigualdad, diferencia. (De condiciones o cosas). / Posibilidad, probabilidad.
Odds and ends. n. f. Cachivaches, cosas sueltas, objetos diversos. / Saldos y retazos.
Odious. adj. Odioso, execrable, detestable.
Odium. n. Odio, rencor, aborrecimiento. / Oprobio, ignominia, deshonra.
Odontologist. n. Odontólogo.
Odontology. n. f. Odontología.
Odor, odour. n. Olor, aroma. / (Fig.) Fama, reputación, opinión.
Odorous. adj. Oloroso, fragante, aromático.
Odysseus. n. Odiseo, Ulises.
Odyssey. La Odisea.
Oenology. n. f. Enología.
Of. prep. De, desde. / De (señalando la composición, substancia o identidad de una cosa). / De (señalando incumbencia, referencia, dirección o condición).
Off. adv. Lejos, a gran distancia. / prep. De, desde, a. / Lejos de, fuera de. / A costa de. / Menos que. / (Náut.) Frente a, a la altura de. / Lateral. (Brazo de un río, etc.). / Desconectado, fuera de servicio. / Cancelado. / Errado, equivocado. (En cálculos, etc.). / Inferior, peor. (En calidad, etc.). / Libre. (Día, rato, etc.). / n. (Criquet) Campo derecho, campo opuesto al bateador. / v. Marcharse, irse. / Alejarse de la costa. (Un barco). / (Fam.) Matar.

Offcast. adj. Desechado. / n. Desecho, cosa o persona vieja y gastada.
Off-color, off-colour. adj. Que no tiene color natural, desteñido. / Impropio, atrevido, de color subido.
Offend. v. Pecar. / Ser ofensivo, causar disgusto. / Ofender, afrentar, humillar, agraviar. / Violar, infringir.
Offense. n. f. Ofensa, insulto, agravio, injuria. / Pecado. / Ataque, asalto. / Ofensa, delito, crimen. / (Der.) Falta, infracción.
Offensive. adj. Ofensivo, agresivo. / Odioso, detestable, repulsivo. / Insultante, agraviante, injuriante. / Pecaminoso, delictuoso. / n. Ofensiva, agresión.
Offer. v. Ofrecer, presentar, brindar. / Ofrendar, ofrecer, sacrificar. / Someter, proponer, sugerir. / Ofrecer, presentar, mostrar. / Presentarse, ofrecerse. (Oportunidad, etc.). / Declararse, proponer matrimonio. / n. Oferta. / Propuesta, sugerencia. / Tentativa, esfuerzo. / Declaración, proposición de matrimonio.
Offering. n. Ofrecimiento, propuesta. / Oferta. / Ofrenda, oblación, sacrificio. / Don, dádiva.
Office. n. f. Oficina, bufete, consultorio. / Cargo, oficio, empleo. / Oficio, servicio, atención, favor. / Ministerio. *War Office*, Ministerio de Guerra. / (Rel.) Rito, servicio, oficio. pl. Exequias. / (Pop.) Signo, seña, indirecta.
Officeholder. n. Funcionario, empleado público.
Officer. n. Funcionario, dignatario, alto empleado. / Policía, agente, guardia. / (Náut., Mil.) Oficial. / v. Dotar de oficiales. / Mandar como oficial, ser oficial de.
Office work.. n.Trabajo de oficina.
Official. n. Oficial, de oficio. / Oficial, autorizado. / (Fam.) Autorizado. / n. Funcionario.
Officiate. v. Oficiar, celebrar una misa o servicio religioso. / Llevar a cabo, realizar en forma oficial. / Arbitrar. (Un partido de fútbol, etc.). / Oficiar, desempeñar un cargo.
Offing. Alta mar, lejanía, lontananza.
Offset. n. f. Compensación, equivalente. / Ramal, vástago. / (Agr.) Acodo. / Estribación de montaña. / Contrapeso. / (Contab.) Contrapartida. / (Arq.) Resalto. / (Elec.) Ramal. / (Mec.) Codo. / (Impr.) Calco. Offset, rotocalco. / (Topogr.) Línea acodada, ordenada. / v. Hacer resaltar o sobresalir. / Compensar, balancear, contrabalancear, contrapesar. / (Arq.) Formar un retallo o resalto en. / (Impr.) Calcar por el procedimiento offset. / adj. Fuera de lugar, desalineado. / (Mec.) No paralelo ni convergente. / (Impr.) Calcado.
Offshoot. n. m. Retoño, renuevo. / Ramal. / Descendiente, rama colateral.
Offshore. De mar adentro. / Terral o costanero. *Offshore wind*, Viento terral. / Costa afuera, a corta distancia de la costa. / adv. Mar adentro, a distancia de la costa.
Offspring. n. f. Descendencia, progenie. / Resultado, fruto, consecuencia.
Offstage. Fuera del escenario. / (Fig.) Entre bastidores.
Often, oft. adv. Frecuentemente, con frecuencia, a menudo.
Ogler. El que ojea. Mirón.
Ogre. n. m. Ogro.
Oil. n. m. Aceite. / Petróleo. / (Pint.) Oleo, pintura al óleo, color al óleo. / (Fam.) Halago, zalamería. / v. Aceitar, lubricar. / *To oil one's hand*, Sobornar. / adj. Aceitoso. De óleo, al óleo.
Oilcan. n. f. Aceitera, alcuza. / Lata para aceite.
Oilcloth. n. Encerado, hule.
Oil cup. n. f. Aceitera, aceitador.
Oiled. v. Aceitado, lubricado. / Impregnado de aceite. / (Fam.) Ahumado, borracho. / (Fig.) Sobornado.

Oiler. n. f. Aceitera, engrasadora. / Aceitador, engrasador. (Persona). / Pozo petrolífero. / Buque petrolero. / pl. Impermeable de hule.

Oil field. n. m. Yacimiento o campo petrolífero.

Oil gas. n. Gas de petróleo.

Oiling. n. m. Aceitado, engrase, lubricación.

Oilman. n. Petrolero, aceitero, tratante en aceites. / Engrasador.

Oil pipeline. n. m. Oleoducto, tubería para petróleo.

Oilskin. n. Tela impermeable o aceitada, hule. / pl. Impermeable. / pl. Traje de hule.

Oil tanker. n. m. (Náut.) Buque petrolero.

Oil well. Pozo de petróleo.

Oily. adj. Aceitoso, oleoso. / Grasiento, untuoso. / (Fig.) Congraciador, zalamero.

Ointment. n. m. Ungüento, pomada.

OK, okay. adj Correcto, muy bueno. / adv. (Fam.) rrecto, conforme, muy bien. / v. Aprobar, autorizar, poner o dar el visto bueno a. / n. Aprobación, autorización, visto bueno.

Old. adj. Viejo. / Vetusto, anticuado. / Añejo. (Vino). / Gastado, debilitado, agotado. / Pasado, antiguo. / n. Antigüedad, antaño. / De antaño.

Old age. n. f. Ancianidad, senectud, vejez.

Old boy. n. m. (Fam.) Chico, viejo. (Expresión de afecto). / (Fam.) Ex alumno.

Old country. n. f. Madre patria, terruño.

Old-fashioned. Pasado de moda, anticuado, chapado a la antigua. / Al antiguo modo.

Oldish. adj. Viejecito, algo viejo.

Old-line. n. De mucha experiencia. (Una persona). / Establecido desde hace mucho tiempo. (Un establecimiento). / Conservador, tradicionalista.

Old-looking. adj. Viejo, de aspecto vetusto.

Old man. n. m. (Fam.) Viejo. (Esposo o padre). / Jefe, patrón, amo.

Oldster. n. m. (Fam.) Anciano, viejo.

Old-time. De tiempos idos, de antaño.

Old woman. n. f. Vieja. / (Teatr.) Característica.

Old-world. Del Viejo Mundo. / A la antigua, pintoresco. / De los tiempos antiguos.

Oleose, oleous. adj. Oleoso, aceitoso.

Oligarchy. n. f. Oligarquía.

Olive. n. (Bot.) Olivo, olivera. / Oliva, aceituna. / Color verde olivo. / adj. De color verde olivo.

Olive branch. Rama de olivo, signo de paz.

Olive green. adj. Verde oliva, color aceitunado.

Olive yard. n. m. Olivar.

Olympiad. n. f. Olimpíada, olimpiada.

Olympian. adj. Olímpico, de Olimpia, del Olimpo. / (Fig.) Olímpico, soberbio, divino. / n. (Mit.) Uno de los doce dioses que habitaban en el Olimpo. / Nativo de Olimpia. / Participante en los juegos olímpicos.

Olympic. adj. Olímpico. / n. pl. Juegos olímpicos.

Omelet, omelette. n. Tortilla de huevos.

Ominous. adj. Ominoso, de mal agüero, portentoso.

Omissible. Que se puede omitir.

Omission. n. f. Omisión, olvido, descuido.

Omissive. Tendiente a omitir, que omite. / Omisivo.

Omit. v. Omitir, excluir.

Omnipotence. n. f. Omnipotencia.

Omnipotent. adj. Omnipotente.

Omnipresence. n. f. Omnipresencia, ubicuidad.

Omnipresent. adj. Omnipresente, ubicuo.

Omniscient. adj. Omnisciente, omniscio.

On. prep. Sobre, encima de. / En la, en el, en un, en una. / A. *On horseback*, A caballo. / Bajo. *On your responsibility*, Bajo tu responsabilidad. / Contra. *An attack on liberty*, Un ataque contra la libertad. / De. *On good authority*, De buena tinta. / Hacia. *To go on the city*, Ir a la ciudad. / Por. *On this side*, Por este lado. / Tras. *Defeat on defeat*, Derrota tras derrota. / *On* seguido de un gerundio se traduce por el seguido del infinitivo. *On departing*, Al partir. / (Fam.) A la salud de. / adj. Puesto, encendido, en funcionamiento. / adv. En alguna dirección, adelante, más allá, más adelante, más tarde. / *And so on*, Y así sucesivamente.

Once. adv. Una vez, alguna vez, una sola vez. / Anteriormente, antiguamente, en otro tiempo, otras veces. / adj. Anterior, antiguo, de ese entonces. / n. Una vez, una ocasión. / conj. Si alguna vez, cuando, tan pronto como.

One. adj. Un, uno. / Unico. / Uno, un cierto, alguno. / n. Uno. (Número o persona). / pron. Uno.

One-eyed. adj. n. m. Tuerto.

One-handed. adj. n. m. Manco.

One-legged. adj. Cojo, con una sola pierna o pata.

Oneself. Uno mismo, sí, sí mismo, se. / *To oneself*, Para sus adentros.

One-way. De una sola dirección, de un solo sentido (Calle, tránsito). / Unilateral. / De ida. (Pasaje).

Onion. n. (Bot.) Cebolla. / (Pop.) Coco, cabeza.

Onlooker. n. m. Mirón, espectador.

Only. adj. Solo, único. / adv. Sólo, solamente, únicamente. / Sólo, apenas. / conj. Sólo que, pero.

Onomatopoeia. n. f. Onomatopeya.

Onset. n. m. Ataque, asalto. / Principio, comienzo.

Onshore. Que se dirige hacia la tierra o la orilla. / En tierra. / (Fig.) Del país, local / adv. Hacia la tierra. A tierra.

Onto. adv. Encima de, sobre, en, a. / (Pop.) Al tanto, corriente de. En la cuenta de.

Ontology. n. f. Ontología.

Onward, onwards. adv. Adelante, hacia adelante. / Que está delante. / Progresivo.

Ooze. n. f. Exudación, rezumadero. / Lo rezumado. / Chorro suave. / Fango, limo, cieno. / Pantano, ciénaga, marisma. / v. Rezumarse, escurrirse, exudar.

Opaque. adj. Opaco. / Mate, sin brillo, amortiguado. / (Fig.) Obscuro, ininteligible, obtuso. / n. (Fotogr.) Pintura opaca para cubrir partes de un negativo.

Open. adj. Abierto. / Sin limitación, vigente, disponible. / Despejado, llano, raso. / Descubierto, destapado. / Público, manifiesto. / Extendido, desplegado, desdoblado. / Con intersticios, perforado, poroso. / Libre, no ocupado, disponible. (Tiempo, hora). / Abierto, franco, sincero. / Accesible, dócil. / (Com.) Libre. (Econ.). / (Mús.) De cuerdas no pisadas, natural. / v. Abrir, abrirse. (Ventana, puerta). / Abrirse, desplegarse, destaparse. / Abrirse, descubrirse. / Empezar, comenzar. Estrenarse. / (Caza) Ponerse a ladrar el perro al encontrar la pista. / *To open up*, Abrirse, descubrirse, descubrir el pecho. (Pop.) Usar toda su fuerza, poner en acción todos sus recursos. Atacar. Empezar a disparar. / n. Claro, raso, lugar abierto. / Abertura. / (Dep.) Torneo o campeonato abierto.

Open-air. Al aire libre, a cielo abierto.

Open-and-shut. (Fam.) Muy simple. Obvio, indiscutible.

Open-door. De puertas abiertas.

Opener. n. m. Abridor. / pl. (Naipes) Cartas abridoras. / (Dep.) Primer partido de un campeonato o serie. / (Teatr.) Primer acto de un espectáculo de variedades.

Open-face, open-faced. De cara franca. / Descarado. / Sin tapa. (Un reloj).

Openhanded. adj. Generoso, dadivoso.

Openhearted. adj. Franco, sincero. / Generoso.
Opening. n. f. Apertura, principio, comienzo, inauguración. / Abertura, hendidura, brecha. / Claro de un bosque. / Oportunidad, ocasión, empleo vacante.
Open-minded. adj. Liberal, razonable, imparcial.
Openmouthed. adv. Boquiabierto, embobado. / Clamoroso, vociferante.
Openness. n. f. Franqueza, sinceridad. / Imparcialidad.
Open sea. n. f. Altamar.
Opera. n. (Mús.). Opera.
Opera house. n. m. Teatro de la ópera.
Operate. v. Actuar, funcionar, marchar. / Operar, surtir efecto. / Especular, hacer operaciones en la bolsa de valores. / (Med.) Operar. / (Mil., Náut.) Maniobrar, operar. / Producir, originar. / Manejar.
Operating. En funcionamiento. / De operación. (Gasto, persona). / De operaciones. (Sala, mesa) .
Operating room. n. f. Sala de operaciones, quirófano.
Operating table. n. (Med.) Mesa de operaciones. / Mesa de control.
Operation. n. f. Operación. (Con todas las acepciones de la palabra castellana).
Operative. adj. Operativo, eficaz, activo. / Operador, operante. / (Med.) Operatorio. / Activo. / n. Operario, obrero. / (Fig.) Agente secreto, detective.
Operator. n. m. Operador, operario. / Operador, telefonista. / Empresario, negociante, corredor, agente. / Médico que opera. / (Mat.) Operador. / (Fam.) Ratero, ladrón, estafador.
Ophthalmic. adj. Oftálmico.
Ophthalmologist. n. m. Oftalmólogo.
Ophthalmology. n. f. Oftalmología.
Opine. v. Opinar.
Opinion. n. f. Opinión, parecer, juicio. / *It's a matter of opinion*, Es un punto discutible.
Opinionated. adj. Pertinaz, obstinado, testarudo.
Opium poppy. n. (Bot.) Adormidera, dormidera.
Oppilation. n. f. Oclusión, obstrucción.
Opponency. n. f. Oposición, antagonismo.
Opponent. n. m. Contrario, adverso, antagónico. / (Anat.) Antagonista, oponente. (Músculo). / n. Contrario, opositor, antagonista. / Contrincante, adversario.
Opportune. adj. Oportuno.
Opportunity. n. f. Oportunidad, ocasión.
Oppose. v. Oponer, contraponer. / Oponerse a, hacer frente a, resistir, combatir.
Opposed. n. m. Enemigo, opuesto, contrario.
Opposeless. adj. Irresistible.
Opposer. n. m. Opositor, adversario, antagonista.
Opposite. adj. Opuesto. (Con todas las acepciones de la palabra castellana). / De enfrente. / n. Lo opuesto, lo contrario. / Noción opuesta, término opuesto. / adv. En el lado opuesto, en la casa de enfrente. / prep. Al otro lado de, al frente de, enfrente de, frente a.
Opposition. n. f. Oposición. / Resistencia, opugnación.
Oppress. v. Oprimir.
Oppression. n. f. Opresión. Tiranía. / Angustia, ahogo.
Oppressive. adj. Opresivo, abrumador, agobiante. / Opresor, tiránico. / Sofocante, bochornoso.
Oppressor. n. m. Opresor, Tirano.
Opt. v. Optar.
Optative. adj. Optativo.
Optic. adj Optico.
Optical. adj. Optico. / Visual, visorio, ocular.
Optician. n. m. Optico. (Persona) .
Optimism. n. m. Optimismo.
Optimist. n. m. Optimista.
Optimistic, optimistical. n. m. Optimista.

Optimize. v. Perfeccionar.
Option. n. f. Opción.
Optional. adj. Opcional, facultativo, optativo.
Opulence, opulency. n. f. Opulencia, riqueza, profusión.
Opulent. adj. Opulento, rico. / Exuberante. / Opulento.
Opus. n. m. Opus, obra musical o literaria.
Or. conj. O, u. / (Heráld.) Oro, color oro, amarillo o gualda.
Oracle. n. m. Oráculo.
Oral. adj. Oral, verbal, hablado. / (Anat.) Oral, bucal. / n. (Fam.) Examen oral.
Orange. adj. Naranja. / (Bot.) Naranjo. / Color naranja, anaranjado. / adj. Naranjero, de naranjos. (Jardín). / De naranja. (Jugo, etc.). / Anaranjado.
Orange grove. n. m. Naranjal.
Orangutan, orangoutan. n. m. Orangután.
Oration. n. f. Oración, discurso ceremonial.
Orator. n. m. Orador. / (Der.) Apelante, querellante.
Oratory. n. f. Oratoria, elocuencia. / (Rel.) Capilla, oratorio. / Oratorio, congregación.
Orb. n. m. Orbe. / Esfera, globo. / (Fig.) Círculo, circunferencia, la Tierra. / v. Formar en disco o globo. / (Poét.) Cercar, circundar.
Orbit. n. f. Orbita. / (Fig.) Esfera, orbita. (De actividad, influencia). / v. Girar en órbita alrededor de. / Colocar o poner en órbita. / Dar vueltas un avión sobre el campo de aterrizaje. / Describir órbitas.
Orchard. n. m. Huerto.
Orchardist, orchardman. n. m. Horticultor, hortelano.
Orchestra. n. f. Orquesta. / (Teatro) Lugar de la orquesta, platea, patio de butacas.
Orchestrate. v. (Mús.) Orquestar, instrumentar para orquesta, componer música para orquesta.
Orchid. n. f. Orquídea. / Color purpurino.
Ordain. v. Ordenar, mandar, decretar. / Destinar, predestinar. / (Rel.) Ordenar.
Ordainment. n. f. Ordenación. / Ordenamiento.
Order. n. m. Orden. (Con todas las acepciones de la palabra castellana). / pl. Las sagradas órdenes. / (Com.) Pedido, giro, libranza. / (Der.) Mandato judicial. / v. Ordenar, disponer, mandar. / Dirigir, regular. / (Com.) Hacer un pedido de.
Ordered. v. Ordenado, arreglado, regulado.
Orderly. adj. Ordenado, metódico. / Disciplinado, tranquilo, obediente. / n. (Mil.) Ordenanza, asistente. / Enfermero, barbillón. / adv. Ordenadament.
Ordinal. adj. Ordinal. / n. Número ordinal. / (Rel.) Ritual.
Ordinance. n. f. Ordenanza, reglamento, decreto. / (Rel.) Rito, ceremonia, sacramento.
Ordinarily. Adv. Ordinariamente.
Ordinary. adj. Ordinario. (Con todas las acepciones de la palabra castellana). / (Fam.) Menú fijo, menú del día. / (Fam.) Restaurante que sirve menú fijo. / Velocípedo. / (Her.) Pieza honorable de uso común.
Oregano. n. m. Orégano, mejorana silvestre.
Organ. n. m. Organo. (Con todas las acepciones de la palabra castellana). / (Mús.) Organillo, órgano de manubrio. / Organismo, dependencia del gobierno, organización. / (Fam.) Organo, pene, falo.
Organic. adj. Orgánico.
Organic matter. n. f. Materia orgánica.
Organism. n. m. Organismo.
Organization. n. f. Organización.
Organize. v. Organizar, ordenar, arreglar. / Establecer, constituir.

Organizer. n. m. Organizador. / (Biol.) Organizador, inductor.

Orgasm. n. m. Orgasmo. Eyaculación.

Orgy. n. f. Orgía, bacanal. / (Fig.) Orgía, exceso.

Orient. n. (Poét.) Oriente, este, levante. / *Orient*, Oriente. (Países al este del Mediterráneo. Países del Asia). / Oriente, brillo de las perlas. / adj. (Poét.) Levantino, oriental. / Brillante, lustroso. / Naciente, saliente. (Astro). / v. Orientar.

Oriental rug. Alfombra oriental grande.

Orientate. v. Orientar. / Caer o mirar hacia el Este. / Tener orientación.

Orifice. n. m. Orificio, abertura.

Origin. n. m. Origen, principio. / Origen, ascendencia, procedencia, derivación, fuente. / (Anat.) Origen.

Original. adj. Original, primitivo. / Original, no copiado, legítimo. / Original, singular, novedoso. / Original, inventivo, creativo. / n. Original, prototipo. / (Arte) Original. (Legítimo de su autor). / Persona original o peculiar.

Originality. n. f. Originalidad, imaginación para lo novedoso.

Originally. adv. Originalmente. Al principio.

Originate. v. Originar, crear, inventar. / Ocasionar, suscitar. / Originarse, emanar, provenir de.

Ornament. n. m. Ornamento, adorno. / (Mús.) Adorno, nota de adorno. / pl. (Rel.) Ornamentos, vestiduras sacerdotales. / Persona que honra o enaltece. / v. Ornamentar, adornar, ornar.

Ornamental. adj. Ornamental, decorativo, de adorno. / n. Planta u objeto ornamental.

Ornamentation. n. f. Ornamentación. / Ornamento, adorno.

Ornate. adj. Ornado, ornamentado.

Ornery. adj. Terco, intratable, ingobernable.

Ornithologist. n. Ornitólogo.

Ornithology. n. Ornitología.

Orologist. n. Orologista.

Orogenesis. Orogénesis, orogenia.

Orogenic. orogénico.

Orographic. Orográfico.

Orography. Orografía.

Orphan. n. Huérfano. / v. Dejar huérfano.

Orthodox. adj. Ortodoxo.

Orthodoxy. n. Ortodoxia. / Creencia ortodoxa. Rito ortodoxo.

Orthopedic, orthopaedic. adj. Ortopédico.

Orthopedist, orthopaedist. n. Ortopedista.

Ortolan. n. (Orn.) Hortelano. Porzana. Chambergo, charlatán.

Oscillate. v. Oscilar.

Oscillating. adj. Oscilante.

Oscillation. n. Oscilación.

Oscillator. n. Oscilador.

Oscillatory. adj. Oscilatorio, vibratorio.

Osmosis. n. Osmosis.

Osseous. adj. Oseo, ososo, de hueso.

Ostensible. adj. Aparente. / Manifiesto, ostensible, patente.

Ostensive. adj. Ostensivo, demostrativo. / Aparente.

Ostentation. n. Ostentación, alarde.

Ostentatious. adj. Pretencioso, ostentoso, aparatoso.

Osteologist. n. Osteólogo.

Osteology. n. (Anat.) Osteología. / Estructura huesosa, armazón ósea.

Ostracism. n. Ostracismo.

Ostracize. v. (Hist.) Desterrar, exilar. / Excluir de una comunidad o grupo. / (Polít.) Aislar a un país.

Ostrich. n. f. Avestruz. / Ñandú.

Other. adj. Otro. / adv. En otra forma, de otro modo. / n. Otro.

Otherwhile, otherwhiles. (Fam.) En otro tiempo, en otra oportunidad, a veces.

Otherwise. adv. De otra manera, de otro modo. / De lo contrario, en otras circunstancias. / Por otra parte, en otro respecto.

Otherworld. El otro mundo, la otra vida.

Otherworldly. (Fig.) Ultramundano, espiritual, alejado de este mundo. / Fantaseador. / (Fam.) Del otro mundo.

Otiose. adj.Ocioso, holgazán. / Fútil, inútil, vano.

Otiosely. adv. Ociosamente.

Otiosity. n. Ociosidad. / Inutilidad, futilidad.

Otolaryngologist. n. Otolaringólogo.

Otolaryngology. n. Otolaringología.

Otorhinolaryngology. n. Otorrinolaringología.

Otter. n. f. (Zool.) Nutria. / Piel de nutria.

Oubliette. n. f. Mazmorra.

Ouch. n. f. Joya, adorno. / Broche, engaste, montura. / v. Adornar, enjoyar.

Ought. (V. auxiliar se usa seguido del infinitivo) Deber, deber de, ser necesario, ser menester. Tener la obligación de, ser conveniente. / Adeudar, poseer. / n. Deber, obligación. / Nada.

Ounce. n. f. Onza. (El felino y la medida de peso). / Pizca.

Our. pron. Nuestro, nuestra, nuestros, nuestras.

Ours. pron. El (lo) nuestro, nuestro, los nuestros.

Ourself. pron. Nos, a nosotros. (Se usa en lenguaje y de reyes por *me, myself,* yo, yo mismo) .

Ourselves. pron. Nosotros mismos, nosotras mismas, nos.

Ousel. n. Mirlo.

Oust. v. Desalojar, expulsar. / Suplir, suplantar. / (Der.) Desahuciar.

Ouster. (Der.) Desahucio, desalojamiento, desalojo. / Desposeimiento, despojo.

Out. adv. Fuera, afuera, de fuera. / (Boxeo) Fuera de combate. / (Naipes) Fallo a un palo. / *All out*, (Pop.) A todo dar. / *To be out*, Estar fuera de casa, estar ausente. Quedar excluido o eliminado, estar terminado, haber llegado a su fin. Estar libre, haber salido de la cárcel. Haber salido a la venta (libro) . Estar al descubierto, haber salido a la luz o a la vista. Haber sido presentada en sociedad. Estar reñido. Estar en huelga. Estar pasado de moda. No estar en el poder (partido político) . Estar dislocado (hueso). / adj. Externo. / Lejano. / Excepcional, muy grande. / De salida. / n. (Generalmente en plural) Empleado cesante, político fuera de oficio. / (Impr.) Omisión de una palabra. / Expendio, gasto, suma pagada. / (Tenis) Bola golpeada fuera de la cancha. / (Béisbol) Jugador puesto fuera del juego. / (Finanz.) Opción de venta. (De acciones, bonos). / v. Echar, expulsar. / Hacerse público, hacerse conocido. / interj. ¡Fuera!

Outage. n. Parada, interrupción de servicios por reparación. / (Elec.) Interrupción del servicio eléctrico.

Out-and-outer. adj. Extremista.

Outback. n. Llanura desértica, árida y abrupta del interior de un país o continente. / adj. De esas llanuras.

Outbacker. n. Habitante de las llanuras áridas del interior de un país o continente.

Outbalance. adj. Pesar más que, exceder en peso o efecto. / Valer más que, importar más que.

Outboard. (Náut.) adv. Fuera de borda. / adj. Exterior, fuera de borda. / (Mec.) Voladizo, exterior, aislado. /

(Astron.) Alejado del fuselaje del avión. / (Astron.) Fuera de un cohete interespacial o de un satélite artificial. / n. (Náut.) Motor fuera de borda.

Outbound. Por salir. (Barco, tren). / De ida (viaje), de partida, de salida (estación)

Outbreak. Erupción, brote. (De una enfermedad). / Estallido. (De guerra, de hostilidades).

Outburst. n. Arranque, explosión. (De ira, de cólera). / Erupción.

Outcast. adj. Desechado, inútil.

Outclass. v. Aventajar, descollar sobre.

Outcome. n. Resultado, consecuencia, efecto.

Outcry. n. Alboroto, tumulto, protesta. / Grito, alarido. / Subasta, venta pública. / v. Gritar más que.

Outdoor. De puertas afuera, al aire libre, externo.

Outdoors. n. Aire libre, campo raso. / adv. Fuera de casa, al aire libre, a la intemperie. / adj. De puertas afuera, al aire libre, externo.

Outer. adj. Exterior, externo. / n. Círculo exterior del blanco.

Outermost. adj. Extremo, último, más exterior. / adv. Al extremo, al último.

Outer space. n. Espacio exterior. / Espacio interplanetario, espacio interestelar.

Outface. v. Desconcertar, turbar con la mirada. / Desafiar, arrostrar.

Outfall. n. Desembocadura. / Despeñadero.

Outfield. n. Campo abierto. / (Agr.) Campo contiguo. / (Béisbol) Jardín, jardineros, jugadores de fuera del diamante.

Outfight. v. Superar por completo. (En una pelea) .

Outfit. n. Equipamiento, provisión, preparación. / Equipo, pertrechos, avíos, juego de herramientas. / (Fig.) Dotes, prendas, cualidades. / Equipo, cuadrilla, tropa. / Trajes, ropas, prendas. / v. Equipar(se).

Outfoot. v. Rezagar, dejar atrás, caminar más rápido que. / (Náut.) Zarpar más rápido que otro. (Un barco) .

Outgo. v. Exceder, aventajar, sobresalir. / n. Gasto, expendio. / Flujo, efluvio.

Outgoing. adj. Saliente, de salida, que parte de viaje. / Comunicativo, sociable, expansivo. / n. Ida, salida, partida. / pl. Gastos, expendios, expensas.

Outgrow. v. Crecer más que. / Pasar de la edad de, ser viejo ya para. / Quedarle chico a uno. (La ropa) .

Outgrowth. n. Excrecencia, tumor. / (Fig.) Resultado.

Out-herod. v. Sobrepasar o exceder en maldad.

Outhouse. n. Edificio anexo, dependencia. / Retrete.

Outing. n. Paseo, excursión.

Outland. El extranjero, tierra extraña. / pl. Provincias, regiones remotas. / adj. Extranjero / Lejano.

Outlander. adj. Extranjero, forastero.

Outlandish. adj. Extravagante, estrafalario, ridículo, de apariencia extranjera o exótica. / Tosco, rústico.

Outlast. v. Sobrevivir a, durar más que.

Outlaw. adj. Proscrito, fugitivo, persona fuera de la ley. / (Fam.) Facineroso, forajido. / v. Proscribir, prohibir.

Outlay. v. Gastar dinero. / n. Gasto, expendio.

Outlet. n. Salida, orificio de salida, desembocadura, desagüe. / (Com.) Mercado, plaza. Subdistribuidor, agencia, sucursal. / (Fig.) Desfogue. / (Elec.) Toma. (De corriente, de enchufe) .

Outline. n. Contorno, perfil. / Boceto, esbozo. / Compendio, reseña, resumen. / pl. Generalidades, principios generales. / v. Perfilar, trazar. / Esbozar. / Resumir, compendiar.

Outlook. n. f. Perspectiva, vista, panorama. / Punto de vista, concepto. / Perspectiva, probabilidad, porvenir. / Vigilancia, observación, acecho.

Outlying. adj. Distante, remoto, externo, fronterizo, de las afueras.

Outmoded. adj. Pasado de moda, anticuado.

Out-of-date. adj. Anticuado, pasado de moda.

Out-of-door. adj. De puertas afuera, externo, adecuado al aire libre.

Outpouring. n. Derrame, flujo. / (Fig.) Efusión. / pl. Palabras efusivas.

Output. Producción total, rendimiento. / (Min., Electr.) Extracción. / Energía suministrada, potencia generada, potencia útil.

Outrage. n. Ultraje, afrenta, atropello, violación, desafuero. / Indignación, cólera. / v. Ultrajar, injuriar, maltratar, violentar. / Enfurecer, enconar. / Violar, estuprar.

Outrank. v. Exceder en rango o importancia.

Outright. adv. Completamente, enteramente.

Outroot. v. Extirpar, erradicar, sacar de raíz.

Outrun. v. Correr más aprisa que. Exceder.

Outsell. v. Vender más que. Vender a mejor precio que.

Outset. n. Principio, comienzo.

Outshine. v. Brillar, lucir, resplandecer. / Brillar más que. / (Fig.) Eclipsar, deslucir, opacar.

Outside. n. Exterior, parte de afuera, sobrefaz. / Apariencia, aspecto. / Máximo, extremo. / adj. Exterior, externo, superficial. / Máximo, extremo. / No afiliado. / Independiente. / Remoto. (Posibilidad). / adv. Hacia afuera, afuera, fuera. / prep. Más allá de, fuera de.

Outsider. adj. Forastero, extraño. / No afiliado..

Outsize. n. Tamaño poco común. / Talla extra grande. / adj. Más grande que lo común, extra grande.

Outskirt. n. Borde, linde. / pl. Suburbios.

Outspeak. v. Hablar mejor o más claro que. / Hablar durante más tiempo que.

Outspoken. adj. Abierto, franco.

Outspread. n. Extensión, despliegue, expansión. / adj. Extenso, difuso. / v. Extender, desplegar.

Outstanding. adj. Distinguido, notable, destacado. / Prominente, conspicuo. / Existente, pendiente. / Sobresaliente, excelente. / (Com.) Pendiente, por pagar.

Outstart. n. Salida, principio. / v. Salir, partir. Comenzar antes que (otro) .

Outstretched. adj. Estirado, alargado, extendido, desplegado.

Outstrip. v. Pasar, rezagar, dejar atrás. / Aventajar, sobrepasar.

Outtalk. v. Hablar más que. / Hacer callar hablando más. / Vencer en una discusión.

Outturn. n. Producción, rendimiento. / (Com.) Resultado en la venta y entrega de mercancías.

Outward. adv. Fuera, afuera. / Hacia afuera. / Exteriormente. / adj. De fuera, exterior, externo. / Material, corporal, corpóreo. / Extrínseco, superficial. / n. Parte externa, exterior, sobrefaz.

Outwear. v. Gastar. / Durar más que, perdurar.

Outweigh. v. Pesar más que, valer más que.

Outworn. adj. Anticuado, obsoleto. (Ideas). / Usado, gastado. (Objetos, ropa). / (Fig.) Agotada. (Persona) .

Oval. adj. Oval, ovalado, ovoide, aovado. / n. Ovalo.

Ovary. n. m. Ovario.

Ovational. adj. Triunfante.

Oven. n. m. Horno.

Over. adv. Al otro lado, enfrente. / Al revés, a la vuelta. / De lado a lado. / A través. / Encima, por encima. / Más, de más, demasiado, en exceso. / Allá, más allá. / Aparte, al otro. / De nuevo, otra vez. / De principio a fin. / prep. Sobre, encima de, por encima de. / Más de, mejor que. / Por todo, en todo. / A lo largo de. / Mientras, durante. / Por. / A través de, al otro lado de la. / adj.

Más alto, superior. / Excesivo. / Sobrante. / n. (Impr.) Tirada extra. / (Mil.) Largo, disparo o tiro que cae más allá del blanco. / v. (Poét.) Pasar por encima o a través de. / interj. (Radio, telegrafía) Escucho.

Overabundance. n. Superabundancia, exceso.

Overact. v. (Teatr.) Exagerar un papel.

Overall. adv. Total, en conjunto, por lo general. / En todas partes, de pie a cabeza. / (Náut.) De popa a proa. / adj. Cabal, completo, total.

Overawe. v. Intimidar, imponer respeto a. / (Fig.) Sorprender o quitar el aliento a.

Overbear. v. Oprimir, abrumar, agobiar.

Overbearing. adj. Altanero, arrogante, dominante. / De gran importancia o poderío.

Overbid. v. Ofrecer más que su valor, ofrecer demasiado por. / Ofrecer más, sobrepujar. / Ofrecer más que, mejorar una oferta. / n. Mejora de una oferta.

Overblown. adj. Sobrcabierto, muy maduro. (Flor). / Hinchado, grueso. / Ampuloso, pomposo.

Overboard. adv. Al mar, al agua.

Overbold. adj. Temerario, muy osado.

Overbuilt. adj. Que tiene demasiados edificios.

Overcast. v. Nublar, obscurecer, eclipsar. / (Cost.) Sobrehilar. / adj. Nublado, encapotado.

Overcautious. adv. Excesivamente cauteloso.

Overcharge. n. Sobrecarga, sobreprecio. / Cargo excesivo o exorbitante en una cuenta. / Cargo adicional.

Overcharge. v. Sobrecargar, llenar demasiado, atestar, apiñar. / Cobrar demasiado a alguien, recargar el precio. / Exagerar. / Cobrar precios excesivos.

Overcoat. n. Sobretodo, abrigo.

Overcome. v. Vencer, superar, salvar un obstáculo, conquistar, rendir. / Triunfar. / adj. Vencido, agobiado.

Overconfidence. n. Confianza excesiva, presunción.

Overconfident. adj. Demasiado confiado.

Overcooked. adj. Sobrecocido, quemado.

Overcrowd. v. Atestar, apiñar. (Personas) .

Overdevelop. v. Desarrollar excesivamente.

Overdevelopment. n. Crecimiento excesivo. / (Fotogr.) Revelado excesivo.

Overdo. v. Excederse en, exagerar, llevar demasiado lejos. / Asurar, requemar. / Atarear demasiado, someter a esfuerzo excesivo. / Hacer demasiado.

Overdose. n. Dosis excesiva.

Overdraft. n. Tiro, corriente de aire. / (Com.) Sobregiro, giro en descubierto.

Overdraw. v. Estirar demasiado. (Un arco). / Exagerar. / (Com.) Sobregirar, girar en descubierto.

Overdrive. v. Abrumar de trabajo. Fatigar por exceso de trabajo. / n. (Mec.) Sobremarcha, sobremando.

Overestimate. v. Sobrestimar, avaluar en exceso. / n. Avalúo excesivo.

Overextend. v. Ensanchar o extender demasiado (Negocios) .

Overfill. v. Sobrellenar, llenar hasta derramarse.

Overflow. v. Inundar, anegar, desbordar por. / Derramar de. (Una vasija). / Hacer rebosar. / Desbordarse, rebosar. (De alegría, etc.). / n. Inundación, aniego. / Rebosadura, desbordamiento, derrame. / Desagüe, escape.

Overfly. v. Sobrevolar, volar por encima de.

Overgrow. v. Crecer por encima de, entapizar con plantas o hierbas. / Pasar de la edad de, ser ya viejo para, ser ya grande para. / Sobrecrecer. / Cundir, crecer con exuberancia. (Vegetación) .

Overgrown. adj. Crecido en exceso. / Cubierto de hierbas.

Overgrowth. n. Crecimiento excesivo. / Vegetación exuberante.

Overhand. De arriba abajo. (Golpe). / (Criquet) Tirada por lo alto. (Pelota). / (Tenis) Ejecutado por lo alto. (Golpe). / (Cost.) Por encima. (Del punto). / adv. Por lo alto. / (Cost.) Con puntadas por encima. / v. (Cost.) Recoser o repulgar un borde o una costura.

Overhang. v. Colgar, pender, sobresalir por encima de. / Ser inminente, amenazar. / Adornar con colgaduras. / Sobresalir horizontalmente, volar. / n. Proyección, alcance de la proyección. / (Astron.) Voladizo. / (Arq.) Saliente, voladizo, vuelo. / (Náut.) Lanzamiento de proa a popa.

Overhaul. v. Examinar detenidamente, reparar, reacondicionar, hacer una reparación general de. / Descontar ventaja a, alcanzar. / n. Revisión, reparación general.

Overhauling. n. f. Revisión, examen, reparación general, reacondicionamiento.

Overhead. Superior, de arriba, elevado. / (Com.) General, indirecto. (Gastos). / n. (Com.) Gastos generales. / adv. Sobre la cabeza, por encima, arriba.

Overheat. v. Recalentar, calentar demasiado. / (Fig.) Sobreexcitar, exaltar. / Recalentarse.

Overindulge. v. Ser demasiado indulgente con, consentir, mimar demasiado. / Regalarse demasiado.

Overissue. n. f. Emisión excesiva. (De bonos, papel moneda). / v. Emitir en exceso.

Overjoy. v. Llenar de regocijo o júbilo, dar viva satisfacción a.

Overland. adv. Por tierra, por vía terrestre.

Overlap. v. Sobreponer(se) , traslapar(se) , solapar(se). / n. Solapo, traslapo, superposición. / Traslapo de los tramos. (Ferroc.). / (Geol.) Recubrimiento, solapadura.

Overlay. v. Cubrir, sobreponer, extender sobre. / Enchapar, dorar, dar un baño de. / Oprimir, agobiar. / Yacer sobre, sofocar echándosele encima a. / (Impr.) Calzar. / n. Cubierta. / Capa, baño, enchape. / (Impr.) Alza, calzo.

Overleap. v. Saltar por encima de. / Omitir, ignorar. / (Fig.) Exceder la meta en un salto, pasarse de la marca en un salto.

Overlie. v. Descansar o yacer sobre. / Sofocar a una persona echándosele encima.

Overlive. v. Sobrevivir, durar más que.

Overload. v. Sobrecargar, recargar. / n. Sobrecarga, recargo. / (Elec.) Sobrecarga.

Overlook. v. Mirar desde lo alto, tener vista a, dar a, descollar sobre. / Inspeccionar, examinar, reconocer. / Supervisar, fiscalizar, controlar. / Pasar por alto, tolerar. / Descuidar, no notar, no fijarse en. / (Fig.) Encantar, hechizar con la mirada.

Overmaster. v. Subyugar, sojuzgar, vencer.

Overmatch. v. Vencer, superar. / Cotejar dos adversarios, uno de los cuales es notoriamente más poderoso. / n. Cotejo desigual.

Overmeasure. n. Colmo, medida excesiva.

Overmuch. adj. Demasiado. / adv. En demasía, en exceso.

Overnight. n. Noche anterior. / adj. De noche, de la noche anterior. / De una sola noche, que pasa la noche. / adv. Durante la noche, toda la noche. / De la noche a la mañana.

Overpass. v. Atravesar, salvar, pasar al otro lado o por encima de. / Pasarse de, exceder, transgredir, infringir. / Sobrepujar, exceder, aventajar. / Pasar por alto, no hacer caso de. / n. Paso superior. (De un ferrocarril) .

Overpay. v. Pagar demasiado por, pagar en exceso.

Overpayment. n. m. Pago excesivo.

Overplay. v. (Teatr.) Sobreactuar, exagerar un papel. / Jugar mejor que, aventajar, vencer en juego. / (Golf) Lanzar la pelota más allá del campo.

Overplus. n. m. Excedente, superávit.

Overpopulated. adj. Superpoblado.

Overpopulation. n. f. Superpoblación, exceso de población.

Overpower. v. Vencer, subyugar. / Oprimir, abrumar. / Dotar de poder o potencia excesivos.

Overpowering. adj. Abrumador, opresivo. / Irresistible.

Overprint. v. (Impr.) Sobreimprimir, imprimir encima de. / n. (Imp., Fotogr.) Sobreimpresión.

Overproduce. v. Producir en exceso.

Overproduction. n. Superproducción, sobreproducción.

Overproportionate. adj. Muy desproporcionado.

Overprotect. v. Cuidar excesivamente, dar sobreprotección.

Overprotective. adj. Sobreprotector, excesivamente solícito.

Overrate. v. Sobrestimar.

Overreach. v. Ir más allá de, extenderse sobre. / Trampear, estafar, engañar. / (Fam.) Alcanzar. / Extralimitarse, pasarse, excederse. / Exagerar. / (Vet.) Alcanzarse, rozarse la pata trasera con la delantera. (Un caballo).

Override. Pasar sobre o por encima, atropellar, pisotear. / Fatigar, reventar a un caballo. / Poner a un lado, abrogar, anular, rechazar arbitrariamente. / Solapar, traslapar. / (Polít.) Vencer en la votación a un veto presidencial.

Overriding. adj.Dominante, avasallador.

Overrule. v. Decidir en contra, declarar sin lugar. / (Der.) Denegar, desechar, anular, invalidar. / Predominar, dominar, vencer, subyugar.

Overrun. Inundar, cundir por. / Invadir, infestar. / Aplastar, destruir. / Exceder. / Aventajar, dejar atrás en una carrera. / (Impr.) Repasar, recorrer la composición. / Pasar más allá. / Correr demasiado rápido. / n. Desbordamiento, rebosamiento. / (Impr.) Recorrido (de letras o palabras), sobrante (de ejemplares).

Oversea, overseas. adv. Allende los mares, a ultramar. / adj. De ultramar, extranjero.

Oversee. v. Examinar, estudiar, inspeccionar. / Supervigilar, dirigir, fiscalizar.

Overset. v. Trastornar, perturbar. / Volcar, tumbar. / Hacer caer, desbaratar, frustrar. / (Impr.) Poner demasiado tipo en, excederse en la composición. / n. Trastorno, vuelco.

Overshadow. v. Sombrear, obscurecer, ensombrecer. / (Fig.) Eclipsar, dominar, ser más importante que.

Overshine. v. Brillar sobre o encima de, iluminar. / Exceder en brillantez, dejar deslucido, eclipsar.

Overshot. adj. Que tiene saliente la mandíbula superior. / De corriente alta. / n. (Hidrául.) Rueda de alimentación o impulsión de corriente alta.

Oversight. n. f. Vigilancia, cuidado, atención. / Inadvertencia, descuido, omisión.

Oversize. adj.De tamaño exagerado. / De tamaño anormal, de un tamaño enorme.

Oversleep. v. Quedarse dormido, dormir demasiado.

Overspend. v. Gastar o usar en exceso, agotar, consumir, disipar, dilapidar. / Gastar más que. / Disipar el dinero, gastar el dinero extravagantemente.

Overspread. v. Extender sobre, esparcir, regar.

Ovestatement. n. Declaración muy enérgica, aseveración exagerada.

Overstay. v. Quedarse más tiempo del permitido. / (Com.) Dejar de vender al precio tope del mercado.

Overstep. v. Traspasar, transgredir, exceder, propasar.

Overstock. v. (Com.) Abarrotar(se) en demasía. / n. Surtido excesivo, existencias excesivas.

Overstuff. v. Atestar o llenar demasiado. Henchir, rellenar. (Cojines) .

Oversupply. v. (Com.) Abastecer o surtir en exceso. / n. Provisión excesiva.

Overt. adj.Abierto, público, manifiesto, evidente.

Overtake. v. Alcanzar, dar alcance a. / Atajar, sorprender, sobrecoger.

Overthrow. v. Volcar, echar abajo, derribar. / Derrocar, destronar. / Trastornar, desbaratar. / Subvertir, destruir, vencer. / Lanzar más allá de. / n. Vuelco, derribo. / Caída, derrota, ruina. / Subversión, destronamiento, derrocamiento. / Trastorno.

Overtime. Tiempo suplementario. / Horas extra de trabajo, sobretiempo. / adv. Fuera del tiempo estipulado, más del tiempo regular o reglamentario. / v. (Fotogr.) Sobreexponer.

Overtly. adv. Abiertamente, públicamente, manifiestamente.

Overtop. v. Superar, sobrepasar. / (Fig.) Descollar entre, sobresalir entre.

Overture. n. f. Introducción, preludio. / (Mús.) Obertura. / Insinuación, oferta, proposición, tentativa. / v. Hacer una oferta de, proponer, insinuar.

Overturn. v. Volcar, trastornar. / Derribar, derrocar. (Gobierno) / Volcarse. / (Náut.) Zozobrar. / n. Vuelco, trastorno. / Derribo, derrocamiento.

Overvalue. v. Encarecer, estimar demasiado, exagerar el valor de una cosa.

Overwatch. v. Vigilar, cuidar, celar.

Overwear. v. Desgastar, gastar, consumir.

Overweary. adj.Rendido, agotado, fatigado. / v. Cansar, estragar, agotar.

Overweigh. v. Importar más que, eclipsar. / Oprimir, deprimir.

Overweight. adj.Exceso de peso, sobrepeso. / Carga excesiva. / De peso anormal, obeso, pesado. / v. Dar demasiada importancia a. / Hacer demasiado pesado.

Overwhelm. v. Abrumar, agobiar, abatir. / Volcar, trastornar. / Arrollar, aplastar. / Sumergir, inundar.

Overwhelming. adj. Abrumador, agobiante. / Irresistible. (Un deseo) / Arrollador, aplastante. (Triunfo) .

Overwork. v. Hacer trabajar en exceso, agotar. / Hacer demasiado uso de, trillar. / Detallar o elaborar excesivamente. / Redecorado. / n. Trabajo excesivo.

Overworn. adv. Excesivamente gastado. / Fatigado.

Ovine. n. Ovino, lanar, ovejuno. / (Fig.) Dócil, de poco carácter.

Ovoid. adj. Ovoide, aovado, ovoideo. / n. Cuerpo ovoide.

Ovule. n. m. (Anat., Bot.) Ovulo.

Ovum. n. m. (Biol.) Ovulo.

Owe. v. Deber, adeudar. (Dinero u obligación moral). / v. Estar endeudado, tener deudas.

Owing. adj.Adeudado, debido, por pagae.

Owl. n. f. Lechuza, búho. / *Night owl*, (Fig.) Ave nocturna, trasnochador.

Own. adj. Propio. / v. Poseer, ser dueño de, tener. / Reconocer, admitir.

Owner. n. m. Propietario, dueño, casero

Ox. n. m. Buey.

Oxford blue. adj.Azul obscuro con matiz morado.

Oxford gray. adj.Gris muy oscuro.

Oxidant. adj.Oxidante.

Oxidation. n. Oxidación.

Oxide. n. Oxido.

Oxygen. n. Oxígeno.

Oxygenate. v. Oxigenar.

Oyster. n. Ostra. / (Fig.) Persona reticente o taciturna.

P

Pace. m. Paso. (Modo y velocidad de marcha). / Medida de un paso. / v. Andar a paso tranquilo, pasear.
Paced. adj. Moderado, parsimonioso.
Pacific. adj. . Pacífico, conciliador. / Océano Pacífico.
Pacification. f. (Polít.) Pacificación.
Pacificism. m. Pacifismo.
Pacifism. m. Pacifismo.
Pacifist. . adj. y m. y f. (Polít.) Pacifista.
Pacify. v. Pacificar, calmar, apaciguar.
Pack. m. Paquete. / (Med.) Compresa. / Baraja de naipes. / v. Empaquetar. / Hacer las valijas.
Package. m. Paquete, envase de cartón, fardo, atado. / Mujer o joven guapa (jerga de principios de siglo).
Packet. m. Paquete o fardo pequeño. Valija postal. / Trasatlántico. / Cualquier buque mercante. / v. Empaquetar.
Packing. m. Embalaje, empaquetamiento, envase. / Material para embalaje. / (Mec.) Empaque, empaquetadura, guarnición. / adj. Que empaqueta o envasa.
Packsaddle. f. Alforjas, alharda, enjalma. / v. Poner alforjas a una montura, enalbardar.
Pact. m. Pacto, compromiso, convenio.
Pad. f. Almohadilla. / Cualquier cosa de consistencia esponjosa. / Sonido apagado de pisadas o golpes en el suelo. (Como pisando arena, pasto o polvo). / Caballo de paso suave. / v. Caminar o correr a pasos pesados.
Pudding. m. Relleno, material de relleno.
Paddle. m. Canalete, paleta, remo. / Hélice de embarcación o rueda de paletas. / v. Paletear, dar paletadas o aletazos en el agua. / Remar con canalete.
Paddy field. m. Arrozal.
Padlock. m. Candado. / v. Asegurar con candado.
Pagan. adj. y m., f. Pagano.
Paganish. adj. Propio de paganos.
Pananism. m. Paganismo.
Paganize. v. Paganizar, hacer o hacerse pagano.
Page. m. Paje. / v. Trabajar de botones o acomodador. / Llamar en voz alta o buscar a una persona en hotel, aeropuerto, etc.
Page. f. Página, plana, carilla, hoja. / (Der.) Hoja, folio. / (Fig.) Página, episodio de una vida. / v. Foliar.
Pageantry. m. Espectáculo, representación impresionante. / Ostentación, pompa, boato.
Paginate. v. Paginar.
Pagination. f. Paginación.
Pail. m. Balde, cubo de noria, cubo para agua.
Pain. m. Dolor. / pl. Dolores de parto. / Afán, cuidado, esmero. / Fatiga, dificultad.
Painful. adj. Doloroso, que duele.
Pain killer. m. Calmante, analgésico.
Painless. adj. Indoloro.
Painstaker. m. y f. Trabajador concienzudo.
Painstaking. m. Esmero, cuidado. / adj. Esmerado.
Paint. v. Pintar. / Teñir, colorear. / (Fig.) Pintar, describir, representar. / Ser pintor. / Maquillarse, pintarse..
Paintbox. f. Caja de colores, estuche de pinturas.
Painthrush. f. Brocha, pincel.
Painted. adj. Pintado, maquillado. / (Fig.) Pintado.
Painter. m. y f. Pintor. (Obrero y artista).
Painting. f. Pintura. / Pintura, cuadro (arte).
Pair. m. Par. / Pareja. / v. Parear, emparejar. / Casar, convenir, adecuarse. / Aparearse. (Animales).

Pal. m. y f. Compañero, camarada, amigo, compinche. / v. (Pop.) Ser o convertirse en compañeros.
Palace. m. Palacio.
Palatability. . m. Sabor agradable.
Palaver. f. Palabrería, cháchara. / (Fam.) Labia. / Conferencia, debate. / v. Palabrear, chacharear.
Pale. adj. Pálido, descolorido, sin brillo, apagado. /f. Estaca. / Recinto. Límite, margen. / Blas. Palo, bastón. / v. Palidecer, descolorar. / Poner pálido.
Paleness. f. Palidez.
Paleolithic. adj. Paleolítico. / m. Paleolítico.
Paleontology. f. Paleontología.
Palestinian. adj. y m. y f. Palestino, de Palestina.
Palette. f. (Pint.) Paleta. / Gama de colores. (En la paleta).
Paling. f. Estacada, empalizada, valla, cerca. / Estaca.
Palish. adj. Paliducho, algo pálido.
Pall. m. Paño mortuorio. / Ataúd, féretro. / (Fig.) Manto, nube, capa. / (Rel.) Palio. / v. Paliar, encubrir. .
Pall. v. Hacerse insulso, volverse aburrido. / Perder sabor, dejar de ser interesante. / Volver soso.
Pallet. f. Paleta o espátula de alfarero. / Tarima, plataforma de carga. / Paleta o cepillo plano del dorador.
Palliate. v. Paliar. / Atenuar. / Paliar, encubrir.
Palliative. adj y m Paliativo.
Palliator. m. y f. Mitigador, aliviador.
Pallor. . f. Palidez, palor.
Palm. f. Palma. (De la mano, guante, etc.). / Palmo. (La medida). / Pala. (De remo). / (Náut.) Uña de ancla. Rempujo. / v. Acariciar, palmear. Estrechar las manos.
Palmary. adj. Sobresaliente, relevante, principal.
Palmation. f. Disposición o estructura palmeada.
Palmist. m. y f. Quiromántico palmista.
Palmistry. f. Quiromancia.
Palmy. adj. Lleno de palmas. / Floreciente, próspero.
Palpability. f. Evidencia.
Palpable. adj. Palpable, tangible. / (Fig.) Palpable.
Palpitate. v. Palpitar.
Palpitation. f. Palpitación.
Palsied. adj. Paralizado, paralítico.
Palter. v. Estafar, engañar.
Paltriness. f. Mezquindad. / Vileza.
Paltry. adj. Miserable, mezquino. / Vil, indigno.
Paludism. m. Paludismo.
Paly. adj. Pálido, descolorido. / (Her.) En palo, palado.
Pamper. v. Mimar, consentir, engreír.
Pamphlet. m. Folleto, panfleto.
Pan. f. Cacerola, sartén, perol. / Caldero. / Platillo. (De balanza). / Hoja de betel. / v. Lavar en batea. (Mineral de oro).
Panache. m. Penacho (especialmente en un casco). / Desenvoltura, despejo, brío.
Pancreas. m. Páncreas.
Pander. m. y f. Alcahuete, celestina. / v. Alcahuetear.
Panderer. m. y f. Alcahuete.
Pane. f. Hoja de vidrio, cristal (de ventana). / (Arq.) Panel, cuarterón. Tablero, cuadro. Entrepaño.
Panegyric. m. Panegírico.
Panel. m. Panel, tablero (de puerta o ventana). / (Arq.) Panel, entrepaño, recuadro, tramo. / (Pint.) Tabla, panel, cuadro. v. (Der.) Elegir jurado.

Paneling. adj. Empanelado, entablado.
Pang. m. Dolor agudo. / v. Causar dolor agudo a.
Panhandler. m. Mango de caldero, sartén, etc. / Brazo de un territorio que entra en otro.
Panic. m. Pánico. / v. Aterrar, sobrecoger de terror. / (Pop.) Asombrar, dejar pasmado.
Panicky. adj. Dominado por el pánico, aterrorizado.
Panic-striken. adj. Despavorido, muerto de miedo.
Panoply. f. Panoplia. / Traje ceremonial.
Panorama. m. Panorama.
Panoramic. adj. Panorámico.
Pant. v. Jadear, resollar, acezar. / Latir, palpitar, pulsar. / Pronunciar con sonidos entrecortados, boquear..
Pantheism. m. Panteísmo.
Pantheon. m. Panteón.
Panther. f. Pantera, jaguar.
Pantofle. f. Pantufla, zapatilla, chinela.
Pantomime. m. Mimo, pantomino. / Pantomina. / v. Expresar o representar por gestos.
Pantomimist. m. Pantomimo, mimo.
Pantry. f. Despensa.
Pants. m. pl. Pantalones. / Calzoncillos.
Panty. m. Calzón, bombacha.
Pantywaist. m. pl. Calzones cortos. / (Pop.) Hombre afeminado / adj. Aniñado, infantil. / (Pop.) Afeminado.
Pap. f. Papilla, papas, gachas.
Paper. m. Papel. / Hoja, pliego (que contiene cierta cantidad de algún artículo). / Disertación, ensayo, artículo. / pl. Papeles, credenciales, documentos. / v. Empapelar (paredes). / Forrar o cubrir con papel, envolver.
Paperback. m. Libro de bolsillo.
Paperboard. m. Cartón. / adj. De cartón.
Paper-bound. adj. En rústica (edición).
Paper boy. m. (Pop.) Vendedor de periódicos.
Paper money. m. Papel moneda. / Billete de banco.
Paperweight. m. Pisapapeles.
Paper work. m. Trabajo rutinario de oficina, papeleo.
Papyrus. m. (Bot.) Papiro. / Papel de papiro.
Par. f. Paridad, equivalencia (de una unidad monetaria). / Valor nominal. / Igualdad, conformidad.
Parable. f. Parábola (la narración).
Parabola. f. (Geom.) Parábola.
Parabolic. adj. Parabólico. / (Geom.) Parabólico.
Parachute. m. Paracaídas. / (Zool.) Membrana alar, patagio. / v. Lanzarse en paracaídas. / Dejar caer en paracaídas.
Parachutist. m. y f. Paracaidista.
Parade. f. Ostentación, exhibición pomposa. / Desfile, procesión, paseo. / Paseo público. / (Mil.) Parada, desfile, revista de tropas. / v. Ostentar, exhibir.
Paradigmatic, paradigmatical. adj. Ejemplar, típico. / (Gram.) Paradigmático.
Paradisaic, paradisaical. adj. Paradisíaco.
Paradise. m. Paraíso.
Paradox. f. Paradoja.
Paradoxical. adj. Paradójico.
Paraffin. f. Parafina. / v. Parafinar.
Paraffin oil. m. Querosén, queroseno.
Paragon. m. Modelo, ejemplar, dechado. / Diamante perfecto de 100 o más quilates. / v. Comparar con.
Paragraph. m. Párrafo, parágrafo, acápite. / Suelto, gacetilla. / v. Escribir sueltos o gacetillas sobre. / Dividir en párrafos.
Paragunyan. adj. y m. y f. Paraguayo.
Parallel. adj. y m. Paralelo. / v. Comparar, cotejar / Igualar, conformar. / Ser paralelo a.
Parallelism. m. Paralelismo.
Paralysis. f. Parálisis.

Paralytic. adj. y m. y f. Paralítico.
Paralyzation. f. Paralización
Paralyze. v. Paralizar. / (Fig.) Paralizar, entorpecer.
Parameter. m. Parámetro.
Paramo. m. Páramo.
Paramount. adj. Superior.
Paranoia. f. Paranoia.
Parapet. m. Parapeto, antepecho. / (Mil.) Parapeto.
Paraphernalia. f. Parafernalia. / (Hist., Der.) Bienes parafernales.
Paraphrase. f. Paráfrasis. / v. Parafrasear.
Paraplegia. f. (Med.) Paraplejia.
Paraplegie. adj. y m. y f. Parapléjico.
Parapsyehology. f. Parapsicología.
Parasite. adj. y m. Parásito.
Parasol. m. Parasol, quitasol, sombrilla.
Paratroops. f. pl. Tropas paracaidistas.
Parcel. m. Paquete, fardo, encomienda. / Lote, partida, grupo. / Parcela, lote (de terreno). / Parte, fragmento. / v. Partir, dividir, fraccionar. / Empaquetar.
Parceling, parcelling. f. Repartición, repartimiento, partición, división. / Parcelación, loteo (de terreno).
Parch. v. Tostar, torrar. / Resecar (mediante fuego, por el frío o el calor). / Agostar (las plantas por el frío o el calor). / Resecarse. / Agostarse (las plantas).
Parchment. m. Pergamino, vitela. / Papel pergamino. / Escrito en pergamino.
Pardon. v. Perdonar, dispensar. / Eximir, excusar, disculpar, remitir (una falta).
Pare. v. Pelar, descortezar (queso, fruta, etc.).
Parent. m. y f. Padre o madre. / pl. Padres. / Autor, causa, origen. / adj. Matriz, materno. / Principal.
Parentage. f. Ascendencia, origen, nacimiento.
Parentally. adj. . Paternalmente o maternalmente.
Parenthesis. m. (Gram.) Paréntesis.
Pariah. m. y f. Paria.
Paring. f. Mondadura, corteza. / Recorte, desperdicio.
Parish. f. Parroquia. / Subdivisión de un condado inglés. / Condado del estado de Luisiana.
Parity. f. Paridad.
Park. m. Parque. / (Mil.) Parque. / v. Aparcar, estacionar. / (Mil.) Almacenar en parque. / (Pop.) Depositar, colocar, acomodar.
Parking. m. Estacionamiento, aparcamiento.
Parkway. m. Paseo, avenida o carretera adornada con árboles y césped.
Parlance. f. Dicción, lenguaje.
Parley. m. Parlamento, plática, conferencia. / v. Conversar, hablar, conferenciar. / (Mil.) Parlamentar.
Parliament. m. Parlamento.
Parliamentarian. m. y f. Parlamentario.
Parliamentary. adj. Parlamentario.
Parlor, parlour. f. Sala, sala de recibo.
Parochial. adj. Parroquial.
Parody. m. f. Parodia. / v. Parodiar, hacer una parodia de.
Parole. f. (Der.) Liberación condicional (de un reo). / v. Poner en libertad condicional.
Parquet. m. (Carp.) Parqué, entarimado. / Platea (Teatr.). / v. Poner parqué a, entarimar un piso. / adj. De parqué.
Parquetry. m. (Carp.) Mosaico de madera, entarimado. / Parqué, parquet.
Parricide. m. y f. Parricida. / Parricidio.
Parrot. m. Loro, papagayo, cotorra. / v. Repetir como un loro, hablar sin sentido.
Parry. v. Parar, evitar (un golpe). / Evadir una respuesta directa a, replicar hábilmente a. / Hacer una parada, defenderse. / f. Parada, quite.

Parse. v. (Gram.) Analizar (oración, partes de la oración). / v. Ser analizable gramaticalmente.
Parsimonious. adj. Parsimonioso, cicatero. / f. Tacañería, mezquindad. / Frugalidad, parquedad.
Parson.. m. Pastor protestante. / Cura, clérigo.
Part.. f. Parte, porción. / v. Separar, desunir, apartar. / Dividir, separar por partes. Romper. / Repartir, distribuir. / Partir, apartarse, despedirse.
Parted. adj. Separado, dividido, hendido. / (Bot.) Partido. / (Her.) Cortado, partido.
Parterre. m. Parterre, macizo de flores. / Patio de butacas, platea (Teatr.).
Partial. adj. Parcial, sin objetividad. / Parcial, incompleto. / m. (Mús.) Tono parcial. / (Mat.) Diferencial parcial.
Participant. m. y f. Participante, partícipe.
Participation. f. Participación.
Participator. m. y f. Participante, partícipe.
Participle. m. (Gram.) Participio.
Particle. f. Partícula. / (Fig.) Pizca, átomo.
Particular. adj. Particular, privativo..
Particularity. f. Minuciosidad, precisión.
Particularize. v. Particularizar.
Partisan. m. y f. Partidario, prosélito, adepto. / (Mil.) Guerrillero, partisano.
Partite. adj. Partido, dividido en partes (se usa generalmente en palabras compuestas).
Partition. f. Partición, división, separación, repartición, distribución. / Mampara, tabique. / Compartimiento, sección. / v. Dividir, seccionar, demarcar.
Partly. adv. En parte, hasta cierto punto, parcialmente.
Partner. m. y f. Socio, partícipe (en negocios). / Compañero, pareja (en juegos, deportes, bailes). / v. Asociar, unir. / Emparejar. / Actuar o jugar en pareja.
Partnership. f. Asociación, consorcio, participación. / (Com.) Sociedad, compañía. / (Der.) Asociación, copropiedad, condominio.
Partridge. f. (Orn.) Perdiz. Colín.
Partway. adv. Parcialmente, hasta cierto punto.
Party. m. Grupo, bando, facción. / Partido (político). / Destacamento (de soldados), cuadrilla (de obreros.). / Fiesta, recepción. / (Der.) Parte (litigante, etc.). / (Pop.) Tipo, sujeto, individuo. / adj. Del partido. / (Her.) Cortado, partido.
Parvenu. m. Advenedizo, arribista, nuevo rico.
Pas. m. Paso, pasos (danza)./Paso, precedencia.
Pass. m. Paso, pasaje.. / Pasar, transcurrir (el tiempo).
Passage. m. Paso (de un lugar a otro). / Transición. / Pasaje, trozo, parte (de una pieza musical, de un relato). / (Med.) Evacuación, deposición. / v. Viajar por mar. / Trabar combate, tener un altercado.
Passbook. f. Libreta de banco, libreta de depósitos. / (Com.) Libro de cuenta y razón.
Passenger. m. y f. Viajero, pasajero. / Transeúnte.
Passer-by. m. y f. Transeúnte.
Passing. adj. Pasajero, transitorio, efímero, fugaz. / Pasante, que pasa. / Fúnebre, de difuntos. / adv. Sumamente, sobremanera. / m. Tránsito. / Paso, pasaje. / Vado. / Aprobado (en un examen).
Passion. f. Pasión. / Enardecimiento, ira, cólera furor. / pl. Bajas pasiones. / Pasión, martirio.
Passional. m. (Rel.) Martirologio. / adj. Pasional.
Passionate. adj. Apasionado, vehemente. / Irascible, colérico. / Apasionado, amoroso, ardiente.
Passionless. adj. Desapasionado, frío, impasible.
Passive. adj. Pasivo, no activo. / Inactivo, inerte.
Passivity. f. Pasividad. / (Quím.) Inactividad.
Passkey. f. Llave maestra.
Passport. m. Pasaporte.

Passsword. m. (Mil.) Santo y seña.
Past. adj. Pasado. / Concluido, transcurrido. / Último, anterior, ex. / (Gram.) Pretérito, pasado. / m. Pasado, antecedentes, historia. / (Gram.) Pretérito, pasado. / adv. Más allá. Por el lado. / prep. Más de, más allá de.
Pasta. f. Pasta de harina de trigo, masa para hacer tallarines, etc. / Plato de tallarines, ravioles, etc..
Paste. f. Pasta, masa. / Pasta, fideos. / Goma.
Pasteboard. m. Cartón. / (Pop.) Tarjeta de visita. Carta de baraja, naipe. Billete, boleto. / adj. Acanonado.
Pastel. m. Pastel, clarioncillo. / Pastel, pintura al pastel. / Bosquejo o semblanza literaria. / Color pastel.
Pasteurization. f. Pasteurización.
Pasteurize. v. Pasteurizar.
Pastime. m. Pasatiempo.
Past master. m. Perito, experto, conocedor.
Past mistress. f. Perita, experta, conocedora.
Pastor. m. (Rel.) Pastor (protestante), párroco, cura. / (Orn.) Especie de estornino.
Pastoral. adj. Pastoral, pastoril.
Pastry. f. Pastelería, pasteles, pastas.
Pastrycook. m. y f. Pastelero, repostero.
Pasty. m. Pastelillo de carne, empanada.
Pat. f. Palmadita, golpecito. / v. Golpear ligeramente.
Patch. m. Parche, remiendo. / Lunar artificial. / Trozo.
Patchy. adj. Muy remendado.
Patency. f. Evidencia. / (Med.) Abertura.
Patent. adj. Patente. / Patentado, de marca registrada. / De patentes (oficina, etc.). / v. Patentar. / Privilegiar.
Patentee. m. Titular o concesionario de una patente.
Paternity. f. Paternidad. / Ascendencia o filiación paterna.
Paternoster.. m. (Rel.) Padrenuestro, pater noster..
Path. f. Senda, sendero, camino, pista. / Ruta.
Pathfinder. m. y f. Descubridor, explorador, pionero. / (Mil.) Avión explorador.
Pahtless. adj. Sin sendero o senda. / No hollado, virgen (bosque, etc.).
Pathological, pathologic. adj. Patológico.
Pathologist. m. y f. (Med.) Patólogo, médico patólogo.
Pathology. f. Patología.
Pathway. f. Senda, sendero, vereda, camino.
Patience. f. Paciencia. / Aguante, perseverancia. / Solitario (juego de naipes).
Patient. adj. Paciente, indulgente, tolerante. / Paciente, perseverante. / Capaz de sufrir o aguantar.
Patina. f. (Rel.) Patena. / Pátina.
Patio. m. Patio.
Patriarch. m. Patriarca.
Patriarchate, patriarchy. m. Patriarcado.
Patricidal. adj. Parricida.
Patricide. m. Parricidio. / m. y f. Parricida.
Patrimonial. adj. Patrimonial.
Patrimony. m. Patrimonio.
Patriot. m. y f. Patriota.
Patriotic. adj. Patriótico.
Patriotism. m. Patriotismo.
Patrol. v. Patrullar. / Rondar, vigilar. / f. Ronda. / Patrulla. / Patrulla de exploradores.
Patroller. m. y f. Rondador, vigilante. / Miembro de una patrulla.
Patron. m. Defensor, protector, amparador. / Patrocinador, mecenas, benefactor. / Patrón, dueño.
Patronage. m. Patrocinio, auspicio, padrinazgo.
Patronize. v. Patrocinar, proteger, favorecer, ayudar.
Patronymic. adj. Patronímico. / m. Nombre patronímico.
Patter. v. Murmurar las oraciones en forma rápida y

mecánicamente. / Musitar, susurrar. / Charlar. / v. Golpetear. / Correr con pisadas ligeras.
Pattern. m. Modelo, ejemplo, norma, pauta. / Diseño, dibujo. Perfil, contorno. / Figura o motivo decorativo. Configuración. / Corte de tela. / Patrón (Cost.).
Paunchy. adj. Panzón, barrigón.
Pauper. m. y f. Mendigo, pobre, indigente. / adj. Pobre.
Pauperism. m. Pauperismo, indigencia, mendicidad.
Pauperize. v. Depauperar, empobrecer.
Pause. f. Pausa, intervalo, descanso. / Vacilación, irresolución. / v. Pausar, cesar. / Detenerse, vacilar.
Pavement. m. Pavimento, pavimentación. / Acera.
Pavilion. m. Pabellón (con todas las acepciones de la palabra castellana) / v. Proveer o cubrir con un pabellón o pabellones.
Paw. f. Garra, zarpa, pata. / (Fam.) Mano, manota. / (Fam.) Papá. / v. Manosear, sobar.
Pawn. m. Peón (ajedrez). / (Fig.) Instrumento. / Empeño, pignoración. / Prenda, rehén. / Garantía, señal.
Pawnbroker. m. y f. Prestamista.
Pawnshop. f. Casa de empeños, monte de piedad.
Pay. (Pretérito y participio *paid*). v. Pagar, remunerar, cancelar, saldar. / Rendir, dar (utilidades). / Rendir, prestar (homenajes, atención). / f. Paga, pago. / Retribución. / Salario, sueldo, honorarios, Comisión. / Pagador. / adj. Provechoso, de lucro. / De pago, de paga.
Payable. adj. Pagadero, pagable. / Ganancioso, lucrativo. / Por pagar, vencido (contaduría).
Paymaster. m. Pagador, cajero, tesorero.
Payment. m. Pago, pagamento. / Paga, sueldo.
Payroll. f. Nómina de pago, planilla de pagos.
Pea. m. (Bot.) Guisante, arveja.
Peace. f. Paz. / Tratado de paz.
Peaceable. adj. Pacífico, apacible.
Peaceful. adj. Apacible, pacífico. / Sereno, tranquilo.
Peacefulness. f. Serenidad, sosiego, quietud.
Peacemaker. m. y f. Pacificador, apaciguador.
Peacemaking. f. Pacificación, conciliación. / adj. Pacificador, apaciguador.
Peach. m. (Bot.) Duraznero, melocotonero.
Peachy. adj. Aterciopelado, velloso (una superficie). / (Fig.) Delicado, de textura fina (rostro, piel, etc.) / (Fam.) Excelente, perfecto.
Peacock. m. (Orn.) Pavo real. / v. Pavonearse.
Peak. m. Pico. / Visera (de una gorra). / Máximo. / v. Encumbrar, hacer culminar. / adj. Máximo.
Peak hours. f. Horas de tráfico máximo, hora punta.
Peanut. m. (Bot.) Cacahuate, maní. / (Pop.) Cosa insignificante, bagatela. / pl. Poco dinero.
Pear. f. (Bot.) Pera. / m. Peral.
Pearl. f. Perla. / v. Perlificar, cubrir o adornar con perlas. / adj. Perlero. / Perlado, perlino.
Pearlized. adj. Nacarado.
Pearl oyster. f. (Zool.) Madreperla, ostra perlífera.
Peasant. m. y f. Campesino, labriego.
Peasantry. m. Campesinado.
Pebble. m. Guijarro. / Cristal de roca, lente de cristal de roca. / Cuero abollonado. / v. Pavimentar con guijarros.
Peccant. adj. Pecador, pecante. / Corrompido, vicioso. / (Med.) Morboso, malsano, mórbido.
Peck. v. Picar, picotear. / Punzar. / (Fam.) Besar a la ligera o apresuradamente. / m. Picotazo, picotada. / (Fam.) Beso ligero o apresurado. / Picadura. / Medida de áridos equivalente a nueve litros. Celemín.
Peckerwood. m. (Orn.) Pájaro carpintero.
Pectoral. adj. (Anat.) Pectoral, del pecho. / Pectoral, bueno para el pecho. / Personal, subjetivo. / m. Pectoral. / (Anat.) Músculo pectoral. / Peto (armas).

Peculate. v. Malversar, desfalcar.
Peculation. f. Malversación, desfalco.
Peculiar. adj. Peculiar, particular, característico.
Peculiarity. f. Peculiaridad, particularidad.
Pedagogic, pedagogical. adj. Pedagógico.
Pedagogics. f. Pedagogía.
Pedagogue, pedagog. m. y f. Pedagogo.
Pedal. m. Pedal. / v. Pedalear. / Impulsar pedaleando.
Peddle. v. Ser buhonero, vender por las calles. / Emplearse en bagalejas, ocuparse en fruslerías. / Vender como buhonero, vender baratijas de puerta en puerta.
Peddler. m. y f. Buhonero.
Pedestrian. adj. Pedestre, a pie. / (Fig.) Pedestre, ordinario, prosaico. / m. y f. Peatón. / (Lit.) Caminante.
Pediatrician. m. y f. Pediatra.
Pediatrics. f. Pediatría.
Pedigree. m. Pedigree, raza pura (animales).
Pee. f. Pe (la letra). / (Pop.) Meada, orinada. / v. (Pop.) Mear, orinar.
Peek. v. Mirar a hurtadillas, atisbar. / m. Atisbo, mirada rápida y furtiva.
Peel. v. Pelar, descortezar, mondar. / (Pop.) Desnudar, desvestir. / Pelarse, desprenderse (pintura, etc.).
Peeling. f. Mondadura, peladura, hollejo.
Peep. v. Piar, pipiar. / m. Pío, piada.
Peephole. f. Mirilla.
Peeve. v. (Fam.) Irritar(se), poner (se) de mal humor, enojar(se). / m. Rencor. / Queja, quejumbre.
Peevishness. f. Quisquillosidad. / Malhumor.
Peewee. m. y f. Persona o cosa pequeña.
Peg. f. Clavija, espiga. / Estaquilla, estaca, jalón. / Gancho, colgador. / Pinzas para ropa. / Púa, punta. Gancho, garfio. / (Fig.) Escalón, grado (en la posición social, etc.). Nivel (de precio, etc.) / (Fig.) Pretexto, excusa. / Trago (de licor). / (Fam.) Pie, pierna. / Diente. / (Mús.) Clavija, llave (de instrumentos de cuerda). / v. Estaquillar, enclavijar, asegurar con clavijas.
Pejorative. adj. Peyorativo, despectivo, despreciativo.
Pekingese. adj. Pequinés. / m. y f. Pekinés, pequinés (habitante y dialecto). / (Zool.) Perro pequinés.
Pelican. m. (Orn.) Pelícano, alcatraz.
Pelt. v. Tirar, lanzar, arrojar. / Despellejar. / Correr, precipitarse. / f. Caída persistente de lluvia, granizo, etc. / Golpe. / Piel, pellejo, pelleja..
Pelvis. f. Pelvis.
Pen. m. Corral, redil, encerradero.
Penal. m. Penal.
Penalization. f. Penalización.
Penalize. v. Penalizar, castigar, sancionar.
Penal laws. f. pl. (Der.) Leyes penales, código penal.
Penalty. f. Pena, sanción. / Mulla, pena pecuniaria.
Pence. Plural de *penny*, peniques.
Pencil. m. Lápiz. / Pincel o brocha finos. / (Fig.) Pincel (modo o estilo de pintar). / Haz (de luz, etc.). / v. Dibujar a lápiz, bosquejar a lápiz. Escribir a lápiz.
Pencil-case. m. Estuche para lápices.
Pend. v. (Fam.) Depender.
Pendant, pendent. m. Pinjante, pendiente.
Pending. adj. Pendiente, indeciso. / Inminente. / Colgante. / prep. Durante, mientras, hasta.
Pendulous. adj. Colgante, pendiente, oscilante.
Pendulum. m. Péndulo, péndola.
Penetrability. f. Penetrabilidad.
Penetrant. adj. Penetrante, incisivo, agudo.
Penetrate. v. Penetrar, entrar, traspasar. / Penetrar, calar, propagarse a través de.
Penetrating. adj. Penetrante, incisivo, agudo.
Penguin. m. (Orn.) Pingüino.

Penicillin. f. Penicilina.
Peninsula. f. Península.
Peninsular. adj. Peninsular.
Penis. m. Pene.
Penitence. f. Penitencia, contrición, remordimiento.
Penitent. adj. Penitente, arrepentido, compungido. / m. y f. Penitente.
Penitentiary. adj. (Rel.) Penitenciario (persona), penitenciaría (tribunal). / Penitenciaría, prisión. / adj. Penitencial. / Penitenciario, de penitencia, penal.
Penman. m. Escritor, autor. / Calígrato.
Penmanship. f. Escritura, caligrafía. / Estilo de letra.
Pen name. m. Seudónimo de autor.
Penniless. adj. Sin dinero.
Penny. m. Penique. / (Fam.) Centavo. / Dinero.
Pennyworth. m. Valor de un penique. / Ganga.
Pension. f. Pensión, jubilación. / Pensión, casa de huéspedes. / Pensionado, internado. / v. Pensionar.
Pensioner. m. y f. Pensionado, pensionista.
Pentagram. m. Pentagrama.
Penthouse. m. Ático.
Penult, pentultima. m. y f. Penúltimo. / (ram. Penúltima sílaba.
Penultimate. adj. Penúltimo.
Penumbra. f. Penumbra.
Penury. f. Penuria, escasez, miseria.
Peon. m. Mandadero, sirviente. / Peón, bracero.
Peonage. f. Condición de peón, uso de peones.
People. f. Gente. / Personas. / Pueblo. / Humanos, raza humana. / Habitantes de un lugar. / Parientes, familiares, antepasados. / v. Poblar, colonizar, habitar.
Pepper. f. Pimienta. / Pimento, ají, pimiento. / v. Sazonar con pimienta.
Pepperbox. m. Pimentero.
Peppermint. f. Menta. / Pastilla de menta.
Peppery. adj. Picante. / Mordaz. / Enojado, de mal humor. / Cáustico, punzante, hiriente.
Per. prep. Por, según.
Perceivable. adj. Perceptible, inteligible.
Perceive. v. Percibir. / Percibir, comprender.
Percent. m. Tanto por ciento. / Porcentaje. pl. Bono de interés fijo. / adj. De tanto por ciento.
Percentage. m. Porcentaje. / (Pop.) Ganancia.
Perceptible. adj. Perceptible, discernible.
Perception. f. Percepción, conciencia.
Perceptive. adj. Perceptivo, observador, perspicaz.
Perceptivity. f. Perceptividad.
Perch. f. Percha, varal, alcándara.
Percipience. f. Percepción.
Percussion. f. Percusión, golpe. / (Mús.) Percusión.
Perdition. f. Perdición, condenación, infierno.
Perdurability. f. Perdurabilidad, persistencia.
Peregrinate. v. Peregrinar. / Recorrer.
Peregrination. f. Peregrinación.
Peregrine. adj. Peregrino, / Migratorio, extranjero. / m. (Orn.) Halcón peregrino.
Peremptory. adj. Terminante, perentorio. / Autoritario, dictatorial, dogmático. / Indiscutible, urgente.
Perennial. adj. Perenne, permanente. / (Bot.) Perenne.
Perfect. adj. Perfecto, acabado, completo, cabal. / Perfecto, exacto, preciso. Puro, absoluto. / (Fam.) Redomado. / (Bot.) Completo. / m. (Gram.) Tiempo perfecto. / v. Perfeccionar, acabar, pulir, completar, mejorar.
Perfectibility. f. Perfectibilidad.
Perfectible. adj. Perfectible.
Perfection. f. Perfección. / Perfeccionamiento.
Perfectionism. m. Perfeccionismo.
Perfectionist. m. y f. Perfeccionista.

Perfidy. f. Perfidia, deslealtad, alevosía, traición.
Perforate. v. Perforar(se). / adj. Perforado.
Perforation. f. Perforación, horadación, agujero.
Perforee. adv. Por fuerza, forzosamente.
Perform. v. Ejecutar, hacer, realizar, efectuar. / Desempeñar, cumplir, practicar, ejercer. / Tocar un instrumento musical, representar un papel, actuar (Teatr.).
Performable. adj. Ejecutable, realizable, factible.
Performance. f. Ejecución, realización. / Desempeño, cumplimiento, rendimiento. / Hecho, proeza. / (Dep.) Performance. / Actuación, representación (teatral, artística, etc.). / Espectáculo, función.
Performing. adj. Preparado o entrenado para actuar.
Perfume. v. Perfumar, aromatizar. / m. Perfume.
Perfumery. f. Perfumería (la ciencia y el arte).
Perfunctory. adj. Superficial, indifente, rutinario.
Perfuse. v. Difundir, hacer penetrar (un líquido).
Perimeter. m. Perímetro. / (Fig.) Límite, extremo.
Period. m. Periodo. / Hora de clase. / Época. / (Geol.) Período, división. / (Mús.) Frase musical completa. / Periodo menstrual. / (Gram.) Punto (ortográfico). / adj. Del periodo, de la época.
Periodic. adj. Periódico, regular. / (Quím.) Peryódico.
Periodical. adj. Periódico. / m. Publicación periódica.
Periodicity. f. Periodicidad, frecuencia.
Periphery. f. Periferia.
Periphrasis, periphrase. f. Perifrasis, perífrasis.
Periphrastic. adj. (Gram.) Perifrástico.
Periscope. m. Periscopio.
Perjure. v. Perjurar.
Perjurer. m. Perjuro.
Perjurious. adj. Perjuro, perjurador.
Perjury. m. Perjurio.
Perk. v. Erguirse, pavonearse. / Adornar.
Perky. adj. Airoso, gallardo. / Vivaz, animado.
Permanence. f. Permanencia, eslabilidad, durabilidad.
Permanency. f. Permanencia, estabilidad, durabilidad.
Permeability. f. Permeabilidad.
Permeable. adj. Permeable.
Permeate. v. Penetrar infiltrar(se), impregnar(se).
Permeation. f. Penetración, impregnación.
Permillage. m. Tanto por mil.
Permissibility. f. Capacidad de ser permitido.
Permissible. adj. Permisible.
Permission. m. Permiso, autorización, licencia.
Permissive. adj. Permisivo. / Tolerante, indulgente.
Permit. v. Permitir, tolerar, consentir. / Autorizar, otorgar (permiso, licencia, etc.). / Admitir, prestarse a. / m. Pase, permiso, licencia, autorización.
Permutable. adj. Permutable.
Permutation. f. Permuta. / (Mat.) Permutación.
Permute. v. Permutar. / Alterar. / (Mat.) Permutar.
Pernicious. adj. Pernicioso, nocivo, perjudicial.
Perniciousness. f. Perniciosidad.
Perorate. v. Perorar, arengar, discursear.
Perpendicular. adj. Perpendicular, vertical. / (Fam.) De pie, parado. / f. Perpendicular, posición vertical.
Perpetrate. v. Perpetrar, cometer, consumar.
Perpetration. f. Perpetración, comisión, consumación.
Perpetual. adj. Perpetuo, imperecedero, permanente. / (Bot.) Perenne. / f. Planta perenne.
Perpetuate. v. Perpetuar, eternizar, inmortalizar.
Perpetuity. f. Perpetuidad, eternidad.
Perplex. v. Confundir, desconcertar. / Intrincar.
Perplexed. adj. Perplejo, vacilante. / Intrincado.
Perplexity. f. Perplejidad, indecisión, incertidumbre.
Persecute. v. Perseguir, hostigar. / Importunar.
Persecution. f. Persecución.

Persecutive. adj. Persecutorio, perseguidor.
Persecutor. m. y f. Perseguidor.
Perseverance. f. Perseverancia, constancia, tesón.
Persevere. v. Perseverar, obstinarse.
Persian. adj. y m. y f. Persa.
Persian blinds. f. pl. Persianas.
Persist. v. Persistir, perseverar. / Insistir, obstinarse.
Persistence. f. Persistencia, tenacidad. / Insistencia.
Persistent. adj. Persistente, tenaz. / Permanente, constante, recurrente.
Person. f. Persona.
Persona. m. Personaje (de un drama, etc.).
Personable. adj. Atractivo, guapo, agradable.
Personage. m. Personaje. / Personificación. / Persona.
Personal. adj. Personal. / Personal, directo, sin mediación. / De caráccter personal. / (Gram.) Personal.
Personality. f. Personalidad. / Personaje conoido.
Personalization. f. Personalización, personificación.
Personalize. v. Personalizar, personificar.
Personalty. m. pl. (Der.) Bienes muebles.
Personation. f. Representación. / Personificación. / Representación fraudulenta, usurpación del nombre.
Personification. f. Personificación.
Personify. v. Personificar, encarnar.
Personnel. m. Personal (de una fábrica, etc.). / adj. Del personal.
Perspective. f. Perspectiva. / (Geom.) Proyecto.
Perspicacious. adj. Perspicaz, sagaz, agudo.
Perspicacity. f. Perspicacia, sagacidad, agudeza.
Perspicuous. adj. Perspicuo, inteligible, lúcido.
Perspiration. f. Transpiración, sudor.
Perspiratory. adj. Perspiratorio. Sudoríparo.
Perspire. v. Transpirar, sudar.
Persuade. v. Persuadir, inducir, convencer. / Instar.
Persuader. m. y f. Persuasor. / (Pop.) Revólver.
Persuasion. f. Persuasión, inducción. / Poder de persuasión. / Creencia, credo.
Persuasive. adj. Persuasivo.
Pert. adj. Vivaz, gracioso, animado.
Pertain. v. Pertenecer, corresponder. / Ser apropiado o conveniente. / Atañer, incumbir.
Pertinencé, pertinency. f. Pertinencia.
Pertinent. adj. Pertinente.
Perturb. v. Perturbar, alterar, trastornar.
Perturbable. adj. Perturbable, alterable.
Perturbation. f. Perturbación.
Perusal. f. Lectura cuidadosa.
Peruse. v. Leer cuidadesamente. / (Fig.) Examinar.
Peruvian. adj. y m. y f. Peruano.
Pervade. v. Penetrar, saturar, llenar.
Pervasion. f. Penetración, saturación.
Perverse. adj. Perverso. / Contumaz. / Avieso.
Perversion. f. Perversión, corrupción, depravación.
Perversity. f. Perversidad, corrupción, depravación.
Pervert. v. Pervertir, corromper, depravar. / Desnaturalizar, adulterar. / (Fig.) Desviar, extraviar. / m. y f. Pervertido sexual.
Perverted. adj. Pervertido, corrompido, vicioso.
Peshy. adj. (Fam.) Cargante, molesto, engorroso.
Pessimism. m. Pesimismo.
Pessimist. m. y f. Pesimista.
Pessimistic. adj. Pesimista, abatido, triste.
Pest. f. Peste, pestilencia. / (Fig.) Pelmazo, tipo pesado. / Insecto dañino, plaga.
Pesticide. m. Insecticida.
Pestiferous. adj. Pestífero, pestilente. / Nocivo, malsano, pernicioso. / (Fam.) Fastidioso, molesto.
Pestilence. f. Pestilencia, peste.

Pestilent. adj. Pestilente.
Pestilential. adj. Pestilencial. / Nocivo, perjudicial. / Enfadoso, irritante.
Pestle. m. Majadero, mano de mortero. / v. Majar.
Pet. f. Mascota. / Persona mimada. / (Fam.) Amor.
Pet. m. Enojo pasajero. / v. Estar enojado.
Petite. adj. Pequeña, chiquitita.
Petition. f. Petición, solicitud. / Ruego, súplica, plegaria oración. / (Der.) Petición, recurso, instancia, / demanda. / v. Rogar, suplicar, solicitar.
Petitioner. m. y f. Peticionario, demandante.
Petrify. v. Petrificar. / (Fig.) Paralizar. / Petrificarse.
Petrol. f. Gasolina.
Petroleum. m. Petróleo.
Petulance. m. Malhumor, mal genio.
Petulant. adj. Malhumorado, quisquilloso, irritable.
Phallus. m. Falo.
Phantasm. m. Fantasma, aparición. / Ilusión, fantasía.
Phantasmagory. f. Fantasmagoría.
Phantasmal, phantasmic. Fadj. Fantasmal.
Phantom. m. Fantasma, aparición, quimera. / adj. Fantasmal, ilusorio, quimérico. / Ficticio, inexistente.
Pharaoh. m. Faraón.
Pharmaceutic. m. y f. Farmacéutico.
Pharmaceutics. f. Farmacia, ciencia farmacéutica.
Pharmacologist. m. y f. Farmacólogo.
Pharmacology. f. Farmacología.
Pharmacy. f. Farmacia, botica.
Pharyngitis. f. Faringitis.
Pharynx. f. (Anat.) Faringe.
Phase. f. Fase. / v. Ejecutar en fases, planear por fases. / To phase into, Introducir por fases o etapas en.
Pheasant. m. (Orn.) Faisán.
Phenomenal. adj. Fenomenal. / (Fig.) Extraordinario.
Phenotype. m. Fenotipo.
Philanthropist. m. y f. Filántropo.
Philanthropy. f. Filantropía. / Obra filantrópica.
Philately. f. Filatelia.
Philharmonic. adj. Filarmonico. / f. Orquesta filarmónica, sociedad filarmónica.
Philippines. n. p. Las Filipinas.
Philologist. m. y f. Filólogo, filóloga.
Philology. f. Filología.
Philosopher. m. y f. Filósofo.
Philosophic, philosophical. adj. Filosófico.
Philosophize. v. Filosofar, especular, meditar.
Philosophy. f. Filosofía.
Phlegm. f. Flema, moco, gargajo.
Phobia. f. Fobia.
Phoenix. m. y f. Fénix, ave fénix.
Phonate. v. Articular, enunciar. / Emitir voz.
Phone. m. (Fam.) (Contracción de Telephone) Teléfono. / v. Telefonear.
Phoneme. m. (Fon.) Fonema.
Phonemies. f. Fonemática, fonémica.
Phonetic. adj. Fonético.
Phonetic. f. Fonética.
Phonics. f. Acústica. / Fonética, en especial sistema de fonética elemental.
Phonograph. m. Fonógrafo.
Phonologic, phonological. adj. Fonológico.
Phonology. f. Fonología.
Phony. adj. (Pop.) adj. Falso, falsificado. / m. Objeto o cosa falsificada. / m. y f. Farsante.
Phosphate. m. (Quím.) Fosfato.
Phosphatize. v. Fosfatar. Reducir a fosfato.
Phosphorescence. f. Fosforecencia.
Phosphorus. m. Fósforo.

Photo. f. Foto, fotografía. / v. Fotografiar.
Photocopy. f. Fotocopia. / v. Fotocopiar.
Photogram. m. Fotograma.
Photograph. f. Fotografía. / v. Fotografiar(se), retratar(se).
Photographer. m. y f. Fotógrafo.
Photographic. adj. Fotográfico.
Photography. f. Fotografía.
Photolith. m. Fotolito.
Photomontage. m. Fotomontaje, montaje fotográfico.
Photophobia. f. Fotofobia.
Photosynthesis. f. Fotosíntesis.
Phrase. f. Frase, locución. / Fraseología, lenguaje. / v. Frasear. / (Mús.) Dividir las notas o tonos en frases.
Physic. f. Medicina. / Remedio. / v. Medicinar, purgar.
Physical. adj. Físico, corporal, material.
Physician. m. y f. Médico, doctor.
Physicist. m. y f. Físico.
Physics. f. Física. / Tratado de física, libro de física. / Composición, propiedades físicas.
Physiognomist. adj. y m. y f. Fisonomista.
Physiognomy. f. Fisonomía. / Fisiognómica
Physiological, physiologic. adj. Fisiológico.
Physiology. f. Fisiología.
Pianist. m. y f. Pianista.
Piano. m. (Mús.) Piano.
Pianoforte. m. Pianoforte, piano.
Picaresque. adj. Picaresco.
Pick. v. Picar, perforar, agujerear, romper (con instrumento puntiagudo). / Escarbar, limpiar, quitar. / Descarnar (un hueso), desplumar (un ave). / Coger (flores, fruta) Escoger, seleccionar con cuidado. / Picar, picotear (granos, semillas). / Sacar hebras, deshilachar. / (Mús.) Puntear, tocar. / m. Golpe del pico. / Lo mejor, lo seleccionado. / Cosecha. / Pico, piqueta. / Ganzúa.
Pick. v. Lanzar la lanzadera. / (Fam.) Aventar, arrojar. Lanzar heno. / m. Lanzamiento, tiro.
Picketer. m. y f. Miembro de un piquete de huelga.
Pickings. m. pl. Residuos, sobras (de comida). / Ganancias, frutos. / Botín, producto de un robo.
Pickle. m. Escabeche, adobo, salmuera. / Encurtido. / Apuro, aprieto, dificultad. / Baño químico para limpiar metales. / v. Encurtir, escabechar, salar..
Pickup. f. Recolección, recogida. / Mejora, recuperación. / Aceleración, pique. / Arresto, detención. / (Pop.) Conquista callejera. / Hallazgo, cosa hallada. / Camioneta. / (Electr.) Fonocaptor. / Dispositivo captador (Rad). Captación, recuperación. / Transmisión (de Rad. o TV). / (Dep.) Recogida (de la pelota).
Picnic. m. Picnic, comida campestre. / (Fam.) Cosa fácil, momentos agradables. / Jamón curado (del muslo del cerdo). / v. Tener una comida campestre.
Pictorial. adj. Pictórico. / Gráfico, ilustrado.
Picture. m. Cuadro, pintura. / Lámina, ilustración. / Retrato, fotografía. / (Fig.) Cuadro, descripción. / Situación, circunstancias. / Película, filme. / pl. Cine. / Imagen (televisión). / v. Representar, ilustrar. / Pintar, dibujar
Piddle.v. Emplearse en bagatelas. / (Fam.) Orinar.
Piddling. adj. Trivial, insignificante.
Pidgin. f. Lengua franca. / (Fam.) Negocio, interés.
Pie. m. Pastel con relleno, empanada..
Piece. m. Pedazo, trozo, fragmento. / Muestra, ejemplo. / Pieza de tela, tira de papel. / Pieza, obra, composición. (Musical, literaria). / Pieza, moneda. / (Mil.) Pieza de artillería, fusil, cañón. / Pieza (ajedrez, damas). / (Pop.) Coito. / (Pop.) Mujer considerada como objeto sexual). / v. Reparar, remendar (utilizando trozos). / Juntar las piezas, unir, hacer o completar.

Pier. m. Pilar, machón (de un puente). / Muelle, malecón, desembarcadero. Espigón, escollera.
Pierce. v. Horadar, barrenar, taladrar. / Pinchar. / Atravesar, traspasar. / (Fig.) Penetrar. / Abrirse paso por.
Piercer. m. y f. Taladrador (el que taladra). / Taladro, punzón, perforadora.
Piercing. adj. Penetrante.
Pier table. f. Consola.
Pietistic. adj. Religioso, devoto, pío. / Beato.
Piety. f. Piedad, devoción, religiosidad, fervor.
Piffling. adj. Disparatado, ridículo, trivial.
Pig. m. (Zool.) Cerdo, puerco, chancho. / Carne de cerdo. / (Fig.) Cochino, puerco (una persona). / (Metal.) Metal bruto. Lingote, molde de lingote.
Pigeon. f. (Orn.) Paloma, pichón.
Pigeonhearted. adj. Tímido, cobarde, medroso.
Pigeonhole. m. Casilla, compartimiento (de un casillero). / v. Archivar, encasillar.
Piggish. adj. Puerco, cochino, sucio. / Codicioso. Mezquino, tacaño. / Obstinado, testarudo.
Piggy. m. Cerdito, chanchito. / (Pop.) Dedo del pie.
Piggyback. adv. Sobre los hombros, a cuestas.
Pigheaded. adj. Obstinado, porfiado, testarudo.
Pigment. m. Pigmento, colorante.
Pigmentation. f. Pigmentación.
Pike. f. Pica. / Punta de lanza. Aguijón. / Camino o barrera de portazgo, peaje. / Carretera. / (Zool.) Lucio, sollo. / Pico de montaña. / v. Picar, herir con la pica.
Pilchard. f. (Zool.) Sardina.
Pile. m. Pelaje, pelillo / Lanilla, pelusa, pelusilla. / Montón, pila, cúmulo. / (Fig.) Montón, sin número. / Pira funeraria, hoguera. / Conglomerado de edificios. / (Fam.) Fortuna, dinero. / (Electr.) Pila.
Pile. m. Pilote, estaca. / (Her.) Pila. / Pilo, pilum (historia romana). / (Med.) Almorranas, hemorroides. / v. Estacar, empilonar, sostener con pilotes.
Pilfer. v. Ratear, robar, hurtar, sisar.
Pilferage. f. Ratería, robo, hurto, sisa.
Pilgrimage. f. Peregrinación, peregrinaje, romería.
Pill. f. Píldora. / Disgusto, fastidio, humillación, afrenta. / (Pop.) Pelota de golf o tenis. Bola de billar.
Pillage. m. Pillaje, saqueo, rapiña. / Botín, despojo. / v. Pillar, saquear, despojar.
Pillar. m. Pilar, columna, poste. Montante. Pedestal. / (Min.) Macizo. / (Fig.) Puntal, soporte principal. / v. Sostener con pilares.
Pillbox. m. Pastillero, cajita para pildoras. / Sombrero redondo y pequeño sin alas (de mujer).
Pillow. f. Almohada, almohadón, cojín.
Pillowcase. f. Funda de almohada.
Pilosity. f. Vellosidad, pilosidad.
Pilot. m. (Náut.) Piloto, timonel. / Práctico de puerto. / Guía, consejero, mentor. / Quitapiedras (en locomotoras). / Piloto, aviador. / (Mec.) Pieza guía, guía de herramientas. / adj. Guiador, auxiliar. / v. Pilotar, dirigir, llevar.
Pilotage. m. Pilotaje.
Piloting. m. Pilotaje.
Pimentov m. (Bot.) Pimiento, ají.
Pimp. m. Alcahuete, proxeneta. / v. Alcahuetear.
Pimping. adj. Mezquino, miserable.
Pimple. m. Grano, barro, espinilla.
Pin. m. Alfiler. / (Mec.) Pasador, espiga, clavija. / Broche, prendedor. / Gancho, pinza (para tender ropa). / Insignia, distintivo. / Rodillo de amasar. / Paletón (de la llave). / pl. (Fam.) Piernas. / (Fig.) Pepino, comino. / (Mús.) Clavija. / (Mec.) Bolo. / (Náut.) Cabilla. / v. Asegurar, prender, sujetar. / Empernar, enclavijar. / Clavar, inmovilizar (ajedrez).

Pinaiore. m. Delantal, mandil.
Pincers. f. pl. Pinzas.
Pinch. v. Pellizcar. / Apretar, comprimir, estrujar. / Acalambrar, contraer. / (Fig.) Herir. / (Fam.) Robar, hurtar. / Presión. / Escasez. / Pellizco. / Pulgarada (de sal, de tabaco). / (Fam.) Robo, hurto.
Pinchers. f. pl. Tenacillas, pinzas.
Pincushion. m. Alfiletero.
Pine. v. Languidecer, desfallecer, consumirse. / m. Deseo, anhelo. / (Bot.) Pino. / Madera de pino.
Pineapple. f. Piña, ananás. / (Pop.) Bomba de dinamita, granada de mano.
Pinetum. m. Pinar.
Pinewood. f. Madera de pino, bosque de pinos.
Ping. m. Sonido agudo de la bala. / v. Hacer impacto con un sonido agudo, zumbar (las balas).
Ping-pong. m. Pimpón, tenis de mesa.
Pinguid. adj. Pingüe, graso. Gordo, obeso. / Rico, fértil, feraz (terreno).
Pinhead. f. Cabeza de alfiler. / (Fig.) Pizca.
Pinhole. m. Agujero minúsculo (como hecho por un alfiler). / Agujero para pasador, clavija o espiga. / Punto transparente de un negativo fotográfico.
Pink. v. Perforar (tela, papel). Ondear, ojetear. / Picar con arma punzante. / (Bot.) Clavel, clavellina / Dechado, perfección, modelo. / Rosado (el color). / (Pop.) Simpatizante del comunismo. / adj. Rosado.
Pinkie. (Náut.) Pingue. / Dedo meñique.
Pinnacle. m. (Arq.) Pináculo. / (Fig.) Pináculo, cumbre, cúspide. / v. Rematar con un pináculo, proveer de pináculo. / Elevar a la fama, hacer surgir.
Pin oak. m. (Bot.) Roble-pino.
Pinole. m. Pinole, harina de maíz tostado, máchica.
Pinpoint. v. Apuntar con precisión. / Determinar o identificar con precisión, fijar con exactitud.
Pins and needles. m. Hormigueo (en el cuerpo).
Pint. f. Pinta (la medida de capacidad).
Pinto. adj. Pintado, de varios colores, manchado. / m. Caballo pinto.
Pint-size, pint-sized. adj. Pequeño, diminuto.
Pinup. adj. Que se clava en la pared. / f. Fotografía de mujer sexualmente excitante que se pone en la pared.
Pinweed. f. (Bot.) Estepa, jara.
Pioneer. m. (Mil.) Zapador. / Pionero, explorador, colonizador. / Iniciador, promotor. / adj. Precursor, preparatorio. / Primero, experimental. / De colonización, colonizador. / v. Explorar, colonizar.
Pious. adj. Pío, piadoso, devoto. / Gazmoñero.
Piousness. f. Piedad, devoción. / Gazmoñería.
Pip. f. Pepita, semilla. (de fruta). / (Pop.) Joya, maravilla, preciosidad, persona admirable, muchacha preciosa. / Veter. Pepila, moquillo (de las aves). / (Fam.) Desazón, disgusto, malestar. / Punto de naipe, dominó, etc.). / Estrella (insignia militar). / Cresta de eco.
Pipe. m. Tubo, caño, tuberíaa, conducto. / Canuto (de gaita, etc.). / pl. Gaita. / Caramillo, zampoña. / Silbo, silbido, nota an aflautada, voz atiplada. / Pipa (de fumar). / Pipa, barrica. / (Náut.) Pito, silbato. / (Pop.) Cosa fácil, éxito seguro. / v. Tocar el caramillo o la gaita. / Hablar o cantar con voz atiplada, gritar con voz aguda.
Pipeful. f. Fumarada.
Pipeline. f. Tubería, conducto. / Oleoducto / (Fig.), (Fam.) Fuente confidencial de información. / Línea, conducto (de transporte, etc.).
Piper. m. Flautista, gaitero. / Cañero.
Piping. m. Silbido, pitido, sonido agudo. / Tubería, cañería. / Borde dibujado con azúcar (Coc.). / Vivo, cordoncillo (Text.) / adj. Pastoril, tranquilo, sereno.

Piquancy. m. Picante, sabor excitante.
Piquant. adj. Picante. / (Fig.) Provocativo, cautivador.
Pique. f. Pica, resentimiento, disgusto, tirria, animosidad. / v. Enojar, molestar, desazonar.
Piracy. f. Piratería. / Plagio, edición no autorizada.
Piragua, pirogue. f. (Náut.) Piragua.
Piranha. f. (Zool.) Piraña, caribe.
Pirate. m. Pirata, corsario. / Barco pirata. / v. Robar, quitar. / Plagiar, publicar sin autorización del autor. / Ocupar o utilizar ilegalmente. / Piratear.
Pirouette. f. Pirueta, cabriola. / v. Piruetear.
Pisces. n. p. (Astron.) Peces o Piscis.
Pisciculture. f. Piscicultura.
Pisciculturist. m. y f. Piscicultor.
Piss. v. Orinar, mear. / f. (Pop.) Orina.
Pissed. adj. (Pop.) Enojado. / (Pop.) Borracho.
Pistol. f. Pistola. / v. Herir o matar con pistola.
Pistoleer. m. Pistolero.
Pit. m. Foso, hoyo. / Concavidad, hueco. / Cárcava. Pozo de mina. / Trampa, zanja. / Precipicio, abismo, sima. / Depresión, hendidura. / Boca del estómago. / Cicatriz. (En el cuerpo). / Cancha, reñidero. (De peleas de gallos, etc.). / Foso de la orquesta. (En un teatro). / (Dep.) Foso. (Para los saltos). / v. Poner, enterrar o guardar en fosos, hoyos, etc.
Pit. m. Hueso. / v. Deshuesar. (Frutas).
Pitch. f. Pez. / Alquitrán, brea. / Resina de coníferas. / v. Alquitranar, embetunar, embrear.
Pitch. v. Armar, montar, fijar, asentar. / Echar, lanzar, tirar, arrojar. / Graduar o ajustar a un tono. / Instalarse, establecerse. Acampar. / Precipitarse, caer hacia delante, bajar en declive. / m. Lanzamiento, echada. / Grado, nivel. (De emociones). / Cabezada, arfada. (De un barco, etc.). / Puesto. (De limpiabotas, etc.). / Propaganda comercial. / (Arq.) Grado de inclinación. (Del techo, etc.). / (Mec.) Paso, avance (de tornillo, engranaje, etc.). Separación, espacio. Inclinación (de hélice). .
Pitcher. m. Cántaro, jarra, jarro. / (Bot.) Hoja utricular, ascidio. / Lanzador. (Béisbol.)
Pitchy. adj. Peceño, embreado. / (Fig.) Negro, oscuro.
Piteous. adj. Lastimero, lastimoso.
Pitfall. f. Trampa. / (Fig.) Peligro latente.
Pitiable. adj. Lamentable. / Despreciable, miserable.
Pitter-patter. m. Golpeteo suave y continuo. / adj. Con golpeteo suave y continuo.
Pity. f. Lástima, piedad, compasión. / v. Compadecer, apiadarse, sentir lástima.
Pius. m. Pío.
Pivot. m. Pivote, espiga, centro de giro. / (Fig.) Persona esencial. Eje, factor fundamental o crucial. / adj. De charnela, de giro. / (Fig.) Cardinal, fundamental, esencial. / v. Montar en un pivote, proveer con gorrón o espiga. / Girar sobre un eje.
Placability. f. Placabilidad, clemencia.
Placard. m. Cartel, letrero, anuncio. / v. Poner carteles en, cubrir con carteles.
Placate. v. Aplacar, sosegar, calmar.
Placation. m. Aplacamiento, apaciguamiento.
Place. m. Lugar, sitio. / Espacio, cabida. / Localidad, región. / Residencia, morada. / Local, puesto, lugar. / Punto determinado. / Parte, pasaje. (De discurso, etc.). / Condición, rango, posición. / Colocación, empleo, deber. / Plaza. (De pueblo). / v. Poner situar, ubicar. / Establecer, fijar determinar. / Dar empleo, emplear. / Invenir o prestar dinero.
Placement. f. Colocación, empleo.
Placenta. f. Placenta.
Placer. m. Placer, lavadero de oro. Aluvión aurífero.

Placid. adj. Plácido, tranquilo, sereno.
Plagiary. m. Plagio, copia, imitación.
Plague. f. Plaga, peste, epidemia. / Plaga, azote, calamidad. / (Fig.) Molestia, incomodidad. / v. Plagar, infestar, apestar. / (Fig.) Fastidiar, molestar, importunar.
Plain. adj. Simple, llano, fácil. / Simple, sencillo, sin adornos. / Terminante, evidente. / Sencillo, corriente, ordinario. / Feo, sin belleza. / (Fam.) Libre, despejado, descubierto. / m. Llano, llanura, planicie. / pl. Praderas. / adv. Claramente, inteligiblemente.
Plainspoken. adj. Franco, sincero.
Plaint. m. Lamento, endecha, queja. (Poesía). / Querella. / (Der.) Demanda, queja, acusación.
Plaintiff. m. y f. (Der.) Demandante.
Plaintive. adj. Quejumbroso, lastimero, dolido.
Plait. m. Pliegue, doblez, plisado. / Trenza. / v. Plegar, plisar, fruncir. / Trenzar, entretejer.
Plan. m. Plano, diseño, bosquejo, esquema. / Plan, proyecto. / Plan, método, manera. / v. Proyectar.
Planchet. m. Cospel, tejuelo. / (Topogr.) Plancheta.
Plane. adj. Plano, llano, igual, nivelado. / (Geom.) Plano. / m. Plano, superficie plana, llano. / Nivel. (De desarrollo, etc.). / Avión, aeroplano. / (Bot.) Variedad de plátano. / (Aer.) Plano, ala. / v. Planear. (Un avión).
Plane. m. Cepillo de carpintero, garlopa. / Llana, fratás. / v. Allanar, desbastar. / Trabajar con el cepillo.
Planer. f. Cepilladora..
Planet. m. (Astron.) Planeta.
Planetary. adj. Planetario. / Errante, errabundo. / Terrestre, de este planeta. / (Mec.) Planetario.
Planish. v. Alisar, allanar, aplanar. (Metalcs).
Plank. f. Tabla, tablón. / Tablazón, tablaje. / Punto del programa de un partido político. / v. Entablar, entarimar, enmaderar. Poner tablas a un piso. / Cocer y servir sobre una tabla.
Plankton. m. Plancton.
Planner. m. y f. Proyectista, diseñador, calculista. / Trazador, tracista. / Persona metódica.
Planning. f. Formulación de planes. Planificación, trazado de un plano, programación.
Plant. f. Planta, vegetal. / Planta, fábrica. / (Pop.) Trampa, pista falsa, prueba falsificada. / v. Plantar, sembrar, cultivar la tierra. / Plantar, fijar, colocar. / Implantar, inculcar. (Una idea, etc.). / Abastecer, proveer. / Colonizar, fundar.
Plantation. m. Plantío. / Plantación, hacienda. / Colonización, colonia.
Planter. m. Plantador, hacendado. / Colonizador.
Plantigrade. adj. y m. y f. Plantígrado.
Plaque. f. Placa o lámina. (De adorno, etc.). / Medalla, insignia.
Plash. v. Entrelazar, entretejer. (Tallos, flores, etc.). / Salpicar, rociar. / Chapotear, chapalear. / f. Salpicadura. / Chapoteo. / Charco, poza.
Plashy. adj. Lleno de charcos. / Pantanoso, lodoso.
Plaster. m. (Farm.) Emplasto, parche. / Yeso, argamasa, enlucido. / v. Enyesar, enlucir, revocar. / Pegar, fijar, adherir. / Cubrir completamente. (Con anuncios, etiquetas, etc.). / (Fig.) Colmar. (De elogios, etc.).
Plasterboard. m. Cartón-yeso, plancha de yeso y fieltro. / adj. De cartón-yeso.
Plastic. adj. y m. Plástico. (Con todas las acepciones de la palabra castellana).
Plasticity. f. Plasticidad, ductilidad, flexibilidad.
Plastics. f. Plástica.
Plat. v. Entretejer, trenzar, enlazar, plegar.
Plat. m. Solar, parcela. / Plano, mapa. (Especialmente de una ciudad). / v. Trazar, hacer un plano de.

Platan. m. (Bot.) Plátano.
Plate. f. Plancha, placa, chapa, lámina. / Rótulo, letrero. (De metal). / Plato, cubierto. (Comida y servicio). Cubiertos, orfebrería. / Platillo para colectas, colecta. / Fisiol. Plaqueta. / (Dep.) Copa de oro o plata. (Premio). / Base del bateador. (Béisbol). / (Arq.) Viga horizontal. / (Impr.) Plancha, clisé, estereotipo. / Grabado, lámina. (Ilustración). / Riel o carril. (Ferroc.). / Pieza dental, dentadura postiza.
Plateau. f. Altiplanicie. / v. Nivelarse, estabilizarse.
Plated. adj. Enchapado. / Galvanoplastiado. / Blindado.
Platform. f. Plataforma, tablado. / (Fig.) Plataforma, programa político. / Andén. (Ferrocarriles). / Plataforma, estrado, tribuna.
Plating. f. Plateadura, doradura, niquelado, platinado, capa metálica. / Blindaje.
Platinum. m. Platino.
Platonism. m. Platonismo. / Amor platónico.
Platonist. m. Platónico.
Platoon. m. (Mil.) Pelotón. / Grupo, compañía.
Plaudit. m. Aplauso, aclamación / (Fig.) Aprobación.
Plausible. adj. Verosímil, posible.
Plausibleness. f. Admisibilidad, credibilidad aparente.
Plausive. adj. Plausivo, laudatorio.
Play. v. Jugar. / Moverse, agitarse. Revolotear, aletear. Vibrar, flamear. / Tañer, tocar, sonar (un instrumento musical). Ejecutar (una pieza musical). Tocar (un disco, etc.). / Conducirse, comportarse. / Funcionar, moverse libremente, tener juego (Una pieza de una máquina). / Hacer, meter. (Bromas, treta). / Enfrentar a alguien en un juego, hacer jugar a alguien en un equipo. / Apostar. / Manejar, manipular. / Hacer una movida, hacer una jugada. (En ajedrez, naipes, etc.). / f. Jugada, juego. / Función, representación teatral. / Pasatiempo, entretenimiento, diversión, recreo. / Broma, chanza. / Revoloteo, aleteo, movimiento rápido. Reflejo (de luces, de colores). / Apuestas. / Movimiento, juego. (De una máquina). / Funcionamiento.
Playback. f. Reproducción.
Played out.. adj. Exhausto, agotado, acabado.
Player. m. y f. Jugador. / Actor, comediante. / (Mús.) Ejecutante.
Playfull. adj. Juguetón. / Humorístico, festivo.
Playground. m. Patio de recreo, campo de juegos o de deportes, parte de un parque dedicado a los niños.
Playlet. f. Comedia corta, drama corto.
Playmate. m. y f. Compañero de juegos.
Playroom. f. Habitación para jugar.
Plaything. m. Juguete.
Playtime.. m. Tiempo de recreo o de juego.
Playwright. m. y f. Dramaturgo, comediógrafo.
Plea. m. Argumento, razonamiento. / Disculpa, excusa, pretexto. / Ruego, súplica, petición.
Plead. v. Argumentar, argüir, razonar. / Suplicar, implorar. / (Der.) Abogar. / Excusarse con, presentar como excusa. / (Der.) Defender. (Un pleito, etc.).
Pleading. m. (Der.) Alegato, defensa. Informe. Oratoria forense. / pl. (Der.) Alegatos, escritos. .
Pleasant. adj. Placentero, agradable. / Simpático.
Pleasantry. f. Ocurrencia. / Gracia, jocosidad.
Please. v. Agradar, gustar, dar satisfacción, complacer. / Querer, sentir deseo, estar dispuesto. / Please, Por favor. / Darle la gana a uno.
Pleasure. m. Placer, goce, deleite, fruición, regocijo. / Placer, cosa agradable. / Gusto, elección, preferencia.
Pledge. f. Prenda, caución, garantía, fianza. / Pignoración, empeño. / Brindis. / Voto, promesa, compromiso. / v. Empeñar, pignorar, caucionar. / Prometer.

Plenary. adj. Plenario, perfecto. / m. Plenario.
Plenish. v. Colmar, repletar, abastecer.
Plenitude. f. Plenitud. / Abundancia, profusión.
Plentiful. adj. Abundante, amplio, copioso.
Plentifulness. f. Abundancia.
Plenty. f. Abundancia, riqueza, profusión, copiosidad. / adj. Copioso, abundante.
Plethoric. adj. (Med.) Pletórico. / (Fig.) Repleto, rebosante. Ampuloso.
Pliability. f. Flexibilidad. / Docilidad.
Pliable. adj. Flexible, dúctil, plegable. / Dócil, tratable.
Pliancy.. f. Flexibilidad. / Docilidad. / Adaptabilidad.
Pliant. adj. Flexible, dúctil, plegable. / Dócil, manejable, tratable. / Adaptable, acomodable.
Plication. f. Plegadura. / Pliegue, doblez, dobladura.
Pliers. f. pl. Pinzas, alicates, tenacillas.
Plight. m. Apuro, aprieto. / Situación, condición. / Promesa, compromiso solemne, esponsales. / v. Prometer, dar la palabra.
Plink. v. Tintinear, retiñir. / Tirotear. / m. Retintín.
Plod. v. Caminar de forma lenta y pesada, caminar con trabajo. / Cansarse, trabajar laboriosamente.
Plodder. m. y f. El que trabaja esforzadamente.
Plop. v. Dejar caer de golpe. (Un objeto). / Caer haciendo un ruido apagado. / adj. De golpe. A plomo.
Plot. m. Lote, parcela. / Plano, mapa de un terreno, diagrama. / Complot, conspiración, intriga. / Argumento, trama (De un cuento, novela, etc.). / v. Delinear, trazar, marcar. / Diseñar o trazar un plano.
Plotter. m. y f. Conspirador, maquinador, tramador.
Plow. m. Arado. / Carrillo de contacto, zapata de toma. (Ferroc.). / (Carp.) Cepillo ranurador. / v. Arar, labrar. / Surcar, cortar. (El agua un barco).
Pluck. v. Arrancar, sacar. Depilar. Picar. / Desplumar. (aves). / (Mús.) Puntear, pulsar las cuerdas. / (Pop.) Robar, estafar, desplumar. / (Pop.) Reprobar, suspender, (A alguien en los exámenes). / m. Arranque, tirón, estirón / Asadura. (De corazón, hígado y bofes).
Plucky. adj. Animoso, valiente, resuelto, esforzado.
Plug. m. Tapón, obturador, tarugo. / Espita, boca de agua. / Tableta de tabaco comprimido. / Cilindro. (De cerradura). / Enchufe, tapón de contacto, tomacorriente. / Bujía. (De automóvil). / Anuncio publicitario, publicidad incidental. / (Pop.) Rocín, jamelgo. / (Pop.) Tiro, disparo. (De un arma). / Bala, proyectil. / v. Atarugar, taponar, obturar, cegar.
Plum. m. (Bot.) Ciruelo. / Ciruela, pruna. / Pasa.
Plumage. m. Plumaje.
Plumb. f. Plomada. Plomo (de plomada, sonda, etc.). / adj. Vertical, perpendicular. / (Fam.) Absoluto, completo. / adv. A plomo, verticalmente. / Directamente. / (Fam.) Completamente, de remate. / v. Aplomar.
Plumbing. f. Fontanería.
Plumbum. m. Plomo.
Plume. f. Pluma. (De ave). / Plumaje. / Plumero, penacho. (De plumas). / Laurel, premio. / (Zool.) Apéndice plumoso. / (Bot.) Vilano. / v. Emplumar, adornar con plumas. / Limpiar y arreglar sus plumas. (Las aves).
Plummet. m. Plomo, plomada, nivel de albañil. / (Fig.) Lastre, estorbo, peso. / v. Caer a plomo.
Plump. adj. Rollizo. / v. Engordar, volver rollizo
Plump. v. Caer a plomo, dejarse caer pesadamente. / Soltar, dejar caer pesadamente. / f. (Fam.) Caída pesada, porrazo, ruido sordo. / Directamente, derecho. / adv. Categóricamente, rotundamente. / adj. Categórico, rotundo, brusco.
Plunder. v. Saquear, rapiñar, expoliar. / Cometer pillaje o saqueo. / m. Pillaje, saqueo. / Botín, despojo.

Plunderage. m. Pillaje, botín.
Plunderer. m. Pillador, saqueador.
Plunge. v. Zambullir(se), sumergir(se). / Enterrar, hundir. (Puñal, etc.). / Arrojar(se), precipitar(se). / Templar. (Aceros). / (Fig.) Hundirse, abismarse. (En la desesperación, etc.). / Cabecear (un barco), corcovear (un caballo). / Precipitarse, actuar precipitadamente. / Jugar o apostar arriesgadamente. / f. Zambullida, salto. / Piscina o estanque. (Para zambullirse).
Plunger. m. y f. Zambullidor. / (Pop.) Especulador o apostador temerario, jugador incauto. / Pistón.
Plunk. v. Empujar o dejar caer pesadamente, caer con ruido de golpe seco. / Puntear, rasguear. (Instrumentos de cuerda). / m. (Fam.) Golpe seco, ruido seco. / Rasgueo, punteo. (De guitarra, etc.). / (Pop.) Dólar. / adv. Con ruido o golpe seco.
Plural. adj. y m. (Gram.) Plural.
Pluralism. f. Pluralidad. / Pluralismo.
Pluralist. adj. Pluralista.
Plus.. adv. Más. / adj. Positivo. (Número, signo, etc.). / Adicional, en exceso. / m. Signo más. / Ventaja, factor positivo. / Excedente, sobrante.
Pluvial, pluvian. adj. Pluvial. / (Geol.) Pluviátil, pluvial.
Ply. v. Doblar, plegar, curvar.
Pneumatic. adj. Neumático. / (Fil.) Espiritual.
Pneumonia. f. Neumonía, pulmonía.
Poach. v. Escalfar, cocer a fuego lento. / Cazar o pescar sin licencia.
Pocket. m. Bolsillo. / Faltriquera. / Bolsa, monedero. / Talega, saco. / Cavidad, receptáculo.
Pocketbook. f. Cartera, monedero. / (Fig.) Recursos.
Pockmarked.. adj. Picado de viruelas.
Pod. f. Vaina. (De legumbre). / Manada, rebaño, cardumen, bandada. / (Mec.) Portabroca. Ranura o canal longitudinal. (De taladros). / v. Producir vainas. / (Pop.) Engrosar. abultarse. (Una mujer embarazada).
Podgy. adj. Regordete, rechoncho.
Podium. m. Podio.
Poet. m. Poeta.
Poetess. f. Poetisa.
Poetic. adj. Poético.
Poetical. adj. Poético. / Ficticio, idealizado.
Poeticize. v. Poetizar, dar carácter poético.
Poetics. f. Poética, arte poética.
Poetize. v. Poetizar.
Poetizer. m. Poeta.
Poetry. f. Poesía.
Poignancy. f. Viveza, intensidad.
Poignant. adj. Vivo, intenso. / Agudo, conmovedor. .
Point. m. Punto. (Con todas las acepciones de la palabra castellana) / Momento decisivo, crítico o exacto. / Sentido (de una acción). / Gracia, agudeza de un chiste). / Punta. (De un objeto). / Buril, punzón, hurramienta puntiaguda. / Extremo, remate. / Promontorio, punta de tierra. / Parada del perro cazador ante la presa. / Puntas, encaje de punta. / pl. Extremidades del caballo. / (Electr.) Conexión, toma. / (Mús.) Melodía o frase corta. / Aguja. (Ferroc.). / (Her.) Punta, pira. / (Náut.) Punto cardinal. / v. Aguzar, sacar punta a. / Apuntar. (Un arma).
Pointed. adj. Puntiagudo. / Evidente, obvio. Preciso, exacto. / Directo, acentuado, significativo, mordaz.
Pointer. m. Indicador. / Índice. Manecilla (de reloj), fiel (de balanza). Puntero. / Apuntador. (Que apunta con un arma). / Perro perdiguero.
Pointless. adj. Sin punta, obtuso. / Inútil, sin sentido. / Sin gracia, insípido. / (Dep.) Con el marcador a cero.

Pointy. adj. Puntiagudo. / Puntoso.
Poise. v. Equilibrar, balancear, contrepesar.
Poison. m. Veneno. / (Fig.) Ponzoña. / v. Envenenar. / (Fig.) Emponzoñar. / adj. Envenenado. / (Fig.) Ponzoñoso.
Poisoning. m. Envenenamiento.
Poisonous.. adj. Venenoso, ponzoñoso.
Poison-pen letter.. m. Anónimo.
Poke. v. Picar, aguijonear. / Atizar. (El fuego). / Golpear, asestar un golpe a. / Husmear, fisgar. / Moverse lentamente, ocuparse en fruslerías. / Sobresalir, proyectarse. / m. Golpe, empujón, codazo. / (Fam.) Bolsa, saco.
Poker. m. Atizador. / Póquer (naipes).
Poland. n. p. f. Polonia.
Polar. adj. Polar.
Polaris. n. p. f. (Astron.) La estrella Polar. / Proyectil atómico que se dispara desde un submarino.
Polarity. f. Polaridad.
Polarize. v. Polarizar.
Pole. m. Polo. / Polaco. / Poste, palo, vara, pértiga. / Lanza. (De carruajes). / v. Empujar o sostener con palos. / Impulsar con pértiga. (Una embarcación).
Polemic, polemical. adj. Polémico, controvertible. / f. Polémica, controversia. / Polemista.
Polestar. n. p. f. Estrella Polar.
Police. f. Policía, cuerpo de policía. / Policías.
Policeman. m. Agente de policía, guardia.
Policewoman. f. Mujer policía.
Policy. f. Política, costumbre, plan, sistema. / Prudencia. / Póliza de seguros. / Especie de lotería.
Polish. adj. Polaco. / m. Idioma polaco.
Polish. m. Pulimento, brillo, lustre. / Refinamiento, urbanidad, cultura. / Cera, betún. / v. Pulir, bruñir, lustrar. / Educar, civilizar. / Recibir lustre o pulimento.
Polished. adj. Pulido, bruñido. / (Fig.) Acabado.
Polisher. m. y f. Pulidor. / Pulidora. (Máquina).
Polite. adj. Cortés, atento, culto, fino.
Politeness. f. Cortesía, urbanidad.
Politic. adj. Ingenioso, astuto. / Apropiado, atinado.
Politician. m. y f. Político.
Politicize. v. Politiquear. / Dar carácter político a.
Politics. f. La política.
Polity.. f. Constitución política, organización política. / Forma de gobierno. / Estado.
Poll. f. Cabeza, nuca. / Votación. (El acto de votar y el resultado). / Escrutinio de los votos. / pl. Urnas. Lugar de votación. / Cotillo. (De martillo). / Captación. (Impuesto). / Encuesta. / v. Esquilar, trasquilar. / Desmochar, podar (plantas), descornar (reses). / Empadronar. (Votantes). / Obtener. (Votos). / Solicitar el voto de (jurado, delegado, etc.).
Pollen. m. Polen.
Pollute. v. Contaminar, infectar, corromper.
Polluted. adj. Contaminado, corrupto.
Pollution. f. Contaminación, infección, corrupción.
Polyester. m. Poliéster.
Polygamist. m. Polígamo.
Polygamous. adj. Polígamo.
Polygamy. f. Poligamia.
Polyglot. adj. Políglota. / m. y f. Políglota, polígloto.
Polynesian. adj. Polinesio. / m. y f. Polinesio. (El habitante y el idioma).
Polyp. m. (Zool.) Pólipo. / (Med.) Pólipo.
Polyphony. f. (Mús.) Polifonía.
Polypus.. m. (Med.) Pólipo.
Polytechnic. adj. Politécnico. / f. Escuela politécnica, instituto politécnico.
Polytheism. m. (Rel.) Politeísmo.

Pomade. f. Pomada. / v. Untar con pomada.
Pomatum. f. Pomada, ungüento perfumado.
Pomelo. m. (Bot.) Pomelo, toronja.
Pommel. m. Pomo. (De guarnición de espada). Culata. / Penila de la montura. / v. Golpear con los puños.
Pomp. f. Pompa, suntuosidad, fausto.
Pomposity. f. Pomposidad. / Gesto o hábito pomposos.
Pompous. adj. Pomposo, suntuoso. / Pomposo.
Pompousness. f. Pomposidad. / Ampulosidad.
Pond. f. Charca, estanque, laguna.
Ponder. v. Ponderar, considerar. / Reflexionar, meditar.
Ponderability. f. Ponderabilidad.
Ponderosity. f. Ponderosidad. / (Fig.) Pesadez.
Ponderous. adj. Ponderoso, pesado, voluminoso..
Pond lily. m. (Bot.) Nenúfar.
Poniard. m. Puñal, daga. / v. Atravesar con puñal.
Pons. m. (Anat.) Puente, puente de Varollo. / Conectador, parte conectiva.
Pontifex. m. Pontífice.
Pontifical. adj. Pontifical, episcopal, pontificio, papal.
Pontificate. m. Pontificado. / v. Pontificar, dogmatizar.
Pony. m. Poni. / (Fam.) Trago pequeño de licor.
Pool. m. Estanque, alberca, pileta, poza. / Charco. / Yacimiento petrolífero. / Pozo, apuestas. (Naipes). / Billar de casino. / Consorcio, sindicato de empresas. / v. Mancomunar, combinar, agrupar.
Poor. adj. Pobre, necesitado, menesteroso. / Deficiente, escaso, inadecuado. / Malo, inferior, insatisfactorio. / Humilde, modesto. / Endeble, enfermizo. / Flaco, magro. / Infortunado, desdichado. / Estéril, árido.
Poorhouse. m. Asilo, hospicio.
Poor-spirited. adj. Cobarde, pusilánime, apocado.
Pop. m. Chasquido, estallido, ruido seco. / Pistoletazo, detonación, estampido. / (Pop.) Papá. / v. Estallar, reventar. / Dispararse, detonarse.
Popcorn. f. pl. Palomitas de maíz.
Pope. m. (Rel.) Papa. / Pope.
Popedom. m. Papado, papazgo.
Pop-off. adj. y m. y f. (Pop.) Vocinglero.
Poppy. f. (Bot.) Amapola. / Adormidera.
Populace. m. Populacho, masa. / Pueblo, plebe.
Popular. adj. Popular. / Común, generalizado.
Popularity. f. Popularidad, fama, renombre.
Popularization. f. Popularización.
Popularize. v. Popularizar, difundir, propagar.
Populate. v. Poblar, habitar.
Population. f. Población, pobladores, vecindario. / Población. / (Biol.) Colonia de organismos.
Porcelain. f. Porcelana.
Porch. m. Porche, portal, terraza cubierta. / Pórtico.
Pore. v. Escrutar. / Estudiar, leer con atención, estar absorto en la lectura de. / Meditar. / m. Poro.
Pork. m. Carne de puerco.
Pork sausage. m. Chorizo, longaniza, salchicha.
Pornography. f. Pornografía. / Material pornográfico.
Porosity. f. Porosidad. / Poro.
Porous. adj. Poroso.
Porridge. f. Avena cocida con leche.
Port. m. Puerto. / Aeropuerto. / (Fig.) Refugio, asilo. / (Náut.) Portañola, cañonera, tronera. / (Náut.) Babor. / Lumbrera, orificio. / Desveno. (De arreos de caballo). / Porte, talante. / Posición del fusil que va terciado. / v. Llevar terciado. / Poner dirección a babor. Virar hacia babor. / adj. Portuario.
Portable.. adj. Portátil, transportable. / f. Máquina de escribir portátil.
Portative. adj. Portátil, transportable.
Portend. v. Pronosticar, anticipar. / Significar, indicar.

Portent. m. Presagio, augurio, premonición. / Carácter profético. / Portento, prodigio, maravilla, milagro.
Portentous. adj. Ominoso. / Portentoso, maravilloso.
Porter. m. Portero, conserje. / Mozo de cuerda. / Mozo, camarero. (De trenes). / Cerveza amarga y fuerte.
Porterage. f. Portería, oficio de portero. / Trabajo del cargador.
Portfolio. m. Cartera, portafolios. / Cartera, ministerio. / (Com.) Cartera, valores en cartera.
Portico. m. (Arq.) Pórtico, portal, atrio.
Portion. f. Porción, parte, cuota.
Portly. adj. Corpulento, grueso. / Solemne, decoroso.
Portrait. m. Retrato. / Similitud, semejanza.
Portraitist. m. y f. Retratista.
Portray. v. Retratar, pintar el retrato de. / (Fig.) Describir gráficamente. / Representar. (En el teatro).
Portrayal. f. Representación, descripción. / Retrato. / Representación. (De un papel de teatro).
Portrayer. m. y f. El que describe algo.
Portuguese. adj. y m. y f. Portugués. De Portugal.
Pose. v. Desconcertar, asombrar, confundir. / Plantear, formular (pregunta), presentar (proposición). / Posar. (Como modelo). / Pavonearse. / f. Postura, actitud, posición. / Apariencia. / Amaneramiento.
Poser. f. Pregunta difícil, rompecabezas, enigma.
Posh. adj. (Fam.) Elegante, a la moda, lujoso.
Posit. v. Situar, colocar, poner en posición. / (Fil.) Postular, aseverar, dar por cierto.
Position. f. Posición. / Colocación, empleo, puesto. / Proposición, propuesta. / Opinión, punto de vista.
Positive. adj. Positivo. (Con todas las acepciones de la palabra castellana). / Absoluto, sumo. / Seguro, convencido. / (Mec.) De acción directa.
Positively. adv. Positivamente.
Positiveness. f. Seguridad, certeza, dogmatismo.
Positivism. m. Positivismo.
Positivist. adj. y m. y f. Positivista.
Possess. v. Poseer, tener. / Posesionar.
Possessed. adj. Poseído, poseso. / Insano, enloquecido.
Possession. f. Posesión. / (Der.) Tenencia. / Propiedad, predio. / Serenidad, aplomo, sangre fría.
Possessional. adj. Posesional.
Possessive. adj. Posesivo, posesional. / Dominante, egoísta. / (Gram.) Posesivo. / m. Caso posesivo, adjetivo o pronombre posesivo.
Possibility. f. Posibilidad. / Cosa posible, persona aceptable.
Possible. adj. Posible, realizable, factible. / Posible.
Post. m. Poste, pilar, columna. / Estaca, palo. / v. Fijar, pegar. (Carteles o avisos). / Anunciar en carteles. / Anotar en una lista.
Post. m. (Mil.) Puesto, plaza, fuerte, guarnición. / Retreta, toque de corneta. / Cargo, oficio. / v. Apostar, situar, colocar..
Post. m. Correo. Edificio de correos. / v. Viajar por relevos, viajar deprisa. / Despachar por correo, echar al correo. / Informar, tener al corriente. / adv. Por medio de postas. / A toda velocidad, rápidamente.
Postage. m. Franqueo, porte de correos.
Postage stamp. m. Sello de correo.
Postal. adj. Postal, de correos. / f. (Fam.) Tarjeta postal.
Postbox. m. Buzón de correos.
Postcard. f. Tarjeta postal, postal.
Posted. adj. Enterado, al tanto de. / Vedado, cerrado.
Poster. m. Cartel, aviso, letrero. / Caballo de posta.
Posterior. adj. Posterior, subsiguiente. / Posterior, trasero. / (Bot.) Superior, posterior. / m. Trasero, nalgas.

Posteriority. f. Posterioridad.
Posterity. f. Posteridad.
Posthumous. adj. Póstumo.
Postman. m. Cartero.
Postmark. m. Matasellos, sello. (En cartas).
Postmeridian. adj. Postmeridiano.
Post office. f. Oficina de correos.
Post office box. m. Apartado de correos, casilla postal.
Postponable. adj. Aplazable, diferible, dilatable.
Postpone. v. Aplazar, dilatar. / Posponer, postergar.
Postponement. m. Aplazamiento. / Posposición.
Postulant. m. y f. (Rel.) Postulante, postulanta.
Postulate. m. Postulado. / v. Postular, pretender, exigir, requerir. / Presuponer, dar por sentado.
Posture. f. Postura. / Posición, situación. / Condición, estado. / v. Colocar en una postura. / Posar, asumir una postura. / Pavonearse.
Pot. f. Olla, marmita. / Maceta, tiesto. / Caperuza, sombrerete. (De chimenea). / (Pop.) Montón. (De dinero, etc.). / Tiro a mansalva. / Apuesta, pozo. (En el juego). / (Fam.) Orinal, bacina. / Nasa, red. / (Pop.) Mariguana. / v. Envasar, conservar en botes. / Plantar en tiestos. / Cazar para comer. / Entronerar una bola. (Billar). / Cocinar a fuego lento en cacerola. / Disparar a mansalva.
Potable. adj. Potable, bebible. / pl.f. pl. Bebidas.
Potato. f. (Bot.) Patata, papa. (Planta y tubérculo).
Potbelly. f. Panza, barriga, tripa.
Potboil. v. Utilizar el talento artístico para poder vivir.
Pot cheese. m. Requesón.
Potence, potency. f. Potencia, fuerza, vigor, energía. / Potencialidad, posibilidad.
Potent. adj. Potente, poderoso. / Eficaz. / Potente, viril, vigoroso. / (Her.) Potenzado. / f. (Her.) Potenza.
Potentate. m. Potentado, soberano, monarca.
Potential. adj. Potencial, latente, posible. / (Gram.) Potencial. / f. Posibilidad, potencialidad. / (Gram.) Modo potencial. / (Mat.) Función potencial. / (Fís.) Potencial. / Potencial, voltaje. (Electricidad).
Potentness. f. Potencia, poder.
Pother. f. Nube de polvo, humo o vapor. / Alboroto, bullicio. / Aspaviento. / v. Acosar, molestar, confundir. / Agitarse, inquietarse por nimiedades.
Pothouse. f. Cervecería, taberna, bodegón.
Potion. f. Poción, brebaje, pócima.
Pottery. f. Alfarería, cerámica. / Vajilla de barro. / Tienda de alfarería, taller de cerámica.
Pouch. f. Bolsa pequeña. / Faltriquera. / Zurrón, morral. / Bolsa postal, valija de correos, valija diplomática. / (Zool.) Bolsa (del canguro), abazón (de monos, murciélagos y roedores). / v. Formar una bolsa en. / Poner en la valija de correos. / Embolsar, embolsicar. / Abolsarse, formarse en una bolsa.
Poultry. f. Aves de corral.
Poultry yard. m. Corral, gallinero.
Pounce. f. Gravilla, arenilla. / Carbón en polvo. / Salto súbito o inesperado (sobre algo). / Zarpa. Garra de aves de presa. / v. Empolvar, empolvorizar (con gravilla), esparcir (con carbón en polvo). / Apomazar..
Pound. m. Corral, redil. / Encierro, prisión. / Manga (red para pescar). / v. Acorralar, encerrar (ganado).
Pound. f. Libra. (Unidad de peso). / Libra esterlina (unidad monetaria). / Corral, redil. / Encierro, prisión. / Manga, red para pescar. / v. Acorralar, encerrar ganado. / Triturar, machacar, moler. / Golpear, pegar, aporrear. / (Fam.) Cascar, dar una paliza a. / Pisar el asfalto de, desempedrar (calles), hacer rondas en. / Moverse o caerse con un ruido pesado y apagado. / Pulsar fuertemente, latir con violencia. / m. Choque, golpe, ruido sordo.

Pour. v. Verter, vaciar, derramar, escanciar. / Fluir, manar, brotar, correr, caer copiosamente. / Llover a cántaros, diluviar. / m. Flujo. / Caída abundante de lluvia.
Pourer. m. Vaciador, escanciador, trasegador.
Pouring. adj. Copioso, torrencial.
Pouty. adj. Enfurruñado, resentido.
Poverty. f. Pobreza, indigencia, penuria. / Escasez, falta, carencia.
Powder. m. Polvo. / Pólvora. / v. Empolvar. / Triturar, pulverizar. / Reducirse a polvo. (Sales). / Usar polvo cósmetico. / (Fam.) Darse prisa, precipitar el paso.
Powdered. adj. En polvo.
Powder magazine. m. Polvorín. / (Náut.) Santabárbara.
Powdery. adj. Polvoriento, polvoroso, empolvado. / Deleznable, friable, quebradizo.
Power. m. Poder, fuerza, vigor, pujanza. / Capacidad, aptitud. / Poder, potestad, autoridad, influencia. / (Der.) Poder, facultad, mandato. / Potencia. (Nación). / (Mat.) Potencia, exponente. / (Mec.), (Fís.) Potencia, fuerza motriz, energía. / (Ópt.) Potencia de un lente. / (Fam.), (Pop.) Multitud, montón.
Powerful. adj. Poderoso, potente, vigoroso, influyente, enérgico, fuerte.
Powerless. adj. Impotente, ineficaz, inepto, incapaz. / Sin autoridad, que no tiene poder.
Practicability. f. Viabilidad, practicabilidad.
Practicable. adj. Practicable, factible, posible. / Transitable, viable. / Utilizable. (Teatr.).
Practicableness. f. Viabilidad.
Practical. adj. Práctico, útil, conveniente. / Práctico, pragmático. / Virtual.
Practicality. m. Sentido práctico. / Utilidad práctica, viabilidad.
Practical joke. f. Burla o broma pesada.
Practically. adv. Prácticamente, útilmente. / Virtualmente, en efecto.
Practice, practise. v. Practicar, ejercitarse en, hacer ejercicios de. / Adiestrar, ejercitar / Poner en práctica, practicar. / Practicar, ejercer. / f. Práctica, costumbre, uso, hábito. / Práctica, ejercicio. (De una profesión). / Clientela. / Estratagema, trama. / (Der.) Práctica, procedimiento.
Practicer, practiser. m. y f. Practicante, practicador.
Practitioner. m. y f. Practicante, en especial el médico.
Pragmatic. adj. Pragmático, práctico. / Oficioso, entremetido. / (Fil.) Pragmático, pragmatista. / f. (Hist.) Sanción pragmática. / Entremetido.
Pragmatics. f. (Fil.) Pragmática.
Pragmatism. m. Pragmatismo.
Prague. n. p. f. Praga.
Prairie. f. Llanura, planicie, llano, pampa, sabana.
Prairie wolf. m. Coyote.
Praise. v. Alabar, encomiar, exaltar, elogiar. / f. Alabanza, encomio, elogio.
Praiseworthy. adj. Laudable, loable.
Prank. f. Travesura, picardía, jugarreta.
Prankster. m. y f. Bromista.
Prattle. v. Parlotear, charlar como los niños. / v. Expresar algo a la manera de los niños. / m. Parloteo infantil, cháchara.
Pray. v. Rogar, pedir, implorar, suplicar. / *Pray tell me*, Sírvase decirme. / Rezar, orar.
Prayer. f. Oración, rezo, plegaria. / Súplica, ruego, imploración.
Prayerful. adj. Piadoso, devoto.
Prayerfulness. f. Devoción.
Preach. v. Predicar, sermonear. / Exhortar, aconsejar.
Preacher. m. Predicador.

Preamble. m. Preámbulo, introducción, prefacio.
Prearrange. v. Arreglar de antemano, prever, prevenir.
Prearrangement. f. Disposición o arreglo previo.
Prebend. f. Prebenda.
Prebendary. m. Prebendado.
Precarious. adj. Precario. / Precario, inseguro.
Precative, precatory. adj. Suplicante, implorante.
Precaution. f. Precaución, prudencia, cautela.
Precautious. adj. Precavido, cauteloso, cauto.
Precede. v. Preceder, anteceder.
Precedent. adj. Precedente. / m. Antecedente.
Preceding. adj. Precedente, que precede, anterior.
Precept. m. Precepto. / (Der.) Mandato judicial.
Preceptive. adj. Preceptivo, instructivo.
Preceptor. m. Preceptor, maestro.
Precession. f. Precesión, precedencia.
Precinct. m. Recinto. / pl. Inmediaciones, alrededores. / Límite, linde, frontera. / Distrito, barrio.
Precious. adj. Precioso, caro, costoso. / Precioso, preciado. / Querido. / Melindroso, amanerado, refinado. / Consumado, insigne. / (Fam.) Muy.
Precipice. m. Precipicio, abismo, sima.
Precipitance, precipitancy. f. Precipitación, atolondramiento, apresuramiento.
Precipitant. adj. Precipitado, atropellado, temerario. / m. (Quím.) Precipitante.
Precipitate. adj. Precipitado, temerario. / Apresurado, atropellado, alocado. / (Quím.) Precipitado. / v. Precipitar, arrojar, despeñar. / Apresurar, acelerar. / Causar, provocar. / Caer. (Lluvia, etc.). / (Quím.) Precipitar, producir un precipitado. / Precipitarse, arrojarse, despeñarse. / Precipitarse, apresurarse. / (Quím.) Precipitarse, depositarse.
Precipitation. f. Precipitación, atropellamiento, apresuramiento, impetuosidad. / (Quím.) Precipitación, precipitado. / (Meteor.) Precipitación.
Precipitous. adj. Precipitoso, empinado, escarpado. / precipitado, atropellado.
Precise. adj. Preciso, inequívoco, claro. / Exacto, estricto, justo. / Meticuloso, puntilloso, escrupuloso.
Precisely. adv. Precisamente, justamente, exactamente. / Meticulosamente.
Precision. f. Precisión. / adj. De precisión, exacto.
Preclude. v. Evitar, excluir, prevenir, imposibilitar.
Preclusion. f. Prevención, imposibilitación.
Preclusive. adj. Impeditivo, exclusivo.
Precociousness, precocity. f. Precocidad.
Preconize. v. Preconizar.
Precursive. adj. Precursor, premonitorio.
Precursory. adj. Precursor, premonitorio.
Predacious, predaceous. adj. Predator, rapaz.
Predation. f. Conducta predatoria, depredación.
Predator. m. Predator.
Predatory. adj. Predatorio. / Predator de presa, rapaz.
Predestinate. adj. Predestinado. / v. Predestinar.
Predestination. f. Predestinación.
Predicate. v. Predicar, proclamar. / Afirmar un predicado. / Implicar, denotar, significar. / adj. Predicado. / (Gram.) Que pertenece al predicado. / m. Predicado.
Predicatory. adj. Predicador.
Predict. v. Predecir, pronosticar, profetizar.
Prediction. f. Predicción, pronóstico, profecía.
Predictive. adj. Que predice, profético.
Predisposition. f. Predisposición, propensión, susceptibilidad.
Predominate. v. Predominar, prevalecer, preponderar.
Preeminent. adj. Preeminente, superior, sublime.
Preface. m. Prefacio, prólogo. / v. Prologar, poner un prólogo a. / Introducir, anunciar, ser precursor de.

Prefect. m. Prefecto.
Prefecture. f. Prefectura.
Prefer. v. Preferir. / (Der.) Dar preferencia a.
Preferable. adj. Preferible, preferente.
Preference. f. Preferencia. / Promoción, ascenso. / (Der.) Prioridad o preferencia.
Preferent. m. y f. Preferente.
Preferential. adj. Preferente, preferencial.
Prefix. m. (Gram.) Prefijo. / v. Anteponer, colocar al principio, poner a manera de prefijo.
Pregnancy. f. Preñez, embarazo, gravidez.
Pregnant. adj. Preñada, embarazada, grávida. / (Fig.) Preñado, prolífico, fecundo, lleno. / Significativo.
Prehistory. f. Prehistoria.
Prejudice. m. Perjuicio, menoscabo, daño. / Prejuicio, idea preconcebida. / v. (Der.) Perjudicar, menoscabar, dañar. / Predisponer, prevenir, preocupar.
Prejudicial. adj. Perjudicial, dañoso, lesivo.
Prelate. m. Prelado.
Prelatic. adj. Prelaticio, de prelado.
Preliminary. adj. Preliminar, introductorio, preparatorio. / Preliminar, preparativo. / pl. Exámenes preliminares.
Prelude. m. Preludio, prelusión. / (Mús.) Preludio. / v. Preludiar, servir de introducción a, proveer de preludio.
Premature. adj. Prematuro, temprano, extemporáneo.
Premeditate. v. Premeditar.
Premeditation. f. Premeditación.
Premier. adj. Primero, principal, capital. / m. y f. Primer ministro, presidente del consejo de ministros.
Premiere. m. Estreno. (De una película, etc.). / adj. Sobresaliente, principal. / v. Estrenar. Ser estrenado.
Premise. n. (Lóg.). Premisa. / pl. (Der.) Asertos, aserciones anteriores, observaciones preliminares (de una escritura o título de dominio). / pl. Local, establecimiento, predio. / v. Sentar o establecer como premisa, exponer anticipadamente, presuponer.
Premium. m. Premio, recompensa, bonificación, gratificación. / (Com.) Prima, premio. / Prima de seguro.
Premonition. f. Premonición, presentimiento, corazonada. / Advertencia, prevención.
Preoccupation. f. Preocupación.
Preoccupied. adj. Preocupado, absorto, distraído.
Prep. m. Colegio o curso preparatorio. Escuela primaria. / Deber, tarea. / v. Seguir un curso preparatorio.
Preparation. f. Preparación. / (Farm.) Preparado.
Preparatory. adj. Preparatorio, introductorio.
Prepare. v. Preparar. / Hacer preparativos, alistarse.
Preparer. adj. y m. y f. Preparador.
Preponderate. v. Preponderar. / Prevalecer.
Preposition. f. Preposición.
Prepossessing. adj. Agradable, simpático, atractivo.
Preposterous. adj. Absurdo, disparatado.
Preposterousness. f. Ridiculez, absurdo.
Prepotency. f. Prepotencia, preponderancia.
Prepotent. adj. Prepotente, dominante, predominante.
Prerogative. f. Prerrogativa. / adj. Privilegiado. / De privilegios.
Presage. m. Presagio, agüero, augurio. / Presentimiento, corazonada. / v. Presagiarr. / Presentir, barruntar.
Presbyter. m. Presbítero.
Presbyterianism. m. Presbiterianismo.
Presbytery. m. Presbiterio. / Tribunal eclesiástico de los presbiterianos. / Parroquia, rectoría..
Preschool. adj. Preescolar, jardín infantil.
Prescind. v. Prescindir de, omitir. / Separar, abstraer.
Prescribe. v. Prescribir, preceptuar, ordenar. / (Med.) Recetar. / Escribir recetas médicas. / (Der.) Prescribir.

Prescription. f. Prescripción, orden, regla, precepto. / (Med.) Prescripción, receta.
Prescriptive. adj. Preceptivo. / (Der.) De prescripción, debido a prescripción. / Acostumbrado, establecido.
Presence. f. Presencia. / Presencia, porte, apariencia.
Present. adj. Presente, corriente. / m. (Gram.) Presente (Tiempo verbal). / (Der.) La(s) presente(s). / *At present*, Ahora, al presente. / Presente, regalo, obsequio. / v. Presentar, introducir. / Regalar, obsequiar. / Representar, exponer, poner a consideración, exhibir, mostrar. / (Rel.) Presentar, proponer (para un beneficio). / (Der.) Denunciar, acusar. / (Mil.) Presentar (armas.)
Presentation. f. Presentación.
Presentative. adj. Presentativo. / (Rel.) Que se inviste por presentación . (Un beneficio). / (Fil.), Psicol. Perceptible, sensible, intuitivo, perceptivo.
Presentment. f. Exposición, manifestación. / (Com.) Presentación, manifestación. (De un documento). / (Der.) Acusación, denuncia. / (Fil.) Presentación o representación de una imagen. Imagen. / Representación (Teatr.). / Retrato. / semejanza, parecido.
Preservative. adj. Preservativo. Antiséptico. / m. Profiláctico, agente preservativo.
Preserve. v. Preservar, proteger. / Guardar, mantener. / f. Conserva, confitura. / Coto, vedado, reserva. / (Fig.) Propiedad exclusiva, derechos exclusivos.
Preside. v. Presidir, dirigir.
Presidency. f. Presidencia.
President. m. y f. Presidente.
Presidential. adj. Presidencial.
Presidio. m. Presidio, guarnición, fortaleza, plaza.
Press. v. Apretar. / Compeler, obligar, forzar. / Planchar. (La ropa). / Persuadir, instar, apresurar, apremiar, urgir. / Recalcar, subrayar, insistir en. / Apresurarse. / Aprestarse, apiñarse. / Pesar, abrumar. / Importunar, ser importuno. / f. Presión, apretón, apiñamiento / Muchedumbre, multitud. / Prensa. / Imprenta. / Impresión. / La prensa. / (Dep.) Levantamiento con apoyo.
Pressing. adj. Urgente, apremiante. / Importuno, insistente, pesado. / f. Prensura, prensado de un disco fonográfico. / Planchado (de la ropa), satinaje.
Pressure. f. Presión, compresión. / Peso, carga, opresión. / Pretensión, apremio, urgencia. / (Electr.) Tensión, voltaje. / v. Ejercer presión sobre.
Prestidigitation. f. Prestidigitación.
Prestidigitator. m. y f. Prestidigitador.
Prestige. m. Prestigio, renombre, fama.
Presumable. adj. Presumible.
Presume. v. Presumir, dar por sentado, suponer. / Atreverse. / Asumir. / Presumir, actuar presuntuosamente.
Presumption. f. Presunción, conjetura, suposición. / Presunción, engreimiento. / (Der.) Presunción.
Presumptuous. adj. Presuntuoso, vanidoso, presumido. / Insolente, atrevido.
Pretend. v. Aparentar, fingir, simular. / Alegar, afirmar. / Pretender, aspirar a.
Pretense. f. Pretensión, reivindicación. / Pretensión, vanidad, jactancia. / Pretexto, excusa. / Simulación, fingimiento.
Pretension. f. Pretensión, reclamo, demanda. / Pretexto, alegato, argumento. / Jactancia, presunción. / Aspiración, anhelo, ambición.
Pretentious. adj. Pretencioso, presuntuoso, vanidoso. / Ostentoso. / Ambicioso, de gran alcance.
Preterit, preterite. adj. (Gram.) Tiempo pretérito. / Pasado, sucedido. / m. (Gram.) Pretérito indefinido.
Pretermission. f. Pretermisión, omisión, preterición.
Pretext. m. Pretexto, excusa, disculpa.

Prettiness. f. Hermosura, galanura, belleza.
Pretty. adj. Bonito, hermoso, lindo, bello. / Pulcro, elegante, galano. / Bueno, excelente, fino. / (Fig.) bonito, grande. / Bastante, considerable. / f. Cosa linda, persona bonita. / v. Acicalar.
Prevail. v. Prevalecer, prevaler. / Tener éxito.
Prevailing. adj. Prevaleciente, predominante. / Corriente, común.
Prevalence. f. Frecuencia, ocurrencia frecuente.
Prevalent. adj. Frecuente, generalizado, usual.
Prevaricate. v. Equivocar, argüir falsa o engañosamente, mentir. / (Der.) Prevaricar.
Prevarication. m. Equívoco, engaño, dolo. / (Der.) Prevaricación.
Prevaricator. m. y f. Embustero. / (Der.) Prevaricador.
Prevenience. f. Prevención, providencia, anticipación.
Prevenient. adj. Preveniente, precedente. / Preventivo, anticipante, antecedente.
Prevent. v. Impedir, obstaculizar. / Prevenir, precaver, evitar. / Anticipar, prever.
Preventative. f. Prevención. / adj. Preventivo.
Prevention. f. Prevención. / Obstáculo, impedimento.
Preventive. adj. Preventivo, impeditivo. / m. Medida preventiva. / (Med.) Profiláctico.
Preview. f. Vista o examen previo al del público. / Avance de una película. / v. Presentar o ver previamente. / Hacer una presentación preliminar de.
Previous. adj. Previo, precedente. / (Fam.) Prematuro.
Prevision. f. Previsión. / Presagio. / v. Prever.
Prey. f. Presa, víctima. / v. Rapiñar. / Oprimir, agobiar, tener preocupado. / Agobiar, abusar de, hacer víctima.
Price. m. Precio, valor, importe. / Premio, costo. / Recompensa, premio. / v. Avaluar, valorar, preciar, tasar. / Poner precio a, fijar el precio de.
Priceless. adj. Inapreciable, inestimable, sin precio. / (Fam.) Absurdo, risible.
Price tag. f. Etiqueta de precio. / (Fig.) Precio, costo.
Prick. f. Picadura, punzada, pinchazo.
Prickle. m. Aguijón, púa, pincho, espina. / Picazón. / v. Pinchar, aguijerear, punzar. / Causar picazón a.
Prickly. adj. Lleno de púas, espinoso.
Pride. m. Orgullo, amor propio, altivez, arrogancia. / Vigor, brío, fuerza. / (Lit.) Pompa, esplendor. / Manada de leones. / Disposición o temperamento de un caballo. / (Fam.) Celo. (De una hembra). / v. Enorgullecerse, jactarse.
Prideful. adj. Orgulloso, engreído.
Prier. adj. Fisgón, curioso, husmeador.
Priest. m. Sacerdote, presbítero, cura, clérigo.
Priesthood. m. Sacerdocio, clero, clerecía.
Prig. adj. Pedante, presuntuoso, melindroso, mojigato.
Priggery. f. Pedantería, melindre, mojigatería.
Prim. adj. Estricto, escrupuloso. / Decoroso, severamente modesto, estirado, formal. / v. Vestir con mucho recato.
Primacy. f. Primacía, supremacía, precedencia. / (Rel.) Primacía.
Primal. adj. Primordial, fundamental, principal. / Original, primitivo.
Primary. adj. Primario. / f. Cosa fundamental, punto principal. / Comicios primarios, elección preliminar. / (Astron.) Planeta primario. / (Electr.) Circuito primario. / (Orn.) Pluma primaria.
Prime. f. Prima, primera hora. (Canónica y del día). / Alba, aurora, amanecer. / Juventud, flor de la vida, plenitud de fuerzas. / Lo mejor, lo más escogido. / (Mat.) Número primero o primo. / (Quím.) Átomo sencillo. / (Mús.) Tónico, sonido fundamental. / (Impr.) Virgulilla.

/ adj. Primo, primero, primario, original, / Selecto, excelente, de primera clase o calidad. / Primero, principal, primordial. / (Mat.) Primo, primario (número). / v. Cebar un arma de fuego. / Llenar, cargar. / Imprimar, alistar (pared, etc. para ser pintada), dar la primera mano de pintura a. / Preparar, seleccionar, informar, alistar. / Arrastrar agua con el vapor. (En calderas).
Primitive. adj. Primitivo. / m. y f. Hombre primitivo. / Idea primitiva, concepto básico. / Arte primitivo.
Primogenitor. m. y f. Primogenitor, antepasado.
Primordial. adj. Primordial.
Primp. v. Acicalar(se), emperejilar(se).
Primrose. f. (Bot.) Primavera, prímula. / adj. De color amarillo rojizo. / Cubierto de prímulas.
Primrose peerless. m. (Bot.) Narciso.
Prince. m. Príncipe.
Princedom. m. Principado.
Princely. adj. Principesco, magnífico, espléndido.
Princess. f. Princesa.
Principal. adj. Principal, esencial, capital, máximo. / m. y f. Jefe principal. / Director, rector. (De establecimiento educacional). / (Com.) Principal, capital. (En oposición al rédito o interés.) / (Arq.) Cercha, cimbra. / (Der.) Mandante, causante, delegante. / (Der.) Criminal, actor principal de un delito. / (Mús.) Principal, registro de cuatro pies del órgano; tema (de una fuga).
Principality. m. Principado. / Principalidad.
Principium. m. Principio. / pl. Principios elementales.
Principle. m. Principio, origen, raíz, causa. / Principio, norma, máxima.
Print. f. Impresión, huella, marca. / Molde, estampa, cuño, matriz. / Estampado. (Text.). / Impresión. (De un libro, etc.). / Impreso, grabado, dibujo. / Letra o texto impreso. / (Fotogr.) Copia, prueba positiva. / *In print*, Publicado, impreso. En venta (libro). / *Out of print*, Agotado. / v. Imprimir, marcar, estampar, sellar. / Publicar. / Escribir con letra de imprenta. / (Fotogr.) Copiar, sacar una copia o un positivo, tirar una prueba. / Ser impresor, trabajar como impresor.
Printable. adj. Imprimible. / Publicable.
Printer. m. y f. Impresor, editor. / Tipógrafo, gráfico. / (Fotogr.) Aparato copiador.
Printery. f. Imprenta, taller tipográfico. / Taller o fábrica donde se estampan telas. (Text.).
Printing. f. Imprenta, tipografía. / Impresión. / Tirada. / pl. Papel para imprimir.
Printout. f. Impresión, tiraje, registro.
Prior. adj. Previo, precedente. / adv. Previamente.
Priorate. m. Priorato. (Comunidad y dignidad).
Prioress. f. (Rel.) Priora.
Priority. f. Prioridad, anterioridad, precedencia, antelación. / Prioridad, superioridad.
Prism. f. Prisma.
Prismatic. adj. Prismático. / (Fig.) Centellante.
Prison. f. Prisión, cárcel. / adj. Carcelario. / En prisión, en la cárcel. / De cárcel, de encarcelamiento. / v. Encarcelar, aprisionar.
Prisoner. m. y f. Preso, prisionero, recluso, cautivo.
Prissy. adj. Remilgado, melindroso.
Pristine. adj. Prístino, antiguo, primitivo.
Privacy. m. Retiro, retraimiento, intimidad, privacidad. / Lugar de retiro o aislamiento.
Private. adj. Privado, particular. (Persona). / Privado, confidencial. (Asunto). / Privado, personal (propiedad, etc.). Íntimo, propio, personal (motivo, etc.). / Solitario. (Lugar). / m. (Mil.) Soldado raso.
Privative. adj. Privativo. / m. (Gram.) Prefijo o sufijo privativo.

Privilege. m. Privilegio, gracia, prerrogativa. / v. Privilegiar, conceder privilegio a.
Privy. adj. Secreto, oculto, reservado.
Prize. f. Premio, recompensa, remuneración / (Fig.) Galardón, ganancia, ventaja. / (Hist.) Competencia por un premio. / (Como adj.) Premiado, digno de premio. / De premio. / De peso. (Argumento etc.).
Prizefighter. m. Boxeador profesional.
Pro. adv. En pro, en favor. / m. Pro, voto o argumento a favor. / adj. Favorable.
Probable. adj. Probable.
Probate. f. (Der.) Validación, legalización oficial de un testamento. / v. Validar un testamento.
Probation. f. Prueba, probación. / Periodo de prueba, tiempo de prueba. / (Der.) Libertad condicional, libertad vigilada.
Probe. f. (Med.) Sonda, calador. / Examen probatorio. Indagación, interrogatorio, investigación. / v. Sondar, sondear. / Escudriñar, inquirir, indagar..
Probity. f. Probidad, moralidad, rectitud.
Problem. m. Problema. / adj. De problemas. / Con muchos problemas. / De solución o trato difícil.
Procedure. f. Procedimiento.
Proceed. v. Proceder. / Seguir su curso.
Proceeding. m. Proceder. / Acto, práctica. / pl. Acta de sesiones. / pl. Curso de acción, acontecimientos. / (Der.) Procedimiento, proceso, trámite.
Proceeds. m. Producto, ganancias, réditos.
Process. m. Progreso, avance. / Procedimiento, método, sistema. / (Der.) Causa, proceso, expediente. Auto, citación. / (Anat.), (Med.) Proceso. / (Impr.) Fotograbado, fotomecánica. / Protuberancia, excrecencia. / v. (Der.) Procesar. / Elaborar. / Andar en una procesión. / adj. Elaborado con métodos especiales. .
Procession. f. Procesión, desfile. / Progresión, sucesión, serie.
Processional. m. Procesionario. / Himno procesionario. / adj. Procesional.
Proclaim. v. Proclamar, declarar. / Pregonar, vocear.
Proclamation. f. Proclamación, publicación, anuncio oficial. / Proclama, decreto, edicto, bando.
Proclivity. f. Proclividad, inclinación, propensión.
Procrastinate. v. Aplazar, postergar, dilatar, retrasar. / v. Obrar con dilación, dilatarse, tardar.
Procreate. v. Procrear, engendrar.
Procreation. f. Procreación, engendramiento.
Procurable. adj. Obtenible, asequible.
Procurance. f. Obtención, consecución, adquisición.
Procure. v. Adquirir. / Alcahuetear..
Prod. v. Aguijonear, picar, pinchar, punzar. / (Fig.) Aguijar, estimular, avivar. (Memoria, etc.). / m. Aguijón, espina, pincho. / Aguijonada, aguijonazo. / (Fig.) Aguijón, estímulo.
Prodigal. adj. Pródigo, derrochador. / Exuberante.
Prodigality. f. Prodigalidad, derroche, despilfarro, exuberancia, profusión.
Prodigious. adj. Prodigioso, maravilloso, asombroso, extraordinario. / Enorme, inmenso, vasto. / Portentoso.
Prodigiousness. f. Prodigiosidad. / Enormidad.
Prodigy. m. Prodigio, maravilla. / Portento, pasmo.
Produce. m. Producto, producción. / Producto, renta, rédito. / Producto agrícola. / Raza, cría. / v. Producir, exhibir, presentar, mostrar. / Producir, parir, dar a luz. / Manufacturar, fabricar. / Dar, rendir. (Utilidades, etc.). / Producir, originar, extender. / Producir, dar frutos, fructificar.
Producer. m. y f. Productor, fabricante.
Product. m. Producto.

Production. f. Producción.
Productive. adj. Productivo, creativo. .
Profanation. f. Profanación.
Profane. v. Profanar. / adj. Profano, secular, seglar. / Profano, ignorante. / Profano, irreverente, blasfemo.
Profanity. f. Profanidad, irreverencia, falta de respeto. / Blasfemia, maldición, imprecación, palabra obscena.
Profess. v. Manifestar, reconocer, admitir. / Profesar, sentir. (Afecto, interés). / Fingir.
Profession. f. Declaración, manifestación, admisión, confesión. / Fe, creencia, religión. / Profesión, carrera, oficio. / (Rel.) Profesión.
Professional. adj. Profesional.
Professionalize. v. Dar carácter profesional ar.
Professor. m. y f. Profesor universitario, catedrático.
Professorate. m. Profesorado.
Professorship. m. Profesorado, cargo de profesor.
Proffer. v. Ofrecer, proponer, brindar. / f. Oferta.
Proficiency. f. Pericia, destreza, habilidad.
Proficient. m. y f. Perito, experto. / adj. Perito, hábil.
Profile. m. Perfil, silueta. / Contorno. / v. Perfilar.
Profit. m. Provecho, ventaja, aprovechamiento. / pl. Utilidad, lucro, beneficio. / v. Sacar provecho.
Profitable. adj. Provechoso, útil, beneficioso.
Profitless. adj. Infructuoso, inútil, estéril.
Pro forma. f. Como mera formalidad. / (Com.) Pro forma.
Profound. adj. Profundo, hondo, insondable, intenso.
Profuse. adj. Profuso, copioso. / Pródigo, generoso.
Profusion. f. Profusión, abundancia. / Generosidad, prodigalidad.
Progenitor. m. y f. Progenitor, antepasado. / Precursor.
Progeny. f. Progenie, prole, sucesión.
Prognosis. m. Pronóstico, predicción. / (Med.) Prognosis, pronóstico.
Prognostic. m. Pronóstico, presagio, señal. / Vaticinio, predicción. / (Med.) Pronóstico, prognosis. / adj. Pronosticador.
Prognosticate. v. Pronosticar, presagiar, predecir.
Program, programme. m. Programa. / v. Programar.
Programming. f. Preparación o planeamiento de programa(s). / Programación de computadoras.
Progress. m. Progreso, marcha, avance. / Progreso, mejoramiento, aprovechamiento. / v. Progresar, adelantar, avanzar. / Progresar, mejorar.
Progression. f. Progresión, adelantamiento. / Secuencia, sucesión. / (Mat.) Progresión.
Progressist. adj. y m. y f. (Polít.) Progresista.
Progressive. adj. Progresivo. / (Polít.) Progresista. / (Gram.) Durativo. / m. y f. Progresista.
Prohibit. v. Prohibir, vedar. / Impedir, dificultar.
Prohibition. f. Prohibición, veda. / Interdicto, entredicho. / Prohibicionismo.
Prohibitive. adj. Prohibitivo.
Project. v. Proyectar, arrojar, dirigir sobre. / Proyectar, planear.
Projection. f. Proyección. (En Geom., Geol., Psicol. y Cinem.). / Planeamiento. / Saliente..
Projector. m. Proyector. (Cine, Óptica). / Proyectista.
Prolegomenon. m. Prolegómeno, prólogo.
Proletarian. adj. Proletario.
Proletariat. m. Proletariado.
Proliferate. v. Proliferar. / adj. (Bot.) Prolífero.
Proliferation. f. Proliferación.
Prolixity. f. Verbosidad, prolijidad.
Prologue. m. Prólogo, introducción. / Introducción.
Prolong. v. Prolongar, prorrogar.
Prolongation. f. Prolongación.

Promenade. m. Paseo, caminata. / Paseo, alameda. / v. Pasear, dar un paseo.
Prominence. f. Eminencia, distinción.
Prominent. adj. Destacado. / Prominente.
Promiscuity. f. Promiscuidad. / Promiscuidad sexual.
Promiscuous. adj. Promiscuo.
Promise. f. Promesa, compromiso. / (Fig.) Promesa, esperanza. / v. Prometer, ofrecer, comprometerse.
Promiser. m. y f. Prometedor.
Promontory. m. Promontorio, punta. / (Anat.) Promontorio, protuberancia.
Promote. v. Promover, ascender. / Promover, fomentar, estimular. / / Coronar. (Ajedrez).
Prompt. adj. Pronto, presto, listo, dispuesto, expedito. / Rápido, inmediato, puntual. / m. (Com.) Plazo o periodo para pagar los créditos. Fecha de vencimiento. / Recordatorio, aviso. / v. Impulsar, mover, incitar.
Promptitude. f. Prontitud, presteza.
Promptness. f. Prontitud, presteza, rapidez.
Promulgate. v. Promulgar, proclamar, publicar.
Promulgation. f. Promulgación, proclamación.
Promulgator. m. y f. Promulgador.
Promulge. v. Promulgar, publicar.
Prone. adj. Prono, echado boca abajo, postrado, / Inclinado, propenso, dispuesto a. / En declive, pendiente.
Prong. f. Púa, punta, diente (de tenedor, etc.)..
Pronominal. adj. (Gram.) Pronominal.
Pronoun. m. Pronombre.
Pronounce. v. Pronunciar, proferir. / Pronunciar (discurso, sentencia, etc.), dar (una conferencia), promulgar (decreto). / Afirmar, aseverar.
Pronounced. adj. Pronunciado, marcado, notable.
Pronunciation. f. Pronunciación.
Proof. f. Prueba. (Con todas las acepciones de la palabra castellana). / adj. A prueba de, resistente a. / De prueba. / De grado. (Alcohólico, etc.). / v. Hacer una prueba de, someter a prueba..
Proofread. v. (Impr.) Leer o corregir las pruebas o galeradas de.
Proofreader. m. y f. Corrector de pruebas o galeradas.
Prop. v. Apuntalar, entibar. / Mantener, sustentar Afianzar, reforzar. / m. Puntal, entibo, soporte, sostén. / pl. (Pop.) Piernas.
Propaedeutic. adj. Propedéutico. / f. Propedéutica.
Propaganda. f. Propaganda.
Propagandize. v. Hacer propaganda de.
Propagate. v. Propagar(se), multiplicar(se). / Propagar(se), extender(se), difundir(se). / Diseminar(se).
Propagation. f. Propagación, generación, multiplicación. / Propagación, difusión, divulgación.
Propane. m. Propano.
Propel. v. Propulsar, impeler, impulsar.
Propensity. f. Preferencia, predisposición.
Proper. adj. Propio, particular, característico, distintivo. / Mismo, propio, propiamente dicho. / Apropiado, adecuado, conveniente, digno. / Correcto, pertinente, atinado, exacto. / Decoroso, decente. / (Her.) De color natural. / (Fam.) Excelente, muy bueno. / Verdadero.
Property. f. Propiedad, cualidad, característica, peculiaridad. / Propiedad, posesión. / Propiedad, dominio, derecho de posesión. / pl. Utilería, decorados.
Prophecy. f. Profecía, predicción.
Prophesy. v. Profetizar, predecir, vaticinar.
Prophet. m. Profeta, vaticinador.
Propitiate. v. Propiciar, aplacar, apaciguar, conciliar.
Proportion. f. Proporción, armonía, simetría. / Parte, porción, cuota. / pl. Dimensiones. / (Mat.) Proporción. / v. Proporcionar, adecuar. / Dividir, repartir.

Proportional. adj. Proporcional. / m. (Mat.) Número o cantidad proporcional.
Proportionate. adj. Proporcionado a, en proporción a. / v. Proporcionar, adecuar.
Proposal. f. Propuesta. / Propuesta matrimonial.
Propose. v. Proponer, plantear, exponer.
Proposition. f. Propuesta, proposición. / (Fam.) Empresa, negocio. / Asunto, problema. / (Fam.) Tipo, sujeto. / (Lóg.) Proposición, tesis. / (Mat.) Proposición, teorema. / v. Hacer una propuesta a..
Proprietary. m. y f. Propietario, dueño. / Conjunto de propietarios. / Remedio patentado o de fórmula secreta. / adj. Propietario, de propiedad. / Patentado.
Proprietor. m. y f. Propietario, dueño.
Propriety. f. Conveniencia. / Corrección, decoro.
Propulsion. f. Propulsión, impulsión.
Propulsive. adj. Propulsor, impulsor, impelente.
Pro rata. adv. Prorrata, proporcionalmente.
Prosaic. adj. Prosaico. / En prosa.
Prose. f. Prosa. / adj. Prosaico, de prosa. / Prosaico, insulso, común. / v. Escribir o poner en prosa.
Prosecutable. adj. Enjuiciable.
Prosecute. v. Proseguir, continuar, llevar adelante.
Prosecution. f. Prosecución, proseguimiento..
Prosecutor. m. y f. (Der.) Fiscal, demandante.
Proselyte. m. Prosélito, converso, neófito. / v. Convertir a alguien. / Ganar prosélitos.
Proselytism. m. Proselitismo.
Prosody. f. Versificación, métrica, arte de la versificación. / Prosodia.
Prospect. m. Panorama, perspectiva, paisaje. / Perspectiva, expectativa, esperanza, expectación. / Cliente en perspectiva, candidato probable. / pl. Perspectivas, probabilidades.
Prospective. adj. Presunto, en perspectiva, esperado.
Prospectus. m. Prospecto, folleto.
Prosper. v. Prosperar, medrar, tener éxito. Hacer prosperar, hacer medrar.
Prosperity. f. Prosperidad, medro, éxito.
Prosthesis. f. (Med.) Prótesis..
Prostitute. v. Prostituir. / (Fig.) Deshonrar, corromper, vender. / adj. Prostituido. / f. Prostituta, ramera.
Prostitution. f. Prostitución.
Prostrate. adj. Postrado, prosternado. / (Fig.) Humillado, rendido. / (Bot.) Procumbente. / v. Postrar, derribar. / (Fig.) Abatir, humillar, debilitar.
Prostration. f. Postración.
Prosy. adj. Prosaico, inculto, tedioso.
Protect. v. Proteger, defender, amparar, guardar, custodiar. / (Com.) Respaldar, avalar. / Favorecer, fomentar.
Protecting. adj. Protector, de protección.
Protection. f. Protección, amparo, resguardo, defensa. / Salvoconducto, pasaporte.
Protectionism. m. Proteccionismo.
Protectionist. m. y f. Proteccionista.
Protector. m. Protector, defensor, amparador.
Protein. f. Proteína.
Protensive. adj. Duradero. / Extenso, extensivo.
Protest. v. Protestar, alegar. / Protestar de, aseverar, afirmar (Inocencia, etc.). / Recusar, rechazar. (Testigo, juez, etc.). / Citar como testigo. / (Com.) Protestar. (Cheque, letra, etc.).
Protestant. adj. y m. y f. (Rel.) Protestante.
Protestantism. m. Protestantismo.
Protestation. f. Protestación, protesta.
Protester. m. y f. Protestador.
Protocol. m. Protocolo, registro. / Protocolo. (Diplomacia). / v. Protocolizar.

Protractor. m. Prolongador. / Transportador. (El instrumento). / (Anat.) Músculo extensor o tensor.
Protrusion. f. Condición prominente, prominencia.
Protuberance. f. Protuberancia, prominencia.
Protuberant. ad. Protuberante, prominente, saliente..
Protuberate. v. Sobresalir, resaltar, descollar.
Proud. adj. Orgulloso. / Altivo, desdeñoso, altanero. / Glorioso, notable, imponente. / Pujante, brioso.
Prove. v. Probar, confirmar, demostrar. / Comprobar, verificar. Probar, ensayar. / Resultar.
Provenience. f. Procedencia, origen.
Proverb. m. Proverbio.
Proverbial. adj. Proverbial.
Provide. v. Proveer, abastecer, surtir, proporcionar, suministrar. / Estipular, disponer, fijar. / Mantener, ser sostén de.
Provided. conj. Con tal de que, siempre que.
Providence. f. Providencia.
Provident. adj. Providente, prudente.
Providential. adj. Providencial.
Providing. conj. Con tal de que, a condición de que, siempre que.
Province. f. Provincia. / Competencia, incumbencia, jurisdicción. / (Rel.) Provincia, diócesis.
Provincial. adj. Provincial. / Provinciano, rústico. / m. y f. Provinciano.
Provision. f. Provisión, aprovisionamiento, abastecimiento. / pl. Provisiones, comestibles, víveres. / Medida, disposición. / Estipulación, condición, cláusula. / v. Proveer, abastecer, aprovisionar.
Provisory. adj. Provisional, provisorio. / Condicional.
Provocation. f. Provocación, desafío, reto. / Excitación, estímulo.
Provocative. adj. Provocativo, provocador, desafiador. / Estimulante. / m. Estimulante, incentivo.
Provoke. v. Provocar, excitar, irritar. / Estimular, incitar, inducir. / Suscitar, causar.
Provoker. m. y f. Provocador, incitador.
Prowl. v. Rondar, merodear, vagar. / f. Ronda en busca de presa, merodeo.
Proximate. adj. Próximo, inmediato, cercano. / Próximo, inminente, siguiente.
Proximity. f. Proximidad, cercanía, inmediación.
Proxy. m. y f. Apoderado, delegado, representante. / Procuración, poder.
Prudence. f. Prudencia, juicio, cautela. / Circunspección, mesura, previsión.
Prudent. adj. Prudente, juicioso, discreto, sagaz, cauto, moderado,
Prune. f. Ciruela pasa, pruna. / (Pop.) Papamoscas, simplote. / v. Cortar, cercenar.
Pruner. m. Podador.
Prurient. adj. Lascivo, sensual, libidinoso.
Psalm. m. Salmo. / v. Cantar o ensalzar en salmos.
Psalms. m. El libro de los Salmos.
Pseudo. adj. Seudo, supuesto, fingido, apócrifo.
Pseudonym. m. Seudónimo.
Psychiatric. m. y f. Psiquiatra, siquiatra.
Psychiatry. f. Psiquiatría, siquiatría.
Psychic. adj. Psíquico. / m. y f. Persona susceptible a la influencia psíquica, Médium. / pl. Fenómenos psíquicos.
Psycho. m. y f. (Pop.) Psicópata, sicópata. / Alienado.
Psychoanalysis. m. Psicoanálisis, sicoanálisis.
Psychoanalyst. m. y f. Psicoanalista, sicoanalista.
Psychoanalize. v. Psicoanalizar, sicoanalizar.
Psychologist. m. y f. Psicólogo, sicólogo.
Psychologize. v. Explicar psicológicamente.

Psychology. f. Psicología, sicología.
Psychopath. m. y f. Psicópata, sicópata.
Psychotherapy. f. Psicoterapia, psicoterapéutica.
Ptisan. f. Tisana.
Pub. f. Taberna, cantina, bar.
Pubertal. adj. De la pubertad.
Puberty. f. Pubertad.
Pubescence. f. Pubescencia, pubertad.
Pubis. m. Pubis, hueso pubis.
Public. adj. Público. / m. Público, espectadores.
Publication. f. Publicación, divulgación. / Publicación.
Public convenience. m. Tocador, retrete (Público.).
Public house. f. Posada, hostería. / Taberna, bar.
Publicity. f. Publicidad, notoriedad. / Publicidad, propaganda. / adj. De publicidad, publicitario.
Public school. f. Escuela particular. (En Gran Bretaña). / Escuela pública. (EE.UU.).
Publish. v. Publicar, divulgar, proclamar, pregonar. / Publicar, editar.
Publisher. m. y f. Editor, publicador.
Pudding. m. Budín dulce. / Morcilla, salchichón.
Puddle. m. Charco, poza. / Argamasa, arcilla impermeable. / v. Enfangar, embarrar, enlodar.
Puddling. f. Pudelación, pudelaje, pudelado.
Pudency. m. Pudor, recato, decoro. Pudibundez.
Pueblo. f. Casa comunal, aldea de indios, pueblo.
Puerile. adj. Pueril, infantil. / (Fig.) Pueril, trivial.
Puerility. f. Puerilidad.
Puff. m. Resoplido, soplido. / v. Echar bocanadas de humo o vapor. / Resoplar, jadear. / Soplar. / Fumar.
Puff paste. m. Hojaldre.
Puffy. adj. Hinchado, abultado. / Jadeante.
Pug. m. Perro dogo faldero. / v. Batir, amasar, mezclar. (Yeso, arcilla, etc.). / Tapar, llenar con argamasa.
Pugilist. m. Púgil, boxeador.
Puke. v. Vomitar, arrojar. / m. Vómito.
Pulchritude. f. Belleza, encanto.
Pule. v. Plañir, quejarse, lloriquear, gimotear.
Pull. v. Tirar, halar. / Sacar, extraer, arrancar. / Sacar, desenvainar. (Espada, sable, etc.). / (Fig.) Atraer, conseguir. (Compradores, etc.). / Hacer avanzar una embarcación con el remo. / Poner tirante, forzar. (Músculo). / Cometer, realizar o ejecutar atrevidamente. / (Impr.) Tirar una prueba. / (Fam.) Desplumar un ave. / m. Tirón, estirón. / Trago, bebida. / (Fam.) Ejercicio de remos, boga. Esfuerzo. / Tirador, aldaba. / (Impr.) Galerada. / (Pop.) Cuña, palanca, influencia.
Pullback. f. (Mil.) Retirada.
Pulley. f. Polea, garrucha, roldana.
Pullout. m. Tirador, asidero. / (Aer.) Restablecimiento después de un picado. / (Mil.) Retirada ordenada, evacuación de tropas.
Pullover. adj. Que se pone por la cabeza. / m. Jersey, suéter, pulóver.
Pulmonary. adj. Pulmonar.
Pulmonic. adj. Pulmonar.
Pulp. f. Pulpa. / (Anat.) Pulpa dentaria, pulpejo. / (Mineral.) Producto molido mezclado con agua. / Pasta de madera. / (Pop.) Revista sensacionalista. / v. Reducir a pulpa. / Ponerse pulposo.
Pulpit. m. Púlpito.
Pulsate. v. Latir, palpitar, pulsar.
Pulsatile. adj. Pulsátil, pulsativo.
Pulsation. f. Pulsación, latido, pulsada.
Pulse. f. pl. Leguminosas, legumbres. / Pulso, latido. / Cadencia, ritmo. / Pulsación / Impulso. (Rad.). / v. Pulsar, latir.
Pulverization. f. Pulverización.

Pulverize. v. Pulverizar, triturar, desmenuzar. / (Fig.) Destrozar, demoler, desintegrar.
Pulverizer. m. Pulverizador.
Puma. m. Puma.
Pumice. f. Piedra pómez. Pumita. / v. Pulir.
Purchase. v. Comprar, adquirir. / Ganar, conseguir. / Apalancar. / (Náut.) Levar ancla. / f. Compra, adquisición.
Pure. adj. Puro, sin mezcla. / Mero, completo, absoluto. / Inocente,puro, casto. / Puro, abstracto, teórico. / (Mús.) Puro, concordante.
Purely. adj. Meramente, simplemente, solamente, estrictamente. / Puramente, sin mezcla.
Purfle. v. Orlar, repulgar. (Cost.). / Guarnecer, ornar, ribetear. / f. Orla, dobladillo, bastilla, repulgo.
Purgation. f. Purgación, purgamiento.
Purgative. adj. Purgativo, catártico. / m. Purgante.
Purgatory. m. Purgatorio.
Purge. v. Purgar, depurar, limpiar. / Absolver, exonerar, librar de culpa. / (Med.) Purgar, evacuar..
Purification. f. Purificación.
Purifier. adj. y m. y f. Purificador, depurador.
Purify. v. Purificar, depurar, refinar.
Purism. m. Purismo, casticismo.
Purist. adj. y m. y f. Purista, casticista.
Puritan. adj. y m. y f. Puritano.
Puritanism. m. (Rel.) Puritanismo. / (Fig.) Puritanismo, austeridad, rigorismo.
Purity. f. Pureza, limpieza. / Inocencia, castidad, virginidad. / (Pint.) Saturación, pureza de color.
Purl. v. Murmurar, susurrar. (Agua) / Arremolinarse, ondear, rizarse, ondular. / m. Murmullo, susurro.
Purple. f. Púrpura, morado. / Púrpura. (Manto o género). / (Fig.) Púrpura, rango imperial, poder real..
Purple medic. f. (Bot.) Alfalfa, mielga común.
Purplish. adj. Purpurino, purpúreo.
Purport. v. Significar, querer decir, implicar. / Representar, aparentar. / m. Significado, tenor, sentido, substancia, quid.
Purpose. m. Propósito, intención. / Finalidad, objetivo. / Resolución, determinación, voluntad / Resultado, utilidad. / v. Proponer (se), resolver, proyectar.
Purposely. adv. Adrede, deliberadamente.
Purpura. f. Púrpura.
Purr, pur. v. Ronronear (gato), zumbar (motor). / Expresar con ronroneos. / m. Ronroneo del gato, zumbido de un motor.
Purse. m. Bolso, monedero. / Caudal, fondos, dinero. / Premio, bolsa. (De un concurso, competencia, etc.). / v. Fruncir. (Labios, frente). / Embolsar, embolsicar.
Purser. m. Contador. (En barcos mercantes).
Pursuance. f. Prosecución, ejecución, cumplimiento.
Pursue. v. Perseguir, acosar. / (Fig.) Buscar con afán, aspirar a. / Proseguir, seguir. (Plan, etc.). / Dedicarse a, ejercer, practicar. / (Der.) Demandar, pleitear. / Ir en persecución.
Pursuer. m. y f. Perseguidor.
Pursuit. f. Persecución, seguimiento. / Búsqueda.
Pursuivant. m. Persevante.
Purvey. v. Proveer, surtir, suministrar.
Purveyance. m. Abastecimiento, abasto.
Purveyor. m. y f. Proveedor, abastecedor.
Pus. m. Pus.
Push. v. Empujar, impeler, impulsar.. / Urgir, compeler, apremiar. / Extender (conquistas, poderío, dominio),

promover (ventas), hacer propaganda (de mercadería). / Apremiar, importunar, precisar. / Ejercer presión, pujar contra. / Proyectarse, extenderse. / Esforzarse, pugnar. / m. Empujón, empellón.
Pusher. m. Empujador, impulsador. / (Fam.) Traficante de drogas.
Pushing. adj. Emprendedor, acometedor, enérgico, activo, diligente. / Atrevido, agresivo, molesto.
Pushover. m. y f. Persona fácil de dominar, pelele. / Ganga, cosa fácil.
Push-up. f. Plancha. (ejercicio de gimnasia.)
Pusillanimous. adj. Pusilánime, miedoso, timorato.
Pussy. adj. Purulento, supuratorio, semejante al pus. / m. Gatito, minino / (Fam.) Amento. / (Pop.) Órgano sexual femenino.
Pussyfoot. v. Andar cautelosamente.
Pussyfooter. adj. Tímido, evasivo.
Pustular. v. Pustular, pustuloso. / Pustulado.
Pustulate. m. Pustulado.
Pustulation. f. Pustulación. / Pústula.
Pustule. f. Pústula.
Put. v. Poner, colocar, situar. / Lanzar, tirar, arrojar. / Echar, poner. (Azúcar, sal, etc.). / Expresar, decir. / Formular, hacer (Preguntas). / Presentar, exponer. / Calcular, estimar.
Putrefaction. f. Putrefacción, corrupción.
Putrefy. v. Pudrirse, corromperse, descomponerse.
Putrid. adj. Pútrido, podrido, corrompido. / (Fig.) Depravado, obsceno. Pernicioso, malsano. / Asqueroso.
Putridity, putridness. f. Putridez.
Putty. f. Masilla. / Mástique. / Polvo para limpiar metales / v. Emplastecer, enmasillar, rellenar con masilla.
Put-upon. adj. Abusado, engañado.
Puzzle. v. Confundir, dejar en duda, embrollar, enmarañar. / f. Perplejidad, irresolución, vacilación. / Enigma, misterio. / Problema, rompecabezas, adivinanza.
Puzzlement. f. Perplejidad, irresolución, enredo
Puzzler. m. Problema complicado, enigma. / El o lo que confunde.
Puzzling. adj. Enigmático, misterioso, incomprensible.
Pye-dog. m. Perro errante, sin dueño.
Pygmaean, pygmean. adj. y m. y f. Pigmeo, enano.
Pygmy. adj. y m. y f. Pigmeo.
Pyramid. f. Pirámide. / v. Construir o arreglar como una pirámide. / Amontonar, amontonarse
Pyramidal. adj. Piramidal.
Pyramidic, pyramidical. adj. Piramidal.
Pyre. f. Pira, hoguera.
Pyrenees. n. p. m. Pirineos.
Pyrite. f. Pirita.
Pyrope. m. Piropo.
Pyrotechnic, pyrotechnical. adj. Pirotécnico.
Pyrotechnics. f. Pirotecnia.
Pyrotechnist. m. y f. Pirotécnico.
Pyrotechny. f. Pirotecnia, fuegos artificiales.
Pyrotoxin. f. Pirotoxina.
Pyroxene. m. (Mineral.) Piroxeno.
Pyroxenite. f. (Geol.) Piroxenita.
Pyroxyline, pyroxylin. f. Piroxilina.
Pyrrhic. m. Pirriquio. (Poét.) / adj. Pírrico.
Pyrrhuloxia. m. (Orn.) Pinzón, fringílido americano.
Pythagoras. n. p. m. Pitágoras.
Pythagorean. adj. Pitagórico.
Python. m. (Zool.), (Mit.) Pitón.
Pythoness. f. (Mit.) Pitonisa.

Q

Quackery. n. Curandería, curanderismo. / Charlatanismo.
Quad. n. Cuadrángulo, patio cuadrangular. / (Impr.) Cuadrado, cuadratín.
Quadrangle. n. (Geom.) Cuadrángulo, cuadrilátero, tetrágono. / Plaza. m. Patio.
Quadrant. n. Cuadrante. / (Mec.) Sector oscilante, codo de palanca. Lira del torno de roscar.
Quadratic. adj. Cuadrático. / Ecuación o expresión cuadrática.
Quadrilateral. adj. Cuadrilátero, cuadrangular. / n., (Geom.) Cuadrilátero.
Quadriplegic. n. Tetraplégico.
Quadruped. adj. y n. Cuadrúpedo.
Quadruple. v. Cuadruplicarse. / adj. cuádruple, cuádruplo. / n. Cuatrotanto, cuádruplo.
Quadruplet. n. Cuadrúpleto, gemelo de un parto cuádruple. / Juego o conjunto de cuatro.
Quadruplicate. v. Cuadruplicar, cuadriplicar. / adj., (Mat.) Cuádruple. Cuádruplo. / n. Cuadruplicado.
Quaff. v., Beber a tragantadas, beber de forma continua. / n. Tragantada.
Quagmire. n. Ciénaga, pantano, fangal. / Templadal. / (Fig.) Posición o situación personal difícil o confusa, atolladero.
Quail. v. Acobardarse, descorazonarse. / n., (Orn.) Codorniz.
Quaint. adj. Raro, exótico, original. / Bonito, fino.
Quaintly. adv. Extravagantemente, pintorescamente. / Exquisitamente.
Quaintness. n. Rareza, peculiaridad, extravagancia. / Exquisitez.
Quake. v. Temblar, estremecerse. / n. Estremecimiento, temblor. / Terremoto.
Quaker. n. Cuáquero.
Qualification. n. Calificación. / Idoneidad, capacidad, requisito, condición. / Limitación, salvedad, modificación.
Qualified. adj. Calificado, competente, apto, idóneo. / Limitado, restringido.
Qualifier. n. Calificador. / (Gram.) Calificativo.
Qualify. v. Calificar, capacitar, habilitar. / Restringir, modificar, limitar. / Suavizar, mitigar, templar. \ Diluir (Un licor). / (Gram.) Calificar, modificar. / Ser apto o idóneo (Para un empleo), ser aprobado (En un examen), llenar los requisiton. / v. Clasificarse.
Qualitative. adj. Cualitativo.
Quality. n. Cualidad, característica. / Calidad, clase, categoría. / Capacidad, virtud, calidad o rasgo distintivo. / (Fon.) Timbre de druple.
Quandary. n. Dilema, apuro, aprieto.
Quantification. n. Cuantificación.
Quantify. v. Medir o determinar la cantidad de. / (Lóg.) Cuantificar.
Quantitative. adj. Cuantitativo.
Quantity. n. Cantidad, cuantía, dosis.
Quantum. n. Tanto, cantidad, suma. / (Fís.) Cuanto, quantum.
Quarantine. n. Cuarentena, período de cuarenta días. / Cuarentena, aislamiento. / Estación de cuarentena. / v. Poner en cuarentena, aislar.

Quarrel. v. Disputa, altercado, querella. / Pelear, reñir. / To quarrel with, Criticar, quejarse.
Quarrelsome. adj. Pendenciero, reñidor, camorrista, pleitista.
Quarrying. n. Excavación, minería (De piedras, mármol, etc.).
Quarryman. n. Picapedrero.
Quart. n. Cuarto de galón. / Botella o jarro de un cuarto de galón. / (Naipes) Cuarta.
Quarter. n. Cuarto, cuarta parte. / Arroba. / Cuarto de milla. Cuarto de libra. / Trimestre. / Cuarto de hora. / pl. Cuartos, miembros descuartizados de un animal. / Hind quarters, Caderan. / Punto cardinal, lugar, región. / Origen, fuente de información, ayuda, etc. / Barrio. / pl. Apostaderos, puestos militares o navalen.
Quarter-deck. n. (Náut.) Alcázar.
Quarterly. adv. Por cuarton. / Trimestralmente. / (Her.) En forma acuartelada. / adj. Trimestral. / (Her.) Acuartelado. / n. Periódico trimestral, publicación trimestral.
Quartermaster. n. (Mil.) Comisario ordenador, oficial del servicio de intendencia. / (Náut.) Cabo de mar.
Quartet, quartette. n. Conjunto de cuatro personas o cosan. / (Mús.). Cuarteto.
Quartile. n. (Astrol.) Cuadrado. / Distrito (División de las grandes poblaciones).
Quarto. adj. (Impr.) En cuarto. / n. Libro en cuarto, cuaderno.
Quartz. n. Cuarzo.
Quash. v. der. Anular, invalidar, derogar. / Sofocar, reprimir (Motín, rebelión, etc.).
Quasi. adv. Cuasi, casi. Al parecer. / adj. Aparente, cuasi.
Quasimodo. n. Cuasimodo, domingo de Cuasimodo.
Quaternary. adj. (Quím.) Cuaternario. / geol. Cuaternario. / n. Cuarternidad, grupo de cuatro. / (Geol.)Período cuaternario.
Quaver. v. Temblar, estremecerse, vibrar. / Hablar en tono trémulo. / (Mús.). Trinar (Voz o instrumento). / n. Tono trémulo o vibrante. / (Mús.). Trino. Corchea.
Quavering. adj. Trémulo, vibrante. / n. Gorjeo. / (Fam.) Gorgorito.
Quayside. n. Tierra al costado de un muelle.
Queasy. adj. Delicado, débil (Estómago). / Remilgado, fastidioso. / Difícil, arduo, arriesgado. / Intranquilo, incómodo./ Nauseabundo. / Bascoso.
Queen. f. Reina (Con todas las acepciones de la palabra castellana). / (Fig.) Diosa. / Queen of love, Venus, Diosa del amor. / (Pop.) Maricón, homosexual. / v. Convertir en reina, hacer una reina de. / (Ajedrez). Coronar.
Queen dowager. n. Reina viuda, reina madre.
Queenlinesn. n. Realeza, majestad de una reina.
Queenly. adj. Real, majestuoso, propio de una reina, digno de una reina.
Queer. adj. Singular, peculiar, raro, extraño. / (Pop.) Espurio, falsificado, falso. / Sospechoso, dudoso. / (Fam.) Excéntrico, estrafalario, chiflado. / Indispuesto, bascoso. / Lánguido, abatido, aturdido. / (Pop.) Afeminado, amanerado. / v. Estropear, echar a perder. / Malquistar, desprestigiar. / n., (Pop.) Moneda falsa. / Homosexual, maricón.
Quell. v. Sofocar, reprimir (Insurrección). / Domar, someter (Rebeldes). Dominar (Temor). / Destruir, suprimir. / Calmar, mitigar (Dolor).

Quench. v. Apagar, extinguir (Fuego). / Reprimir, suprimir (Pasiones). / Aplacar, calmar (Sed). / Enfriar, refrescar con agua. Templar (Metales incandescentes). / (Pop.) Callar a un opositor.

Quenchable. adj. Apagable, extinguible, aplacable.

Querulous. adj. Quejumbroso. / Irritable, displicente.

Query. n. Pregunta, averiguación. / Duda, interrogante. / Signo de interrogación. / v. Inquirir, preguntar, averiguar. / Poner en duda. / Marcar con signo de interrogación.

Quest. n. Búsqueda, busca. / Averiguación, indagación. / v. Rastrear. / Buscar, ir en búsqueda de.

Question. n. Pregunta. / Interrogación, interrogante. / Objeción. / Duda. / Cuestión, tema. / *Out of the question,* Imposible, inaceptable. / *To make no question of,* No dudar de. / v. Interrogar, interpelar. / Cuestionar, dudar, poner en duda. / Objetar a, oponerse a, recusar. / Inquirir.

Questionable. adj. Cuestionable, discutible. / Dudoso, sospechoso.

Questioner. n. Interrogador, inquiridor.

Questioning. adj. Inquisitivo. / Interrogativo. / n. Interrogatorio.

Questionnaire. n. Cuestionario. / Encuesta.

Queue. n. Colcta, trenza. / Hilera, fila, cola. / v. Formar fila o hilera, hacer cola. / Trenzar, formar una trenza (De pelo).

Quibble. n. Evasiva, subterfugio, equívoco, sofisma. / Retruécano, juego de palabras. / v. Usar evasivas o subterfugios, hacer uso de equívocos o sofismas.

Quick. adj. Rápido, veloz, listo, ágil. / Vivo, despierto, Agudo, penetrante. / Sensitivo, perceptivo. / Movedizo. / *Quick with child,* Embarazada / *Too quick,* Impaciente, precipitado. / n. Carne viva, los vivos. / (Fig.) Lo más hondo, lo más íntimo. / *To the quick,* Hasta la médula. / adv. Rápido, rápidamente.

Quicken. v. Avivar, estimular, dar vida a. / Acelerar, apurar. / Avivarse, estimularse, animarse. / Acelerarse. / Clarear (El alba), / Alcanzar el momento del embarazo en que se siente el movimiento del feto.

Quickie. n. Cosa hecha rápida o improvisadamente, improvisación. / (Fam.) Trago corto.

Quicklime. n. Cal viva.

Quickness. n. Rapidez, presteza, celeridad. / Sagacidad, viveza.

Quicksand. n. Arena movediza.

Quick-setting. adj. De fraguado o endurecimiento rápido.

Quicksilver. n. Mercurio, azogue. / v. Azogar.

Quickstep. n. (Mil.) Paso redoblado. / Marcha militar de ritmo rápido. / (Mús.). Fox trot de compás vivo.

Quick-tempered. adj. Irascible, irritable.

Quick-witted. adj. Listo, agudo, ingenioso, perspicaz.

Quid. n. Mascada de tabaco. / (Pop.) Libra esterlina (En Gran Bretaña).

Quiescence. n. Estado de reposo, inmovilidad.

Quiescent. adj. En reposo, inmóvil, tranquilo. / (Med.) Quiescente.

Quiet. adj. Quieto, tranquilo, calmado. / Callado, silencioso. / Sencillo, modesto. / Discreto (Un color). / Apartado, retirado (Un lugar). / Privado, oculto. / com. Inactivo (El mercado). / n. Quietud, tranquilidad, calma. / Silencio. / v. Aquietar, calmar. / Acallar, hacer callar. / *To quiet down,* Aquietarse, calmarse. / adv. Quietamente, calmadamente. Silenciosamente, calladamente.

Quieten. v. Aquietar(se), acallar(se), callar(se).

Quietly. adv. Quietamente, calmadamente, / Silenciosamente, calladamente.

Quietness. n. Quietud, calma. / Silencio.

Quiff. n. Mechón, copete de pelo.

Quill. n. Pluma de ave, cañón de pluma. / Púa (De erizo, puercoespín, etc.). / Pluma, cálamo. / Canilla, carretillo (De lanzadera). / Rollo de corteza seca de canela o quina. / (Mús.). Cañón de instrumento. Plectro, púa.

Quilter. n. Colchero, acolchador, el que hace colchan.

Quilting. n. Colchadura. / Material para colchas o edredonen.

Quinary. adj. Quinario, quíntuple.

Quince. n. (Bot.) Membrillero, membrillo. / Membrillo (La fruta).

Quinine. n. Quinina.

Quintessence. n. Quintaesencia.

Quintet, quintette. n. (Mús.). Quinteto. / Grupo de cinco.

Quintuple. adj. Quíntuple. / v. Quintuplicar(se).

Quintuplet. n. Grupo de cinco. / Quintúpleto.

Quip. n. Agudeza, ocurrencia, sutileza. Sarcasmo, pulla. / Subterfugio, pretexto. / Rareza, cosa extravagante. / v. echar pullas, decir agudezas, mofarse.

Quirk. n. Plumada, adornos vistosos. / Subterfugio, argucia, escapatoria. / Peculiaridad, singularidad. / (Arq.) Caveto, esgucio. / v. Curvar, encorvar. / Acanalar, estriar. / Golpear con un látigo.

Quirt. n. Látigo corto para las caballerías, cuarta. / v. Golpear con un látigo, cuartear.

Quit. v. Dejar, abandonar. / Descontinuar, dejar de. / Librar de, liberar de. / Pagar, reembolsar, compensar. / Desistir, cesar, abandonar el esfuerzo, renunciar. / (Fam.) Dejar de trabajar. / *Irse, marcharse* / adj. Libre, descargado, absuelto.

Quite. adv. Completamente, totalmente, íntegramente. / Absolutamente, verdaderamente, efectivamente, justamente. / Bastante, muy, más bien. / *¡Quite so!,* ¡Correcto!, ¡de acuerdo!

Quits. adj. Igual, en paz.

Quitter. n. El que se da por vencido fácilmente. Desertor. / metal. Escorian.

Quiver. n. Carcaj. / Flechas, dardos, saetas en un carcaj / Temblor, estremecimiento, trepidación, vibración. / v.. Temblar, estremecerse, trepidar, vibrar.

Quixotic, quixotical. adj. Quijotesco.

Quixotism. n. Quijotismo, quijotería, quijotada.

Quiz. n. Bromista, chancero. / Chanza, broma pesada. / Examen, serie de preguntas (Rad. TV) Programa de preguntas. / Excéntrico, extravagante. / v. Burlarse de, mirar con aire burlón. / Examinar, interrogar.

Quizmaster. n. (Rad.) Animador (En programas de preguntas al público).

Quizzical. adj. Raro, original, excéntrico, extravagante. / Burlón, irónico. / Curioso, inquisitivo.

Quoit. n. Herrón, tejo. / pl. Hito, juego de tejon / v. Lanzar o tirar como un tejo, jugar al tejo.

Quorum. n. Quórum. / Jueces de paz. / Cuerpo celeste.

Quota. n. Cuota, cupo, contingente. / Contribución.

Quotable. adj. Citable.

Quotation. n. Cita, referencia. / com. Cotización.

Quotation marks. n. Comillan.

Quote. v. Citar (Referencias). / Aducir, alegar. / com. Cotizar. / Poner entre comillan. / n. Cita, citación. / pl. Comillan.

Quoter. n. Cotizador. / Citador.

Quotidian. adj. Cotidiano, cuotidiano. / n.. (Med.) Fiebre cotidiana.

Quotient. n. Cociente, cuociente.

R

Ra (radium). n. (Quím.) Radio (Ra).
Rabbi. n. Rabí, rabino.
Rabbinate. n. Oficio o cargo de rabí.
Rabbinic, rabbinical. n. Rabínico.
Rabbinism. n. Rabinismo.
Rabbit. n. (Zool.) Conejo. / Liebre. / Piel de conejo. / v. Cazar conejos.
Rabbit earn. n., pl., (Fam.) Antena en forma de V, antena interior de televisión.
Rabbit punch. n. (Box.) Golpe corto a la nuca o a la base del cráneo.
Rabble. n. Populacho, plebe, chusma. / Multitud turbulenta.
Rabidness. n. Rabia, fanatismo.
Rabies. n. (Med., Veter.) Rabia, hidrofobia.
Race. n. Raza, estirpe, casta. / Corriente de agua. / Canaleta. / Carrera, competición, concurso. / pl. Carreras de caballon. / Curso, trayecto, recorrido, carrera. / (Aer.) Corriente de aire de la hélice.
Racecource. n. Hipódromo. / Pista de carreran. / Autódromo.
Racer. n. Corredor. / Caballo de carreran. / Bicicleta o automóvil de carreras.
Racetrack. n. Carrera, pista de carreras, hipódromo.
Raceway. n. Caz . / (Mec.) Caja, canal, anillo de rodadura.
Racial. adj. Racial.
Racialism. n. Prejuicios raciales, racismo.
Racialist. n. Racista.
Racing. n. Deporte hípico, carreras de caballon. / adj. Frecuente (Pulso). / (Fig.) Embalado (Motores).
Racism. n. Racismo.
Racist. n. y adj. Racista.
Rack. n. Parte delantera de la res o de un cordero. / Destrucción. / Entrepaso, paso de andadura, trote (Del caballo). / v. Caminar a paso de andadura.
Rack. n. Pesebre, comedero. / Potro de tormento. / Percha, perchero, astillero, armero, rejilla, enrejado. / Estirón, arranque, efecto tirante. / (Mec.) Cremallera, escalerilla. / (Impr.) Chibalete.
Racket. n. Raqueta de tenis. / Raqueta para caminar sobre la nieve. / Alboroto, baraúnda, bullicio. / Parranda, juerga. / Prueba severa, tensión, esfuerzo. / (Fam.) Fraude organizado, estafa, engaño. / (Fam.) Oficio, ocupación. / v. Armar una parranda, estar de juerga. / Hacer ruido, moverse con ruido.
Racketeer. n. Extorsionista, chantajista, estafador. / v. Cometer estafas, fraudes, chantajes.
Racketeering. n. Fraude organizado, latrocinio.
Racking. n. Trasiego de licores. / Tortura.
Racy. adj. Animoso, vivo, vigoroso. / Picante, aromático. / Chispeante. / Atrevido, picante (Chiste).
Radar. n. Radar.
Radarscope. n. Radariscopio.
Radial. adj. Radial. / (Anat.) Nervio radial. / (Zool.) Radiado.
Radian. n. (Mat.) Radián.
Radiant. adj. Radiante, refulgente, resplandeciente, brillante. / (Fig.) Radiante (Rostro, mirada). / (Fís.) Radiante. / n., (Astron.) Radiante.

Radiation. n. Radiación, irradiación. / Arreglo radial.
Radiator. n. Radiador. / (Fís. nucl.) Emisor de radiaciones.
Radical. Radical (Con todas las acepciones de la palabra castellana).
Radicalism. n. Radicalismo.
Radicality, radicalness. n. Naturaleza radical o fundamental.
Radicate. v. Radicar, arraigar.
Radio. n. Radio. / (Fam.) Radiograma. / v. Comunicar o transmitir por radio. / Radiar, radiodifundir.
Radioactive. adj. radiactivo.
Radioactivity. n. radiactividad.
Radio astronomy. n. Radioastronomía.
Radiocarbon. n., (Quím.) Radiocarbón.
Radioisotope. n., (Fín., Quím.) Radioisótopo.
Radio listener. n. Radioescucha, radioyente, auditor.
Radiology. n. Radiología.
Radiometry. n. Radiometría.
Radio network. n. Red o cadena de emisoras.
Radiophonic. Radiofónico. / Radiotelefónico.
Radiophony. n. Radiofonía.
Radio range. n., (Aer.) Radiofaro direccional, radioguía.
Radioscopic. adj. Radioscópico.
Radioscopy. n. Radioscopía.
Radiosensitive. adj., (Med.) Radiosensible.
Radiosensitivity. n. (Med.) Radiosensibilidad.
Radio set. n. Aparato de radio.
Radio spectrum. n., (Radio). Radioespectro.
Radio telescope. n. Radiotelescopio.
Radiotherapy. n. Radioterapia.
Radium. (Quím.) Radio, rádium.
Radium therapy. (Med.) Radioterapia.
Raff. n. Gentuza, chusma.
Raffle. n. Desecho, restos, residuos, desperdicios. / Rifa, sorteo, lotería. / v. Rifar, sortear.
Raffler. n. Rifador, sorteador.
Rafter. n. Maderero que transporta maderas por los ríos, almadiero.
Rag. v. (Pop.) Regañar, sermonear, fastidiar. / Embromar. Travesear, hacer payasadas. / n. (Pop.) Travesura, payasada, chacota. / Chanza, broma pesada. / Pizarra para techar, laja de piedra.
Ragamuffin. n. Pelagatos, golfo, pelafustán.
Ragbag. n. Bolsa para retazos, bolsa para trapos. / (Fig.) Mezcolanza.
Rag doll. n. Muñeca de trapo.
Rage. n. Rabia, ira, enojo, cólera. / Furia de los elementos. / Frenesí, vehemencia, encarnizamiento. / Exaltación, pasión, excitación, fervor. / Ansia, anhelo, deseo. / *To be the rage*, Causar furor, estar de moda. / v. Rabiar, arrebatarse, encolerizarse, enfurecerse. / Bramar, rugir (La tormenta).
Ragged. adj. Roto, raído, andrajoso, harapiento. / Mellado, dentado, serrado. / Irregular, desigual. / Aspero, escabroso. / Discordante, disonante.
Raggedness. n. Estado andrajoso. / Irregularidad. / Aspereza, escabrosidad.
Raggedy. adj. Un poco rasgado o roto.

Raging. n. Violento, incontenible, arrebatado de pasión o de ira. / Extraordinario, tremendo (Belleza, éxito).
Raglan. n. (Cost.) Raglán.
Ragman. n. Trapero.
Ragout. n. (Coc.) Ragú.
Rag paper. n. Papel de hilo.
Ragpicker. n. Trapero.
Ragtag. n. Muchedumbre heterogénea.
Ragtime. n. (Mús.) Ritmo sincopado del jazz.
Raid. n. Correría, incursión, ataque inesperado. / Allanamiento de un Local. Batida policial. / financ. Tentativa de los corredores para bajar los precios. / v. Atacar por sorpresa, invadir. / Allanar (Local). / Dirigir ataques sorpresivos.
Raider. n. Buque corsario. / (Mil.) Soldado entrenado para la lucha cuerpo a cuerpo. / Avión incursor.
Rail. orn. Polla de agua, rascón. / Carril, riel. / Baranda, barandal, parapeto (De puentes), balaustrada, barra de apoyo. / Cerca, valla, vallado, defensa, reja, verja. / Abreviación de *railroad*, Ferrocarril.
Railing. n. Barrera, barandal, balaustrada, cercado, verja. / (Ferroc.) Carriles, rieles, material para ricles.
Railroad. n. Ferrocarril, vía férrea. / v. Transportar por ferrocarril, enviar por ferrocarril. / (Fam.) Apresurar, obligar a hacer rápidamente, hacer aprobar con precipitación. / (Fam.) Hacer encarcelar a alguien bajo cargos falsos.
Railroading. n. Construcción u operación de un ferrocarril, ocupación o empleo en un ferrocarril, administración de un ferrocarril.
Railroad junction. n. Entronque ferroviario.
Railroad siding, railroad switch. n. desviación, apartadero.
Railway. n. Ferrocarril.
Railway line. n. Línea férrea.
Raiment. n. Vestimenta, indumentaria, atavío.
Rain. n. Lluvia. / v., impers. Llover. Derramar copiosamente, dejar caer profusamente. / *To rain cats and dogs*, Llover a cántaros. / *To rain out*, Interrumpirse o anularse a causa de la lluvia.
Rainbow. n. Arco iris.
Rainbow trout. n. (Ict.) Trucha arco iris.
Raincoat. n. Impermeable.
Rain doctor. n. Brujo invocador de la lluvia.
Raindrop. n. Gota de lluvia.
Rainfall. n. Lluvia, chaparrón, aguacero. / Precipitación, cantidad de lluvia caída.
Rainproof. adj. Impermeable, a prueba de lluvia. / v. Hacer impermeable.
Rainwear. n. Vestido o ropa impermeable.
Rainy. adj. Lluvioso, pluvioso.
Rainy day. n. Día lluvioso. / (Fig.) Tiempos de apremio o necesidad.
Raja, rajah. n. Rajá.
Rake. n. Calavera, libertino, licencioso, juerguista. / v.intr Lanzarse o precipitarse sobre la caza (Un halcón) / (Fam.) Rastrear, husmear, correr con la nariz pegada al suelo (Un perro).
Rake-off. n. (Pop.) Comisión ilícita, lucro ilegal.
Rakish. adj. Libertino, lascivo, disoluto. / (Náut.) De mástiles inclinados. / Gallardo.
Rally. v. Reunir y reanimar, rehacer (Tropas). Recobrar (Salud). / Reanimarse, recobrar las fuerzas, revivir. / Unirse para apoyo activo. / Intercambiar tiros (Tenis). / (Com.) Recobrarse (valores en la bolsa). / n. Reunión

política, reunión de tropas dispersas. / Recuperación de valores en la bolsa. / Intercambio de tiros antes de ganar un punto (Tenis).
Ramble. v. Errar, vagar, caminar a la ventura. / v. Divagar, irse por las ramas. / Dar vueltas, serpentear (Camino, río), extenderse o crecer serpenteando (Enredaderas). / n. Paseo, caminata, vagabundeo.
Ramification. n. Ramificación.
Rampantly. adv. Imperiosamente, agresivamente. / Lozanamente.
Ramshackle. adj. Desvencijado, destartalado, ruinoso.
Rancher. n. Ganadero, ranchero, hacendado.
Ranch house. n. Casa hacienda, casa de campo. / Casa grande de un piso.
Rancorous. adj. Rencoroso, vengativo.
Rand. n. (Fam.) Margen, tira, faja, lista. / Altiplanicie junto a la cuenca de un río. / Calzo del zapato. / Unidad monetaria de varios países sudafricanos.
Random. n. Azar, casualidad. / *At random*, A la ventura, al azar. / adj. Casual, fortuito, impensado, accidental, aleatorio.
Range. v. Alinear, ordenar, arreglar, clasificar. / Recorrer, batir (Monte, etc.). / Pastar, llevar al ganado al pasto. / (Náut.) Navegar a lo largo de la costa. / Enfocar, apuntar ajustando el alcance. / v. Vagar, deambular, errar. / Extenderse, variar, fluctuar (Entre límites). / (Mil.) Tener alcance (Un cañón).
Ranger. n. Guardabosque. / Montaraz. / Vigilante, guardia montado. / (Mil.) Comando, soldado de tropa asalto.
Rangy. adj. Ancho, espacioso. / Montañoso. / De patas largas y cuerpo delgado. / Larguirucho y esbelto.
Rank. adj. Lozano, frondoso, espeso, exuberante, fértil. / Grosero, indecente, vulgar. / Rancio, fétido, maloliente.
Rank. n. Fila, hilera, línea, serie, ringlera. / Orden, arreglo, disposición. / Condición, posición, rango (Social). / Jerarquía, eminencia, calidad.
Ranking. n. De rango, de más alto rango, principal.
Rankle. v. Enconarse, inflamarse, ulcerarse, supurar. / Causar encono o resentimiento.
Ransom. n. Rescate. / v. Rescatar, recobrar, librar, liberar. / Redimir (Pecado). / Exigir rescate a o por.
Rap. v. Golpear, tocar, dar un golpe corto y seco. / Reprender severamente. / v. (Pop.) Hablar, charlar. / Arrebatar / Transportar con éxtasis, embelesar, arrobar, extasiar. / n. Golpe corto y seco. / Reprimenda, regaño, crítica mordaz. / (Pop.) Cargo, acusación. / (Fam.) Bledo, ardite.
Rapacious. adj. Rapaz. / De presa, de rapiña (Ave). / Voraz, devorador.
Rapacity, rapaciousness. n. Rapacidad, rapacería, voracidad.
Rapid. adj. Rápido, veloz, ligero, raudo, presto, pronto. / (Fotogr.) De exposición rápida. / n. Rápido, raudal, recial.
Rapid-fire, rapid-firing. adj. De tiro rápido (Un arma).
Rapidity. n. Rapidez, velocidad, ligereza, agilidad.
Rapture. n. Arrobamiento, embeleso, éxtasis. / v.,poet. Transportar, arrebatar, arrobar.
Rare. adj. Raro, enrarecido, tenue. / Raro, extraordinario, excepcional. / Poco asado, casi crudo (Carne). *Not too rare*, A medio asar.
Rarebit. n. Tostadas con queso derretido a veces mezclado con cerveza.
Rarefaction. n. Rarefacción, enrarecimiento.

Rarefied   352

Rarefied. adj. (Fig.) Enrarecido, delicado, sutil. / (Fig.) Muy elevado, altísimo (Rango social).
Rarefy. v.tr enrarecer, rarificar. / (Fig.) Refinar, purificar, espiritualizar. / v. Enrarecerse, rarificarse, rarefacerse.
Raring. adj. Deseoso, ansioso, impaciente.
Rarity. n. Raridad, tenuidad, escasez, infrecuencia. / Rareza, cosa rara, curiosidad.
Rascal. n. Pícaro, bribón, villano, maleante. / (Fam.) Pilluelo, mozalbete.
Rascally. adj. Pícaro, bribón, bajo, rastrero, vil. / adv. Ruinmente, vilmente, pícaramente.
Rash. n. Salpullido, roncha, exantema. / (Fig.) Proliferación.
Rasher. n. Lonja de tocino.
Rashness. n. Imprudencia, temeridad, arrebato, precipitación, irreflexión, atolondramiento.
Rasping. adj. Chirriador, chirreador, irritante. / Raspante, áspero.
Rat. n. (Zool.) Rata. / (Pop.) Postizo para el pelo. / (Pop.) Vil, cobarde, canalla. / (Pop.) Desertor, renegado. / (Pop.) Esquirol. / Soplón, delator. / v. Desertar, actuar con cobardía o vileza. / *To rat on,* (Pop.) Soplar, delatar.
Rat-catcher. n. Cazador de ratas.
Ratchet. n. (Mec.) Trinquete, carraca, chicharra. / Retén, uña de trinquete.
Rate. n. Valor, precio, coste. / Porcentaje, tanto por ciento, proporción. / Cuota, tasa. / Velocidad proporcional. / Rango, clase. / Tarifa de consumo de servicios. / pl. Contribución, impuesto. / Prima de seguro, porcentaje de una prima. / Error o variación diaria de un reloj. / v. Considerar, tener por, dar por.
Rate of exchange. n. Tipo de cambio, cambio.
Ratepayer. n. Contribuyente.
Rather. adv. De preferencia, preferiblemente. / Más bien, antes bien. / Un poco, algo, bastante. / Mejor dicho. *Rather than,* Antes que, más bien que.
Ratification. n. Ratificación, confirmación, aprobación, sanción.
Ratify. v. Ratificar, confirmar, aprobar, sancionar.
Rating. n. Clasificación en grado, rango o clase. / Avalúo o imposición de un impuesto o contribución. / (Com.) Renombre, reputación, crédito. / (Náut.) Clase, categoría de un buque mercante o de un marinero. / Reprimenda, reprensión, regaño, amonestación.
Ratio. n. Relación, proporción, porcentaje. / (Mat.) Razón.
Ration. n. Ración, porción. / Cuota. / v. Racionar.
Rational. adj. Racional, inteligente. / (Mat.) Racional.
Rationale. n. Razón fundamental, motivo principal, razón de ser. / Exposición razonada.
Rationalization. Racionalización, reorganización racional. / Explicación racional.
Rationalize. v. Dar explicación racional a, buscar explicación racional a. / Reorganizar la producción en forma racional.
Rattle. v. Matraquear (Un objeto de hierro). / (Fam.) *To rattle on, to rattle away, to rattle along,* Charlata near, parlotear, hablar por los codos. / Batir o sacudir con ruido de matraca, hacer resonar, castañetear. / Batir para levantar la caza, perseguir con empeño.
Rattlesnake. n., (Zool.) Serpiente de cascabel, crótalo.
Rattling. adj.. Estrepitoso. / Vivaz, animado, vigoroso. / (Fam.) Excelente, espléndido. / adv., (Fam.) Muy, en sumo grado.

Raucous. adj. Ronco, bronco, áspero, agrio, estridente.
Raucousness. n. Ronquera, bronquedad, aspereza, carraspera.
Ravage. n. Asolamiento, destrucción. / v. Asolar, devastar, destruir.
Raven. v. Devorar, engullir, tragar. / Comer con avidez. / n. (Orn.) Cuervo.
Ravenous. adj. Rapaz, voraz. / Famélico, hambriento.
Ravine. n. Barranco, cañada.
Raving. n. Desvarío, delirio, devaneo. / adj. Desvariado, que delira. / Extraordinario, soberbio.
Ravioli. n. Ravioles.
Ravish. v. Arrebatar, llevar por fuerza, raptar, secuestrar. / Arrebatar, cautivar, apasionar. / Violar, estuprar.
Ravishing. adj. Arrebatador, encantador, cautivador, arrobador.
Raw. adj. Crudo, sin cocer. / En bruto, no elaborado o manufacturado. / Inconcluso. / Inexperto, novato, bisoño. / Rudo, tosco, vulgar.
Rawboned. adj. Huesudo, enjuto, magro.
Raw deal. n. Mala pasada, tratamiento severo o injusto.
Raw flesh. n. Carne viva.
Raw material. n. Materia prima.
Raw spirits. n. Licores puros o sin mezcla.
Ray. n. Rayo, línea de luz. / Resplandor, brillo. / (Fig.) Vislumbre, indicio. / Raya, línea delgada. / Trayectoria. / (Zool.) Espina. Brazo de una estrella de mar. / (Ict.) Raya, manta. / v. Brillar, irradiar, radiar.
Re. prep. (Der.) Con referencia a, acerca de.
Reabsorb. v. Resorber, reabsorber.
Reach. v. Llegar a, alcanzar. / Tocar, dar en el blanco. / Entregar, alargar. / Afectar, impresionar. / Comunicarse con, notificar a. / *To reach out,* Extender, alargar, estirar. Extender o estirar el brazo o la mano.
Reachable. adj. Asequible.
Reaction. n. Reacción. / Respuesta, contestación. / (Mil.) Contraataque.
Reactivate. v. Activar de nuevo, reponer en servicio, reactivar.
Reactive. adj. Reactivo.
Reactivity. n. Reactividad.
Reactor. n. (Quím.) Reactivo. / (Electr.) Reactor, bobina de reacción. / (Fís.) Reactor nuclear.
Read. v. Leer. / Interpretar, descifrar. / Estudiar (Especialidad) / Marcar, registrar, indicar (Instrumenos medidores). / adj. Leído, instruido, informado por medio de lecturas.
Readability. n. Interés, amenidad de estilo.
Readable. adj. Legible (Escritura). / Interesante, que vale la pena leerse, entretenido de leer.
Reader. n. Lector. / Declamador, recitador profesional. / Corrector de pruebas. / Libro de lectura, antología, selección de lecturas.
Readership. n. Lectoría. / Lectores.
Readily. adv. Prontamente, sin demora, servicialmente. / Sin dificultad, fácilmente.
Reading. n. Lectura. / Recital, conferencia, lectura en público. / Material de lectura, contexto, contenido de un escrito. / Medida, indicación, cantidad que señala un instrumento. / Interpretación de un papel, versión. / adj. Lector, estudioso. / De lectura, para leer.
Ready. adj. Listo, preparado, dispuesto. / Pronto, fácil. / Diestro, hábil, capaz. / Vivo, ágil. / A la mano, disponible. / v. Preparar, alistar. / n. (Mil.) Posición de apresto.

Ready-made. adj. Confeccionado, hecho para venta. / Preconcebido.

Realignment. n. Realineación.

Realism. n. Realismo.

Realist. n. Realista.

Realistic. adj. Realista.

Reality. n. Realidad. / Realismo. / *In reality*, En verdad, en realidad, efectivamente.

Realization. s.. Comprensión, acción de darse cuenta. / Realización, conversión (En dinero).

Realize. v. t. Comprender, darse cuenta de, hacerse cargo de. / Realizar, efectuar, ejecutar. / Dar verosimilitud o realismo a. / (Com.) Realizar, vender, convertir en dinero o en efectivo. / Obtener, ganar, producir, rendir.

Reallocate. v.. Volver a asignar o destinar, señalar o distribuir de nuevo, reasignar.

Really. adv. Realmente, verdaderamente, efectivamente. / Positivamente, de veras, en realidad. / *Really?*, ¿Es verdad? ¿es posible?

Realm. n. (Fig.) Reino. *The realm of dreams*, El reino de los sueños. / (Zool.) Extensión de una fauna.

Real time. s.. inform. Tiempo que toma en realizarse un proceso de control o estudio.

Reanimate. v. Reanimar, revivir, vivificar.

Reap. v. Segar, cortar, cercenar. / Cosechar, recolectar. / Cosechar, obtener el fruto del trabajo propio.

Reappear. v. Reaparecer, resurgir.

Reappoint. v. Volver a nombrar, designar de nuevo.

Reapportion. v. Proporcionar o repartir de nuevo.

Reappraisal. n. Revaluación, retasa, reconsideración.

Rear. n. (Mil.) Retaguardia. / Zaga, espalda, cola, parte de atrás / adj. Posterior, trasero, de atrás. / De retaguardia. / v. Levantar, alzar, elevar. / Edificar, erigir, construir. / Criar, fomentar, cultivar, cuidar, educar. / v. Encabritarse (Caballo).

Rear admiral. n. . Contraalmirante.

Rear drive. n. (Mec.) Tracción trasera.

Rearmament. s.. Rearme.

Rearrangement. n. Nuevo arreglo, nueva disposición, reordenamiento.

Reason. n. Razón, motivo, causa, argumento, justificación, explicación. / Razón, intelecto. / Sensatez, moderación, prudencia. / v. Discutir. / Raciocinar. Razonar.

Reasonable. adj. Racional, dotado de razón. / Razonable, sensato. / Razonable, módico, moderado, regular.

Reasoning. n. Razonamiento. / Raciocinio.

Reassemble. v. Volver a reunir(se), volver a armar(se) o juntar(se).

Reassignment. s . Nuevo destino, nueva repartición, reinstalación.

Reassume. v. Reasumir.

Reassurance. n. Seguridad, confianza, garantía repetida, circunstancia tranquilizadora o satisfactoria. / (Com.) Reaseguro.

Reassure. v. . Tranquilizar, aquietar, dar seguridades a. / (Com.) Reasegurar, volver a asegurar.

Reassuring. adj. . Tranquilizador, apaciguante.

Reawaken. v.. v. Volver a despertar(se), reanimar. (Atención, interés).

Rebate. n. Rebaja, deducción, disminución, reembolso. / v. Rebajar, descontar, reembolsar.

Rebellion. n. Rebelión, insurrección, alzamiento, amotinamiento. / Resistencia, desafío, oposición.

Rebellious. adj. Rebelde, faccioso, insurrecto, refractario.

Rebirth. n. Renacimiento. / Reencarnación.

Reboant. adj. (Poét.) Resonante.

Rebound. v. Rebotar. / Repercutir, resonar. / n. Rebote, repercusión. / Reacción emocional, despecho.

Rebuild. v. Reconstruir, reedificar.

Rebut. v. Refutar, contradecir, impugnar.

Rebuttal. n. (Der.) Refutación, contradicción, impugnación.

Recalcitrance, recalcitrancy. n. Obstinación, terquedad, porfía.

Recalcitrant. adj. Recalcitrante, obstinado, terco, reacio. / n. Persona recalcitrante.

Recall. v. Hacer volver. / Recordar, rememorar. / Revocar, anular, deponer, retirar. / n. Llamada para hacer volver. / Revocación, anulación. / Retiro de un diplomático. / Recordación, remembranza.

Recapture. n. Recobro, recuperación. / Represa. / v. Recobrar, volver a tomar. / Recordar, volver a experimentar. / (Der.) Recobrar. / (Náut.) Represar.

Recede. v. Retroceder, retirarse. / Contraerse, encogerse. / Apartarse, separarse, alejarse, desistir. / Volver a ceder.

Receipt. n. Recibo, carta de pago, cobranza. / Recibo, recepción. / pl. Entradas, ingresos, recaudación. / Receta, fórmula. / v. Dar o extender recibo por.

Receipt book. n. Recetario, registro de recetas. / (Com.) Libro de recibos.

Receive. v. Recibir, tomar, percibir, cobrar. / Aceptar, admitir, dar cabida a, contener. / Hospedar, acoger. / Ser el que recibe. / Recibir visitas. / Comulgar. / (Radio). Recibir, captar una estación de radio.

Receiver. n. Recibidor, receptor, recipiente. / Tesorero. / Comprador de cosas robadas, reducidor. / (Quím.) Recipiente de alambiques, tubo de condensación.

Receivership. n. (Der.) Sindicatura, receptoría, administración judicial.

Reception. n. Recepción, sala de recibo. / Admisión de un académico. / Recepción social, fiesta, reunión. / Acogida. / radio Recepción.

Receptionist. n. Recibidor, recibidora, recepcionista. **Receptive.** adj.. Receptivo.

Receptiveness, receptivity. n. Receptividad.

Receptor. n. Receptor. / (Fisiol.) Receptor, órgano sensorio.

Recessive. adj. Regresivo. / (Biol.) Recesivo. / n., (Biol.) Carácter o factor recesivo.

Recharge. v. Cargar, alimentar, reforzar.

Recidivism. n. Reincidencia, recaída. / (Der.) Reincidencia.

Recidivist. n. (Der.) Reincidente.

Recipe. n. (Med.) Receta, fórmula. / Receta de cocina. / Pauta, plan, modelo.

Recipient. n. Recibidor, recipiente.

Reciprocal. adj. Recíproco, mutuo, permutable. / (Gram.) Recíproco. / n. Lo recíproco. / (Mat.) Número recíproco.

Reciprocate. v. Corresponder, hacer o dar en recompensa. / Reciprocarse / v., (Mec.) Alternar, oscilar, tener movimiento alternativo o de vaivén. / Intercambiar. / (Mec.) Dar movimiento alternativo o de vaivén a.

Recital. n. Recitación, declamación. / Narración, relato, exposición. / (Mús.) Recital, concierto.

Recitation. n. Recitación, declamación. / Narración.

Recite. v. Recitar, declamar. / Narrar, relatar, contar, citar. / v. Decir la lección.

Reckless. adj. Imprudente, precipitado, atolondrado, temerario.

Reclaim. v. Corregir costumbres, enmendar. / Ganar terreno al mar, recobrar tierras para el cultivo. / Recuperar material desechado. / n. Restitución, recuperación.

Reclaimable. adj. Recuperable.

Reclamation. n. Reclamación, reclamo. / Recuperación de materiales. / Restauración, mejoramiento.

Recline. v. Reclinarse, recostarse, inclinarse.

Recluse. adj. Solitario, retirado, apartado, aislado. / n. Ermitaño, anacoreta, solitario.

Recognition. n. Reconocimiento, aceptación, admisión, agradecimiento.

Recognizable. adj. Reconocible.

Recognizably. adv. Visiblemente.

Recognize. v. Reconocer, admitir, conceder. / Reconocer, distinguir. / (Polít.) Reconocer a un gobierno.

Recoil. v. Retirarse, retroceder, volver al origen. / Espantarse, disgustarse. / (Mil.) Replegarse. / n. Reculada, rechazo, retroceso. / Repugnancia, disgusto, espanto. / (Mil.) Retroceso, culatazo.

Recollect. v. Recordar, rememorar.

Recollection. n. Recuerdo, remembranza, reminiscencia, evocación.

Recommence. v., v. Recomenzar, empezar de nuevo.

Recommendable. adj. Recomendable.

Recommendation. n. Recomendación, presentación. / Consejo, sugerencia.

Recompense. v. Recompensar, remunerar. / n. Recompensa, remuneración.

Reconsider. v., v. Volver a considerar, reconsiderar, examinar nuevamente.

Reconstitute. v. Reconstituir, reorganizar. / Reconvertir a su consistencia original.

Reconstitution. n. Reconstitución, reorganización.

Reconstruct. v. Reedificar, reconstruir. / Reconstituir.

Reconstruction. n. Reconstrucción, reedificación.

Reconvert. v. Volver a su estado original, devolver a su uso antiguo. / v. Reconvertirse. (A religión, idea.)

Record. n. Registro, inscripción, anotación. / Acta, documento, partida. / Relación, crónica, historia. / Hoja de servicios, antecedentes, historia personal. / (Enseñ) Expediente académico.

Recorder. n. Registrador, archivero. / Grabadora de sonidos. / (Der.) Juez municipal de causas criminales. / (Mec.) Indicador, contador. / (Mús.) Flauta dulce.

Recording. n. Grabación, disco fonográfico, cinta magnetofónica.

Recording head. n. electrón. Cabezal de grabación.

Record player. n. Tocadiscos, fonógrafo.

Recoup. v. Recobrar, recuperar. / Reembolsar, indemnizar, resarcir.

Recourse. n. Recurso, expediente, ayuda.

Recover. v. Recobrar, recuperar, rescatar, reconquistar. / (Der.) Rei vindicar, cobrar. / Recobrar la salud o el conocimiento, mejorar se, convalecerse. / (Der.) Obtener sentencia favorable, ganar un pleito.

Recovery. n. Recobro, recuperación, rescate. / Restablecimiento, mejoría, convalecencia.

Recreate. v. Recrear, divertir, deleitar. / Refrescar, reanimar.

Recreation. n. Recreación, recreo, esparcimiento.

Recriminate. v. Reprochar, recriminar.

Recrimination. n. Recriminación, reproche.

Recross. v., v. Volver a cruzar, pasar de nuevo.

Recruit. v. (Mil.) Reclutar, enganchar. / Contratar. / Abastecer. / Alistar, reclutar. / n. (Mil.) Recluta.

Rectal. adj. (Anat.) Rectal, del recto.

Rectangle. n. Rectángulo.

Rectangular. adj. Rectangular.

Rectifiable. adj. Rectificable.

Rectification. n. Rectificación, corrección, enmienda.

Rectify. v. Rectificar. (Con todas las acepciones de la palabra castellana).

Rectitude. n. Rectitud, corrección, probidad.

Rector. n. Rector (De universidad). / Prior, cura párroco.

Rectorate. n. Rectorado, rectoría.

Rectory. n. Rectoría.

Recumbent. adj. Reclinado, recostado, echado.

Recuperate. v. Recuperar, recobrar, rescatar, reconquistar.

Recuperation. n. Recuperación.

Recurrent. adj. Periódico, reiterativo, cíclico. / (Anat., Mat.) Recurrente.

Recycle. v. (Fís.) Recircular.

Red. adj. Rojo, colorado. / Enrojecido (Rostro). / Inyectado (Ojo). / Tinto (Vino). / n. Color rojo. / Indio piel roja. / Rojo, comunista, revolucionario. / The red, El debe (De una cuenta).

Red-blooded. adj. Valiente, valeroso, enérgico, animoso.

Redbrick. adj. Recién fundada, recién establecida (Una universidad).

Red-carpet. adj. (Fam.) Preferencial (Trato), de lujo (Recepción).

Red corpuscle. n. (Fisiol.) Glóbulo rojo.

Red Cross. n. p. Cruz Roja.

Red deer. n. (Zool.) Venado, ciervo.

Redden. v. Teñir de rojo. / v. Enrojecerse, ponerse colorado, ruborizarse.

Reddish. adj. Rojizo.

Redecorate. v. Poner nueva decoración. / Cambiar el decorado.

Redeemable. adj. Redimible, rescatable.

Redeemer. n. Redentor.

Redemption. n. Redención, rescate, salvación. / Reembolso, amortización.

Redeploy. v. (Mil.) Cambiar de frente.

Redesign. v. Cambiar el diseño de, cambiar la forma o apariencia de.

Redevelopment. n. Reurbanización.

Red fox. n. (Zool.) Zorro rojo.

Red-handed. adj. adv. En flagrante, con las manos en la masa.

Redhead. n. Pelirrojo. / Pato americano.

Red herring. n. Arenque ahumado. / Despiste, pista falsa, indicio falso.

Red-hot. adj. Calentado al rojo, candente. / Fervoroso, vehemente. / Muy reciente (Noticia).

Red indian. n. (Fam.) Piel roja.

Redirect. v. Cambiar la dirección de. / Enviar a nueva dirección. (Carta.) / Señalar o mostrar otro camino a.

Rediscover. v. Volver a descubrir, redescubrir.

Rediscovery. n. Nuevo descubrimiento, redescubrimiento.

Redistribute. v. Distribuir o repartir de nuevo, redistribuir.

Redistribution. n. Nueva distribución, redistribución.

Red-letter. adj. Feriado, de fiesta (Día).

Red meat. n. Carne de res o carnero.

Redness. n. Rojez, calidad de rojo o rojizo.

Redo. v. Rehacer, hacer de nuevo. / Decorar de nuevo.

Redolence. n. Fragancia, aroma. / (Fig.) Súbita evocación de algo placentero.
Red Sea. n. p. Mar Rojo.
Red squirrel. n. (Zool.) Ardilla norteamericana.
Red tape. n. Papeleo, trámites burocráticos.
Reduce. v. Reducir, disminuir, aminorar, rebajar, mermar. / Debilitar. / Contraer, abreviar, acortar. / Sujetar, someter, sojuzgar, subyugar. / Convertir, transformar, cambiar. / Ordenar, metodizar, clasificar. / Diluir. / (Med.) Reducir, enderezar, corregir. / (Mil.) Degradar. / (Fotogr.) Debilitar la densidad del negativo. / Adelgazar, estar a dieta. / v. Reducirse, encogerse, mermarse, diluirse.
Reduction. n. Reducción, rebaja, disminución.
Redundancy. n. Redundancia.
Redundant. adj. Redundante.
Reed pipe. n. (Mús.) Caramillo. / Cañón de lengua, cañón de lengüeta del órgano.
Reeducate. v. Reeducar, rehabilitar. / Acondicionar (A una nueva situación).
Reeducation. n. Reeducación.
Reedy. adj. Cubierto de cañas. / Hecho de caña. / Largo y delgado larguirucho. / Chillón, agudo (Tono).
Reef. n. Escollo, arrecife, banco de arena. / (Fig.) Escollo dificultad. / (Min.) Veta, vena, filón. / (Náut.) Rizo (De una vela).
Reek. n. Vapor, emanación. / Tufo, aire fétido. / (Fam.) Humo. / v. Humear. / Ahumar. / Exhalar, exudar.
Reel. n. Carrete, bobina. / Carrete de la caña de pescar. / Canilla de la máquina de coser. / Rollo de película de cine. / Ovillo enrollado en un carrete.
Reemerge. v. Reaparecer, resurgir.
Reemphasize. v. Volver a recalcar o acentuar.
Reemploy. v. Volver a emplear.
Reenactment. n. Restablecimiento, revalidación. (De una ley). / Nueva realización o representación.
Reengage. v. Emplear de nuevo, volver a contratar.
Reenlist. v. Reengancharse, volver a alistarse.
Reenter. v. Reingresar, volver a entrar. / Registrar de nuevo, volver a anotar.
Reentry. n. Reingreso, segunda entrada. / (Der.) Recuperación de una posesión. / (Bridge) Nueva entrada.
Reexamination. n. Nuevo examen, revisión, repaso. / (Der.) Reexaminación.
Reexamine. v. Reexaminar, revisar, repasar.
Reexport. v. Reexportar. / n. Reexportación.
Reface. v. Renovar la fachada.
Refashion. v. Rehacer, restaurar.
Refection. n. Refacción, refresco, refrigerio, colación.
Refectory. n. Refectorio, comedor.
Refer. v. Atribuir, asignar, imputar. / Referir, remitir, someter a examen. / v. Relacionarse con. / Consultar (Apuntes).
Referee. n. Juez, dirimente. / (Dep.) Árbitro, juez de campo. / (Der.) Árbitrador. / v. Arbitrar, servir de árbitro o juez.
Reference. n. Referencia, remisión, alusión, mención. / Respecto, relación. / Signo de referencia, nota en un libro o escrito. / Libro de consulta, fuente de información. / Informe, recomendación, referencia, certificado de trabajo. / v. Proveer de información.
Referendum. n. (Polít.) Referéndum, plebiscito.
Refine. v. Refinar, purificar, clarificar, depurar. / (Fig.) Mejorar, perfeccionar. / v., (Fig.) Refinar, educar, pulir (A una persona).

Refined. adj. Refinado, purificado. / (Fig.) Fino, cortés, culto, bien educado.
Refinement. n. Refinación, purificación, mejoramiento. / Refinamiento, finura, cortesía, sutileza.
Refinery. n. Refinería (Industrial).
Refining. n. Refinación, purificación.
Reflection, reflexion. n. Reflexión, reverbero, reverberación. / Reflejo (De luz, calor).
Reflective. adj. Que refleja, reflexivo. / (Fig.) Reflexivo, pensativo, ponderado. / (Gram.) Reflexivo.
Reflectivity. n. Poder de reflexión.
Reflex. adj. Reflejo, reflejado. / (Fisiol.) Reflejo. / radio De reflexión. / n. Reflejo, reflexión, imagen reflejada. / Semejanza, parecido, reproducción.
Refloat. v. Poner otra vez a flote, reflotar.
Reform. v. Reformar. / Abolir, suprimir (Abusos, inmoralidad). / v. Reformarse. / n. Reforma, reformación.
Reformation. n. Reformación, reforma, corrección. / (Hist., Rel.) La Reforma.
Reformed. adj. Reformado, corregido, enmendado. / *Reformed*, (Rel.) Reformado, protestante.
Reformed churches. n. Iglesias protestantes.
Reformulate. v. Formular de nuevo.
Refrain. n. Estribillo, bordón, contera (De verso). / (Fig.) Bordón, muletilla. / v. Abstenerse de, refrenarse de (ú. con *from*).
Refresh. v. Refrescar, enfriar. / (Fig.) Refrescar (Memoria, conocimiento). Reavivar, reponer las fuerzas a. / Llenar o surtir de nuevo. / v. Refrescar, renovar. / Reanimarse, refrescarse.
Refresher course. s Curso de repaso.
Refreshing. adj. Refrescador, refrescante, alentador, placentero.
Refrigerate. v. Refrigerar, enfriar.
Refrigeration. n. Refrigeración.
Refuse. adj. Desechado, inservible. / n. Desperdicios, desecho, basura.
Refutable. adj. Refutable.
Refute. v. Refutar, rebatir, impugnar.
Regain. v. Recobrar, recuperar. / Reconquistar, ganar o alcanzar de nuevo (Posición, lugar).
Regard. v. Mirar, observar, contemplar. / Respetar, estimar. / Tomar en consideración, tener en cuenta. / Considerar, juzgar. / Tocar, concernir, atañer. / Contemplar, mirar con fijeza o atención.
Regarding. prep. Con respecto a, con referencia a, sobre, en cuanto a.
Regatta. n. (Dep.) Regata.
Regency. n. Regencia.
Regenerate. v. Regenerar, reformar. / Regenerar, reproducir, renovar.
Regeneration. n. Regeneración.
Regent. n. y adj. Regente. / Miembro del directorio de una universidad.
Regimen. n. Régimen, gobierno. / (Med.) Régimen, dieta, tratamiento. / (Gram.) Régimen.
Regiment. n., (Mil.) Regimiento. / v. Regimentar, formar en regimiento o regimientos, destinar a un regimiento. / (Fig.) Regimentar, reglamentar, uniformar, ordenar estrictamente.
Regimental. adj. De regimiento, del regimiento.
Regimentation. n. Regimentación.
Region. n. Región, zona, lugar, comarca. / (Anat., Zool.) Región, zona, parte del cuerpo.
Regional. adj. Regional.

Register. n. Registro, matrícula, archivo, protocolo. / Registro, inscripción. / Registro, regulador. / Registrador (Aparato). / (Mús.) Registro. / (Impr.) Registro (De las dos caras del pliego impreso). / Registrador, archivero, archivista.

Registrar. n. Registrador de propiedades, archivero.

Registration. n. Registro, matrícula, empadronamiento. / Asiento, inscripción, registro. / Cantidad de personas registradas o empadronadas. / (Mús.) Selección y graduación de los registros, combinación de los registros (Del órgano).

Regression. n. Regresión, retrocesión, retroceso.

Regressive. adj. Regresivo. / Decreciente.

Regretful. adj. Pesaroso, arrepentido.

Regretfulness. n. Arrepentimiento, pesar.

Regrettable. adj. Lamentable, sensible, deplorable.

Regroup. v. v. Reagrupar(se), distribuir(se) en grupos nuevos, formar(se) un grupo nuevo.

Regular. adj. Regular, uniforme, simétrico. / Constante, continuo. / Regular, ordinario, corriente. / metódico, sistemático. / (Rel.) Regular. / (Bot.) Regular, simétrico. / (Gram.) Regular. / (Mil.) Regular, de línea. / (Fam.) Cabal, completo, verdadero, típico. / (Pop.) Amable, simpático, decente.

Regularity. n. Regularidad. / Simetría, igualdad, uniformidad. / Método, orden, constancia, continuidad.

Regularization. n. Regularización.

Regularize. v. Regularizar, normalizar, metodizar, ordenar.

Regulate. v. Reglar, normar, regir, regularizar. / Reglamentar, sujetar a reglamento. / Ordenar, metodizar.

Regulation. n. Regulación, ordenamiento. / Regla, orden, reglamento.

Regulator. n. Regulador. / Registro de reloj, cronómetro regulador.

Regurgitation. n. Regurgitación.

Rehabilitate. v. Rehabilitar, restablecer, restituir, reincorporar.

Rehabilitation. n. Rehabilitación, restablecimiento, reincorporación. / (Der.) Reivindicación.

Rehash. v. Volver a presentar, repetir el mismo argumento. / n. Refrito (De una obra literaria). / Repetición (De argumentos). / Refundición.

Rehearsal. n. (Teatr.) Ensayo, prueba.

Reheat. v. Recalentar, recocer.

Rehydrate. v. Rehidratar.

Reign. n. Reinado, imperio, soberanía. / Dominio, predominio. / v. Reinar, imperar, regir. / Dominar, predominar, prevalecer, estar en boga.

Reimburse. v. Reembolsar, reintegrar. / Restituir, indemnizar.

Reimbursement. n. Reembolso, reintegración. / Indemnización.

Reincarnate. v. Reencarnar.

Reincarnation. n. Reencarnación.

Reindeer. n. (Zool.) Reno, rengífero.

Reinfection. n. (Med.) Reinfección.

Reinforce. v. Reforzar, fortalecer, robustecer. / (Mil.) Reforzar con tropas o barcos adicionales. / n. (Mil.) Refuerzo de un cañón.

Reinforcement. n. Refuerzo, ayuda, socorro. / (Arq.) Armazón del hormigón armado. / pl., (Mil.) Refuerzos, fuerzas de auxilio.

Reins. n. pl., (Anat.) Riñones, región renal. / (Fig.) Entrañas (Donde radican afectos y pasiones).

Reinstall. v. Reinstalar, restablecer.

Reinstatement. n. Reinstalación, rehabilitación.

Reintegrate. v. Reintegrar.

Reintegration. n. Reintegro, reintegración.

Reintroduce. v. Introducir de nuevo, reintroducir.

Reintroduction. n. Reintroducción, nueva introducción.

Reinvigorate. v. Vigorizar de nuevo, revigorizar.

Reissue. n. Reimpresión, nueva publicación o edición. / (Filat.) Nueva emisión. / v. Volver a publicar, reimprimir. / Volver a emitir.

Reiterate. v. Reiterar, repetir continuamente.

Reject. v. Rechazar, repeler, rehusar, descartar, desechar. / Arrojar, vomitar. / n. Producto defectuoso. / Recluta excluido del servicio militar.

Rejection. n. Rechazo, repudio.

Rejoice. v. Regocijar, alegrar, alborozar.

Rejoin. v. Replicar. / (Der.) Duplicar, responder el demandado a la réplica del actor. / (Der.) Contestar en dúplica.

Rejoin. v. Volver a unir o juntar. / v. Volver a juntarse con. / Reincorporarse a.

Rejoinder. n. Respuesta, réplica. / (Der.) Contrarréplica, dúplica.

Rejuvenate. v. Rejuvenecer, remozar.

Rejuvenation. n. Rejuvenecimiento, remozamiento, remozadura.

Rejuvenize. v. Rejuvenecer, remozar.

Relate. v. Relatar, contar, narrar. / Relacionar, emparentar. / v. *To relate to*, Relacionarse con, pertenecer a, concernir a, referirse a.

Relation. n. Relación, relato, narración, cuento. / Pariente, familiar, allegado. / Parentesco. / Relación, referencia, alusión. / pl. Relaciones, tratos, asuntos. / pl. Relaciones sexuales.

Relationship. n. Correspondencia, relación, vínculo, allegamiento. / Parentesco.

Relativism. n. fil., (Fís.) Relativismo.

Relativity. n. Relatividad.

Relax. v. Relajar, aflojar. / Rebajar, mitigar, suavizar, ablandar. / Laxar. (Vientre). / v., mitigarse, moderarse, ceder. / Reposar, esparcirse.

Relaxant. adj. elajante.

Relaxation. n. relajación, aflojamiento. / Relajación, mitigación, moderación. / Descanso, reposo, esparcimiento.

Relaxed. adj. Relajado. / Sosegado, reposado, calmado. / Informal, libre.

Relay race. n. (Dep.) Carrera de relevos, carrera de postas.

Release. v. Soltar. / Soltar, poner en libertad. / Relevar, aliviar, eximir (De dificultad, castigo, dolor, etc.). / Iniciar la publicación o estreno de, poner en circulación, emitir. / (Mil.) Lanzar bombas desde un avión. / (Mec.) Desenganchar, soltar, disparar.

Relegate. v. Relegar, desterrar. / (Fig.) Relegar, trasladar, remover. / Posponer.

Relent. v. Aplacarse, desenojarse, ablandarse, enternecerse, ceder.

Relentless, adj. Implacable, inexorable, inflexible, severo.

Relevance, relevancy. n. Pertinencia, oportunidad, aplicabilidad.

Reliability. n. Integridad, fiabilidad, condición de confiable.

Reliable. adj. Confiable, acreditado, veraz, fidedigno. / De funcionamiento seguro, de efecto seguro.

Reliant. adj. Confiado, seguro.

Relic. n. Reliquia. / pl. Restos mortales. / (Geol.) Residuo.

Relief. n. Ayuda, socorro, alivio, confortación. / Limosna, caridad, beneficencia pública. / Relevo. / Relevación, aligeramiento. / Solaz, descanso. / (Der.) Desagravio, reparación, compensación, satisfacción. / (Arte) Relieve, realce, resalte.

Relief valve. n. Válvula de seguridad.

Relievable. adj. Aliviable, remediable.

Relieve. v. Relevar, remediar, socorrer. / Aligerar, aliviar, mitigar, suavizar (Dolor, pena). / Relevar (Tropas). / Destituir, reemplazar, substituir (En un empleo). / Relevar, descargar, exonerar, reparar, desagraviar.

Religion. n. Religión.

Relish. n. Gusto, sabor característico, dejo grato. / Un toque, una pizca (De aliño). / Gusto, deleite, goce, fruición. / (Fig.) Apetito, apetencia, inclinación. / Condimento, salsa. / v. Sazonar, condimentar. / Comer o beber con fruición, saborear, paladear. / Gustar de, gozar de, gozarse en. / *To relish of*, Saber a, tener sabor a.

Relive. v. Recordar el pasado, experimentar de nuevo una vivencia. / Volver a la vida.

Reload. v. Recargar(se), volver a cargar(se), transbordar.

Remain. v. Permanecer, quedarse. / Quedar, restar, sobrar, estar de más. / Continuar, seguir siendo, durar, perdurar. / n., pl. Resto, residuo, remanente, sobrante, / pl. Obras póstumas (literarias). / pl. Despojos, Restos mortales.

Remainder. n. Residuo, resto, remanente, saldo. / (Der.) Restante, resto. / (Mat.) Resta, resto, residuo. / adj. Restante, sobrante.

Remaining. adj. Restante, sobrante.

Remake. v. Rehacer, hacer de nuevo.

Remand. v. (Der.) Volver a poner bajo custodia, volver a encarcelar temporalmente. / Devolver los autos al tribunal inferior. / n. Reenvío del acusado a prisión, mandato de devolución de los autos al tribunal inferior.

Remark. v. Advertir, notar, reparar, observar, percibir, percatarse de. / v. Observar, expresar, comentar. / *To remark on, To remark upon*, Aludir a, hacer comentarios sobre. / n. Observación, comentario, nota, reparo.

Remarriage. n. Segundo matrimonio, segundas nupcias.

Remarry. v., v. Volver a casar o casarse, contraer segundas nupcias.

Rematch. n. (Dep.) Partido de revancha.

Remedial. adj. Remediador, reparador, terapéutico.

Remember. v. Recordar, rememorar, acordarse de. / Retener, conservar, guardar en la memoria. / Conmemorar. / Tener presente, tener en cuenta. / Premiar, recompensar, dar propina a. / *To remember the maid*, Dale propina a la criada. / Hacer memoria, acordarse.

Remembrancer. n. Recordatorio, recordativo.

Remind. v. Recordar, acordar, traer a la memoria.

Reminder. n. Recordatorio, recordativo, señal de advertencia.

Reminiscent. adj. Recordativo, evocativo, evocador.

Remiss. adj. Negligente, descuidado, desidioso. / Remiso, flojo / Deficiente (Un servicio).

Remission. n. Remisión, perdón, absolución. / Disminución (En intensidad). / (Com.) Remesa, envío. / (Der.) Desistimiento, abandono, cancelación. / (Med.) Remisión.

Remittance. n. Remesa de dinero, giro, envío, letra de cambio.

Remonstrance. v. Urgir, instar, reclamar. / *To remonstrance on, to remonstrance upon*, Protestar contra, objetar a.

Remonstration. n. Protesta.

Remorse. n. Remordimiento, compunción.

Remorseless. adj. Despiadado, desalmado.

Remote. Remoto, lejano. / Divergente, desligado.

Remount. v. Remontar. / Volver a subir. Volver a engastar. / Remontar (Tropa, etc.). / n. Caballo de relevo.

Removable. adj. Movible, transportable, móvil. / Extirpable.

Removal. n. Remoción, removimiento, destitución, deposición, despedida. / Transferencia, traslado, mudanza, cambio de domicilio. / Eliminación, extirpación.

Remove. v. Remover, transferir, trasladar, mudar. / Quitar, levantar, apartar. / Despedir, destituir, deponer. / Deshacerse de, quitar de en medio. / Sacar, extirpar, erradicar. / Eliminar, matar. / v. Irse, alejarse, mudarse, cambiar de domicilio.

Removed. adj. Apartado, retirado, distante, remoto.

Remuneration. n. Remuneración, pago, gratificación, recompensa, premio.

Renaissance. n. Renacimiento.

Renal. adj. (Anat.) Renal.

Rename. v. Nombrar de nuevo, poner un nuevo nombre a.

Rend. v. Arrancar, arrebatar. / (Fig.) Hender, rasgar. / Desgarrar, rasgar. / Henderse, partirse, dividirse.

Render. v. Rendir (Honores), dar (Gracias), prestar (Ayuda) hacer (Servicio). / Pronunciar, emitir (Veredicto). / Presentar, someter (Informe). / Rendir, producir (Interés). / Volver, convertir, cambiar. / Traducir, verter.

Rendition. n. Rendición, capitulación, entrega. / Versión o traducción. / (Teatr.) Representación, interpretación, ejecución.

Renegade. n. y adj. Renegado, apóstata, traidor, desertor. / v. Volverse renegado, renegar.

Renegotiable. adj. (Com.) Renegociable.

Renegotiate. v. v. (Com.) Renegociar.

Renegotiation. n. Renegociación.

Renewable. adj. Renovable.

Renewal. . Renovación.

Renounce. v. Renunciar, dimitir, abdicar. / Repudiar, desconocer. / Renunciar a. / n., (Naip.) Renuncio.

Renovate. v. Renovar, restaurar, rehacer. / Renovarse.

Renowned. adj. Renombrado, afamado, célebre, famoso, connotado.

Rent. n. Desgarro, rotura, rasgón. Grieta. / Cisma, división, escisión. / Desgarramiento, rompimiento. / Alquiler, arrendamiento. / (Econ., Polít.) Renta, rédito. / *For rent*, Se alquila, por alquilar. / v. Alquilar, arrendar.

Rental. n. Alquiler (Valor). / Alquiler, arriendo, alquilamiento. / Propiedad alquilada. / adj. De alquiler. / Por alquilar (Propiedad).

Renumber. v. Volver a numerar, numerar de nuevo.

Reopening. n. Reapertura.

Reorder. n. (Com.) Nuevo pedido, nueva orden (De mercancías). / v. Rearreglar, reorganizar. / (Com.) Ordenar de nuevo, pedir de nuevo. / Hacer un nuevo pedido.

Reorganization. n. Reorganización.

Reorganize. v., v. Reorganizar.

Repackage. v. Empaquetar de nuevo.

Repaint. v. Repintar, volver a pintar. / n. Repinte.

Repair. v. Reparar, restaurar, componer, enmendar, arreglar. / Curar, sanar, restablecer la salud. / *To repair to*, Ir a, dirigirse a, acudir a. Reparación, restauración, enmienda, arreglo, refacción, compostura, remiendo. / Punto de reunión, guarida. / Concurso, concurrencia.

Repairable. adj. Reparable, enmendable, subsanable.

Reparation. n. Reparación, restauración, compostura, arreglo. / Compensación, satisfacción, reparación, resarcimiento. / pl. Indemnización, restitución.

Repast. n. Comida. / v. Alimentarse, comer.

Repatriation. n. Repatriación.

Repay. v. Reembolsar, reintegrar. / Compensar (Esfuerzo) / Reciprocar, recompensar por. / Desquitarse de, vengarse de, pagar con la misma moneda. / Pagar, efectuar los pagos de reembolso.

Repeal. v. Revocar, rescindir, anular, abolir, derogar, abrogar. / n. Revocación, rescisión, anulación, abolición, derogación.

Repeat. v. Repetir. / Repetirse, que repite (La comida). / Votar varias veces en una misma elección. / n. Repetición. / Dos puntos (El signo ortográfico). / (Mús.) Repetición. / (Com.) Pedido duplicado.

Repeatable. adj. Repetible, iterable.

Repeated. adj. Repetido, reiterado.

Repent. v., v. Arrepentirse de.

Repentant. adj. Arrepentido, contrito, pesaroso, compungido, penitente.

Repercussion. n. Repercusión, resonancia, reverberación, eco. / Repercusión, trascendencia, consecuencia.

Repetition. n. Repetición. / Recitación.

Repetitive. adj. Repetidor. / Reiterativo, redundante.

Rephrase. v. Expresar en otra forma, volver a expresar cambiando la frase.

Replace. v. Reemplazar, suplir, substituir. / Reponer, poner de nuevo. / Restituir, reembolsar, devolver.

Replaceable. adj. Reemplazable, substituible.

Replacement. n. Reemplazo, substitución. / Reposición, restitución, devolución. / Repuesto.

Replenish. v. Llenar, rellenar, henchir. / Llenar de nuevo, volver a llenar.

Replete. adj. Repleto, colmado, saciado.

Replica. n. Réplica, reproducción, copia, duplicado.

Replicate. v. Duplicar, repetir. / (Bot.) Replegar.

Reply. v. Replicar, contestar, responder. / Decir en contestación, contestar. / n. Réplica, contestación, respuesta.

Report. v. Informar, dar parte, comunicar, enterar de. / Relatar, narrar, referir. / Anunciar, divulgar. / Denunciar, delatar. / (Radio). Narrar. / Presentar un informe. / v. Comunicarse. / Presentarse, comparecer.

Reporter. n. Reportero, noticiero. / (Der.) Relator.

Reposition. n. Reposición, restauración, restablecimiento. / Depósito, almacenamiento.

Repossession. n. Recuperación, recobro de la posesión.

Reprehensible. adj. Reprensible, censurable, reprobable.

Represent. v. Representar, figurar, simbolizar. / (Teatr.) Representar (Un papel). / Equivaler o corresponder a.

Representation. n. Representación. / Exposición, manifestación. / Protesta. / Representación parlamentaria, delegación.

Representative. adj. Representativo. / Típico, característico. / n. Representante, representador.

Repress. v. Reprimir, refrenar, contener. / Reprimir, oprimir, dominar.

Repressed. adj. Comedido, moderado. / (Psicol.). Reprimido.

Repression. n. Represión.

Reprimand. n. Reprimenda, represión, regaño. / v. Reprender, regañar. / (Fam.) Sermonear.

Reprise. n. (Der.) Deducción o gravamen anual (Sobre bienes raíces). / (Mús.) Repetición, bis.

Reproach. v. Reprochar. / Censurar, criticar. / n. Reproche. / Censura, crítica. / Deshonra, ignominia, descrédito.

Reprobate. adj. Vicioso, corrompido, depravado. / (Teol.) Réprobo. / n. Malvado, depravado, bellaco. / (Teol.) Réprobo. / v. Reprobar, desaprobar, condenar. / Rechazar, denegar. / (Teol.) Condenar.

Reproduce. v. Reproducir, duplicar, copiar. / v. Reproducirse, multiplicarse.

Reproduction. n. Reproducción, copia, duplicado. / Reproducción, procreación.

Reproof. n. Reprobación, reproche, reprimenda, represión.

Reptile. n. (Zool.) Reptil. / (Fig.) Reptil, rastrero, vil. / adj. Rastrero, bajo, despreciable.

Reptilian. n. Reptil. / adj. De los reptiles, de reptil.

Republic. n. República.

Republican. n. y adj. Republicano.

Republish. v. Volver a publicar, reimprimir.

Repudiate. v. Repudiar. / Desconocer, negar (A un hijo). / Desconocer, negar (Deuda, reclamo).

Repulsion. n. Repulsa, repulsión. / Repugnancia, aversión, antipatía. / (Fís.) Repulsión.

Repulsive. adj. Repulsivo, repelente. / (Fig.) Repulsivo, repugnante.

Reputable. adj. De buena fuente, respetable, estimable, intachable. / Puro, castizo (Vocablo).

Reputation. n. Reputación, fama, renombre.

Repute. v. Reputar, estimar, considerar(se). / n. Reputación, fama.

Reputed. adj. Reputado, estimado, considerado. / Putativo, supuesto.

Request. n. Solicitud, petición, súplica, instancia. / Demanda, pedido. / v. Pedir, suplicar, solicitar, demandar.

Requiem. n. Réquiem, misa de réquiem.

Require. v.tr Requerir, exigir. / Requerir, necesitar. / Ordenar, obligar, compeler.

Requirement. n. Requerimiento, exigencia, demanda. / Requisito, condición, necesidad, formalidad.

Requisite. adj. Necesario, indispensable, forzoso. / n. Requisito.

Requisition. n. Requisición, requisa. / Pedido, demanda. / Requisito, condición. / (Der.) Requisitoria, requerimiento. / v. Requisar.

Requite. v. Corresponder a, pagar (Un favor). / Recompensar, premiar. / Vengarse de, desquitarse de.

Reread. v. Releer, volver a leer.

Reroute. v. Desviar (Tráfico).

Rerun. n. Reestreno (De una película). / v. Reestrenar, volver a presentar una película.

Resalable. adj. Revendible.

Rescind. v. Rescindir, abrogar, anular, cancelar.

Rescue. v. Salvar, librar / Rescatar, redimir. / (Der.) Recobrar por la fuerza, libertar por fuerza e ilegalmente. / n. Salvamento, salvación, liberación. / Rescate. / (Der.) Recuperación o liberación ilegal.

Reseal. v. Resellar, sellar de nuevo.

Research. n. Investigación, experimentación científica. / Búsqueda minuciosa, rebusca. / v., v. Investigar, experimentar.

Researcher. n. cienc. Investigador.
Resect. v. (Med.) Resecar.
Resection. n. (Med.) Resección.
Reseed. v. Replantar, volver a plantar.
Resemblance. n. Parecido, semejanza, similitud, aire.
Resemble. v. Asemejar, asemejarse a, parecerse a.
Resent. v. Resentirse por, ofenderse por, sentirse agraviado por, tomar a mal.
Resentful. adj. Resentido, ofendido.
Resentment. n. Resentimiento, enojo, enfado.
Reservation. n. Reservación. / Reserva, restricción, cautela. / Reservación, tierra o territorio reservado.
Reserve. v. Reservar, guardar, retener, conservar. / n. Reserva, provisión, abasto. / Reserva, reticencia, recato. / Reserva, restricción, cautela. / Postura mínima (En un remate). / Territorio reservado. / financ. Reserva. / (Mil.) Retén. / adj. De reserva, de la reserva, reservista.
Reset. v. joy. Volver a engastar, volver a montar. / (Med.) Emplazar.
Resettle. v. Repoblar, volver a colonizar. / Establecer de nuevo (Refugiados, exiliados). / Volver a radicarse.
Reshape. v. Moldear de nuevo, rehacer, volver a formar.
Reshuffle. v. Volver a barajar. / Reorganizar.
Residence. n. Residencia, estada, permanencia. / Residencia, morada, domicilio. / Casa, mansión.
Resident. adj. Residente. / Permanente. / (Orn.) No migratorio. / n. Residente. / Médico residente. / (Polít.) Ministro residente.
Residential. adj. Residencial (Barrio). / Para alumnos internos (Colegio).
Residual. adj. Residual. / n. (Mat.) Residuo, cantidad residual. / Subproducto.
Residue. n. Residuo, remanente, resto, sobrante. / (Mat.) Resto, diferencia. / (Der.) Bienes residuales (De una herencia).
Resign. v. Dimitir, renunciar, abdicar. / v. Renunciar, rotirarse, presentar renuncia. / (Ajed.) Abandonar.
Resignation. n. Renuncia, dimisión, renunciamiento. / Resignación, sumisión.
Resin n. Resina, colofonia. / v. Tratar con resina, aplicar una capa de resina a.
Resistance. n. Resistencia.
Resistant. adj. Resistente.
Resistible. adj. Resistible.
Resolute. adj. Resuelto, determinado, firme.
Resolution. n. Resolución. / (Quím.) Separación. / (Ópt.) Análisis.
Resolve. v. v. Resolver. Resolverse. / *To resolve upon, to resolve on,* Resolverse por. / n. Resolución.
Resolved. adj. Resuelto, determinado, firme.
Resonant. adj. Resonante, resonador, sonoro.
Resort. n. Lugar muy frecuentado, recreo. / Concurrencia, concurso. / Medio, recurso. *As a last resort,* Como último recurso. / v. Frecuentar, concurrir. / *To resort to,* Recurrir a, acudir a, valerse de, hacer uso de.
Resource. n. Recurso, medio. / pl. Recursos, fondos, bienes, riquezas. / Recurso, expediente, procedimiento, arbitrio. / Habilidad, destreza, inventiva.
Resourceful. adj. Listo, ingenioso, diestro, hábil.
Resourcefulness. n. Ingenio, habilidad.
Respectable. adj. Respetable, honorable, estimable. / Respetable, decoroso, decente. / Respetable, considerable, apreciable.
Respirator. n. Respirador, aparato para filtrar aire. / Aparato para administrar respiración artificial.

Respiratory. adj. Respiratorio.
Respite. n. Pausa, respiro, descanso, alivio. / (Der.) Suspensión temporal de una condena. / v. Pensar, posponer, aplazar. / (Der.) Suspender una condena.
Resplendent. adj. Resplandeciente, reluciente, refulgente, luminoso, brillante, lustroso.
Respond. v. Responder, contestar. / n., (Arq.) Pilar empotrado que apoya un arco de bóveda.
Respondent. adj. Respondedor. / n. Persona respondiente, respondedor. / (Der.) Demandado (En juicios de divorcio).
Response. n. Respuesta. / Reacción. / (Rel.) Responso. / Rendimiento, retardo, inercia.
Responsibility. n. Responsabilidad.
Responsible. adj. Responsable. / De responsabilidad.
Responsiveness. n. Impresionabilidad, sensibilidad, comprensión. / Simpatía. / (Mec.) Sensibilidad.
Rest. n. Descanso, reposo, quietud, tranquilidad. / Descanso, apoyo, soporte. / Parador, posada. / (Mús., Poét.) Pausa. / *At rest,* En reposo, tranquilo, quieto, en paz. / *To come to rest,* Detenerse finalmente.
Restart. v. Recomenzar, comenzar de nuevo. / Volver a poner en marcha. / Recomenzar.
Restate. v. Exponer o declarar de nuevo, exponer en forma modificada.
Restaurant. n. Restaurante, restorán.
Resting-place. n. Sitio para descansar, lugar de descanso. / Ultima morada.
Restitution. n. Restitución, restauración, restablecimiento, reparación, indemnización.
Restless. adj. Inquieto, desasosegado, intranquilo.
Restock. v. Volver a surtir, renovar. / Hacer nuevas provisiones.
Restoration. n. Restauración, renovación, rehabilitación, restablecimiento. / Reintegración, restitución.
Restore. v. Restaurar, rehacer, reparar. / Reconstruir. / Restituir, devolver (Salud, energías). / Curar, reponer.
Restrain. v. Refrenar, reprimir, contener. / Restringir, limitar. / (Der.) Prohibir, vedar. / Recluir, encerrar. / (Ing.) Sujeción, fijación.
Restraint. n. Limitación, restricción. / Refrenamiento, cohibición. / Coerción, prohibición. / Moderación, comedimiento, reserva. / Reclusión, encierro. / *To be under restraint,* Tener libertad limitada.
Restraint of trade. n. (Com.) Restricción de comercio.
Restrict. v. Restringir, limitar, coartar.
Restriction. n. Restricción, limitación.
Restrictive. adj. Restrictivo.
Rest room. n. Tocador, baño, retrete.
Result. v. Resultar. / *To result from,* Resultar de. / *To result in,* Resultar en, dar por resultado. / n. Resultado, consecuencia, efecto.
Resume. v. Reasumir. / Volver a ocupar (Asiento). / Reanudar, continuar (Lectura, viaje). / Resumir, extractar, compendiar. / Recomenzar a hablar. / Reanudar actividad.
Resume. n. Resumen, compendio, extracto, sumario. / (Fam.) Currículum vitae.
Resurgence. n. Resurgimiento, resurrección, renacimiento, reaparición.
Resurgent. adj. Resurgente, renaciente.
Resurrect. v. Resucitar, revivir.
Resurrection. n. Resurrección.
Retail. n. Menudeo, venta al por menor. / adj. Minorista, al por menor, al menudeo. / adv. Al por menor, al menudeo. / v. Vender al menudeo, vender al por menor.

Retailer. n. Minorista, detallista, comerciante al por menor.

Retaliate. v. Vengarse, desquitarse, ejercer represalias.

Retaliative. adj. Vengativo, vengador.

Retaliatory. adj. Vengador, de carácter vengativo.

Retard. v. Retardar, retrasar, atrasar, demorar. / n. Retardo, demora, atraso, dilación.

Retarded. adj. Retrasado (Mentalmente).

Retch. v. Arquear, basquear, nausear. / n. Bascas, náuseas.

Retention. n. Retención, conservación. / Retentiva, memoria.

Reticence, reticency. n. Reserva, discreción.

Reticent. adj. Reservado, callado, discreto.

Retina. n. (Anat.) Retina.

Retinue. n. Comitiva, séquito, acompañamiento, corte.

Retire. v. Retirarse, retroceder. / Retirarse, recluirse, retraerse. / Jubilarse. / Irse a dormir. / (Mil.) Retirar. / Recoger, retirar de la circulación. / Jubilar. / (Dep.) Retirar a un jugador.

Retired. adj. Retirado, distante, apartado, solitario. / Retraído. / Jubilado.

Retirement. n. Retirada, retiro. / Recogimiento, recogida. / Retiro, jubilación. / Retiro, refugio.

Retrace. v. Volver a seguir las huellas de, buscar el origen de, repasar en la memoria. / Desandar, retroceder, volver atrás. / Trazar de nuevo, repasar el trazado de (Letras, dibujo).

Retract. v. Retractar, revocar, retirar (Palabra, promesa). / Retraer, contraer (Garras, uñas).

Retraction. n. Retractación. / Retracción, contracción.

Retreat. n. Retirada. / Retiro, asilo, refugio. / Recogimiento, retraimiento. / Hospital de convalecientes. / (Mil.) Retirada, retreta (El toque).

Retrench. v. Reducir, disminuir (Salario, gastos). / Acortar, abreviar. / Quitar, omitir (Párrafo). / v. Recortar, podar. / Hacer economías o ahorros.

Retribution. n. Retribución, recompensa.

Retrievable. adj. Recobrable, recuperable.

Retrieve. v. Cobrar, recoger (Caza). / Desenterrar un recuerdo. / Recuperar, recobrar. / (Dep.) Lograr devolver la pelota.

Retriever. n. Perro cobrador, perdiguero.

Retroactive. adj. Retroactivo.

Retrograde. adj. Retrógrado, de retroceso. / Inverso, invertido. / Retrógrado, declinante, decadente. / astron., (Biol.) Retrógrado. / v. Retroceder, recular. / Degenerar, deteriorarse.

Retrospect. v. Hacer recuerdos o memorias. / Consideración de lo pasado. / n. Retrospección.

Retrospective. adj. Retrospectivo.

Retry. v. (Der.) Rever un caso, volver a procesar a alguien.

Return. n. Vuelta, regreso. / Devolución. / Recompensa. / Respuesta. / Informe, noticia. / Ganancia, provecho. / Rédito. / Resultado (De elecciones). / Reportaje (De elecciones). / Declaración de impuestos. / (Fam.) Pasaje de ida y vuelta. / *In return*, En restitución, en cambio, en recompensa. / v. Regresar, volver, retornar. / Responder, replicar. / v. Dar en cambio.

Reunification. n. Reunificación.

Reunify. v. . Reunificar, restablecer la unidad de.

Reunion. n. Reunión, congregación.

Reunite. v., v. Reunir(se), juntar(se).

Reusable. adj. Para uso repetido.

Reuse. v. Volver a usar. / n. Uso repetido.

Revalue. v. Revaluar (Moneda). / Revalorizar, volver a valorar.

Revamp. v. (Fam.) Remendar, reformar utilizando el mismo material. Renovar.

Reveal. v. Revelar, divulgar, descubrir, publicar, dar a conocer. / n., (Arq.) Costado de vano (De puerta o ventana).

Reveille. n. (Mil.) Diana.

Revelation. n. Revelación.

Revelatory. adj. Revelador.

Revenue. n. Renta, entrada, ingreso. / Fuente de ingresos. / Rentas públicas. / Oficina fiscal encargada del cobro de las rentas públicas.

Revere. v. Reverenciar, venerar.

Reverence. n. Reverencia, veneración, respeto. / Reverencia, zalema, inclinación del cuerpo. / Dignidad, rango elevado. / v. Reverenciar, respetar, venerar, acatar.

Reverend. adj. Reverendo. / n., (Fam.) Clérigo, religioso, sacerdote.

Reverent. adj. Reverente, reverencial, respetuoso.

Reverential. adj. Reverencial, respetuoso, reverente.

Reverently. adv. Reverentemente.

Reversal. n. Inversión, trastorno, trastocamiento. / (Der.) Revocación, anulación de una sentencia.

Reverse. adj. Volteado, trastornado, invertido. / Contrario, opuesto, contradictorio, contrapuesto. / De contramarcha, de marcha atrás. / Revés, infortunio, contratiempo. / Reverso, inverso, dorso, respaldo, revés. / *The reverse*, Lo contrario, lo opuesto, lo inverso.

Reverse gear. n. (Mec.) Marcha atrás, contramarcha.

Reverse speed. n. Velocidad de retroceso.

Reversibility. n. Reversibilidad.

Reversible. adj. Reversible, transformable, cambiable.

Revert. v. Revertir. / *To revert to*, Volver sobre, recaer en, volver a. / n. El que revierte a su fe.

Review. v. Reexaminar, repasar. / Mirar retrospectivamente, reflexionar sobre. / Reseñar, criticar, analizar. / (Der.) Revisar sentencias. / (Mil.) Pasar revista a. / Hacer un repaso. / Escribir reseñas o críticas. / n. Reexaminación, nueva inspección, repaso, revista.

Reviewal. n. Revisión, inspección, examen. / Revista, crítica, reseña.

Revision. n. Revisión, revista, repaso. / Corrección, enmienda, modificación. / (Impr.) Segunda prueba.

Revisit. v. Volver a visitar, visitar de nuevo. / n. Segunda o nueva visita.

Revitalize. v. Revitalizar, revivir, revivificar.

Revival. n. Renacimiento, restauración, restablecimiento, renovación. / (Teatr.) Reposición, reestreno. / (Impr.) Reedición de libros.

Revivalism. n. (Rel.) Movimiento renovador de la fe.

Revivalist. n. Predicador, renovador de la fe.

Revive. v. v. Revivir, resucitar. / (Fig.) Reanimar, reavivar, restaurar, restablecer. / (Quím.) Reactivar. / Volver en sí, recobrarse. / (Fig.) Reanimarse, reavivarse.

Revocable. adj. Revocable, derogable, anulable.

Revocation. n. Revocación, anulación, abrogación, abolición, derogación.

Revolting. adj. Repugnante, nauseabundo, chocante, ofensivo.

Revolution. n. Revolución, rotación, giro, vuelta. / Revolución, insurrección, sublevación. / (Astron.) Revolución. Rotación.

Revolutionary. n. y adj. Revolucionario.

Revolutionize. v. Revolucionar, sublevar. / (Fig.) Revolucionar, cambiar totalmente, alterar radicalmente.

Revolve. v. Revolver, hacer girar o rodar. / Revolver, considerar, meditar. / Girar. / Dar vueltas (Un pensamiento). / v. (Astron.) Revolverse (Un astro en su órbita). / *To revolve about*, (Fig.) Girar en torno a un tema.
Revolver. n. Revólver.
Revolving. adj. Giratorio, rotatorio. / (Fig.) Rotativo.
Revue. n. (Teatr.) Revista.
Revulsion. n. Asco, repugnancia, aversión. / Cambio brusco. / (Med.) Revulsión.
Reward. v. Premiar, recompensar, retribuir, gratificar, remunerar. / n. Premio, recompensa, retribución, remuneración.
Rewarding. adj. Provechoso, útil. / Gratificador, remunerador.
Rewind. v. Volver a dar cuerda. / (Mec.) Rebobinar.
Rewire. v. Alambrar de nuevo, volver a alambrar. / Volver a telegrafiar.
Rewrite. v. Reescribir, volver a escribir, redactar de nuevo. / Redactar, refundir. / n. Artículo escrito con material proporcionado por un reportero.
Rhapsody. n. Rapsodia. / (Fig.) Elogio extático.
Rhetoric. n. Retórica. / (Fig.) Retóricas.
Rheumatic. adj. Reumático. / n. Persona reumática.
Rheumatism. n. (Med.) Reumatismo.
Rheumatoid. adj. (Med.) Reumatoideo.
Rhine. n. p. El Rin.
Rhinoplasty. n. (Med.) Rinoplastia.
Rhodes. n. p. Rodas.
Rhythm. n. Ritmo. / (Med.) Periodicidad.
Rhythmic, rhythmical. adj. Rítmico, acompasado, cadencioso.
Rib. n. (Anat.) Costilla. / (Bot.) Nervadura, nervio. / Cañón (de la pluma). / Varilla (De paraguas).
Ribbon. n. Cinta, banda, listón, faja. / Tira. / pl. Tiras, jirones, desgarrones. / pl. Riendas. / *To handle the ribbons*, Tomar las riendas. / v. Encintar, adornar con cintas. / Hacer jirones.
Rib cage. n. (Anat.) Caja torácica.
Rice. n. Arroz.
Rice paper. n. Papel de arroz. / Papel de China.
Rice pudding. n. Arroz con leche.
Rich. adj. Rico. / Grasoso, suculento, especioso. / Intenso, fuerte, vivo (Color). / Modulada, sonora (Voz). / Significativo (Palabras). / Rico, de alta combustibilidad (Mezcla de aire y gas). / (Fam.) Gracioso, divertido, humorístico. / Absurdo, risible. / fam., (Fig.) Indecente, colorado (Chiste). / *The rich*, Los ricos.
Richness. n. Riqueza, opulencia, suntuosidad. / Abundancia, delicia.
Rick. n. Niara, almiar, hacina. / v. Hacer niaras o hacinas de.
Rickets. n. (Med.) Raquitis, raquitismo.
Rickety. adj. Raquítico. / (Fig.) Desvencijado, destartalado, inseguro.
Ricochet. n. Rebote de un proyectil. / v. Rebotar (Un proyectil).
Rid. v. Librar, desembarazar, quitar de encima, zafar.
Ridden. adj. Dominado o acosado.
Riddle. n. Criba, cedazo, harnero. / v. Cribar, cerner, cernir. / Acribillar.
Rider. n. Jinete, caballero. / Ciclista. / (Der.) Cláusula adicional, anexo (A un documento o proyecto de ley). / (Náut.) Vuelta de cabo.
Riderless. adj. Sin jinete.
Ridicule. n. Ridículo, mofa, burla. / v. Ridiculizar, mofarse o burlarse de.

Ridiculous. adj. Ridículo, absurdo, risible, grotesco.
Rife. adj. Corriente, dominante.
Riffraff. n. Gentuza, populacho, chusma. / Desperdicio, desecho, basura.
Rifle. v. Pillar, saquear, desvalijar, robar. / Rayar un arma. / n. Rifle, fusil. / mil., pl. Fusileros, rifleros.
Rifle range. n. Campo de tiro. / Tiro de rifle.
Rift. n. Hendidura, grieta, fisura. / (Fig.) Discusión, desavenencia, enajenamiento. / v., v. Hender, agrietar, rajar. / Agrietarse, henderse, partirse.
Rigger. n. (Náut.) Aparejador. / (Aer.) Montador. / Andamiaje para proteger peatones. / Pincel fino. / Manipulador en la bolsa.
Right. adj. Derecho, recto. / Correcto, cierto. / Bueno, debido, correcto. / Justo, exacto. / Legítimo, genuino. / Apropiado, idóneo. / Sano, cuerdo. / Derecho (Mano, lado). / Justo, recto (Hombre, causa). / Recto (Angulo). / *All right*, Bien, a salvo. / *All right!*, ¡De acuerdo!, ¡muy bien! / adv. Directamente, en derechura. / Inmediatamente. / Bien, debidamente.
Right-about. n. Vuelta atrás, media vuelta. / adv. En dirección opuesta.
Right-down. adj. Cabal, completo absoluto. / adv. Completamente, muy.
Righteousness. n. Rectitud, probidad. / Justicia.
Rightful. adj. Equitativo, justo. / Legal, lícito. / Legítimo (Propietario). / Correcto, propio, apropiado.
Right hand. n. Mano derecha. / (Fig.) Brazo derecho, ayuda o ayudante indispensable.
Right-minded. adj. Justo, recto, honrado.
Right-of-way. n. Derecho de paso o de vía. / Prioridad de paso (En el tránsito). / Pasaje autorizado, pista con derecho de paso. / (Der.) Servidumbre de paso. / (Ferroc.) Derecho de vía.
Rigid. adj. Rígido, tieso. / (Fig.) Rígido, inflexible, estricto, severo. / Preciso, exacto (Razonamiento). / (Aer.) Rígido.
Rigidness, rigidity. n. Rigidez.
Rigmarole. n. Jerigonza, monserga, galimatías.
Rigor. n. Rigor, severidad, aspereza, austeridad. / Rigor, exactitud. / (Fisiol.) Rigor.
Rigorous. adj. Riguroso, estricto, inclemente, severo, duro.
Rile. v. Enojar, enfurecer, ponerse furioso, irritar.
Rim. n. Borde, canto, contorno, margen (De un objeto circular). / Llanta, aro. / (Mec.) Reborde, pestaña. / (Mec.) Corona de la rueda de engranajes. / (Náut.) Superficie del agua. / v. Poner canto o margen a. / Bordear. / Formar un contorno.
Rind. n. Corteza (De queso, de ciertas frutas), pellejo (Del tocino). / (Fig.) Corteza, superficie.
Ring. n. Anillo. / Aro, argolla. / Rizo de cabello. / Corrillo, corro, círculo de gente. / Argolla, camarilla. / Arena (De toros, del circo). / Cuadrilátero de boxeo. / (Fig.) Arena, campo de competencia. / (Quím.) Cadena atómica. / v. Rodear, circundar, cercar. / Anillar, ensortijar, poner anilla a un animal. / Hacer un corte anular en la corteza de un árbol, cortar en rodajas.
Ringer. n. Juego de canicas.
Ringing. n. Sonido del timbre, tañido de campanas, zumbido en el oído. / adj. Resonante, sonoro.
Ringleader. n. Cabecilla, jefe, caudillo.
Ringlet. n. Arillo, arete, círculo pequeño. / Sortija, bucle.
Ringmaster. n. Maestro de ceremonias (De arena, cuadrilátero).

Ringworm. n. Tiña, empeine.
Rink. n. Patinadero, sala o pista de patinar. / Campo de juego de una bolera.
Rinse. v. Enjuagar, deslavar, limpiar, aclarar. / n. Enjuague, enjuagatorio, lavado. / Enjuague de color, tintura para el cabello.
Rioter. n. Amotinador, sedicioso.
Riotous. adj. Tumultuoso, bullicioso. / Sedicioso. / Libertino, licencioso, jaranero.
Rip. v. Rasgar, desgarrar, romper. / Descoser. (Vestido, dobladillo, etc.). / *Let it rip*, (Fam.) Dale todo, déjalo correr (Motor, máquina). / *To rip off*, Quitar rasgando, quitar violentamente. (Pop.) Robar, hurtar. / *To rip out*, Arrancar, sacar de un tirón.
Ripen. v., v. Madurar, sazonar(se). / Perfeccionar(se), completar(se).
Ripping. adj. (Fam.) Excelente, magnífico.
Rip-roaring. adj. (Pop.) Alborozado, bullicioso, alegre.
Rise. v. Levantarse, subir, elevarse. / Surgir, emerger, sobresalir. / Salir (Un astro). / Levantarse, ponerse en pie. / Levantarse de la cama. / Levantarse, resucitar. / Extenderse, alcanzar, alzarse. *Mountain Everest rises more than eight thousand meters*, El monte Everest alcanza una altura de más de ocho mil metros.
Risibility. n. Risibilidad, facultad de reír.
Risible. adj. Risible.
Rising. adj. Ascendente, que se levanta. / Naciente, saliente (Astro). / Creciente. / Actual. *The rising generation*, La juventud actual. / n. Ascenso, subida, levantada. / Levantamiento, insurrección, alzamiento. / Salida (De un astro). / Resurrección, renacimiento. / Prominencia, protuberancia. / (Med.) Tumor, divieso, furúnculo.
Risk. n. Riesgo. / v. Arriesgar, aventurar, exponer.
Risky. adj. Arriesgado, peligroso, aventurado.
Ritualistic. adj. Ritualista, ceremonioso, ceremonial.
Ritualize. v. Adherirse a rituales. / Convertir en ritual, someter a rituales.
Ritz. n. (Pop.) Opulencia, ostentación.
Rival. n. y adj. Rival, competidor. / v. Competir con, rivalizar con, emular. / Poder rivalizar con, igualar a. / Rivalizar, competir, contender.
River. n. Río. / *Down the river, down the river,* Río abajo. / *Up river, up the river,* Río arriba. / *To sell down the river*, (Pop.) Traicionar.
Riverbed. n. Cauce, lecho del río.
Riverside. n. Ribera.
Rivet. n. Remache, roblón. / v. Remachar, roblonar, roblar. / Asegurar con firmeza, afianzar. / Clavar o fijar los ojos en algo, cautivar la atención.
Riveting. n. Remachadura, roblonadura.
Roach. n. entom. Cucaracha. / (Pop.) Colilla, pucho, corta (De cigarrillo especialmente de mariguana). / (Náut.) Alunamiento del pujamen de las velas. / Lámina de agua que se levanta por detrás del flotador de un hidroavión. / (Ict.) Leuciscos.
Road. n. Camino. / (Fig.) Senda, sendero, rumbo, curso, dirección. / (Náut.) Rada, fondeadero. / Vía férrea, ferrocarril. / *Over the road*, (Pop.) A la cárcel. / *Rule of the road*, Reglas del tráfico.
Roadblock. n. (Mil.) Barricada. / Valla, parapeto o barrera policial. / (Fig.) Impedimento, obstáculo.
Roadside. n. Orilla del camino. / adj. A la orilla del camino. *Roadside inn*, Posada a la orilla del camino.
Roast. v. Asar, cocinar al fuego. / Tostar (Maní, etc.). / (Fam.) Ridiculizar, burlarse de, criticar o censurar severamente. / metal. Calcinar. / v. Asarse.

Roast beef. n. Rosbif, carne de res asada.
Rob. v. Robar, pillar, hurtar. / *To rob of*, Usurpar, desvalijar, despojar. / *To rob Peter to pay Paul*, Desnudar a un santo para vestir a otro.
Robber. n. Ladrón, salteador, bandido.
Robbery. n. Robo, hurto, latrocinio.
Robe. n. Manto, túnica, abrigo, toga, traje talar. / pl. Indumentaria, ropaje, vestiduras. / Traje de ceremonia. / Manta (Para abrigo). / v. Vestir(se), ataviar(se), cubrir(se).
Robin. n. (Orn.) Petirrojo. / Tordo norteamericano.
Robot. n. Robot.
Robust. adj. Robusto, fuerte, vigoroso. / Robustecedor, vigorizador. / Sano, sensato, sólido (Mente, etc.).
Rock. n. Roca. / Escollo. / (Fig.) Sostén, soporte, base. / (Fam.) Dulce o caramelo duro en forma de barra. / (Pop.) Diamante. / Mecedura, oscilación, tambaleo. / *On the rocks*, (Fam.) Arruinado, quebrado. Licor alcohólico servido con cubitos de hielo.
Rocker. n. Arco (De cuna, de mecedora). / Mecedora (Silla). Cuna. Caballito mecedor. / (Mec.) Oscilador, balanceador. / (Min.) Artesa oscilante. / Figura de patinaje artístico. / *To be off one's rocker*, (Pop.) Estar loco.
Rocket launcher. n. (Mil.) Lanzacohetes.
Rocket propulsion. n. Propulsión por cohete.
Rocking chair. n. Mecedora.
Rock of Gibraltar. n. p. El Peñón de Gibraltar.
Rocky. adj. Rocoso, peñascoso. / Duro como roca, pétreo. / (Fig.) Obstinado, inflexible. / (Pop.) Tambaleante, inestable, débil.
Rocky Mountains. n. p. Montañas Rocosas.
Rococo. n. Rococó, barroco.
Rod. n. Vara, varilla. / Disciplina, azote. / (Fig.) Castigo, corrección. / Cetro, bastón de mando. / (Fig.) Autoridad, tiranía, opresión. / Caña de pescar.
Rodeo. n. Rodeo, fiesta de los vaqueros.
Roger. interj. jerig. de radioaficionados, ¡Está bien!, ¡conforme!, ¡se ha recibido el mensaje! / (Fam.) ¡Bien!, ¡correcto!
Role. n. (Teatr.) Papel, rol.
Roll. v. Revolver, girar, hacer rodar. / Arrollar, enrollar. / Envolver, fajar. Liar (Cigarrillo). / Impeler, propulsar, llevar adelante o consigo. / Enunciar palabras con sonoridad, declamar. / Pronunciar la erre haciendo vibrar la voz. / Apisonar, allanar, cilindrar. / Tocar redobles en el tambor. / Balancear, mover el cuerpo de un lado para otro. / Entintar con rodillo. / metal. Laminar.
Rolled. adj. Enrollado, alisado, emparejado. / metal. Laminado.
Roller. n. Rodillo. / Tambor, cilindro. / Ruedecilla (De mueble o patín). / Aplanadora. / Venda arrollada, faja en rollo. / (Orn.) Pichón volteador.
Roller coaster. n. Montaña rusa. (De parque de diversiones).
Roller-skate. v. Patinar con patines de ruedas.
Roller skating. n. Patinaje sobre ruedas.
Rollicking, rollicksome. adj. Juguetón, travieso, retozón, alborozador.
Rolling. n. Rodadura, rodamiento. / Tambaleo, balanceo. / Ondulación. / Redoble de tambor. / adj. Rodador, giratorio. / Rodante. / Ondulado, ondeado (Un terreno). / Vibrante, ondulante (Un sonido).
Roly-poly. adj. Regordete, rechoncho. / n. Budín en forma de rollo.
Roman. adj. Romano. / (Impr.) Romano. / n. Romano. / (Impr.) Letra romana, redonda. / Católico.

Roman Catholic. n. Católico romano.
Roman Catholic Church. n. Iglesia Católica Romana.
Roman Catholicism. n. Catolicismo.
Romance. n. Romance, aventura romántica. / Novela romántica. / Romance, novela de gesta o de caballería. / Lo atractivo, romántico, o novelesco, el encanto legendario. / Ideas románticas.
Romance. n. Romance, románico.
Roman Empire. n. Imperio Romano.
Romanic. n. y adj. (Filol.) Románico, romance.
Romantic. adj. Romántico. / n. Persona romántica. / pl. Ideas quijotescas.
Romanticism. n. Romanticismo.
Romanticize. v. Romantizar, hacer romántico, dar carácter romántico. / v. Tener ideas románticas, fantasear.
Romany. n. y adj. Lengua gitana, caló.
Rome. n. p. Roma.
Romulus. n. p. (Mit.) Rómulo.
Roof. n. Techo, techumbre, tejado. / Cubierta, azotea. / (Fig.) Techo, casa, hogar. / Roof of the mouth, Paladar. / To raise the roof, (Fam.) Poner el grito en el cielo. / v. Techar, entechar, tejar.
Roofer. n. Techador, constructor de techos.
Roofless. adj. Sin techo, destechado. / Sin hogar, mostrenco.
Rooftop. n. Tejado, azotea.
Rooftree. n. (Arq.) Cumbrera, parhilera.
Rook. n. (Orn.) Grajo, cuervo europeo. / Tahúr, timador, fullero. / (Ajed.) Torre. / v. Trampear, enfullar.
Rookery. Grajera. / Bandada de grajos. / Criadero de pingüinos o de focas. / Casa destartalada.
Rookie. n. (Pop.) Recluta / Bisoño, novato.
Room. n. Pieza, cuarto. / Lugar, espacio, sitio. / pl. Departamento, morada. / Ocasión, posibilidad, oportunidad. / There is plenty of room, Hay mucho espacio. / v. Alojarse, hospedarse. / Alojar, hospedar.
Roost. n. Percha de gallinero. / Lugar de descanso. / Curses come home to roost, Las maldiciones recaen sobre quien las pronuncia. / v. Descansar en la percha (Las aves). / Pasar la noche en cierto lugar. / Alojar por la noche, dar cama a.
Root. n. Raíz. / (Fig.) Raíz, causa, origen. / Base (De una montaña, etc.). / (Fig.) Base, fundamento. / (Anat.) Raigón (De los dientes). / (Mús.) Nota o sonido fundamental de un acorde. / To be at the root of, Ir a la raíz (De problema, mal, etc.). / To get to the root of, Ir a la raíz (De problema, mal, etc.). / To pull up by the roots, (Fig.) Cortar de raíz. / To take root, Echar raíces. / v. Arraigar, echar raíces. / Radicar, establecerse. / v. Implantar, establecer. / To root out, Erradicar, extirpar. / To root up, Desarraigar, arrancar. / Hocicar, hozar (Un cerdo). / To root for, (Pop.) Aplaudir, alentar a gritos. / adj. Radical, fundamental, perteneciente a la raíz.
Rootless. adj. Sin raíces. / (Fig.) Desarraigado.
Rope. n. Cuerda, cable, cordel. / Ristra, sarta, hilera, hilo. A rope of pearls, Un hilo de perlas. / Filamento fibroso y viscoso que se forma en ciertos líquidos. / Soga, dogal (Para ahorcar a los sentenciados).
Rosary. n. Rosaleda, jardín de rosales, macizo de rosales. / (Rel.) Rosario.
Rosebud. n. Pimpollo, capullo, botón de rosa. / (Fig.) Pimpollo, adolescente bonita.
Rosebush. n. Rosal.
Rose-colored. adj. Rosado, de color de rosa. / Atractivo, placentero, optimista.
Rosemary. n. (Bot.) Romero.

Rosery. n. Rosaleda, rosedal.
Rosetta stone. n. Piedra de Rosetta.
Rosette. n. Rosa, lazo de cintas, moña, escarapela. / (Arq.) Rosetón, florón. / (Bot.) Rosetón, roseta.
Rosewood. n. (Bot.) Palo de rosa. / Palisandro.
Roster. n. (Mil.) Lista, rol, orden del día. / Registro, nómina, matrícula.
Rotary. adj. Rotatorio, giratorio, rotativo. / n. Máquina rotativa. / Ovalo, glorieta, círculo de tráfico.
Rotate. v.i Girar dar vueltas, rotar. / Turnar, alternar. / v. Hacer girar, revolver. / Hacer turnar, hacer alternar. / Sembrar o cultivar en rotación, rotar.
Rotation. n. Rotación, giro, revolución. / Alternación, uso o empleo por turnos. / Rotación de cultivos. / By rotation, Por turnos, alternadamente, alternativamente.
Rotational. adj. Rotatorio, giratorio.
Rote. n. Ruido de las olas al romper en la playa. / (Mús.) Antiguo instrumento celta de cuerdas. / Rutina, costumbre, repetición maquinal. / By rote, De memoria, a coro.
Rotor. n. Rotor, pieza giratoria.
Rotten. adj. Podrido, putrefacto. / Deteriorado, descompuesto. / Quebradizo (Piedra, hielo, etc.). / Corrompido, envilecido.
Rotund. adj. Rotundo, redondo. / Rotundo, lleno, sonoro (Lenguaje, estilo, etc.). / Regordete, gordiflón.
Rouble. ruble.v.
Rouge. n. Colorete, arrebol. / Colcótar, rojo de pulir. / Lápiz de labios. / v. Colorear, arrebolar, pintar (Las mejillas, los labios). / (Fig.) Enrojecer. / Pintarse con colorete o lápiz labial. / (Fig.) Enrojecerse.
Rough. adj. Aspero, desigual, escabroso, abrupto. / Peludo, velludo, hirsuto. / Agitado, turbulento (El mar). / Borrascoso, tempestuoso. / Tosco, basto, chapucero (Trabajo, etc.). / Rudo, descortés, grosero. / Rudo, malo (Suerte). / Aspero, agrio (Vino, etc.).
Rough copy. n. Borrador, minuta.
Rough draft. n. Borrador, boceto, bosquejo.
Roughhouse. n. (Pop.) Pelea, pelotera, camorra, conducta bulliciosa. / v. Tratar con rudeza jocosa. / Armar una camorra o pelea.
Roughrider. n. Domador de caballos. / Roughriders, (Hist.) Regimiento voluntario de caballería organizado y comandado por Teodoro Roosevelt en la guerra entre España y Estados Unidos en 1898.
Roulette. n. Ruleta (El juego y la ruedecita con puntas). / (Filat.) Perforación hecha con ruleta o roleta. / v. Perforar con la ruleta.
Round. adj. Redondo, circular, cilíndrico. / Entero, completo, cabal, global. / Rechoncho. / Rotundo, categórico. / Suave, sonoro (Tono, voz). / Fuerte, severo (Castigo, golpe, etc.). / Completo, cabal, acabado. / n. Redondo, esfera, disco, orbe. / Curva, curvatura de un objeto. / Revolución, giro, vuelta.
Rounded. adj. Redondeado, esférico, cilíndrico. / Pulido, refinado, cabal, terminado, acabado. / fon. Labializado.
Rounder. n. Libertino, calavera. / Pródigo, malgastador. / (Box.) Pelea de cierto número de asaltos. / A twelve rounder, Una pelea de doce asaltos. / pl. Juego de pelota parecido al béisbol. / Predicador metodista.
Round robin. n. Memorial firmada en rueda para ocultar el orden en que van las firmas. / Competencia deportiva en que todos los participantes se enfrentan uno a otro.
Round-the-clock. adj. Día y noche, constantemente.

Round trip. n. Viaje de ida y vuelta, viaje redondo.
Rouse. v. Despertar. / Animar, estimular. / Excitar, provocar. / Agitar, revolver (Un líquido). / Levantar (La caza). / (Náut.) *To rouse in, to rouse out, to rouse up,* Halar, tirar fuertemente. / v. *To rouse oneself,* Animarse. / Despertarse. / Crecer, cobrar fuerza. / n. Alboroto. / (Mil.) Diana.
Rouser. n. Utensilio para agitar la cerveza. / (Pop.) Mentira descarada. / (Fam.) Cosa extraordinaria, fenómeno.
Rousing. adj. Vehemente, conmovedor. / Estimulante, vigorizador, provocador. / Extraordinario, espléndido.
Roust. v. Despertar, suscitar, provocar. / (Fig.) Desenterrar, descubrir, lograr encontrar.
Roustabout. n. Estibador, trabajador portuario. / Vaquero vagabundo.
Route. n. Ruta, derrotero, rumbo. / Vía, camino. / Itinerario. / (Med.) Vía. / *On route,* En camino. / v. Encaminar, enviar, dirigir.
Route march. n. (Mil.) Marcha de viaje.
Routine. n. Rutina, hábito. / adj. Rutinario, habitual.
Rover. n. Pirata, corsario, barco pirata. / Vagabundo, errante. / Jefe de grupo de niños exploradores. / Blanco ocasional, blanco fijo a larga distancia. / (Croquet) Pelota que ha pasado por todos los arcos pero que todavía no ha tocado la estaca.
Row. n. Fila, hilera. / Callejuela, callejón. / Remadura, paseo en bote a remos. / (Fam.) Camorra, pendencia. Estruendo, alboroto, bullicio. / (Pop.) Boca. / v. Impeler a remo, navegar a remo.
Rowdy. n. Camorrero, bochinchero, gamberro. / adj. Pendenciero, camorrero, bochinchero.
Rowdyish. adj. Pendenciero, alborotador, ruidoso.
Rower. n. Remero, remador, bogador, boga.
Royal. adj. Real, regio. / (Fig.) Magnífico, majestuoso, espléndido. Superior, de tamaño grande. / *Blood royal,* La familia real. / n. Tamaño de papel, de 19 por 24 pulgadas, para escribir o de 20 por 25 pulgadas para imprimir. / (Náut.) Sobrejuanete.
Royalist. n. Realista, monárquico. n.
Royally. adv. Regiamente, a cuerpo de rey, magníficamente, majestuosamente, suntuosamente, espléndidamente, excelentemente, superiormente.
Royalty. n. Realeza, dignidad o soberanía real. / La persona del rey. / Miembro de la familia real. / Majestad real, magnificencia, pompa. / Privilegio real. / pl. Regalías, derechos de autor, derechos de inventor o de patente.
Rub. v. Frotar, friccionar. / Fregar, restregar, pulir o bruñir frotando. / Calcar, copiar. / *To rub down,* Desgastar restregando. Almohazar (Un caballo, etc.) / *To rub shoulders with,* Codearse con.
Rubber. n. Caucho, goma, goma elástica. / Goma de borrar, borrador. / Masajista, friccionador. / pl. Chanclo de goma. / (Pop.) Preservativo, condón. / adj. De goma, de caucho.
Rubber band. n. Liga elástica, cinta de goma, elástico.
Rubber check. n. (Pop.) Cheque sin fondos.
Rubber heel. n. Tacón de goma.
Rubberlike. adj. Semejante al caucho, elástico, resistente.
Rubberneck. n. (Pop.) Inquisidor, curioso, fisgón. / Turista. / v. Estirar el cuello para curiosear o fisgonear, meter las narices. / Hacer turismo
Rubber plant. n. (Bot.) Arbol del caucho.
Rubber stamp. n. Sello de goma. / (Fig.) Aprobación rutinaria.

Rubbing. n. Calco. / Frote, fricción, roce.
Rubbish. n. Basura, desecho, desperdicio. / Disparate, tontería, necedad.
Rubbishy. adj. Lleno de basura. / Lleno de disparates.
Rubble. n. Grava, canto rodado. / Mampostería. / Ripio, escombros, cascajo.
Rubdown. n. Masaje, fricción.
Rubella. n. (Med.) Rubéola.
Rubric. n. Rúbrica. / Título, encabezamiento, letra inicial. / (Rel.) Rúbrica. / Precepto, regla.
Ruby. n. Rubí. / Color de rubí. / adj. De color de rubí. / v. Enrojecer, rubificar.
Ruck. n. Arruga, pliegue, fruncido. / Multitud, muchedumbre, aglomeración. / v., v. Arrugar(se), fruncir(se), plegar(se).
Rudder. n. Timón. / Veleta de molino de viento. / (Fig.) Norma, guía.
Rude. adj. Rudo, tosco, primitivo. / Rudo, grosero, descortés. / Riguroso, crudo (Clima).
Rudeness. n. Rudeza, crudeza, tosquedad. / Rudeza, descortesía. / Rudeza, rigor (Del clima).
Rudiment. n. (Biol.) Rudimento, embrión. / pl. Rudimentos (De una ciencia o arte).
Rudimentary. adj. Rudimentario, elemental. / (Biol.) Rudimentario, embrionario.
Rue. v. Lamentar, sentir, arrepentirse, deplorar. / n. Desilusión, desengaño, arrepentimiento, pesar. / (Bot.) Ruda.
Rueful. adj. Arrepentido, pesaroso, desconsolado, triste. / Lamentable, deplorable, lastimoso.
Ruffian. n. Bellaco, rufián. / adj. Brutal, cruel.
Ruffle. v. (Cost.) Fruncir un volante, plegar, doblar. / Encrespar, erizar. / Ajar, arrugar. / Descomponer, desordenar, revolver. / (Fig.) Encrespar, irritar, enfadar. / Barajar (Naip.). / Dejar pasar, pasar rápidamente (Las páginas de un libro). / v. Encresparse (Mar, etc.).
Rugged. adj. Aspero, escarpado, escabroso, abrupto. / Duro, austero, severo. / Desapacible, malhumorado, arisco. / Tosco, basto, rudo, crudo. / Robusto, vigoroso, fuerte, resistente.
Ruin. n. Ruina. / pl. Ruinas, restos, vestigios. / Edificio, casa ruinosa. / *To bring to ruin,* Arruinar. / *To lie in ruins,* Estar en ruinas. / v. Arruinar. / Convertirse en una ruina. / Arruinarse. / Precipitarse, derrumbarse.
Rule. n. Regla, pauta, guía. / Costumbre, rutina. / Gobierno, autoridad, régimen, reinado. / Regla (El instrumento de geometría). / Metro recto, línea recta. / Reglas, código de disciplina de las órdenes religiosas. / (Der.) Resolución, disposición, precepto, reglamento. / (Impr.) Raya, filete. / *As a rule,* Por regla general, de costumbre, por lo general.
Rule of thumb. n. Cálculo primitivo, método práctico, regla empírica.
Ruler. n. Soberano, gobernador, mandatario. / Regla. (Para trazar líneas).
Ruling. n. (Der.) Resolución, decisión. / Rayado. / adj. Predominante, imperante, corriente. / Predilecto, predominante.
Rumba. n. Rumba.
Rumbling. adj. Retumbante. / n. Retumbo, ruido sordo.
Rumen. n. (Zool.) Rumen.
Ruminant. adj. (Zool.) Rumiante. / (Fig.) Meditabundo, pensativo. / n., (Zool.) Rumiante.
Ruminate. v., v. Rumiar.
Rumor, rumour. n. Rumor, chisme. / v. Divulgar, propalar.

Rumormonger. adj. Chismoso.

Rump. n. Rabadilla de ave, anca o grupa de caballo, cuarto trasero, nalgas, cadera de vaca. / Resto, retazo.

Rumple. v. Arrugar, ajar (La ropa). / Desgreñar, despeinar (Los cabellos). / n. Arruga, pliegue, doblez.

Rumpus. n. (Fam.) Batahola, alboroto, tumulto. / *To raise a rumpus*, Armar las de San Quintín.

Run. v. Correr. / Galopar. / Escapar, fugarse, huir. / Andar de prisa, apresurarse. / Competir, participar en carreras. Ocupar cierto lugar, llegar. *My brother run third*, Mi hermano llegó en tercer lugar.

Runabout. n. Vagabundo. / Carrera descubierta. / Coche liviano, torpedo de dos plazas. / Lancha pequeña de motor.

Runaway. n. Fugitivo, prófugo. / Caballo desbocado. / Desbocamiento. / adj. Fugitivo, huidizo, huidor. / Decisivo, amplio, abrumador, holgado. / (Com.) Incontrolable, galopante.

Rundown. n. Informe detallado, resumen, sumario.

Rung. n. Peldaño de escalera, rayo de rueda, travesaño de silla.

Rung. pret. y p. de *to ring*.

Runic. adj. Rúnico. / Misterioso, mágico.

Run-in. n. (Impr.) Inserción, intercaladura (En un texto). / (Pop.) Reyerta, encuentro.

Runner. n. Corredor. / Mensajero, recadero. / Caballo de carreras. / Contrabandista. / Patín del trineo, cuchilla del patín. / Pasacaminos, alfombra continua. / Camino (De mesa). / Carrera, punto corrido (En medias). / (Bot.) Rastrera, trepadora. / (Ict.) Especie de jurel. / (Mec.) Roldana de tractor de oruga. / (Impr.) Carril guía (De prensa). / Alguacil, oficial de policía.

Running. n. Dirección, manejo, administración, conducción. / Corrida. / Funcionamiento. / Contrabando. / *To be in the running*, Tener posibilidades de ganar. / adj. Corredor (Caballo). / Corriente, continuo (Ritmo, etc.). / Corredizo, movedizo (Terreno, etc.).

Running fight. n. (Náut.) Combate en retirada.

Running track. n. Vía principal, vía de corrido (De un ferrocarril). / (Dep.) Pista de recorrido.

Runoff. n. Escurrimiento. / Afluencia, aflujo de aguas de superficie que se vierten en corrientes. / Carrera final.

Run-over. n. (Impr.) De pase, de traslado.

Runt. n. Animal diminuto, más pequeño que los de su especie. / (Fig.) Gorgojo, redrojo, enano. / Tocón. Tallo de una planta.

Run-through. n. (Fam.) Ensayo, práctica. / Lectura rápida, lectura superficial.

Runway. n. Lecho, cauce. / Senda, sendero, vía, camino. / Pista de despegue y aterrizaje.

Rupture. n. Rompimiento, rotura, desgarradura. / (Fig.) Ruptura (De relaciones). / (Med.) Hernia, quebradura. / v., v. Romper(se), quebrar(se), rajar(se), desgarrar(se). / *To rupture oneself*, (Med.) Quebrarse, hacerse una hernia.

Rural. adj. Rural, rústico, campesino, campestre, agrícola.

Ruralize. v. Volver(se) rural.

Ruse. n. Artificio, truco, ardid, astucia, artimaña.

Rush. n. Precipitación, apuro. / Embestida, ataque, acometida, arremetida, embate. / Ajetreo. / *Rush on, rush for*, Demanda (Del consumidor). / Torrente, aflujo (De agua, de sangre, etc.). / Afluencia (De compradores, etc.), agolpamiento (De gente). / (Bot.) Junco. / *In a rush*, Precipitadamente, con urgencia. / *With a rush*, De repente. A chorros.

Russia. n. p. Rusia.

Rustic. n. y adj. Rústico, campesino, rural. / Simple, sencillo. / Tosco, ordinario, rudo. / Burdo, inculto, palurdo. / constr. De juntas rebajadas, de aristas biseladas. / n. Rústico, campesino, persona sencilla. / Tosco, palurdo, patán.

Rusticate. v. Rusticar, volverse rústico. Volver rústico. Desterrar al campo. / Suspender en una universidad. / constr. Construir con juntas de aristas biseladas, biselar con juntas rebajadas.

Rustle. v. Susurrar, murmurar (Las hojas de los árboles), crujir (Seda, etc.). / Moverse con energía o rapidez, trafagar. / v. Robar ganado. / Hacer susurrar o crujir. / Forrajear. / *To rustle up*, (Fam.) Lograr conseguir, reunir apresuradamente. / n. Susurro, crujido.

Rusty. adj. Oxidado, herrumbrado, mohoso. / Rojizo. / Ronco, bronco (Voz, sonido). / (Fig.) Anticuado. / (Fig.) Falto de práctica. / Deslustrado (Un traje). / (Fam.) Terco, testarudo, tozudo, obstinado, rebelde.

Ruthless. adj. Cruel, despiadado, inhumano, insensible.

Rye. n. (Bot.) Centeno. / Whiski de centeno. / (Fam.) Caballero (Entre los gitanos).

Rye bread. n. Pan de centeno.

Rye grass. n. (Bot.) Ballico.

S

S, South. abrev., n. Sur n.
Sabotage. n. Sabotaje. / v. Sabotear.
Saboteur. n. Saboteador.
Saccharin. n. Sacarina.
Saccharine. adj. Sacarino. / (Fig.) Azucarado, meloso, empalagoso.
Sacerdotal. adj. Sacerdotal, clerical.
Sack. n. Saco, talega. / Saco, chaqueta. / (Pop.) Despedida, despido. / (Pop.) Cama. / *To get the sack*, (Pop.) Ser despedido.
Sack coat. n. Chaqueta, americana, saco.
Sackful. n. El contenido de un saco. / *A sackful of rice*, Un saco lleno de arroz.
Sacking. n. Tela para costales, arpillera.
Sacral. adj. Sacro, sagrado. / (Anat.) Sacro.
Sacrament. n. Sacramento.
Sacred. adj. Sagrado, sacro, santo.
Sacredness. n. Carácter sagrado, santidad.
Sacrifice. n. Sacrificio. / *At a sacrifice*, Con pérdida, por debajo del precio de coste. / *At the sacrifice of*, Sacrificando. / v. Sacrificar, inmolar. / Vender con pérdida. / Hacer sacrificios.
Sacrificer. n. Sacrificador.
Sacrilege. n. Sacrilegio, profanación.
Sacrilegious. adj. Sacrílego.
Sacrosanct. adj. Sacrosanto, sacratísimo, inviolable.
Sad. n. Triste, pesaroso. / Lamentable, lastimoso. / Bajo, apagado (Colores). / (Fam.) Pésimo, detestable, abominable. / *Sad to say*, Desafortunadamente, la triste verdad es que.
Sadden. v. Entristecer, acongojar, apenar, afligir. / Entristecerse, acongojarse.
Saddle. n. Silla de montar. / Sillín (De bicicleta, motoneta, etc.). / Asiento, soporte. / (Mec.) Silleta, caballete, albardón. / (Coc.)Lomo, cuarto trasero de res.
Saddleback. n. Ensillada, collado.
Saddlebag. n. Alforja, maletín de grupa.
Saddler. n. Sillero, talabartero.
Saddle roof. n. Tejado de dos gabletes, cubierta de dos aguas.
Saddlery. n. Talabartería.
Sadism. n. Sadismo.
Sadist. n. Sádico.
Sadistic. adj. Sádico.
Safari. n. Safari. / v. Participar en un safari.
Safe. adj. Seguro, ileso, intacto. / Fiel, leal, digno de confianza. / Prudente, cauteloso, moderado. / Inocuo, inofensivo. / *Safe and sound*, Sano y salvo. / *Safe from*, A salvo de. / *To be on the safe side*, Obrar sin riesgos, irse por lo seguro. Para mayor seguridad.
Safeguard. n. Salvaguarda, guarda, escolta. / Salvoconducto, carta de seguridad, garantía. / Dispositivo de seguridad para prevenir accidentes). / v. Proteger, defender, poner a salvo, guardar, salvaguardar.
Safekeeping. n. Custodia, guarda, depósito.
Safely. adv. Sin peligro, sin riesgo, con seguridad. / Sin accidentes, sin contratiempos. *We arrived safely*, Llegamos sin contratiempos.
Safety. n. Seguridad, inocuidad, indemnidad. / Dispositivo de seguridad. / *Safety first!*, ¡Seguridad ante todo! / *To reach safety*, Ponerse a salvo. / adj. De seguridad.

Safety belt. n. Cinturón salvavidas. / Cinturón de seguridad.
Safety catch. n. Fiador, retén de seguridad. / Seguro de las armas de fuego. / Pasador de seguridad (De joyas).
Safety device. n. Dispositivo de seguridad, aparato de seguridad.
Sag. n. Hundimiento, combadura, flexión. / Depresión (En la tierra). / Pandeo (De muros). / (Náut.) Deriva. / Baja en la bolsa de valores.
Saga. n. Saga, leyenda.
Sagacious. adj. Sagaz, perspicaz, ladino, astuto, sutil, agudo.
Sagacity. n. Sagacidad, perspicacia, penetración, astucia.
Said. Pret.y p. de to say. / (Der.) Antes mencionado, citado, antedicho.
Sail. n., (Náut.) Vela. / Velamen. / Veleros, velero. / Aspa o vela de molino. / Viaje o paseo en velero, travesía. / Aleta dorsal de un pez vela, lámina de un nautilo. / (Poét.) Ala. / *Full sail*, A toda vela.
Sailboat. n. Velero, barco de vela.
Sailcloth. n. Lona.
Sailer. n. Velero. / *A good sailer*, Un barco marinero.
Sailing. n. Náutica, navegación. / Zarpe. / Deporte de la vela. / *Clear sailing*, (Fig.) Camino fácil, cosa fácil. / adj. De vela, de o relativo a la navegación.
Sailor. n. Marinero, marino. / Canotié.
Saint. n., (Rel.) Santo. / adj. Santo. / v. Santificar, canonizar.
Sainthood. n. Santidad. / Los santos, el coro de los santos.
Saintly. adj. Santo, virtuoso, piadoso.
Saintship. n. Santidad.
Sake. n. Motivo, razón, causa. / Respeto, bien, amor. / *For art's sake*, Por amor al arte. *For God's sake*, Por Dios. *For my sake*, Por mí.
Salacious. adj. Salaz, lujurioso, lascivo.
Salacity. n. Salacidad, lujuria, lascivia.
Salad. n. Ensalada. / Verdura, hortaliza.
Salad bowl. n. Ensaladera.
Salamander. n. Salamandra.
Salami. n. Salami.
Salary. n. Sueldo, salario.
Sale. n. Venta. / *On sale*, En liquidación. / *For sale*, En venta. / *To put up for sale*, Ofrecer en venta.
Salesgirl. f. Vendedora, dependienta de tienda.
Salesian. n. y adj. (Rel.) Salesiano. / Salesa.
Salesman. m. Vendedor. Agente comercial. Dependiente de tienda.
Salesroom. n. Salón de ventas, salón de exhibición.
Saleswoman. f. Vendedora, dependienta de tienda.
Salience. n. Prominencia. / Rasgo, característica o punto sobresaliente.
Salient. adj. Saliente, saledizo. / Prominente, sobresaliente, conspicuo, dominante. / Saltarín, brincador. / n., (Mil.) Saliente.
Salina. n. Marisma, saladar, charco artificial de agua de mar. / Salina.
Saline. adj. Salino. / n. Salina. / Sustancia salina, sal metálica. / fisiol. Solución salina.
Salinity. n. Salinidad.
Saliva. n. Saliva.

Salivate. v. Salivar. Hacer salivar.
Salivation. n. Salivación. / (Med.) Salvación, tialismo.
Salmon. n. Salmón. / adj. De salmón. / Salmonado, de color de salmón.
Saloon. n. Salón. / Bar, taberna. / Salón, galería. / Coche salón (En un ferrocarril). / Sedán (Aut.).
Saloonkeeper. n. Tabernero, cantinero.
Salpingian. adj., (Anat.) Salpingiano.
Salt. n. Sal. / (Fam.) Marinero. / (pl., Med.) Sal mineral, sal purgante, sales olorosas. / *Not to be worth one's salt*, No valer uno el pan que come, ser deficiente.
Saltcellar. n. Salero de mesa.
Salted. adj. Salado. / (Veter.) Inmune debido a enfermedad previa.
Saltern. n. Salina.
Saltiness. n. Salobridad.
Salting. n. Salazón, saladura. / Marisma.
Saltish. adj. Un poco salobre, un poco salado, saladillo.
Salt shaker. n. Salero.
Salt water. n. Agua salada, agua de mar.
Saltwater. adj. De agua salada, marino.
Saltworks. n., pl. Salinas, refinerías de sal.
Salty. adj. Salado, salobre. / (Fig.) Saleroso, ingenioso, picante, agudo.
Salubrious. adj. Salubre, saludable, sano.
Salubrity. n. Salubridad.
Salutary. adj. Saludable, curativo. / Saludable, benéfico, útil. *Salutary warning*, Advertencia útil.
Salutatory. n. Discurso de saludo en las universidades norteamericanas. / adj. De salutación, de bienvenida, saludador.
Salvage. n. Salvamento (En el mar). / Derechos de salvamento, prima de salvamento. / Mercaderías aseguradas rescatadas. / v. Salvar, recuperar, recobrar (De un naufragio, de un incendio).
Salvation. n. Salvación.
Salve. n. Ungüento, bálsamo, emplasto. / (Fig.) Bálsamo, alivio, consuelo. / (Fig.) Adulación, lisonja, halago. / v. Aquietar, calmar.
Samba. n. Samba. / v. Bailar samba.
Same. adj. Mismo, idéntico, igual. / *All the same*, A pesar de todo. / *At the same time*, Al mismo tiempo. / *If it is the same to you*, Si le es a Ud. igual.
Sameness. n. Igualdad, identidad. / Uniformidad, regularidad, monotonía.
Sample. n. y adj. Muestra. Espécimen. / v. Gustar, probar, catar. / Sacar o tomar una muestra de.
Sample book. n. Muestrario.
Sampler. n. Probador, catador. / Sacamuestras, muestradora. / Muestrario. / Modelo de bordado, dechado, marcador.
Sampling. n. Muestra, pedazo o ejemplar de muestra. / Catadura, probadura.
Sanatorium. n. Sanatorio.
Sanctified. adj. Santo, sin pecado. / Santurrón, beato, mojigato.
Sanctify. v. Santificar, consagrar. / Justificar, sancionar.
Sanction. n. Sanción, ratificación, aprobación, autorización. / Sanción, pena, castigo. / v. Sancionar.
Sanctuary. n. Santuario. / (Fig.) Santuario, asilo, refugio. / *To seek sanctuary*, Buscar asilo. / *To take sanctuary*, Acogerse a sagrado.
Sandal. n. Sandalia. / Cinta para sujetar pantuflas o zapatillas. / Abarca.
Sandbank. n. Banco de arena, encalladero, bancal.
Sandblind. adj. Cegato, miope, débil de vista.
Sandbox. n. Cajón de arena (Para que jueguen los niños). / (Ferr.) Arenero. / Salvadera.

Sand dune. n. Médano, duna.
Sanding machine. n. Máquina lijadora, máquina pulidora.
Sandman. n. Personaje de fábula que hace dormir a los niños con su arena mágica.
Sandpaper. n. Papel de lija, papel abrasivo. / v. Lijar.
Sandstorm. n. Tempestad de arena.
Sandwich. n. Emparedado, sandwich. / v. Intercalar, insertar entre cosas diferentes.
Sane. adj. Cuerdo, sensato, razonable, en sus cabales.
Saneness. n. Cordura, sensatez.
Sanforized. adj. Sanforizado.
Sanguinary. adj. Sanguinario. / Sanguíneo.
Sanguine. adj. Sanguíneo, sanguinoso. / Confiado, esperanzado, optimista. / Sanguino, sanguíneo (Complexión, color). / Sanguinario, sangriento. / n. Color sanguíneo. / (Med.) Plétora.
Sanguineous. adj. Sanguino, sanguíneo, rojo, bermejo. / Sangriento, sanguinario. / (Med.) Sanguíneo, pletórico.
Sanitarian. n. y adj. Sanitario.
Sanitary. n. y adj. Sanitario, higiénico.
Sanity. n. Cordura, sensatez, juicio. / *to lose one's sanity*, perder el juicio.
Sap. n. Savia. / (Fig.) Savia, vigor, vitalidad.
Sap. n., (Mil.) Zapa. / v. (Mil.) Hacer trabajos de zapa, minar, zapar. / Socavar. / (Fig.) Agotar, debilitar, destruir.
Saphead. n., (Fam.) Pelele, lelo.
Spheaded. adj. Lelo, zonzo.
Sapidity. n. Sapidez, sabor, gusto. i
Sapience. n. Sapiencia, sabiduría, sagacidad
Sapient. adj. Sabio, sagaz.
Sapor. n. Sabor, gusto.
Saponfiric. adj. Saponífero.
Saporous. adj. Sabroso.
Sapper. n., (Mil.) Zapador, gastador.
Sapphic. adj. Sáfico (Poét.). / De Safo. / Lesbiano, leobio. / n. Verso sáfico.
Sapphire. n. Zafiro. / Color del zafiro. / Zafirino.
Sappiness. n. Jugosidad. / Simpleza, necedad.
Sappy. adj. Lleno de savia. / Sensiblero, sentimental, tonto.
Sarcasm. n. Sarcasmo.
Sarcastic. adj. Sarcástico, mordaz.
Sarcophagus. n., (pl. *Sarcophagi, Sarcophaguses*) Sarcófago, lucillo. / (Arc.) Variedad de piedra caliza.
Sardine. n., (Ict.) Sardina.
Sardinia. n.p. Cerdeña.
Sardonic. adj. Sardónico, sarcástico, irónico, burlón.
Sari. n. Sarí.
Sash. n. (pl. *Sash o Sashes*) Bastidor o marco de ventana. / Faja, banda, cinturón, ceñidor, cinto, cinta.
Satan. n.p. Satán, Satanás.
Satanic. adj. Satánico.
Satchel. n. Cartapacio (De escolares). / Bolso, taleguilla.
Sate. v. Saciar, satisfacer, hartar.
Sateen. n. Satén.
Satellite. n., (Astron.) Satélite, planeta secundario. / (Fig.) Satélite.
Satiate. adj. Saciado, harto, repleto, lleno. / v. Saciar, hartar, repletar.
Satiation, satiety. n. Saciedad, hartura, hartazgo.
Satin. n. Raso, satén (De seda). / adj. Satinado.
Satiny. adj. Satinado, lustroso.
Satire. n. Sátira. / Ironía, sarcasmo.
Satiric, satirical. adj. Satírico.
Satirist. n. Satírico.
Satirize. v. Satirizar.

Satisfaction. n. Satisfacción. / *To demand satisfaction*, Exigir satisfacción. / *To the satisfaction of*, A satisfacción de.

Satisfactory. adj. Satisfactorio, satisfaciente.

Saturable. adj. Saturable.

Saturation. n. Saturación.

Saturator. n. Saturador (Aparato).

Saturday. n. Sábado.

Saturn. n. Saturno.

Saturnian age. n., (Fig.) Edad de oro.

Satyr. n., (Mit.) Sátiro. / (Fig.) Sátiro, hombre lascivo. / (Entom.) Mariposa de color marrón y gris.

Satyric. adj. Satírico.

Sauce. n. Salsa. / (EE.UU.) Compota, puré (De frutas). / (Fig.) Sainete, gracia. / (Fam.) Insolencia, atrevimiento, réplica insolente.

Sauceboat. n. Salsera.

Saucepan. n. Cacerola, perol.

Saucer. n. Platillo (especial para taza). / *flying saucer,* Platillo volador.

Saucily. adv. Impertinentemente, atrevidamente, insolentemente, descaradamente.

Sauciness. n. Impertinencia, atrevimiento, insolencia, descaro, impudencia, desvergüenza.

Saucy. adj. Impertinente, atrevido, insolente, descarado, impudente, desvergonzado.

Saudi Arabia. n.p. Arabia Saudita.

Sauna. n. Sauna.

Savage. adj. Salvaje, indomado, indómito, cerril, chúcaro. / Salvaje, incivilizado, bárbaro. / Salvaje, feroz, fiero, cruel, brutal. / Furioso, rabioso. / n. Salvaje. / v. Atacar furiosamente. / Magullar, lastimar, lacerar. / Embrutecer.

Savant. n. Sabio, científico, erudito, docto.

Save. v. Salvar, rescatar, libertar, librar. / Resguardar, proteger, guardar. / Guardar, reservar (Asiento, etc.). / Cuidar, cuidarse (Los ojos, la voz, etc.). / Salvar, redimir (de la vida pecaminosa, vicios, etc.).

Save. prep. y conj. Excepto, salvo, sino, menos. / A no ser que, con excepción de. / *Save that*, A menos que, si no fuera porque. / *Save for*, Excepto por, salvo por.

Saveall. n. Apuracabos. / Recogedor de aceite (En máquina, etc.). / (Náut.) Vela suplementaria. / (Fam.) Mono, traje de mecánico. / Alcancía.

Saver. n. Ahorrador, perserverador. / (Pop.) Apuesta compensadora.

Saving. adj. Salvador, rescatador, redentor, atenuante. / *Saving grace*, Rasgo atenuante. / Ahorrativo, frugal, económico. / Reservativo, de reservas. / n. Economía. / pl. Ahorros. / (Der.) Excepción, reserva.

Saving. prep. y conj. Salvo, excepto.

Savior, saviour. n. Salvador. / *The Saviour*, El Salvador, el Redentor (Jesucristo).

Savor. n. Sabor, dejo, gusto, sazón. / (raro) Olor, perfume. v. Sazonar, dar sabor a, saborear, perfumar.

Saw. n. Dicho, decir, refrán, proverbio, máxima, adagio, aforismo.

Sawer. n. Aserradero, serrador.

Sawmill. n. Aserradero, sierra de agua.

Saxon. n. Sajón. / Anglosajón.

Saxophone. n., (Mús.) Saxofón, saxófono.

Saxophonist. n. Saxofonista.

Say. v. Decir, pronunciar, manifestar, expresar, formular. / Recitar (La lección, oraciones, etc.). / Indicar, marcar (Reloj la hora, etc.). / *He has had his say*, Ha terminado su peroración, ha acabado con lo que quiso decir. / *Have you nothing to say for yourself?*, ¿No tiene nada que aducir de su parte?. / *I cannot say*, No sé.

Saying. n. Dicho, decir, refrán, proverbio, máxima. / *As the saying goes*, Como dice el refrán.

Scab. n. Costra, postilla, escara. / (Veter.) Roña, escabro (De ganado lanar). / (Pop.) Obrero no agremiado, rompehuelgas, esquirol.

Scabble. v. Desbastar, labrar (Sillares).

Scabrousness. n. Escabrosidad, aspereza. / Estado escamoso. / Escabrosidad, licencia.

Scaffolding. n. Andamiaje, andamiado, entablado.

Scalar. adj. Escalonado. / (Mat.) Escalar. / n., (Mat.) Magnitud o cantidad escalar.

Scalding. adj. Abrasador. / (Fig.) Ardiente (Sol, rayos, etc.). / Hirviente, que hierve. / Mordaz, acerbo (Crítica, editorial, etc.).

Scale. n. Balanza, báscula. / Platillo de balanza. / *Scales*, (Astron.) Libra, Balanza. / *To tip the scales*, inclinar la balanza. / *To turn the scale (o scales)*, (Fig.) Inclinar la balanza, ser decisivo (Factor, circunstancia, etc.). / v. Pesar. / Tener cierto peso.

Scale. n. Escama. / (Fig.) Escama, lámina, hoja. / (Bot.) Escama. / Capa de óxido (En metales). / v. Escamar. / Pelar, mondar, descortezar, descascarar.

Scale. n. Escala, graduación, división. / Escala, regla de medida. / Escala, proporción. / (Mús.) Escala. / (Arc.) Escala, escalera de mano. / *In scale*, En proporción. / *on (o to) a scale of*, a escala de.

Scalp. n. Cuero cabelludo. / (Fig.) Trofeo. / Pequeña ganancia (De un especulador). / Cerrejón árido.

Scaly. adj. Escamoso. / De escamas imbricadas (Armadura, brote, etc.). / Infestado de insectos (Fruta). / Laminoso (Piedra, etc.).

Scamper. v. Retozar, corretear. / *To scamper away (u off)*, Escaparse. / n. Retozo, correteo (De niños, animales pequeños, etc.).

Scan. v. Examinar, escudriñar, escrutar, registrar, recorrer (Un escrito). / (Poét.) Escandir, recitar métricamente. / TV) Explorar. / (Radar) Registrar. / (Poét.) Tener forma métrica. / n. Escudriñamiento. / Radio de visión.

Scandal. n. Escándalo. / Ignominia, deshonra. / *To bring scandal to*, Deshonrar a, acarrear escándalo sobre. / *To give rise to scandal*, Causar escándalo.

Scandalous. adj. Escandaloso, escandalizativo. / Vergonzoso, ignominioso, oprobioso. / Difamatorio, injuriante.

Scandinavian. n. y adj. Escandinavo.

Scanner. n., electrón., TV, radar) Explorador, unidad exploradora. / (Ingen.) analizador.

Scantly. Escasamente, insuficientemente, deficientemente.

Scantness. Escasez, insuficiencia.

Scanty. adj. Escaso, corto, reducido, estrecho. / Escaso, muy ligero (díc. de vestidura).

Scape. n., (Fam.) Escape, escapada, escapatoria. / (Arc.) Tropiezo, falta. / v., (Arc.) Escapar, huir.

Scapular. adj., (Anat.) Escapular. / (Rel.) Escapulario. / (Arc.), (Zool.) Escápula. / (Orn.) Pluma escapular.

Scapulary. n., (Rel.) Escapulario.

Scar. n. Cicatriz, costurón. / (Fig.) Cicatriz. / v. Marcar con una cicatriz, dejar una cicatriz. / (Fig.) Herir profundamente. / Cicatrizar(se).

Scar. n. Peñasco, peñón, farallón.

Scarab. n. Escarabajo.

Scarcely adv. Apenas. / Casi no. / Difícilmente. / Ciertamente no, probablemente no. / *You will scarcely believe that*, Probablemente no creerá eso. / *Scarcely anything*, Casi nada. / *Scarcely ever*, Casi nunca.

Scarceness. n. Escasez, insuficiencia, carestía.

Scarcity. n. Escasez, falta, insuficiencia, rareza.

Scarecrow. n. Espantapájaros, espantajo. / (Fig.) Espantajo (Persona mal arreglada o andrajosa)..
Scarf. n., (pl. *Scarves o Scarfs*) Bufanda, chalina. / Pañuelo para el cuello. / Camino (De mesa), tapete.
Scarf. v. Empalmar, ensamblar, empotrar, encabezar, biselar, rebajar (Madera, etc. para empalme). / Descuartizar (Ballenas) en fajas, quitándoles la grasa.
Scarfpin. n. Alfiler de corbata.
Scarify. v. (Med.) Escarificar, sajar. / (Fig.) Lacerar, desgarrar (Sentimientos), criticar severamente. / Escarificar.
Scarlet sage. n. Escarpa, declive, pen diente, acantilado. / Escarpa. / v. Escapar, cortar en declive, hacer escarpar en.
Scarp. n. Escarpa, declive, pendiente, acantilado. / v. Escarpar, cortar en declive, hacer escarpa en.
Scarper. v. Escaparse, marcharse.
Scarry. adj. Cubierto de cicatrices, cicatrizado.
Scary. adj., (Fam.) Pavoroso, temeroso. / Asustadizo, miedoso. / Alarmante.
Scatheless. adj. Ileso.
Scatter. v. Esparcir, diseminar, desparramar. / Disipar. / Dispersar, poner en fuga. / fís. Dispersar (Luz, rayo de radiación, etc.). / Esparcirse. / Dispersarse.
Scenario. n. Trama, argumento (De una obra de teatro, libreto de una ópera, etc.). / (Cinem.) Guión, argumento.
Scend. v. Arfar, cabecear (Buque). / n. Arfada, cabeceo.
Scene. n. Escena, cuadro (En obra teatral, de T.V. etc.). / Escena, paraje. / Escena, vista, panorama, paisaje. / *a desolate scene*, un paisaje desolado. / (Teatr.) Decoración, decorado, bastidor. / (Fig.) Escena, escándalo. / *Now don't make a scene*, No vayas a armar un escándalo. / (Hist.) Escenario, teatro.
Scenery. n., (pl. *Sceneries*), (Teatr.) Decoraciones, decorado. / Paisaje, vista, panorama.
Scenic, scenical. adj. Escénico, dramático, teatral. / *Scenic effects*, Efectos escénicos. / Pintoresco. / *The scenic beauty of the landscape*, La belleza pictórica del paisaje. / Gráfico, vidrio.
Schedule. n. Lista, cuadro, catálogo, inventario, programa, plan, horario. / *Behind schedule*, Atrasado (Tren, proyecto, tarea, etc.). / v. Catalogar, inventariar, proyectar, fijar la hora de.
Schema. n. (pl. *Schemata*) Esquema, plan, proyecto, programa o diagrama / sumario, sinopsis, cuadro. / lóg. Figura silogística.
Scheme. n. Esquema, plan, programa, proyecto. / Ardid, treta, artificio, intriga, designio. / Plan sistemático, sistema, arreglo, disposición. / Horóscopo. / (Arc.) Diagrama. / v. Proyectar, urdir. / Formar proyectos, urdir o maquinar una intriga, tramar una treta.
Schemer. n. Intrigante, maquinador, tracista.
Scheming. adj. Intrigante, maquinador, astuto, mañoso.
Schism. n. Cisma, escisión, separación, división. / (Rel.) Pecado del cisma. / Secta o facción cismática.
Scholar. n. Escolar, colegial; alumno, pupilo. / Becario. / Erudito, sabio, hombre de letras. / (Fam.) Persona instruida, (especialmente uno que sabe leer y escribir).
Scholarly. adj. Erudito, ilustrado, docto, letrado. / adv. Eruditamente, doctamente, sabiamente.
Scholarship. n. Erudición, saber. / Beca, colegiatura, beca (De estudios).
Scholastic. adj. Escolástico, escolar; académico. / *Scholastic rank*, Jerarquía académica.
School. n. Escuela, colegio. / Escuela, alumnado. / Enseñanza, instrucción; clase, curso. / Escuela (De un maestro, doctrina, estilo, etc.). / (Mús.) Manual (De violín, contrapunto, etc.).

Schooling. n. Instrucción, educación, enseñanza; experiencia. / Precio o costo de la instrucción escolar. / Entrenamiento (De caballos y jinetes (esp. en una escuela de equitación). / (Arc.) Castigo; reprobación.
Schoolmistress. f. Maestra de escuela, profesora.
Schoolroom. n. Aula, sala de clase.
Schoolteacher. n. Maestro o maestra de escuela (esp. de escuela primaria).
Schooltime. n. Comienzo del año escolar. / Años escolares. / Período de entrenamiento.
Schoolwork. n. Tarea (s) o trabajo (s) escolar (es).
Scient. adj. Entendido, hábil, diestro, ducho.
Scientific. adj. Científico.
Scientist. n. Científico, hombre de ciencia, sabio.
Scintilla. n. Centella, chispa; vestigio, huella.
Scintillant. adj. Centelleante, centellante, chispeante, titilador, titilante.
Scintillate. v. Chispear, chisporrotear; centellear, escintilar; titilar. / Echar chispazos de (Ingenio, etc.).
Scission. n. Escisión.
Scissor. v. Cortar con tijeras, tijeretear.
Scissors. n., pl. Tijeras. / Salto de tijera (En gimnasia). / Toma de tijera (En lucha libre).
Scoff. n. Mofa, burla, escarnio. / Adefesio; cosa ridícula. / v. Mofarse, burlarse. / *To scoff at*, Burlarse de, mofarse de.
Scoffer. n. Mofador, burlador, burlón.
Scolder. n. Regañón, reñidor,gruñona(of woman)
Scolding. n.Reprimenda / n. regaño, reprensión.
Sconce. n. Brazo de luz, candelabro de pared.
Sconce. n. Fortín, baluarte, fuerte destacado. / (Arc.) Refugio, abrigo. / v., (Arc.) Fortificar, atrincherar, escudar, proteger.
Scone. n. Panecillo que se toma con el té.
Scope. n. Campo o esfera de acción; oportunidad (Para talento, etc.). / Alcance. / *Of wide scope*, De gran alcance. / Propósito, intención
Scops owl. n., (Orn.) Buharro.
Scorch. v. Chamuscar, tostar, socarrar; abrasar (Plantas, etc.). / (Fig., Fam.) Herir, agravar, afectar con sarcasmo o crítica acerba. / (Mil.) Devastar por completo, arrasar. / Quemarse, tostarse (Al sol). / (Fam.) Ir a gran velocidad (En coche o bicicleta).
Scorcher. n. Respuesta sarcástica, crítica acerba. / Día excesivamente caluroso. / (Fam.) Automovilista o ciclista que corre a velocidad excesiva.
Score. n. Muesca, incisión, raya. / Línea, raya, marca (De partida o meta). / Cuenta, cuentas. / Resultado, nota (En competencia o examen). / Tantos, tanteo (En juegos y deportes). / Razón, motivo. / Veintena; pl. Cantidad grande, multitud; gran número de gente.
Scoreless. adj., (Dep.) Sin abrir el marcador, con el marcador en cero. / *The match ended in a scoreless draw*, el partido terminó empatado a cero.
Scorer. n. Marcador, registrador, computador. / Jugador que hace tantos o gana puntos para su equipo; (Fútbol) goleador.
Scornful. adj. Desdeñoso, despreciativo, despectivo.
Scorpion. n. Escorpión, alacrán. / (Hist.) Escorpión (Azote; ballesta). / (Astron.) Escorpión.
Scot. n. Escocés, natural de Escocia.
Scot. *Scotland, Scottish*, n. y adj. Escocia, escocés.
Scotch. v. Cortar, herir ligeramente. / Erradicar, suprimir. / Calzar, engalgar (Una rueda o ruedas). / (Fig.) Detener, frustrar. / n. Corte, cortadura, herida superficial; incisión. / Galga, cuña (Para ruedas).
Scotch. adj. Escocés. / dialect. Escocés. / Whiski escocés. / *The Scotch*, Los escoceses.

Scotchman. n. Escocés.
Scotland. n.p. Escocia.
Scottish. adj . Escocés. / n., dialect. Escocés. / *The scottish*, Los escoceses.
Scound(Rel.) n. y adj. Pícaro, bribón, truhán, pillo, villano.
Scour. v. Correr velozmente, esp. en persecución o búsqueda. / Batir (El campo, monte). / Registrar, recorrer, explorar.
Scour. v. Fregar, restregar, estregar, frotar, pulir. / Purgar. / Depurar; limpiar, desengranar, quitar manchas a; baldear, lavar con un chorro de agua. / (Arc.) Barrer, expulsar (Al enemigo). / Lavarse, limpiarse.
Scout. v., (Mil.) Hacer reconocimiento; (raro) montar guardia. / *To scout for*, Buscar. / Explorar, registrar. / (Mil.) Reconocer, explorar. / n. Explorador. / *Boy scout*, Niño explorador
Scout. v . Rechazar, despreciar, desdeñar (Idea, sugerencia, etc.). / (general. con at) Burlarse, mofarse (de).
Scouth. n. Abundancia.
Scouting. n. Exploración, reconocimiento. / Actividades de los niños exploradores.
Scoutmaster. n. Jefe de tropa de niños exploradores.
Scrabble. v . Rascar, raspar, escarbar, piafar. / Arrastrarse; trepar. / Garrapatear, garabatear. / Escarbar (Tierra, etc.). / Rascar con (Uñas, etc.). / Garrapatear. / n. Arrebatiña, trepa. / Garabato, garrapato. / Rascadura repetida. / Un juego de salón (En que se colocan letras formando palabras sobre un tablero).
Scrag. n. Persona o animal flaco y pellejudo. / Pescuezo (De ovejas o carneros). / (G.B.) Pescuezo, cuello (De personas). / v. Ahorcar, agarrotar. / Estrangular. / Torcer el pescuezo / adj. Agarrar por el cuello.
Scragginess. n. Aspereza, escabrosidad. / Flaqueza, flacura.
Scraggy. adj. Aspero, escabroso. / Flaco, descarnado, enjuto, huesudo.
Scramble. v. Gatear, escarabajear. / *To scramble for*, Andar a la rebatiña (por), bregar, reñir (por). / Extenderse desigualmente (ej., una ciudad).
Scrap. n. Pedazo, trozo (De papel, etc.); fragmento (De algo escrito). / pl. Restos, sobras (De comida). / Desperdicios, desechos, chatarra. / pl. Chicharrones.
Scraper. n. Ahorrador, avaro, mísero. / Rascador, raspador, descarnador (Cuchilla). / Rascatripas.
Scrapman. m. Chatarrero.
Scratch. v. Arañar, rasguñar; raspar. / Rascar (La cabeza, picadura, etc.). / Retirar (Caballo, atleta, etc. de una competencia o carrera). / Garabatear, garrapatear. / *To scratch my back and I will scratch yours*, Una mano lava a la otra y las dos juntas lavan la cara.
Scratchy. adj., (*Scratchier; Scratchiest*), Chirriante, estridente (Sonido). / Garrapatoso. / Punzante; irritante.
Scream. v. Chillar, gritar, vociferar. / *To Scream with laughter*, Reírse a gritos. / Proferir a gritos, vocear gritando. / n. Grito, chillido.
Screen. n. Biombo, mampara, pantalla; alambrado, alambrera (De ventanas); reja. / Criba, harnero, zaranda. / (Arq.) Tabique, partición, pared protectora. / mil., mar. Fuerzas de cobertura o de protección. / (Cinem.) Pantalla. / *The screen*, El cine; el celuloide. / Retícula, trama (De fotograbado). / (Fís., TV) Pantalla.
Screener. n. Cribador, tamizador, cernedor. / Seleccionador.
Screening. n., pl. Desperdicios del cribado, cerniduras. / pl. Malla (Metálica o de plástico). / Blindaje. / (Cinem.) Proyección privada.
Screenplay. n., (Cinem.) Argumento, libreto.

Screentest. v. Tomar prueba cinematográfica de.
Screw. n. Tornillo; huesillo. / Vuelta de tornillo. / Rosca, filete (De tornillo). / Sacacorchos. / Hélice. / Empulgueras (Instrumento de tortura). / Avaro, tacaño. / Penco, rocín.
Scribbler. n. Escritorzuelo, escribidor, mal escritor.
Scrimmage. n. Escaramuza, refriega, riña, pelea, trifulca. / (Fútbol) Líneas cerradas de los delanteros de ambos equipos que se enfrentan. / v. Escaramuzar, pelear.
Scrip. n. Certificado, cédula, póliza, vale (Dado por otro documento de valor).
Script. n. Caligrafía, escritura (A mano). / (Der.) Documento original; escritura. / Plumilla, plumilla inglesa. / Manuscrito; libreto, guión. / Escrito.
Scripture. *Scriputure*, n. La Biblia, pl. Las Sagradas Escrituras. / (cualquier) Escrito religoso. / Pasaje o capítulo de la Biblia. / Texto, escrito, manuscrito.
Scriptwriters. n., (Cinem., Rad., TV) Libretista, guionista, argumentista.
Scroll. n. Rollo de pergamino, rollo de papiro o papel; rollo de escritura. / Lista, programa. / (Arq.) Voluta. / Voluta o concha (Que remata el mástil del violín, la viola, etc.). / Rasgo, arabesco, rúbrica (Escritura).
Scroop. v., (Fam.) Crujir, rechinar, chirriar. / n. crujido, rechinamiento, chirrido.
Scrounge. v. Sacar con halagos, obtener con maña (Dinero, etc.). / Petardear. / sablear, gorrear.
Scrub. v. Fregar, restregar, frotar limpiando. / Separar o extraer impurezas de (Un gas). / (Pop.) Cancelar, suprimir. / n. Fregamiento, restregadura, fricción.
Scrubby. adj. Pequeño, chico, bajo. / Cubierto de malezas o matorrales. / (Fam.) Miserable, mezquino.
Scruffy. adj. Zaparrastroso. / Despreciable, desdeñable.
Scrupulous. adj. Escrupuloso.
Scrutable. adj. Escudriñable, comprensible.
Scrutator. n. Escudriñador, escrutiñador, escrutador.
Scrutinize. v. Escudriñar, escrutar. / Hacer un escrutinio.
Scrutiny. n., (pl. *Scrutinies*) / Escudriñamiento, escrutinio, inspección minuciosa. / Mirada escrutadora. / Escrutinio, recuento (De votos).
Scuff. v. Caminar arrastrando los pies. / Rasguñarse, arañarse. / *To scuff at*, Tocar con el pie, frotar con el pie. / Golpear. / Arrastrar (Pie). / Rasguñar, arañar. / n. Arrastre de los pies, chancleteo. / Chancleta. / Rasguño, arañazo.
Scuffle. v. Luchar, forcejear. / Caminar arrastrando los pies. / n. Refriega, forcejeo, sarracina.
Scull. n., (Náut.) Espadilla (Para cinglar una embarcación). / Remo corto. / Bote de remos cortos. / v. (Náut.) Cinglar. / Impeler (Bote) con remos cortos. / Remar, bogar.
Scullery. n. (Náut)., (pl. *Sculleries*), Fregadero, trascocina; repostería (Buques).
Sculpt. v. Esculpir, entallar, modelar.
Sculptor. m. Escultor, esculpidor; tallador.
Sculptress. f. Escultora.
Sculptural. adj. Escultural, escultórico.
Sculpture. n. Escultura. / v. Esculpir; entallar, cincelar, modelar.
Scum. n. Espuma, tclilla, tela, capa de impurezas (En la superficie de algunos líquidos). / Escoria, horrura. / Desecho, desperdicio, basura. / (Fig.) Escoria, hez (De la humanidad, etc.). / v. Espumar, cubrirse de telilla.
Scurf. n. Caspa. / Costra. / (Fig.) Hez, escoria (De la sociedad).
Scurry. v. Correr, escurrirse, escabullirse. / n. Fuga precipitada, huida. / Carrera corta (Especial para caballos).

Scurvy. adj. Vil, despreciable, ruin. / (Arc.) Casposo; cubierto de costras. / n., (Med.) Escorbuto.

Scut. n. Rabillo (esp. de conejo, liebre o ciervo).

Scuttle. n. Canasta de poco fondo. / Cubo o balde (Para carbón). / Fuga precipitada, huida. / v. Correr deprisa, escurrirse, escabullirse.

SE Southeast. abrev., n. Sudeste (SE)

Sea. n. Mar. / Marjeada, oleaje, oleada. / (Fig.) Mar (De dificultades, preocupaciones, lágrimas, etc.); infinidad, multitud. / *At sea*, En el mar. / (Fig.) Perdido, des orientado, confuso, perplejo.

Seabed. n. Lecho de mar u océano.

Seaborn. adj. Nacido del mar.

Seacoast. n. Litoral, costa marítima, orilla de mar.

Sea foam. n. Espuma del agua de mar. / (Mineral.) Espuma de mar, magnesita.

Seafolk. n., (Fam.) Marinos, navegantes, marineros, nautas.

Sea food. n. Marisco y pescado de mar comestibles.

Seagirt. n. Rodeado por el mar.

Seagoing. adj. De alta mar, propio para la navegación de altura. / Marino, navegante de mar. / n. Marinería, navegación.

Sea gull. n., (Orn.) Gaviota.

Sea horse. n., (Mit.) Criatura con cuerpo de caballo y cola de pez. / (Zool.) Morsa. / (Ict.) Hipocampo, caballo marino. / (Náut.) Cresta (De una ola).

Seal. n., (Zool.) Foca. / Piel o cuero de foca. / v. Cazar focas.

Sealant. n. Sellador, tapador.

Sealed will. n., (Der.) Testamento cerrado.

Sealer. n. Sellador (esp. funcionario que prueba o certifica pesos, medidas, etc.). / Cazador de focas. / Barco para la caza de focas.

Sea line. n. Horizonte de mar. / Tubería marítima; oleoducto submarino.

Sea lion. n. (Zool.) León marino, lobo marino.

Sealskin. n. Piel de foca.

Seam. n. Costura, cosedura. / Juntura, junta; grieta, hendedura, intersticio. / Cicatriz, costurón, chirlo / Arruga (En la piel). / (Med.) Sutura / (Geol.) Estrato, filón, veta, venero. / (Náut.) Costura, labor; material de costura. / v. Rayar, marcar con cicatrices. / Hacer arrugas en, arrugar (La piel). / (Cost.) Pespuntar, pespuntear, orlar. / Coser. / Rajarse, resquebrajarse, agrietarse. / (Cost.) Aplicar pespuntes.

Seaman. n. Marinero, marino, nauta. / Marinero, esp. de cubierta. / (EE.UU) Marinero raso.

Seamanly. adv. Marinero, marinesco, propio de un buen marinero.

Seamanship. n. (Náut.), mareaje, pericia de la navegación.

Seamark. n. Línea que marca el límite de las mareas (En la costa). / Baliza, boya, marca, faro.

Seaport. n. Puerto marítimo, puerto de mar.

Sear. v. Secar, marchitar, agostar. / Tostar, chamuscar, socarrar; cauterizar; estigmatizar. / (Fig.) Endurecer, hacer calloso o insensible (Conciencia, alma, etc.).

Search. v. Buscar. / Explorar, examinar. / Inquirr, escudriñar. / Registrar, inspeccionar. / (Med.) Tentar, reconocer con la tienta (Cavidad de una herida, etc.). / *Search me!*, (Fam.) A mí que me registren, no tengo la menor idea. / *To search out*, Encontrar o descubrir (Algo o alguien) en su escondrijo.

Seascape. n. Vista o panorama marino. / (Arte) Marina, cuadro o pintura que representa el mar.

Seashore. n. Costa, litoral, playa, ribera u orilla del mar. / adj. Costero, costanero, costeño, ribereño.

Season. n. Sazón, tiempo oportuno, coyuntura. / Estación (Del año). / Tiempo, momento.

Seasonable. adj. Oportuno, estacional, propio de la estación vigente.

Seasoning. n. Condimento, aderezo, aliño. / Punto, madurez. / Aclimatación.

Seat. n. Asiento. / Escaño, curul (En parlamento, concejo, etc.). / (Teatr.) Localidad. / Morada, residencia, domicilio. / Sitio, teatro (Como lugar o escenario de un acontecimiento). / Centro (De manufactura, cultura, erudición, etc.); sede (De un gobierno, saber, etc.).

Seating. n. Disposición, arreglo de asientos (Alrededor de una mesa, etc.). / Tapiz para asientos. / (Mec.) Asiento, lecho, base.

Sea wall. n. Rompeolas, muralla o dique de mar.

Seaward. adv. Dirección o lado hacia el mar. / adj. Que da al mar, del lado del mar. / Hacia el mar, mar adentro.

Seawards. adv., (Náut.) Hacia el mar, mar adentro.

Seaway. n. (Náut.) Mar gruesa o alborotada. / Marcha o avance de un buque; estela. / Ruta marítima, vía o canal para barcos de gran calado (Tierra adentro).

Seawolf. n., (Ict.) Lobo de mar. / Pirata; vikingo.

Sec. adj. Seco (dic. de champaña o de vinos espumantes). / n., (Fam.) Momento, ratito.

Sec. *Secretary.* n. Secretario. / *Second,* Segundo. / *Secant,* secante.

Secession. n. Secesión, separación.

Seclude. v. Recluir, aislar; retraer, apartar. / (Arc.) Excluir, prohibir, expulsar.

Seclusion. n. Reclusión, soledad, retiro, recogimiento; aislamiento, retraimiento.

Second. n. Segundo. / Ayudante; brazo derecho. / Padrino (En desafío a duelo). / Artículos de segunda calidad. / Dos (En fechas).

Secondary. adj. Secundario; subsiguiente, resultante. / Secundario, subsidiario, auxiliar, accesorio, suplementario. / (Quím.) Secundario.

Secondbest. adj. El mejor después del primero.

Secondclass. adj. De segunda clase. / De clase inferior, mediano, mediocre.

Second hand. n. Intermediario (Persona o cosa). / Segundero (Del reloj). / *At second hand*, Indirectamente; por medio de un intermediario.

Second rate. adj. De segundo orden, de calidad inferior, de menor cuantía.

Secret. adj. Secreto, escondido, oculto, recóndito. / *A secret drawer*, Un cajón secreto. / Secreto, confidencia. / *A secret agent*, Un agente secreto. / Callado, reservado, discreto. / Secreto, inescrutable; esóterico. / Solitario, retraído; retirado. / n. Secreto, misterio.

Secretariat. n. Secretaría, secretariado; ministerio. / Cuerpo de secretarios.

Secretary. n. Secretario, secretaria. / Ministro. / *Secretary of War*, Ministro de Guerra. / Escritorio, secreter. / (Arc.) Confidente.

Secretion. n. Ocultación, escondimiento; encubrimiento. / Secreción, segregación.

Sect. n. Secta, partido, facción. / (Rel.) Secta. / (Arc.) Clase, orden (De gente).

Sectarian. adj. Sectario. / n. Sectario, sectador, disidente, secuaz fanático.

Sectary. n., (Hist.) Sectario; disidente (esp. protestante).

Section. n. Sección, división. / Segmento, parte, porción, tajada (De una fruta). / Sección, párrafo; inciso, artículo (De leyes, contratos, etc.).

Sectional. adj. En secciones, por secciones; desmontable; hecho de compartimentos. / Divisional, parcial, regional, local. / Dividido en secciones, seccionado.

Sector. n. Sector, grupo. / (Geom.), (Mil.) Sector. / Compás de proporciones. / v. Dividir en sectores.
Secularist. n. Partidario de la educación secular, librepensador.
Secularize. v. Secularizar.
Secure. adj. Seguro, a salvo, impenetrable, inexpugnable; bien asegurado; firme. / *A secure retreat*, un retiro Impenetrable. / *A secure foundation*, Cimiento firme. / *Are you sure it is secure?*, ¿Está Ud. seguro de que eso está bien asegurado?. / Seguro, cierto.
Security. n. Seguridad. / Firmeza; estabilidad, solidez. / Certeza, certidumbre. / Protección, defensa. / Razones de seguridad (Nacional).
Sedimentary. adj. Sedimentario; (Geol.) sedimentario.
Sedimentation. n. Sedimentación.
Sedition. n. Sedición, insurrección, rebelión, insurgencia.
Seditious. adj. Sedicioso, rebelde, insurrecto, insurgente.
Seduce. v. Seducir. / Tentar, inducir. / Atraer (Interés, etc.).
Seducer. n. Seductor.
Seduction. n. Seducción. / Tentación.
Seductive. adj. Seductivo; reductor, tentador.
See. v. Ver, divisar, avistar. / Ver, comprender, entender, reconocer. / *I cannot see the joke*, No veo qué hay de chistoso (En eso). / Cumplir. / *He will never see 60 again*, Jamás volveré a cumplir los 60.
Seeding. n. Siembra, caída de semillas. / meteor. Acto de sembrar en las nubes (Para producir lluvia).
Seedless. adj. Sin semillas, sin pepitas, sin pepas.
Seedling. n. Arbol de pie. / Planta que ha crecido de semilla, planta de semillero. / Plantón, pimpollo, plántula, planta de vivero.
Seed stock. n. Provisión de semillas (Para sembrar); reserva (De peces, animales, etc.) para crianza.
Seedtime. n. Siembra, sementera, tiempo de sembrar.
Seedy. adj.,(*Seedier; Seediest*) Lleno de semillas, con muchas semillas. / Raído, gastado, andrajoso, zarrapatroso. / Destartalado, miserable. / Desdoroso, algo inmoral, desgrabado (Entretenimiento, diversión, etc.). / Indispuesto, enclenque, enfermizo.
Seeing. n. Vista, visión. / adj. Que ve, vidente.
Seeing. conj. Visto que, siendo así, puesto que.
Seek. v. Buscar. / Aspirar a, anhelar. / Tratar de obtener, procurar. / *To seek (something) from*, Solicitar (Algo) a, requerir (Algo) a. / *To seek out*, Seleccionar, singularizar, escoger después de una búsqueda.
Seel. v. Coser los párpados del halcón. / (Arc.) Cegar; cerrar los ojos.
Seem. v. Parecer. / *It seems to be tired*, Parece usado. / *I do not seem to like him*, El no acaba de gustarme. / *So it seems, so it would seem*, Parece que es así.
Seeming. adj. Aparente, supuesto. / *A seeming friend*, Un supuesto amigo. / n. Apariencia.
Seemingly. adv. Aparentemente.
Seemly. adj. Bien parecido, agradable. / Decente, decoroso, correcto. / (Arc.) Conveniente, apropiado.
Seething. n. Hirviente, herviente. / (Fig.) Agitado, desbordante.
Segment. n. Segmento, sección, división, gajo (De naranja). / (Geom.) Segmento. / v. Segmentar(se), dividir(se) en segmentos.
Segregate. v. Segregar, separar; aislar, recluir. / Segregarse, separarse. / (Biol.) Segregarse. / adj. Segregado, separado.
Segregated. adj . Segregado, separado. / Segregacionista (Educación, estado, escuela, etc.).
Segregation. n. Segregación, separación. / Segregación (Racial).

Seism. n. Sismo, seísmo, terremoto, temblor.
Seismograph. n. Sismógrafo, sismómetro.
Seismology. n. Sismología, seismología.
Seize. v . Asir, tomar, coger, agarrar. / Capturar, arrestar, apresar, aprehender. / Embargar, secuestrar; confiscar, decomisar, incautarse de. / Comprender, penetrar, darse cuenta de. / (Náut.) Trincar.
Seizer. n. Agarrador. / (Der.) Secuestrador.
Seizure. n. Embargo, confiscación, secuestro, incautación, decomiso. / Ataque, acceso (De una enfermedad); ataque de apoplejía, ataque apoplético.
Seldom. adv . Raramente, rara vez, pocas veces. / adj. Raro, infrecuente.
Select. adj. Selecto, escogido. / Exclusivo (Club, sociedad). / v. Seleccionar, escoger, elegir.
Selection. n. Selección, elección. / Cosa escogida. / Colección de cosas escogidas; surtido.
Selective. adj. Selectivo, escogedor. / radio. Selectivo.
Selector. n. Seleccionador. / (Mec., Rad., TV) Selector.
Self. adj. Propio; puro, no mezclado, igual, uniforme (Color). / (Arc.) Mismo; idéntico. / uno mismo, sí mismo. / n. Personalidad o identidad, naturaleza. / Interés o ventaja propia; egoísmo.
Self- abandonment. n. inmoderación, incontinencia.
Self-abnegation. n. Abnegación, renunciamiento.
Self-absorption. n. Ensimismamiento, abstracción.
Self-abuse. n. Autocrítica. / Masturbación.
Self-action. n. Acción independiente.
Self-affected. n. Presumido, arrogante, presuntuoso, vanidoso.
Self-control. n. Dominio de sí mismo.
Self-criticism. n. Autocrítica.
Self-defeating. adj. Contraproducente.
Self-defence. n. Defensa propia, legítima defensa. / *in selfdefence*, en defensa propia.
Self-delusion. n. Engaño de sí mismo.
Self-dependence. n. Confianza en sí mismo, independencia.
Self-discipline. n. Autodisciplina, dominio de sí mismo.
Self-doubt. n. Duda de su propia capacidad, desconfianza de sí mismo.
Self-doubting. adj. Falto de fe en sí mismo; vacilante.
Self-employed. adj. Que trabaja por cuenta propia.
Self-esteem. n. Dignidad, amor propio.
Self-evidence. n. Evidencia, certeza manifiesta.
Self-giving. adj. Abnegado, altruista, desinteresado.
Self-help. n. Esfuerzo propio, ayuda que se da uno a sí mismo.
Selfhood. n. Individualidad, personalidad. / Egoísmo.
Self-importance. n. Importancia propia, engreimiento, vanidad, pomposidad.
Self-indulgence. n. Indulgencia o complacencia para consigo mismo, falta de sobriedad; desenfrano.
Selfish. adj. Egoísta, interesado.
Selfishness. n. Egoismo.
Self-knowledge. n. Conocimiento de sí mismo.
Self-love. n. Egoísmo. / Egolatría.
Self-made. adj. Hecho por uno mismo; logrado por esfuerzo propio.
Self-made man. n. Hombre humilde que triunfa en la vida por esfuerzo propio.
Selfpity. n. Autocompasión.
Self-portrait. n. Autorretrato.
Self-protection. n. Protección de uno mismo, autoprotección; defensa propia.
Self-reflection. n. Introspección.

Self-reliance. n. Confianza en sí mismo.
Self-repression. n. Represión de las inclinaciones naturales, represión de la personalidad propia.
Self-respect. n. Dignidad, pundonor, respeto de sí mismo.
Self-restraint. n. Moderación, continencia; refrenamiento de sí mismo.
Self-rule. n. Gobierno autónomo, autonomía.
Self-searching. adj. Examen de conciencia.
Self-service. n. Autoservicio.
Self-sufficiency. n. Autosuficiencia, autarquía. / Insociabilidad.
Self-sufficient. adj. Autosuficiente, independiente. / Altanero, arrogante.
Self-taught. adj. Autodidacta.
Selling. adj. De venta, relativo a la venta. / De venta (Rápida, lenta, etc.).
Sellout. s., (Fam.) Liquidación total, venta completa. / (Fam.) Éxito de taquilla (Obra de teatro, evento deportivo, etc. para el que se vende todas las entradas)
Selvage, selvedge. n. Hirma (Del paño). / Cabecera, placa de frente (De cerraduras). / (Mineral.)
Semantican. n. Semántica.
Semaphore. n. Semáforo, óptico. / Comunicación por banderines. / v. Comunicar o comunicarse por señales, banderines, etc.; emitir luces o señales.
Semblance. n. Apariencia, aspecto exterior. / Parecido, similitud, semejanza.
Semeiotics. n., Semiótica.
Semen. s.,(pl. *Semina o Semens*) Semen, esperma.
Semester. n. Semestre.
Semi. pref. Semi, medio.
Semicolon. s., gram. Punto y coma.
Semidarknes n. n. Penumbra, media luz.
Semidetached. adj. Semiseparado, separado por una pared medianera (díc. de casas de familia colindantes).
Semideveloped. adj. Parcialmente desarrollado.
Semifinished. adj. Semiacabado, semielaborado.
Seminar. n. Seminario.
Seminarian. n. Seminarista.
Semiotic. n. Semiótica.
Semipro. n. y adj. (Fam.) Semiprofesional.
Semiskilled. adj. Semidiestro, no especializado.
Semivocalic. adj. Semivocal.
Semivowel. n., fon . Semivocal.
Semiyearly. adj. y adv. Semestral.
Sempiternity. n. Eternidad.
Sen. n. *Senior*, padre, persona mayor. / *Senator*, senador.
Senate. n. Senado. / Junta directiva o administrativa (De algunas universidades).
Senator. n. Senador.
Senatorial. adj. Senatorial.
Send. v. Enviar, mandar; remitir, despachar, expedir. / Mover, propulsar; lanzar (Golpe, proyectil, etc.). / Disponer, decretar, querer. / Hacer.
Sender. n. Remitente. / radio., comunic. Transmisor, emisor.
Sendoff. n., (Fam.) Despedida ceremonial o halagüeña; crítica encomiástica (De obra literaria, teatral, etc.).
Senescence. n. Senectud.
Senile. adj. Senil.
Senior. adj. Mayor, de mayor edad. / Más antiguo, de más alto rango. / *The senior partner*, Socio mayoritario.
Sensation. n. Sensación, sentimiento, percepción.
Sensational. adj. Sensacional.
Sense. n. Sentido (Con todas las acepciones de la palabra castellana). / Sentido, sensación, sentimiento. / Sentido, juicio. / *A man of sense*, Un hombre de juicio.

Senselesn. adj. Desmayado, inconsciente, sin conocimiento, insensible. / Insensato, necio. / Sin sentido, absurdo.
Sensibility. n. Sensibilidad. / Receptividad mental; discernimiento. / Precisión (De un instrumento). / Susceptibilidad, delicadeza.
Sensible. adj. Sensible, perceptible; apreciable, manifiesto. / Sensitivo, capaz de sentir. / Sabedor, consciente. / Razonable, sensato, inteligente.
Sensibly. adv. Sensiblemente, perceptiblemente. / Sensatamente, razonablemente.
Sensitive. adj. Sensitivo, sensorial, sensorio. / Sensible, impresionable; sentido. / Susceptible. / (Quím., Fotogr.) Sensibilizado (Superficie, etc.).
Sensitively. adv. Sensiblemente.
Sensitiveness. n. Sensibilidad (De una persona). / Susceptibilidad; finura, delicadeza. / (Fís., Mec., Fotogr.) Sensibilidad.
Sensitization. n. Sensibilización, sensitización. / TV) Activación.
Sensitize. v., (Quím.) Sensibilizar, sensitizar. / (Med.) Sensibilizar.
Sensor. n. Sensor, detector.
Sensorial. adj. Sensorio, sensitivo, sensorial.
Sensual. adj. Sensual; carnal; voluptuoso, lascivo, lujurioso. / (Anat.) Sensorio o sensitivo.
Sensualism. n. Sensualismo; sensualidad. / fil. Sensualismo.
Sensuality. n. Sensualidad; voluptuosidad, lascivia.
Sentence. n., gram. Oración, cláusula, período. / (Der.) Sentencia, fallo, condena. / (Mús.) Frase. / Máxima, aforismo, axioma. / (Anat.) Sentencia, decisión, opinión. / v. Condenar, sentenciar.
Sententious. adj. Sentencioso, conceptuoso, aforístico, axiomático. / Sentencioso, ampuloso (Lenguaje).
Sentimental. adj. Sentimental, romántico, impresionable.
Sentimentallsm. n. Sentimentalismo.
Sentimentalist. n. Persona sentimental.
Separate. v. Separar. / Separarse. / adj. Separado, suelto, desunido, segregado. / Separado, que pertenece sólo a uno; propio, privado, particular, personal. / *Separate rooms*, Cuartos privados (Privacidad). / Separata, reimpresión (De un artículo, etc.).
Separation. n. Separación. / (Der.) separación, separación de cuerpos.
Separatism. n., polít. Separatismo.
Separative. adj. Separativo.
Separator. n. Separador, divisor, partidor. / Separador, centrífuga (Para desnatar leche). / (Mineral.) Escogedor, separador. / (Electrón.) Separador.
September. n. Septiembre, setiembre.
Septuple. adj. Séptuplo. / v. Septuplicar.
Sepulcher, sepulchre. n. Sepulcro. / v. Sepultar.
Sepulchral. adj. Sepulcral; lúgubre, tétrico, fúnebre, funesto.
Sepulture. n. Sepultura, entierro, inhumación. / Sepulcro.
Sequel. n. Secuela, consecuencia, corolario. / Resultado, efecto final. / Continuación (De un artículo, novela, etcétera.).
Sequence, sequency. n. Sucesión; orden de sucesión. / Cadena, sarta, serie. / Resultado, consecuencia, efecto. / (Rel.), (Mús.), (Cinem.) Secuencia. / (Naipes secansa, escalera, runfla. / v. Ordenar en serie.
Sequent. adj. y n. Siguiente, consecutivo. Consecuencia, secuela.
Sequential. adj. Consecutivo; consiguiente.

Sequestrable. adj. Secuestrable.

Sequestrate. v. Confiscar, decomisar, incautarse de. / (Arc.) Separar, apartar, alejar.

Sequestration. n. Retiro, reclusión, apartamiento, separación. / (Der.) Secuestro, secuestración, embargo.

Seraphic. adj. Seráfico, angélico.

Serbian. n. y adj. Servio, de Servia.

SerboCroatian. n. y adj. Servocroata.

Serenader. n. El que da serenatas.

Serene. adj. Sereno, claro, despejado (Cielo, etc.). / Sereno, plácido, apacible (Persona). / Serenísimo. / *His Serene Highness*, Su Serenísima Alteza.

Serenity. n. Serenidad, sosiego, calma. / Serenidad (Título del emperador romano, del papa, obispos, etc.).

Serf. n. Siervo.

Serfdom, serfhood. n. Servidumbre, esclavitud.

Sergeant. n., (Mil.) Sargento. / Oficial de orden (En un cuerpo legislativo).

Sergt, Sergeant. n. Sargento.

Serial. adj. y n. De serie, consecutivo, sucesivo, formando serie; gradual. / impr. Obra publicada por entregas; serial.

Serial number. n. Número de fabricación, número de orden.

Series. n. Serie; sucesión; progresión; cadena, sarta, retahíla. / Serie, colección (De volúmenes, números de un periódico, artículos, etc.). / (Electrón.) Serie, ciclo; (Geol.) formación. / (Mat.) Serie. / *In series*, (Electrón.) En serie.

Serigraph. n. Grabado mediante serigrafía.

Serigraphy. n. Serigrafía.

Serious. adj. Serio, formal; verdadero, sincero. / Grave (Enfermedad, heridas).

Seriousminded. adj. De mentalidad seria, formal.

Seriousness. n. Seriedad; severidad; gravedad (Heridas).

Sermon. n. Sermón; prédica, homilía. / (Fig.) Sermón, reprimenda.

Sermonize. v. Sermonar, predicar. / Sermonear. / Dirigir largos discursos, arengar. / Convertir en un discurso largo.

Sermonizer. n. Predicador; regañón.

Serous. adj. Seroso; icoroso.

Serpent. n. Serpiente, sierpe, culebra. / (Fig.) Serpiente (Persona astuta, traicionera y maliciosa). / Buscapiés, carretilla. / (Mús.) Serpentón. / *The Serpent*, (Astron.) Serpiente, Serpentario.

Serpentine. adj. Serpentino. / Astuto; marrullero. / Sinuoso, tortuoso, torcido.

Serpentine. n., (Mineral.) Serpentina.

Serried. p. Apretado, apiñado, atestado. / *In serried ranks*, (Mil.) En filas o hileras apretadas.

Serum. n., (*pl. Serums* o *Sera),* (Med., Biol.) Suero. / Suero suero de la leche.

Serve. v. Servir, trabajar de criado. / Prestar servicio (esp. militar). / *He has served in Vietnam*, Ha prestado servicio en Vietnam. / Servir, atender, asistir (A la mesa). / Servir, ser útil; bastar, ser suficiente o adecuado.

Server. n. Servidor, criado de mesa; mozo de café; mensajero, portador. / Bandeja, salvilla. / (Rel.) Acólito. / (Dep.) Sacador, servidor, saque (En el tenis, etc.).

Service. n. Servicio, servidumbre; empleo. / Servicio, obsequio, favor. / *Will you do me a service?*, ¿Me hará Ud. un favor? / Cargo, deber, función; funcionamiento. / Ayuda, asistencia, uso, utilidad. / Vajilla, servicio de mesa, juego de cubiertos.

Servile. adj. Servil, de los siervos. / Servil, abyecto, bajo, rastrero.

Servility. n. Servilismo, carácter servil.

Session. n. Sesión, junta. / (EE.UU.) Período escolar. / (pl., Der.) Audiencias (En un tribunal de jurisdicción limitada).

Set. v. Poner, colocar, acomodar. / Poner, meter, aplicar, adaptar (a). / Ajustar, regular, armar. / Poner, situar, asentar, afirmar, fijar. / Engastar (Una piedra preciosa, perla, etc.) / Poner (En cierto estado o condición).

Settle. n. Banco largo (Con respaldar alto y brazos, gen. con una especie de arca o baúl debajo del asiento).

Settle. v. Colocar; asentar, establecer, acomodar. / Asentar, consolidar, afirmar. / Arreglar, poner en orden. / *To settle one's affairs*, Poner en orden sus asuntos.

Settled. adj. Arraigado. / Estable, firme. / Pagado (Factura, cuenta, etc.).

Settler. n. Arbitro, conciliador (De disputas). / Colonizador, colono, poblador de un territorio.

Setup. n. Organización, estructura. / Arreglo, disposición (De instrumentos, partes de maquinaria, etc.).

Seven. n. Siete.

Sevenfold. adv . Séptuplo. siete veces.

Seven hundred. n. Setecientos.

Seven hundredth. n. y adj. Septingentésimo.

Seventeen. n. Diecisiete, diez y siete.

Seventeenth. adj. y n. Decimoséptimo; diecisieteavo. / Diecisiete (En fechas). decimoséptimo; diecisieteavo.

Seventh. adj. y n. Séptimo. / Siete (En fechas). / (Mús.) Séptima. Séptimo.

Seventy. n. Setenta.

Sever. v. Separar, desunir; dividir. / Partir, romper (Cuerda, etc.), cortar (Cabeza, etc.). / (Fig.) Romper, cortar (Relaciones diplomáticas). / Partirse, cortarse, romperse (Cuerda, cable, etc.).

Several. adj. Varios, diversos, algunos. / Individual, particular, respectivo. / Distinto, diferente.

Severance. n. Separación, división, partición. / Cesantía. / (Der.) Separación de la defensa de varios demandados. / diplom. Ruptura, rompimiento (De relaciones).

Severe. adj. Severo (Persona, ley, mirada, etc.). / Estricto, exacto, riguroso. / Inclemente, riguroso (Clima). / Grave, serio (Herida, depresión económica).

Sex. n. Sexo. / Acto sexual. / adj. Sexual. / *Sex instinct*, Instinto sexual.

Sexagenarian. n. y adj. Sexagenario, sesentón.

Sexism. n. Sexismo, prejuicio o discriminación sexual.

Sexless. adj. Asexual, asexuado, sin sexo, neutro.

Sexologist. n. Sexólogo.

Sexology. n. Sexología.

Sextuple. adj. Séxtuplo. / (Mús.) En forma de sextillo o seisillo. / v. Sextuplicar(se).

Sexual. adj. Sexual.

Sexuality. n. Sexualidad. / Preocupación sexual. / Vida sexual.

Sexy. adj. Que tiene atractivo sexual, que posee una belleza sensual. / Erótico, excitante.

Shack. n. Choza, cabaña. / (Pop.) Morar, vivir; tomar albergue, alojarse.

Shade. n. Sombra. / Umbráculo, umbría, sombría. / Atardecer, sombras. / Celosía, persiana. / Toldo. / Pantalla (De lámpara). / Matiz. / (Fig.) Ligera diferencia, cantidad pequeña, vestigio; poco, algo.

Shadiness. n. Abundancia de sombras (En un lugar). / (Fam.) Carácter desdoroso o deshonrado.

Shading. n., (Arte) Sombreado; matizado.

Shadow. n. Sombra. / pl. Obscuridad, lobreguez, tenebrosidad. / Sombrajo, sombraje. / Vestigio, indicio, huella. / Sombra, espectro, aparición. / Sombra, apéndice (Compañero inseparable).

Shadowy. adj. Insubstancial, inconsistente, incorpóreo, impalpable, intangible. / Sombrío, umbrío, umbroso; tenebroso, lóbrego, obscuro. / Vago, impreciso, dudoso.

Shady. adj. Sombreado, sombrío, umbroso, umbrío. / (Fam.) Desdoroso, deshonroso, vergonzoso, sospechoso, dudoso.

Shaft. Lanza, venablo, arpón. / Flecha, dardo, saeta. / Rayo (De relámpago); haz (De luz). / (Fig.) Dardo (De Ironía, burla, etc.). / Pértiga, vara larga. / Palo, caña, vara. / Tallo (De planta, árbol, etc.). / Limonera, lanza (De un carruaje). / Mango, puño, asa.

Shag. n. Pelo áspero, pelo hirsuto o desgreñado; lana enredada. / Borra o lanilla gruesas. / Tabaco desmenuzado y grueso. / (Arc.) Felpa tripe; jergón. / v. Hacer peludo o difícil. / Poner áspero.

Shake. v. Sacudir. / Estremecer, hacer temblar. / Agitar, blandir, menear. / (Fig.) Agitar, chocar, disturbar, conmover. / (Fig.) Debilitar, disminuir (Fe, convicción, etc.). / Librarse de (Hábito, etc.).

Shakedown. n. Cama improvisada, lecho de paja. / Extorsión, exacción. / Registro minucioso. / Ajuste, acomodación. / Baile bullicioso.

Shaker. n. Coctelera. / (Mec.) Transportador, sacudidor, criba vibradora, zaranda vibratoria.

Shakeup. n. Sacudida, sacudimiento, agitación. / Reorganización completa (De una empresa, fábrica, etc.).

Shall. v. En primera pers., para formar un futuro, declaración condicional o pregunta. En fut. simple: *We shall go to the seaside next week.*, La próxima semana iremos a la costa.

Shallow. adj. Bajo, somero, poco profundo. / Somero, superficial trivial. / n. Bajo, bajío.

Sham. n. Substituto, imitación, copia. / Falsificación, impostura, farsa, truco, engaño. / Hipocresía. / Farsante, impostor. / adj. Falso, supuesto, postizo. / Disimulado, fingido. / Imitado, de imitación. / Falsificado, adulterado (Víveres). / v. Simular, fingir, pretender, aparentar. / (Arc.) Engañar, burlar. / Fingir, disimular.

Shamble. v. Arrastrar los pies, andar con dejadez, caminar lerdamente, paso lerdo, arrastre de los pies.

Shambles n. Matadero, desolladero. / (Fig.) Lugar de carnicería o matanza. / Confusión, revoltijo.

Shame. n. Vergüenza, pudor. / Vergüenza, ignominia, deshonra, deshonor, desdoro. / *For shame! shame on you!* ¡Qué vergüenza! ¡Vergüenza sobre su cabeza! / *To put to shame*, Avergonzar, humillar.

Shameless. adj. Desvergonzado, inmodesto, impudente, impúdico. / Descarado, desfachatado, insolente, atrevido, sinvergüenza.

Shampoo. v. Lavar la cabeza, dar champú a. / n. Lavado de cabeza, champú.

Shanty. n., (pl. *Shanties*) Casucha, choza, cabaña, bohío.

Shantytown. n. Barriada pobre, villa miseria, población callampa.

Shape. n. Forma, configuración. / Aspecto, apariencia. / Contorno, figura, imagen, cuerpo, perfil. / Fantasma, aparición, espectro. / Condición, estado, orden. / Molde, horma. / *In bad (o poor) shape*, En mal estado, deteriorado, enfermo. / *In shape*, En buen estado. / *Out of shape*, Fuera de práctica, deformado.

Shapely. adj. Bien formado, bien proporcionado, de buena figura, bien proporcionado, de buena figura, de forma agradable.

Share. n. Porción, ración, cuota, cupo, escote. / Parte, contribución, participación. / com. Acción. / *Share and share alike*, Por partes iguales, por igual. / *To do one's share*, Hacer su parte.

Shark. n., (Ict.) Tiburón. / Estafador, petardista. / (Pop., EE.UU.) Estudiante brillante, experto. / v. Cometer estafas, dar sablazos. / (Arc.) Acaparar fraudulentamente.

Sharp. adj. Agudo, puntiagudo, aguzado. / Afilado, cortante. / Aspero. / Anguloso, angular. / Distinto, claro, definido, nítido (Imagen, fotografía, etc.).

Sharpen. v. Afilar, aguzar, sacar punta a. / Hacer más severo (Una ley, la voz, etc.). / Hacerse más intenso (Un dolor, un esfuerzo, etc.). / Afilarse (Facciones, rostro, etc.).

Sharpener. n. Afilador, amolador, aguzador. / Tajador, sacapuntas, afilalápices.

Sharpfreeze. n. Congelador, frigorífico congelador.

Sharply. adv. Agudamente. / Precisamente, exactamente. / Vivamente, activamente. / Abruptamente, pronunciadamente, escarpadamente. / Claramente, distintamente. / Incisivamente. / Severamente, rigurosamente.

Sharpness. n. Agudeza, filo. / Nitidez. / Acritud. / Agudeza, perspicacia, astucia, viveza. / Severidad.

Sharpsightedness. n. Visión aguda, perspicacia.

Sharpwitted. adj. Agudo, ingenioso, perspicaz, discernidor.

Shave. v. Afeitar, rasurar. / Desbastar, acepillar. / Rebanar, cortar en tajadas finas. / Rozar, pasar rozando, rasar. / com. Descontar (Una letra, etc.) a un tipo de interés exorbitante. / Afeitarse, rasurarse.

Shaver. n. Barbero, rapabarbas. / Máquina de afeitar. / (Fam.) Mozalbete, jovencito, muchacho.

Shaving. n. Afeitada, rasuración. / Acepilladura, desbaste. / Acepilladura, viruta.

Shawl. n. Mantón, manta, pañolón, chal. / v. Enmantar, envolver en un chal.

She. pron. pers., f. Ella. / adj. Mujer, hembra. / *A she-wolf*, Una loba.

Sheaf. n., (pl. *Sheaves*) Gavilla, haz, mostela. / Atado, paquete, fajo, manojo. / v. Agavillar, formar gavillas.

Shear. v. Cortar con tijeras, cizallar. / Rapar, cortar de raíz, tonsurar, cortar el pelo a. / (Tejido) Tundir (Pelo de paños). / Esquilar, trasquilar. / Podar. / (Fig.) Despojar, privar. / (Fam.) Pelar, desplumar. / Segar, cosechar. / Abrirse camino por. / (Mec.) Dividirse, partirse (Por fuerza cortante). / Segar la cosecha.

Sheathe. v. Envainar, enfundar. / Meter o hundir en la carne (Espada, colmillo, etc. / Retraer (Las garras). / Forrar, cubrir, poner vaina a. / Entablar, entarimar, encofrar. / (Náut.) Aforrar, acorazar (Cables), embonar (El casco).

Sheen. n. Lustre, brillo, resplandor, viso, apariencia brillosa. / v. Brillar, resplandecer. / adj., (Arc.) Resplandeciente, hermoso.

Sheeny. adj. Lustroso, brillante, radiante.

Sheep. n. Carnero, oveja. / Pusilánime, papanatas. / Piel o cuero de carnero.

Sheepish. adj. Tímido, pusilánime, manso. / Avergonzado.

Sheepshearer. n. Esquilador. / Esquiladora (Máquina).

Sheepskin. n. Piel de oveja, badana. / Pergamino. / (Fam.) Pergamino, diploma.

Sheer. adj. Delgado, transparente, diáfano, claro, ligero, fino. / Perpendicular, abrupto, escarpado. / Puro, mero. / Verdadero, cabal, completo, absoluto. / (Arc.) Brillante, reluciente. / adv. Completamente, de un golpe, directamente. / Perpendicularmente, abruptamente, en cuesta.

Sheerly. adv. Meramente, solamente. / Directamente. / Perpendicularmente, abruptamente, en cuesta.

Sheet. n. Sábana. / Pliego, hoja, lámina, plancha (De metal). / Periodicucho. / Extensión o capa (De agua, hielo, etc.). / (Geol.) Banco, capa, intercalación. / *Between the sheets*, En cama, entre las sábanas.

Sheet. n., (Náut.) Escota, escotín. / pl. Espacio abierto a proa o a popa del bote. / *Three sheets in the wind*, (Pop.) Borracho. / v. (Náut.) Cazar.

Shelf. n. (pl. *Shelves*) / Anaquel, estante, repisa. / Bajío, banco de arena. / Plataforma submarina, zócalo (Continental, etc.). / (Geol.) Cama de roca

Shell. n. Cáscara (De nuez, huevo, etc.). / Concha, carapacho, caparazón (De moluscos, crustáceos, etc.). / Vaina (De guisantes, etc.). / Corteza, envoltura. / Armazón, esqueleto. / Casco (De barco). / Molusco, marisco. / Granada, proyectil de mortero.

Shellfish. n. Molusco, crustáceo, marisco.

Shelter. n. Refugio, asilo, santuario, protección, resguardado, amparo. / *To take shelter*, Refugiarse, abrigarse. / Refugiar, asilar, proteger, resguardar, amparar

Shelterer. n. Amparador, protector.

Shelve. v. Inclinarse, estar en declive. / Proveer de estantes o anaqueles. / Poner sobre un estante o anaquel. / Arrinconar, desechar, postergar indefinidamente.

Shepherd. m. Pastor. / v. Pastorear.

Shepherdess. f. Pastora. / Muchacha del campo, zagala.

Sheriff. n., (EE.UU.) Alguacil de policía. / Gobernador civil(England).

Sherry. n. Jerez.

Shield. n. Escudo, rodela, broquel. / (Fig.) Escudo, amparo, defensa, resguardo. / Refuerzo, forro protector. / Placa (De policía). / (Her.) Escudo (De armas). / Blindaje (De cañón / (Electr.) Pantalla, blindaje.

Shift. v. Cambiar, mudar, substituir. / Desplazar, trasladar, transportar. / filol. Transmutar (Una consonante en otra). / *To shift about*, mover de un lado a otro. / *To shift gears*, Cambiar de marcha (En automóvil). / *To shift the cargo*, Volver a estibar, mover la carga (A otra parte del barco). / *To shift the scene*, Cambiar de escena, cambiar de panorama. / Moverse, cambiar (De sitio o rumbo).

Shifty. adj. Mañoso, astuto. / Evasivo, furtivo. / Ingenioso.

Shill. adj., (Fam.) Chillón, estridente, agudo.

Shilling. n. Chelín.

Shim. n., (Mec.) Calza, cuña, zoquete, plancha o tira de relleno. / v. Acuñar, calzar.

Shimmer. v. Rielar, brillar tenuemente. / n. vislumbre, luz trémula, débil resplandor.

Shin. n., (Anat.) Espinilla, canilla. / v. *To shin down*, Bajar a gatas. / Trepar. / Patear o golpear en las canillas.

Shine. v. Brillar, resplandecer, lucir, relumbrar, relucir. / (Fig.) Brillar, sobresalir, destacarse, distinguirse. / *To shine up to*, Tratar de conquistar la amistad de, congraciarse con (esp. miembros del otro sexo). / Hacer brillar, relucir o resplandecer, distinguir.

Shiner. n., (Ict.) Carpa plateada. / (Pop.) Diamante, brillante. / (Pop.) Ojo amoratado.

Shiny. adj. Brillante, lustroso, radiante.

Ship. n. Buque, barco, navío. / (Aer.) Nave aérea, aeroplano, dirigible. / (Náut.) Bote, lancha de regata. / Tripulación.

Shipbuilder. (Náut.) Constructor naval, constructor de buques.

Shipbuilding. s., (Náut.) Construcción naval.

Shipman. m., (Náut.) Capitán o patrón de buque. / (Arc.) Marinero, hombre de mar.

Shipmaster. n., (Náut.) Capitán de buque, capitán mercante, patrón (De embarcación).

Shipmate. n., (Náut.) Camarada de a bordo, compañero de tripulación.

Shipment. n. Embarque, despacho, consignación. / Cargamento, cargo, envío, remesa.

Shipowner. m. Naviero, armador.

Shipper. m. Embarcador, cargador, fletador. / Expedidor, remitente.

Shipshape. adj. Muy limpio y ordenado, en buen orden, bien arreglado. / *To have everything shipshape*, tener todo en perfecto orden.

Shipway. m., f. (Náut.) / Grada (de astillero). / Canal navegable.

Shipwreck. m., f. Naufragio. / (Fig.) Naufragio, ruina. / Restos de buque náufrago. / v. Hacer naufragar, zozobrar. / (Fig.) Arruinar, desgraciar, acabar con.

Shipyard. m. Astillero, varadero, carenero.

Shirk. v. Evitar, eludir, evadir, esquivar, rehuir (un trabajo, deber, etc.). / Evadirse, desentenderse (de), faltar.

Shirt. f. Camisa. / Camiseta. / Blusa. / *In shirt sleeves*, en mangas de camisa.

Shirtmaker. f. Camisero.

Shirty. adj. Enojado, molesto, irritado.

Shit. f. Mierda. / v. Cagarse.

Shock. m., f. Choque, golpe, impacto, sacudida. / Choque, colisión. / Susto, sobresalto, emoción, conmoción. / (Med.) Choque, conmoción, parálisis. / (Agr.) Fajina, hacina, montón (de trigo, mieses, etc.).

Schocking. adj. Espantoso, horrible, horroroso. / Chocante, escandalizador, ofensivo, repugnante

Shockproof. adj. A prueba de choque o de golpe.

Shock therapy. m., f . (Med.) Tratamiento por electroshock, terapia por choques insulínicos.

Shoddy. m., f. Lana regenerada. / Paño burdo de lana. / Imitación. / Ostentación vulgar. / adj.De lana regenerada. / Falso, de imitación. / De mala calidad.

Shoe. m., f. Zapato, calzado. / Herradura. / Zapata, calzo (de un freno mecánico), galga de carro. / Regatón (en bastón, lanza, etc.). / (Mec.) Llanta, cubierta (de neumático). / (Electr.) Patín, zapata. / (Mec.) Calzo, calce.

Shoemaker. m. Zapatero.

Shoeshine. m., f. Betún, crema para el calzado.

Shoeshine boy. m. Limpiabotas, lustrabotas.

Shoot. v. Tirar, lanzar, arrojar, proyectar, emitir, hacer salir, echar. / Descargar o vaciar de golpe, verter violentamente.

Shop. m.,f. Tienda, almacén. / Taller, obrador. / Ocupación, oficio (de una persona). / *To set up shop*, abrir una tienda. / (Fig.) *To shut up shop*, dejar de ejercer un oficio, abandonar una ocupación o trabajo.

Shopkeeper. m. Tendero, almacenista.

Shoplifter. m., f. Ratero de tiendas, mechero, ra.

Shopper. m., f. Comprador, ra.

Shopping. f. pl. Compras.

Shopping spree. *f. To go (o to have) a shopping spree*, hacer una serie de compras (extravagantes).

Shoptalk. f. Discusión de la profesión propia.

Shopwindow. m., f. Escaparate, vitrina.

Shore. m., f. Puntal, codal. / (Náut.) Escora. / (Miner.) Edema, ademe. / v. Apuntalar, acodalar. / (Náut.) Escorar. / (Miner.) Ademar, entibar.

Shore. f. Costa, ribera, playa, orilla. / *Off shore*, a lo largo de la costa. / *On shore*, en tierra. / *On the shores of*, a orillas de.

Shoreless. adj . Sin costa ni playa. / Ilimitado (aguas, mar).

Shoreline. m. Borde de la playa.

Short. adj., y prep. Corto, pequeño, reducido. / Corto, breve, de poca duración. / Bajo (de estatura). / Breve, conciso. / Brusco, seco. / Insuficiente, poco. / Quebradizo (metal). / (Com.) Corto (crédito, plazo, venta, etc.), escaso (dinero, etc.). / *A short five miles*, unas cinco millas escasas. / *A short time (ago)*, (hace) poco tiempo. / *A short way off*, cerca, a corta distancia.

Shortage. m., f. Déficit. / Merma, falta. / Escasez, insuficiencia.

Short-circuit. v. Poner en cortocircuito. / Pasar por alto (trámite, etc.), evitar, evadir. / Frustrar, poner trabas a.

Shortcoming. m., f. Defecto, deficiencia, imperfección, falla, falta, mengua.

Shortening. m., f. Acortamiento, abreviación, reducción, disminución. / Manteca para mezclar con la masa, grasa para hacer la pastelería más friable.

Shorthand. f. Taquigrafía, estenografía. / adj. Taquigráfico (signo, sistema, etc.). / Que usa taquigrafía (persona). / Taquigrafiado (informe, relato, etc.).

Shortish. adj. Algo corto, algo pequeño.

Shortly. adv. Luego, en breve, al instante. / En pocas palabras, brevemente. / Descortésmente, bruscamente. / *Shortly before (after),* poco antes (después).

Short selling. f. Venta corta, venta al descubierto.

Short sight. f. Miopía. / (Fig.) Falta de perspicacia o previsión.

Short-tempered. adj. De mal genio, colérico.

Short-term. adj. (Com.) A corto plazo.

Shortwave. f. (Radio.) Onda corta. / adj. De onda corta, en onda corta.

Shot. m., f. Tiro, disparo, escopetazo. / Proyectil, bala. / Perdigón, balín. / Jugada, golpe, tirada (de billar, etc.). / (Fig.) Conjetura, suposición, tentativa. / Tiro, alcance. / Inyección. / Tiro, tirador. / Oportunidad, chance. / Trago (de licor). / Dosis. / (Foto., Cinem.) Toma. / *Exchange of shots,* tiroteo. / *Like a shot,* como una bala, con sumo placer. / *Long shot,* probabilidad remota, conjetura arriesgada.

Shoulder. m., f. Hombro. / pl. Hombros, espalda, lomos. / Brazuelo, cuarto delantero (de reses, etc.). / Borde (del camino o carretera), hombrillo. / (Mec., Carp.) Hombro, resalto, espaldón. / (Impr.) Hombro, rebaba, quijada. / Saliente (de un bastón).

Shoulder blade. f. Escápula, omóplato.

Shoulder holster. f. Pistolera.

Shoulder strap. m., f. Tirante. / Correa o tira para llevar objetos suspendidos del hombro, correón (de aguadores). / (Mil.) Dragona.

Shout. v. Gritar, dar voces. / *To shout at,* gritar a (persona). / *To shout down,* hacer callar a gritos. / *To shout with laughter,* reír a carcajadas, soltar una risotada. / Vocear, gritar, vociferar. / n. Grito, clamor, alarido, voz, alboroto, aclamación.

Shouting. m., f. Vocería, gritería, aclamación. / adj. Que vocea, vociferador.

Show. v. Mostrar, enseñar, exhibir, exponer, lucir, ostentar. / Descubrir, mostrar, revelar, hacer saber (a). / Otorgar, conferir. / Dirigir, guiar, conducir.

Show business. f. La farándula, pl. los asuntos y negocios del mundo del espectáculo.

Showery. adj. Lluvioso.

Show girl. f. Corista (en revistas musicales).

Showing. m., f. Exhibición, exposición. / Presentación (de un hecho, condición, etc.). / Actuación. / Resultado (s), ejemplo. / *A bad financial showing,* malos resultados financieros.

Show-off. m., f. Ostentación. / (Fam.) Ostentador.

Showroom. f. Sala de muestras, sala de exhibición.

Showy. adj. Vistoso, llamativo. / Ostentoso, aparatoso.

Shred. m., f. Filamento, jirón. / Fragmento, pedazo, retazo, pizca. / *Without a shred of clothing,* sin una pizca de ropa. / In shreds, hecho pedazos, desagarrado.

Shriek. v. Chillar, gritar, dar alaridos. / *Shriek with laughter,* reír a carcajadas. / Decir, proferir gritando. / m., f. Chillido, alarido, grito agudo, risotada chillona.

Shrieker. m. Chillador, chillón, gritador.

Shrill. adj. Chillón, agudo, penetrante, estridente. / m. Chillido. / v. Chillar, sonar con tono agudo.

Shrive. v. Confesar, oír en confesión. / Dar la absolución a, perdonar, aliviar. / Confesarse.

Shrub. m. Cóctel hecho de jugo de frutas y alguna bebida alcohólica. / Arbusto.

Shrug. v. Alzarse o encongerse de hombros. / *To shrug off,* echar de lado con una sacudida, (Fig.) quitar la importancia a, no hacer caso de. / *To shrug one's shoulders,* encongerse de hombros. / m. Encogimiento de hombros. / *With a shrug,* encongiéndose de hombros, con indiferencia.

Shrunken. adj. Encongido, contraído, disminuido, mermado.

Shuffle. v. Entremezclar. / Revolver, desordenar. / Barajar (naipes). / Arrastrar (los pies). / *To shuffle off,* despojarse de (vestiduras, etc.) desmañadamente. / (Fig.) Librarse de (responsabilidades, etc.).

Shuffler. m., f. Persona que baraja (los naipes). / (Orn.) Pato marino.

Shunt. v. Desviar, apartar. / (Ferr.) Cambiar de vía, hacer cambiar la vía (tren, vagones, etc.). / (Elctr.) Poner o conectar en derivación, derivar.

Shut. v. Cerrar, encerrar. / Cerrar (hojas de una navaja, cuchillo, etc.), doblar, plegar (abanico, etc.). / Dejar aprisionado o atrapado (la mano, ropa, dedo, etc.) cn. / *To shut away,* guardar bajo llave, encerrar.

Shuttle. m., f. Lanzadera (del telar). / Lanzadera, jugadera (de máquinas de coser). / Tren de enlace. / v. Mover o moverse como lanzadera, ir y venir (entre dos puntos).

Shy. adj. Tímido, asustadizo, temeroso, corto, apocado, vergonzoso. / Cauteloso, prudente, desconfiado, receloso. / Recatado, reservado. / Escondido, apartado. / Improductivo. / *Shy of,* falto de. / v. Respingar (caballo). / Sobresaltarse, asustarse, sobrecogerse, apocarse. / m Respingo (de un caballo).

Shyness. m., f. Timidez, cortedad, apocamiento. / Cautela. / Recato.

Sib. m. Parentesco, parientes. / Pariente, consanguíneo.

Sibling. m., f. Hermano, hermana. / Medio hermano, media hermana. / adj. Fraternal.

Sick. adj. Enfermo. / Pálido, demacrado, descolorido. / Mórbido, morboso (humor, mente, ideas). / Doliente, triste (gesto, sonrisa, etc.). / Pobre, agotada (tierras). / Estancado, inactivo (mercado, economía). / *To be sick,* Estar enfermo, vomitar. / *To be sick und tired of,* estar hasta la coronilla de, estar harto por demás de (algún asunto, etc.). / *To be stick at heart,* estar afligido, estar angustiado. / *To be sick to one's stomach,* sentir náuseas.

Sick. v. Atacar, agarrar (díc. a los perros). / Azuzar, incitar (al perro) (generalmente con on).

Sicken. v. Enfermar, marear. / Hartar, hastiar, dar asco. / Enfermarse, nausear, marearse. / *Sicken of,* hartarse de, cansarse de.

Sickening. adj. Nauseabundo, asqueroso, repugnante. / Deprimente, desagradable, lamentable.

Sickish. adj. Enfermizo, enclenque, propenso a sentir náuseas.

Side. m., f. Lado, costado, flanco. / Lado, cara, faz. / Ladera, declive, falda (de una montaña, colina). / Bando, facción, parte. / Lado, margen, orilla. / Lado, aspecto, fase. / Lado, línea (genealógica). / (Mat.) Lado.

Sideboard. m. Aparador, bufete. / f. (Plural, Pop.) Patillas.

Sidecar. m . Cochecito lateral (de una motocicleta). / Cóctel de brandy, licor de naranja y zumo de limón.

Side effect. m. Efecto secundario (generalmente adverso de una droga, medicamento).
Side-glance. f. Mirada de soslayo, mirada de través.
Sidelight. m., f. Luz lateral. / (Fig.) Información incidental, aspecto secundario. / (Náut.) Luz de situación (en buques).
Sideline. m., f. (Fig.) Negocio adicional, actividad, suplementaria. / (Ferr.) Línea secundaria. / (Dep.) Línea de toque, línea lateral. / (Dep.) Sitio fuera del campo (donde se colocan los jugadores suplentes). / *On the sidelines*, sin intervenir, sin tomar parte, desde la barrera.
Sideman. m. Miembro de orquesta (especialmente de baile).
Siderurgical. adj. (Metal.) Siderúrgico.
Siderurgy. f. (Metal.) Siderurgia.
Sidesaddle. f. Silla (de montar) de amazona. / *To ride sidesaddle*, Montar a mujeriegas, montar a la amazona.
Sideslip. v. Patinar, derrapar (un automóvil). / (Aer.) Resbalar (de ala). / Deslizarse hacia un lado patinado (en esgrima). / m. (Mil.) Rebasamiento. / (Aer.) Resbalamiento. / Patinazo (de un automóvil).
Sidesplitting. adj. Divertidísimo, para desternillarse de risa.
Sidetrack. v. (Ferr.) Desviar, apartar. / (Fam.) Desviar, apartar, hacer cambiar (de tema, propósito), echar a un lado. / m., f. (Ferr.) Apartadero, desvío, vía apartadera, vía derivada o lateral. / (Fam.) Desvío.
Sidewalk. f. Acera, vereda.
Sidewall. m., f. Pared lateral. / (Mec.) Costa, flanco (de neumático).
Sideway, sideways. adj. adv. De lado, de costado, de soslayo. / Al través. / Lateralmente, oblicuamente. / Lateral.
Sidewise. adj. adv. De lado, de costado, de soslayo. / Al través. / Lateralmente, oblicuamente. Lateral, ladero.
Siege. m., f. Sitio, cerco. / Bloqueo, asedio. / Largo período (de enfermedad, etc.). / Temporada de disgustos y molestias. / (Fam.) (con *of*) Montón, serie (de enfermedades, sinsabores) / *To lay siege to*, poner sitio a. / *To raisee the siege of*, levantar el sitio de (una plaza). / v. Sitiar. / Asediar, bloquear.
Sierra. m., f. Sierra, cordillera. / (Zool.) Pez sierra, priste.
Siesta. f. Siesta.
Sift. v. Cerner, cernir, tamizar, cribar. / (Fig.) Examinar, escudriñar. / Esparcir, regar con (usando cernidor, etc.). filtrarse, pasarse. / Seleccionar, hacer distinciones.
Sigh. v. e intr . Suspirar, dar un quejido. / *To sigh for*, suspirar por, desear con ansia, añorar. / Lamentar con suspiros. / m. Suspiro.
Sighting. f. Puntería.
Sightly. adj. Agradable a la vista, de aspecto agradable, vistoso, hermoso. / Con vista amena (casa, etc.).
Sight-seeing. m., f. Turismo. / Visita a lugares de interés.
Sight-seer. m., f . Visitante de lugares de interés. / Turista.
Sign. m., f. Signo, símbolo. / Gesto, ademán, indicación. / Letrero, aviso. / Muestra. / Signo, señal, indicio, augurio. / Vestigio, huella, traza. / (Astron.) Signo del zodíaco. / (Mat.) Signo. / (Med.) Síngoma.
Signal. m., f. Señal, seña, contraseña. / Aviso, indicación. / (Electr.) Señal (de telegrafía, etc.). / Notable, insigne, de proporciones, *a signal defeat*, una derrota de proporciones. / v. Comunicar, indicar, avisar u ordenar por señales.
Signalization. m., f. Señalamiento. / Instalación de señales (de tránsito, etc.).
Signalize. v. Señalar, marcar. / Indicar, destacar, singularizar. / Hacer señales a, indicar por señales a. / Poner señales de tránsito en (una calle, intersección, etc.).

Signally. adv. Notablemente, señaladamente.
Signature. m., f . Firma, rúbrica. / (Mús., Impr.) Signatura. / (Farm.) Indicaciones (para el paciente) en una receta. / (Radio.) Señal (musical) de identificación.
Significant. adj. Significativo, sugestivo. / Significante, significativo, importante.
Signification. m., f. Significación. / Notificación (de un decreto judicial, etc.). / Significado, sentido.
Signifier. m. Significado, signo.
Signify. v. Significar, tener importancia.
Silence. m. Silencio. / *In silence*, en silencio. / *To keep silence*, guardar silencio. / v. Callar, pasar en silencio.
Silencer. m. Silenciador.
Silent. adj. Callado, silencioso, taciturno. / Silencioso, quieto. / Inactivo (un volcán).
Silhouette. m., f. Silueta, perfil. / v. Dibujar la silueta de, perfilar, proyectar en silueta, destacar sobre el horizonte.
Silicone. f. Silicona.
Silk. f. Seda. / pl. Sedería. / *All silk*, pura seda, de seda
Silkily. adjv . Suavemente.
Silk stocking. f. Media de seda. / Persona encopetada. / Persona aristocrática.
Silk-stocking. adj. Elegante. / Lujoso. / Aristocrático. / Adinerado, rico.
Silky. adj. Sedoso, sedeño. / Suave (sonido, voz).
Sill. m., f. Antepecho, alféizar (de ventana), umbral (de puerta). / (Arq.) Solera. / (Náut.) Batiporte (de la porta de una batería).
Silly. adj. Necio, tonto. / Absurdo, ridículo. / Rústico, simple. / Cándido, inocente. / (Fam.) Tonto, bobo.
Silt. m. Cieno, légamo. / v. Obstruir(se) con cieno o légamo.
Silver. m., f . Plata. / Moneda o monedas de plata. / Suelto, sencillo. / Servicio o vajilla de plata, plata labrada. / Color plateado. / De plata. / Argentado, argentino. / (Fig.) Argentino (voz, etc.). / Blanco, cano (pelo, cabellera). / Argentífero (mineral). / v. Platear, argentar. / Azogar (espejo). / Blanquear, volver cano.
Silver lining. m., f. Borde blanco (de una nube). / (Fig.) Perspectiva, consoladora.
Silverly. adj. Con viso plateado, plateado, argentado. / Con sonido argentino.
Silver-plating. m. Plateado.
Silversmith. m. Platero, orfebre de plata.
Silver-tongued. adj. Elocuente, fácil de palabra.
Silver wedding. f. pl. Bodas de plata.
Simian. adj. y m. Simiesco. / Simio, mono.
Similar. adj. Similar, semejante, parecido.
Similarly. adv. Similarmente, de igual manera, semejantemente. / Asimismo.
Simile. m. Símil.
Similitude. f. Similitud, parecido, semejanza. / Símil, comparación. / Sosías, alterego. / Semejante, imagen.
Simper. v. Sonreír tontamente. / Decir sonriendo tontamente. / f. Sonrisa tonta.
Simple. adj. Simple, solo, mero. / Sencillo, llano. / Natural, sin afectación. / Humilde, sencillo, ejemplo, *the simple life*, la vida sencilla. / Simple, inocente, ingenuo. / Ignorante, cándido. / Necio, zonzo. / Persona de humilde condición o alcurnia. / Simple, simplón.
Simple-minded. adj. Cándido, candoroso. / Ingenuo, confiado. / Tonto.
Simpleton. m. Simplón, bobalicón.
Simplicity. f. Simplicidad, sencillez, llaneza. / Sencillez, rusticidad. / Simpleza, tontería.
Simplifier. m. Simplificador.
Simplify. v. Simplificar

Simply. adv. Simplemente, sencillamente. / Meramente, solamente. / (Fam.) De veras, de verdad, realmente, verdaderamente, absolutamente. / Tontamente.
Simulate. v. Simular, fingir.
Simulation. f. Simulación, fingimiento. / Imitación.
Simulator. m. Simulador.
Simultaneity. f. Simultaneidad.
Sin. m., f. Pecado, vicio, transgresión. / *The seven deadly sins*, los siete pecados capitales. / v. Pecar.
Since. adv. Desde entonces, hace. / *Long since*, desde hace mucho tiempo. / Desde, después de, a contar de, a partir de. / Desde que, después (de) que. / Ya que, puesto que, en vista (de que). / *Ever since*, desde que... siempre.
Sincerity. f. Sinceridad.
Sinewy. adj. Tendinoso, nervudo. / Fibroso, estropajoso (carne). / (Fig.) Fuerte, vigoroso.
Sinfulness. m., f. Carácter pecaminoso, maldad.
Sing. v. Cantar. / Murmurar (el agua). / Silbar (proyectiles, aves). / Zumbar (oídos). / (Pop.) Soplar, dar información. / *To sing out*, dar un grito. / Cantar. / *To sing a different tune*, cambiar de tono, cambiar de actitud.
Singer. m., f. Cantante, cantor (hombre), cantatriz, cantora (mujer).
Singing. m. Canto. / Reunión de canto. / Silbido (de balas, etc.). / Zumbido (en el oído). / Cantante. / (Orn.) Cantor.
Single. adj. Unico. / Individual, particular. / Singular, solo, aislado. / Individual, personal, cuerpo a cuerpo (lucha, combate, etc.). / Soltero, célibe. / Honesto, sincero, recto. / Simple, sencillo. / Singular, extraordinario. / v. *To single out*, escoger, elegir, separar. / **Singularizar**, particularizar. / m., f. Individuo, persona. / Cosa, objeto.
Single-action. f. De simple efecto, de acción simple, de efecto único. / De tiro a tiro (armas).
Single file. f. Fila india. / (Mil.) Columna de a uno, en fila india, uno tras otro.
Single-hearted. adj. Sincero, franco, sin doblez. / Constante, firme, leal (devoción, propósito, etc.).
Single-minded. adj. Con un solo propósito, testarudo. / Sincero, franco, sin doblez.
Singleness. m., f. Unidad. / Singularidad, individualidad. / Sinceridad, honradez. / Soltería, celibato.
Singularity. f. Singularidad, individualidad. / Singularidad, peculiaridad, rareza.
Singularly. adv. Singularmente, particularmente. / Peculiarmente, extrañamente.
Sinister. adj. Siniestro, avieso, maligno. / (Heráldica) Siniestrado. / Aciago, ominoso.
Sinkable. adj. Hundible, sumergible.
Sinking. m. Hundimiento (sensación de amilanamiento o aprensión).
Sinless. adj. Inmaculado, exento de pecado, impecable.
Sinner. m., f. Pecador, ra. / (Fam.) Bribón, pícaro.
Sinuosity. f. Sinuosidad, ondulación.
Sinuous. adj. Sinuoso, ondulado. / Tortuoso, intrincado. / (Bot.) Sinuado (dícese de las hojas).
Sippet. m., f. Sopa (pedazo de pan que se moja en líquido). / Fragmento, pizca.
Sir. m. Señor, caballero, don. / *Sir*, sir (tratamiento honorífico, título de caballero de una orden).
Sire. m.,f. Sire, Majestad (tratamiento propio del rey). / (Poét.) Progenitor, padre. / Caballo padre. / v. Engendrar, procrear. / (Fig.) Ser el padre o creador de (proyecto, plan, etc.).
Siren. f. Sirena. / Tentadora, mujer peligrosa. / Sirena (pito eléctrico o de vapor). / Hechicera, encantadora, seductora.

Sissy. m., f. Afeminado. / Persona tímida o cobarde.
Sister. f. Hermana. / Monja, sor. / Jefa de enfermeras. / Enfermera.
Sit. v. Tomar asiento, ocupar un asiento, estar sentado. / Posarse o descansar (las aves en una percha). / Reunirse, celebrar junta o sesión. / Empollar, incubar. / Descansar, apoyarse. / Estar situado. / Sentar, caer (bien o mal). / Cuidar niños ocasionalmente. / *To sit at ease*, arrallanarse. / *To sit at home*, quedarse en casa, estar inactivo. / *To sit down*, sentarse. / *To sit for*, representar, ser diputado por (distrito electoral). / *To sit for one's portrait*, posar para un retrato, hacerse retratar. / *To sit in for*, reemplazar temporalmente.
Site. m., f. Sitio, paraje, lugar. / Situación, ubicación, emplazamiento (de una obra). / v. Colocar, ubicar.
Situated. adj . Situado, ubicado. / De (cierta) situación económica.
Situation. m., f. Situación, ubicación, posición, colocación. / Situación, condición. / Puesto, colocación.
Six. adj. y m. Seis. / *Six o'clock*, las seis. / *Six to one* (cotización de) seis a uno (en apuestas). / (Fig.) Probabilidad remota.
Sixfold. adj. Séxtuplo; de seis clases.
Six hundred. adj. y m. Seiscientos, tas.
Six hundredth. adj. y m., f. Sexcentésimo, ma.
Sixteen. adj. m., f . Dieciséis, diez y seis.
Sixteenth. adj. y m., f. Decimosexto, dieciseisavo. / Dieciséis (en fechas). / (Mús.) Sexta. / Sexto.
Sixtieth. adj. y m., f. Sexagésimo, sesentavo.
Sixty. adj. y m., f. Sesenta.
Size. m., f. Tamaño, dimensión, magnitud. / Importancia, prestigio. / Talla, medida, número. / (Fam.) Situación, condición (verdadera). / *Of a size*, del mismo tamaño. / v. Clasificar según el tamaño. / Medir el tamaño de. / (Fam.) *To size up*, juzgar, valuar, justipreciar; enfocar (problema, etc.). / *To size up to*, dejarse comparar (bien, mal, etc.).
Size. m., f. Sisa (de doradores). / Cola, goma, apresto (para papel, telas, etc.); cola de retal (para colores al temple). / v. Sisar; plastecer, encolar, aprestar (papel, telas).
Sizzle. v. Chisporrotear, chirriar, sisear. / (Fig.) Hervir (de furia o indignación). / m. Chirrido, siseo.
Skate. m., f. Patín (de hielo o de ruedas). / (Zool.) Raya. / (Pop.) Jamelgo, matalón. / v. Patinar.
Skater. m., f. Patinador, ra. / (Entom.) Tejedor, chinche de agua.
Skein. m., f . Madeja, ovillo. / Bandada (de aves silvestres, etc.). / (Fig.) Enredo, maraña. / v. Devanar en madejas.
Skeleton. m., f. Esqueleto, osamenta. / *Skeleton in the closet* (o *family skeleton*), secreto vergonzoso (de familia). / (Fig.) Armazón, armadura. / (Fig.) Esquema (de una obra literaria).
Skelp. f. (Pop.) Bofetada, manotada. / (Mec.) Plancha para tubos. / v. Golpear, dar una bofetada a, pegar. / Andar a prisa, caminar vivamente.
Skep. f . Cesta de paja. / Colmena de paja o mimbre.
Skeptic. adj. y m., f. Escéptico.
Skeptical. adj. Escéptico.
Skepticism. m. Escepticismo.
Skerry. m. Arrecife, escollo.
Sketch. m., f. Esbozo, bosquejo, boceto, croquis. / Bosquejo, esquema. / Ensayo o cuento breves. / (Teatr.) Pieza corta. / v. Esbozar, trazar; bosquejar; delinear, hacer el croquis de, reseñar. / Hacer un boceto o bocetos, dibujar.
Sketchy. adj. Superficial, incompleto, deficiente.

Skew. v. Torcerse, ponerse al sesgo. / (Pop.) Torcer la vista, mirar de soslayo. / Sesgar, oblicuar. / Falsear, tergiversar. / adj. Oblicuo, sesgado, inclinado.
Ski. m. Esquí. / v. Esquiar.
Skid. m., f. Larguero, corredera, viga de asiento (para deslizar barriles, bultos, etc.). / Calzo, rastra (de ruedas). / Resbalón, patinazo, deslizamiento. / (Aer.) Patín. / (Náut.) Varadera. / *To be on the skids*, ir a la ruina, vivir en abandono. / *To put the skids on*, *under*, hacer caer o fracasar. / v. Poner calzo a, calzar (rueda). / Hacer deslizar sobre rodillos.
Skier. m., f. Esquiador, ra.
Skilful. adj. Hábil, diestro.
Skill. f. Destreza, habilidad. / Pericia, experiencia, habilidad adquirida.
Skilled. adj. Diestro, hábil. / Perito, experto, experimentado.
Skilled work. m. Trabajo calificado, trabajo de experto, trabajo especializado.
Skillful. Ver Skilful.
Skimmer. m., f. Espumadera, desnatadora. / (Orn.) Rayador, picotijera.
Skim milk. f. Leche desnatada o descremada.
Skimp. v. Escatimar. / Economizar. / adj. Escaso, limitado.
Skin. m., f. Piel, cutis. / Odre, pellejo (para líquidos). / Piel, corteza, cáscara (de fruta, etc.), pellejo (de salchicha, etc.). / Capa exterior de nácar (que recubre a la perla). / Cuero, piel. / (Náut.) Forro (de una nave).
Skin graft. m. (Med.) Injerto cutáneo, injerto de piel.
Skinner. m., f. Desollador, ra; peletero.
Skinniness. f. Flacura, magrura, magrez.
Skinny. adj. Como la piel. / Flaco, magro, enjuto.
Skip. v. Saltar, brincar. / Rebotar. / Saltar, pasar por alto. / (Fam.) Escapar, huir, desaparecer. / Saltar (algo). / (Fig.) Saltar, omitir. / (Fam.) Hacer rebotar. / Dejar de ir a, no participar en (reunión, etc.). / (Dep.) Capitanear, dirigr un equipo. / m., f. Brinco, salto, cabriola. / Rebote. / (Fig.) salto, omisión. / (Dep.) Capitán de equipo.
Skipper. m., f . Saltador, ra; brincador. / (Zool.) Pez saltador. / (Entom.) Insecto saltador. / (Náut.) Capitán, patrón. / (Aer.) Capitán del avión, piloto.
Skirl. v. Gritar, chillar; sonar con estridencia (como la gaita). / m. Sonido estridente (como el de la gaita).
Skirmish. v. Escaramuzar, trabar escaramuza. / (Como substantivo) (Mil.) Escaramuza, refriega, tiroteo.
Skirt. m., f. Falda, saya. / pl. Faldones (de la montura). / Borde, orilla, margen. / Reborde, pestaña. / Alrededores, contornos, afueras (de una ciudad).
Skirting. m., f. Orilla, borde, filo. / Friso inferior (de madera), zócalo. / Material para faldas.
Skittle. m., f. Juego de bolos. / Bolo, palo (en el juego de bolo). / (Fig., pl.) Diversión, entretenimiento.
Skive. v. Adelgazar (las pieles). / Cortar en capas o pedazos. / Pelar, raspar, rasurar. / Pulir (gemas).
Skulk. v. Salir furtivamente o a hurtadillas. / Esconderse, embuscarse. / Esquivar, eludir (deber, etc.). / Fingirse enfermo, simular. / m. Remolón, na; holgazán, ana.
Skull. m., f. Cráneo, calavera. / (Fig.) Cabeza, mente, inteligencia.
Skunk. m., f. (Zool.) Mofeta, zorrillo. / Piel dc zorrillo. / (Fig.) Canalla, pillo.
Sky. m., f. Cielo, firmamento. / Clima, tiempo. / *Out of a clear blue sky*, de repente, inesperadamente. / (Fam.) *The sky is the limit*, no hay límite. / *To praise to the skies* (o *to the sky*), poner por las nubes, poner por los cielos. / *Under the open sky*, a cielo abierto, a campo raso. / v. Aventar, echar al viento o al cielo.

Skylight. m., f. Tragaluz, claraboya, lucera, luz cenital.
Skyline. m., f. Línea del horizonte. / Silueta, contorno (de uno o varios objeto) en el horizonte.
Sky pilot. m. (Pop.) Capellán. / Misionero. / Sacerdote.
Skyrocket. m. Cohete, fuegos artificiales. / v. (Fam.) Subir como cohete. / Subir hasta las nubes (precios). / Elevar o alzar súbitamente.
Sky wave. f. (Radio.) Onda ionosférica, onda reflejada, onda indirecta, onda de cielo.
Skyway. f. Ruta aérea. / Carretera en terraplén.
Skywrite. v. Escribir con humo lanzado por un avión.
Slacken. v. Aflojar, relajarse; volverse negligente. / Reducirse, disminuirse (velocidad). / Amainarse (viento, etc.). / Retardar, atrasar, retrasar. / Disminuir, reducir (velocidad, interés). / Moderar, calmar, amainar. / Aflojar, desapretar, relajar.
Slag. f. Escoria. / Escoria, lava esponjosa (de los volcanes).
Slake. v. Satisfacer, saciar, aplacar, apagar (la sed). / Calmar, mitigar, aminorar, disminuir, reducir (fuerza, vehemencia). / Apagar (la cal). / Apagarse (cal). / Desintegrarse, desmoronarse, desmenuzarse (carbón, etc.).
Slang. f. Jerga, jerigonza. / Jergal, de jerga. / v. Insultar. / Usar lenguaje insultante o de jerga.
Slangy. adj. Vulgar.
Slant. adj. (Poét.) Inclinado, oblicuo, soslayo, sesgo. / m., f. Inclinación, oblicuidad, sesgo, declive, pendiente. / Vistazo, mirada. / Punto de vista, parecer. / (Náut.) *A slant of wind*, brisa favorable. / *On the slant*, al sesgo, de soslayo. / v. Inclinar, sesgar, oblicuar. / Interpretar con prejuicio, presentar con parcialidad. / Inclinarse, sesgarse.
Slantly. adv. Al sesgo, en declive.
Slap. m., f. Palmetazo, palmada. / Bofetada, cachetada, sopapo. / *Slap on the back*, espaldarazo. / (Fig.) *Slap in the face*, desaire, descortesía, insulto.
Slapdash. adv. Impetuosamente, de repente, violentamente. / Precipitadamente. / adj. Impetuoso, repentino, descuidado. / *In a slap manner*, chapuceramente.
Slash. v. Acuchillar, dar cuchilladas a. / Hacer corte (s) largo (s) en. / Azotar, flagelar. / Censurar acerbamente. / Reducir radicalmente (precios, gastos, etc.).
Slatted. adj. De rejilla, hecho de tablillos o listones.
Slatternly. adj. y adv. Sucia, desaliñada. / Suciamente, desaliñadamente.
Slaty. adj. Pizarroso, pizarreño. / Esquistoso (contextura). / De color pizarroso.
Slaughterer. m. Matarife. / Asesino, verdugo.
Slaughterhouse. m. Matadero, desolladero.
Slaughterous. adj. Destructivo, sanguinario, cruel.
Slav. adj. y m., f. Eslavo.
Slave. m., f. Esclavo, va; siervo. / v. Trabajar como esclavo. / Afanarse, fatigarse.
Slaveholder. m. Dueño de esclavos.
Slaveholding. f. Posesión de esclavos. / adj. Poseedor de esclavos.
Slaver. v. Babear, echar la baba. / Babosear, llenar de baba. / m. Babeo, baboseo.
Slavery. m., f . Esclavitud. / Cautiverio, servidumbre.
Slavish. adj. Servil, abyecto. / Servil (imitación), literal, textual (traducción).
Sleave. v. Deshilacharse. / f. Madeja.
Sleazy. adj. De mala calidad, mal hecho, usado, raído. / Vil, ruin, mezquino. / Baladí, cursi, barato.
Sled. m. Trineo. / v. Llevar o transportar en trineo. / Viajar o ir en trineo.
Sledding. m., f. Transporte por trineo. / Estado de la nieve que permite el uso de trineos. / (Fig.) Estado, condiciones, circunstancias, estado (de negocios, empresa).

Sleek. v. Pulir alisar, bruñir. / (Fig.) Acicalar. / adj. Alisado, bruñido, liso y brillante (pelo). / Suave, blando, zalamero. / Elegante. / (de aspecto) Próspero.

Sleeken. v. Suavizar, alisar.

Sleekly. adv. Suavemente, blandamente. / Elegantemente.

Sleep. m., f. Sueño. / (Fig.) Descanso, reposo. / Sopor, entorpecimiento. / *Broken sleep*, sueño sobresaltado. / *In one's sleep*, durante el sueño (de uno). / *Overcome with sleep*, vencido por el sueño. / *The sleep of the just*, el sueño de los justos, sueño profundo.

Sleeper. m., f. Durmiente (persona que duerme). / (Ferr.) Traviesa, durmiente. / (Ferr.) Coche cama.

Sleepily. adv. Soñolientamente.

Sleepless. adj. Desvelado, insomne.

Sleepwalk. v. Caminar dormido.

Sleepwalker. m., f. Sonámbulo, la.

Sleepy. adj. Soñoliento. / Soporífero, soporoso.

Sleet. f. Aguanieve, cellisca. / v. Cellisquear, caer cellisca.

Sleety. adj . De cellisca, con aguanieve.

Sleeve. m., f. Manga. / (Mec.) Manguito, manga, casquillo. / *To have (something) up one's sleeve*, tener (algo) en reserva y oculto (pero listo para su uso).

Sleeveless. adj. Sin mangas (en costura). / (Mec.) Sin camisa.

Sleigh. m. Trineo. / v. Ir en trineo.

Sleight. m., f. Artificio, artimaña, ardid, treta. / Destreza, maña, pericia.

Slender. adj. Delgado, esbelto. / Débil, leve, inadecuado, poco. / *Slender means*, medios inadecuados. / Ligero, frugal (dieta, comida).

Slenderness. f. Delgadez, esbeltez. / Ligereza, levedad. / Insuficiencia, escasez, pobreza.

Sleuth. m. (Fam.) Sabueso, detective, investigador. / v. Hacer de detective.

Slew. m., f. Pantano. / Terreno pantanoso. / Estuario de río, ría. / (Fam.) Montón, la mar (de).

Slick. v. Pulir, suavizar, alisar. / adj. Listo, hábil, ingenioso. / Tramposo, embaucador. / Liso, bruñido, resbaladizo.

Slicker. m., f. Gabán de lona encerada, impermeable. / (Fam.) Embaucador,ra; farsante

Slide. v. Resbalar, deslizarse. / Deslizarse, patinar (sobre el hielo), resbalarse (sobre la nieve). / Caer, escurrirse. / Pasar suave o imperciptiblemente. / *To slide over*, saltar, pasar en blanco un tema penoso. / Hacer resbalar o deslizar. / m., f. Resbalón, desliz.

Slight. adj. Delgado, flaco. / Delicado, sutil, tenue. / Ligero, leve. / Escaso, insuficiente; superficial. / Magro, pobre. / Insignificante, trivial.

Slightly. adv. Delicadamente. / Ligeramente.

Slightness. f. Delgadez, flaqueza. / Pequeñez, insignificancia.

Slim. adj . Delgado, flaco. / (Fig.) Escaso, poco (público, concurrencia). / (Fig.) Leve, débil, (esperanza, oportunidad). / Astuto, artero. Adelgazar. / *To slim down*, reducir, bajar de peso, adelgazar.

Slimly. adv. Escasamente.

Slimness. f. Delgadez, flacura. / (Fig.) Escasez, insuficiencia. / (Fig.) Debilidad.

Sling. m., f. Honda. / Tiragomas, tirador. / Hondazo. / Cabestrillo. / Eslinga, braga. / Charpa, portafusil. / (Náut.) Balso. / Grátil o gratil (parte central de la verga). / v. Tirar con honda. / Arrojar, despedir, tirar. / Poner en cabestrillo, poner en una eslinga.

Slink. v. Escurrirse, escaparse, escabullirse. / (Veter.) Parir prematuramente. / Malparir (hembra de un animal). / m. Animal nacido prematuramente, abortón. / adj. Prematuro.

Slip. v. Escabullirse, escaparse, escurrirse. / Deslizarse, resbalar. / Pasar suave o rápidamente. / Irsele (a uno la mano). / Errar, descarriarse. / Zafarse, desprenderse. / Declinar, decaer, deteriorarse. / *To slip away*, escabullirse, huir. / *To slip by*, correr, pasar rápido (tiempo). / *To slip down*, dejarse caer, descolgarse. / To *slip in*, introducirse o meterse secretamente.

Slip. m., f. Vástago, renuevo, sarmiento (de una planta). / Tira, faja, pedazo (de cualquier material). / Cédula, papeleta, ficha. / Banco de iglesia largo y angosto.

Slippage. m., f. Desprendimiento, resbalamiento (de correa, ruedas, etc.). / (Mec.) Zapata, patín (de ruedas).

Slippy. adj. Resbaladizo, resbaloso, / Escurridizo. / (Fig.) Evasivo, falso, marrullero.

Slip stitch. f. Puntada invisible (en costura).

Slip-up. m., f. (Fam.) Error, descuido, equivocación. / Contratiempo.

Slit. v. Hender, cortar, ranurar; dividir, partir. / Cortar en tiras, rasgar. / m., f. Rajadura, hendidura, grieta, ranura.

Slither. v. Rodar, resbalarse, deslizarse. / Culebrear, escurrirse por el suelo. / Hacer deslizar; hacer resbalar o rodar.

Slobber. v. Babear, babosear. / (Fig.) Hablar con efusión o sensiblería. / Babosear, cubrir de baba. / m., f Babeo, baboseo. / Efusión, sensiblería.

Slop. m., f. Cieno, fango, limo. / pl. Líquido derramado, mojadura. / pl. Lavazas, agua sucia. / pl. Desperdicios, sobras, residuos. / pl. Heces. / Obra empalagosa, escrito disparatado. / Traje de faena, blusa o delantal de obrero. / pl. Ropa barata. / (pl., Náut.) Pacotilla. / v. Derramar, verter. / Mojar, ensuciar, enlodar. / Derramarse, verterse.

Sloping. adj. Inclinado, oblicuo.

Sloppy. adj. Muy mojado, lodoso, lleno de charcos (camino, vía, etc.). / Desaliñado, descuidado. / Desordenado, chapucero. / (Fam.) Meloso, empalagoso.

Slosh. v. Chapotear, chapalear. / *To slosh around*, remolinear (un líquido). / Derramar, salpicar. / m. Lodo blanco, aguanieve barrosa.

Slot. m.,f. Abertura, ranura, muesca / (Aer.) Tobera divergente. / Pista, rastro, huella. / v. Ranurar, acanalar, enmuescar.

Slot machine. f. Tragamonedas, tragaperras.

Slough. m., f. Lodazal, cenagal, pantano. / Entrada de un río, ría. / Abatimiento, desánimo, degradación moral.

Sloven. m., f. Persona desaseada o desaliñada. / adj. Desaseado, desaliñado. / Inculto

Slow. adj. Lento, torpe, lerdo. / Lento, aburrido. / Retrasado, retardado. / Lento, gradual, paulatino. / adv. Despacio, lentamente. / v. Retardar, retrasar. / *To slow down*, disminuir la velocidad, ir o trabajar más despacio.

Slowly. adv. Lentamente, despacio, de modo calmoso, pausadamente, gradualmente. / *Slowly but surely*, despacio pero seguro.

Slowness. m., f. Lentitud, tardanza, retraso. / Torpeza,

Slow-witted. adj. Lerdo, estúpido.

Sludge. m., f. Lodo, ciego, fango. / Fango de alcantarillas, cieno de cloaca. / Barro (de barreno), lodo de perforación (en sondeos). / Sedimento, grasa (en calderas). / Capa de hielo de formación reciente (en el mar).

Slug. m., f. (Zool.) Babosa, babaza. / Haragán, holgazán. / (Fam.) Golpe fuerte, puñetazo. / Golpear con fuerza.

Slum. m. Barrio pobre y superpoblado.

Slush. m., f. Aguanieve. / Fango, lodo, barro. / (Fig.) Sensiblería, sentimentalismo tonto. / Compuesto antiherrumbroso (para máquinas). / Pulpa de papel en suspensión acuosa. / (Albañ.) Mortero blando. / v. Enlodar, enfangar. / Rellenar con mortero blando. / *To slush through*, vadear.

Slushy. adj. Fangoso, lodoso. / Sensiblero, tontamente sentimental.

Slut. f. Mujer sucia y desaliñada. / Prostituta. / Perra.

Sly. adj. Mañoso, solapado, taimado. / Secreto, furtivo, disimulado.

Slyly. adv. Astutamente, solapadamente. / Disimuladamente, furtivamente.

Slyness. m., f. Astucia, sagacidad. / Disimulo.

Smack. m., f. Dejo, gustillo. / Pizca, pequeña cantidad. / (Fig.) indicio, huella, traza. / Palmada o manotada resonante. / Beso sonoro. / (Náut.) Queche. / v. Besar sonoramente. / Hacer un chasquido. / Dar una palmada sonora a.

Small. adj. Pequeño, menudo, diminuto. / Poco, corto, reducido. / Insignificante, trivial. / Menor, inferior. / Pequeño, en pequeña escala. / Miserable, mezquino.

Small hours. f. pl. Primeras horas de la madrugada.

Smallpox. f. (Med.) Viruela.

Smalt. m. esmalte

Smart. v. Escocer, resquemar, picar. / (Fig.) Sufrir, dolerse, sentir irritación. / adj. Sagaz, inteligente. / Astuto, vivo, listo. / Vigoroso, brioso, animoso, alerto. / Ingenioso, agudo. / Elegante, de buen tono, a la moda. / m., f. Dolor punzante, escozor, resquemor. / Remordimiento, aflicción.

Smartly. adv. Sagazmente, inteligentemente. / Astutamente. / Vigorosamente, briosamente, con brío. / Ingeniosamente, agudamente. / Elegantemente, a la moda.

Smartness. m., f. Sagacidad, inteligencia. / Astucia, viveza, ingenio. / Vigor, brío. / Ingeniosidad, agudeza. / Elegancia, buen tono.

Smash. v. Destrozar, hacer añicos, romper. / Golpear violentamente. / Destruir, arruinar, estropear. / *Smash up*, aplastar, destruir. / *To smash up*, arruinarse, quebrar. / m., f. Destrozo, rotura. / Golpe violento. / Ruina, quiebra, bancarrota. / Choque o colisión violenta.

Smashing. adj. Aplastante (golpe, etc.). / Devastador, extraordinario, impresionante, estupendo.

Smatter. v. Chapurrear (un idioma extranjero). / Conocer o estudiar fragmentos de (un tema). / m., f. Noción superficial, conocimiento fragmentario.

Smell. v. e intr . Oler. / (Fig.) Oler, percibir. / Olfatear, oliscar. / *To smell out*, husmear, fisgar, descubrir. / Tener olfato, percibir olores. / Oler, despedir olor. / Heder, apestar.

Smelt. v. Fundir. / Refinar metales.

Smile. v. Sonreír, sonreírse. / *To smile at on o upon*, sonreír a. / *Smile away*, olvidar (pena, dolor, etc.) con sonrisas. / f. Sonrisa.

Smiling. adj. Sonriente, risueño.

Smithereens. m., f. pl. Trizas, añicos, fragmentos.

Smithery. f. Herrería.

Smock. m., f. Bata corta, camisa de mujer. / Guardapolvo. / v, tr, Fruncir (una costura).

Smog. m. Smog, mezcla de bruma y humo.

Smoke. m. Humo. / (Pop.) Pito, cigarrillo, cigarro. / *There is no smoke without fire*, no hay humo sin fuego.

Smoker. m., f. Fumador, ra. / (Ferr.) Compartimiento de fumadores.

Smoking jacket. m., f. Chaqueta cómoda, batín. / Chaqueta de media gala, con solapas de raso pero sin faldones.

Smoking-room. m., f. Sala de fumar. / *Smoking-room joke*, chiste o cuento de color subido.

Smoky. adj. Humeante, humoso, fumoso. / Ahumado (color).

Smooth. adj. Liso, parejo, pulido. / Plano, llano. / Calvo, lampiño, afeitado. / Fluido, continuo, ininterrumpido. / Sereno, manso, tranquilo. / Suave, grato (al paladar, oído, sentimientos, etc.).

Smoothly. adv. Lisamente, suavemente, llanamente. / Halagüeñamente, con aire congraciador.

Smoothy. m., f. Persona de modales refinados.

Smudge. m., f. Borrón, mancha, tacha. / Humo denso y sofocante. / v. Tiznar, manchar, ensuciar. / Ahumar, fumigar. / Tiznarse, ensuciarse.

Smug. adj. Pulcro, limpio, acicalado. / Relamido, presumido, pagado de sí, complacido de sí.

Smuggler. m., f. Contrabandista.

Smut. m., f. Mancha de hollín, tizne, suciedad. / Obscenidad, lenguaje grosero o indecente. / Roya negra, tizón de las plantas. / v. Tiznar, ensuciar, manchar. / Tiznarse. / Contraer la roya (las plantas).

Smutchy. adj. Tiznado, manchado.

Smutty. adj. Manchado, sucio. / Obsceno, indecente. / Ahumado, negruzco, pardo (color).

Snack. m. Refrigerio, bocadillo.

Snack bar. m. Restaurante donde se sirven comidas ligeras y refrescos.

Snag. m., f. Tocón, gancho (de una rama rota o desgajada). / Protuberancia, púa, raigón (de un diente). / Tronco o rama sumergidos. / (Fig.) Dificultad inesperada, obstáculo. / v. Obstaculizar, estorbar. / Rasgar o dañar con un gancho, clavo o tronco sumergido.

Snaggy. adj. Ganchoso, nudoso, lleno de troncos sumergidos. / Difícil, lleno de obstáculos.

Snail. m., f. (Zool.) Caracol. / (Zool.) Babosa. / (Fig.) Cachazudo.

Snake. m., f. Serpiente, culebra. / (Fig.) Traidor. / v. Culebrear, serpentear, moverse sinuosamente. / Mover sinuosamente, hacer culebrear o serpentear.

Snap. v. Lanzar dentelladas al aire. / Hablar con irritación, decir bruscamente. / Romperse con un chasquido, partirse en dos, crujir. / Chasquear, dar un chasquido, crepitar, dar un estampido. / m., f. Estallido, chasquido. / Mordisco, tarascada. / Crujido, crepitación. / Broche de presión, cierre de resorte. / Galletita.

Snapper. m., f. pl. Castañuelas. / Tralla (de látigo). / Habichuela verde, vainita. / Corchete de presión. / (Entom.) Insecto saltador. / (Zool.) Tortuga mordedora. / (Zool.) Cubera.

Snappish. adj . Arisco, mordaz, irritable, agrio. / Propenso a morder.

Snappy. adj. Arisco, mordaz, respondón, irritable. / Vivo, enérgico, vigoroso. / Fresco, vigorizante (el frío). / Crujiente, crepitante. / Garboso, elegante.

Snapshot. f. Foto instantánea, foto informal.

Snare. m., f. Lazo, trampa, cepo, celada, asechanza. / Señuelo, reclamo. / Bordón, tirante (de un tambor). / (Med.) Cordón metálico para extraer tumores. / Tender lazos a, coger en una trampa.

Sneaking. adj. Furtivo, solapado, cobarde. / Latente, oculto. / Indefinido, vago.

Sneer. v. Hablar despectivamente de, hacerle un ademán despectivo a, mofarse de. / m., f. Mofa, escarnio.

Sneering. adj. Burlón, despreciativo, despectivo.

Sneeze. v. Estornudar. / m., f. Estornudo.

Snick. v. Cortar ligeramente, mellar, hacer muescas en. / m. Corte pequeño o leve.

Snicker. v. Reír disimuladamente. / f. Risita, risa tonta.

Sniff. v. Oler, olfatear. / Olfatear, descubrir (dificultad, secreto, etc.). / Aspirar por la nariz, sorber el aire con fuerza. / *To sniff at*, oliscar. / f. Aspiración (de aire). / Expresión de desdén, muestra de desprecio.

Sniffily. adv. (Fam.) Despreciativamente, desdeñosamente.

Snipe. m., f. (Orn.) Agachadiza, rayuelo. / (Mil.) Tiro de emboscada. / v. Cazar agachadizas. / (Mil.) Tirar emboscado, francotirotear. / *To snipe at,* tirotear desde un escondite.

Snippet. m., f. Recorte, retazo. / Persona o cosa pequeña e insignificante.

Snippy. adj. Irritable, mordaz. / Brusco, descortés.

Snivel. v. Moquear, moquetear. / Gimotear, lloriquear. / m. Mocos, moqueo. / Gimoteo, lloriqueo, puchero.

Snob. m., f. Esnob, persona presuntuosa.

Snobbery. m. f. Esnobismo, pl. pretensiones sociales.

Snobbish. adj. Propio de un esnob.

Snobby. adj . Propio de un esnob.

Snook. m., f. (Zool.) Róbalo. / (Fig.) *To cock a snook at,* hacer burla con la mano a.

Snoopy. adj. Curioso, entremetido.

Snooty. adj . Altanero, altivo, desdeñoso.

Snooze. m., f. Siesta, sueño ligero. / v. Dormitar, cabecear, hacer siesta.

Snore. v. Roncar. / m. Ronquido.

Snorkel. m. Esnórquel, tubo de respiración. / v. Nadar bajo el agua con tubo de respiración.

Snout. m., f. Hocico, trompa (de animal). / (Fam.) Hocico, trompa, nariz. / Pico (de tetera, manguera, caño).

Snow. f. Nieve. / pl. Nevada, nevasca. / v. Nevar. / *To snow under,* cubrir con nieve. / *Snowed in,* sitiado, o encerrado por una nevada.

Snowbird. m. (Zool.) Pinzón de las nieves. / (Fam.) Adicto a las drogas.

Snowcap. f. Corona o capa de nieve (en una montaña).

Snowcapped. adj. Coronado de nieve.

Snowdrift. m. Ventisquero, lomo de nieve.

Snowfall. f. Nevada, nevasca.

Snowfield. m., f. Campo nevado, zona de nevado.

Snow line. m. Límite de las nieves perpetuas.

Snowman. m. Muñeco de nieve, hombre de nieve.

Snowslide. m., f. Avalancha de nieve, alud.

Snow White. f. Blancanieves.

Snub. v. Repulsar, rechazar. / Desairar, humillar. / Detener o parar bruscamente. / *To snub out,* extinguir (cigarrillo). / m., f. Repulsa, rechazo. / Desaire, humillación. / Adjetivo. Romo, chato.

Snuffle. v. Husmear, ventear. / Resollar, ganguear. / m. Husmeo. / Resuello, gangueo. / (pl., Med.) Romadizo.

Snug. adj. Cómodo, acomodado, abrigado. / Cómodo, confortable (renta, ingresos, etc.). / Ordenado, aseado.

Snuggery. m., f. Aposento cómodo, cuarto acogedor, querencia.

Snugly. adv, Cómodamente. / Ordenadamente. / Ajustadamente, de modo ceñido, ceñidamente.

So. adv. Así, de esa manera. / Tan, tanto, de igual manera. / Por consiguiente, por eso. / *And so on,* y así sucesivamente. / *And so to,* (y) después (fui, fuimos, etc.) a. / (Fam.) *How so?* ¿cómo es eso? ¿cómo así? / *If so,* si así es, en tal caso. / *In so far as,* hasta, hasta donde.

Soak. v. Empaparse, remojarse, calarse. / Beber, empinar el codo. / *To soak into (o through),* penetrarse, infiltrarse, infundirse. / Empapar, remojar, calar. / Beber (licor) con exceso.

Soap. m. Jabón. / (Pop.) Dinero, especialmente (dinero para) soborno. / (Pop.) *No soap,* ni de riesgo, ni en sueños. / v. Jabonar, enjabonar.

Soar. v. Remontarse, encumbrarse. / (Fig.) Elevarse (ideas, ideales, etc.). / Subir desmesuradamente (precios, etc.). / (Aer.) Planear. / m. Vuelo alto, remonte. / (Fig.) Alcance.

Sob. v. Sollozar. / Decir sollozando, expresar con sollozos. / m. Sollozo.

Sobbingly. adv. Con voz sollozante, con sollozos, sollozando.

Soberness. f. Sobriedad. / Serenidad, tranquilidad. / Seriedad, solemnidad. / Sensatez, cordura.

Sobriety. f. Sobriedad. / Serenidad. / Seriedad, solemnidad. / Sensatez, cordura.

So-called. adj. Así llamado, llamado.

Soccer. m. (Dep.) Fútbol.

Sociability. f. Sociabilidad, cordialidad, amabilidad.

Sociable. adj. Sociable, amistoso. / f. Tertulia, velada, reunión informal.

Social. adj. Social. / Sociable. / Socialista. / (Zool.) Gregario. / (Hist.) Aliado, confederado. / f. Tertulia, velada, reunión informal.

Socialism. m .Socialismo.

Socialist. adj. y m., f. Socialista.

Socialization. f. Adaptación al medio social. / Socialización.

Socially. adv. En la sociedad (popular, inferior, etc.). / Por la sociedad (aceptado, condenado, etc.).

Social welfare. m., f. Asistencia social, auxilio social, bienestar social.

Social worker. m., f. Asistente social, trabajador social.

Society. m., f. Sociedad, comunidad. / Sociedad, vida elegante. / Compañía (de otra persona). / Asociación, gremio, consorcio. / *To be in society,* estar en sociedad.

Sociologic, sociological. adj. Sociológico.

Sociologist. m., f . Sociólogo, ga.

Sociology. f. Sociología.

Sock. m., f. Calcetín, media corta. / Coturno (de los actores griegos). / Por ext , comedia.

Sock. v. Pegar, golpear, apuñear. / m., f. Puñetazo, golpe fuerte.

Soda pop. f. Gaseosa (bebida).

Sodden. adj. Empapado, saturado, húmedo. / Pastoso, mal cocido. / Fláccido, entorpecido (cara, facciones).

Sofa. m. Sofá.

Sofa bed. m. Sofá cama.

Soft. adj. Blando, tierno, muelle, mole (materia, material, etc.). / Blando, suave, liso (superficie). / Blando, blandengue, moderado, conciliador, apacible, tranquilo, sentimental, emotivo. / Suave, gradual (pendiente, declive, etc.). / Blando, templado (clima, aire, etc.).

Soften. v. Ablandar, reblandecer, molificar. / (Mil.) Ablandar (las posiciones enemigas por medio de bombardeos aéreos, cañones, etc.).

Softheaded. adj. Falto de juicio, de pocas luces, simple.

Softhearted. adj. Bondadoso, compasivo, tierno.

Softly. adv. Blandamente, suavemente.

Softness. f . Blandura, suavidad, morbidez. / Dulzura, ternura, afabilidad. / Debilidad, de carácter, afeminación.

Soft soap. m., f. Jabón blando. / (Fam.) Adulación, halago, lisonja.

Soft-soap. v. Frotar(se) o untar(se) con jabón blando. / (Fam.) Dar jabón a, adular, lisonjear.

Softy. m., f. (Fam.) Alfeñique, hombre sentimental, mentecato.

Soggy. adj. Empapado, saturado de humedad. / Pastoso (pan, etc.). / Pesado, aburrido (estilo, prosa, etc.).

Solacer. adj. Consolador, confortador.

Solar. adj. Solar (año, sistema, rayos, etc.). / *Solar engine,* Máquina de energía solar.

Solarium. m. Solario.

Solder. f. Soldadura. / v. Soldar. / Soldarse, pegarse, aglutinarse.

Soldering. f. Soldadura.
Soldier. m., f. Soldado, militar. / Militante, partidario (de alguna causa). / (Entom.) Soldado (clase de termita), obrera (clase de hormiga). / v. Militar, servir como soldado. / Fingir, fingirse enfermo.
Soldierly. adj. Soldadesco, marcial, militar.
Soldier of fortune. m. Mercenario, condotiero. / Aventurero.
Soldiership. f. Soldadesca, milicia. / Profesión de soldado. / Pericia militar.
Soldiery. f. Soldadesca, tropa. / Carrera militar. / Artes militares.
Sole. m., f. Planta (del pie), suela (del zapato, etc.). / Base (de la cabeza de un palo de golf).
Solely. adv. Solamente, únicamente, exclusivamente. / A solas.
Solemn. adj. Solemne, grave, serio. / Pomposo, afectado. / (Der.) Solemne.
Solemnity. m., f. Solemnidad, formalidad, pompa. / Acto solemne, ceremonia. / Dignidad, seriedad, gravedad.
Solemnize. v. Solemnizar. / Celebrar, formalizar (matrimonio).
Sol-fa. v. (Mús.) Solfear. / m., f. (Mús.) Solfa, solfeo, gama o escala musical.
Solicit. v. Demandar, reclamar, instar, importunar, pedir, requerir, solicitar. / Tentar, incitar, inducir. / Abordar, solicitar (prostituta callejera). / Dedicarse a la prostitución callejera.
Solicitant. m., f. Solicitante.
Solicitation. m., f. Requerimiento, instancia, solicitación, importunación, porfía. / Incitación, tentación.
Solicitorship. f. Abogacía, procuraduría.
Solicitous. adj. Solícito, deseoso, gustoso. / Aprensivo, receloso, ansioso. / Circunspecto, esmerado.
Solicitude. m., f. Solicitud, afán, ansiedad. / Cuidado o interés, excesivo.
Solid. adj. Sólido, consistente. / Sólido, macizo, compacto. / Tridimensional, cúbico, por ejemplo, *solid foot,* pie cúbico. / Firme, fuerte, fornido.
Solidary. adj. Solidario.
Solidify. v. Solidificar (se), volver (se) sólido (un cuerpo líquido o gaseoso), cristalizar(se).
Solidity. m., f. Solidez, consistencia, firmeza. / (Fig.) Solidez, firmeza mental, estabilidad moral o económica. / (Fig.) Solidez (de un argumento, tesis, etc.). / (Geom.) Solidez, volumen.
Solitaire. m. Solitario, anacoreta. / (Joyería) Solitario. / (Naipes) Solitario. / (Orn.) Pájaro solitario, tordo loco.
Solitary. adj. Solitario, señero, solo. / Despoblado, deshabitado, (sitio o paraje). / Solo, único. / m., f. Solitario, anacoreta. / (Fam.) Aislamiento penal.
Solitude. m., f. Soledad, aislamiento, retiro, reclusión. / Soledad, lugar desierto o solitario.
Solo. adj. y m. (Mús.) Solo. / (Naipes) Solo, solitario. / (Aeronáutica) Vuelo de un aviador solo. / Adjetivo. Solo, sin compañía. / A solas.
Solubly. adv. De modo soluble.
Solution. f. Solución (de un misterio, problema, etc.). / (Fís., Quím.) Solución.
Solvability. f. Solubilidad.
Solvable. adj. Soluble, disoluble. / Soluble, resoluble.
Solvency. f. Solvencia.
Solvent. adj. Solvente (capaz de satisfacer deudas). / Soluble, disoluble, disolvente, disolutivo. / m. Solvente, disolvente.
Somber, sombre. adj. Sombrío, lóbrego, oscuro. / Sombrío, melancólico, grave, triste.

Sombrero. m. Sombrero de ala ancha.
Some. adj. Alguno, algún. / Un poco de, unos cuantos, algunos, varios. / Cerca de, (algo) como, más o menos, por ejemplo, *some twenty minutes,* cerca de veinte minutos.
Somebody. m. Personaje, alguien. / pron. Quien, alguno, alguna persona. / *Somebody else,* algún otro, otra persona.
Someplace. adv. En alguna parte, a alguna parte.
Somersault. m., f. Salto mortal, voltereta. / (Fig.) Cambio completo de actitud o opinión. / v. Dar un salto mortal o saltos mortales.
Something. pron. y m., f. Algo, alguna cosa. / *Or something,* o algo por el estilo. / *Something else,* otra cosa, algo más, alguien o algo extraordinario. / *Something like,* algo como cerca de. / *Something of a,* medio, por ejemplo, *he is something of rascal,* es medio sinvergüenza. / *Something or other,* una cosa u otra, algo, alguna cosa.
Sometime. adv. Algún día, alguna vez, uno de estos días. / A veces, ocasionalmente. / En otro tiempo, antiguamente. / *Sometime soon,* pronto, en breve, sin tardar mucho. / adj. Antiguo, pasado, de otro tiempo.
Sometimes. adv. A veces, unas veces, algunas veces. / Ocasionalmente, de vez en cuando.
Someway, someways. adv. (Fam.) De algún modo, de un modo u otro, de alguna manera.
Somewhat. adv. y m., f. Algo, un poco, en cierto modo. / Algo, alguna cosa. / Sujeto o cosa importante. / Algo, algún tanto.
Somewhere. adv. En alguna parte, a alguna parte. / *Somewhere else,* en otra parte, a otra parte. / m. Lugar (indeterminado).
Somnambulant. adj. Sonámbulo.
Somnambulate. v. Levantarse y andar dormido.
Somnambulistic. adj. Sonámbulo.
Somniferous. adj. Somnífero, hipnótico, soporífero.
Somnolence, somnolency. m., f. Somnolencia, soñolencia, sopor, modorra.
Son. m. Hijo. / pl. Hijos, descendientes. / *The Son,* el Hijo.
Sonar. m., f. Sonar, sonda de ultrasonidos.
Sonde. f. (Meteor.) Sonda.
Song. m., f. Canto, canción, cantar. / Poesía, verso. / (Mús.) Canción. / Bagatela, nimiedad, poca cosa. / (Fig.) Alharaca, batahola. / *For a song,* por cuatro cuartos, por una nimiedad.
Songful. adj. Inclinado al canto. / Melodioso.
Son-in-law. m . Yerno, hijo político.
Sonnet. m. Soneto. / v. Sonetizar, componer sonetos (sobre o acerca de).
Son of a bitch. m. (Pop.) Hijo de puta.
Sonority. f. Sonoridad, resonancia.
Sonorous. adj. Sonoro. / Resonante, impresionante.
Soon. adv. Pronto, en breve, luego, próximamente, dentro de poco. / Temprano. / *As soon,* de preferencia, más bien. / *As soon as,* tan pronto como, luego que, así que. / *No sooner,* no antes, apenas. / *Sooner after,* poco después. / *The sooner the better,* cuanto más pronto, mejor. / *Sooner or later,* tarde o temprano. / *Sooner than,* antes que.
Sooner. m. (EE.UU, Hist.) Primer colono (que se estableció en tierras del Oeste para gozar la prioridad que la ley le otorgaba).
Soothe. v. Calmar, sosegar, mitigar, sedar. / Halagar, complacer.
Soothing. adj. Calmante, sedante.
Soothsay. v. Predecir, adivinar.

385   **Spain**

Soothsaying. f. Adivinación. / Profecía, predicción.
Sop. v. Ensopar, empapar, mojar. / m., f. (Fam.) Sopa (pan, etc. empapado en un líquido). / (Fig.) Regalo, soborno.
Sophisticate. v. Sofisticar, adulterar, falsificar. / Hacer mundano, desilusionar. / Complicar. / m. Hombre mundano, persona corrida.
Sophistication. f. Sofistería. / Sofisticación, mundanería, falta de simplicidad.
Sopor. m., f. Sopor, modorra, adormecimiento.
Soporific. adj. y m. Soporífero, soporífico, narcótico. / Soporífico, narcótico (droga).
Sopping. adj. Empapado, mojado.
Sorceress. f. Hechicera, bruja.
Sorcery. f. Hechicería, brujería, magia.
Sordid. adj. Sórdido, sucio. / Sórdido, vil, bajo, despreciable. / Mezquino, tacaño, avariento.
Sordidness. f. Sordidez, suciedad. / Sordidez, vileza. / Avaricia.
Sore. adj. Sensitivo, adolorido. / Inflamado. / Penoso, doloroso, lastimoso. / Arduo, dificultoso (trabajo, situación, etc.). / Disgustado, enfadado, picado.
Sorely. adv. Penosamente, dolorosamente, urgentemente. / Severamente. / Extremadamente, sumamente.
Sorrily. adv. Dolorosamente, penosamente. / Con pesar, con arrepentimiento. / Tristemente, melancólicamente.
Sorriness. m., f. Pesar. / Tristeza, melancolía.
Sorrow. m., f. Dolor, pesar, pena. / Arrepentimiento, pesadumbre. / v. Dolerse, apenarse, sentir pena. / Arrepentirse. / *To sorrow for*, añorar, extrañar.
Sorry. adj. Doloroso, penoso, lastimoso, miserable. / Pesaroso, afligido, apenado, arrepentido. / Triste, melancólico. / *A sorry fellow*, un desgraciado. / Inter. *Sorry!* ¡perdón! ¡disculpe! ¡lo siento!
Sort. m., f. Clase, especie. / Modo, manera, forma. / Carácter, índole, naturaleza. / (Impr.) Tipo, suerte. / *After a sort*, de cierto modo. / (Fam.) *A good sort*, persona simpática o buena, un buen tipo, / *Nothing of the sort*, nada de eso. / *Of a sort of sorts*, una especie de, algo parecido a / *Out of sorts*, indispuesto, de mal humor.
Sortilege. m., f. Sortilegio, hechicería, encantamiento.
SOS. m. S.O.S. (señal internacional para pedir auxilio). / (Fig.) Llamada de auxilio.
Sottish. adj. Embrutecido por la bebida, como una cuba, borracho, embotado, estúpido.
Souffle. m. (Med.) Soplo. / Soufflé (en cocina).
Sough. m. Susurro, suspiro (del viento). / Rumor vago, zumbido, silbido. / v. Susurrar, suspirar.
Soul. m., f. Alma, espíritu. / (Fig.) Alma, ánimo, corazón, vitalidad. / Personificación, imagen. / Alma, persona, individuo. / Anima, alma, espíritu (de los muertos). / *A simple soul*, un alma de Dios.
Sound. adj. Sano, saludable, robusto. / Sano, ileso, incólume. / Firme, fuerte, sólido, estable. / (Com.) Solvente. / Seguro, fidedigno. / Correcto, exacto, acertado (razonamiento). / Profundo (sueño). / *Of sound mind, sound of mind*, en su sano juicio. / *Sound as a bell*, en perfecto estado de salud. / adv. Profundamente.
Sound. m. Sonido. / Ruido. / Son, tañido. / v. Sonar, resonar, parecer. / *To sound off*, declamar, arengar. / Tocar, tañer. / Expresar, proferir, formular. / Auscultar.
Sound. v. Sondar, sondear. / (Fig.) Sondear, tantear, indagar. / Destripar (peces). / (Med.) Sondar, explorar con sonda. / Hacer sondeos. / Sumergirse precipitadamente (peces) / (Med.) Sonda, tienta.
Sounding. adj. Sonante, sonoro, resonante, retumbante.
Sounding. m. (Náut.) Sondaje, sondeo. / pl. Fondo de mar o de río (que pueda ser alcanzado con la sonda).

Soundless. adj. Insondable. / Silencioso, silente, mudo.
Soundness. f. Sanidad, entereza. / Solidez, firmeza. / Corrección, exactitud.
Soundproof. adj. A prueba de ruidos, antisonoro. / v. Insonorizar, tornar insonoro.
Soup. m., f. Sopa, caldo. / (Pop.) Fuerza o potencia adicional. / (Pop.) Nitroglicerina o dinamita.
Soup kitchen. m., f. Comedor de beneficencia (para los pobres). / (Mil.) Cocina de campaña.
Soupy. adj. Espeso como una sopa. / (Fam.) Empalagoso, sentimental. / Nebuloso, nublado, denso (niebla).
Sour. adj. Agrio, ácido, avinagrado, picado. / Rancio, fermentado. / Acre, de olor acre, picante, irritante. / (Fig.) Acre, áspero, avinagrado. / Agrio, sulfuroso (petróleo). / Substancia agria o ácida. / Cóctel de sabor agrio. / v. Agriar(se), avinagrar(se), ranciar(se).
Source. m., f. Fuente, manantial. / (Fig.) Fuente, origen, fundamento, principio.
Source book. m. Libro de consulta.
Sourness. m., f. Amargura, acidez. / (Fig.) Acrimonia, acritud, desabrimiento.
Souse. m., f. Encurtido, especialmente adobo de cabeza, orejas y patas de cerdo, queso de cerdo. / Escabeche, salsa, adobo. / Empapamiento, mojada.
South. m. Sur, sud, mediodía. / *The South*, (EE.UU) los Estados del Sur. / adj. Meridional, austral, del sur. / adv. Hacia el sur, en el sur, desde el sur. / v. Girar o dirigirse hacia el sur.
Southbound. adj. Con rumbo al sur.
Southeast. m. Sudeste. / adj. Al sudeste, del sudeste.
Southeastward, southeastwards. adv. Hacia el sudeste.
Southern Hemisphere. m. Hemisferio meridional o austral.
South-southeast. adj. y m. Sursudeste.
Southwest. m. Sudoeste, suroeste, región del suroeste. / adj. Del sudoeste.
Southwestward. adj. y adv. Situado hacia el sudoeste, dirigido al sudoeste. / *Southwestwards*. adv. (con dirección) Al sudoeste.
Sovereign. adj. y m., f. Supremo, sumo (bien, importancia, virtud, etc.). / Soberano, independiente. / Soberano, excelente, regio. / Eficaz, eficiente. / Supremo, máximo (desdén, orgullo, etc.). / De remate (loco, etc.). / Soberano, na; monarca. / (Reino Unido) Libra esterlina de oro.
Sovereignty. m., f. Soberanía. / Estado soberano.
Soviet. m. Soviet (consejo gubernamental comunista). / Oficiales del go bierno o del pueblo de la Unión Soviética. / adj. Soviético.
Sower. m., f. Sembrador, ra; diseminador, desparramador. / Sembradora (máquina).
Space. m., f. Espacio (cósmico). / Espacio, lugar, cabida, área. / Espacio, duración, intervalo, período (de tiempo). / Espacio, intervalo, distancia (entre cuerpos). / (Mús.) Espacio (entre las rayas del pentagrama). / (Impr.) Espacio, blanco. / v. Espaciar, separar.
Spacecraft. f. Astronave, nave espacial.
Spaceless. adj. Ilimitado, sin límites. / Extenso.
Spaceman. m. Piloto espacial, astronauta. / Visitante del espacio (a la tierra).
Spacing. m., f. Espaciamiento, espacio, intervalo (entre dos objetos, líneas, etc.).
Spacious. adj. Espacioso, extenso, amplio, dilatado.
Spade. f. Pala, azada. / *To call a spade a spade*, llamar al pan pan y al vino vino. / pl. Espadas, palo de espadas (en las cartas) / v. Revolver con pala (la tierra).
Spain. n. pr. f. España.

Span. m., f. Cuarta, palmo. / Trecho, distancia, tramo, trayecto. / Lapso, transcurso, duración, período, intervalo. / Pareja, yunta (de caballos, bueyes, etc.).
Spang. adv. (Fam.) Completamente. / Justamente, directamente, de frente.
Spaniard. m., f. Español, la.
Spanish. adj. y m. Español, hispánico, ibérico. / Español, castellano (idioma).
Spanish leather. m. Cordabán, piel de cabra curtida.
Spanish macke(Rel.) f. (Zool.) Caballa.
Spanish shawl. m. Mantón de Manila.
Spanish sheep. f. (Zool.) Oveja merina.
Spanish-speaking. adj. De habla española, hispanohablante.
Spanking. adj. (Fam.) Asombroso, extraordinario, maravilloso. / Fuerte, fresco (viento, brisa).
Spanner. m., f. Llave de tuercas, llave de gancho o de horquilla. / (Entom.) Oruga geómetra.
Spar. m., f. (Náut.) Palo, pértiga, mástil. / (Aer.) Larguero, viga mayor. / v. Equipar con mástiles, vergas o palos.
Spar. v. Pelear o golpear con espolones (gallos). / Hacer práctica de boxeo. / Altercar. / m., f. Pelea con espolones (de gallos). / Amago, finta, ademán de ataque o defensa. / Boxeo de práctica.
Spareness. f. Escasez. / Frugalidad. / Delgadez, flacura.
Spare tire. m. (Mec.) Neumático de repuesto.
Sparge. v. Regar, rociar, salpicar. / m., f. Rocío, riego, salpicadura.
Spark. m., f. Chispa, centella. / (Fig.) Centelleo, destello, resplandor. / (Fig.) Chispa, pizca. / (Electr.) Chispa, chispa de descarga. / (pl., Fam.) Radiotelegrafista (en barcos). / (Mec.) Encendido de bujías.
Sparkish. adj. Galante, galanteador. / Garboso, elegante.
Sparkle. m., f. Destello, centelleo, chispa. / (Fig.) Animación, vivacidad, viveza. / v. Centellar, centellear, rutilar, chispear, relumbrar. / Burbujear, ser efervescente. / (Fig.) Volverse animado, tornarse vivaz. / (Fig.) Brillar (en la ejecución de algo).
Sparrow. m. (Orn.) Gorrión.
Sparrow hawk. m. (Orn.) Gavilán, esparaván.
Sparsely. adv. Aquí y allá, escasamente, en forma rala, ralamente.
Spartanism. m., f. Carácter espartano, severidad, austeridad, intrepidez.
Spasm. m., f. (Med.) Espasmo, contracción muscular. / (Fig.) Convulsión, arrebato, acceso (de temor, nerviosidad, indignación, ira, etc.).
Spasmodic. adj. Espasmódico, irregular, intermitente, (Med.) espasmódico.
Spat. v. Abofetear, dar una bofetada o palmada a. / Disputar, reñir (por cosas de poca importancia). / m., f. Bofetada, sopapo, palmada. / Riña, disputa.
Spatial. adj. Espacial, relativo al espacio.
Spatiotemporal. adj. Espaciotemporal.
Spatter. v. Salpicar, rociar, esparcir. / (Fig.) Manchar, deslustrar (con calumnia, etc.). / To spatter with, salpicar de. / Salpicar, gotear. / m., f. Salpicadura, rociada. / A spatter of applause, unos cuantos aplausos / A spatter of fire, fuego intermitente (de armas). / A spatter of rain, unas gotas de lluvia.
Spatteringly. adv. Salpicando, con efecto de salpicaduras.
Spatula. f. Espátula, paleta.
Speak. v. Hablar. / (Fig.) Estar hablando. / The portrait speaks, el retrato está hablando. / Hablar, perorar, discursear. / Sonar (un instrumento).

Speaker. m. Orador, conferenciante. / Portavoz. / Presidente (de una asamblea legislativa). / Altavoz, altoparlante. / Speaker of the House, el Presidente de la Cámara de Representantes en EE.UU.
Speaking. adj. Parlante, hablante. / De habla. / English-speaking, de habla inglesa. / Viviente, expresivo (cara, etc.). / (Fig.) Elocuente (testigo, prueba, etc.). / Fiel, vivo (retrato, etc.). / m., f. Habla, oratoria. / Discurso. / Mitin.
Spearhead. f. Punta de lanza. / (Fig.) Punta de lanza, cabeza de ataque, tropa de asalto. / v. Encabezar (ataque, campaña, etc.) iniciar un ataque.
Special. adj. Especial. / Específico, detallado. / Caro, íntimo, (amigo, etc.). / m., f. Edición especial (de diario). / Tren especial. / Carta de entrega inmediata.
Special delivery. f. Entrega inmediata, correspondencia urgente.
Specialism. f. Especialización.
Specialist. m., f. Especialista.
Speciality. f. Especialidad.
Specialization. f. Especialización.
Specialty. m., f. Especialidad. / (Der.) Contrato bajo sello, obligación firmada formalmente.
Species. m., f. Especie, clase, variedad, género. / (Lóg.) Especie, imagen mental. / (Rel.) Especies sacramentales. / (Biol.) Especie, clase.
Specific. adj. Específico, determinado. / Específico, preciso, explícito. / (Med., Fís.) Específico. / m. pl. Datos específicos, detalles. / m. (Med.) Específico.
Specification. m., f. Especificación. / pl. Datos específicos, descripción detallada (de un plan, invento, etc.), presupuesto detallado, especificaciones, normas.
Specify. v. Especificar, detallar, precisar. / Estipular, indicar, prescribir.
Spectacular. adj. Espectacular, grandioso, admirable. / f. Vista espectacular, función o exhibición grandiosa.
Spectator. m., f. Espectador, ra.
Spectral. adj. Fantasma, espectral, de aparecidos. / (Fís.) Espectral.
Spectrum. m. (Fís.) Espectro.
Speculative. adj. Especulativo, contemplativo, teórico. / (Com.) Especulativo, arriesgado, aventurado.
Speculator. m., f. Especulador, ra. (especialmente en la bolsa).
Speechless. adj. Sin habla, mudo, callado, estupefacto. / To be left speechless, quedarse sin habla, quedarse mudo.
Speed. m., f. Velocidad, rapidez, celeridad, prisa. / (Fotogr.) Rapidez, sensibilidad (de la placa, etc.), luminosidad (del objetivo), tiempo de exposición, velocidad de obturación.
Speedometer. m. Velocímetro, indicador de velocidad, cuentamillas, cuentakilómetros.
Speed trap. m .Trecho de carretera en el que la policía de tráfico atrapa a los automovilistas que llevan exceso de velocidad.
Speedy. adj. Veloz, rápido, pronto, presto.
Speer, speir. v. Hacer indagaciones o preguntas. / Preguntar, indagar, inquirir por.
Speleologist. m., f. Espeleólogo, ga.
Speleology. f. Espeleología.
Spell. v. Deletrear (una palabra). / Formar, componer (letras una palabra). / Significar. / To spell backward, escribir o decir (letras de una palabra) al réves.
Spellbind. v. Hechizar, encantar, fascinar, embelesar, cautivar por hechizo o encanto.
Spellbound. adj. Encantado, hechizado, fascinado, embelesado, arrebatado.

Spelling. m., f. Deletreo, ortografía.

Spending. m. Gasto, desembolso, dispendio, derroche.

Spendthrift. adj. y m., f. Pródigo, ga; gastador, ra; derrochador, ra; despilfarrador, ra.

Spent. adj. Exhausto, agotado, rendido, consumido, viciado (aire).

Sperm. m., f. (Biol.) Esperma, semen. / Espermaceti, esperma de ballena.

Sperm whale. m. (Zool.) Cachalote.

Spew. v. Vomitar, arrojar. / m. Vómito.

Sphere. m., f. (Geom.) Esfera. / (Astron.) Globo, orbe. / Esfera, ambiente, círculo de acción, esfera de influencia. / Esfera, clase, posición (social). / (Poét.) Esfera, los cielos. / Órbita.

Spheric, spherical. adj. Esférico.

Spherics. f. Trigonometría esférica, geometría esférica.

Spheroid. m . Esferoide. / adj. Esferoidal.

Sphinx. f. (Mit.) Esfinge. / (Entom.) Esfinge, persona inescrutable.

Spicery. f. Especiería, especería. / pl. Especias, conjunto de especias. / Sabor picante o aromático.

Spicily. adv. De modo picante, sabrosamente.

Spick-and-span. adj. Flamante, novísimo. / Inmaculado, reluciente.

Spicy. adj. Aromático, picante, especioso. / (Fig.) Picante, atrevido. / *Spicy story*, cuento colorado, chiste picante.

Spider. f. (Zool.) Araña. / pl. Trébodes. / (Mec.) Araña, estrella.

Spike heel. m. Tacón de aguja, taco de aguja.

Spikelike. adj. Espigado, semejante a una espiga.

Spiky. adj. Espigado, puntiagudo, erizado.

Spile. m., f. Tarugo, clavija, cuña. / Pilote de madera. / Gotera de sangría (de árboles). / Estaca de avance (túneles). / v. Tapar con espiche, poner espiche a, cerrar con tarugo. / Afirmar con pilote(se). / Sangrar (árbol) mediante gotera.

Spillage. m., f. Derramamiento, derramadura. / Derrame (porción derramada).

Spillikin. m., f. Pajita, astilla, palito (que se usan en ciertos juegos). / Juego de la pajita, pallitos chinos.

Spillway. m. Vertedero, derramadero.

Spilth. m., f . Derramamiento, derramadura. / Derrame (porción derramada). / Basura, desecho.

Spin. v. Hilar. / Retorcer, hacer girar. / Hacer bailar (trompo). / (Con *out*) Prolongar, alargar (relato, narración). / Dar efecto a (una bola, pelota). / *To spin a yarn*, narrar una aventura, contar un cuento increíble. / Girar, revolver(se), dar vueltas, rodar. / Formar un tejido, hilar una tela. / Bailar (trompo, etc.).

Spineless. adj. Sin espinazo, invertebrado. / (Fig.) Débil de carácter, sumiso, sin energía, sin nervio. / Sin espinas.

Spinner. m., f. Hilador, hilandero. / Cebo artificial giratorio (de pesca). / Aguja giratoria (en juegos de suerte). / (Aer.) Ojiva, cono de la hélice, carenado del cubo de la hélice. / Bola con efecto (criquet).

Spinney, spinny. m., f. Soto, matorral, maraña.

Spinning. m., f. Hilado, hilanza. / Hilandería (arte de hilar). / adj. De hilar, de hilandería.

Spinning wheel. m. Torno de hilar a mano.

Spinous. adj. Espinoso, puntiagudo.

Spinster. f. Hilandera. / Solterona.

Spinterhood. f. Soltería (de mujer).

Spinterish. adj. Remilgado, característico de una solterona.

Spiny. adj. Espinoso, puntiagudo. / (Fig.) Espinoso, arduo.

Spiral. adj. Espiral, helicoidal. / m., f. Espiral. / Patada o pase con efecto (fútbol). / (Aer.) Vuelo en espiral. / Seguir un curso espiral, moverse en espiral, dar vueltas, volar en espiral. / v. Moverse en espiral, dar vueltas.

Spirit. m., f. Espíritu, alma. / Espíritu, espectro, aparecido. / Individuo, persona. / *A humble spirit*, persona humilde. / pl. Humor, temple. / Espíritu, ánimo, vivacidad, brío. / Espíritu, principio, tendencia. / Intención, sentido.

Spirited. adj. Animoso, fogoso, brioso.

Spiritism. m. Espiritismo.

Spiritist. m., f. Espiritista.

Spiritless. adj. Apocado, timorato, insípido.

Spiritual. adj. Espiritual, incorpóreo. / Religioso, eclesiástico. / Espiritual, místico, santo. / m. pl. Asuntos eclesiásticos. / m. Espiritual (tonada religiosa o filosófica de los negros de Estados Unidos).

Spiritualism. m. (Fil.) Espiritualismo. / Espiritismo.

Spiritualization. m., f. Espiritualización, acto de espiritualizar.

Spiry. adj. Espiral, espiriforme. / Acaracolado, enrollado, serpentino. / Con muchos chapiteles, torreado, / Piramidal, puntiagudo, terminado en punta.

Spit. v. Escupir, expectorar. / (Fig.) Escupir, despedir, arrojar. / Encender (una mecha, espoleta, etc.). / *Spit it out*, ¡dígalo!. / Escupir, arrojar saliva. / Caer blandemente y por ratos, rociar (la lluvia).

Spite. m., f. Despecho, inquina. / v. Despechar, molestar, fastidiar, dar pique, mostrar resentimiento.

Spitfire. m. Cascarrabias (generalmente mujer). / "Escupefuego", famoso tipo de avión de combate utilizado en la Segunda Guerra Mundial por los ingleses.

Splasher. m., f . Persona que salpica. / Cobertura o protección contra salpicaduras.

Splash guard. m. Guardabarro, guardafango.

Splashily. adv. Ostentosamente, llamativamente, vulgarmente.

Splashy. adj. Ostentoso, llamativo, vulgar. / Cenagoso, lodoso, sucio, salpicado.

Splat. m. Listón de respaldo (de una silla). / Ruido sordo, chapoteo.

Splatter. v. Salpicar, manchar. / f. Salpicadura, rociada.

Splay. v. Extender. / Dislocar (huesos, esp. del caballo). / Biselar, achaflanar. / Extenderse. / Inclinarse, sesgarse. / m., f. Extensión, expansión. / Chaflán, bisel. / (Arq.) Alféizar, derrame (de ventanas o puertas).

Splendid. adj. Resplandeciente, brillante. / (Fig.) Espléndido, vistoso, magnífico, ilustre, grande, glorioso. / Excelente, muy bueno.

Splenderous, splendrous. adj. Esplendoroso, brillante.

Splice. v. Empalmar, ajustar. / (Fig.) Unir, juntar. / (Fam.) Casar, unir en matrimonio. / m., f. Ajuste, empalme. / (Fam.) Matrimonio, bodas.

Splicer. m. (Náut.) Ayustador, pasador. / (Electr., Mec.) Empalmador.

Spline. f. Lengüeta postiza, lengüeta paralela. / Regla flexible (para dibujar líneas curvas). / Ranura para una junta de cuña. / v. Ranurar, proveer de cuña.

Splint. m., f. Astilla, esquirla. / Varilla (que sirve de armazón en tejidos de paja, juncos). / (Med.) Tablilla. / (Veter.) Sobrehueso (de los caballos). / Launa (armadura). / v. (Med.) Entablillar (hueso roto, etc.).

Splinter. m., f. Astilla (de madera, pedernal, vidrio), esquirla (de hueso). / v. Astillar, hacer astillas. / Hacerse astillas.

Split. v. Hender, rajar, partir. / Cuartear, resquebrajar. / (Dep.) Ganar la mitad de los partidos. / *To split one's sides (with laughter)* desternillarse de risa. / *To split*

one's vote, votar por candidatos de diferentes partidos. /
To split up, repartir, dividir, fraccionar, disociar, separar, separarse, romper (relaciones amorosas).
Splitsaw. f. Sierra para cortar madera longitudinalmente.
Splotchy. adj. Moteado, cubierto de manchas, emborronado.
Splurge. m., f. (Fam.) Fachenda, ostentación, boato, lujo. / v. (Fam.) Fachendear, hacer ostentación. / Gastar de modo extravagante.
Splutter. v. Farfullar, tartajear. / Chisporrotear. / Farfullar. / m., f. Farfulla, tartajeo. / Chisporroteo.
Splutterer. m., f. Farfullador, ra; barullero.
Spoilage. m., f. Corrupción. / Desperdicio, desecho.
Spoiler. m., f. Aguafiestas. / Despojador. / Corruptor. /
(Aer.) Freno aerodinámico. / (Dep.) Persona o equipo que triunfa inesperadamente.
Spoilsport. m., f. Aguafiestas.
Spoke. m., f. Radio, rayo (de rueda). / (Náut.) Cabilla (de la rueda del timón). / Peldaño, escalón (de escalera). /
(Fig.) *To put a spoke in someone's wheel*, frustrar los propósitos de alguien, poner trabas a alguien. / Enrayar.
Spoken. adj . Hablado, oral.
Spokesman. m. Portavoz.
Spoliator. m., f. Expoliador, ra.
Sponge. m., f. Esponja. / (Fam.) Gorrón, na; parásito. /
(Metal.) Esponja, metal esponjoso. / (Fam.) Persona glotona o bebedora. / (Fam.) *To throw (o toss) in the sponge*, abandonar la lucha, darse por vencido.
Sponge cake. m. Bizcochuelo.
Sponger. m., f. (Fam.) Gorrista, sablista, chupasangre.
Sponginess. f. Esponjosidad, porosidad.
Sponging. f. Acción de limpiar o enjugar con esponja. /
Acción de gorrear o de aprovecharse de lo ajeno.
Spongy. adj. Esponjoso, poroso, absorbente.
Sponsor. m., f. Fiador, garante, aval. / (Radio.) Auspiciador, promotor. / (Rel.) Padrino, madrina. / v. Fiar, garantizar, responsabilizarse por, apadrinar. / Patrocinar, costear (un programa).
Sponsorial. adj. Propio del fiador, patrocinador.
Sponsorship. m. Padrinazgo, patrocinio.
Spontaneity. m., f. Espontaneidad. / Acto o gesto espontáneo.
Spontaneous. adj. Espontáneo, voluntario. / Espontáneo, del propio movimiento, instintivo. / (Biol.) Espontáneo.
Spontaneously. adv. Espontáneamente, instintivamente, naturalmente.
Spontaneousness. f. Espontaneidad.
Spoof. m., f. (Fam.) Engaño, impostura, superchería, tomadura de pelo, broma. / v. Engañar, hacer burla de, embromar. (Náut.) Burlarse, chanchear.
Spool. f. Bobina. / v. Ovillar, devanar.
Spoon. m., f . Cuchara. / Anzuelo de cuchara, cebo o carnada artificial (de pesca).
Spoonful. f . Cucharada.
Spoony. adj. Sensiblero, tontamente sentimental. /
(Fam.) Amartelado, acaramelado. / (Fam.) Besador, besuqueador. / *To become spoony*, acaramelarse.
Spoor. m., f. Rastro, pista, huella (de animal salvaje). /
v. Seguir un rastro o pista. / Rastrear.
Sporadic. adj. Esporádico, ocasional. / Aislado.
Spore. f. (Biol.) Espora.
Sport. m., f. Deporte, juego. / Recreación, pasatiempo, diversión. / Broma, chacota. / Juguete. / (Fam.) Persona alegre o despreocupada.
Sportful. adj. Juguetón, divertido, alegre.
Sporting. adj. Deportivo. / Justo, equitativo, decente (oferta, etc.). / Aficionado a los deportes. / Que juega.

Sporting house. m. (Fam.) Burdel.
Sportive. adj. Juguetón, bromista, alegre. / Deportivo.
Sports. adj. Deportivo.
Sportsman. m. Deportista. / Buen perdedor.
Sportswear. m. Traje deportivo.
Sportswoman. f. Mujer deportista.
Sportswriter. m. Reportero o cronista deportivo.
Spot. m., f. Mancha. / (Fig.) Tacha, baldón (en reputación), defecto, falta (de carácter). / Lunar, mancha. /
Punto (de naipe). / Sitio, lugar, paraje. / Puesto, situación, empleo. / Mercancías para entrega inmediata.
Spot cash. m. (Com.) Pago al contado.
Spotless. adj. Inmaculado, sin mancha, puro. / Intachable (reputación).
Spot news. f. Ultimas noticias, dadas apenas ocurrido el incidente. / Noticias que ocurren inesperadamente.
Spot-remover. m. Quitamanchas.
Spotted. adj. Moteado, pintado, de lunares. / Manchado, deslustrado.
Spouse. m., f. Esposo, esposa, cónyuge. / (Fam.) Media naranja, cara mitad.
Spouseless. adj. Soltero o viudo, sin cónyuge.
Spout. v. Arrojar, echar a borbotones (o borbollones) (un líquido).
Sprain. v. Dislocarse, torcer (muñeca, tobillo, etc.), relajar (un músculo). / m., f. Dislocación, luxación, torcedura, esguince, relajamiento.
Sprawling. adj. Irregular y grande (letras o escritura).
Spray. m., f. Rocío (de las olas del mar), rociada, ducha. / Vaporizador, atomizador. / Ramita, ramaje. / Diseño o adorno en forma de ramita. / v. Rociar.
Sprayer. m., f. Rociador, pulverizador. / Pistola pulverizadora.
Spread. v. Tender, desenvolver, extender, estirar, expandir, dilatar, desplegar (velas, bandera, alas). / Exhibir. / Abrir, extender (piernas, brazos). / Esparcir, desparramar, extender (pintura).
Spread-eagle. adj. (Fam.) Fanfarrón, ampuloso, patriotero. / v. Extenderse sobre, abarcar. / (Náut.) Flagelar (a un hombre atado a las jarcias con los brazos y piernas extendidos).
Spring. v. Saltar, brincar. / Rebotar. / Torcerse, combarse (madera) / Rajarse, resquebrajarse (madera). / Explotar, estallar (una mina). / (Arq.) Arrancar desde la imposta (arco o bóveda). / *To spring upon*, abalanzarse sobre. / Hacer saltar, surgir o brotar (líquidos). / Soltar (un muelle o resorte). / (Fig.) Revelar (inesperadamente). / Torcer, combar, (madera). / Rajar, hender, partir (madera). / Hacer estallar, volar (una mina).
Spring bed. m. Colchón de resortes, de muelles.
Springboard. m., f. Trampolín. / (Fig.) Ayuda, palanca.
Spring chicken. m., f. Polluelo. / (Fig.) Persona joven e inexperta.
Springe. m., f. Lazo, trampa (para atrapar caza menuda).
Springer. m., f . Saltador, brincador. / Perro ojeador. /
(Zool.) Orca. / (Zool.) Gacela del Africa del Sur.
Springlet. m. Manantial pequeño, arroyuelo, riachuelo.
Springtide. f. Primavera, época primaveral.
Springwater. f. Agua de manantial.
Springily. adv, Elásticamente, con elasticidad.
Springiness. f. Elasticidad.
Springy. adj. Elástico, flexible.
Sprinkle. v. Rociar, salpicar, espolvorear, esparcir (líquido, cenizas). / Rociar. / Lloviznar, chispear. / m., f. Rociada, llovizna. / Una pizca, un poco.
Sprinkler. m., f. Rociador, regadera, irrigador. / Regadera rotativa .

Sprinkling. m., f. Rociada, rociadura, aspersión. / Riego. / (Fig.) Poco, pizca, pequeño número.
Sprint. v. Correr a toda velocidad. / m., f. Carrera a toda velocidad, período corto de trabajo intenso. / (Dep.) Carrera corta (de gran velocidad).
Sprite. m., f. Duende, trasgo, gnomo, hada. / Sombra, fantasma, aparición. / (Zool.) Especie de cangrejo.
Spume. f. Espuma. / v. Espumar, hacer espuma.
Spumous. adj. Espumoso.
Spumy. adj. Espumoso.
Spunk. m., f. Yesca. / (Fig.) Animo, coraje, arrojo, valor. / Chispa, fogata, fósforo.
Spunky. adj. Valiente, animoso, valeroso.
Spur. m., f. Espuela. / (Fig.) Acicate, estímulo. / Ramal (de plantas), cornezuelo (de centeno). / Navaja (para gallo de pelea). / Trepadera, pincho o garfio (para trepar árboles, postes). / Estribación, espolón (de una montaña). / (Bot., Zool.) Espolón.
Spur-of-the-moment. adj. Instantáneo, espontáneo, impensado.
Sputter. v. Hablar echando saliva, barbotear. / Chisporrotear. / Farfullar. / Espurrear, espurriar. / Farfullar, tartajear. / m., f. Farfulla, balbuceo. / Chisporroteo, chispeo de saliva.
Sputterer. m., f. Farfullador, ra.
Spy. v. Divisar, avistar. / Espiar, atisbar, aguaitar. / *To spy out*, escrutar, escudriñar. / Ser espía, andar espiando. / m., f. Espía, espión. / Escudriñamiento.
Spyglass. m. Catalejo, anteojo de larga vista.
Sq. *square* f. Plaza (de una ciudad). / *squadron*, m. Escuadrón.
Sq. ft. *Square foot*, m. Pie cuadrado.
Squab. m., f. (Orn.) Pichón, pollo, polluelo. / Persona regordeta. / Cojín, almohada, sofá, otomana. / adj. Regordete, rechoncho. / Implume.
Squabble. v. Reñir, disputar. / (Impr.) Encaballar, desarreglar (tipos y líneas). / f. Riña, pendencia, reyerta, disputa, contienda, trifulca.
Squad. m., f. Cuadrilla, partida, equipo. / (Mil.) Escuadra, patrulla, pelotón. / v. Ordenar en escuadras, agrupar.
Squally. adj. Chubascoso, borrascoso, tempestuoso.
Squamate. adj . Escamoso.
Squander. v. Malgastar, derrochar, despilfarrar, dilapidar, disipar. / (Arc.) Desparramar, dispersar. / m. Derroche, despilfarro.
Square. m., f. Cuadrado, cuadro. / Plaza, parque. / Manzana (de casas). / Casilla, escaque (del tablero de ajedrez). / (Mat.) Cuadrado, segunda potencia. / (Geom.) Cuadrado.
Squarish. adj. Más o menos cuadrado.
Squash. v. Despachurrar, machacar. / (Fig.) Aplastar, apabullar. / Aplastar, sofocar, reprimir (revuelta, levantamiento). / Aplastarse, aplanarse. / Apretarse, apretujarse.
Squashily. adv . Blandamente.
Squash racquets. m. Juego parecido al tenis, que se juega con raquetas más cortas, pelotas de goma y en un campo más pequeño rodeado de paredes altas.
Squashy. adj . Blando, esponjoso, fofo. / Húmedo o lodoso, de aspecto reblandecido.
Squat. v. Hacer acuclillarse, hacer ponerse en cuclillas. / Acuclillarse, ponerse en cuclillas. / Agazaparse, acurrucarse, agacharse (pájaro, liebre). / m., f. Postura de uno que está en cuclillas o agachado.
Squatter. m., f. Intruso, ocupante ilegal (que se establece en casas o terrenos no ocupados). / Persona o animal que se acuclilla.

Squawker. m., f . Graznador, ra; chillador, ra. / (Fam.) Altavoz. / (Jerga popular) Informante, soplón, na; delator, ra.
Squeaker. m., f. Juguete chirriador. / Lechón.
Squeakily. adv. Con un chirrido, en voz chillona.
Squeaky. adj. Chirriador, chirriante (puertas, ruedas). / Chillón (voz).
Squeezer. m., f. Exprimidor. / Prensa de moldear (ladrillos). / (Metal.) Cinglador.
Squelch. m., f. (Fam.) Chapoteo. / (Fam.) Despachurro. / Réplica desconcertante. / v. Aplastar, suprimir. / Apabullar, despachurrar, desconcertar.
Squib. m., f. Buscapiés, carretilla, cohete roto cuya pólvora arde pero no explota. / Detonador, cebo eléctrico. / Escrito satírico, pasquín, pulla.
Squid. m. (Zool.) Calamar
Squiggle. v. Retorcerse, culebrear. / Garrapatear, garabatear, escarabajear. / Emborronar, borrajear. / m. Rasgo ondulante. / Garrapato, garabato, escarabajo.
Squilla. m., f. (Zool.) Esquila, camarón.
Squint. adj. Desviado (ojo). / Que mira de soslayo, torcido, avieso. / v. Mirar de soslayo. / Bizquear, ser bizco o estrábico. / Aludirse indirectámente, inclinarse hacia, tender a. / Bizquear, torcer (los ojos), entrecerrar (los ojos).
Squire. m. Escudero. / Hacendado, principal terrateniente (de un distrito). / Título dado al alcalde, juez de paz, juez local. / Asistente (de un gran personaje). / (Fam.) Acompañante (de una dama), galán. / v. Asistir, servir como asistente.
St. *Saint*, adj. San (S., Sto .Sta). / *Street*, f. Calle. / (Der.) *Statute*, Estatuto.
Stability. m., f. Estabilidad, permanencia, firmeza. / (Fig.) Firmeza, constancia, resolución. / (Rel.) Voto que une por vida (a un religioso) a un mismo monasterio. / (Mec., Aer.) Estabilidad. / (Arc.) Coherencia, solidez, consistencia.
Stabilize. v. Estabilizar.
Stable. m., f. Establo, cuadra, caballeriza. / Caballeriza, caballos de carrera de un establo, personal de un establo (de caballos de carrera). / (Fam.) Grupo (de artistas, atletas) bajo la administración de una persona.te.
Stableness. f. Estabilidad.
Stably. adv. Establemente.
Stack. m., f. Niara, hacina, almiar. / Rimero, pila (de libros, leña, etc.) / Cañón, humero (de chimenea), chimenea (de buque). / Tubo de escape (de motor de combustión). / Estante, estantería (para libros). / (Fig.) Montón, gran número. / (Gran Bretaña) Unidad de medida para carbón y madera como combustible (108 pies cúbicos). / (Arq.) Grupo de humeros. / (Mil.) Pabellón de fusiles. / Pila de fichas (de un jugador).
Staff. m., f. Palo, estaca, varilla, bastón. / (Fig.) Soporte, apoyo, sostén. / Palo, asta (de lanza, pica, bandera, etc.). / Garrote, cachiporra, maza. / Vara o bastón de mando, vara de medir. / (Topogr.) Jalón de mira. / Personal, cuerpo de administración). / Escalón, peldaño (de escala de mano), travesaño (de una silla).
Stag. m. Ciervo, venado. / Animal castrado. / Varón sin compañera (en una reunión social). / Potro, potrillo. / adj. Sólo para hombres (reunión, comida, etc.). / Sin compañera, sin compañero.
Stage. m., f. Escenario (de teatro), (Fig.) tablas. / Plataforma, estrado, tablado. / Andamio. / (Fig.) Teatro, arte dramático, la carrera de las tablas. / Campo (de acción), escenario, teatro (de un suceso). / Parada, posta, descansadero, estación.

Stage-manage. v. Dirigir (obra de teatro). / Preparar o exhibir (con mucho efecto). / (Pol.) Manipular, preparar entre bastidores.
Stage manager. m. (Teatr.) Director de escena.
Stager. m., f. Veterano, persona de gran experiencia.
Staggering. adj. Asombroso, tambaleante.
Staging. m., f. Andamio, tablado, andamiaje, cadalso. / (Teatro) Puesta en escena, representación. / Servicio de diligencias (coches). / Viaje en diligencias. / (Mil.) Estacionamiento (de tropas o efectos).
Stagnancy. m., f. Estancamiento, paralización.
Stagnant. adj. Estancado, estático, inactivo, paralizado.
Stagnate. v. Estancarse, vegetar.
Stagnation. m., f. Estancamiento, inactividad, paralización.
Stag party. f. Tertulia para hombres solos.
Staid. adj. Formal, serio, juicioso.
Stain. v. e intr . Manchar, ensuciar, teñir, tiznar. / (Fig.) Manchar, mancillar, desdorar, corromper. / mancharse. / Manchar, hacer manchas. / m., f. Mancha, mácula, descoloramiento, descoloración.
Stainer. m., f. Tintorero, ra. / Tintura, tinte, color.
Stainless. adj. Inmaculado, limpio. / Inoxidable, inmanchable.
Stainelss steel. m. Acero inoxidable.
Stair. m., .f Escalón, peldaño. / Escaleras, escalinata. / *Below stairs*, en el cuartel de los sirvientes. / *Flight of stairs*, tramo de escalera.
Staircase. f. Escalera (con su armazón), escalinata.
Stair rail. m. Pasamano de escalera.
Stairway. f. Escalera.
Stake. m., f. Estaca, palo, hito. / Poste de la hoguera. / (Fig.) suplicio de la hoguera. / Telero, varal de carros. / Apuesta, posta, puesta. / Aporte, contribución, interés (en empresa, etc.). / Premio deportivo. / *at stake*, envuelto, implicado, en juego, comprometido.
Stale. adj. Añejo, rancio, pasado, descompuesto. / *Stale air*, aire viciado. / (Fig.) Gastado, trillado, añejo, anticuado. / Pasado de entrenamiento (atleta), decaído, menoscabado.
Stampede. m., f. Desbocamiento, estampida (de animales). / Fuga precipitada, pánico. / v. Dispersarse en desorden, huir por pánico, salir de estampía. / Hacer huir por pánico. / (Fig.) Ahuyentar, precipitar.
Stamper. m., f. Estampador, impresor. / Mano de almirez, mazo, martillo. / Máquina trituradora. / Máquina de estampar.
Stanch. *ver staunch.* / v. Restañar (la sangre), taponar (una herida) / adj. Hermético (juntura, etc.), a prueba de agua, estanco (barco). / Constante, leal, fiel (amigo, partidario, etc.).
Stand. v. Estar de pie, quedarse en pie, tenerse derecho. / Ponerse de pie, enderezarse, pararse. / Erguirse, levantarse. / Tener (cierta) altura. / *an old tree stands in the garden*, un árbol viejo se yergue en el jardín. / *he stands six feet*, tiene seis pies de altura. / Estar situado o ubicado, hallarse. / *how does the matter stand now?* ¿cómo está el asunto ahora?
Standard. m., f. Bandera, estandarte, enseña. / Patrón (de medida o peso). / Nivel, norma, regla fija. / Tipo, modelo, ejemplo. / Criterio, pauta. / Soporte, pie, base, columna, posta, pilar. / Pie derecho.
Standardization. f. Uniformación, normalizacion.
Standby. m., f. Partidario, fiel, persona de confianza. / Reserva, sustituto. / Persona que espera lugar disponible para viajar (generalmente en avión).
Standing. adj. De pie, en pie, derecho, erguido, parado. / Parado, inactivo, estancado. / *standing water*, agua estancada. / Duradero, permanente, establecido, estable, constante. / *standing committee*, comisión permanente. / De pedestal, de pie. / Que se hace de pie o en pie.
Standstill. m., f . Parada, detención, alto. / *at a standstill*, parado, atascado, paralizado. / *To come to a standstill*, detenerse, pararse, cesar. / Parado, estático.
Stand-up. adj. Recto, derecho, erguido. / (Fam.) Lo que se hace o toma de pie.
Staple. m., f. Renglón principal de comercio, producto o artículo principal. / (Fig.) Elemento principal, tema central. / Materia prima, materia bruta. / Emporio, mercado, almacén. / Fibra, hebra (de algodón, lana, etc., que indica su calidad). / adj. Principal, prominente, básico. / *staple food*, alimento principal o básico. / Establecido, reconocido. / v. Clasificar (hebras textiles) según la longitud.
Stapler. m., f. Negociante en artículos principales de consumo. / Clasificador (de lana, algodón, etc.). / Grapadora.
Star. m., f. Estrella, astro. / Condecoración, medalla, insignia (en forma de estrella). / Estrella (de teatro, cine), astro (de un deporte). / (Fig.) Estrella, suerte, hado.
Starchy. adj. Almidonado.
Staring. adj. Que mira fijamente. / Conspicuo, llamativo, chillón.
Stark. adj. Tieso, rígido. / Riguroso, duro, estricto. / (Fig.) Severo (clima). / (Fig.) Arido, desolado (paraje, escena, etc.). / Sin adorno, austero. / Completo, absoluto, total. / *stark folly*, locura completa.
Starlet. f. Estrellita, estrella pequeña. / (Teatr., cinem.) Estrella joven, estrella en ciernes.
Starlight. f. Luz de las estrellas.
Starlike. adj. Estrellado, como una estrella. / Brillante, radiante.
Starry. adj .Estelar, de las estrellas (luz, etc.). / Estrellado, tachonado de estrellas (cielo, noche, etc.). / Brillante, rutilante, centelleante, titilante. / (Fig.) Estelar, etéreo (altura, aspiración, etc.).
Star shower. f. Lluvia de estrellas, de meteoritos.
Start. v. Sobresaltarse, asustarse. / Sobresalir, salir fuera, desorbitarse. / Comenzar, empezar. / Partir, salir. / Aflojarse, descoyuntarse. / *To start after*, salir en busca de. / *To start back*, dar un respingo, emprender el viaje de regreso. / *To start for*, ponerse en camino hacia. / *To start from*, salir fuera de, saltar de, brotar, manar. / *To start with*, para comenzar, en primer término, al principio. / poner en marcha, poner en movimiento, hacer funcionar. / Comenzar, empezar, iniciar, originar.
Starter. m., f. Iniciador, ra. / Despachador (de un vehículo). / Arrancador, mecanismo de arranque. / (Dep.) Juez de salida o partida. / (Dep.) Competidor (inscrito en una carrera, etc.).
Startle. v. Sobresaltarse, asustarse, sorprenderse. / Sobresaltar, asustar, alarmar. / m., f. Sobresalto, susto, alarma, respingo.
Startling. adj. Pasmoso, alarmante, sorprendente, asombroso.
Starvation. m., f . Hambre, inanición. / (Med.) Síndrome clínico de hambre.
Starve. v. Padecer hambre, morir de hambre. / (Fig.) Estar hambriento, estar famélico. / (Arc.) Morir o sufrir de frío. / *To starve for*, sufrir por la falta de, morir por la falta de, ansiar. / matar de hambre.
State. m., f. Estado, condición, naturaleza. / Estado de ánimo, humor, genio (esp. anormal). / Estado social, clase económica, rango (elevado), eminencia. / Majestad, dignidad, pompa, suntuosidad, ceremonia. / pl. Estados (eclesiástico, plebeyo, etc.).

Stated. adj. Fijo, establecido, regular. / Reconocido, admitido, dicho, formulado, expresado.
Stately. adj. Majestuoso, augusto, solemne, sublime, imponente. / *with a stately air*, con aire imponente. / adv. majestuosamente.
Statement. m., f. Declaración, exposición, informe, presentación (oral o escrita), afirmación, aseveración, enunciación. / (Com.) Estado de cuenta.
Stateroom. m. (Náut.) Camarote. / Compartimiento privado.
Statesman. m. Estadista, hombre de estado.
Static. adj. Estático, estacionario, inactivo. / (Fís., Electr.) Estático. / f. (Rad.) Descarga atmosférica que interfiere con la recepción.
Statics. f. (Mec.) Estática, rama de la mecánica que trata sobre masas en reposo o en equilibrio.
Station. m., f. Estación (de ferrocarril, ómnibus, etc.). / Puesto, sitio, ubicación, colocación. / (pl., Náut.) Puestos de servicio (en batalla). / Estado, rango, condición (social). / (Rel.) Estación (de la cruz).
Stationary. adj. Estacionario, parado, inmóvil, fijo, inalterado.
Stationery. m. pl. Artículos o útiles de escritorio. / Papel y sobre de cartas (esp. particulares de una persona, un hotel, etc.).
Stationmaster. m. Jefe de estación.
Statistic. f. Estadístico. / adj.Estadístico, ca.
Statistics. f. Estadística (la ciencia). / m., f. pl. Datos estadísticos, estadísticas.
Statue. f. Estatua, escultura.
Stature. f. Estatura, talla, tamaño. / (Fig.) Situación (social), importancia.
Status. m., f. Estado, condición. / Estado legal, estado civil. / Condición social, nivel social.
Statute. m., f. Estatuto, decreto, reglamento, ley.
Statute law. m. Derecho escrito, derecho estatutario.
Stay. v. Sostener. / apuntalar, afianzar, asentar, cimentar, fundamentar. / Calmar, aplacar. / Durar, permanecer, quedarse. / Impedir, obstaculizar, retardar, diferir. / (Dcr.) Aplazar, posponer (Un fallo), demorar. / (Dep.) Soportar, aguantar (Ritmo de carrera, etc.). / *To stay one´s appetite*, Aguantar el hambre. / Detenerse, parar, tardar, demorarse. / Alojarse, hospedarse. / Resistir, no ceder.
Stead. n. Ventaja, provecho, utilidad. / *In (someone´s) stead*, en lugar de (Alguien), en reemplazo de (Alguien) / *He bought another one in its stead*, se compró otro para reemplazarlo.
suelto, firme. / Establecido, fijo.
Steadily. adv. Firmemente, fijamente, seguramente.
Steak. n. Bistec. / Carne para asar o freír.
Steal. v. Robar, hurtar. / (Fig.) Cautivar, ganar (Afección, etc.). / Conducir o introducir a hurtadillas, pasar o meter de contrabando. / *To steal a look at*, echar una mirada furtiva a, mirar a hurtadillas.
Stealing. n. Hurto, ratería, robo. / adj. ladrón, hurtador.
Stealth. n. Subrepción, recato. / *By stealth*, a hurtadillas, furtivamente.
Stealthy. adj. Furtivo, subrepticio, clandestino.
Steam. n. Vapor, vaho. / (Fig.) Vigor, fuerza, energía. / *On one's own steam*, por sus propios recursos. / *to get up steam*, dar presión de vapor.
Steamproof. adj. A prueba de vapor.
Steel. n. Acero. / Espada, puñal, eslabón (Para sacar fuego de un pedernal). / f. (Fig.) Animo, brío, resolución. / Industria de acero. / pl. acciones en fábricas de acero. / adj. De acero. Acerado. / (Fig.) Férreo, duro, frío.
Steel-clad. adj. Cubierto o revestido de acero, acorazado.

Steelwork. n. Artículos de acero. / Estructura de acero. / *Steelworks*, Fábrica siderúrgica, acería.
Steely. adj. Acerado, de acero. / (Fig.) Inflexible, severo, duro.
Steep. adj . Empinado, escarpado. / (Náut.) Embravecido, bravo. / (Fam.) Excesivo, exorbitante (Precio, cuenta, etc.), exagerado (Cuento, relato, etc.). / *It´s a bit steep!* ¡es un poco caro! / v. Empapar, impregnar, extraer (La esencia) remojando o empapando.
Steeply. adv. De modo empinado, de modo escarpado.
Steer. v. Gobernar un barco, guiar, conducir (Aut., etc.). / Encaminar, encauzar. / (Fam.) Seguir un rumbo o dirección. / Navegar, timonear.
Steerer. n. Conductor, timonel, guiador.
Steering wheel. n., (Náut.) Rueda del timón. / (Automov.) Volante.
Stellar. adj. Estelar, astral. / Con estrellas (Decoración). / (Fig.) Estelar, principal, sobresaliente, superlativo. / De una estrella (De cine o de teatro).
Stemless. adj. Sin tallo.
Stench. n. Hedor, hediondez.
Step. n Paso. / Pisada, huella. / Escalón, peldaño, grada. / pl. escalera de tijera, escalera de mano. / Grado, categoría, etapa. / Paso, medida, gestión. / (baile) Paso. / (Mús.) Intervalo (Entre dos grados).
Stepbrother. n. Hermanastro.
Step-by-step. n. Gradual, paulatino, escalonado. / (Electr.) por grados.
Stepchild. n. Hijastro, alnado, hijastra, alnada.
Stepdaughter. n. Hijastra, alnada.
Step-down. adj. (Electr.) Reductor. / n. Reducción, disminución.
Stepfather. n. Padrastro.
Step-in. adj. Sostenido por elástico (díc. de ciertas prendas de vestir). / n. Pantalón interior de mujer.
Stepmother. n. Madrastra.
Stepparent. n. Padrastro, madrastra.
Stepped. adj. Escalonado.
Stepsister. n. Media hermana, hermanastra.
Stepson. n. Hijastro, alnado.
Stereo. n. Aparato estereofónico. / abrev. de *stereotype*, estereotipo. / abrev. de *stereoscopy*, estereoscopía, fotografía estereoscópica. / Estereofonía, sistema de sonido estereofónico. / adj., impr. Estereotipado.
Stereotyped. adj. Estereotipado, uniformizado.
Sterile. adj. Estéril, infecundo, improductivo, infructuoso. / bacter. Estéril. / (Bot.) infructífero.
Sterility. n. Esterilidad, infecundidad, aridez.
Sterilization. n. Esterilización.
Sterilize. v. Esterilizar.
Stertor. n. Estertor, respiración fatigosa.
Stertorous. adj. Estertoroso.
Stet. n., impr. Vale, deje como está (Indicación de no suprimir lo ya cancelado). / v. impr. Desvirtuar (Una cancelación), marcar para que no se suprima, dejar como está, no cambiar.
Stethoscope. n. Estetoscopio.
Stew. v. Guisar, estofar. / Cocer a fuego lento. / Sudar, abochornarse. / (Fam.) Inquietarse, preocuparse, agitarse. / Empollar (Estudiar con ahínco). / *To stew in one's own juice*, (Fig.) Cocerse en su propia salsa.
Steward. m. Mayordomo, senescal. / Administrador, director, dirigente. / Camarero, mozo (De buque o avión).
Stewardess. f. Camarera (De buque), azafata.
Stewardship. n. Mayordomía. / Administración, gerencia.

Stick. n. Palo, estaca. / Vara, pértiga. / Garrote, porra, tranca. / Barra (De chocolate, jabón, etc.). / cartucho (De dinamita). / (Pop.) El falo, el miembro masculino. / Tallo leñoso. / Bombas en serie (Para ser lanzadas desde un bombardero).
Stickpin. m. Alfiler de corbata.
Stickup. m. Atraco, asalto.
Stiff. adj. Rígido, sin flexibilidad. / Tieso, duro, firme. / Tenso, tirante. / Espeso, viscoso, denso (arcilla, pasta). / Denso, compacto, consistente. / (Fig.) Tieso, estirado, ceremonioso. / Fuerte (viento, corriente, etc.) / Fuerte, cargado (bebidas alcohólicas). / (Fig.) Severo, duro. / (Fig.) Difícil, arduo.
Stiffening beam. f. Viga de refuerzo o de rigidez (en construcción).
Stiffness. m., f. Tiesura, inflexibilidad. / (Fig.) Estiramiento, rigidez. / Rigor, obstinación.
Stifling. adj. Sofocante, asfixiante.
Stigma. m., f. Estigma, lacra. / (Fig.) Desdoro, afrenta, baldón. / (Teol.) Estigmas. / (Anat., Zool., Bot., Med.) Estigma.
Stigmatic, stigmatical. adj. (Bot.) Estigmático. / (Opt.) Anastigmático. / Estigmatizador, infamante. / m., f. Estigmatizado, estigmatizada.
Stigmatization. f. Estigmatización.
Stile. m. pl. Peldaños para pasar sobre una valla, tapia o muro, portillo con escalones. / m. Torniquete. / (Arq.) Largero, montante.
Still. adj. Inmóvil, fijo, inactivo, tranquilo. / Apacible, sosegado. / Quieto, silencioso. / Quedo, suave (voz), sordo (ruido). / No espumoso (vino). / *To keep still*, quedarse inmóvil o quieto. / m., f. Silencio, quietud. / (Fotogr.) Vista fija, fotografía de lo inmóvil.
Stillness. m., f. Inmovilidad. / Tranquilidad, calma. / Silencio, quietud.
Stilt. m., f. Zanco. / Soporte, pilote. / (Orn.) Cigoñuela. / (Fig.) *On stilts*, pomposo, ampuloso. / v. Poner en zancos o en soportes.
Stilted. adj. Tieso, pomposo, ampuloso.
Stimulant. m., f. Estimulante. / Bebida alcohólica. / (Fisiol.) Estimulante.
Stimulate. v. e intr . Estimular, aguijonear, incitar, avivar, excitar. / Servir de estímulo o aguijón, ser estimulante.
Stimulating. adj. Estimulante, excitante.
Stimulation. m., f. Estímulo, incentivo, avivamiento. / (Fisiol.) Estímulo, excitación.
Stimulator. m. Estimulador, excitador.
Stimulus. m. Estímulo, incentivo. / (Psicol., Fisiol.) Estímulo.
Sting. v. Picar, pinchar, punzar. / (Fig.) atormentar, afligir (por). / Estimular, incitar, aguijonear.
Stingily. adv . Miserablemente, mezquinamente, escasamente.
Stinginess. f. Miseria, mezquindad, insuficiencia.
Stingy. adj. Mísero, avariento, cicatero, tacaño. / Escaso, poco, insuficiente.
Stingy. adj. Punzante, urticante.
Stink. v. Apestar, heder. / (Fig.) Tener mala fama o reputación.
Stipend. m., f. Estipendio, remuneración, salario.
Stipulate, stipulated. adj. (Bot.) Estipulado.
Stipulation. f. Estipulación, cláusula, condición.
Stirring. adj. Incitador, incitante, excitador, conmovedor. / m. Movimiento leve, movimiento incipiente.
Stitch. m., f. Puntada (de costura), punto (de costura o tejido), sutura. / Punzada, punto de costado. / (Fam.) El mínimo, la más escasa ropa que sea lícito usar.

Stoat. m., f. (Zool.) Armiño europeo, comadreja de cola negra.
Stock. m., f. Tronco, tocón. / Madero, palo, poste. / (Fig.) Zoquete, tonto. / Base, soporte, puntal. / Caja (del fusil, del cepillo), cepo (del ancla, del cañón), portacojinetes. / Cepa, tallo. / Patrón (en que se hace un injerto). / Cepa, linaje, estirpe, raza, fuente, origen. / Mango (de látigo, caña de pescar, etc.). / Berbiquí, manubrio de taladro, terraja. / *Stocks*, Materia prima. / Extracto, base concentrada, esencia (de sopa, carne, etc.). / Abasto, existencias, provisión (de mercaderías).
Stock book. m. (Com.) Libro de existencias, libro de almacén. / Libro para sellos (de correo) sueltos (en venta o para canje).
Stockholder. m., f. Accionista, tenedor de títulos o acciones.
Stockily. adv. Robustamente.
Stockiness. f. Robutez, fortaleza.
Stocking. f. Media, calceta.
Stock-in-trade. f. pl. Existencias de una tienda (para la venta). / m. Equipo indispensable (para ejercer un oficio), útiles (de un artesano). / (Fig.) Recursos o expedientes usuales.
Stock market. m., f. (Com.) Mercado o bolsa de valores, lonja (de acciones). / *to play the stock market*, jugar a la bolsa de valores.
Stocky. adj. Rechoncho, regordete, robusto.
Stodge. v. Atiborrar, hartar (de comida). / Tragar.
Stodgy. adj. Pesado, indigestible, que sacia o harta (comida). / Atestado, colmado. / Rechoncho. / Pesado, aburrido, pedante, insípido.
Stoic. adj. y m., f. Estoico, ca. / Persona estoica. / Estoico, de los estoicos. / Impasible.
Stoicism. m., f. Estoicismo, impasibilidad.
Stoke. v. Atizar, avivar (el fuego), cebar, alimentar (horno, etc.), cargar (caldera). / Llenar (de comida).
Stolid. adj . Impasible, insensible, imperturbable.
Stolidity. f. Impasibilidad.
Stomach. m., f. Estómago. / (Fig.) Apetito, deseo, inclinación, gana. / (Fam.) Abdomen, vientre. / *Pit of the stomach*, la boca del estómago. / *to turn one's the stomach*, revolver el estómago a uno. / (Fig.) Tragar, aguantar, sufrir. / (Arc.) Resentirse de.
Stomachache. m. Dolor de estómago.
Stomachy. adj. Panzudo, ventrudo. / Irritable, porfiado.
Stone. m., f. Piedra. / Canto, guijarro. / Lápida sepulcral. / pedernal, muela, piedra amoladera o afiladera. / Hueso, cuesco (de las frutas). / libras (medida de peso).
Stone Age. f. Edad de Piedra.
Stone-blind. adj. Ciego como un topo, completamente ciego.
Stone-blindeness. f. Ceguera absoluta.
Stone-cold. adj. Helado, duro de frío.
Stoned. adj. Borracho, drogado. / Deshuesado (frutas).
Stone-deaf. adj. Sordo como una tapia.
Stone-deafness. f. Sordera total.
Stonemason. m. Albañil, mampostero.
Stone pit. m. Cantera, pedrera.
Stony-broke. adj. Quebrado como una piedra. / Arruinado, sin un centavo.
Stool. m., f. Taburete, banqueta. / Escabel, banqueta (para los pies). / Bacín, inodoro. / Evacuación del vientre, deposiciones. / (Bot.) Tocón, cepa, planta madre.
Stoop. v. Agacharse, encorvarse. / (Fig.) Condescender, dignarse. / (Fig.) Rebajarse, degradarse. / Ceder, doblegarse, someterse. / Abatirse, arrojarse sobre la presa (halcón, etc.). / Inclinar hacia adelante, encorvar.

Stop. v. Parar, detener. / Atajar, parar, interceptar. / Interrumpir. / Suspender, cortar, suprimir. / Paralizar. / Cerrar, tapar o cubrir (agujero o abertura), obturar, taponar, rellenar, obstruir, atascar, contener, estancar, represar, restañar. / (Mús.) Pisar (cuerda de violín, guitarra, etc.), tapar (agujeros de clarinete, trompeta, etc.).

Stoplight. m., f. Semáforo. / Luz de parada.

Stopover. f. Escala, parada temporal.

Stoppage. m., f. Parada, detención, alto. / Cesación, interrupción. / Obstrucción, impedimento. / Obturación, oclusión.

Stopped. adj. Cerrado, tapado. / Obstruido, atorado, bloqueado. / Refrenado, reprimido, contenido.

Storage. m., f. Almacenamiento, acopio. / Depósito, almacén. / Almacenaje. / (Electr.) Acumulación.

Store. v. Almacenar, guardar. / Car cabida a, contener. / Abastecer, proveer, pertrechar. / *To store away*, acumular, reservar. / m., f. Tienda, almacén. / Almacen, depósito. / Provisión, surtido. / (Fig.) Reservas, abundancia, acopio. / Pertrechos, equipo (militares, navales, etc.).

Storekeeper. m. Almacenero. / Tendero. / (Náut.) Pañolero.

Stormily. adv. Tempestuosamente, violentamente.

Storminess. m., f. Estado tempestuoso. / Ambiente acalorado, atmósfera caldeada (de una sesión, debate, etc.).

Storm window. f. Contraventana.

Stormy. adj. Tempestuoso, borrascoso, violento, turbulento.

Story. m., f. Narración, historia, cuento, fábula, anécdota. / Trama, argumento. / Narración, relato, versión. / (Fam.) Mentira, embuste. / (EE.UU.) Articulo (noticioso). / Piso, planta.

Storybook. m. Libro de cuentos.

Storytelling. m., f. Narración. / Chismorreo.

Stoutish. adj. Bastante gordo o corpulento, tirando a gordo.

Stoutly. adv. Resueltamente, valientemente, con vigor. / Firmemente, sólidamente, obstinadamente.

Stove. m., f. Estufa, hornillo, cocina. / Horno. / Invernáculo, invernadero.

Straddler. m . (Fam.) El que no se decide, el que está entre dos aguas.

Straggly. adj. Disperso, diseminado, desordenado.

Straight. adj. Derecho, recto. / Seguido, directo, continuo, consecutivo. / En orden, arreglado. / Recto, honesto, correcto, franco. / Correcto, exacto. / Severo, rígido. / Puro, sin mezcla. / *to drink whisky straight*, beber whiski sin añadir agua. / De confianza, fidedigno. / Fijo, uniforme, igual (precios).

Straighten. v. Enderezar (se). / *To straighten out*, arreglar(se), desenmarañar(se), ordenar(se). / *To straighten up*, corregirse, enderezar(se).

Straight face. f . Cara inexpresiva o seria, cara de palo.

Straighforward. adj. Directo, recto, franco, sincero, honrado, honesto.

Strain. m., f. Casta, cepa, ascendencia (esp. de animales). / Rasgo, característica, nota, traza. / Tonada, aire, melodía. / Modo, tono, estilo (empleado en poema, discurso, etc.). / Humor, disposición.

Strait. adj. Limitado, restringido. / (Arc.) Estrecho, angosto, ajustado, apretado, estricto, riguroso.

Straiten. v. Confinar, reducir, estrechar, constreñir, contraer. / *In straitened circumstances*, con estrechez, alcanzado, apurado, falto de dinero, necesitado.

Straitly. adv . Limitadamente, estrechamente, rigurosamente.

Straitness. m., f. Limitación, estrechez, angostura, apuro, penuria.

Stranded. adj. (Náut.) Varado. / (Fig.) Desamparado, sin recursos.

Strange. adj. Extraño, ajeno, desconocido. / Extraño, raro, peculiar, excéntrico, extraordinario, singular.

Stranger. m., f. Forastero, ra; extraño, desconocido, extranjero. / (Der.) Tercero, sin interés legítimo. / *To be a stranger to*, desconocer, ser inexperto en, ser desconocido (para). / *To make a stranger of*, tratar con frialdad (a alguien).

Strangle. v. Estrangular, sofocar, asfixiar. / (Fig.) Sofocar, suprimir, reprimir. / Estrangularse, sofocarse, asfixiarse.

Strangulate. v. Estrangular. / (Med.) Estrangularse, ocluírse.

Strangulation. f. Estrangulación.

Strap. m., f. Correa, tira, banda, / Asentador (para afilar), hombrera (de uniforme), trabilla (de pantalón). / Barra chata, solera, llanta (de acero).

Strapless. adj. Sin tirantes (vestido de mujer).

Strapper. f. Persona grande y robusta. / Persona o máquina que lía, ata, cincha, etc.

Strapping. adj. Fornido, robusto, corpulento.

Stratagem. f . Estratagema, treta, artimaña.

Strategy. m., f. (Mil.) Estrategia. / (Fig.) Estrategia, artimaña, artificio, intriga.

Stratus. m. Estrato.

Straw. m., f. Paja. / (Fig.) Paja, insignificancia, bagatela. / *not to care a straw (about)*, no importar una paja a uno, no dar un comino (por).

Strawberry. f . (Bot.) Fresa.

Strawberry tree. m. (Bot.) Madroño, aborio, albedio.

Straw colour. m. Color pajizo.

Straw man. m., f. Figura de paja, persona de poca monta. / Testaferro, títere, hombre de paja.

Strawy. adj. Pajoso, de paja (aspecto, contextura). / Pajizo (color).

Stray. v. Perderse, extraviarse, descarriarse. / Vagar, deambular. / m., f. Animal (doméstico) perdido o extraviado. / Niño vagabundo, niño abandonado.

Streaked. adj. Rayado, veteado, listado, jaspeado.

Streak of lightning. m. Relámpago.

Streaky. adj. Rayado, veteado, listado. / Inconstante, inestable. / Entreverado (tocino).

Stream. m., f. Corriente, arroyo, río. / Flujo, curso, chorro (de líquido), rayo, haz (de luz), procesión, desfile (de autos, etc.). / (Fig.) Corriente, curso.

Streamer. m., f. Gallardete, banderola, grimpola. / Rayo o faja de luz (en el horizonte). / (Impr.) Título a toda plana.

Streamlet. m. Arroyuelo, riachuelo.

Streamline. m., f. Perfil aerodinámico, trayectoria de flujo, curso o línea de corriente. / v. Hacer aerodinámico. / (Fig.) Modernizar.

Street. f. Calle. / *Of the streets*, que vive de la prostitución. / *To live in the street*, callejear, vivir en la calle. / *Up one's street*, del interés de uno, de la especialidad o competencia de uno. / adj. De calle (vestido).

Street clothes. m. Traje de calle.

Street sweeper. m., f. Barredor de calles. / Barredera (máquina).

Strength. m., f. Fuerza, vigor, fortaleza. / Solidez, firmeza, resistencia. / Fuerza, intensidad, poder, potencia. / Fuerza numérica (de un cuerpo militar), número (de soldados). / (Com.) Estabilidad (de precios).

Strengthen. v. Fortalecer(se), vigorizar (se), robustecer (se).

Strengthening. m., f. Fortalecimiento, consolidación. / adj. Fortificante, tónico.

Strenuous

394

Strenuous. adj. Vigoroso, enérgico, tenaz, persistente. / Arduo, difícil, penoso (trabajo, tarea, etc.).
Strenuousness. f. Vigorosidad, tenacidad. / Arduidad, suma dificultad.
Stress. v. Acentuar, subrayar, relevar, dar énfasis a. / (Mec.) Someter a un esfuerzo, fatigar, sobrecargar. / m., f. Tensión, opresión, carga. / Apremio, apuro, compulsión. / Esfuerzo intenso. / Acento, énfasis.
Stressful. adj. Lleno de tensiones, inquieto, agitado (días, tiempo, época).
Stretching. m. Estiramiento, alargamiento, tensión.
Stretchy. adj. Estirable, extendible, elástico. / Que se despereza.
Strew. v. Esparcir, derramar, rociar (flores, arena). / Salpicar. / Diseminar, divulgar.
Stricken. adj. Herido. / Afligido, apenado. / (con *with*) Afectado, agobiado (por enfermedad), atacado (de locura). / Agotado, debilitado.
Strict. adj. Estricto, severo, riguroso. / Estricto, exacto, preciso. / (Bot.) Erguido, derecho.
Stride. v. Caminar a zancadas, andar a trancos largos. / Pasar a zancadas, cruzar de un tranco. / Montar a horcajadas. / m., f. Zancada, tranco. / (Fig.) Adelanto, avance. / (Fig.) *To get into one's stride*, entrar en el juego, asentarse en (una ocupación), empezar a funcionar bien.
Stridence, stridency. f. Estridencia.
Strident. adj. Estridente.
Stridulation. m. Chirrido.
Strike. v. Golpear, pegar, asestar (un golpe). / Chocar contra o contra, dar o estrellar contra.
Striking. adj. Impresionante, llamativo, sorprendente.
String. m., f. Cuerda, cordel, bramante. / Hilera, ristra. / (Fig.) Retahila. / (Música) Cuerda, pl. instrumentos de cuerda. / (Fig.) Recurso, expediente.
Stringent. adj. Severo, estricto, riguroso. / Convincente, fuerte. / Estrecho, escaso.
Stringly. adj. Fibroso, filamentoso. / Correoso, viscoso, pegajoso (líquido). / Largo y delgado pero fuerte.
Strip. v. e intr . Descortezar (árbol); despellejar, desollar (animal), pelar (fruta). / Desnudar.
Stripe. m., f. Lista, raya, banda, franja. / (Fig.) Indole, calaña, carácter. / (Mil.) Galón, divisa.
Striped. adj. Rayado, listado, a rayas.
Striping. f. pl. Listas, franjas.
Stripper. m., f. (Mec.) Desmoldador, separador, raspador, enjugador. / Mujer que hace "striptease", bailarina que se desnuda.
Striptease. m. Número de cabaret o teatro de variedades, en el que la bailarina se desnuda lentamente al son de la música.
Stripy. adj. Rayado, da.
Strive. v. (generalmente con *for* o *after*) Esforzarse (por), porfiar (en), procurar. / (con *with* o *against*) Luchar, batallar, pugnar, disputar (con). / (Arcaico) Competir, rivalizar.
Stroke. m., f. Golpe. / Apoplejía, ataque apoplético, ataque de parálisis. / Lance, jugada (hábil).
Stroll. v. Pasear, vagar. / Pasearse por (un lugar, calles). / m., f. Paseo, vuelta. / *To go for a stroll*, Dar un paseo.
Stroller. m. Paseante. / Vagabundo. / Cómico de la legua. / Cochecillo de niño, sillita de ruedas para niño.
Strong. adj. Fuerte, robusto, recio, resistente. / Fuerte, potente. / *strong beer*, cerveza fuerte. / Bueno (memoria, ojos). / Fuerte, versado (en una materia, ciencia).
Strongbox. f. Caja fuerte, caja de caudales.
Stronghold. f. Fortaleza, plaza fuerte, ciudadela.
Strong-mindedness. f. Resolución, decisión, determinación.

Strongpoint. m. (Mil.) Punto de resistencia, punto de apoyo.
Strong-willed. m. Tesonero, resuelto, obstinado.
Structural. adj. Estructural. / Debido a la estructuración social (ejemplo, desempleo). / Estructural.
Structuralize. v. Estructurar.
Structure. f. Estructura. / Construcción. / (Fig.) Textura, hechura. / v. Estructurar. / Construir.
Struggler. m., f. Luchador, ra.
Strut. v. Pavonearse, inflarse. / Apuntalar, acodar. / m. Pavoneo. / Puntal, codal, poste.
Stubborn. adj. Obstinado, terco, testarudo, pertinaz. / Refractario, intratable. / (Arc.) Firme, robusto.
Stubbornness. f. Obstinación, terquedad, testarudez, pertinacia.
Stubby. adj. Corto, grueso y romo. / Rechoncho, regordete. / Lleno de troncos o de tocones.
Stuck. (Pop.) adj. *Stuck on*, enamorado, encantado con.
Stuck-up. adj. (Fam.) Presumido, engreído.
Stud. m., f. Yeguada. / Caballeriza (de un solo dueño). / Caballo semental, garañón, padrillo. / *To stand at stud*, servir de semental. / *To send to*, poner de semental.
Stud. m. Clavo de adorno, tachón. / Botón de cuello, gemelo de puño.
Student. m., f. Estudiante, escolar, alumno. / Observador, investigador.
Studentship. f. Condición de estudiante. / Beca, pensión universitaria.
Studied. adj. Premeditado, intencional, planeado. / Artificioso, afectado.
Studio. m. Estudio, gabinete, atelier. / Estudio (de radio, cine o televisión).
Studious. adj. Estudioso. / Diligente, afanoso. / Solícito. / (Poét.) Propicio para el estudio. / Planeado, pensado, intencional.
Study. m., f. Estudio, examen, análisis. / Asignatura, materia (que se estudia), curso. / Diligencia, atención, solicitud. / Ensimismamiento, meditación.
Stuffily. adv. Sosamente, obstinadamente. / Pesadamente. / De manera pomposa.
Stuffy. adj. Mal ventilado, sofocante.
Stultify. v. Idiotizar, embrutecer. / Ridiculizar. / Frustar, neutralizar, invalidar, inutilizar. / (Der.) Probar o alegar locura de (alguien).
Stumble. v. Tropezar, dar un traspié. / Tambalearse, vacilar. / Desatinar, disparatar. / Pecar. / *To stumble along*, caminar haciendo eses.
Stump. m., f. Tocón. / Fragmento, resto, raigón (de diente), muñón (de un miembro), colilla (de cigarro), cabo de vela. / (pl., Fam.) Piernas. / Tribuna o plataforma política. / (Pint.) Esfumino, difumino.
Stun. v. Aturdir, atontar, pasmar, privar. / Atolondrar, aturullar. / m., f. Choque, impacto, sacudida.
Stunner. m., f. Golpe aturdidor, (Pop.) cosa extraordinaria, persona muy atractiva.
Stunning. adj. Asombroso, sorprendente. / (Fam.) Magnífico, excelente, muy hermoso, elegantísimo.
Stunt. m., f. (Fam.) Acto de habilidad, despliege de destreza. / Truco, malabarismo, ardid publicitario. / (Aer.) Acrobacia. / Atrofia (de plantas). / Planta enana. / v. Hacer malabarismos.
Stupefy. v. Estupefacer, entontecer, embotar. / Dejar estupefacto, asombrar.
Stupid. adj. Estúpido. / Estupefacto, turulato. / m., f. Estúpido,da.
Stupor. m. Estupor, atontamiento, letargo.
Sturgeon. m. (Zool.) Esturión.

Stutterer. m., f. Tartamudo, da.
Style. m., f. Estilo (para escribir). / Cincel, buril. / Estilo, gnomon, varilla del reloj de sol. / Aguja de fonógrafo. / (Med.) Estilete, sonda. / (Poét.) Estilo de arquitectura, literario, etc. / Uso, práctica, costumbre, moda. / Distinción, calidad. / *There's no style about her*, no es una dama distinguida.
Stylish. adj. Elegante, de moda.
Stylishness. f. Elegancia.
Stylist. m., f. Estilista. / Diseñador, ra (de modas).
Stylize. v. Estilizar.
Stylograph. f. Estilográfica.
Stylographic. adj. Estilográfico. / Escrito con un estilo.
Suasion. f. Persuasión.
Suasive. adj. Persuasivo.
Suave. adj. Suave, afable, agradable, pulido. / Cortés, atento. / Urbano.
Sub. m. (Fam.) Subterráneo, ferrocarril subterráneo. / Submarino. / Subterráneo. / Subordinado, subalterno, subteniente. / Substituto.
Subagent. m. Subagente.
Subaltern. adj. Subordinado, subalterno. / m., f. (Lóg.) Proposición particular. / (Mil.) Subalterno.
Subclass. f. Subclase.
Subcommittee. m., f. Subcomisión, subcomité.
Subconscious. adj. y m., f . Subconsciente.
Subconsciousness. f. Subconsciencia.
Subcutaneous. adj. Subcutáneo.
Subdelegate. m. Subdelegado. / v. Subdelegar.
Subdelegation. f. Subdelegación.
Subdirector. m. Subdirector.
Subdivide, v, Subdividir (se)
Subdivision. f. Subdivisión.
Subgroup. m . Subgrupo.
Subj. *Subjunctive.* m., f. Subjuntivo. / *Subject,* materia, asignatura.
Subject. adj. Sometido, supeditado, dominado. / (con *to*) Expuesto, propenso, dispuesto (a) (condición, circunstancia, etc.). / *To hold subject*, mantener en servidumbre. / m., f., Súbdito. / Individuo, sujeto. / Materia, tópico, asunto, tema.
Subjection. m., f. Sujeción, subyugación, sometimiento, supeditación, vasallaje, dependencia.
Subjectiveness. f. Subjetividad.
Subjectivism. m. Subjetivismo.
Subjectivity. f. Subjetividad.
Subject matter. m., f. Materia, asunto, tema (de que se trata)
Subjugate. v. Subyugar, someter, avasallar, dominar, sojuzgar.
Subjugator. m., f. Subyugador, ra; dominador, ra.
Subjunctive. m. Subjuntivo.
Sublime. adj. Sublime, exaltado, grandioso. / (Fig.) Sobresaliente, eminente, incomparable. / m., f. Lo sublime, sublimidad. / v .tr. (Quím.) Sublimar. / (Fig.) Sublimar, exaltar.
Subliminal. adj. Subliminal. / f. Subconsciencia, conciencia subliminal.
Submarine. adj. Submarino, na. / m. Submarino, sumergible. / v. Atacar o hundir con un submarino.
Submerge. v. Sumergir (se), hundir (se). / Empantanar, inundar.
Submergible. adj. Sumergible.
Submiss. adj. Sumiso, obsequioso.
Submission. m., f. Sumisión, rendimiento. / Sumisión, obsequiosidad, obe diencia. / Sometimiento, presentación (a examen, inspección, etc.). / Proposición, parecer, teoría. / (Der.) Sometimiento a arbitraje.

Submit. v. Someter, referir. / Presentar, exponer, proponer; ofrecer (una teoría, tesis, etc.).
Subordinate. adj. Subalterno, subordinado, inferior. / (Gram.) Subordinado. / m., f. Subalterno, na; subordinado, da. / v. Subordinar, someter, sujetar.
Subordinate clause. f. (Gram.) Oración subordinada.
Subordination. f. Subordinación, dependencia.
Subornation. m. Soborno, cohecho.
Suborner. m., f. Sobornador, ra; cohechador, ra.
Subscribe. v. Subscribir, firmar (carta, documento, etc.). / Subscribir, convenir con. / *To subscribe for*, subscribirse a. / *To subscribe to*, subscribirse a (periódico, revista, etc.).
Subscriber. m., f. Subscriptor, ra; firmante. / Abonado (a servicio de teléfonos). / Subscriptor (a un periódico, revista, etc.).
Subscription. m., f. Subscripción, firma. / Subscripción, abono.
Subserve. v. Servir, ayudar, promover (plan, propósito, etc.).
Subservient. adj. Subordinado. / Servil, obsequioso. / Util, de ayuda.
Subsidy. m., f. Subsidio, subvención.
Subsist. v. Subsistir, existir, perdurar; conservarse, permanecer, sustentarse, mantenerse. / alimentar, mantener.
Substance. m., f. Substancia, ser, naturaleza. / Esencia, principio. / Substancia, solidez. / Caudal, bienes. / *Man of substance*, hombre acaudalado.
Substantial. adj. Substancial, considerable, cuantioso. / Real, verdadero, existente. / Substancioso (ropa, alimento, etc.), copioso, abundante (comida, almuerzo, etc.) / Sólido, firme, fuerte. / Material. / Acomodado, acaudalado. / Realidad. / Parte esencial.
Substantiality. f. Realidad, materialidad.
Substantilly. adv. Sólidamente, substancialmente.
Substantive. adj. Substantivo / Real, positivo. / Permanente, duradero. / Importante. / Esencial. / Independiente. / m. (Gram.) Substantivo.
Substation. f. Subestación, subcentral, / Sucursal de correos.
Substitute. m., f. Substituto, ta; suplente, reemplazo. / v. Substituir, reemplazar, suplir.
Substitution. m., f. Substitución, reemplazo.
Subsume. v. Subsumir, incluir.
Subsurface. adj. Subterráneo, a; que está bajo una superficie.
Subtility. m., f. Sutileza, sutilidad. / Perspicacia, agudeza, ingenio.
Subtitle. m., f. Subtítulo. / (Cinem.) Leyenda (en películas). / v. Subtitular, poner subtítulos a.
Subtract. v. Substraer, restar; deducir.
Subtraction. f. Substracción, deducción. / (Matemáticas) Resta.
Subtropic, subtropical. adj. Subtropical.
Suburb. m., f. Suburbio, arrabal. / (En plural) Afueras, inmediaciones, alrededores; periferia.
Suburbia. m., f. pl. Alrededores, inmediaciones, afueras. / Habitantes de un suburbio (colectivamente).
Subvention. m., f. Subvención, subsidio, ayuda.
Subversion. m., f. Subversión. / Trastorno, alteración de un orden o modo.
Subway. m., f. Ferrocarril subterráneo, metropolitano, metro. / Galería o conducto subterráneo.
Succeed. v. Subseguir, suceder. / Tener éxito. / Suceder, ocupar el puesto (después de otra persona). / *To succeed in*, triunfar en, tener éxito en. / *To succeed in doing*, conseguir, lograr (hacer).

Success. m. Triunfo, éxito. / *To be a success*, ser un éxito, tener éxito. / *To make a success of*, tener éxito en, hacer un éxito de.
Successful. adj. Exitoso (experimento, campaña, etc.). / De éxito (escritor, etc.), próspero (banquero, etc.). / *To be successful in*, tener éxito en.
Succession. m., f. Sucesión, secuencia, serie. / (pl., Der.) Sucesión, herencia. / (Der.) Herederos (en conjunto). / *In succession*, en serie, sucesivamente. / (Der.) *In succession to*, como sucesor a, como heredero de.
Successive. adj. Sucesivo, siguiente, consecutivo.
Successor. m., f. Sucesor, ra.
Succulent. adj. Suculento, jugoso.
Succursal. adj. y f. Sucursal, subsidiaria.
Such. adj. Tal. / *There's no such thing*, no hay tal cosa. / Qué tal. / *He is such a fool!* ¡qué tal tonto es él!. / *One such*, un tal. / *Such as it is*, tal cual es. / Los mismos, cosas tales, cosas por el estilo. / *All such*, todos los semejantes. / *As such*, como tal, en sí.
Suchlike. adj. Tal, semejante, similar, por el estilo. / f. Las cosas o personas semejantes, gente por el estilo.
Suck. v. Mamar. / Chupar, libar. / Aspirar (aire, gas, etc.). / (Fig.) *To suck (one) dry*, sacar (le) la última gota (a uno). / *To suck in*, sumir, succionar (remolino al nadador). / (Fig.) absorber. / m., f. Succión.
Sucker. m., f. Succionador, ra; chupador, ra. / Mamón. / (Fam.) Incauto. / (Zool.) Ventosa. / (Bot.) Chupón, haustorio, retoño, serpollo. / (Zool.) Pez catostómido. / (Mec.) Pistón, tubo de aspiración, chupón, émbolo; succionador.
Suction. m., f. Succión; aspiración. / Dispositivo de succión, tubo aspirante.
Suddenly. adv. Repentinamente, de repente, súbitamente. / Precipitadamene.
Sue. v. Hacer la corte, cortejar. / Entablar demanda. / *To sue for*, rogar, suplicar (por algo). / *To sue to*, solicitar, pedir (a alguien) / Cortejar, enamorar.
Suer. m., f. Solicitante, demandante.
Suffer. v. Sufrir, experimentar. / Sufrir, tolerar, soportar. / Dejar, permitir. / Sufrir dolor. / Ser dañado, sufrir daño, perjudicarse. / *To suffer from*, padecer de, adolecer de.
Sufferable. adj. Sufrible, tolerable.
Suffering. m., f. Sufrimiento, dolor, dolencia. / adj. Adolorido, doliente. / Sufrido.
Sufficient. adj. Suficiente, bastante, adecuado.
Suffix. m. (Gram.) Sufijo. / (Mat.) Subíndice. / v. (Gram.) Añadir como sufijo.
Suffocate. v. Sofocar (se), asfixiar (se), ahogar (se).
Suffocating. adj. Sofocante, sofocador, asfixiante.
Suffrage. m., f. Sufragio, voto, aprobación, asentimiento. / Derecho al voto. / Oración de intercesión, súplica, rogativa.
Suffragist. m., f. Sufragista.
Sugar. m., f. Azúcar. / Terrón de azúcar, cucharadita de azúcar. / (Fig.) Lindura, ricura. / v. Azucarar; almibarar, mezclar azúcar con. / Poner o echar azúcar en. / (Fig.) Endulzar, suavizar, mitigar. / *To sugar the pill*, dorar la píldora. / Formar azúcar, tornarse cristalino. / Granularse. / *To sugar off*, extraer el azúcar de arce.
Sugar bowl. m. Azucarero.
Sugarcane. f (Bot.) Caña de azúcar.
Sugarcoated. adj. Confitado, azucarado.
Sugarloaf. m. Pan de azúcar; cono de azúcar.
Sugary. adj. Azucarado, dulce. / (Fig.) Azucarado, dulzón, sacarino.
Suggest. v. Sugerir, insinuar. / Indicar, proponer. / Evocar, traer a la memoria. / *To suggest itself*, venir a la mente.
Suggestible. adj. Sugestionable.

Suggestion. m., f. Sugerencia, insinuación. / Indicación, traza. / Sugestión.
Suggestive. adj. Sugerente, significante. / Sugestivo, insinuante. / *Suggestive of*, indicativo de.
Suicide. m., f. Suicidio. / Suicida. / *To commit suicide*, suicidarse.
Suit. m., f. Juego (de velas, fichas, armas). / Traje, terno, traje sastre (de mujer). / Palo (de la baraja). / Petición, demanda, súplica. / Galanteo, cortejo. / (Der.) Pleito, litigio, juicio. / *To bring suit*, entablar juicio. / *To follow suit*, servir de palo, jugar el mismo palo, (Fig.) seguir el ejemplo, hacer lo mismo. / Convenir, satisfacer, agradar. / *To suit to*, cuadrar con, adaptar a, ir con.
Suitability, suitableness. f. Conveniencia, adaptabilidad.
Suitable. adj. Adecuado, apropiado, conveniente.
Suitcase. f. Maleta, valija.
Suite. m., f. Séquito, comitiva. / Serie de habitaciones, piso, departamento. / Serie, colección; juego. / *A bedroom suite*, un juego de dormitorio. / (Música) Suite.
Sulfur. m. Azufre. / v. Azufrar. / (Quím.) Sulfurar (combinar con azufre).
Sulfureous. adj. Sulfúreo, sulfuroso, azufroso.
Sulfurous. adj. (Quím.) Sulfúreo, sulfúreo. / (Fig.) Infernal. / (Fig.) Virulento, vehemente (lenguaje), enardecido, acalorado (discusión)
Sulkiness. m . Enfurruñamiento, resentimiento, rencor.
Sulky. adj. Enfurruñado, mohíno, resentido.
Sullen. adj. Malhumorado, insociable. / Hosco, taciturno, adusto. / Lóbrego, tenebroso, sombrío, (lugar). / Indolente, perezoso, lento (río).
Sullenness. m., f. Malhumor, murria.
Sully. v. Manchar(se), ensuciar(se), desdorar(se). / m., f. (Arc.) Mancha, mácula, desdoro.
Summarize. v. Resumir, compendiar, abreviar. / Hacer un resumen.
Summary. adj. Sumario, conciso, breve, sucinto. / m. (Der.) Sumario. / Sumario, resumen, compendio.
Summer. m. Verano, estío. / v. Veranear en. / *We shall go to summer at Viña del Mar*, iremos a veranear a Viña del Mar.
Summertime. m. Verano, estío.
Summery. adj. Veraniego, estival.
Summing-up. f . Recapitulación, resumen.
Summit. m., f. Apice, cumbre, cima, cúspide. / (Fig.) Cumbre. / *Then, John reached the summit of fame*, Juan llegó entonces a la cumbre de la fama.
Summons. m., f. Orden, llamamiento, invitación. / (Der.) Emplazamiento, citación, notificación, comparendo. / v. Entregar una citación.
Sumptuous. adj . Suntuoso, lujoso, regio, espléndido.
Sum total. m., f. Total, suma total. / (Fig.) Totalidad.
Sun. m., f. Sol. / Astro. / *A place in the sun*, "Un lugar al sol", (Fig.) una situación o condición favorable.
Sunbath. m. Baño de sol.
Sunbathe. v. Tomar un baño de sol, tomar sol.
Sunburn. f. Quemadura de sol, eritema solar. / v. Tostar al sol. / Asolearse, tostarse al sol.
Sunburst. m. Rayo o resplandor repentino de sol (entre las nubes). / Broche en forma de sol.
Sunday. m. Domingo. / Dominical (misa, descanso, etc.). / adj. Dominguero (traje). / Pasar el domingo (en alguna parte).
Sundown. m., f. Puesta del sol, ocaso del sol.
Sun-dried. adj. Secado al sol.
Sundries. m. pl. Artículos varios.
Sunflower. m. (Bot.) Girasol.

Sunglasses. m., f. Gafas contra el sol, anteojos oscuros.
Sunken. adj. Sumido, hundido.
Sunlamp. f. Lámpara de rayos ultravioletas.
Sunlight. f. Luz solar, luz del sol.
Sunlit. adj. Iluminado por el sol.
Sunny. adj. Soleado, bañado por el sol. / De sol (horas, clima, etc.). / (Fig.) Alegre, risueño (carácter). / *To be sunny,* hacer sol.
Sunny side. m . (Fig.) Lado bueno o favorable (de algo).
Sun parlor, sun porch. m. Mirador, solario.
Sunrise. f. Salida del sol. / *from sunrise to sunset,* de sol a sol.
Sunset. m., f. Puesta del sol, ocaso del sol. / (Fig.) Ocaso (de la vida).
Sunshade. m., f. Sombrilla, quitasol. / Toldo, marquesina. / Visera. / (Fotogr.) Parasol.
Sunshine. m., f. Luz, rayos o calor del sol. / (Fig.) Alegría, contento. / *In the sunshine,* al sol.
Sunspot. f. Mancha solar. / Peca.
Sunstroke. f. (Med.) Insolación.
Sunstruck. adj. Con insolación.
Sunsuit. m. Traje para tomar baños de sol.
Suntan. m. Bronceado de la piel por la exposición al sol.
Sunup. f. Salida del sol.
Super. m., f. (Fam.) Superintendente. / Alza (parte superior movible (de una colmena). / Capricho (para refozar libros). / (Fam.) Figurante, suplente, comparsa (del teatro). / (Fam., Com.) Calidad excelente; talla extra grande.
Superclass. f. Clase superior.
Superego. m. Superego.
Superficial. adj. Superficial, somero.
Superficiality. f. Superficialidad.
Superficies. f. Superficie.
Superfluity. f. Superabundancia, demasía. / Superfluidad.
Superfluous. adj. Superfluo, sobrante, excedente.
Superhuman. adj. Sobrehumano.
Superimposition. f. Superposición.
Superintend. v. Superintender, vigilar, inspeccionar.
Superintendent. m. Superintendente, inspector; capataz.
Superior. adj. Superior, de arriba. / Superior (de posición, dignidad, importancia, grado, etc.). / (Fig.) Superior, mejor (calidad). / Sereno, impasible. / Altanero, altivo, orgulloso. / (Bot.) Súpero.
Superiority. f. Superioridad, supremacía, preeminencia.
Superlative. adj. Superlativo, supremo. / Exagerado, excesivo. / (Gram.) Superlativo. / m., f. El grado superlativo. / Exageración, expresión exagerada de elogio.
Superman. m. Superhombre.
Supermarket. m. Supermercado.
Supernatural. adj. Sobrenatural.
Superpose. v. Sobreponer, superponer.
Superpower. f. Superpotencia.
Supersensory. adj. Suprasensorial (percepción).
Supersonic. adj. Supersónico (velocidad). / (Fís.) Ultrasonoro (frecuencia, onda). / f. (Fís.) Onda ultrasonora; frecuencia ultrasonora.
Supervisor. m. Superintendente, supervisor, inspector.
Supervisory. adj. De inspección. / *supervisory duties,* funciones de inspección. / De superintendente.
Supine. adj. Supino. / (Poét.) Pendiente. / Indolente, desidioso.
Supplant. v. Suplantar. / Reemplazar, substituir.

Supple. adj. Flexible. / (Fig.) Flexible, adaptable, elástico (idea). / Manejable, doblegable, sumiso, obsequioso. / v. Volver flexible.
Supplier. m., f. Proveedor, ra; abastecedor, suministrador.
Supply. v. Proporcionar, suministrar. / Aprovisionar con, abastecer de. / Suplir (falta), satisfacer (una necesidad). / Proporcionar, dar (respuesta). / Suplir, reemplazar; tomar el lugar de. / Servir como substituto, actuar como suplente. / m., f. Aprovisionamiento, provisión. / pl. Suministros, abastecimientos; pertrechos (de armas); provisiones, víveres.
Support. v. Apoyar, soportar, sostener (peso, construcción, etc.). / Aguantar, tolerar. / Respaldar, apoyar (a persona, partido, etc.), sustentar (idea, tesis, causa); reforzar, corroborar (acusación, declaración). / Mantener (a su familia, institución).
Suppose. v. Suponer, poner como hipótesis. / Presumir, creer, imaginar. / Presuponer, dar por sentado o existente; poner por caso. / *I suppose so,* así lo creo. / *to be supposed,* suponerse que, tener por deber; corresponder (a alguien).
Supposed. adj . Supuesto, presunto, hipotético, pretendido, imaginado.
Supposition. f. Suposición.
Suppress. v. Suprimir (partido, costumbre, impuesto). / Reprimir, sofocar, aplastar, dominar (rebelión, agitación).
Suppression. f. Supresión (de un partido, costumbres, impuestos). / Represión (de una rebelión, agitación).
Suppresive. adj. Supresor; represivo.
Suppurate. v. Supurar.
Supreme. adj. Supremo, sumo. / Supremo, último, final. / Máximo, extremo.
Surely. adv. Seguramente, ciertamente, sin duda, indudablemente.
Surety. m., f. Seguridad, certeza. / Seguridad, garantía, fianza. / (Der.) Fiador, aval. / *To stand surety for,* ser fiador de.
Surf. m., f. Oleaje. / Práctica deporte de tabla hawaiana.
Surface. m., f. Superficie, sobrefaz, cara. / Aspecto superficial. / (Geom.) Superficie. / adj. Superficial, de (la) superficie, externo, exterior. / v. Allanar, alisar.
Surfacing. m., f. Acabado, revestimiento. / Afirmado (de un camino). / (Ferr.) Nivelación.
Surfeit. m., f. Exceso, demasía. / Empacho, indigestión, ahíto. / (Fig.) Empalago, hartura, saciedad, hastío. / v. Hartar, saciar, ahitar. / Hartarse, atracarse, ahitarse.
Surfing. adj. (Dep.) Acuaplano, tabla hawaiana.
Surgeon. m. Cirujano.
Surgery. m., f. Cirugía. / Intervención quirúrgica, operación. / Sala de operaciones, quirófano.
Surgical. adj. Quirúrgico, ca.
Surly. adj. Áspero, hosco, arisco, desabrido. / Arrogante.
Surpassing. adj. Sobresaliente, excelente, superior.
Surplus. m. Sobrante, excente. / (Com.) Superávit, excedente. / adj. Sobrante, excedente.
Surprise. v. Sorprender. / *To surprise someone,* sorprender a alguien. / *to be surprised at (something),* sorprenderse de o con (algo). / f. Sorpresa.
Surprising. adj. Sorprendente, inesperado.
Surrealism. m. Surrealismo.
Surrealistic. adj. Surrealista, superrealista.
Surrender. v. Rendir, entregar, ceder, renunciar a. / *To surrender oneself,* rendirse. / (Fig.) abandonarse, entregarse (a vicio, placer). / Rendirse, entregarse, capitular.

/ m., f. Rendición, capitulación, entrega. / Renuncia, dejación, abandono. / (Com.) Rescate.
Surrender value. m. Valor de rescate (de un seguro).
Surreptitious. adj. Subrepticio, clandestino, furtivo.
Surround. v. Cercar, encerrar, rodear, circundar, circunvalar. / (Mil.) Sitiar, asediar, acorralar. / m. (Radio.) Anillo, suspensión del cono (en altoparlantes).
Surrounding. m. Circunvalación. / pl. Ambiente, alrededores, contornos. / adj. Circundante, circunvecino.
Survey. v. Examinar, estudiar. / Inspeccionar, reconocer. / Medir, deslindar, apear (terrenos). / (Náut.) Arquear. / m., f. Examen, inspección.
Surveyor. m., f. Inspector, investigador, examinador. / Agrimensor, topógrafo, apeador, deslindador. / Vista (de aduanas). / (Náut.) Arqueador.
Survival. f. Supervivencia. / Reliquia.
Survive. v. Sobrevivir, subsistir, perdurar; salir o quedar con vida. / Sobrevivir a, durar más que.
Survivor. m., f. Sobreviviente, superviviente.
Susceptibility. f. Susceptibilidad, impresionabilidad, sensibilidad, delicadeza. / pl. Puntos sensitivos (en los sentimientos o naturaleza de una persona). / (Fís.) Susceptibilidad.
Susceptible. adj. Susceptible, sensitivo. / (con *to*) Susceptible (a), susceptible (a), impresionable (por). / (con *of* o *to*) Expuesto (a).
Susceptivity. f . Susceptibilidad.
Suspect. adj. Sospechoso, sospechable. / m., f. Sospechoso, sa. / v. Sospechar. / Sospechar de, recelar de. / Figurarse, imaginarse, tener sospechas.
Suspend. v. Dejar de funcionar temporalmente. / Suspender / Colgar. / (Quím.) Dispersarse.
Suspense. m., f. Suspensión, interrupción. / Suspenso, ansiedad. / (Der.) Suspensión.
Suspension. f. Suspensión.
Suspicion. m., f. Sospecha, recelo, desconfianza. / Sospecha, conjetura. / (con *of*) Traza, pizca. / *Above suspicion,* fuera de sopecha. / *on suspicion,* como sospechoso. / *to come under the suspicion of,* ser sospechoso de.
Suspicious. adj . Sospechoso, dudoso. / Sospechoso, receloso, suspicaz.
Suspiration. m. (Poét.) Suspiro.
Suspire. v. (Poét.) Suspirar.
Sustain. v. Mantener, sustentar, alimentar. / Sostener, llevar, cargar, soportar (peso, construcción), sufrir, aguantar. / Mantener, continuar (discusión, esfuerzo). / Animar, confortar, alentar.
Sustainable. adj. Sustentable, sostenible.
Sustenance. m., f. Sustento, alimento, comida. / Subsistencia, mantenimiento, sostenimiento. / Apoyo, respaldo.
Sustentation, sustention. m., f. Mantenimiento, sostenimiento, sustentación. / Preservación. / Alimentación. / Respaldo, apoyo.
Suture. v. Suturar.
Svelte. adj. Esbelto, delgado. / Suave, refinado.
Swab. v. Limpiar, fregar (con estropajo). / (Náut.) Lampacear. / (Med.) Limpiar con torunda o tapón. / m., f. Aljofifa, estropajo. / (Náut.) Lampazo.
Swagger. v. Contonearse, caminar dándose aires. / Baladronear, fanfarronear, jactarse. / m., f. Contoneo. / Baladronada, fanfarronada, jactancia.
Swain. m. Zagal, chaval. / Enamorado, amante.
Swallow-tailed coat. m. Frac.
Swamp. m., f. Ciénaga, pantano. / v. Empantanar, enaguazar. / Sumergir, hundir. / (Fig.) Inundar, abrumar (con trabajo, cartas). / (Náut.) Hacer zozobrar. / Empantanarse, hundirse, sumergirse.

Swamper. m., f. Habitante de un pantano. / Asistente, ayudante (para todo trabajo).
Swampland. m., f. Ciénaga, pantano, marisma.
Swampy. adj. Pantanoso, cenagoso.
Swan. m. (Orn.) Cisne. / (Astron.) *Swan,* cisne.
Swan dive. m. Salto del ángel, salto del cisne (en natación).
Swank. adj. Activo, enérgico, vivaz. / (Pop.) Ostentoso, lujoso, elegante. m., f. Boato, lujo, ostentación.
Swankily. adv. Ostentosamente.
Swap. v. (Fam.) Cambalachear, trocar. / m. (Fam.) Cambalache, trueque.
Sward. m. Césped.
Swarf. f. pl. Virutas.
Swarm. m., f. Enjambre. / (Fig.) Multitud, gentío. / v. Enjambrar, desahijar (las abejas). / Pulular, bullir, hormiguear (una multitud, gentío o enjambre). / (generalmente. con *with*) Abundar (en), estar lleno (de).
Swart. adj. Moreno, atezado, aceitunado. / Pernicioso, maligno.
Swastika. f. Svástica.
Swath, swathe. m., f. Golpe de guadaña. / Campo despejado en una pasada de guadaña, ringlera de hierba o mies acabada de cortar. / Fila, hilera, faja, tira. / (Fig.) *To cut swath,* hacer viso, hacer un gran papel.
Sway. v. Ladearse, inclinarse, oscilar, balancearse, virar, rolar (el viento). / Desviarse. / Gobernar, regir. / Cimbrar, vibrar, hacer oscilar. / Torcer, apartar, desviar. / *To swear at,* renegar contra (alguien). / *To swear by,* afirmar bajo juramento, (Fam.) tener fe absoluta en (algo). / *To swear to,* afirmar bajo juramento.
Swear. v. Jurar, votar. / Blasfemar, renegar, maldecir. / *To swear at,* renegar contra (alguien). / *To swear by,* afirmar bajo juramento, (Fam.) tener fe absoluta en (algo). / *To swear to,* afirmar bajo juramento.
Sweat. v. Sudar, transpirar. / Resudar, exudar (plantas); fermentar (el tabaco); transpirar (las piedras); sudar, rezumar (la pared). / (Fam.) Sudar, afanarse, fatigarse. / Sufrir explotación (obreros). / Sudar, exudar, transudar (sangre, resina, etc.). / Empapar de sudor (camisa, ropas). / Hacer transpirar. / Hacer fermentar (el tabaco).
Sweater. m. Explotador (de obreros). / Sudorífero, sudatorio. / Suéter, jersey.
Sweating. f. Transpiración, exudación.
Sweden. n. pr. f. Suecia.
Swedish. adj. y m. Sueco. / *The Swedish,* el pueblo sueco, los suecos. / Sueco (idioma).
Sweep. v. Barrer, escobar, deshollinar. / Despejar, limpiar. / (generalmente con *up*) Barrer, recoger, recolectar (de un solo golpe). / (generalmente con *along, away, down* u *off*) Llevar, llevarse, arrebatar. / Arrasar con, barrer con. / Cubrir, abarcar; recorrer, pasar sobre, pasar la vista por, escudriñar. / (Náut.) Dragar. / *To sweep the seas,* ser dueño de los mares, dominar sobre el mar.
Sweepy. adj. (Poét.) Arrebatador, arrollador.
Sweet. adj. Dulce. / (Fig.) Grato, agradable; placentero. / Bonito, lindo, encantador. / Querido, bien amado. / Fragante, delicioso (olor). / Suave, melodioso (voz). / Romántico, sentimental, dulzón (música, canción) / Generoso, fértil (tierra). / (Fam.) De funcionamiento suave, silencioso (motor, máquina).
Sweet-and-sour. adj. Agridulce.
Sweet apple. f. Chirimoya.
Sweet bay. m., f. (Bot.) Lau (Rel.) / (variedad de) Magnolia americana.
Sweeten. v. Endulzar, dulcificar. / (Fig.) Endulzar, dulcificar, suavizar. / (Com.) Ofrecer más garantías para (un préstamo). / Aumentar (la apuesta), poner más fichas en (el pozo). / Endulzarse.
Sweetening. m., f. Dulcificación, endulzura. / Dulcificante (sustancia).

Sweetheart. m., f. Enamorado, enamorada, amante, galán. / Amor, querido, querida.
Sweetish. adj. Algo dulce, dulzarrón.
Sweetness. f. Dulzura, suavidad, apacibilidad.
Sweet-scented. adj. Perfumado.
Sweetshop. f. Dulcería, confitería.
Sweet-spoken. adj. Melifluo.
Sweet-talk. v. (Fam.) Engatusar, acariciar, halagar, lisonjear. / Usar de lisonjas.
Sweet-tempered. adj. De carácter suave, complaciente.
Sweet tooth. m. Gusto por los dulces.
Swell. v. Hincharse, entumecerse, dilatarse. / (Fig.) Hincharse, engreírse, ensoberbecerse. / Abultarse; sobresalir. / Intensificarse, crecer, cobrar fuerza (voz, ruido), amontonarse, aumentar(se) (gastos, etc.).
Swelter. v. Sofocarse de calor, abochornarse. / Abochornar, sofocar o abrumar de calor. / (Arc.) Exudar, rezumar. / Bochorno, calor sofocante. / (Fig.) Confusión, excitación. / In a swelter, aturdido, excitado.
Swerve. v. Desviarse, torcerse, hacerse a un lado. / Desviar. / m., f. Desviación, viraje brusco.
Swift. adj. Rápido, veloz, ligero, raudo. / Repentino, súbito. / Vivo, listo, pronto, presto. / adv. (Poét.) Rápidamente. / (Mec.) Tambor de carda, devanadera.
Swim. v. Nadar. / Flotar. / Resbalar o deslizarse suavemente. / Hacerse borroso (delante los ojos). / Dar vueltas (la cabeza) / To swim across, atravesar a nado.
Swimming. adj. y m., f .Natación. / Vértigo, vahído, desvanecimiento. / Nadador, natatorio, nadante. / De natación. / Lleno de lágrimas (ojos).
Swimming bath. f. Piscina, pileta.
Swimming pool. f. Piscina, alberca, pileta.
Swimmy. adj. Mareado. / Borrosa (visión, vista).
Swimsuit. m. Traje de baño.
Swindling. m., f. Estafa, trampa, engaño.
Swing. v. Columpiar, mecer, balancear; hacer oscilar. / Colgar, suspender (por un extremo), tender. / Blandir. / Hacer girar, hacer dar media vuelta (sobre un pivote). / Manejar con éxito, llevar a cabo, lograr. / (Mús.) Tocar o dirigir en tiempo de swing. / (Pop.) To swing the lead, Evadirse de ejercicios (militares); evitar trabajar, holgazanear. / Colgar, pender.
Swinger. m., f. Oscilador, mecedor. / (Pop.) Persona de mucho mundo, sin inhibiciones en cuanto a placeres mundanos.
Swinging. m., f. Oscilación, balanceo. / Oscilante, mecedor. / (Pop.) (persona) De mundo, sin inhibiciones; ultramoderno.
Swinishness. f. Bestialidad, vileza.
Swipe. m., f. Bofetada, manotazo. / (Mec.) Palanca de bomba, palanca de arranque. / v. Manotear, abofetear.
Swiss. adj. y m., f. Suizo, nativo de Suiza. / (Textil) Organdí, suizo, muselina moteada.
Switch. m., f. Fusta. / Punta de la cola (del buey, caballo). / Añadido, postizo. / Latigazo, varillazo. / Cambio, substitución, transferencia. / (Electr.) Interruptor, conmutador; seccionador. / Agujas, cambio de vía.
Switcher. m., f. (Electr.) Interruptor. / Locomotora para servicio de línea, locomotora de maniobras.
Switzerland. n. pr. Suiza.
Swivel chair. f. Silla giratoria.

Swoon. v. Desmayarse, desvanecerse, desfallecer. / m. Desmayo, desvanecimiento, desfallecimiento.
Swoop. v. Bajar en picada, arremeter. / To swoop (down) upon, abalanzarse, abatirse o calarse sobre. / Agarrar, arrebatar, llevarse. / m., f. Calada, descenso rápido, arremetida. / At one fell swoop, de un solo golpe muy fuerte.
Sword. f. Espada. / By fire and sword, a sangre y fuego. / To be at aword's point, estar como perros y gatos. / To cross (o to measure) swords, cruzar espadas. / To draw the sword, desenvainar la espada.
Sword cane. m. Bastón, estoque.
Swordfish. m. (Zool.) Pez espada.
Swordplay. m., f. Esgrima. / (Figurado) Intercambio de réplicas agudas.
Sycophancy. m., f. Adulación, servilismo.
Sycophant. m., f. Adulador, ra.
Syllabify. v. Silabear.
Syllogism. m. Silogismo.
Symbol. m. Símbolo. / v. Simbolizar.
Symbolic, simbolical. adj. Simbólico.
Symbolism. m. Simbolismo.
Symbolize. v. Usar símbolos. Simbolizar.
Symbology. f. Simbología.
Sympathetic. adj. Compasivo, simpático. / Sympathetic to (o toward), favorablemente dispuesto a (o hacia), simpatizante (con).
Sympathize. v. Simpatizar. / Armonizar, convenir, congeniar. / Condolerse, compadecerse, expresar simpatía. / To sympathize with, Compadecer a, compadecerse de.
Symposium. m., f. Simposio, conferencia, discusión. / Colección, recopilación (de artículos, comentarios, etc.). / (Hist.) Simposio (banquete o fiesta en la antigua Grecia).
Synagogue, synagog. f. Sinagoga.
Synchronic. adj. Sincrónico.
Synchronizer. m. Sincronizador.
Syncopated. adj. Sincopado. / Abreviado.
Syndical. adj. Sindical.
Syndicalist. adj. y m., f. Sindicalista.
Syndicate. m., f . Sindicato. / Agencia periodística, agencia distribuidora de material periodístico. / v. Sindicar. / Vender (artículos periodísticos, dibujos, etc.) para publicación simultánea. / Sindicarse.
Synonym. m. Sinónimo.
Synonnymity. f. Sinonimia.
Synonymous. adj. Sinónimo, ma.
Syntax. f. Sintaxis.
Synthesis. m., f .Síntesis, resumen. / (Quím.) Síntesis.
Synthesize. v. Sintetizar.
Syntonize. v. Sintonizar.
Syringe. f. (Med.) Jeringa, jeringuilla, lavativa. / v. Jeringar. / Inyectar con jeringuilla.
Syrup. m. Jarabe, almíbar.
System. m. Sistema.
Systematic, systematical. adj. Sistemático.
Systematization. f. Sistematización.
Systematize. v. Sistematizar.
Systemization. f. Sistematización.
Systemize. v. Sistematizar.
Systole. f. Sístole.

T

Ta, (tantalium). abrev. n. Tantalio (Tn).
Tab. n. Lengüeta. / Orejera (de gorra). / (Fam.) Cuenta, factura. / Aleta de avión. / *To tab*, Designar, señalar.
Tabanid. n. (Entom.) Tabánido.
Tabard. n. (Hist.) Tabardo. / (Hist.) Cota.
Tabasco. n. Salsa picante.
Tabernacle. n. Tabernáculo. Santuario.
Tabetic, tabid. adj. (Med.) Tabético.
Table. n. Mesa. / Tabla, tablero. / Comida, manjares, viandas. / Comensales, compañeros de mesa.
Tableau. n. pl. Tableaux. Cuadro. / Agrupación, grupo.
Tableau vivant. n. Cuadro vivo.
Table boarder. n. Pupilo, pensionista.
Tablecloth. n. Mantel.
Table lamp. n. Lámpara de mesa.
Tableland. n. Meseta, altiplanicie.
Table linen. n. Mantelería.
Table of contents. n. Índice de materias.
Table service. n. Vajilla.
Tables of the law. n. (Biblia) Tablas de la ley.
Tablespoon. n. Cuchara de sopa.
Tablet. n. Lápida, placa, tablilla. / Tableta, comprimido, pastilla.
Table wine. n. Vino de mesa.
Tabloid. adj. Condensado, conciso, breve, comprimido. / n. Periódico tabloide, diario sensacionalista.
Taboo. adj. Tabú. / pl. tabú, prohibición, interdicción. / v. Declarar tabú. Prohibir, vedar, proscribir.
Taboret, tabouret. n. Taburete, banquillo, banqueta. / Bastidor de bordar.
Tabularly. adv. En forma tabular.
Tabulation. n. Tabulación.
Tabulator. n. Tabulador.
Tachistoscope. n. (Psicol.)
Tachograph. n. Tacógrafo, registrador de velocidad.
Tachometer. n. Taquímetro, tacómetro, contador de velocidad.
Tachoscope. n. (Ing.) Tacóscopo.
Tachycardia. n. (Med.) Taquicardia.
Tachymeter. n. (Topograf.) Taquímetro, taqueómetro.
Tachymetric. adj. Taquimétrico.
Tachymetry. n. (Topograf.) Taquimetría.
Tachysterol. n. (Bioq.) Taquisterol.
Tacit. adj. Tácito, implícito.
Tacitly. adv. Tácitamente, implícitamente.
Taciturn. adj. Taciturno, callado, silencioso.
Taciturnity. n. Taciturnidad.
Tacitun. n. p. Tácito.
Tackle block. n. (Náut.) Motón de aparejo.
Tacky. adj. Viscoso, pegajoso.
Tact. n. Acierto, tacto, discreción. / Sentido del tacto.
Tactful. adj. Discreto, atinado.
Tactfulness. n. Discreción, tacto.
Tactic. n. Táctico. / (Biol.) Del taxismo.
Tactical. adj. Táctico.
Tactician. n. Táctico (persona).
Tactile. adj. Táctil, tangible, palpable.
Tactility. adj. Cualidad de tangible.
Taction. n. Toque, contacto.
Tactless. adj. Indiscreto, falto de tacto, imprudente.
Tactlessness. n. Indiscreción, falta de tacto.

Tactually. adv. Al tacto, por medio del tacto.
Tad. n. (Fam.) Niño pequeño.
Taffeta. n. Tafetán.
Taffy. n. Melcocha, arropía. / (Fam.) Lisonja, halago. / *Taffy*, (Fam.) Galén.
Tag. n. (Juego de niños) Mancha, pillarse. / v. Alcanzar y tocar.
Tailboard. n. Compuerta de cola (de un carro o camión, que se puede bajar o quitar).
Tail boom. n. Fuselaje secundario.
Tailcoat. n. Frac.
Tailer. n. Perseguidor, perseguidora.
Tail fin. n. (Ict.) Aleta caudal. / Estabilizador vertical, plano de deriva.
Tailing. n. pl. (Min.) Desechos, restos, relaves. / (Arq.) Cola, entrega.
Tail lamp. n. Linterna trasera, farol trasero.
Tailless. adj. Sin cola, desrabado.
Tail plane. n. Plano de cola.
Tail skid. n. (Aviac.) Patín de cola, esquilla.
Tail slide. n. Resbalamiento de cola.
Take. v. Tomar, coger, asir. / Capturar, ocupar. / Prender, agarrar, sorprender. / (Fig.) Cautivar, encantar. / *The bias of his poetry took the whole audience,* La emotividad de su poesía cautivó a toda la audiencia. / Ganar, percibir, cobrar. / Alquilar, contratar. / Tomar, comer, beber. / Tomar, requerir, necesitar, costar. / *This work takes time,* Este trabajo toma tiempo.
Takedown. adj. Desmontable, desarmable. / pl. Desmontadura, desarmadura. / Mecanismo desmontable. / Humillación.
Taking. n. Toma, captura, ocupación. / pl. Ganancias, ingresos. / Presa, pesca. / (Como adjetivo) Atractivo, encantador. / (Fam.) Contagioso, infeccioso.
Talayot. n. Talayote.
Talcky. adj. Talcoso.
Talcose, talcoun. adj. Talcoso.
Tale. n. Cuento, narración. / Rumor, chisme, cuento. / *To tell tales,* Contar chismes.
Talent. n. Talento, capacidad, ingenio. / Talento, hombre talentoso, gente de talento. / Talento (moneda y peso antiguos).
Talent scout. n. Buscatalentos.
Tales. n. (Der.) Lista de jurados suplentes.
Taleteller. n. Cuentista, chismoso, chismosa.
Taletelling. n. Chismografía, chismorreo.
Taliped. adj. Talipédico.
Talipes. n. Talipes.
Talipot. n. Palmera de sombrilla.
Talisman. n. Talismán, amuleto.
Talismanic. adj. Talismánico.
Talk. v. Hablar, conversar. / Parlotear. / *To be talked about,* Andar en boca de la gente. / pl. Charla, conversación, discusión. / Conferencia, discurso. / Mención.
Tallage. n. Impuesto feudal.
Taloned. adj. En forma de garra. / Agarrotados (dedos).
Talun. n. Talud. / (Geol.) Talud de trítico.
Talun. n. pl. Tali) Astrágalo, talun.
Tamarau. n. Tamarao.
Tamaricaceoun. adj. Tamaricáceo, tamariscíneo.

Tamarin. n. Variedad de mono tití.
Tamarind. n. Tamarindo.
Tamarisk. n. Tamarisco, taray, taraje.
Tambac. n. *Tombac.*
Tambour. n. Tambor. / Bastidor, bordado hecho en bastidor. / v. Bordar sobre un bastidor.
Tambourine. n. Pandero, pandereta.
Taming. n. Doma, amansamiento.
Tamin. n. Tamiz, colador.
Tampon. n. Tapón, tampón. / v. Taponar.
Tamponade, tamponage. n. Taponamiento.
Tan. v. Curtir, adobar (pieles). Curtir, quemar, tostar (al sol). / (Fam.) Zurrar, azotar. / Tostarse, quemarse.
Tanagra. n. (Hist., Geog.) Tanagra. / Tanagra, (figuritas de barro cocido halladas en esta ciudad). Tanbark. n. Casca, cortega curtiente.
Tandem. adv. Uno tras otro, doble / pl. Coche tirado por dos caballos (unodetrás del otro). / Tándem (bicicleta de dos asientos). / adj. Con asientos uno tras otro.
Tang. n. Espiga, cola, rabo (de formón, lima, cuchillo, etc.). / Dejo, gustillo, sabor u olor penetrante. / v. To *tang with*, Impregnar con sabor u olor de. /
Tang. n. Tañido. / v. Tañer, tocar, tantanear.
Tangency. n. Tangencia.
Tangential. adj. Tangencial. / Digresivo, inconexo, impertinente.
Tangerine. adj. Tangerino. / pl. Tangerino, Tangerina, natural de Tánger. / *Tangerine,* Mandarina. / *Tangerine,* Color de mandarina.
Tangibility. n. Tangibilidad.
Tangible. adj. Tangible, perceptible, palpable, substancial, apreciable.
Tank. n. Tanque, aljibe, depósito (de agua, combustible, gas, etc.). / (Mil.) Tanque, carro de combate.
Tannery. n. Curtiduría.
Tannic. adj. Tánico.
Tannin. n. Tanino.
Tanning. n. Curtimiento, curtido. / Tostadura, bronceado (de la piel por los rayos del sol). / Zurra, tunda.
Tannish. adj. Con tendencia a color canela, acanelado.
Tanrec. n. *Tenrec.*
Tansy. n. Tanaceto, hierba lombriguera.
Tantalate. n. Tantalato.
Tantalic. adj. Tantálico.
Tantalite. n. Tantalita.
Tantalization. n. Exasperación, tentación sin satisfacción posible.
Tantallze. v. Tentar, provocar, exasperar.
Taper. n. Cerilla, velita (larga y delgada), cirio. / Ahusamiento. / adj. Ahusado, cónico, piramidal.
Tape recorder. n. Grabadora (de cinta), magnetófono.
Tapered wing. n. (Aer.) Ala de perfil trapezoidal.
Tapster. n. Cantinero, mozo de taberna.
Tar. n. Brea, alquitrán. / Marinero, hombre de mar. / v. Alquitranar, embrear.
Tar. v. Incitar, aguijonear, provocar.
Taradiddle. n. (Fam.) Mentirijilla, embuste. Disparates, insensateces.
Tarantella. n. Tarantela.
Tarantism. n. Tarantismo.
Tarantula. n. Tarántula.
Taraxacum. n. Taraxacina.
Tarboosh. n. Tarbuch, fez.
Target. n. Blanco, diana. / (Fig.) Blanco, objeto, objetivo. / Placa de señal, banderola. / (Mil.) Objetivo. / (Topograf.) Mirilla.
Target date. n. Fecha fijada.
Target leveling rod. n. Mira de tablilla (nivelación).

Tariff. n. Tarifa. Arancel. / v. Tarifar, fijar los aranceles de (mercaderías).
Tarlatan. n. Tarlatán, tarlatana.
Tarmac. n. Superficie asfaltada (de un camino o pista). / (Aer.) Pista de aterrizaje asfaltada.
Tar paper. n. Alquitranado, cartón embetunado.
Tarpaulin. adj. Encerado, alquitranado.
Tarpeia. n. p. *Tarpeya.* / *Tarpeian rock,* Roca Tarpeya.
Tarpon. n. (Tarpon o Tarpons) Tarpón.
Tartan. n. (Náut.) Tartana.
Tartar. n. Tártaro (del vino). / Tártaro, sarro dental. / Tártaro. Persona salvaje o intratable. / *To catch* a *tartar,* Encontrar un contrario duro.
Tartarean. adj. Tartáreo, infernal.
Tartlet. n. Tarta o pastel pequeño.
Tartly. adv. Acremente, agriamente, ásperamente.
Tartness. n. Agrura, acrimonia.
Tartrate. n. Tartrato.
Tartraded. adj. Tártrico, tartaroso.
Tartuffe. adj. Tartufo, hipócrita, santurrón.
Tasimeter. n. Tasímetro, termómetro de presión.
Task. n. Tarea, faena, labor, misión. / *To take (o call) to task,* Censurar, regañar (a alguien). / v. Dar una tarea a, encargar. / Atarear, someter a esfuerzo, poner a prueba.
Tasmanian. adj. Tasmaniano, de Tasmania.
Tasmanian tiger, Tasmanian wolf. n. (Zool.) Yabi, lobo de Tasmania.
Tasmanite. n. Tasmanita.
Taste. v. Gustar, saborear, catar, probar. / (Fig.) Percibir, experimentar, gustar. / Tener sabor o gusto. / *To taste of,* Saber a. / pl. Sabor, gusto. / Cata, gustación, paladeo.
Tatouay. n. (Zool.) Tabú iba, cabasu de orejas largas.
Tatterdemalion. adj. Andrajoso, harapiento. Hecho tiras, gastado, raído. / Roto, destrozado. Destartalado.
Tatting. n. Encaje de hilo.
Tattle. v. Cotillear, comadrear, chismorrear. Divulgar secretos, contar chismes. / n. Cháchara, charla, chisme, comadreo.
Tattletale. n. Chismoso, chismosa, cuentista / Delator, chivato, acusica. / adj. Revelador, acusador.
Tattletale gray. adj. Blanco grisáceo, blanco humo.
Tattoo. v. Tatuar. / pl. Tatuaje.
Tau. n. Tau, decimonona letra del alfabeto griego.
Taunt. adj. (Náut.) De mucha guinda, muy alto (díc. del mástil).
Taunter. n. Mofador, burlón.
Tauntingly. adv. En tono insolente o de mofa, burlonamente.
Taupe. n. Gris oscuro con un ligero tinte pardo.
Tavern. n. Taberna, cantina, bar. / Mesón, posada, hostería.
Taverner. n. Tabernero, parroquiano de taberna.
Tavern keeper. n. Tabernero, posadero.
Taw. n. Canicas. Línea de lanzamiento (en el juego de canica). / Jugar con canicas.
Tawdriness. n. Charrería.
Tawer. n. Curtidor de pieles. / (Pop.) Agramador (de cáñamo).
Tawny. adj. Atezado, tostado, leonado.
Tawny owl. n. Oto, autillo.
Tax. v. Imponer (contribuciones), gravar, exigir impuestos a. / Cargar, abrumar. / (Der.) Tasar, evaluar, gravar. Poner a prueba (la paciencia de alguien). / pl. Impuesto, contribución. / adj. Tributario, de impuestos.
Taxicab. n. Auto de alquiler.
Taxi dancer. n. Pareja de baile pagada.
Tatxidermal. adj. De taxidermia.

Taxidermist. n. Taxidermista.
Taxidermy. n. Taxidermia.
Taxi driver. n. Taxista, chófer de taxi.
Taxite. n. Taxita.
Taxiway. n. (Aer.) Pista de rodaje, pista de maniobras.
Tax list. n. Lista de contribuyentes.
Taxon. n. Grupo o entidad taxonómica.
Taxonomic. adj. Taxonómico.
Taxonomist. n. Especializado en taxonomía.
Taxpayer. n. Contribuyente.
Tb. Terbium. n. Terbio (Tb).
TB Tuberculosin. n. Tuberculosis.
Tea biscuit. n. Galleta, pastelito.
Tea cake. n. Bizcocho chato, pastelito.
Teach. v. Enseñar, instruir, educar. / *To teach someone a lesson,* Dar a alguien una lección. / Dar instrucción, ser maestro, ejercer el magisterio.
Teachable. adj. Enseñable, instruible, educable, dócil.
Teacher. n. Maestro, maestra, profesor, instructor, preceptor.
Teachers college. n. Escuela normal.
Teachers institute. n. Instituto pedagógico.
Teaching staff. n. Personal docente.
Tea cozy. n. Cubretetera.
Tea leaf. n. Hoja de té. / (G.B., Pop.) Ladrón.
Team. n. Equipo, grupo (de jugadores, colaboradores, etc.). / Yunta, tiro. / Camada de puercos, cría de patos. / v. Uncir, enyugar, enganchar. Transportar por medio de una yunta (de animales). / Dar (trabajo) a contratista (que emplea un grupo de trabajadores)
Teammate. n. Compañero de equipo.
Teamster. n. Carretero, carretonero. Conductor de camión profesional.
Tear. n. Lágrima. / Lágrimas, llanto. / *To be in tears,* Estar llorando. / *To burst into tears,* Estallar en llanto.
Teardown. n. Demolición, desarmadura.
Teardrop. n. Lágrima.
Tearful. adj. Lacrimoso, plañidero, llorón. Lagrimoso, lloroso, conmovedor.
Tearfulness. n. Estado lagrimoso, tristeza, desconsuelo.
Tear gan. n. Gas lacrimógeno.
Tear sheet. n. Página suelta (de un periódico). / Comprobante del anuncio que se envía al anunciador.
Tearstain. n. Mancha o huella de lágrimas.
Teary. adj. Lagrimoso, lacrimoso. Lloroso, conmovedor.
Tech. abrev. n. *Technical,* Técnico. / *Technically,* Técnicamente. / *Technology,* Tecnología.
Tech. abrev. n. (Pop.) Escuela tecnológica.
Technetium. n. Tecnesio.
Technic. n. y adj. Técnica. / Métodos técnicos. / adj. Técnico.
Technical. adj. Técnico. / De aspecto legal, según la ley.
Technical adviser. n. Asesor técnico.
Technicality. n. (Technicalities) Tecnicidad. / Tecnicismo, voz técnica. / Punto o detalle técnico.
Technically. adv. Técnicamente. Conforme a la ley (estricta), a la letra.
Technology. n. (Technologies) Tecnología.
Tectonic. adj. Estructural, arquitectónico, arquitectural. / (Geol.) Tectónico.
Tectonic earthquake. n. Terremoto tectónico, seísmo de dislocación.
Tectonicn. n. Arte de la construcción. / (Geol.) Tectónica, estructura terrestre.
Tectrix. n. (Tectrices) Tectriz.

Ted. v. (Agr.) Henificar, henear (pasto, césped, etc.).
Te De.um. n. Tedéum.
Teenie-weenie. Ver *Teeny-weeny.*
Teeterboard. n. Trampolín en forma de balancín de tabla (para disparar al que está de pie en un extremo cuando alguien salta sobre el otro).
Teethe. v. Echar dientes, dentar.
Tegmentun. Ver *Tegument.*
Tegula. n. Tégula.
Tegular. v. Tegular.
Tegument. n. Tegumento.
Tegumentary. adj. Tegumentario.
Te-hee. interj. Risa entre dientes, risa burlona / Reír entre dientes.
Tektite. n. Tectita.
Telamon. n. (Arqueol.) Telamón, atlante.
Telangiectasin. n. (Telangiecases) Telangiectasia.
Telangiectatic. adj. Telangiectásico.
Telautograph. n. Telautógrafo.
Telecomunication. n. Telecomunicación.
Telecourse. n. Curso de estudios televisado.
Telectroscope. n. Telectroscopio.
Teledu. n. (Zool.) Teledú.
Telefilm. n. Película para televisión.
Telegauge. n. Teleindicador, indicador a distancia.
Telegenic. adj. Telegénico.
Telegony. n. Telegonía.
Telegram. n. Telegrama.
Telegraph key. n. Manipulador, llave telegráfica.
Telegraph operator. n. Telegrafista.
Telegraph shovel. n. Pala para hoyos.
Telegraphy. n. Telegrafía.
Telemeter. n. Telemétrico.
Telemetric. adj. Telemétrico.
Telemetry. n. Telemetría.
Telencephalon. n. Telencéfalo.
Teleobjective. n. Teleobjetivo.
Teleogical. n. Teleológico.
Telephone. n. Teléfono. / *To be on the telephone,* Estar hablando por teléfono. / v Telefonear. / Llamar por teléfono.
Telephone booth. n. Cabina de teléfono.
Telephone exchange. n. Central telefónica.
Telephone operator. n. Telefonista.
Telephone receiver. n. Receptor telefónico.
Telephone switchboard. n. Tablero de distribución telefónica.
Telephonic. adj. Telefónico.
Telescoping gage. n. Calibre telescópico.
Telescopium. n. (Astrol.) Telescopio.
Telespectroscope. adj. Telestereoscópico.
Telesthesia. n. Telestesia.
Telestich, telestic. n. Acróstico.
Telethermograph. n. Teletermómetro, registrador.
Televiewer. n. Televidente.
Televise. v. Televisar, transmitir por televisión.
Television. n. Televisión.
Television broadcasting. n. Teledifusión.
Television screen. n. Pantalla de televisor.
Television set. n. Televisor, aparato de televisión.
Telex. n. Télex. Mensaje enviado o recibido por télex. / Enviar mensajes por télex.
Telium. n. Telio.
Teller. n. Relator, narrador. / Computador, contador, escrutador de votos. / Recibidor, pagador (en un banco).
Telling. adj. Efectivo, eficaz. / Revelador, expresivo, significante.
Tellingly. adv. Expresivamente.

Tellurian. adj. y n. Telúrico. / pl. Morador de la tierra.
Telluric. adj. Telúrico, terrestre. / (Quím.) Telúrico.
Telly. n. (Fam.) Televisión, televisor.
Telodynamic. adj. Telodinámico.
Telolecithal. adj. Telolécito.
Telome. n. Teloma.
Telophase. n. Telofase.
Telpher. n. Teleférico. / v. Transportar por teleférico.
Temperament. n. Temperamento, constitución, complexión, naturaleza. / Disposición, humor. / Temperación, templadura. / (Med.) Temperamento.
Temperamental. adj. Temperamental, excitable, sensible, emocional.
Temperateness. n. Templanza, temperancia.
Temperature Zone. n. Zona templada.
Temperature. n. Temperatura. Fiebre.
Tempered. adj. Dispuesto, inclinado (bien, mal, etc.). / Templado, moderado. / (Med.) Modificado a temperamento.
Temper pin. n. Perno regulador de un torno de hilar. / (Med.) Clavija de violín.
Temper screw. n. Tornillo graduador.
Template. n. (Arqueol.) Solera. / Patrón, calibre, plantilla, modelo. / (Náut.) Gálibo.
Temple. n. Templo. (Anatom.) Sien. / Templén. / *Temple,* una de las sociedades de abogados que hay en Londres.
Temporal. adj. (Anat.) Temporal.
Temporal. adj. Temporal, del tiempo. Temporal, transitorio, pasajero. Temporal, secular, profano.
Temporal bone. n. Hueso temporal.
Temporality. n. Temporalidad, carácter temporal. / (Rel.) Temporalidades.
Temporally. adv. Temporalmente, transitoriamente.
Temporarily. adv. Temporalmente, momentáneamente.
Temporary. adj. Temporal, provisional, efímero, momentáneo.
Temporary cartilage. n. Cartílago temporal, cartílago de osificación.
Temporary duty. n. (Mil.) Servicio interno.
Temporization. n. Contemporización.
Temporize. v. Contemporizar, temporizar.
Temporizer. n. Contemporizador, contemporizadora.
Temptation. n. Tentación. / *To fall into temptation,* Caer en la tentación.
Tempter. n. Tentador. / *The Tempter,* El Tentador (el diablo).
Tempting. adj. Tentador, atractivo, seductor.
Temptingly. adv. De manera tentadora o seductora, tentadoramente.
Temptress. n. Tentadora, mujer seductora.
Ten. n. Diez. / (Fam.) Billete de diez dólares.
Tenaculum. n. Tenáculo.
Tenaille, tenail. n. (Mil.) Tenaza.
Tenaillon. n. (Mil.) Tenallón.
Tenancy. n. (Der.) Tenencia, posesión. / Inquilinato, arrendamiento.
Tenant. n. Arrendatario, inquilino. / Habitante, morador, ocupante. / v. Tener en arriendo.
Tenantable. adj. Arrendable. Habitable, ocupable.
Tenantless. adj. Desarrendado, deshabitado.
Tenantry. n. Tenencia, posesión. Inquilinato, arriendo. Conjunto de inquilinos.
Tench. n. (Ict.) Tenca.
Tend. v. Dirigirse, moverse. / *To tend (to do),* Tender a, propender a, inclinarse a, servir para. / (Náut.) Vigilar.

Tendency. n. Tendencia, inclinación.
Tendentioun. adj. Tendencioso.
Tender. n. Servidor. / Guarda, vigilante guardián. / Peón de albañil. / (Náut.) Buque nodriza. / Transbordador. / Ténder, alijo.
Tender. v. (Der.) Ofrecer dinero en pago de una obligación. / Ofrecer, proponer, presentar (presupuesto, servicios, renuncia, etc.).
Tender. adj. Tierno, blando, suave, muelle. / Débil, delicado, frágil. / Tierno, amoroso, cariñoso. / Considerado, cuidadoso, solícito. / Inmaduro, joven.
Tenderhearted. adj. Bondadoso, compasivo, impresionable, susceptible.
Tenderloin. n. Filete de solomillo, lomo. / Bajos fondos de una ciudad.
Tender-minded. adj. Idealista, iluso, soñador.
Tenderness. n. Terneza, ternura, afecto, cariño, sensibilidad, delicadeza.
Tendinoun. adj. Tendinoso.
Tendon. n. Tendón.
Tendril. n. Zarcillo, tijereta, vitícula.
Tennin. n. Tenin.
Tenon. n. Espiga, almilla. / v. Espigar, desquijerar, despatillar. Ensamblar a espiga.
Tenonitin. n. Tendinitis, inflamación de un tendón.
Tenosynovilin. n. Tendosinovitin.
Tenotomy. n. Tenotomía.
Tenpenny. adj. Que vale diez peniques, de diez peniques. / Clavo de tres pulgadas delargo.
Tenpin. n. Bolo (de madera). / Juego de bolos.
Tensionless. adj. Libre de tensión.
Tent. n. Tienda de campaña, toldo, carpa. / (Med.) Cámara (esp. de oxígeno) / Mantener abierta (una herida, etc.) con lechino o tapón. / v. Acampar bajo tiendas, alojarse en tienda. / Cubrir con un toldo.
Tenth. adj. y n. Décimo. Diez (en fechas). / (Med.) Décima. Décimo.
Tenthly. adv. En décimo lugar.
Tentmaker. n. Tendero (el que hace tiendas de campaña).
Tent pole. n. Mástil de una tienda de campaña.
Tent show. n. Espectáculo circense (bajo una tienda).
Tent stitch. n. Punto tallo.
Tenuity. n. Debilidad, delgadez. Enrarecimiento (de fluidos o gases). / Sencillez (de estilo).
Teosinte. n. Teocinte.
Tercel. n. Ver *Tiercel.*
Terceroon. adj. Tercerón, tercerona, hijo de una persona blanca y otra mulata.
Tergal. n. Tergal.
Tergiversate. v. Tergiversar. / Apostatar, renegar.
Tergiversation. n. Tergiversación. / Deserción, apostasía.
Tergiversator. n. Tergiversador, tergiversadora.
Tergum. n. Térgum, tergo.
Term. n. Término, duración, periodo. / pl. Términos, condiciones. / Término, expresión, vocablo. / pl. Relaciones (en el trato). / (Derecho, comercio) Término, plazo vencimiento. / (Der.) Posesión, pertenencia, (de tierras). / (Lóg.) Término (de un silogismo).
Terminate. v. Terminar, finalizar, concluir. / Limitar, confinar, terminar(se), acabar(se). / Estar limitado.
Termination. n. Terminación, final, conclusión. / Limitación, confinamiento. / Resultado. / (Gram.) Terminación, desinencia. / *To bring to a termination,* Poner término a, concluir.
Terminational. adj. Final (acento, sílaba). / (Gram.) Flexional, desinencial.

Terminator. n. Terminador.
Terminology. n. Terminología.
Term insurance. n. Seguro de plazo fijo.
Terminun. n. Límite, confín. Poste limítrofe, mojón. Terminación, fin, meta. / Estación terminal (de ferrocarril, ómnibus interurbano, etc.).
Terrene. adj. Terrenal, mundano. Terrestre. / n. Tierra, terreno.
Terrestrial. adj. Terrestre, terreno. Terrenal, mundano. Terrícola.
Terrible. adj. Terrible, aterrador, pavoroso, espantoso, terrorífico. / (Fam.) Terrible, atroz, tremendo.
Terribleness. n. Lo terrible.
Terribly. adv. Terriblemente.
Terrier. n. (Zool.) Terrier. / (Der.) Catastro.
Terrifically. adv. Pavorosamente, espantosamente.
Terrify. v. Aterrorizar, aterrar, espantar.
Terrigenoun. n. Terrígeno.
Territorial. adj. Territorial, distrital, regional. / (Der.) Territorial, jurisdiccional. / (Mil.) Territorial (ejército, reserva, etc.). Soldado de la fuerza territorial.
Territoriality. n. Territorialidad.
Territorialization. n. Conversión en territorio federal.
Territorially. adj. En forma territorial o regional.
Territorial watern. n. Aguas jurisdiccionales, aguas territoriales.
Territory. n. Territorio (de un estado, ciudad, etc.). / (EE. UU., Canadá, Australia) Territorio federal. / (Com.) Territorio, área, zona (asignada a un vendedor, etc.).
Terror. n. Terror, pavor, espanto, pánico. / Persona o cosa terrorífica. / (Fam.) Chiquillo travieso, malcriado. / *The Terror,* El Terror (época durante la Revolución Francesa).
Terrorism. n. Terrorismo.
Terroristic. adj. Terrorista.
Terrorization. n. Terror, terrorismo.
Terrorize. v. Aterrorizar, aterrar.
Terry. n. Tejido esponja, tejido de rizo.
Terse. adj. Sucinto, conciso, breve.
Terseness. n. Concisión, brevedad.
Tertian. n. Terciana, fiebre terciana.
Tervalent. adj. Trivalente.
Terylene. n. Terileno.
Terza rima. n. Terceto, tercia rima.
Terzetto. n. (Med.) Terceto, trío.
Tessellate. v. Taracear, poner teselas en.
Tessellated. adj. Teselado. Abigarrado, moteado.
Tessellation. n. Teselado, taracea, mosaico.
Tessera. n. Tesela, abáculo. / (Hist.) Tésera.
Tessitura. n. Tesitura.
Test. n. Examen. Prueba, ensayo, experimento. / Piedra de toque, criterio normal. / (Psicol.) Test / Copela.
Testable. adj. Probable, verificable.
Testacean. adj. Testáceo.
Testaceoun. adj. Testáceo.
Testacy. n. Condición de (morir) testado.
Testament. n. *Testament,* (Biblia) Testamento. / (Der.) Testamento.
Testamentary. n. Testamentario.
Tested. adj. Ensayado, probado.
Testicle. n. Testículo.
Testicular. v. Testicular.
Testifier. n. Testigo.
Testify. v. Ser testigo, dar testimonio. Declarar, manifestar, aseverar. / (Der.) Rendir testimonio. / *To testify to,* Testificar, atestiguar, probar, evidenciar. / (Der.) Atestiguar bajo juramento.

Testimonial. adj. Testimonial, certificado. / Testimonio, atestado. / Tributo, homenaje. Testimonial.
Testimony. n. Testimonio, atestación, evidencia. / Afirmación, aseveración, declaración. / (Rel.) Tablas de la Ley, las Sagradas Escrituras.
Testiness. n. Irritación, irascibilidad.
Testy. adj. Enojadizo, irritable, quisquilloso. / Malhumorado, disgustado (tono, respuesta, etcétera.).
Tetanic. adj. Tetánico.
Tetanize. v. Tetanizar.
Tetanun. n. Tétanos.
Tetany. n. Tetania.
Tetraborate. n. Tetraborato.
Tetrabranch. n. Tetrabranquiado.
Tetrabranchiate. adj. Tetrabranquiado. / Nautilo.
Tetrabromide. n. Tetrabromuro.
Tetrachloride. n. Tetracloruro
Tetralogy. n. Tetralogía.
Tex, Texan. n. p. Tejas.
Texan. adj. Tejano.
Text. n. Texto. Tópico, tema. / *To stick to one's text,* Ceñirse uno al tema. / Libro de texto.
Textbook. n. Libro de texto.
Text hand. n. Carácter de letra gruesa.
Textile. adj. Textil. / Textil, tejido, materia, textil.
Textual. adj. Textual.
Textualism. n. Adhesión rígida a la letra del texto, adhesión rígida a las Escrituras.
Textualist. adj. Textualista.
Textuary. adj. Textual, literal.
Textural. adj. Textural.
Texture. n. Textura, contextura. / Tela, tejido, obra tejida. / (Fig.) Textura, estructura, organización (de una obra de arte).
Th, thorium. n. Torio (Th).
Thai. adj. De Tailandia.
Thalassocracy. n. Talasocracia.
Thalassography. n. Oceanografía.
Thalia. n. p. Talía, la musa del teatro, una de las tres gracias.
Thames. n. p. Támesis.
Than. conj. Que (comparativo). / *Less than five,* Menos de cinco. / *More than once,* Más de una vez. / *Not more than five,* No más que cinco. / Del que, de la que, de lo que. / *It is farther than I thought,* Está más lejos de lo que pensaba. / Que, da lo que.
Thank. n. Agradecimiento, gracias, gratitud. / *Thanks,* Gracias. / *Thanks to,* Gracias a. / v. Agradecer, dar gracias a. / *Thank God!* ¡A Dios gracias!, ¡Gracias a Dios!. / *Thank you,* Gracias, gracias a usted. / *To have (only) oneself to thank,* Tener (uno mismo) la culpa, ser (uno mismo) responsable.
That. pron. (pl. *Those*) Ése, ésa, eso, aquél, aquélla, aquello. / Otro. / *He went to this doctor and that,* Fue de un médico a otro. / Que, cuanto(s) que, todo(s) que. / *The best that we can do,* Lo mejor que podemos hacer.
Thatch. n. Bálago, paja. / Techumbre de paja, techo de bálago. / (Fam.) Pelo tupido, greñas. / v. Bardar, empajar, techar con paja o bálago
Thatched roof. n. Techumbre de paja, techo de bálago.
Thatching. n. Bálago, paja, material para empajar.
Thaumatrope. n. Taumátropo.
Thaumaturgic, thaumaturgical. adj. Taumatúrgico.
Thaumaturgy. n. Taumaturgia, magia, milagros.
The. art. El, la, lo, los, las. / Cuanto, por cuanto, tanto, tanto más, mientras mán. / *The (more, less, etc.)... the (more, better, etc.),* cuanto (más, menos, etc.)... Tanto (más, mejor, etc.)...

Theaceae. n. Teáceas.
Theaceoun. adj. Teáceo.
Theanthropism. n. Teantropismo.
Thearchy. n. Teocracia, orden o jerarquía de los dioses.
Theater, theatre. n. Teatro. Anfiteatro. / *Operating theater,* Sala de operaciones. / Teatro, escena, lugar (de los acontecimientos). / *Theater of war,* Escena de la guerra. / Teatro, arte dramático, drama.
Theater-in-the- round. n. Anfiteatro, teatro circular o arena.
Theatine. adj. Teatino.
Theatrical. adj. Teatral, escénico, dramático. / Teatral, artificioso, afectado.
Theatricalism. n. Teatralidad.
Theatricaln. n. Funciones teatrales de aficionados. / Modales teatrales.
Theban. adj. Tebano, de Tebas.
Thebes. n. p. Tebas (ciudad antigua de Egipto).
Theca. n. Teca.
Thecal. adj. Tecal.
Thee. pron. (Arc.) Te, a tí. / Tú (en poesía y el lenguaje de los cuáqueros).
Theft. n. Hurto, robo.
Thegn. Ver *thane*.
Theine. n. Teína.
Their. adj. Su, suyo, suya, de ellos, de ellas.
Theirn. pron. (los) Suyos, (las) suyas, de ellos, de ellas, (el) suyo, (la) suya.
Theism. n. Teísmo.
Theme. n. Tema, asunto, materia. / Composición, ensayo. / (Gram.) Tema, radical, parte esencial (de un vocablo). / (Med.) Tema, motivo (de una composición).
Themin. n.p Temin.
Themselves. pron. Ellos mismos, ellas mismas, (a) sí, (a) sí mismos, (a) sí mismas. (a) Sí mismo. (a veces se traduce con el verbo reflexivo: *They hurt themselves,* Se lastimaros. / *By themselves,* Solos, solas.
Then. adv. Entonces, a la sazón. / Luego, después, en seguida. / Entonces, en tal caso. / Pues, por consiguiente, en consecuencia, por tanto.
Thence. adv. De allí, donde allí. De ahí, por eso. / (Arc.) Desde entonces, desde aquel momento.
Thenceforth. adv. Desde entonces.
Thenceforward, thenceforwardn. adv. Desde entonces, desde allí en adelante, de allí en adelante.
Theobromine. n. Teobromina.
Theocentric. adj. Teocéntrico.
Theocracy. n. Teocracia.
Theocratic, theocratical. adj. Teocrático.
Theodicy. n. Teodicea.
Theologian. n. Teólogo.
Theological, theologic. adj. Teológico, teologal, teólogo.
Theologize. v. Teologizar. / Dar carácter religioso o teológico a.
Theologue. n. (Fam.) Teólogo, estudiante de teología.
Theology. n. Teología.
Theomachy. n. Teomaquia, lucha contra los dioses, Lucha entre los dioses.
Theomania. n. Teomanía.
Theonomoun. adj. Gobernado por Dios.
Theopathy. n. Experiencia mística, éxtasis religioso.
Theosophist. n. Teósofo, teósofa.
Theosophy. n. Teosofía.
Therapeutic. adj. Terapéutico.
Therapeuticn. n. Terapéutica.
Therapeutist. n. Terapeuta.

Therapy. n. Terapia.
There. adv. Allí, ahí, allá. / En eso, en cuanto a eso, con eso. / *There I agree with you,* En eso concuerdo con usted / *You there,* ¡Usted!, ¡oiga!. / *Here and there,* Acá y allá, regularmente.
Thereafter. adv. Después de, de allí en adelante, subsecuentemente. / (Arc.) Según esto.
Thereat. adv. Ahí, allí, allá, en aquel punto y lugar. / Luego, sobre eso, por eso.
Therefor. adv. Por esto, para esto, por eso, para eso.
Therefore. adv. Por lo tanto, por consiguiente, en consecuencia, debido a eso.
Therefrom. adv. De allí, de ahí, de eso, de aquello.
Therein. adv. Adentro. / En eso, en ese respecto.
Thereinafter. adv. En adelante, en lo sucesivo.
Thereinbefore. adv. (Der.) Anteriormente, (dicho o mencionado) más arriba, antes (en documentos, etc.).
Thereupon. adv. Encima de eso, por encima. / Por lo tanto, por consiguiente. / Luego, sobre eso.
Thermoconductor. n. Termoconductor.
Thermoduric. adj. Termodúrico.
Thermogenetic. adj. Termogenético.
Thermogenic. n. Termógeno.
Thermomagnetic. adj. Termomagnético, piromagnético.
Thermometer. n. Termómetro.
Thermoplastic. adj. Termoplástico. / pl. Sustancia termopláslica.
Thermoplasticity. n. Calidad de termoplástico.
Thermopylae. n. Termopilas.
Thermoregulation. n. Temlorregulación.
Thermoregulator. n. Termotegulador.
Thermon. n. Termo, termos.
Thermoscope. n. Termoscopio.
Thermoscopic. adj. Termoscópico.
Thermosetting. adj. Termofraguante, termoestable, duroplástico.
Thermotherapy. n. Termoterapia.
Thermotropism. n. Termotropismo.
Thersander, n. Tersandro.
Thesaurum. n. Diccionario, enciclopedia, libro de referencia. / (Fig.) Tesoro (de conocimientos, citas famosas, etc.). / Tesorería, almacén.
Thessailan. adj. Tesálico, tesaliense, tesalio.
Thessalonian. adj. Tesalonicense, tesalónico. / pl. Tesalonicense, tesalónico, tesalónica.
Thessalonica, Thessalonike. n. p. Tesalónica, antiguo nombre de Salónica.
Thessaly. n. p. Tesalia.
Theta. n. Theta, octava letra del alfabeto griego.
Thetin. n. Tetin.
Theurgical. adj. Teúrgico.
Theurgy. n. Teúrgia.
They. pron. Ellos, ellas. / La gente, los hombres.
Thiamine. n. Tiamina.
Thiazine. n. Tiazina.
Thiazole. n. Tiazol.
Thick. adj. Grueso, espeso. / De espesor, de grosor. / *Five inches thick,* Cinco pulgadas de espesor (o de grosor). / Denso, compacto, atestado, relleno. / Espeso, condensado. / Turbio, confuso, borroso, brumoso (tiempo). / Impenetrable, profundo (oscuridad, silencio). / Sofocante, bochornoso (aire, calor).**Thicken.** v. Espesar, condensar. / Hacer más grueso. / Hacer indistinto (habla). / Espesarse, condensarse. / Volverse más numeroso o denso. Volverse más grueso. / Complicarse, intrincarse, embrollarse.
Thickener. n. Espesador, condensador.

Thicketed. adj. Poblado de maleza.
Thickhead. adj. (Fam.) Estúpido, torpe, cabeza dura.
Thickheaded. adj. Estúpido, torpe.
Thickish. adj. Algo espeso o denso.
Thickly. adv. Densamente, tupidamente. / Abundantemente. / Turbiamente, confusamente. / En voz apagada. indistintamente.
Thick-skulled. adj. Torpe, estúpido.
Thief. n. Ladrón, ratero.
Thieving. n. Propio de robo o de ladrones. / Ladrón.
Thievish. adj. Ladrón, ratero, sisador. / Ladronesco.
Thievishness. n. Latrocinio. / Rapacidad.
Thigh. n. Muslo.
Thighbone. n. Fémur.
Thigmotaxin. n. Tigmotaxismo.
Thin. adj. Delgado, fino, tenue. / Cenceño, flaco, magro. / Claro, ralo, no denso, fluido (líquido). / Escaso, poco (ganancia, público, etc.). / Thin hair, Cabello ralo. / Raro, enrarecido (aire). De poca consistencia / Aguado (sopa, cerveza, etc.). / (Fig.) Débil, de poco volumen. / Insubstancial, inadecuado, débil
Thine. pron. Tuyo, tuya, el tuyo, la tuya. / adj. Tu, tos.
Thing. n. Cosa, objeto. / Asunto, cuestión, materia. / (Fam.) Persona, tipo. Criatura, chico, chica. / Poor little thing, ¡Pobre criatura! ¡pobrecito!. / A pretty thing, Una cosita linda, una chica guapa. / (Der.) Cosa, bien, propiedad. / A dumb thing, Un zonzo. Una bobota.
Thin-in-itself. n. (Fil.) Cosa-en-sí, realidad final o metafísica. / Nóumeno.
Things personal. n. (Der.) Bienes personales.
Things real. n. (Der.) Bienes inmuebles.
Thingumbob, thingumajig. n. (Fam.) El como-se-llama, el que-te-dije, la cosa esa.
Think. v. Pensar. / Concebir, idear. / Creer, considerar, juzgar. / Meditar, reflexionar. / He will think himself silly, De tanto meditar se volverá tonto.
Thinkable. adj. Concebible. Realizable, posible.
Thinking. adj. Pensante, pensador. Racional. / To put on one's thinking cap, Avivar uno el seso. / pl. Parecer, opinión, juicio, pensamiento. Reflexión. / To my way of thinking, A mi parecer, en mi concepto, en mi opinión.
Thinkingly. adv. Cuerdamente, racionalmente.
Thinly. adv. Delgadamente, finamente, tenuemente. / Escasamente (vestido, etc.). / Insuficientemente (disimulado, etc.).
Thinness. n. Delgadez, tenuidad, flaqueza. / Poca consistencia. Raleza. / (Fig.) Debilidad (de voz, del argumento, etc.). / (Fig.) Transparencia (de un pretexto, etc.). / (Fotografía) Poca densidad, poco contraste.
Thioacetic acid. n. Tioácido.
Thioarsenate, thioarseniate. n. Tioarseniato.
Thioarsenite. n. Tioarsenito.
Thiocarbamide. n. Tiocarbamida.
Thiocyanate. n. Tiocianato.
Thiocyanic. adj. Tiociánico.
Thionate. n. Tionato.
Thionic. adj. Tiónico.
Thionine. n. Tionina.
Thiophene. n. Tiofeno.
Thiophosphoric acid. n. Acido tiofosfórico.
Thiosinamine. n. Tiosinamina.
Third. adj. Tercero, terciario. / pl. Tercero, tercio, tercera parte. / Tres (en fechas). / (Astros., Geom.) Tercero (sexagésima parte de un segundo de tiempo o de arco).
Third class. n. Terceta clase, clase turista (en un barco). / Third class mail, Impresos (enviados por correo).

Third-class. adj. De tercera clase. / (Fig.) De baja categoría, inferior. / En tercera clase.
Third degree. n. Interrogatorio con coacción o tortura.
Third eyelid. n. Membrana nictitante, tercer párpado.
Third party. n. (Der.) Tercero, tercera persona. / Tercer partido, cualquier partido político independiente de los partidos mayoritarios.
Third party risks. n. Riesgos contra tercera persona.
Third rail. n. (Electr.) Tercer riel, carril conductor.
Third-rate. adj. De tercer orden. / De mala calidad, inferior.
Third wire. n. (Electr.) Conductor neutro.
Third World. n. El Tercer Mundo.
Thirl. v. (Pop.) Perforar, taladrar. / Hacer estremecer.
Thirst. n. Sed. / (Fig.) Ansia, anhelo, deseo. Tener sed. / To thirst for (o after, (Fig.) Tener sed de, ansiar, anhelar, apetecer.
Thirstiness. Sed.
Thirty-two. n. Treinta y dos, treintaidós. / Pistola de calibre treinta y dos.
Thirty-twomo. adj. (Impr.) En trigésimo segundo. / pl. Libro en trigésimo segundo.
Thin. pron. (pl. These) Este, ésta, ésto. / This and that, Esto y aquello. / Thisthat and the other, Esto, eso y aquello. Una cosa y la otra, varias cosas.
Thistledown. n. Vilano del cardo, papo.
Thistly. adj. Cubiertos de cardos. / (Fig.) Espinoso, difícil.
Thirtherto. adv. Hasta ese tiempo, hasta entonces.
Thole, tholepin. n. (Náut.) Escálamo, tolete. / (Agron.) Asidero del mango de la guadaña.
Thor. n. p. Tor, Thor.
Thoracic. adj. Torácico.
Thorax. n. Tórax.
Thorneless. adj. Sin espinas.
Thorny. adj. Espinoso. / (Fig.) Arduo, intrincado, embrollado.
Thoron. n. Torón.
Thorough. adj. Completo, cabal, acabado.
Thorough bass. n. (Med.) Bajo cifrado.
Thoroughbred. adj. De pura sangre, de pura raza o casta. / Perfecto, consumado, diestro. / Primoroso, excelente. / pl. Caballo de carrera de pura sangre. / Persona bien parecida.
Thoroughness. n. Cumplimiento, entereza. / Perfección, minuciosidad, escrupulosidad.
Thou. pron. Tú. / v. (Arc.) Tutear.
Though. conj. Aunque, a pesar de que, aun cuando, si bien, bien que. / As though, Como si. / Sin embargo, no obstante, con todo.
Thought. n. Pensamiento, reflexión. / Percepción, apreciación. / Idea, noción. / Punto de vista, opinión (de uno). / Atención, cuidado, esmero, solicitud. Preocupación. / His one thought, Su única preocupación. / On second thought, Pensándolo mejor
Thought. Ver think.
Thoughtful. adj. Pensativo, meditabundo. / Atento, considerado. / Cuidadoso, precavido.
Thoughfulness. n. Cuidado, previsión. / Atención, esmero, solicitud.
Thought-out. adj. Bien considerado, bien deliberado, muy pensado.
Thought transference. n. Transmisión del pensamiento, telepatía.
Thousand. n. Millar, mil. / One in a thousand, Muy raro. Excelente.
Thousandfold. adj. De mil. / Mil veces, mil veces más

Thousand-legger. n. (Entom.) Milpién.
Thousandth. adj. Milésimo.
Thrace. n. p. Tracia.
Thracian. adj. Tracio.
Thraldom, thralldom. n. Esclavitud, servidumbre.
Thrasher. n. (Agron.) Trillador, desgranador. / Máquina desgranadora o trilladora. / (Ict.) Zorra de mar.
Thrashing. n. Paliza, zurra. / (Agr.) Trilla, desgranamiento.
Threaded. adj. (Mec.) Roscado, fileteado.
Threaded joint. n. Junta atornillada.
Threader. n. Enhebrador. / (Mec.) Terraja.
Theadfin. n. (Ict.) Pez parecido al mújol.
Threadfish. n. (Ict.) Zapatero.
Threading. n. Enrosque.
Threading machine. n. Máquina de roscar, tarrajadora, fileteadora.
Threadlike. adj. Filiforme.
Thread mark. n. Hilo de seguridad (que se pone al papel moneda para evitar su falsificación).
Thread roller. n. Laminador de roscas.
Threadworm. n. (Zool.) Nematodo, oxiuro, lombricilla.
Thready. adj. Filiforme, delgado, filamentoso. Débil (voz, pulso, etc.).
Threat. n. Amenaza.
Threatening. adj. Amenazador.
Three. n. Tres
Three-centered arch. n. Arco zarpanel.
Three-color. adj. Tricrómico.
Three-cornered. adj. Triangular. / De tres picos (sombrero). / Triple (empate) entre tres contendientes.
Three-cornered hat. n. Tricornio, sombrero de tres picos.
Three-decker. n. (Náut.) Barco de tres cubiertas. / Edificio o estructura de tres pisos. / Emparedado de tres capas de pan y dos de carne, embutido, etc.
Three-deep. adj. En tres filas o hileras.
Three-dimensional. adj. Tridimensional.
Threefold. adj. Compuesto de tres. De tres veces, triple, triplo. / Tres veces, por triplicado, triplemente.
Threnodic. adj. Fúnebre.
Threnodist. n. Compositor de trenos.
Threshold frequency. n. (Fís.) Frecuencia crítica.
Threshold visibility. n. Visibilidad mínima.
Thrice. adv. Tres veces. / Repetidamente, muy, en sumo grado.
Thriftily. adv. Económicamente, frugalmente, con ahorro.
Thriftiness. n. Frugalidad, economía.
Thrifty. adj. Económico, frugal, ahorrativo. / Floreciente, próspero.
Thrill. v. Emocionar, hacer estremecer. / Hacer vibrar o temblar. / Emocionarse, conmoverse. Estremecerse de emoción. Vibrar, temblar. / pl. Emoción, agitación, estremecimiento. / (Med.) Tremor, vibración.
Thriller. n. Novela sensacional. / Espectáculo emocionante. Cosa excitante.
Thrilling. adj. Emocionante. / Conmovedor.
Thripn. n. Trips, tisanóptero.
Thrive. v. Medrar (planta, animal). / (Fig.) Medrar, prosperar, enriquecerse. Tener éxito.
Throne. n. Trono. / (Fig.) Trono, dignidad de rey. / (Rel.) Tronos (espíritus bienaventurados que forman el tercer coro). / v. Entronizar, elevar al trono. Ocupar el trono.
Throttlehold. n. Control absoluto, dominio opresivo.
Through. prep. Por, a través de. / Por, de un extremo a otro de. / Durante, del principio al fin de. / Por medio de, mediante. / A causa de, debido a. / Al través, de lado a lado, de parte a parte, de un extremo a otro.

Through bolt. n. Perno pasante, tornillo pasante.
Through-ither, through-other. adv. En confusión, con promiscuidad.
Throughout. prep. Por todo, en todo, a lo largo de, durante todo. / adv. En cada parte, a cada parte, en todas partes, en todo respecto.
Through traffic. n. (Ferr.) Tráfico de larga distancia.
Throughway. n. Autopista, carretera de acceso limitado.
Throw. v. Arrojar, lanzar, tirar, echar, despedir, desprender. / Derribar, echar por tierra. / Dirigir, echar (una mirada). / Mover rápidamente (brazo, cabeza, etc.), echar (el cuerpo), lanzar, asestar (un golpe).
Throwaway. n. Volante, hoja suelta.
Throwback. n. Reversión, atavismo / Retroceso, vuelta atrán.
Thruster. n. Arribista.
Thruway. n. Autopista.
Thucydiden. n. p. Tucídiden.
Thud. n. Golpe. Batacazo (ruido sordo). / v. Caer o chocar con un ruido sordo.
Thug. n. (Hist.) Thug.
Thuggery. n. Bandolerísmo, bandidaje.
Thuggish. adj. Rufianesco.
Thule. n. Tule.
Thulia. n. Oxido de tulio.
Thulium. n. Tulio.
Thumb. n. Pulgar. / (Arq.) Ovolo, cuarto bocel. / *All thumbs*, Torpe. / *Rule of thumb*, Método práctico. / *Thumbs up!* (Pop.) ¡Buena suerte!.
Thumb index. n. Uñero, índice alfabético (al borde de las páginas de un diccionario, etcétera.).
Thumbnail. n. Uña del pulgar. / adj. Del tamaño de la uña del pulgar, pequeño, condensado, reducido (artículo, relato, etc.).
Thumbnail nut. n. Tuerca de mariposa o manual.
Thump. n. Porrazo, puñetazo, ruido sordo. / v. Apelar, aporrear. / Dar golpes, golpear pesadamente. / Latir fuertemente (el corazón).
Thunder. n. Trueno. / (Fig.) Estruendo, estrépito, fragor. / Amenaza o censura severa. / *To steal someone's thunder*, Adelantarse a, robarle la idea a (alguien)
Thunderbird. n. Pájaro mítico que produce el trueno y el rayo.
Thunderclap. n. Tronido.
Thundercloud. n. Nubarrón, nube tormentosa.
Thunderhead. n. Masa de cúmulos.
Thundering. adj. Tronante, tonante. / Descomunal, extraordinario, excepcional.
Thunderoun. adj. Atronador.
Thunderpeal. n. Tronido, fragor del trueno.
Thundershower, thundersquall. n. Chubasco con el rayo.
Thunderstruck, thunderstricken. adj. Golpeado por el rayo. / Atónito, estupefacto, pasmado.
Thursday. n. Jueves.
Thun. adv. Así, de este o ese modo, de esta manera, en estos términos. / Tanto, hasta. Así, por esto, por eso, así que. / Por ejemplo. / *Thus far*, Hasta aquí, hasta ahora.
Thwack. v. Golpear con algo pesado, aporrear, pegar. / pl. Porrazo, golpe seco y sonoro.
Thwart. adj. Transversal, transverso, travesero. / adv. Al o a través de, través. / (Náut.) Banco de remeros, banco de bogar. / v. Contrariar, desbaratar, frustrar, impedir, bloquear, obstruir.
Thwartwise. n. Transversal, transverso. / adv. Al través, a través, en cruz.
Thyroiditin. n. Tiroiditis.
Thyrotoxic. adj. Tirotóxico.
Thyrotoxicosin. n. Tirotoxicosis.

Thyroxine. n. Tiroxina.
Thyrse. n. Tirso.
Thyrsun. n. Tirso.
Thysanura. n. Tisanuros.
Thysanuran. adj. Tisonuro.
Thyself. pron. Tú mismo, tí mismo.
Ti, titanium. n. Titanio (Ti).
Tiber. n. p. Tíber.
Tiberiun. n. p. Tiberio.
Tibia. n. (Anat.) Tibia. / (Entom.) Cuarta articulación de la pata.
Tical. n. Tical (unidad monetaria de Tailandia).
Tick. n. Funda (de colchón, almohada o almohadón). Cutí, cotí.
Ticker. n. Receptor telegráfico, teleimpresor. / (Fam.) Reloj. / (Pop.) El corazón.
Ticket. n. Billete, boleto, entrada. / Certificado, licencia, permiso, pase. / Marbete, etiqueta. / Multa, boleta, papeleta. / Lista de candidatos, candidatura, programa (de un partido). / (Mil.) Licencia absoluta. / v. Rotular, marcar, poner etiqueta a. / Proveer de billetes, vender pasaje a.
Ticket agent. n. Agente de viajes. / Vendedor de billetes (para el teatro, concierto, etc.).
Ticket collector. n. Revisor, recaudador de boletos de pasaje.
Ticket holder. n. Poseedor de un billete, boleto o entrada.
Ticket office. n. Taquilla, boletería.
Ticket of leave. n. Libertad condicional (de condenado).
Tick fever. n. (Med.) Fiebre de las Montañas Rocosas. / (Veter.) Fiebre de Tejas.
Tickling. n. Cosquillas.
Ticklish. adj. Cosquilloso. / (Fig.) Quisquilloso, puntilloso, susceptible (carácter). / Delicado, espinoso, crítico (situación, problema, etc.).
Ticklishness. n. Naturaleza quisquillosa, sensibilidad, susceptibilidad.
Tidal harbour. n. Puerto navegable sólo durante la pleamar.
Tidal wave. n. Marejada, oleada (causada por terremoto o ventarrón). / (Fig.) Marejada (movimiento o conmoción públicos).
Tidbit. n. Bocado bocadillos, golosina. / Chismecito inofensivo, noticia agradable.
Tide. n. Marea. / (Fig.) Ola, corriente (de opinión, popularidad, etc.). / (Poét.) Arroyo, corriente, inundación. / (Arc.) Epoca, estación, período de tiempo, oportunidad. / *Priming of the tides,* Adelanto diario de la marea.
Tidings. n. Noticias nuevas, informes.
Tie. v. Atar, amarrar. / (Fig.) Unir, enlazar. Entrelazar, trenzar (una guirnalda, corona de flores, etc.). / Hacer el nudo de (la corbata). / Empatar (partido), igualar (puntaje). / (Med.) Ligar (notas). / (Fig.) Tener amarrado.
Tie bar. n. (Ferr.) Barra separadora (entre las dos agujas de cambio).
Tie beam. n. (Const.) Tirante, viga tirante.
Tied column. n. (Const.) Columna zunchada.
Tie-in. n. Enlace, conexión.
Tie-joint. n. (Carp.) Encepadura.
Tiemannite. n. Tiemannita.
Tiepin. n. Alfiler de corbata.
Tie plate. n. (Ferr.) Placa de asiento, placa de defensa.
Tierce. n. Tercerola (barril de mediana cabida) / Tercera, tercia (de naipes). / (Rel.) Tercia (hora inmediata después de prima). / (Esgrima) Tercera (parada y posición de la mano).
Tiercel. n. (Caza) Terzuelo, torzuelo.

Tierceron. n. Tercelete.
Tier table. n. Mesita de varios tableros o de niveles escalonados.
Tie-up. n. Enlace, conexión, asociación. / Establo de vacas. / Paralización, atoramiento, embotellamiento. / Interrupción, paro (de máquinas de una industria). / (Náut.) Amarradero.
Tiffany. n. Gasa de muselina.
Tiger. n. Tigre. / Vítor, grito final, última aclamación. / (Fam.) Oponente formidable (en un juego, competencia, etc.). / Paje, lacayo. / *To have a tiger by the tail,* Estar metido en un lío.
Tigerish. adj. De tigre, como un tigre. / Violento, feroz, cruel.
Tiger lily. n. Azucena atigrada, trigidia.
Tiger moth. n. (Entom.) Artia.
Tiger's-eye. n. Ojo de gato.
Tighten. v. Estrechar(se), ajustar(se), apretar(se).
Tight-lipped. adj. Con los labios firmes o tensos. / Taciturno, callado, reservado.
Tight-mouthed. adj. Callado, reservado.
Tightrope. n. Cuerda floja. / adj. De cuerda floja.
Tightn. n. Traje de malla (de los bailarines, acróbatas, gimnastas, etc.), medias enterizas de malla.
Tightwad. adj. Tacaño, cicatero, avaro.
Tightwire. n. Cuerda floja.
Tilbury. n. Tílburi.
Tilde. n. Tilde, virgulilla. / Reparo, crítica leve.
Tile. n. Teja. Azulejo, losa, baldosa, loseta, baldosín. / Atanor (de cañería). / (Fam.) Sombrero de copa, chistera. / v. Tejar, enlosar, embaldosar, azulejar.
Tillable. adj. Cultivable, arable.
Tillite. n. Tilita.
Tilt. n. Toldo, cubierta. / v. Entoldar.
Tilter. n. Justador, torneador. / Mecanismo u obrero que vierte hierro fundido, vidrio, etcétera.
Tilth. n. Agricultura, cultivo, labranza. / Tierra cultivada.
Tilting. n. Inclinación, vuelco. / adj. Inclinado, ladeado.
Tilting level. n. Nivel basculante.
Timber. n. Maderamen, madera de construcción. / Viga, madero. / Monte, bosque. / (Náut.) Cuaderna. / v. Enmaderar, entibar (excavaciones en minas), enramar (las cuadernas de buques).
Timber cruiser. n. Estimador de madera en pie (en bosques).
Timbered. adj. Enmaderado. / Arbolado, boscoso.
Timber hitch. n. (Náut.) Vuelta de braza.
Timber-hitch. v. (Náut.) Amarrar con vueltas de braza o cabo.
Timbering. n. Maderamen, maderaje, entibación asnado (en minas).
Timberland. n. Bosque de árboles maderables, tierra o zona boscosa.
Timbuktu. n. Tombuctú. Los quintos infiernos, cualquier lugar remoto.
Time. n. Tiempo. / Período, duración, lapso. / Epoca, era, edad. / Rato, instante, momento. / Tiempo, ocasión, oportunidad. / Tiempo, vez. / Vez, veces. / (Com.) Horario (de trabajo), sueldo, paga (por hora). / (Med.) Tiempo, compás, ritmo, cadencia. / (Gram.) Tiempo. / *Against time,* contra el tiempo, con toda prisa.
Time and half. n. Tiempo y medio, sobretiempo, salario y medio.
Time and tide. n. Tiempo y sazón.
Time bill. n. Letra o plazo.
Time bomb. n. Bomba de tiempo.
Time card. n. Tarjeta registradora o marcador de hora.
Timecard. n. Horario, itinerario.

Time clock. n. Reloj registrador.
Timed. adj. De duración determinada (ejercicio, examen, etc.). / Retardada (explosión). / Hecho en un (buen, mal, etc.) momento.
Time deposit. n. (Com.) Depósito a plazo.
Time draft. n. (Com.) Depósito a plazo. Giro a plazo, orden de pago a plazo.
Time exposure. n. (Fotograf.) Exposición de tiempo.
Time fuse. n. Espoleta de tiempo.
Time-honored. adj. Tradicional, consagrado por el tiempo, venerable.
Time immemorial. n. Tiempos perdidos en la historia.
Time killer. n. Desocupado, ocioso. / Pasatiempo.
Timeless. adj. Eterno, infinito. / Sin fecha, sin limitación de tiempo.
Timeliness. n. Puntualidad. / Oportunidad.
Time loan. n. (Com.) Préstamo a plazo fijo.
Time lock. n. Cerradura de tiempo.
Timely. adv. Oportunamente, a tiempo. / adj. Puntual, oportuno.
Time of climb. n. (Aer.) Tiempo de subida.
Time-out. n. Intermedio, intervalo. / Interrupción, suspensión temporal (de un partido, acto ceremonial, etc.). / Tiempo de descanso (que se toma dentro de un horario de trabajo).
Timepiece. n. Reloj, cronómetro.
Timer. n. Contador, cronometrador. / Cronógrafo, cronómetro. / Distribuidor del encendido (de motores).
Timesaving. adj. Que ahorra o economiza tiempo.
Timeserver. n. Contemporizador, oportunista.
Timerserving. adj. Contemporizador, adulador, servil. / pl. Contemporización, oportunismo.
Time signature. n. (Med.) Llave de tiempo.
Time zone. n. Huso horario.
Timid. adj. Tímido, apocado.
Timidity. n. Timidez.
Tinet. adj. (Poét.) Teñido, matizado. / v. (Arc.) Impregnar, teñir, tinturar / pl. (Poét.) Tintura, colorido.
Tinctorial. adj. Tintóreo, colorativo.
Tinder. n. Yesca, mecha.
Tinea. n. Tiña.
Tineid. adj. Tineido.
Tin fish. n. (Pop.) Torpedo.
Ting. v. Teñir, colorar. / (Fig.) Teñir, alterar (de envidia, ira, etc.). / n. Matiz, tinte. / Gustillo, dejo. / Traza, vestigio.
Tinguaite. n. Tinguaita.
Tinhorn. adj. (Pop.) De poca monta. Charro. / pl. Tahúr de poca monta.
Tinily. adv. Diminutivamente.
Tininess. n. Tamaño diminuto.
Tinker. n. Hojalatero, calderero. / Chapucero, chambón. / Chambonada, chapucería. / (Ict.) Caballa. / v. Trabajar mal, reparar chambonamente. / To tinker at, Ocuparse ineficazmente con o en. / Chapucear.
Tin spar. n. Casiterita.
Tin spirit. n. Solución de estaño (usada como mordiente).
Tint. n. Matiz, tinte, tono, color. Color templado. / (Pint.) Media tinta. / (Impr.) Grisado, sombreado, fondo (de color claro). / v. Matizar, colorar, teñir.
Tinter. n. Tintorero.
Tintless. adj. Incoloro.
Tintometer. n. Tintómetro.
Tintype. n. Ferrotipo.
Tinware. n. Artículos de hojalata.
Tinwork. n. Obra de estaño, artículos de estaño. Hojalatería.

Tiny tot. n. Chiquitín, niño pequeño. / pl. Gente menuda.
Tip. v. Inclinar, ladear. / Saludar (quitándose el sombrero). / n. Punta, extremidad, extremo, cabo, ápice, cúspide. / Herrete, regatón (de bastón, etc.). / Puntera (del zapato). / Boquilla (del soplete).
Tirelessness. n. Perseverancia incansable, energía inagotable.
Tiresome. adj. Tedioso, aburrido, pesado, molesto. / How tiresome! ¡Qué aburrido!, ¡Qué pesado!
Tiro. Ver Tyro.
Tirrivee. n. Berrinche, pataleta, rabieta, conmoción, perturbación, revuelo.
Tisane. n. Tisana.
Tissue. n. Gasa, tisú, tejido de seda.
Tissue paper. n. Papel de seda.
Titan. n. (Mit.) Titán. / (Fig.) Titán, gigante, coloso. / adj. Titánico, gigantesco, colosal.
Titanic. adj. Titánico, gigantesco, colosal, inmenso. / Titanic, (Mit.) Titánico. / (Quím.) Titánico.
Titanoun. adj. Titanoso, de titanio.
Titbit. n. Golosina, bocadito.
Tithing. n. Cobro o pago del diezmo. Diezmo. / (Der.) Pequeña división administrativa (formada por diez vecinos y sus familias).
Titian. adj. Ticiano. / Titian, (color) Castaño, rojizo, rojo veneciano.
Title. n. Título. / (Der.) Título, derecho, libro, publicación. / (Cinem.) Letreros, rótulos. / (Dep.) Campeonato. / v. Titular. Conferir títulos a, nombrar. / adj. Titular. / Title page, Primera página (diarios, periódicos), portada, cabezal (libros).
Titre. n. Titer.
Titter. v. Reír entre dientes, reír con disimulo. / pl. Risita entre dientes, risita ahogada o disimulada.
Tittle. n. Tilde, vírgula / Ápice, pizca, jota.
Tittle-tattle. n. Cháchara, chismorreo. / v. Chacharear, chismear, comadrear.
Tittle-tattler. n. Chismoso.
Tittup. n. Salto, brinco, corvo, cabriola de contento. / v. Corvetear, cabriolar, retozar, brincar.
Titubation. n. Titubeo, titubación.
Titular. adj. Titular. Nominal (que existe sólo en nombre). / pl. Titular.
Tizzy. n. Alboroto, sobresalto, excitación, confusión, aturdimiento. / (Moneda de) Seis peniques.
TKO Technical knockout. n. Knockout técnico (Box.).
Tl (Thallium). n. Talio (Tl).
T.L. total loss. n. Pérdida total.
TNT (Trinitrotoluene). n. Trinitrotolueno (T.N.T.).
To. prep. A, hacia, en dirección a o de. / En. / From door to door, De puerta en puerta. / Para, a (con la intención de, con el fin de). / He came to see you, El vino para (o a) verte. / Hasta (indicando efecto o resultado). / I am soaked to the bone, Estoy calado hasta los huesos. / Cos. / She has been very good to them, Ha sido muy buena con ellos. / Según, de acuerdo a. / To my way of thinking, De acuerdo con mi modo de pensar.
Toad. n. Sapo. / (Fig.) Persona desagradable o repelente.
Toadeater. n. Adulador, servil, lameculos.
Toady. adj. Adulador, servil. / v. Adular servilmente.
Toadyism. n. Adulación servil.
Toast. v. Tostar(se). / pl. Tostada.
Toast. n. Brindis. / v. Brindar a o por, beber a la salud de.
Toaster. n. Brindador, el que brinda. / Tostadora de pan, tostador (de café, etc.).

Toasting. adj. De o para tostar. / pl. Tostadura, tueste.
Toastmaster. n. Maestro de ceremonias en un banquete.
Toast rack. n. Portatostadas.
Tobacco. n. Tabaco.
Tobacco box. n. Tabaquera.
Tobaco mildew. n. Moho azul.
Tobacco mosaic. n. Mosaico del tabaco.
Tobacconist. n. Tabaquero, estanquero.
Tobacco pouch. n. Bolsa de tabaco, tabaquera.
Tobacco worm. n. (Entom.) Oruga del tabaco.
Toby. n. Pichel, vaso grande. / Cigarro delgado de calidad inferior.
Toccata. n. Tocata.
Tocologist. n. Tocólogo.
Tocology. n. Tocología.
Tocopherol. n. Tocoferol.
Tocsin. n. Campana de alarma. / Toque a rebato, rebato, alarma.
Today. adv. Hoy, en este día. / Al presente, hoy (en) día. / pl. (el día de) hoy, el presente, actualidad.
Toddler. n. Niño que empieza a andar.
Toddy. n. Savia de palmera. / Ponche.
Toe box. n. Refuerzo de la puntera (del zapato).
Toe cap. n. Puntera (del zapato).
Toed. adj. Que tiene cierto número de dedos en el pie. / (Carp.) Metido oblicuamente (un clavo), asegurado con clavos oblicuos (dícese de un puntal).
Toe dance. n. Danza o baile sobre la punta de los pies.
Toe dance. v. Bailar sobre la punta de los pies.
Toepiece. n. Puntera (del calzado).
Toff. n. Gomoso, currutaco, pisaverde.
Toffee. n. Caramelo masticable.
Toffee-nosed. adj. Presumido, tieso, estirado, pretencioso, presuntuoso.
Toffy. Ver *Toffee.*
Toggery. n. (Fam.) Ropa, vestidos, trapos.
Toggle press. n. Prensa de palanca acodillada, prensa de rótula.
Toil. v. Trabajar asiduamente, afanarse. / Moverse con gran dificultad o con mucho esfuerzo. / pl. Tráfago, fatiga, afán, trabajo pesado.
Toilet. n. Tocado, arreglo, acicalamiento. / Excusado, inodoro. / (Med.) Limpiadura (de una herida, parte del cuerpo, etc.). / Tocador.
Toilet articles. n. Artículos de tocador.
Toilet case. n. Neceser.
Toilet paper, toilet tissue. n. Papel higiénico.
Toilet powder. n. Talco.
Toiletry. n. Artículo de tocador.
Toilette. n. Tocado, arreglo. / Vestido, traje (especialmente de tarde o de noche).
Toilet water. n. Agua de tocador, agua de colonia.
Toilful. adj. Trabajoso, afanoso, laborioso.
Toilsome. adj. Laborioso, trabajoso, afanoso, penoso.
Toilsomely. adv. Laboriosamente, trabajosamente.
Toilsomeness. n. Laboriosidad, fatiga.
Toilworn. adj. Rendido por la fatiga.
Token. n. Señal, indicación, muestra. / Símbolo. Distintivo, rasgo característico, insignia, divisa. / Prenda.
Tole. n. Lata esmaltada o laqueada.
Tolerability. n. Aceptabilidad.
Tolerable. adj. Tolerable. sufrible. / Mediano, regular, aceptable.
Tolerance. n. Tolerancia.
Tolerant. adj. Tolerante. / (Med.) Tolerante.
Tom. n. p. Diminutivo de Tomán. / *Tom,* Macho (del gato y algunos otros animales). / *Tom turkey,* Pavo.
Tomato. n. (Bot.) Tomatera. Tomate (fruto).

Tomb. n. Tumba, sepulcro, sepultura. / *The tomb,* (Fig.) El fin, la muerte. / v. Sepultar, enterrar.
Tombless. n. Sin tumba, insepulto.
Tomcat. n. Gato (macho).
Tom, Dick and Hurry. loc. Fulano, zutano y mengano.
Tome. n. Tomo, volumen. Libraco.
Tomentose. adj. Tomentoso.
Tomentum. n. Tomento.
Tomfool. adj. Mentecato, zopenco.
Tomfoolery. n. Necedad, payasada. Disparate, tontería.
Tommy. n. Soldado raso inglés.
Tommy gun. n. Metralleta, pistola automática.
Tone. n. Tono. / Temperamento, genio, humor. / (Med.) Tono, tonicidad. / (Med.) Tono. Metal, timbre (de la voz), entonación, inflexión.
Tong. v. Asistir o sujetar con tenazas. / *Tong oysters,* Arrancar ostras con tenazas. / v. Usar tenazas para sacar o recoger.
Tong. n. (Chino) Sociedad, hermandad, sociedad secreta de los residentes chinos especialmente en la costa del Océano Pacífico.
Tongued. adj. Que tiene (cierta) lengua, provisto de lengüeta.
Tongue grafting. n. (Agron.) Injerto de acoplamiento, injerto de lengüeta.
Tongue- lash. v. Reprender.
Tongue- lashing. n. Represión severa, regaño fuerte.
Tongueless. adj. Sin lengua. Mudo, sin hablar.
Tongue- tie. n. Anquiloglisa. / v. Hacer callar.
Tongue- tied. n. (Fig.) Con la lengua atada, cohibido al hablar, mudo. / *To get tongue- tied,* Trabársele a uno la lengua.
Tongue twister. n. Trabalenguas.
Tongue worm. n. (Entom.) Landrilla.
Tonic. adj. Tónico. / (Med.) Tónico. / pl. (Med.) Tónico. / (Med.) Tónica.
Tonicity. n. Tonicidad.
Tonight. adv. Esta noche. / pl. Esta noche, la noche de hoy.
Tonsorial. adj. Barberil, relativo o propio de barbero.
Too. adv. También, asi mismo, igualmente, del mismo modo, además. / Demasiado, excesivamente. De veras.
Tool. n. Herramienta. / (Fig.) Instrumento, medio. / v. Labrar, trabajar. / Dotar o equipar de herramientas, mecanizar. / (Encuadernación) Filetear, decorar con hierro.
Toolbox. n. Caja de herramientas.
Toothache. n. Dolor de muelas.
Tooth and nail. adv. Brazo partido, encarnizadamente, con todos los medios.
Toothbrush. n. Cepillo de dientes.
Toothily. adj. Mostrando los dientes.
Toothless. adj. Desdentado, sin dientes, desmolado. / (Fig.) Ineficaz.
Top. n. Cima, cumbre, cúspide. / (Fig.). Parte superior, parte de arriba, superficie (de tierra), coronilla (de la cabeza), cabeza (de una página), tablero (de la mesa), copa (de un árbol), copete (del calzado), corte superior (de un libro), chaqueta (de un pijama). / Tapa (de un barril, de un olla, etc.), fuelle (de un carruaje), capota, toldo (de un automóvil). / Primer puesto, primera fila, primero (entre todos).
Topaz. n. Topacio. Colibrí, picaflor.
Tot billing. n. Primer lugar en cartelera (un actor o actriz). / Sitio preferencial o prominente (de una noticia, artículo, anuncio, etc. en periódico, publicidad, etc.).
Topcoat. n. Abrigo ligero, sobretodo, gabán.
Tope. n. (Ict.) Tiburón europeo. / Estupa (santuario budista).

Toper. n. Borrachín, bebedor.
Topful, topfull. adj. Lleno hasta el borde, repleto.
Topgallant. n. (Náut.) Juanete. / adj. De juanete.
Topgallant mast. n. (Náut.) Mastelerillo de juanete.
Top hat. n. Sombrero de copa, chistera.
Tophet. n. (Bíblico) Infierno, caos completo.
Topic. n. Asunto, tema, materia, tópico. / (Ret., Lóg.) Tópicos.
Topical. adj. Tópico, local. / Corriente, del día. / Temático.
Topkick. n. Sargento primero.
Topknot. n. Moño alto, topete (de cintas, plumas, etc.).
Topless. adj. Sin parte superior. / pl. Ropa de baño o vestido que deja descubierto los pechos de las mujeres.
Toploftiness. n. Vanidad, desdén.
Topman. n. Minero de superficie. / (Náut.) Vigía, juanetero.
Topmast. n. (Náut.) Mastelero.
Top milk. n. Capa de crema de leche fresca.
Topography. n. Topografía.
Topology. n. (Mat.) Topología. / (Med.) Topografía, anatomía regional.
Toponym. n. Topónimo.
Toponymic, toponymical. adj. Toponímico.
Toponymy. n. Toponimia.
Topper. n. (Fam.) Chistera, sombrero de copa. / Persona excelente, cosa extraordinaria. / Abrigo corto, sobretodo.
Topping. n. Punta, extremidad, coronamiento, especie de copete, moño. / Acabado, capa final (en mampostería). / Destilación primaria (del petróleo). / (Coc.) Remate, coronamiento (en helados, tortas, etc.). / adj. Distinto, eminente. Excelente.
Toppling lift. n. (Náut.) Perigallo, amantillo.
Top-secret. n. Estrictamente confidencial, archisecreto.
Topstone. n. (Arq.) Albardilla, coronamiento.
Topsy-turvy. adj. Patas arriba, en desorden. Trastornado, desbarajustado, revuelto. / pl. Desbarajuste, desorden, confusión.
Tornado. n. Tornado. / (Fig.) Explosión, estallido, andanada.
Tornedo. n. (Ict.) Torpedo, tremielga. / (Náut.) Torpedo, Cohetecillo (que estalla al ser arrojado contra una superficie dura). / Pistolero, asesino pagado. / v. (Náut., Fig.) Torpedear.
Torpid. adj. Tórpido, aletargado, entumecido, inerte. / Pesado, inactivo, apático, torpe, estúpido.
Torpidly. adv. Torpemente, apáticamente.
Torpidness. n. Torpeza, entorpecimiento, apatía, pesadez.
Torpor. n. Entumecimiento, adormecimiento, entorpecimiento. Apatía, indiferencia.
Torporific. adj. Soporífico, soporífero.
Torque gage. n. Indicador de torsión.
Torrefaction. n. Torrefacción.
Torrefy. v. Someter a torrefacción, oxidar en caliente.
Torrent. n. Torrente. / (Fig.) Caudal, torrente (de preguntas, injurias, etc.). / adj. Torrentoso, torrencial, correntoso.
Torrential. adj. Torrencial, torrentoso, correntoso.
Torrid. adj. Tórrido, ardiente, abrasador. / (Fig.) Ardiente, ardoroso, fervoroso.
Tort. n. (Der.) Entuerto, agravio, daño.
Torticollin. n. Tortícolis.
Tortoiseshell. n. Carey. / (Entom.) Carey (variedad de mariposa). / adj. De carey, semejante al carey.
Torture. n. Tortura, tormento. / v. Torturar, dar tormento a. / (Fig.) Tergiversar, torcer (el significado, palabras, etc.).

Torturer. n. Torturador, atormentador.
Torturoun. adj. Torturador, atormentador, cruelmente doloroso.
Toss-up. n. Cara o cruz, lanzamiento de una moneda. Probabilidad o azar parejos.
Toston. adj. Tostón.
Tot. v. Sumar, totalizar. / *To tot up*, Aumentarse, acumularse. / *To tot up to*, (Fig.) Equivaler a, significar. / pl. Niño de corta edad, nene.
Total. adj. Total, todo, entero, completo, cabal. / pl. Todo, total, totalidad. Suma total. / v. Sumar, verificar el total de. Sumar, totalizar, ascender a un total de.
Totalism, totalitarianism. n. Totalitarismo.
Totalistic. adj. Totalitario, absoluto.
Totally. adv. Totalmente, en conjunto, completamente, enteramente.
Totaquine, totaquina. n. Totaquina.
Tote. v. Totalizar, sumar. / pl. Carga, peso. / Totalizador.
Tote bag. n. Bolsa, bolso (Generalmente de tela o paja).
Totem. n. Tótem.
Totemic. adj. Totémico.
Totemism. n. Totemismo.
Totemistic. adj. Totémico.
Totem pole. n. Mástil o poste totémico.
Totipalmate. n. Totipalmado.
Totipotent. adj. Totipotencial.
Totter. v. Tambalear (se), bambolear (se), estar por desplomarse, amenazar ruina.
Tottering. adj. Tambaleante, bamboleante, a punto de derrumbarse.
Touch. v. Tocar. / Tocar, alcanzar, llegar a. / (Fig.) Equiparar, igualar. Delinear, trazar, esbozar. / Afectar, conmover, enternecer. / Aludir a, referirse a. Concernir, atañer, tocar a (alguien). / Matizar, teñir.
Touch and go. n. Vaivén, alternación rápida. / Carácter precario o incierto. / *To be touch and go*, Pende de un hilo, ser cuestión de suerte.
Touch-and-go. adj. Precario, incierto, arriesgado.
Touchdown. n. (Aer.) Aterrizaje.
Touchhole. n. (Mil.) Fogón, oído del cañón.
Touchily. adv. Quisquillosamente. Irritadamente.
Tough customer. n. Persona difícil (de trato). / Tipo duro, tipo peligroso.
Toughie, toughy. n. Matón, rufián, persona ruda. / Problema difícil.
Tough-minded. adj. Poco sentimental, realista, (de carácter) duro.
Toughness. n. Firmeza, dureza, resistencia, fortaleza.
Tour. n. Viaje de turismo, excursión, recorrido, paseo, circuito. / Turno, jornada, período. / *On tour*, De viaje, en gira.
Touraco. n. Variedad de cuco africano.
Tourbillion. n. Torbellino. / Cohete de fuegos artificiales que asciende en forma de espiral.
Touring. adj. Turístico o de turismo.
Tourism. n. Turismo.
Tourist. n. Turista. / adj. Turístico, de turista (s).
Tourney. n. Torneo, justa, lid. / v. Tornear, justar, lidiar.
Touse. v. (Fam.) Enmarañar, desmelenar (los cabellos).
Tousle. v. Enmarañar, desgreñar, despeinar. / pl. greña, cabello revuelto.
Toward. adj. Próximo, en preparación, inminente.
Toward, towardn. prep. Hacia, en la dirección de. Hacia, para con, en relación a, con respecto a. / Próximo a, cercano a. Hacia, cerca de, alrededor de (lugar u hora).
Towardly. adj. Acoger, afable. Favorable, propicio, dócil, tratable.

Towboat. n. Remolcador.
Tow car. n. Camión remolcador, carro de grúa.
Towel. n. Toalla. / *To throw in the towel*, Tirar la esponja, darse por vencido. / v. Secar o frotar con toalla.
Toweling, towelling. n. Género o tela para toalla.
Towel rack. n. Toallero.
Tower. n. Torre. Torreón, fortaleza, ciudadela. / (Fig.) Baluarte, defensa. / v. Encumbrarse, elevarse. / *To tower above*, Descollar entre, destacarse entre.
Towered, towery. adj. Torreado, guarnecido de torres.
Towering. adj. Altísimo, enorme, imponente. / Extremado, intenso, violento (pasión, ira, etc.). / Desmesurado, desmedido (ejemplo, ambición).
Town clerk. n. Secretario de ayuntamiento.
Town council. n. Concejo municipal.
Town hall. n. Ayuntamiento, municipalidad.
Town house. n. Casa particular en la ciudad.
Town meeting. n. Cabildo, ayuntamiento, concejo municipal.
Town planning. n. Urbanismo.
Towpaht. n. Camino de sirga (que se usa para remolcar una embarcación por un canal).
Towrope. n. Sirga, maroma de remolque.
Toxalbumin. n. Toxalbúmina.
Toxemia. n. Toxemia.
Toxemic. adj. Toxémico.
Toxic. adj. Tóxico.
Toxicant. adj. Tóxico. / pl. Veneno.
Toxicosin. n. Toxicosis.
Toxin. n. Toxina.
Toxin-antitoxin. n. Toxinantitoxina.
Toxiphobia. n. Toxifobia, toxicofobia.
Toxoid. n. Toxoide.
Toxophilite. n. Aficionado al tiro de arco, arquero.
Toy. n. Juguete. / v. Jugar, divertirse. / *To toy with*, Jugar con, acariciar, dar vueltas a (una idea). / adj. De juego. Diminuto.
Toy shop, toy store. n. Juguetería.
Trabeated. adj. Construido de vigas horizontales, arquitrabado.
Trabecula. n. Trabécula.
Trabecular, trabeculate. v. Trabecular, trabeculado.
Trace. n. Rastro, huella, pista, pisada. / Pizca, vestigio, señal, indicio. Trazado, trazo. / (Geom.) Traza. / *Without leaving a trace*, Sin dejar el menor indicio.
Tracer. n. Investigador. / Cédula de investigación o reclamo (de envíos postales extraviados, etc.). / Diseñador, trazador. Calcador, tiralíneas, patrón de calcamanía (para costura). / (Quím.) Indicador radioactivo, cuerpo indicador. / (Mil.) Compuesto trazador.
Trachea. n. Tráquea.
Tracheal. adj. Traqueal.
Tracheary. adj. (Zool.) Traqueal.
Trachytic. adj. Traquítico.
Track. n. Huella, pisada (de hombre o animal), rodada, carril, carrilera (de vehículo), estela (de barco). / Camino, senda, sendero. Ruta, trayectoria, recorrido. Vía férrea, rieles, trocha. / (Fig.) Sucesión (de ideas, acontecimientos, etc.). / Oruga, banda de rodamiento.
Track gauge. n. (Ferr.) Patrón de ancho, gálibo, calibre de entrevía.
Tracking. n. Rastreo. / (Rad.) Lectura (del sonido grabado en discos, cinta magnética, etc.). / (Astronáut.) Localización. / (Mil.) Persecución.
Trackwork. n. Cálculo y construcción del sistema de carriles de las vías férreas.
Tract. n. Tracto, trecho, extensión, espacio, región.

Tractability. n. Docilidad, ductilidad, maleabilidad.
Tractableness. n. Docilidad, ductibilidad, maleabilidad.
Tractably. adv. Dócilmente.
Tractate. n. Tratado, ensayo.
Tractility. n. Ductilidad.
Traction. n. Tracción, arrastre. Fricción adhesiva (de las ruedas sobre la vía).
Tractive. adj. De tracción, de arrastre, tractivo.
Tractor. n. Tractor, máquina de arrastre. / (Aer.) Aeroplano de hélice delantera.
Tractor crane. n. Grúa de tractor, grúa móvil.
Tractor plow. n. (Agr.) Arado mecánico.
Trade. n. Oficio, ocupación, profesión. Negocio, comercio. Artesanía, industria. / Comerciantes (colectivamente), gremio. Clientela. / Viento alisio. / *By trade*, De profesión.
Trade acceptance. n. Letra comercial (aceptada).
Trade agreement. n. Tratado comercial, acuerdo de intercambio entre naciones. / Pacto colectivo entre patrones y gremios obreros.
Trademark. n. Marca de fábrica, marca registrada. / v. Registrar la marca de un artículo, poner marca de fábrica a un artículo.
Trader. n. Comerciante, mercader, negociante. / Buque mercante.
Trading post. n. Tienda general o de intercambio.
Trading stamp. n. Estampilla de propaganda (que se puede canjear por mercadería).
Tradition. n. Tradición.
Traditional. adj. Tradicional.
Traffic. n. Tráfico, tránsito. Transporte. / Movimiento, pasajeros o mercancías transportados. / Tráfico, negocio. / (Fig.) Intercambio. Tratos, relaciones. / *All that the traffic will bear*, Todo lo posible en las circunstancias actuales. / v. Traficar, negociar.
Traffic beam. n. Luz de pase, luz de cruce.
Traffic cop, traffic policeman. n. Policía de tráfico.
Traffic island. n. Isla o zona de seguridad (para peatones).
Traffic jam. n. Atascamiento o embotellamiento del tráfico.
Traffic lane. n. Vía o pista (de tránsito).
Traffic light. n. Luz de tráfico, semáforo.
Traffic manager. n. (Ferr.) Director de tráfico. / (Com.) Jefe de despachos.
Tragedy. n. Tragedia, drama. / (Fig.) Tragedia, suceso funesto.
Tragic. adj. Trágico, dramático. / (Fig.) Trágico, infausto, funesto.
Tragicomic, tragicomical. adj. Tragicómico.
Trail. n. (Ferr.) Riel de patín, carril americano.
Trail. v. Arrastrar. Traer o llevar consigo (en los zapatos, pies, etc.). / Rastrear perseguir. Venir detrás de, quedarse detrás de. / *To trail arms*, (Mil.) Bajar o suspender el arma (con una mano y paralela al suelo).
Trailblazer. n. Precursor, pionero, colonizador. Promotor, innovador, pionero.
Trailblazing. adj. Precursor, explorador, innovador.
Trailer. n. (Cinem.) Sinopsis. Rezagado. / Casa-remolque.
Trailer truck. n. Camión con remolque.
Trailing aerial. n. (Rad.) Antena colgante.
Trailing arbutun. n. Espigea rastrera.
Trailing edge. n. (Aer.) Borde de salida, borde de escape.
Trail net. n. Red barredera.
Train. n. Cola (de traje). / Séquito, comitiva, escolta. Procesión (de personas o cosas), serie, sucesión (de ideas, pensamientos, etc.). Secuela.

Trainbearer. n. Paje (que sostiene la cola de un traje).
Trained. adj. Adiestrado. Entrenado, experimentado. Experto.
Trainer. n. (Dep.) Entrenador. Preparador (de caballos). Amaestrador (de animales).
Training. n. Enseñanza, instrucción, entrenamiento, aprendizaje, adiestramiento. / adj. De enseñanza, de entrenamiento, instructor.
Training school. n. Escuela práctica, escuela vocacional. Reformatorio, escuela correccional.
Trainload. n. Carga de un tren completo.
Trainman. n. Ferroviario, vagonero.
Train oil. n. Aceite de ballena, aceite de pescado.
Traipse. v. (Fam.) Chancletear, andar de un lado para otro. / Pisar. / pl. Caminata penosa.
Trait. n. Rasgo, cualidad característica, peculiaridad.
Traitor. n. Traidor.
Traitoroun. adj. Traicionero, infiel, pérfido.
Traitorousness. n. Traición, deslealtad, perfidia.
Traitress. n. Traidora.
Trajan. adj. Trajano.
Trajectory. n. Trayectoria. Curva del proyectil hacia el blanco.
Tram. n. Vagoneta (de mina). Barquilla (de un transportador aéreo). Tranvía. / v. Acarrear o transportar en una vagoneta.
Tramline. n. Línea de tranvía.
Tramp. v. Caminar pesadamente. / Vagar, andar sin rumbo, callejear. / Hollar, pisotear. Recorrer a pie, caminar por. / pl. Vago, vagabundo. / (Fam.) Ramera. / Paseo, caminata. / (Náut.) Carguero de servicio irregular.
Tramway, n. Rieles, carriles. Tranvía.
Trance. n. Estupor. Trance, estado hipnótico. Extasis, arrobamiento. / v. (Poet.) Extasiar, arrobar.
Transact. v. Negociar, traficar, comerciar. / Llevar a cabo, ejecutar, gestionar, tramitar.
Transaction. n. Negociación, gestión. Transacción, con venio, negocio. Actas, memorias. / (Der.) Transacción.
Transactional. adj. De transacción.
Transcend. v. Traspasar, exceder. Sobrepasar, superar, sobresalir. / (Fil., Teol.) Ser trascendente para (la razón, creencia, etc.).
Transcendence, transcendency. n. Trascendencia. / (Fig.) De mucha importancia, urgencia.
Transcendent. n. Trascendental, extraordinario, sobresaliente. / (Fil., Teol.) Trascendente.
Transcendentalism. n. Trascendentalismo.
Transcendently. adv. De manera trascendental, trascendentalmente.
Transcontinental. adj. Trascontinental.
Transcribe. v. Transcribir. / (Med.) Transcribir, adaptar. Transcribir, representar (los sonidos) con signos. / (Rad.) Grabar (música, discursos, etc. para la radiodifusión).
Transference. n. Transferencia, cesión, traspaso, traslado. / (Psicol.) Trasferencia (de los sentimientos y los deseos).
Transferential. adj. De traspaso o transferencia.
Transferer. n. (Der.) Transferidor, cesionista, cedente.
Transfer factor. n. (Rad.) Factor de propagación.
Transfer paper. n. Papel de calcar.
Transfer switch. n. (Electr.) Conmutador.
Transfiguration. n. Transfiguración, transformación. / *Transfiguration*, (Rel.) Transfiguración (de Jesucristo).
Transform. v. Transformar, convertir. / (Electricidad, Matemáticas) Transformar. / (Lingüística) Una de las reglas para lograr transformaciones gramaticales en oraciones simples. / (Matemáticas) Proceso o resultado de una transformación matemática.

Transformable. adj. Transformable.
Transformation. n. Transformación, conversión. / Postizo, peluca.
Transformative. adj. Transformativo.
Transformer. n. Transformador.
Transformist. n. Transformista.
Transfusable. adj. Transfusible.
Transhumance. n. Trashumancia, trashumación.
Transhumant. n. Transhumante.
Transient. adj. Pasajero, transitorio. / Transeúnte. / (Fís.) Transiente. / (Med.) De enlace (dfc. de una modulación no esencial). / pl. Transeúnte, huesped pasajero. / (Fís.) Fenómeno transiente. / Sonido transiente. / (Electr.) Oscilación momentánea.
Transistor. n. Transistor.
Transit. n. Tránsito, paso, pasaje. / Conducción, transporte. / Transición. / (Astros.) Tránsito, culminación. / *In transit*, En tránsito, de paso. / v. Pasar por, transitar por.
Transition. n. Transición. / (Med.) Transición (especialmente modulación transitoria). / Cambio repentino de llave.
Transitive. adj. Transitivo, transitorio. / (Gram.) Transitivo, activo (verbo). / pl. (Gram.) Verbo transitivo.
Transitman. n. Encargado del tránsito.
Transitorily. adv. Transitoriamente.
Transitoriness. n. Transitoriedad.
Transitory. n. Transitorio.
Translational. adj. De traslación.
Translative. adj. Traslativo, traladante. / De traducciones, traductor.
Translator. n. Traductor, intérprete.
Transliterate. v. Trasliterar, representar los sonidos de una lengua con las letras de otra.
Transmission. n. Transmisión. / (Automov.) Transmisión, caja de cambios. / (Rad.) Transmisión.
Transmissive. adj. Transmisor, transmisible.
Transmit. v. Transmitir, remitir. / Transmitir (enfermedad, cualidades). / Conducir (calor, luz, corriente, etc.). / (Rad., TV.) Transmitir (señal).
Transmittable. adj. Transmisible.
Tranmittance. n. Transmisión. / (Fís., Rad.) Transmitencia.
Transmogrification. n. Transformación mágica.
Transmute. v. Transmutar.
Transom. n. Travesaño, durmiente, dintel. / Barra horizontal (de una cruz, horca, etc.). / (Arquitectura) Montante, lumbre. / (Náut.) Yugo (de popa).
Transonic. adj. Transónico.
Transpacific. adj. Transpacífico.
Transpadane. adj. Transpadano.
Transparence, transparency. n. pl. *Transparencies* Transparencias, diafanidad. / Transparente (para lectores). / (Fotograf.) Diapositiva.
Transparent. adj. Transparente, translúcido. / (Poét.) Luminoso, brillante. / (Fig.) Transparente, obvio, franco, cándido.
Transpierce. v. Atravesar, traspasar, penetrar.
Transpiration. n. Transpiración.
Transpiratory. n. Transpiratorio.
Transpire. v. Transpirar, rezumarse. / Trascender, traslucirse. / (Fam.) Acontecer, suceder. / Revelarse, dejar ver, llegar a saberse.
Transplacental. adj. Transplacentario.
Transplant. v. Trasplantar. / (Fig.) Trasladar, trasplatar (a otro país). / (Med.) Trasplantar. / pl. Trasplante.
Transplantable. adj. Trasplantable.
Transplanter. n. Trasplantador.

Transponder. n. Radiofaro de respuesta.
Transport. v. Transportar, acarrear. / Acarreo. / Arrobamiento, arranque, acceso. / Buque o avión de transporte. / Transporte, movilidad.
Transportability. n. Transportabilidad.
Transportable. adj. Transportable.
Transudate. adj. Trasudado.
Transuranium, transuranic. adj. Transuranio, transuránico.
Transvaluate. v. Volver a valuar (sobre una base diferente).
Transvaluation. n. Nueva valuación o valoración (hecha sobre una base distinta).
Transvase. v. Transvasar.
Transversal. n. Transversal. / (Geom.) Línea transversal.
Transverse. n. Travesaño.
Transvestite. n. Transvestista, travesti.
Trap. n. Trampa, cepo, red, lazo. / (Fig.) Artimaña, ardid. / Escotillón. / Coche ligero de dos ruedas. / (Med.) Instrumento(s) de percusión (de la orquesta).
Trap. n. (Geol.) Roca trapeana.
Trapdoor. n. Trampa. / Escotillón, pescante. / (Mineral.) Puerta de ventilación.
Trapeze. n. Trapecio (de gimnasia o circo).
Trapse. Ver *Traipse*.
Trapshooter. n. Tirador de tiro al platillo.
Trapshooting. n. Tiro al platillo, tiro de pichón.
Trap shot. n. (Tenis) (golpe de) Medio voleo.
Trash. n. Basura, desperdicio. / Hojarasca, paja, brosca. / Cachivache, trasto. / (Fig.) Disparate, tontería. / Quídam, gentuza, canalla. / Bagazo (de caña). / v. Podar, desbrozar (esecialmente caña de azúcar).
Trash can. n. Basurero, tacho de basura.
Trashiness. n. Mala calidad.
Trashrack. n. Rejilla coladera, rejilla para impedir la entrada de cuerpos extraños en una tubería.
Traumatic. adj. Traumático.
Traumatism. n. Traumatismo.
Traumatize. v. Lesionar, herir. / Traumatizar.
Travail. n. Dolores de parto. / Afín, fatiga. / Congoja, dolor, tormento. / v. Sufrir los dolores de parto. / Fatigarse, afanarse.
Travel. v. Viajar. / Pasar, moverse, correr. / *To travel for,* Ser viajante (de una firma).
Traveler, traveller. n. Viajero, viajante. / (Mec.) Corredera, carretilla, artefacto movible. / (Náut.) Racamento, raca.
Traveler's tale. n. Patraña, cuento, invención.
Traveling salesman. n. Agente viajero, viajante de comercio.
Travel mechanism. n. Mecanismo de avance.
Travelogue, travelog. n. Narración de un viaje, película documental sobre un viaje.
Traverse. v. Cruzar, recorrer, caminar o pasar por, atravesar. / Estorbar, impedir, contrariar, frustar. / Examinar o escudriñar con cuidado, discutir a fondo (un tema). / (Der.) Negar, oponerse a, impugnar. / Trasladar, mover o girar lateral o transversalmente.
Traverse board. n. (Náut.) Rosa de los vientos.
Traverse feed. n. (Mec.) Avance lateral.
Traverser. n. (Der.) Negante, negador. / Transbordador, transportador (mecanismo o dispositivo). / Correa transportadora.
Traverse survey. n. Trazado de una poligonal, itinerario.
Travertine, travertin. n. Travertino (mármol italiano).
Tread. v. Pisar, hollar. / *To tread down,* Pisotear. / (Fig.) Pisotear, abrumar, aplastar, oprimir. / Andar por. / Pisar, cubrir (el gallo a la gallina). / (Autom) Recauchar (neu-

mático). / *To tread back*, Desandar. / *To tread the stage* (o *boards*), ser actor. / *To tread water*, Pedalear en el agua. / v. Andar, caminar, dar un paso, dar pasos.
Treasure. n. Tesoro. / (Fig.) Tesoro, preciosidad. / v. Tesorar, acumular (riquezas). / Apreciar mucho, guardar como un tesoro.
Treasurership. n. Tesorería.
Treasure-trove. n. (Der.) Tesoro hallado, tapado. / (Fig.) Descubrimiento valioso.
Treasury. n. Tesorería. / Tesoro público, erario, fisco. / Ministerio de hacienda.
Tresury note. n. (EE.UU.) Bono fiscal (para el pago de impuestos, derechos, etc.).
Treat. v. Negociar, tratar (Com.). / Tratar (de, sobre), versar (sobre). / Dar o pagar un convite. / Tratar (alguna materia, tema, etc.). / Tratar (a persona, cosa), dar (buen o mal) trato. / Convidar, invitar.
Treater. n. Tratador, negociador.
Treaty. n. pl. Treaties) Tratado, pacto, convenio.
Treaty port. n. Puerto abierto (por tratado) al comercio extranjero.
Treble. adj. Triple, triplice. / (Med.) De triple, atriplado, sobreagudo. / pl. (Med.) Triple, soprano. / Tono atiplado, voz aguda. / (Rad.) Tono agudo. / v. Triplicar, triplicarse. / Cantar triple o soprano.
Tree. n. Arbol. / Palo, madero, garrote, estaca, poste. / Horca. / *At the top of the tree*, (Fig.) En la cumbre de su profesión.
Trenchant. adj. Incisivo, agudo, penetrante. / Mordaz, caústico. / Nítido, bien definido.
Trencher. n. Plato trinchero. / Tabla para rebanar la carne asada. / Cuchillo, trinchante. / Zajadora (máquina). / El que abre zanjas o fosos.
Trench knife. n. (Mil.) Cuchillo de monte.
Trench mortar. n. (Mil.) Mortero de trinchera.
Trench mouth. n. (Med.) Angina de Vicent, enfermedad de Vincent.
Trend. v. Dirigirse, tender. / Inclinarse. / n. Dirección, curso, rumbo. / Tendencia, inclinación, giro (de acontecimientos, opinión, etc.).
Trepan. n. Trépano. / v. Trepanar.
Trepanation. n. Trepanación.
Trepang. n. (Zool.) Holoturia, cohombro de mar.
Trephination. n. Trepanación.
Trephine. n. Trefina. / v. Operar con trefina, trepanar.
Trepidation. n. Perturbación, azoramiento. / Trepidación, vibración.
Trespasser. n. Intruso. / Pecador. / (Der.) Violador, transgresor.
Tress. n. Trenza, bucle, rizo. / pl. Cabellera (especialmente de mujer).
Tressure. n. (Her.) Trechor.
Trestle. n. Caballete. / Bastidor. / Caballete, puente o viaducto de caballete.
Trestle horse. n. (Carp.) Caballete, asnilla.
Trestletree. n. (Náut.) Bao de los palos.
Trestlework. n. Estructura o armazón de caballetes, castillejo, obra sobre pilares.
Trewn. n. Calzón de tartán.
Trey. n. Tres (en naipes, dados o dominó).
Triable. adj. (Der.) Procesable, enjuiciable.
Trial. n. Ensayo, prueba, experimento, / Tentativa, esfuerzo. / Tribulación, mortificación, vejación, molestia. / (Der.) Juicio, pleito, vista, proceso. / *On trial*, A prueba, a título de prueba. / *To be on (o to stand) trial*, Estar sujeto a juicio. / *To bring (o to put) to trial*, Encausar, enjuiciar. / *To give (someone) a trial*, Emplear (a alguien) a prueba, darle una oportunidad a (alguien).

Trial pit. n. (Mineral.) Calicata.
Triandroun. adj. Triandro.
Triangle. n. (Geom.) Triángulo. / Escuadra, cartabón. / (Med.) Triángulo (instrumento).
Triangular. adj. Triangular. / Tripartido. / *A triangular agreement*, Un acuerdo tripartito. / (Mil.) Triangular.
Triangular compass. n. Compás de tres patas.
Triangularity. n. Carácter o aspecto triangular.
Triangulate. adj. Triangulado. / v. Triangular.
Triangulation. n. Triangulación.
Triarchy. n. pl. Triarchies) Gobierno de tres personas, triunvirato.
Triassic. adj. Triásico.
Triatic stay. n. (Náut.) Estay de seguridad.
Triatomic. adj. Triatómico.
Triaxial. n. Triaxial, traizina.
Triazole. n. Triazol.
Tribunate. adj. Tribunado.
Tribune. n. Tribuno. / (Fig.) Tribuno, defensor de los derechos del pueblo.
Tribune. n. Tribuna.
Tribuneship. n. Tribunado.
Tributary. n. Tributario, subordinado, súbdito, contributivo. / Tributario (río o corriente). / pl. *Tributaries* Tributario.
Tricentennial. adj. De trescientos años. / pl. Tricentenario.
Tricepn. n. pl. *Tricepses o Triceps*) Trícepn.
Trichiasis. n. Triquiasis.
Trichina. n. pl. *Trichinae*) Triquina.
Trichinization. n. Triquinización.
Trichinize. v. Infectar con triquina.
Trichurin. adj. Tricocéfalo.
Tricker. n. Tramposo, embustero.
Trickery. n. Maña, embrollo, embuste.
Trickish. adj. Tramposo, engañoso, mañoso, difícil, intrincado.
Tricolor. adj. Tricolor.
Tricorn. adj. Tricornio, tricorne. / (Como substantivo) Sombrero tricornio.
Tricorne. n. Tricornio, sombrero de tres picos.
Trient. n. Tricot, malla. / Traje de malla (para bailarines).
Trier. n. Ensayador, experimentador, examinador, cateador, comprobador, verificador.
Trifle. n. Bagatela, menudencia, fruslería. / Miseria, suma insignificante. / Algo, un poquito. / Variedad de pletre (usado para pequeños utensilios). / *To stop at trifles*, Pararse en detalles, ser cuidadoso en demasía.
Trifoliate, trifoliated. adj. Trifoliado.
Trifoliolate. n. Trifoliolado.
Triforium. n. pl. Triforia) Triforio.
Triform. adj. Triforme.
Trifurcate. n. Trifurcado. / v. Trifurcarse.
Trifurcation. n. Trifurcación.
Trig. adj. Acicalado, elegante, apuesto. / Estirado, relamido. / v. Acicalar, ataviar.
Trig. v. Calzar, trabar, atar (las ruedas). / pl. Calzo, galga. / (Fam..) Trigonometría.
Trigeminal. adj. Trigémino. / pl. Nervio trigémino.
Trigger. n. Gatillo. / v. Apretar el gatillo, disparar. / (Fig.) Provocar, desatar.
Triggerfish. n. Pez ballesta.
Trilingual. adj. Trilingüe.
Triliteral. adj. Trilítero. / pl. Palabra trilítera.
Trilith, trilithon. n. Trilito.
Trillion. n. (EE.UU.) Billón. / (G.B.) Trillón.
Trilobate, trilobated, trilobed. adj. Trilobulado.

Trilobita. n. Trilobites.
Trilobite. n. Trilobita.
Trilocular, triloculate. adj. Trilocular.
Trilogy. n. pl. *Trilogies*) Trilogía.
Trimming. n. Ajuste, compostura, arreglo, compensación. / Guarnición, adorno. / pl. Accesorios, piezas de adorno. / (Carp.) Cepillado. / (Pop.) Derrota, zurra.
Trimness. n. Aspecto ordenado, pulcritud.
Trimolecular. adj. Trimolecular.
Trimothly. adv. Trimensual.
Trimorphic, trimorphoun. adj. Trimorfo.
Trimorphism. n. Trimorfismo.
Trimotor. n. Trimotor.
Trinal. n. Triple, trino, tresdoble. / (Gram.) Trial. / (Como tustantivo) (Gram.) Trial.
Trinidad asphalt. n. Chapalote.
Trinitroglycerin. n. Trinitroglicerina.
Trinketry. n. Dijes, chucherías, alhajas pequeñas.
Trinomial. adj. (Mat.) De trinomio. / (Biol.) Trinomial. / pl. (Mat.) Trinomio. / (Biol.) Nombre trinomial.
Trio. n. pl. *Trios*). Trío, tres, trinca, terno. / (Med.) Trío, terceto.
Triode. n. Tríodo.
Trioecioun. adj. Trioico.
Trioxide. n. Trióxido.
Trip. v. Ir brincando, moverse con pasos rápidos, bailar con ligereza. / Dar un traspié, tropezar (con o contra). / (Fig.) Tropezar, errar, cometer un desliz. / Trabarse la lengua. / Viajar, hacer un viaje.
Tripedal. adj. De tres pies.
Tripersonal. adj. De tres personas.
Tripctaloun. adj. Tripétalo.
Trip gear. n. (Mec.) Mecanismo de desenganche o de disparo.
Triphibioun. adj. Que utiliza fuerzas aéreas, navales y terrestres en ataque coordinado.
Triphthong. n. Triptongo.
Triphyline, triphylite. n. Trifilina.
Tripinnate. adj. Tripinaticompuesta (hoja).
Triplane. n. Triplano.
Triple. adj. Triple. / pl. Triple, triplo. / v. Triplicar. / (Béisbol) Ganar la tercera base gracias a un golpe.
Triple measure. n. (Med.) Compás ternario.
Triple-nerved. adj. Triplinerve, triplincrvio.
Triplet. n. Terna (conjunto de tres cosas). / Tripleto. / pl. Trillizos. / (Med.) Tresillo. / (Poét.) Terceto, tercerilla (estrofa de tres versos).
Triple tlme. n. (Med.) Compás ternario.
Trip leaver. n. Palanca de disparo, palanquita de desenganche.
Triplex. n. Triple, triplo, tríplice.
Triplication. n. Triplicación.
Triplicity. n. Triplicidad. / (Astrol.) Trígono.
Triploid. adj. Triploide. / pl. Individuo triploide.
Triploidy. n. Triploidía.
Triply. adv. En grado triple, tres veces, triplemente.
Tripod. n. Trípode.
Tripodal. adj. De tres pies.
Tripoli. n. p. Trípol, Trípoli.
Tripper. n. (G.B.) Excursionista. / (Mec.) Desenganchador, disparador.
Trippet. n. (Mec.) Leva o palanca que golpea otra pieza a intervalos regulares.
Trippingly. adv. Agilmente, rápidamente, velozmente.
Trip relay. n. (Electr.) Relé disparador.
Tripteroun. adj. Tripteroide.
Triptych. n. Tríptico.
Triquetroun. adj. Triangular.

Triradiate 416

Triradiate. n. Trirradio.
Trirectangular. n. Trirrectángulo.
Trite. adj. Gastado, trillado, trivial.
Triteness. n. Trivialidad.
Tritheism. n. Triteísmo.
Triumph. n. Triunfo, victoria. / Júbilo, exultación. / *In triumph*, En triunfo. / Triunfar (sobre, de), obtener la victoria (sobre). / Exultar.
Triumphal. adj. Triunfal.
Triumphant. adj. Triunfante, victorioso. / Exultante, regocijado.
Triumvir. n. pl. *Triumviri* Triunviro.
Triumviral. adj. Triunviral.
Triumvirate. n. Triunvirato.
Trivalence, trivalency. n. Trivalencia.
Trivalent. adj. Trivalente.
Trivalve. n. Trivalvo.
Trivet. n. Trípode, soporte de tres pies. / Trébedes (para poner al fuego sartenes, peroles, etc.). / Salvamanteles (de metal).
Trochanter. n. Trocánter.
Trochanteral. adj. Trocantéreo.
Troglodytic. adj. Troglodítico.
Troika. n. Troica, troika. / Grupo de tres, triunvirato.
Troilun. n. Troilo.
Trojan. adj. Troyano. / pl. Troyano, natural de Troya. / Valiente.
Troll. n. Ser sobrenatural en la mitología teutónica.
Troll. v. Revolver, hacer rodar. / Cantar en sucesión, cantar en voz alta, cantar alegremente. / Pescar arrastrando el anzuelo. / (Fig.) tentar, atraer.
Trolleybun. n. Trolebus.
Trolling. n. Pesca a flor de agua desde un bote en movimiento.
Trollop. n. Maritornes, mujer sucia y desaliñada. / Gorrona, ramera.
Trombidiasin. n. Trombidiosis, trombiculosin.
Trombone. n. Trombón.
Trombonist. n. Trombón (músico).
Trommel. n. Zaranda, trómel.
Trompe. n. Trompa (ventilador hidráulico par las forjas).
Trona. n. Trona.
Trooper. n. Soldado de caballería. / Caballo de guerra. / Policía montado. / (G.B.) Buque de transporte de tropas.
Troopship. n. Buque transporte.
Troostite. n. Troostita.
Tropaeolaceoun. adj. Tropeoláceo, tropeóleo.
Tropaeolin, tropeolin. n. Tropeolina.
Trope. n. Tropo.
Tropeine. n. Tropeína.
Trophic. adj. Trófico.
Trophied. adj. Adornado de trofeos.
Trophoneurosin. n. Trofoneurosin.
Trophoplasm. n. Trofoplasma.
Trophozoite. n. Trofozoito.
Trophy. n. Trofeo.
Tropical. adj. Tropical. / (Fig.) Fervoroso, pasional. / (Rctórica) Trópico.
Tropology. n. Tropología.
Tropopause. n. Tropopausa.
Tropophyte. n. Tropófita.
Trouble. v. Inquietar, preocupar, angustiar. / Afligir, hostigar. / Incomodar, molestar, importunar, estorbar. / Agitar, perturbar, disturbar, revolver. / *May I trouble you?*, ¿Me hace usted el favor? (¿Puedo molestarle?). / *To be troubled with*, Padecer de. / *To fish in troubled*

waters, Pescar en río revuelto. / *Why should I trouble to explain?*, ¿Por qué tengo que molestarme en dar una explicación?. / pl. Disturbio, perturbación, agitación. / Contratiempo, infortunio, dificultad, incomodidad, inconveniencia.
Troubled. adj. Preocupado (ojos, cara, expresión, etc.). / Agitado, disturbado (zona, área, atmósfera, etc.).
Trouble light. n. Luz o farol de emergencia.
Troublemaker. n. Perturbador, alborotador, camorrista.
Troubler. n. Perturbador, alborotador.
Trough. n. Abrevadero, comedero. / Artesa, batea, amasadera, gamellón. / Canal, conducto (de agua). / Canalón (del tejado). / Depresión, hondonada. / Seno (de dos olas). / Línea de máxima depresión (barométrica).
Trounce. v. Zurrar, azotar, vapulear, derrotar abrumadoramente (en deportes, juego, etc.).
Troupe. n. Compañía viajera (de actores o de circo).
Troy. n. p. Troya.
Truce. n. (Mil.) Tregua, cese, pausa, respiro. concertar o firmar una tregua.
Truck. v. Trocar, cambiar, permutar. / Feriar, cambalachear. / pl. Trueque, cambio, permuta, barata, cambalache. / Comercio, tráfico, trato.
Truckage. n. Camionaje. Acarreo.
Trucker. n. Hortelano, verdulero (especialmente el que cultiva hortalizas para el mercado). / Buhonero.
Trucker. n. Camionero, carretero, carretonero.
Trucking. n. Acarreo, camionaje.
Truckle. n. Ruedecilla, rodaja (de muebles). / v. Mover (se) o rodar sobre ruedecillas o rodajas, hacer rodar sobre ruedecillas o rodajas, hacer rodar.
Truckle. v. *To truckle to*, Someterse servilmente a, halagar, adular.
Truckle bed. n. Carriola.
Truckler. n. Servilón, servilona, adulador, aduladora.
Truckline. n. Empresa camionera, empresa de transporte vial.
Truckload. adj. Camionada, carrada, carretada.
Truckman. n. Camionero, carretero, carrero.
Truck system. n. (Com.) Sistema de pago de salarios en especie.
Truck tractor. n. Camión tractor.
Truculence, truculency. n. Truculencia, fiereza, crueldad. / Belicosidad, pugnacidad. / Agresividad, insolencia.
True. adj. Verdadero, cierto, real. / Verídico, veraz. / Fiel, leal, fidedigno, digno (de). / Verdadero, genuino, legítimo, puro. / *True to*, Conforme a (regla, patrón, norma, modelo, etc.). / Correcto, exacto, preciso, estricto, fiel (copia, traducción, etc.).
True bearing. n. Rumbo verdadero.
True bill. n. (Der.) Acusación aprobada por el gran jurado.
True blue. n. Persona leal, partidario fiel.
True-blue. adj. Leal, fiel, constante.
Trueborn. adj. Legítimo, verdadero (por nacimiento). / *A trueborn Englishman*, Un inglés de nacimiento.
True-bred. adj. De casta o raza legítima (especialmente animales).
True course. n. (Náut.) Rumbo verdadero.
Truehearted. adj. Leal, fiel.
Trueheartedness. n. Lealtad, fidelidad.
True horizon. n. (Astronomía) Horizonte racional. / (Náut.) Horizonte real.
True-life. adj. De la vida real.
Truelove. adj. Enamorado, enamorada.

Truelove knot, true-lover's knot. n. Nudo o lazo que no se desata fácilmente. / Emblema de amor ideal.
True meridian. n. Meridiano astronómico.
Trump. n. Triunfo, palo de triunfo (en juegos de naipes). / (Fam.) Buen sujeto, buena persona. / *Not trump*, (Bridge) Sin triunfo / *To turn up trumps*, (Fam.) Superar las expectativas, tener un golpe de fortuna.
Trumpet. n. (Med.) Trompeta. / Trompetero.
Trumpet fish. n. Chocha de mar, trompetero.
Trumpetlike. adj. Atrompetado. / Como de una trompeta (sonido).
Truncation. n. Truncamiento, tronca.
Truncheon. n. Bastón, vara. (especialmente del policía). / Cachiporra, tranca. / v. (Arc.) Zurrar con cachiporra.
Trundle. n. Rodaja, ruedecilla. / Carretilla de mano. / (Mec.) Piñón, linterna, barrote de linterna. / v. Rodar (aro de niños, cilindro, etc.). / Ir rodando, hacer rodar. / Llevar en carretilla, transportar en carrito.
Trunk. n. Tronco (de árbol, del cuerpo, de una familia, arterial, etc.). / Tórax (de un insecto). / Baúl, cofre. / Maletera, valija del automóvil. / Proboscis, trompa de elefante. / pl. Trusa, pantaloncito de baño.
Trunk piston. n. (Mec.) Embolo de tronco, embolo abierto.
Trunnel. Ver *Treenail*.
Truss. v. Liar, atar. / Embroquetar las piernas y alas de las aves, espetar las piernas de las aves. / Atirantar, apuntalar. / (Náut.) Atrozar. / Apretar, ajustar (vestido).
Truss beam. n. Viga armada o reforzada.
Truss bridge. n. Puente de armadura, puente de celosía.
Trussing. n. Amarradura, amarre, ligadura. / Armadura, refuerzo.
Trust. n. Confianza, fe, creencia (en una persona). / Expectación, esperanza. / Tarea, encargo, obligación. / Responsabilidad, cuidado, custodia, cargo.
Trust certificate. n. (Com.) Certificado de participación en una sociedad inversionista.
Trust company. n Compañía de depósito, sociedad de fideicomiso.
Trust deed. n. (Der.) Escritura fiduciaria, título constitutivo de hipoteca.
Trustee. n. (Der.) Fiduciario, síndico, depositario, consignatario. / Miembro del directorio de un institución. / v. Encomendar a un fiduciario o síndico. Actuar como fiduciario o síndico.
Trustily. adv. Fielmente, lealmente.
Trustiness. n. Fidelidad, probidad.
Trusting. adj. Que confía, confiado.
Trustless. adj. Indigno de confianza, desleal. / Desconfiado, receloso.
Trust territory. n. Territorio bajo administración fiduciaria.
Trustworthiness. n. Confiabilidad, integridad, honradez.
Trustworthy. adj. Confiable, fiable, fidedigno, seguro.
Truth. n. Verdad, realidad. / Exactitud, corrección, validez. / Veracidad, sinceridad, honestidad. / Posición correcta. / *Out of truth*, Desalineado. / *To speak the truth*, A decir verdad.
Truthful. adj. Verídico, veraz.
Truthfulness. n. Veracidad.
Truth serum. n. Suero de la verdad.
Try. v. Probar, poner a prueba. / Tratar, intentar, procurar. / (Der.) Someter a juicio (persona). / Ver (causa, litigio. / Procesar, juzgar (por asesinato, robo, etc.).
Trying. adj. Molesto, exasperante, irritante. / Penoso, angustioso, difícil.

Trypsinogen. n. Tripsinógeno.
Tryptic. n. Tríptico.
Tryptophan, tryptophane. adj.Triptófano.
Trysail. n. (Náut.) Vela cangreja.
T-shirt. n. Polera.
T-square. n. Escuadra en T, regla T.
Tub. n. Tina, barril, cuba, tonel. / Tina, bañera. / (Fam.) Baño de tina. / (Fam.) Buque viejo y lento. / Persona gorda o corpulenta. / v. Encubar, entubar. / Bañar en tina. bañarse, lavarse.
Tuba. n. Tuba.
Tubal. adj. Tubárico, tubario.
Tubate. adj. Tubular, tubuloso.
Tubber. n. Barrilero, tonelero.
Tubby. adj. Gordiflón, rechoncho.
Tube. n. Tubo, caño. / Cámara de aire (de neumático).
Tube foot. n. (Zool.) Pie ambulacral.
Tubeless. adj. Sin cámara (llanta neumática).
Tubercle. n. Tubérculo.
Tubercle bacillun. n. Bacilo de la tuberculosin.
Tubercular. adj. (Med.) Tuberculoso. / Tuberculado, tubercular. / (Med.) Tuberculoso, tuberculosa.
Tuberculate. adj. Tuberculado, tubercular, tuberculoso.
Tuberculation. n. Tuberculización, tuberculación.
Tubing. n. Tubería, cañería. / Material para tubos, trozo de tubo.
Tubulate. adj. Tubulado.
Tubulature. n. Tubuladura. / Tubería.
Tubuliferoun. adj. Tubulífero.
Tubuloun. adj. Tubuloso, tubulado.
Tubulure. n. Tubuladura (de una retorta, etc.).
Tuck. v. (Cost.) Alforzar. plegar. / Apretar. / Poner en lugar abrigado o cómodo. / *To tuck away*, Ocultar. / Comer vorazmente, tragar. / *To tuck in*, Apretujar en, meter en, arropar (a alguien en cama, etc.), acostar (a criatura, etc.). / *To tuck oneself in*, Arrebujarse.
Tucker. n. (Cost.) Escote (adorno en el cuello de la camisa). / Alforzador (de la máquina de coser). / (Australia) Comida.
Tucker. n. (Fam.) Cansar, fatigar, agotar.
Tucker bag. n. (Australia) Alforja, mochila (para llevar comida).
Tuck-in. n. (Pop, G.B.) Comilona.
Tuck-shop. n. (Pop., G.B.) Dulcería, confitería, pastelería.
Tuesday. n. Martes.
Tufa. n. Tufo, toba (caliza o calcárea).
Tuff. n. Tufo, toba (piedra volcánica).
Tuffaceoun. adj. Tufáceo, tobáceo.
Tuft. n. Copete, penacho, cresta. / Moño, mechón de pelo. / Manojo, hacecillo. / Borla. / Montecillo, elevación. / Basta, puntadas, botón sujetador (en colchones, etc.). / v. Adornar con borlas o penachos. / Fijar el relleno con hilos o botones.
Tufted. adj. Copetudo, empenachado.
Tufter. n. Colchonero.
Tufthunter. n. Adulón.
Tufty. adj. Empenachado.
Tugboat. n. Remolcador (barco).
Tuille. n. Faldar (parte de la armadura antigua).
Tuitional. adj. De enseñanza.
Tulip. n. (Bot.) Tulipán.
Tulip tree. n. (Bot.) Tulipero, tulipanero.
Tulle. n. Tul.
Tumble. v. Dar volteretas, brincar, saltar, hacer acrobacias. / Caer pesadamente, desplomarse. / Dar tumbos, dar vueltas, voltearse. / Rodar, revolcarse. / Tambalearse, ir bamboleàndose. / Caer, bajar (los precios). /

(Fam.) Darse cuenta, comprender. / *To tumble down*, Derrumbarse, desplomarse, venirse abajo.
Tumblebug. n. Escarabajo pelotero.
Tumbledow. adj. Destartalado, arruinado.
Tumbler. n. Vaso. / Acróbata, volatinero, saltimbanqui. / Guarda, tumbador, volcador (de una cerradura).
Tumbling. n. Acrobacia.
Tumor, (G.B.) *Tumour.* n. Tumor, hinchazón, bulto.
Tumpline. n. Correa que se lleva alrededor de la cabeza o de los hombros para llevar peso sobre la espalda.
Tumular. n. Tumulario.
Tumult. n. Tumulto, alboroto, conmoción.
Tumultuary. n. Tumultario.
Tumultuoun. adj. Tumultuoso, agitado, alborotado.
Tumulun. n. pl. *Tumuli* Túmulo.
Tunable, tuneable. adj. Afinable, templable (instrumentos de música). / (Rad.) Sintonizable.
Tuneless. adj. Desentonado, disonante, discordante. / Silencioso, enmudecido.
Tuner. n. Afinador. / (Rad.) Sintonizador.
Tungstate. n. Tungstato.
Tungsten. n. Tungsteno.
Tuning coil. n. Bobina sintonizadora.
Tuning fork. n. (Med.) Diapasón.
Tunin. n. p. Túnez, capital de Tunicia.
Tunisia. n. p. Tunicia.
Tunnel. n. Túnel. / (Min.) Socavón, galería. / (Raro) Tubo de chimenea. / v. Construir un túnel, perforar un túnel. / (Con *through, into*, etc.) Pasar o atravesar horadando.
Tunneler, tunneller. n. Descombradora de cuchara.
Tunny. n. pl. *Tunnies* o *Tunny* (Ict.) Atún.
Tup. n. (G.B.) (Zool.) Morueco, carnero padre. / Maza, mazo, martillo, martinete. / v. (G.B.) Cubrir el morueco a la hembra.
Tuppence, tuppenny. n. (Fam.) Dos peniques.
Tuque. n. Gorra tejida canadiense.
Turban. n. Turbante.
Turbaned. adj. Tocado con turbante.
Turbellarian. adj. Turbelario.
Turbine. n. Turbina.
Turbith. Ver *Turpeth.*
Turboalternator. n. Turboalternador.
Turboblower. n. Turbosoplador.
Turbot. n. pl. *Turbot* o *Turbots* (Ict.) Turbo, rodaballo.
Turbulence, turbulency. n. Turbulencia.
Turbulent. adj. Turbulento.
Turbulent flow. n. (Hidr.) Flujo turbulento. / (Aer.) Régimen turbulento.
Turcoman. Ver *Turkoman.*
Turd. n. (Pop.) Excremento. / (Pop.) Persona de poco valor.
Tureen. n. Sopera.
Turf. n. pl. *Turfs* o *Turfes* Césped. / Turba. / *The surf*, Pista de carrera de caballos, carreras de caballos (como deporte). / v. Encespedar, cubrir con césped. / *To turf out*, (Pop., G.B.) Echar, arrojar.
Turfy. adj. Cubierto de turba o césped. / Semejante a la turba o al césped.
Turgescent. adj. Turgente, túrgido, abultado. / (Fig.) Ampuloso, pomposo (estilo, lenguaje).
Turgid. adj. Turgente, hinchado, abultado. / Ampuloso, pomposo.
Turnabout. n. Cambio de partido o bando, cambio de posición. / Renegado, tránsfuga. / (EE.UU) Tiovivo, carrusel.
Turnaround. n. Espacio para dar la vuelta (un vehícu-

lo). / Cambio de posición.
Turnbuckle. n. (Mec.) Tornillo, tensor, templador.
Turncap. n. Caperuza giratoria de chimenea.
Turncoat. adj. Renegado, tránsfuga.
Turndown. adj. Que puede ser doblado hacia abajo. / n. Rechazo, rechazamiento.
Turned-up nose. adj. Nariz respingona.
Turner. n. Tornero, fustero. / Gimnasta, volatinero.
Turner's lathe. n. Torno.
Turnery. n. Tornería.
Turning. n. Vuelta, rotación, viraje, giro. / Recodo, meandro, ángulo (del camino), esquina (de la calle). / Trabajo de tornería, composición (de una frase pulida, etcétera.).
Turnekey. n. Carcelero, alcaide.
Turnoff. n. Desvío (de un camino o carretera). / Desviación, cambio (de rumbo, ruta, etc.).
Turnstile antenna. n. (Rad.) Antena de torno, antena de molinete.
Turn-switch. n. (Electr.) Interruptor giratorio.
Turpitude. n. Vileza, bajeza, ruindad, depravación.
Turquoise. n. (Min.) Turquesa.
Turquoise blue. adj. Azul turquesa.
Turret. n. Torrecilla. / (Mec.) Portaherramientas giratorio. / (Fotogr.) Portaobjetivos giratorio. / (Mil.) Torreta, torre blindada. / (Aer.) Cúpula o torre blindada (del ametrallador de un avión). / (Hist.) (Mil.) Torre móvil.
Turtle. n. (Zool.) Tortuga, galápago. / Tórtola. / *To turn turtle*, Voltearse patas arriba. / (Náut.) Zozobrar. / Cazar tortugas.
Tuscarora. n. Tuscarora, tribu de indios de EE.UU.
Tusker. n. Elefante o jabalí colmilludo. / Animal provisto de colmillos.
Tutelar. adj. Tutelar.
Tutelar saint. n. Santo patrón.
Tutelary. adj. Tutelar. / pl. Entidad tutelar.
Tutiorist. n. Tuciorista.
Tutor. n. Preceptor, maestro particular. / (Der.) Tutor, curador. / v. Ser tutor o guardián de. / Enseñar, instruir. / Instruir secretamente, aleccionar bajo mano (especialmente a un testigo). / Ser maestro o instructor particular, vivir de la enseñanza particular. / (EE.UU.) Tomar lecciones particulares.
Tutoress. n. (Der.) Tutora.
Tutorial. n. (Der.) Tutelar. / Preceptoril. / n. Clase dada por un preceptor asigando (en las Universidades de Oxford y Cambridge).
Tuxedo. n. Esmoquin.
Twaddle. v. Decir tonterías, disparatar. / pl. / Patrañas, tonterías, disparates. / Cotorreo, habladuría.
Twaddler. n. Disparatador. / Charlatán.
Twain. adj. (Poét.) Dos. / pl. (Poét.) Dos. / Un par.
Twang. Ver *Tang.*
Tweak. v. Pellizcar retorciendo, dar un pellizco retorcido a. / pl. Pellizco retorcido, pellizcón.
Tweed. n. Paño asargado de lana, tweed. / pl. Vestidos de paño asargado de lana.
Tweedle. v. Cantar o silbar. / Atraer por medio de la música. / Tocar un instrumento.
Tweedy. adj. De paño asargado, como paño asargado. / (Fig.) Persona que viste ropa de tweed.
'Tween. abrev. Contracción de *between.*
Tweet. n. Gorjeo, piada. / v. Gorjear, piar.
Tweeter. n. (Rad.) Altavoz para altas frecuencias.
Tweeze. n. (Anat.) o arrancar con pinzas.
Tweezern. n. Pinzas, tenacillas.
Twelfth. adj. Duodécimo. / Doce (en fechas).

Twelfth Day. n. p. Día de Reyes, Epifanía.

Twelve. n. Doce. / *The Twelve*, Los doce apóstoles.

Twelvefold. adj. Doce veces mayor. / Doce veces.

Twelve-tone. n. (Med.) De los doce sonidos, dodecafónico.

Twentieth. adj. Veintavo, vigésimo. / Veinte (en las fechas).

Twenty. n. Veinte. / (Billetes de) Veinte dólares. / *The twenties*, Los años veinte, la tercera década (de la vida o de un siglo).

Twentyfold. adj. Veinte veces mayor. / Veinte veces.

Twenty-one. n. Veintiuno. / Veintiuno (el juego de naipes).

Twenty-two. n. Veintidós. / Rifle o pistola de calibre veintidós.

Twibil, twibill. n. Hacha de dos filos.

Twice. adv. Dos veces, doblemente, al doble. / *Twice as many* (o *as much*), El doble, otro (s) tanto (s). / *Twice that quantity*, El doble de esa cantidad.

Twice-told. adj. Dicho dos veces, repetido, trillado, gastado.

Twig. n. (G.B.) Observar, percibir. / (Fam.) Comprender, entender. / pl. Ramita, varilla. / (Anat.) Vaso capilar. / Vara divinatoria, varilla mágica.

Twilight. n. Crepúsculo. / (Fig.) Decadencia, ocaso. / adj. Crepuscular, obscuro, sombrío.

Twilit. adj. Iluminado a media luz, crepuscular.

Twill. n. Tela cruzada, sarga. / v. Cruzar una tela, tejer con líneas diagonales.

Twin. adj. Gemelo, doble. / pl. Gemelo, mellizo. / *The Twins*, Géminin. / Agregado de cristales, macla. / v. Parir gemelos. / Formarse en agregado (cristales). / Parear, emparejar. / Vincular.

Twinborn. n. Mellizo, gemelo.

Twine. n. Bramante, cordel. / Enroscadura, retorcedura, repliegue. / Entretejedura, entrelazamiento, enredo. / v. Retorcer, torcer. / Entretejer, entrelazar, tejer (guirnalda, corona de flores, etc.). / Ceñir, envolver, cercar. / Serpentear. / *To twine about* (o *around*), Dar vueltas alrededor, abrazar.

Twin engine, twin-engined. n. Bimotor.

Twiner. n. Planta trepadora.

Twirl. v. Hacer girar. / (Béisbol) Arrojar (la pelota). / Dar vueltas. / pl. Rotación, vuelta, giro. / Enroscadura.

Twist. v. Torcer, retorcer, doblar, doblegar. / Enrollar, enroscar. / Trenzar. / Torcer, dislocar. / Deformar, descomponer, desfigurar. / *To twist in* (o *into*), Entrelazar, entretejer. Transformarse con un retorcimiento. / *His face twisted into a dreadful burst of laughter*, Su cara se retorció en una explosión horrible de risa. / *To twist off*, Romper retorciendo. / *To twist one's way*, Serpentear. / Retorcerse, enroscarse. / Contorcerse, contorsionarse. / Serpentear, serpear, culebrear.

Twist drill. n. Barrena o broca espiral.

Twisted. adj. Torcido, retorcido.

Twister. n. Torcedor (persona o aparato), cordelero, soguero, torcedero (aparato). / (Béisbol) Pelota (arrojada) con efecto, pelota curvada. / (EE.UU.) Torbellino, tornado, tromba.

Two. n. Dos. / *By twos*, De dos en dos. / *In two*, En dos / *To put two and two together*, Sumar dos y dos, atar cabos, caer en cuenta. / *Two of a kind*, Tal para cual.

Two-by-four. adj. De dos por cuatro (pulgadas, pies,

etc.). / (Fig., familiar) Pequeño, insignificante, mezquino, miserable. / pl. Madera de dos por cuatro (pies, pulgadas, etc.).

Two-decker. adj. De dos puentes (barco), de dos pisos (autobús). / De dos niveles, de dos capas (emparedado, etcétera.).

Two-dimensional. adj. Bidimensional. / (Fig.) Superficial, frívolo (estilo, novela, etc.).

Two-faced. adj. De dos caras. / (Fig.) Falso, doble.

Two-seater. adj. Biplaza, vehículo de dos plazas.

Tycoon. n. Taicún (título dado al shogún del Japón). / Magnate (industrial o comercial), hombre de negocios de gran poder e influencia.

Tye. n. (Náut.) Ostaga.

Tymbal. Ver *Timbal*.

Tymp. n. Timpa.

Tympan. n. (Arq.) Tímpano, panel. / (Med.) Tímpano, atabal, timbal.

Tympani. Ver *Timpani*.

Tympanic. adj. Timpánico.

Tympaniten. n. Timpanitis, timpanismo (distensión por gases, especialmente del estómago).

Timpanitic. adj. Timpanítico.

Tympanitin. n. Timpanitis, otitis media.

Tympanum. n. pl. *Tympanums o Tympana* (Anat.) Tímpano (oído medio, membrana timpánica).

Tyndareun. n. Tíndaro.

Type. n. Tipo, clase, especie, género. / Signo, emblema, distintivo. / Norma, ejemplar, modelo. (Biol., Fisiol.) Tipo, grupo. / Tipo, carácter, letra. / v. Prefigurar, representar, simbolizar. / Escribir a máquina, mecanografiar. / (Med.) Determinar el grupo de (sangre). / Escribir a máquina.

Typeface. n. (Impr.) Carácter de letra, tipo de letra.

Typesetter. n. (Impr.) Compositor, tipógrafo. / Máquina de componer.

Typesetting. n. (Impr.) Composición, composición tipográfica. / adj. de componer, de composición.

Type species, type specimen. n. (Biol.) Especie tipo, especimen tipo.

Typerwrite. v. Mecanografiar, escribir a máquina.

Typerwriter. n. Máquina de escribir. / Mecanógrafo, dactilógrafo.

Typwrwriting. n. Mecanografía, dactilografía. / Texto escrito a máquina.

Typwrwritten. n. Escrito a máquina.

Typahaceae. n. Tifáceas.

Typhaceoun. adj. Tifáceo.

Typify. v. Simbolizar, representar. / Ser ejemplo o modelo de. / Tipificar.

Typo. n. (Fam.) Error tipográfico.

Typographer. n. Tipógrafo.

Typographical error. n. Error de imprenta.

Typography. n. Tipografía.

Tyrant flycatcher. n. (Entom.) Papamoscas, doral americano.

Tyre. n. (G.B.) Ver *Tire*, Llanta, forro neumático.

Tyrolean, Tyrolese. adj. Tirolén.

Tyrosine. n. (Bioquím.) Tirosina.

Tyrothricin. n. Tirotricina.

Tyrrhenian. n. p. El mar Tirreno. / adj. Tirreno, del mar Tirreno.

Tzigane. n. Gitano, zíngaro, cíngaro.

U

U. (Uranium). (Quím) Uranio.
Udder. f. Ubre, mama.
UFO Unidentified flying object. abrev. Objeto volador no identificado (OVNI).
Ugliness. f. Fealdad.
Ugly. adj. Feo, a. / Desfavorable, desagradable (aspecto, rumor, noticia, etc.). / (Fig.) Peligroso, sa. *As ugly as sin*, Más feo que el pecado.
U.K. United Kingdom. abrev. Reino Unido, Gran Bretaña.
Ulcer. n. (Med.) Ulcera. / (Fig) Llaga. / v. Ulcerarse.
Ultimate. adj. m., f. Ultimo, a / Final, definitivo, va, fundamental. / f. Esencia. / Conclusión.
Ultimatum. (pl. *Ultimatums* o *Ultimata*) m. Ultimátum.
Ultra. adj. Ultra (de opiniones exageradas). / m., f. Ultraísta. / Ultra, extremista, radical.
Ultramarine. adj. m., f. Ultramarino, na, del otro lado del mar. / m. Ultramar, azul de ultramar.
Ultrasonic. adj. m., f. Supersónico, ca (velocidad, etc.).
Ultrasonics. f. Supersónica, ultraacústica (ciencia).
Ultrasound. m. Ultrasonido.
Ultraviolet. adj. Ultravioleta.
Ultravirus. m. Ultravirus.
Ululant. adj. m. y f. Ulululante.
Ululate. v. Ulular, aullar.
Umbilical. adj. m. y f. Umbilical.
Umbilical cord. n. (Anat.) Cordón umbilical.
Umbrage. m. Umbráculo, follaje. / Ofensa, resentimiento. / Umbra, sombra.
Umbral. adj. m. y f. Tenebroso, sa, oscuro, ra.
Umbrella. m. Paraguas, parasol, sombrilla. / (Mil.) Cobertura aérea. / (Zool.) Umbrela (parte del cuerpo de las medusas con forma de sombrilla).
Umbrella stand. m. Paragüero, bastonera, sombrillera.
UN, United Nations. n. p. Naciones Unidas (N.U.).
Unabashed. adj. m. y f. Desenvuelto, ta.
Unabated. adj. m. y f. No disiminuido, cabal.
Unable. adj. m. y f. Inhábil, incapaz.
Unabridged. adj. m. y f. No abreviado, da.
Unaccented. adj. m. y f. Sin acento.
Unacceptable. adj. m. y f. Inaceptable.
Unaccessible. adj. m. y f. Innaccesible.
Unaccommodated. adj. m. y f. Sin acomodo.
Unaccompanied. adj. m. f. Solo.
Unaccomplished. adj. m. f. Incompleto, ta.
Unaccountable. adj. m. y f. Inexplicable.
Unaccustomed. adj. m. y f. Insólito, ta, poco acostumbrado, da.
Unacknowledged. adj. m., f. Ignorado, da.
Unacquainted. adj. m. y f. Ignorante (de). / *To be unacquainted with*, No conocer a (alguien), ignorar.
Unadapted. adj. m. f. Inadaptado, da.
Unadjusted. adj. m. f. No ajustado.
Unadorned. adj. m. f. Sin adornos.
Unadvised. adj. m., f. Imprudente.
Unaesthetic. adj. m. f. Antiestético, ca.
Unaffectedness. f. Naturalidad, sinceridad.
Unaided. adj. m. y f. Sin ayuda.
Unalterable. adj. m. y f. Inalterable, invariable.
Unaltered. adj. m. f. Inalterado, da.
Unambiguous. adj. m. y f. Sin ambigüedad.
Unanimated. adj. m., f. Inanimado, da .
Unanimity. f. Unanimidad.

Unanimous. adj. m. y f. Unánime.
Unappealing. adj. m. y f. Poco atractivo.
Unappetizing. adj. Que resulta poco apetecible.
Unappreciative. adj. m., f. Ingrato, ta.
Unapprehensive. adj. m., f. Inaprensivo.
Unapproachable. adj. m. y f. Inaccesible.
Unapproved. adj. m., f. Desaprobado, da
Unapt. adj. m., f. Inadecuado, da, no apropiado, da.
Unarmed. adj. m., f. Desarmado.
Unarranged. adj. Sin arreglo. / (Mús.) No adaptado.
Unascertained. adj. m. y f. Sin comprobar.
Unashamed. adj. m. y f. Sinvergüenza.
Unassembled. adj. (Mec.) Desarmado, desmontado.
Unassignable. adj. m. y f. Intransferible.
Unassimilable. adj. m. y f. No asimilable.
Unassuming. adj. m., f. Modesto, ta.
Unattached. adj. m. y f. Sin compromiso, sin atar, libre. / No asignado, no incorporado. / (Der.) No envargado / (Mil.) De reemplazo.
Unattainable. adj. m. y f. Inasequible, inalcanzable.
Unattended. adj. m., f. Desantedido, da.
Unattire. v. Desvestir (se).
Unauthorized. adj. m., f. Desautorizado, da.
Unavailable. adj. m. y f. Inasequiable, inaccesible.
Unavoidable. adj. m. y f. Inevitable, ineludible.
Unaware. adj. m. y f. Ignorante (de), ajeno (a), inconsciente.
Unawareness. f. Inconsciencia, inadvertencia.
Unbalance. v. Desequilibrar, transtornar.
Unbalanced. adj. m., f. Desequilibrado, da.
Unbar. v. Desatrancar.
Unbarred. adj. m., f. Desantrancado, da (puerta, etc.), abierto. / Que no está marcado con barras o franjas.
Unbearable. adj. m. y f. Intolerable, insoportable
Unbeatable. adj. m. y f. Invencible.
Unbelief. f. Incredulidad.
Unbelievable. adj. m. y f. Increíble.
Unbeliever. adj. m., f. Incrédulo, da, escéptico, ca.
Unbelt. v. Desatar el cinturón de (espada, etc.).
Unbiased. adj. m. y f. Imparcial, neutral.
Unbind. v. Desatar, desamarrar, desligar.
Unbitted. adj. Sin freno, sin bridas.
Unblemished. adj. m., f. Inmaculado, da, impoluto, ta.
Unblenched. adj. m., f. Impávido, da, impertérrito, ta.
Unblessed, unblest. adj. m., f. No bendito, ta, no consagrado, da, profano, na. / Impío, a, maldito, da. / (Rel.) Excomulgado, da.
Unbolted. adj. Desatrancado. / No cernido (harina).
Unbound. adj. En rústica (un libro). / Desatado, suelto, libre.
Unbounded. adj. Ilimitado, infinito. / Desenfrenado.
Unbreakable. adj. m. y f. Inquebrantable.
Unbreathable. adj. m. y f. Irrespirable.
Unbroken. adj. m., f. Intacto, ta, entero, ra. / Ininterrumpido, da / Inviolada (ley). / No superado, vigente (marca deportiva). / Indómito, cerrero (caballo).
Unbuckle. v. Deshebillar, desprender
Unbuild. v. Demoler, derribar, derruir.
Unbuildable. adj. m. y f. Inconstruible.
Unbuilt. adj. m. f. Sin construir (terreno).
Unburden. v. Descargar. / (Fig.) Aliviar, desahogar (conciencia, alma, etc.).

Unburied. adj. m. Insepulto.
Unburned, unburnt. adj. No quemado, no cocido (ladrillo, etc.).
Unbury. v. Desenterrar, exhumar.
Unbusinesslike. adj. m., f. Poco práctico, ca, inexperto, ta, ineficaz, contra la ética (en los negocios).
Unbuttoned. adj. m., f. No abotonado, da. / Sin botones. / (Fig.) No restringido, desenvuelto, desenfrenado. / (Fig.) Debilitado, descompuesto.
Uncalled. adj. m., f. No llamado, da, no pedido, da. / *Uncalled for*, Inapropiado, impertinente, no reclamado, innecesario.
Uncanceled. adj. Sin cancelar (sello postal). / No anulado, no rescindido.
Uncanny. adj. De carácter sobrenatural, misterioso y extraño.
Uncase. v. Desenvainar. / Revelar.
Uncaused. adj. m. No creado, increado.
Unceasing. adj. m. y f. Incesante.
Uncertain. adj. Incierto, indefinido, dudoso, problemático. / Indeterminado. / Inseguro, indeciso, irresoluto, vacilante. / Inconstante, variable, cambiable.
Uncertainty. f. Incertidumbre, indeterminación, indecisión, inseguridad. / Lo incierto, cosa incierta, duda.
Unchain. v. Desencadenar, libertar.
Unchallenged. adj. No retado. / Indisputable.
Unchangeable. adj. m. y f. Inalterable, invariable, incambiable, inmutable, inconmutable.
Unchanged. adj. m., f. Invariado, da, inalterado, da.
Uncharged. adj. Sin carga, no cargado (batería, etc.).
Unchaste. adj. m. y f. Incontinente, inmoral.
Unclad. adj. m. y f. Sin ropa.
Unclaimed. v. Desabrochar. / Separar (las manos que se han estrechado).
Unclassifiable. adj. m. y f. Inclasificable.
Uncle. m. s. Tío. / (Fam) Prestamista.
Unclean. adj. m., f. Sucio, a, desaseado, da.
Uncleanly. adv. Desaseadamente, impuramente.
Unclench. v. Relajar (el puño). / Desasir, soltar. / Abrir (el puño).
Unclose. v. Abrir, revelar.
Unclothe. v. Desvestir, desarropar. / Desnudar, despojar. / (Fig.) Descubrir, revelar.
Unclouded. adj. m. Claro, sin nubes (el cielo).
Uncollectible. adj. m. y f. Improbable.
Uncolored. adj. m., f. No coloreado, da. / (Fig.) Incoloro, sin exageración, sin aumento, imparcial.
Uncomfortable. adj. m., f. Incómodo, da. / Desagradable, molesto, ta. / Intranquilo. / Inquietante.
Uncommited. adj. m., f. Imparcial.
Uncommon. adj. m. y f. Poco común, infrecuente, excepcional.
Uncommonly. adv. Extraodinariamente, notablemente.
Uncommunicative. adj. m., f. Poco comunicativo, va, poco informativo, va, reservado, da, taciturno.
Uncomplaining. adj. m., f. No quejoso, sa, impasible.
Uncomplimentary. adj. m. y f. Desfavorable.
Uncompromising. adj. m. y f. Inflexible.
Unconcern. f. Indiferencia, despreocupación.
Unconcerned. adj. m., f. Desinteresado, da.
Unconditional. adj. m. y f. Incondicional.
Unconfessable. adj. m. y f. Inconfesable.
Unconfined. adj. m., f. Ilimitado, da, sin obstáculos.
Unconfirmed. adj. m., f. No confirmado, da.
Unconscious. adj. m. y f. Inconsciente. / Sin conocimiento. / Inconsciente de, ignorante de. / No intencional, instintivo.
Unconsciousness. f. Inconsciencia.

Unconstitutional. adj. m. y f. Inconstitucional.
Uncontainable. adj. m. y f. Incontenible.
Uncontemplated. adj. m., f. Inesperado, da, sin pensar.
Uncontrollable. adj. m. y f. Incontrolable, ingobernable, indomable, irrefrenable.
Unconventional. adj. m. y f. Poco convencional.
Uncork. v. Descorchar. / (Fig.) Destapar, soltar.
Uncorrectable. adj. m. y f. Incorregible (error, etc.).
Uncorrupted. adj. m., f. Incorrupto, ta.
Uncritical. adj. m. y f. Que no discrimina.
Unction. f. Unción. / m. Ungüento. / Devoción.
Underling. m.y f. Dependiente.
Underlying. adj. m. y f. Implícito, fundamental. / Precedente (título, derecho, etc.).
Undermine. v. Socavar, minar. / (Fig.) Socavar, destruir insidiosamente, debilitar paulatinamente (posición, salud, etc.).
Underneath. adv. Debajo, abajo, bajo, por debajo./ prep. Debajo de, bajo.
Underpaid. adj. m. y f. Mal pagado, da, insuficientemente retribuido, da.
Underpass. m. Paso inferior (especialmente de una carretera por debajo de una línea de ferrocarril).
Underpay. v. Pagar mal (a empleado, trabajo, etc.). / Pagar menos de lo justo por (trabajo, servicio, etc.).
Underplot. f. Acción secundaria (en un drama).
Underprivileged. adj. m. y f. Que no goza de las ventajas de la mayoría.
Underproduction. (Com.) Bajo producción.
Underquote. v. Cotizar a menor precio (que otro).
Underrun. v. Correr o pasar por debajo de pie.
Underscore. v. Subrayar. / (Fig.) Subrayar, acentuar, recalcar. / f. Raya (debajo de una palabra, etc.).
Underseas. adv. Bajo la superficie del mar.
Undersecretariat. f Subsecretaría.
Undersecretary. m. Subsecretario.
Undershot. adj. Sobresaliente (dícese de los dientes incisivos inferiores).
Underside. m. Lado de abajo. / f. La parte oculta.
Undersign. v. Subscribir, firmar al pie de un escrito.
Understand. v. Comprender. / Entender, suponer. / Dar por sentado, sobrentender. / (Gram.) Suplir.
Understandability. f. Comprensibilidad.
Understanding. f. Comprensión, interpretación. / Inteligencia, discernimiento, raciocinio. / Armonía, correspondencia. / Opinión, interpretación. / m. Arreglo, acuerdo.
Understate. v. Exponer inadecuadamente, argüir en forma deficiente. / Quitar importancia a, subestimar (dificultad, peligro, etc.). / Decir o exponer con modestia o reticencia.
Understatement. f. Declaración exagerada modesta.
Undersurface. m. Lado de abajo.
Undertake. v. Emprender, acometer, intentar. / Garantizar, prometer. / Encargarse de, tomar a su cargo.
Undertaker. m. Empresario, contratista. / Funerario, empresario de funeraria, agente de pompas fúnebres.
Undervalue. v. Tasar en menos (del valor real). / Menospreciar, desestimar.
Underwaist. f. Camisa o camiseta interior (de niño).
Underwater. adj. Subacuático, submarino. / De debajo de la línea de flotación (de un barco).
Underway. adv. En camino, en movimiento.
Underwear. f. Ropa interior.
Underweight. f. Falta de peso, peso menor que el normal o requerido. / Falto de peso, que no tiene el peso normal o requerido.

Underwood. f. Maleza, broza.
Underwork. v. Trabajar menos de lo debido. / Trabajar por menos sueldo que otro. / Trabajo de rutina.
Underworld. m. El otro mundo, el mundo subterráneo. / Antípoda. / Hampa, gente de mal vivir.
Undescribable. adj. m. y f. Indescriptible.
Undeserved. adj. m., f. Inmerecido, da.
Undesigned. adj. m. y f. Sin intención.
Undesirable. adj. m. y f. Indeseable. Persona indeseable.
Undestroyable. adj. m. y f. Indestructible.
Undetachable. adj. m. y f. Inseparable, inamovible.
Undeterminable. adj. m. y f. Indeterminable.
Undetermined. adj. m., f. Indeterminado, da.
Undeveloped. adj. Sin desarrollar, rudimentario. / (Fotogr.) Sin revelar, no revelado.
Undiminished. adj. m. y f. Sin merma, constante.
Undiscernible. adj. m. y f. Imperceptible, invisible.
Undischarged. adj. m., f. No ejecutado, da, incumplido, da (deber, etc.). / No pagado, da, no liquidado, da (deuda, obligación). / No desembarcado, por desembarcar (carga).
Undisciplined. adj. m., f. Indómito, ta.
Undiscriminating. adj. m. y f. Sin sentido crítico.
Undisguised. adj. m. y f. Sin disfraz, franco.
Undismayed. adj. m., f. Impávido, da, intrépido, da.
Undissolvable. adj. m. y f. Indisoluble.
Undistinguishable. adj. m. y f. Indistinguible.
Undistorted. adj. m. y f. Sin falsificación. / (Electr.) Sin distorsión.
Undisturbed. adj. m., f. Inalterado, da, sereno, na. / Sin ser molestado o perturbado.
Undivided. adj. m., f. Indiviso, sa, íntegro, a, entero, a.
Undivided profits. (Com.) Utilidades a distribuir.
Undo. v. Desatar, desabrochar, deshacer (un nudo). / Anular, desvirtuar, redimir. / Arruinar, perder. / Descomponer, perturbar, trastornar. / Seducir.
Undomesticated. adj. m., f. No domesticado, da.
Undone. adj. Sin hacer, por hacer.
Undouble. v. Desdoblar, desplegar, desenvolver.
Undoubtedly. adv. Indudablemente, sin duda.
Undraw. v. Descorrer, abrir (cortinas, etc.).
Undress. v. Desnudar, desvestir. / Desguarnecer, despojar. / Desvestirse, desnudarse. / f. Ropa de casa.
Undrinkable. adj. m. y f. No potable, no bebible.
Undryable. adj. m. y f. Insecable.
Undue. adj. No vencido (documento). / Indebido, inmoderado, desmedido. / Impropio, inapropiado (comportamiento, conducta, etc.).
Undulant. adj. m. y f. Ondulante, undulante.
Undulated. adj. m., f. Ondeado, a, ondulado, a.
Undulatory. adj. m. y f. Ondulante.
Unduly. adv. Indebidamente, excesivamente. / Impropiamente.
Undutiful. adj. m. y f. Desobediente.
Undying. adj. m., f. Imperecedero, a, perpetuo, a.
Unearth. v. Desenterrar, excavar (tesoro, etc.). / Exhumar un cadáver. / (Fig.) Desenterrar, sacar a la luz, descubrir (secreto, etc.).
Unearthly. adj. m. y f. No terrenal, sobrenatural. / Absurdo, extraño, fantástico.
Uneasiness. f. Inquietud. / Preocupación, ansiedad.
Uneasy. adj. m., f. Inquieto, a, intranquilo, a. / Preocupado, ansioso. / Embarazoso, incómodo. / Inquietante, pertubador (sospecha, etc.). / Inestable, precario.
Uneatable. adj. m. y f. Incomible, no comestible.
Uneducated. adj. m., f. Inculto, a sin educación.
Unemployable. adj. Que no puede ser empleado. / Persona incapacitada (por vejez, etc.) para tener un empleo.

Unemployed. adj. m., f. Desempleado, a, cesante. / Sin utilizar. / Sin producir. / *The unemployed*, Los parados, los desempleados.
Unemployment. m. Desempleo; paro.
Unendowed. adj. m. y f. Sin dote, sin fondos.
Unendurable. adj. m. y f. Insoportable, inaguantable, insufrible.
Unengaged. adj. m. y f. Libre de compromisos.
Unenjoyable. adj. m. y f. Desagradable.
Unenlightened. adj. m., y f. No instruido, a.
Unenterprising. adj. m. y f. Sin iniciativa.
Unequal. adj. m. y f. Desigual, diferente. / Irregular (superficie, terreno, etc.). / *Unequal to*, inadecuado para, incapaz de, no capacitado para.
Unequaled. adj. m. y f. Sin igual, sin par, sin rival. / Sobresaliente, excelente.
Unequivocal. adj. Im. y f. Indudable, sin lugar a dudas.
UNESCO. abrev. Organización de las Naciones Unidas para la Educación, la Ciencia y la Cultura (UNESCO).
Uneven. adj. m. y f. Desigual, diferente. / Cambiante, sin uniformidad. / Impar (número).
Unevenness. f. Desigualdad, irregularidad, aspereza.
Uneventful. adj. m. y f. Sin acontecimientos notables, sin novedad. / Plácido.
Unexceptional. adj. m. y f. Común, corriente, ordinario.
Unexpected. adj. m., f. Inesperado, da, imprevisto, ta.
Unexplained. adj. m., f. Inexplicado, da.
Unexplored. adj. m., f. Inexplorado, a.
Unexposed. adj. m., f. No revelado, a, no descubierto, a. / (Fotogr.) No expuesto.
Unexpressive. adj. m. y f. Inexpresivo, a, sin expresión.
Unextendible. adj. m. y f. Improrrogable.
Unextinguishable. adj. m. y f. Inextinguible.
Unfadable. adj. m. y f. Indeleble (color, etc.). / Imborrable, imperecedero, inolvidable.
Unfair. adj. m., f. Injusto, a, inicuo, a. / Desleal (competencia). / Desfavorable (viento, corriente, etc.). / Incorrecto, sucio.
Unfaithful. adj. m. y f. Infiel, desleal.
Unfamiliar. adj. m., f. Ajeno, a, extraño, a.
Unfashionable. adj. m. y f. Fuera de moda, inelegante.
Unfavorable. adj. m. y f. Desfavorable.
Unfeigned. adj. m., f. Genuino, a, verdadero, a. / Sincero, a, franco, a.
Unfinished. adj. m., f. Inconcluso, a. / Incompleto, a, imperfecto, a
Unfit. adj. m. y f. Inservible. / Incapaz, incompetente. / *To be unfit for*, No servir para. / (Como verbo) Inhabilitar, incapacitar, descalificar.
Unfitness. f. Ineptitud, incompetencia.
Unfitted. adj. m. y f. Sin aptitudes.
Unflattering. adj. m., f. Poco halagüeño, a.
Unfold. v. Desdoblar, desenrollar, desenvolver, desplegar, extender. / (Fig.) Exponer, revelar, dar a conocer. / Desdoblarse, desplegarse, abrirse.
Unforced. adj. m., f. Espontáneo, a.
Unforeseeable. adj. m. y f. Imprevisible.
Unforeseen. adj. m., f. Imprevisto, a, inesperado, a.
Unforgettable. adj. m. y f. Inolvidable.
Unforgivable. adj. m. y f. Imperdonable, inexcusable.
Unforgiving. adj. m. y f. Implacable, inexorable.
Unformed. adj. m., f. No formado, a. / Sin madurez.
Unfortunate. adj. m., f. Desafortunado, a.
Unfrequented. adj. Solitario, poco frecuentado.
Unfrock. v. Expulsar, deponer, privar a un sacerdote o ministro del culto del derecho a ejercer sus funciones.
Unfruitful. adj. m. Infructuoso, infructífero. / (Agr.) Eestéril. / No remunerativo.

Unfritfully. adv. Infructuosamente.
Unfruitfulness. f. Infructuosidad, esterilidad.
Unfulfilled. adj. m., f. Insatisfecho, a (deseo, necesidad, etc.). / Incumplido (promesa, etc.). / Frustrado, insatisfecho.
Unfulfillment. m. Incumplimiento (de una promesa, etc.). / f. Frustración, insatisfacción.
Unfunded. (Com.) No consolidado, flotante.
Unfurnished. adj. m., f. Desamueblado.
Ungentlemanly. adj. m. Indigno o impropio de un caballero, mal educado, rudo.
Ungifted. adj. Sin talento.
Ungodly. adj. m., f. Impío, a, irreligioso, a, profano, a. / Malvado,a, perverso, a. / (Fam.) Atroz, execrable.
Ungraspable. adj. Inasible, inaprensible. / Incomprensible, inconcebible.
Ungrateful. adj. m., f. Ingrato, a, desagradecido, a.
Ungrudgingly. adv. De buena gana, sin quejarse.
Unguarded. adj. m., f. Desguarnecido, a, indefenso, a. / Incauto, a, indiscreto, a. / Desprevenido, a.
Unguent. m. Ungüento.
Unhandy. adj. Torpe, desmañado, a.
Unhappiness. f. Desgracia, infelicidad, desdicha.
Unhappy. adj. Infeliz.
Unharmed. adj. m. y f. Indemne, incólume, intacto.
Unharmonious. adj. m. y f. Discordante.
Unhealthiness. f. Insalubridad. / Carácter enfermizo.
Unhealthy. adj. m. y f. Insalubre. / Enfermo.
Unheard. adj. m., f. No oído, da, no escuchado, da.
Unhitch. v. Desenganchar, desatar, desprender, soltar.
Unholiness. f. Impiedad, maldad.
Unholy. adj. m., f. Profano, a, impío, a. / Vil, malvado. / (Fam.) Atroz, tremendo, terrible.
Unhook. v. Desenganchar, desabrochar.
UNICEF, United Nations Children's Fund. abrev. Fondo de las Naciones Unidas para la Infancia (UNICEF).
Unicolor. adj. m. Monócromo.
Unicorn. m. Unicornio.
Unidentified. adj. No indentificado, da.
Unidirectional. adj. m. y f. Unidireccional.
Unifiable. adj. m. y f. Unificable.
Uniform. m. Uniforme. / v. Uniformar.
Uniformity. f. Uniformidad.
Unify. v. Unificar, unir.
Unijugate. adj. m., f. Uniyugado, da.
Unilateral. adj. m. y f. Unilateral.
Unimportant. adj. m. y f. Insignificante.
Unimprovable. adj. m. y f. Inmejorable.
Uninflammable. adj. m. y f. Ininflamabe.
Uninflected. adj. Sin inflexiones (idioma).
Uninfluenced. adj. m. y f. Inhabitable.
Uninhabited. adj. m., f. Deshabitado, da.
Uninheritable. adj. m., f. Inheredable.
Uninhibited. adj. m. y f. Libre de inhibiciones.
Uninitiated. adj. Profano ignorante, no iniciado.
Uninjured. adj. m., f. Indemne.
Uninsured. adj. m., f. Sin seguro.
Unintelligible. adj. m. y f. Ininteligible.
Unintentional. adj. m. y f. No intencional.
Uninterested. adj. m., f. No interesado, da, indiferente, apático, ca. / Desinteresado, da, desprendido, a.
Unintimidated. adj. m., f. No intimidado, da.
Uninviting. adj. m., f. No atractivo, va.
Union. f. Unión, asociación, fusión. / Concordia, armonía. / Unión, confederación, alianza. / m. Sindicato.
Unionism. m. Sindicalismo, gremialismo.
Unique. adj. m., f. Original, inimitable.
Uniqueness. f. Singularidad, originalidad, rareza.

Unison. (Mús.) Unisonancia. / Armonía, acuerdo, concordancia. / *In unison*, Al unísono. Unísono, unisón.
Unit. f. Unidad. / (Biol., Mat.) Unidad. / (Mec.) Unidad, grupo (de máquinas, etc.) que funciona como un todo.
Unitarian. adj. (Rel.) Unitario.
Unitary. adj. m., f. Unitario, ria. / Compuesto de unidades. / Integrado, da. / (Mat., Fís.) Unitario.
Unite. v. Unir. / Reunir, aunar. / Unirse.
United. adj. m., f. Unido, da.
United Kingdom. n. p. Reino Unido.
United Nations. n. p. Naciones Unidas.
United States. n. p. Estados Unidos.
Unity. f. Unidad. / Acuerdo, concordia, unión. / Continuidad, coherencia. / (Mat.) Unidad.
Universal. adj. m. y f. Universal, global. / (Lóg.) Proposición universal. / (Fil.) Universal. / (Mec.) Universal.
Universalism. m. Universalismo.
Universality. f. Universalidad.
Universalize. v. Universalizar.
Universalness. f. Universalidad.
Universe. m. Universo, cosmos. / Sistema (filosófico, matemáticos, etc.) completo e independiente.
University. f. Universidad.
Unjoin. v. Separar, desunir, dividir.
Unjoint. v. Desarticular. / (Mec.) Desensamblar.
Unjointed. adj. m., f. Desarticulado, da.
Unjudged. adj. No juzgado, sin juzgar.
Unjust. adj. m., f. Injusto, ta, inicuo, a.
Unjustifiable. adj. m. y f. Injustificable, inexcusable.
Unjustified. adj. m., f. Injustificado, da.
Unjustly. adv. Injustamente, inicuamente.
Unknowable. adj. m. y f. Incognoscible, inescrutable.
Unknown. adj. m., f. Desconocido, da, ingnorado, da. / (Mat.) Incógnita.
Unlabeled. adj. m. y f. Sin rótulo, sin etiqueta.
Unlabored. adj. m., f. / Sin cultivar (terreno, campo).
Unlace. v. Desatar. / Desabrochar (un vestido).
Unlade. v. Descargar.
Unlaid. adj. m., f. No colocado, da o puesto, ta. / No apaciguado. / Destorcido (cuerda, etc.).
Unlash. v. Desatar, deshacer.
Unlawful. adj. m. y f. Ilegal. / m., f. Ilícito, a, ilegítimo, ma.
Unlead. v. Sacar plomo de (una bala, etc.). / (Impr.) Llenar (espacio entre líneas).
Unlearned. adj. m., f. Indocto, a, ilitcrato, a.
Unless. conj. A menos que, a no ser que. / Excepto, salvo, con excepción de.
Unlevelled. adj. m., f. Desnivelado, da.
Unlicensed. adj. Sin licencia, sin permiso.
Unlike. adj. m., f. Distinto, a, diferente, desigual. / Impropio de, indigno de, no característico de.
Unlikelihood, unlikeliness. f. Improbabilidad.
Unlikely. adj. m. y f. Improbable, inverosímil.
Unlimited. adj. m., f. Ilimitado, a, inmenso, a, infinito, a, incalculable. / Sin restricciones.
Unlink. v. Separar, desconectar.
Unlisted. adj.(Bolsa) No cotizado (acciones, valores, etc.). / No registrado, fuera de la lista.
Unload. v. Descargar, desembarcar. / Aligerar, exonerar, liberar. / Desahogar, desahogarse de (remordimiento, pena, etc.).
Unlock. v. Abrir la cerradura. / (Fig.) Descubrir, revelar (secretos, etc.). / Liberar, desencadenar.
Unloose, unloosen. v. Soltar, desatar, aflojar, liberar.
Unlovely. adj. m. y f. Poco seductor, sin gracia.
Unlucky. adj. m., f. Desgraciado, da, desdichado, da. / Desafortunado, lamentable, deplorable.

Unmake. v. Deshacer, arruinar, destruir. / Desagradar.
Unmanly. adj. m. Impropio de un hombre, poco caballeroso. / Afeminado.
Unmanned. adj. Sin hombres, despoblado.
Unmarked. adj. Sin marca. / Sin letrero (calle, etc.).
Unmask. v. Desenmascarar. / Desenmascararse.
Unmeaning. adj. m., f. Vacuo, a, sin expresión (cara, etc.). / Sin sentido, falto de significación.
Unmeasured. adj. m. y f. Inmesurable.
Unmeet. adj. Inconveniente.
Unmellowed. adj. m., f. Inmaduro, ra.
Unmerited. adj. Inmerecido, inmérito.
Unmitigated. adj. m., f. No mitigado, da, no suavizado, da, duro, ra.
Unmixed. adj. m. y f. Sin mezcla, simple.
Unmoral. adj. m. y f. Amoral.
Unmotivated. adj. m., f. Inmotivado, da.
Unmovable. adj. m. y f. Inmovible.
Unmuffle. v. Descubrir, destapar. / Develar.
Unnail. v. Desclavar.
Unnatural. adj. m. y f. Artificial. / Afectado, forzado. / Desnaturalizado, inhumano, anormal, monstruoso.
Unnecessary. adj. m., f. Innecesario, a. / Inútil.
Unnegotiable. adj. m. y f. Innegociable, no comerciable, invendible. / (Fam.) Intransitable.
Unnerve. v. Acobardar, amilanar, desalentar.
Unnoticeable. adj. m. y f. Imperceptible.
Unnoticed. adj. m., f. Inadvertido, da.
UNO, United Nations Organization. abrev. Organización de las Naciones Unidas (ONU).
Unobservant. adj. m., f. Distraído, da, descuidado, da, desatento, ta. / Inobservante (de reglas, leyes, etc.).
Unobtainable. adj. m. y f. Inasequible, no obtenible.
Unoccupied. adj. Desocupado, vacante. / Desocupado, ocioso. / (Mil.) No ocupado (territorio, país, etc.).
Unofficial. adj. m. y f. No oficial, extraoficial.
Unopened. adj. m. y f. Sin abrir.
Unopposed. adj. m. y f. Sin (encontrar) oposición.
Unorganized. adj. m., f. No organizado, da. / (Biol.) Sin estructura orgánica. / (Sociol.) No agremiado.
Unpack. v. Desempacar, desembalar, desenfardar.
Unpaid. adj. m. y f. Pendiente de pago, impago. / Sin paga, irremunerado.
Unpardonable. adj. m. y f. Imperdonable.
Unpassionate. adj. m., f. Desapasionado, da.
Unpatronized. adj. m. y f. Sin patrocinio.
Unpaved. adj. Sin pavimento, sin pavimentar.
Unpayable. adj. m. y f. Impagable.
Unpeg. v. Desclavijar.
Unperceived. adj. m., f. Desapercibido, da.
Unperfect. adj. m., f. Imperfecto, ta.
Unperturbed. adj. m., f. Inalterado, da, sereno, na.
Unpicked. adj. m., f. No escogido, da.
Unplanned. adj. m. y f. Sin haberlo planeado, casual.
Unplanted. adj. No cultivado (terreno, etc.).
Unpleaded. adj. (Der.) No defendido, no alegado.
Unpleasant. adj. m. y f. Desagradable.
Unpledged. adj. No empeñado (palabra, etc.).
Unplowed. adj. No arado (terreno).
Unplug. v. Desenchufar, desconectar.
Unplumbed. adj. m., f. No sondeado, da, no medido, da. / (Fig.) Insondable (un misterio).
Unpolished. adj. m., f. Aspero, ra, tosco, ca. / Sin pulir, sin lustre.
Unprecise. adj. m., f. Impreciso, sa, indefinido, da.
Unpredictable. adj. m. y f. Imposible de predecir, incalculable (evento). / Inconstante, incierto (persona).
Unpremeditated. adj. m., f. Impremeditado, da.

Unpremeditation. f Impremeditación, indeliberación.
Unprepared. adj. m., f. Desprevenido, da.
Unprinted. adj. No impreso, sin imprimir.
Unproductive. adj. m., f. Improductivo, va.
Unprofessed. adj. m., f. No declarado, da, no revelado, da (intención, propósito, etc.).
Unprofessional. adj. m. y f. No profesional. / Reñido con la ética profesional, impropio, no ético.
Unprofitable. adj. m., f. Improductivo, va, inútil, infructuoso, sa, desventajoso, sa.
Unprofitableness. f. Improductividad, inutilidad.
Unprolific. adj. m. y f. Poco prolífico.
Unprolongable. adj. m. y f. Improrrogable.
Unproportioned. adj. m., f. Desproporcionado, da.
Unpropped. adj. m. y f. Sin apoyo.
Unprotected. adj. m., f. Desvalido, da, desamparado, da, indefenso, sa.
Unproved, unproven. adj. No comprobado. / (Der.) no probado.
Unreachable. adj. m. y f. Inalcanzable.
Unreadable. adj. m. y f. Ilegible.
Unready. adj. m., f. Desprevenido, da, no preparado, da, lento, ta, lerdo, da.
Unreal. adj. m. y f. Irreal.
Unrealistic. adj. m. y f. Irreal.
Unreality. f. Irrealidad.
Unrealizable. adj. m. y f. Irrealizable.
Unreaped. adj. m., f. No segado, da, no cosechado, da.
Unreason. f. Sinrazón, irracionalidad, locura.
Unreasonable. adj. m. y f. Irrazonable, irracional.
Unreconcilable. adj. m. y f. Incompatible.
Unrecoverable. adj. m. y f. Irrecuperable, irreparable.
Unreplaceable. adj. m. y f. Irreemplazable.
Unreported. adj. m., f. No comunicado, da.
Unrest. f. Inquietud, desasosiego, intranquilidad.
Unrestrainable. adj. m. y f. Irrefrenable, incontenible.
Unrighteous. adj. m., f. Malo, a, perverso, sa.
Unrighteousness. f. Maldad, perversidad.
Unrip. v. Descoser, desgarrar, desprender (costura). / Arrancar a tirones, desnudar a viva fuerza. / (Fig.) Revelar, descubrir.
Unripe. adj. m., f. Inmaduro, ra, verde (la fruta).
Unroll. v. Desenrollar, desarrollar. / Desplegar, exhibir, descubrir. / Desenrollarse.
Unroof. v. Destechar, destapar, descubrir.
Unroot. v. Erradicar, desarraigar, extirpar.
Unsafe. adj. m., f. Inseguro, ra, peligroso, sa, inhospitalario (playa, área, lugar).
Unsafety. f. Inseguridad.
Unsaid. adj. No dicho, no pronunciado.
Unsalaried. adj. m., f. No asalariado, da.
Unsalted. adj. Sin sal.
Unsanctioned. adj. m., f. Desautorizado, da.
Unsanitary. adj. m. y f. Insalubre, malsano.
Unsatisfactory. adj. m., f. Insatisfactorio, ria.
Unsatisfied. adj. m., f. Insatisfecho, a.
Unsatisfying. adj. m. y f. Deficiente, insuficiente.
Unschooled. adj. No aprendido, natural, innato (talento, etcétera.).
Unscientific. adj. m., f. No científico, ca.
Unscramble. v Desenrollar, desembrollar.
Unscreened. adj. m., f. No protegido, da.
Unscrew. v. Destornillar, desenroscar.
Unsearchable. adj. m. y f. Inescrutable, impenetrable.
Unseasonable. adj. Fuera de tiempo, extemporáneo.
Unseasoned. adj. Sin sazonar. / (Fig.) Inmaduro.
Unseat. v. Quitar el asiento, desarzonar. / Destruir.
Unseated. adj. m., f. Destituido, da.

Unseaworthy. adj. Inapropiado para navegar.

Unseconded. adj. m., f. No apoyado, da.

Unseeing. adj. m., f. Ciego, ga. / Vago (ojos, mirada).

Unseemliness. f. Impropiedad, indecencia.

Unseemly. adj. Impropio, indecoroso, indecente. / adv. Impropiamente, indecorosamente, indecentemente.

Unseen. adj. m., f. No visto, ta, invisible. / A primera vista (traducción). / Inadvertido, desapercibido.

Unsegregated. adj. No segregado, libre de segregación (racial).

Unselfish. adj. m., f. Generoso, sa, desprendido, da.

Unselfishness. f. Generosidad.

Unserviceable. adj. m. y f. Inútil, inservible, incapaz de ser reparado (televisor, radio, etc.).

Unserviccableness. f. Inutilidad.

Unset. adj. m., f. No montado, da (piedra preciosa, joya). / No fraguado (cemento, yeso, etc.).

Unsettle. v. Desarreglar, descomponer, desordenar. / Alterar, inquietar, perturbar. / Desarreglarse, descomponerse.

Unshaven. adj. No afeitado, sin afeitar, sin rasurar.

Unsheathe. v. Desenvainar (la espada).

Unshed. adj. No derramada (lágrima).

Unshell. v. Descascarar.

Unshrinkable. adj. Que no se encoge (tela, etc.).

Unshringking. adj. m. y f. Inquebrantable.

Unsight. adj. m., f. No visto, a, no examinado, da.

Unsighted. adj. No avistado (buque, etc.). / Sin mira (arma de fuego).

Unsightliness. f. Fealdad.

Unsightly. adj. De aspecto desagradable.

Unsized. adj. m., f. Desencolado, da.

Unskillful. adj. Torpe, poco hábil.

Unsociable. adj. m. y f. Insociable, intratable.

Unsociableness. f. Insociablidad.

Unsociably. adv. De manera insociable, insociablemente.

Unsocial. adj. m. y f. Insociable, antisocial.

Unsold. adj. m., f. No vendido, da, rezagado, da (mercadería).

Unsolder. v. Desoldar. / (Fig.) Dividir, partir.

Unsolderable. adj. m. y f. Insoldable.

Unsolicited. adj. m., f. No solicitado, da, no pedido, da.

Unsolvable. adj. m. y f. Insoluble, irresoluble.

Unsolved. adj. m. y f. Sin resolver.

Unsought. adj. m., f. No solicitado, da, no buscado, da, no pedido, da.

Unsound. adj. m., f. Defectuoso, sa, falso, sa. / Falto de vigor, enfermizo, poco firme, ligero (sueño). / *Of unsound mind,* Fuera de juicio, insano, demente.

Unspecified. adj. m., f. No especificado, da.

Unspent. adj. Inexhausto, no gastado.

Unspoiled, unspoilt. adj. Sin estropear. / No consentido, no mimado (niño).

Unspontaneous. adj. Con falta de espontaneidad.

Unsportsmanlike. adj. m. Antideportivo.

Unspotted. adj. m., f. Inmaculado, da, impoluto, ta.

Unsprung. adj. m. y f. Sin muelles, sin resortes.

Unstable. adj. m. y f. Inestable. / Fluctuante, irregular, vacilante. / (Quím.) Inestable (compuesto). / (Fís.) Radioactivo.

Unstableness. f. Inestabilidad.

Unstably. adv. De manera inestable, inestablemente.

Unstamped. s. Sin sellar, sin estampilla.

Unstate. v. Privar de estado o dignidad, degradar.

Unsteadily. adv. Inconstantemente.

Unsteadiness. f. Inestabilidad, inconstancia.

Unsteady. adj. m. y f. Inestable, tambaleante. / Inconstante. / Desigual, irregular. / Fluctuante, intermitente.

Unstuck. adj. Aflojado. / *To come unstuck,* Desmoronarse, caer en desorden, desarreglarse.

Unstudied. adj. Natural, no afectado. / *Unstudied in,* Sin conocimientos de.

Unsubmissive. adj. Insumiso, rebelde.

Unsubmissiveness. f. Insumisión.

Unsubstantial. adj. m. y f. Insustancial. / Irreal, sin fundamento sólido.

Unsuccess. m. Fracaso, fiasco.

Unsuccessful. adj. m. y f. Sin éxito.

Unsuitability. f. Impropiedad.

Unsuitable. adj. m., f. Impropio, a, inservible.

Unsuited. adj. m., f. Impropio, a, no apropiado, inadaptado.

Unsure. adj. m., f. Inseguro, ra.

Unsurmountable. adj. m. y f. Insuperable, invencible (dificultad, obstáculo).

Unsurpassed. adj. m., f. No superado, da.

Unsuspected. adj. m., f. Insospechado, da.

Unsuspecting. adj. m., f. Confiado, da, ingenuo, a, sin recelo.

Untactful. adj. m., f. Importuno, na, desatinado, da.

Untainted. adj. m., f. Incorrupto, ta, no contaminado, da / Sin mancha o tacha.

Untalented. adj. m. y f. Sin talento, incapaz.

Untamable. adj. m. y f. Indomable.

Untamed. adj. m., f. Indomado, da, bravío (animal).

Untangle. v. Desenredar, desenmarañar, resolver.

Untaught. adj. m. y f. Sin instrucción.

Untaxed. adj. Libre de impuesto(s).

Unteach. v. Hacer olvidar (creencia, etc.). / Enseñar lo contrario de.

Untempered. adj. m., f. No templado, da, dulce, suave (acero, etc.). / (Fig.) Destemplado, inmoderado.

Untenable. adj. m. y f. Insostenible, indefendible, (idea, opinión, etc.). / Inhabitable.

Untenanted. adj. m., f. Vacío, a, desocupado, da, desalquilado, da.

Unthankful. adj. m., f. Ingrato, ta, malagradecido, da.

Unthinkable. adj. m. y f. Inconcebible, inimaginable, impensable.

Unthinking. adj. m., f. Irreflexivo, va, inconsiderado, da, precipitado, da.

Unthinkingly. adv. Irreflexivamente, inconsideradamente. / Instintivamente.

Unthought-of. adj. m. y f. Inconcebible.

Unthread. v. Desensartar, desenhebrar. / Encontrar el camino por (un laberinto, etc.). / Desembrollar (una situación).

Unthrifty. adj. m., f. Derrochador, ra, despilfarrador, ra.

Unthrone. v. Destronar, derrocar.

Untidily. adv. Desaliñadamente. / Desordenadamente.

Untidiness. m. Desaliño, desaseo. / Falta de sentido de orden.

Untidy. adj. m., f. Desaliñado, da, desaseado, da.

Untie. v. Desatar, desamarrar, deshacer (un nudo). / Desprender, soltar, aflojar. / Resolver. / Desatarse, desamarrarse.

Until. conj. Hasta.

Untile. v. Desembaldosar, quitar las tejas.

Untimely. adj. m., f. Intempestivo, va, inoportuno, na, extemporáneo, a. / Prematuro, ra. / *To have an untimely end,* Malograrse. / adv. Intempestivamente, inoportunamente. / Prematuramente.

Untitled. adj. m. y f. Sin título. / Sin derecho.

Untold. adj. Fabuloso, sa / Indecible, incalculable. / No dicho.

Untouchable. adj. m. y f. Intocable, intangible. / m. Intocable (individuo de una casta inferior en la India).

Untouched. adj. m., f. No tocado, da, intacto, ta, ileso, sa. / Insensible, no conmovido.

Untraceable. adj. m. y f. Que no se puede ubicar, imposible de encontrar. / Inescrutable, que no deja marca o huella.

Untractable. adj. m. y f. Intratable.

Untrained. adj. m., f. No entrenado, da, no acostumbrado, da. / Inexperto.

Untrammelled. adj. m. y f. Libre de trabas. / No confinado o limitado.

Untransferable. adj. m. y f. Intransferible.

Untranslatability. f. Intraducibilidad.

Untranslatable. adj. m. y f. Intraducible.

Untraveled. adj. Que no ha viajado. / No visitado, no frecuentado (por viajeros). / Inexplorado.

Untread. v. Volver sobre los pasos de, desandar.

Untreated. adj. Sin tratar, no tratado (enfermedad, afección, etc.).

Untried. adj. No probado, experimental. / (Der.) No procesado.

Untrustworthy. adj. m., f. No digno, na de confianza. / Inseguro, precario.

Untrusty. adj. m., f. Pérfido, da, traidor, ra.

Untruth. f. Falsedad, mentira.

Untruthful. adj. m., f. Falso, sa, mentiroso, sa mendaz.

Untruthfulness. f. Falsedad.

Untuck. v. Desenfaldar, desdoblar.

Untune. v. Poner fuera de tono. / Desarreglar, descomponer.

Untwine. v. Destorcer, desenrollar, desenmarañar. / (Fig.) Disolver, deshacer. / Destorcerse, desenrollarse.

Untwist. v. Destorcer (se), desenrollar.

Unused. adj. m., f. No usado, da, nuevo, va, sin uso. / No acostumbrado, a no habituado, a.

Unusual. adj. m. y f. Inusual.

Unvoiced. adj. No expresado. / (Fon..) Sordo.

Unvouched for. adj. m., f. No garantizado, da, no verificado, da.

Unwanted. adj. m., f. No deseado, da, superfluo, a. / Indeseable.

Unwarily. adv. Incautamente.

Unweave. v. Destejer. / (Fig.) Desenredar, desembrollar.

Unwed. adj. Célibe.

Unwelcome. adj. Mal recibido, mal acogido. / Inoportuno.

Unwell. adj. Enfermo, indispuesto. / Menstruante.

Unwept. adj. No llorado, no lamentado.

Unwholesome. adj. Insalubre, malsano. / Inmoral, dañino.

Unwieldily. adv. Pesadamente.

Unwieldiness. f. Pesadez, incomodidad.

Unwiedly. adj. m., f. Pesado, da, abultado, da, difícil de manejar.

Unwilled. adj. m., f. Involuntario, a, sin intención.

Unwilling. adj. m. y f. Renuente. / Contrario, maldispuesto.

Unwillingly. adv. De mala gana.

Unwillingness. f. Renuencia.

Unwind. v. Desenvolver, desenrollar. Desenvolverse. / Relajarse, serenarse.

Unwired. adj. No alambrado, sin alambres.

Unwisdom. f. Falta de cordura o discreción. / Insensatez, tontería, desatino.

Unwise. adj. m. y f. Indiscreto, a, imprudente. / Tonto, a, necio, a.

Unwisely. adv. Imprudentemente. / Neciamente.

Unwish. v. Dejar de desear (algo).

Unworkable. adj. m. y f. Impracticable. / Inexplotable.

Unworldliness. m. Carácter ultramundano, espiritualidad. / Ingenuidad, sencillez.

Unworldly. adj. m. y f. No terrenal, ultramundano, espiritual.

Unworn. adj. m., f. No gastado, da, no usado, da. / Fresco, a, original (idea, chiste, etc.).

Unworthiness. f. Indignidad, falta de mérito.

Unworthy. adj. m., f. Indigno, a, desmerecedor, ra, sin mérito. / Frívolo, a.

Unwounded. adj. Ileso, indemne.

Unwrap. v. Desenvolver, desempaquetar.

Unwreathe. v. Destorcer, desenrollar.

Unwrinkle. v. Desarrugar.

Unwritten. adj. Oral, tradicional. / No escrito, en blanco.

Unyielding. adj. m. y f. Tenaz, resistente (persona). / Firme, rígido, duro (objeto).

Up. adv. Arriba, más arriba, para arriba, hacia arriba. / Allá, acá.

Upchuck. v. (Fam.) Vomitar.

Upcoming. adj. m., f. Próximo, a, venidero, a, cercano, a.

Update. v. Poner al día.

Upgrade. v. Mejorar. / Subir, ascender. / Sustituir (un producto de calidad inferior) por otro mejor y más caro.

Upgrowth. m. Crecimiento, aumento, desarrollo.

Upheaval. m. Solevantamiento (especialmente de la corteza terrestre). / Trastorno, cataclismo, revuelta.

Uphill. f. Cuesta ascendente. / Cuesta arriba. / adj. Ascendente. / De situación elevada. / (Fig.) Dificultoso, penoso, laborioso.

Uphold. v. Sostener, mantener, tener erguido. / Levantar, elevar. / Sustentar, defender (principio, tesis, etc.).

Upholster. v. Poner colgaduras a, guarnecer. / Tapizar, entapizar (muebles).

Upholstery. m. Tapizado (de un mueble). / f. Tapicería (arte de tapicero).

Uplift. f. Elevación. / (Fig.) Influencia, edificante, exaltación moral. / Mejoramiento (cultural, social, etc.). / (Geol.) Levantamiento. / m. Sostén (para el pecho). / Elevar, edificar (especialmente social, intelecutal o moralmente). / Alzar, levantar.

Upmost. adj. Más alto, más elevado, supremo, el máximo. / Predominante.

Upon. prep. En, a. / Sobre, encima de.

Upper. adj. Superior, más elevado, de arriba, de encima. / Exterior (ropa). / (Geol.) Superior. / (Geogr.) Alto. / *The upper regions*, Las regiones etéreas. / f. Pala del calzado. / Litera superior (en coche cama o camarote de buques).

Uppercase. f. Mayúscula, letra de caja alta.

Upper-class. adj. m., f. De las clases altas, aristócrata. / De los últimos años o grados (en las escuelas).

Upper crust. (Fam.) Clases altas, alta sociedad.

Uppermost. adj. Más alto, más elevado. / Supremo, último. / Predominante. / En primer lugar, en posición predominante.

Upper story. m. Piso alto.

Uppish. adj. Arrogante, orgulloso, altanero, presumido.

Upraise. v. Levantar, elevar.

Uprear. v. Levantar, exaltar, erigir. / Levantarse.

Upright. adj. Derecho, vertical, recto. / (Fig.) Recto, honesto, justo. / adv. Verticalmente. / (Fig.) Rectamente, con justicia. / m. Montante, pie derecho, soporte, apoyo. / Piano vertical. / (Dep.) Postes (fútbol).

Uprise. v. Levantarse. / Subir, ascender. / Crecer gradualmente (el sonido). / Sublevarse. / n. Levantamiento. / Subida, pendiente.

Uprising. m. Levantamiento. / f. Sublevación, sedición, insurrección.
Ups and downs. m. pl. Altibajos, vaivenes, vicisitudes.
Upset. adj. m., f. Trastornado, a, perturbado, a, enfadado, a. / v.Volcar, tumbar. / Desbaratar, desarreglar. / Trastornar, perturbar, enfadar. / Recalcar. / Vencer inesperadamente. / *To upset the applecart*, Arruinar todo. Sufrir un vuelco desastroso. / m.Vuelco. / Contratiempo, trastorno. / Malestar. / Recalco, recalcador. / (Dep.) Derrota o victoria inesperada.
Upstairs. adv. Arriba, en el piso de arriba. / En posición elevada. / A mucha altura. / adj. De arriba, en el piso alto. / Arriba de las escaleras. / m. Piso de arriba, piso superior.
Upsweep. v. Empinar (se), encumbrar (se). / f. Superficie inclinada hacia arriba, subida. / m. Estilo de peinado (con el cabello en alto y recogido en la coronilla).
Upswing. v. Mejorar, perfeccionarse. / f. Vuelta hacia arriba. / (Com.) Mejora, alza.
Uptake. f. Comprensión, entendimiento, captación. / Canal de salida de la chimenea, tubo o conducto de ventilación. / *Quick on the uptake*, Rápido para entender, inteligente.
Uptown. adv. Hacia el norte de la ciudad. / Hacia el distrito residencial (de una ciudad). / adj. De los barrios al norte (en una ciudad). / Del distrito residencial.
Upturn. v. Volver (se) hacia arriba. / Trastornar (se), volcar se). / f. Vuelta hacia arriba. / (Com.) Mejora, alza.
Upward. adv. Hacia arriba. / Hacia el interior. / Más arriba, encima. / Desde. / *From his youth upward*, Desde su juventud. / *And upward*, Y más (todavía) / *Upward of*, Más de, arriba de. / adj. Hacia arriba, ascendente. / *Prices show an upward tendency*, Los precios muestran una tendencia ascendente.
Uranium. m. Uranio.
Urban. adj. m., f. Urbano, a (propio de la ciudad).
Urbanism. m. Modo de vivir urbano, costumbres urbanas. / Urbanismo.
Urbanity. f. Urbanidad, cortesía.
Urbanization. f Urbanización.
Urbanize. v. Urbanizar.
Urceolate. (*pl. Urceoli*) Urcéolo.
Urchin. (Zool.) Erizo. / Erizo de mar.
Ureter. m. Uréter.
Urethra. (pl. *Urethrae o Urethras*) Uretra.
Urethroscopy. f. Urestroscopía.
Uretic. adj. Urético.
Urge. v. Instar, exhortar. / Incitar, estimular. / Impulsar, empujar, apresurar, apremiar. / Insistir en, destacar. / (Con *for, against*, etc.) Abogar (por), argüir (contra). / Apresurarse, ir rápidamente. / m. Impulso, instinto.
Urgency. f. Urgencia, premura.
Urgent. adj. m. y f. Urgente, apremiante.
Urger. m., f. Persona que apremia o acucia.
Urging. m. Apremio.
Uric. adj. Urico.
Urinate. v. Orinar.
Urine. f. Orina.
Urn. f. Urna. / Jarra, cafetera, tetera.
Ursa. f. Osa. / *Ursa Major*, (Astron.) Osa Mayor. / *Ursa Minor*, (Astron.) Osa Menor.
Us. pron. Nos, nosotros, nosotras.
US. (United States). abrev. Estados Unidos.
USA (United States of America). abrev. Estados Unidos de Norteamérica (E.U.). / *United States Army*, Ejército de los Estados Unidos.
Usability. m. Valor práctico. / f. Utilidad.

Usable. adj. m. y f. Servible, utilizable, aprovechable.
Usage. m. Uso. / Trato, tratamiento. / Uso común, empleo (de una palabra o frase en un sentido particular).
Use. v. Usar, emplear, utilizar. / Consumir, gastar, desgastar. / Tratar, portarse con, proceder con. / *To ill-use*, Maltratar, abusar. / *To use bad language*, Decir palabrotas, blasfemar. / *To use up*, Consumir, agotar. / *I used to take the bus*, Yo solía tomar el autobús. / *She didn't use to answer*, No solía contestar. / m.Uso, empleo, aplicación. / f. Costumbre. / (Der.) Uso, usufructo, goce. / Utilidad, provecho, objeto, finalidad. / Rito, liturgia. / *In use*, En uso, usándose. / *No use*, Inútil. / *Out of use*, En desuso, fuera de moda.
Used. adj. m., f. Habituado, a, acostumbrado, a. / Usado, gastado, de segunda mano. / *To be used to*, Estar acostumbrado a. / *To get used to*, Acostumbrarse a. / *Used up*, Agotado, avejentado.
Useful. adj. Util, provechoso, beneficioso, ventajoso. / (G.B.) Excelente, eficaz.
Usefully. adv. Utilmente, provechosamente, ventajosamente.
Usefulness. f. Utilidad.
Useless. adj. m y f. Inútil, inservible, ineficaz.
User. m., f. Consumidor, a, comprador, a. / (Der.) Usuario, a.
Usher. m., f Ujier, conserje, portero, a. / Acomodador, a (en cine, teatro, etc.). / Profesor, a o instructor auxiliar, profesor asistente (de colegio).
USSR. abrev. *Union of Soviet Socialist Republics* Unión de Repúblicas Socialistas Soviéticas (URSS).
Usual. adj. m. y f. Usual, habitual. / *As usual*, Como de costumbre. / *The usual*, Lo de siempre (refiriéndose a comidas, bebidas, etc.).
Usually. adv. Usualmente, por lo general, habitualmente.
Usufruct. m. Usufructo. / v. Usufructar.
Usurer. m. Usurero.
Usurp. v. Usurpar, arrebatar, arrogarse. / *To usurp on (o upon)*, Desposeer, cometer usurpación.
Usurper. m., f. Usurpador, ra.
Uterus. m. Utero.
Utile. adj. Util, práctico, provechoso.
Utilitarian. adj. Utilitario. / Utilitarista.
Utilitarianism. m. Utilitarismo.
Utility. f. Utilidad, conveniencia. / (Com.) Servicios público. / adj. De uso práctico, de calidad corriente. / Suplente.
Utilize. v. Utilizar, aprovechar, valerse de.
Utmost. adj. Extremo, más distante. / Sumo, máximo. / m. Lo sumo, lo mayor, lo más, lo máximo, lo más posible. / *One's utmost*, Lo más que uno puede hacer. / *To do one's utmost*, Hacer todo lo posible.
Utopia. f. Utopía.
Utter. adj. Completo, entero, absoluto, cabal. / *Utter nonsense*, Tontería consumada.
Utter. v. Pronunciar, articular, expresar, decir. / Revelar, divulgar. / Poner en circulación, emitir (especialmente moneda falsa, documentos falsos, etc.).
Utterable. adj. m. y f. Articulable, decible, pronunciable.
Utterance. f. Pronunciación, expresión. / Declaración, aserción, dicho. / m. Lenguaje, estilo. / f. Emisión (especialmente de moneda o documentos falsos).
Utterly. adv. Totalmente, completamente, absolutamente, enteramente.
Uttermost. adj. Extremo, más distante. / Sumo, máximo. / Lo sumo, lo mayor, lo máximo, lo más.
Uxorious. adj. Excesivamente amoroso con su esposa, (demasiado) sumiso a su esposa.
Uxoriousness. f. Complacencia (con la esposa).

V

Vacancy. (pl. *Vacancies*) f. Vacancia, vacante (cargo o empleo vacantes). / Vacío, vacuidad..

Vacant. f. Vacante (oficio, empleo). / adj. Desocupado (casa, trono, etc.). / Baldío (terreno). / Desocupado, ocioso. / Vago, vacío (mente, interés, pensamiento).

Vacate. v. Dejar vacante, desocupar. / (Der.) Anular, revocar, rescindir. / Irse, salir, marcharse.

Vacation. f. pl. Vacaciones. / Suspensión, cesación, receso (de actividades).

Vaccinate. (Med.) Vacunar, inocular, inmunizar.

Vaccination. f. Vacunación, inoculación.

Vaccinator. m. Vacunador (persona o instrumento).

Vaccine. adj. Vacuna. / Vacunal. / f.Vacuna.

Vacillant. adj. Vacilante.

Vacillate. v. Vacilar, oscilar. / Fluctuar. / Titubear.

Vacillating. adj. Vacilante, irresoluto, inconstante. / Fluctuante, oscilante.

Vacillation. f. Vacilación, oscilación..

Vacuity. (pl. Vacuities) f. Vacuidad. / Vacío, hueco. / Vaciedad, fatuidad, inexpresividad.

Vacuo. m. El vacío. / *In vacuo*, En el vacío.

Vacuous. adj. Vacuo. / Necio, fatuo. / Vacío, ocioso.

Vacuum. (pl. *Vacuums* o *Vacua*) Vacío. / adj. Vacuo, vacío. / Al vacío, de vacío. / Aspirante..

Vacuum bottle, vacuum flask. m. Termo.

Vade mecum. m. Vademécum. / f. Libreta de apuntes.

Vagabond. m. Vagabundo. / v. Vagabundear, vagar.

Vagabondage. f. Vagabundeo.

Vagabondize. v. Vagabundear.

Vagina. f. (pl. *vaginae* o *vaginas*) (Anat.) Vagina. / (Bot.) Vaina.

Vagrancy. f. Vagancia.

Vagrant. m. Vago, pelafustán. / adj. Vagabundo.

Vagueness. f. Vaguedad, imprecisión.

Vagus. m. Vago, nervio vago.

Vain. adj. Vano. / Fútil, inútil, infructuoso. / Vacío..

Vainglory. f. Vanagloria, jactancia.

Vainness. f. Vanidad, futilidad, envanecimiento.

Vale. m. Valle.

Valerian. f. Valeriana.

Valiant. adj. Valiente, valeroso, sa, bravo, a.

Valiantly. adv. Valientemente.

Valid. adj. Válido, valedero, fundado (razón, motivo, etc.), justo. / Eficiente, eficaz. / (Der.) Válido, vigente (contrario, etc.).

Validate. v. Validar. / Ratificar, confirmar.

Validity. f. Validez, vigencia (de una ley).

Valise. m. Maleta, valija.

Vallate. adj. Vallado, cercado.

Valley. m. Valle, cuenca. / (Arq.) Lima, hoya.

Valor, (G.B.) valour. m. Valor, coraje, brío.

Valorization. f. Valorización.

Valorize. v. Valorar, valorizar.

Valse. m. Vals, valse.

Valuate. v. Valuar, tasar.

Valuation. f. Evaluación, valorización, tasación, avalúo. / m. Valor estimado, precio fijado.

Valuator. m. Tasador, avaluador.

Value. m. Valor, mérito. / Lo que vale (alguien o algo). / (Arte) Valor (propoción luminosa de una parte de una pintura). / (Mús.) Valor, duración (de una nota).

Valued. adj. m., f. Apreciado, a, estimado, a.

Valve. f. Válvula. / (Bot.) Valva. / (Zool.) Valva. / (Mús.) Válvula de llave. / (Electr.) Válvula, tubo electrónico. / (Mec.) Válvula, llave.

Valvula. (pl. *valvulae*) Válvula.

Vamp. (Pop.) Vampiresa, mujer fatal, aventurera. / v. Seducir, tentar, engatusar.

Vampire. m. Vampiro. / (Fig.) Explotador, chupador. / f. Vampiresa, aventurera. / (Teatr.) Escotillón pequeño.

Van. m. Camión de mudanzas, camión cubierta. / (Ferr.) Furgón de carga, galera.

Vandal. adj. m., f Vándalo, vandálico.

Vandalism. m. Vandalismo.

Vandalistic. adj. Vandálico.

Vane. f. Veleta (para indicar la dirección del viento), giraldilla. / m. Aspa (de molino). / f. Paleta (de hélice). / f. Barba (de plumas). / Pluma estabilizadora (en el extremo de la flecha)..

Vanguard. f. Vanguardia, avanzada.

Vanguardist. adj. m. y f. Vanguardista.

Vanilla. f. Vainilla.

Vanish. v. Desvanecerse, esfumarse, disiparse.

Vanity. (pl. *vanities*) f. Cosa vana, cosa fútil o inútil. / Vanidad, futilidad. / Presunción, engreimiento.

Vanity box, vanity case. m. Neceser.

Vanity fair. f. m. El mundo social.

Vanquish. v. Vencer, conquistar, subyugar..

Vanquishable. adj. m. y f. Vencible, subyugable.

Vantage. f. Ventaja. / Posición, superioridad.

Vapor, (G.B.) vapour. m. Vapor, vaho. / f. Niebla, bruma. / m. Hálito, tufo. / Quimera, sueño, fantasmagoría. / v. Vaporear, vaporar. / Vaporizarse, evaporarse.

Vaporization. f. Vaporización, evaporación.

Vaporize. v. Vaporizar, evaporar, volatilizar. / Vaporizarse, evaporarse. / Jactarse, alardear, disparatar.

Variable. adj. m. y f. Variable, cambiable. / Alterable, veleidoso, inconstante.

Variably. adv. Variablemente. / Alternativamente.

Variance. f. Variación, diferencia, desviación. / Discrepancia, desavenencia.

Variant. adj. Variante, diferente. / Discrepante. / Variable, cambiable. / f.Variante.

Variation. f. Variación, cambio, mutación. / (Mat., Astron., Biol., Mús., Aer.) Variación. / (Gram.) Inflexión.

Variative. adj. De variación, variable.

Varicella. f. Varicela.

Varicosis. f. Varicosis.

Varicosity. f. Varicosidad.

Varicotomy. f. Varicotomía, varicectomía.

Varied. adj. m., f. Variado, a, diverso, a.

Variegate. v. Jaspear, abigarrar, vetear. / (Fig.) Variar, diferenciar, diversificar.

Variegation. f. Variedad de colores, jaspeadura.

Variety. f. (pl. *Varieties*) Variedad, diversidad. / Variedad, surtido. / (Teatr.)) Varicdades. / (Biol.) Variedad.

Variety show. f. (Teatr.) Función de variedades.

Variety store. m. Bazar.

Variola. f. Viruela.

Various. adj. Vario, diferente. / Numeroso, múltiples.

Variousness. f. Variedad, diversidad.

Varisized. adj. De varios tamaños.

Varix. f. (pl. *Varices*) Variz.
Varlet. adj. Bribón, pícaro.
Varmint. adj. Canalla, bribón. / Sabandija.
Varnish. v. Barnizar. / (Fig.) Embellecer (la verdad, etc.). / Paliar, mitigar (culpa, etc.). / Disimular. / m. . Barniz, charol. / Mogate, vidriado.
Vary. v. Variar, cambiar, mudar. / Diversificar, discrepar. / (Mús.) Variar (de ritmo, armonía, intervalo, etc.). / Variar, cambiar, alterarse, alternar.
Varying. adj. m. y f. Variante, variable.
Vas. m. Vaso, conducto.
Vase. m. Jarrón, vaso, florero.
Vassal. m. Vasallo. / (Fig.) Vasallo, siervo, esclavo. / adj. Vasallo. / Servil, tributario.
Vassalage. m. Vasallaje. / (Fig.) Servidumbre.
Vast. adj. m., f. Vasto, a, amplio, a, extenso, a. / Enorme. / (Poét.) Inmensidad. / (G.B.) Gran cantidad.
Vastitude. f. Vastedad, inmensidad.
Vat. f. Tina, cuba. / v. Poner o tratar en una tina o cuba.
Vatican. n.p. Vaticano. / adj. Vaticano, del Vaticano.
Vaticinal. adj. Profético.
Vaticinate. v. Vaticinar, profetizar, predecir.
Vaticination. m. Vaticinio, presagio, augurio.
Vaudeville. m. Teatro de variedades.
Vault. f. Bóveda, cúpula. / Cueva, bodega, subterráneo. / Cripta, tumba. / (Anat.) Bóveda. / (Fig.) Firmamento, cielo. / v. (Arq.) Voltear, abovedar. /m. Salto con garrocha. / Salto, corcovo (de un caballo). / v. Saltar con garrocha, saltar apoyándose en la (s) mano (s).
Vaulted. adj. Abovedado, arqueado.
Vaulting. m. Saltador. / Trampolín de salto.
Vaunt. v. Vanagloriarse, jactarse, ufanarse. / Jactarse de, ostentar. / f. m. Jactancia, alarde, ostentación.
Vauntful adj. Jactancioso, fanfarrón.
Veal. f. Carne de ternera.
Veal chop, veal cutlet. f. Chuleta de ternera.
Veer. v. Desviarse, cambiar de dirección. / Cambiar de condición o posición (a otra). / (Meteorol.) Variar (el viento en el mismo sentido de las agujas del reloj). / (Naút.) Virar, rolar. / Virar, dirigir (el buque) a otro rumbo. / m. Cambio (de curso, dirección, etc.).
Vegetable. adj. Vegetal. / m. Vegetal. / f. Verdura
Vegetable garden. m. Huerto de legumbres, huerto de verduras.
Vegetable tallow. f. Grasa vegetal.
Vegetal. adj. Vegetal. / (Biol.) Vegetativo, vegetante.
Vegetarian. adj. m., f. Vegetariano, a.
Vegetarianism. m. Vegetarianismo.
Vegetation. f. Vegetación.
Vehemence. f. Vehemencia, intensidad, impetuosidad.
Vehement. adj. Vehemente, fogoso, impetuoso.
Vehicle. m. Vehículo. / Medio, excipiente.
Veil. m. Velo. / (Fig.) Máscara, antifaz, disfraz. / (Anat., Zool.) Velo. / *To draw a veil over*, Correr o echar un velo sobre. / *To lift the veil*, Descorrer el velo. / *To take the veil*, (Fig.) Tomar los hábitos. / v. Velar, cubrir (se), disfrazar (se), ocultar (se), tapar (se).
Veiled. adj. Con velo. / (Fig.) Velado, disfrazado.
Vein. f. (Anat.) Vena. / (Fig.) Vena, humor, genio. / (Bot.) Vena, nervio. / Vena, veta (en mármol, madera, etc.). / Vena, napa de agua subterránea. / Grieta, rendija, quebradura. / Veta, filón. / (Entomol.) Nervio (del ala de un insecto). / v. Jaspear, marcar con venas.
Veiny. adj. Venoso, lleno de venas. / Veteado.
Vellum. f. Vitela, pergamino. / Pergamino, pergamino. / Papel pergamino. / adj. De vitela, avitelado.
Vellum paper. m. Papel pergamino, papel avitelado.
Velocity. f. Velocidad, rapidez, celeridad.

Velvet. m. Terciopelo. / (Zool.) Piel velluda (en las astas de los ciervos durante su crecimiento). / (Pop.) Ganancia limpia. / adj. De terciopelo. / (Fig.) Suave.
Ven, Venerable. adj. m. y f. Venerable.
Venality. f. Venalidad, corruptibilidad.
Vending machine. m. Distribuidor automático (de cigarrillos, sellos, etc.). / Tragamonedas.
Vendor. m. Vendedor. / Distribuidor automático.
Vendue. f. Almoneda, subasta.
Veneer. f. Chapa, hoja de madera, revestimiento, baño (de oro, plata). / (Fig.) Barniz, apariencia superficial. / v. Chapear, enchapar. / (Fig.) Disfrazar, ocultar.
Venerable. adj. m. y f. Venerable, reverenciable.
Venerably. adj. Venerablemente.
Venerate. v. Venerar, reverenciar. / Honrar, respetar.
Veneration. f. Veneración, reverencia. / m. Respeto, homenaje, culto.
Vengeance. f. Venganza.
Vengeful. adj. m., f. Vengativo, a, vindicativo, a.
Vengefulness. m. Espíritu vengativo, ánimo vengativo.
V-engine. m. Motor en V.
Venial. adj. m. y f. Venial, excusable, leve.
Venom. m. Veneno, ponzoña. / (Fig.) Malignidad.
Venomous. adj. m., f. Venenoso, a, ponzoñoso, a, tóxico, a. / (Fig.) Venenoso, malicioso, maligno.
Vent. m. Respiradero, paso. / f. Tronera, lumbrera (en muralla, costado de buque, etc.). / m. Oído, fogón (en armas de fuego). / Orificio, agujero (de instrumentos de viento). / (Fig.) Salida, desahogo, desfogue.
Venter. m. Vientre. / f. Protuberancia, concavidad, cavidad. / (Der.) Matriz, seno.
Ventilate. v. Ventilar, airear. / Oxigenar (la sangre). / Divulgar o examinar públicamente. / Exponer, discutir.
Ventilation. f. Ventilación, respiración, oreo.
Ventilator. m. Ventilador.
Ventroloquism, ventriloquy. (Med.) Ventriloquía.
Ventriloquist. m. Ventrílocuo.
Venture. f. Empresa. / m. Negocio, negocio arriesgado. / Riesgo, albur, cosa arriesgada. / v. Exponer a un peligro, arriesgar. / Aventurar (opinión, conjetura, etc.). / Aventurarse, arriesgarse, correr el albur.
Venturesome. adj. m., f. Aventurado, a, riesgoso, a, azaroso, a. / Emprendedor, a, osado, a, atrevido, a.
Venturous. adj. m., f. Aventurado, a, arriesgado, a, azaroso, a. / Aventurero, a, emprendedor, a. / Audaz.
Venue. (Der.) Jurisdicción (en que se ha cometido un crimen o en que tiene lugar un litigio). / Escrito que designa el lugar en que se debe realizarse el litigio.
Venus. (Mitol.) Venus. / (Astron.) Venus. / (Fig.) Venus, amor sexual. / (Alq.) Venus, cobre (metal).
Veracity. f. Veracidad. / Exactitud, precisión..
Veranda, verandah. f. Barandilla, galería, terraza.
Verb. m. (Gram.) Verbo.
Verbal. adj. Verbal, oral. / (Gram.) Verbal. / Literal. / (Gram.) Sustantivo derivado de un verbo.
Verbalism. f. Expresión verbal. / m. Verbalismo. / Verbosidad, verborrea.
Verbalist. m. y f. Literalista. / Verbalista.
Verbalization. f. Transformación en verbo.
Verbalize. v. Dar expresión a, poner en palabras. / Transformar en verbo. / Expresarse con verbosidad.
Verbatim. adv. Al pie de la letra.
Verbiage. f. Verbosidad, verborrea, palabrería.
Verbosity. f. Verbosidad.
Verdict. m. Veredicto, fallo, setencia.
Verge. m. Borde, filo, límite, margen. / Cetro, vara (como emblema de poder). / (Arq.) Fuste (de una columna). / Arbol del volante (de un reloj).

Verifiable. adj. Comprobable, verificable.
Verification. f. Verificación, demostración.
Verify. v. Verificar, comprobar, constatar, confirmar, ratificar. / (Der.) Autenticar, afirmar bajo juramento.
Versimilitude. f. Verosimilitud.
Veritable. adj. Verdadero, real.
Verity. f. Verdad, realidad.
Vermilion, vermillion. m. Bermellón, cinabrio. / Color bermejo. / v. Colorear con cinabrio; enrojar.
Vermin. (pl. *jermin*) Sabandija. / (Fig.) Canalla.
Vermouth. m. Vermut, vermú.
Vernacular. adj. Vernáculo, vulgar. / m. Idioma vernacular, dialecto, habla local.
Vernacularism. m. Modismo, localismo.
Verruca. f. (pl. *verrucae*) Verruga.
Verrucose, verrucous. adj. m., f. Verrugoso, a.
Versant. adj. m., f. Interesado, a. / Experimentado, a. / *Versant with*, Versado en, conocedor de.
Versant. f. Cuesta, declive, vertiente. / Inclinación.
Versatile. adj. Versátil, flexible, polifacético.
Versatilness, versatility. f. Versatilidad.
Versed. adj. m., f. Versado, a instruido, a, perito, a.
Verser. m. Versificador.
Versicle. m. Versículo.
Version. f. Versión. / (Med.) Versión. / (Mús.) Interpretación, ejecución. / Exposición.
Versus. prep. (Der.) Contra, con. / (Dep.) Contra.
Vertebra. f. (pl. *vertebrae*) Vértebra.
Vertebrate. adj. Vertebrado. / (Fig.) De estructura sólida, bien organizado. / (Zool.) Vertebrado.
Vertical. adj. Vertical, perpendicular. / Del vértice, (situado) en el vértice. / Vertical, perpendicular, cenital.
Vertiginous. adj. m., f. Vertiginoso, a.
Vertigo. (pl. *vertigos o vertigines*) (Med.) Vértigo.
Verve. m. Estro, numen, inspiración. / Vigor, vitalidad.
Very. adj. Puro, completo, verdadero, absoluto. / Exacto, preciso. / Idéntico, real mismo.
Vesicula. f. Vesícula.
Vespertine, vespertinal. adj. Vespertino.
Vespiary. m. Avispero.
Vessel. f. Vasija. /. m. Recipiente, receptáculo, vaso. / Embarcación, barco, bajel. / Avión, aeroplano. / (Anat. y Zool.) Vaso.
Vest. m. Chaleco. / (G.B.) Camiseta. / f. Chaqueta, chaquetilla (de mujer). / (His.) Túnica, chaqueta antigua. / v. vestir (especialmente con las vestiduras eclesiásticas). / Invertir (dinero). / Vestirse, ponerse vestiduras.
Vestibule. m. Vestíbulo, portal, zaguán, atrio. / (Anat., Zool.) Vestíbulo. / Pasillo cubierto, fuelle de conexión (entre dos coches de pasajeros).
Vestibule school. f. Escuela de capacitación (para el personal de una fábrica).
Vestige. m. Vestigio. / f. Huella, traza.
Vestment. f. Vestidura, prenda, vestido de ceremonia. / Vestidura, vestimenta (de sacerdote).
Vest-pocket. adj. Diminuto, de bolsillo.
Vestry. f. Sacristía, vestuario (de la iglesia). / Capilla anexa (a la iglesia), salón parroquial. / Junta parroquial protestante (administradora).
Veteran. m. Veterano, experto, práctico. / Arbol viejo de grueso tronco. / Veterano, experimentado.
Veterinary. adj. m., f. Veterinario, a.
Veterinary science. f. Veterinaria.
Veto. Veto. / v. Poner veto, vetar.
Vexation. m. Fastidio, molestia. / Disgusto, desazón, enojo. / Chinchorrería.
Vexatious. adj. m., f. Fastidioso, a, molesto, a. / Agitado, a, angustiado, a.

Viability. f. Viabilidad.
Viable. adj. m. y f. Viable.
Viand. f. Vianda. / pl. Provisiones, vituallas.
Vibrancy. f. Vibración, resonancia.
Vibrant. adj. Vibrante. / Lleno de vitalidad, entusiasta.
Vibrate. v. Vibrar. / Vibrar, oscilar, cimbrarse, estremecer. / (Fig.) Vacilar, titubear. / (Fig.) Emocionarse.
Vibrating. adj. Vibrante. / Oscilante. / Trepidante.
Vibration. f. Vibración, oscilación. / (Fig.) Vacilación, titubeo. / (Fís.) Vibración.
Vibrative. adj. Vibratorio.
Vicarage. m. y pl. Beneficios del párroco. / Residencia del párroco. / Curato. / Vicaría, vicariato.
Vicarate. m. Vicariato. / f. Vicaría.
Vicaress. f. Vicaria.
Vicarious. adj. Vicario, delegado.
Vice. m. Vicio. / f. Inmoralidad, corrupción, depravación. / Defecto, imperfección, falta.
Vice. adv. En lugar de, en vez de. / (pref. Vice, suplente, adjunto, segundo, alterno.
Vice versa. adv. Viceversa.
Vecinity. f. Vecindad, vecindario. / Cercanía(s), inmediaciones, alrededores.
Vicious. adj. m., f. Vicioso, a, inmoral, depravado, a. / Malvado, a, perverso, a. / Defectuoso, a, imperfecto, a. / Viciado, a, impuro, a, inmundo, a.
Victim. f. Víctima. / (Der.) Interfecto.
Victimize. v. Victimar. / Engañar, estafar, embaucar.
Victor. m., f. Vencedor, a, triunfador, ra. / adj. m., f. Victorioso, sa, vencedor, ra, triunfante.
Victoria. m. Victoria (coche descubierto de cuatro ruedas). / (Bot.) Victoria regia, irupé.
Victorious. adj. m., f. Victorioso, a, vencedor, ra.
Victory. f. Victoria.
Victual. f. Comida. / pl. Vitualla (s), víveres, viandas. / v. Avituallar. / Alimentarse. / Avituallarse.
Vide. v. Veáse, véanse.
Vide ante. loc. adv. Véase lo anterior.
Vide infra. loc. adv. Véase más abajo o adelante.
Videlicet. loc.. A saber, es decir, esto es.
Video. m. Video.
Vide supra. loc. adv. Véase arriba.
View. f. Vista, mirada, inspección. / Panorama, paisaje, perspectiva. / (Pint. Fotogr.) Vista, cuadro. / Opinión. / Propósito, intención, mira.
Viewer. m. Veedor, inspector. / Espectador; televidente. / Visor.
Viewless. adj. Sin opinión, indiferente. / Invisible.
Viewpoint. m. Punto de vista. / f. Opinión.
Viewy. adj. Visionario, a, impráctico, a. / Espectacular, llamativo, ostentoso.
Vigil. f. Vigilia, desvelo.r.
Vigilance. f. Vigilancia, cuidado. / Desvelo.
Vigor, vigour. m. Vigor. / f. Vitalidad, fuerza, tesón. / Vigor, lozanía. / Vigencia, validez.
Viking. m. Vikingo.
Vile. adj. Vil, bajo, soez. / Repugnante, detestable.
Vileness. f. Vileza, bajeza, bajeza.
Vilifier. m. Difamador, calumniador.
Village. f. Aldea. / m. Pueblo, caserío.
Villager. adj. Aldeano, lugareño.
Villagery. m. Conjunto de aldeas o pueblos.
Villain. adj. Infame, malvado, villano. / Bribón, pillo. / Pilluelo. / (His.) Siervo de la gleba (en el sistema feudal). / Patán rústico.
Villainy. f. Villanía, vileza, infamia. / Villanía, maldad.
Vim. f. Fuerza, brío; espíritu.
Vinaceous. adj. De color vinoso.

Vinaigrette. f. Vinagrera, acidez estomacal. / Vinagreta, salsa ácida.
Vincible. adj. Vencible, conquistable.
Vindicate. v. Vindicar, justificar (principio, acto, etc.). / (Der.) Vindicar, reivindicar. / Librar, libertar.
Vindication. f. Vindicación. / (Der.) Reivindicación.
Vindictive. adj. Vengativo, a, vindicativo, a.
Vindictiveness. m. Carácter vengativo.
Vine. f. Vid, parra. / Enredadera.
Vine branch. m. Sarmiento, pámpano.
Vinedresser. m. Viñador, viñatero.
Vinegar. m. Vinagre. / (Fig.) Mordacidad.
Vinegarish. (Fig.) Avinagrado, vinagroso.
Vinegary. adj. Vinagroso; avinagrado, agrio.
Vinery. m. Invernadero para el cultivo de vides. / Emparrado.
Vineyard. f. Viña, viñedo. / (Fig.) Viña, campo de labores.
Vineyardist. m. Viñador.
Vinicultural. adj. Vinícola.
Viniculture. f. Viticultura.
Viniculturist. m. Vinicultor.
Vintage. f. Vendimia. / Cosecha (de la uva). / De vendimia. / Puro, de una sola cosecha (vino). / Añejo (licor, vino). / Antiguo, clásico; de años, anticuado. / Típico, característico; de lo mejor.
Vintager. m. Vendimiador.
Vintage wine. m. Vino añejo.
Vintage year. m. Año de cosecha excelente (que produce vino de primera calidad). / (Fig.) Año de éxitos.
Viny. adj. Cubierto de bides y enredaderas.
Vinyl. m. Vinilo.
Viol. f. Viola antigua
Violaceous. adj. Violáceo, violado (color). / Violácea (planta).
Violate. v. Violar, infringir (ley, tratado, etc.). / Violar, estuprar (a mujer). / Violar (santuario, retiro, etc.).
Violation. f. Violación.
Violator. m. Violador, transgresor.
Violence. f. Violencia.
Violent. adj. Violento, a.
Violet. f. (Bot.) Violeta. / (Color) Violeta, violáceo. / Especie de mariposa de color violeta.
Violin. m. Violín.
Violinist. m. f. Violinista.
Violoncellist. m., f. Violoncelista, violonchelista.
Violoncello. m. Violoncelo, violonchelo.
VIP. (Fam.) Persona muy importante.
Viper. f. Víbora.
Viperine, viperous. adj. m., f. Viperino, a, vipéreo,a,
Virgin. f. Virgen, doncella. / (Astron.) Virgo (constelación). / *the Virgin*, La Virgen María. / Virgen. / Inicial, primero.
Virgin beeswax. f. Cera virgen.
Virginity. f. Virginidad, doncellez.
Virginium. m. Virginio.
Viridity. m. Verdor; frescura.
Virile. adj. Viril, varonil; macho. / Dominante, imperioso (carácter, etc.). / Vigoroso (estilo literario, etc.).
Virilism. m. Virilismo.
Virility. f. Virilidad.
Virology. f. Virología.
Virtual. adj. m. y f. Virtual; implícito.
Virtual energy. f. Energía potencial.
Virtuality. adv. Virtualmente.
Virtual voltage. m. Voltaje efectivo.
Virtue. f. Virtud (con todas las acepciones de la palabra castellana). / Rectitud, moralidad.

Virtueless. adj. m. y f. Sin virtud, amoral.
Virtuosity. m. Virtuosismo.
Virtuoso. m. Virtuoso, artista de gran técnica. / Conocedor; coleccionista.
Virtuous. adj. m., f. Virtuoso, a. / Poderoso, eficaz.
Virulence, virulency. f. Virulencia; acrimonia. / Malignidad, encono.
Virulent. adj. m., f. Virulento, a.
Virus. m. Virus.
Visa. m. Visado. / f. Visa (del pasaporte). / Visto bueno, refrendación. / v. Visar (un pasaporte); poner el visto bueno, refrendar (un documento).
Visage. m. Semblante, rostro. / Apariencia, aspecto.
Visaged. adj. m. y f. De rostro, cara o semblante.
Vis-a-vis. m., f. Persona que está enfrente o está cara a cara con otra. / f. Conversación íntima. / Confidente (mueble). / prep. Enfrente, frente a. / Comparado con, respecto a./ adv. Frente a frente, cara a cara.
Viscera. (sing. *viscus*) f. y pl. Vísceras, entrañas.
Visceral. adj. Visceral, abdominal. / (Fig.). Hondo, íntimo, instintivo (sentimiento, etc.).
Viscid. adj. m., f. Viscoso, a, glutinoso, a, pegajoso, a.
Viscidity. f. Viscosidad, glutinosidad.
Viscose. adj. Viscoso, a, glutinoso, a, pegajoso.a. / De viscosa. / (Quím.) Viscosa.
Viscosity. f. Viscosidad.
Viscount. m. Vizconde.
Viscountcy. m. Vizcondado.
Viscountess. f. Vizcondesa.
Viscounty. m. Vizcondado (título o territorio).
Viscous. adj. m., f. Viscoso, a, pegajoso, a
Visibility. f. Visibilidad.
Visible. adj. m. y f. Visible; notorio, manifiesto.
Visibleness. f. Visibilidad.
Visibly. adv. Visiblemente.
Vision. f. Visión, aparición, fantasía, fantasma. / Visión, vista. / Previsión, clarividencia. / v. Ver en una visión, evocar en una visión, imaginar.
Visionary. adj. m., f. Visionario, a, quimérico, a, imaginario, a. / Impracticable, utópico
Visionless. f. Falta de vista o visión. / Falto de visión, sin inspiración.
Visit. v. Visitar. / Vivir como huésped con. / Enviar, imponer, infligir (castigos, etc.). / Otorgar, bendecir con (premios, salvación, etc.). / (Fam.) Charlar, platicar. / f. Visita, visitación. / (Der.) Reconocimiento a un barco neutral en virtud del derecho de búsqueda.
Visitant. f. Aparición, visión. / (Orn.) Ave de paso. / (Poét.) Visitante.
Visitation. f. Visitación, visita (esp. oficial). / Disposición divina, gracia o castigo del cielo. / Visitation, Visitación. / f. (Zool.) Migración ocasional (de un gran número de animales).
Visor. f. Visera (de una gorra, un yelmo, etc.). / (Fig.) Máscara, disfraz.
Vista. f. Vista, perspectiva, panorama.
Visual. adj. Visual. / Visible.
Visual-aural radio range. m. Radiofaro direccional, visualauditivo.
Visualization. f. Formación de una imagen mental. / Acción de hacer visible.
Visualize. v. Imaginarse, representarse en la mente. / Concebir, planear. / formarse una imagen mental.
Vital. adj. m. y f. Vital. / (Fig.).Vital, esencial. / Fatal, mortal. / Vivo, viviente; vivaz, animado. / *Vital organs*, órganos vitales. / Partes esenciales.
Vitalistic. adj. m. y f. Vitalista.
Vitality. f. Vitalidad.

Vitalize. v. Vitalizar, vivificar. / Vigorizar, animar.
Vitally. adv. Vitalmente, de manera vital. / *It is vitally important*, Es de importancia vital.
Vitamin. f. Vitamina.
Vitaminic. adj. Vitamínico.
Vitiated. adj. m., f. Viciado, a.
Vitiation. f. Corrupción, contaminación. / Invalidación.
Viticulture. f. Viticultura.
Viticulturer, viticulturist. m., f. Viticultor, a.
Vivacious. adj. m., f. Vivaracho, a. / (Bot.) Vivaz.
Vivaciously. adv. Con vivacidad, vivamente.
Vivacity. f. Vivacidad, viveza.
Viva voce. adj. Verbal, oral. / adv. De palabra.
Vivid. adj. m., f. Vivo, a, vívido, a, gráfico, a (relato, descripción, etc.). / Vivo, claro, intenso (recuerdo, impresión, etc.). / Vivo, brillante, reluciente (color).
Vividness. f. Claridad. / m. Brillo (de colores).
Vivific. adj. Vivificante, vivificador.
Vivification. f. Vivificación.
Vivify. v. Vivificar; avivar, animar.
Vixen. f. Zorra, raposa. / Mujer regañona y colérica.
Vixenish. adj. Zorruno. / (Fig.). Regañona y colérica.
Vocable. m. Vocablo, voz, término.
Vocabulary. m. Vocabulario, léxico.
Vocal. adj. Vocal; verbal, oral. / *Vocal with*, Resonante (de voces, gorjeo de pájaros, etc.). / Clamoroso, vocinglero, voceador. / (Fon.) Vocal; vocálico.
Vocalic. adj. Vocálico.
Vocalism. f. Vocalización, articulación. / Canto, técnica o arte de cantar. / (Fonética) Vocalismo; conversión en vocal.
Vocalist. m., f. Cantante, vocalista.
Vocality. m. Carácter vocal. / f. Dicción, elocuencia (de un orador, etc.).
Vocalization. f. Vocalización.
Vocalize. v. Articular, pronunciar. / (Fon.) Convertir en vocal, vocalizar. / Proveer de vocales. / emitir sonidos articulados. / (Mús.) Vocalizar.
Vocally. adv. Vocalmente; verbalmente.
Vocation. f. Vocación; profesión, carrera..
Vocational. adj. Vocacional (escuela, consejo, guía, etc.). / Profesional (experiencia, formación, etc.).
Vociferate. v. Vociferar, vocear, gritar.
Vociferation. f. Vociferación, clamor.
Vociferator. m. Vociferador.
Vociferous. adj. Vociferador, a, clamoroso, a, ruidoso, a.
Voguish. adj. A la moda, elegante, de buen tono. / De popularidad pasajera.
Voice. f. Voz. / (Gram.) Voz (activa o pasiva). / (Mús.) Voz, cantante. / (Fon.) Sonoridad (de consonantes). / v. Expresar, manifestar; dar expresión a; divulgar. / (Mús.) Afinar (cañones del órgano). / (Fon.) Sonorizar.
Voiced. v. Califica los sonidos, especialmente de la voz. / Expresado, dicho. / (Fon.) Sonoro, sonorizado.
Voiceful. adj. Sonoro, resonante.
Voiceless. adj. Mudo. / (Fon.) Sordo, no sonoro.
Void. m. Vacío, vacuo, hueco. / Vacante, desocupado. / *Void of*, Carente, desprovisto de. / (Der.) Nulo, inválido, anulable. / Inútil; vano, ineficaz; inservible.
Volatile. adj. m. y f. Volátil, evaporable. / (Fig.) Volátil, veleidoso, fugaz, transitorio. / Explosivo.
Volatility. f. Volatilidad.
Volatilize. v. Volatilizar (se).
Volcano. (pl. *volcanoes*) Volcán.
Volleyball. m. Vóleibol.
Volt. (Electr.) Voltio.
Voltage. m. Voltaje. / f. Tensión.
Volte face. m. Cambio de opinión, cambio de actitud.

Voluble. adj. Verboso, suelto de lengua, charlatán. / Voluble, rotativo, rotante. / (Bot.) Voluble.
Volume. m. Volumen, tomo. / Volumen, bulto, masa; capacidad, caudal. / Volumen, fuerza (de sonido). / (Geom.) Volumen. / abultarse, expandirse.
Volume production. f. Producción en masa.
Volume unit. m. Decibelio.
Voluminous. adj. Voluminoso. / Copioso (notas, datos, etc.); prolijo (autor, escritor, carta, etc.). / Enrollado, lleno de circunvoluciones.
Voluntarily. adv. Voluntariamente.
Voluntary. adj. m., f. Voluntario, a / m., f. Voluntario, a. / (Mús.) Improvisación (esp. en el órgano).
Volunteer. adj. m., f. Voluntario, a. / (Der.) Actor, ejecutante o representante voluntarios. / (Der.) Adquiriente a título gratuito, beneficiario. / De voluntarios. / v. Ofrecere o contribuir voluntariamente.
Voluptuate. v. Regodearse; sumirse en el lujo.
Voluptuous. adj. m., f. Voluptuoso, a, sensual.
Vomit. m. Vómito. / Emético, vomitivo. / v. Vomitar, arrojar. / Ser vomitado, salir con violencia.
Vomitive. adj. m., f. Vomitivo, a, emético, a.
Voodoo. m. Vudú, vuduismo. / Hechicero o brujo, que practica el vudú. / v. . Hechizar, embrujar.
Voodooism. m. Vuduismo.
Voracious. adj. Voraz. / Insaciable. / Glotón.
Voracity. f. Voracidad.
Vortex. (pl. *vortices*) Vórtice. / Vorágine, torbellino.
Vote. m. Voto. / Sufragio, derecho a voto. / (Fig.) Voz, voto, parecer, dictamen. / Voto, votante. / v. Votar, la votación (conjunto de votos emitidos). / *to put to the vote*, someter a votación. / v. . votar, dar voto.
Voter. m. y f. Votante, elector, ra.
Voting. f. Votación. De votación, electoral.
Vouch. v. Comprobar, verificar; compulsar. / (Der.) Citar, emplazar (al defensor de un título). / Atestiguar, testimoniar; defender, sostener; garantizar, avalar. / *To vouch for*, responder de, garantizar (algo); responder por, salir fiador por (alguien); atestiguar, confirmar (algo).
Vouchsafe. v. Conceder, otorgar, dispensar; dignarse a dar. / (Arc.) Garantizar.
Vow. m. Voto, promesa solemne; promesa de fidelidad o lealtad. / Afirmación solemne, aseveración. / *to be under vow*, haber tomado un voto. / v. Comprometerse a; prometer solemnemente, jurar. / Afirmar solemnemente, aseverar. / afirmar, aseverar.
Vowel. adj. m., f. Vocal. Vocal, vocálico.
Vox. f. Voz.
Vox populi. f. Opinión pública.
Voyage. m. Viaje (esp. por mar o aire), travesía. / v. Vajar por mar, navegar; viajar por aire; hacer viajes. / v. viajar por, atravesar.
Voyager. m., f. Viajero, a, pasajero, a (de un buque).
Vulgar. adj. m. y f. Vulgar. / *the vulgar*, El vulgo.
Vulgarism. m. Vulgarismo. / f. Vulgaridad, grosería, ordinariez.
Vulgarity. f. Vulgaricidad, grosería, ordinariez, trivialidad.
Vulgarly. adv. Vulgarmente.
Vulgus. (pl. *vulguses*) Vulgo, plebe. / (G.B.) Composición breve en latín o griego (que se hacía como ejercicio en algunas escuelas).
Vulnerability. f. Vulnerabilidad.
Vulnerable. adj. Vulnerable. / *vulnerable to*, (Fig.). Susceptible a, indefenso contra.
Vulnerableness. f. Vulnerabilidad.
Vulture. m. Buitre.

W. West. m. Oeste (O). / **Western**, adj. occidental. / *Washington*, n p. Washington. / n. *Wednesday*, miércoles.
Wacky. adj. (Wackier; Wackiest) / (Pop.) Absurdo, excéntrico, loco, ilógico.
Wad. m. Lío, fajo (de papel, billetes, estopa, etc.). / Taco (que se coloca en ciertas armas de fuego y en cartuchos). / (Pop.) Dineral, fortuna. / v. Apiñar, apretar (papel, fieltro, estopa, etc.).
Wad. n. (Der.) Prenda, empeño.
Wade. v. Ir vadeando (en agua, arena, lodo, nieve, etc.). / (Fig.) Pasar o avanzar con dificultad o esfuerzo./ Chapotear.
Wading bird. f. Ave zancuda.
Wafer. m. Barquillo. / Oblea. / (Religión) Hostia. / (Mec.) Chapa, disco (usado como válvula, diafragma, etc.). / v. Pegar o cerrar con oblea.
Waft. v. Llevar por el aire, llevar sobre el agua.
Wag. v. Menear, mover o sacudir ligeramente. / *To wag its tail*, Mover la cola. / Oscilar, tambalear, balancearse. / Moverse, agitarse, menearse. / Anadear. .
Wage. v. Librar, trabar (combate, guerra, etc.). / Emprender (campaña, etc.). / Ajornalar, contratar, empeñar, apostar, arriesgar..
Wageless. adj. No pagado (empleo, trabajador, etc.).
Wagerer. m. Apostador.
Wage scale. f. Escala de sueldos, escala de haberes.
Waggle. v. Oscilar, balancearse, tambalearse, ondearse. / v. Menear. / m. Meneo, contoneo.
Waggly. adj. m. y f. Vacilante. / Inseguro, a.
Wagon,Waggon. m. Carro, carretón, vagoneta, vagón. / f. Furgoneta, camioneta, automóvil rural. / Cochecito (de juguete). / Transportar en vagón. / Viajar en carro.
Wagon-lit. m. Cochecama.
Wagon master. n. (Mil.) Vaguemaestre.
Wagon train. m. Tren de carga.
Waif. n. Expósito; niño extraviado o abandonado. / Mostrenco; animal extraviado. / (Náut.) Gallardete, banderín de señales.
Wail. v. Gemir; sollozar; lamentar (sc); aullar, gemir (el viento). / Gemido; sollozo; lamento.
Wailer. m., f. Gimoteador, gimoteadora.
Wailing. m. Lamento, gemido.
Wain. *The Wain*, n. p. (Astron.) El Gran Carro, Osa Mayor. / n. Carromato.
Waist. f. Cintura, talle. / Corpiño, jubón, blusa. / (Náut.) Combés. / (Zool.) Cintura, clitelo.
Waistband. m. Cinturón, pretina.
Waistcloth. m. Taparrabo.
Waistcoat. m. Chaleco. / Justillo.
Waistline. m.Talle, cintura, pretina.
Wait. v. Esperar. / f. Espera, demora; pausa. / (Hist.) Músico; juglar; murga de nochebuena.
Waiter. m. Mozo, camarero. / f. Bandeja, salvilla.
Waiting. f. Espera, período de espera./ (adj.) Que espera, de espera.
Waitress. f. Camarera.
Waive. v. Renunciar a, desistir de (un derecho, alegato, etc.). / Diferir, postergar. / Dejar, descartar.
Wake. v. Despertar(se). / Revivir, resucitar. / (Fig.) Despabilarse. / Velar (a un muerto). / f. Vela, vigilia. / m. Velatorio, velorio.

Wakeful. adj. m. y f. Insomne. / (Fig.) Despierto, vigilante, alerta.
Waking. m. El despertar. / f. Vela, vigilia. / m. Velorio./ adj. Despierto, a. / Vigilante, alerta.
Walk. v. Caminar, andar. / Pasear (se), deambular. / f. Caminata. / Modo de andar, paso, porte; andadura (de caballo). / f. Clase social, condición. / f. Avenida, alameda, paseo; acera; senda, sendero; pasillo.
Walk-in. adj. Con entrada para personas (cuarto frigorífico, alacena, etc.). / Con puerta a la calle. / m. Cuarto frigorífico grande. / (EE.UU.) Victoria electoral fácil.
Walking. adj. m. y f. Andante, caminante, paseante; ambulante. / De andar, para andar. / De balancín, oscilante, móvil. / Guiado por un hombre a pie (maquinarias agrícolas de tracción animal).
Walking stick. m. Bastón. / (Entom.) Palote.
Walk-on. (Teatr.) Papel breve (generalmente sin hablar).
Walkout. (EE.UU.) Huelga, paro.
Walkway. m. Pasillo, pasaje, andén, pasarela (en barcos, fábricas, etc.).
Wall. f. Pared, tapia. / Muralla, fortificaciones. / m. Muro. / (Fig.) Barrera. / (Bot.) Membrana, vaina. / (Anat.) Pared. / (Min.) Salbanda, respaldo (de filones).
Wallet. f. Cartera, billetera.
Wall hanging. f. Colgadura de pared. / m. Tapiz.
Wallop. v. Apresurarse, abalanzarse. / Bambolearse; avanzar o correr tambaleando. / v. (Fam.) Azotar, zurrar; golpear con fuerza. / (Fig.) Aplastar, derrotar decisivamente. / (Fam.) Golpe fuerte, golpazo.
Walloping. adj. Grande, enorme; impresionante. / (Fam.) Zurra, paliza.
Wallow. v. Revolcarse (en el fango, agua, etc, o en placeres, vicios etc.) / Nadar (en dinero, la opulencia). / Undular, surtir o brotar con remolinos (humo, llamas, etc.). / m. Revuelco.
Wallpaper. m. Papel de empapelar. / v. Empapelar.
Wall tile. m. Azulejo.
Walnut. f. Nuez (de nogal). / m. Nogal (árbol y madera). / m. Color de nogal.
Waltz. m. Vals (música y baile). / v. Bailar el vals.
Wan. adj. m., f. Pálido, a, descolorido; a, macilento; a, lánguido, a, enfermizo, a.
Wand. f. Vara; varita mágica, varita de virtudes. / m. Cetro. / Tablilla usada como marca (en arquería). / (dial.) Ramita, varilla; renuevo, retoño (esp. de sauce).
Wanderer. m. Vagabudo, peregrino, nómada. / m.y f. Persona vaga, indecisa o extraviada.
Wandering. m. Vagabundo, errante; nómada. / Ondulante, sinuoso. / Delirante, disparatado. / (Como substantivo) Peregrinación; viaje. / Extravío, aberración. / Delirio. / Divagación.
Wane. v. Menguar, disminuir, decrecer.
Wangle. v. Culebrear, serpentear, zigzaguear (un gentío). / (Fig.) Desenredarse.
Want. v. Necesitar, requerir. / Desear, anhelar, querer. / Carecer de, tener falta de, faltar (algo) a.
Wanted. adj. Se necesita, se busca. / (En avisos clasificados) Se solicita.
Wanting. adj. Falto; ausente. / Deficiente, defectuoso. / (dial.) Carente de inteligencia.

Wanton. adj. Perverso, insensible, cruel. / inexcusable, injusticable. / Desenfrenado, extravagante, caprichoso (humor, genio, imaginación etc.). / Sensual, lascivo.
War. f. Guerra. / v. Hacer guerra, estar en guerra, guerrear. / (Fig.) Luchar, disentir.
Warbie. v. Gorjear, trinar (pájaros). / (EE.UU.) Gorgoritear; cantar. / v. Cantar trinando. / (Fig.) Expresar a voz en cuello. / m. Gorjeo, trino; gorgorito.
Warbler. m. Cantor, gorjeador. / (Orn.) Sílvido.
Warbling. m. Canto, gorjeo. / adj. Canoro; susurrante.
Ward. v. Resguardar, vigilar. / *To ward off*, Parar, detener (golpe, puñalada, etc.). / v. Apartar, desviar, rechazar. / m. Guardián, custodio.
Ward. m. Pupilo menor o huérfano bajo tutela. / Barrio, cuartel, distrito (de una ciudad). / Sala, crujía, pabellón (de un hospital); celda, pabellón (de una cárcel o prisión). / pl. Guardas (de llave o cerradura).
Ward chief. m. Jefe político de un barrio.
Warden. m. Guarda, guardián; vigilante. / Alcaide, carcelero. / Capillero (de una iglesia).
Wardenship. f. Guardianía. / Alcaldía, celaduría. / m. Cargo de guardia.
Wardress. f. Guardiana.
Wardrobe. m. Guardarropa; ropero (armario). / Vestuario, ropa; guardarropa (en el teatro).
Wardship. m. Tutela, patronato. / Pupilaje.
Ware. f. Loza. / m. y pl. Objetos, artículos. / *Glassware*, Artículos de vidrio. / pl. Mercaderías, mercancías. / f. Alfarería, porcelana.
Warehouse. m. Almacén, depósito. / v. Almacenar.
Warehouse keeper. m. Guardalmacén.
Warfare. f. Contienda, armada; guerra; operaciones militares. / Contienda, lucha, conflicto.
War game. (Mil.) Maniobras de guerra.
Warily. adv. Cautelosamente.
Warison. m. Grito de batalla, señal de asalto.
Warlike. adj. Guerrero, belicoso. / Militar, marcial.
Warlock. m. Brujo, hechicero, mago.
Warm. adj. m., f. Caliente, caluroso. / Cálido (clima, país, etc.). / Abrigador (vestido, vestimenta, etc). / Abrigado, cómodo, confortable, reconfortado. / Caluroso, cordial, cariñoso (sentimiento, saludo, ofrecimiento, etc.). / Calentinto, fresco, reciente. / Cálido (color).
Warm-blooded. adj. De sangre caliente. / (Fig.) Apasionado, ardiente.
Warmhearted. adj. m. f. Afectuoso, a, bondadoso, a, simpático, a.
Warmly. adv.Calurosamente.
Warmth. m. Calor (moderado). / f. Simpatía, cordialidad. / m. Entusiasmo, ardor. / (Pint.) Efecto radiante (de colores cálidos).
Warn. v. Avisar, prevenir; alertar, poner sobre aviso. / Advertir, amonestar, apercibir.
Warning. m. Aviso. / f. Advertencia. / adj. Amonestador; de advertencia.
Warning indicator. m. Dispositivo de alarma.
Warning sign. f. Señal de advertencia.
Warp. m. Urdimbre, urdiembre. / Alma, armazón (de la llanta). / Torcedura, combadura, alabeo. / (Fig.) Sesgo (de la mente); perversión. / (Náut.) Espía. / Limo dejado por una crecida del río. / v. Torcer, retorcer, encorvar; combar, empandar, alabear.
Warplane. m. Avión de guerra, avión militar.
Warrant. m. Decreto, orden. / Garantía, comprobante, certificado. / Autorización, poder. / Justificación, fundamento. / Libramiento, orden de prisión; citación (ante un juez). / (Com.) Certificado de opción (para comprobar acciones). / v. Asegurar, certificar, aseverar, atestiguar.

Warrantee. adj. (Der.) Garantizado.
Warranty. (pl. *warranties*) Garantía, seguridad. / Justificación, autorización. / (Der.) Garantía. / (Hist.) Garantía formal (de un título a un feudo franco).
Warren. f. Conejera, madriguera de conejos. / (Fig.) Conejera (lugar habitado por muchas personas); barrio populoso. / m. Lugar vedado (reservado para la cría de ciertos animales).
Warrener. n. (Hist.) Guardabosques. / El que está al cuidado de las conejeras.
Warship. m. Navío, buque de guerra.
Wart. f. Verruga, pequeño tumor. / (Bot.) Verruga.
Wartime. m. Tiempo, período, época de guerra.
Wary. (Warier; Wariest) adj. m., f. Cauteloso, a, cuidadoso, a, precavido, a.
Wash. v. Lavar. / Bañar (orillas, ojo, herida, etc.). / Regar (una comarca, región, etc. el río o canal). / mojar, humedecer. / Excavar (canal, hueco, etc. el agua). / Arrastrar, llevarse (algo el agua). / Dar un baño (de color) a, bañar, dorar, platear, azogar. / (Fig.) Purificar, limpiar.
Washable. adj. m. y f. Lavable.
Washbasin. f. Jofaina, palangana. / m. Lavabo.
Washed-out. adj. m., f. Desteñido, a, descolorido, a, desvaído, a. / (Fam.) Agotado, extenuado, rendido; desmoralizado.
Washed-up. n. (Fam.) Arruinado, a, acabado, a, fracasado, a.
Washer. m. Lavador, limpiador, depurador. / f. Arandela. / Máquina de lavar, lavadora.
Washing. m. Lavado. / f. Ablución. / Baño, capa delgada. / Jabonado, ropa para el lavado, ropa lavada. / pl. Lavazas.
Wash-off. adj. m. y f. Que se destiñe.
Washroom. m. Lavabo.
Washy. (Washier; Washiest) adj. Débil, flojo; acuoso, aguado. / Diluido, débil (color, perfil). / (Fig.) Insípido, insulso; enervado, vago (sentimiento, estilo, etc.).
Wasp. (Entom.) Avispa.
Waspish. adj. m., f. Colérico, a, irritable. / Delgado.
Waspishly. adv. Coléricamente, de manera irritable.
Waste. adj. m., f. Desierto, a, baldío, a, yermo, a. / Asolado, a, devastado, a. / Rechazado, a, desechado, a, sobrante, residual. / De desagüe, de escape. / Excremental, excrementicio. / m. Desierto, erial, yermo. / Desperdicio, pérdida (de tiempo, dinero, etc.).
Wasted. adj. m., f. Devastado, a, asolado, a, arrasado, a. / Demacrado, a, enflaquecido, a. / Malgastado, inútil.
Wasteful. adj. m., f. Pródigo, a, derrochador, ra, manirroto, a. / Ruinoso, antieconómico.
Wastefully. adv.Pródigamente.
Waste gate. f. Válvula de expulsión.
Waste pipe. m. Tubo de desagüe, tubo de evacuación.
Waster. m. Malgastador, derrochador. / Pieza defectuosa, material rechazado.
Wasting. adj. m., f. Devastador, ra, arrollador; ra, asolador, ra. / Debilitador, enervante./ Desgaste, agotamiento; extenuación, consunción.
Watch. v. Velar, hacer vigilia. / Mirar, estar a la expectativa. / Vigilar. / Esperar, aguardar. / Mirar, ver (televisión, un partido de fútbol, etc.). / Vigilar, observar, prestar atención a. / Cuidar, custodiar. / Tener cuidado con. / Esperar, aguardar.
Watchdog. m. Perro guardián. / (Fig.) Guardián, guardia, vigilante.
Watcher. m. Vigilante. / Observador. / Velador. / (Polit.) Vigilante o delegado de un partido en el lugar en que se celebran elecciones.

Watchful. adj. m., f.Vigilante, atento, a, alerta. / Desvelado, a, despierto, a.

Watchmarker. m. Relojero.

Watch night. f. Noche de vigilia. / Víspera de año nuevo.

Watchtower. f. Garita, atalaya, vigía.

Watchword, m., f. Santo y seña, contraseña. / Lema.

Water. m. Agua. / (Joyería) Agua (de piedras preciosas). / Acuarela. / (Com.) Acciones diluidas, capital inflado. / v. Mojar, rociar, salpicar. / Dar de beber a. / Regar. / Dar aguas a (una tela). / Aguar, echar agua en, diluir (leche, vino, etc.). / (Com.) Diluir (acciones); inflar (capital).

Water back. m. Calentador de agua, depósito donde se calienta el agua (en el fogón de una cocina).

Water bag. f. Bolsa para agua. / (Zool.) Redecilla, segundo estómago (del camello). / (Embriología) Bolsa de las aguas.

Water bath. m. Baño de agua. / Baño María.

Waterborne. adj. Flote, flotante. / Fluvial, marítimo (tráfico, etc.). / Propagado por el agua.

Water bottle. f. Garrafa (para agua). / Cantimplora (del soldado).

Water carrier. m. Aguador, azacán. / Nube de lluvia. / Depósito de agua. / *Water Carrier*, (Astron.) Acuario.

Water closet. m. Excusado./ Servicio.

Watercolor. f. Acuarela. / adj. De acuarela; a la acuarela.

Water-cool. v. Enfriar por agua.

Watercourse. f. Corriente de agua. / Madre o lecho (de un arroyo, río, etc.); canal, conducto. / (Der.) Derecho de aguas.

Watercress. n. (Bot.) Berro, mastuerzo, balsamita mayor.

Water cure. f. Hidroterapia. / (Hist.) Tormento de toca.

Watered. adj. Abundante en agua. / Aguado, diluido.

Watered silk. m. Muaré, moaré.

Waterfall. f. Catarata.

Waterfowl. m. Ave acuática.

Waterfront. m. Terreno ribereño o costero. / Zona portuaria, zona de los muelles.

Water gate. f. Puerta de esclusa, compuerta.

Water glass. m. Reloj de agua, clepsidra. / Vaso (para beber agua)

Water heater. m. Calentador de agua.

Water hemlock. n. (Bot.) Cicuta.

Water ice. m. Sorbete, granizado.

Waterinoss. f. Acuosidad.

Watering. m., f. Riego, regadura. / Lagrimeo. / adj. Regador, que riega. / Abrevador. / Lacrimoso, que lagrimea. / Con aguas termales, de baños (lugares).

Watering can. f. Regadera de plantas y flores.

Water jug. f. Jarra, aguamanil; porrón.

Waterless. adj. Sin agua, seco, árido.

Water level. m. Nivel hidrostático. / Nivel del agua. / Línea de flotación. / Nivel de agua (instrumento).

Water lily. n. (Bot.) Nenúfar.

Waterline. n. (Náut.) Línea de flotación. / Orilla del agua.

Waterlog. v. Anegar, inundar; llenar o saturar de agua.

Waterman. n. (Náut.) Barquero, botero, remero.

Watermark. f. Marca de nivel del agua. / Filigrana, marca de agua. Marcar con agua, imprimir con filigrana.

Watermelon. n. (Bot.) Sandía.

Water meter. m, Contador de agua, medidor de agua.

Water plane. m. Hidroavión, hidroplano.

Water polo. m. Polo acuático.

Waterpower. f. Fuerza hidráulica, energía hidráulica, energía hidroeléctrica; fuerza de agua. / Salto de agua.

Water pox. n. (Med.) Varicela.

Waterproof. adj. m. y f. Impermeable. / m. Material impermeable; hidrófugo. / (G.B.) Impermeable. / v. Impermeabilizar.

Water-repellent. adj. m. y f. Impermeable, repelente al agua.

Water-resistant. adj. m. y f.Resistente al agua.

Watershed. f. Divisoria (de aguas). / Cuenca, vertiente, hoya.

Waterside. f. Ribera, orilla, borde del agua, litoral.

Water ski. n. (Dep.) Esquí acuático.

Waterspout. m. Pico o boquilla de manguera, surtidor. / Canalón (que recoge el agua en los tejados). / Tromba marina, manga, torbellino.

Water system. m. Sistema fluvial; red de aguas corrientes. / Abastecimiento de agua.

Water tank. m. Aljibe, depósito, tanque de agua.

Watertight. adj. Estanco, impermeable, hermético. / Sin escapatorias (documento, contrato, etc.), sin un punto flaco (argumento, etc.).

Water tower. m. Depósito de agua, torre de agua. / Aparato contra incendio con tubería vertical extensible.

Water trough. m. Abrevadero.

Water wall. f. Pantalla de agua.

Water-wave. v. Ondular al agua (el cabello).

Waterwheel. f. Rueda hidráulica; turbina hidráulica.

Waterworks. f. Planta de agua potable, instalación de agua corriente; sistema de abastecimiento de agua.

Watery. adj. m., f. Acuoso, a, aguachento, a (fruta, vegetales, etc.). / Lloroso, lacrimoso (ojos). / Baboso, salivoso (labios). / Aguado, diluido (vino, sopa, solución, etc.). / (Fig.) Insípido, endeble (estilo, discurso, etc.). / Pálido, desteñido (color).

Watt. m. Vatio, wat.

Watt-hour. m. Vatio-hora, vatihora.

Wattle. m. Zarzo, / Estera, armazón de juncos. / pl. Mimbres, juncos (para cercos, vallas, tejados de paja, etc.). / Valla de mimbres.

Wave. v. Ondear, ondular (trigo); flamear, flotar (bandera, etc.); ondular, rizarse (cabello). / Señalar con un ademán, hacer señales. Mover de un lado a otro, agitar (el brazo, una lámpara, etc.), blandir (espada, pistola, etc.). / Hacer señales o señas con.

Waved. adj. m., f. Ondulado, a, ondeado, a. / Con aguas (telas, sedas, etc.).

Wavelength. f. Longitud de onda.

Wavelet. f. Pequeña ola marina.

Waver. v. Vacilar, titubear, hesitar. / Tambalear, bambolear. / Oscilar, fluctuar (la luz, llama, etc.). / f. Oscilación. / Vacilación.

Wave trap. m. Selector de ondas.

Wavily. adv. En forma ondulante, ondulantemente.

Wavy. adj. m., f. Ondeado, a, ondulado, a, ondulante. I Sinuoso, ondulado, ondulatorio.

Wax. v. Crecer (la luna). / Hacerse, ponerse (gordo, alegre, enojado, etc.).

Wax. f. Cera. / n. (Med.) Cerumen, cerilla (de los oídos).

Wax candle. m. Cirio.

Waxed paper. m. Papel parafinado, papel encerado.

Waxer. m. Encerador.

Waxing. m. Enceramiento.

Wax light. m. Cirio.

Waxwork. f. Figura de cera. / m. Museo de cera.

Waxy. adj. m., f. Ceroso,a, céreo, a, encerado, a. / (G.B.) Enfadado.

Way. f. Vía. / Dirección, camino, rumbo. / Paso, espacio, sitio. / Avance, progreso, pasaje. / Distancia, trecho. / (Fig.) Modo, manera. / Medio; método. procedimiento. / Moda; estilo. / Aspecto, respecto.

Waylay. v. Acechar, saltear. / Abordar.

Waylayer. m. Acechador, salteador.

Waylaying. adj. Acecho.
Wayward. adj. m., f. Discolo, a, voluntarioso, a, desobediente; avieso, a, descarriado, a. / Irregular, caprichoso. / Adverso, contrario (suerte).
W.C. *(Water closset)* m. Inodoro, wáter.
We. pron. pers. Nosotros, nosotras.
Weak. adj. Débil, endeble, frágil. / Enfermizo, enclenque. / (Fig.) Débil, irresoluto. / Débil, deficiente, ineficaz (argumento, pruebas, etc.). / Ralo, aguado (té, café, etc.), suave (licor, cerveza, etc.). / Poco, incompleto. / *weak crew,* Tripulación incompleta. / Blando (trigo), pobre (harina). / Flojo (estilo).
Weaken. v. Debilitar (se), atenuar (se); aflojar (se).
Weakening. m. Debilitamiento, enervamiento. / adj. Debilitante, enervante.
Weakly. adj. Enfermizo, a, achacoso, a, enclenque.
Weak-minded. adj. Pobre de espíritu, mentecato.
Wealth. f. Riqueza, caudal, opulencia. / (Fig.) Abundancia, profusión.
Wealthy. adj. m., f. Rico, a, adinerado, a, acaudalado, a, opulento. / Abundante.
Weapon. m. Arma; proyectil. / v. Armar.
Weaponry. f. Armería, arte de fabricar armas.
Wear. v. Llevar o traer puesto (vestido, traje, etc.). / Calzar (zapato, guante); usar; vestir de. / Exhibir, mostrar (sonrisa, cara, adusta, etc.).
Weariy. adv. Cansadamente, fatigadamente.
Wearing. adj. De vestir, para vestir. / Desgastador; fatigoso, agotador.
Wearingly. adv. Fatigosamente.
Weary. adj. m., f. Cansado, a, fatigado, a. / Tedioso, a, fastidioso, a.
Weather. m. Tiempo (climatológico). / Orear, airear; curtir o madurar a la intemperie (por la acción del aire). / Aguantar (el temporal); (Fig.) resistir a, sobrevivir a (la adversidad). / (Náut.) Ganar el barlovento de, doblar (un cabo, etc.) por el barlovento.
Weather chart. m. Mapa meteorológico.
Weathered. adj. Curtido por la intemperie. / (Arq.) Inclinado (vertiente de tejado o de cornisa).
Weather forecast. m. Pronóstico del tiempo.
Weatherglass. m. Barómetro.
Weathering. f. Acción corrosiva de los elementos naturales; alteración o desgaste debidos a los agentes atmosféricos. / (Arq.) Vertiente (de tejado o de cornisa).
Weatherproof. adj. A prueba de intemperie; protegido del mal tiempo. / v. Hacer a prueba de intemperie, hacer resistente al mal tiempo.
Weave. v. Tejer, tramar; trenza; entrelazar, entretejer. / (Fig.) Maquinar, urdir, forjar. / *To weave one's way,* Avanzar con virajes repetidos. Tejer en telar. / Entretejer; entrelazarse.
Weaver. m., f. Tejedor, tejedera. / (Orn.) Tejedor.
Web. f. Tela. / m. Tejido (de hilos, etc.). / Telaraña, red, malla, cadena. / (Ferr.) Carreteras. / (Fig.) Enredo, maraña (de mentiras, etc.). / (Impr.) Bobina o rollo de papel. / v. Enmarañar, enredar, embrollar.
Webbed. m. Tejido. / Unido por una telilla o membrana. / (Orn.) Palmeado.
Webby. adj. Enmarañado (cabello, etc.).
Wed. v. Casarse con. / (Fig.) Unir, aunar. / *To be wedded to,* Estar casado con. / (Fig.) Estar dedicado o pegado a (ocupación, pasatiempo, teoría, etc.). / Contraer matrimonio.
Wed., Wednesday. m. Miércoles.
Wedding. f. Boda, nupcias. / m. Matrimonio. / Nupcial (velo, traje, etc.). De bodas (día, noche, tarta, etc.). De novios (viaje).

Wedge. f. Cuña, calza. Tajada, trozo. / (Mil.) Cúneo. / v. Calzar, acuñar. / Hender, partir o abrir con cuña. / (Con *in*) Apretar, encajar, entremeter. Encajarse, agarrotarse.
Weed. n. Hierba, maleza, alga marina. / (Fam.) Tabaco, cigarro, habano. / (Pop.) Marihuana. / Caballo o ganado demacrado. / v. Desyerbar, desmalezar.
Weed. f. y pl. Prenda de vestir, (especialmente ropas de luto). Cinta de crespón de luto.
Weeded. adj. Desyerbado.
Weed-killer. m. Herbicida.
Weedy. adj. Que abunda en malas hierbas, cubierto de malas hierbas, enmalezado. / (Fam.) Flacucho.
Week. f. Semana.
Weekday. m. Día de trabajo, día de semana.
Weekend. m. Fin de semana. Pasar el fin de semana. (De visita, de paseo).
Weekends. adv. A fines de (cada) semana.
Weekly. adv. Semanalmente, por semana. Semanal, semanario. / pl. Semanario, revista semanal.
Ween. v. Suponerse, imaginarse, creerse.
Weeny. adj. m., f. Chiquito, a, chiquitito, a.
Weep. v. Llorar. / (Fig.) Gotear, chorrear, escurrirse. llorar, lamentar, deplorar. / Llorar, derramar, verter (lágrimas). / (Bot.) Llorar, exudar.
Weeper. m. Llorador, lloraduelos. / f. Plañidera. / Gasa o señal de luto. / pl. Velo de viuda. / (Pop.) Cuento, novela o película muy sentimental o melodramática.
Weeping ash. n. (Bot.) Fresno llorón.
Weepingly. adv. Llorosamente, con llanto.
Weepy. n. Llorón.
Weevil. n. (Entom.) Gorgojo, gusano del trigo.
Weeviled, weevilled. adj. Gorgojoso.
Wee-wee. v. Hacer pipí, orinar. / (Fam.) Pipí, pis.
Weigh. v. Pesar, sopesar. / (Fig.) Medir, pesar, considerar (palabras, razones, etc.).
Weight. m. Peso. / f. Unidad de peso. / Pesa (para presionar, contrabalancear, etc.). / (Fig.) Peso, importancia, influencia, autoridad. / (Dep.) Peso, pesos, barra de pesos. / Valor relativo (en estadística).
Weight lifter. n. (Dep.) Levantador de pesas.
Weight lifting. n. (Dep.) Levantamiento de pesas.
Weird. adj. Sobrenatural, espectral, misterioso, fantasmagórico. / Extraño, raro, fantástico.
Welcome. adj. Bienvenido. Grato, agradable, placentero (noticias, etc.). / f. Bienvenida, buena acogida. / Dar la bienvenida a. Acoger o recibir con beneplácito o satisfacción. ¡Seas bienvenido!, ¡bienvenidos!
Welcomer. m. Recibidor, saludador.
Weld. v. Soldar. / f. (Fig.) Unir, juntar, reunir.
Welding. f. Soldadura. / adj. De soldar, para soldar.
Welfare. m. Bienestar. / f. Prosperidad.
Welfare state. (Polít.) Estado benefactor, estado de asistencia y seguridad social.
Well. m. Pozo. / (Lit.) Fuente, manantial, origen.
Well. adv. Bien. / Con propiedad, razonablemente, honestamente, con razón. / Satisfactorio, adecuado, apropiado, conveniente. / En buena salud, sano.
Well. exclam. ¡Bueno!, ¡vaya!, ¡vamos!, ¡toma!
Well-advised. adj. Prudente, cuerdo. / Oportuno, acertado, afortunado (acto, medida, etc.).
Well-aimed. adj. Acertado, a, certero, a.
Well-being. m. Bienestar. / f. Comodidad.
Wellborn. adj. m., f. Bien nacido, a, de buena familia.
Well-bred. adj. m., f. Bien criado, a, bien educado, a, de maneras refinadas. / De buena casta (animales).
Well-built. adj. De buena complexión (persona).
Well-disposed. adj. m., f. Bien intencionado, a, dispuesto, a, receptivo, a, de buen talante.

Well-done. adv. Bien hecho. / (Cocina) Bien asado, bien cocido, muy frito (filete).
Well-dressed. adj. m., f. Bien vestido, a, sobriamente elegante.
Well-favored. adj. m., f. Bien parecido, a, agraciado, a.
Well-fed. adj. m., f. Bien nutrido, a, bien alimentado, a. / Regordete, a.
Well-grounded. adj. m., f. Bien asentado, a.
Well-informed. adj. m., f. Bien informado, a.
Well-intentioned. adj. m., f. Bien intencionado, a. / Piadoso, a, (mentira).
Well-kept. adj. Bien cuidado, a, (casa, jardin).
Well-knit. adj. m., f. Bien construido, (discurso, etc), de contextura sólida (cuerpo). / Bien estructurado (argumento, historia, etc.).
Well-known. adj. m., f. Muy conocido, a.
Well-looking. adj. m., f. Atractivo, a.
Well-off. adj. m., f. Acomodado, a.
Well-ordered. adj. m., f. Bien ordenado, a.
Well-read. adj. m., f. Leído, a, ilustrado, a, culto, a.
Well-remembered. adj. m. y f. De buena reputación.
Well-reputed. adj. m., f. Prestigioso, a.
Well-set. adj. m., f. Bien establecido, a.
Well-spent. adj. m., f. Bien empleado, a.
Well-spoken. adj. m., f. Bienhablado, a, cortés.
Welsh. adj. m., f. Galés, sa, de Gales. / m. Idioma galés.
Wench. f. Moza, muchacha, mozuela. / Campesina, criada, sirvienta. / v. Mocear. / (Ant.) Ir de fulanas.
Wend. v. Seguir (camino).
Werewolf. n. (Mit.) Hombre lobo. / (Med.) Licántropo.
West. m. Oeste, occidente, occidental (punto cardinal). / adj. Del oeste, que viene del oeste (viento). / adv. Hacia el oeste, en el oeste, al oeste.
Western. adj. m. y f. Occidental. / *Western*, Del Oeste (de Estados Unidos). / Occidental. / Oriundo o residente del Oeste (de los Estados Unidos).
Westwards. adv. Hacia el oeste.
Wet. adj. m., f. Mojado, a, húmedo, a, / Lluvioso (oli ma, día, etc.). Fresco, no seco todavía. / (Pop.) Erróneo, equivocado, descarriado. / (Pop.) Aguado, apagado, empalagoso, sentimental. / m. Tiempo lluvioso. / v. Mojar, remojar, humedecer / Orinar en.
Wetness. f. Humedad.
Wetting. f. Mojada, mojadura, remojo, calada.
Wet wash. f. Ropa lavada aún húmeda.
Whack. v. (Fam.) Pegar, golpear rápida y ruidosamente, vapulear. / Batir, derrotar (en un juego). / Dar golpes, repartir golpazos. Golpe fuerte, bofetón, palmada.
Whacking. n. (Fam.) Tunda, zurra, vapuleo.
Whale. n. (Zool.) Ballena. / (Fam.) Persona o cosa enorme o excelente. / v. Cazar ballenas.
Whale. n. (Fam.) Zurrar, vapulear, dar una tunda a, derrotar, aplastar (en contienda).
Whaling. f. Caza de ballenas.
Wham. m. Golpe fuerte. Golpear o batir ruidosamente.
Whang. v. Golpear con fuerza. / Zurrar, vapulear.
Wharf. m. Muelle, desembarcadero, descargadero, fondeadero. / Malecón, ribera. / v. Atracar en un muelle, llevar a un muelle (barco), almacenar (mercadería) en un muelle, guardar en dársena.
What. pron. interrog. Qué, qué cosa, cuál, cómo. / interj. Cuánto, cuál, cómo.
Whatever. adj Cualquiera que, cualquier cosa que, lo que, todo lo que. / pron. Todo lo que, lo que.
What's. Contracc. de what is.
Wheaten. adj. Triguero. / (Hecho) De trigo.
Wehatfield. m. Trigal.
Wheedle. v. Lisonjear, halagar.

Wheedler. m. Engatusador.
Wheel. f. Rueda. / m. Volante. / (Náut.) Rueda del timón. / pl. Rodaje, engranaje, maquinaria. / Girándula (de fuegos, artificiales). / (Fam.) Bicicleta. / Refrán, estribillo (de una canción). / (Mil.) Conversión, giro (que hace una fila de soldados). / (Pop.) Persona importante, alto cargo (en una empresa, etc.).
Wheelchair. f. Silla de ruedas.
Wheeled. adj. De ruedas. Rodante.
Wheeler. m. Carretillero. Carretero, aperador, fabricante de ruedas. Caballo de varas. Vapor de ruedas. Vehículo de (cierto número o clase de) ruedas ej., *Four-wheeler,* coche de cuatro ruedas.
Wheeling. m. Transporte sobre ruedas. Estado transitable (de un camino carretero).
Wheen. (Fam.) Unos cuantos, algunos. / Gran cantidad, montón.
Wheeze. v. Respirar asmáticamente, reso-llar con dificultad o silbido, jadear. / *Wheeze out,* Decir resollando. Jadeo, resuelto asmático o silboso. / (Pop.) Chiste, dicho, agudeza.
Whelp. m. Cachorro. / (Despect.) Mozalbete. / (Náut.) pl. Guardainfantes. / (Mec.) Diente de rueda de cadena. / Parir (animales carnívoros).
When. conj. ¿Cuándo? ¿en qué tiempo? / Pron. Cuándo. / *Since when?* ¿Desde cuándo?
Whenever. conj. Cuando quiera que, en cualquier momento que, cada vez que, tan pronto como.
Where. adv. interr. Dónde, adónde, en dónde, por dónde./ pron. rel. Donde, en donde.
Whereas. conj. Por cuanto, visto que, en vista de que, puesto que, considerando que. En tanto que, mientras que. / (Der.) Considerando, preámbulo.
Whereat. adv. (Ant.) A lo cual, con lo cual.
Whereby. adv. Por qué medio, cómo.
Where'er. (Poét.) Contracción de werever
Wherefore. (Ant.) Por qué, por qué motivo, por lo que, por lo cual.
Wherefrom. adv. (Ant.) Desde donde, de lo cual.
Wherein. adv. (Ant.) En qué, en dónde, en qué respecto, en qué punto. En que, donde.
Whereinto. adv. (Ant.) En donde, en que, en lo cual.
Whereof. adv. (Ant.) De que, de lo que. De que.
Whereon. adv. (Ant.) En que, sobre (el, la, lo). En qué.
Wheretrough. adv. (Ant.) A través de lo cual, por medio de lo cual.
Whercto. adv. (Ant.) Adónde, para qué. Adonde, a lo que, a lo cual.
Whereupon. adv. (Ant.) En que, sobre que. Después de lo cual, sobre lo cual, entonces.
Wherever. pron. rel. y adv. Dónde. Dondequiera que, en cualquier parte que sea.
Wherewith. adv. Con qué. Con que, con lo cual. / Pron. (Ant.) lo necesario para, medios para, con qué.
Whet. v. (Fig.) Despertar, estimular (deseo, interés, curiosidad, etc.). Abrir (el apetito). / (Fig.) Estímulo. Estimulante, aperitivo. / (Fam.) Tanda o turno de trabajo.
Whether. conj. Si. / Cuál (de entre dos).
Whetter. m. Afilador. / (Fig.) Estimulante.
Whew. interj. ¡Vaya! Silbido.
Which. pron. interrog. Cuál, quién. / pron. rel. Que, el cual, la cual, lo cual, los cuales, las cuales, el que, la que, lo que, los que, las que, cosa que.
Whichever. adj. Cualquiera, cualesquiera (que sea). / pron. rel. El que, la que..
Whiff. f. Vaharada, calada, fumarada. / m. Olor a sabor fugaz. / (Fam.) Cigarro corto, purito. / v. Soplar, echar bocanadas de humo (fumando pipa, etc.). / Olfatear.

While. m. Rato, tiempo. / conj. Mientras (que), en tanto. / (Con *away*) Pasar (el rato), entretener, engañar (el tiempo, la hora, etc.), pasar (el tiempo, la tarde, etc.) divertiéndose.
Whimsical. adj. m., f. Caprichoso, a, extravagante, antojadizo, a. / Raro, a, extraño.
Whimsy. m. Capricho, antojo, extravagancia.
Whim-wham. (Pop.) Chuchería, fruslería. / Antojo, capricho. / pl. Ataque de nervios, nerviosismo.
Whine. v. Gimotear, plañir, gemir. / (Con *out*) Expresar gimoteando, decir en voz lastimosa. / (Como substantivo) Gimoteo, plañido, quejido, gemido.
Whinny. v. Relinchar. / m. Relincho, relinchido.
Whip. v. Azotar, fustigar, dar latigazos a, zurrar, vapular. (Con *in, off, on, together*) Arrear con latigazos, dirigir imperiosamente. / (Fig.) Zaherir, censurar severamente. / (Fam.) Vencer, ganar a (superar). Mover o lanzar súbitamente. / Batir (huevos, crema, etc.). / (Con *about, around* u *over*) Enrollar o envolver con cuerdecilla. / (Náut.) Izar con candaliza.
Whipping. m. Vapuleo. / f. Paliza, tunda. / (Cocina) Batimiento, la acción de batir. / (Costura) Sobrecostura.
Whip-round. f. Colecta (de dinero).
Whipsaw. f. Sierra, cabrilla. / v. Aserrar (con sierra cabrilla). / (Fig.) Pelar (en juegos de cazar). Hacer perder (en negocios, etc.).
Whir. v. Zumbar, girar o vibrar zumbando. / Volar zumbando. Llevar zumbando.
Whirl. v. Girar, remolinear, dar vueltas violentas. / Pasar o volar rápidamente. Hacer girar rápidamente, remolinear. Llevar en remolinos (hojas el viento, etc.). / m. Giro, remolino, alboroto, ajetreo, conmoción, confusión (mental). / Ensayo, prueba.
Whirligig. m. Tiovivo, carrusel. / (Entom.) Escribano del agua, tejedera. Esquila. / (Fig.) Giros, cambios.
Whirlwind. m. Torbellino, remolino de viento.
Whisk. v. m. Movimiento rápido, movimiento de una escobilla o cepillo. / (Cocina) Batidor. / m. Atado de paja, atado plumas o pelos. / Escobilla, cepillo. / m. Plumero. Matamoscas. / v. Escurrirse rápidamente, pasar de prisa.
Whisk broom. m. Cepillo de la ropa.
Whisker. m. Pelo de la barba. / f. y pl. Patillas. / m. Bigote (del gato, etc.). (Náut.) Arbotantes del bauprés.
Whiskered. adj. m., f. Patilludo, a, bigotudo, a.
Whiskery. adj. m., f. Bigotudo, a, hirsuto, a.
Whisper. v. Cuchichear, murmurar, susurrar. / (Fig.) Susurrar, sugerir. Secretear. Decir al oído de. Pronunciar cuchicheando.
Whispering. m. Cuchicheo, susurro, chismorreo. / fMurmuración. / adj. Susurrante.
Whist. (Fam.) ¡chitón! / m. Whist (juego de naipes).
Whistle. v. Silbar, chiflar, piar (aves). / Tocar un pito, pitear. / Pasar o volar con un sonido silbante. / *Whistle for,* Llamar con un silbido. / (Fig.) anhelar o buscar en vano. / Silbar, llamar con un silbido. / m. Silbato, pito. / (Fam.) Gaznate, garganta, boca. / Silbido, rechifla.
Whistler. m. Silbador. / Roncador (caballo de carrera). / (Orn.) Clángula. / (Zool.) Marmota norteamericana.
Whistling. m. Silbido, chiflido.
White. adj. m., f. Blanco, a. / Cano, a (pelo, barba). / Transparente, incoloro (aire, agua, luz). / Pálido. / (Fig.) Puro, inocente, inocuo, inofensivo, suave. / Decente, honesto, honrado. / (Política) Reaccionario, realista, contrarrevolucionario. / v. Blanquear, emblanquecer.
White ant. m. Comején. / f. Termita.
White crop. m. Cereal, (el ya maduro que blanquea en la planta).

White-faced. adj. Pálido. / Cariblanco (caballo).
White heat. Color blanco. / (Fig.) Fiebre, sumo acaloramiento, frenesí.
Whiten. v. Blanquear (se), descolorar (se).
Whitener. m. Blanqueador.
Whiteness. f. Blancura, albura, albor. / f. Palidez.
Whitening. m. Blanqueo, emblanquecimiento, yeso blanco. / f. Lechada.
White perch. n. (Ict.) Perca blanca.
White pine. n. (Bot.) Pino blanco.
White sale. f. Venta de ropa blanca, venta de artículos domésticos con acabado en porcelana blanca, (cocinas, refrigeradoras, etc.).
Whitsunday. m. Domingo de Pentecostés.
Whitsuntide. f. Semana de Pentecostés (la que sigue al domingo de Pentecostés), domingo, lunes y martes de Pentecostés.
Whittle. m. Cuchillo grande. / v. Sacar pedazos a (un trozo de madera) con un cuchillo, tallar, mondar.
Whity. adj. m., f. Blanquecino, a, blancuzco, a.
Whiz. v. Pasar muy aprisa, pasar un silbido o zumbido, volar con la velocidad de un rayo. Zumbar, silbar (proyectiles). / *To whiz by,* Rehilar (flecha, lanza, etc.).
Whiz. m., f. Mago, a, fenómeno, a.
Who. pron. interrog. Quién (es). Qué, quién (es). / pron. rel. El que, la que, los que, las que.
Whoa. interj. ¡So!, ¡cho!, ¡jo!
Whoever. pron. Quienquiera que, cualquiera que, quien, el que, la que.
Whole. adj. m., f. Entero, a, todo, a. intacto, a, indemne, ileso, a. / Carnal (de la misma madre y padre), *Whole brother,* Hermano carnal. / Entero, completo, cabal. / Total, totalidad. / Conjunto, todo, suma.
Wholeness. m. Totalidad. Integridad, enteraza.
Wholesale. f. Venta o comercio al por mayor.
Wholesaler. m. y f. Mayorista.
Wholesome. adj. m., f. Sano, a, saludable. / (Fig.) Saludable, sano, seguro, prudencial, prudente. / (Raro) Favorable, propicio.
Wholewheat flour. f. Harina de trigo entero.
Wholly. adv. Totalmente, enteramente, completamente, por completo.
Whom. pron. rel. A quién (es), a quien (es), que, al que, al cual.
Whomever. pron. rel. A quienquiera, a cualquiera.
Whomp. m. Estallido, estampido, trueno (de armas de fuego). / v. Batir o golpear con ruido, cascar, derrotar abrumadoramente, aplastar (en deportes).
Whomsoever. pron. rel. A quienquiera, a cualquiera.
Whoop. interj. ¡Hurra!, ¡anda!, ¡vamos!, ¡dale. / v. Gritar, vocear. Huchear. Ulular. Toser, jadeando. Alentar o vitorear a gritos, incitar o insultar a gritos. / (Con *up*) Aumentar, subir. / m. Grito.
Whoopee. ¡Hurra!, ¡viva!, ¡vamos!
Whooping cough. n. (Med.) Tos convulsiva.
Whop. v. Golpear rápidamente. Batir, azotar. / Derrotar por completo. / m. Golpazo.
Whopper. n. (Fam.) Cosa enorme o extraordinaria. / f. Mentira o bola colosal.
Whopping. n. (Fam.) Colosal, enorme, grandísimo.
Whore. n. / Puta, prostituta, ramera. / (Bíblico) Adorar dioses falsos.
Whoredom. f. Prostitución. / f. Idolatría.
Whorehouse. m. Prostíbulo.
Whoremastery. f. Alcahuetería.
Whorl. f. Espiral. / (Bot.) Verticilo. / (Zool..) Espiral (del caracol marino). / (Dactilocospia) Verticilo. / (Tejido) Tortera o tortero, nuez (del huso).

Whose. pron. rel. Cuyo, cuya, cuyos, cuyas, de quien (es). / pron. interrg. De quién (es).

Whosesoever. adj. De quienquiera.

Whosoever. pron. (ant) Quienquiera que, cualquiera que, quien, el que, la que, los que, las que.

Why. ¿Por qué?, ¿para qué?, ¿a qué? Por que, por lo (el, la) cual. / (Como substantivo) (El) Porqué, (la) causa. Problema desconcertante, enigma.

Wick. f. Mecha. / m. Pabilo.

Wicked. adj. m., f. Malo, a, malvado, a, inicuo, a, perverso, a. / Feroz, bravo (animales). Vil, bajo. / Desagradable. Travieso, revoltoso.

Wickedness. f. Maldad, iniquidad, perversidad.

Wickerwork. f. Cestería, artículos de mimbre.

Wicket. m. Portillo, postigo. / f. Portezuela, entrada de torniquete. / Ventanilla (de bancos, de correos, etc.). / Puertecilla de desagüe (de un canal). / Metal (en criquet). Aro (en croquet).

Widdershins. adv. En sentido contrario al de las agujas del reloj. / A contramano.

Wide. adj. m., f. Ancho, a, holgado, a, suelto, a. / Dilatado, a, muy abierto, a (ojos). / m. Comprensivo. / Vasto, extenso, ilimitado, excesivo.

Wide-awake. adj. m., f. Despabilado, a. / (Fig.) Despabilado, a, despierto, a.

Wide-eyed. adj. Con los ojos muy abiertos. / (Fig.) Atónito, pasmado, asombrado. / (Fig.) Puro, cándido (inocencia, ingenuidad).

Widely. adv. Lejos, a gran distancia. / Excesivamente. Muy, mucho. Anchamente, holgadamente.

Widen. v. Ensanchar (se).

Widener. m. Instrumento o aparato para ensanchar.

Wideness. f. Anchura. / m. Ancho.

Wide-open. adj. m., f. Abiertor. / Abierto a la vida licenciosa (ciudad, lugar). / adj. (fam) Tolerante.

Widespread. adj. m., f. Extendido, a, difundido, a, esparcido, a, diseminado, a, propagado, a.

Wide-spreading. adj. Extenso, de mucho alcance.

Widow. f. Viuda. (Naipes) Baceta. / v. Dejar viuda, enviudar, quedarse viuda. / (Con of) Privar (de) (una cosa necesaria o estimada). / Sobrevivir como viuda de. / adj. (Fam.) enviudado, privado, despojado.

Widower. m Viudo.

Widowhood. f. Viudez.

Widow's walk. f. Plataforma de observación (de una casa en la costa del mar.)

Width. f. Anchura, amplitud. / adj. m. y f. Liberal (de mente, opiniones, etc.).

Widthwise. adv. A lo ancho.

Wield. v. Esgrimir (el sable, la espada, etc.). /. Manejar (brocha, herramienta, etc.). / (Fig.) Empuñar (el cetro). / Ejercer (autoridad, el poder).

Wife. f. Esposa, señora, mujer.

Wifely. adj. De esposa, propio de una esposa.

Wig. f. Peluca. / v. Poner una peluca a. / (Fam.) Echar una reprimenda a, censurar, reprender severamente.

Wiggen. adj. Con peluca, de peluca.

Wiggly. adj. Ondulante, sinuoso, movedizo como un gusano.

Wight. n. (Ant.) Criatura, ser humano. / adj. Bravo, valiente, fuerte, poderoso. / Ruidoso, activo.

Wigmaker. m. Fabricante o vendedor de pelucas.

Wild. adj. m. y f. Salvaje. / Bravío, indomesticado, chúcaro (animal), silvestre, no cultivado, desierto, desolado, despoblado, a (región, terreno, etc.). / Salvaje, bárbaro, incivilizado, indomado, cerril. / Fiero, feroz. (animales) Desenfrenado, turbulento, licencioso. / Infundado, errático (teoría, suposición, etc.).

Wild boar. n. (Zool.) Jabalí, jabalina.

Wildcat. n. (Zool.) Gato montés. / (Fig.) Fiera, persona de carácter indómito o bravío. / m. Ilícito, no autorizado, ilegal. / adj. Atolondrado, descabellado. / Quimérico, sin fundamento. / (Tecnol.) De ensayo, perforado al azar (pozo de petróleo). / Catear en busca de petróleo.

Wilderness. m. Desierto, yermo. / f. Selva, soledad. (Con of) Multitud confusa, mezcolanza.

Wild-eyed. adj. m. y f. De mirada furiosa, frenético, agitado. / Extremista, irracional.

Wild fig. n. (Bot.) Higuera silvestre, cabrahigo.

Wildfire. m. Fuego griego, fuego fatuo, incendio destructivo. / Fucilazo, relámpago. / *To spread like wildfire*, Correr como un reguero de pólvora, extenderse como una mancha de aceite (notica, chisme, etc.).

Wildfowl. f. y pl. Aves silvestres, aves de caza.

Wild goat. n. (Zool.) Cabra montés.

Wild goose. n. (Orn.) Ganso silvestre.

Wild honey. f. Miel silvestre.

Wilding. f. Planta silvestre. / f. Manzana silvestre. / m. Animal salvaje o silvestre.

Wildlife. f. Fauna silvestre, animales salvajes. / Caza.

Wildly. adv. Violentamente. Desatinadamente, alocadamente, sin pies ni cabeza.

Wild marjoram. n. (Bot.) Orégano.

Wild mint. n. (Bot.) Poleo.

Wildness. m. Estado de salvajismo. / f. Ferocidad, fiereza, brutalidad. / Locura, desvarío.

Wild oat. n. (Bot.) Avena loca o silvestre. / *To sow one's wild oats*, Cometer excesos juveniles, correr sus mocedades.

Wilful. Ver *Willful*.

Wilily. adv. Astutamente, arteramente.

Wiliness. f. Artería, astucia.

Will. f. Voluntad, intención. / m. Deseo, albedrío, testamento. / Sugestionar, inducir (por fuerza de voluntad, hipnotismo, etc.). / (Der.) Legal, dejar en testamento. / Tener (la) voluntad. Querer, desear. / Gustarle a uno. ocurrírsele a uno.

Will. v. En segunda y tercera persona úsase para formar una declaración o una pregunta,

Willful, wilful adj. Voluntario, a, intencional, premeditado, / Voluntarioso, a, obstinado, a, testarudez.

Willie-waught. m. Trago grande.

Willing. adj. m., f. Dispuesto, a, listo, a, llano, a. / Voluntario, a, deseoso, a. / (Fil.) Volitivo.

Willingly. adv. Voluntariamente, gustosamente, de buena gana.

Willingness. f. Buena voluntad, buena gana, gusto.

Williwaw. f. Ráfaga fría, tramontana (en costas montañosas). / Turbulencia, remolino.

Will-less. adj. Sin voluntad, falto de voluntad, abúlico. /Sin intención involuntario. /Sin testamento, intestado.

Willow. n. (Bot.) Sauce. / n. (Mec.) Diablo (máquina para limpiar algodón o lana).

Willowware. f. Vajilla con un dibujo específico de inspiración china.

Willowy. adj. Poblado de sauces. / adj. Mimbreño, sarguero. / (Fig.) Cimbreño, esbelto y alto (persona).

Willpower. f. Fuerza de voluntad.

Will to power. (Fil.) Voluntad de potencia. / m. Ansia de poder (ej., de un dictador).

Willy-nilly. adv. Quieras o no quieras, de buen o mal grado.

Wilson's thrush. n. (Orn.) Tordo canoro.

Wilt. v. Segunda persona en singular de *Will*.

Wilton. f. Especie de alfombra de Bruselas.

Wily. (Wilier, Wiliest) adj. Artero, taimado, ladino.

Wimble. f. Barrena. / m. Taladro. / (Carp.) Berbiquí. / v. Taladrar, barrenar, horadar.

Wimple. f. Toca. / m. Griñón. / v. Rizar, hacer ondear (la superficie del agua). Caer en plieges. Ondear, rizarse (el agua). / Serpentear.

Win. v. Ganar, triunfar, prevalecer. / Lograr un fin, avanzar, lograr pasar.

Wind. m. Viento. / pl. Puntos cardinales. / Resuello, aliento. / (Fig.) Palabras vanas, vanidad. / Olor, rastro. / (Mús.) Instrumento (s) de viento. / pl. Músicos que tocan los instrumentos de viento (en una orquesta). / (Pop.) Plexo solar. / f. Ventosidad, flatulencia.

Wind. v. Enrollar, enroscar, devanar, ovillar, encanillar (hilo, etc.). / Envolver, cubrir con envoltura. / Curvar, torcer, mover sinuosamente. / Dar cuerda a (reloj, etc.). / (Náut.) Levantar o izar (con torno, molinete, cabrestante, etc.). / Virar (al barco). / Levantar con torno.

Wind. v. Soplar, tocar o hacer sonar (trompeta, etc.).

Windblown. adj. Movido, batido o desarreglado por el viento. / (Peinado) De cabellos cortos que cubren las sienes como arremolinados por el viento.

Wind-borne. adj. Llevado por el viento.

Windbreaker. m. Cortavientos (prenda de vestir).

Winded. adj. Falto de aliento, sin resuello.

Windfall. f. Fruta caída del árbol. / f. Suerte inesperada o súbita.

Windflaw. f. Ráfaga de viento, racha.

Winding. adj. m., f. Tortuoso, a, sinuoso, a. en espiral (escalera), de caracol. / m. Devanado. / f. Bobina. / m. Enrollamiento, serpenteo, recodo. m. Paso recruzado (de un caballo). / Vuelta, giro, rodeo.

Windmill. m. Molino de viento. / Molinete, molinillo (juguete). / (Pop.) Helicóptero. .

Window. f. Ventana, ventanilla (de coches, tren, etc.). / m. Cristal, vidrio (de ventana). / Ventanilla transparente (en los sobres). / m. Escaparate. / f. Vitrina. / (Mil.) Cinta perturbadora (del radar).

Window blind. f. Persiana, contraventa. / m. Postigo.

Window dressing. m. Decorado de escaparates. / (Fig.) Relumbrón, oropel.

Window fastener. m. Pasador o cerrojo de ventana.

Windowpane. m. Cristal o vidrio de ventana. / f. Hoja de vidrio.

Window post. f. Jamba de ventana.

Window sash. m. Bastidor o marco de vidriera.

Window shade. f. Cortinilla.

Window-shop. v. Mirar los escaparates de las tiendas.

Window shutter. f. Contraventana.

Window sill. m. Apoyo de la ventana, antepecho de la ventana.

Window trimmer. m. y f. Escaparatista, persona que decora escaparates o vitrinas.

Windpipe. (Med.) Tráquea.

Windproof. adj. A prueba de viento.

Windscreen. m. Parabrisas, guardabrisas.

Windscreen wiper. m. Limpiaparabrisas.

Windstorm. m. Ventarrón, vendaval, huracán.

Windsucker. n. (Vet.) Caballo que sufre de aerofagia.

Windswept. adj. Barrido o arrastrado por el viento.

Wind tunnel. n. (Aer.) Túnel aerodinámico.

Windup. f. Conclusión, clausura. / m. Cierre, desenlace. (con mecanismo) de cuerda (juguete, etc.)

Windward. adj. Barlovento. A barlovento. / adj. Hacia el viento. / Del lado expuesto al viento.

Windy. adj. Ventoso, a, expuesto, a, al viento, borrascoso, a, tempestuoso. / (Fig.) Verboso, pomposo, ampuloso, fútil, frívolo (un discurso). / Asustado, miedoso, nervioso (personas).

Wine. m. Vino. / Color de vino tinto, rojo obscuro.

Winebag. f. Bota de vino. / m. Odre (cuero para contener líquidos como vino y aceite).

Wine cellar. f. Bodega de vino.

Wine-colored. adj. De color de vino, rojo obscuro.

Wine dealer. m. Vinatero, detallista de vinos y licores.

Wine gallon. m. Galón de 231 pulgadas cúbicas.

Wineglass. f. Copa (para vino).

Winegrower. m. Vinicultor, viñatero.

Winegrowing. f. Industria vinícola, vinicultura. / adj. Vinícola.

Wine merchant. m. Vinatero mayorista.

Wine palm. n. (Bot.) Palma de vino.

Winepress. m. Lagar.

Winepresser. m. Lagarero.

Winery. m. Lagar.

Winesap. f. Manzana roja de invierno.

Wineshop. f. Vinatería, taberna.

Wineskin. m. Odre. / f. Bota para el vino.

Wine taster. m. Catavinos, catador de vinos. / Catavino (tubo).

Wing. m. Ala. / f. Aleta (de coche, auto, de sillón). / Hoja (de una puerta). / Aspa (de molino). / Oreja, orejeta (de tuerca). / Ala, (de una casa, edificio, etc.). / Ala, facción, bando (de un partido, movimiento, etc.). / (Militar) Ala, flanco (de tropa), brigada o escuadra aéreas.

Wingding. f. Fiesta animada, jolgorio ruidoso.

Winged. adj. Alado, alífero. / (Fig.) Sublime, elevado. Rápido. / (Poét.) Alífero, alígero.

Wingy. adj. Alado, alífero. / En forma de ala.

Wink. v. Parpadear, pestañar. / (Con at) Guiñar el ojo (a). / (Fig.) Tolerar, hacer la vista gorda. / Centellear, titilar (las estrellas, luces, etc.). / Guiñar (el ojo).

Winkle. m. Bígaro. / Desalojar, extraer. / Eliminar.

Winnable. adj. Ganable, que puede ganarse.

Winner. m., f. Ganador, ra, vencedor, ra.

Winning. m. Triunfo. / f. Victoria, Ganacia. / (Mineral.) Campo de explotación. Pozo (de minas). / adj. Victorioso, triunfante, vencedor, vencedora. / Atractivo, cautivador, simpático.

Winningly. adv. Atractivamente, persuasivamente.

Winning manners. m. Don de gentes.

Winning post. m. Poste de llegada, (poste de la) meta.

Winsome. adj. m., f. Atractivo, a, simpático, a, gracioso, sa, encantador, ra. / Alegre.

Winsomeness. f. Gracia. / m. Encanto, atractivo.

Winter. m. Invierno. / v. Invernar, pasar el invierno. / *To winter on*, Pasar el invierno en. / adj. Invernal.

Winterberry. m. Acebo, agrifolio.

Winter-kill. v. Destruir o perecer (plantas) por el frío (del invierno).

Winter pasture. m. Invernadero.

Winter quarters. n. (Mil.) Cuarteles de invierno. / Residencia de invierno.

Wintertide. f. Estación invernal, invernada.

Wintry. m. Invernizo. / Frío, helado, tormentoso.

Winze. n. (Mineral.) Pozo ciego, pozo de comunicación. / f. Maldición, imprecación.

Wipe. v. Enjugar o limpiar frotando. / f. Bofetada, cachetada. / Pulla, mofa. Limpión, limpiadura. / (Pop.) Pañuelo. (Mec.) Leva.

Wiper. m. Limpiador, desempañador, trapo, para limpiar. (Electr.) Contacto deslizante (de un reóstato, etc.). / (Mec.) Excéntrica, álabe, leva, manecilla del controlador. / m. Limpiaparabrisas.

Wire. m. Alambre. / Alambrado. / Telégrafo, telegrama, cable. / f. Línea (imaginaria) de llegada (en carreras de caballos). / f. Cuerda de piano o arpa). / v. Proveer de alambre. / Ensartar en alambre, conectar con alambre.

Wire cloth. m. Tejido de alambre. / f. Tela metálica.

Wire entanglement. f. Alambrada.

Wireless. adj. Inalámbrico. / De radio, radiofónico. / Radio, aparato radiorreceptor. / v. Transmitir o comunicar por radio.

Wireless telephone. f. Radioteléfono.

Wireless telephony. f. Telefonía inalámbrica, radiotelefonía.

Wireman. m. Electricista de obras, guardalíneas.

Wirer. m. Electricista de obras, guardalíneas. / Cazador que usa trampas de alambre.

Wirework. f. Alambrera, tela mecánica.

Wireworks. f. Fábrica de alambres, trefi-lería.

Wireworm. n. (Entom.) Larva del escarabajo de resorte. / Ciempiés.

Wiriness. f. Calidad de recio y nervudo.

Wiring. f. Instalación alámbrica, tendido eléctrico, canalización eléctrica. / Colocación de alambres.

Wiry. adj. De alambre. / Fuerte, resistente, nervudo. / Metálico, agudo (del sonido).

Wis., Wisc. Wisconsin.

Wisdom. f. Sabiduría, sagacidad, cordura.

Wisdom tooth. f. Muela del juicio, cordal. / *To cut one's wisdom teeth,* Madurar con los años.

Wise. adj. m., f. Sabio, a, sagaz, cuerdo, a, juicioso, a, prudente, sensato, a. / (Pop.) Conocedor, bien informado. Docto.

Wise guy. n. (Pop.) El que presume de viveza, experiencia, etc., con cierta insolencia.

Wish. v. Desear, anhelar. / Querer, pedir. / m. Deseo, anhelo. / pl. Deseos, votos.

Wishful. adj. m., f. Deseoso, a, ansioso, a, anhelante.

Wishfulness. m. Anhelo. / m. Carácter anhelante.

Wishful thinking. f. pl. Ilusiones. / m. pl. Sueños.

Wish-wash. m. Aguachirle, bebida o infusión aguada.

Wishy-washy. adj. m., f. Débil, aguado, a (licor, té, etc.). / Insípido, da, insulso, sa, desabrido, da (conversación, lectura, etc.).

Wisp. m. Hacecillo, manojito (de hierba, paja, etc.), mechón (de pelo). / (Fig.) Rastro, vestigio, jirón (de humo, niebla, etc.). / Fuego fatuo. / v. Hacer atados de, reunir en haz, hacer manojos de.

Wispy. adj. m., f. Delgado, a, delgado, a. / Pequeño.

Wistaria, wisteria. f. Glicina.

Wistful. adj. Añorante, nostálgico.

Wistfulness. m. Anhelo. / f. Añoranza, nostalgia. / Disposición pensativa.

Wit. m. Ingenio, entendimiento, juicio. / f. Inteligencia, cordura., sensatez. / Agudeza, gracia. / m. y f. Persona viva e ingeniosa.

Witch. f. Bruja, hechicera. / Tarasca, vejarrona. / (Fam.) Hechicera, mujer encantadora. / (Fam.) Brujo, mago. / v. Embrujar, hechizar, encantar, fascinar.

Witchcraft. f. Hechicería, brujería. / Fascinación, embrujo.

Witchy. adj. Hechicero. / Brujesco.

With. prep. Con. / De. / A.

Withal. (Lit. ant.) Además. / Con todo, sin embargo.

Withdraw. v. Retirar, quitar, sacar, apartar. / Retractar, revocar, descidir. / Retirarse, apartarse, separarse. / (Polít.) Retirar la moción (en el Parlamento). / (Mil.) Retirada, repliegue.

Withdrawal. m. Retiro. / f. Separación, remoción, retirada, renuncia. / (Milit.) Retirada, repliegue.

Withdrawn. adj. m., f. Aislado, a, apartado, a. / Reservado, a, introvertido, a.

Withe. m. Mimbre, junco. / (Mec.) Mango flexible. / (Fam.) Atar con mimbres o juncos.

Wither. v. Marchitar, ajar. / (Fig.) Dañar, fulminar (con la mirada, etc.), dejar atónito. / Marchitarse, ajarse. / (Fig.) Languidecer, deteriorarse.

Witherband. f. Pieza sujetafustes (de la silla de montar).

Withered. adj. m., f. Marchito, ta, mustio, a, seco, ca. / Desecado, arrugado (rostro, etc.).

Witheredness. f. Marchitez, sequedad. / m. Marchitamiento.

Withering. adj. En proceso de marchitarse, ajarse.

Withhold. v. Detener, retener, impedir. / Negar, rehusar (permiso, autorización, etc.).

Within. prep. y adv. Dentro, adentro, por (a) dentro, en el interior, interiormente. / Dentro de, adentro de. / Dentro de, en el espacio de.

Without. prep. Fuera, afuera, por fuera, en el exterior, exteriormente. / Fuera de, afuera de. / Más allá de. / Sin. / m. Exterior. / *From without,* Desde afuera.

Witness. m. Testimonio, testigo./ f. Atestación, confirmación, prueba. / v. Corroborar lo sostenido, confirmar lo manifestado (por alguien). / Testificar, atestiguar, dar testimonio de, dar pruebas de. / Presenciar, ser testigo de. / Firmar como testigo.

Wittingly. adv. Adrede, propósito, ex profeso.

Witty. adj. m., f. Ingenioso, sa, gracioso, sa, ocurrente.

Wizard. m. Hechicero, mago, brujo.

Wobbly. adj. m. y f. Tambaleante, bamboleante. / Fluctuante, temblorosa, temblante (voz). / Vacilante, indeciso, inconstante.

Woe. interj. ¡Ay! / m. Pesar. / f. Aflicción, miseria.

Woebegone. adj. m., f. Desconsolado, da, melancólico, ca, abatido, da. / Desolado (lugar).

Woebegoneness. m. Abatimiento, desaliento.

Woeful. adj. m., f. Afligido, da, apenado, da, dolorido, da. / Lastimero, deplorable. / Miserable, desgraciado.

Wolf. n. (pl. *wolves*). Lobo. / Piel de lobo, / (Entom.) larva de polillas o escarabajos (que infestan los graneros). / Persona rapaz / Seductor, libertino. / (Mús.) Disonancia de acordes.

Wolf cub. m. Lobato, lobezon.

Wulffian body. m. Cuerpo de Wolff.

Wolffish. m. Lobo de mar.

Wolfhound. m. Borzoi, galgo ruso.

Wolfish. adj. Lobuno. / (Fig.) Feroz, rapaz.

Wolfisheness. f. Rapacidad, ferocidad.

Woman. f. Mujer.

Womanish. adj. Mujeril, femenil, femenino. / Afeminado.

Womankind. f. pl. (Las) Mujeres (en general).

Womanlike. adj. Mujeril, femenil, de mujer, femenino.

Womanliness. f. Feminidad, feminidad, naturaleza femenina, carácter mujeril.

Womb. n. (Anat.) Utero, matriz. / (Fig.) Entrañas, seno. / *Falling of the womb,* Prolapso del útero.

Women. pl. de *woman.* Mujeres

Wonder. f. Maravilla. / (Fig.) Maravilla, joya, prodigio. / Admiración, curiosidad.

Wonderful. adj. m., f. Maravilloso, sa, prodigioso, sa, estupendo, da.

Wonderland. f. Tierra o país de las maravillas. / m. Reino de las hadas, mundo fantástico

Woo. v. Cortejar, galantear. / Perseguir, buscar, tratar de alcanzar (fama, fortuna, etc.).

Wood. f. Madera. / Leña. / Madera, palo, madera aserrada. / m. Bosque, monte. / (Mús.) Instrumento (de viento) de madera. / (Bolos) Bola. / De madera, para madera, en madera. / De bosque. / Silvestre, de los bosques (de plantas, etc.). / v. Poblar de árboles. / Abastecer de leña. / Recoger leña (en el bosque, etc).

Wood borer. f. Carcoma.
Wood-carver. m. Tallista, tallador en madera.
Wood carving. f. Talla en madera. / m. Tallado en madera.
Woodchopper. m. Leñador, talador.
Woodcraft. f. Habilidad de orientarse en los bosques, conocimiento práctico de la vida del bosque. / (Habilidad en) Trabajos de madera.
Woodcutter. m. Leñador, hachero, aserrador.
Wood dealer. m. Maderero (el que comercia en maderas).
Wooded. adj. Arbolado, boscos, enselvado.
Wooden. adj. De madera, de palo. / (Fig.) Tieso, rígido. / *Wooden motions*, Movimientos rígidos. / Inexpresivo, estoico (mirada, cara). / Torpe (maneras, etc).
Wood engraver. m. Grabador en madera.
Woodenly. adv. Rígidamente. / (Fig.) Inexpresivamente, estoicamente.
Woodenness. n. (Fig.) Rígidez, estoicismo.
Wooden shoe. m. Zueco.
Woodland. m. Monte, bosque. / f. Región arbolada. / adj. m., f. Boscoso, sa, de bosque, selvático, silvestre.
Woodman. m. Hombre del bosque. / Guardabosque, silvicultor.
Woodpecker. m. Pájaro carpintero, picamaderos.
Wood pigeon. f. Paloma torcaz. / (Variedad de) Paloma silvestre.
Woodpile. f. Pila de leña.
Woodprint. n. (Impr.) Grabado en boj.
Wood pussy. n. (Zool.) Mofeta, zorrillo.
Wood shavings. f. pl. Virutas de madera.
Woodshed. f. Leñera. / f. Leñero, alero para proteger la leña.
Woodsman. m. Hombre de bosque, leñador.
Woodsy. adj. Boscoso, selvático.
Woodwinds. n. (Mús.) Maderas, instrumentos de viento de madera.
Woodwork. adj. Enmaderado, maderamen, labrado de carpintería.
Woodworker. m. Carpintero, tallador (de madera).
Woodworking. adj. De labrar madera, de carpintería. / f. Carpintería, talla en madera.
Woody. adj. Arbolado, boscoso, enselvado. / De madera, leñoso. / A madera.
Woodyard. f. Maderería. / m. Depósito de maderas.
Wool. f. Lana. / Ropa o vestido de lana. / Lanosidad, vello (de plantas). / m. Cabello rizado, (de los negros). / *Dyed in the wool*, Teñido en rama.
Wool card. f. Carda.
Woolen. adj. De lana. / m., f. Tela o tejido de lana. / f. Ropa de lana.
Woolly, wooly. adj. m., f. Lanudo, da, lanoso, sa, lanado, da. / Rizado, ensortijado (cabello). / (Fig.) Impreciso, vago, indefinido, confuso (ideas, mente, estilo, etc.). / Empañado (sonido, voz).
Woolpack. m. Fardo. / f. Bala de lana. / (Meteor.) Cúmulo grande.
Woolshed. m. Puesto o lugar de esquileo.
Woozy. adj. m., f. Aturdido, da, ofuscado, da.
Word. f. Palabra. / Noticia, información. / m. Recado, mensaje. / m. Santo o seña. mandato/ Voz, orden, contraseña. / pl. Letra (de una composición musical). / pl. Disputa, contienda verbal. / v. Formular, redactar, expresar con palabras. / Enunciar.
Wordbook. m. Vocabulario, diccionario, lexicón. / Libreto (de una ópera u opereta).
Wordily. adv. Con verbosidad, verbosamente, redundantemente.

Wordiness. f. Verbosidad, palabrería.
Wording. m. Estilo. / f. Redacción, fraseología. / Términos, texto (mensaje, cable, etc.).
Word-perfect. adj. Que sabe (su papel, un verso, etc.) intercambio de sutilezas.
Word stress. f. Acentuación, acento (de las sílabas de una palabra).
Wordy. (Wordier/ Wordiest) adj. m., f. Prolijo, ja, verboso, sa, redundante.
Work. m. Trabajo, empleo, acto. / f. Labor, faena, ocupación, obra. / Obra, producto. / Obra (musical, literaria, etc.). / pl. Obras (de construcción, ingeniería, etc.). / pl. Fábrica, taller. / pl. Maquinaria, mecanismo, movimiento. / (Mil.) Fortificación, fuerte. / v. Trabajar, laborar. / Funcionar, operar. / Resultar, salir bien, surtir efecto. / Pasar lentamente, progresar laboriosamente. / Poder labrarse (madera, etc.). / Fermentar. / Trabajar.
Workable. adj. Laborable. / Factible, practicable, viable. / Explotable (mina).
Workaday. adj. Laborable (día), cotidiano, de uso diario. / (Fig.) Prosaico, vulgar.
Workbag. f. Bolsa de herramientas o implementos. / Bolsa de costura.
Workbook. m. Manual de estudios (libro de) texto. / Manual de trabajo. / Cuaderno de ejercicios (de colegial o estudiante).
Workbox. f. Caja de herramientas.
Workday. m. Día laborable, día de trabajo, día útil/ jornada (laboral). / adj. Cotidiano, diario de cada día. / Prosaico, ordinario, vulgar.
Worker. m., f. Trabajador, ra, obrero, ra, operario, a. / (Entom.) Abeja u hormiga obrera.
Work force. m. Grupo de trabajo, destacamento de trabajadores. / Potencial de mano de obra (de una nación, comunidad, etc.).
Workhorse. m. Caballo de trabajo, caballo de tiro. / (Fig.) Persona conocida por ser muy trabajadora.
Workhouse. n. (EE.UU.) Correccional, casa de corrección. / (G.B.) Asilo, hospicio, casa de caridad.
Working. adj. m., f. Trabajador, ra, obrero, ra. / Laboral, de trabajo. / Adecuado, suficiente (mayoría parlamentaria, conocimiento, etc.). / m. y f. Utilizable, practicable, que sirve o funciona (hipótesis, etc.).
Working class. f. Clase obrera.
Workingman. m. Jornalero, obrero, operario, trabajador.
Workless. adj. m., f. Desempleado, cesante.
Wokmanship. f. Destreza, pericia. / Confección, hechura, mano de obra.
Workmate. (G.B.) Compañero de trabajo.
Workout. f. Prueba, ensayo (para determinar capacidad o habilidad). / (Dep.) Ejercicio de entrenamiento.
Workshop. m. Taller.
Work-shy. adj. m., f. Flojo, ja, perezoso, sa, vago, a.
Workwoman. f. Trabajadora, obrera, operaria.
World. m. Mundo. / (Fig.) Mar, inmensidad.
World-beater. m., f. Campeón, na, del mundo, el (la, lo) mejor en el mundo.
Worldly. adj. m., f. Mundano, na, mundanal, terreno, terrenal. / Seglar, secular, profano. / Corrido, avezado en las cosas del mundo.
World-wide. adj. m. y f. Global, mundial.
Worm. n. (Zool.) Gusano, helminto, lombriz. / (Mec.) Rosca, filete (de tornillo), serpentín de alambique, tornillo sin fin. / pl. Lombrices, helmintiasis. / (Anat.) Vermis, apéndice vermiforme. / (Zool.) Lita, landrilla. / *Worm of conscience*, (Fig.) Remordimiento de (la) conciencia. / v. Arrastrarse o deslizarse como un gusano.

Wormy. (Wormier/ Wormiest) adj. Gusanieto, agusanado. / Carcomido, apolillado. / Veniforme. / (Fig.) Rastero, servil, tortuoso, solapado.

Worn-out. adj. m., f. Gastado, da, raído, da, agotado, da, cansado, da, rendido, da.

Worrisome. adj. Preocupante, inquietante.

Worry. f. Preocupación, inquietud, ansiedad, zozobra. / v. Sacudir y lacerar con los dientes. / Atormentar, acosar, fastidiar, molestar. / Preocupar, inquitar. / Preocuparse, inquietarse. / Mover esforzándose.

Worse. adj. Peor.

Worsen. v. Empeorar (se), agravar (se).

Worship. f. Adoración, reverencia. / Merced, señoría. / v. Adorar, rendir culto (a) reverenciar. / (Fig.) Idolatrar, adorar.

Worshiper, worshipper. m., f. Adorador, ra, devoto, ta.

Worst. adj. Peor, pésimo, malísimo. / m. Lo peor, lo más malo, lo pésimo. / v. Aventajar, vencer, superar.

Wort. m. Mosto de cerveza, cerveza sin fermentar.

Worth. adj. Valorado en tal precio, digno de, merecedor de. / m. Valor. / f. Valía. / Mérito, excelencia. / Riqueza, fortuna.

Worthiness. f. Dignidad. / m. Mérito, merecidamente.

Worthless. adj. Sin valor, inútil. / Despreciable.

Worthwhile. adj. De mérito, útil, que vale la pena.

Worthy. adj. Apreciable, meritorio, digno, estimable, respetable. / Merecido. / f. Persona ilustre, prócer.

Wouldn't. Contracc. de *Would not*.

Wound. f. Herida, lesión, llaga. / (Fig.) Herida, agravio, ofensa. / v. Herir.

Wounded. adj. Herido, da. / *the wounded*, Los heridos.

Wow. m. Aullido, ululación (del sonido reproducido).

Wrangle. Reñir, disputar, altercar, argüir. / Obtener arguyendo, conseguir a la fuerza. / (O. de EE.UU.) Rodear (ganado). / (Como substantivo) Riña, pendencia, disputa, altercado.

Wrap. v. Enrollar, envolver, cubrir. / f. Manta, frazada, mantón, bufanda, cobija, bata. / Vuelta, doblamiento. / Cubierta, cobertura.

Wrapper. f. Envoltura/ funda, cubierta. / Tabaco de hojas (para cigarros). / Sobrecubierta (de libro). / Bata, peinador.

Wrapping, f Envoltura, cubierta.

Wrap-up. m. Resumen de noticias, relato o sumario condensado de noticias.

Wrath. f. Ira, cólera, furia.

Wrathful. adj. Iracundo, furioso, colérico.

Wreak. v. Descargar, dar rienda suelta a (la cólera). /

Wreath. (pl. *wreaths*) v. Retorcer. / Entrelazar, tejer (guirnaldas o coronas). / Enguirnaldar, ceñir. / Envolver. / Salir o subir en espirales, serpentear (humo, etc.).

Wreathy. adj. Retorcido, espiral, serpenteado, serpenteante.

Wreck. m. Naufragio, zozobra, ruina, fracaso. / Buque naufragado, precios, destrozoso. / (Der.) Bienes varados de un naufragio. / v. Destrozar, destruir (tren, avión, etc.), demoler (edificio).

Wrecked. m., fa. Náufrago, ga (marinero, etc.).

Wrecked. m. Demoledor, derribador/ persona que trata de causar naufragios para hacer pillaje. / (Náut.) Salvador de buques, buque de salvamento. / Camión de auxilio, carro grúa.

Wrench. f. Torcedura violenta, arranque o tirón torcido./ Pena o dolor agudo. / (Med.) Esguince, dislocadura, luxación/ detorsión distorsión./(Mec.) Llave de tuerca.

Wrest. (gen. con *from*) v. Arrancar torciendo, arrebatar con violencia. / (Fig.) Torcer, deformar, falsear.

Wrester. m., f. Tergiversador, ra.

Wrestle. v. Luchar. / Pelear, lidiar. / Forcejear (con), pugnar (con o contra). / Luchar con, pelear con. / f. Lucha, partido de lucha. / Contienda, pugna.

Wrestler. m. Luchador.

Wrestling. n. (Dep.) Lucha.

Wretch. n. adj. Desdichado, desgraciado, infeliz. / Hombre degradado, canalla, sinvergüenza. /

Wretched. adj. Miserable, infeliz, desdichado. / Lastimoso, doloroso, funesto. / Despreciable, vil, detestable, sinvergüenza. / Pésimo, malísimo.

Wriggle. v. Menearse, agitarse, serpentear, culebrear, retorcerse, contonearse..

Wriggling. m. Meneo, serpenteo. / f. Ondulación, coleadura.

Wright. m. Artifice, autor.

Wring. v. Torcer violentamente, retorcer, forzar con torcedura. / (Fig.) Atormentar, tortrar (el ánimo, espíritu, etc.). / f. Torsión. / m. Estrujamiento. / Apretón (de manos).

Wrinkle. f. Arruga. / (Fam.) Método, técnica, truco. / Arrugarse, encarrujarse. / Arrugar, encarrujar, fruncir.

Wrinkled. adj. Arrugado, da, rugoso, sa.

Wrist. n. (Anat.) Muñeca/ codillo (en los cuadrúpedos). / Puño (de la camisa). / (Mec.) Pasador de pistón.

Wristwatch. m. Reloj de pulsera.

Writ. Escrito, escritura. / (Der.) Mandato, ordeno, decreto judicial. / *the Holy Writ,* la Sagrada Escritura.

Write. v. Escribir. .

Writer. m., f. Escritor, ra, autor, ra.

Write-up. f. Valoración indebida del activo. / Crítica, ev/ f. Escrialuación crítica (de un film, pieza teatral)/ descripción propagandística (de un producto), relato (de un suceso).

Writhe. v. Retorcerse (de dolor)/ contorsionarse, contorcerse. / Serpentear, culebrear. / (Fig.) Angustiarse, amargarse. / Retorcer en espiras o pliegues. / m., f. Retorcimiento, contorsión.

Writhen. m. Retorcido, contorsión.

Writhing. m. Retorcimiento. / f. Contorsión.

Writing. f. Escritura, / Letra, caligrafía. / Inscripción. / Composición escrita. / El escribir (como arte o profesión).

Wrong. adj. Malo, impropio. / Indebido, incorrecto. / Equivocado, errónco, desacertado. / Descompuesto, estropeado. / Andar mal (reloj), ser erróneo (razonamiento, ideas, etc.).

Wrongdoer. adj. Malhechor, malvado, pecador.

Wrongful. adj. Injusto, iniciuo, malo, injurioso. / Ilícito, ilegal, ilegítimo.

Wrongheaded. adj. m., f. Terco, a, obstinado, a.

Wrongly. adv. Mal, sin razón, sin causa, injustamente. / Al revés/ equivocadamente, erróneamente.

Wrought. *Work*. / adj. Forjado, fraguado/ hecho al martillo. / Trabajado, labrado, elaborado.

Wrought iron. n. (Metal.) Hierro forjado o fraguado/ hierro dulce.

Wrought-up. adj. m., f. Sobreexcitado, a, perturbado, a, muy conmovido, a.

Wrung. Wring.

Wry. (*Wried/ Wrying*) v. Enroscar(se), torcer(se). / adj. (*Wrier/ Wriest*) Tergiversado, contrario/ pervertido. / Irónico, burlón.

Wryly. adv. Irónicamente.

Wryneck. n. (Med.) Tortícolis. / (Fam.) Persona con el cuello torcido. / (Orn.) Torcecuello, hormiguero.

X. Diez, en números romanos.
Xanthamida. f. Xantamida.
Xanthate. n. Xantato.
Xanthein. n. Xanteína.
Xanthene. n. Xanteno.
Xanthic. adj. Xántico. Amarillento.
Xanthin. n. Xantina.
Xanthine. n. Xantina,
Xanthochroid. adj. Rubio. n.f Persona rubia.
Xanthodern. adj. Xantodermo, de piel amarilla.
Xanthoderma. n. Xantoderma, xantodermia.
Xanthogen. adj. Xantógeno.
Xanthoma. n. (Med.) Xantoma.
Xanthophyll. n. Xantofila.
Xanthopsia. n. Xantopsia.
Xanthopsin. n. Xantopsina.
Xanthosis. n. Xantosis.
Xanthous. adj. Xantodermo, amarillo, amarillento.
Rubio, de cabello claro.
Xanthoxylin. n. Xantoxilina.
Xe (xenon). n. Xenón (Xe).
Xebec. n. Jabeque.
Xenia. n. Xenia.
Xeniun. n. Xenia.
Xenolith. n. Xenolita.
Xenomania. n. Afición hacia lo extranjero.
Xenomorphic, xenomorphous. adj. Xenomorfo, xenomórfico. De forma extraña.
Xenon. n. Xenon, xenón.
Xenophile. n. Xenófilo, xenófila.
Xenophilous. adj. Xenófilo, aficionado a lo extranjero.
Xenophobe. n. Xenófobo, xenófoba.
Xenophobia. n. Xenofobia.
Xerasia. n.Xerasia.
Xeric. adj. (Bot.) Seco, deficiente de humedad. Xerofítico.
Xerography. n. Xerografía.

Xerophagia, xerophagy. n. Xerofagia.
Xerophilous. adj. (Bot.) Xerófilo.
Xerophthalmia. n. Xeroftalmia.
Xerophyte. n. Xerófita.
Xerophytic. adj. Xerofítico.
Xerosis. n. Xerodermia.
Xerox copy. n. Xerografía.
Xiphias. n. (Ict.) Jifia.
Xiphoid. adj. Xifoideo. / n. Xifoides.
Xiphosura. n. Xifosuros.
Xiphosuran. adj. y n. Xifosuro, jifosuro.
X ray. n. (Fís.) Rayo X. Radiografía.
X-ray. v. Radiografiar. / adj. radiográfico, de rayos X.
Xylan. n. Xilana, xilano.
Xylary ray. n. (Bot.) Rayo medular.
Xylen. n. Xilema.
Xylene. n. Xileno.
Xylic. adj. Xílico.
Xylidine. n. Xilidina.
Xylocarpous. adj. De fruto duro.
Xylograph. n. Xilografía.
Xylographer. n. Xilógrafo.
Xylographic, xylographical. adj. Xilográfico.
Xylography. n. Xilografía. (Arte).
Xyloid. n. Xiloide.
Xyloidin. n. Xiloidina.
Xylol. n. Xilol, xileno.
Xylophaga. n. Xilófago.
Xylophagous. adj. Xilófago.
Xylophone. n. Xilófono.
Xylose. n. Xilosa.
Xylotile. n. Xilotila.
Xylotomous. adj. Xilótomo.
Xylotomy. n. Corte microscópico de la madera.
Xystum, xystus. n. Pórtico, galería.
Xyster. n. Xister, raspador de huesos.

Y

Yacht. n. Yate.
Yachting. f. Navegación en yate. / n. Paseo en yate.
Yack. v. Cotorrear.
Yahoo. adj. Bestia, patán, bruto.
Yahweh, Yahveh, Yahve. n.p. (Rel.) Yahvé, Jehová.
Yank. n. (Fam.) Tirón, estirón..
Yankee. adj. Yanqui.
Yap. n. Ladrido, gañido.
Yapok, yapock. n. Yapok.
Yardman. n. (Náut.) Marinero que maneja las vergas. / Empleado en un depósito de madera.
Yardmaster. n. (Ferr.) Superintendente.
Yardstick. n. Yarda, vara de una yarda de largo.
Yarn. n. Hilaza, hilo, hilado. / (Fam.) Cuento, historietas. / Cuento increíble.
Yarrow. n. (Bot.) Milenrama, Altarreina.
Yashmak. n. Velo doble con que las musulmanas se cubren el rostro.
Yawing moment. n. (Aer.) Momento de guiñada.
Yawl. n. (Pop.) Aullido, grito.
Yawn. v. Bostezar. / Abrirse (desmesuradamente), abierto en todo su ancho. / v. Decir bostezando.
Yawning. adj. Abierto / Profundo (precipicio, etc.).
Yawp. n. (Fam.) Alarido. / Añido. / Gritería, grito (de un ave, etc.). / v. (Fam.) Dar alaridos.
Y axis. n. (Aer.) Eje transversal. / (Mat.) Eje vertical, en el sistema de coordenadas rectangulares.
Y branch. f. Bifurcación de tubería.
Y connection. n. (Electr.) Conexión de estrella, montaje en estrella.
Ye. art. (Ant.) El, la, los, las.
Yea. n. Sí (como voto). / adv. Y aun, y hasta, además. / n. Voto afirmativo, voto a favor.
Yean. v. Parir (la oveja o cabra).
Yeanling. n. Cordero o cabrito mamantón.
Year. n. Año. / Años, edad.
Yearbook. n. Anuario.
Yearling. adj. Primal, añojo, añal. / Primal, añal.
Yearly. adj. y n. Anual. / adv. Anualmente, cada año; una vez al año, al año.
Yearn. (Generalmente con *for* o *after*) v. Anhelar, ansiar, añorar.
Yearning. n. Anhelo, deseo vivo.
Yeast. n. Levadura. / Giste de cerveza. / Espuma. / (Fig.) Fermento. / v. Fermentar. / Espumar, hacer espuma.
Yell. v. Dar alaridos, gritar, aullar. / Decir a gritos..
Yellow. adj. y n. Amarillo, a. / Rubio, a (pelo). / (Fig.) Cobarde, medroso. / (Fig.) Sensacional, escandaloso (periódico, prensa, etc.). / n. Amarillo (color o tinte). / Yema (del huevo). / Ictericia (especialmente de animales domésticos). / v. Amarillecer, amarillear. / Volver amarillo, teñir de amarillo.
Yellowish. adj. y n. Amarillento, a, amarillejo, a, amarilloso, a.
Yellow metal. n. Oro. / Latón (con 40% de cinc).
Yelp. v. Gañir, aullar (el perro). / n. gañido, aullido.
Yerk. (G.B.) v. Azotar, zurrar. / Excitar, alborotar. / Levantarse de pronto.
Yes. adv. Sí. / *Yes indeed*, Sí por cierto, ya lo creo.
Yesterday. n. Ayer.

Yet. adv. Todavía, aún. / (en preguntas) Ya. / *Is he gone yet?* ¿Ya se fue él?. / Más, aún. / Conj. Sin embargo, con todo. / Aun así. / *As yet*, Hasta ahora. / Mas, pero, sin embargo.
Yield. v. Producir. / (Com.) Rendir, devengar. / Ceder, dejar, renunciar. / Rendir, entregar. / Conceder, admitir. / *Yield up*, Rendir, entregar; descubrir, revelar secreto. / Flaquear, ceder, doblegarse, rendirse, sucumbir.
Yielding. adj. y n. Productivo, va. / Blando, maleable, flexible. / Complaciente, condescendiente.
Yoga. n. Yoga.
Yogurt, yoghurt. n. Yogur, yogurt.
Yoke. n. Yugo. Balancín (para llevar pesos). Canesú, hombrillo (de camisa). / Yunta (de animales). / (Fig.) Yugo, enlace (especialmente del matrimonio).
Yokel. adj. Patán, paleto.
Yolk. n. Yema de huevo. / Juarda, pringue de la lana. / Vitelo nutritivo.
You. pron. Tú, usted. / Vosotros, ustedes. / Te, a ti, le, la, a usted. / Os, a vosotros, les, a ustedes.
Young. adj. y n. Joven, / Juvenil. / (Fig.) Inexperto. / n. Joven. / Hijuelos, cría (de animales).
Youngberry. n. (Bot.) Zarzamora híbrida.
Youngest. adj. El (la) más joven.
Youngster. adj. y n. Jovenzuelo, a, jovencito, a. / n. Potro, potrillo.
Your. adj. Tu, tus, vuestro, vuestros, su, sus, de usted, de ustedes. / De uno.
Yours. pron. (el) Tuyo, (los) tuyos, (el) suyo, (los) suyos, (los) vuestros, (el) de Ud., (los) de Uds.
Yourself. pron. Tú mismo, vosotros mismos. / Usted (es) mismo (s) / Ti, te, se.
Youth. n. Juventud. / La juventud, los jóvenes.
Yowl. v. Dar alaridos, aullar. / Proferir entre alaridos.
Yperite. n. Iperita, gas mostaza.
Yr. *Year*, año. / *Your*, suyo, suya.
Yt. *Yttrium*, n. (Quím.) Itrio (Y).
Ytterbia. n. Iterbina.
Ytterbium. n. Iterbio.
Yttria. n. Itria.
Yttric. adj. Itrico.
Yttriferous. adj. Intrífero.
Yttrium. n. Itrio.
Yucca. n. Yuca, mandioca.
Yugoslavia. Yugoslavia.
Yugoslavian. Yugoslavo
Yule. n. Navidad, Natividad, pascua de Navidad.
Yule log. n. Tronco navideño, tronco con que se inicia la fogata hogareña la noche de Navidad.
Yuletide. n. Navidad, Natividad, pascua de Navidad.
Yuman. n. Yuma, propio de un grupo de tribus indias en Estados Unidos.
Yummy. adj. *Yummier; Yummiest*, (Fam.) Delicioso, riquísimo.
Yurt. n. Yurta, habitáculo o tienda redonda usada por los mongoles y turcos del Asia Central.
YWCA. *Young Women's Christian Association*, Asociación de Jóvenes Cristianos.
YWHA. *Young Women's Hebrew Association*, Asociación de Jóvenes Hebreas.
Ywis. *Iwis*.

Zaniness. n. Tontería, ridiculez, extravagancia.
Zany. (Zanies) adj. Simplón, papanatas.
Zax. n. ,pl. horadar pizarras de techar.
Zeal. n. Celo, fervor, ardor, ahínco.
Zealot. adj. Fanático, partidario acérrimo.
Zealotry. n. Fanatismo.
Zealous. adj. y n. Fervoroso, a. / Entusiasta.
Zealousness. m. Carácter fervoroso, entusiasmo.
Zebra. n. Cebra.
Zebra crossing. (G.B.) n. Paso de cebra.
Zebrine. adj. Cebrado, con marcas o rayas de cebra.
Zebroid. adj. Cebroide.
Zebu. m. Cebú.
Zed. (G.B.) (letra) Zeta, zeda, ceda.
Zee. (E.U.) Zelandés, zelandesa, celandés, celandesa.
Zenith. n. (Astron.) Cenit, zenit.
Zenithal. adj. Cenital.
Zenith tube. n. (Astron.) Telescopio cenital.
Zephyr. n. Céfiro, poniente. / (Textil.) Céfiro. / *Zephyr*, (Mit.) Céfiro, el viento Oeste.
Zeppelin. n. Zepelín, dirigible.
Zero. (Zeros o Zeroes) Cero. / (Fig.) Nada, nadie, nulidad. / *Zero.* Cero (avión de guerra japonés).
Zero cutout. (Mec.) Interruptor de vacío.
Zero-g. n. (Astronáut.) Gravedad nula.
Zest. n. Gusto, sabor, deleite, placer.
Zestful. adj. Sabroso, lleno de vileza, alegre, vivo.
Zestfulness. n. Gusto, sumo placer.
Zeta. n. Zeta, sexta letra del alfabeto griego.
Zigzag. n. Zigzag. En zigzag, zigzagueante. Zigzag. (Zigzagged, Zigzaging) / v. Mover(se) en zigzag.
Zigzag winding. n. (Electr.) Devanadora de zigzag.
Zillion. n. (Fam.) Número astrónomico..
Zinc. n. Cinc, zinc. (Zinced o Zincked, Zincing o Zincking) / v. Bañar en cinc.
Zinc blende. n. Blenda de cinc, esfalerita.
Zinciferous. n. Cincífero, que contiene cinc.
Zincograph. n. Cincograbado. / v. Grabar en cinc, reproducir mediante cincograbado.
Zinc oxide. n. Oxido de cinc, cincita.
Zing. n Zumbido, estridente. / (Fig.) Brio, ánimo, entusiasmado. Zumbar como una bala.
Zion. n. Sión. / El pueblo hebreo. / (Fig.) El cielo, el paraíso.
Zionist. (Rel.) Sionista.
Zip. n. Silbido, zumbido (de una bala). / (Fig.) Brío, vigor, energía, vitalidad. (Zipped, Zipping) v. Silbar, zumbar (como una bala).
Zipper. n. Cremallera, cierre relámpago.
Zippered. adj. Provisto de cremallera.
Zippy. adj. (Fam.) Brioso, vivaz.
Zircon. n. Circón, zircón.
Zircornia. n. Circonia.
Zirconic. adj. Circónico.
Ziconium. n.. Circonio, zirconio.
Zodiac. n. Zodíaco.
Zodiacal. adj. Zodiacal.
Zombi, zombie. n. Muerto resucitado por magia negra.
Zonal, zonary. adj. Zonal, de zonas, en zonas.

Zonate, zonated. adj. Con zonas marcadas.
Zonation. n. División en zonas, zonificación. / (Biol., Geogr.) Distribución en zonas.
Zone. n. Zona. / (Ant., Poét.) Faja, cintura. / v. Dividir en zonas, distribuir por zonas.
Zoo. n. Zoológico, zoo.
Zoogeographic, geographical. adj. Zoogeográfico.
Zoogeography. n. Zoogeografía.
Zoographic, zoographical. adj. Zoográfico.
Zoological garden. n. Jardín zoológico.
Zoologist. n. Zoólogo, zoóloga.
Zoology, zoologies. n. Zoología.
Zoom. v. Volar zumbando. / (Aer.) Subir en ángulo abrupto. / (Cinem.) Acercarse o alejarse la cámara muy rápidamente. / Zumbido. / (Aer.) Tirón.
Zoom lens. n. Objetivo zoom, objetivo de distancia focal variable.
Zootechnics. n. Zootecnia.
Zootherapy. n. Zooterapia.
Zootomic, zootomical. adj. Zootómico.
Zootomy. n. Zootomía.
Zoroaster. n. Zoroastro, Zaratrustra.
Zoroastrianism. n. Zoorastrismo, mazdeísmo.
Zortzico. n. Zorcico, canción y danza popular vasca.
Zoster. n. Soster, herpe, zoster. / Cinturón (de los antiguos griegos).
Zouave. n. Zuavo.
Zr Zirconium. n. (Quím.) Circonio (Zr).
Zucchetto. n. Solideo.
Zucchini. n. (Bot.) Calabacín, zapallito italiano.
Zululand. n. Bizcocho muy tostado de marcado sabor a canela.
Zwinglian. n. Seguidor de (la doctricna teocrática de) Zwinglio.
Zygodactyl. n. Cigodáctilo, zigodáctilo.
Zygogenesis. n. Cigogénesis, zigogénesis.
Zygoma. n. Cigoma, zigoma.
Zygomatic. adj. Cigomático, zigomático.
Zygomorphic. adj. Zigomorfo, cigomorfo, cigomórfico, zigomórfico.
Zygomorphism. n. Cigomorfismo, zigomorfismo.
Zygophyllaceaous. adj. Cigofiláceo, zigofiláceo.
Zygophyte. n. Cigófita, zigófita.
Zygosis. n. Cigosis, zigosis.
Zygote. n. Cigoto.
Zygotene. n. Cigoteno, zigoteno.
Zymase. n. Cimasa, zimasa.
Zyme. n. Cimo, zimo.
Zymogen. n. Cimógeno, zimógeno.
Zymogenesis. n. Cimogénesis, zimogénesis.
Zymogenic. adj. Cimógeno, zimógeno.
Zymology. n. Cimología, zimología.
Zymolysis. n. Cimólisis, zimólisis.
Zymometer. n. Cimómetro, zimómetro.
Zymoplastic. adj. Cimoplástico, zimoplástico.
Zymoscope. n. Cimoscopio, zimoscopio.
Zymosis. n. Cimosis, zimosis.
Zymotic. adj. Cimótico, zimótico.
Zymurgy. (Quím.) n. Cimurgía, zimurgía.

Abreviaturas utilizadas

abrev.	abreviatura
adj.	adjetivo
adj. y m., f.	adjetivo y nombre masculino, femenino
adv.	adverbio
Aer.	aeronáutica
Agr.	Agricultura
Agron.	Agronomía
Albañ.	Albañilería
Anat.	Anatomía
Ant.	Antiguo
Antrop.	Antropología
Arc.	Arcaísmo
Arq.	Arquitectura
Arq. Naval	Arquitectura Naval
Arqueol.	Arqueología
art.	artículo
Astrol.	Astrología
Astron.	Astronomía
Astronáut.	Astronáutica
Automov.	Automovilismo
Aviac.	Aviación
Biol.	Biología
Bioquím.	Bioquímica
Bot.	Botánica
Box.	Boxeo
Carp.	Carpintería
Cinem.	Cinematografía
Cir.	Cirugía
Coc.	Cocina
Com.	Comercio
comp.	comparativo
conj.	conjunción
Contab.	Contabilidad
contracc.	contracción
copul.	copulativo o copulativa
Cost.	Costura
Dep.	Deportes
Der.	Derecho
despect.	despectivo
dialect.	dialectal
Ecol.	Ecología
Econ.	Economía
Educ.	Educación
EE.UU.	Estados Unidos
Electr.	Electricidad
Electrón.	Electrónica
Encuad.	Encuadernación
Entom.	Entomología
Esgr.	Esgrima
Esp.	España
esp.	español
Estad.	Estadística
Estát.	Estática
expr. elíp.	expresión elíptica
Extr.	Extremadura
f.	nombre femenino
Fam.	Familiar
Farm.	Farmacia
Ferr.	Ferrocarriles
Fig.	Figurado o figurada
Filat.	Filatelia
Fil.	Filosofía
Filol.	Filología
Finanz.	Finanzas
Fís.	Física
Fisiol.	Fisiología
Fon.	Fonética
Fort.	Fortificación
Fotogr.	Fotografía
G.B.	Gran Bretaña
Geogr.	Geografía
Geol.	Geología
Geom.	Geometría
Gram.	Gramática
Hect.	Hectárea
Her.	Heráldica
Hist.	Historia
Ict.	Ictiología
Impr.	Imprenta
Indust.	Industrial
Inform.	Informática
Ingen.	Ingeniería
interj.	interjección
Ling.	Lingüística
Lit.	Literatura
loc. adv.	locución adverbial
Lóg.	Lógica
m.	nombre masculino
m. y f.	nombre masculino y femenino
Mat.	Matemáticas
Mec.	Mecánica
Med.	Medicina
Metal.	Metalurgia
Meteor.	Meteorología
Mil.	Militar
Min.	Minería
Mineral.	Mineralogía
Mit.	Mitología
Mús.	Música
Náut.	Náutica o navegación
Numis.	Numismática
n.	nombre
neg.	negación
N. cient.	Nombre científico
nórd.	nórdico
n. p.	nombre propio
núm.	número
Odon.	Odontología
Ópt.	Óptica
Orn.	Ornitología
Pint.	Pintura
p.	participio
pl.	plural
Poét.	Poético o poética
Polít.	Política
Pop.	Popular
Por. ej.	Por ejemplo
p.us.	poco usado
pref.	prefijo
Prehist.	Prehistoria
prep.	preposición
pron.	pronombre
Psicol.	Psicología
Psiquiat.	Psiquiatría
Quím.	Química
Rad.	Radio o radiodifusión
Rel.	Religión
Teol.	Teología
Sociol.	Sociología
Taur.	Tauromaquia
Teatr.	Teatro
Text.	Textil
Topogr.	Topografía
TV	Televisión
Tipogr.	Tipografía
Ú.	úsase
V.	Véase
Veter.	Veterinaria
Zool.	Zoología
Zoot.	Zootecnia